逐条解説

国会法・議院規則
国会法編

Akio Morimoto
森本昭夫
著

弘文堂

はしがき

　立法学研究について、その立ち後れの指摘を耳にしたのは過去のこととなり、その後の進展には刮目すべきものがある。しかし、立法を対象とする研究分野・手法は多岐にわたるだけに、今日における理論状況を一律に論じることはできない。

　その中にあって、「国会は政治の表舞台であるが、その組織及び運営は法に基づくものでなければならない」との視点に立つのが国会法学である。この研究分野は、憲法解釈論のほかは実務上の技術的問題にすぎないとして、法律学者から敬遠されがちであった。最近では、実証的研究も進み、議会法と題する大学での講義も見受けられるようになったが、研究の進展度、充実度はまだ道半ばと言えよう。

　国会運営の法的側面に関しては、不文法源としての先例の重要性が語られるのが通例である。それは会派間の協議による運営と同次元で捉えることが可能である。今や議院運営委員会や各委員会の理事会における協議が果たしている機能を抜きにして国会法を語ることはできず、条文の解釈だけで議院・委員会運営に臨んだところで、実務に通用するものではない。

　しかし、先例が規範化する過程に鑑みると、それらの考察に主眼を置くことは現状把握の偏重につながり、結果的に実定法の規範内容の究明が埋没することとなりかねない。この傾向は、憲法の教科書の国会についての解説においても見受けられるところである。憲法の規定の解釈が国会法や議院規則の規定内容と混交して語られがちであり、形式的効力において重層構造を成す規範の相互関係があいまいになり、結局、現行の取扱例の説明で法解釈に代替させる弊に陥ってしまう。

　以上の点からも、対象とする法源を特定した解釈の意義をおろそかにしてはならないことが分かるが、管見によれば、形式的意義における国会法について、その制定後、条文を解釈するスタイルのコンメンタールが刊行された例はなさそうである。帝国議会時代には、当時の法律学校等の講義録を含め、議院法の解説は逐条でなされるのが主流であり、それと比べて現在の国会法学は様相を異にしている。

　本書は、国会法及び議院規則について逐条的検討を加え、実際の運営に資することを目的として、その解釈論を示すものである。本編は、これまでの空白を埋めるものとして、形式的意義における国会法を対象としている。

　叙述に逐条解説の形式を採用したのは、実務の参考に供するために最適な手法で

あると判断したことによる。法運用の許容範囲が問題となり指針が求められる場合、具体的な条文と関連付けて検討することを避けて通れないからである。

　本編を執筆する上で方針とした点を略述すると、以下のとおりである。

　　①運用の実態と対比しながら、各規定の規範内容を示すことに重点を置く。

　　②解釈論を提示することを最優先とし、原則として、議会制度や議院運営についての立法論には立ち入らない。

　　③条文中の個々の文言のレベルにまで解釈を及ぼし、細部の意味を明確にする。

　　④解釈に当たっては、生起し得る事態を幅広く想定し、それへの対応が可能となるよう言及度を高める。

　　⑤古今の文献で展開されている解釈上の争点を可能な限り拾い出し、それについて解説するとともに自説を提示する。

　　⑥憲法上の規範については、観念的、総論的なものには触れることなく、国会法解釈の前提となる争点に絞って取り上げる。

　　⑦解釈の対象を現行規定とし、制定後の改正経過には必要な範囲で触れる。

　国会法は衆参共通の法規範であるにもかかわらず、両議院で解釈を異にしている部分がある。本編の内容は著者の参議院事務局における経験で得た知見が基盤となっているが、運用実態の記述に当たっては両議院に等しく目配りし、解釈の態度としては現状追認に終始することのないよう努めたつもりである。現行の法運用から大きく乖離した理解に立つのでは実用書としての有用性を保てないが、個別の論点で衆参各院の解釈に対して批判的な立場を採ることは忌避しなかった。その意味で、本編の内容は国会による公式解釈ではもちろんなく、意見にわたる部分は中立を旨とした個人的な見解に過ぎない。今後の理論発展のための踏み石として役立てられることを望む。

　本書が成るに当たっては、企画段階から弘文堂編集部の北川陽子氏のお世話になった。また、本編の内容については、参議院事務局の先輩同僚諸氏の御指導に負うところが大である。原稿段階においても、同事務局の多くの職員の方々から様々な助言をいただいた。これらの方々の御恩に報いるには程遠い内容にしかなっていないが、ここに感謝申し上げる。

　　2019 年 2 月

　　　　　　　　　　　　　　　　　　　　森 本 昭 夫

contents | 目次

はしがき ……… *i*

凡　例 ……… *x*

序　章 ………… *1*

　　1　国会法の意義 ……… *1*
　　2　国会法と議院の自律権 ……… *1*
　　3　国会法の編別 ……… *4*
　　4　国会法の制定過程 ……… *4*
　　5　議院法との対比 ……… *6*
　　6　国会法の改正経過 ……… *9*

第 1 章　国会の召集及び開会式 ………… *12*

　　第 1 条〔召集詔書の公布〕……… *14*
　　第 2 条〔常会の召集時期〕……… *20*
　　第 2 条の 2〔特別会と常会の併合〕……… *22*
　　第 2 条の 3〔選挙後の臨時会の召集〕……… *24*
　　第 3 条〔臨時会召集決定の要求〕……… *27*
　　第 4 条《削除》……… *30*
　　第 5 条〔議員の集会〕……… *30*
　　第 6 条〔召集日に議長・副議長がないときの選挙〕……… *32*
　　第 7 条〔事務総長の議長代行〕……… *36*
　　第 8 条〔開会式〕……… *38*
　　第 9 条〔開会式の主宰〕……… *39*

第 2 章　国会の会期及び休会 ………… *42*

　　第 10 条〔常会の会期〕……… *42*
　　第 11 条〔臨時会・特別会の会期〕……… *45*
　　第 12 条〔会期の延長〕……… *48*
　　第 13 条〔会期決定に関する衆議院の優越〕……… *49*
　　第 14 条〔会期の起算〕……… *51*
　　第 15 条〔休会〕……… *53*

第 3 章　役員及び経費 ………… *58*

　　第 16 条〔役員の種類〕……… *59*
　　第 17 条〔議長・副議長の定員〕……… *61*
　　第 18 条〔議長・副議長の任期〕……… *61*

目　次　*iii*

第19条〔議長の職務権限〕……*64*

第20条〔議長の委員会への出席・発言〕……*66*

第21条〔副議長の議長代行〕……*67*

第22条〔仮議長〕……*70*

第23条〔議長・副議長が欠けたときの選挙〕……*73*

第24条〔事務総長の議長代行〕……*74*

第25条〔常任委員長の選挙〕……*75*

第26条〔議院の職員〕……*76*

第27条〔事務総長の選挙、職員の任免〕……*77*

第28条〔事務総長・参事の職務〕……*79*

第29条〔参事の事務総長代行〕……*80*

第30条〔役員の辞任〕……*81*

第30条の2〔常任委員長の解任〕……*83*

第31条〔役員の兼職禁止〕……*84*

第32条〔議院の経費〕……*86*

第 **4** 章 議員 ……*88*

第33条〔不逮捕特権〕……*90*

第34条〔逮捕許諾請求の手続〕……*94*

第34条の2〔会期前逮捕議員の通知〕……*96*

第34条の3〔釈放要求の発議〕……*98*

第35条〔歳費〕……*99*

第36条〔退職金〕……*102*

第37条《削除》……*103*

第38条〔通信等手当〕……*103*

第39条〔議員の兼職禁止〕……*104*

第 **5** 章 委員会及び委員 ……*107*

第40条〔委員会の種類〕……*109*

第41条〔常任委員会〕……*110*

第42条〔常任委員〕……*115*

第43条〔専門員、調査員〕……*119*

第44条〔合同審査会〕……*120*

第45条〔特別委員会〕……*123*

第46条〔委員の各会派割当選任〕……*128*

第47条〔委員会の審査と会期〕……*131*

第48条〔委員長の職務権限〕……*137*

第49条〔委員会の定足数〕……*139*

第 50 条〔委員会の表決〕……… *143*

第 50 条の 2〔委員会の法律案提出〕……… *147*

第 51 条〔公聴会〕……… *149*

第 52 条〔委員会の傍聴・秘密会〕……… *153*

第 53 条〔委員長報告〕……… *156*

第 54 条〔少数意見の報告〕……… *158*

第 5 章 の 2 参議院の調査会 ……… *162*

第 54 条の 2〔調査会の設置〕……… *163*

第 54 条の 3〔調査会委員、調査会長〕……… *165*

第 54 条の 4〔委員会に関する規定の準用〕……… *167*

第 6 章 会議 ……… *171*

第 55 条〔議事日程〕……… *173*

第 55 条の 2〔議事協議会〕……… *176*

第 56 条〔議案の発議・委員会審査〕……… *179*

第 56 条の 2〔本会議における議案の趣旨説明〕……… *190*

第 56 条の 3〔委員会の中間報告〕……… *194*

第 56 条の 4〔同一議案審議の禁止〕……… *199*

第 57 条〔修正動議〕……… *203*

第 57 条の 2〔予算修正の動議〕……… *207*

第 57 条の 3〔内閣の意見聴取〕……… *210*

第 58 条〔予備審査〕……… *213*

第 59 条〔内閣提出案の修正・撤回〕……… *215*

第 60 条〔他院提出議案の説明〕……… *219*

第 61 条〔発言時間の制限〕……… *221*

第 62 条〔秘密会〕……… *224*

第 63 条〔秘密会の記録〕……… *228*

第 64 条〔内閣総理大臣欠缺の通知〕……… *230*

第 65 条〔議決の奏上・内閣送付〕……… *232*

第 66 条〔法律公布の期限〕……… *237*

第 67 条〔地方特別法の制定〕……… *238*

第 68 条〔案件不継続〕……… *240*

第 6 章 の 2 日本国憲法の改正の発議 ……… *245*

第 68 条の 2〔憲法改正原案の発議〕……… *247*

第 68 条の 3〔憲法改正原案の発議区分〕……… *249*

第 68 条の 4〔憲法改正原案修正の動議〕……… *251*

第68条の5〔憲法改正の提案、憲法改正案の内閣送付〕……… *253*

第68条の6〔国民投票の期日〕……… *255*

第 7 章 国務大臣等の出席等 ………… *257*

第69条〔内閣官房副長官等の出席、政府特別補佐人〕……… *258*

第70条〔発言の通告〕……… *261*

第71条〔委員会の出席要求〕……… *262*

第72条〔会計検査院長・最高裁判所長官等の出席説明〕……… *264*

第73条〔会議に関する報告〕……… *266*

第 8 章 質問 ………… *268*

第74条〔質問〕……… *269*

第75条〔答弁〕……… *272*

第76条〔緊急質問〕……… *274*

第77条及び第78条《削除》……… *275*

第 9 章 請願 ………… *277*

第79条〔請願書の提出〕……… *278*

第80条〔請願の処理〕……… *281*

第81条〔内閣への送付、内閣の処理経過報告〕……… *284*

第82条〔請願の他院不関与〕……… *285*

第 10 章 両議院関係 ………… *287*

第83条〔議案の送付・回付・議決通知〕……… *288*

第83条の2〔法律案・予算・条約の返付〕……… *292*

第83条の3〔衆議院の議決の優越に関する通知〕……… *295*

第83条の4〔憲法改正原案の返付〕……… *302*

第83条の5〔送付案の継続審査〕……… *304*

第84条〔法律案の両院協議会〕……… *305*

第85条〔予算・条約の両院協議会〕……… *312*

第86条〔内閣総理大臣指名の通知・両院協議会〕……… *314*

第86条の2〔憲法改正原案の両院協議会〕……… *316*

第87条〔案件の返付、両院協議会〕……… *318*

第88条〔両院協議会受諾拒否の禁止〕……… *320*

第89条〔両院協議会の組織〕……… *321*

第90条〔両院協議会の議長〕……… *322*

第91条〔両院協議会の定足数〕……… *324*

第91条の2〔欠席協議委員に対する措置〕……… *325*

第 92 条〔両院協議会の表決〕…… *327*

第 93 条〔成案の審議〕…… *330*

第 94 条〔両院協議会不調の報告〕…… *332*

第 95 条〔両院協議会への各議院議長の出席意見陳述〕…… *333*

第 96 条〔両院協議会の国務大臣等の出席要求〕…… *334*

第 97 条〔両院協議会の傍聴禁止〕…… *335*

第 98 条〔両院協議会規程〕…… *336*

第 11 章　参議院の緊急集会 …… *337*

第 99 条〔緊急集会の請求、集会〕…… *341*

第 100 条〔緊急集会における不逮捕特権〕…… *342*

第 101 条〔緊急集会における議員の発議権〕…… *344*

第 102 条〔緊急集会における請願〕…… *346*

第 102 条の 2〔緊急集会の終了〕…… *347*

第 102 条の 3〔緊急集会における奏上・内閣送付〕…… *349*

第 102 条の 4〔衆議院の同意を求める案件の提出〕…… *349*

第 102 条の 5〔緊急集会についての読替規定〕…… *352*

第 11 章の 2　憲法審査会 …… *354*

第 102 条の 6〔憲法審査会〕…… *354*

第 102 条の 7〔憲法審査会の憲法改正原案等の提出〕…… *356*

第 102 条の 8〔憲法審査会合同審査会〕…… *358*

第 102 条の 9〔委員会等に関する規定の準用〕…… *360*

第 102 条の 10〔憲法審査会に関する事項〕…… *365*

第 11 章の 3　国民投票広報協議会 …… *367*

第 102 条の 11〔国民投票広報協議会〕…… *367*

第 102 条の 12〔国民投票広報協議会に関する事項〕…… *370*

第 11 章の 4　情報監視審査会 …… *372*

第 102 条の 13〔情報監視審査会〕…… *373*

第 102 条の 14〔特定秘密の指定等についての報告の受理〕…… *375*

第 102 条の 15〔特定秘密の提出要求〕…… *376*

第 102 条の 16〔情報監視審査会による改善勧告〕…… *380*

第 102 条の 17〔特定秘密情報を含む報告・記録提出拒否の審査〕…… *381*

第 102 条の 18〔情報監視審査会の事務執行者の適性評価〕…… *385*

第 102 条の 19〔情報監視審査会における特定秘密情報を含む報告・
記録の閲覧・利用〕…… *387*

第 102 条の 20 〔国務大臣等の出席等に関する規定の準用〕⋯⋯⋯ *388*

第 102 条の 21 〔情報監視審査会に関する事項〕⋯⋯⋯ *389*

第12章 議院と国民及び官庁との関係 ⋯⋯⋯⋯⋯ *391*

第 103 条〔議員派遣〕⋯⋯ *391*

第 104 条〔内閣等に対する報告・記録の提出要求〕⋯⋯⋯ *393*

第 104 条の 2 〔特定秘密情報を含む報告・記録提出拒否の審査の要請〕

⋯⋯⋯ *398*

第 104 条の 3 〔特定秘密情報を含む報告・記録の閲覧・利用〕⋯⋯⋯ *399*

第 105 条〔特定事項の会計検査の要請〕⋯⋯⋯ *401*

第 106 条〔証人等の旅費・日当〕⋯⋯⋯ *403*

第13章 辞職、退職、補欠及び資格争訟 ⋯⋯⋯⋯⋯ *405*

第 107 条〔議員の辞職〕⋯⋯⋯ *406*

第 108 条〔他院議員となったときの退職〕⋯⋯⋯ *408*

第 109 条〔被選資格喪失による退職〕⋯⋯⋯ *409*

第 109 条の 2 〔政党間移動による退職〕⋯⋯⋯ *410*

第 110 条〔欠員の通知〕⋯⋯⋯ *414*

第 111 条〔資格争訟〕⋯⋯⋯ *415*

第 112 条〔資格争訟における弁護人〕⋯⋯⋯ *420*

第 113 条〔被告議員の地位〕⋯⋯⋯ *421*

第14章 紀律及び警察 ⋯⋯⋯⋯⋯ *423*

第 114 条〔議長の内部警察権〕⋯⋯⋯ *423*

第 115 条〔警察官の派出〕⋯⋯⋯ *426*

第 116 条〔会議中の秩序保持〕⋯⋯⋯ *428*

第 117 条〔議場整理と休憩・散会〕⋯⋯⋯ *430*

第 118 条〔傍聴人の退場〕⋯⋯⋯ *431*

第 118 条の 2 〔議員以外の者の院外退去〕⋯⋯⋯ *433*

第 119 条〔無礼の言等の禁止〕⋯⋯⋯ *434*

第 120 条〔侮辱に対する処分要求〕⋯⋯⋯ *435*

第15章 懲罰 ⋯⋯⋯⋯⋯ *439*

第 121 条〔懲罰の手続〕⋯⋯⋯ *440*

第 121 条の 2 〔会期末の懲罰事犯〕⋯⋯⋯ *444*

第 121 条の 3 〔閉会中の懲罰事犯〕⋯⋯⋯ *448*

第 122 条〔懲罰の種類〕⋯⋯⋯ *450*

第 123 条〔除名議員の再選〕⋯⋯⋯ *452*

第 124 条〔欠席議員の懲罰〕……… *453*

第 15 章 の 2　政治倫理 ………… *456*

第 124 条の 2〔政治倫理綱領、行為規範〕……… *456*
第 124 条の 3〔政治倫理審査会〕……… *457*
第 124 条の 4〔政治倫理審査会に関する事項〕……… *458*

第 16 章　弾劾裁判所 ………… *460*

第 125 条〔弾劾裁判所〕……… *461*
第 126 条〔訴追委員会〕……… *462*
第 127 条〔裁判員・訴追委員兼職の禁止〕……… *464*
第 128 条〔予備員〕……… *465*
第 129 条〔裁判官弾劾法〕……… *466*

第 17 章　国立国会図書館、法制局、議員秘書及び議員会館 ………… *467*

第 130 条〔国立国会図書館〕……… *467*
第 131 条〔議院法制局〕……… *468*
第 132 条〔議員秘書〕……… *470*
第 132 条の 2〔議員会館〕……… *472*

第 18 章　補則 ………… *473*

第 133 条〔期間の計算〕……… *473*

附　則 ………… *475*

事項索引 ……… *481*
法令索引 ……… *490*

凡　例

1　逐条解説の前に各章冒頭で概説を付した。

2　各条文には括弧書きで見出し語を付し、内容把握の便を図った。

3　条文が2項以上にわたる場合には、便宜上、各項に丸囲み数字で項番号を付した。

4　各条文の直後に制定以後の改正経過を施行時により示した。

5　各条の解説は内容に応じて分割して行い、それぞれに小見出しを付した。

6　解説文における太字表記の部分は、条文が内包する法命題をその表現に沿って転記したものである。

7　解説文中、周辺情報を提示するために下記のコラムを設けた。

　　①「運用」―国会法の規定内容を離れた運用又は応用した運用がなされている場面を示す。

　　②「事例」―特異な又は希少な事例を示す。

　　③「改正前は」―現行規定に改正される前の旧規定の内容の特徴点を紹介する。どの時点の規定であるのかはそれぞれの箇所で示す。

　　④「議院法では」―国会となって転換が図られた議院法（帝国議会の組織・運営等を規律していた法律）の規定内容を紹介する。

8　本文中において他の箇所を参照する場合は、参照されるべき箇所の条文番号、小見出しを示した。また、議院規則の内容について参照を必要とする場合は、本書の『参議院規則編』の該当箇所を『逐参』として同様に示した。

9　引用条文におけるアラビア数字は条数、ローマ数字は項数、括弧数字は号数を示す。先例については、アラビア数字で号数を示す。

10　学説等を引用する際には本文該当箇所にゴシック体の数字を付し、ページごとに脚注として示した。引用文献のうち頻出するものや法規等を示す場合には、次のとおり略称を用いて括弧書きで示した。

法規等表記

憲＝日本国憲法
国＝国会法（昭和22年法律第79号）

議証＝議院における証人の宣誓及び証言等に関する法律（昭和 22 年法律第 225 号）

憲改＝日本国憲法の改正手続に関する法律（平成 19 年法律第 51 号）

弾裁＝裁判官弾劾法（昭和 22 年法律第 137 号）

図＝国立国会図書館法（昭和 23 年法律第 5 号）

予備＝昭和 22 年法律第 82 号（国会予備金に関する法律）

歳費＝国会議員の歳費、旅費及び手当等に関する法律（昭和 22 年法律第 80 号）

立費＝国会における各会派に対する立法事務費の交付に関する法律（昭和 28 年法律第
　　　52 号）

証旅＝議院に出頭する証人等の旅費及び日当に関する法律（昭和 22 年法律第 81 号）

事務＝議院事務局法（昭和 22 年法律第 83 号）

国職＝国会職員法（昭和 22 年法律第 85 号）

請＝請願法（昭和 22 年法律第 13 号）

公選＝公職選挙法（昭和 25 年法律第 100 号）

政助＝政党助成法（平成 6 年法律第 5 号）

政資＝政治資金規正法（昭和 23 年法律第 194 号）

裁＝裁判所法（昭和 22 年法律第 59 号）

閣＝内閣法（昭和 22 年法律第 5 号）

閣設＝内閣府設置法（平成 11 年法律第 89 号）

行組＝国家行政組織法（昭和 23 年法律第 120 号）

国公＝国家公務員法（昭和 22 年法律第 120 号）

般給＝一般職の職員の給与に関する法律（昭和 25 年法律第 95 号）

特給＝特別職の職員の給与に関する法律（昭和 24 年法律第 252 号）

秘給＝国会議員の秘書の給与等に関する法律（平成 2 年法律第 49 号）

特秘＝特定秘密の保護に関する法律（平成 25 年法律第 108 号）

地自＝地方自治法（昭和 22 年法律第 67 号）

財＝財政法（昭和 22 年法律第 34 号）

会検＝会計検査院法（昭和 22 年法律第 73 号）

日銀＝日本銀行法（平成 9 年法律第 89 号）

民＝民法（明治 29 年法律第 89 号）

刑訴＝刑事訴訟法（昭和 23 年法律第 131 号）

検＝検察庁法（昭和 22 年法律第 61 号）

衆規＝衆議院規則

参規＝参議院規則

両規＝両院協議会規程

常合規＝常任委員会合同審査会規程

衆憲規＝衆議院憲法審査会規程

参憲規＝参議院憲法審査会規程

衆情規＝衆議院情報監視審査会規程

参情規＝参議院情報監視審査会規程

衆行規＝衆議院行為規範

参行規＝参議院行為規範

衆政規＝衆議院政治倫理審査会規程

参政規＝参議院政治倫理審査会規程

秘給規＝国会議員の秘書の給与の支給等に関する規程
適性＝国会職員の適性評価の実施に関する件
衆先＝衆議院先例集　平成 29 年版
参先＝平成 25 年版　参議院先例録
衆委先＝衆議院委員会先例集　平成 29 年版
参委先＝平成 25 年版　参議院委員会先例録
旧憲＝大日本帝国憲法（旧）
旧議＝議院法（旧）
旧互年＝国会議員互助年金法（旧）
旧原調＝東京電力福島原子力発電所事故調査委員会法（旧）
暫衆規＝暫定衆議院規則（旧）
旧衆規＝衆議院規則（帝国議会）
旧貴規＝貴族院規則（帝国議会）
旧両規＝両院協議会規程（帝国議会）
旧貴先＝自第 1 回議會至第 74 回議會　貴族院先例録（帝国議会）
旧衆先＝衆議院先例彙纂 昭和 17 年 12 月改訂 上巻（帝国議会）

参考文献等略語

浅井・概説＝浅井清『國會概説』（有斐閣・1948）
浅野・調査権＝浅野一郎『議会の調査権』（ぎょうせい・1983）
浅野他・事典＝浅野一郎・河野久編著『新・国会事典—用語による国会法解説 第 3
　　　　　　版』（有斐閣・2014）
新・立法＝新正幸『憲法と立法過程—立法過程法学序説』（創文社・1988）
大池・説明＝第 91 回帝國議會衆議院國会法案委員會議録（速記）第 1 回（昭和 21 年
　　　　　　12 月 19 日）大池眞衆議院書記官長の国会法案逐条説明
大石・議会法＝大石眞『議会法』（有斐閣・2001）
大石・自律権＝大石眞『議院自律権の構造』（成文堂・1988）
旧衆院・解説＝昭和 17 年 4 月帝国議会衆議院事務局編『議事解説』（信山社・2011）
黒田・国会法＝黒田覚『国会法』（有斐閣・1958）
研究会・法規＝国会法規研究会「国会に関する法規」時の法令 1475 号〜1689 号
　　　　　　（1994〜2003）
今野・法理＝今野彧男『国会運営の法理—衆議院事務局の視点から』（信山社・2010）
佐藤（功）・ポケ（上）（下）＝佐藤功『ポケット註釈全書　憲法（上）・（下）〔新版〕』
　　　　　　（有斐閣・1983・1984）
佐藤（吉）・参規＝佐藤吉弘『注解参議院規則（新版）』（参友会・1994）
白井・国会法＝白井誠『国会法』（信山社・2013）
鈴木・理念＝鈴木隆夫『国会法の理念と運用—鈴木隆夫論文集』（信山社・2012）
鈴木・理論＝鈴木隆夫『國会運營の理論』（聯合出版社・1953）
法學協會・註解（下）＝法學協會『註解日本國憲法 下巻』（有斐閣・1954）
松澤・議会法＝松澤浩一『議会法』（ぎょうせい・1987）
宮澤・コメ＝宮澤俊義〔芦部信喜補訂〕『全訂日本国憲法』（日本評論社・1978）

序 章

1⋯⋯ 国会法の意義

【国会法の意義】「国会法」の語は、形式的意義と実質的意義を区別して用いる必要がある。

　形式的意義においては、その名称が付された法律 (昭和22年法律第79号) を指す。これに対して、実質的意義における国会法にはより広い対象が含まれる。すなわち、国会の組織、権能、運営等に関する憲法の諸規定及び国会に関する各種の形式の法の総称である (黒田・国会法1頁)。講学上、その対象からは選挙法関係を除くのが一般的である。選挙制度を規律する法は、国会の活動に関する法とは具体的指導原理を異にし (研究会・法規1時の法令1475号 (1994) 65頁)、機能する場面も異なるため、別個の独立した法領域を形成している。

　本書は、コンメンタールとして、形式的意義における国会法の解説を主たる目的とするが、関連する範囲で実質的意義における国会法を対象として取り上げる。

2⋯⋯ 国会法と議院の自律権

【国会法の存在】憲法は「両議院は、各々その会議その他の手続及び内部の規律に関する規則を定め、……」と規定している (憲58Ⅱ)。これを受けて、憲法と議院規則の間にいかなる法律の存在も予想していないとの理解もあり (黒田・国会法13頁)、「国会法違憲論」との立場も表明されているところである[1]。

　国会法の制定に当たっては、連合国軍最高司令官総司令部 (GHQ) 側が国会法の不要を主張したのに対し、旧衆議院事務局は、衆参両院に共通の事項、衆参両院を拘束する事項、内閣と国会との関係を規制するような問題については法律が必要であると説明した[2]。

【所管事項】議院規則で定めることのできる事項が「会議その他の手続及び内部の規律」とされる (憲58Ⅱ) のに対し、法律の所管事項は法令の形式によって規律すべき事項のあらゆる分野にわたり得ると解されており[3]、両者の間で競合が生じ得る。そこで、重複や齟齬を避けるためには、国会法でカバーすべき規定内容は次の5類

---

1 大石眞「刊行に寄せて」今野・法理ⅷ頁。
2 憲法調査会第2委員会第4回会議議事録 (昭34年2月25日) 14頁〔西沢哲四郎衆議院法制局長の説明〕。
3 林修三『法令解釈の常識 (第2版)』(日本評論社・1975) 138頁。

序 章　*1*

型ということになる。

①衆議院及び参議院で構成される国会としての事項（例えば、召集に関する事項）

②国民の権利義務に関わる事項（例えば、請願の提出に関する事項）

③他の国家機関を拘束することを内容とする事項（例えば、内閣に対する記録の提出要求に関する事項）

④両院交渉に関する事項（例えば、議案の送付に関する事項）

⑤憲法の委任する必要的法律事項（例えば、議員の歳費に関する事項）

　ただし、②や③については、議事手続等に関連して議院規則で規定し得ると解する余地があり、その場合には国会法と議院規則の間で規定が競合することとなる。

　問題は、実際に制定された国会法が議院の内部事項に関する規定を多く取り込んでおり、議院規則が国会法の細目的、技術的な規定と化している点にある。国会法の法的性格において旧議院法と本質的な変化がないとの指摘も見られる[4]。そのため、国会法と議院規則の関係を明解なものにする必要が生じ、憲法制定後の大きな争点とされてきた。

　制定時に国会法に規定する事項として想定されていた両議院に共通の事項については、それを認めても議院自律権を阻害したことにはならないとする見解もある（新・立法256頁）が、何がそれに当たるかは先験的に決まるものではなく、むしろ、一旦国会法に取り込んでしまうと法律の占領範囲となりかねないこと[5]に注意する必要がある。

【国会法と議院規則の抵触点】院内事項を議院規則の独占的、排他的な所管であると認めない場合、国会法と議院規則の規定内容が競合し得る。その規定内容が異なれば、当然に抵触の問題が出てくる。

　実定法上、具体的に抵触が生じていると指摘されているのは次のような規定である[6]。

・常任委員長の選任に関する規定（国25と衆規15Ⅱ・参規16Ⅱ）

・事務総長の選任に関する規定（国27Ⅰと衆規16Ⅱ・参規17Ⅱ）

・公聴会の開会に関する規定（国51Ⅰと衆規78・参規62）

・請願に関する規定（国80Ⅰと衆規177・参規167）

・委員の解任に関する規定（国42Ⅰ、45Ⅱと衆規243Ⅰ・参規243）（佐藤（吉）・参規363頁）

---

4 黒田覚「国会法の制定過程と問題点」東京都立大学創立10周年記念論文集編集委員会編『創立10周年記念論文集 法経篇』(1960) 70頁。
5 清宮四郎『憲法Ⅰ〔第3版〕』(有斐閣・1979) 424頁。
6 藤馬龍太郎「法律と規則の関係」ジュリスト805号 (1984) 195頁。

これらの点については、双方を調和的に解釈し得るとして、抵触を否定する理解も見られる（松澤・議会法 49 頁）。各条項の解釈については、本書のそれぞれの箇所の説明参照。

【形式的効力】 法の形式的効力については、それを決める一般的基準が示されている。「どちらがより上位にあるかは、原則として、どちらの法形式の制定機関が国民により近いか、および、どちらがより困難な制定手続に服しているかを基準に決められる」というものである[7]。

法律と議院規則の形式的効力はその各論となるが、学説は分かれている。

法律優位説は、法律の方が成立要件の厳しいことを理由として法律の優位を説く（宮澤・コメ 443 頁）。この法律優位説が依然として通説と評されているようであるが、批判は強い。両議院の議決を必要とする法律に、そのことを理由として優越を認めるのは、議院規則の制定要件が議院の自律を実現させるための設定となっていることが勘案されていないうらみがある[8]。

そのため、議院規則の優先適用説も以前から有力であり、院内事項は議院規則の独占的、排他的な所管であるとする排他的議院規則説[9]のほか、国会法を一般法、規則を特別法のごとくに考えて規則を優先的に適用すべきであると説明する理解がある（規則特別法説）（鈴木・理念 156 頁）。

しかし、より応用度の高い対処法を考えるのであれば、法律と議院規則の関係は、形式的効力で同位にあるものと解してよい（松澤・議会法 52 頁）。議院規則の規定は自らの問題について具体的に対処することを目的とするものであるため、それを優先的に適用すべきである一方、仮に議院規則の規定に抵触する内容の規定を国会法に新設した場合には、衆議院の優越による法改正でない限り、参議院もそれに同意しているのであり、その内容を優先して通用させるべきである。この点は前述の排他的議院規則説も、国会法で定めた部分は各議院の自律に基づく紳士協定としての効力を有するとの理解を示している[10]。

国会法と議院規則は、基本的には共存を予定する法規範であり、同一事項についての規定の間で内容にズレが生じていても、できるだけ両者の整合を図る形で解釈すべきである。

---

7 高橋和之『立憲主義と日本国憲法 第 4 版』（有斐閣・2017）13 頁。
8 森本昭夫「憲法の最高法規性と硬性性―形式的効力の改正要件からの解放」立法と調査 356 号（2014）118 頁。
9 小嶋和司『憲法概説』（良書普及会・1987）406 頁。
10 小嶋・前掲 **9** 406 頁。

3····· 国会法の編別

【規定の分類】国会法の規定を内容に着目して分類すると、①権能、②活動能力、③組織、④活動、⑤その他に分けることができる。いずれの項目も基本的事項は憲法で規定されている。

「権能」とは、国会、議院、委員会、役員、議員の権能や特権に関する事項を指す。

「活動能力」とは、国会、議院、委員会の活動期間や活動場所に関する事項である。

「組織」とは、議員、議院の内部機関である役員・委員会、国会・議院の附属機関等の存在に関わる事項である。

なお、議員に関しては、当選後も任期開始までは選挙法の領域に含まれ、任期が開始した後の地位について国会法が受け持っている（公選99〔被選挙権の喪失に因る当選人の失格〕、99の2〔衆議院比例代表選出議員又は参議院比例代表選出議員の選挙における所属政党等の移動による当選人の失格〕と国109〔被選資格喪失による退職〕、109の2〔政党間移動による退職〕参照）。

「活動」とは、議事手続を中心として、議院の活動の基準等に関する事項である。

国会法の各規定は、これらのいずれか1つに当てはまるとは限らず、複数の側面を持つものも多い。

【各章の分担】国会法の各章は、大雑把な見方をすれば、次のような事項を規定している。

活動能力論は第1章〔国会の召集及び開会式〕、第2章〔国会の会期及び休会〕、第11章〔参議院の緊急集会〕で、組織論は第3章〔役員及び経費〕、第11章の3〔国民投票広報協議会〕、第13章〔辞職、退職、補欠及び資格争訟〕、第16章〔弾劾裁判所〕、第17章〔国立国会図書館、法制局、議員秘書及び議員会館〕において扱われている。第4章〔議員〕の内容は、権能論を中心とするものである。第5章〔委員会及び委員〕、第5章の2〔参議院の調査会〕、第11章の2〔憲法審査会〕、第11章の4〔情報監視審査会〕は、委員会等、議院の内部組織に関する事項を規定するもので、その内容は組織論、権能論、活動論にまたがる。その他の章には、活動論を基調として、様々な内容の規定が含まれている。

4····· 国会法の制定過程

【概観】国会法は、日本国憲法の成立後・施行前に、その内容を受けて帝国議会において制定された。旧体制下で新憲法の附属法典を準備した一環であるが、他の憲法附属法とは異なり、議員立法によっている。

国会法の制定が戦後改革の一内容でありながら、帝国議会での経験や議院制度改

革論議が投影されたものでもあることが指摘されているが[11]、それは議員立法によったことの帰結と言えよう。

【起草】内閣は、昭和21年7月3日、勅令によって臨時法制調査会を設置した。憲法改正に伴う諸法制の改革について検討するためのもので、その第2部会で議院法の改正問題の研究に当たることとなった。

　一方、衆議院においても、同年6月18日、各派交渉会で議院法規調査委員会の設置が決定され、国会法案の立案作業を行うこととなった。この委員会は、議院法上の正規の特別委員会ではなく、非公式のものとの位置付けであった。

　内閣の臨時法制調査会第2部会は同年8月13日に「議院法改正の項目」を、衆議院の議院法規調査委員会は同月30日に「新憲法ニ基キ国会法ニ規定スル事項」を、それぞれ決定した。いずれも新法の要綱に当たるものである。ただし、両者の検討は無連絡に行われていたわけではなかったことが指摘されている[12]。

　その後、国会法案を内閣提出とするか議員発議によるかが内閣と衆議院の間で議論されたが、衆議院議長から内閣総理大臣に対し、将来の国会の運営に関わることなので衆議院が自ら立案し提案することが新憲法の下で意義があるとの申入れがなされ、それが容れられた[13]。

【GHQのサジェスチョン】GHQの民政局では、政府や衆議院が検討を開始する以前から日本の議会に関する調査研究を進めており[14]、衆議院が具体的な草案（第1次）を作成するに及び（昭和21年10月31日）、それに対して同年11月4日に民政局国会課長のJ・ウィリアムズから内容上のサジェスチョンが与えられた。

　GHQサジェスチョンの内容の大部分は同年8月に米国で制定された立法府再編成法を背景としており、その後の衆議院における立案作業においてもこの法律が参考に供され[15]、合同審査会のように米国で実現しなかった構想で国会法に採り入れられたものもあった[16]。

　衆議院事務局はGHQの意向を反映させた第2次草案を同年11月21日に作成し、その概略である「新国会法に就いて」を新聞発表した。この時点で国会法の骨組みが形成されたとされている[17]。

---

11 村瀬信一『帝国議会改革論』（吉川弘文館・1997）228頁。
12 赤坂幸一「戦後議会制度改革の経緯(1)」金沢法学47巻1号（2004）64頁。
13 第91回帝国議会貴族院議事速記録第9号（昭和21年12月22日）109頁〔植原悦二郎国務大臣の答弁〕。
14 大曲薫「国会法の制定と委員会制度の再編─GHQの方針と関与について」レファレンス7118号（2010）32頁。
15 西沢哲四郎『国会法立案過程におけるGHQとの関係』（憲法調査会事務局・1959）5頁。
16 梶田秀『占領政策としての帝国議会改革と国会の成立 1945-1958』（信山社・2017）69頁。
17 西沢・前掲 **15** 11頁。

サジェスチョンはその後も繰り返され、結局、GHQの最終的な了承が得られたのは同年12月16日であり、これは第5次草案に対するものであった。

なお、GHQとは別に、極東委員会も国会法の内容に関心を示していたものの、その案に影響を及ぼすには至らなかった[18]。

【帝国議会の審議】第91回帝国議会は昭和21年11月25日に召集されており、衆議院の国会法案は同年12月17日に各派共同提案で発議された。

衆議院においては、同月18日の第1読会で提案理由説明の後、国会法案委員会への付託がなされた。委員会では、書記官長から逐条で立案経過説明がなされている（大池・説明1頁）。この説明は詳細なもので、国会法を解釈する上で大いに参考になる。立案の段階から十分な検討が加えられていたので、審議は短期間で済まされ、同月21日の本会議第3読会において全会一致で可決された。

送付を受けた貴族院では、残り少ない会期に白熱した議論が展開された。議院法上、議員が他院において説明・答弁することが認められていなかったため、衆議院が提出した国会法案について国務大臣や政府委員が答弁に当たり、衆議院側とのやり取りは懇談の形式が採られた。第1読会で国会法案特別委員会に付託され、参議院による両院協議会の請求の規定に関して憲法の解釈に影響する疑義に行き当たり、結局、審議未了となった[19]。

次の第92回帝国議会は同年12月27日に召集され、国会法案は翌22年2月3日に同内容で再提出された。再び全会一致で衆議院を通過し、同年3月18日、貴族院において両院協議会関係の規定等10か条について修正が加えられた。修正は両院間の非公式折衝における合意に基づいたものである[20]。衆議院は、翌19日に貴族院の回付案に同意し、帝国議会における審議は終了した。

【成立・公布・施行】国会法は、昭和22年3月25日の枢密院への諮詢の後、同年4月9日に枢密院会議で可決され、同月28日の天皇の裁可をもって制定された。

その後、同月30日に公布され（昭和22年法律第79号）、憲法と同じく同年5月3日に施行された（●▶附則【施行日】）。

5⋯⋯ 議院法との対比

【議院法と国会法の関係】国会は、その在り方において帝国議会から180度転換したかのようなイメージで語られることもあるが、実際には、議院法と国会法で内容

---

18 梶田・前掲 **16** 58頁。
19 大木操『激動の衆議院秘話─舞台裏の生き証人は語る』（第一法規出版・1980）455頁。
20 ジャスティン・ウィリアムズ（市雄貴＝星健一訳）『マッカーサーの政治改革』（朝日新聞社・1989）235頁。

的に連続性を保っている部分も多々見られる。

【各規定の由来】 GHQ 民政局国会課長だった J・ウィリアムズによると、制定時の国会法の132か条のうち、48か条は議院法から、2か条は明治憲法から、4か条は旧衆議院規則からそのまま取り入れられているとされる。残りの78か条のうち41か条は議院法又は明治憲法から引き出されたものであるが、根本的に趣旨が変更されており、残りの37か条が全く新しい条文である[21]。

【主な変更点】 従来の解説では、国会法の基本原則として、旧憲法下の議院法と対比させて国会法の内容上の特色を挙げるものが多い。外国議会との制度比較では、国会法レベルの内容上の特色を際立たせにくいことによる。

　そこで挙げられる特色は、①議員尊重主義、②衆議院優越主義、③国会中心主義を変更点の軸とするものであるが[22]、そこには憲法秩序の変更まで含められているきらいがある。

　ここでは、国会法の規定事項に限定して主な変更点を列挙し、ごく簡単に解説を加えることとしたい。ここに掲げるのは国会法制定時の内容で、その後の改正により廃止された制度もある。したがって、条名も制定時のものを示した。なお、帝国議会時代に議院規則上又は事実上行われていたものを明文化したにすぎない規定は挙げていない。

(1) 国会自主主義

・国会の組織や活動能力について、政府による決定を廃し、国会自身が決定することとした。

　　開会式の儀式特化 (国8)、会期・会期延長の自主決定 (国11、12)、召集即開会 (国14)、政府による停会の廃止 (旧議33)、事務総長の役員化 (国16(5))、議院経費の独立 (国32)

・国会の運営について、内閣の優先を改めることとした。

　　議事日程の政府提出議案優先の廃止 (旧議26Ⅱ)、内閣の提出議案修正・撤回の制限 (国59)、政府委員任命の承認 (国69)、国務大臣等の発言通告 (国70)

(2) 内閣の国会に対する責任の具体化

・国会の内閣に対するコントロールを実効的に行うための措置を講じた。

　　検査官の出席説明要求 (国72)、内閣等の報告・記録提出義務の強化 (国104)、

---

21 ジャスチン・ウィリヤムス（寺光忠訳）「日本議会法の今昔(下)」法律タイムズ2巻8号 (1948) 12頁。
22 鵜飼信成「国会法」国家学会雑誌61巻4号 (1947) 49頁、蠟山政道「国会法」蠟山政道編『新憲法附属法講座 第1巻』（政治教育協会・1948）5頁、円藤真一「国会法の主要原則」法学教室（別冊ジュリスト第1期）8号 (1963) 126頁、鈴木隆夫「国会法の三大特色」鈴木・理念39頁。

内閣等の国会図書館への刊行物送付の義務化 (国105 I)、両院協議会での国務
大臣の出席要求 (国96)

(3) 議員の地位向上

・議員の活動を効率的ならしめるための措置を講じた。

議員退職金の制度化 (国36)、通信手当の制度化 (国38)、議員会館事務室の提供
(国132)、議員事務補助員の附置 (国132)

・基本的人権の保障を議員の地位に投影させた。

資格争訟被告議員の弁護人依頼権 (国112)

(4) 委員会中心の審議

・議院の審議活動を委員会に移す措置を講じた。

全院委員会の廃止 (旧議20 I)、常任委員担当の義務化 (国41 II)、常任委員会中
心主義 (国42)、常任委員会合同審査会制度の新設 (国44)、議案の委員会審査の
義務化 (国56 II)、読会制の廃止 (旧議27)、委員会の廃案権の新設 (国56 III)

(5) 国会の機能強化

・国会の審議を充実させるための措置を講じた。

常会会期の長期化 (国10)、予算の審査期限の廃止 (旧議40)、議員の議案発議権
の強化 (国56 I)、質問の要件緩和 (国74 I、旧議48 I)、自由討議の新設 (国78)、予
備審査制度の新設 (国58)、委員会調査部門の新設 (国43)、国会図書館の新設 (国
130)、議院法制部の新設 (国131)、議案提出者の他院での説明の制度化 (国60)

・国会の審議に国民の意向を反映させるための手法を取り入れた。

公聴会制度の新設 (国51)、委員会の制限公開 (国52 I)、議員派遣制度の新設
(国103)

(6) 衆議院優越主義の拡張

・衆議院の優越が働く場合を憲法で規定する以外の場面でも設けた。

会期議決の衆議院優越 (国13)、衆議院議長による議案の奏上 (国65)、両院協議
会開会の多様化 (国84以下)

(7) その他

部属の廃止 (旧議4)、議院の役員と官吏の兼任禁止 (国31)、議員と官吏の兼職
禁止 (国39)、議長の発言時間制限 (国61)、両院協議会協議案議決の特別多数化
(国92 I)、両院法規委員の新設 (国99)

6…… 国会法の改正経過

【概観】国会法制定後、頻繁に改正がなされており、その回数は 35 回にわたる。中には他法改正に伴う軽微な内容のものもあるが、ここでは、それらのうち重要な内容を含む改正を取り上げて簡単に説明する。示した条名は改正時のものである。

【第 2 次改正】昭和 23 年 7 月、国会法施行後の実績に鑑み、規定の不備を補い、国会の審議能率の増進を図るための改正が行われた。

> 常任委員会の各省別化 (国 42)、常任委員の兼務制限の強化 (国 41)、委員の割当変更に伴う委員変更 (国 46 Ⅱ)、常任委員長の解任 (国 30 の 2)、本会議の日時招集 (国 55 Ⅱ)、本会議における議案の趣旨説明 (国 56 の 2)、委員会の中間報告 (国 56 の 3)、閉会中審査議案の後会継続 (国 68 但)、最高裁判所長官等の出席説明 (国 72 Ⅱ)、法制部の拡充 (国 131)、調査部門の拡充 (国 43)、会期中の議員逮捕の手続 (国 34 の 2)、議院運営委員会小委員の協議 (国 55 の 2)、両院法規委員会の権限の明確化 (国 99)

【第 5 次改正】第 13 回国会以後、占領解除に備えての諸制度見直しの一環として国会法の改正についても調査研究が重ねられてきたが、第 19 回国会の不正常運営によって生じた事態を受けて、昭和 30 年 1 月、公職選挙法 (昭和 22 年法律第 100 号)、政治資金規正法 (昭和 23 年法律第 194 号) の改正とともに自粛 3 法の 1 つとして実現した[23]。改正内容は国会法全般にわたる。

> 特別会の常会との併合召集 (国 2 の 2)、議員の任期満了による会期終了 (国 10 但)、会期前逮捕議員についての通知 (国 34 の 2)、議員の釈放要求の手続 (国 34 の 3)、常任委員会の整理統合 (国 41)、議長等の常任委員担当義務解除 (国 42 Ⅱ)、委員会の法律案提出 (国 50 の 2)、議案発議要件の強化 (国 56 Ⅰ)、同一議案の審議禁止 (国 56 の 4)、予算修正動議提出要件の強化 (国 57 の 2)、予算増額等に対する内閣の意見聴取 (国 57 の 3)、自由討議の廃止 (国 77、78)、議案の返付 (国 83 の 2、83 の 3 Ⅲ、87 Ⅰ)、継続審査後の両院関係 (国 83 の 4)、両院協議会協議委員のみなし辞任 (国 91 の 2)、両院法規委員会の廃止、緊急集会の規定の整備 (国 99〜102 の 5)、閉会中の議院警察権 (国 114)、懲罰動議の提出要件の強化 (国 121 Ⅲ)、訴追委員の選任母体の変更 (国 126 Ⅰ)、期間計算 (国 133)

【第 7 次改正】第 25 回国会において、自民・社会両党が国会運営の能率的正常化を図るための申合せを行い、その線に沿って昭和 33 年 4 月に国会法の改正がなされた。

> 議員の任期満了後の選挙後の臨時会召集 (国 2 の 3)、会期延長の制限 (国 12 Ⅱ)、会期前逮捕議員の勾留延長の通知 (国 34 の 2 Ⅱ)、議事協議会の新設 (国 55 の 2)、

---

[23] 松澤浩一「国会法改正の史的概観(2)」議会政治研究 16 号 (1990) 33 頁。

序章　9

議長の秩序保持権の強化（国118の2）、会期末・閉会中の懲罰事犯の処理（国121の2、121の3）

【第12次改正】 昭和55年4月、衆議院に科学技術委員会及び環境委員会を新設する改正を行った。この結果、常任委員会の種類を衆参で同一とする原則が崩れた。

　　常任委員会の種類変更（国41）

【第14次改正】 ロッキード事件を受けて、衆参両院議長の下にそれぞれ設けられた政治倫理協議会において政治倫理確立のための具体的措置が検討され、その合意を基礎として、昭和60年6月に国会法が改正された。

　　政治倫理（国124の2〜124の4）

【第15次改正】 参議院議長の下に設けられた参議院改革協議会において、参議院の特性を発揮するための審議機関として調査会を設けることが提案され、昭和61年5月に国会法が改正された。

　　参議院の調査会制度の新設（国54の2〜54の4）

【第19次改正】 参議院改革協議会による提案を発端として、常会の召集時期を1月とすることで衆議院各会派の意見が一致し、平成3年9月に国会法が改正された。

　　常会の1月召集（国2）

【第23次改正】 参議院議長の下に設けられた参議院制度改革検討会において、参議院の常任委員会を基本政策別に再編し、行政監視委員会を新設することが提案され、平成9年12月に国会法が改正された。

　　参議院の常任委員会の種類変更（国41Ⅲ）

【第24次改正】 平成9年12月、行政監視機能の充実強化を図るための改正がなされた。

　　衆議院の常任委員会の種類変更（国41Ⅱ）、内閣等に対する報告・記録の提出要求手続の強化（国104）、会計検査院に対する特定事項の検査要請（国105）

【第25次改正】 各党間に設けられた副大臣制度に関する協議会において、国会審議の活性化及び政治主導の政策決定システムの確立に関する法律案政策要綱が取りまとめられ、それに基づき、平成11年7月、政府委員の廃止、党首討論等を内容とする国会法改正が行われた。

　　国家基本政策委員会の新設（国41Ⅱ Ⅲ）、政府委員の廃止（国69）

【第26次改正】 平成11年8月、衆参両院にそれぞれ憲法調査会を設置することを内容とする国会法の改正が行われた。

　　憲法調査会の新設（国102の6、102の7）

【第 28 次改正】平成 12 年 12 月、中央省庁再編に伴い、常任委員会の再編を内容とする国会法改正が行われた。

　　　常任委員会の再編（国 41 II III）

【第 31 次改正】平成 19 年 5 月、日本国憲法の改正手続に関する法律が制定され、憲法改正手続を定めるための国会法改正が行われた。

　　　憲法改正原案発議の手続（国 68 の 2 ～ 68 の 6）、憲法改正原案に係る両議院関係（国 83 の 4、86 の 2）、憲法調査会の廃止・憲法審査会の新設（国 102 の 6 ～ 102 の 10）、国民投票広報協議会の新設（国 102 の 11、102 の 12）

【第 32 次改正】平成 23 年 10 月、東京電力福島原子力発電所事故に係る両院合同協議会の設置することを内容とする国会法改正が行われた。

　　　東京電力福島原子力発電所事故に係る両院合同協議会の設置（国附 VI ～ IX）

【第 35 次改正】平成 26 年 6 月、衆参両院にそれぞれ情報監視審査会を設置することを内容とする国会法の改正が行われた。

　　　情報監視審査会の新設（国 102 の 13 ～ 102 の 21）、特定秘密情報を含む情報・記録（国 104 の 2、104 の 3）

第1章　国会の召集及び開会式

制定時（昭 22.5）

　本章は、国会の活動能力論のうち、第2章〔国会の会期及び休会〕とともに活動期間に関する規定を置く。

　実質的意義における国会法を論じるに当たっては、国会という国家機関の存在やその権能論からスタートすべきであろうが、これらの問題は主に憲法において規定される事項であり、形式的意義の国会法は活動能力論からの幕開きとなる。

　国会は、会期という限られた期間においてのみ活動能力を持ち、会期は召集によって開始する。本章は、その召集及び活動を開始するに当たっての儀式である開会式に関する規定を置いている。

　なお、活動能力論として考察すべき国会の活動場所については、国会法は直接規定を置いていないが、本書では、第12章（第103条〔議員派遣〕）の説明において付論する。

　本章には、組織論・活動論であるところの正副議長の選挙についての規定も置かれている（国6）が、これは召集の後、開会までに議院の成立が必要とされていた帝国議会についての旧議院法の定めの名残である（•••▶第1条【集会期日】）。召集によって活動が開始し、議院の成立という概念がなくなった国会においては、この編成を採用するのは根拠に乏しい。第3章〔役員及び経費〕において規定する方が適当であろう。

【会期制】議会が活動できるのが会期という期間に限られる制度を「会期制」という。日本国憲法は、会期制の採用を直接うたっていないが、「会期」（憲50）、「常会」（憲52）、「臨時会」（憲53）の語が用いられているように、国会の活動について会期制によることを前提としている。

　国会法制定に当たっては、米国議会を念頭に置いて通年会期制のような制度も検討されたようであるが、憲法の中に「会期中」の語が使用してあったり、憲法で臨時会を認めた点等を考え合わせ、また、議員の便宜の点から、国会法上も会期を認めることとされた（大池・説明2頁）。

　会期は、その一種である常会が毎年1回召集される（憲52）ことからも分かるように、長さに限定のない期間ではなく、少なくとも年に何度か設定されることが予定されている。

12

会期制を採用したことにより、個々の会期の独立性をどのように扱うかとの問題が生じた。これらについては、それぞれ第68条【会期不継続の原則】、第56条の4【一事不再議の原則】の説明参照。

なお、裁判官弾劾裁判所、裁判官訴追委員会及び国民投票広報協議会は、国会が設置する機関ではあるが、会期によって活動が制約されるという性格のものではない。

【会期制の適用除外】 会期制は国会の活動に時間的制約を加えるものであるが、その対象の中心となるのは意思決定を目的とする活動であり、そのため、本会議や委員会は会期中でなければ開くことができない。ただし、その周辺の活動の中には、会期制の制約を免れ、会期外においても行うことが可能と考えられるものがある[1]。

会議録の発行や議決後の議案送付のような議院の意思決定活動に付随する事実的行為等は、閉会後にわたることが許される（⋯▶第63条【会議録の公表】、第65条【議案の奏上】【議案の内閣送付】【内閣総理大臣指名の奏上】、第68条の5【憲法改正案の内閣送付】）。これらの活動についてまで会期制を厳格に適用すると、例えば成立した議案の内閣送付が会期に収まらずに次会期回しとなることで、本体行為の効果を発生させられないこととなり、弊害が甚だしくなるからである。

また、会期召集日に開会する本会議や委員会の招集行為は準備的性格の強い行為であり、会期中の議院の活動を十全なものとするのに必要なため、会期開始前に行うことが許容されている。

【会期制の例外】 会期制によって議院の活動は限定を受け、閉会中に議院の意思決定を行うことはできないが、その内部機関の活動については例外が認められている。すなわち、委員会や参議院の調査会は、議院の議決によって閉会中も活動し得ることとされており（国47Ⅱ、54の4Ⅰ）、また、両議院の憲法審査会や情報監視審査会、政治倫理審査会は会期中であると閉会中であるとを問わず開会できるとされている（衆憲規8、衆情規9、衆政規24、参憲規8、参情規9、参政規23）。

議員派遣は、議院の意思決定を直接の目的とするものではなく、議院の部分主体による活動であるため、委員会の閉会中審査に準じ、議院の議決又はそれに代わる議長（議院運営委員会）の決定によって（国103、衆先516、537、参先434）、会期外でも行うことができる（⋯▶第103条【議員派遣】）。

【両院同時活動の原則】 国会は衆参両院から成るが、活動期間は原則として共通である。これを「両院同時活動の原則」という。

---

1 森本昭夫「会期制度の内実」立法と調査393号（2017）74頁。

§1

　具体的には、召集は両議院の議員に対して同時になされ、会期は国会の活動期間として決められる。また、衆議院が解散されると、参議院は閉会となる（憲54Ⅱ本）。

　この原則に対しては、衆議院が解散されたときの参議院の緊急集会が例外の制度として置かれている（憲54Ⅱ但）。委員会や参議院の調査会が閉会中も活動する閉会中審査（国47Ⅱ）も議院の議決によって各別に可能なことから、両院同時活動に対する例外に当たる。

【会期の種別】会期の種別は、召集の要因によって決まるもので、常会、臨時会、特別会の３種がある。

　召集時に複数の要因が競合することがあるが、会期の長さや延長可能回数等、会期の種別によって効果の異なることがあるため、特定されなければならない。これを決定するのは召集権者であり、召集詔書で明示される。

　「常会」については第１条【常会の詔書公布期限】、「臨時会」、「特別会」については同条【臨時会・特別会の詔書公布期限】の説明参照。

　会期においては、国会はその種別に関係なく、権能を全て行使し得る。

〔召集詔書の公布〕
第1条① 　国会の召集詔書は、集会の期日を定めて、これを公布する。
② 　常会の召集詔書は、少なくとも10日前にこれを公布しなければならない。
③ 　臨時会及び特別会（日本国憲法第54条により召集された国会をいう）の召集詔書の公布は、前項によることを要しない。

制定時（昭22.5）、第19次改正（平3.9）

　本条は、国会の召集の方法について規定するものである。

【召集】国会の活動期間である会期は、召集を契機として始まる。

　「召集」は、機関としての国会の活動を開始させるために国会議員を各議院に呼び集める行為である。ただし、後述するように、国会法上これと異なる語義で用いられることがあるので注意を要する（⋯▶本条【集会期日】）。

【召集権者】天皇は、内閣の助言と承認により、国会を召集する（憲7⑵）。

　召集権者は天皇であり、その召集行為は国事行為とされている。これは「他律的集会制」と呼ばれ、国会が自らの意思で活動を開始する（自律的集会制）ことはできない。

§1

召集を実質的に決定するのは内閣であり、閣議によるが、その根拠については争いがある。憲法第7条〔天皇の国事行為〕の「助言と承認により」との文言に求める説（宮澤・コメ105頁）と臨時会についての内閣の召集決定権（憲53）を常会、特別会に類推する説である[2]。

憲法が、天皇は「国政に関する権能を有しない」と明記している（憲4 I）ところからも、国事行為は形式的・儀礼的行為と考えるべきであり、その空虚な権能への助言と承認のうちに実質的権限を読み込むのは適当とは言い難い。臨時会は原則として召集時期が内閣の裁量に委ねられており、それゆえに決定権の所在が大きな意味を持ち、憲法が明定していると解することができる。これを召集時期に制約のある常会、特別会に類推する理解の方が合理的であると言えよう[3]。

【召集方法】国会の召集は、詔書公布により行う。

召集について議員のみならず国民にも知らせる必要があることから、詔書公布という公示機能の高い方法が採られている。

「国会」は、ここでは機関としての国会を意味するのではなく、特定の期間において活動する具体的な会議体という意味で使われている。期間にウェイトを置いた用語であり、「第○回国会」というように、各会期に番号を振って称呼としている（衆先1、参先1）のもこの用法である。

天皇の国事行為である召集は、詔書公布の形式でなされる。昭和22年に公式令が廃止された後、詔書についての一般的規定はなくなったが、国会の召集については、天皇の国事行為であることから、帝国議会時代の例に倣い、詔書の公布によることが本条で明定されている。

「詔書」とは、国事行為について天皇が発する公文書であり、親署がなされ御璽が押され、内閣総理大臣が副署して公示される。

「公布」とは、広く一般国民に知らせる行為をいい、官報に掲載することによって行われる。本条は、召集について個々の議員に通知することを要求していないが、召集詔書は議院公報に掲載する例である（衆先467、参先495）。

閉会中に外国に滞在する議員に対する関係で詔書の公布による方法が有効か否かが問題として挙げられている（研究会・法規14時の法令1501号（1995）71頁）。既に議員としての地位にある者は、常時、召集を受けられる態勢にあることが求められている（召集了知義務）と言えよう。自らの意思で音信不通となった場合に応召義務が免除され

---

2 清宮四郎『憲法 I 〔第3版〕』（有斐閣・1979）177頁。
3 芦部信喜監修『注釈憲法(1)』（有斐閣・2000）287頁〔芹沢斉〕。

るものではないと解する。

公布が特定人を対象とする伝達行為ではないとしても、議員として召集を了知していない者に応召義務を課するのは無理がある。そのため、選挙後の特別会又は臨時会の召集では、当選議員確定後でなければ詔書を公布することができない。具体的には、当選人が告示され（公選101Ⅱ、101の2Ⅱ、101の2の2Ⅱ、101の3Ⅱ）、当選の効力が発生した（公選102）後である。

当選確定後であれば、任期開始後の国会の召集詔書の公布を任期開始前に行うことも有効になし得ると解する[4]。召集詔書公布を了知することは議員としての権能に含まれるものではなく、任期開始と同時に国会が活動しなければならない場面も予想されるからである。ただし、実例としては、任期開始前の時点で召集詔書が公布されたことはない。

【集会期日】召集詔書には、集会の期日を定める。

会議体の召集である以上、「いつ・どこに」を特定する必要があるのは当然であり、召集権者がそれを定める。

全国各地から議員が議事堂に集まるには時間を要するため、召集行為（詔書の公布）によって直ちに会期が開始するものではない。会期が開始するのは召集詔書に定められた集会の期日からであり、この日から活動し得ることとなる。

「集会の期日」とは、召集の効果として議員が議院に集まる最初の日のことである。これを指す語として「召集日」が用いられるように、「召集」には会期の開始を指す意味もあり、むしろこちらの方が一般的な用法である（⸱⸱⸱▶本条【召集】）。

「集会」は、その国会での最初の議院の会議（本会議）を指す。

この用語は、旧議院法の規定（第1条　帝國議會召集ノ勅諭ハ集會ノ期日ヲ定メ少クトモ40日前ニ之ヲ發布スヘシ）の残像であろう。

> ♣議院法では〔議院成立に関する集会〕
> 　第2条　議員ハ召集ノ勅諭ニ指定シタル期日ニ於テ各議院ノ會堂ニ集會スヘシ
> 　　召集によって義務付けられた集会は、「議院成立に関する集会」として「議院の会議」とは区別されていた。

国会は、召集日から活動能力を有する（国14）のであり、議員の応召の具体的行為は本会議出席にほかならず、それを指す語として「集会」を用いるのは誤解を招きかねないと言えよう。

---

[4] 森本・前掲1 70頁。

§1

　集会するためには、期日だけでなく、その開始時刻まで特定されなければならないが、現行制度上、それは各議院が定めるところとされており、召集詔書で指定することはできないものと解する。議院規則では、衆議院は「議長が定めた時刻に」、参議院は「午前10時に」集会しなければならないと規定されている（衆規1、参規1）（•••▶『逐参』第1条【応召】）。

　実際の召集詔書では、「日本国憲法第7条及び第52条並びに国会法第1条及び第2条によって、平成31年1月28日に、国会の常会を東京に召集する。」というように、召集の根拠規定、期日、国会の種別、場所が示されている。

> **♣議院法では〔議院の成立〕**
> **第5条　兩議院成立シタル後勅命ヲ以テ帝國議會開會ノ日ヲ定メ兩院議員ヲ貴族院ニ會合セシメ開院式ヲ行フヘシ**
>
> 　帝国議会の活動開始に関わる概念は複雑だった。まず、「召集」の後、召集詔書の指定する期日に集会し、その後、議長、副議長が選ばれ、議員の席次等が定まることを「議院の成立」と称していた。両議院は成立によって活動のための準備が整った状態となった。

　国会となってからは、「議院の成立」や「開会」は特別の観念として捉えられてはいない。

【集会場所】 召集詔書に集会の場所を示すことは本条では求められていないが、実際には、「東京に」と指定される例である。これでは場所の特定性が弱いが、議事堂の所在地が周知の事実であることを踏まえてのものであり、召集詔書に指定がなくても、その場所は特定されている。

　国会議事堂の所在地については、国会議事堂等周辺地域及び外国公館等周辺地域の静穏の保持に関する法律（昭和63年法律第90号）のようにそれを前提とした法律は存在するものの、国会の活動場所を定める法規上の規定は存在しない。

　なお、**第5条〔議員の集会〕**では「各議院に集会しなければならない」と規定されている。

【常会の詔書公布期限】 常会については、召集詔書は少なくとも10日前に公布しなければならない。

　議員が召集に応じるためには準備を要するため、集会の期日まで猶予期間を必要として定めたものである。これは常会の会期が長期にわたることを勘案したものである。

　「常会」とは、国会（会期）の種別のうち、年に1回召集を義務付けられているものである（憲52）。

第1章　国会の召集及び開会式　　**17**

§1

総予算や予算関連法案を始めとする重要な案件の審議を予定して召集される。予算は単年度主義によっており、法律にも年度替わりに改正の必要なものがあり、1年の特定時期に国会が相当期間にわたって活動している必要があることを踏まえて制度化されているものである。

ただし、召集詔書でその目的がうたわれることはないため、総予算審議を第1の目的とする国会という実体面から見た定義は不適当であり、ここでの定義としては、**憲法第52条〔常会〕**を根拠に掲げて召集される国会とするほかない。

「10日前」とは、集会の期日の前日を第1日として逆算して10日目に当たる日を指す。

国会関係についての期間計算では初日算入主義が採られている (国133) が、期間を遡って計算する場合には、表現のしにくさもあり、起算日の取り方が難しくなる。通常の感覚によると「1日前」は前日を指すことから、このような表現を採る遡及計算の場合には初日算入主義の入り込む余地がないことによる。

終期については、10日目に当たる日までか、その前日かが問題となるが、ここでは初日不算入としたことをも勘案し、10日目に当たる日に公布すれば足りるものと解する。

その他、期間の計算については、**第133条【期間の計算】**の説明参照。

帝国議会においては常会召集の準備期間が「40日前」と規定されていたところを、国会法制定時には「20日前」とされ、平成3年の改正で「10日前」に短縮された。常会は召集時期が特定されており (国2)、また、通信交通手段が発達し、議員宿舎等が整備されている現状に鑑みれば、長期の猶予は必要性を失っている。

衆議院の解散・総選挙に伴う特別会を常会と併せて召集する場合 (国2の2) には、本条第2項の規定は適用除外とすべきである。特別会として召集するのであれば召集詔書の公布時期についての制約がないところ (国1Ⅲ)、常会に関する制約をクリアーできないことを理由として併合することを断念せざるを得ないのでは併合召集の制度趣旨が没却されるからである (⋯▶第2条の2【併合召集】)。

【臨時会・特別会の詔書公布期限】臨時会及び特別会の召集詔書公布については、常会におけるような期限はない。

第2項に続けて念のために規定を置いたものであり、会期の性格上、臨時緊急の必要、短期で終わる蓋然性等に鑑みてのものであろう。全国から議員が応召できる程度の猶予期間があれば足りる。

「臨時会」とは、臨時の必要により召集される国会であり、①内閣が必要とすると

§ 2 の 2

者の召集義務が競合する場合について、議員の任期満了に伴う選挙後の臨時会のように国会法で一方の召集を免除する旨の例外規定（国2の3）を置く方法を採ることには無理があり、併合して召集する便法を採用したものと考えられる。

「併せてこれを召集する」とは、義務付けられた2つの国会を1つの国会に併合して召集することができるという意味であり、2つの国会の召集行為を1度にまとめて済ませるという意味ではない。

本条を設ける際、臨時会についても常会との併合召集ができるようにすべきであるというのが衆議院側の意向であったが、参議院の反対で実現しなかった。議員から臨時会召集決定を要求した場合（国3）に内閣がその召集決定を遅らせて常会と併合されると、臨時会召集要求権を実質的に失わしめることとなるとの理由による[8]。近時、要求に応じた臨時会が召集されずに常会召集に至る事例が増えている（⋯▶第3条【要求への対応】）のは皮肉なことである。

【併合要件】 併合召集が認められるのは召集すべき時期が競合又は近接する場合である。

総選挙後30日以内に特別会を召集することは憲法上の要請であるから、併合召集とするためにその期限を徒過して1月まで延期することはできない。他方、常会の1月召集については「常例とする」という緩やかな義務付けであるので（国2）、2回召集する煩瑣を避けるため、1月を多少前後する時期にずらして併合召集することは許容される。

【併合国会】 本条によって併せて召集された国会の性格については、常会として把握するか、特別会としての性格を重視するかを選択する必要があり、それによって召集の方法や会期及びその延長可能回数について違いが出る。

これらの点についての規定に不備があるため本条が活用されてこなかったとの見方もなされている（今野・法理254頁）が、もとより解釈で補うことは可能である。

会期の規模に関しては常会の方が長いのが通常であり、常会としての国会であると解することによって特別会の使命も包摂できると考えられる。本条の規定ぶりからも、それが素直に読み取れるだろう。

したがって、会期は決定する必要はなく150日間とされ、会期の延長も1回に限られる。ただし、召集詔書を少なくとも10日前に公布することを要するとする第1条第3項の規定は適用されないものと解する（⋯▶第1条【常会の詔書公布期限】）。

本条によって常会と特別会が併せて召集された事例はない。

---

8 第21回国会衆議院議院運営委員会議録第8号（昭30年1月21日）5頁〔大池真衆議院事務総長の発言〕。

第1章 国会の召集及び開会式 23

§2の3

> ◆事例
> 　過去に、常会の召集詔書を公布した後、その集会の期日までに衆議院が解散されたため開会に至らなかったことがある（**第2条【常会の召集義務】**）が、その場合の総選挙後の特別会は単独で召集され（第63回国会、第71回国会、第101回国会）、それを実質的な常会とすることで、改めて常会を召集することはなかった。
> 　一旦常会を召集したことで義務を果たしたと考えられたのかもしれないが、当時は常会の召集詔書は20日前（国旧1Ⅱ）に公布することが必要であり、この要件を適用除外とすれば併合して召集することが可能であったと考えられる。

【特別会と通常選挙との競合】 特別会を召集すべき時期が参議院議員の通常選挙を行うべき時期と競合することもあり得る。その場合、通常選挙の期日は国会の開閉の影響を受けて繰り延べられる（公選32Ⅱ）ため、特別会の召集を優先させても差し支えない。

先に通常選挙が公示された場合でも、特別会を延期することは許されず、総選挙後30日以内に召集しなければならない（憲54Ⅰ）。その場合には、特別会が召集されても選挙期日の公示は無効とならないものと解さざるを得ないだろう（公選31Ⅴ参照）。

ただし、この問題は衆議院解散の時期を調節することで解決し得るものである。

> 〔選挙後の臨時会の召集〕
> **第2条の3①** 衆議院議員の任期満了による総選挙が行われたときは、その任期が始まる日から30日以内に臨時会を召集しなければならない。但し、その期間内に常会が召集された場合又はその期間が参議院議員の通常選挙を行うべき期間にかかる場合は、この限りでない。
> **②** 参議院議員の通常選挙が行われたときは、その任期が始まる日から30日以内に臨時会を召集しなければならない。但し、その期間内に常会若しくは特別会が召集された場合又はその期間が衆議院議員の任期満了による総選挙を行うべき期間にかかる場合は、この限りでない。

　　　　　第7次改正（昭33.6）

本条は、国会議員の任期満了による選挙後の臨時会の召集時期について規定するものである。

衆議院議員の任期満了による総選挙後の臨時会と参議院議員通常選挙後の臨時会とで共通する事項が多いので、両方について併せて説明する。

【任期満了後の選挙】 衆議院議員の任期は4年で（憲45）、その任期満了による総選

§2の3

挙は議員の任期が終わる日の前30日以内に行う。その期間が国会開会中又は閉会の日から23日以内にかかる場合においては、国会閉会の日から24日以後30日以内に行うとされている（公選31ⅠⅡ）。

参議院議員の任期は6年で、3年ごとに議員の半数を改選する（憲46）。通常選挙は議員の任期満了による選挙で、その任期が終わる日の前30日以内に行う。その期間が参議院開会中又は参議院閉会の日から23日以内にかかる場合においては、参議院閉会の日から24日以後30日以内に行うとされている（公選32ⅠⅡ）。

【選挙後の臨時会】議員の任期が満了するときには、その後任を選ぶための選挙の後に速やかに新たな院の構成を行うための国会を開く必要がある。それは、半数改選の参議院においても同様である。

また、衆議院議員総選挙の後に初めて国会の召集があったときは、内閣は総辞職しなければならないとされており（憲70）、その国会では内閣総理大臣を指名することも主要な目的となる。

国会法制定当初、本条は置かれていなかったが、昭和31年の通常選挙が7月に行われた後、政局の都合もあって11月まで臨時会が召集されなかった。その際の参議院の不自由さに鑑み、召集を義務付ける規定が新設されたものである[9]。

「臨時会」とは、常会及び特別会以外の会期のことである。本条によって召集される国会は単なる臨時の必要によるものではないが、国会の種別としては同じ名が付されている。

選挙後の臨時会の主たる目的は前述のとおりであるが、その他の案件を処理することも可能である。

【選挙後の臨時会の召集】衆議院議員の任期満了による総選挙又は参議院議員の通常選挙が行われたときは、その任期が始まる日から30日以内に臨時会を召集しなければならない。

「任期が始まる日」は、前任議員の任期満了の日の翌日であるが、選挙が前任議員の任期満了の日の翌日後に行われたときは選挙の期日となる（公選256、257）（•••▶第13章概説【議員の任期】）。

「30日以内」は、任期が始まる日から起算して（国133）30日目に当たる日までを指す。

「召集しなければならない」の「召集」は会期の開始を指し、召集詔書の公布を意味するわけではない。

---

9 PQR「参議院の通常選挙後に召集される国会—国会法第2条の3について」時の法令319号（1959）46頁。

第1章　国会の召集及び開会式　　*25*

§2の3

【常会・特別会・通常選挙・総選挙との日程調整】衆議院議員の任期満了による総選挙後の臨時会を召集しなければならない期間は常会の召集や通常選挙が行われる時期に、また、参議院議員の通常選挙後の臨時会を召集しなければならない期間は常会・特別会の召集や衆議院議員の任期満了による総選挙が行われる時期に当たる可能性がある。これらの時期が競合した場合、臨時会の召集義務が解除される。

　両立させにくい日程が競合する場合について、臨時会の召集義務を解除することによって調整を図るものである。

　「その期間内」とは、臨時会を召集しなければならない期間、すなわち、選挙で選ばれた議員の任期が始まる日から30日の間を指す。

　「召集された場合」の「召集」も召集詔書の公布ではなく、会期の開始を指す。

　「参議院議員の通常選挙を行うべき期間」とは、公職選挙法第32条第1項、第2項に定められている期間、「衆議院議員の任期満了による総選挙を行うべき期間」とは、同法第31条第1項、第2項に定められている期間をいう（⋯▶本条【任期満了後の選挙】）。

　「かかる」とは、両期間が1日以上にわたって重複することをいう。

　「この限りでない」とは、本条による臨時会を召集しなくてもよいことを意味する。

　その期間内に常会又は特別会が召集された場合には、その会期において院の構成等必要な事項を処理し、衆議院議員の任期満了による総選挙又は参議院議員の通常選挙が行われる場合には、その後の臨時会において処理することとなる。

　逆に、本条第1項又は第2項のただし書に該当するような場合でも、本条による臨時会を召集することは可能であるが、その場合、競合する事象との調整の必要が生じる。

　常会の召集詔書が公布された後、その召集日までに臨時会が召集される場合、臨時会は常会召集日前日までに会期を終了させる必要がある。

　参議院議員の通常選挙を行うべき期間に本条第1項の臨時会が召集されると、それによって通常選挙を行うべき期間が改まり、後にずれ込むこととなる（公選32Ⅱ）が、通常選挙が公示された後に臨時会が召集されても公示の効力は影響を受けないものと解する（公選31Ⅴ参照）。衆議院議員の任期満了による総選挙を行うべき期間に本条第2項の臨時会が召集される場合も同様である（公選31Ⅱ）。

　本条には規定されていないが、衆参両院議員の任期満了に伴う選挙が同時期に行われ、その後の臨時会を召集しなければならない期間が重複する場合には、両方を

§3

別々に召集しなければならないのではなく、その期間内に召集した臨時会で両者を兼ねることができると解する。

国会の閉会中にも衆議院を解散することができると解した場合、例えば、参議院議員の通常選挙後に衆議院が解散されると臨時会を召集できないこととなる。その場合にも、総選挙後に特別会が召集されるので、本条第2項ただし書を類推適用して、臨時会召集義務は解除されるものと解する。

> ♠事例
> 　衆議院議員の任期満了による総選挙は、過去1度だけ例がある（昭和51年12月5日）。このケースは、本条第1項ただし書の場合に該当したが、臨時会と常会の両方が召集された。

> ♠事例
> 　本条は、昭和33年の改正で新設されたもので、それ以降、衆議院の解散によって衆参同日選挙となり、本条第2項ただし書により、特別会の召集だけで済まされた事例が2度ある（昭和55年7月17日召集の第92回国会、昭和61年7月22日召集の第106回国会）。

〔臨時会召集決定の要求〕
第3条　臨時会の召集の決定を要求するには、いずれかの議院の総議員の4分の1以上の議員が連名で、議長を経由して内閣に要求書を提出しなければならない。

　　　　　　　　　制定時（昭22.5）

本条は、臨時会の召集決定の要求手続について規定するものである。

【臨時会の召集】「臨時会」は、常会及び特別会以外の会期のことである。召集時期が法定されている場合（憲54Ⅰ、国2、2の3）以外でも、臨時の必要により国会を召集できるとされている（憲53）。

国会の閉会中に内閣が総辞職した場合には、速やかに後任の内閣総理大臣を指名する必要があり、そのための臨時会を召集しなければならない。それが常会を召集すべき時期に当たっていても、常会の召集には猶予期間が必要とされている（国1Ⅱ）ため、臨時会を直ちに召集することが考えられる。

国会召集の実質的決定権の根拠については見解が分かれている（•••▶第1条【召集権者】）が、臨時会に関しては内閣が決定することが**憲法第53条**〔臨時会〕で明定されている。

第1章　国会の召集及び開会式　　27

§3

「召集の決定」は、召集の根拠法規、国会の種別（ここでは臨時会）、集会の期日、場所を定める閣議決定である。

臨時会は、臨時の必要により召集されるものであるが、召集決定ではその目的を示す必要はない。示されたとしても、国会の権能行使はその目的に限定されるものではない。

【臨時会召集の要求】国会は自主的に集会する権限を持たない（他律的集会制）。しかし、内閣の召集決定を待つだけでなく、議員サイドから（いずれかの議院の総議員の4分の1以上で）臨時会の召集を要求できる。要求があれば、内閣はその召集を決定しなければならない（憲53後）。

議院内閣制の下では、内閣の意思に反して国会の側が召集を望むことはまれなことである。憲法が一院の総議員の4分の1以上で臨時会の召集決定を要求できるとしたことは、少数派の権利保護の機能を期待したものであると同時に、参議院の意思を尊重するものでもある。ただし、その召集時期は必ずしも要求者の意をくんだものとはならず（⋯▶本条【要求への対応】）、そこに少数者の権利としての限界がある。

「要求」の対象は、内閣の召集決定である。

特に召集の必要性を示すことは要件として挙げられていない。実際には、国政における緊急の課題が示される例である。要求において召集の期限が示されることもあるが、通常は、速やかに召集すべき旨要求される例である。

【召集要求者】臨時会の召集決定の要求は、いずれかの議院の総議員の4分の1以上による必要がある。

この要件は、憲法第53条後段においても規定されている。

「いずれかの議院」は、衆議院・参議院のいずれかを指しており、したがって、衆議院議員と参議院議員の混合で召集決定要求が行われることは想定されていない。

「総議員」については、法定数を指すか実数（現在議員数）を指すかの選択肢がある。本会議の定足数などでも総議員の意味が問題となるが、要件を割合で示す以上、分子にカウントし得ないものを分母に含ませることは理にかなわず、実数説が適切であると解する。しかし、国会法制定時には政府側は法定数と解していた[10]。また、国会では総議員は法定数を指すものとする扱いである。議員の死亡や補欠選挙等による議員数の変動の影響を受けないようにするためである。

「4分の1以上」は、要求書の提出要件であり、要求に加わった議員がその後に議

---

[10] 第91回帝国議会貴族院国会法案特別委員会議事速記録第2号（昭21年12月23日）9頁〔佐藤達夫法制局次長の答弁〕。

28

§3

員の地位を失うことで4分の1を割っても要求は影響を受けないものと解する。内閣の召集決定が遅れることによって義務が解除される可能性が増すこととなりかねないからである。

【要求の方法】臨時会の召集決定を要求するには、要求議員が連名で議長を経由して内閣に要求書を提出しなければならない。

要求権は議員に与えられているが、議院サイドから見て対外関係であり、その真正性や要件の充足を担保するために議長を経由することとしたものである。

「連名」は、要求書に要求議員全員の名前を明記することを指す。したがって、個別に要求している議員の数を合計して総議員の4分の1以上に達しても要件を満たしたことにはならず、総議員の4分の1以上の議員が同一行動で要求しなければならない。

「議長」は、要求議員が在籍する議院の議長を指す。

「経由して」は、要求議員からの要求書が議長に提出されるべきことを意味する。提出を受けた議長は要件充足を認定した上で、これを内閣に送付する。手元にとどめたり、勝手に却下することはできない。

「要求書を提出しなければならない」は、要求が書面によってなされなければならないことを意味する。

要求書は議長を通じて内閣に提出することとなるため、その宛名は内閣の代表たる内閣総理大臣である。

【要求への対応】内閣は、要求があればそれに応じて臨時会の召集を決定しなければならない（憲53後）。

ただし、この要求権は一院の総議員の4分の1で行使できる少数者の権能であり、その実現可能性には限界が内在するものと解される。要求書において期限が付されている場合でも、それに拘束されるわけではない。著しく遅延した召集であっては要求の制度の意義がなくなってしまうが、これを強制する方法はなく、国民の批判に待つほかない。

逆に、要求に付された期限を徒過しても要求の効力がなくなるわけではなく、内閣の召集決定義務は解除されない。

要求において審議すべき案件が指定されている場合においても、召集される臨時会の活動範囲は制約を受けない。

§§4・5

◆事例

　臨時会の召集決定要求に対して、内閣が即座に対応せず、その後、1月になって常会が召集された事例がある（第159回国会、第164回国会、第190回国会）。要求書提出から1か月以上が経過していたが、臨時会は召集されなかった。

【要求と常会召集時期等との競合】常会、特別会、議員任期満了に伴う選挙の後の臨時会は、召集時期が特定されている（憲54 I、国2、2の3）が、その召集を前にして臨時会召集決定を要求することも可能であると考えられる。

　この場合の召集決定要求に対しては、召集時期が法定されている国会（常会、特別会、臨時会）の召集を決定することで義務を果たしたことになると解する。この時期に召集された国会で要求に係る懸案も処理できるので、別個に2度召集することが必要となるわけではない。

　昭和30年の改正で特別会と常会の併合召集の規定（国2の2）が設けられた際、臨時会と常会の併合召集も認めようとの動きがあったが、参議院側が召集決定要求後には臨時会を必ず召集しなければならないとの意向を示したため実現しなかったという経緯がある[11]。しかし、会期の種別によって国会の権能に差があるわけではないので、時期を限定して義務付けられている国会の召集で召集決定要求は目的を達成したと解して差し支えないであろう（宮澤・コメ401頁）。

第4条　削除

制定時（昭22.5）、第5次改正（昭30.3）

〔議員の集会〕

第5条　議員は、召集詔書に指定された期日に、各議院に集会しなければならない。

制定時（昭22.5）

　本条は、議員の応召義務について規定するものである。

【応召義務】議員は召集詔書に指定された期日に議院に集会しなければならない。

　召集の意味するところを議員の応召義務の形で具体化したものである。

　「議員」は、衆参両院の国会議員を指す。任期中であることを要するので、選挙後

---

11 第21回国会衆議院議院運営委員会議録・前掲 **8** 5頁〔大池真衆議院事務総長の説明〕。

§5

でも前任者の任期が満了していない時点で急遽前任者の任期中の日を集会期日とする国会が召集された場合には、前任者が議員として応召しなければならない。

議員が召集に応じることは義務であり、議員が実際に召集を承知しているか否かを問わない。召集は詔書の公布による方法が採られる（国11）ため、全ての議員に伝達されたものとみなされる。

召集に応じない場合には懲罰事犯となり得る（国124）。

召集詔書の公布後に衆議院が解散された場合には、召集行為は効力を失い、参議院議員の応召義務も解除される。総選挙後の日が集会の期日として定められていた場合であっても同様である。改めて新議員に対しての召集行為を要するからである。

【集会の日時】「召集詔書」については、第1条【召集方法】の説明参照。

「指定された期日」は、会期の初日として召集詔書に記された期日を指す。これが「召集日」である。

召集詔書には集会の時刻まで指定されないので時間的特定性が弱いが、両院規則で衆議院は「議長が定めた時刻に」、参議院は「午前10時に」集会しなければならないと規定されている（衆規1、参規1）。衆議院では、実際には、正午又は午後1時と定められる例である。

【集会の場所】「各議院」は、各議員が在籍する議院を指す。

召集詔書には、召集の場所として「東京に」と記される例であり、本条は、これを補充して、議事堂の所在地が周知の事実であることを前提として議院に集まる旨を指示するものである。これでも集会場所として曖昧であるが、議院内で議員全員が会同する場所が議場であることは言をまたないとの趣旨である。

「集会」は、議院の会議（本会議）に出席することを指す。

この会議で院の構成を始めとする会期の活動を開始するための議事を行う。

この用語は旧議院法の規定（第2条 議員ハ召集ノ勅諭ニ指定シタル期日ニ於テ各議院ノ會堂ニ集會スヘシ）の残存したものであろうが、国会では召集日から活動能力を有するため誤解を招きかねない（●▶第1条【集会期日】）。

【当選証書対照】応召行為は議員本人でなければならず、議員となって初めて登院する機会に本人であることの認証を各議院が行う。その方法は、登院した者が当選者であることを同定できるものであることを要する。議院規則上は、選挙後に議員が初めて登院する際に、その持参した当選証書と内閣からの当選人名簿とを議院事務局が対照することによっている（衆規2、参規2）（●▶『逐参』第2条【当選証書の対照】）。

【初回本会議】参議院では、参議院規則第1条で集会時刻が特定されており、国会

§6

の召集によって最初の本会議が自動的に招集される仕組みとなっている。これに対して衆議院においては、集会時刻を議長が定める必要があり (衆規1)、実質的に招集行為が必須事項となっている。総選挙後のように議長及び副議長がいない場合でも、事務総長が議長の職務を行うこととされており (国7)、議事日程による招集が可能となっている。

> ♥運用
> 　参議院においても、召集日前日に議事日程を定めて本会議を招集することが定例化している。

召集日の議事日程記載の開議時刻は議院規則の規定に従い、参議院では午前10時に、衆議院では議長が定めた時刻、実際には正午又は午後1時に設定される例である。

初回本会議では、まず、院の構成を行う。選挙後の国会では役員の選任が必要である (┉▶第6条〔召集日に議長・副議長がないときの選挙〕以下) が、それ以外の国会でも、議席の指定、特別委員会の設置は毎会期冒頭に行われる。

〔召集日に議長・副議長がないときの選挙〕
第6条　各議院において、召集の当日に議長若しくは副議長がないとき、又は議長及び副議長が共にないときは、その選挙を行わなければならない。

　　　　　　制定時 (昭22.5)

本条は、召集日の議長・副議長選出の必要性について規定するものである。

【院の構成】 国会が活動するためには、役員や委員会等の内部機関を整えておく必要がある。これら一切を指して「院の構成」と呼ぶ。具体的には、選挙後の正副議長を始めとする役員の選任や委員会等の委員の選任である。また、会期制が採られていることに伴い、議席の指定や特別委員会の設置は会期ごとに行われる。

これらは、議院の活動を開始するに当たって最初に行うべき事柄とされており、憲法上、最優先で行うとされている内閣総理大臣の指名 (憲67 I 後) にも先立って処理する必要がある (衆先66、参先85)。

【正副議長の選任】 憲法上、議長その他の役員は両議院が各々選任することとされている (憲58 I)。

各議院において、召集日に正副議長の一方又は両方がいないときは、その選挙

§6

を行わなければならない。

　召集日にはまず本会議が開かれるが、その議事を進めるためには何をおいても本会議の主宰者が必要であり、議長の職務代行者としての副議長の存在も必須事項である。

　「議長」は、議院の代表たる役員である（国16⑴、19）。

　「副議長」は、議長の職務を代行し（国21）、議長を補佐する議院の役員である。

　正副議長についての詳細は、**第16条**〔役員の種類〕ないし**第21条**〔副議長の議長代行〕の説明参照。

　「各議院」は、衆参それぞれの議院であり、当該議院が選挙を行う。

　選任の方法については言及されていないが、国会法では、本条及び**第23条**〔議長・副議長が欠けたときの選挙〕において「選挙」の語が用いられている。

　「選挙」は、特定の地位に就くべき者を多数人で選定する行為をいう。通常は投票による。

　したがって、方法に関しては、必ずしも議員が一堂に会して行うことに限定されるものではないが、本条は本会議の議事として行うことを想定しており、実際の手続もそのように規定されている（衆規3、参規4）。

【選挙を行う場合】 国会法は、正副議長の選挙を行うべき場合について、「ないとき」（国6）と「欠けたとき」（国23）を別々の章で規定している。これは、院の構成のうち最優先事項について第1章〔国会の召集及び開会式〕の召集に関する事項の中で規定し、それ以外に選挙の必要な場合を役員の章で規定したものではあるが、この規定方式は、開会までに議院の成立が必要とされていた帝国議会についての旧議院法の定め（•••▶**第1条**【集会期日】）の影響を否定できない。

　「ないとき」とは、その地位に就いている議員が会期の当初から存在しないときを指す。例えば、衆議院では、総選挙後の国会がこれに該当し、参議院では、通常選挙で正副議長のいずれかが任期満了となった場合がこのときに当たる。

　「召集の当日」は、召集詔書に指定された期日（会期の初日）を指す。

　ここでの規定趣旨は選挙後の国会において院の構成を行うことであるが、その他の会期の召集日についても本条の適用がある。したがって、閉会中に正副議長が欠けた場合には、次の国会の召集日において本条により選挙を行うこととなる。

　「その選挙」は存在しない議長、副議長の選挙を指し、一方が「ない」ときには両方について選挙するという意味ではない。

　「行わなければならない」とは、単に欠員を埋めることだけでなく、他の議事に先

立って選挙することを義務付けるものである。

【参議院の通常選挙後】参議院議員の通常選挙では議員の半数が改選される（憲46）ものの、正副議長の任期が議員としての任期によることとされている（国18）関係から、その後の臨時会では、その一方又は両方が任期中で在任している場合がある。先例によると、議長、副議長が欠員となった場合にとどまらず、議員構成が変わることに鑑み、正副議長の両方を改選することとなっている（参先46）。

その場合、本条によると、まず正副議長のうち「ない」者の選挙を行い、次いで任期満了でなかった者の辞任を諮った上でその選挙を行うべきところである（研究会・法規24時の法令1521号（1996）66頁）。しかし、参議院が採用する方式は、選出の順序を議長、副議長の順とするための工夫を凝らしている。それによると、まず議長が欠員である状況を作り出すために、議長が任期満了でない場合には、最初にその辞任を諮ってその後任の選挙を行う（参先46（三））[12]。

これは本条の文言に反するが、半数改選という参議院の特殊事情に基づく例外措置であり、もとより許容されるものである。

【選挙の先決性】正副議長の選挙は、院の構成の中でも最上位に位置付けられるもので、本会議運営においても先議案件として優先して処理しなければならない。これは、憲法上、先決処理がうたわれている内閣総理大臣の指名（憲67 I 後）にも優先する。

ただし、他の全ての案件に優先すべきか否かについては争いがある（今野・法理309頁）。問題となるのは、会期の件との関係である。

臨時会や特別会では会期を決定する必要がある（国11）が、召集日当日にそれを議決する例となっている（衆先2、参先18）ため、召集日に正副議長の選挙を行えない事情のあるときに、先に会期を議決することが可能か否かが問われることとなる。これは事務総長による議長の職務代行の範囲（➡➤第7条**【代行する職務】**）や会期の議決の性格（➡➤第11条**【会期決定の時期】**）とも絡む問題である。

国会法の規定は、機械的な先決性を前提としているが、実際の正副議長選挙は優れて政治的色彩の強いものであるため、会期の件を先に処理すること自体に顕著な弊害がないのであれば、正副議長選挙の優先性を絶対視する必要はないと考える。

♠**事例**

衆議院において、特別会の召集日に正副議長の選挙を行うことができず、それに先立って会期の件を処理したことがある（第29回国会、第37回国会、第45回国

---

[12]参議院議院運営委員会（第7回国会継続）会議録第3号（昭25年7月11日）7頁。

§ 6

⋮　　会）（衆先 2）。　　　　　　　　　　　　　　　　　　　　　　　⋮

【選挙手続】国会法は正副議長の選挙手続を定めず、議院規則に委ねている。

　仮議長の選任については議院は議長に委任できるとされているが（国22Ⅲ）、正副議長についてはその旨の規定がなく、議員の投票による選挙を本会議の議事として行うことが念頭に置かれている。

　この点について、議長職は議院の最高機関であるので、各議員の直接の意思に基づいて選任されるべきであり、選挙の手続を省略して他の方法によることは許されないとされている（松澤・議会法255頁）。しかし、議長・副議長をそれぞれ与野党から選出することが慣行として確立している場合のように、円満な形で議員の総意によって選任されることが見込めることもあり、常任委員長のように（衆規15Ⅱ、参規16Ⅱ）、議院規則で他の方法によることができると規定することは可能であると解する。ただ、選任を議長に委任することができると規定すると、その受任者が議長の職務を行う事務総長となってしまうことがあり、その点で不適切なイメージが出ることは否めない。

　議院規則では、投票は無名投票によることとされている（衆規3Ⅱ、参規4Ⅱ）（⋯▶『逐参』第4条【選挙の方法】）。その理由は、議員が何ものにも拘束されることなく、真に自己の良心に従って投票を行い得るようにし、当選した議長が議長としての職務を円滑に行い得るようにとの配慮に基づくものとされ（佐藤（吉）・参規10頁）、記名投票によって行うことはできないとされる（研究会・法規23時の法令1519号（1996）67頁）。しかし、憲法第15条第4項で規定する投票の秘密の保障は国会内部で行われる選挙には適用されず（宮澤・コメ225頁）、記名投票とすることについての禁則は存在しない。昭和30年の改正までは、衆議院規則において、記名投票で行うことができる旨が規定されていたところでもある（衆規旧3Ⅱ但）。

【役員の就任】正副議長に限らず、役員は選挙という民主的方法により選び出される。国会法上は、立候補制を採ることも可能であると解するが、それによらない場合、選出された者は就任を拒むことができる。衆議院規則にはそれを前提とした規定もある（衆規10）。

　現行制度において、選挙後に当選者の受諾の意思を確認する手続は用意されていない。正副議長選挙後に行われる当選者の挨拶は受諾の意思表示と解すべきではなく、当選を辞退する場合は投票結果の判明後直ちになされなければならない。本人の辞退する旨の意思表示を解除条件として、選出された時点で就任したこととなる。なお、任命行為は予定されていない（⋯▶第3章概説【役員選任権】）。

§7

〔事務総長の議長代行〕
第7条　議長及び副議長が選挙されるまでは、事務総長が、議長の職務を行う。

制定時（昭22.5）

　本条は、事務総長の議長職務代行について規定するものである。

【職務代行者】議長及び副議長が選挙されるまでは、事務総長が議長の職務を行う。

　議院の活動を開始するために、まず正副議長を選出するのであるが、その選挙まで仮議長が会議を主宰することとしても仮議長の選挙が必要で、無限後退に陥る。通常の会議ルールでは、構成員中の最年長者が議長の選挙議事を主宰する等、議長職務の代行者が自動的に決まる仕組みを採用しているが、国会法は、解散や議員の任期満了等に関係なく地位を保持する事務総長が議長職を行うこととした。

　これは旧議院法第3条第2項の規定に倣ったものであるが、勅任であった書記官長と異なり、議院の役員である事務総長は議院が選任することとなっており、第1回国会では正副議長選挙の前に事務総長がいないはずである。この点については、国会法の制定附則において経過措置が規定されていた。すなわち、国会法施行の際に在職する衆議院、貴族院の書記官長は、新たに衆議院、参議院の事務総長が選挙されるまで、それぞれ事務総長としての地位にあるものとされていた（国附Ⅳ）（••▶附則【衆議院・貴族院書記官長】）。

　「事務総長」については、**第26条【事務総長・参事】**の説明参照。

　事務総長に事故がある場合又は欠けている場合には、指定参事が代行する（国29）。

【代行必要時】本条は**第6条**〔召集日に議長・副議長がないときの選挙〕を受け、議長・副議長の両方がいない場合を規定したものであり、議長・副議長の一方がないときの選挙に直接適用されるわけではない。

　「議長及び副議長が選挙されるまで」とは、正副議長の両方の選挙を行う場合にその両方が決まるまでを指す。

　議長が選出された後、副議長の選挙については新議長がその職務を行うこととしてもよさそうであるが、そのように規定しなかったのは、選挙に伴う就任挨拶や新任者に対する祝辞を正副議長について一体として行うための措置であるとされている[13]。この点について、議長は存在しても、その職務代行者の存在を常に確保すると

---

[13]研究会・法規23（時の法令1519号（1996）72頁）が第1回国会衆議院各派交渉会における大池眞事務総長の説明を紹介している。

36

§7

いう法的な要請のために議長が権限行使を自制する趣旨であるとの理解も示されているところである（研究会・法規25時の法令1523号（1996）72頁）。

議長・副議長の一方がいないときには、その選挙は副議長又は議長が主宰するが、その副議長又は議長に事故がある場合には、事務総長が議長の職務を行わざるを得ない。この点を直接規定する条文はない。第24条前段と同じ状況であることから、その類推適用と解する余地もある（研究会・法規24時の法令1521号（1996）70頁）が、召集時であることに着目して本条の類推適用と解してよいだろう[14]。

【代行する職務】「議長の職務」は、議長及び副議長の選挙議事を主宰することが念頭に置かれている。

事務総長がそれ以外の職務を代行することが可能か否かについて争いがある（今野・法理310頁）。通常であれば正副議長の選挙が最優先であるが、召集日当日に選挙を行えないこともあり、他方、会期の議決は召集日に行う例とされており（衆先2、参先18）、正副議長が選挙されるまでにそれを行うには事務総長が主宰するほかない。

否定説は、通常の議事を事務総長が主宰すると、非議員に決裁権の行使（憲56Ⅱ）まで委ねることとなり不当であり、会期を召集日に議決することは必須要件でない（⟶第11条【会期決定の時期】）ことを理由に挙げる[15]。しかし、事務総長の職務代行を正副議長選挙に限定するとしても、それに付随する採決（衆規11、参規10）や会議運営に伴う採決を一切行えないとするわけにはいかない。決裁権は、議長が議員固有の権能である表決権を行使しないことの代替物として認められているわけではなく、多数決の例外と解すべきである（⟶第50条【委員長決裁】）。よって、事務総長が決裁権を行使する際には、否と決することとしておけば議員による多数決で決する原則を保持できる。

また、閉会中に正副議長が欠けたときには、その職務代行を事務総長が行うほかなく、本条の「議長の職務」は、議院の秩序保持、議事整理、議院の事務監督、議院の代表の権限（国19）の全てに及ぶとした上で、その行使は必要やむを得ないものに限定されると解するのが妥当であろう。

【参議院の通常選挙後】議長・副議長の一方がなく、他方に事故がある場合には本条を類推適用するが（⟶本条【代行必要時】）、その事故の内容によっては正副議長両方の選挙が必要となることがある。

参議院議員の通常選挙後の臨時会では、議員構成が変わることに鑑み、正副議長

---

[14] 第49回国会参議院会議録第2号（その1）（昭40年7月30日）1頁〔宮坂完孝参議院事務総長の発言〕。
[15] 参議院法制局第2部第3課長「特別国会と議院の構成—特別国会で、総理指名、議長・副議長選挙に先立ち、衆議院事務総長が主宰して会期を決定したことの法律的考察」時の法令285号（1958）33頁。

第1章 国会の召集及び開会式 *37*

§8

の任期（国18）にかかわらず、その両方を改選する例である（参先46）。そのうち、召集日に副議長がいない場合には、その欠員を埋めるための選挙を行う前に議長の辞任を諮ることとされており、その後に正副議長の選挙を行う（参先46（三））（•••▶第6条【参議院の通常選挙後】）。

この場合の参議院の取扱いでは、議長辞任の件の議事を事務総長が主宰することとされており、それに対して批判がなされている（研究会・法規24時の法令1521号（1996）68頁）。しかし、この場面では、議長、副議長の順に選出することが優先課題であり、そのためには、まず議長辞任許可から入らざるを得ず、その議事を主宰できるのは事務総長しかいない。この場合には副議長が存在しないため、第22条第1項が規定する仮議長を選任できる条件を満たさないからである。

本条を類推適用するこのケースの場合、議長辞任の件とその後任の選挙についてのみ事務総長が議長職務を行うのか、それに続く副議長選挙まで事務総長が主宰するかが問題となる。事務総長が議長の職務を行うのは明文で認められた場合のほかは必要最小限にとどめるのが妥当であり、副議長選挙は新任の議長が主宰すべきである（参先46（三））。

〔開会式〕
第8条　国会の開会式は、会期の始めにこれを行う。

制定時（昭22.5）

本条は、国会の開会式の時期について規定するものである。

【開会式】「開会式」は、国会が各会期の活動を開始するに当たって行う儀式である。

「国会の」とうたっているのは、第1に、会期中に活動する具体的な会議体として行うことを意味している。日本国憲法の下で国の機関としての国会を開設するに当たってのという意味ではない。第2に、両院制の下でも、各議院が別々にではなく、両院共同で国会議員が一堂に会して行うことを意味している。

♣議院法では〔開院式〕
第5条　両議院成立シタル後勅命ヲ以テ帝國議會開會ノ日ヲ定メ両院議員ヲ貴族院ニ會合セシメ開院式ヲ行フヘシ
　　召集後、院の構成が行われることで議院は「成立」し、その後に「開院式」が開かれることによって議会が活動能力を取得した。開院式を執り行う日は、勅命で定められた。

§9

現在の国会の開会式は、会期開始とは関係なく、式典としての意義しか持たない。国会の儀式であり、本会議の議事の形態を採るものではない。

天皇が臨席し、おことばを述べる例であるが、天皇が主宰するものではないので、憲法第7条第10号の国事行為たる「儀式」には当たらない。

【開会式の時期】開会式は会期の始めに行う。

その字義からも当然の規定内容であるが、むしろ会期の開始要件ではないという意味合いで解釈すべきであろう。

「会期の始めに」は、時期を限定する文言としては曖昧で、会期の初日から何日以内と画定できず、可能な限り早期にという意味に解するほかない。

「始めに」との緩やかな文言が用いられているように、本条は訓示規定的な意味しか持ち得ない。むしろ、「開会式」の語感から召集後全ての活動に先立って行われるべきものと解されがちな点を否定する意義の方が強い。

実際にも、短期国会や衆議院が解散された場合には、結果として会期の後半に行われることがあり得る。以前、常会の召集時期が12月であった当時には、開会式は召集後1か月近くたった自然休会明け（1月下旬）に行われる例であった。

開会式を執り行うことについても、院の構成、少なくとも正副議長の選任が済んでいることが実際上の必要条件であるため、議員の選挙後の国会では、召集日に直ちに行うことは予定しにくい。

♠事例

　会期冒頭に衆議院が解散され、開会式を行えなかったことがある（昭和27年8月26日召集の第14回国会、昭和41年12月27日召集の第54回国会、昭和61年6月2日召集の第105回国会、平成8年9月27日召集の第137回国会、平成29年9月28日召集の第194回国会）。

〔開会式の主宰〕

第9条①　開会式は、衆議院議長が主宰する。

②　衆議院議長に事故があるときは、参議院議長が、主宰する。

制定時（昭22.5）、第5次改正（昭30.3）

本条は、開会式の主宰者について規定するものである。

【開会式の主宰者】開会式は、衆議院議長が主宰する。

両院制の下においては国会の代表者というものがないため、国会の儀式である開

第1章　国会の召集及び開会式　　39

会式の主宰者についての定めが必要となる。そこで、権能の優越する衆議院の議長が開会式の主宰者として規定された。

【主宰内容】「主宰」は、儀式を主たる立場で執り行うことである。

　具体的には、その式次第等の内容を決定し、開催通知や招待状発送、天皇の送迎、式辞の朗読等、進行の一切を取り仕切ることである。

　開会式の日時、場所を決定することも主宰者の権限に含まれると解するが、議院規則において両議院の議長が協議して定める旨の規定が置かれている（衆規19、参規21）(➡『逐参』第21条【開会式の日時・場所】)。しかし、これは議院の自律権に含まれる事項ではないため、議院規則において国会法の規定に対する特則を設けることには疑義がある。

> ♣議院法では〔開院式の議長職務〕
> 第6条　前條ノ場合ニ於テ貴族院議長ハ議長ノ職務ヲ行フヘシ
>> 「前條の場合」とは開院式のことであり、貴族院議長が議長の職務を行うこととされていた。開院式は勅命によって行われる儀式であったため、それは主宰者という立場ではなかった。

「開会式」については、第8条【開会式】の説明参照。

> ◆改正前は〔開会式の主宰〕
> 第9条（旧）①　開会式においては、衆議院議長が、議長の職務を行う。
>> 昭和30年の改正までは、「議長の職務を行う」との文言が用いられていたが、開会式を参議院議場で行う例となっていることから、院内警察権のような議長職務についてまで衆議院議長が行うわけではないことを明確にするために改められた[16]。

【主宰代行者】衆議院議長に事故がある場合には、参議院議長が代行して開会式を主宰する。

　衆議院における議長の職務代行者が衆議院副議長であることとは扱いを異にする点を明確にしたものである。

　「事故」は、開会式を主宰することができない事態の全てを指す。

　衆議院議長・参議院議長に共に事故がある場合についての規定はなく、そのような事態を想定していないとするほかない。

【開会式の場所】開会式を執り行う場所については規定がなく、その都度定める必要があるが、国会議事堂の中では、両院議員が出席できる規模の室内空間は両議院の議場しかなく、天皇の臨席のための設備が整っていることを踏まえて参議院議場

---

16 奥野健一「改正された国会法──解説と問題点」ジュリスト78号（1955）6頁。

§9

を使用する例となっている（参先35）。

【開会式次第】開会式をどのような内容とするかについては規定がなく、その都度定める必要があるが、衆議院議長が両議院を代表して式辞を述べ、天皇からおことばがあり、衆議院議長がそのおことば書を受けた後、終了する例となっている（衆先30、31、参先37、38）。

【おことば】天皇のおことばについては、憲法解釈上、その性格が争点となっていた。国事行為以外は全て私的行為であるとして、開会式でのおことばのような国事行為以外の公的行為は容認されないとする説、国事行為としての「儀式を行ふこと」（憲7⑩）に当たるとする説[17]も見られるが、国事行為でも私的行為でもない第3類型の行為として、すなわち、象徴としての行為[18]あるいは公人としての行為[19]として認めるのが多数説である。

　天皇は国政に関する権能を有しない（憲4Ⅰ）ため、おことばの内容は非政治的、形式的、儀礼的なものでなければならない。

---

[17]長谷川正安「象徴の法的意味内容について」公法研究10号（1954）27頁、結城光太郎「天皇の憲法上の地位―象徴・国事行為を中心として」公法研究10号（1954）53頁。
[18]清宮・前掲2 6頁。
[19]高辻正己『憲法講説（全訂第2版）』（良書普及会・1980）287頁。

第1章　国会の召集及び開会式　*41*

§ 10

第2章　国会の会期及び休会

制定時（昭22.5）

　本章は、国会の活動能力論のうち、第1章〔国会の召集及び開会式〕とともに活動期間について定めている。

　召集日から開始する国会の活動能力は、その後、会期が終了するまで保持される。本章は、会期の決定、延長、中断事由に関する規定を置く。

　憲法は、国会の活動について会期制によることを前提としている。会期制については、第1章概説【会期制】の説明参照。

【会期】「会期」は、国会が活動能力を持つ期間である。ただし、休会の期間もこれに算入される（➡第15条【休会の効果】）。日を単位として定められるため、その長さを日数で表したもの（会期幅）を指すこともある。

　会期は、召集日から起算し（国14）、定められた日数の経過によって終了するが、衆議院の解散や議員の任期満了の場合のように、特定の事実の発生によって途中で終了することがあり、逆に延長されることもあるので、定められた日数という意味での会期は当初の予定でしかない。

　会期が日を単位とすることから、厳密には、国会は召集日の午前0時から最終日の午後12時まで活動できることとなる。

　会期の終了のために特段の手続は必要ない。

> ♣議院法では〔閉院式〕
> 　第36条　閉會ハ勅命ニ由リ兩議院合會ニ於テ之ヲ舉行スヘシ
> 　　開院式だけでなく、会期終了を待って、勅命によって定められた日（翌日とする例であった（旧貴先27、旧衆先42））に「閉院式」も行われていた。なお、閉院式には天皇の臨席はなかった。

〔常会の会期〕
　第10条　常会の会期は、150日間とする。但し、会期中に議員の任期が満限に達する場合には、その満限の日をもつて、会期は終了するものとする。

制定時（昭22.5）、第5次改正（昭30.3）

42

§10

本条は、常会の会期の長さについて規定するものである。

【常会】常会の会期は 150 日間とする。

常会は、総予算や予算関連法案を始めとする重要案件の審議を予定する国会であるので、相当長期にわたる会期を必要とする。そのため、臨時会や特別会の会期が両議院一致の議決で定めることとなっている（国 11）のに対し、常会の会期は法定して活動の期間の最低限を保障する主義が採られた。

「常会」とは、国会（会期）の種別のうち、年に 1 回召集を義務付けられているものである（憲 52）。

帝国議会時代には憲法で 3 か月と定められていた（旧憲 42）のに対し、2 か月延ばして、法律案の増加にも備えて審議の充実を期すこととなった。

「150 日間とする」は、当初会期を 150 日間とすることであり、会期延長を認めない趣旨ではない。また、衆議院の解散による中途での会期終了を認めないものでもない。

【任期満了による会期終了】常会の会期中に議員の任期が満限に達する場合には、会期はその満限の日に終了するものとする。

国会法制定当初は、第 2 条で「常会は、毎年 12 月上旬にこれを召集する。但し、その会期中に議員の任期が満限に達しないようにこれを召集しなければならない。」と規定し、議員の任期満了との関係では召集時期の方を調整する方法を採用していた（•••▶ 第 2 条【1 月召集】）。しかし、その調整の結果、総予算の審議を行う常会としては不適当な時期の召集となってしまうこともあった（第 14 回国会は 8 月 26 日が召集日だった）ため、同条を改正するとともに、本条に現在のただし書が付け加えられた。

「会期中」は、当初会期である 150 日の間を指す。

会期は延長することができるが、議員の任期を超えた延長を議決することはできないとの扱いである（衆先 4）ので、延長後の会期中に議員の任期が満限に達することはない。ただし、それに対する異論については、**第 12 条【延長幅の制限】**の説明参照。

「議員」とは、衆議院議員の全員、参議院議員の半数の両方を指す。第 5 次改正の当初の構想では、会期が終了するのは「衆議院議員の任期が満限に達する場合」となっていたところ、参議院側の意向により参議院議員の半数の任期満了の場合も含めることとされたものである[1]。

なお、議員が個別に任期の満了を迎えることはない。

---

1 第 21 回国会衆議院議院運営委員会議録第 8 号（昭 30 年 1 月 21 日）5 頁〔大池真衆議院事務総長の発言〕。

第 2 章　国会の会期及び休会　*43*

§ 10

「任期」とは、職に就いている予定期間のことで、衆議院議員は4年、参議院議員は6年である。

「満限の日」は任期の最後の日である。議員の任期の起算日については、**第13章概説【議員の任期】**の説明参照。

形式論ではあるが、会期の150日目が議員の任期の満限の日に当たる場合には、当初会期のとおり終了するのであって、形の上で該当してもただし書が適用になるわけではない。

「するものとする」は、法令上、様々な意味で用いられるが、ここでの「終了するものとする」は「終了する」との表現を弱めたものである。すなわち、当初会期は短縮されて議員の任期満了の日に終了するが、例外的な措置が採られる含みを持たせるものである。具体的には、参議院議員の半数が退任しても国会は活動できる状態にあるため、参議院議員の任期満了の場合には、一旦終了することとはされているものの、その会期を延長することは可能と解すべきであり[2]、そのときには翌日以降も引き続き同一会期として活動することとなる（⦿▶**第12条【延長幅の制限】**）。

立法論として、衆議院議員の任期満了の場合には、制度上、国会をそれ以前に終了させることとしておく必要があるのではないだろうか。現行の公職選挙法では、本条ただし書のような場合の総選挙の期日は、国会閉会の日から24日以後30日以内とされており（公選31Ⅱ）、それでは衆議院議員が存在しない期間が生じてしまい、にもかかわらず、その間に参議院の緊急集会を開くことができない（憲54Ⅱ参照）。実際には、そのような場合には、内閣は任期満了直前に衆議院を解散することで緊急集会を開ける状況を作るのであろうが[3]、立法上の不備と言えよう（⦿▶**第11章概説【請求可能期間】**）。

【解散による会期終了】 会期中に衆議院が解散されたときは、その時点で会期は終了する。これは常会に限らず、臨時会、特別会においても同様である。憲法は「衆議院が解散されたときは、参議院は、同時に閉会となる。」と表現している（憲54Ⅱ本）。

衆議院解散の時点とは、解散詔書が内閣総理大臣から衆議院議長に伝達され、衆議院議長がこれを了知し得る状態となった時と解される[4]。議長が朗読するのは、議員への事後の伝達である。解散の閣議決定後でも、それが伝達されるまでになさ

---

2 佐藤達夫「会期延長についての疑問―参議院議員の任期に関連して」時の法令207号（1956）24頁。
3 森本昭夫「会期制度の内実」立法と調査393号（2017）73頁。
4 鮫島真男「"時に午後6時2分"―衆議院解散のあり方と、解散の効力発生の時期について」時の法令164号（1955）14頁。

§11

れた両議院の活動は有効である。衆議院の本会議開会中に伝達されたときは、本会議は散会宣告もなく会期が終了する。

　会期が日を単位として計算されるのに対し、衆議院解散の場合には、一日の途中で終了する点で特異である。

　なお、衆議院が解散されたときは内閣から参議院にその旨の通知がなされる（参先31）が、これは事後の通知であり、会期終了の時点とは関係がない。

〔 臨時会・特別会の会期 〕
第11条　臨時会及び特別会の会期は、両議院一致の議決で、これを定める。

制定時（昭22.5）

　本条は、臨時会と特別会の会期の議決について規定している。

【臨時会・特別会の会期】「臨時会」とは、常会及び特別会以外の会期のことである。①内閣が必要とするとき（憲53前）、②いずれかの議員の総議員の4分の1以上の要求があるとき（憲53後）、③衆議院議員の任期満了による総選挙又は参議院議員の通常選挙が行われたとき（国2の3）に召集される。

　「特別会」とは、衆議院の解散による総選挙後に召集される国会である（憲54Ⅰ）。

　臨時会や特別会は、召集理由もまちまちで、その時々の判断で会期の長さを決める必要があるが、国会法は、これを実質的な召集権者である内閣の権能とはせず、国会の側で決めることとした。

　国会が活動の要なしと判断するときには、内閣の意に反してごく短い会期となる可能性があるが、議院内閣制の下では衆議院における多数党が与党となるのが常態であり、必要とする活動期間について内閣と国会とで認識が食い違うことは想定されていない。

【会期決定の意義】会期の決定について、基本的な理解の仕方が2通りある。会期の決定を実質的に会期の終期を決めることであるとするもの（終期説）[5]と会期の決定が国会の活動能力の存続の根拠であるとするもの（期間説）（今野・法理309頁）である。前者が参議院、後者が衆議院の採る解釈であるとされる。

【会期決定の時期】会期の決定は、召集日に議する例である（衆先2、参先18）。

5　第29回国会参議院議院運営委員会会議録第1号（昭33年6月10日）2頁（河野義克参議院事務総長の発言）、参議院法制局第2部第3課長「特別国会と議院の構成―特別国会で、総理指名、議長・副議長選挙に先立ち、衆議院事務総長が主宰して会期を決定したことの法律的考察」時の法令285号（1958）33頁。

第2章　国会の会期及び休会　　*45*

§11

　会期決定の意義について実質的に会期の終期を決めることであるとする終期説によると、少なくとも会期が決まるまでは国会が終了することはないこととなる。

　これに対して、会期の決定を国会の活動能力の根拠と解する期間説によると、会期の決定は召集日に行わなければならず、その決定がなされなければ2日目以降は会期の基盤がなくなり、召集日で国会は終了することになる。

> **♠事例**
> 　衆議院において、特別会の召集日に会期を議決できなかったことがある（第1回国会、第127回国会）。その際には、召集日の本会議で議事日程を延期することにより、翌日も会期中であることが確認されるとされている（今野・法理309頁）。

　会期の決定がない状態とは、召集された状態のままであることを意味するはずであり、日が変わったからといって会期が終わってしまうとする必然性はないだろう。衆議院における議事日程の延期で会期を操作できるとするのは、両議院一致の議決で会期が決まるという本条の原則を失念した発想と言えよう[6]。

　他方、終期説の考えによっても、いつまでも会期の決定を遅らせてよいとすることにはならない。院の構成に準じ、実質的な議院としての活動を行うまでに会期を決める必要がある。その点で緊急集会の活動期間の決め方（⋯▶第102条の2【緊急集会の終了時期】）とは根本的に異なる。

【両議院一致の議決】臨時会、特別会の会期を国会が決定するには、両議院一致の議決による。

　「両議院一致の議決」とは、衆参両院の本会議における議決で、その内容において会期の日数が一致したものをいう。議決内容が完全に合致していなければならず、例えば、両議院の議決内容が「30日」と「20日」の場合に20日分について一致していると解することはできない。重なり合った部分についての一致を認めることよりも、会期決定についての衆議院の優越（国13）を優先させなければならない。

　また、衆参ともに案として示された会期を否決した場合、それは「両議院一致の議決」ではなく、改めて具体的な日数について議決しなければならない。会期は必ず決定を要することによる。

　「両議院一致の議決」という規定の仕方は、衆議院及び参議院をそれぞれ独立の機関として捉えたもので、議決の案が両院送付関係に置かれるものではなく、同時並行的に審議した結果を想定している。

　会期について両議院の並行議決としたのは、できるだけ早く会期を確定させる必

---

6 森本・前掲**3** 72頁。

§11

要があるためである。

　憲法では一部の例外を除いて両院平等の原則が採られている中、会期決定について衆議院優越の例外を法律によって設けることは問題があると考えられたため、国会ではなく両議院の権能とすることでこの懸念を回避したと説明されている[7]。

　「定める」は、時間的に後に議決した議院の議決内容が先に議決した議院の議決内容と同じであった時点で会期が確定することを意味する。

【国会の議決】両議院一致の議決に対する観念が「国会の議決」であり、ここで付論しておく。

　「国会の議決」とは、衆参両院で構成される国会を1つの機関として捉え、両議院が先議後議の関係となって、一方の議院で審議し議決したものを他院に送り、その審議結果である議決内容が両議院で一致したものを指す。

　相互に独立不関与を原則として活動する両議院の議決を連係付けて単一体としての国会の意思決定とする工夫である（松澤・議会法532頁）。

　ただし、「国会の議決」がこれとは異なる意味で用いられることもある。例えば、憲法第67条〔内閣総理大臣の指名、衆議院の優越〕で内閣総理大臣の指名を国会の議決によるとしているが、国会の意思によるとの意味にとどまり（••▶第86条【内閣総理大臣の指名】）、意思決定に当たっての両院関係に言及するものではない。区別するため、これは「広義の国会の議決」と呼ばれる（研究会・法規62時の法令1613号（2000）73頁）。

　狭義の国会の議決によるのは、後議議院において先議議院の結論を前提として審議することにより、議論を一層深めることに資する意義がある。

　これに比して、内容が修正の余地のないものであり、後議議院として審議することが時宜を逸し、その形骸化を招来するような案件については、審議の効率化を図る意味においても、両議院一致の議決によるのが適すると解される。

【会期幅の限界】臨時会や特別会の会期の長さにはおのずから限界がある。すなわち、次の国会の召集詔書が公布されている場合にはその集会の期日の前日までに会期を終了しなければならない。公布されていない場合でも、次期常会を召集すべき時期（••▶第2条【1月召集】）を超過する会期は設定できない。原則的に、1月30日までに会期を終了する必要がある。

　衆議院議員の任期満了の日を超えるような会期を定めることもできない。衆議院議員全員がいない状態では国会は活動できないからである。

　参議院議員の任期に対しても同様であるが、半数改選であることから、会期延長

---

7 佐藤達夫「『両議院一致の議決』について」レファレンス別冊（1959）231頁。

第2章　国会の会期及び休会　　**47**

§ 12

の可否については別途の考慮が必要と考えられる（•••▶第12条【延長幅の制限】）。

〔 会期の延長 〕

第12条① 国会の会期は、両議院一致の議決で、これを延長することが
できる。

② 会期の延長は、常会にあつては1回、特別会及び臨時会にあつては
2回を超えてはならない。

制定時（昭22.5）、第7次改正（昭33.6）

本条は、会期の延長について規定するものである。

【会期の伸縮】会期は延長することができる。

会期は、常会では法定され、臨時会や特別会では両議院一致の議決で決定される。いずれの場合でも各国会の冒頭には確定するものであるが、予定としての性格を免れず、その後の係属案件の審議状況等に鑑みて必要があるときには延長することができることとされた。

これに対して、会期途中において国会を開会しておく必要がなくなった場合でも、会期を短縮するための手続規定はない。会期の残り期間に活動しないことを明確にするためには、休会の制度（国15）を活用するしかないだろう（•••▶第15条【休会の議決】）。

【会期延長の手続】会期の延長は、両議院一致の議決による。

延長は、漠然と会期を終わらせないことを決めることではなく、期間を特定して議決するものである。その期間も日数をもって定める。

議決の時期に制限はないが、審議の進捗状況を見極めた上で必要な延長期間を決める必要があることから、会期最終日に近い時期に行うべきであろう。

会期延長の議決は、会期の最終日には先決問題となる（衆先298）。他の案件は会期の延長を決めてからでも審議が可能であるのに対し、他の案件を優先させたことによって会期が終了してしまうと、その他の全ての案件が審議未了となってしまうからである。

【延長幅の制限】会期の延長幅についての制限規定はない。ただし、会期の長さに限界があるのと同様、会期の延長幅についても限界が考えられる。次の国会の召集詔書が公布されている場合には、その集会の期日の前日までに延長をとどめなければならない。

また、衆議院議員の任期を超える延長を行うことはできない。

§13

　これに対して、参議院議員の半数が任期満了となる日を超えて延長することは不可能ではない[8]。参議院議員の半数が退任しても参議院の存在は失われず、その間においても臨時会の召集が可能であると解さざるを得ない（•••▶第1条【召集可能時期】）以上、会期の延長も許されないこととはならない。

　国会の実務では、第10条ただし書の趣旨により、そのような延長はできないとしている（衆先4）。会期延長によって通常選挙の期日がずれ込み（公選32Ⅱ）、半数欠員の状態が長引くのは望ましくないが、そのことを差し引いても、緊急事態への対応の必要上、可能としておくべきだろう[9]。

【延長回数】会期の延長は、常会では1回、特別会及び臨時会では2回を超えてはならない。

　国会法制定当初は、会期延長について回数制限規定は設けられていなかった。その後、昭和33年の改正で本条に第2項が加えられた。

　頻繁な会期延長により行政府において業務の渋滞を来したことを慮っての措置であった[10]。しかし、延長幅について制限を加えなかったことに鑑みると、延長のたびに与野党の対立が激化した反省に立ち、延長の回数を制限して審議の能率の増進を図るとの意味合いが強かったと言える。

　常会では150日間という長期の当初会期が設定されているため、臨時会や特別会に比して延長回数の制限が強くなっている。

　「超えてはならない」は、それを超える回数の会期延長を議決できないことをいう。したがって、そのような延長を求める提案も許されない。

〔**会期決定に関する衆議院の優越**〕
第13条　前2条の場合において、両議院の議決が一致しないとき、又は
　　参議院が議決しないときは、衆議院の議決したところによる。

制定時（昭22.5）、第5次改正（昭30.3）

　本条は、会期及び会期延長の議決についての衆議院の優越を規定するものである。

【衆議院の優越】会期及び会期延長の決定について両議院の議決が一致しないとき又は参議院が議決しないときは、衆議院の議決したところによる。

---

8 佐藤（達）・前掲2 24頁。
9 森本・前掲3 73頁。
10 第28回国会衆議院会議録第27号（昭33年4月9日）553頁〔佐々木秀世衆議院議院運営委員会理事の趣旨弁明〕。

§13

　会期について両議院一致の議決を要するとしたことにより、召集された国会の会期が決まらないという事態が生じかねない。そこで、会期の決定について衆議院の優越が働くこととしたものである。

　会期延長については、両議院一致の議決を徹底させたとしても延長が困難となるだけであり、必ずしも衆議院の優越が必要となるわけではないが、政策的に衆議院の優越が認められた。

　「前2条の場合」とは、臨時会、特別会における会期の議決及び全ての国会における会期延長の議決を指す。

　「衆議院の議決したところによる」は、衆議院の議決が両議院一致の議決に代わるものとして、その内容どおりに会期又は会期の延長が決定されることをいう。

【議決の不一致】「両議院の議決が一致しないとき」とは、議決の内容である日数が一致しない場合や会期又は会期延長について諮った結果、衆議院が可決・参議院が否決の場合を指す。

　本条は会期や会期延長の決定を行いやすくするために衆議院の優越を定めたものであるから、衆議院否決・参議院可決という事態は本条の「両議院の議決が一致しないとき」には当たらない。当初会期は必ず決定を要するため、仮にそのような事態となった場合、衆議院は改めて会期を議決しなければならない。会期延長について、衆議院が否決したり議決しない場合には延長しないこととなるが、それは本条の適用によるものではなく、第12条第1項の要件を満たさなかった結果である。

【議決しない】「参議院が議決しない」は、衆議院の優越を認める場合の参議院の典型的な行為形態である。

> **◆改正前は〔参議院が議決しない〕**
> 　第13条（旧）　前2条の場合において、両議院一致の議決に至らないときは、衆議院の議決したところによる。
> 　　現行規定が「両議院の議決が一致しないとき」と「参議院が議決しないとき」を並列している文言は、昭和30年の改正までは「両議院一致の議決に至らないとき」と表現されていた。当時においても、それは参議院が議決しない場合を含むと解釈されていたが、野党から疑義が示されたことから、明確にするために改正が行われた[11]。

　議決しないことは不作為であるから、それをどのように確定させるかが問題となるが、そのための手続が用意されていない。

　参議院では、会期幅について与野党の見解に開きがある場合に、あえて衆議院と

---

[11] 大島笙「国会の混乱はなぜ起つたか——憲法と国会法第13条の問題」衆望7巻7号（1952）30頁。

§14

同じ日数を議決して対立を顕在化させるよりは、議決しないで済ませた方がその後の議院運営にとって得策であると判断されることがある。衆議院の優越が働くことを踏まえた工夫である。この場合には、参議院から衆議院にその旨の連絡がなされ、それによって「参議院が議決しない」ことが確定するのであるが、この連絡は事実上の行為であり、法規上義務付けられているものではない。そこで、その他の理由によって議決できない状態が続く場合に、何をもって「参議院が議決しない」に当たると判断するかが問題となる。

　会期について、初日に決定しなければ国会はその日で終了してしまうとする期間説によると（•••▶第11条【会期決定の意義】）、衆議院が議決した日の午後12時の到来によって「参議院が議決しない」に当たることとなるが、会期を決定するまでは召集された状態が続いていくと考えるべきであり（•••▶第11条【会期決定の時期】）、参議院の会期議決に期限はないと解する。議決を行った日が異なっても議決内容の日数が同じであれば両議院一致の議決で決まったと言える。

　♠事例
　　会期について、衆議院が議決した日の翌日以降に参議院が議決したことがある（第16回国会、第29回国会、第32回国会、第41回国会、第50回国会、第59回国会）。

　ただし、実質審議に入るためには院の構成を整え、活動能力の問題に決着を付けておく必要があるため、参議院が院の構成以外の案件を議題としたときには、もはや会期の議決を行わないとの意思を表明したものとみなしてよい（研究会・法規27時の法令1527号（1996）84頁）。

　会期延長の場合、その議決の期限は当初会期の終了時であり、その到来によって「参議院が議決しない」ことが確定する。

〔 会期の起算 〕
第14条　国会の会期は、召集の当日からこれを起算する。

　　　　　制定時（昭22.5）

　本条は、会期の起算点について規定するものである。

【会期の起算点】会期は召集の当日から起算する。

　国会法及び議院規則による期間の計算については当日起算原則が規定されており（国133）、会期の計算についても初日を算入することをここで規定するものである。

　「会期」は、ここでは国会の活動期間を日数で示したものを指す。

第2章　国会の会期及び休会　　*51*

§14

　「召集の当日」は、召集行為の日（詔書の公布日）ではなく、召集詔書に定められた集会の期日のことである。

　「起算する」は、会期がいつまで続くかを求める上で、この日を第1日として期間を勘定することである。

　臨時会及び特別会では会期を議決するが、その議決が召集日の翌日以降となった場合でも会期の計算は召集日に遡って行う。

【会期の終了】国会は会期の満了をもって終了する。すなわち、召集日を起算点として計算した会期日数の最後の日の午後12時の到来によって国会が終了する。このことは当然のこととして規定は置かれていない。

> ♣議院法では〔閉会〕
>
> 　第36条　閉會ハ勅命ニ由リ兩議院合會ニ於テ之ヲ舉行スヘシ
>
> 　　議会の終了は、会期日数の満了によるのではなく、勅命により、通常その翌日に定められる「閉会」によることとされ、その日に活動能力は終了するとされていた[12]。

　会期の途中終了については、**第10条【任期満了による会期終了】【解散による会期終了】**の説明参照。

【活動能力の始期】本条は、会期がいつまで続くかを計算する上で、召集日を算入することを規定するが、国会の活動能力の始期が召集日であることを含意している。言い換えれば、国会が活動能力を与えられた期間が会期であることを再確認する規定である。

> ♣議院法では〔会期の起算〕
>
> 　第5条　兩議院成立シタル後勅命ヲ以テ帝國議會開會ノ日ヲ定メ兩院議
> 　　　　員ヲ貴族院ニ會合セシメ開院式ヲ行フヘシ
>
> 　　召集後にいくつかの手続を踏んでから会期が開始することとされていた。議院の成立後、勅命で開会の期日が定められ、議会が活動し得るのは開院式が終わってからであり、会期の起算日はその開会の日だった[13]。

　国会法に改めて本条が置かれたのは、帝国議会時代と比べて会期概念が変容したことを示す意味がある。

　現行国会法の下でも、召集、成立、開会という手続的・時間的段階は議会制の論理として否定されていないと解する説がある（松澤・議会法315頁）。院の構成は他の案件に優先するが、問題となるのは会期の決定の扱いである。この説は、議院として活動するに必要な内部機関の構成を行わなければ、個々の会期の長さを決すること

---

12 衆議院＝参議院編『議会制度100年史　議会制度編』（1990）51頁。
13 有松昇「議院法逐条示解(2)」警察研究7巻2号（1936）70頁。

52

§15

はできないとする（•••▶第6条【選挙の先決性】）。しかし、そのように解さなければならない必然性はなく、例えば、会期の議決を正副議長の選挙に先んじて行うことも違法ではない。

　　〔休会〕
　第15条①　国会の休会は、両議院一致の議決を必要とする。
　　②　国会の休会中、各議院は、議長において緊急の必要があると認めたとき、又は総議員の4分の1以上の議員から要求があつたときは、他の院の議長と協議の上、会議を開くことができる。
　　③　前項の場合における会議の日数は、日本国憲法及び法律に定める休会の期間にこれを算入する。
　　④　各議院は、10日以内においてその院の休会を議決することができる。

制定時（昭22.5）、第2次改正（昭23.7）、第5次改正（昭30.3）

　本条は、国会の休会及び議院の休会について規定する。

【休会】会期とは国会が活動能力を持つ期間であるが、その間にある程度の期間、本会議が招集されないことがあり、さらには、あらかじめ期間を決めて活動を休止する必要の生じることがある。その場合には、議院の自主的な判断で活動を休止すれば足りるが、憲法上、衆議院の優越についての期間の計算が「国会休会中の期間を除いて」とされている（憲59Ⅳ、60Ⅱ、61、67Ⅱ）ことから、国会としての休会の意味を明確にする必要上、国会法において制度化された（大池・説明2頁）。

　「国会の休会」とは、国会が会期中に期間を定めて活動を休止すること又はその期間をいう。

【休会の議決】国会の休会は、両議院一致の議決によって決定する。

　会期や会期延長の議決と異なり、衆議院の優越は認められていない。決定が必須であり、かつ速やかに結論を出す必要がある会期に対し、休会の場合、議院ごとの対応も可能としている（国15Ⅳ）ことによる。

　活動の休止は、国会が自ら決める事柄であり、他の国家機関には決定したり、要請したりする権限はない。

　　♣議院法では〔停会〕
　　第33条①　政府ハ何時タリトモ15日以内ニ於テ議院ノ停會ヲ命スルコトヲ得

第2章　国会の会期及び休会　　53

§15

第34条 衆議院ノ解散ニ依リ貴族院ニ停會ヲ命シタル場合ニ於テハ前條
第2項ノ例ニ依ラス

議会の活動能力を停止させる「停会」の制度があり、15日以内の停会を命じる
権限が政府に与えられていた。

衆議院解散の場合も「停会」の語が用いられていたが、これは閉会と同じ結果
を生じるものと解されていた[14]。

停会とは別に、各議院が単独で行うものとして「休会」が認められていたが、
法規上の根拠はなかった[15]。

「両議院一致の議決」は、会期や会期延長についてと同じであるが、休会の場合は
期間（始期、日数）を議決するので、それらの全てが一致することを要する。

休会の決定については衆議院の優越が認められていないので、会期や会期延長と
異なり、期間の重なり合う限度で両議院の議決が一致していると解する余地がある。
しかし、必要と考えていた期間が確保できないのであればその議院にとって休会す
る意義がなくなってしまう可能性もあり、一致しない場合に備えて議院の休会の制
度が用意されていることから、一致の要件を厳格に解してもよいだろう。

休会の期間について制限はない。会期中の期間に収まるものであればよい。会期
終了日までの休会を決めることによって、実質的な会期の短縮を行うことも可能で
あろう（⸺▶第12条【会期の伸縮】）。

【休会の効果】休会は、会期の進行を停止するものではない。すなわち、休会の日数
は会期に算入される（衆先10、参先29）。

休会によって、両議院は一切の活動を休止する。具体的には、本会議、委員会等
を開会することができない[16]。

委員会が開会できないとすることについては異論がある。委員会は議院の意思決
定機関でなく、その活動の取扱いは議院の自律権の問題であるとする理解であり、
それによると、議長の許可を要するか否かの問題はあるとしても、委員長の判断に
よることとなる（研究会・法規28時の法令1529号（1996）75頁）。

しかし、休会期間中は内閣総理大臣指名、法律案、予算、条約について衆議院の
優越を働かせるための猶予期間が停止するとされる（憲59Ⅳ、60Ⅱ、61、67Ⅱ）以上、実
質的な審議主体である委員会も活動を停止することが前提とされていると解すべき
である（衆委先36）。ただし、例外的に本会議を開会するための手続を踏んだとき（国
15Ⅱ）には、その日は委員会も開会できると考えてよいだろう。

---

[14] 工藤重義『議院法提要』（東京博文館・1904）147頁。
[15] 衆議院＝参議院編・前掲12 52頁。
[16] 第91回帝国議会貴族院国会法案特別委員会議事速記録第2号（昭21年12月23日）11頁〔佐藤達夫法制局
次長の答弁〕。

§15

　国会休会中の期間は衆議院の優越権行使の要件たる参議院が議決しない期間から除かれるが、決定した当日から休会に入る場合のように初日が完全に1日ないときにも、それを算入しない1日としてカウントすべきである。

【休会中の開議】休会期間中に緊急の必要が生じた場合には、本会議を開会できる。

　国会閉会中であれば臨時会を召集することで緊急の必要に対応できることと比べても、休会中に手の施しようがないのでは均衡を失する。一たび会議が開かれた以上は、さきに議決された休会の期間は終わったものとすべきとの主張が見られる（宮澤・コメ457頁）が、国会法は、休会期間を短縮させないで、休会中に開会できるとの手法を採り、その手続を定めた。

　会議を開くことができるのは「各議院」であるから、両議院で歩調を合わせる必要はない。

**　休会中の本会議開会の要件は、当該議院の議長が必要と認めたとき又は総議員の4分の1以上から要求があったときで、他院の議長と協議することである。**

　議員からの要求を総議員の4分の1以上としたのは、臨時会の召集決定要求の要件（憲53後）に倣ったものであろう。

　「緊急の必要」とは、休会の議決を行ったときには予想できなかったような突発的な事柄を処理するために休会の終了を待つことができないような緊急性を指す。

　「総議員」については、ここでも議員の法定数を指すものと解されていると思われるが、それに対する疑問については**第3条【召集要求者】**の説明参照。

　「4分の1以上」については、総議員を4で除した数が小数を伴う場合には、その小数点以下を切り上げた数以上となる。

　臨時会の召集要求と異なり、ここでは要求の方式が定められておらず、個別に要求している議員の数を合わせて総議員の4分の1以上に達すれば足りると解する。

　「要求」の内容は、本会議の開会である。様式等は規定されていないが、開会の必要性に触れる必要があろう。また、人数を確認する必要があるため、書面によるのが通常であろう。

　要求があれば議長は開会のための手続に入らなければならない。ただし、具体的な招集の時期については議長が判断するところにより、他院の議長と協議するタイミングも議長が判断する。会期中の本会議招集要求権が議員に認められていないこととの比較においても、議長の裁量を認める必要がある。

　「協議」は、会期について（衆規20 I、参規22 I）は両者の合意を必要とするものではなく、意見交換がなされることで足りると解されているが、開会した会議の日数が

第2章　国会の会期及び休会　55

§15

休会の期間に算入される（国15Ⅲ）ことも考え合わせると、衆議院の優越発動の期間要件に関わる場合には他院の議長の了承が要件となっていると解すべきであろう。

　要件は個別に満たす必要があり、同じ休会期間中、別の必要により再度本会議を開会する場合には、改めて手続を踏まなければならない。

　一院の本会議開会によって他院においても当然に開会が可能となるものではなく、別途要件を満たす必要がある。

　議員による本会議の開会要求は休会中にのみ可能なものであり、会期中において本条第2項を類推することはできない。仮に要求がなされたとしても議長に招集義務は発生しない。

【休会中の開議の効果】休会中に本会議を開会した日数は、日本国憲法及び法律に定める休会の期間に算入される。

　すなわち、休会中に本会議を開いても、その日を休会中の1日としてカウントするということである。

　「前項の場合における会議の日数」とは、第2項の手続を踏んで休会中に本会議が開かれた日数のことである。

　「日本国憲法及び法律に定める休会の期間」とは、憲法又は法律で規定する期間で休会中の期間を除いてと規定される場合（憲59Ⅳ、60Ⅱ、61、67Ⅱ、国56Ⅲ、国際連合平和維持活動等に対する協力に関する法律6Ⅷ、原子力規制委員会設置法7Ⅲ、国際平和共同対処事態に際して我が国が実施する諸外国の軍隊等に対する協力支援活動等に関する法律6Ⅱ）及び本条第1項で規定される休会の期間である。議院規則にも「休会中の期間を除いて」との文言があり（衆規179、参規172Ⅱ）（◉▶『逐参』第172条【本会議審議要求の期限】）、これも含めるべきである。

　「算入する」とは、休会中の日数として勘定することである。

【休会の終了】休会は、両議院一致の議決で定めた期間が経過したときに終了する。

　再開した会期における議事や手続は、休会前の状況を引き継いで行われる。

【議院の休会】各議院は、議院の休会を議決することができる。

　国会として休会を決める必要のない場合、一院だけで議院の休会を決定することができる。また、一院が国会の休会の必要を認めながら他院がその議決をしない場合にも、議院の休会で対応できる。

　議院の休会を行うためには本会議の議決を要する。国会の休会を議決したところ他院がそれに応じなかった場合、その議決を議院の休会の議決に転用することも考えられるが、目的が異なるので、改めてその旨の議決が必要となる。

§15

　議院の休会は会期の進行を停止しない。また、その期間は衆議院の優越権行使の要件たる参議院が議決しない期間からも除かれない。

　議院の休会は、会期中の活動についての議院の自律の現れであり、その最中に必要がある場合には本会議を開くことも可能である。両議院の議院規則は、議長の判断で開会できるとしている（衆規22の2Ⅱ、参規23の2Ⅲ）。本会議を開いたとき、衆議院規則では開会した日数を休会の期間に算入するとしている（衆規22の2Ⅲ）のに対し、参議院規則は休会が終わったものとすると規定している（参規23の2Ⅳ）。

　議院の休会は、10日以内でなければならない。

　一院だけで国会の活動を全うすることはできないため、休会期間に限度を設けたものである。

　「10日以内」は、1回の議院の休会当たりの限度日数である。

　当然のことながら、議院の休会の期間は残り会期に収まるものでなければならない。

【**自然休会**】本会議の議決によって議院の休会を決めることができるが、そのことによる明確なメリットが認められないので、議院運営委員会理事会等、会派間の協議によって、一定の期間、本会議を開かないことを申し合わせることで議院の休会と同じ効果を発生させることがある。これらは、議決によることなく休会の状態が得られるため、「自然休会」と呼ばれる。

　例えば、常会が12月に召集されていた頃は、翌年1月に予算が提出されるまで年末年始の期間中は活動を行わない例であった。

第3章　役員及び経費

制定時（昭 22.5）

　本章は、国会の組織論及び活動論のうち、議院の役員及び経費について規定を置く。

　各議院が活動を開始するためには、その基盤となる組織面を整備しなければならない。具体的には、役員の選任、委員会の設置等である。議院の自律権のうち、組織自律権の一内容として、憲法第 58 条第 1 項は「両議院は、各々その議長その他の役員を選任する。」と規定している。

　なお、役員のうち、召集日に議長、副議長がないときの措置については、第 1 章〔国会の召集及び開会式〕に規定が置かれている。

　また、議院の自律権の 1 つとして財務自律権が挙げられる（大石・自律権 329 頁）が、憲法に具体的な規定があるわけではない。

【役員選任権】憲法で保障されている議院の役員選任権にいう「役員」が何を指すかについては争いがある。その視点となるのは、①議員の中から選任される者に限られるか否か、②地位の重さによって区別するか否か、③本会議で選任する者に限られるか否かである。

　多数説は、議院の運営に当たる地位にある者のうち、議員の中から選任されるものを指すとする（宮澤・コメ 441 頁）。これに対して、地位の重要性にかかわらず議院の役職員一般を指すとする説は少数にとどまる。

　この点については、「役員」の日常的意味から離れることとなるが、議院の役職員一般を指すと解すべきである。議員が就く役職で本会議において選任することとなっていないものも「役員」に含まれる。したがって、現在は委員の互選によっている特別委員長の選任について、内閣の関与を認めるような法制は、憲法上認められない。

　また、議院職員についても、同様の事態、例えば、委員会の調査事務に携わる者の発令を政府が行うようなことは憲法第 58 条第 1 項により許されないと解すべきである。事務局や法制局のような議院の補佐機構は、それぞれ議長の監督の下に事務を行うものであり、スタッフの効率的運用を目的として、特に議院の意思決定につながるような事務を担当する部署について両院合同の機関とするようなことは、議院の自律を損なうことにつながるものである。

§16

> ♣議院法では〔書記官〕
> 　第16条① 　各議院ニ書記官長1人書記官数人ヲ置ク
> 　② 　書記官長ハ勅任トシ書記官ハ奏任トス
> 　　議院職員である「書記官」は、天皇の官吏として位置付けられていた。

　以上により、同項の「選任する」は、本会議で選挙することに限定するのではなく、委員会での互選や議長の同意等、選任権の行使方法が直接、間接に議院の意思を反映すると認められるものを含むこととなる。

　議院が選任するとは、消極的な意味では、議院又はその内部機関の意思による選出行為以外に要件を設けることができないことを意味する。内閣総理大臣や最高裁判所長官が国会や内閣による指名の後、天皇によって任命される（憲6）のと比べ、議院の役員についてそのような手続が置かれていないのは、「自治的ナ立場デ以テ自己ヲ組立テルト云フ方針」が最高機関たる国会の地位にふさわしいと説明されている[1]。

【役員の中立性】 一般的に、不偏不党性は議長職の不可欠な条件であるとされる。議長が全体としての議院の権限、特権の保護者でなければならず[2]、懸案事項について異なる意見の存在を前提として議論を通じて結論を出すためには、行司役である議長が特定の立場に偏することが許されないのは言うまでもないことである。

　正副議長が会派を離脱する慣行は衆参両院において定着している。

　正副議長だけでなく、役員はその職務執行に当たって中立でなければならないが、その中立性についての規定は国会法にはない。議院規則は、議長や委員長について、自ら討論しようとするときは議長（委員長）席を代理者に譲り、その問題の表決が終わるまでは議長（委員長）席に復することができないと規定している（衆規49、138、参規45、119）。これは議長や委員長が中立性を要請されていることを前提とするとともに、その要請が議員としての固有の権利を失わせるものでないことを示している（佐藤（吉）・参規231頁）（••▶『逐参』第45条【討論後の復席】、第119条【討論後の復席】）。

　〔役員の種類〕
　第16条 　各議院の役員は、左の通りとする。
　　一 　議長

---

1 第90回帝国議会貴族院帝国憲法改正案特別委員会議事速記録第9号（昭21年9月10日）29頁〔金森徳次郎国務大臣の答弁〕。
2 清水望「議長の地位と権威について」社会科学討究12巻2号（1967）110頁。

第3章　役員及び経費　59

§ 16

> 二　副議長
> 三　仮議長
> 四　常任委員長
> 五　事務総長

制定時（昭 22.5）

　本条は、議院の役員の種類について規定する。

【役員】議院の役員は、①議長、②副議長、③仮議長、④常任委員長、⑤事務総長の5種類である。

　「役員」は、議院の運営に当たる役職を担う者のうち、特に重要なものとして本会議で選任されるものをいう。

　憲法第58条第1項に規定する「役員」の意義については争いがある（•••▶本章概説**【役員選任権】**）が、本条はこの点についての解答を与えるものではない。

　憲法の想定する役員とは異なる種類を本条に掲げたのは、議院の役職員のうち本会議で選任するものを本条に列挙したものに限定する趣旨である。

　特別委員長は常任委員長と同様の職務権限を有しているが、議院の役員には列せられなかった。これは必要に応じて設けられるという特別委員会の性格によるものと解されている（浅野他・事典43頁）。

　その点を考慮すると、常設機関である憲法審査会の会長が役員とされていない点については疑義が残るが、憲法審査会が閉会中も活動できることから、会長の選任が小回りの利く互選とされている（衆憲規4Ⅰ、参憲規4Ⅰ）と見ることもできよう。

　国会は衆参両院から成る複合的な機関であるが、国会の役員というものは存在しない。

【議長】「議長」は、議院の代表たる役職である。

　議長の職務については**第19条**〔議長の職務権限〕等で規定されている。

【副議長】「副議長」は、議長の職務を代行し、議長を補佐する役職である。

　副議長の職務については**第21条**〔副議長の議長代行〕で規定されている。

【仮議長】「仮議長」は、議長及び副議長に共に事故があるときに議長の職務を代行する役職である。

　常置の機関ではないが、議長の職務を行うものである以上、役員として扱うこととされた[3]。

　仮議長の職務については第22条第1項で規定されている。

60

§§ 17・18

【常任委員長】「常任委員長」は、各常任委員会の代表たる役職である。

　常任委員会が議院の重要な機能を果たすものであることから、委員会の長でありながら議院で選挙する者（国25）として、役員に列せられた[4]。

【事務総長】「事務総長」は、議院事務局の長であり、議院運営に関して議長を補佐する役職である。

　事務総長の職務については第28条〔事務総長・参事の職務〕等で規定されている。

　国会議員以外の者から選任される（国27 I）事務総長を議院の役員とすることについては、議院は全国民を代表する選挙された議員で組織するとされている（憲43 I）こととの関係で疑問視する向きもあったが、議院運営の上で重要な役目を持つことから役員とされた[5]。

〔議長・副議長の定員〕
　第17条　各議院の議長及び副議長は、各々1人とする。

　　　　　　　制定時（昭22.5）

　本条は、議長及び副議長の員数について規定する。

【議長・副議長の員数】議長、副議長の員数は、各々1人である。

　比較制度的には、議長の独任制は一般的であるが、副議長については複数を置く議会が見られる。

　国会法の制定過程で副議長を複数とすることについて議論がなされたが、仮議長の制度が設けられ、副議長を1人としてもそれで補えると説明され、決着している[6]。

〔議長・副議長の任期〕
　第18条　各議院の議長及び副議長の任期は、各々議員としての任期による。

　　　　　　　制定時（昭22.5）

　本条は、議長及び副議長の任期について規定する。

---

3 第91回帝国議会衆議院国会法案委員会議録（速記）第1回（昭21年12月19日）11頁〔中村高一委員の答弁〕。
4 第91回帝国議会貴族院国会法案特別委員会議事速記録第2号（昭21年12月23日）15頁〔植原悦二郎国務大臣の答弁〕。
5 第91回帝国議会衆議院国会法案委員会議録（速記）・前掲3 11頁〔中村高一委員の答弁〕。
6 第91回帝国議会貴族院国会法案特別委員会議事速記録・前掲4 14頁〔植原悦二郎国務大臣の答弁〕。

第3章　役員及び経費　　61

§18

【議長・副議長の資格】議長、副議長は、当該議院の議員の中から選任する。

　本条において議長、副議長の任期を議員の任期によるとしていることは、それを前提としたものである。この点は、議院の役員選任権を定めた憲法第58条第1項の規定からも導かれるのであるが、立法例としては、米国議会のように、議員でない副大統領が上院議長の地位に就くとされているところもある。

【議長・副議長の任期】議院の議長、副議長の任期は、その議員としての任期による。

　国会は会期制を採用しているが、議長、副議長は会期ごとに選任するのではなく、相当の期間にわたってその地位を保持することを認めたものである。

　「任期」とは、単なる在任予定期間ではなく、その期間満了時に地位を失うことを意味するとともに、それまではその地位を保障するものである。

　地位を保障するとは、特別の規定によらない限り、本人の意思に反して辞めさせることはできないということであり、正副議長については、その地位を失わせるような特別の規定はない。

　「議員としての任期による」とは、当人が議員としての地位に在る期間は議長（副議長）の地位も保障されるとの意である。

> **♥運用**
> 　参議院議長が通常選挙時に非改選である場合には、任期があと3年間残っているが、議院の議員構成が変わったことを踏まえて、その直後の臨時会の召集日に辞任する例となっている（参先62）。これは実質的に任期を短縮する取扱いであるが、本条を先例で修正するものと解することができる。

　参議院の正副議長の任期については、実際の運用例に沿うよう、議員の半数の任期満了までと規定するのも一方法であろうが、そうすると、議院の継続性を期待して議員の半数改選の措置を採ったにもかかわらず、通常選挙のたびごとに臨時会召集までの間、議長・副議長の空席状態が生じる弊が出てしまう。

　任期の始期は、選出され就任した時点である（⋯▶第6条【役員の就任】）。任命行為は予定されていない（⋯▶本章概説【役員選任権】）。

　議長の場合、任期開始と同時に権限を行使できる。ただし、正副議長を一緒に選挙する必要がある場合には、その両方の選挙について事務総長が議長の職務を行うこととなっている（国7、24）ため、その副議長選挙について議長が職務を行うことはない。

【公務員との兼職による失職】正副議長は、特に法律に定める場合を除いては、他

§18

の公職の兼務を禁じられている（国31Ⅰ）。正副議長の地位にある者が兼ねることのできない職に就いたとき、その地位を失う。例えば、副議長が議長選挙に当選した場合や国務大臣に任命された場合が考えられる。

この点につき衆議院では、役員の地位の重さに鑑み、失職するのではなく、事前に辞任しなければならないとしている（••▶第31条【兼職の効果】）。

【議長不信任決議の効果】 議長や副議長について、その下では議院活動を行えないとして議員から不信任決議案が提出されることがある。

決議は一般的に政治的効果を伴うにとどまるとされ、この不信任決議案が可決された場合の効果が問題となるが、少なくともその直接の効果として当人が地位を失うことにはならない。正副議長について常任委員長のような解任の制度（国30の2）を設けなかったのは、その権威を重んじた結果と見ることもできる。

しかし、選出母体の信任を失ったことが明らかとなった以上、辞任すべきことは当然である。衆議院において、信任又は不信任に関する動議・決議案の提出について加重要件（50人以上の賛成）を設けた（衆規28の2Ⅰ）のは、この問題を慎重に扱おうとするものであるが、逆に、定型的な案件として認めた結果、可決された場合の効果も法的枠組みの中で考えることが求められる。

議長不信任決議案が提出されると、最優先の処理が要請される。会議の主宰者に係る問題であり、その決着を見ないことにはその主宰の下で会議の進行を図ることができないからである。

議長不信任決議案提出の効果については、**第21条【議長辞任願・議長不信任決議案】** の説明参照。

議長不信任決議案が可決される事態は、議長による会議主宰に関して、より重篤な状況に陥ったことを意味し、そのままの状態では本会議のみならず、議院運営全般が立ち行かなくなることは必定である。不信任決議の効果は「政治的責任」と表現されるのが一般的であるが、それは辞任義務を否定する趣旨ではなく、法規上、効果が明定されていないことを指すにとどまると解すべきである。

副議長不信任決議案の場合は、直ちに議院運営が進まない事態に陥るわけではないが、常置されるべき議長の職務代行機関に問題が生じたことは、同様に放置できない事態と言えよう。

第3章　役員及び経費　　**63**

§ 19

> 〔議長の職務権限〕
> 第19条　各議院の議長は、その議院の秩序を保持し、議事を整理し、議院の事務を監督し、議院を代表する。

　　　　　　制定時（昭22.5）

　本条は、議長の職務権限についての一般的な規定である。

【議長の職務権限】議長の職務権限は、①秩序保持権、②議事整理権、③事務監督権、④代表権である。

　このほかにも様々な職務権限があるが、本条ではその代表的なものを挙げている。

　本条で規定するものは代表的、包括的であり、全ての具体的権限がこれらのいずれかに分類されるわけではなく、2つ以上の性格を併せ持つこともある。

　個々の場面に応じた議長の具体的行為につき、その根拠を本条から導き出すことは可能であると解する。現状においては、個々の権限については国会法の他の条文や議院規則で付与されており、基本的にはそれぞれの権限について具体的な根拠を見いだすことができる。ただし、必要な権限の全てを類型化して網羅することは困難であり、場合によっては本条を根拠とせざるを得ないこともあろう。

　問題となるのは、それを誰が認定するかである。議長自身が自らの権能を創出することは差し控えなければならず、議院が必要と認めた場合には議院規則の改正による方法が妥当であろうが、内容によっては、議院運営委員会の認定を待って、本条の解釈として先例化させることも可能であると解する。

> ♥運用
> 　法規上、議長の権限として規定されている事柄について、議長が自らの判断だけで行使することはまれであり、それを慎むのは国会における基礎的了解事項となっている。それについては、議院運営委員会に諮問し、そこでの協議結果を踏まえるのが常態である。

【秩序保持権】国会が十全な活動を行うためには、安寧な環境が必要である。なおかつ、行政権力の介入を防止するために、一般警察権から独立した権限を行使する必要がある。このようなことから、議長の職務権限として秩序保持権が重視され、議長の代表的な権限として挙げられている。

　「秩序を保持」するとは、整然とした運営が行える穏やかな議院の状態を保つことである。そのために様々な紀律が設けられており、その違反行為を取り締まり、不穏な状態を元に戻すことが秩序保持権の内容となる。

64

§19

　秩序保持権の具体的内容は、第14章〔紀律及び警察〕、第15章〔懲罰〕及び議院規則で規定されている（•••▶〖逐参〗第16章〔紀律及び警察〕、第18章〔懲罰〕）。

　会議における秩序保持権は、その行使の形態として、休憩や散会を宣告することが認められているように（国117）、議事整理権の行使と重なり合うものもある。

　なお、議長の権能として議院警察権が挙げられるが、その秩序保持権との関係については**第114条【秩序保持権との関係】**の説明参照。

【議事整理権】議長は、本会議を主宰する。

　「議事を整理」は、本会議の運営に関し主宰者として行うべき行為を指す。

　会議運営に関して、個別具体に何を主宰者の権限とし、何を会議あるいは構成員の権限とするかは立法例による。国会においても、本会議と委員会等で若干異なるが、議長の議事整理権の中核となるものとしては、会議招集、開会・休憩・散会、議題決定、発言許可、採決認定を挙げることができる。会議の議決や議員の要求によってこれらの権限に制約を加えることも可能であり、その代行も許されるが、議長以外の者に権限そのものを移譲することは許されないと解する。

　議事整理権の具体的内容は、第6章〔会議〕及び議院規則で規定されている。

【事務監督権】国会及び議院には、その活動を補佐するための機関が設置されているが、それらは議院から独立して職務に当たるのではなく、議長の指揮監督下に置かれる。ここでいう機関とは、議院事務局及び議院法制局を指す。

　「議院の事務」とは、議院又は議院の機関の職務遂行を補助する職員の業務を指す。「事務」とは言え、机上で行う仕事に限らず、議事堂その他の議院の建物の維持管理、警備等を含む業務全般を指す。

　「監督」するとは、自らは執行することなく、不法、不当に陥らせないように監視し、指示を行うことである。

　なお、国立国会図書館は議院に附属する機関ではないが、両議院の議長の監督に服する[7]。

【議院代表権】議院は自然人を介してしか対外的行為を行えないため、議院の長たる議長が議院を代表する。

　「議院を代表する」とは、議院としての意思を外部に対して表明、伝達し、外部からの議院に対する意思や要求等の表明、伝達に応接することをいう。

　議院の儀礼などの事実行為に当たることも代表権の行使に当たる。

【決裁権】本条で規定するもののほか、議長権限の代表的なものとして採決時の決

---

7 国立国会図書館百科編集委員会編『国立国会図書館百科』（出版ニュース社・1988）4頁。

第3章　役員及び経費　　65

裁権が憲法で規定されている（憲56Ⅱ）。

「決裁権」とは、本会議における採決の結果、賛成及び反対が同数となったときに可決か否決かを決する権能である。

この権能は議事主宰者固有のものであり、その行使の仕方について議院運営委員会に諮問することはない。

決裁権は委員会の委員長等にも認められている（国50）。議長の決裁権の性質、行使等は委員長のそれと共通しているため、詳細については**第50条【委員長決裁】【決裁権の行使】**の説明参照。

なお、議長の職務代行者が本会議の議事を主宰する場合も決裁権を行使することが認められるが、事務総長は議員ではないため、消極的に、すなわち否と決するよう行使されるべきである。それによって、議院の意思決定における議員による多数決原則を確保できる（⸱⸱➡第7条【代行する職務】）。

〔議長の委員会への出席・発言〕
第20条　議長は、委員会に出席し発言することができる。

　　　　　　　制定時（昭22.5）

本条は、議長の委員会出席・発言権について規定している。

【議長の委員会出席・発言権】議長は、委員会に出席し、発言することができる。

議員は少なくとも1箇の常任委員となるとされ（国42Ⅱ本）、原則として議長もいずれかの常任委員となることとされている。しかし、本条が規定するのは委員として所属する委員会に出席し、発言することではなく、議長の立場としての権能である。

「議長」は、議長の職務を行う者と解すべきである。

副議長は、本条の「議長」には当たらないが、議長に事故がある場合等には議長の資格で委員会に出席し発言することができるほか、議長の職務代行に関連する問題については出席、発言が認められよう。例えば、副議長が議長職務を代行した本会議における懲罰事犯について懲罰委員会で発言する場合である。

「委員会」は、存在する全ての委員会である。

なお、本条は参議院の調査会に準用されている（国54の4Ⅰ）。

委員会は独立した地位を持ち、その運営に関して議院の干渉を受けない。それに対して、議長に委員会での出席、発言を認めたのは、結果的に委員の独立性を制

§21

限することを意味する。議院全体の観点から、議長が委員会に対して議院の立場を説明し、要請する必要がある場合等に行使する権限として規定したものと理解する必要がある。

具体例としては、議長が職権で付託した懲罰事犯の件について懲罰委員会で説明を行うことや議院運営委員会に出席することを挙げることができる。

当然のことながら、議長としては、本条により出席した委員会で表決に参加することはできない。

【出席・発言権の行使】出席発言権は委員会に対する具体的権限であり、議長が出席して発言したい旨通告した場合には、当該委員会はこれを拒むことはできない。委員会は、その後に開会される委員会で議長の希望する時期に出席を許さなければならず、発言の機会を設けなければならない。ただし、議長といえども委員長の議事整理権に服することとなるため、具体的な発言の時機は委員長が決し、発言の都度、許可を与えることとなる。

逆に、委員会の側が議長に出席、発言を求めることは可能であるが、それは議長の出席、発言を義務付けるものではないと解する。証人喚問や参考人招致の対象となる場合には、それぞれの資格での出席となる。

【議長の委員としての発言】議長が委員として委員会に出席し発言することは、本条の関知するところではないが、関連する問題であるので、ここで取り上げておく。

議院の議決を要する問題について、議長が審議の途中で態度を表明することは、その問題が議題に上る本会議を主宰する際に、議員から見て中立性を疑わせることとなりかねない。したがって、議長が委員会において討論で発言することや表決態度を示すことは差し控えるべきである。

議長が本会議において討論したときにその問題の表決が終わるまで議長席に復することができない旨が両議院の議院規則で規定されている（衆規138Ⅱ、参規119Ⅱ）（••▶『逐参』第119条【討論後の復席】）が、その趣旨は議長の委員会における行動にも敷衍すべきである。

副議長についても、議長の職務を代行する可能性に鑑み、議長と同様のことが言える。

〔副議長の議長代行〕
第21条　各議院において、議長に事故があるとき又は議長が欠けたと

第3章　役員及び経費　　67

§21

きは、副議長が、議長の職務を行う。

制定時（昭22.5）

本条は、副議長の職務権限について規定する。

【副議長の職務権限】副議長は議長職務の代行機関である。

「議長の職務を行う」とは、副議長が議長に昇格するのではなく、副議長の地位に就いた状態で、副議長の名において議長の持つ権能を代わりに行使することをいう。

国会法に規定はないが、副議長は議長の職務を補佐し、議院運営を円滑に遂行する職責を有する（浅野他・事典46頁）。ただし、これは事実上のものであり、法律上は、議長が職務を執行している限り、副議長は何らの行うべき職権を有しないとされている（松澤・議会法278頁）。

【議長の事故】副議長が議長の職務を代行する一場面は、議長に事故があるときである。

「事故があるとき」は、在職中に職務を行うことのできない事情のあるときであり、理由を問わない。

帝国議会当時は、「故障アルトキ」（旧議14）に欠位の場合を含むか否かが問題とされていた（旧衆院・解説81頁）が、国会法では「事故があるとき」と「欠けたとき」を区別している。

議長がその地位に在りながら職務を行えないという事情には様々な要因が考えられる。事実的、物理的に登院が不可能な場合のほか、議長が議事を主宰することが法的に不適当とされる場合もある（研究会・法規21時の法令1515号（1996）67頁）。

登院できない場合としては、海外渡航、病気、交通の途絶等を挙げることができる。

議長が議事を主宰することが不適当な場合とは、議長が辞任願を提出したり議長不信任決議案が提出されたときに、その自らの地位に関する議事を行う場合である（◆◆本条【議長辞任願・議長不信任決議案】）。また、議長自ら討論を行った場合には、その表決が終わるまでは議長として議事整理権を行使できない（衆規138Ⅱ、参規119Ⅱ）が、これもその一場面である。

【事故の認定】議長の事故の認定は、原則として議長自身が行う。

その場合には、議長から副議長に対してあらかじめ職務代行が託されることとなる。

議長が所在不明、音信不通である場合には、事故として認定すべきか否かは微妙

§21

な問題となるが、本人の意思を確認できない場合にも権限の代行が可能となる方途を用意しておかなければならない。その場合の法規上の認定権は副議長にあると解さざるを得ないが、議院運営委員会の意向を踏まえたものとすることを付加要件としておくべきであろう。

議長が意識不明の状態に陥った場合も同様に解すべきである。

【議長の欠缺】副議長が議長の職務を代行するもう1つの場面は、議長が欠けたときである。

「欠けたとき」は、議長の死去、辞職等、議員でなくなった場合及び辞任する等、議長の地位に就いている者がいなくなった場合を指す。会期中・閉会中を問わない。

また、意識不明又は行方不明により将来にわたって執務できないことが確実視され、かつ本人の辞任の意思を擬制せざるを得ない状態となったときは、本人が辞任の意思を示すことができないのであるから、「欠けたとき」に当たると解すべきである。

欠けたことは客観的に明らかであることが多いが、客観的事実から明確でない場合には、議院運営委員会の議を経て副議長が判断すると解すべきであろう。

【副議長の代行職務】副議長が代行する議長の権能は、議長に事故があるときと議長が欠けたときで異なる。

事故があるときも、ケースごとに代行可能な権限が異なり、その全てを行使できるとは限らない[8]。議長の海外渡航の場合には、国内における全ての権能を代行できると解される。病気等により登院できないものの、議長自身による判断が可能な場合には、その限りで議長は代行を委託する権限を留保することが可能である。本会議の最中に議長が中座するような場合には、代行する職務は現に行われている議事の主宰及び議場の秩序保持に限られる。

会期中に議長が欠けたときには、直ちにその選挙を行うこととされているので(国23)、副議長が代行する職務は、議長の選挙議事を主宰すること及びそれまでに必要な緊急を要する職務に尽きる。

なお、議長が事故から復帰した後も、代行した職務に関連して副議長が議長の職務を行うことがある。例えば、主宰した会議の会議録に署名すること(衆規205、参規159)や主宰していた会議における懲罰事犯についての懲罰委員会への出席、発言(国20)である。

【議長辞任願・議長不信任決議案】議長に事故ある場合として持ち上がる特徴的な

---

8 辻啓明「議長及び副議長の実像」議会政治研究33号(1995)21頁。

第3章 役員及び経費 69

§ 22

場面が、議長が辞任願を提出した場合及び議長不信任決議案が提出された場合である。

議長が中立公正であるとしても、自らの地位に関する議事を主宰することは適切でないと考えられており（衆先63、参先67）、副議長が代行する。

注意を要するのは、辞任願や不信任決議案の提出によって議長の全ての権限が直ちに停止されるのではない点である。議長は、その地位に在る限りは、原則としてその権能を行使でき、例外的に、議院に辞任の許可を諮る議事、不信任決議案の議事について会議を主宰することができないにとどまる。実際の運営においては、これらの場合に副議長が全ての権限を代行することが見られるが、これは自ら権限を行使することを自粛した議長から委任を受けたものと解されよう。

〔仮議長〕
第22条① 各議院において、議長及び副議長に共に事故があるときは、仮議長を選挙し議長の職務を行わせる。
② 前項の選挙の場合には、事務総長が、議長の職務を行う。
③ 議院は、仮議長の選任を議長に委任することができる。

制定時（昭22.5）、第5次改正（昭30.3）

本条は、議長・副議長に共に事故がある場合の措置について規定する。

【議長及び副議長の事故】議長・副議長共に事故があるときは、仮議長を選挙して議長の職務を行わせる。

議長に事故のあるときのために、その代行機関として副議長が常置されているが、副議長は1人であり（国17）、副議長にも事故があるときの備えとして臨時の機関である仮議長の制度が設けられている。

「共に事故があるとき」とは、議長及び副議長のそれぞれの地位に就いている者がおり、かつ、その両方に職務を行うことのできない事情のある場合を指す。

職務を行うことのできない事情については、**第21条【議長の事故】**の説明参照。

【仮議長】仮議長が選任されるのは、議長・副議長に共に事故あるときという、ごく限られた場合だけである。すなわち、仮議長の地位は、正副議長が現在することを前提としている。

議長又は副議長のいずれか一方に事故がある場合に、更に他方に事故があるときに備えてあらかじめ選任しておくことも視野に入れられている（大池・説明3頁）。

70

§22

①議長・副議長が共に欠けたとき、②議長又は副議長が欠け、同時に副議長又は議長に事故があるときには、仮議長による対処ではなく、事務総長が議長の職務を行い、議長、副議長の選挙議事を主宰することとされている（国24）。

仮議長は臨時の役職であるが、その重い職責に鑑み議院の役員とされている（国16(3)）。

【仮議長の選挙】 仮議長は臨時に置かれる職であるので、その必要が生じた時に選挙を行わなければならない。

仮議長の選挙では、事務総長が議長の職務を行う。

仮議長の選挙も本会議の議事として行うことが予定されており（衆規17、参規19）、その主宰者について、議長・副議長が共にいない場合の選挙に倣ったものである。

「議長の職務を行う」は、選挙の議事を主宰することであるが、その前段の行為である会議の招集等について代行が必要な場合には、それも含まれる。

仮議長が必要となる場合に備えてあらかじめ選任しておく場合には、第2項の規定にかかわらず、その選挙の議事は議長又は副議長が主宰する。

【仮議長選任の議長への委任】 仮議長の選挙の方法について、国会法には議長選挙のそれを準用する旨の規定が置かれていないが、本条第3項の規定は、議員の投票による選挙が原則であることを前提としている。

議院は仮議長の選任を議長に委任することができる。

議長に委ねることで適任者が得られると考えられ、さらに、選任を臨機に効率的に行おうとするものである（研究会・法規25時の法令1523号（1996）69頁）。

常任委員長や事務総長については選任を議長に委任することができる旨の規定が議院規則に置かれている（衆規15Ⅱ、16Ⅱ、参規16Ⅱ、17Ⅱ）のに対し、仮議長の選任については国会法で規定されている。これは議長への委任が選任方法についての特例的な扱いであるだけでなく、選任の時期についても本条第1項の規定に対する特例となるためである。すなわち、必要となる場合に備えて選任しておくことを議長に委ねるものである。

「議院は」とは、議院の意思により、すなわち、本会議の議決によりという意味である。

「議長」とは、仮議長選任議事の主宰者を指す。したがって、通常の場合は事務総長を指すが、仮議長が必要となる場合に備えてあらかじめ選任しておく場合には、その時の議長又は副議長を指す。

「委任する」とは、誰を任に就けるかについて、その意思に委ねることであり、そ

第3章 役員及び経費 71

§22

の時期についても、必要となる場合に備えて選任しておくことを可能とするものである。

委任を受けた議長は、自分の判断で指名することが可能であるが、通常、誰が任に就くかが議院運営委員会等の協議で合意され、議長がその合意に従って指名することが期待されており、議長は事実上それに拘束される。

選任の時期についても、あらかじめ委任を受けた場合には、事故が生じる前に選任しておくことができる。これは、事故というものが事前に予想できる場合があり、また、断続的に正副議長に事故があるという事態も考えられるので、そのようなケースに臨機の対応を確保することを目的とする。

【仮議長の任期】仮議長の任期についての規定はないが、その始期は選挙又は議長の指名によって選任された時である。ただし、必要な場合に備えてあらかじめ選任しておく場合には、任期の開始によって直ちに権限の行使が可能となるわけではない。

終期については、仮議長は必要に応じて選任されるポストであるため、その必要となる事由がなくなったときに地位を失う。すなわち、議長又は副議長のいずれかの事故が解消したときに仮議長はその地位を失う。また、仮議長の地位は正副議長の存在を前提とするため、議長・副議長の一方又は両方が欠けた場合には、それを選任する必要が生じ、その選挙は事務総長が主宰することとされており（国24）、仮議長は地位を失う[9]。

仮議長が選任され、その職務を行った後、再び議長及び副議長に共に事故ある事態となったときには、同一会期中であっても改めて仮議長を選任することとなる。ただし、副議長が病気のため登院できないような場合で、議長に事故あるときに備えてあらかじめ仮議長を選任しておくようなときには、副議長の療養中、仮議長はその地位を失わないこととしなければ、あらかじめ選任しておく意味がなくなるだろう。

【仮議長の代行職務】仮議長が代行する議長の権能は、議長に事故があるときの副議長の代行職務に準じることとなる（➡第21条【副議長の代行職務】）。

【仮議長の事故】仮議長選任後、議長及び副議長に事故がある間にその仮議長にも事故が生じた場合、別の仮議長を選任して議長の職務を代行させることとなる。

その選挙は事務総長が主宰する（国22Ⅱ）。

この場合、新仮議長が選任された時点で前の仮議長は地位を失うと解する。前の

---

9 有松昇「議院法逐條示解(3)」警察研究7巻3号（1936）87頁。

72

§23

仮議長は地位を保持し、事故解消時に職務に戻って、その時に2人目の仮議長が地位を失うとする考え方も可能であろうが、それでは役員たる仮議長が複数存在する期間ができることとなる。臨時のポストであるため、複代理的な重層関係は認めるべきでない。

〔議長・副議長が欠けたときの選挙〕

第23条　各議院において、議長若しくは副議長が欠けたとき、又は議長
**　　　　及び副議長が共に欠けたときは、直ちにその選挙を行う。**

制定時（昭22.5）

本条は、議長、副議長が欠けた場合の措置について規定する。

【議長・副議長の欠缺】議長・副議長の一方又は両方が欠けたときは、直ちにその選挙を行う。

議長、副議長の選任は院の構成の中でも最優先事項であり、欠員の状態は短期間でも放置することはできないことによる。

「欠けたとき」は、会期中、死去、辞職等により議長、副議長が議員でなくなった場合及び辞任する等、その地位を外れた場合のほか、意識不明又は行方不明により将来にわたって執務できないことが確実視され、かつ本人の辞任の意思を擬制せざるを得ない状態となったときをいう。

閉会中に議長、副議長が欠けたときは、次の会期が召集されるまで選挙を行えないため本条の適用はなく、第6条〔召集日に議長・副議長がないときの選挙〕の召集の当日の「ないとき」に当たる。

欠けたことは客観的に明らかであることが多いが、客観的事実から明確でない場合には、議院運営委員会の議を経て現在する副議長又は議長が判断すると解すべきであろう（⋯▶第21条〔議長の欠缺〕）。

【選挙の時期】「直ちに」とは、事態が生じた時に本会議開会中であれば（議長（副議長）辞任許可、議員辞職許可等の場合）、その直後という意であり、それ以外の場合、その日に本会議が招集されていればその本会議で、招集されていなければ翌日以降早急に招集し、先議案件として他の全ての案件に優先して処理すべきことをいう。

【選挙手続】国会法は正副議長の選挙手続を定めていないが、仮議長の選任について議院は議長に委任できると規定している（国22Ⅲ）ことからも分かるように、原則は議員の投票による選挙であり、それを本会議の議事として行うことを暗黙の前提

第3章　役員及び経費　　73

§24

としている。具体的な手続は、議院規則が規定している（衆規3Ⅱ以下、参規4Ⅱ以下）（•••▶『逐参』第4条〔召集日に議長及び副議長がないときの議長選挙〕以下）。

> 〔事務総長の議長代行〕
> **第24条** 前条前段の選挙において副議長若しくは議長に事故がある場合又は前条後段の選挙の場合には、事務総長が、議長の職務を行う。

制定時（昭22.5）、第5次改正（昭30.3）

本条は、議長、副議長が欠けたときの選挙議事の主宰を事務総長が行う場合について規定する。

【議長・副議長選挙議事の主宰者】 議長・副議長の一方が欠けたときには、議長・副議長のうち在任している方が選挙議事を主宰するのは当然のことである（国19、21）。

議長・副議長の両方が欠けたときは、事務総長が議長の職務を行う。

召集日に議長・副議長が共にいないとき（第6条後段の場合）と同じ状況であるので、事務総長が代行することとしたものである。

「前条後段の選挙の場合」とは、議長及び副議長が共に欠けてその選挙（国23）を行う場合のことであり、議長選挙・副議長選挙の両方を事務総長が主宰する。

議長選挙の後で行う副議長選挙については、選ばれたばかりの議長が主宰できる状況にあるが、召集日に議長・副議長が共にいないときの選挙では、両方が選挙されるまで事務総長が議長の職務を行うこととされており（国7）、本条においてもこれと同様に解してよいと考えられる（研究会・法規23時の法令1519号（1996）65頁）。

議長・副議長の一方が欠けて、他方に事故がある場合も、事務総長が議長の職務を行う。

「前条前段」とは、議長・副議長の一方が欠けた場合を指す。

この場合は議長・副議長に共に事故がある場合（第22条第1項の場合）に似ているが、第22条〔仮議長〕の場合と異なり、代行が必要な議事が選挙に限定されるので、事務総長が議長の職務を行うこととされている。仮議長を選挙した上で議長又は副議長の選挙を行うことは迂遠であり、そもそも仮議長の地位は正副議長が現在することを前提とするものであるため（•••▶第22条【仮議長の任期】）、この場合は仮議長を選任する場合には当たらない。

参議院においては、通常選挙で正副議長が共に非改選議員であった場合、その任期が残っている（議員としての任期による（国18））にもかかわらず、通常選挙後の臨時

74

§ 25

会では正副議長を改選する例である（参先62）（•••▶第18条【議長・副議長の任期】）。その方法は、副議長の主宰により議長の辞任を許可した後にその選挙を行い、次いで新議長の主宰により副議長の辞任を許可した後にその選挙を行うこととしており（参先46（四））、第23条後段の状況が生じることを避けている。

本条に規定する場合で事務総長に事故があるとき又は欠けているときには、指定参事が選挙を主宰する（国29）。

【正副議長事故後に欠けた場合】議長・副議長に共に事故があり仮議長が選任されている状況の下で、正副議長の一方又は両方が欠けた場合、その選挙を誰が主宰するかが問題となる。

仮議長の地位は議長及び副議長の存在を前提とするものであり、その任期は正副議長の一方又は両方が欠けた時点で終了する（•••▶第22条【仮議長の任期】）。したがって、欠けた議長又は副議長の選挙は事務総長が行うべきである[10]。

▶事例

衆議院においては、議長・副議長の両方から辞任願が提出されたときに、その辞任の件を主宰した仮議長が引き続いて後任の選挙も主宰したことがある[11]。

正副議長の辞任が許可された時点で仮議長はその地位を失っており、本条の規定するケースだったはずであるが、既に仮議長が選任されていることから、辞任の件と選挙の連係を付けたものと解することができよう。

〔常任委員長の選挙〕

第25条　常任委員長は、各議院において各々その常任委員の中からこれを選挙する。

制定時（昭22.5）

本条は、常任委員長の選任について規定する。

【常任委員長】「常任委員長」は、各常任委員会の長であり、常任委員会の数だけポストがある。

【常任委員長の選挙】常任委員長は、各議院において選挙する。

常任委員の任期が長く、練達堪能の士が当たるという観点から、当該常任委員会においてではなく、議院で選ぶこととされた[12]。

「各議院において」は、議院の自律権の内容として、議院の中で選出することと同

---

10 有松・前掲**9** 87頁。
11 第31回国会衆議院会議録第4号（昭33年12月13日）7頁等。
12 第91回帝国議会貴族院国会法案特別委員会議事速記録・前掲**4** 15頁〔植原悦二郎国務大臣の答弁〕。

第3章　役員及び経費　　75

§ 26

時に、委員会における互選ではなく、議院の役員として本会議で選任することを意味する。

　常任委員長は、その常任委員の中から選出する。

　「その常任委員の中から」とは、候補者が当該常任委員に限られることを指す。

　したがって、常任委員長の選挙の前に常任委員を選任しておく必要がある。また、投票によって選任する場合、委員でない者への投票は無効票となる。

　「選挙」とは、特定の地位に就くべき者を多数人で選定する行為をいう。

　常任委員長の選挙を行うのは、召集日に常任委員長がいないとき及び常任委員長が欠けたときである。その場合には、院の構成として優先的に選挙を行わなければならない。ただし、あらゆる状況で他の全ての案件に先立って処理しなければならないとの先決性を意味するわけではない。

　本条は、仮議長の選挙のように選任を議長に委任することができる旨の規定が置かれている場合と比べると、投票による選挙以外の方法を認めない趣旨であるようにも読める。しかし、多くのポストについてそれぞれ投票によって選挙するのは時間を要するため、簡便な方法を認めない趣旨ではないと考えられ、方法について言及していないだけであると解すべきである。両議院の議院規則では、この点を補充して、その選任を議長に委任することができる旨の規定を置いている（衆規15Ⅱ、参規16Ⅱ）（→『逐参』第16条【常任委員長の選任方法】）。

　【常任委員長の任期】常任委員長については任期の規定が置かれていない。選任された常任委員長はその委員の任期（国42Ⅰ）が終わるまで在任することとなるが、任期規定がないことはその身分保障が弱いことをも意味する。

　常任委員長がその意思に基づかないで地位を失う場合として挙げられるのは、①解任の議決がなされた場合（国30の2）、②兼ねることを禁じられている職に就いた場合（→第31条【兼職の効果】）、③委員の地位を失った場合、具体的には登院停止の懲罰を科された場合（衆議院のみ）（衆規243Ⅰ）である。このほか、会派割当変更のための委員変更の場合（国46Ⅱ）も考えられるが、委員長である委員を変更の対象とすることは避けなければならないであろう。

〔議院の職員〕

　第26条　各議院に、事務総長1人、参事その他必要な職員を置く。

制定時（昭22.5）

§27

本条は、議院の職員について規定する。

【人事に関する自律権】各議院には、事務総長1人、参事その他必要な職員を置く。

議院の事務を所掌する職員は議院で任用する必要がある。議院の組織に関する自律権の一内容として、議院の職員は、政府や他院等、他の機関から独立した立場で置かれなければならないことを意味する。

「各議院に」とは、衆参両院それぞれがこれらの職員を置くことを意味する。

憲法第58条第1項の「役員」を議院の役職員一般を指すとの解釈によれば（⋯▶本章概説【役員選任権】）、議院の人事に関する自主性が憲法上保障されていることとなり、本条にいう参事等の任用に内閣が関与するようなことはもとより、国会の附属機関で採用することや、衆参両院の事務を兼務させることはこれに反する。

【事務総長・参事】「事務総長」は、議院運営に関して議長を補佐する議院の役員であり、かつ議院事務局の長たる職員である。

「参事」とは、常勤の議院事務局職員を指す。議院法制局職員については、別途規定が置かれている（国131Ⅱ）。

国会開設時には、参事を議院事務局の上級幹部職員として位置付け、その下に副参事、主事という職員区分が設けられていたが、昭和34年の国会職員法等の一部改正により、事務局職員の名称が参事に一本化された。

「その他必要な職員」は、常任委員会専門員、常任委員会調査員及びそれ以外の職員であり、議院事務局法（昭和22年法律第83号）に職名が挙げられている（事務1(3)）。

国家公務員法（昭和22年法律第120号）では国会職員は特別職とされている（国公2Ⅲ(14)）。

議院の自律権の要請からすれば、議院の活動のうち、その意思決定や国政調査権に直結する事務に携わる者は、本条の職員として、他機関の意思によらないで任免されるべきものと解される（大石・自律権315頁）。

参事その他の職員の員数は、各議院の事務局職員定員規程が定める。

〔 事務総長の選挙、職員の任免 〕

第27条① 事務総長は、各議院において国会議員以外の者からこれを選挙する。

② 参事その他の職員は、事務総長が、議長の同意及び議院運営委員会の承認を得てこれを任免する。

第3章 役員及び経費　77

§27

制定時（昭22.5）、第2次改正（昭23.7）

本条は、事務総長の選挙、職員の任免について規定する。

【事務総長の選挙】事務総長は、各議院において国会議員以外の者から選挙する。

事務総長の職務が国会議員の地位と両立しないことを踏まえての規定である。

「事務総長」については、第26条【事務総長・参事】の説明参照。

「各議院において」とは、議院の自律権の内容として、議院の意思で、すなわち本会議において選任することをいう。

「国会議員以外の者から」は、立案経過説明によると、政党的色彩の全然ない者であるべきで、議院事務にも習熟した者を選ぶべきであるとの趣旨とされる（大池・説明3頁）。

事務総長の選挙を行うのは、事務総長が欠けたときである。他の役員と異なり議員以外の者であることから、選挙後の国会の召集日に現在しないことは想定されていない（国附Ⅳ参照）。

本条は、選挙手続について規定していないが、常任委員長の選挙と同様、簡便な方法を認めない趣旨ではないと考えられる。両議院の議院規則では、その選任を議長に委任することができる旨の規定を置いている（衆規16Ⅱ、参規17Ⅱ）（•••▶『逐参』第17条【事務総長の選任方法】）。

【事務総長の任期】事務総長については任期の規定がない。選挙によって議員構成が改まった場合にも事務総長の地位を継続させることとしているのは、選挙後の国会の召集に際しての議院運営を円滑に運ぶ必要があることによる。正副議長の選挙議事を主宰することともなっている（国7）。

任期がない結果、法的には、事務総長本人の意思に反してその地位を失わせる手段はない。議長には議院の事務監督権が認められているが（国19）、それに基づいて罷免することもできないと解する。しかし、議長の信任を失った場合や議院で不信任決議が可決された場合には、事実上、その任にとどまることはできない。

【参事等の任免】参事その他の職員の任免は、議長の同意及び議院運営委員会の承認を得て事務総長が行う。

任免権を事務総長に持たせたのは、議長を含めて議員の直接の関与を排除することにより、その中立公正を確保しようとする趣旨であるとされる（研究会・法規29時の法令1531号（1996）76頁）。

「参事」については、第26条【事務総長・参事】の説明参照。

§28

「その他の職員」は、常任委員会専門員、常任委員会調査員及びそれ以外の職員であり、議院事務局法に職名が挙げられている（事務1(3)）。

「同意」は、議院の事務監督権者として賛成する旨の意思表示であり、任免を行うために事前に必要な要件である。

「承認」は、任免行為の効果を確定させるための要件であり、事後であることを妨げないものと解される。

本条第2項は包括的な規定であり、議長の同意及び議院運営委員会の承認は、参事その他の職員の全ての任免について個別に必要であることを意味しない。議院事務局法では、議長の同意を要する者として事務次長、部長及び副部長が（事務4 I、5 I、5の2 II）、議長の同意及び議院運営委員会の承認を要する者として常任委員会専門員及び常任委員会調査員が（事務11）挙げられている。

〔事務総長・参事の職務〕
第28条① 事務総長は、議長の監督の下に、議院の事務を統理し、公文に署名する。
② 参事は、事務総長の命を受け事務を掌理する。

　　　　　　制定時（昭22.5）

本条は、事務総長及び参事の職務権限について規定する。

【事務総長の職務】 事務総長は、議長の監督の下に、議院事務を統理し、議院の公文に署名する。

議院の事務が議院から独立したものではなく、事務総長の職務も議長の事務監督権の対象となることを示すものである。

「事務総長」については、第26条【事務総長・参事】の説明参照。

「議長の監督」とは、議長固有の権能として、不法、不当に陥らせないように監視し、指示を行うことである。

議長の事務監督権については、第19条【事務監督権】の説明参照。

「議院の事務」とは、議院の活動を補佐するための事務である。

本条にいう議院の事務を所掌するため、議院事務局が衆参両院に附置されている（事務1）。事務総長は、議院事務局の長として議院の事務を執り行う。

「統理」とは、その所掌事務をつかさどり、責任者として全てを治めるという意味である。

第3章　役員及び経費　79

§ 29

「公文」とは、議院の権限行使に関し発せられる文書をいい、事務局の文書に限らない。

「署名する」は、当該文書の内容を公証するために名前を書き込むことをいう。議院を代表する議長名で発出するのが通常であるから、議長の署名に添えて副署する形を採り、補佐の責任を明らかにする。

本条で規定する職務のほか、事務総長には議長職務を代行する場合が認められている（国7、22Ⅱ、24）。

【参事の職務】参事は、事務総長の命を受け事務を掌理する。

具体的には、議院事務局の職員として会議運営や国政調査等について議院の事務的な役割を担う。

「参事」については、**第26条【事務総長・参事】**の説明参照。

個々の議員の活動を補佐する職務は秘書が行うこととなっており、公費によって各議員に3人が付されている（国132）が、本条の「参事」には含まれない。

「掌理する」は、受け持った職務を執り行うことである。国会法制定時には、参事が議院職員のうちの上級幹部を指していたので、「掌理する」との管理行為的な表現が用いられたが、参事概念が拡大した後も「掌理する」との語がそのまま残ったため、その意味を変更する必要が生じた。

〔 参事の事務総長代行 〕
第29条　事務総長に事故があるとき又は事務総長が欠けたときは、その予め指定する参事が、事務総長の職務を行う。

制定時（昭22.5）

本条は、事務総長に事故がある場合の措置について規定する。

【事務総長の職務代行】事務総長に事故があるとき又は欠けたときには、指定参事が事務総長の職務を行う。

事務総長が独任制であることから、その役員たる地位に鑑み、職務代行について規定したものである。

「事務総長」については、**第26条【事務総長・参事】**の説明参照。

「事故」は、職務を行うことのできない事情のあることを指し、その理由を問わない。

「欠けたとき」は、死亡や辞任等により事務総長の地位に在る者がいなくなった場

80

§ 30

合をいう。

「予め」とは、必要となる場合に備えて事前にという意味であり、事務総長の事故、欠員が予見される場合に限らない。

「指定する参事」は、議院事務局の参事の中から事務総長が選んだ者を指す。必ずしも上席の参事という意味ではないとされる（大池・説明3頁）が、事務次長以外の者が指定されるとは考えにくい。事務総長の指定については議長の同意等は要件とされていない。指定は複数でもよいとの理解があるが[13]、その場合には順位も指定する必要がある。

「事務総長の職務を行う」とは、あらかじめ指定する参事が事務総長に昇格するのではなく、その地位のままで事務総長の持つ権能を行使することをいう。

代行する職務の範囲は、事務総長の全ての権能に及ぶ。ただし、事故があるときの代行は、事故の内容に応じて必要とされる職務を限度とする。また、会期中に欠けたときには直ちにその選挙を行う必要があるので、その選挙議事について議長を補佐すること及びそれまでの間の職務に限定される。

〔役員の辞任〕
第30条　役員は、議院の許可を得て辞任することができる。但し、閉会中は、議長において役員の辞任を許可することができる。

制定時（昭22.5）

本条は、役員の辞任について規定する。

【役員の辞任】役員は、議院の許可を得て辞任することができる。

役員は議院の会議で選任するものであり、その辞任についても本会議での許可を必要としたものである。辞任を慎重ならしめ、後任の選挙に備えるためとされる（研究会・法規25時の法令1523号（1996）77頁）。

「役員」とは、第16条〔役員の種類〕で規定する議長から事務総長までの5種類の役職のことである。

「議院の許可」は、本会議における議決によって申出を認めることである。

衆議院では、会期中でも会議を開くいとまがないときに常任委員長の辞任を議長が許可することがある（衆先59）が、これは本条本文の「議院」を拡大させた解釈であり、議長が許可するには、議院運営委員会理事会等において各会派の事前の了承

---

13 佐藤吉弘『註解参議院規則』（旧版）（参友会・1955）18頁。

§ 30

を得ることが事実上の要件となると解する。

「辞任」は、任期満了前に本人の申出により地位を降りることをいう。

仮議長は任期が特殊かつ短期であり、任期満了前に辞任することはまれであろうが、議長・副議長に共に事故ある間に仮議長が交替するときには本条が適用される。

【辞任許可の議事】議長が辞任願を提出した場合には、その辞任許可の議事は議長が主宰するのが不適当であり、「議長に事故があるとき」（国21）に当たる。

議長・副議長の両方が辞任願を提出した場合が問題となるが、それぞれが主宰するのが不適当なのは自らの辞任許可の議事であり、議長辞任の件を副議長が諮ることは可能であると解する。衆議院ではこの場合、仮議長を選出した上で順次辞任を諮る例であるが[14]、これは正副議長の辞任の件を一括して議題とした上で処理することによる。

仮議長の辞任許可の議事は誰が主宰するかとの問題がある。仮議長は自らの進退に関わる議事を主宰することができず、正副議長に共に事故がある状況が再び顕在化し、事務総長が議長職務代行者となって別の仮議長の選挙を行い、新仮議長が選任されることにより前仮議長の辞任許可の議事は目的を失って不要となると解するのが建前どおりの手続となろう。しかし、これでは技巧に走ったきらいがあり、事務総長が仮議長の辞任を諮って許可されれば後任の仮議長選挙を行うとする方法でよいだろう（研究会・法規25時の法令1523号（1996）78頁）。

【閉会中の辞任】閉会中は、議長において役員の辞任を許可することができる。

閉会中の役員の辞任は、議院の会議を開くことができないので、議長の権限において許可することとされた。

「閉会中」は、会期終了日の翌日から次国会召集日の前日までの間を指すが、会期最終日の本会議を散会した後に辞任願が提出された場合は、その日のうちに許可するときでも、閉会中に当たるものとして議長の許可によることとなる。

「議長において」は、議長以外の役員の辞任についての許可主体が議長であるとの意であり、議長が辞任する場合には副議長が許可する（衆先54）。

「許可することができる」は、議長に権限を与える趣旨であり、次国会が目前に迫っているときに、議長が許可することなく召集後に本会議での許可とすることを妨げない。逆に、会期中に提出された辞任願は、先決性の高い事件として速やかに議院の会議で諮る必要があり、閉会後に持ち越して議長許可の方法によるべきではない。

【役員の地位喪失】役員には職務専念義務があり、公務員との兼職が禁じられてい

---

[14] 第31回国会衆議院会議録第4号（昭33年12月13日）7頁等。

§30の2

る (国31 I) ほか、明文の規定はないが、複数の役員を兼ねることも禁止される。役員は、兼ねることを禁止されている職に就いた場合、その役員の地位を失う (参先64、81、82) (••▶第31条【兼職の効果】)。

仮議長は、地位の特殊性により、自ら事故がある場合等、代わりの仮議長が選任されることによってその地位を失うものと解する (••▶第22条【仮議長の事故】)。

〔常任委員長の解任〕
第30条の2　各議院において特に必要があるときは、その院の議決をもつて、常任委員長を解任することができる。

第2次改正 (昭23.7)

本条は、常任委員長の解任について規定する。

【常任委員長解任】特に必要があるときは、議院の議決により常任委員長を解任することができる。

役員は議院の会議で選任するものであるので、その地位は議院の信任に基礎を置いている。したがって、仮に役員に対する不信任決議案が可決された場合には、通常は辞任を余儀なくされる。ただし、それは政治的責任に基づくものである。この点につき本条は、常任委員長の責任を法的なものとして明確化した。

「解任」とは、本人の意思に関わりなくその職を解くことをいい、議決の効果として当人は即座に常任委員長の地位を失う。

「特に必要があるとき」は、理由が特定されていないが、本条が新設された時には、常任委員長の地位が会派割当に基づくものであるにもかかわらず、党籍を変更した常任委員長がなかなか辞任しなかったことに対処することが意図されていた[15]。そのほか、中立公正な委員会運営を怠ったとき、役員としての倫理に反する所業がなされたとき等、様々な場合が想定される。

参議院では、次のような行為があった場合は本条に該当するとの議院運営委員会理事会申合せがなされている (第40回国会　昭和37年1月24日)。①正当な理由がないにもかかわらず委員会を開会しないこと、②みだりに休憩又は散会を宣告すること、③故なく委員の発言を許可せず又は委員の動議を議題としないこと、④故なく速記を中止すること (参委先14)。

「院の議決」とは、本会議における議決であり、常任委員長を特定して解任するこ

---

[15] 鈴木重武「国会運営の10年―常任委員会制度を中心として」レファレンス100号 (1957) 34頁。

第3章　役員及び経費　*83*

§ 31

とを明示したものであることを要する。「不信任」という表現を採る決議案の可決では本条の「議決」に当たらず、信任決議の否決の場合も本条の効果は発生しない。通常は解任決議案の可決の形を採るだろうが、動議によることも可能である。

衆議院においては、常任委員長解任に関する動議・決議案の発議について加重要件（50人以上の賛成）を設けている（衆規28の2Ⅲ）。

〔役員の兼職禁止〕
第31条①　役員は、特に法律に定めのある場合を除いては、国又は地方公共団体の公務員と兼ねることができない。
②　議員であつて前項の職を兼ねている者が、役員に選任されたときは、その兼ねている職は、解かれたものとする。

制定時（昭22.5）、第5次改正（昭30.3）、第16次改正（昭62.4）

本条は、役員の公務員との兼職について規定する。

【役員の兼職禁止】役員は、特に法律に定めのある場合を除いては、国又は地方公共団体の公務員と兼ねることができない。

国会議員は、原則として公務員と兼ねることができない（国39）。その上で、役員については更に兼職が禁止されている。三権分立の下で、議院の役員が行政・司法の職務を担うことが許されない度合いが一般の議員の場合よりも強いことによる。行政・立法の紛淆を来すことを避けることを目的とし（大池・説明3頁）、役員の地位と責任の重要性に鑑み、職務専念義務を明確にしたものである。

議員の兼職禁止と役員の兼職禁止の差は、除外事由にある。すなわち、**第39条〔議員の兼職禁止〕**では、国務大臣等や別に法律で定めた場合が除かれているほか、「両議院一致の議決に基づき、その任期中内閣行政各部における各種の委員、顧問、参与その他これらに準ずる職に就く場合は、この限りでない。」とただし書が置かれているのに対し、本条で除外されているのは特に法律に定めのある場合だけである。

「役員」とは、議長、副議長、仮議長、常任委員長、事務総長の総称である（国16）。

事務総長は議員以外の者から選ばれるが、議院の独立を保持する点から、他の公務員の職を兼務することは許されない点で他の役員と異ならない。なお、事務総長は国会職員でもある（国職1(1)）が、これは兼ねているものではなく、役員としての地位と表裏一体のものである。

特別委員長は役員ではなく、本条の適用を受けないが、これは特別委員会の存続

§ 31

する短い期間に公務員に任命されるようなことがまれであり、仮にそのような事態が生じたときには辞任することが想定されていた[16]。

「公務員」とは、国又は地方公共団体に任用され、それらの事務に従事する者をいい、常勤・非常勤を問わない。

国家公務員法第2条第4項には「人事院は、ある職が、国家公務員の職に属するかどうか……を決定する権限を有する。」と規定されているが、本条の「公務員」が何を指すかは国会法の解釈として確定されるべきものである。

なお、議員たる役員は、各議院の行為規範において、公務員以外でも、報酬を得て企業又は団体の役員等を兼ねることが禁じられている（衆行規3、参行規3）。

【禁止除外】「特に法律に定めのある場合」は、役員のポストに着目して関係する公務員に充てる旨が定められている場合をいい、言わば、役員としてその公務員の職務を行うものである。

現在では、衆参の議長・副議長が皇室会議議員、皇室経済会議議員に充てられている（皇典28Ⅱ、皇経8Ⅱ）ほか、国会関係ではあるが、各議院の議院運営委員長が国立国会図書館連絡調整委員、国立国会図書館建築委員に充てられている（図12、国立国会図書館建築委員会法1）程度である。したがって、政府の審議会等において国会議員枠の委員を設ける、いわゆる各種委員（→第39条【禁止除外】）も議院の役員が兼ねることは許されない。

【公務員の解任】国又は地方公共団体の公務員を兼ねている議員が役員に選任されたときは、その兼ねている職は解かれたものとする。

議員は公務員との兼職が禁じられており、例外的に認められる場合（国39）でも、その議員が役員に選任されることによって兼ねている公務員の職を失う。

「その兼ねている職」は、例外的に認められて兼ねていた公務員である。

「解かれたものとする」は、その任命権者の意思にかかわらず、また、辞令を用いる等、特段の行為を要せずして地位を失うことである。

【兼職の効果】役員が兼職を禁止されている職に就くことは第2項の逆の場合となるが、この場合には、その議員は役員の地位を失うこととなると解する。禁止を承知の上であえてその職に就くことは役員の方を辞する意図を推測できるからである。

このような事態が生じるのは、例えば、国会開会中の組閣に際して、常任委員長が国務大臣に任命される場合である。任命前に常任委員長を辞任すべきところ、本

---

[16] 第91回帝国議会衆議院国会法案委員会議録（速記）第2回（昭21年12月20日）19頁〔中村高一委員の答弁〕。

第3章　役員及び経費　　85

§ 32

会議を開くいとまがなく辞任を許可できないのが通常であり、そのままの状態では兼職する期間が生じてしまう。衆議院では、第30条本文の「議院」の解釈を拡大させて、会期中でも議長が辞任を許可することでこのような事態となることを回避している（衆先59）（•••▶第30条【役員の辞任】）が、本条の解釈としては、兼職という事態を認めないとのことから、役員失職という効果も用意しておくべきであろう。参議院では、役員本人から辞任願が提出されていることを前提として、その方法を採用している（参先64、82）。

〔議院の経費〕
第32条① 両議院の経費は、独立して、国の予算にこれを計上しなければならない。
② 前項の経費中には、予備金を設けることを要する。

制定時（昭22.5）

本条は、議院の経費について規定する。

【財務自律権】議院の自律権の理念は、財政面においても考慮されなければならない。予算編成、提出が内閣の権能とされていることに対して、議院の経費が財政当局の意向で不当に削減されることのないような工夫が必要である。

議院の財務自律権の観念は、帝国議会時代には制度上も講学上も存在せず（大石・自律権329頁）、国会法の制定時に初めて両議院の予算に独立性が認められた。

【議院予算の独立】両議院の経費は、国の予算に独立して計上しなければならない。

国会は行政部門とは独立した機関であることを予算上にも反映させ、財政面でも独立性を図る趣旨である。

「両議院の経費」とは、衆参両院の活動に必要な財政支出の予定的見積額のことである。衆議院と参議院の経費が分離されていることも必要である。

「独立して」とは、他の組織、項とは離れて、国会の経費として各議院別々に明瞭に把握できるようになっていることをいう。さらに、財政当局の査定に対しても議院の意向が尊重されるべき意味合いが込められている[17]。

「国の予算」とは、国家の歳入歳出の予定的見積りを内容とした財政行為の準則の案であり、内閣が作成する（憲73(5)）。

「計上」とは、費目を明らかにして予算に掲げることをいう。

[17]第91回帝国議会貴族院国会法案特別委員会議事速記録・前掲4 12頁〔植原悦二郎国務大臣の答弁〕。

§32

【二重予算】 計上した経費を予算書の上で独立させるだけでなく、両議院の意向が不当に損ねられないようにするために制度的な保障がなされている。内閣から独立した機関である国会、裁判所、会計検査院に係る歳出に関して財政法上措置されている、いわゆる二重予算のシステムである。

　その具体的内容は、予算の概算の閣議決定に際し、国会に係る歳出の概算については衆参両院の議長に対して意見を求めなければならないとされ（財18Ⅱ）、国会の歳出見積を減額した場合には、国会の送付した歳出見積の詳細を付記するとともに、国会が国会に係る歳出額を修正する場合における必要な財源を明記しなければならないとしている（財19）。

【国会予備金】 両議院の経費の中には、予備金を設けなければならない。

　「予備金」は、予見し難い予算の不足に充てるために認められる予備的経費である。

　国の予備費（憲87Ⅰ、財35）を両議院のために支出することは可能であるが、何分、内閣の責任において支出されるものであるため、議院の自律を侵されることのないよう、独自に予備的経費を確保する必要があることを理由として予備費とは別に設けられた制度である。

　「前項の経費」は、衆議院、参議院それぞれの組織の経費を指す。

　「設ける」とは、費目として区別できるように計上することである。両議院の経費が分離されていることに対応し、衆参それぞれ別個に計上することを要する。

　国の予備費を設けることが任意的である（憲87Ⅰ）のに対し、議院の予備金を設けることは義務的である。

　予備金は、議院の議長が管理し（予備1）、支出するに当たって、事前に、時宜によっては事後に議院運営委員会の承認を経ることを要し（予備2）、次の常会の会期の始めにおいて議院運営委員長が議院に報告して承諾を求めなければならないとされている（予備3）。

　支出するに至らなかった予備金は、決算上、不用額として処理される。

【両議院の経費の決算】 両議院の歳入歳出については、会計検査院による検査を受け、決算は内閣から国会に提出され（憲90Ⅰ）、両議院の審査に付される。

第3章　役員及び経費　　87

第4章 議員

制定時（昭 22.5）

　本章は、議員の活動の保障や処遇についての規定を置く。

　議員は議院を構成する主体であり、選挙によって選ばれる（憲43 I）。議員に関する問題は国会の組織論に含まれるが、実質的意義における国会法は選挙制度を対象の外に置いている（→序章1【国会法の意義】）。実定法上も、議員の選出については公職選挙法が規定する。

　なお、議員の地位喪失事由については第13章〔辞職、退職、補欠及び資格争訟〕で規定している。

　憲法は、議員特権として不逮捕特権（憲50）、発言・表決の免責特権（憲51）、歳費受給権（憲49）について規定している。国会法では、そのうち不逮捕特権及び歳費を具体化する規定を置いているが、免責特権については憲法が規定するのみである。

【議員の発言・表決の免責】憲法は、「両議院の議員は、議院で行つた演説、討論又は表決について、院外で責任を問はれない。」と規定している（憲51）。議員の言論活動の自由を最大限保障することを狙いとするもので、近代以降の憲法では一般的に認められている制度である。

　「両議院の議員」には国務大臣等の資格を持つ議員も含まれる。

　この点につき、議員の地位を有しない国務大臣に適用する解釈も不可能ではないとの理解がある（法學協會・註解(下)807頁）。憲法が国務大臣について「何時でも議案について発言するため議院に出席することができる」と規定している（憲63）ことを理由とするものである。しかし、議員であっても大臣等の資格で行った発言が免責の対象とはならない（佐藤（功）・ポケ(下)697頁）ことからも、議員でない国務大臣に免責特権を認める必要はないものと解する。

　「議院で行つた」は、場所としての議事堂での行為に限定する趣旨ではなく、本会議、委員会等の議院の活動において議員の職務として行った行為を指す。議員派遣先での行為も含まれ、閉会中の活動にも及ぶ。

　議院で行った言論を院外で再び発言したり刊行した場合には、その行為は免責の対象とならない。

　「演説、討論又は表決」は、免責対象の例示と解すべきであり、その他の職務付随行為を含む。

議場等での私語、野次や議事妨害行為、それに対抗する行為は職務付随行為とは認められない。

　また、賄賂の収受等が国会における質疑等に関連してなされたとしても、立法活動とは別個の行為として免責特権では保護されない。

　「責任を問はれない」とは、一般国民の負う民事上の損害賠償責任を問われず、刑事上の訴追を受けないことである。

　判例は、議院における発言について、議員自身はほぼ全面的に法的責任を免れるとするが[1]、これに対しては、一般私人の名誉・プライヴァシーの保護が緊要な課題であるとし、法的救済の道を認めるべきであるとの批判がなされている[2]。

　なお、免責特権によって院内での懲罰 (国119) や処分要求 (国120)、所属政党の制裁の可能性まで否定されるわけではない。

【会派】国会法には「会派」の語が出てくるが、憲法や議院規則ではこの語は登場しない。

　国会法で規定されているのはいずれも委員の割当てに関するものであり (国42Ⅲ、46、54の3ⅡⅢ)、会派自体の定義・根拠規定はない。したがって、会派の結成要件等は各議院の先例に委ねられていることになる。

　「会派」とは、議院内において議員の活動の拠点となる任意団体である。衆参両院では、2人以上の議員で結成することとされ (衆先99、参先110)、その結成や異動については議長に届け出なければならないとされている (衆先98、参先111)。

　なお、議員が同時に2つ以上の会派に所属することができないことは先例集 (録) にうたわれていないが、確立したルールとなっている。

　会派は、実態として政党とつながりを持ち、議院内の政党としての活動を行っているが、そのことが結成の要件とはされておらず、政党に籍を置かない議員も会派に所属でき、複数の政党の所属議員で1つの会派を結成することも可能である。したがって、形式的には政党とは無関係な団体と言える。

　会派の機能として最初に挙げることができるのは、議院運営や委員会運営についての協議主体となることである。具体的には、議院運営委員会理事会や他の委員会等の理事会において、理事等が会派を代表する立場で協議に加わる。これは同じ会派に所属する議員が政策や議院運営についての同様の意見を持つことを前提としている。

---

1 最判平成9年9月9日民集51巻8号3850頁。
2 佐藤幸治「『議員の免責特権』についての覚書」法学論叢126巻4・5・6号 (1990) 118頁。

第4章　議員　　89

§ 33

　法的な機能としては、会派が委員の割当対象として扱われる（•••▶第46条【委員割当】、第54条の3【委員割当】）点が挙げられる。委員会の構成を議院の縮図とすることを狙いとするものであるが、これも会派が政党とのつながりを強く持ち、案件に対する態度を会派単位で把捉できることに依拠している。

　同様に、委員会の理事や控室等も会派に対して割り当てられ、その割当数等は、各会派の所属議員数に応じて比例配分される例である（衆先548、554、558、参先77、112、568、571、衆委先22、221、参委先27、28、181、201）。

　会派に関して問題となることが多いのは、所属議員の退会手続についてである。退会を希望する議員に対して会派の側がそれを認めない場合、当該議員が自ら退会届を議長に提出する挙に出ることがあるが、両議院の取扱いでは、会派の所属異動の届出はその会派からなされる必要があるとしており（衆先98、参先111）、議員からの退会届を受理していない。

　なお、立法事務費の交付を受ける会派については、国会における各会派に対する立法事務費の交付に関する法律（昭和28年法律第52号）が定めており（立費1、5）、国会法上の会派とは結成の要件が異なり、いわゆる一人会派が認められている。

〔不逮捕特権〕
第33条　各議院の議員は、院外における現行犯罪の場合を除いては、会
**　　期中その院の許諾がなければ逮捕されない。**

　　　　　　　制定時（昭22.5）

　本条は、会期中に議員が逮捕され得る場合を規定する。

【不逮捕特権】憲法第50条では、「両議院の議員は、法律の定める場合を除いては、国会の会期中逮捕されず」として国会議員の不逮捕特権が規定されている。

　議会制発展の過程で、議会に対する君主権力による妨害から議員の職務遂行を保護するために認められた普遍的な制度である。

　現行憲法上の不逮捕特権には、①公権力による不当な逮捕によって議員の職務遂行が妨げられることを防止すること、②議員が身体上の拘束を受けることで議院の審議活動に支障を来すことを防止することの2つの趣旨がある。

　両者のいずれにウェイトを置くかによって、逮捕許諾の基準や期限付き許諾の可否等についての見解の相違が生じるが、いずれにしても会期中にのみ認められるものであり、議員の身分に伴う当然の特権ではない。

90

§ 33

【不逮捕特権の例外】 本条は、国会議員が会期中に逮捕され得る「法律の定める場合」(憲50) を規定するものである。

憲法第 50 条〔議員の不逮捕特権〕の「法律の定める場合を除いては」が後段の「会期前に逮捕された議員は、その議院の要求があれば、会期中これを釈放しなければならない」にも係るか否かが争点となっている。これを肯定すると、会期前に逮捕された議員について、その特権を緩和することが可能となる。

前段と後段で扱いを異にしなければならない別段の理由は見当たらない (宮澤・コメ 376 頁) ものの、規定の構文上、前段のみに係ると解する[3]。

現行法上は本条が置かれているのみで、憲法第 50 条後段に対する留保規定はない。

【逮捕の禁止】 国会議員は、国会の会期中、原則として逮捕されない。

憲法第 50 条〔議員の不逮捕特権〕の規定内容を確認するものである。

「各議院の議員」は、同条の「両議院の議員」と同義であり、国務大臣等も国会議員であればこれに含まれる。

「会期中」は、国会の会期の最中のことであり、召集詔書に指定された日の午前 0 時から会期終了日の午後 12 時までの間である。会期の途中の衆議院解散や議員任期満了の場合には、それによって「会期中」の期間が終了する (➡第 10 条【任期満了による会期終了】【解散による会期終了】)。

なお、「会期中」は「逮捕されない」に係る。

参議院の緊急集会の期間中の逮捕については、別途規定されている (国 100 Ⅰ)。

「逮捕」は、公権力により人の身体的行動の自由を奪うことをいい、ここではその開始行為を指す。その開始行為が会期中になされたときにはそれに続く継続行為を含む。したがって、刑事訴訟法 (昭和 23 年法律第 131 号) 上の逮捕 (刑訴 199 以下) のほか、勾引 (刑訴 58 以下)、勾留 (刑訴 60 以下、204 以下) を含む刑事手続としての広義における身体の拘束全てを指す。

さらに、刑事手続以外でも行政権による身体の拘束が本条の「逮捕」に含まれると解する。刑事手続以外の理由に名を借りた間道を遮断する必要があることによる。

ただし、一連の手続において最初に身柄を拘束する際に包括して許諾があれば足り、逮捕後の勾留やその延長のために改めて許諾を得る必要はない。

有罪判決の確定による刑の執行としての身体の拘束は「逮捕」には該当しない。刑の執行についてまで議員の特権を認めるのは過大な保護を与えることとなり、議院が刑の当否を問題とすることは司法権への介入を可能とすることになるからであ

---

[3] 磯崎辰五郎「憲法第 50 條の規定について」阪大法学 11 号 (1954) 12 頁。

§ 33

る（佐藤（功）・ポケ（下）692頁）。

【院外の現行犯罪】 会期中においても、院外における現行犯罪の場合は逮捕が可能である。

目前で行われた事実に基づく逮捕については、逮捕権が濫用されるおそれがないからである。

「院外」は、議院警察権を基準とした場所的範囲の外のことであり、具体的には、議院警察権の及ばない議事堂の囲障外を指す。

囲障内は衆議院と参議院の区画がなされており、他院ではその院の議院警察権が働くが、そこでの現行犯罪も「院外」におけるものとなる。この場合も犯罪の事実が明白であることは議事堂の囲障外における場合と異なるところがない。

「現行犯罪」とは、刑事訴訟法にいう現行犯であり、そこでは「現に罪を行い、又は現に罪を行い終つた者を現行犯人とする。」と規定されている（刑訴212 I）。

また、所定の要件の下で罪を行い終わってから間がないと明らかに認められる場合（準現行犯）（刑訴212 II）もここでの現行犯罪に該当するものと解する。

【院内の現行犯罪】 院内における現行犯罪は、本条において、議員の不逮捕特権の例外に当たる場合としては挙げられていない。これは議院の自律を尊重して議院警察権に委ねる趣旨であり、議院の許諾がなければ逮捕できないことを意味するものではない。

不逮捕特権の趣旨が議院の自主権を確保しようとするものでもあることから、議院自らがその警察権に基づいて議員の身柄を拘束することは「逮捕」には含まれない[4]。

拘束した議員につき、議長は懲罰事犯として懲罰委員会に付することができる（国121 I）。

さらに、拘束した議員の行為が刑事犯に当たる場合には、議長は検察官又は司法警察職員に引き渡す義務を負う（刑訴214）が、その議員の行為に対しては議院としての懲罰権が及ぶことから、刑事訴追には及ばないとの判断も可能であり、その限りにおいて引渡し義務は緩和されているものと解する。

議長は、刑事手続上の逮捕に移行させる必要がないと判断した場合には、議員の拘束を解くことができ、逆に逮捕に移行させる必要を認めたときには、現行犯たる性格は継続していると見てよいため、引き渡すに当たって議院の許諾は必要ないも

---

4 参議院法制局第1部第1課「議長警察権の研究」参議院法制局『立法資料調査研究集（創立20周年記念）I』（1969）67頁。

§33

のと解する。目前で行われた事実に基づく逮捕については逮捕権が濫用されるおそれがないことから現行犯罪の場合が不逮捕特権の例外とされているのであり、それは院内における場合でも同様だからである。

この点については、院内の現行犯罪については議員の不逮捕特権が認められているとして、速やかに議院に諮り逮捕のため引き渡すか否かを決すべきであるとの見解がある（佐藤（吉）・参規340頁）。しかし、許諾が必要とされるのは一般警察権の行使についてであり、議院の側が警察に引き渡すのに許諾が求められるものではない。たとえ議院に諮ることがあるとしても、それは議長が自らの権能行使について諮るものであることを確認しておきたい。

議長が刑事手続上の逮捕への移行の必要性を認めないときでも、捜査当局が同議員に対して逮捕の要ありと判断する可能性がある。その場合には、既に現行犯罪ではなくなっているため、原則に戻って、議院の許諾が必要となる。

【許諾の基準】 会期中に議員を逮捕するには、その院の許諾が必要である。

憲法第50条〔議員の不逮捕特権〕の「法律の定める場合」の一場合を規定したものである。

「院の許諾」は、逮捕することについての求めに対して、その議員が属している議院の本会議におけるそれを許す旨の議決をいう。逮捕に対して事前でなければならない。

許諾するか否かは議院の会議における採決の結果であるため、その判断は各議員の意思に委ねられる。そこで、各議員が表決態度を決定するに当たっての基準について争いがある。逮捕の理由が正当であり、行政による逮捕権の濫用でないか否かを判定すると解するもの（A説）と、それに加えて当該場面において対象となる議員を欠くことが議院運営上支障となるか否かも基準となると解する（B説）ものである。

逮捕の適法性や必要性の判断は逮捕状を発する裁判官によってなされるのであるから、それに優越する事由の判断権を議院に与えたものと解される[5]。それは政府側の政治的動機や国会審議の状況等、裁判所では把握しきれない事由を指し、逮捕がその議院の活動にとって妨げとなるか否か等の議院運営上の都合の観点が入ることを認める趣旨であろう。

したがって、議院の許諾を得られない場合でも、逮捕の理由が不当であると終局的に認定されたわけではなく、会期終了後であれば同じ嫌疑で逮捕することは可能

----

[5] 江家義男「期限付き逮捕許諾の効力」法律のひろば7巻5号（1954）32頁。

である[6]。

【期限付許諾】議院が逮捕を許諾するに当たって期限を付することができるか否かが問題とされた。

　許諾基準についてのA説によれば、逮捕権の濫用でないと認めた以上、以後の取扱いは刑事訴訟法の規定に従い検察官及び裁判所の判断に委ねるべきであり、期限を付し得ないこととなる。

　しかし、本条の逮捕が、その開始行為を指すだけでなく、それに続く拘束行為をも含む概念である以上、その許諾は期間指定が可能であると解する。逮捕後の勾留や勾留延長に際して許諾を必要としないこととのバランスを考慮すべきである。

　現行犯罪の場合には無条件の逮捕が認められており、議院運営上の都合は考慮される余地がないが、そのことは許諾を要する場合にも無条件でなければならないとする理由とはならない。本条が許諾の基準について何の条件も設けていない以上、憲法の不逮捕原則に対する例外は狭く解すべきである。

【許諾の取消し】一旦許諾した逮捕に対して、事後に許諾を取り消すことはできない。立法論になるが、許諾時点では期限を付さなかったものの身体の拘束が不当に長期にわたる場合に備え、その対抗手段を議院に認めるべきである。

〔逮捕許諾請求の手続〕
第34条　各議院の議員の逮捕につきその院の許諾を求めるには、内閣は、所轄裁判所又は裁判官が令状を発する前に内閣へ提出した要求書の受理後速かに、その要求書の写を添えて、これを求めなければならない。

制定時（昭22.5）、第5次改正（昭30.3）

　本条は、議員の逮捕許諾を求める手続を規定する。

【逮捕許諾請求】被疑者の逮捕は、権限を有する司法官憲が発した令状によってなされなければならないとされている（憲33）。被疑者が国会議員であり、国会が開会中である場合でも、検察官又は司法警察員が裁判官に逮捕状を請求する段階で被疑者の属する議院の許諾を必要とするわけではい。

　所轄裁判所又は裁判官は、議院の許諾を必要とする議員逮捕の令状を発するには、その前に内閣に要求書を提出しなければならない。

　本条は、所轄裁判所又は裁判官の要求書提出が逮捕状発付前であることに言及し

6　磯崎・前掲3　7頁。

§34

ているが、これは議院の許諾が逮捕の執行だけでなく逮捕状の発付のための要件であることを規定するものである。したがって、逮捕許諾請求は内閣が行うものであるが、実質的には当該裁判所又は裁判官が要求するものであり、裁判所等が逮捕の必要を認めない場合には、請求には至らない。

「逮捕」は、刑事手続として被疑者の身体の自由を拘束することを指す。

第33条〔不逮捕特権〕においては、不逮捕特権の内容を示す必要上、刑事手続以外の行政権による身体の拘束も「逮捕」に含むものと解した（•••▶第33条【逮捕の禁止】）が、本条では手続を具体的に示す関係上、逮捕概念を本来の刑事上のものとせざるを得ない。

「所轄裁判所又は裁判官」は、検察官又は司法警察員から逮捕状の請求を受けた裁判所又は裁判官である。

「令状」は逮捕状（刑訴199）のことである。

「要求書」は、当該議院に逮捕許諾を求めるよう内閣に要求する書面であり、裁判官が令状を発布することを相当と認めた場合にのみ提出する。

要求書には、対象議員を特定し、その被疑事実、逮捕を相当と判断した理由を記載する必要がある。

内閣の議院に対する議員の逮捕許諾請求は、所轄裁判所又は裁判官から提出された要求書の受理後速やかに行わなければならない。

逮捕許諾請求が実質的には裁判所の行為であることから、内閣が判断を差し挟む余地のないことを規定したものである。

「速かに」は、所轄裁判所又は裁判官からの要求書を手元にとどめたり、議院に求めることを遅らせたりしてはならないとの趣旨である。

「求めなければならない」は、「その院の許諾を求めるには」を受けているため、内閣が許諾を求めようとする場合の手続を定めているようにも読めるが、許諾を求めるか否かについて内閣が政治的考慮を加える余地はなく、裁判所側からの要求があれば、これを握り潰すことはできない[7]。

法務大臣は個々の事件について検事総長を指揮することができる（検14但）が、そのことは本条の規定する場面に関係しない。

本条は、参議院の緊急集会の期間中の逮捕許諾（国100Ⅰ）についても直接適用がある。

刑事手続以外の行政権による身体の拘束の場合も、強制措置を採る前に権限者か

7「座談会 期限付逮捕許諾は是か非か」ジュリスト54号（1954）14頁〔宮沢俊義教授の意見〕。

§34の2

ら内閣を通じて議院の許諾を求める必要があると考えられるが、それは本条の類推
適用によるものとなる。

　**内閣の議院に対する議員の逮捕許諾請求は、所轄裁判所又は裁判官が提出した
要求書の写しを添えて求めなければならない。**

　議院が許諾するか否かを判断するに当たって、裁判所又は裁判官が逮捕を相当と
判断した理由等を参酌するためである。

【院内現行犯に対する許諾請求】 議院内における現行犯の場合、議長が当該議員を
検察官又は司法警察職員に引き渡すのに議院の許諾は不要である（•••▶第33条【院内の
現行犯罪】）。

　ただし、議長が刑事手続上の逮捕への移行の必要性を認めず、かつ、捜査当局が
同議員に対して逮捕の要ありと判断する場合には、既に現行犯罪ではなくなってい
ると解されるため、議院の許諾が必要となり、内閣は本条の手続により逮捕許諾の
請求を行い、それに対して議長は逮捕を許諾するか否かを議院に諮って決しなけれ
ばならない。

【逮捕許諾請求後の手続】 逮捕許諾請求を受けた議院の手続については、国会法は
規定を置いていない。したがって、意思決定のための手続は、最終的に本会議の議
決によることが確保されていれば、その他の事項については議院独自に定めること
が可能である。

♥運用
　衆参両院とも、逮捕について許諾を求めるの件を議院運営委員会に付託し、そ
の審査を経て本会議において議決する例である（衆先93、参先109）。

〔 会期前逮捕議員の通知 〕
第34条の2①　内閣は、会期前に逮捕された議員があるときは、会期の
　　始めに、その議員の属する議院の議長に、令状の写を添えてその氏名
　　を通知しなければならない。
②　内閣は、会期前に逮捕された議員について、会期中に勾留期間の延
　　長の裁判があつたときは、その議員の属する議院の議長にその旨を通
　　知しなければならない。

　　　　　第2次改正（昭23.7）、第5次改正（昭30.3）、第7次改正（昭33.6）

本条は、会期前に逮捕された議員がある場合の内閣からの通知について規定する。

96

§34の2

【**会期前逮捕議員の釈放要求**】会期中の逮捕について議院の許諾が必要であるとするだけでは、議員の不当逮捕を排除できないため、憲法は、会期前に逮捕された議員につき、所属する議院の要求があれば会期中釈放しなければならないこととしている（憲50）。

会期前の逮捕が現行犯罪としての場合や以前の会期において議院の許諾を受けた場合には、逮捕に正当な理由があると認められるので、議院は釈放を要求できないと解する説がある[8]。しかし、前の会期の許諾は次会期の議院の意思を拘束するものではなく（会期不継続）（宮澤・コメ382頁）、現行犯罪の場合でも相当の期間が経過しているわけであるから、釈放要求の対象となり得るものと解する。

【**会期前逮捕通知**】会期前に逮捕された議員があるときは、内閣は、会期の始めにその議員の属する議院の議長に令状の写しを添えてその氏名を通知しなければならない。

議院の釈放要求の機会を逸することのないようにするための措置である。

「会期前」は、召集日の前日までの期間を指す。したがって、閉会中だけでなく、以前の会期で逮捕を許諾した議員についても改めて通知を要する。

「逮捕」については、第33条【逮捕の禁止】の説明参照。ここではその開始行為に続く拘束行為を指す。

議院が釈放要求するのに支障を来さないために行う通知であるから、会期が始まる時点で既に釈放されている場合には必要ない。

刑事手続以外の行政権による身体の拘束の場合に第1項を類推適用すべきことは、逮捕許諾請求についてと同様である（••▶第34条【逮捕許諾請求】）。

「会期の始め」は、時期を限定する規定としては曖昧であるが、準備に時日を要する通知ではないので会期の初日と解すべきである。

「令状の写」は、逮捕等の執行に当たって用いられた逮捕状、勾留状等を複写したものである。

罪名、被疑事実、逮捕等の年月日等を知らせることで議院が釈放要求の要否について判断するための資料となる。

参議院の緊急集会前の逮捕通知については、別途規定されている（国100Ⅱ）。

【**勾留延長通知**】会期前に逮捕された議員について会期中に勾留期間の延長の裁判があったとき、内閣はその議員の属する議院の議長にその旨を通知しなければならない。

---

8 竹内重年「不逮捕特権」法学教室165号（1994）3頁。

§34の3

議員を拘禁する期間の延長に対応して釈放を要求するか否かの判断を行えるようにするための措置である。

「勾留」とは、被疑者を拘禁する刑事手続上の強制処分で、逮捕に引き続くものである。

「期間の延長の裁判」は、検察官の請求により裁判官が行うものである。最大限15日まで可能である（刑訴208Ⅱ、208の2）。

立法趣旨からすると、逮捕に始まる身柄拘束についての期間制限に対して延長を認める決定は全て「勾留期間の延長の裁判」に当たると解すべきである。したがって、公訴提起後の勾留について更新する場合（刑訴60Ⅱ）もその旨の通知が必要である。

なお、逮捕後に被疑者の勾留が伴うことは通常想定されることであり、逮捕が閉会中になされ、召集日以後に勾留が開始される場合には、その開始行為は「期間の延長」には当たらないものと解する。

また、第33条〔不逮捕特権〕の「逮捕」と同様、「勾留期間の延長」には、被疑者についての身柄拘束の延長だけでなく、行政権による身体の拘束の期間延長にも類推適用されるものと解する。

参議院の緊急集会中の勾留延長通知については、別途規定されている（国100Ⅲ）。

〔釈放要求の発議〕
第34条の3　議員が、会期前に逮捕された議員の釈放の要求を発議するには、議員20人以上の連名で、その理由を附した要求書をその院の議長に提出しなければならない。

第5次改正（昭30.3）

本条は、会期前に逮捕された議員の釈放を要求する手続を規定する。

【会期前逮捕議員の釈放要求】 会期前に逮捕された議員につき、所属する議院の要求があれば会期中釈放しなければならない（憲50）。

「会期前」とは、会期の前の閉会中だけでなく、以前の会期における現行犯罪の場合や議院の許諾を受けた場合も含むと解する（•••▶第34条の2【会期前逮捕議員の釈放要求】）。

【釈放要求の発議】 会期前に逮捕された議員の釈放を要求するには、その議員の属する議院の議決が必要である。

釈放要求を議員の発議によって行う場合には、議員20人以上の連名により理

98

§35

由を付した要求書を議長に提出することを要する。

　議院の権威に関わる重要な議決であることから、その発議要件を重くしたものである。

　「議員20人」は逮捕された議員と同じ議院に所属する議員20人以上であることを要する。逮捕されている議員もこれに加わることができると解する。要求書の作成が院内に限定されておらず、この時期の逮捕について議院の意思が加わっていない以上、可能な限り当該議員の活動に制約を加えるべきではないと考えられるからである。

　「連名」は、必要な人数による1つの行動としての要求であることを求めるものであり、個別に要求している議員の数を合わせて20人以上に達しても要件を満たしたことにはならない。

　「理由」は、逮捕が不当なものであったこと、議院の活動に当該議員が欠かせないこと等様々なものが考えられるが、要求書が可決された場合にはこの理由が議院の要求の理由となる。

　参議院の緊急集会前に逮捕された議員の釈放要求の手続については、別途規定されている（国100 Ⅳ）。

　本条では議員の発議権だけが規定されているが、議長の一般的権能とは関係がないので、議長単独による発議は認められない。

【釈放要求の手続】議員から要求が発議された後の手続については、国会法は規定を置いていない。最終的に本会議の議決によることが確保されていれば、その他の事項については議院独自に定めることが可能である。

　議院で釈放要求が議決されると、当該議院の議長から内閣に対して要求書が送付される。

〔歳費〕
　第35条　議員は、一般職の国家公務員の最高の給与額（地域手当等の手
　　　当を除く。）より少なくない歳費を受ける。

制定時（昭22.5）、第5次改正（昭30.3）、第29次改正（平18.4）

　本条は、議員が受ける歳費の額について規定する。

【歳費】憲法は、「両議院の議員は、法律の定めるところにより、国庫から相当額の歳費を受ける。」と規定している（憲49）。

第4章　議員　　99

§35

「歳費」は、国会議員に対して国庫から支給される1年間の給与である。必ずしも1年単位で支給する必要はなく、実際には各月分に分けて歳費月額として支給されている（歳費1）。議員の任期開始の日から身分終了の日まで、すなわち日割計算によって歳費を受ける（歳費3、4、4の2）。

歳費の性質の理解については、国会議員としての職務遂行上要する出費の弁償たる性質を持つとする費用弁償説（法學協會・註解(下)790頁）と議員の勤務に対する報酬たる性質を有するとする報酬説（宮澤・コメ374頁）に分かれる。

議員が国庫から歳費を受けることについては歴史的な変遷がある。現在では、議員の職務の専業化、専門化が避けられず、また、文書通信交通滞在費等が支給されており、議員の政治活動に伴う費用項目はほぼ網羅され、歳費の実費弁償的要素は小さくなっている。これらのことから、政治活動に専念できる環境を整えようとするものと捉える報酬説が妥当する段階に達していると言える[9]。

「相当額」は、歳費の性格を報酬と捉え、その地位と職務にふさわしい額と解される。

【歳費の額】 議員は、一般職の国家公務員の最高の給与額（地域手当等の手当を除く）より少なくない歳費を受ける。

憲法第49条〔議員の歳費〕の「法律の定めるところ」として、本条が歳費の額についての枠組みを規定し、国会議員の歳費、旅費及び手当等に関する法律（昭和22年法律第80号）（以下「歳費法」という。）が「相当額」を具体化する規定を置いている（歳費1）。

「一般職の国家公務員」は、国家公務員法上の概念であり、限定列挙された特別職に属する職以外の通常の職をいい（国公2Ⅱ）、その給与は一般職の職員の給与に関する法律（昭和25年法律第95号）で定められる。その最高額は指定職俸給表の8号俸である（般給6Ⅰ(11)別表11）。

「最高の給与額」とは、一般職の職員の給与に関する法律に定められている最高の俸給月額（指定職俸給表8号俸）を12倍したものを指す。

「地域手当等の手当」には、地域手当のほか、住居手当、通勤手当、期末・勤勉手当などがある。

「少なくない」とは、それ以上の額であることを意味する。

本条で最低額が保障されているのは、歳費の名目で支給されるものであり、文書通信交通滞在費や期末手当等を含めたものではない。この点につき、期末手当も「歳費」の一部に相当するとし、比較対象である「一般職の国家公務員の最高の給与額」

---

[9] 田村公伸「国会議員の歳費・手当等の諸問題」議会政策研究会年報5号（2001）176頁。

§35

にも本俸以外の手当を含める理解も見られたが（松澤・議会法 209 頁）、平成 18 年施行の改正で手当を除く旨が明記された。

歳費法において規定される国会議員の歳費月額は、一般職国家公務員給与の最高額（般給 6 Ⅰ⑾別表 11 指定職俸給表の 8 号俸）を上回る額に設定する（歳費 1）ことで本条の趣旨が確保されている。

なお、検察官は一般職の国家公務員であるが、その地位、職務の特殊性から俸給については一般職の職員の給与等に関する法律の適用を受けず、現に検事総長などの俸給は国会議員の歳費月額より高く設定されており（検察官の俸給等に関する法律 2 別表）、本条の「一般職の国家公務員」には該当しない。

【額の特例措置】 その時々の厳しい経済情勢、財政の状況等の事情に鑑み、歳費法を改正し、本条に対する臨時の特例措置として、議員の歳費月額を削減したことがある。

【歳費受給権】 「受ける」とは、議員の地位に付随して当然に受給することを指す。

それは権能であると同時に責務でもあり、歳費を受領しないこと（国庫への返納）が国に対する寄附と評価される[10]のは、それを前提としている。

また、歳費は議員の地位に対して支給されるものであり、その活動のいかんを問わない。例えば、召集に応じることを要件とするものではない。

本条は歳費の額について保障するものであり、本条による限り、個別の処分内容として歳費を減額したり支払いを停止することはできない。

憲法上の議論としても、歳費を受ける権利が議員身分保障の中でも重要な権利であり、議員の身分を失わない限り歳費の支給を減額、停止することはできないと解するのが一般的である。しかし、国民の選挙で選ばれた選良であるとは言え、議院が議員を懲罰により除名することまで可能であることに鑑みると、歳費の一時的な支給停止や減額について法律によって規定することは可能であると解する。

【歳費の差押え】 歳費の性質論についての報酬説によると、議員の歳費請求権は民事執行法上の差押禁止債権である給料債権（民事執行法 152 Ⅰ⑵）に当たることとなるが、民事訴訟法学の通説は、必ずしも労務ないし役務の対価とは見られないとして、給料債権には該当せず、全額差押えが可能であるとし[11]、判例もその考えによっている[12]。しかし、歳費に議員の生計維持を確保する面があることは否定できず、給料

---

[10] 第 159 回国会衆議院予算委員会議録第 16 号（平 16 年 2 月 24 日）3 頁〔高部正男総務省自治行政局選挙部長の答弁〕。
[11] 香川保一監修『注釈民事執行法 6』（金融財政事情研究会・1995）345 頁〔宇佐見隆男〕。
[12] 最判昭和 53 年 2 月 23 日民集 32 巻 1 号 11 頁。

第 4 章 議員　　*101*

§ 36

債権に当たるとして部分的な差押禁止を認めるべきである[13]。

〔退職金〕
第 36 条　議員は、別に定めるところにより、退職金を受けることができる。

制定時（昭 22.5）

本条は、議員の退職金について規定する。

【退職金】議員は、別に定めるところにより退職金を受けることができる。

歳費を受けることと同様、政治活動に専念できる環境を整える趣旨であるが、現在、議員に対する退職金については具体的な制度が存在しない。

「退職金」は、議員としての職を失ったこと（旧互年3参照）に伴って受ける金銭である。一時金の形態に限定されない[14]。

「別に定めるところ」は、法形式を指定していないが、法律によることを要する。そこで定める内容は、受給資格、額、支給方法等である。

「受けることができる」とは、国庫負担により支給される金銭を領収する権利があることをいうものと解する。ただし、本条によっては退職金を受ける具体的権利は発生せず、別に定めるところによる受給資格等を満たす必要がある。

【互助年金】本条に基づき、昭和33年に国会議員互助年金法（昭和33年法律第70号）が制定され、同法は、「互助の精神に則り、国会議員の退職により受ける年金等に関して、……定める」（旧互年1）として、本人が在職中に積み立てた金銭（納付金）を基金として年金等が支給される制度を規定していた。その後、国庫負担率が7割に上り、公的年金と比べて優遇されているとの指摘に端を発した議論から[15]、平成18年に同法は国会議員互助年金法を廃止する法律（平成18年法律第1号）によって廃止され、現在では、廃止前の既受給者への支給、受給資格を得た廃止時現職議員に対する年金支給等の経過措置が残っているのみである。

かつての互助年金については、「互助組織で作られる国会議員の年金というのは、実は36条によらない立法ではないか」との意見があった[16]。しかし、退職金の支給形態として様々なパターンを採ることが可能であることを勘案すると、支給される

[13]鈴木忠一＝三ケ月章編集『注解民事執行法(4)』（第一法規出版・1985）520頁〔五十部豊久〕。
[14]田村・前掲9 174頁。
[15]氏家正喜「国会議員互助年金法を廃止する法律案（平成18年2月10日法律第1号）」法令解説資料総覧291号（2006）16頁。
[16]第28回国会参議院議院運営委員会会議録第26号（昭33年4月11日）4頁〔横川正市参議院議員の発言〕。

§§ 37・38

年金の原資が議員からの拠出によることをもって本条の退職金に当たらないと解すべきではない。国会議員互助年金法の制定時においても、保険として独立採算が成り立つことは保証されておらず、実質的な国庫負担分が生じる可能性は否定されていなかった[17]。

第 37 条　削除

制定時（昭 22.5）、第 5 次改正（昭 30.3）、第 16 次改正（昭 62.4）

〔通信等手当〕
第 38 条　議員は、公の書類を発送し及び公の性質を有する通信をなす等のため、別に定めるところにより手当を受ける。

制定時（昭 22.5）、第 21 次改正（平 5.5）

本条は、文書通信交通滞在費について規定する。

【文書通信交通滞在費】議員は、別に定めるところにより文書通信交通滞在費を手当として受ける。

議員の職務遂行に当たって経費が掛かるものについては、国費で支給する制度が設けられている。公の書類を発送し及び公の性質を有する通信をなす等のための経費について、議員は手当（文書通信交通滞在費）を受けることとされている。

このほか、JR の乗車券や航空券の交付についても措置されている（歳費 10 Ⅰ）。

「公の書類を発送し」は、議員活動に伴って必要な文書を郵送その他の方法で送ることである。

「公の性質を有する通信」は、議員活動に伴って必要となる電話による通話等である。

「別に定めるところ」は、法形式を指定していないが、法律によることを要し、実際にも歳費法で額を規定している。

「手当」は、支給される金銭という意味である。

歳費法では、文書通信交通滞在費は定額方式（月額 100 万円）で規定されている（歳費 9 Ⅰ）。これは個々の支出について実費精算することの煩雑を避け、過不足があっても調整を要しないとするものである。

---

17 第 28 回国会参議院議院運営委員会会議録・前掲 **16** 4 頁〔斎藤昇議院運営委員会庶務関係小委員長の答弁〕。

第 4 章　議員　　*103*

§39

なお、実費弁済という性格上、文書通信交通滞在費は非課税とされている（歳費9Ⅱ）。

〔議員の兼職禁止〕
第39条　議員は、内閣総理大臣その他の国務大臣、内閣官房副長官、内閣総理大臣補佐官、副大臣、大臣政務官、大臣補佐官及び別に法律で定めた場合を除いては、その任期中国又は地方公共団体の公務員と兼ねることができない。ただし、両議院一致の議決に基づき、その任期中内閣行政各部における各種の委員、顧問、参与その他これらに準ずる職に就く場合は、この限りでない。

制定時（昭22.5）、第2次改正（昭23.7）、第4次改正（昭24.10）、
第5次改正（昭30.3）、第6次改正（昭32.8）、第10次改正（昭40.5）、
第11次改正（昭41.6）、第13次改正（昭59.7）、第16次改正（昭62.4）、
第22次改正（平8.6）、第25次改正（平13.1）、第30次改正（平19.1）、
第34次改正（平26.5）

本条は、議員の公務員との兼職について規定する。

【議員の兼職禁止】 議員は、原則としてその任期中、国又は地方公共団体の公務員と兼ねることができない。

憲法は三権分立主義を採用し、国家作用を分けた上で、それぞれの担当者を分離独立させることとしている。また、国会議員は、国民の負託に応えるため職務に専念する義務があり、それを遂行するのに支障となる他の公職を兼ねることは認められない。

他方、国会と内閣の関係において議院内閣制を採用しているため、国会議員が行政の職務に携わることについては一律の規制をなし得ないという事情もある。そこで本条は、司法との関係等をも踏まえ、議員が公務員を兼職することを、例外を設けた上で禁止した。

「公務員」とは、国又は地方公共団体に任用され、それらの事務に従事する者をいい、常勤・非常勤を問わない。

国家公務員法第2条第4項は「人事院は、ある職が、国家公務員の職に属するかどうか……を決定する権限を有する。」と規定しているが、役員の兼職禁止（国31Ⅰ）におけると同様、本条の「公務員」が何を指すかは国会法の解釈として確定されるべきものである。

§39

　なお、三権分立と同様に、両議院の独立の要請から衆参両院の議員を兼ねることができない（憲48）が、これについては第108条【両院議員の兼職禁止】の説明参照。

　また、裁判官（裁52(1)）、日本銀行役員（日銀26 I (1)）、中央選挙管理会委員（公選5の2 II）、普通地方公共団体の長（地自141 I）等のように、他の法律において、他の公職から見て国会議員との兼職を認めない旨の規定を置いているものがある。

　国会議員が民間における事業活動に従事することは禁止されていない。

【禁止除外】内閣総理大臣その他の国務大臣、内閣官房副長官、内閣総理大臣補佐官、副大臣、大臣政務官、大臣補佐官は、議員による兼職が可能である。

　議院内閣制が採られていることにより、憲法上、内閣総理大臣は国会議員の中から指名されることとなっており、国務大臣もその過半数は国会議員の中から選ぶこととなっている（憲67 I、68 I但）。これは禁止の例外措置というより、制度上当然の兼職である。それに準じて、副大臣、大臣政務官、内閣総理大臣補佐官、大臣補佐官も行政府の中で政務部門を担うことから、兼職禁止の対象から外されている。

　国務大臣等とは別に、法律によって定めた場合は兼職禁止から除外される。

　定型的でない役職についての禁止除外を法律に委ねたものである。

　「別に法律で定めた場合」とは、公務員の種類によって、国会議員が兼ねることができる旨を規定している場合をいい、外務公務員（特派大使、政府代表、全権委員、政府代表又は全権委員の代理並びに特派大使、政府代表又は全権委員の顧問及び随員）（外務公務員法8 V）や日本学術会議会員（日本学術会議法7 VIII）にその例が見られる。また、各省設置法等において、政府の審議会委員等として国会議員からの任命枠が設けられている場合があり、これについては議院が所属議員の中から選任することとなっている。国民の代表たる国会議員の意向を反映させることが望ましいとの判断による制度である。国会において「各種委員」と呼ばれているもので、例えば、皇室会議予備議員（皇典30 III）、検察官適格審査会委員（検23 IV）、日本ユネスコ国内委員会委員（ユネスコ活動に関する法律9 I）、国土審議会委員（国土交通省設置法8 I）等がある。

　なお、本条は、行政との紛淆があってはならないとの趣旨で兼職を禁止するものであるため[18]、国会議員が裁判官弾劾裁判所裁判員や裁判官訴追委員の地位に就くことは、「別に法律で定めた場合」に含める必要はないだろう。

【両議院一致の議決による兼職】本条による兼職禁止は、内閣行政各部における各種の委員、顧問、参与その他これらに準ずる職に就く場合、両議院一致の議決に

---

[18] 第91回帝国議会衆議院議事速記録第12号（昭21年12月18日）135頁〔田中萬逸衆議院議員の提案理由説明〕。

§39

よって**解除することができる。**

　法律による禁止除外のほかに、一時的に必要な場合等について両議院の議決による例外を認めたものである。

　「両議院一致の議決」とは、衆参両院の本会議において認める旨の議決がなされたことをいう。

　これについては、両院間の調整措置や衆議院の優越規定が置かれていない。

　「両議院一致の議決」という規定の仕方については、**第11条【両議院一致の議決】**の説明参照。

　議決は個別の事案、すなわち具体的な議員名と役職名を特定して行う必要があり、職を指定して一般的に禁止を解除することはできない。

　「内閣行政各部における」は、内閣の管轄する行政部門であり、国会、裁判所の公務員や地方公務員は含まれない。

　「各種の委員、顧問、参与その他これらに準ずる職」とは、範囲の明確な概念ではなく、学識経験者的な立場で行政府の職務を行う地位を指す。したがって、公選による公務員や一般事務に従事する者は含まれない。

【兼職の効果】 兼職を禁止されている職には、国会議員の職を辞さない限り就くことができない。

　国会議員の地位の重さから判断して、その職へ任命されることによって議員の身分を失うと解すべきではなく、その職への任命行為が無効となる (松澤・議会法191頁)。

　この点については、兼ねることのできない職に就いた時に議員の身分を失うと解する説 (鈴木・理論62頁) も見られるが、国民による直接選挙の意義を軽視しているきらいがある。

　逆に、公務員が国会議員の地位に就いたときには、公務員の身分の方を失うと解するが、公職選挙法上、公務員は公職の候補者となることが制限されており (公選89Ⅰ)、候補者となった時点で当該公務員を辞したものとみなすとされている (公選90)。

106

第5章　委員会及び委員

制定時（昭22.5）、第5次改正（昭30.3）

　本章は、委員会について規定を置くが、その主な内容は組織、議院との関係、国民との関係についてであり、運営についての定めはその大半を議院規則に譲っている (••▶『逐参』第7章〔委員会〕)。

　委員会は、国会の組織論においては議院の内部機関の典型として、また、活動論においては議院の意思決定までの過程の中心的な役割を果たす機関として位置付けられる。

【委員会制度】大人数で構成される議院では、議員全員が一堂に会して議論を行うことには、様々な制約が働く。そこで、議院内に複数の内部機関を設け、広範にわたる議院の権能を分割して予備的に審査を行わせるのが委員会制度である。

　「委員会」とは、議院の内部において、所属議員の一部を構成員とし、本会議での審議に先立ち案件について審議を行う機関である。

　委員会制度は、議院の組織面だけでなく、議院における審議の流れを特徴付ける。すなわち、議院の最終決定までに委員会を舞台とする完結的な議事手続を前置する点である。その上で、議院と委員会との関係や委員会における議事手続の設計が議会制度の大きな骨組みとなる。

【委員会制度の進化】英国や米国などの近代議会制度の先発国においては、議会の初期の時点で委員会の発生を見ており、さらに、その制度は、問題が提起されるたびにその問題を付託する委員会を設ける特別委員会方式から、問題のカテゴリーに対応して会期を通じて存続する委員会を設置しておく常任委員会方式に進化してきた (鈴木・理論3頁)。

　国会となってからは、全ての政策分野をカバーする常任委員会が設けられ (国41)、議案だけでなく、国政調査についても各常任委員会が所管に対応する事項を守備範囲とする体制が採られている。特別委員会の位置付けは、これを補完するものとなっている。

【委員会の効用】委員会制度の効用としては、①少数の構成員の間で効率的な審議が可能である、②複数の委員会を同時に開会することにより、議院としての審議の効率を図ることができる、③守備範囲を限定して専門的知識・経験を有する議員を委員として審査に当たらせることにより、論議の深化を図ることができる、④弾力

第5章　委員会及び委員　　107

性のある議事手続、特に柔軟な発言ルールを設定することで、詳細かつ周到な論議を尽くせる、⑤少数の議員による懇談により初めて互譲妥協が可能となりやすいこと等が挙げられる[1]。

これは裏を返せば問題点ともなり得る。例えば、①委員会がその使命を果たそうとすればするほど、委員以外の議員は案件の審議から遠ざけられ、本会議の討議は形式化する、②委員会が専門家の集団となると、セクト主義に陥り、全体的な観点に基づく審議がなおざりにされるおそれがある、③委員の構成が偏ると、議院の意思決定に対する反対勢力と化しかねないことが挙げられている（佐藤（吉）・参規71頁）。

【委員会中心主義】委員会は、議院の活動の中で中心的な役割を果たすことが期待されている。そのことを指して「委員会中心主義」の呼称が用いられる。

委員会中心主義が何を意味するのかについては公的な定義があるわけではないが、①全ての議案は、提出されると委員会に付託し、その審査を経て本会議で審議するのが原則である、②常任委員会は、所管に属する事項について調査することができる、③委員会で審査中の議案について、本会議は指示権を持たない、④委員会は、自主的判断に基づいて活動できること等を挙げて、その内容として説明されている（鈴木・理念128頁）。

これに対しては、委員会中心主義と本会議中心主義を対置させることが外面的かつ大雑把で情緒的であると評され、その上で、委員会中心主義を制度の特徴として理念化したことは、帝国議会時代の運営から脱却するため、国会において新たに導入した委員会中心の審議構造を守るという実際上の必要から唱えられたものである旨が指摘されている[2]。さらに、帝国議会においても委員会中心主義を観念することができたとの理解も見られる[3]。

現行法上に委員会中心主義を位置付ける場合、議案について委員会審査を経て本会議に付す旨を規定した国会法第56条第2項を第1の根拠として挙げることとなるが、委員会中心主義を理念として構築された審議構造は、国会の発足当初に早くも修正を受けた（昭和23年の国会法第2次改正）。一方では、議案が委員会に付託される前に本会議で趣旨の説明を聴取することができることとされ（国56の2）、他方において、委員会で審査中の案件について本会議で中間報告を聴いた上で、委員会審査に期限を付け又は本会議で審議することができるとする改正がなされた（国56の3）ところである。

---

1 田口弼一『委員会制度の研究』（岩波書店・1939）27頁。
2 向大野新治『衆議院―そのシステムとメカニズム』（東信堂・2002）56頁。
3 白井誠『政党政治の法構造―明治・大正期憲法改革の地下水流』（信山社・2017）133頁。

§40

〔委員会の種類〕
第40条　各議院の委員会は、常任委員会及び特別委員会の2種とする。

制定時（昭22.5）、第5次改正（昭30.3）

　本条は、委員会の類型について規定する。

【委員会】「委員会」については、**本章概説【委員会制度】**の説明参照。

　議院の内部機関としては、例えば、憲法審査会、参議院の調査会、情報監視審査会、政治倫理審査会のように委員会に類似したものもあるが、これらと対比して委員会の持つ固有の性質として、案件の審査権能を挙げることができる。すなわち、議院からその議決対象の付託を受けて審査を行う点である。この点につき、憲法審査会は特別の機関として位置付けられているものの、実質的には委員会の一類型にほかならない。

【委員会の類型】委員会の類型は、①常任委員会、②特別委員会の2種類である。

　委員会の類型は国会法が規定している。議院規則の改正によって新たな類型の委員会を設けることはできない旨を宣明するものである。この点については、参議院の調査会制度を創設する際に、衆議院において、議院の判断で新類型の内部機関を設けることを認めるかのような見解が示されたこともあるが[4]、その後も、憲法調査会を衆議院に設ける案は国会法改正（平成11年の第26次改正）によっており（参議院で修正されて参議院にも設置することとされた）、本来の議院の組織自律権が認められるようになったわけではない。憲法審査会や情報監視審査会の法規上の根拠も国会法にある（国102の6、102の13）。

♣議院法では〔全院委員会〕
　第20条①　各議院ノ委員ハ全院委員常任委員及特別委員ノ3類トス
　②　全院委員ハ議院ノ全員ヲ以テ委員ト為スモノトス
　　全議員で構成される「全院委員会」が存在し、本会議での議決により、本会議場で即時に開かれた[5]。

【常任委員会】「常任委員会」とは、恒久的な効力を持つ法規に規定されることで設置される常設の委員会である。

　現在は、国会法に規定することで設置されている（国41ⅡⅢ）。

【特別委員会】「特別委員会」とは、特に必要な場合に議院の議決によって設置され

---

[4] 第104回国会衆議院議院運営委員会議録第31号（昭61年5月22日）1頁〔綿貫民輔衆議院議院運営委員長の発言〕。
[5] 大石義雄『議院法』（日本評論社・1937）64頁。

第5章　委員会及び委員　　*109*

§41

る非常設の委員会である。

【委員会の存続期間】常任委員会は常設の機関であるため、会期に関係なく存続し、特定の委員会の改廃は設置を規定した法規の改正によってなされる。

　特別委員会は、特定の目的のために設置されるものであり、その目的が達成されると消滅する。具体的には、付託された案件が議院で議決されるまで存続する。会期中に付託された案件の審査又は調査が終わらなかった場合には、会期不継続の原則により議院の議決の効力が会期を超えて及ばないため、会期の終了とともに消滅する。ただし、閉会中の審査又は調査を行った場合は、次の国会の開会と同時に消滅する。詳細については、**第45条【特別委員会の消滅時期】**の説明参照。

〔常任委員会〕

第41条① 常任委員会は、その部門に属する議案（決議案を含む。）、請願等を審査する。

② 衆議院の常任委員会は、次のとおりとする。

一 内閣委員会

二 総務委員会

三 法務委員会

四 外務委員会

五 財務金融委員会

六 文部科学委員会

七 厚生労働委員会

八 農林水産委員会

九 経済産業委員会

十 国土交通委員会

十一 環境委員会

十二 安全保障委員会

十三 国家基本政策委員会

十四 予算委員会

十五 決算行政監視委員会

十六 議院運営委員会

十七 懲罰委員会

110

§41

③　参議院の常任委員会は、次のとおりとする。

一　内閣委員会

二　総務委員会

三　法務委員会

四　外交防衛委員会

五　財政金融委員会

六　文教科学委員会

七　厚生労働委員会

八　農林水産委員会

九　経済産業委員会

十　国土交通委員会

十一　環境委員会

十二　国家基本政策委員会

十三　予算委員会

十四　決算委員会

十五　行政監視委員会

十六　議院運営委員会

十七　懲罰委員会

制定時（昭22.5）、第2次改正（昭23.10）、第5次改正（昭30.3）、
第12次改正（昭55.7）、第18次改正（平3.8）、第20次改正（平3.11）、
第23次改正（平10.1）、第24次改正（平10.1）、第25次改正（平12.1）、
第28次改正（平13.1）

　本条は、常任委員会の案件審査権及び両議院の常任委員会の種類を規定する。

【常任委員会の審査権能】常任委員会は、その部門に属する議案（決議案を含む）、請願等を審査する。

　常任委員会は、所管を分けて複数設置され、委員会審査を必要とする案件に関する職責を分担する。本条では、委員会審査を必要とする案件の例として議案、請願を挙げている。

　「部門」とは、委員会の所管のことであるが、個々の常任委員会の所管は国会法ではなく議院規則で規定している（衆規92、参規74）（•••▶『逐参』第74条【常任委員会の所管】）。

　「議案」は多義的な語であるが、ここでは注意書きで「決議案を含む」と付加して

第5章　委員会及び委員　*111*

§41

いることから、国会の議決を求める提案で両議院の送付関係に置かれるものを想定しているものと解される。詳細については、**第56条【議案の意義】**の説明参照。

「決議案」とは、議院の意思を内外に表明するための議決を求める提案である。

「請願」とは、国の機関に対する希望を、紹介議員を通じて国民が文書で議院に提出するものである。詳細については、**第9章概説【請願権】**の説明参照。

「等」に含まれるものとしては、議案と同様の扱いをする決算のほか、懲罰事犯の件（衆規234、237、参規234、238Ⅱ）、資格争訟の訴状（衆規190Ⅰ、参規194Ⅰ）、議員の逮捕について許諾を求めるの件（衆先93、参先109）を挙げることができる。これらは、議院規則や先例で委員会審査が必要とされている。また、これら以外の案件でも必要と認められるものは委員会に付託して審査を経ることとなっている。

「審査」は、付託案件について詳しく調べ、議論した上でその可否を決めることである。

【常任委員会の調査権能】 委員会の実体的権能として、付託案件の審査のほか国政調査を挙げることができるが、本条に「調査」の語はない。この点につき、国会法の立案者が国政調査権の行使の形態について十分に理解していなかったことが理由に挙げられている（今野・法理262頁）。現在では、**第103条**の議員の派遣、**第104条**の記録の提出要求等につき、委員会も調査を行えることを前提とした規定が置かれているところであり、委員会が調査を行う主体たり得ることについて争いはない。

委員会の行う「審査」に調査も含まれることについては、**第45条**〔特別委員会〕や**第47条**〔委員会の審査と会期〕においても同様である。

ただし、国政調査権は議院の権能とされており、常任委員会が所管事項について有する抽象的な調査権能を発動するためには具体的な権限付与が必要である。その1は、議院から個別に調査事件が付託された場合であり、その2は、委員会サイドが能動的に調査を行うため、議長に要求して調査承認を受ける場合である（衆規94Ⅰ）。

この点につき参議院では、議院規則で包括的な委託がなされており（参規74の3）（⋯▶『逐参』第74条の3**【常任委員会の調査権能】**）、会期ごとに調査承認を受ける必要はないこととされている。

【議院の組織自律権】 議院内部のことにつき、行政権、司法権及び他院からの干渉を受けることなく自ら決定する自主権、自治権を「議院の自律権」という[6]。

院内組織の決定権はその重要な要素であるが、我が国では、国会法が常任委員

....
6 藤田晴子「議院の自律権」『日本国憲法体系 第5巻 統治の機構Ⅱ（宮沢俊義先生還暦記念）』（有斐閣・1964）314頁。

§41

の種類を規定している。常任委員会をどのように定めるかは、本来各議院が自由に定め得る議事手続に関する事柄であるとして問題視されており[7]、現在ではこの考え方が非常に有力となっている。

　国会法と議院規則の形式的効力（⋯▶序章2【形式的効力】）に関連することでもあるが、実務の上では、議院規則によって常任委員会を新設、改廃することは認められないと解されている。

　◆改正前は〔議院ごとの常任委員会の増減・併合〕

　　第42条（旧）② 各議院は、両院法規委員会の勧告に基いて、前項各号の常任委員会を増減し又は併合することができる。

　　　国会法制定当初には、常任委員会の種類を定めた規定において、議院ごとに常任委員会を増減・併合することが認められていた。

　　　その後、昭和30年の改正でこの条項が削除されたが、必要がなくなったとの理由によるとされている[8]。すなわち、常任委員会の種類は国会法が専権的に規定するとの趣旨であり、議院の自律確立の立場から見ると後退する改正であった。

　現在の委員会再編に際しても国会法の改正による主義が踏襲されている。ただし、その改正の提案の方式については、他院の自主性を尊重する運用が採られる例が見られる。すなわち、衆参の常任委員会について同内容の改正を行う場合にも、衆議院で提出される改正案では衆議院の委員会についての改正だけを掲げ、参議院の委員会に係る改正内容については衆議院送付案に対し参議院で修正を施す手法である。

　院内の機関についての法制が議院規則の所管であることが確認できるまであと一歩のところまで来ているが、現状は、衆参いずれの議院からも切り出せないまま旧習が温存されているといったところであろうか[9]。

【常任委員会の種類】衆参両院に置かれている常任委員会は、いずれも17委員会であるが、若干種類が異なる。

　◆改正前は〔常任委員会の種類〕

　　第42条（旧）① 各議院の常任委員会は、左の通りとし、その部門に属する議案、請願、陳情書その他を審査する。

　　一　外務委員会

　　（中略）

　　二十一　懲罰委員会

---

7 松澤浩一「国会法の改正過程と問題点」日本法学34巻4号（1969）125頁。
8 鬼塚誠「衆議院のみ常任委員会を増設した跛行的常任委員会制度の誕生―国会法の一部を改正する法律」時の法令1077号（1980）17頁。
9 森本昭夫「議院規則に見る貴族院と参議院の連続性―議院の自立権確立に関連して」議会政策研究会年報創刊号（1994）107頁。

第5章　委員会及び委員　　113

§41

> 上記のように、国会発足当初、常任委員会は衆参両院で同じ種類のものが置かれていた。数度の改正の後、衆参同種が崩れたのは、昭和55年の第12次改正で衆議院にのみ科学技術委員会、環境委員会が設置された時である。これにより、議院ごとに委員会の構成を工夫する方向性が打ち出され、その後も別々に規定されている。

　常任委員会の種類分けについては様々な方法が考えられるが、現在では複数の分類方法を併用している。その1は、国政全般を政策分野ごとに縦割りし、それらを委員会が分担するもので、その2は、案件の種別に対応させた委員会である。予算委員会、決算行政監視委員会（参議院は決算委員会と行政監視委員会）、懲罰委員会がそれに当たる。そのほかに特別の性格を有する委員会として国家基本政策委員会や議院運営委員会が置かれている。

　各委員会の所管事項と委員数は、各議院規則で規定している（衆規92、参規74）（•••▶『逐参』第74条【常任委員会の所管】【常任委員会の委員数】）。

【衆議院の常任委員会】 衆議院においては、政策分野別に所管事項を定めた委員会を内閣委員会から安全保障委員会までの12委員会を設置する。

　これらは行政府の中央省庁に対応するものとなっている。

　その他の委員会として、国家基本政策委員会から懲罰委員会までの5委員会を設置する。

【参議院の常任委員会】 参議院においては、政策分野別の委員会として内閣委員会から環境委員会までの11委員会を設置する。

　参議院では、以前は、省庁に対応する形ではなく事項別で委員会の所管を定め、衆議院とは異なる角度からの委員会審査が可能であるとしていたが、平成13年の中央省庁再編に際して、参議院の常任委員会も省庁別の編成に改められた。衆議院より数が1つ少ないのは、外務省所管事項と防衛省所管事項をまとめて外交防衛委員会が所管していることによる。

　その他の委員会として、国家基本政策委員会から懲罰委員会までの6委員会を設置する。

　衆議院と異なるのは、行政監視委員会が決算委員会とは独立して置かれている点である。

【各委員会】 衆参両院の常任委員会は、おおむね同じ種類となっているので、特徴的な委員会について共通の説明を加えることとする。

　「国家基本政策委員会」は、衆参両院で平成12年の常会に発足したものである。

§ 42

この委員会は、英国議会のクエスチョン・タイムに倣って党首討論を行う場として
設けられたもので、党首討論は衆参の国家基本政策委員会の合同審査会の形態で行
われる。

「予算委員会」は、衆参の議院規則では所管事項が「予算」とのみ規定されている
(衆規92⑭、参規74⑬)が、予算の審査においては国政全般にわたる問題が取り上げら
れる。予算審査以外でも、会期序盤に本会議における代表質問に続けて開かれ、テー
マを限定せずに対政府質疑が行われる例であり、国政上の重要問題が浮上した際に
も開かれることが多い。

「決算行政監視委員会」は、元は決算委員会として、決算や予備費支出承諾に関す
る事項等を所管していたが、行政監視機能の充実強化を図るため、平成10年の常会
に改組されたものである。参議院においては、決算委員会は決算審査を重視する観
点から独立した委員会として残され、行政監視委員会が別途新設された。

「議院運営委員会」は、議院の運営に関する事項や議長の諮問に関する事項等を所
管する特殊な委員会であり、現在では、議事協議会に代わって、議事の順序等、本
会議運営についての協議も行っている。

「懲罰委員会」は、懲罰動議又は議長の認定により付託された懲罰事犯の件を審査
する委員会である。常時活動するものではないが、懲罰事犯が議員や会派対立の尖
鋭化した時に多く発生することに鑑み、特別委員会としたのでは、その設置の議事
が円滑に行えないことが予想されるため、常任委員会として置かれた。衆議院では、
議員の資格争訟の審査も行うこととされている (衆規92⑰)。

〔常任委員〕
第42条① 常任委員は、会期の始めに議院において選任し、議員の任期
　中その任にあるものとする。
② 議員は、少なくとも1箇の常任委員となる。ただし、議長、副議長、
　内閣総理大臣その他の国務大臣、内閣官房副長官、内閣総理大臣補佐
　官、副大臣、大臣政務官及び大臣補佐官は、その割り当てられた常任
　委員を辞することができる。
③ 前項但書の規定により常任委員を辞した者があるときは、その者が
　属する会派の議員は、その委員を兼ねることができる。

制定時 (昭22.5)、第2次改正 (昭23.10)、第3次改正 (昭23.10)、第4次

第5章　委員会及び委員　　*115*

§42

改正（昭 24.10）、第 5 次改正（昭 30.3）、第 6 次改正（昭 32.8）、第 10 次改正（昭 40.5）、第 11 次改正（昭 41.6）、第 13 次改正（昭 59.7）、第 22 次改正（平 8.6）、第 25 次改正（平 13.1）、第 34 次改正（平 26.5）

本条は、常任委員の選任、任期及び就任義務について規定する。

【常任委員の選任】常任委員は、議院において選任する。

常任委員の選任についての組織自律権の内容を規定するものである。

「常任委員」とは、常任委員会の構成員のことである。

「議院において」は、常任委員を選任するに当たって他の機関の介入を認めない趣旨であり、当該議院の所属議員のみが選任される資格を持つことを含意する。

この点について、本会議における選挙によることを指示しているとの理解もあり得るが、その場合には、選任の具体的な方法について議長の指名によることとする両議院の議院規則の規定内容（衆規37、参規30）が本条と衝突するため、国会法と議院規則の関係について規則優先説に立った説明が必要となる。しかし、国会法の規定について、あえて議院規則と矛盾するような解釈を採る必要はなく、本条の「議院において」についても幅を持たせて解してよいと考える。

♥運用
　常任委員は、所属会派からの推薦に基づいて議長が指名する（衆先114、参先117）。
　無所属議員については、本人の希望も勘案して議長が指名する扱いである。

常任委員は、会期の始めに選任する。

選任時期を定めるものであるが、用語が特殊である点に注意する必要がある。

「会期」とは、ここでは、衆議院においては衆議院議員総選挙後、参議院においては参議院議員通常選挙後に召集される国会のことを指す。

常任委員の任期が議員の任期中であることに対応して、議員の任期開始に当たって常任委員に選任されることを予定するものであり、毎会期が対象となるものではない。

「始め」は、実質的な活動を開始する前を指し、院の構成の中での優先順序としては正副議長の選挙後、常任委員長の選任前ということになろう。

補欠当選議員については、当選後速やかに常任委員に指名する例である（衆委先9）。

【常任委員の任期】議員は、その任期中、選任された常任委員の任にある。

この任期の規定により、議員の地位を保持している限りは、本人の意思によらずに常任委員の地位を失わせることはできないこととなる。常任委員の固定化を図ることにより、その専門性を高め、委員会制度の趣旨に合致させようとする制度上の

§ 42

要請である。

「議員の任期中」とは、議員の地位に就いている期間中のことである。

「任にある」とは、その期間中、在任が予定され、かつその地位が保障されていることをいう。

「ものとする」は、後述の例外が存することや本人の意思に基づく異動が可能なことを踏まえての表現である。

委員の任期については例外がある。

その1は、国会法上の例外で、会派割当の変更に伴って第46条第2項により委員を変更する場合である（→第46条【委員変更】）。

その2は、委員が会派に割り当てられ選任することとなっている関係で、委員である議員本人の意思に反して、会派の意向により、その申出に基づき委員を辞任することとなる場合である。

その3は、参議院議員が通常選挙で半数改選となることに伴うもので、通常選挙後の臨時会において、参議院が院の構成を一新するために、非改選議員についても召集日に委員を辞任する先例が存在する（参先120）点である。

その4は、衆議院議員が懲罰により登院停止となって委員を解任されたこととなる場合である（衆規243Ⅰ）。参議院規則には、登院停止に伴う常任委員解任の規定はない（参規243参照）（→『逐参』第243条【登院停止による委員解任】）。

【常任委員の辞任】委員の辞任については国会法に規定がないが、議長の許可によることとされている（衆規39Ⅱ、参規30Ⅱ）。

一旦選任された委員は、委員会制度の趣旨を尊重し、任期を全うすべきであるが、会派内人事異動や臨時の代理出席等、様々な理由により、委員の辞任が認められるのが実際のところである。これは本人（会派）の意思に基づいて委員を交替するものであり、本条第1項に反するものではない。なお、衆議院規則では、委員は正当な事由がなければ辞することができないと規定されている（衆規39Ⅰ）。

【常任委員就任義務】議員は少なくとも1つの常任委員とならなければならない。

全ての議員が各々専門性を発揮することによって議院全体として人的資源を有効に活用し、委員会審議の充実に資することが期待されているわけである。

委員は所属議員数に応じて会派に割り当てられる（国46Ⅰ）が、常任委員については、会派に所属しない議員も割当対象とされ、かつ、割り当てられなければならない。

本条第2項により、常任委員の総数が議員定数を下回ることは許されない。

§42

　参議院においては、国政全般を政策分野ごとに縦割りして分担する委員会（内閣委員会から環境委員会までの11委員会。これを「第1種委員会」といい、その委員を「第1種委員」という。）の委員総数を議員定数に一致させており、全ての議員が第1種委員会のいずれかに属するように設定されている（参規74の2）。

【就任義務の例外】議長、副議長、内閣総理大臣その他の国務大臣、内閣官房副長官、内閣総理大臣補佐官、副大臣、大臣政務官及び大臣補佐官は、常任委員への就任義務が免除される。

　その職責に鑑み、委員の職務を全うすることが困難であることに配慮したものである。

　「割り当てられた常任委員」とは、委員が会派に割り当てられた上で具体的に選任される（国46 I）ことを前提とする、選任された又は選任を予定される常任委員のことである。

　「辞することができる」とは、本人の意向により、選任されない又は一旦選任された常任委員を辞任することが可能であることをいう。その結果、1個の常任委員も受け持たない状態となることも許容される。

> ♥運用
> 　本条第2項ただし書の規定により、衆議院では議長、副議長は常任委員に指名されない例であるが、参議院では常任委員（第1種委員会）に指名され、かつ辞任しない例である。これは第1種委員の総数を議員定数に一致させてあり、かつ兼任制限が設けられ（参規74の2）、正副議長の場合、会派を離脱することで本条第3項によって兼任できる議員が存在しないことによる。

【辞した常任委員の兼務】議長、副議長、内閣総理大臣その他の国務大臣等である議員が委員を辞した場合、辞した議員と同会派に所属する他の議員がその委員を兼務することができる。

　常任委員の総数は議員定数より多く設定されている（衆規92、参規74）ので、複数の委員を兼務する議員が必要となるが、それに加えて本条第3項による兼務を可能とするものである。

　委員に欠員を生じさせないようにするための方策である。さらに、委員は会派の所属議員数の比率により割り当てることとされており（国46 I）、本条第3項で認める兼務は、国務大臣等が委員に就かない場合にも各会派がその割当数を保持するように計らうものである。

　「その委員」とは、議長等が本条第2項ただし書により辞した委員のことである。

§43

「会派」とは、議院内において議員の活動の拠点となる任意団体である。2人以上の議員で結成することができ、議長に届け出ることとなっている（参先111）。これにより委員等の割当てを受けることができる（•••▶第4章概説【会派】）。

議長や副議長は、現在では会派を離脱する例となっており、議長、副議長がその割り当てられた常任委員を辞した場合には、その委員を兼ねる同会派の議員がいないため、その委員は欠員とならざるを得ない。議長、副議長が辞することを見込んで、委員割当の段階からその分を他会派に割り当てることも可能である。

〔専門員、調査員〕
第43条　常任委員会には、専門の知識を有する職員（これを専門員という）及び調査員を置くことができる。

制定時（昭22.5）、第2次改正（昭23.7）、第4次改正（昭24.10）、
第5次改正（昭30.3）、第8次改正（昭34.4）

本条は、常任委員会の専門員、調査員について規定する。

【委員会調査スタッフ】常任委員会は、調査スタッフとして専門員、調査員を置くことができる。

常任委員会が議院の中で案件の審議や国政調査を行う中心的な存在であるため、単に議論を行う会議体であるにとどまらず、そのための調査部局を整備する必要があることによる。

「常任委員会」とは、各々の常任委員会のことである。

守備範囲を限定して専門性を発揮することが期待される委員会としては、当然のことながら調査スタッフにも高い専門性が要求され、各委員会の独立性保持のためにも委員長の指揮下に職務に従事する者を置く必要がある。ただし、議院運営委員会や懲罰委員会のように、通常、国政調査を行うことのない委員会には専門員、調査員は置かれていない。

【専門員・調査員】「専門員」とは、当該委員会の所管事項について専門の知識を有し、調査スタッフの責任者として委員会の調査事務に従事する者である。議員でない者の中から議院事務局の職員として任用される。

専門員の行う職務は、その常任委員会の所管に属する各種の調査研究に従事して、委員の仕事を援助することが念頭に置かれている（大池・説明4頁）。常任委員長や委員会の活動に政策面においても寄与するものであるため、政治的傾向を持つことは

第5章　委員会及び委員　　*119*

§44

やむを得ないとされている[10]。そのため、国会職員法（昭和22年法律第85号）上の公正不偏義務（国職17）が常任委員会専門員には適用されない旨が規定されている（国職24の3Ⅰ）。

「調査員」は、専門員の下で同じく委員会の調査事務に従事する者である。

調査員の行う調査事務は、案件審査に関連して必要な事項の調査・参考資料の作成、附帯決議の関連業務、本会議や議長に対する報告の原案の作成、委員会提出法律案の起草のための調査・資料作成等を挙げることができる。

専門員、調査員は、常任委員長の申出により、事務総長が議長の同意及び議院運営委員会の承認を得て任免する（事務11）。

【調査室】 常任委員会の調査事務は、国会法第5次改正等により、専門員、調査員個々人が従事するだけではなく、委員会ごとに組織化された調査室において専門員、調査員が一体となって委員会を補佐する体制に改められた。両議院で常任委員会調査室規程が制定され、調査室体制が機構的に完成し、これに伴い、専門員は調査室の長としての責務も課されることとなった。

調査業務の組織化、すなわち調査室制度の導入の背景としては、専門員個人による補佐では、人事異動によってノウハウが蓄積されにくく、調査員の仕事に対する指揮命令系統に問題が出ること等が挙げられている[11]。

現在の衆議院においては、各調査室を統合する形で事務局に調査局が置かれ（事務15）、各調査室の調査事務の効率化、均質化を図り、委員会の所管をまたがる調査事項に対応できるような体制が敷かれている[12]。衆議院事務局調査局規程が細目を定めている。

〔合同審査会〕
第44条 各議院の常任委員会は、他の議院の常任委員会と協議して合同審査会を開くことができる。

制定時（昭22.5）

本条は、常任委員会の両院合同審査会について規定する。

【合同審査会】 常任委員会は他院の常任委員会と合同審査会を開くことができる。

---

10 第2回国会衆議院図書館運営委員会議院運営委員会連合審査会議録第1号（昭23年2月3日）6頁〔中村嘉壽衆議院図書館運営委員長の発言〕。
11 菊地守「国会における調査スタッフの役割」議会政策研究会年報2号（1995）85頁。
12 藤井忠義「衆議院調査局の概要と活動—沿革と機構・動向」議会政治研究51号（1999）2頁。

§44

　両議院は、それぞれ独立して活動する。国会の議決を必要とする議案は両院送付関係に置かれるが、その審議では互いに干渉することが許されない。両院協議会において両議院の意見の調整を行うのは、両議院で出した結論が異なる場合である。また、国政調査は議院の権能とされており、各議院が独自の判断に基づいてその権能を行使する。この原則に対する例外的な制度が常任委員会の合同審査会である。

　「合同審査会」は、共通の所管を有する両議院の常任委員会が合同して開く会議である。

　両院間に設けられる機関ではなく、常任委員会の審査の特殊形態である。必ずしも両委員会の委員全員によることを要せず、各々の委員の一部をメンバーとするものでもよい。

　この制度は、審査の能率を上げるとともに、他院の意見を参考にするための工夫として設けられたものであるが、原則として一院の委員会審査の一過程に位置付けられるものである。すなわち、委員会審査において他院の意見を資料として使用するためのものである。また、他院の委員会がその案件について具体的審議権を有する場合、例えば、議案が予備付託されていたり、調査承認を得ている場合には、他院の委員会にとっても審議の一過程となる。

【義務的合同審査会】国会の権能とされる事項のうち、結論を出すに当たって合同審査会の議を経ることとされているものがある。国会職員が禁止される政治的行為等、両議院議長が定めるもの（国職20の2Ⅰ、24の2、25Ⅲ、26、26の2、40）、議院に出頭する証人等に支給する車賃・日当の額（証旅5）、人事官弾劾の訴追案（人事官弾劾訴追手続規程5）がそれに当たる。

　それらについては、両議院の議長が協議して合同審査会の開会を両議院の常任委員長に求めることとされている（常合規2）。

♥運用
　実際には、義務的合同審査会とされている場合でも、その開会を省略して、各議院の議院運営委員会で審議する例となっている（参委先308）。

【開会の要件】合同審査会を開くには、他院の常任委員会と協議することを要する。

　合同審査会の開会については、一方の委員会が他方に対して要求できる地位にあるわけではない。合意に至る過程は、一方の委員会からの求めによることとなるが、現に議案の審査又は調査を行っている側からでなければ求めることができないというものではない。他院の審議に意見を反映させようとか、審査に入る前の時点で他院の審議の様子を察知する機会を得たいとの動機も認められてしかるべきである。

第5章　委員会及び委員　　*121*

§ 44

「各議院の常任委員会」とは、特定の案件の審議を行っている委員会である。

その審議対象は国会の議決を要する議案、両議院一致の議決を要する案件のほか、国政調査事件でもよい。ただし、決議案、議院規則案、請願等、一院の審議対象でしかないものは合同審査会の対象とはならない (•••▶第82条【請願の両院関係】)。

対象が国会の議決を要する議案である場合、その議案がその委員会に付託又は予備付託されていることが必要である。議案が一院を通過している場合でも、後議議院で審査中の委員会がその主体となり得る。

「他の議院の常任委員会」は、審議中の常任委員会から見た他院の常任委員会で、その審議対象を所管するものである。

他院の常任委員会はその議案が付託又は予備付託されていることを要せず、問題を議する所管を有していることで足りる。合同審査会が主たる立場となる委員会の側の審査手続の一形態であることによる。

この点については、他院の常任委員会は当該案件を予備審査中であることを要するとの理解が見られる (佐藤 (吉)・参規 172 頁)。いずれも審査中である両議院の委員会が相寄り相集って意思の疎通を図ることを合同審査会の趣旨と捉えるものである。しかし、予備付託や調査承認の有無等は他院の内部事情であり、それによって合同審査会開会の可否が左右されるのは適当でなく、また、合同審査会を開会できる場合が限定されてしまうことになる。

「協議して」とは、双方の委員会の間の合意を要件とすることを指す。

それぞれの委員会が求めたり応諾したりする決定は、委員会の議決によらなければならない (衆規 98、参規 76)。

【党首討論】いわゆる党首討論は、両議院の国家基本政策委員会合同審査会の場で行われる。

「党首討論」とは、内閣の基本政策と各党の基本政策及び時々の重要テーマについて内閣総理大臣と野党党首が直接対面方式で討議を行うものである。

水曜日を定例日とし、開催時間は毎回 45 分で、発言のための各党時間配分は野党間で調整することとされている (衆委先 260、参委先 318)。

【特別委員会への類推適用】本条は、常任委員会について規定しており、一般的に、特別委員会は合同審査会を開くことができないと解されている (鈴木・理論 368 頁)。

特別委員会の性質上当然に合同審査会を開けないというわけではないので、本条が常任委員会を主体として規定しているのは、常任委員会が国政の全領域をカバーしているため、常任委員会に認めておけば足りるであろうという程度の理由と解し

§45

てよいのではないだろうか。特別委員会の中には毎国会設置することが定例化している常設的なものもあり、そこで扱われる問題が合同審査会の対象とならないとするのは理由がなく、不都合である。したがって、本条は特別委員会にも類推適用できるものと解すべきである。

憲法審査会については、明文で合同審査会に関する規定が置かれている（国102の8）。

【常任委員会合同審査会規程】合同審査会に関する手続等については、「常任委員会合同審査会規程」という名の法規範が昭和22年7月に制定されている。両院協議会規程（国98）と異なり、国会法はその根拠となる明文の規定を置いていない。

合同審査会開会自体は主体となる委員会の側に審議権があれば足りると解するとしても（…▶本条【開会の要件】）、規程には他院の委員会側の手続等、一院の院内手続に収まりきらない事項を規定する必要があり、本条は両議院の議決による規程の制定を予定しているものと解すべきである。

規程の性格については、国会法の実施形式にすぎず、議院規則の一種とは考え得ないとする説があるが[13]、両議院の議決によるとすることで制定に行政が関与することを排除できる（大石・議会法162頁）ため、両院相互関係の規律としては妥当な方式である。

常任委員会合同審査会規程で規定している事項は次のとおりである。

合同審査会の開会要求、開会、会長、議案の発議者・国務大臣等の出席要求、委員の発言、表決の原則禁止、証人の出頭要求、証人の発言、報告・記録の提出要求、公聴会、公述人の発言、審査経過・結果の委員会への報告、会議録、懲罰事犯、事務

〔特別委員会〕
第45条①　各議院は、その院において特に必要があると認めた案件又は常任委員会の所管に属しない特定の案件を審査するため、特別委員会を設けることができる。
②　特別委員は、議院において選任し、その委員会に付託された案件がその院で議決されるまで、その任にあるものとする。
③　特別委員長は、委員会においてその委員がこれを互選する。

---

13 小嶋和司「議院自律権」『憲法学講話』（有斐閣・1982）101頁。

第5章　委員会及び委員　　*123*

§45

制定時（昭22.5）、第5次改正（昭30.3）

本条は、特別委員会の設置、特別委員・特別委員長の選任について規定する。

【特別委員会】各議院は、その院において特に必要があると認めた案件又は常任委員会の所管に属しない特定の案件を審査するため、特別委員会を設けることができる。

国会の委員会制度は、常任委員会を中心に置いて設計されている。あらゆる政策分野をカバーすべく各常任委員会が設置されており、委員会審査を要する案件は原則として全て常任委員会に付託することが予定されている（衆規31、参規29Ⅰ）。この原則に対して、一定の要件の下に特別委員会を設置することを認めるものである。

「特別委員会」とは、議院の議決によって設置する委員会である。

その構成、具体的権限は設置議決で定められる。

「特に必要があると認めた」とは、常任委員会で審議することが適当でないと判断したという意であり、例えば、内容が複数の常任委員会の所管にまたがる場合、非常に重要な問題を含むので大規模の委員会で審議する必要がある場合、早期の議案成立が求められる場合、所管する常任委員会に付託案件が輻輳している場合等が考えられる。

「常任委員会の所管に属しない」とは、現行の常任委員会の編成が審査を予定していないようなことを指す。

ただし、憲法改正原案等は憲法審査会が審査する（国102の6）ので、ここから除かれる。

「特定の」は、必ずしも個々具体の案件名を掲げる必要はなく、付託対象が判別、特定できればよい。また、既に議院に係属していることも要しない。将来の必要に備えて設置することも可能と解する。

「案件」には、議案等の意思決定を要するもののほか、調査事件も含まれる。

「審査する」は、議院の付託を受けて審議することをいう。対象が議院の議決を要するものであれば、本会議審議の資料とするため、可否についての委員会の結論を出すことを要する。ここでは、調査事件について審議することを含む。

「設ける」は、本会議の議決によって設置することである。その議決は、特別委員会の名称、委員数、設置目的を定めるものである。

【常任委員会との関係】特別委員会が設置された場合、その目的に係る事項を所管する常任委員会との関係が問題となる。この点については解釈が分かれる。A説は、

§45

常任委員会との間で所管の重複、権限の競合が生じるので、新しく設けられた特別委員会の権限が優先し、他の委員会の所管権限が停止されるとする（鈴木・理念137頁）のに対し、B説は、これを否定に解し、設置目的の範囲で特別委員会に所管事項が生まれ又は常任委員会の所管の一部が移るというものではないとする（佐藤（吉）・参規67頁）。

この問題は、特別委員会の設置後、その目的に関連する案件が提出されたときに、当然に特別委員会に付託することとなるか、常任委員会への付託も可能とするかの差となって現れる。常任委員会の所管は一体として扱う必要があり、部分的に欠如することによる不都合を避けるべき場合もあるため、B説が妥当であると解する。

【特別委員会の消滅時期】 特別委員会は目的を限定して設置されるため、それを達成すると消滅する。国会法は、本条第2項で特別委員の任期を規定することにより、特別委員会の消滅時期を示している。すなわち、付託案件が本会議で議決された時である。

そのほか、付託案件が消滅した場合も設置目的がなくなるため特別委員会は消滅する。例えば、付託案件が撤回された場合やその内容が別の方途により実現したことによって案件が消滅するような場合である。

また、特別委員会は議院の議決で設置されるものであるため、目的を達成しないまま会期が終了すると消滅する。会期不継続の原則により議院の議決の効力が会期を超えては及ばないからである。

付託案件について継続審査（調査）を行う場合には、次の会期の開始と同時に消滅する（参先133）。閉会中に審査が終了した場合、本会議での議決は次会期で行うこととなるが、議案は委員会に係属している状態でなければ閉会中期間における存続が認められないため、特別委員会も消滅させずに付託の状態を保つ必要がある。

【特別委員会の廃止】 一旦設置した特別委員会を本会議の議決で廃止することはできない[14]。

特別委員会に限らず、議院は委員会に対し、付託案件の審査につき期限や条件を付すことは原則としてできない。目的を達する前に特別委員会を廃止することは、この委員会審査の独立性に背馳する。法規上は、本条第2項の特別委員の任期規定に反することとなる。

> **♠事例**
> 衆議院において特別委員会の廃止議決を行った例がある（衆先140、衆委先8）。

---

[14] 第7回国会衆議院議院運営委員会議録第33号（昭25年3月22日）4頁〔大池眞衆議院事務総長の答弁〕。

第5章　委員会及び委員　　*125*

§45

> 廃止する特別委員会の権限を全部包含するような特別委員会を新たに設ける発展的解消を認める説もある（鈴木・理念162頁）が、両者の同一性、継続性が何によって保証されるのかが説明されなければならず、また、必ずしもそのような事例ばかりではないようである。

【特別委員会の形態変更】 特別委員会設置の議決内容である名称、委員数、設置目的の３点が特別委員会を特定する要素である。これらについて、設置後の事情により変更することは本会議の議決によって可能である。

ただし、特別委員会を廃止することができないのと同様の理由により、付託案件を取り上げることとなるような設置目的の縮小は許されない。また、委員数を減少させることは、一部の委員の任期終了につながるので、第２項の規定内容に鑑み許されない（衆規100但、参規78但参照）。

【特別委員の選任】 特別委員は議院において選任する。

全議員の中から選んで任に就けることを意味するものである。

「特別委員」とは、特別委員会の構成員のことであり、当該議院所属の議員のみが選任される資格を持つ。

「議院において」とは、議院の組織自律権の内容として、常任委員と同様、誰を選任するかを決めるに当たって他の機関の介入を認めないとの趣旨である。

具体的な選任方法は、選挙によることも考えられないではないが、国会法においては指定されていない。両議院の議院規則では議長の指名によることとされている（衆規37、参規30）（•••▶『逐参』第30条【委員の選任】）。これを受けて、特別委員は、所属会派からの推薦に基づいて議長が指名する例である（衆先114、参先124）。

特別委員の選任は、特別委員会が設置された後、速やかに行われなければならない。

【特別委員の任期】 特別委員の任期は、付託案件が議院で議決される時までである。

これは委員会が目的を達成する時までを意味し、その特別委員会の存続期間に一致する。

「その委員会に付託された案件」とは、設置目的で示された案件のほか、それに関連する案件として併託されたものを含む。

「その院で議決される」とは、委員会審査の後、その報告を受けて本会議で議決されることをいう。

委員会審査が中間報告（国56の3）で中断し、そのまま本会議で審議することとなった場合にも、その案件が本会議で議決されるまで特別委員の任期は終わらない。

§45

　特別委員会が付託案件を本会議に付すことを要しないと決定した場合 (国56Ⅲ) には、議員20人以上から要求があるときは本会議の議決まで委員の任期は続き、要求がないまま7日が経過したときはその時点で任期は終わる。

　「任にある」とは、その期間中、在任が予定され、かつその地位が保障されていることをいう。

　この任期の規定により、本人の意思に基づかずにその地位を失わせるためには、特別の規定が必要となる。

　本条では、議院の議決が必要な案件が付託された場合を念頭に置いて特別委員の任期が規定されているが、付託案件が調査事件の場合は、委員会で結論を得て報告がなされたことで委員会としての任務は終了し、委員の任期は終わる。

　明文で示されてはいないが、特別委員会が消滅すると、その特別委員は地位を失う。会期不継続により特別委員会が消滅する場合である (•••▶本条【特別委員会の消滅時期】)。

　特別委員の任期についても、常任委員と同様、例外がある。その1は国会法上の例外で、会派割当の変更に伴って委員を変更する場合である (国46Ⅱ)。その2は、委員が会派に割り当てられ選任することとなっている関係で、委員である議員本人の意思に反して、会派の意向により委員を辞任することとなる場合である。その3は、特別委員となっている議員が懲罰によって登院停止となった場合であり、第2項の規定にかかわらず、その委員を解任されたこととなる (衆規243Ⅰ、参規243)。

【特別委員の辞任】 委員の辞任については国会法には規定がないが、議長の許可によることとされている (衆規39Ⅱ、参規30Ⅱ)。

　特別委員が任期を全うすべきであるのは常任委員と同様であり、それに対して、会派内の人事異動や臨時の代理出席等、様々な理由により委員の辞任が認められる点も常任委員と同じである (•••▶第42条【常任委員の辞任】)。

【特別委員長の選任】 特別委員長は、特別委員会において互選する。

　議院の役員とはされておらず (国16参照)、本会議で選任するのではない。

　「特別委員長」は、各特別委員会の代表たる役職である。

　「委員会」とは、当該特別委員会の会議を指す。

　「互選」とは、そのメンバーの中からメンバーの意思によって選出することをいい、方法については言及していない。

　互選の方法として、議院規則では無名投票で行うことを原則とする旨が定められている (衆規101ⅡⅢ、参規80Ⅰ) (•••▶『逐参』第80条【特別委員長の選任】)。

第5章　委員会及び委員　　*127*

§46

> ♥運用
>
> 　実際の特別委員長の選任は、会派に対してポストを割り当て、割当会派からの推薦に基づいて選出する例である。そして、投票によらず、会派推薦者を選任する動議や主宰者の指名に一任する動議による方法が採られている（衆委先21、参委先18）。

　特別委員長の選任は、委員会の構成に関する事項なので、当該委員会において行うべき最優先事項であり、それまでは委員中の年長者が委員会に関する事務を行うこととされている（衆規101 IV、参規80 II）。

【特別委員長の任期】特別委員長については任期の規定が置かれていない。通常は特別委員の任期（国45 II）が終わるまで在任することとなるが、任期規定がないことはその身分保障が弱いことをも意味する。

　登院停止の懲罰を科された場合（衆規243 I、参規243）には、委員の地位と共に特別委員長の地位も失う。このほか、会派割当変更のための委員変更の場合（国46 II）も考えられるが、委員長である委員を変更の対象とすることは差し控えなければならないであろう。

【特別委員長の辞任】特別委員長は委員会で互選されるものであるため、その辞任も委員会の許可事項とされている（衆規102、参規80 III）。

〔 委員の各会派割当選任 〕

第46条①　常任委員及び特別委員は、各会派の所属議員数の比率により、これを各会派に割り当て選任する。

②　前項の規定により委員が選任された後、各会派の所属議員数に異動があつたため、委員の各会派割当数を変更する必要があるときは、議長は、第42条第1項及び前条第2項の規定にかかわらず、議院運営委員会の議を経て委員を変更することができる。

制定時（昭22.5）、第2次改正（昭23.7）、第5次改正（昭30.3）

　本条は、委員の会派への割当てについて規定する。

【委員割当】常任委員及び特別委員の選任に当たっては、各会派の所属議員数の比率により委員の数を決めて会派に割り当てる。

　国会法は、委員の選任について具体的な方法に言及せず議院規則に委ねているが、その前提として委員会の構成が議院の縮図となるよう制約を掛けている。委員会に

§ 46

おいても多数派の優位を確保するとともに、少数派に対しても多種の委員会に参加できるよう配慮するものである。

したがって、各々の委員会が会派勢力比による委員で構成される必要がある。ただし、常任委員、特別委員それぞれの会派への割当数の総数を会派所属議員数比とするために調整が必要な限りでバランスの崩れることは許される。

「会派」は、議院内において議員の活動の拠点となる任意団体である。

２人以上の議員で結成することができ（衆先99、参先110）、議長に届け出ることとなっている（衆先98、参先111）。これにより委員等の割当てを受けることができる（•••▶第4章概説【会派】）。

会派に所属しない議員も常任委員に就任する義務があるため（国42Ⅱ）、委員の割当対象としなければならない。その際、会派に所属しない議員が全員で１つの会派を結成しているように扱うのではなく、言わば一人会派として割当数を計算すべきである。特別委員等については各議員の就任義務が定められておらず、無所属議員を割当対象とすることは求められていない。

「所属議員数の比率」とは、当該会派の所属議員数を総議員数で除した数である。これに委員数を乗じて割当数を算出する。

「割り当て」とは、委員数を定めて選出枠を与えることである。

その結果、その人数の委員が割当会派の所属議員の中から選任される。割り当てられた委員を出すことは会派の権利であり、これを他会派に譲ることも可能であると解する。ただし、委員を欠員とすることを意図して割当てに応じないことは許されず、その意味において義務でもある。

「選任」は、資格を持つ多くの者の中から選び出して地位に就けることをいい、その方法について国会法は言及していない。

国会法上は、委員を会派に割り当てる行為も議院の権能（国42Ⅰ、45Ⅱ）と言えるが、議院規則において、委員の選任が議長の指名によることとされていることから（衆規37、参規30Ⅰ）、割当てについても議長の権能と解してよいだろう。実際には、議院運営委員会理事会の協議事項となっている。

なお、参議院においては、議院運営委員について、所属議員10人以上の会派を割当対象としている（参先117、参委先9）。このことから、参議院では所属議員10人以上の会派のことを「院内交渉会派」と呼ぶ。衆議院では、このような足切り要件は設けられていない[15]。

---

15 瀧口正彦「衆議院における委員の割当及び選任方法」議会政治研究29号（1994）19頁。

§46

特別委員会の設置後に必要に応じて委員数を増加する場合 (衆規 100 但、参規 78 但) にも第 1 項の適用がある。増員分ではなく、増員後の委員全体が会派所属議員数の比率となるように割り当てることが求められる。

> ♣議院法では〔部属〕
>
> 　第 4 条　各議院ハ抽籤法ニ依リ總議員ヲ数部ニ分割シ毎部部長 1 名ヲ部員中ニ於テ互選スヘシ
>
> 　第 20 条③　常任委員ハ事務ノ必要ニ依リ之ヲ数科ニ分割シ負擔ノ事件ヲ審査スル爲ニ各部ニ於テ同数ノ委員ヲ總議員中ヨリ選擧シ一會期中其ノ任ニ在ルモノトス
>
> 　議院の中で総議員を数個の「部」に分けることとされ、誰がどの部に所属するかは抽選によって決められた。これを「部属」という。また、法文上は、常任委員は各部に割り当て、各部において選挙するとされていた。

【委員変更】委員の選任後、各会派の所属議員数に異動があり、委員の各会派割当数を変更する必要があるときは、議長は議院運営委員会の議を経て委員を変更することができる。

委員割当数を変更する必要がある場合、それを実現するために、議長に強制的に委員を変更する権能を認めたものである。

「各会派割当数を変更する必要があるとき」とは、会派所属議員数が変わったことに伴う委員の割当てのための計算値の変動を受けて、実際の会派への割当数を改めることが必要と判断される場合をいう。

この判断は、国会法上は、委員の選任権者である議院が行うこととなるが、割当てと同様、議院規則において議長の権限となっている (•••▶『逐参』第 30 条【委員の選任】)。

「第 42 条第 1 項及び前条第 2 項の規定にかかわらず」とは、両項において、常任委員、特別委員の任期を規定しているが、その任期を満了する前であってもとの意味である。

この点につき、委員が「議院において選任し」と規定されているのに対する例外として、議長が議院運営委員会の議を経て行えることを指すとの説明も見られる (松澤・議会法 362 頁) が、両項は選任方法に言及するものではない (•••▶第 42 条【常任委員の選任】、第 45 条【特別委員の選任】)。

「委員を変更」は、議長が会派や本人の意向に基づかないで委員を交替させることをいう。

会派への割当数を変更する方法としては、通常、割当減となる会派から出された委員辞任願を議長が許可し、割当増となる会派から出された補欠推薦届に基づいて

§ 47

議長が指名することによっている（衆委先 15、参委先 10）。しかし、割当減となる会派がこれに応じない場合、委員の任期規定があるため、割当変更を実現できない。そこで、委員を強制的に辞任させる根拠として本条第 2 項の規定が必要となるわけである（鈴木・理論 63 頁）。「にかかわらず」を前述のように解することによって、この「変更」の特別な意味が浮き彫りになる。

　会派からの申出によることができない場合であるから、該当する会派のどの委員の地位を失わせるかは議長が選択する。ただし、委員長や理事を選択することは控えるべきである。割当増となる会派からは選任願が出されることを期待できるが、それがない場合には同様にどの議員を委員とするかは議長の選択による。

　「議院運営委員会の議を経て」は、委員として誰と誰を交替させるかについて、議長が提案して議院運営委員会の了承を取った上でという意味である。

　強権発動に当たることから、厳格な手続要件を課したものである。したがって、この件については同委員会理事会の了承で代えることはできないものと解する。

〔委員会の審査と会期〕

第 47 条①　常任委員会及び特別委員会は、会期中に限り、付託された案件を審査する。

②　常任委員会及び特別委員会は、各議院の議決で特に付託された案件（懲罰事犯の件を含む。）については、閉会中もなお、これを審査することができる。

③　前項の規定により懲罰事犯の件を閉会中審査に付する場合においては、その会期中に生じた事犯にかかるものでなければならない。

④　第 2 項の規定により閉会中もなお審査することに決したときは、その院の議長から、その旨を他の議院及び内閣に通知する。

制定時（昭 22.5）、第 5 次改正（昭 30.3）、第 7 次改正（昭 33.6）

　本条は、委員会の活動期間について規定する。

【会期中の活動】　委員会は、会期中に限り付託案件を審査する。

　会期制度を採用する以上当然のことであるが、本条第 1 項はこの点を確認的に規定したものである。付託案件の審査だけではなく、委員会の全ての活動が原則として会期中に限られる。

　「会期中」とは、召集詔書に定められた集会の期日の午前 0 時から会期の最終日の

§ 47

午後12時までの間である。ただし、議院の議決を要する案件の審査については、会期最終日に本会議が散会した後は行うことができない。

「付託された案件」には、常任委員会については審査案件として付託されたもののほか、所管に属する事項についての調査が含まれ、特別委員会については設置目的に掲げられた審査案件や調査事件のほか、関連する案件として付託されたものが含まれる。

「審査」には、審査案件の審査のほか、調査事件の調査も含まれる。

本条の規定（第3項を除く）は、法律案（日本国憲法に係る改正の発議又は国民投票に関するもの）に係る憲法審査会に準用されている（国102の9Ⅰ）。その裏で、憲法改正原案への準用がない点は注意を要する（⋯▶第102条の9【審査と会期】【案件不継続】）。

【閉会中の活動】委員会は、議院の議決で認められた案件について、例外的に閉会中の審査が可能となる。

留意しなければならないのは、①閉会中の活動が認められているのが議院そのものではなく、その内部機関に限られていること、②案件は委員会に付託された状態でのみ閉会中に存続し得ることである。

この閉会中の審査は、「継続審査」との呼び方もなされる。これは閉会中審査案件が後会に継続すること（国68但）と深く関係しているが、後述する閉会中審査の対象が会期中の委員会審査に引き続くものでなければならないとの参議院の取扱いに由来するとも言われている（松澤・議会法422頁）。

閉会中審査の制度趣旨は、①委員会の会期中に準じた活動によって、閉会中も政府に対して国会側の意思を反映させることができること、②次の会期における国会活動の準備行為としての役割を果たすことが挙げられている（鈴木・理論420頁）。さらに、昭和23年の改正で**第68条**〔案件不継続〕が改められ、議案の後会継続が認められたことから、閉会中審査は会期不継続の原則の緩和としての意味を持つこととなった（⋯▶第68条【議案等の後会継続】）。

「閉会中」とは、会期終了日の翌日午前0時から次の国会の召集日の前日午後12時までである。議院の議決を要する案件の審査については、会期終了日の本会議散会後は閉会中に当たると解する。

したがって、会期終了日の翌日に次国会が召集されている場合でも閉会中期間を観念することができ、閉会中審査を行うことは可能である。このことは、閉会中審査の実質的意義が後会継続にあることからも説明できよう。

§47

> ♣議院法では〔継続審査〕
>
> 　第25条　各議院ハ政府ノ要求ニ依リ又ハ其ノ同意ヲ經テ議會閉會ノ間委
> 　員ヲシテ議案ノ審査ヲ繼續セシムルコトヲ得
>
> 　　帝国議会においても継続審査は認められていたが、政府の要求、同意が要件と
> 　されており、そのため活用されることがなかった。

【衆議院解散後の参議院の閉会中審査】 衆議院が解散されたとき、参議院は同時に閉会となる（憲54Ⅱ）。これによって参議院の存在がなくなるわけではないが、第一院たる衆議院がその存在を失えば、国会の一切の機能は停止されるとされている（鈴木・理論429頁）。したがって、この期間中、参議院は国会に与えられた権能を行使することができない。例えば、国会の議決を要する案件について閉会中審査を行うことはできない。

　この点については異論がある。閉会中審査を行っても後会において両議院の議決が一致する必要がある以上（⸱⸱⸱▶第83条の5【継続審査後の議決】）、その議案は総選挙後の衆議院の意思を無視して成立することはなく、閉会中審査を行うことは参議院の自主的判断によって可能とするものである（黒田・国会法106頁）。また、閉会中審査活動が次の国会での議決に備えた単なる準備的行為にすぎないとの説明も見られるところである[16]。

　参議院がこの場合に閉会中審査を行えないことについては、立法期不継続の観点からの説明も可能である。議会が同じ議員で成り立っている期間が「立法期」であり、前後する立法期は互いに独立し、議会意思、議会活動はそれを超えて継続しないことを「立法期不継続」という。国会法は案件（会期）不継続に対して例外を認める（国68但）ものの、議員の構成が変わる場合にまで例外が及ぶと解すべきではない。

　衆議院議員が任期満了となる場合も衆議院が一新される点で同じであるが、その任期満了を控えた会期終了時点ではその任期満了前に次国会が召集されないとの保証がないため、一概に参議院で閉会中審査を行えないとは言えない。そのため、その閉会中に衆議院議員の任期が満了した場合に特例的な取扱いを行うこととなる（⸱⸱⸱▶第68条【議案等の後会継続】）。

　衆議院議員の総選挙が行われる閉会中でも、参議院は議院として与えられた権能は行使できると解すべきである。国政調査権や議院ごとの議決を行う決算の審査等である。

【参議院議員の任期満了時の閉会中審査】 参議院は、議員の改選を半数ずつとする

---

16 長谷川喜博「衆議院の解散と参議院の継続審査」ジュリスト154号（1958）42頁。

第5章　委員会及び委員　　*133*

§47

(憲46)ことによって組織としての継続性を持たせることが意図されている。したがって、参議院議員の任期満了に伴う通常選挙が行われる閉会中を国会としての立法期の区切り目と見るのは適当でなく、その期間に衆議院が国会の議決を要する議案の閉会中審査を行うことは差し支えない。

当の参議院についても同様の扱いが可能であると解する (今野・法理35頁) が、実際の取扱いはその構成が変わってしまうことを重く見て、議院の意思形成のための活動は選挙後に継続させないのを例としている (参先137)。それによると、議案等の閉会中審査を行うことはできないが、事実行為的な性格が強い調査事件等についての閉会中審査は可能であることになる。

【参議院の緊急集会後の閉会中審査】参議院は、緊急集会に提出された案件を閉会中審査に付すことはできない。特別会の召集を待つといとまがない件が提出されていることによる。

議院の自律事項である懲罰事犯の件については、本条第2項の規定どおりに閉会中審査を認めてもよさそうであるが、第102条の5 〔緊急集会についての読替規定〕において第121条の2 〔会期末の懲罰事犯〕の「閉会中審査の議決に至らなかつたもの」が「委員会の審査を終了しなかつたもの」と読み替えられていることから、国会法がそれを認めていないことが察せられる (⋯▶第102条の5【緊急集会末の懲罰】)。

【閉会中審査の対象】「特に付託された」とは、閉会中に審査することを目的として、案件名を特定して付託することである。

委員会付託は議長の権限であるが、閉会中審査の対象の付託は議院の議決を要する。

「案件」には、議案のほか、議院から付託されるもの全てが含まれる。

国会の議決を要する案件で他院から送付されたものでも差し支えない。回付案についても閉会中審査を観念し得るが、現行の議院規則では回付案は委員会に付託しないこととされており (衆規253 I、参規178 I) (⋯▶【逐参】第178条【衆議院回付案の審議】)、閉会中審査を行うことは認められない。既に当該会期において両議院の実質審議を済ませていることでもあり、回付案の処理には時間を要せず、当該会期中に国会としての結論を出す必要がある。

委員会が行う調査事件も議院の国政調査権を個別に委ねられたものであり、ここでいう案件に含まれる。

議院に係属していることを要するが、既に委員会に付託されていることは要件としない。この点につき、参議院は委員会からの要求を閉会中審査の議決の要件とし

§ 47

ていることから、閉会中審査の対象は当該委員会の審査中の案件に限られている
(⋯▶本条【閉会中審査の議決】)。

　本条では、閉会中審査の対象を「案件（懲罰事犯の件を含む。）」と規定しているが、
第68条ただし書では、後会継続の対象を「議案及び懲罰事犯の件」に限定している。
通常、議院から付託された審査案件は、委員会の審査が終了しても本会議に上程さ
れないことには議院としての意思決定を行えない。したがって、閉会中審査の成果
をいかすためには後会継続が必須要件となる。そのため、本条の「案件（懲罰事犯
の件を含む。）」に含まれても第68条ただし書の「議案及び懲罰事犯の件」から外れ
る案件、すなわち議案・懲罰事犯の件以外の案件は閉会中審査を行う意義を欠くこ
ととなる。

　予算は、参議院において閉会中審査に付すことができない (衆先202)。参議院で閉
会中審査に付すと後会に継続した議案が参議院先議の形となり、予算につき衆議院
先議を定めてその優越権行使を保障したこと (憲60) に抵触するからである。

　予備費支出承諾案件についても、予算に近い性格を持つものとして、予算に準じ
て参議院での継続審査は避けるべきであるとの理解もあり得るが、予算と異なり衆
議院先議が義務付けられていない (衆先353参照) 以上、参議院で継続審査に付すこと
につき消極に解する必要はない。

　予備審査議案についても閉会中審査を行うことが可能である。ただし、当該議案
が先議議院においても閉会中審査のなされることが条件である (参先134)。

【閉会中審査の議決】「各議院の議決」とは、当該委員会の属する議院の本会議での
議決である。

　議決の要件として当該委員会の意向を考慮する必要があるか否かについては、会
期中の付託状況に応じて考える必要がある。

　委員会に付託されている案件については、委員会審査の独立性の要請により、そ
の要求に基づいて議決しなければならない。しかし、議院に係属している案件の帰
趨は最終的には議院の判断による必要があり、委員会の意に反しても閉会中審査の
議決を行う道を開いておく必要がある。すなわち、委員会が要求を出さず審査未了
となってしまうような場合には、議院の側から中間報告を求めた後に本会議で審議
することの議決を経て (国56の3ⅠⅡ)、閉会中審査の議決を行うことが可能であると
解する (佐藤 (吉)・参規112頁)。

　これに対して、委員会に未付託の案件については、付託予定の委員会の意向にか
かわらず閉会中審査の議決が可能である。さらには、委員会で審査を終えた案件に

第5章　委員会及び委員　　*135*

§47

ついても、本会議議決により、閉会中審査のために再付託することが可能である。

　♥運用
　　参議院では、委員会から要求のない案件については閉会中審査の議決を行わないこととされている（参規53参照）。
　　しかし、これでは案件の生殺与奪の権を委員会が握ることとなり、適当な取扱いであるとは言えない。

　議決の時期は限定されない。ただし、会期内に審査が終わるか否かの見極めが付かないような時期に閉会中審査を決めるのは適当とは言えないだろう。参議院では、衆議院解散に備えて調査事件についてあらかじめ閉会中調査の議決をしておくことが必要な場合もある。

【懲罰事犯の件の閉会中審査】 懲罰事犯の件も閉会中審査の対象となり得る。

　会期終盤に生じた懲罰事犯の件について懲罰委員会で結論を得ないまま会期が終了してしまうことを防止するための措置であり、会期末（会期終了日又はその前日）に生じた懲罰事犯の件についての特例的取扱い（国121の2）と同じく懲罰の実効性の確保を狙いとしている。

　◆改正前は〔懲罰事犯の件の閉会中審査〕
　　第47条（旧）②　常任委員会及び特別委員会は、各議院の議決で特に付託された案件については、閉会中もなお、これを審査することができる。
　　昭和33年の改正以前は、「特に付託された案件」に懲罰事犯の件が含まれるか否かで、衆参両院の解釈が異なっていた。衆議院では懲罰事犯の件を閉会中も引き続き審査することを認めていなかったのに対し、参議院では認めていた。
　　その後の経緯はあった（黒田・国会法160頁）ものの、最終的に第7次改正によって立法的解決が図られ、「特に付託された案件」に「（懲罰事犯の件を含む。）」と注意書きが付されたのである。

懲罰事犯の件の閉会中審査は、その会期中に生じた事犯に係るものに限られる。

　懲罰事犯の件は迅速に処理すべきものであり、数会期を掛けて審査するものではないからである。

　「その会期中に生じた事犯にかかるものでなければならない」とは、閉会中審査が認められた懲罰事犯の件が後会に継続した（国68但）後、それらを更に閉会中審査に付すことはできず、また、会期の終了日又はその前日に生じた事犯や閉会中の事犯について次の国会に提出することが認められている（国121の2、121の3）が、それを更に閉会中審査に付すことは認められないとの意味である。

【他院への通知】 閉会中審査を議決したときは、議長からその旨を他院及び内閣に通知する。

§48

　国会の議決を要する案件については、その議決を行った場合に他院に送付又は通知することとなっていることによる。閉会中審査を行う際には政府側に出席を求めることとなるので、内閣に対しても通知を要する。

　一院だけの議決で足りる案件の場合は、他院への通知は必要ないようにも見えるが、会期制が国会としてのものであり、閉会中審査が同時活動の原則の例外に当たるところから、やはり通知の対象とされているものである。

〔委員長の職務権限〕
第48条　委員長は、委員会の議事を整理し、秩序を保持する。

　　　　　　制定時（昭22.5）

　本条は、委員長の職務権限について規定している。

【委員長の職務権限】委員長は、委員会の議事整理権、秩序保持権を有する。

　常任委員長と特別委員長とでは議院の役員であるか否かの差はあるが、委員会における地位としては同じ職務権限を有する。本条で規定している委員長の職務権限は、代表的、包括的なものである。

　議長について（•••▶第19条【議長の職務権限】）と同様、本条を根拠として個別具体の職務権限を導き出すことは可能であると解する。必要な権限の全てを網羅的に規定しておくことは困難であり、例えば、委員会における撮影・録音許可の権限などは個別具体の根拠規定があるわけではない（研究会・法規44時の法令1561号（1998）76頁）。

　問題となるのは、それを誰が認定するかである。個々の委員長や委員会が委員長の権能を創出することは差し控えなければならず、議院が必要と認めた場合には議院規則の改正による方法が妥当であろうが、内容によっては議院運営委員会の認定を待って、本条の解釈として先例化させることも可能であろう。

❤運用
　議長と同様（•••▶第19条【議長の職務権限】）、委員長の権限として規定されている事柄については、委員長が理事会に諮問し、そこでの協議結果を踏まえた上で行使するのが常態である。

【議事整理権】委員長の代表的な職務は、委員会の会議を主宰し、その議事を整理することである。

　「議事」は、委員会の会議に係る手続をいい、その「整理」とは、会議の主宰者として行う行為である。

第5章　委員会及び委員　*137*

§48

議事進行に関して、何を会議の主宰者の権限とし、何を会議あるいは構成員の権限とするかの振り分けは立法例により異なる。本会議と委員会とでも異なる。議事整理権の具体的内容は、主に議院規則で規定されている。議事整理権の中核となるものとしては、会議招集、開会・休憩・散会、議題決定、発言許可、採決認定を挙げることができる。会議の議決や委員の要求によってこれらの権限に制約を加えることも可能であるが、委員長以外の者に権限を移譲することは許されないと解する。

【秩序保持権】 議院の秩序保持権は議長の権限である（国19）が、委員会は議院内の部分社会として、その長である委員長に秩序保持権が与えられている。

「秩序を保持する」とは、出席者や傍聴人に対して命令を発すること等により議事の円滑な運営を確保することである。

委員長の秩序保持権は、委員会運営に付随して認められていることから、その及ぶ範囲は当該委員会が開かれている委員会室と委員会運営に密接な関係にある場所（理事会の開かれている理事会室や理事協議の行われている委員長室など）で、現に委員会としての活動が行われている時間帯に限られる。

委員会の独立性を保持する必要上、委員長の秩序保持権が及ぶ限りにおいて議長の院内秩序保持権の行使は排除されるものと解する。

院内警察の権は議長に専属するため、委員長が委員会の秩序を保持する上で強制措置の必要を認めた場合には、議長に職権の発動を要請しなければならないとする理解が一般的である（鈴木・理論397頁）。その上で、委員会において議長が警察権を行使するに当たり、委員長の意向を尊重することは可能であるものの、その場合の委員長の意見はあくまでも事実上のものであり、法的に拘束力を有するものではないとされている[17]。

しかし、緊急の場合に対処するためには、委員長が警察権を直接行使できるようにすることが要請され、議長は委員会室における警察権を委員長に委任しておくべきであると解する（••▶第114条【警察権の行使者】）。そのためには法の根拠を要するとされるが[18]、議長の判断によって可能であると解すべきである。

【代表権】 本条には規定されていないが、委員長にも委員会の長として代表権が認められる。議院（議長）に対する関係や議院外との関係において、委員長が委員会を代表する。

ただし、委員会が議院の外部と交渉関係に立つのは例外的であり、便宜的に認め

---

17 参議院法制局第1部第1課「議長警察権の研究」参議院法制局『立法資料調査研究集（創立20周年記念）I』（1969）77頁。
18 参議院法制局第1部第1課・前掲17 77頁。

§49

られている場合に限られる。これは、委員会が議院の内部機関であって議院とは別に独立して議院外部に対する権限行使はできず、対外的には議院が当事者となり、その代表者である議長がその衝に当たることとなっていることによる。例えば、政府側に対する関係では、委員会からの通知、要求等であっても議長を通じて行うのが正規の方法である（衆規85の2Ⅲ、参規42の3Ⅱ参照）。

【決裁権】　本条で規定するもののほか、委員長権限として採決時の決裁権が規定されている（国50）。

「決裁権」とは、採決の結果、賛成及び反対が同数となったときに可決か否決かを決する権能である。

会議主宰者固有の権能であり、その行使の仕方について理事会に諮ることはない。

詳細については、**第50条【委員長決裁】**の説明参照。

【委員長の代行】　委員長が欠けたときにはその後任を選任する必要があるが、欠けた状態で委員会を開会するとき等には、その権限を行使する代行者が必要となる。委員長に事故があるときも同様である。

国会法は委員長の権限（職務）代行について規定を置いていない。したがって、議院規則で委員会の互選により副委員長を置くと規定することも可能であろうが、現行規則は理事が行うと規定している（衆規38Ⅱ、参規31Ⅲ）（••▶『逐参』第31条【委員長の職務代行】）。

「理事」とは、委員会において互選される委員長の職務代行者である。複数の者が就くことを想定している。したがって、委員長があらかじめ指名した理事がその職務を行う。

理事の職務は、現在では、委員会の開会等、運営に関する諸般の事項について委員長と協議する（衆委先27、参委先24）ことにウェイトが移っている。委員長と理事の協議が行われる場である「理事会」は、委員会に付随する正式の機関として認知されている。

　〔委員会の定足数〕
　第49条　委員会は、その委員の半数以上の出席がなければ、議事を開き議決することができない。

　　　　　　　制定時（昭22.5）

本条は、委員会の定足数について規定している。

第5章　委員会及び委員　*139*

§49

【定足数】 委員会の議事・議決定足数は、委員の半数である。

　会議は、そのメンバーが全員出席して開かれるのを理想とするが、欠席者がいるために開会できないのでは、少数者のせいで機関としての意思決定の機会を逸することとなる。他方、余りに少人数で会議を開いてもメンバーの意見を反映した結論を得ることは難しくなる。そこで、会議体は開会のために最低限必要な出席者数を定めてその機会の確保を図っているところである。これを「定足数」という。定足数は、メンバー全員の数に対する割合で定められるのが一般的である（分数主義）。

　憲法には国会における定足数についての規定があり、総議員の3分の1以上と定められているが（憲56 I）、そこでの「議事」、「議決」は本会議のそれであり、国会法で委員会の定足数を定めることは憲法に違反しない。

　委員会の定足数を半数以上と設定したことについては、国会法案審議における各条説明の中で、旧議院法と同趣旨であるとされている（大池・説明4頁）。

> **♣議院法では〔委員会の定足数〕**
> 　第22条　……常任委員會及特別委員會ハ其ノ委員半数以上出席スルニ非サレバ議事ヲ開キ議決ヲ爲スコトヲ得ス
> 　　議院法の規定については、「半数以上ヲ以テ定数トスルハ委員ノ数固ヨリ多カラザレバナリ」と説明されていた[19]。

　定足数の設定としては、半数以上とするのが上限であると考える。例えば、3分の2以上の出席を必要とすると、3分の1のメンバーに拒否権を与えることとなり、少数決の世界に踏み込むこととなるからである[20]。

　「委員会」は、委員全員が出席対象となる公式の会議を指す。同じく委員全員を対象とした会議でも、懇談会の形式で開く非公式会議は、ここでいう「委員会」には当たらない。

【定足数算定の基礎】 「その委員」すなわち、定足数を算定する際の分母となる数については、委員会の委員定数を指す（定数説）のか、欠員を除いた現在委員を指す（実数説）のか、解釈の分かれるところである。

　定数説から実数説に対する批判は、①委員が死亡する等、知らない間に欠員が生じた場合に定足数算定の基礎が動いて委員会開会の要件が一定せず、法定数を基礎にしないと事後に定足数を満たしていたかどうかの認定がくつがえる可能性が出てくる、②余り多くない出席者で事を決することを認めるのは不合理であるとするものである。

---

19 「議院法説明〈義解〉（明治21）」大石眞編『議院法（日本立法資料全集3）』（信山社・1991）272頁。
20 森本昭夫「憲法改正原案審議の定足数―全員多数制と出席者数の関係」立法と調査342号（2013）102頁。

§49

これに対して実数説は、出席し得る者の中でどれだけの比率の者が出席したかを問うのが定足数の趣旨であり、2分の1というように分数主義で規定される定足数について、分子に算入し得ないものは分母にカウントすべきでないとの論理を理由とする。

実際の取扱いについて言えば、変化のない数を基準とする方が好都合であり、委員会に関しては、衆議院では定数説によっているが[21]、参議院では実数説を採っている（参委先47）。

実数説に立った場合に定足数が一定しないのは確かであるが、定数説が心配する「定足数を満たしていると思って会議を開き議事を進めたところ、実は不足していたことが後に判明した」という事態が発生することはない。なぜならば、知らない間に現在委員が減っていた場合には、分母が小さくなって定足数要件は緩和されるからである。定足数不足が後に判明するような事態は分母である現在委員数が増えていた場合に起こるが、委員長の知らない間に欠員が埋まっていたということは考えられない。したがって、定数説が懸念するほど実数説が実用に耐えないということはない。

定数説の②の批判は、定足数の設定において解決すべき問題である。特に委員会では2分の1とされており、3分の1（憲56 I）の本会議とは異なる。

逆に、定数説の不都合な点がある。参議院議員の半数が任期満了となり、その後任が選出されていない場合には、委員の現在数も半分近くになっているわけであり、その状況の下で開会しなければならない事態が生じても法定数の2分の1という定足数を満たすことは相当に難しい。これは非常時に議員に大量の欠員が生じた場合も同様である[22]。

【出席】「出席」は、会議に参加する意思をもって委員会室に現在することをいう。

したがって、委員であっても傍聴人にすぎない場合は出席者としてカウントしない。

委員長席に着いている委員も出席委員に加えるべきである。委員長は表決に加わらないとの先例が固まっている（衆委先118、参委先157）ので出席委員数のうちに数えないとする理解がある[23]。これは議決定足数については当てはまるが、それ以外の議事においては、委員長も出席委員としてカウントすべきである。

---

[21] 小松幸喜=菅野亨=橋本和吉=牛丸禎之「委員会の表決と議決」議会政治研究51号（1999）36頁。
[22] 河野義克「参議院の歩みと存在意義」読売新聞調査研究本部編『日本の国会―証言・戦後議会政治の歩み』（1988）129頁。
[23] 入江俊郎『国会と地方議会』（学陽書房・1952）164頁。

第5章　委員会及び委員　*141*

§49

「半数以上」とは、2分の1以上であり、2分の1が端数を含むときはそれを切り上げた数以上である。

【棄権者の扱い】 議決定足数の算定に当たっては、棄権者の扱いについて説が分かれている。棄権者を出席委員として扱うとするA説と欠席者として扱うとするB説である。

A説は、①表決に加わったか否かに関わりなく「出席を以て足る」[24]、②棄権の選択も表決の際の意思決定の自由に含まれるとするのに対し、B説は国民の信託を受けた国会議員が棄権することは、自らの政治責任を放棄するに等しく、議決に加わらなかったのだから退場者と同一に扱うべきであるとする（法學協會・註解下862頁）。

この問題は、採決における過半数算定の基礎に棄権委員を含めるか否かと軌を一に考える必要はなく、A説を採用する場合でも、過半数算定の基礎に棄権委員を含めないとの選択肢があり得る（⋯▶第50条【棄権の取扱い】）。

衆参両院の取扱いはB説に立ち、棄権という表決区分を認めていない。具体的には、起立採決又は挙手採決で起立又は挙手しない者は反対とみなされるため、賛成でも反対でもない者が自己の意思を実現させるには退席するしかない。この取扱いは、本会議についても同じで、記名投票では棄権票は用意されておらず、賛成票も反対票も投じない者は欠席とみなされる。

ここでは、B説に対して次の点を指摘しておく。欠席することによって積極的な意思表示を差し控えるのが容易な中で、棄権を認めないとすることは欠席を慫慂する結果となってしまうおそれがある[25]。

【議事と議決】 「議事を開き」とは、委員会の会議の開始行為だけでなく、開かれている状態を継続することも含む。したがって、委員会の開会中に定足数を欠くことは許されない。

「議決」は、方法のいかんにかかわらず委員会としての意思決定を行うための手続を指す。

議決も議事の一内容として行われるものであるが、一般的に議事定足数と議決定足数が別個に観念されることから、確認のために付け加えられたものである。

【定足数不足の効果】 定足数を欠いた状態では委員長は開会を宣告することができない。定足数は会議の継続要件ではあるが、開会中に委員の退席によって定足数を割っても自動的に開会状態が停止するのではなく、委員長が義務として休憩又は散

---

[24] 田口弼一『委員会制度の研究』（岩波書店・1939）262頁。
[25] 森本昭夫「表決態度と採決方法の整合─憲法第56条の『出席』と棄権をめぐって」議会政策研究会年報3号（1997）190頁。

§50

会を宣告するまでは開会の状態が続く。

　表決を投票で行った場合、賛成票と反対票の合計が定足数に満たないときには、その表決は無効となる取扱いである（⋯▶本条【棄権者の扱い】）。

　定足数を欠く状態の下で行った議事は無効である。しかし、仮に定足数を満たしていないことが事後に立証されたとしても、そこで休憩又は散会としなかったことで、その間の議事が全て無効となるのではなく、以後の定足回復が明らかであれば、議決は別として、回復前後の議事についても瑕疵は治癒されているものと解すべきである。

【定足数の認定】定足数は、委員会開会状態を保つための要件であり、その時々で委員長が認定する事項である。委員は委員長に対し、出席者数を計算し定足数の確認を行うよう要求することができる。参議院の先例では、一時定足数を欠く場合でも質疑についてはなお委員会を継続した例が少なくないとされている（参委先48）が、これは委員長があえて定足数の認定をしない柔軟な取扱いの可能性を紹介したにすぎず、委員から指摘があって定足数を欠いていることが明確になれば、継続することはできない。

　これに対して、既に終了した委員会につき、第三者が定足数不足を理由に無効を主張しても、議院の自律に属する問題であり、裁判所の審査権は及ばない（宮澤・コメ424頁）。これに対しては、裁判所の実質的な法令審査権が認められた以上、その形式的審査権を有することは当然であるとする説も見られる（法學協會・註解下861頁）。

　　〔委員会の表決〕
　第50条　委員会の議事は、出席委員の過半数でこれを決し、可否同数の
　　　ときは、委員長の決するところによる。

　　　　　　　　　制定時（昭22.5）

　本条は、議決数と委員長の決裁権について規定している。

【議決数】委員会の議事は、出席委員の過半数で決する。

　本会議（憲56Ⅱ）と同じく、多数決原則を採用したものである。以下の記述には、本会議の議決についての議論を援用している部分もある。

　「委員会の議事」とは、委員会の権能とされている事項についての意思決定を行うための手続のうち選挙を除いたものを指す。

　選挙を含まないのは、その性質上、絶対多数を求めることができないからである。

第5章　委員会及び委員　　143

§50

これは決選投票を採用する場合でも同じであり、比較多数で満足せざるを得ない。

「過半数でこれを決し」とは、意思決定を行うに当たり個々の委員に賛否を表示させ、その半数を超える数の意見によるとの意味である。

出席委員が偶数の場合にはその2分の1に1を加えた数が、奇数の場合にはその2分の1に0.5を加えた数が必要となる。

本条に対する特則として、証人を偽証罪等で告発する場合には、出席委員の3分の2以上の多数による議決を要するとされている（議証8Ⅱ）。

【棄権の取扱い】「出席委員」は、過半数を算定する分母となるものであり、その数をどのように設定するかが議決の成否に関わる。これについては2つの論点がある。その1は、委員長を含めるか否かの問題であり、その2は、棄権の取扱いである。その1については、委員長の表決権の問題と併せて後述する（⋯▶本条【委員長出席の取扱い】）。

採決に際しての棄権者の扱いについては、過半数算定についての出席委員に棄権者を含めるとする積極説（出席者多数制説、在場数説）（佐藤（功）・ポケ（下）732頁等）と棄権者を含めないとする消極説（投票多数制説、有効投票数説）[26]の2説に分かれる。

積極説は、①国会法が明文で「出席委員の過半数」と規定している、②棄権者も賛成の意思表示をしていない点で消極的反対と同視できる、③棄権者も出席して票を投じているのであり、欠席者と同様に扱うのは不当である、④起立採決の場合と記名投票の場合とで平仄を合わせることができると主張する。

これに対して消極説は、①過半数主義の趣旨は、積極的に表示された賛否の意思のうちで半数を超えた意思に重きを置くものである、②棄権は可否のいずれにも加わらないために行われるもので、それを否とする者と同じに扱うのは不当である、③国会法が「出席委員の過半数」と規定しているのは、「総委員」を基礎にしないことを定めているにすぎない、④委員長決裁の要件は「可否同数」である（国50）と主張する。

このほかに、棄権の取扱いについては議院の自律権に委ねられているとする説も主張されているが[27]、この考え方は問題を国会法上の制約から解放するものの、議院の判断に委ねても積極・消極の選択が必要であることに変わりはない。

棄権をどのように取り扱うこととしても、その扱われ方を厭う棄権者は別の選択肢に回避するはずである。例えば積極説の下では、棄権者は賛成でない者として反

---

[26]稲田正次「憲法第56条第2項の定める出席議員の過半数の議決の原則について」清宮博士退職記念論文集刊行委員会編『憲法の諸問題（清宮四郎博士退職記念）』（有斐閣・1963）418頁等。
[27]佐藤幸治『日本国憲法論』（成文堂・2011）449頁。

§50

対者と同じ扱いを受けることとなるが、それが本意でない者は棄権を選択せずに退席するだろう。これは、積極説の取扱いの下でも、消極説の取扱いと同じ結末になることを意味している。すなわち、表決態度とは委員長が解釈するものではなく、用意されたメニュー（表決区分）の中から委員が選択する性格のものである。このことからすれば、積極・消極いずれの取扱いによっても、そのことが事前に周知されていれば、委員の表決態度とその効果との間に齟齬が生じることはない[28]。

衆参両院の取扱いは、棄権の表決区分を認めない消極説に立っている。具体的には、起立採決又は挙手採決で起立又は挙手しない者は反対とみなされる。これは一見すると積極説に立っているかのような錯覚を起こすが、反対と同じように扱われたくない棄権者は退席を余儀なくされることから、棄権者を表決から駆逐する、すなわち、「出席委員」に棄権者を含めない消極説に立っていることを意味する[29]。記名投票（委員会で行われることは考えにくいが）では、棄権票を用意せず、賛成票と反対票の多寡を比べて結論を出す。このように、いずれの採決方法においても棄権を認めていないのである。

【委員長決裁】 採決の結果が可否同数の場合、委員長が決する。

多数決原則の下において可否同数という採決結果は、可とする者が過半数に達しないということであり、本来的には否決を意味する。それに対する例外措置として、委員長の決するところによるとしたものである。

この権能を「決裁権」という。議事整理権に属する具体的権限とする見方もある（松澤・議会法369頁）が、決裁権を議事整理権から導くことはできない。多数決の例外として議事主宰者に特別に認められた独立の権限と解すべきである。

本条は、本会議についての議長の決裁権（憲56Ⅱ）と同じ内容である。憲法第56条第2項の「議長」に各委員会の委員長を含むと解し、委員長の決裁権についても同条で規定されており、本条を確認のための規定とする理解がある（佐藤（功）・ポケ（下）733頁）。しかし、憲法においては、「議事」を本会議の議事（憲56Ⅰ）、「会議」を本会議（憲57ⅠⅡ）と解釈するのが一般的であり、「議長」に委員長を含めるのでは平仄が合わない。

「委員長」は、委員会の主宰者を指し、当該委員会の委員長として選任された者に限られず、その代理者が主宰している場合には、その者が決裁権を行使できる。

【委員長の表決権】 衆参両院では、委員長は表決に加わらないこととされている（衆

---

28 森本・前掲 **25** 185頁。
29 森本昭夫「憲法第56条第2項における棄権の位置付け―採決パラドックスの解法」立法と調査323号（2012）72頁。

第5章　委員会及び委員　　*145*

§ 50

委先 118、参委先 157)。

　表決に加わらないとは賛成も反対も表示しないことであり、その意味で棄権と同じものである。これは委員長の中立性に鑑みて権能の行使を控えているものと解すべきであり、委員長に表決権が与えられていないわけではない。

　この点、決裁権は表決権の代替措置として認められるものなので、決裁権を認めている法制の下では委員長は表決権を行使できないとの解釈が見られる (松澤・議会法 274 頁)。実際にも、地方議会においては、表決権不行使が法定されている (地自 116 Ⅱ)。その背景には 1 人で 2 票行使することに対する不当感があり、表決に参加できなかった代わりに、特定の場合に決裁権が与えられていると解しているに相違ない。

　しかし、委員長が表決で 1 票投じていれば結果が違っていたかもしれない場合とは、可否同数のときだけではない。賛成が反対よりも 1 票多くて可決されそうなときも、それに該当する。その場合にも決裁権の行使を認めるのでない以上、決裁権を表決権の代替物と見るのは適当でない。

【委員長出席の取扱い】委員長が表決権を行使しない取扱いの下では、過半数算定の「出席委員」に委員長をカウントしない。表決権の不行使が委員長の中立的立場によるものだとすると、それに沿った扱いが必要だからである (黒田・国会法 135 頁)。

　この点についても、定足数算定の場合と表決の場合とで「出席」の意味を異にすべきでないとし、委員長を出席委員に含めると解する説がある[30]。

　しかし、表決権を行使しない委員長を「出席委員」に含めることとすれば、委員長は表決に参加して反対を強制されるのと同じ扱いとなる。表決権不行使の先例が確立している場合、出席委員として扱うべきでないのは当然のことと言えよう。

【可否同数】「可否同数」の意味も、議決数について棄権者を出席委員に含めるか否かによって解釈が分かれる。含めないとする消極説によれば、賛成者と反対者が同数のことを指すのに対し、含めるとする積極説によれば、可否同数の「否」は賛成以外の者、すなわち反対と棄権の合計を意味することとなる。

　過半数算定の基礎について述べたように、積極説の下では棄権者は退席せざるを得ないので、結局、賛成者と反対者の数の比較によって可否同数を認定することとなるが、委員長を出席委員に含めることとすると「否」は反対者プラス 1 (委員長) ということになる。やはり、消極説によるべきである。

【決裁権の行使】「委員長の決するところによる」とは、委員会の議決内容、すなわち、可決か否決かを委員長の判断で決めることをいう。

30 田口弼一「過半数原則貫徹の提議」自治研究 29 巻 1 号 (1953) 118 頁。

§50の2

表決に対応した可否でなければならず、表決対象でない修正を行った上で可決するというような決裁権の行使はできない。また、委員長は決裁権の行使を留保して委員会としての結論を出さないとすることは許されない。

決裁権は、消極的に行使、すなわち否と決すべきであるとの主張が見られる。これは表決権を行使した上で決裁権を行使すれば2度の意思表示を行うこととなるとして、それを不当視する理解である[31]。

しかし、それであれば「可否同数は過半数に達せず否決」との原則どおりであるから、決裁権を特例的に認める必要はないと言える。よって、委員長自身の判断で可否いずれに決することも可能ということになる。これは委員長が表決権を行使した上で可否同数となった場合にも当てはまる。さきに述べたように、決裁権は表決権行使の代わりとして認められたものではなく、両者は趣旨を異にする権利であることによる。

実際にも、委員会における実例では、決裁権の行使として可と決したことも否と決したこともある（衆委先119、参委先159）。

〔 委員会の法律案提出 〕
　第50条の2①　委員会は、その所管に属する事項に関し、法律案を提出
　　することができる。
　②　前項の法律案については、委員長をもつて提出者とする。

　　　　　　　　第5次改正（昭30.3）

本条は、委員会の法律案提出権について規定している。

【委員会の法律案提出】委員会は、所管事項に関し、法律案を提出することができる。

委員会は、所管分野について専門性を発揮することが期待されている。委員会の通常の任務は議院から付託された案件の審査であるが、その活動の過程において新たな立法の必要を見いだした場合には、委員会の側から能動的に法律制定に貢献することが求められる。そのため、委員が議員の資格で法律案を発議するのではなく、委員会として法律案を議院に提出できることとされたのである。

委員が連名で議員の資格で発議すれば足りるものを委員会で提出できるとすることのメリットは、提出後の審議過程に差を設けて便宜を図ることができる点である。

---

[31] 田口・前掲 **30** 117頁。

§50の2

すなわち、委員会における議論の結果としての法律案であるので、委員会審査を省略することが予定されている。この点、参議院規則では、委員会提出の法律案は委員会に付託しないで本会議に付すると明文で規定しており（参規29の2）、衆議院では規則にそのような規定はないものの、先例により、委員会審査省略の申出を必要とすることなく議決によって直ちに議題とする例とされている（衆先239）（•••▶『逐参』第29条の2【委員会・調査会提出法律案の審査省略】）。

「委員会」は、常任・特別を問わない。ただし、特別委員会の場合、活動が設置目的による制約を受けるので、特定の案件審査のために設置された委員会は法律案を提出する契機を持たない。

「法律案」は、予算を伴うことを妨げないが、その場合には、提出を決定する前に内閣に対して意見を述べる機会を与えなければならないとされている（衆規48の2、参規50 I）。

予算を伴うことの意味については、**第56条【予算を伴う法律案】**の説明参照。

「その所管に属する事項に関し」とは、法律案の内容が部分的に所管に属していれば足りるものと解される。特別委員会では、内容の一部が設置目的である調査事項に含まれていればよい。

他の委員会の所管に属する内容を併せ持つ場合には、提出された後、その委員会に付託して審査することもあり得る（参規29の2但）。

【提出手続】「提出することができる」とは、委員会の意思だけで議院の審議に供することができることを意味する。

国会法は、議案が議院や内閣のように、組織体としての機関によって出される場合について「提出」の語を用い（国58、60）、議員が出す場合の「発議」（国56 I）と区別している。

議員発議の場合には賛成者（衆議院では20人以上、参議院では10人以上）、殊に予算を伴う法律案を発議するには相当数の賛成者（衆議院では50人以上、参議院では20人以上）を必要とする（国56 I但）が、委員会提出の場合は、委員会の規模がそれに満たない場合でも提出が可能であり、賛成者は必要ない。これは議院の正規の機関による決定に基づいたものであることで、特定の党派によるのが通常である議員発議との間で要件に差を設けたものである。

委員会が提出するためには、委員会における議決が必要である。その議決は多数の賛成によるもので足りる。

§51

> ♥運用
> 　参議院では、委員会が法律案を提出することを決定するのに、全会一致による
> との取扱いとしている。

【委員長提出】委員会で提出を決定した法律案は、委員長が提出者となる。

　提出の責任者を具体的にしておく必要から定めたものである。

　「委員長をもつて」とは、委員長である議員が個人の立場で発議者となることではなく、委員会を代表する委員長の資格においてという意味である。

　「提出者とする」とは、当該法律案の審議に当たって、提出に伴う責務を負うことを意味する。したがって、趣旨説明を行うことや審議過程で質疑があればそれに答弁するのは委員長の職務となる。この点については、理事による代行も可能である。

【法律案以外の案件の提出】本条では、委員会提出の対象として法律案しか挙げておらず、他の案件についての類推適用の可否が問題となる。

　考えられるものは、議員が発議できる決議案と議院規則案であるが、委員会が提出できるとすることが本来の発議要件を緩和する側面もあることから、厳格に解する必要があろう。

> ♥運用
> 　衆議院においては、議院運営委員会が議院規則案を提出した事例が見られる。

〔公聴会〕

第51条① 委員会は、一般的関心及び目的を有する重要な案件について、公聴会を開き、真に利害関係を有する者又は学識経験者等から意見を聴くことができる。

② 総予算及び重要な歳入法案については、前項の公聴会を開かなければならない。但し、すでに公聴会を開いた案件と同一の内容のものについては、この限りでない。

制定時（昭22.5）、第5次改正（昭30.3）

　本条は、委員会が開く公聴会について規定している。

【公聴会】委員会は、公聴会を開いて利害関係者、学識経験者等から意見を聴くことができる。

　委員は所管事項についての専門性を期待して選任されるが、案件によっては、直接に国民の意見を聴取して委員会審査の参考にする必要がある。公聴会はその手段

第5章　委員会及び委員　　*149*

§51

として設けられた制度である。

「公聴会」とは、審査中の案件に関する利害関係者や学識経験者等から、その案件の利害得失についての意見を聴くための委員会の開会形態である。

「開き」とは、公聴会の開会について委員会に抽象的な権限を認めるものである。

公聴会は委員会審議の一過程であるが、後述する義務的公聴会を除いて、開会するか否かは任意であり、その判断は委員会が行う。

この権限に基づいて、委員会は公聴会を開く案件、意見を聴く問題、開会日等を決定するが、委員会には議院外部と交渉を持つ権能はなく（⋯▶第48条【代表権】）、本条が公聴会の開会に限定してその具体的権能を与えるものでもない。

この点を補うため、議院規則において、委員会が公聴会を開くためには議長の承認を得ることとされている（衆規78、参規62）。議長の承認を、公聴会の対象が一般的関心及び目的を有する重要な案件であることを認定する趣旨と解するのが一般的であるが（鈴木・理論361頁）、その点については委員会の判断が尊重されてしかるべきであろう。それは義務的な公聴会についても議長の承認が必要なことからも分かる（⋯▶『逐参』第62条【公聴会開会承認要求】）。

【公聴会の対象案件】　公聴会を開く対象となるのは、一般的関心及び目的を有する重要な案件である。

公聴会を全ての案件に対する審議形態とするのではなく、特別の必要で認められる場合に用いることを示したものである。

「一般的関心及び目的を有する」とは、一般国民の関心が強く、かつ、及ぼす影響が大きいという意である。

「重要な案件」とは、案件の類型として重要なものを指すのではなく、付託された個別具体の案件のうち、その内容について委員会が重要と認定したものをいう。

案件の類型としては、国会法上は議案に限定されるものではない。この点につき両議院の議院規則は、公聴会を開く目的を「議案の審査のために」と限定している（衆規76、参規60）。この規定を指して、本条の「重要な案件」の有権解釈であるとの理解が見られる（佐藤（吉）・参規121頁）。しかし、例えば国政調査権の行使でも、その対象が「一般的関心及び目的を有する」ものと認定し得ることがあるだろうし、調査事件について、その性質上、公聴会を観念できないというわけでもなく、議案が付託されずに専ら調査を行う参議院の調査会について第1項が準用されているところでもある。議院規則の規定は、委員会が公聴会を開く場合の対象に限定を加えたものと解すべきである（⋯▶『逐参』第60条【公聴会の開会目的】）。

150

§51

【義務的公聴会】 総予算及び重要な歳入法案については、公聴会を開かなければならない。

国民一般の関心が高い案件について慎重な審議を行うための義務付けである。

「総予算」とは、国の年間予算として年度当初から執行することを目指す予算であり、一般会計、特別会計、政府関係機関に係る予算の総称である。

したがって、補正予算や暫定予算は、義務的公聴会の対象とはなっていない。

「重要な歳入法案」とは、税法を始めとして、支出の財源となる資金を国民から収納するための根拠となる法律案の中で重要なものを指す。

本条の提案理由の中では、「極くわずかな手数料の値上げだとか、或は少額の公債発行に關する法律案等は除外して考えておる次第」であると述べられている（大池・説明5頁）。

なお、憲法改正原案についても公聴会の開会が憲法審査会に義務付けられている（衆憲規17Ⅱ、参憲規17Ⅱ）。

「開かなければならない」とは、公聴会を開かないまま、その案件について委員会での採決を行うことはできないことを意味する。

公聴会を開くか否かは委員会が決定するが、義務的公聴会を開かないで委員会審査を終えたときには、議院は公聴会を開かせるためにその案件を再付託することが可能である。

公聴会開会の目的は議案審査に限定されている（衆規76、参規60）ので、委員会が法律案を提出するに当たっては開く機会がない。提出後も、その法律案は委員会審査がなされない（参規29の2、衆先239）ので、議院が公聴会の必要性を認める場合には、そのための付託が可能であると解する。

公聴会開会が義務付けられている議案についても委員会審査を省略すること（国56Ⅱ但）は可能である。緊急性の要請が優先することは十分考えられ、その判断が議院の議決でなされる以上、時宜に応じた対応がなされることを期待できるからである。

また、公聴会開会が義務付けられている議案について、付託委員会で公聴会が開かれるまでは、中間報告後に本会議で審議すること（国56の3）はできないとする理解がある（鈴木・理念131頁）。委員会中心主義の趣旨を理由とするものであるが、公聴会が済んでいないために中間報告の手続を採れないというのでは、委員会に対する議院の対抗手段として中間報告の制度が設けられた趣旨が没却されるおそれがある。本条第2項の規定するところは、委員会審査に当たっての義務にとどまると解すべ

§51

きである。議院が公聴会開会義務の趣旨を尊重するのであれば、そのための再付託の道は開かれている。

本会議に付すことを要しないと委員会が決定する（国56Ⅲ）ためにも公聴会を経る必要はない。委員会として評価するに値しないとの判断は、公聴会を開かなくても可能だからである。

既に公聴会を開いた案件と同一の内容のものについては、公聴会を開くに及ばない。

「すでに公聴会を開いた案件と同一の内容のもの」とは、先議の議院が公聴会を開いた場合は免除されるとの意味ではなく、継続審査を行う場合に前国会で既に公聴会を開いた場合等に改めて開く必要はないという程度の意味であろう（佐藤（吉）・参規121頁）。

【公述人】 公聴会で意見を述べる者を「公述人」という。本条では、公述人となる者として、真に利害関係を有する者、学識経験者が例示されている。議院内閣制の下で、国務大臣等の出席、説明は制度化されており、公述人としての意見聴取は予定していない。

「真に利害関係を有する者」とは、当該案件の審査結果に利害関係を有する者を指すが、その審査対象が一般的目的を有する案件とされ適用対象が不特定であることから、余りに限定的に解するのは適当でない。

「学識経験者」は、当該案件に関する学問分野についての識見を有する者を指す。

公述人は、意見を述べたいと本人が名乗り出ることを予定するものであり、その募集のため、委員長は公聴会の日時、意見を聴く案件を公示する（衆規79、参規65）。ただし、最終的には、候補者の中から委員会が選定するものであり、委員会の側で応募者以外の者の中から主体的に人選することを妨げない。

【公聴会の運営】 公聴会も委員会の一形態であり、委員会運営の一般原則にのっとって開かれるが、専ら公述人から意見を聴くことを目的とするものであるから、そこで案件の発議者、提出者に対する質疑や討論、採決等の一般的な審査を行うことはできない（参規70）。

「意見を聴くことができる」とは、公述人が案件に対する意見を一方的に発言するだけでなく、委員が公述人に対して質疑することを含む。

§52

〔委員会の傍聴・秘密会〕

**第52条①　委員会は、議員の外傍聴を許さない。但し、報道の任務にあ
たる者その他の者で委員長の許可を得たものについては、この限りで
ない。**

②　委員会は、その決議により秘密会とすることができる。

③　委員長は、秩序保持のため、傍聴人の退場を命じることができる。

制定時（昭22.5）、第5次改正（昭30.3）

本条は、委員会の傍聴、秘密会について規定している。

【**会議公開原則**】憲法では、両議院の会議は公開とすると定められている（憲57 I本）。

そこでの「会議」は本会議を指し、委員会を含まないとするのが以前からの通説
的見解である（A説）。憲法には委員会についての規定はなく、その運営をどのよう
に設計するかには関知しておらず、議院の意思が終局的に本会議で決まることから、
その公開を保障したものと解するものである（宮澤・コメ433頁）。憲法の会議公開の規
定が旧憲法のそれ（旧憲48）と同様のものであることから、解釈においてもその系譜
の上に立ったものである。

これに対して、①国民は、結果の公開だけでは審議の正当性や妥当性を判断する
ことはできない、②現行憲法下の委員会中心主義という歴史的発展を考慮すべきで
ある、③公開の弊害は論証されていないとして、委員会の公開が保障されなければ、
憲法第57条〔会議の公開、会議録、表決の記載〕の意義が失われるとする説もある（B
説）[32]。

同条第1項は、委員会については言及していないとはしつつも、委員会の地位、
機能という観点から、歴史的に憲法上の構造変化が生じており、委員会についても
同条項が準用されるとの理解も見られる（C説）[33]。類推適用とは言わないまでも、委
員会の公開度を高める努力をすべきことについて、現在、異論は存在しないだろう。

【**委員会の非公開**】委員会は非公開とし、原則として、議員の外傍聴を許さない。

本条は、憲法第57条〔会議の公開、会議録、表決の記載〕の規定の「会議」について
A説の立場を採るものであり、委員会の傍聴を制限することは憲法に違反しないと
の前提に立つ。

---

[32] 山本悦夫「日本国憲法57条の会議公開の原則─委員会の公開との関連で」法学新報97巻9・10号（1991）
143頁。

[33] 松元忠士「議院の会議公開の原則─委員会の公開制問題について」法律時報55巻3号（1983）120頁。

第5章　委員会及び委員　*153*

§52

　その上で、非公開とすることの理由として挙げられるのは、①傍聴人が委員に威圧を加え、冷静に審議を行うことに支障を来す[34]、②公開は審議を党派的に拘束しようとし、委員各自の率直な発言を抑制する、③公開にすると妥協の話合いが議会外で行われることとなり、委員会が形式化し審議の空洞化を招きかねない[35]点で弊害があること等である。

　「傍聴」とは、出席者以外の者が会議の様子をその場で見聞きすることである。

　非公開に対する例外の1つとして、議員は委員会を傍聴することができる。委員長の許可も必要ない。

　「議員」とは、国会議員のことであり、所属していない委員会又は他院の委員会でも傍聴が可能である[36]。

【傍聴許可】非公開の例外として、報道の任務に当たる者その他の者で委員長の許可を得たものは、傍聴することができる。

　ただし書において、非公開原則を委員長による許可制に修正するものである。

　「報道の任務にあたる者」は、委員会の活動を新聞、ラジオ、テレビなどで広く一般に知らせる職に就いている者で、ここでは例示として挙げられている。

　「その他の者」は、「報道の任務にあたる者」に類する者と解すべきではなく、限定はない。ただし、議院規則等により限定を加えることは可能である。

　「委員長」は、当該委員会の委員長であり、その職務代行者を含む。

　「許可」は、傍聴の禁止を解除することであり、希望者に対して個別になされることを要する。

　したがって、委員長の判断で委員会を公開することは認められない。

　逆に、許可に条件や期限を付すことは可能である。例えば、傍聴席の規模に対して希望者数が過大であるときに、時間を制限して交替で傍聴を許可する等の措置である。

> ♥運用
> 　報道関係者は記者記章の帯用により、一般の者については議員の紹介を通じて、委員長が傍聴を許可することとなっている（衆委先67、参委先175）。

【秘密会】委員会は、その決定により秘密会とすることができる。

　憲法の秘密会の規定（憲57Ⅰ但）は本会議についてのものであり、委員会の秘密会

---

34 第19回国会衆議院議院運営委員会議録第28号（昭29年3月15日）8頁〔椎熊三郎衆議院議員の発言〕。
35 辻啓明「委員会の制度及び運営の諸問題⑵―議会審議の活性化のために」議会政治研究46号（1998）50頁。
36 第91回帝国議会貴族院国会法案特別委員会議事速記録第3号（昭21年12月24日）5頁〔植原悦二郎国務大臣の答弁〕。

154

§52

について国会法で規定するのは憲法に違反するものではない。この点についても、本条第2項の規定は憲法上問題であり、厳格な手続が必要と主張する説がある[37]。

「秘密会」とは、傍聴を認めない会議のことであり、委員や国務大臣、副大臣等の政府側の出席者や証人、参考人等のほか、出席者以外では、会議運営事務を担当する職員等のみが入室できる。

ただし、傍聴できる者の範囲を限定して秘密会とすることは可能である。衆議院では、議員の傍聴は禁止しない例である（衆委先219）。

「その決議」とは、出席委員の多数決による委員会の決定である。「決議」の語が用いられているが、提出された決議案が可決された結果としての決議ではない。

本会議の秘密会については、出席議員の3分の2以上の多数によるとして要件が加重されている（憲57 I但）が、委員会については通常の多数による決定で足りる。

【秘密会の効果】 委員会が秘密会とすることを議決したときは、在室が認められる者及び特に傍聴を認められた者のほかは退室しなければならない。

もともと非公開で傍聴が許可制である委員会の場合、普通に開会される委員会と傍聴できる者の範囲を限定した秘密会との違いは分かりにくいが、その差は次のとおりである。①委員会の議事は、速記法により発言の記録を取り会議録を作成するが、その記録中、特に秘密を要するものとして配付する会議録に掲載しないことを決定できるのは秘密会に限られる（衆規63但、参規58但）。②秘密会の場合、その出席者及び特に傍聴を認められた者は、議事の内容中、特に秘密を要するものとして公表しないと議決した部分を外部に漏らすことが許されない。その違反は懲罰事由となり得る（衆規234の2 II、参規236 II）。

【傍聴人退場命令】 委員長は、秩序保持のため傍聴人の退場を命じることができる。

委員長の秩序保持権（国48）の行使としての命令である。

委員会の傍聴は委員長の許可事項であるが、一旦許可した者に対して許可を撤回するには理由が必要である。その点、傍聴人に対する退場命令は、単なる許可の撤回ではなく、委員会議室の静粛を保てないような場合の秩序保持権の行使である。

「秩序保持」とは、円滑な運営を確保するために調和のある状態を保つことである。

「退場」とは、委員会室に附属する傍聴席から出て行くことである。

「命じる」とは、傍聴人本人に対し命令することであり、傍聴人本人が従わないときには、衛視に対してその傍聴人を退場させるよう執行命令を出すことを含む。

この点、本会議の傍聴人の退場について第118条が「退場させ」としていること

---

[37] 山本・前掲 **32** 144頁。

§53

と表現に差が見られるが、委員会では実力によることを得ないと解すべきではない。委員長は院内の警察権を有しないが、緊急の場合に対処するため、委員会室における警察権を議長から委譲されており、直接行使できると解するものである（•••▶第114条【警察権の行使者】）。

命令の対象となる「傍聴人」は、騒いでいる傍聴人はもとより、それに併せてそれ以外の傍聴人を含めることも可能である。

〔委員長報告〕
第53条　委員長は、委員会の経過及び結果を議院に報告しなければならない。

　　　　　　制定時（昭22.5）

本条は、委員長報告について規定している。

【委員長報告】委員長は、委員会の経過及び結果を議院に報告する義務がある。

委員長の本会議報告の根拠規定である。

報告は、委員長の義務であると同時に、その内容を決定する点については委員長の権限である。この点で、委員会の審査（調査）報告書が委員会で決定される（衆規86 I、参規72 I）のと異なる。なお、報告に当たって自己の意見を加えてはならないこととされている（衆規115 II、参規105）。

「委員長」は、案件の付託を受けた委員会の委員長である。

委員長に事故あるときには代理者による報告も可能である。報告時に事故ある場合だけでなく、委員会において当該案件について委員長がその職務を行えなかった場合にも、代理者の報告によることが考えられる。

本条の規定は、憲法審査会会長について準用されている（国102の9 I）（•••▶第102条の9【審査会会長報告】）。

「委員会の経過及び結果」は、委員会での議論の内容や採決結果を指す。

「議院に」とは、ここでは本会議においてという意味であり、口頭報告を行うことによって本会議審議の端緒とする趣旨である。したがって、委員長報告が必要となるのは、原則として、議院から付託された案件について結論が出た場合である。

本条の委員長報告は、付託案件が本会議で議題に供されるときに必要であるが、案件の内容が簡単なものである等の場合には、望ましくはないが、本会議の議決により省略することが可能である。

§53

▼ **運用**

請願については、委員長報告を省略する例である（衆先 389、参先 407）。

付託に対する回答として議長に提出される文書による報告（委員会（審査）報告書）は、本条の報告には当たらない。

【議了案件】議院から付託された案件の審査が終結した際には、委員会は、その回答を返さなければならない。

委員会審査から本会議上程への流れを示すと、委員会審査が終了すると委員会から議長に対して委員会（審査）報告書が提出され、これによって付託案件は委員会の手を離れて議長の下に戻る。これを受けて、議長は次回の本会議の議事日程に当該案件を記載し、本会議上程の手はずを整える。本会議で議題に載せられると、本条の規定する委員長報告が本会議における案件審議の冒頭の過程として位置付けられる。

議院から付託された国政調査事件についても、調査を終えた後に本会議で議題となるときは同様である。

議了案件の委員会（審査）報告書については、国会法は少数意見報告書に関連して触れるだけで（国 54 III）、直接の規定は議院規則に置かれている（衆規 86、参規 72）（••▶『逐参』第 72 条【審査・調査報告書】）。

【中間報告案件】委員会審査中に特に必要があるとして議院から求められた案件については、委員長が中間報告を行う（国 56 の 3 I）。この場合、その案件を本会議の議題として審議するものではなく、中間報告は本条に基づくものではない。

これに対して、中間報告後に期限を付され、その期間内に委員会審査を終わらなかった案件について本会議で審議することとなった場合（国 56 の 3 II III）には、本会議審議の冒頭に本条による委員長の報告が必要である。なお、中間報告後直ちに本会議審議に移るとされた場合には、その後の委員会の経過がないため、改めての報告は必要ない。

【上程不要と決した案件】委員会が付託案件を審査した結果、本会議に付すことを要しないものと決定することができる。その場合には本会議の議題とならないため委員長の報告は必要ないが、この決定に対し議員 20 人以上の要求があれば本会議に上程しなければならず（国 56 III）、その本会議審議の冒頭に本条に基づく委員長の報告が必要となる。

第 5 章　委員会及び委員　　*157*

§ 54

〔少数意見の報告〕

第54条①　委員会において廃棄された少数意見で、出席委員の10分の1以上の賛成があるものは、委員長の報告に次いで、少数意見者がこれを議院に報告することができる。この場合においては、少数意見者は、その賛成者と連名で簡明な少数意見の報告書を議長に提出しなければならない。

②　議長は、少数意見の報告につき、時間を制限することができる。

③　第1項後段の報告書は、委員会の報告書と共にこれを会議録に掲載する。

制定時（昭22.5）、第5次改正（昭30.3）

　本条は、少数意見報告について規定している。

【少数意見報告】委員会の少数意見で出席委員の10分の1以上の賛成があるものは、少数意見者が議院に報告することができる。

　委員会の審査が終わった案件の本会議における審議は、委員会審査結果を踏まえて行われる。委員会の決定は多数決によるものであるが、一たび決定された以上はその決定内容が外部に対する委員会の意思であり、委員長報告をもって委員会の審査の様子についての資料とすべきところである。しかし、委員会はその所管事項を専門とする議員集団であり、その委員会審査の過程で形成された少数意見も参考に供する価値がある。本会議における討論でも反対発言が出るところであるが、それとは趣旨が異なるものである。また、委員会の構成が議院の縮図となるように設計が施されている（国46Ⅰ）とは言え、そこでの多数意見が必ずしも議院において多数を形成するとは限らない。少数意見報告の制度は、これらのことを踏まえ、少数意見についても、その周知を図ることが公平な議論に資するものとなるとの趣旨で設けられたものである。

　「委員会において廃棄された少数意見」とは、議院から付託された案件の委員会審査の中で委員が述べた意見で、委員会の当該案件についての審査結果とは異なる内容のものをいう。

　したがって、委員会の採決結果が可決である場合には、当該案件に対する反対である旨の意見や修正すべき旨の意見を指し、審査の過程において手続を決める上で採用されなかった意見などはここでいう少数意見には当たらない。

158

§54

また、実際に委員会の場で述べられた意見でなければならない。単に採決の結果として実現しなかった委員の内心は、議論の俎上に載っていないため議院に報告するに値しないからである。

廃棄された意見でも内容が異なる場合には、別個の少数意見となる。したがって、複数の少数意見が報告されることもあり得る。

少数意見の対象となるのは、議院から委員会に付託された案件で議院が議決することを予定するものである。したがって、国政調査事件が委員会に付託され、それについての報告を委員長が行う場合、少数意見報告を行うことは予定していない。

「少数意見者」とは、少数意見となった意見を委員会で述べた委員である。

「報告することができる」とは、本条で規定する要件が満たされれば、本会議で報告する具体的な権利が生じることを指す。

少数意見報告を多数意思によって封じることができることとしたのでは、本制度の趣旨を無にするからである。ただし、複数の少数意見が同趣旨であるにもかかわらず各別に要件を満たした場合、議長はそのうちの一者に限って報告させることができる。少数意見の保護にも限度があると解すべきところである。

会議運営の一般論に戻ってしまうが、委員会サイドで手続を踏んだ場合でも、本会議運営についての協議で少数意見報告の扱いについて消極的な合意がなされることは阻止されない。

本条の規定は、憲法審査会について準用されている（国102の9Ⅰ）（⬝⬝▶第102条の9【少数意見報告】）。

【賛成者】「賛成」とは、委員会において少数意見と同じ表決態度を示した委員が、その意見が本会議で報告されるのを支持することを指し、その者が「賛成者」である。

少数意見者は賛成者として必要な人数に勘定できない。この点につき、少数意見者と賛成者の和が10分の1以上になれば足りるとする理解も見られる（佐藤（吉）・参規134頁）が、それでは第1項中の「賛成」と「賛成者」を異なる意味に解することとなる。少数意見者がその意見について主体的な責任を負う点においても賛成者とは区別されるべきである。

また、異なる内容の少数意見を持つ者同士が互いに賛成者となることや、複数の少数意見に賛成者となることは許されない。委員長も賛成者となることは可能であるが、採決で当該少数意見者と同じ表決態度をとったことが必要であるため、現行先例上、委員会を主宰する立場とは相容れない（⬝⬝▶第50条【委員長の表決権】）。

§54

「出席委員」とは、委員会で当該案件の採決時点で出席していた委員をいう。委員の意見が「委員会において廃棄された少数意見」であることが確定するのは、委員会の採決時だからである。棄権者は出席委員には含めない（•••▶第50条【棄権の取扱い】）。また、委員長が表決に参加しない取扱いの下では、委員長やその職務代行者として委員長席に着いている委員も出席委員には含めない。それぞれ、過半数算定の基礎に含めないことの帰結である。その分、10分の1以上という要件は緩和される。

【報告順序】少数意見報告は、委員長報告に次いで行う。

順序に関しては、あくまでも補助的な位置付けとするものである。

「議院に報告」とは、本会議において当該案件が議題となっている時に口頭で報告することである。

「委員長の報告」とは、第53条〔委員長報告〕で規定された報告のことである。

「次いで」とは、その終了後、引き続いてという意味で、間に他の審議段階を挟むことは許されない。

【時間制限】議長は、少数意見報告の時間を制限することができる。

少数意見報告は、委員会で開陳した意見を報告するにとどまり、その範囲を超えたり、補充する内容を持たせたりすることはできないため、おのずから発言時間に限度がある。議事妨害の道具として用いられないように、念のため、時間制限が可能であることとしたものである。

「議長は」とあるように、時間制限は議長の権限であり、議院に諮る必要はない。

本条は第61条〔発言時間の制限〕に対する特別規定であり、少数意見報告に対しては議院の議決による時間制限は予定されておらず、議長の時間制限に対する議員の側からの異議申立てや制限のため発言を終わらなかった部分の会議録掲載についての規定の適用はない。

【報告書】少数意見報告を行う場合において、少数意見者はその賛成者と連名で簡明な報告書を議長に提出しなければならない。

文書の形で少数意見を明確化して記録に残すとともに、本会議での少数意見報告を行いたい旨の申出を文書によって行わせる趣旨である。

「この場合においては」は、少数意見報告を行うことが認められる要件を示すための句であり、したがって、事前であることを要する。

「連名で」は、少数意見者本人と出席委員の10分の1以上の賛成者の名前を明記することを指す。

「簡明な」は、実際の少数意見者の発言を再現するものではなく、委員会決定とは

§54

異なる意見であることが分かる程度のものでよいとの趣旨であり、新たに付け加えた内容を含んではならない。

「少数意見の報告書」は、少数意見の報告者が委員会での自らの意見を報告する文書である。

「議長に」は、少数意見報告者が提出するのであるが、その要件を満たしているか否かは当該委員会サイドの判断が必要なので、委員長を経由する方法が予定されており、議院規則においてその旨が規定されている（衆規88、参規72の2）（•••▶『逐参』第72条の2【少数意見報告書】）。

少数意見報告書は、委員会（審査）報告書と共に会議録に掲載する。

会議録は、会議における発言だけでなく、議題となった案件の内容やその審査を行った委員会の経過等、資料類も掲載することで審議を全体的に把握できるような記録とすることが目指されており、本条第3項の規定はその一環としての措置である。

「第1項後段の報告書」は、少数意見報告書のことであり、「委員会の報告書」は、審査（調査）報告書のことである。

「会議録」は、本会議の会議録である。

「掲載」は、その案件を審議した会議の会議録と同じ号又はその付録に載せることをいう。

第 5 章 の 2　　参議院の調査会

第 15 次改正（昭 61.5）

　本章は、参議院の調査会について、組織を中心に基本事項を定め、委員会と同じ扱いとなる点につき準用規定を置いている。調査会の運営についての定めはその大半を参議院規則に譲っている（•••▶『逐参』第 7 章の 2〔調査会〕）。

【参議院の調査会】調査会は、参議院の特性をいかすために昭和 61 年に新設された参議院独自の機関である。

　参議院には解散がなく、議員の任期が 6 年と長いため、長期的かつ総合的な観点からの調査を行う条件が備わっており、昭和 40 年代から盛んに行われた参議院の改革論議においても、当初から「参議院の性格と参議院議員の任期とにかんがみ、長期的、大局的視野に立って大いに国政の調査を行なうべきである」との方向性が示されていた[1]。

　参議院は、この観点に立った国政調査の充実策を講じるため、その調査主体を段階的に制度化した。試行錯誤と衆議院サイドに対する説得を繰り返した末、既存の委員会制度の枠内で、第 99 回国会（昭和 58 年）以降、毎国会、専ら総合的かつ長期的な調査を行う特別委員会を設置し、それを先導的試行として、調査会制度にたどり着いた[2]。

【委員会類型】現行制度上、委員会の類型は国会法が規定している（国 40）。調査会は委員会の枠内に収まらない新類型の議院内部機関であるため、その根拠規定を国会法に置いたものである。

　この点につき、調査会制度創設の際に議論がなされ、衆議院はそれに賛同したものの、「専ら一院に関係する事項については、両院共通事項を規定している国会法に規定するのはいかがなものであろうか」との疑問を示した[3]。

　議院の内部組織は議院の自律権に基づき、議院規則で規定できることとすべきとの見解は今日ますます有力であるが、現行法の立場によれば、常任委員会の種類を改めることについてすら国会法の改正を要するとされているところである（•••▶第 41

1　参議院問題懇談会「参議院運営の改革に関する意見書（昭 46 年 9 月 23 日）」参議院事務局編『平成 19 年版 参議院改革の経緯と実績』（2007）225 頁。
2　前田英昭「参議院調査会の創設をめぐって（その 1）―国会法第 15 次改正の経過と問題点」法学論集（駒澤 大学法学部）40 号（1990）131 頁。
3　第 104 回国会衆議院議院運営委員会議録第 31 号（昭 61 年 5 月 22 日）1 頁〔綿貫民輔衆議院議院運営委員長 の発言〕。

162

§54の2

条【議院の組織自律権】)。

〔調査会の設置〕

第54条の2①　参議院は、国政の基本的事項に関し、長期的かつ総合的な調査を行うため、調査会を設けることができる。

②　調査会は、参議院議員の半数の任期満了の日まで存続する。

③　調査会の名称、調査事項及び委員の数は、参議院の議決でこれを定める。

第15次改正（昭61.6）

本条は、参議院の調査会の基本的性格について規定している。

【調査会の性格】参議院は調査会を設けることができる。

「調査会」については定義規定がないが、その本質に関わる性格を挙げると、①参議院固有の機関であること、②国政の基本的事項に関し、長期的かつ総合的な調査を行うこと、③議員の改選に合わせて3年間存続すること、④専ら調査を行い、議案等の審査は行わないことの4点である。

これに加えて、調査結果を踏まえて法律案を提出することができること、委員会に対して立法勧告ができること等、制度を設計する際に考案された事項もあるが、その全てを国会法で規定しているわけではない。

【調査会の基本的権能】調査会は、国政の基本的事項に関し、長期的かつ総合的な調査を行う。

調査会の設置目的は調査であり、案件の審査権能を与えられていない。すなわち、調査を行い、その成果として新たな政策を形成することを任務として設計されたものであり、その任務を遂行する上で、既に出来上がった施策の案を審査する権能を持つことは相容れないと判断されたことによる。

「国政の基本的事項」とは、国の制度、政策、対策に関する基本方針や原則に関わる事柄を指すが、ここでは、調査会が個別の末節に関わる問題を限定的、詳細に取り上げるものではないことを示すために用いられている。

「長期的かつ総合的」は、いずれも調査の方法と対象について規定するものであり、「長期的」は、長期間にわたって腰を落ち着けて調査を行うことと将来展望を見据えた問題を捉えて調査対象とすること、「総合的」は、幅広い観点から調査を行い、常任委員会が政策分野ごとに設けられていてセクショナリズムに陥りがちな点を補う

第5章の2　参議院の調査会　*163*

§ 54 の 2

ことと広範な問題設定の下で課題を見つけて解決を目指すことを意味する。

【調査会の設置】 調査会制度を持つのは参議院だけであり、衆議院が設置すること
は認められていない。

「設ける」は、議院に設けるという趣旨で、本会議の議決によらなければならない。

複数設けることも可能である。制度制定時には、当面3つ設けることが念頭に置
かれていた[4]。毎回3つずつで推移している。

設置の議決では、①調査会の名称、②調査事項、③委員数を定める。

個々具体の調査会の属性がこの3点で定まることとなる。

「調査事項」は、調査会の性格上、具体的な問題を掲げるのではなく、政策分野を
広い範囲で切り取ったものとすることが予定されている。

【調査会の存続期間】 **調査会は、参議院議員の半数の任期満了の日まで存続する。**

調査会は、長期的な調査を行うことから、特別委員会のように会期ごとに設置す
るのではなく、一旦設置した調査会は議員の顔ぶれが変わるまで存続することとし
たものである。設置時期は通常選挙後の臨時会である（参規80の2）ので、存続期間と
して3年間を確保したことになる。

議決によって設置した機関が会期を超えて存続することは、会期不継続の原則に
照らして例外となる。会期不継続は第68条で案件不継続が規定されているだけで
あるが、決定の効力が会期を超えて及ばないこともその内容であると解されている
（┉▶第68条【会期不継続の原則】）。調査会と会期不継続の関係については、存続期間を国
会法で明示したことでクリアーされている[5]。

「参議院議員の半数」は、調査会設置後に最初に任期満了を迎える半数の議員のこ
とである。

「任期満了の日」は、前任議員の任期満了の日の翌日から起算して6年目に当たる
日で、選挙が前任議員の任期満了の日の翌日後に行われたときは選挙の期日から起
算して6年目に当たる日となる（公選257）。

調査会も調査事項を定めて設置した機関であるので、その目的を達成した場合に
は消滅すると解する余地もあるが、間口の広い調査事項の性格上、調査が結了する
ことは考えにくく、存続期間満了前に最終報告書が提出されたときにも、それによっ
て調査会が消滅するわけではない。

---

4 参議院改革協議会「参議院改革協議会報告書（昭60年11月20日）」参議院事務局編『平成19年版 参議院
　改革の経緯と実績』（2007）97頁。
5 森本昭夫「会期不継続の原則と新たな分析—日本特有の議会運営の側面」議会政治研究26号（1993）42頁。

§54の3

〔調査会委員、調査会長〕

第54条の3① 調査会の委員は、議院において選任し、調査会が存続する間、その任にあるものとする。

② 調査会の委員は、各会派の所属議員数の比率により、これを各会派に割り当て選任する。

③ 前項の規定により委員が選任された後、各会派の所属議員数に異動があつたため、委員の各会派割当数を変更する必要があるときは、議長は、第1項の規定にかかわらず、議院運営委員会の議を経て委員を変更することができる。

④ 調査会長は、調査会においてその委員がこれを互選する。

第15次改正（昭61.6）

本条は、調査会委員、調査会長について規定している。

【委員の選任】調査会委員は議院において選任する。

議員全員の中から選び出すことを含意している。

「議院において」は、議院の組織自律権の内容として、調査会委員の選任について他の機関の介入を認めない趣旨である。

ここでも本会議において選挙することを要すると解釈する余地があるが、本条第1項は方法にまで言及するものではない。

その具体的な方法については、議院規則において、議長の指名によることとされている（参規80の8で参規30を準用）。

【委員の任期】調査会委員の任期は、調査会の存続する間である。

委員の固定化を図ることにより、長期にわたる調査の継続性を高める制度上の保障である。

「任にある」については、第42条【常任委員の任期】の説明参照。

調査会委員の任期についても、委員会の委員と同様、委員が会派に割り当てられるものであることに伴う例外がある。

その1は国会法上の例外で、本条第3項により会派割当の変更に伴って委員を変更する場合である。

その2は、委員が会派に割り当てられ選任することとなっている関係で、委員である議員本人の意思に反して、会派の意向により委員を辞任することとなる場合で

第5章の2 参議院の調査会 165

§54の3

ある。

【委員の辞任】調査会委員が任期を全うすべきであるのは常任委員と同様であるが、様々な理由により委員の辞任が認められる点も常任委員と同じであり、議長が許可する（参規80の8 I で参規30を準用）。

【委員割当】調査会委員は、各会派の所属議員数の比率により、各会派に割り当てる。

調査会の構成についても、常任委員や特別委員（国46 I）と同様、議院の縮図となるように企図されている。

【委員変更】会派勢力比による委員の構成を確保するため、議長は議院運営委員会の議を経て強制的に委員を変更することができる。

その趣旨は常任委員や特別委員について（国46 II）と同じであり、詳細については第46条【委員変更】の説明参照。

【調査会長の選任】調査会長は、調査会において互選する。

調査会の役職であり、議院の役員ともされていないことから、互選の方法によったものである。

「調査会長」は、各調査会の代表たる役職である。

「調査会」は、当該調査会の会議を指す。

議院の役員ではないため本会議で選任するのではない。

「互選」とは、そのメンバーの中からメンバーの意思によって選出することをいい、方法については言及していない。

互選の方法として、議院規則では無名投票で行うことを原則とする旨が定められている（参規80の8 I で参規80 I を準用）。

♥運用
調査会長の選任は、議院運営委員会の協議により会派に対してポストを割り当て、割当会派からの推薦に基づいて選出する例となっている。そして、投票によらず、会派推薦者を選任する動議や主宰者の指名に一任する動議による方法が採られる。

調査会長の選任は、調査会の構成に関する事項であるので、当該調査会における議事の最優先事項であり、それまでは委員中の年長者が調査会に関する事務を行うこととされている（参規80の8 I で参規80 II を準用）。

【調査会長の辞任】調査会長が調査会で互選されることから、その辞任も調査会の許可事項とされている（参規80の8 I で参規80 III を準用）。

【調査会長の代行】調査会長が欠けたとき、事故があるときには、その権限を行使

§54の4

する代行者が必要となる。

　国会法は調査会長の権限（職務）代行について規定を置いていない。したがって、調査会の互選により副会長を置くとすることも可能であろうが、参議院規則は、委員長についての規定（参規31Ⅲ）を準用し、理事が行うとしている（参規80の8Ⅰ）。

　理事については、第48条【委員長の代行】の説明参照。

〔委員会に関する規定の準用〕

第54条の4①　調査会については、第20条、第47条第1項、第2項及び第4項、第48条から第50条の2まで、第51条第1項、第52条、第60条、第69条から第73条まで、第104条から第105条まで、第120条、第121条第2項並びに第124条の規定を準用する。

②　前項において準用する第50条の2第1項の規定により調査会が提出する法律案については、第57条の3の規定を準用する。

第15次改正（昭61.6）、第24次改正（平10.1）、第25次改正（平11.10）、第35次改正（平26.12）

　本条は、調査会の組織、運営について委員会に関する規定を準用することを規定している。

【準用事項】国会法では、調査会を委員会とは異なる類型の機関として規定しているものの、その組織や運営については委員会に倣った点が多く、準用規定を置いてその点を明確にしている。

　規定内容の詳細については、それぞれの被準用規定の説明参照。

　なお、委員会についての国会法の規定のうち本条で準用していないものをチェックすることによって、調査会の特異点を知ることができる。

【議長の出席発言権】議長は調査会に出席し、発言することができる（国20の準用）。

　議院全体の観点から、調査会に対して要請する必要がある場合等、その権限が認められたものである。

【活動期間】調査会の活動は、原則として会期中に限られる（国47Ⅰの準用）。

　調査会は長期的調査を行う必要上、会期制の制約に縛られずに活動することが望ましいが、参議院の本来的活動であるので、委員会と同様に会期制の適用下に置かれた。

　ただし、議院の議決により閉会中に活動することも可能であり（国47Ⅱの準用）、そ

第5章の2　参議院の調査会　　*167*

§54の4

の場合には議長から衆議院及び内閣に通知することとされている (国47 Ⅳの準用)。

　第47条〔委員会の審査と会期〕の規定中、第1項の「付託された案件を審査する」は「議院の議決で定めた調査事項を調査する」と、第2項の「各議院の議決で特に付託された案件」は「参議院の議決で特に承認した調査」と、第4項の「審査」は「調査」、「その院の議長」は「参議院議長」、「他の議院」は「衆議院」と、それぞれ解釈で読み替えることとなる。

【調査会長の職務権限】調査会長の職務権限も、代表的、包括的なものとして議事整理権、秩序保持権が挙げられる (国48の準用)。

【定足数】調査会の議事定足数、議決定足数は、それぞれ委員の半数である (国49の準用)。

【議決数・調査会長決裁】調査会の議事は、出席委員の過半数で決し、可否同数のときは調査会長の決裁に委ねられる (国50の準用)。

　調査会は専ら調査を行うものであるが、運営の各場面で採決を行う可能性があり、また、調査報告をまとめるようなときに調査会の意思決定のための採決を行うことが考えられ、委員会と同様、多数決原則によることとされている。

【調査会の法律案提出】調査会は法律案を提出することができる (国50の2 Ⅰの準用)。

　調査会の任務である調査は、行政監視機能の発揮というよりは、その結果を政策形成につなげることにあるとの意味で立法準備行為と言える。したがって、立法措置が必要との判断に至った場合に備え、法律案提出権が認められている。

　「所管に属する事項」は「調査事項」と読み替えることとなる。

　調査会が法律案を提出する場合には、調査会長が提出者となる (国50の2 Ⅱの準用)。

　また、その法律案が予算を伴う場合には、内閣に意見を述べる機会を与えなければならない (国57の3の準用)。

【公聴会】調査会は、調査の過程で公聴会を開き、利害関係者、学識経験者等から意見を聴くことができる (国51 Ⅰの準用)。

　議院規則上、委員会については公聴会を開く審査対象が議案に限定されている (衆規76、参規60) (••▶『逐参』第60条【公聴会の開会目的】) が、調査会では、幅広い審議手法を確保しておく必要から公聴会の開会が認められた。調査の結果として法律案を提出する前に利害関係者の意見を聴くことは、実際上必要なことと考えられるであろう。

　「重要な案件」は「調査事項」と読み替える。

【傍聴】調査会は原則非公開の建前が採られており、議員以外は、調査会長の許可を得た者でなければ傍聴は認められない (国52 Ⅰの準用)。

168

§54の4

【秘密会】調査会は、議決によって秘密会とすることができる（国52Ⅱの準用）。

【傍聴人退場命令】調査会長は、秩序保持のため、傍聴人を退場させることができる（国52Ⅲの準用）。

　調査会長には秩序保持権が認められており（国48の準用）、退場命令は、その行使としてのものである。

【他院における提案理由説明】議院が提出した議案については、調査会長は他院において提案理由を説明することができる（国60の準用）。

　ここでいう「議院が提出した議案」に当たるのは、調査会提出の法律案で衆議院に送付したものに限られる。

【副大臣等の出席】内閣官房副長官、副大臣及び大臣政務官は、国務大臣を補佐するため、調査会に出席することができる（国69Ⅰの準用）。ちなみに、国務大臣の出席については、憲法第63条〔閣僚の議院出席の権利と義務〕でカバーされている。

【政府特別補佐人の出席】内閣は、国務大臣を補佐するため、両議院の議長の承認を得た政府特別補佐人（人事院総裁、内閣法制局長官、公正取引委員会委員長、原子力規制委員会委員長及び公害等調整委員会委員長）を調査会に出席させることができる（国69Ⅱの準用）。

【国務大臣等の発言通告】国務大臣等が調査会で発言しようとするときは、調査会長に通告しなければならない（国70の準用）。

【国務大臣等の出席要求】調査会は、議長を経由して国務大臣等の出席を求めることができる（国71の準用）。

【検査官の出席説明要求】調査会は、議長を経由して会計検査院長及び検査官の出席説明を求めることができる（国72Ⅰの準用）。

【最高裁判所長官の出席説明】最高裁判所長官又はその指定代理者は、調査会の承認を得て調査会に出席説明することができる（国72Ⅱの準用）。

【調査会の報告の政府側への送付】調査会の会議に関する報告は、議員に配付すると同時に、国務大臣等に送付する（国73の準用）。

【内閣等に対する報告・記録提出要求】内閣、官公署その他は、調査会から調査のため必要な報告又は記録の提出を求められたときは、応じなければならない。これについて、内閣、官公署が求めに応じないときについても、委員会と同じ手続が求められる（国104の準用）。

【特定秘密情報を含む報告・記録提出拒否の審査の要請】調査会は、特定秘密情報が含まれる報告、記録の提出の要求が拒まれたとき、情報監視審査会に審査を要請

§54の4

することができる（国104の2の準用）。

【特定秘密情報を含む報告・記録の閲覧・利用】 調査会は、提出された特定秘密情報が含まれる報告、記録は、その調査会の委員、事務を行う職員に限り、利用し又は知ることができる（国104の3の準用）。

【会計検査院に対する検査要請】 調査会は、調査のため必要があるときは、会計検査院に対し、特定の事項について会計検査を行い、その結果を報告するよう求めることができる（国105の準用）。

【処分要求】 調査会において侮辱を被った議員は、議院に訴えて処分を求めることができる（国120の準用）。

【懲罰事犯】 調査会において懲罰事犯があるときは、調査会長は議長に報告し、処分を求めなければならない（国121Ⅱの準用）。

【欠席者に対する懲罰】 正当な理由がなくて調査会に欠席したため、議長が特に招状を発し、その招状を受け取った日から7日以内に、なお故なく出席しない者は、議長が懲罰委員会に付す（国124の準用）。

【非準用事項】 委員会に関する規定で調査会に準用されていないものを検出することで、調査会の特徴が浮かび上がってくる。

　調査会における調査結果は、議院に対して報告することを要するものの、それは議院の議決対象となるものではないため、委員長報告（国53）や少数意見報告（国54）の規定は準用されていない。

　また、調査会が案件の審査を行わないことは、議案の付託（国56Ⅱ）、請願の付託（国80）等の規定が準用されていないことからも分かる。

第6章　会議

制定時（昭22.5）

　本章は、国会の活動論の中心として、本会議に関する事項についての規定を置いている。

　章名の「会議」は本会議のことである。

　本会議の運営方法は極めて重要であり、その中核部分は憲法の規定事項となっている。すなわち、定足数（憲56 I）、議決数（憲56 II）、会議の公開（憲57 I）等である。

　本会議の運営は議院の内部手続であるため議院規則で規定すべきところであるが、両院共通であることを要するとの認識の下に、かなりの数の規定が本章に置かれた。

　なお、議案、議院と委員会の関係等に関する規定で本章に置かれているものもある。

【本会議】「本会議」は、各議院の議員全員で構成する会議であり、議院の最高意思決定機関である。国会法や衆参の議院規則においては「議院の会議」の語で表されている。

　議案等に対する議院の議決だけでなく、政府演説や代表質問が行われるのも本会議の議事としてである。これらは各議院が独立して権能を行使するものであり、両議院が合同して行うことはない。

　本会議では、議事日程による招集、発言通告、一問一答によらない質疑等に見られるように、形式を重んじた手続が用いられる。多人数で構成される会議では、柔軟な取扱いがしばしば混乱を招き、紛糾を生ぜしめやすくなる。そのため、一方において議員の活発な言論活動を期待してその保障を図りつつ、他方においてその公平を期し、効率的な議事進行を図るような措置が講じられている（松澤・議会法495頁）。

　全ての議案は委員会の審査を経て本会議で審議するのが原則である（国56 II）。委員会審査は、少人数の専門家が時間を掛けて議論を戦わせるものとして、議院の審議過程全体の中で重要な位置を占める。それと比較すると、本会議における審議が議院としての結論を出すことを主目的とする結果志向となることは自然の流れである。このことから、本会議では議事及び議決に瑕疵を生ぜしめないことが最重要課題となる。

【定足数】本会議の定足数は憲法で規定されており、総議員の3分の1以上の出席がなければ議事を開き、議決することができないとされている（憲56 I）。

第6章　会議　　171

定足数に関しては、算定の基礎、出席の意味、議決定足数における棄権の取扱い等の論点がある。委員会の定足数は委員の半数以上とされており（国49）、その点は異なるものの、これらの論点は委員会の定足数についてと共通のものである。

　実際の取扱いにおいて、本会議と委員会とで異なる部分がある。定足数算定の基礎が、委員会については、衆議院が定数説、参議院が実数説によっているところ、本会議については、衆参両院とも定数説を採っている（衆先228、参先233）。

　各論点の詳細については**第49条〔委員会の定足数〕**の説明参照。

　「議事を開き」とは、本会議の開始行為だけでなく、開かれている状態を継続することも含む。

　すなわち、定足数は、会議の開会要件であるとともに継続要件である。記名投票中、投票総数が定足数に達していさえすれば、退出者が多くて議場内の議員数が定足数を欠くこととなっても差し支えないとの理解も見られる（佐藤（吉）・参規251頁）が、疑問である。衆議院において、選挙の投票の計算及び点検中は定数の出席議員を要しないとされていた（衆先（平成6年版）43）。その間は議事の進行がないため休憩中に準じる扱いとされていたのであろうが、現行先例集ではこの記述は削除されている。

　憲法改正の発議のための本会議の定足数が総議員の3分の1以上の出席で足りるか、3分の2以上の出席が必要かについては争いがある。憲法第56条第1項は憲法改正審議を射程に置いていないとの見方も可能であろうが、その定足数を定める規定が存在しない以上、同条によらざるを得ないものと解する（••▶第6章の2概説【定足数】）。

【議決数】本会議の議決については憲法で規定されており、出席議員の過半数で決し、可否同数のときは議長の決するところによるとされている（憲56Ⅱ）。

　議決数に関しては、棄権の取扱い、議長の出席の扱い、議長の表決権等について論争がなされている。これらも委員会の議決数についての論点と共通であり、その詳細については**第50条〔委員会の表決〕**の説明参照。

【議長決裁権】本会議における採決で、可否同数のときは議長の決するところによるとされている（憲56Ⅱ）。

　議長の決裁権については、議長の表決権との関係、可否同数の意味、決裁権行使の仕方等が論じられているが、これらも委員長の決裁権の論点と共通のものであり、その詳細については**第50条〔委員会の表決〕**の説明参照。

　ただし、事務総長が議長の職務を代行して議事を主宰する場合の可否同数の扱いについては、**第7条【代行する職務】**の説明参照。

§55

〔議事日程〕

第 55 条①　各議院の議長は、議事日程を定め、予めこれを議院に報告する。

②　議長は、特に緊急の必要があると認めたときは、会議の日時だけを議員に通知して会議を開くことができる。

制定時（昭 22.5）、第 2 次改正（昭 23.7）

本条は、本会議の招集について規定している。

【本会議の招集】 本会議の招集は議長が行う。議事整理権（国 19）の一内容であり、開会日時や開会場所を決定する権限を意味する。

当然のことながら、本会議の開会は会期中でなければできないが、召集日の本会議の招集は閉会中に行うこととなる。

開会場所については、議事堂内当該議院の議場であることが疑いを挟む余地のない事項となっている。

議長による招集は開会のための必須要件であり、たとえ議場に定足数を満たす人数の議員が現在しても、招集行為なしに会議を開くことはできない。

召集日の本会議については自動招集の方式が採用されており（国 5）、議院規則も招集行為を要件としなかった（参規 1、3、衆規旧 1）（•••▶『逐参』第 1 条【初回本会議】）。しかし実際には、議事日程が定められ、招集手続が踏まれている。衆議院は近時、集会の時刻を議長が定めることとし（衆規 1）、規則上に実質的に招集に当たる行為を位置付けた（•••▶第 5 条〔議員の集会〕）。

本会議開会の契機として、現行制度上は、議員に本会議の開会要求権を認めていない。休会中の総議員の 4 分の 1 以上の議員による開会要求（国 15 Ⅱ）は、会期中に類推適用されるものではない。ただし、議院運営に関する事項であるため、議院規則で開会要求権についての規定を置くことは可能であると解する。むしろ、総議員の半数以上による要求権については規定を整備しておくべきではないだろうか。衆議院規則は、緊急を要する案件について、委員会の本会議開会要求権を認めている（衆規 59）。

招集の仕方については、本条で議事日程を定めること及び事前に通知することの 2 点で制約を課している。

【議事日程】 各議院の議長は、本会議を招集するには議事日程を定めなければな

§ 55

らない。

　会議というものは、本来的には現場で議事進行の手続を処理しながら、そこで決めた手順に沿って実体的な議事を執り行うものである。この点につき国会法は、議長に上程案件を決定する権限を与えている。

　「議事日程」は、会議を招集する通知で、開議日時及び上程する案件とその順序を記載したものである。

　「定め」は、議事整理権の一内容であり、議事日程編成権が議長にあること、議事日程の記載事項を議長が決定することを意味する。

　どのような案件を議事日程に記載するかについては言及がないが、議事日程の仕組みに内在する制約がある。議事日程は単に議事の予定を列挙したものではなく、記載できる案件は、議事日程編成の時点で本会議に上程することの可能なものだけである。これは委員会中心主義による制約であり[1]、議案が委員会審査を経なければならないとの原則（国56Ⅱ）がクリアーされていることを要する。委員会審査省略や中間報告後の上程については特別の要件が定められているところである（国56Ⅱ但、56の3ⅡⅢ）。

　議事日程を定めると、それに伴って議事進行上の制約が生じる。それは議事日程に内在するものであり、議院規則で規定するもの（衆規105、113、参規82、89）のほか明文の根拠はない（•••▶『逐参』第82条〔散会、延会〕、第89条〔日程更新〕）。

【議事日程の報告】 議事日程は、あらかじめ議院に報告しなければならない。

　議員が事前に内容を承知していなければ議事日程の効用を発揮できないことによる。

　「議院に報告する」は、本会議を開くために議員を招集することを意味するから、全議員への通知が必要である。

　「予め」は、会議前日までに報告することを要すると解されている（佐藤（吉）・参規199頁）が、その趣旨からすると、報告の到達が前日中であることを要することとなってしまう。しかし、そこまで要求すると、会議の招集手続に相当の時間を見込まなければならず、即時の対応が困難となる。したがって、議事日程を定めることが前日中であれば、報告は会議への出席に支障が出ない時刻までに到達すれば足りるものと解する。

　実際の報告は議院公報での通知によっており（衆規110、参規86Ⅱ）、会議の前日付けで発行したものをその翌日の朝に届くように配達されている。

---

1 森本昭夫「議院内における議案の流れ―本会議上程までのプロセス」議会政策研究会年報5号（2001）106頁。

§55

【日時招集】 議長は、特に緊急の必要があると認めたときは、会議の日時だけを議員に通知して本会議を招集することができる。

　これを「日時指定による招集」（日時招集）という。

　「緊急の必要」とは、本会議で処理すべき案件が出来して開会を翌日まで待てない又はそれが予想される事態を指すものと解する。

　この点についての衆参両院の運用は、日時招集の場合も招集は会議の前日に行わなければならないとしている。これは「緊急の必要」を、招集の時点では上程を予定する案件を示すことはできないが、会議当日には上程する案件が具体化することが予想される場合と解釈していることによる。しかし、案件の内容によっては、翌日の処理では間に合わないような緊急事態の可能性もあり、それに即応するために即日の本会議開会も必要とされるところである。本条第2項の規定は、第1項と異なり「予め」とはうたっておらず、このような招集も例外的に許容する趣旨であると解したい。即日の開会だけでなく、一旦本会議を散会した後に、招集を行って再び開くことも本項によって可能であると解する。

　本条第2項による場合には、招集通知は議事日程による必要はない。

　「会議の日時」とは、本会議を開会する予定の日時である。緊急とは言え、その日時までには議員が都内宿所から議場に集まることができる程度の猶予時間が必要である。

　「議員に通知して」は、各議員が了知し得る方法によって知らせることである。したがって、本会議の終了に際して翌日の会議の日時を宣告することでも足りる。

　文書の配付による場合には、遅滞なく議員の目に触れるような仕方でなされることを要する。実際には、議院公報の配達によっている。

　「会議を開くことができる」は、本会議の開会を宣告して議事を執り行うことができることを意味する。

【会議の日ごと開会原則】 会議運営に関する約束事として、「日ごと開会原則」とでもいうべきルールが存在する。

　会議は1日を単位として開会しなければならず、したがって、招集は前日になされるのが原則であり、会議を一旦散会した後、その日のうちには再開することができない。また、日をまたいで会議の開会を継続することはできず、午後12時に至ったときには会議を閉じなければならない。

　この原則は、国会では暗黙の了解事項となっており、柔軟な運営を求められる委員会についても遵守されている。第2項は、この原則に対して例外的な取扱いも必

§55の2

要であることを確認する規定と解する必要がある。

〔議事協議会〕
第55条の2① 議長は、議事の順序その他必要と認める事項につき、議院運営委員長及び議院運営委員会が選任する議事協議員と協議することができる。この場合において、その意見が一致しないときは、議長は、これを裁定することができる。
② 議長は、議事協議会の主宰を議院運営委員長に委任することができる。
③ 議長は、会期中であると閉会中であるとを問わず、何時でも議事協議会を開くことができる。

第2次改正（昭23.7）、第7次改正（昭33.6）

本条は、議事協議会について規定している。

【議事整理】国会法上、本会議の議事進行に当たってのよりどころとなるのは、議事日程（国55Ⅰ）、発言時間制限（国61）等の規定しかない。実際には、会議運営に関する規定が議院規則に置かれているが、それでも議事の詳細についての予定というものがない以上、様々なことを決めながら会議を進めることとなる。その進行については、議院が決定する事項と議長に決定権限が与えられている事項に分けられるが、後者に当たるのが議事整理権である。

国会法上、その決定権限の振り分けはごく一部だけしか明らかではないが、条理によってある程度のものが形成されており、議院規則で確認しているものもある。例えば、発言許可、採決認定などは議事整理権に属するのに対し、質疑希望者がまだ残っているのに質疑を終局すること等は議長の権限に含められていない。

ところが、このタイプの会議運営では進行についての確たる見通しを立てにくいため、国会法上も議事進行の事前管理の必要性が認識されている。

【議事協議会】議長は、議事の順序その他につき議院運営委員長及び議事協議員と協議することができる。

議事整理権が議長に属しているところ、議長が本会議運営等について各会派の意向を聴く場として用意されているのが議事協議会である。議事日程記載事項以外は、動議によって議事進行が図られるべきところであるが、事前に協議して、発言の会派割当や時間を決めておき、運営の見通しを立てる趣旨である。

§55の2

　「議長」とは、議長の職務を行う者を指す。したがって、議長に事故があるとき又は欠けたときには、その職務代行者である副議長がそれに当たる。

　「議事の順序その他必要と認める事項」とは、議事日程に記載していない案件の上程時期、質疑や討論の割当会派、発言順序・時間や休憩を挟むタイミング等、本会議の運営に関する事項であるが、それ以外でも議長が協議を必要と認めた事項が含まれる。

　「議院運営委員長」は、独立した立場としてではなく、議事協議会の一員として議長から協議を受ける。

　議事協議員は、議院運営委員会が選任する。

　「議事協議員」は、議事協議会のメンバーとして、議長からの協議に応じて会派を代表して意見を述べる者である。

　「議院運営委員会が選任する」とは、議院運営委員会が議院所属議員の中から選び出すことを意味する。その方法については言及がない。

　なお、参議院では議院運営委員の中から選任することとされていた (議事協議会要綱 (参議院) 3)。

　任期についても定めがなく、衆議院においては会期をまたいでその任にあるものとして取り扱われていたのに対し[2]、参議院では毎会期の冒頭に選任していた。

　「協議する」は、議長が議事整理権を行使するに当たって議院運営委員長及び議事協議員の意見を聴くことである。

　【議事協議会の運営】議事協議会の意見が一致しないときは、議長は裁定することができる。

　議事協議会は意思決定機関ではない。ただし、議院運営委員長と全ての議事協議員の意見が一致する場合には、議長はこの意見に拘束される。これは本条第1項後段の反対解釈として導かれる。議長が拘束されるとは、その一致した意見に従って議事整理権を行使するよう義務付けられることを意味する。議員サイドも、事情の変更でも生じない限り、その議事整理権に対して異議を述べること、例えば、本会議において動議によって新たな提案をすることは差し控えなければならない。この点から、議事協議会の単なる諮問機関にとどまらない性格を見て取ることができる。

　「その意見が一致しないとき」とは、議長と議事協議員の間ではなく、議院運営委員長及び議事協議員の中で最終的に意見の異なる者がいる場合を指す。

　「裁定する」は、議長の裁量によって意見を集約することであるが、必ずしも議事

---

2 第29回国会衆議院議院運営委員会議録第17号 (閉会中審査) (昭33年9月27日) 2頁。

第6章　会議　*177*

§ 55 の 2

協議員の多数の意見に一致させる必要はない。

　議長が裁定した場合には、その内容に沿って議事進行がなされるが、議員は必ずしもその内容に拘束されるものではなく、本会議において議事進行動議を提出して、裁定の内容と異なる提案をすることが可能である。

【議事協議会主宰の委任】議事協議会は議長が主宰して開くものであるが、議長はそれを議院運営委員長に委任することができる。

　議院の下部機関であることから、議長自らが主宰することを緩和したものである。

　「主宰」とは、会議を進行し、出された意見を取りまとめることをいう。

　意見が一致しないときの裁定は、協議会の主宰の内容には含まれないが、主宰に準じて、併せて委任することも可能であると解する。

> **♥運用**
> 　衆参両院の本会議運営については、現在、議事協議会が開かれることはなく、議院運営委員会で協議、決定する例である。
> 　この議院運営委員会は本条第2項に基づいて開かれる議事協議会ではないが、実質的には議事協議会の代替であり、同項の趣旨を体してのものと言える。すなわち、議院運営委員会の決定については多数決原則が働くものの、通常は同委員会理事会での予備協議によって全会一致を目指す努力がなされており、その場合には議事協議会の意見が一致したときに準じることが可能であり、反対があるにもかかわらず多数で可決された場合には、議長が裁定したときに準じて考えることができる。

【事前協議方式】国会では、会議の進行に関して必要な事項を、事前に当該会議とは別の場で会派から授権された会議メンバーの協議によって決めておく手法が採られている。これを「事前協議方式」という[3]。

　本会議運営についての議院運営委員会・同理事会のほか、委員会運営についての理事会がその協議の場である。

　会議の開会日時や議題等について、本来の決定主体による権限行使を拘束し、発言の順序や発言者の持ち時間を定める等、議事運営法規の規定内容を修正して決めておく点に特徴がある。これは国会法の任意規定性を体現するものであり[4]、国会法の運用手法としての特徴でもある。

【閉会中の議事協議会】議長は会期中・閉会中を問わず、いつでも議事協議会を開くことができる。

---

[3] 森本昭夫「国会の議事運営についての理事会協議―多数決と全会一致の間合い」立法と調査388号（2017）82頁。
[4] 森本昭夫「国会法規範の特性」北大法学論集59巻2号（2008）455頁。

§ 56

このことからも、個別の本会議の運営についてだけでなく、様々な問題について議事協議員と協議することを予定していたことが分かる。

また、参議院の緊急集会においても議事協議会の開会が可能であるが、解釈上は、第 102 条の 5〔緊急集会についての読替規定〕で本条の読替えがなされていない以上、「閉会中」でカバーされていることとなろう。

〔議案の発議・委員会審査〕

第 56 条①　議員が議案を発議するには、衆議院においては議員 20 人以上、参議院においては議員 10 人以上の賛成を要する。但し、予算を伴う法律案を発議するには、衆議院においては議員 50 人以上、参議院においては議員 20 人以上の賛成を要する。

②　議案が発議又は提出されたときは、議長は、これを適当の委員会に付託し、その審査を経て会議に付する。但し、特に緊急を要するものは、発議者又は提出者の要求に基き、議院の議決で委員会の審査を省略することができる。

③　委員会において、議院の会議に付するを要しないと決定した議案は、これを会議に付さない。但し、委員会の決定の日から休会中の期間を除いて 7 日以内に議員 20 人以上の要求があるものは、これを会議に付さなければならない。

④　前項但書の要求がないときは、その議案は廃案となる。

⑤　前 2 項の規定は、他の議院から送付された議案については、これを適用しない。

制定時（昭 22.5）、第 5 次改正（昭 30.3）

本条は、議案の発議要件、委員会付託、委員会審査省略、本会議審議不要について規定している。

【議案の意義】「議案」とは、国会又は議院の議決すべき案件のうち、委員会審査が必要なほどに重要なものを指す（研究会・法規 33 時の法令 1539 号（1997）74 頁）。

議案は多義的な語であり、それに伴い様々な定義がなされ、帝国議会時代から論争の対象となっていた（旧衆院・解説 101 頁）。その属性として、①案を備えていること、②修正が可能であること、③両議院の議決を要するものであること、④委員会付託を要するものであること等が挙げられている。これらは互いに排斥するものではな

§56

く、その組合せによって議案概念の構成が様々に試みられてきたが、国会法で一般的に用いられているものとしては、委員会付託の要否を基準とすべきである[5]。しかし、請願や懲罰事犯の件等、この基準に合致していながら議案とはされていないものもあるので注意が必要である。

具体的に何が議案に当たるかを挙げると、憲法改正原案、法律案、決議案、予算、条約、決算、予備費使用承諾案件、国会の承認を求める件、国会の議決を求めるの件等である。

【議案の発議】国会の権能の大半は意思決定によって果たされるが、その議決までの過程は、通常、案となるものが提出されることで始まる。

議員は議案を発議することができる。議案の種類は多様であるが、あらゆる議案を議員が発議できることを意味するわけではない。予算、条約等については提出権が内閣に限定されており（憲73、86等）、議員が発議できるのは憲法改正原案、法律案、議院規則案、決議案等である。

審議の契機となる議案の提出権が個々の議員にあるのは当然とも言えるが、二院制の下で、いずれの議院の所属議員にもその権能が与えられていることを確認しておく必要がある。

議案を発議し得る資格に限定はない。議員であれば、議長や委員長等の役員、国務大臣等の政府関係者であっても発議できないわけではない。

> ♥運用
> 議案の発議主体として、政府関係者は内閣の立場と衝突する可能性があるため、発議に加わることは控えることとされ（衆先161、参先146）、議院の役員はその中立性と相容れないような発議は自粛すべきであるとされている。

「発議」は、議員が案を作成し、審議に供するため所属する議院に提出することをいう。

議案の議院への係属に関わることであるので、会期中に限られる（衆先155）。

発議者は発議案の審議において提示された疑義に答弁する等、その成立を推進する責任者であるため、その存在は議案の存続要件でもある。発議者が全員いなくなったときは、その議案は消滅する（参先145）。ただし、発議された議院が議決して他院に送付した後はこの限りでなく、その場合に存続することは、その送付が議院による提出という性格を持つことから説明される[6]。

---

5 森本昭夫「国会における審議の対象—動議、議案を中心として」議会政策研究会年報4号（1999）229頁。
6 第25回国会参議院議院運営委員会会議録第9号（昭31年11月24日）3頁〔河野義克参議院事務次長の説明〕。

§56

　議案の存続、消滅は発議を受けた議院にとっても重大な関心事であり、発議者消失の事態について、即座に消滅することとするのではなく、一旦議題となった後は当面係属が続くこととし、衆議院における成規の賛成者を欠くに至った場合（衆規36の2）を参考に、他の議員が発議者の地位を引き継ぐ余地を残しておいてもよいのではないだろうか。

【発議に対する賛成】議案を発議するには、衆議院では議員20人以上、参議院では議員10人以上の賛成が必要である。

　「賛成」は、議員が議案を発議するに際し、発議者以外の当該議院所属の議員がその発議行為を了とする旨の議院に対する意思表示をいう。

　発議行為についての賛意であるにとどまり、その賛成者は、当該議案の審議の結果、表決に際して賛成しなければならないものではない。この点については異論があると思われるが、発議者や賛成者が当該議案に対する修正案に賛成することは時折見られることである。

　「要する」は、賛成が併せて表示されなければ議案の発議行為が成立しないことを意味する。

　両議院で必要な賛成者数が異なるのは、総議員数が異なっていることに基づいている。

◆改正前は〔議案発議要件〕

> 　第56条（旧）①　すべての議員は、議案を発議することができる。
>
> 　　国会法制定当初は、議案発議についての賛成者要件はなく、1人で発議することが可能であった。
>
> 　　ただし、議案提出については、事実上、GHQの承認が必要とされていた。昭和27年のサンフランシスコ講和条約の発効により、その手続が不要となり、その結果、いわゆる「おみやげ立法」的な議員発議の乱発が見られた。これに対しては、国民の一部の部分利益を目的とするもので好ましくないとの批判がなされるようになり[7]、昭和30年の改正で相当数の議員の賛成があって初めて発議できることとされた。

　賛成者の存在は議案の存続要件ではなく、発議後に成規の賛成者を欠くに至った場合でも議案は影響を受けないと解する。一定数以上の賛成者もないような議案は審議の対象とするに値しないとする趣旨であり（佐藤（吉）・参規57頁）、発議要件にとどめることで十分だからである。ただし、衆議院規則はこの点について特に規定を置いて存続要件としている（衆規36の2）。

7　川人貞史「1950年代議員立法と国会法改正」『日本の国会制度と政党政治』（東京大学出版会・2005）182頁。

§ 56

　本条第1項本文の規定に対しては、予算を伴う法律案についてのただし書のほか、憲法改正原案の発議について特則が設けられている（国68の2）。

【法律案】「法律案」とは、形式的意義における法律の原案のことである。

　法律案の提出権は、議員（国56 I）、委員会（国50の2 I）、参議院の調査会（国54の4 I）、憲法審査会（国102の7 I）、内閣（内5）に認められている。議院による提出が特殊な意味を持つことについては、**本条【議案の付託】**の説明参照。

　法律案は国会の議決を要する議案であり、両議院の送付関係に置かれる。

　法律案は立法機関たる国会における典型的な議案であり、その審議形態も議案審議の標準的なものとなっている。

【決議案】「決議案」とは、内外に表明する議院の意思決定の案のうち議案の形式を採るものである。

　その内容は、国政の諸般の事項に関するもの、議長不信任、特別委員会の設置等、多岐にわたる。

　内閣不信任決議案（憲69）や常任委員長解任決議案（国30の2）のように法規上、効果が規定される場合を除いて、可決されても法的効力は持たないとされる。

　決議案は一院限りのものであり、両議院の送付関係はない。

【予算を伴う法律案】予算を伴う法律案を発議するには、衆議院では議員50人以上、参議院では議員20人以上の賛成が必要である。

　昭和30年の改正で設けられた加重要件であり、国会の立法権と内閣の財政に関する権限とを調整し、その均衡を図る趣旨のものである[8]。それ以前には、政府の編成した予算と無関係に予算を伴う立法がなされると、事後に予算措置を講ずる必要が生じ、経費の流用や予備費の使用を余儀なくされる等、予算執行の適正を期すことが無理となるとの声が政府側にはあった[9]。

　「予算を伴う」の意味は単純ではなく、①歳出予算総額を増加し又は歳入予算の総額を減少することを要する場合、②歳出予算の総額の増加はなくとも、新たに項を新設し又は各部局若しくは各項間においてその額を増減させることを要する場合であってその増減額が国会の議決を経た移用の範囲の額でない場合、③法律の施行の年度においては予算の計上額の範囲であっても、次年度以降において内閣に予算上の義務を課すこととなる場合等がそれに当たる（浅野他・事典109頁）。

【発議要件の加重】議案の発議については本条第1項で賛成者要件が付されている

8　奥野健一「改正された国会法—解説と問題点」ジュリスト78号（1955）4頁。
9　佐藤一郎「予算と法律—問題の提起」ジュリスト15号（1952）11頁。

§56

が、議院規則等でこれを加重することは可能であると解する。例えば、議長不信任決議案や内閣不信任決議案のように先決性を持つものや議決の効果が法定されているものについては、その影響の大きさを勘案して発議に慎重さを求めるようにする必要が考えられる（衆規28の2、28の3）。

> ♥運用
> 　衆議院では、所属会派の機関承認のない議案は受理しないこととされている。この取扱いは議院運営委員会で確認されており、これにより法律案を発議できなかった議員から国家賠償法に基づく損害賠償請求が提起されたが、議院の自律的判断を尊重すべきであるとして最高裁で請求を棄却する旨の判断がなされている[10]。

【議案の付託】議案が発議又は提出されたときは、議長は適当の委員会に付託し審査させる。

　国会が採用すると言われる「委員会中心主義」は様々な意味で用いられる概念であるが、専門性の高い少数の議員で構成される委員会の審査を待って議院としての結論を出すという意味においては、その法的根拠を求めるとすれば、本条第2項により議案が委員会審査を義務付けられていることを挙げなければならない。

　「付託」とは、案件を特定の委員会に対して独占的に審査するよう命じることである。

　議長の単独行為であり、当該委員会に対しては議長から付託通知がなされる。

　付託を指して審査権を委員会に付与するものではないと主張されることもある（鈴木・理論98頁）が、それは帝国議会時代の委員会制度と対比させて現行の委員会中心主義を強調するものであって、委員会は個々具体の議案について付託がなくても審査ができるとの趣旨ではない。

　特定の議案を複数の会議体が並行して審議することは認められない。議案は一体不可分であるので、複数の委員会に同時に付託することや分割して付託することはできない。

　「提出」は、内閣、委員会（参議院の調査会）、憲法審査会が議案を議院に出して審議に供することをいう。議院が議員発議（委員会・憲法審査会提出を含む）の議案を議決して他院に送ることも本条の「提出」に含まれる。

　ただし、議院による提出は、一院の議決を経た後の行為であるので、両議院の議決を必要とする議案にとって国会における審議の始点ではない。講学上の概念の整理としては「他院への送付」に含めるべきである。

---

10 最判平成11年9月17日訟務月報46巻6号（2000）108頁。

§56

内閣による提出は、その判断により衆参いずれの議院に対して行ってもよい。ただし、予算は衆議院先議でなければならない（憲60Ⅰ）。委員会（参議院の調査会）、憲法審査会が提出するのは、当該議院に対してである。

委員会提出法律案の付託の特例については、**本条【委員会提出法律案の委員会審査】**の説明参照。

本条第2項は「発議又は提出されたとき」だけを挙げているが、他院から送付された議案も同じく委員会審査に付さなければならない。委員会中心主義が国会法レベルでの基本原則であることに鑑みると規定の欠如と判断せざるを得ず、その点については類推解釈する必要がある。他院からの送付を含め、議案が発議、提出されて議院が審議できるような状態となることを「議院への係属」というが、議案が議院に係属した場合に付託が必要となることを規定しているわけである。

ただし、後議議院が修正議決して先議議院に回付した議案及び両院協議会の成案については、既に実質的審議を終えていること、更に修正を加えることができないことから、委員会に付託しないこととされている（衆規253Ⅰ、参規178Ⅰ）。

「適当の委員会」とは、その議案の内容を所管する委員会である。原則として常任委員会であるが、必要がある場合又は常任委員会の所管に属しない議案については特別委員会を設置して付託することができる（国45Ⅰ）。また、既に設けられている特別委員会の設置目的に関連のある議案は、その特別委員会に付託するのが便宜的である。これを「併託」という。

本条第2項本文の規定は憲法審査会について準用されており（国102の9Ⅰ）、その限りで「適当の委員会」は修正を受ける（•••▶第102条の9【審査会付託】）。

「審査」とは、付託に応えて審議することであり、可決すべき・否決すべきとの結論を出すことを要する。修正を加えた上で可決すべきとの結論を出すことも可能である。この場合には、議院に対する報告書に修正案を付すこととなる。

議案ではない案件で、懲罰事犯の件等、付託することとされているものがあり、また付託に準じた扱いをするものもある。特定の機関の構成員の任命に当たって両議院の同意又は事後の承認を要するとされる「同意人事案件」は、実質的には議院運営委員会の審査を経て本会議で採決が行われる（衆先370、参先481）。中には議院運営委員会において候補者の所信聴取、質疑が行われるものもある。

【付託保留】議案が議院に係属すると議長は直ちに委員会に付託することとなるが、第56条の2の規定により本会議で趣旨説明の聴取が行われる場合には、それが終わるまで付託を保留しておく必要がある。趣旨説明聴取を行うか否かが決まるまで

§56

の間も同様である。これらは本会議と委員会との並行審議を避けるための措置である（⋯▶第56条の2【委員会審査との関係】）。

　♥運用
　　両議院においては、ほぼ全ての議案について野党会派から本会議の趣旨説明聴取希望が出されるため、本条第2項の規定にもかかわらず、提出等の後、直ちに付託されることはほとんどないと言える。

　また、委員会審査省略要求が付されている議案も直ちに付託することはできず、要求の扱いが決まるまでは付託を保留する。

【付託変更】委員会で審査中の議案を他の委員会に付託し直す必要が生じることがある。例えば、一旦常任委員会に付託した後に他の議案審査のために特別委員会が設置され、それと併せて当該特別委員会で審査することが望ましいような場合である。

　これを「付託変更」又は「付託替え」といい、法規上、要件が示されているわけではないが、議院の議決によらなければできないものと解する。付託委員会にはその議案を審査する具体的権限が生じており、特に、審査が相当程度進んでいるような場合には、安易にそれを奪うべきでないところである。議院が委員会で審査中の議案を取り戻すために中間報告という厳格な手続を要求していることと比べても、付託変更は議長の議案付託権の範囲内の措置とは言えないだろう。

　衆参両院の実例では、議長が議院運営委員会理事会に諮問した上で付託変更を行っている（衆先236、参先177）。

　なお、特別委員会に付託した議案が継続審査となり、次の会期に該当する特別委員会が設置されない場合には、所管の常任委員会に付託することとなるが、これは付託変更には当たらない（研究会・法規37時の法令1547号（1997）78頁）。

【再付託】委員会が審査を終えた議案について、議院がその報告を受けた後に、再度、同一の委員会又は他の委員会に審査させることがある。これを「再付託」という。例えば、委員長報告を聴取して審査が不十分であると認められる場合や後で提出された他の議案と併せて審査する必要がある場合に採られる措置である。

　国会法では再付託の手続は規定されていないが、委員会の審査が終了して委員会（審査）報告書が提出された後、議院の議決によって決定することを要するものと解する。当該議案が本会議に上程されてからでも差し支えないが、討論終局前でなければならない（鈴木・理論109頁）。

　議院規則では、衆議院のみが再付託について規定しているが（衆規119）、参議院に

第6章　会議　　*185*

§56

おいてもできないと解されているわけではない。

【本会議上程】委員会に付託した議案は、その審査を経て本会議に上程する。

この規定により、付託によって、議院は当該委員会が審査を終えるまで直接審議することはできなくなることが示されている。

「審査を経て会議に付する」は、委員会の審査が終わり、委員会（審査）報告書が提出された後、本会議に上程して審議することをいう。

【委員会審査省略】特に緊急を要する議案は、議院の議決により、例外的に委員会審査を省略することができる。

これは委員会中心主義に対する１つの例外であり、緊急性を重んじて特例的扱いを認めるものである。

「委員会の審査を省略する」とは、発議、提出、送付の後、委員会審査を経ないで、直接、本会議で審議することをいう。

「特に緊急を要する」とは、委員会審査を待ついとまがないほどに議院としての結論を早く出さなければならないことをいう。

必ずしも緊急を要するとの要件に沿うわけではないが、決議案は委員会審査省略要求が付される例である（参先271）。ただし、衆議院においては、議員辞職勧告決議案にはその要求を付さないこととされている（衆先377）。

本条第２項ただし書は憲法審査会に準用されていない（国102の９Ⅰ）点に注意を要する（⋯▶第102条の９【審査会付託】）。すなわち、その所管に係る議案、少なくとも憲法改正原案は審査の省略ができない。ただし、その点についても例外がある（⋯▶本条【委員会提出法律案の委員会審査】）。

【審査省略要求】委員会の審査省略は、発議者又は提出者の要求に基づかなければならない。

緊急を要することの一次的認定を提出者に認めたものである。

「発議者」は、当該議院の議員が発議した場合のその議員を指す。他院提出の議案の発議者を含まない。

「提出者」は、議院、内閣、委員会（参議院の調査会）、憲法審査会である。

委員会（参議院の調査会）、憲法審査会の提出に係る議案と委員会審査の関係については、**本条【委員会提出法律案の委員会審査】**の説明参照。

他院に対する関係では発議者や委員会（参議院の調査会）、憲法審査会は審査省略要求を行う地位になく、提出者としての議院だけが要求できる。

「要求に基き」とは、議決の前提として、委員会審査を省略されたい旨の求めが必

§56

要なことを指す。

　要求の時期は、発議、提出、送付の際でなければならない（衆規111Ⅰ、参規26Ⅰ）。通常、発議・提出・送付後、直ちに委員会に付託することとなっているからである。

　内閣が審査省略を要求する場合は、議院ごとに行わなければならない。委員会審査省略の趣旨からすれば、一院に対して要求し、他院には要求を控えることは考えにくい。衆議院規則はこの点を明確にし、参議院に委員会審査省略を要求しなかった議案については、衆議院にその要求をすることができないとしている（衆規111Ⅱ）。

　議院が他院に対して審査省略を要求するには、そのことについて議院の議決が必要である（衆先488、参先433）。発議者や提出者である委員会（参議院の調査会）、憲法審査会の意向に反して要求を議決することも可能である。

【予備審査議案の審査省略】内閣提出議案は後議となる議院に予備送付しなければならず（国58）、議院で発議された議案のうち国会の議決を要するものは他院に予備送付することとなっている（衆規29、参規25）。

　参議院では、予備送付議案に対して委員会審査省略要求ができないとされている（参先273）。①予備審査議案は本来の議案ではない、②予備審査を省略しても審査期間を短縮することにはならない、③審査省略は本会議に付すことを前提として認められている、④予備審査のために送付していながら、その省略を求めることは矛盾であること等を理由とする[11]。

　しかし、本送付議案について審査省略がなされれば予備審査は無に帰するため、その可能性のある場合には予備付託を制止しておくことは意味のないことではない。省略するかどうかは議院で決することであるので、予備送付に際して委員会審査省略要求を行う余地を残しておいてもよいのではないだろうか。

【審査省略の効果】委員会審査を省略する議決があれば、当該議案は本会議に上程できる状態となる。予備審査を行っていた場合、予備付託は直ちに解かれて審査は終了する。その場合、既になされた審査の議院への報告は不要である。

　委員会審査を省略することと本会議で議事日程に追加して議題とすることは、理論上別個の概念である。ただし、緊急性を要件とする措置であるので、実際上は審査省略と日程追加を一括して議決することが認められている。

【委員会提出法律案の委員会審査】委員会（参議院の調査会）も法律案を提出することができ（国50の2Ⅰ、54の4Ⅰ）、委員会審査省略を要求する資格を持つが、そもそも

---

11 第25回国会参議院議院運営委員会会議録第4号（昭31年11月15日）2頁〔河野義克参議院事務次長の答弁〕。

第6章　会議　　*187*

§56

委員会（参議院の調査会）提出法律案の場合には、提出までに内容についての議論がなされているため、「特に緊急を要する」とは異なる意味で委員会審査を省略する要請が働く。そこで衆議院では、委員会審査省略要求があったものとして取り扱うこととされており（衆先239）、参議院では規則により、委員会（調査会）提出法律案は審査省略の議決を行うことなく、委員会に付託しないで本会議に付すこととされている（参規29の2）（•••▶『逐参』第29条の2【委員会・調査会提出法律案の審査省略】）。

憲法審査会提出議案についても、衆参各議院において、委員会提出法律案に準じた扱いとなる（参憲規26で参規29の2を準用）。

【本会議審議不要の決定】委員会は、審査議案について本会議に付すことを要しないと決定することができる。

委員会審査は、その議案を可決すべき・否決すべき・修正した上で可決すべきのいずれかの結論を出して終えなければならない。議院が下す判断の参考とするための審査であることによる。したがって、いずれの結論が出ても、委員会審査の終了した議案は、委員会からの報告を受けて本会議での審議が行われる。

本会議に付すことを要しないとの決定は、この原則に対する例外である。付託議案に対して、委員会として評価に値しないと判断する場合にこの決定が下されることとなる。本会議での審議対象を選別する権能が委員会に与えられているわけである。議案の乱発に備えた制度であるとの説明も見られる（佐藤（吉）・参規132頁）。

「院の会議に付するを要しない」とは、委員会審査の後、議院における審議を進める必要がなく、本会議に上程しないことを意味する。

「決定」は、委員会採決の結果としての決定であることを要する。

委員会審査では、議案の内容に対する採決に向けて進んでいくのが通常の流れであるので、議院の会議に付すことを要しないとの決定は、その流れを変えようとするものであり、通常は動議に基づいて行われることとなる。その動議は、議案の可決・否決・修正議決を決する表決に対して先決問題となる。

本会議審議不要の決定があった議案は、本会議に付さない。

本会議審議不要の決定があれば、委員会はその旨を議長に報告し、当該議案は付託を解かれて議長の手元に戻る。ただし、直ちに消滅するわけではなく、当分の間、議院係属の状態にある。

「会議に付さない」とは、議長はこの議案を本会議で議題とすることができないことを意味し、そのため、議事日程に記載することもできない。また、議員が議事日程追加の動議を提出することもできない。

§56

本条第3項から第5項までの規定は、法律案（日本国憲法に係る改正の発議又は国民投票に関するもの）に係る憲法審査会に準用されている（国102の9Ⅰ）。むしろ、その裏で憲法改正原案への準用がないことの方が重要である。

【本会議審議の要求】委員会で本会議審議不要の決定のあった議案につき、議員20人以上の要求があれば本会議審議を行わなければならない。

委員会は議院の縮図となるように構成されている（国46Ⅰ）が、委員会の決定が議院の意思に合致しない可能性もあるため、救済措置を設けているのである。

要求は、委員会の決定の日から休会中の期間を除いて7日以内になされなければならない。

休会中の期間を除くのは、決定があってから休会となった場合、その間は議院の機関の活動が休止するため、議員に時間経過の負担を免れさせる趣旨である。

「7日以内」とは、決定の日を起算日として（国133）7日目に当たる日までを指す。

「休会中」は、国会の休会中（国15ⅠⅢ）であるが、ここでの問題は議院内の手続であるので、議院の休会（国15Ⅳ）も含まれると解する。

「期間を除いて」とは、7日の期間を進行させないという意味であり、休会の初日又は最終日が全日でない場合でも休会中として扱う。

「議員20人以上」は、連名である必要はなく、個々の要求を合わせて20人に達すればよい。

「要求」とは、議案を本会議で審議するよう、一旦本会議での審議不要と決定されたことを覆そうとする求めである。

要求者についての欠格事由はなく、委員会（審査）報告書が印刷されて各議員に配付される（衆規89、参規72の4）ので、当該委員会に所属しない議員もその決定について了知できる。議案の発議者、賛成者、この決定を行った委員会の委員も要求に加わることができる。ただし、委員会の決定に賛成した者が加わることは矛盾した態度となろう。

【要求の効果】要件を満たす要求があれば、当該議案は本会議に上程できる状態となる。議長は本会議の議事日程に当該議案を記載することができ、その義務を負う。記載されない場合には、議員が日程追加の動議を提出することができる。

本会議で議題となった場合には、委員会議了案件と同じように委員長報告からスタートすべきである。本会議に付すことを要しないと決定した経緯も本会議での審議の資料となるからである。

【廃案】7日以内に本会議審議の要求がなければ、この議案は廃案となる。

§56の2

委員会の意図した効果が発生する時期を規定したものである。

「廃案」とは、議案の議院への係属がなくなり、以後、審議することができなくなることである。

この廃案は議院の議決によるものではないが、この内容の議案については審議しないとの議院の意思が明確になったものとして、一事不再議の効果を発生させてよいと解する。すなわち、当該会期において、再び同内容の議案を発議することはできなくなる。

【他院送付案についての例外】本会議審議不要の決定についての規定は、他院からの送付議案には適用しない。

すなわち、委員会は他院からの送付議案について本会議に付すことを要しないと決定することはできない。

一院を通過した議案をおろそかに扱うことはできないという趣旨である。

「他の議院から送付された議案」には、内閣提出議案が他院から送付された場合だけでなく、他院提出の議案も含まれる。一院の議決を経ている点では同じだからである。

〔本会議における議案の趣旨説明〕

第56条の2　各議院に発議又は提出された議案につき、議院運営委員会が特にその必要を認めた場合は、議院の会議において、その議案の趣旨の説明を聴取することができる。

第2次改正（昭23.7）

本条は、本会議における議案の趣旨説明について規定している。

【制度趣旨】国会では、議案の審議は委員会審査からスタートし、その後に本会議審議が行われることとされている（国56Ⅱ）。

♣議院法では〔読会制〕

第27条　法律ノ議案ハ3讀會ヲ經テ之ヲ議決スヘシ但シ政府ノ要求若ハ議員10人以上ノ要求ニ由リ議院ニ於テ出席議員3分ノ2以上ノ多數ヲ以テ可決シタルトキハ3讀會ノ順序ヲ省略スルコトヲ得

議院における審議の枠組みとして、「読会制」が採用されていた。本会議の審議が3つの読会に段階分けされ、委員会審査をその第1読会の後半の過程に組み込むものであった。

190

§56の2

　国会発足当初、議案審議が委員会審査から始まることに対しては、議案に対する議員の関心が小さくなる傾向を防止するため、運用により、特に必要な議案について委員会審査とは別に本会議で趣旨説明を聴取していた。この運用を昭和23年の改正で制度化したのが本条の規定である[12]。

　本条新設時の議論では、衆参両院で制度設計についての認識にずれがあった。趣旨説明の聴取が議案を議題として審議するものではなく、当時の印刷能力の下で議案関係の配付遅延が生じていたことが理由に挙げられているように[13]、提案の趣旨の周知を狙いとすることを出発点としていたところ、参議院は、それに対して質疑を行うこともできるのは実質的に審議行為にほかならないとして、委員会との並行審議を避ける必要があると解していた[14]。そのため、趣旨説明聴取の時期について、参議院は付託前に限るとしていたのに対して、衆議院では委員会付託前に限定しないと解していた[15]。

　このように形式と実質のギャップを内包した制度として創設されたため、いずれに焦点を合わせるかによって運用が変わってくる。後述するように、現在の運用は、実質的に委員会審査の前段を成す審議行為に近い形で行われている。本会議における議案の趣旨説明に関わる幾つかの論点についても、今日に至っては審議行為たる性格に主眼を置いて解決を図るべきである。

【趣旨説明】議案について、議院運営委員会が特に必要を認めた場合は、本会議で趣旨説明を聴取することができる。

　「議案」とは、国会又は議院の審議対象（議決すべき案件）のうち、委員会審査が必要なほどに重要なものを指す（••▶第56条【議案の意義】）。具体的には、憲法改正原案、予算、条約、法律案、予備費承諾案件、議院規則案、決議案等である。

　なお、予算については、財政演説において概要の説明がなされるところであり、本条による趣旨説明は行われない。また、決算については、委員会付託前に本会議でその説明を聴く場合は、「概要についての演説」（衆先496）、「概要の報告」（参先359）との題目となり、本条による趣旨説明とは異なるものである。

　「趣旨の説明」とは、議案を発議（提出）することとなった趣旨とその内容の概要についての説明である。

　制度趣旨にのっとると、他院で修正が加えられて議案の趣旨が変わってしまった

12　第2回国会衆議院会議録第70号（昭23年6月25日）726頁〔淺沼稲次郎衆議院議院運営委員長の趣旨弁明〕。
13　第2回国会衆議院議院運営委員会議録第29号（昭23年4月15日）1頁〔大池眞衆議院事務総長の答弁〕。
14　第2回国会参議院議院運営委員会会議録第23号（昭23年3月30日）6頁〔寺光忠参議院議事部長の説明〕。
15　第2回国会衆議院議院運営委員会議録・前掲13　1頁〔大池眞衆議院事務総長の答弁〕。

§56の2

ような場合には趣旨説明を聴取しないこととなる。衆参両院の運用でもそのように行われており、趣旨の変更には至らないような修正の場合でも提出者と並んで修正案提出者から説明を聴くことは予定されていない。便宜的に、提出者が説明の中で他院での修正内容に触れる程度である。しかし、趣旨説明聴取を委員会付託前の議院における審議の一部分であると捉える立場によれば、係属している議案の内容でその説明を聴取する必要があるので、修正部分も聴取の対象として考えることにつながる。

趣旨説明を行うのは発議者又は提出者であるが、内閣提出議案の場合は所管の国務大臣、他院提出議案の場合はその議院での発議者、提出委員会の委員長が行うことで足りる。

【趣旨説明の要件】本条の趣旨説明は本会議において聴取するものであるが、その聴取を決定するのは議院運営委員会である。本会議で決めることとすると、聴取を求める動議が議事妨害の手段として用いられることが懸念されるからである[16]。

ただし、本会議のどの時点で聴取するかについては、議長の議事整理権の下で決められる。

「各議院」とは、趣旨説明を聴取しようとする議院を指す。対象となる議案はその議院に係属していなければならず、いずれかの議院に出されていれば他院でも聴取できるという意味ではない。

また、第56条第2項と同じく、ここでも他院から送付された議案について触れられていないが、その趣旨説明の聴取も可能である。規定の欠如であり、類推して補う必要がある。

係属していれば足りるので、内閣提出議案に限らず他院提出議案であっても、予備送付がなされていればその段階で聴取することが可能である。

「特にその必要を認めた」とは、個別の議案について趣旨説明を聴取する必要があるとして議院運営委員会が決定することである。

必要か否かの認定基準はないが、重要議案としてあらかじめその内容を議員に周知すべきと考えられるものが対象となろう。

【委員会審査との関係】特定の議案を複数の会議体が並行して審議することは認められない。この点を捉えて、本会議での趣旨説明聴取と委員会審査との関係が問題視される。

趣旨説明聴取が議案を議題として審議するものではないことから、委員会に付託

---

[16] 第2回国会衆議院議院運営委員会議録第19号（昭23年3月24日）3頁〔大池眞衆議院事務総長の答弁〕。

§56の2

されている議案についての聴取も並行審議には当たらないとするのが本制度を立案した衆議院側の説明であった。ところが、趣旨説明に対する質疑は、趣旨説明者にとどまらず、他の閣僚に対するものも認めており、実質的な審議行為として運用された。それと引き替えに、並行審議の観を呈することを回避する運用もなされている。すなわち、発議等がなされるに当たり、その議案についての各会派の趣旨説明聴取の希望の有無を確認し、その希望があるものについては、趣旨説明聴取が終わるまで又は聴取しないことが決まるまで委員会への付託を保留する扱いである（⋯▶第56条【付託保留】）。審議行為としての趣旨説明聴取と捉える立場からは、正当な取扱いと評価できる。

> ♥運用
> 　現在では、発議、提出される議案のほぼ全てに対して趣旨説明希望が付され、予備送付段階で趣旨説明を聴取することが珍しくなっている。この希望は俗に「議案のつるし」と呼ばれ、昭和の時代とは異なって付託前のハードルと化している。

【趣旨説明に対する質疑】本会議における趣旨説明が議案の趣旨を周知させるものであり、かつての劣悪な印刷事情を補うものとして、議案の配付に相当するものだとすれば、趣旨説明に対して疑義をただすことにまで踏み込む必要はない。速やかに委員会審査の段階に進むべきである。

　しかし、疑義を解明しないで済ませるわけにはいかないとして[17]、制度創設当時から議員による質疑が認められてきた。これについては異論がなかった。この制度の趣旨を曖昧にさせているのはこの点であるが、趣旨説明を審議行為と捉える立場からすれば、質疑を行うのは当然のことである。

　現在、参議院では、例外的に委員会付託後に本会議で趣旨説明を聴取する場合には質疑を行わないこととされている（参先304）が、むしろ、付託後には本会議で当該議案に関する議事を行うことができないとすべきであろう。

> ♥運用
> 　本会議で趣旨説明を聴取する際に、内閣総理大臣に対する質疑が認められる議案は「重要広範議案」と呼ばれる（衆先258）。
> 　以前は、趣旨説明に際して毎回、総理が出席していたところ、出席・答弁義務の負担軽減の観点から、国家基本政策委員会における党首討論導入と並行して実施されることとなった[18]。
> 　会期ごとに回数を定め、衆議院の議院運営委員理事会において、対象議案が

---

17 第2回国会参議院議院運営委員会議録・前掲14 6頁（寺光忠参議院議事部長の説明）。
18 南部義典「本会議趣旨説明要求―衆議院における運用経緯と制度の再定位」法政治研究2号（2016）77頁。

第6章　会議　　*193*

§ 56 の 3

選定される。参議院も同様の手続で選定を行う。

【委員会審査省略との関係】特定の議案について、委員会審査を省略しようとの意向と本条による趣旨説明を聴取しようとの意向が競合することが、論理的には考えられる。前者は発議（提出）時に要求がなされ、後者は発議（提出）時、付託前に希望が出されるものである。

本条による趣旨説明聴取は委員会審査を前提として行われるものであるので、委員会審査を省略するか否かの判断の方が先決ということになる。したがって、まず委員会審査を省略することを諮り、それが認められると、本条による趣旨説明は議案の本会議審議に吸収されることとなる。審査省略が認められないときには、本条の趣旨説明を聴取するか否かを、委員会付託前に議院運営委員会が判断することとなる。

〔委員会の中間報告〕
第56条の3① 各議院は、委員会の審査中の案件について特に必要があるときは、中間報告を求めることができる。
② 前項の中間報告があつた案件について、議院が特に緊急を要すると認めたときは、委員会の審査に期限を附け又は議院の会議において審議することができる。
③ 委員会の審査に期限を附けた場合、その期間内に審査を終らなかつたときは、議院の会議においてこれを審議するものとする。但し、議院は、委員会の要求により、審査期間を延長することができる。

第2次改正（昭23.7）、第5次改正（昭30.3）

本条は、委員会審査中の案件の中間報告とその後の本会議審議について規定している。

【制度趣旨】一旦委員会に付託した案件については、その審査方法、日程等は当該委員会の自主性に委ねられる。場合によっては委員会審査が大幅に遅れたり、委員会が付託案件を棚上げにしたりすることもあるが、それに対して議院の側で審議を促進するための対処手段として設けられているのが中間報告の制度である。

裏を返せば、議院と委員会の関係については、議院の側からは中間報告という手段によらなければ委員会審査に介入できないことが読み取れるのである。

本条は、昭和23年の改正で新設されたものである。それまでは、衆議院規則にお

194

§56の3

いて、「議院は、委員会の審査中の事件について特に必要があるときは、中間報告を求めることができる。／前項の中間報告があつた事件について、議院が特に緊急を要すると認めたときは、委員会の審査に期限を附けることができる。／審査期間内に審査を終らなかつたときは、委員会は、審査期間の延長を求めることができる。」(衆規旧122) との規定が置かれていた。参議院では、中間報告を求めることができると規定するだけで (参規旧73)、審査期限を付すことについての定めはなかった。

中間報告の制度を国会法上のものとする際、衆議院規則で審査期限を付すことが結び付けられていたのに加え、委員会審査打切りがセットされた。これは当時、委員会審査の遅延に対処する方途を必要としており、国会法の制定に当たってGHQから示唆のあった米国議会のディスチャージ・ルールを取り入れたものとされている[19]。

【中間報告】議院は、委員会の審査中の案件について特に必要があるときは、中間報告を求めることができる。

「中間報告」は、付託された案件で審査の終了していないものについて、審査の経過や今後の予定を議院に報告することをいう。

議院が委員会の審査状況を承知し、議院としての案件の審議予定を勘案するためのものであるため、本会議における口頭報告とされている。

「委員会の審査中」は、委員会に付託されていて、審査の終わっていない状態を指す。

この点については、委員会で実質的な審査に入っている必要があるとの見解も見られるが[20]、委員会における審査の状況を要件とすると、その遅延に対する対抗措置としての制度趣旨を実現できないことになる。委員会で審査すべき条件が整っている、すなわち付託されていれば具体的に審査行為を行っていない場合でも「審査中」と解すべきであり、国会においてもそのように取り扱われている[21]。

「案件」には、議院から付託されたもののうち、議院の議決を予定するもの全てが含まれる。

懲罰事犯の件、請願、資格争訟事件を含まないと解する説があるが (鈴木・理念131頁)、議院と委員会の間の対抗関係が生じ得るのはこれらの案件についても同様であり、また、委員会審査省略が認められているものが「議案」と表現されている (国56

---

19 松沢浩一「国会の中間報告制度(1)」日本法学 37 巻 1 号 (1971) 89 頁。
20 第 29 回国会参議院議院運営委員会会議録第 11 号 (昭 33 年 7 月 3 日) 2 頁〔小林孝平参議院議員の発言〕。
21 第 61 回国会参議院会議録第 37 号 (昭 44 年 7 月 25 日) 946 頁「社会労働委員会において審査中の健康保険法及び船員保険法の臨時特例に関する法律等の一部を改正する法律案について、速やかに社会労働委員長の中間報告を求めることの動議」等。

§56の3

II）ことに鑑みても、本条の「案件」から懲罰事犯の件、資格争訟事件等を排除する必要はないと解する。

なお、本条は、憲法審査会には準用されていないため、少なくとも憲法改正原案について中間報告が行われることはない（•••▶第102条の9【非準用事項】）。

報告は委員長が行い、事故あるとき又は欠けているときは、その代行者で足りる。

【中間報告の要件】中間報告を求めるには、本会議の議決が必要である。

「特に必要があるとき」は、個別具体の案件について中間報告を求めることを要するときであり、一般的には、委員会審査の進捗状況がはかばかしくないときに審査を促進する意図で認定される。

> ♠事例
> 審査議案について党議拘束を行わない政党が多く、内容的に委員会の採決になじまないとの理由で委員会側も了解している下で中間報告制度が用いられた例がある[22]。

「求める」は、議院としての意思決定に基づいて行うもので、求められた委員会の委員長は本会議の中間報告を義務付けられる。

【中間報告動議】中間報告が行われる典型的なケースは、与野党対決の案件を審査している委員会の委員長が野党議員であり、審議を促進しようとの与党の意図が委員長の議事整理の下で効を奏しない状況にある場合である。その場合には、本会議で中間報告を求める動議が与党から出され、その動議の扱いについても野党側の抵抗を伴うのが通常である。

中間報告を求める動議は議事進行動議ではなく先決問題ではない[23]。したがって、これをいつ議題とするかは議長の議事整理権の下で決められる。通常は、反対派議員の抵抗が予想されることから、動議を議題とするための動議が提出され、これが先決動議として処理される。この動議が可決されて初めて中間報告を求める動議が議題とされる。

中間報告の時期は議院が指定できる。ただし、準備のために必要な時間を猶予しなければならない。時期の指定の問題は中間報告を求めることとは別問題であるが[24]、両者を1つの動議にまとめて提出することは可能である。一方が他方の前提問題というわけではないからである。

【中間報告の効果】中間報告が終わっても、その案件は依然として委員会に付託さ

---

[22] 第140回国会衆議院会議録第29号（平9年4月22日）5頁（臓器の移植に関する法律案）等。
[23] 松沢浩一「国会の中間報告制度(2)」日本法学37巻2号（1971）115頁。
[24] 松沢・前掲23 116頁。

§ 56の3

れた状態のままである。

　ただし、緊急を要すると認める場合には、議院が委員会審査に介入することが認められている。その手段は、委員会審査の方法や内容について指示を与えるのではなく、当該案件の審議を直接本会議で行おうとすることである。

　具体的には、中間報告を聴取した案件について、①議院が委員会審査に期限を付けること、②委員会審査を打ち切って本会議で審議することである。期限付与・審査打切りのいずれを選択するかは議院の判断による。

　中間報告後、委員会審査に介入せず、そのまま推移を見守ることも可能である。

【委員会審査に対する期限付与】中間報告があった案件について議院が特に緊急を要すると認めたときは、委員会の審査に期限を付けることができる。

　「議院が特に緊急を要すると認めたとき」とは、中間報告を求めた必要性に加え、委員会審査の見通しが議院としての案件審議の予定に合致しないと判断したときである。

　まだ時間的余裕があり、その間に委員会が審査を終える見込みのある場合には期限を付すことが選択される。

　委員会の審査に期限を付すことは本会議の議決による。中間報告を聴いた上で判断する事柄であるので、中間報告を求めることと一括して議決することはできない。

　「委員会の審査」は、委員会が採決を行って結論を出し、委員会（審査）報告書を提出することまでを指す。

　「期限を附け」は、確定日付による期限を本会議の議決により付すことをいう。

　期限は日単位とは限らず、時刻まで指定することが可能である。

　本会議で議決されるものであるので、当該委員長に対する通知は必要ない。

　期限が付与されても、その期間が経過するまでの委員会審査は通例どおりである。例えば、公聴会が義務化されている議案（国51Ⅱ）について、それが免除されるわけではない。

**　委員会の審査に期限を付けた場合、その期間内に審査を終わらなかったときは、本会議においてこれを審議する。**

　このとき、案件は当該委員会への付託が自動的に解かれ、委員会からの報告書提出によらずに議長の手元に戻ることとなる。委員会はそれ以上審査を続けることができなくなり、委員会審査を経なくても本会議での審議が可能となる。

【審査期間の延長】議院の議決によって付された期限に対し、委員会は審査期間を延長するよう要求することができ、議院はそれに応じることができる。

第6章　会議　*197*

§56の3

委員会側が異議を差し挟む余地を認めたものである。

「委員会の要求」は、審査期間を延長されたい旨の要求であり、委員会採決によって決定され、議長に伝達される必要がある。

いつまでの延長が必要かを特定する必要はない。要求は期限の到来前になされなければならない。

委員会から期間延長の要求がなされても、議院にはそれに応じるか否かの議決を行う義務はない。この義務を肯定する説もあるが[25]、そのように解すると、本会議で議決できなければ期限到来後も付託された状態が続くと解さざるを得ず、委員会に引き延ばしの手段を与えることとなってしまう。議決までに期限が到来した場合には、付託解除の効果が発生すると解すべきである。

「審査期間を延長する」は、本会議の議決によって新たな期限を付すことである。委員会からの要求に基づくが、委員会の要求内容に縛られるものではない。要求以上又は未満の期間延長が可能である。また、期限解除の議決を行うことも可能であると解する。

期間を延長した場合、新たな期限までは委員会が引き続き審査できることとなる。

本条第3項ただし書は、審査期間の延長が委員会の要求を要件としているように読めるが、この規定は委員会に要求する権限を与えたものであり、場合によっては議院の側が自発的に審査期間を延長すること、さらには、期限を解除することも可能であると解する。これは、期限を付した議決とは異なる内容の新たな判断となるため一事不再議の問題が生じるが、例えば、その後に会期延長がなされたときなどには事情変更があったとの認定が可能であろう。

【本会議審議を行う議決】中間報告があった案件について議院が特に緊急を要すると認めたときは、本会議において審議することができる。

中間報告後、委員会審査に期限を付す方法によらず、直ちに本会議で審議すると議決することを可能としたものである。

「議院の会議において審議する」は、委員会審査を打ち切って付託を解き、本会議で直接審議に入れる状態にすることをいい、本会議の議決で決めることを要する。

本会議で審議することを決めるためには、特に緊急を要すると認められることが必要で、議院として審議を完了させるために、もはやこれ以上委員会審査のために時間を費やすことができないほどに猶予のない場合がそれに当たる。

公聴会が義務化されている議案（国51Ⅱ）について、委員会がそれを終えていない

---

[25]松沢・前掲**23** 144頁。

§56の4

場合でも、委員会審査を打ち切ることは可能である。これについては疑義を示す説もある（鈴木・理念131頁）が、中間報告の制度は、委員会審査を打ち切っても議院としての審議を進めるという、より高次の要請を果たすために設けられたものである。委員会が審査を終えるための要件である公聴会を終えていないことを理由に、議院の意図する審議の迅速さを損なうことがあってはならない。

【中間報告後の本会議審議】付した期限が到来し又は本会議で審議することを議決することによって、当該案件は議長の手元に戻り、本会議の議題に供し得る状態となる。

この案件が議題に供されるのは議長の議事整理権の下で決定されるが、特に緊急を要すると認めたものであり、先決性を帯びることから、通常は、本会議の直近の場面でその審議に入ることとなる。

この場合の本会議審議も委員長報告から入るが、中間報告後の委員会の経過がない場合には省略される。

また、中間報告で案件の概要が触れられず、かつ委員長報告を省略した場合には、趣旨弁明（説明）から始める必要がある。委員会が審査を全く行っていないようなときには、このようなことが起こり得る。

【自発的中間報告】委員会は、審査中の案件について自発的に中間報告を行うことが可能である。これは本条に基づくものではなく、任意のものと解されている（鈴木・理論391頁）。ただし、議院の許可を要すると解すべきである。

この中間報告は事実上の行為であり、その効果として本会議の審議に道を開くものではない。

予算委員会で予算の組替え動議が可決された場合の措置として、委員会の自発的中間報告によって本会議で組替え動議を処理する方法が示されている（今野・法理186頁）が、この場合には、委員会での組替え動議の可決をその予算に対する終局的な決定として審査を終了し、議院への報告を行うべきであろう（••▶第57条の2【予算の編成替え動議】）。

〔同一議案審議の禁止〕

第56条の4　各議院は、他の議院から送付又は提出された議案と同一の議案を審議することができない。

第5次改正（昭30.3）

§56の4

本条は、他院送付・提出議案と同一の議案の審議禁止を規定している。

【一事不再議の原則】 会議法上のルールに一事不再議の原則があり、国会においても採用されている。

「一事不再議」とは、既に議決があったものと同一の問題について同一会期中に再びこれを審議しないという禁則である。

一旦行った議決は、それがその会期における当該事項についての最終意思であり（一会期一意思）、再びその事項を審議の対象とすることはできないとするものである。

一事不再議の合理性は次のような面から説明できる[26]。①1度出した結論に対してやり直しが利かないとすることによって安易な結論を出すことを抑制し、議論を深める方向に誘導する効果を挙げることができる（意思決定の慎重性）。②決定に対する信頼を保護し、決定主体の権威を保持するために、決めた内容を簡単には変えない（議決の安定性）。③審議結果に対して異議を差し挟むことを認めると、審議に加わった者の間での公平を欠く（審議の公平性）。④決まったことに対して蒸し返しを許すと、議事は非能率を免れない（議事の能率性）。

具体的には、1度否決した案件と同じ内容の案件を再び審議することはできず、一旦可決した案件の規定する事項について異なる内容の案件を審議することはできない。可決と否決で再議が阻止される射程が異なるのは、可決の場合にはその案がベストであるとの意味付けを引き出せるのに対し、否決の場合には当該案件が否定されただけで、他の可能性まで拒否する意味を持たないからである[27]。

一事不再議は、審議のそれぞれの段階において適用される原則であるとされる（鈴木・理論153頁）。したがって、小委員会で審議された議案が委員会で審議されたり、委員会の決定が本会議で覆されたりするようなことは、それぞれ審査の段階を異にするものであって一事不再議則に反しない。逆に、一旦結論の出された事柄について、その下部機関が審議し直すことは許されない。

一事不再議則の例外として事情変更の場合が挙げられる。これは原則による制約を解き放つのに会期という時間の経過だけでは足りず、それに加えて具体的に議決の前提となった事情が変更した場合にも再議を認めざるを得ないことによる。

一事不再議には法規上の形式的根拠はないが、議院の審議に適用があることについては異論を見ない。その点は国会の事務的見解とも言うべき議院法制局の答弁で明らかにされており[28]、政府答弁も同じ見解を採っている[29]。

---

[26] 森本昭夫「一事不再議の原則と新たな分析」議会政策研究会年報2号（1995）152頁。
[27] 森本・前掲 **26** 159頁。

§56の4

　請願の審査において、一事不再議を意識した取扱いが衆議院において行われている。すなわち、既に可決された議案又は採択された請願と目的を同じくする請願について改めて採決することなく採択とみなすものであり（衆先394、衆委先173㈤）、「みなし採択」という（•••▶第80条【本会議審議不要の決定】）。

　本条の規定は、一事不再議の一局面を規定するものではないが、それを前提とするものである。その意味において、一事不再議則が通用していることを推認させる明文の規定であると言えよう。

【本条の制度趣旨】 二院制の下で、両院間の送付関係に置かれる議案は、相互に同内容の法案を送付し合うと、一事不再議により、いずれの議案も不成立に終わってしまうこととなる。すなわち、甲議院から送付されたA議案に対し、乙議院がそれと同内容のB議案の方を審議して可決した場合、一事不再議により、乙議院ではもはやA議案を審議することはできなくなり、甲議院においても乙議院から送付されたB議案を審議することは一事不再議に抵触する。その結果、両議院の意思が合致しているにもかかわらず両議案は相討ちとなり、いずれも成立を見ないこととなる。

　このようなことは、一事不再議則と両院制があいまってもたらすものであり、本条は、このような状況に陥ることを避けるために明文の禁則が必要であるとして、昭和30年の改正で設けられたものである[30]。

　これに対して、両院間で同一内容の法案を送付し合う行為が認められないのは一事不再議以前の問題であり、本条は、憲法第59条第1項の先議・後議の原則に係る確認的な規定と見るべきとする見解がある[31]。

【他院からの議案】 各議院は、他院からの送付・提出議案と同内容の議案を審議することができない。

　「送付又は提出された議案」は、他院が当該会期に可決又は修正議決して送ってきた議案である。具体的には、内閣提出議案、他院所属議員発議又は委員会提出に係る議案及び自院が提出して他院で継続審査に付された後、当該会期に議決して送ってきたもののことである（以下、本条の説明において「送付案」という。）。予備送付議案は含まれない。

---

[28] 第24回国会参議院議院運営委員会会議録第30号（昭31年3月26日）5頁〔奥野健一参議院法制局長の答弁〕。

[29] 第24回国会参議院議院運営委員会会議録・前掲**28** 2頁〔林修三内閣法制局長官の答弁〕。

[30] 奥野健一「改正された国会法—解説と問題点」ジュリスト78号（1955）5頁。

[31] 白井誠「憲法政治の循環性をめぐって」曽我部真裕=赤坂幸一編『憲法改革の理念と展開（上巻）』（大石眞先生還暦記念）（信山社・2012）690頁。

§56の4

　回付は本条の「送付」に含める必要はない。回付案とは、当該会期において自院で1度審議を終えている議案であるので、それと同一の議案を審議することは一事不再議則そのものによって阻止されるからである。また、他院から前会期までに送ってきて自院で継続審査となっているものは、本条の「送付又は提出」には含まれない。他院が議決した会期は終わっているため、同一の議案を審議して送付しても、その議案が他院で一事不再議に触れるおそれがなくなっているからである。ただし、既に係属している議案と同内容の議案を発議する実益はない。

【同一の議案】「同一の議案」は、内容の同じ議案を指す。

　この点について、同一事項に関する議案というように広く解釈して、後議の議院で対案を併せて審議することも本条により認められないとする説が見られる（今野・法理135頁）。しかし、本条の目的が、両議院の意思が合致していると認められるにもかかわらず、それぞれが議案を送り合って議案が成立しないことを避ける点にあることに注意する必要がある。他院と異なる意思を形成しようとする動きを封じる必要はない。冒頭から対案を示した上で審議に臨むことを必要とする政治的立場もあり、それに配慮すべきであろう[32]。

　もちろん、乙議院としては、甲議院からの送付案の対案として発議された議案の方を議決すると、その送付を受けた甲議院で一事不再議に引っ掛かることとなるため、乙議院は送付案の方を修正議決することによって意思の実現を図るべきである。具体的な取扱いとしては、乙議院が送付案とその対案を一括審議するときには、送付案を先に採決しなければならない。

　「審議することができない」は、その案を可決することにつながる手続を一切行えないことをいう。

　例えば、送付を受けた後に同一の議案を発議、提出することはできない。この点については、提出不可を含まないとの異論も見られる[33]。既に同一の議案が発議、提出されている場合には、送付を受けた後に本会議における趣旨説明聴取、付託、委員会審査、本会議上程等全てをストップしなければならない。審議できるのは送付案に限られる。

---

[32]森本・前掲**26** 166頁。
[33]橘幸信「『一事不再議の原則』考─議事手続におけるルールと原理」千葉大学法学論集14巻2号（1999）137頁。

§57

〔修正動議〕

第 57 条　議案につき議院の会議で修正の動議を議題とするには、衆議院においては議員 20 人以上、参議院においては議員 10 人以上の賛成を要する。但し、法律案に対する修正の動議で、予算の増額を伴うもの又は予算を伴うこととなるものについては、衆議院においては議員 50 人以上、参議院においては議員 20 人以上の賛成を要する。

制定時（昭 22.5）、第 5 次改正（昭 30.3）

本条は、修正動議を本会議で議題とするための要件について規定している。

【議案の修正】 議案の審議結果は可決・否決の二者択一ではなく、内容に手を加えた上で議決することも可能である。その方法は、原案をどのように修正するかを案に仕立て、原案と併せて審議するものである。

本会議での議案審議において修正すべきであるとの提案には、①委員会がその審査において修正すべきとの結論を得たもの、②議員から修正すべきであるとして提示されるものの 2 通りがある。

内閣提出議案については、提出者である内閣が案の内容を修正する道が開かれている（••▶第 59 条【議案の内閣修正】）。

本条が規定するのは、議員が本会議審議に際して修正案を提案する②の場合についてである。

【修正の限界】 修正は、全ての案件について可能なわけではない。決算や予備費支出承諾案件のように過去の事実を内容に持つものは、正誤、訂正の類いを除いては変更を加えることができない。

修正が可能な議案であっても、修正が原案を生かしながらそれとは異なる内容を実現しようとするものであることから、一定の限界があると解されている。原案に全く関係のないものは認められないものの、原案の趣旨、目的に変更を加えるものであっても直ちに限界を超えるとは言えない等、具体的な基準を挙げることは困難である。

実際には、内容的に原案を換骨奪胎する修正案が提出されることもあり、法律案の場合、修正に限界はないと明言する説が見られるほどである（松澤・議会法 394 頁）。

なお、全部修正が行われることもあるが、これは修正を行うための 1 つの形式であり、内容の修正に限界がないことを前提とするものではない。

第 6 章　会議　　203

§57

予算に対する修正の限界については、第57条の2【予算修正権の限界】の説明参照。

内閣提出議案についての内閣修正には限界がないと解される（…▶第59条【議案の内閣修正】）が、これは提出者の立場で議案の内容を別のものに改めることであり、審議の結果たる修正とは趣旨を異にしている。

【委員会修正】 委員会審査の結果、修正議決すべきとの結論が得られた場合、議案は修正された内容に改められて議長の手元に返ってくるのではない。委員会修正とは、委員会から修正案を提出するものであり、付託された内容の議案に修正案を付して議長に戻すことを意味する。

その場合、本会議では、委員会審査を受けて、原案と併せて委員会から提出された修正案を審議する形となる。委員会決定による修正案であるため、本条に規定する賛成者を要せず（衆規143 I但、参規128）、原案と同時に議題に載せられる（衆先288）。各会派の所属議員数の比率により割り当てられた委員の多数で決定される修正案は、その過程において各会派の異なる意見による牽制がなされたものであり、それ以上の要件を付す必要がないからである（松澤・議会法519頁）。

【動議】 本会議で議案を修正するための議員からの提案は動議によって行う。

「動議」には様々な種類があるため、これを定義することは難しい。「会議の意思決定を求めてなされる提案のうち、案件として形式を整えたもの以外のもの」（佐藤（吉）・参規203頁）というように控除による説明方法を用いざるを得ないほどである。

動議による提案は会議体の議決を目的とするものであるが、そのためには会議の場で議題に供される必要がある。そこで一般的に、動議を議題とするための要件の1つとして賛成者が必要とされる。提出者の独りよがりによる動議を排除するためである。この賛成者要件を満たした状態を動議の「成立」と位置付け、「提出」とは区別している。

国会においては、動議一般について必ずしも賛成者要件が設けられているわけではない。参議院では、動議は1人以上の賛成を待って議題とするとされているが（参規90）、衆議院規則にはこれに相当する規定がない（…▶『逐参』第90条【動議の成立】）。

国会では、制度の上でも実際の運用の上でも、動議の果たす役割は非常に限られたものとなっている。事前協議による会議運営が一般化している（…▶第55条の2【事前協議方式】）ことから、議事進行のための動議が必要となる場面がごく限られているのがその一因である。そのような状況の下で、動議の語が出てくる典型は、懲罰動議、修正動議である。

§57

【修正動議】 本会議で修正動議を議題とするには、相当数（衆議院では 20 人以上、参議院では 10 人以上）の議員の賛成が必要である。

　本条が規定するのは本会議における修正動議であり、委員会での修正動議については賛成者を必要としない。

　「修正の動議」とは、議案の内容を改めようとする動議であり、どのように改めるかを指示する修正案を付して提出しなければならない。

　修正案を議案のように解し、それを上程することを求めるのが修正動議であると理解される可能性があるが、それは誤解である。修正動議は、修正案の内容を実現しようとする提案であり、修正案と別個に観念される手続的動議ではない。

　委員会審査の結果いかんにかかわらず、原案たる議案を対象として修正を求めるものであり、既に提出されている修正案を対象としてその修正を求める（複修正）動議は認められない。その場合には、別個の修正案を仕立てることが必要となる。

　修正動議は議員が提出する。当該議案の発議者や賛成者であっても動議を提出することは可能である。内閣提出議案の場合は内閣に修正申出が認められている（国59）のに対し、議員立法について発議者にそれが認められていない（衆規36、参規28参照）のは、議案審議の過程で修正の手続を採ればよいことを理由とされているところである（•••▶第59条【議案の内閣修正】）。

　また、議員であれば、議長や委員長等の役員、国務大臣等の政府関係者が修正動議を提出することも法規上は可能である。ただし、運用により、その立場上の制約が掛けられている（•••▶第56条【議案の発議】）。

　「議題とする」は、議事の内容として論議の対象とすることであり、修正動議の場合、その対象とする原案が上程される時に併せて行う必要がある。

　修正動議は原案に対して先決性があり（衆規146、参規131）、修正案を未決のまま残して原案の審議を終えることはできない。したがって、成立した修正動議を議題とするためには日程に追加することを諮る必要がない。

　「賛成」は、議員が提出した動議に対し、提出者以外の議員がその提出行為を了とする旨の議院に対する意思表示をいう。

　動議提出についての賛意であるにとどまり、原案及び修正案の審議の結果、表決に際して動議についての賛成者が修正案に賛成しなければならないものではない。

　「要する」は、賛成が表示されなければ動議が成立しないことを意味する。動議提出の要件ではなく、議題とするために必要であるとの意味である。

　ただし、議院規則上、審議の準備を要するところから、修正案はあらかじめ提出

第6章　会議　　*205*

§57

することとされており、かつ、賛成者との連署が必要とされている（衆規143 I、参規125 I）（➡▶『逐参』第125条【修正動議】）。しかし、これによって賛成者が提出要件に転換されたわけではないので、原案を議題とする時に会議に出席している者が賛成者となっていることを認定する必要があると解する（鈴木・理念73頁）。

　修正動議についての賛成者要件について、議案発議の賛成者要件と同趣旨であるとの説明が見られる（松澤・議会法519頁）。しかし、修正動議の賛成者の方は国会法の制定時から定められているものであり、これに対して、議案の発議については、当初、賛成者を必要としていなかった。この差は、議案の本会議上程が委員会審査というフィルターを通過することが要件となっているのに対して、修正動議はその先決性のゆえに、提出され成立したもの全てを議題とする必要があることとの見合いで動議の成立自体を絞り込む必要が本来的にあることによるものと推察できる。

　「議員○人以上」は、それぞれ提出者を含まない人数である。

　本条本文の規定に対しては、ただし書のほか、予算の修正について（国57の2）及び憲法改正原案の修正について（国68の4）、特則が設けられている。

【予算を伴う修正】法律案に対する修正の動議で、予算の増額を伴うもの又は予算を伴うこととなるものについては、賛成者要件が加重される（衆議院では議員50人以上、参議院では議員20人以上）。

　予算の増額を伴う修正案又は予算を伴うこととなる修正案について賛成者要件が厳しくされたのは、昭和30年の改正で議案の発議要件が改められたのに伴うものである。その趣旨は、内閣が予算編成権を有することとの関係で財源の裏付けのない修正案の提出を抑制することにある。

　「予算の増額を伴うもの」は、原案である法律案が予算を伴う場合（➡▶第56条【予算を伴う法律案】）に、修正を施すことによって歳出が増加又は歳入が減少することとなる修正案をいう。

　修正案が部分的に歳出の増減又は歳入の増減となる施策を併せて講じる場合であっても、原案と比較して修正案全体として歳出増又は歳入減をもたらすときには「予算の増額を伴う」に当たる。逆に、修正案が全体として歳出増又は歳入減をもたらさなければ、「予算の増額を伴う」には当たらない。

　「予算を伴うこととなるもの」は、原案が予算を伴わない場合に、修正を施すことによって、①歳出予算総額を増加し又は歳入予算の総額を減少することを要するとき、②歳出予算の総額の増加はなくとも、項を新設し又は各部局若しくは各項間においてその額を増減させることを要するときであってその増減額が国会の議決を経

206

§57の2

た移用の範囲の額でないとき、③法律の施行の年度においては予算の計上額の範囲であっても、次年度以降において内閣に予算上の義務を課すこととなるときの修正動議がそれに当たる（浅野他・事典109頁）。

修正動議が予算の増額を伴うものか否か等の判断は、議長が行う。修正案が予算を伴う等の場合には、その提出者が必要となる経費を明らかにした文書を添えることとなっており（衆規143Ⅱ、参規125Ⅱ）、議長はそれを参考にして必要な賛成者の数を判断するが、その文書の添付の有無は議長の判断を拘束するものではない。

〔 予算修正の動議 〕
　第57条の2　予算につき議院の会議で修正の動議を議題とするには、衆議院においては議員50人以上、参議院においては議員20人以上の賛成を要する。

　　　　　　　　第5次改正（昭30.3）

本条は、予算に対する修正動議を本会議で議題とするための要件について規定している。

【予算修正権の限界】「予算」とは、国の歳入歳出の予定的見積を内容とする国の財政行為の準則として議決されるべきものとして提出された議案のことである。

案である以上、「予算案」と呼ぶべきものであるが、慣例として「予算」と呼ばれ、法規上も「予算」の語が用いられている。

予算には、総予算、補正予算、暫定予算の種類があるが、本条の「予算」はそのいずれをも適用対象とする。

予算は議案であり、国会の審議過程でその内容を修正することは可能である。予算の修正には、原案の予算科目を削除し又は科目の金額を削除する「減額修正」と、原案に新たな科目を設け又は科目の金額を増額する「増額修正」があるが、提出された予算に対して、国会はどのような修正を施すことも可能か否かが古くから論じられてきた。

かつては増額修正は認められないとする説も見られたが[34]、これを継承する考え方は今日では見られず、法規上も決着を見ている（国57の3参照）。

現在の争点は、増額修正について限界があるかどうかに移っている。

政府の統一見解は、「内閣の予算提案権を侵害しない範囲内において可能」とし、

_____

[34] 美濃部達吉『日本国憲法原論』（有斐閣・1948）391頁。

第6章　会議　　207

§57の2

項の新設やその内容が全く変わってしまうような修正は問題があるとして限界があるとの説によっているが[35]、国会では、かつて両院法規委員会において、「国会は予算の増減または予算費目の追加もしくは削除等すべて内閣の提出した予算に関して最終かつ完全な権限を有する」との勧告を決定した[36]。すなわち、無制限に修正できる権利を有するとの立場を採ったものである。

予算の法的性格の論議において、予算を法律の一種であるとする予算法律説は、予算に対する修正の無制限を主張することを意図するものでもある[37]。しかし、修正の限界と議決形式は必ずしもリンクするものではなく、予算を独自の法形式であるとする予算法形式説が当然に限界があると主張することとはならず、無制限の立場を採るものもある（佐藤（功）・ポケ㊦1143頁等）。

予算の修正に限界を設けると、それによって立法の内容にも制約が及びかねない。財政民主主義の観点だけでなく、立法府としての権能を守る立場からも、予算の増額修正に限界はないと解する。

【予算に対する修正動議】 予算の修正の仕方には、他の議案に対するものと同様、付託委員会で修正すべきとの結論を得たもの、議員から修正すべきとして提示されたものを本会議で修正案として原案と併せて審議する2通りがある。

本条が規定するのは、議員が本会議審議に当たって修正動議を提出する場合についてである。

本会議での予算に対する修正動議の賛成者要件は、通常の議案の修正よりも加重される（衆議院では議員50人以上、参議院では議員20人以上）。

その趣旨は、予算を伴う法律案の発議要件等が加重されているのと同じく、議員が自らの選挙区のために予算を獲得しようとする予算増額修正を乱用する弊害に対する対策である[38]。ただし、本条で規定している賛成者要件は増額修正の場合についてだけではない点に注意を要する。

「修正の動議」、「議題とする」、「賛成」、「要する」、「議員○○人以上」については、**第57条【修正動議】**の説明参照。

これに対して委員会での修正動議については、賛成者要件の規定がない。委員会における活発な議論を期待するとともに、本会議に上程されるためには委員会で議決されなければならないので、その提出には要件を付す必要を認めなかったもので

[35] 第80回国会衆議院予算委員会議録第3号（昭52年2月8日）12頁（真田秀夫内閣法制局長官の発言）。
[36] 第2回国会両院法規委員会会議録第6号（昭23年2月26日）1頁。
[37] 小嶋和司「財政―予算議決形式の問題を中心として」『日本国憲法体系 第6巻 統治の作用（宮沢俊義先生還暦記念）』（有斐閣・1965）193頁。
[38] 佐藤功「国会の予算増額修正権―その限界・1」法学セミナー129号（1966）15頁。

§57の2

ある。

【予算の編成替え動議】 予算の内容を変更する手段として、「編成替え動議」が認められている。一般に「組替え動議」と呼ばれているもので、内閣に対して一旦撤回し動議の趣旨に沿った内容で編成して再提出することを求める動議である。これは帝国議会時代に予算の増額修正が許されなかったことに端を発した慣行であるとされる（鈴木・理論206頁）。現在でも、修正案を作成することが時間を要し、技術的困難を伴うため、それを克服する手段として編成替え動議が機能している。

なお、一院を通過した議案は撤回できないので、予算について後議議院となる参議院においては編成替え動議を提出することができない。

編成替え動議は、慣例上の類型であり、成立要件が法規上加重されているわけではないが、賛成者要件を運用で設けることは議院の自律の範囲内の事項であると解する。衆議院先例では、予算の修正動議に準じて50人以上の賛成を得て提出する例とされている（衆先340）。

編成替え動議は本案に対して先決を要する。したがって、提出された編成替え動議を処理せずに、予算の審議を終えることはできない。

本会議で編成替え動議が可決された場合、それは政治的効力を持つにとどまるとされるが、そのままでは審議を進めることができないため、内閣は相応の対策を迫られることとなる（今野・法理180頁）。否決されれば、本会議でそのまま予算審議を続けることとなる。

委員会での編成替え動議の可決の場合、審査は中断されたまま予算案は宙に浮いた形となるとして、委員会から自発的に中間報告を行うことができ、**国会法第56条の3**〔委員会の中間報告〕の場合に準じるとする理解が見られる（今野・法理186頁）。すなわち、中間報告後に編成替え動議を本会議で処理し、否決されれば再び委員会審査に戻るとするものである。しかし、委員会に提出された編成替え動議は本会議で処理すべき性格のものではなく、さらに、その可決は当該予算に対する委員会の終局的判断と解すべきであり、その報告を受けて本会議で予算の審議を行うべきであると解する。そこでは、委員会提出の修正案に準じ、委員会の結論としての編成替え案を先に諮り、可決されれば、それが議院の意思となり、否決されれば、本会議で本案の審議を行うこととなる。

§57の3

〔内閣の意見聴取〕

第57条の3　各議院又は各議院の委員会は、予算総額の増額修正、委員会の提出若しくは議員の発議にかかる予算を伴う法律案又は法律案に対する修正で、予算の増額を伴うもの若しくは予算を伴うこととなるものについては、内閣に対して、意見を述べる機会を与えなければならない。

第5次改正（昭30.3）

　本条は、予算を伴う議員立法等についての内閣の意見聴取について規定している。

【内閣の意見聴取】議院や委員会の意思決定は自律的に行われるものであるが、参考人等、他者の意見を聴くことも可能であり、公聴会の開会が義務付けられている場合もある（国51Ⅱ）。それらは利害関係者や学識経験者からの意見であるが、他の国家機関の権限との調整の必要がある場合として、昭和30年の改正で本条が設けられた。

　議院又は委員会は、予算総額の増額修正、委員会提出若しくは議員発議に係る予算を伴う法律案又は法律案に対する修正で予算の増額を伴うもの若しくは予算を伴うこととなるものについては、内閣に対して意見を述べる機会を与えなければならない。

　財政負担を伴うような提案については、内閣に意見を述べる機会を与えるとの趣旨である。

　予算を伴う議員立法等があると、内閣にはそれに従って執行の義務が生じるにもかかわらず、当初予算では措置が講じられていないのが通常であり、あらかじめ内閣の意見を聴取することで財政のアンバランスが生じるのを防ごうとするものである（鈴木・理念73頁）。

　提出要件が加重されていない委員会での修正動議についてもカバーしている。また、議員立法の中には、省庁が財政当局の同意が得られず閣議決定に至らない法案を議員に依頼して発議してもらうもの（省庁依頼立法）も見られるため[39]、それに対する内閣の立場を公にすることで抑制を図ることも狙いとしている。

　「内閣に対して」は、内閣を代表する内閣総理大臣の発言によることを意味するのではない。内閣の意見であれば、それを開陳するのは国務大臣等であっても差し支

---

[39] 川人・前掲**7** 186頁。

§57の3

えない。

「意見」は、その案に対する内閣としての評価のことであり、具体的には賛否及びその理由を指す。内閣が予算編成権を有するがゆえに認められた制度であり、財政上の観点からの意見でなければならない。

その内容は閣議で決定されたものであることを要する。

「機会を与えなければならない」は、要件に該当する案件について審議中であること又は審議を行おうとしていることを伝え、相応の時間的余裕を与えた上で意見があれば陳述を認めるとの意味である。

その上で内閣としての意見が決まらなかったり、意見開陳を差し控える意向であったりする場合には、意見聴取なしに審議を先に進めることができる。

審議を進めない場合には、機会を与えるには及ばない。また、委員会において本会議に付すことを要しないと決定する（国56Ⅲ）場合も、同様に機会を与える必要はない。

【意見聴取の対象】意見を聴く対象は、①予算総額の増額修正、②委員会提出に係る予算を伴う法律案、③議員発議に係る予算を伴う法律案、④法律案に対する修正で予算の増額を伴うもの又は予算を伴うこととなるものである。

このうち、②については参議院の調査会にも準用があり（国54の4Ⅱ）、②、③及び④については憲法審査会に準用されている（国102の9Ⅰ）。

「予算総額の増額修正」は、総予算に限らず、補正予算、暫定予算に対する修正案でも、その歳出総額が増えるような内容のもの全てを指す。

歳入総額が減少する内容の修正案にも類推適用される。

「委員会の提出若しくは議員の発議にかかる」は、「予算を伴う法律案」のみに係る。他院の委員会提出・議員発議のものは対象外である。発議・提出行為に対して自粛を促すための方策であることから、一院の議決を経たものまで対象とする必要はない。

「予算を伴う」については、第56条【予算を伴う法律案】の説明参照。

「法律案に対する修正で、予算の増額を伴うもの若しくは予算を伴うこととなるもの」については、第57条【予算を伴う修正】の説明参照。

議案、修正案が内閣の意見を聴く必要のある内容か否かの判断は、その会議の主宰者が行う。法律案、修正案が予算を伴う等の場合には、その発議者、提出者が必要となる経費を明らかにした文書を添えることとなっており（衆規28Ⅰ、47Ⅱ、143Ⅱ、参規24Ⅰ、46Ⅱ、125Ⅱ）、主宰者はそれを参考にしながら意見聴取の要否を判断するが、

第6章　会議　　211

§ 57 の 3

その文書の添付の有無は主宰者の判断を拘束するものではない。

　法律案が予算を伴う場合や法律案に対する修正案が予算の増額を伴う等の場合、それを実現するためには予算措置が必要である。その予算措置が先になされている場合には法律案審議において必ずしも内閣の意見を聴取する必要はないと解される。予算書から必ずしもその点が読み取れるとは限らないが、衆議院においては、予算を修正議決した後、その修正に伴う法律案（予算を伴う）等の審議を行う場合、法律案審議において内閣の意見を聴かない例とされている（衆委先 107）。

【意見聴取の場】「各議院又は各議院の委員会」は、本会議でしか機会のないものについては本会議において、委員会段階から機会のあるものについては委員会又は委員会・本会議の両方においてという意味である。

　委員会・本会議議決のいずれもが内閣の意見を徴した上でのものでなければならず、委員会は、本会議において聴取することを見越して意見聴取を省略することはできない。

　逆に、委員会審査段階で意見の聴取が行われれば、本会議において重ねて意見を聴く機会を設ける必要はない。これは内閣の意見が議案審議における議論として必要とされているのではなく、意見の内容が示されれば足りることによる。したがって、本会議での意見聴取を行わないのは、委員長報告において、委員会で聴取した内閣の意見が紹介されることを条件とする。委員会で意見を述べる機会を与えたものの内閣が意見を述べなかった場合も同様であり、それを内閣の回答として受け止め、本会議で改めてその機会を与える必要はない。

　法律案は通常、委員会審査の過程を踏むため、本会議で意見を聴く機会を与える必要があるのは、議員発議の法律案で委員会審査を省略するもの、中間報告後に本会議で審議するもの、委員会で本会議に付すことを要しないと決定した議案で議員から本会議付議要求のなされたもの、本会議における修正案だけである。

　委員会提出の法律案は委員会審査が省略される（参規 29 の 2、衆先 239）ため、審議過程において意見を聴取する機会があるのは本会議に上程された時だけであるが、委員会で提出を決定する前に内閣の意見聴取の機会を与えることが義務付けられている（衆規 48 の 2、参規 50 Ⅰ）ことから、本会議で改めて聴取する必要はない。

【意見を聴取する時期】意見を聴取する時期は限定されていないので、採決前であれば足りるが、討論が当該案件に対する態度表明であることに鑑みれば、討論前に聴取するのが道理にかなっており、両議院の先例もそのように取り扱っている（衆委先 102、参委先 152）。

§58

委員会等提出の法律案の場合、内閣の意見を聴取するのは委員会等で提出を決める前である（衆委先103、参委先152）。

〔予備審査〕
第58条　内閣は、一の議院に議案を提出したときは、予備審査のため、提出の日から5日以内に他の議院に同一の案を送付しなければならない。

制定時（昭22.5）、第2次改正（昭23.7）

本条は、内閣提出議案の予備送付について規定している。

【予備審査】二院制の下では、国会の議決を要する議案は、一院の審議が終わってから他院の審議がスタートするものである。後議議院での審議対象は先議議院における審議を終えて初めて確定するからである。これに対して、先議議院で審議中の議案について、これと並行して予備的に審議を行うことができるとしたのが予備審査制度であり、審議の能率向上を図るためのものである（大池・説明5頁）。

国会法は、予備審査を行える状況を作り出す本条を置くことによって、予備審査制度を規定した。

本条は、内閣提出議案について規定するだけであるが、他院提出の議案についての予備審査の根拠規定でもあると解する。ただし、そのための予備送付については国会法は規定を設けず、議院規則で対応している（衆規29、参規25）（•••▶『逐参』第25条【予備送付】）。

「議案」は、ここでは国会の議決を要する議案で、両議院の送付関係に置かれるものを指す。したがって、決算は本条の対象とはならない。

「予備審査」とは、議案が他院から送付される前に他院での審議と並行して審議を行うことであるが、「審査」という語が用いられているように、委員会審査が念頭に置かれている。

ただし、国会法第56条の2による本会議での趣旨説明の聴取は、予備送付議案について行うことが可能である。伝統的理解によると、この趣旨説明は議案を議題として審議する行為ではなく、提出（発議）の趣旨を聴取するものであるから予備送付の段階でも可能であると説明される。他方、国会法第56条の2による趣旨説明は、実質的に審議行為と見ることができ（•••▶第56条の2【制度趣旨】）、その見方からすれば、委員会審査と並行して行うことは適当でなく、予備送付の段階で行う場合も付託前

第6章　会議　　213

§58

に行うこととなる。

　予備審査においては、採決や議案に対する賛否を明らかにする討論を行うことは許されない。審査があくまでも予備段階のものだからであり、また、先議議院で修正されれば議案の内容が変わって送付されてくるからである。

　予備審査段階での審査順序は、本審査のそれと変わらず、趣旨説明からスタートする (衆規44、参規39)。質疑はもとより、公聴会の開会 (衆規77、参規63) や委員派遣 (衆規55、参規180の2Ⅰ) を行うことも可能である。

　予備審査は、そのための送付、付託によって可能となり、先議議院の審査開始前でも行うことができる。先議議院の審議が終わって議案が送付 (これを「本送付」という。) されるまで又は先議議院から否決した旨の通知を受けるまで可能である。

　本送付後、議案が直ちに付託されない場合には、予備審査議案が委員会に係属し、本送付議案が議長の手元にあるという事態が生じるので、本送付によって予備審査議案は消滅すると解すべきである (研究会・法規36時の法令1545号 (1997) 76頁)。

　予備審査議案についても閉会中審査を行うことが可能である。ただし、先議議院において閉会中審査がなされることが条件となる (参先134)。

　予備審査を行った議案が本付託されると、予備審査の経過を引き継いで本審査を行う。先議議院で議案が修正された場合には、その部分について説明を聴いた上で質疑を続けることとなる。

　予備審査を行っていた議案が本送付され、その委員会審査省略が決定された場合、既になされた審査についての議院への報告は不要である。

【予備送付】内閣は議案を国会に提出することができる (憲72) が、衆参いずれの議院に出すかは内閣が選択できる。ただし、予算については、衆議院先議であることが明文で定められている (憲60Ⅰ)。

　内閣は、一院に議案を提出したときは、提出の日から5日以内に他院に同一の案を予備送付しなければならない。

　予備審査を行うための審査対象の提供義務を明らかにしたものである。

　「一の議院」とは、先議議院として内閣の選択した衆参いずれかの議院のことである。

　「送付」とは、予備審査に供するために提出することである。一般に、これを「予備送付」と呼んでいる。

　「同一の案」とは、提出した議案と同じ内容のものである。

　提出後、予備送付前に内閣修正を行い又はその申出が承諾された (国59) 場合には、

214

§ 59

修正後の内容で予備送付すべきである。

　予備送付後に内閣修正又は撤回がなされたときは、内閣からその旨の通知がなされなければならない（参先185）。内閣修正又は撤回が他院の承諾に係る場合には、他院からその旨の通知がなされる（衆先185、参先185）。その結果、予備送付案の内容が修正され又は消滅する。

　「提出の日から5日以内」とは、提出の日を起算日として5日目に当たる日が終わるまでにという意味である（国133）。

　予備送付がなされるまでの間に先議議院が議決して他院に送付すれば、後議議院は直ちに本審査に入れるため、予備送付を行う必要はなくなる。また、この間に内閣が撤回し又はその申出が承諾された場合（国59）には、予備送付の必要はなくなる。

　なお、予備審査が可能であることを前提として、議員発議・委員会提出議案についての予備送付の規定が議院規則に置かれている（衆規29、参規25）（••▶『逐参』第25条【予備送付】）が、これは両議院相互関係に関する事項であるので、国会法で規定すべきところであろう。

【予備付託】予備審査も委員会の活動であることから、予備送付された議案は、付託されて初めて委員会審査の対象となる。これを「予備付託」という（衆規35、参規29Ⅰ）。

　〔内閣提出案の修正・撤回〕
　　第59条　内閣が、各議院の会議又は委員会において議題となつた議案を修正し、又は撤回するには、その院の承諾を要する。但し、一の議院で議決した後は、修正し、又は撤回することはできない。

　　　　　　　制定時（昭22.5）、第5次改正（昭30.3）

　本条は、内閣による議案の修正、撤回について規定している。

【議案の撤回】内閣が、本会議又は委員会において議題となった議案を撤回するには、その院の承諾を要する。

　本来、議案は、一旦提出（発議）した後は、提出を受けた会議体がその生殺与奪の権を握るものである。これに対して国会法は、提出者の意思に配慮を示している。

　「議案」は、内閣が自ら提出したものに限られる。議員立法の内容については、当然のことながら、行政府たる内閣が介入することは認められない。

　また、予備送付案は含まれない。本来の議案とは独立に、予備送付議案につい

第6章　会議　　*215*

§ 59

てのみ変更を加えるのは意味のあることではない。

「撤回」とは、一旦提出したものを取り戻して審議できないようにすることである。

その申出は、閣議決定に基づいてなされなければならない。

本条は、内閣提出議案について、議題となった後のことだけを規定しているが、これは撤回が原則として内閣の意思に委ねられていることを前提としており、議題となる前のことについては本条の反対解釈により、内閣の提出議院に対する申出によって撤回が実現することとなる。

なお、議員発議案の撤回については、議院規則が規定を置いており、本条とは若干異なる内容となっている。すなわち、委員会の議題となった後は委員会の許可が、本会議の議題となった後は本会議の許可が必要である（衆規36、参規28Ⅱ）(⋯▶『逐参』第28条【議案撤回の許可】)。

議院や委員会提出の議案は、提出行為が議決に基づくものである。事後に撤回できるとすることは一事不再議の問題もあり、その申出は認められていない。

【議案の内閣修正】内閣提出議案の内閣による修正は、本会議又は委員会において議題となった後はその院の承諾を要する。

議案の内容についても、内閣に対して提出後の特例的な権限を認めたものである。

「修正」とは、提出者の立場で議案の内容を別のものに改めることであり、したがって、ここでは内閣提出議案に対するものに限られる。

どの程度の内容の変更が許されるかについては、限界がないと解される。しかし、異なる法形式に変えることはできず、全く別の分野についての規範に改めるような場合には、修正によるのではなく、撤回した上で提出し直すべきである。

本条の反対解釈により、議題となる前に内閣が修正するのに承諾を要しないとされる点は、撤回と同様である。

議案の撤回と異なり、提出者による修正が認められているのは内閣のみであり、議員発議案については、議院規則においても発議者たる議員に修正権は認められていない。議員は議院の構成員であり、発議者の権限としてではなく、議案審議において修正の手続が用意されていることを理由とする。発議者の立場で修正するには、撤回と再提出の方法を用いざるを得ない。

また、議院や委員会提出の場合は、撤回同様、提出議院や委員会が修正を求めることを決める行為が一事不再議に反する可能性が出てくる。そのため、提出議院や委員会による修正申出は認められない。

【撤回・修正の承諾】「その院の承諾」は、承諾する旨の本会議の議決という意味で

§59

ある。

内閣から申出があれば、それを放置することはできず、議院は承諾するか否かを議決する必要があると解する。

承諾しないとの判断が可能であることは当然であるが、承諾する場合には条件を付すことができない。

承諾するか否かは議院の判断である。委員会に付託されている状態で議院の承諾が必要となるのは例外的なケースであるが、そのままの状態で承諾するか否かを判断することができる。また、付託委員会の意向を忖度する必要はない。

承諾は、提出した議院のもので足り、後議の議院が予備審査を開始していても、その院の承諾が必要となるわけではない。予備審査は、その対象の内容が不確定であることを前提に行っているものだからである。

議員発議に係る議案を撤回する場合と内閣提出議案の場合とで扱いが異なるのは、内閣は外部の機関として直接の交渉関係に立つのが議院であるのに対し、議員発議案の扱いは院内の事項にとどまっていることによる。その点が「承諾」と「許可」という用語の違いにも表れている。

「議題となつた」は、会議において意思決定につながる過程として議論の対象とされることをいう。

通常、審議の過程は趣旨弁明から始まる。本会議では委員会審査を受けて審議するため、委員長報告から始まるのが原則である。

議題となったか否かの点を境界線としているのは、議院が意思形成のため具体的に内容に関わる活動段階に入れば、その対象を維持する権限が生じるとの理解に基づいている。

他院が予備審査を開始したことは、議題となったことには当たらない。提出した議院における審議状況だけで「議題となつた」か否かが決まる。

本会議において国会法第56条の2の規定による趣旨説明を聴取し、委員会が審査に入る前の議案については、衆参両院は、議院の承諾なく撤回できると解している。この趣旨説明聴取は、議案を議題として審議するものではなく、提案の趣旨を議員に徹底させることを狙いとする制度であるとの理解による。この取扱いに対しては、1つの手続が行われたのであるから撤回には議院の承諾を要すると解すべきであるとの見方がある（佐藤（吉）・参規58頁）。趣旨説明に対しては質疑を行うのが通例となっており、実質的に議案の審議にほかならないことを踏まえてのものである。

委員会で付託議案の閉会中審査を求める決定を行うことや本会議で閉会中審査を

第6章　会議　　*217*

§ 59

行う議決を行うことは、「議題となつた」には当たらないと解する。したがって、委員会において審査に入ることなく継続審査となった議案を次国会以降に撤回、修正するには承諾を必要としない。実質審議の有無で判断すべきであり、閉会中審査のための議決は手続にとどまるからである。この点、衆議院では、議院が一旦当該議案に関わりを持った以上、後会において撤回、修正するに際しては、内閣は自らの意思だけではできないとする取扱いである[40]。

【一院議決後の撤回・修正】内閣による撤回、修正は、一院の議決後は認められず、内閣はその申出を行うことができない。

これを許すと、先議議院の意思にかかわらず他院が内閣の意向を受けて議案の内容、消長に変更を加えることとなり、結局、先議議院の議決がなかったものとなってしまう弊が生じるからである。議案が後議議院に移った後は、与党を通じて議案審議の過程で修正を図り又は審議を未了に終わらせるほか方法がない。

「一の議院」は、議案の提出先の議院のことである。

後議議院が継続審査を行った後の後会における審議は、あたかも先議議院としての審議のような様相を呈するが、前国会の先議議院が議決にまで至った過程は無視してよいものではなく、この場面でも内閣による撤回、修正の申出はできない。

「議決」は、議案の内容に対する評価としての本会議の議決で、その議案を他院に送付することとなるものである。具体的には、本会議における可決、修正議決を指す。

本会議の議決には、議案を継続審査に付すことや修正案及び原案が共に過半数の賛成を得なかったときに議案を廃棄しないものとすることを内容とする議決（衆規147、参規132）もあるが、これらは本条の「議決」には当たらない。

議決の内容が否決である場合、それによってその議案の審議は終了してしまうので、撤回や修正を行う余地はない。

【撤回・修正の効果】議案が撤回され又は撤回が承諾されると、議案の提出がなかったことになり、議院への係属、委員会付託等が消滅する。

委員会審査が進み、既に委員会で採決がなされた場合でも、その効力がなくなる。したがって、同内容の議案が同会期に改めて提出されたとしても、その議案を同じ委員会の審査に付すことは一事不再議には当たらない。ただし、撤回された議案に対する委員会での議事は事実として残り、会議録における当該議事の記載が抹消されるわけではない。

40 青木修二=遠藤賢一「議案の修正・送付」議会政治研究 46 号（1998）41 頁。

§60

　議案が修正され又は修正が承諾されると、その申出どおりに議案の内容が変更される。修正前の議案に対して行った審議は、修正後の審議としていかし得る限度で有効と解される。したがって、修正の程度にもよるが、質疑が進んでいても、修正部分の説明の後、それに続けて修正後の質疑を補充的に行えば足りるが、討論の段階にまで進んでいれば、修正後の議案に対して改めて修正部分の説明、質疑の段階に戻る必要がある。

　修正の内容によっては付託委員会を変更する必要が生じることもあり、その場合には、付託替えの手続を採ることとなる（┅▶第56条【付託変更】）。

　委員会審査終了後に修正を承諾した場合には、議案を再付託すべきか否かを判断すべきであろう。

　内閣申出により修正された議案について、委員会や本会議で更に修正する議決を行うことは可能である。

　内閣修正又は撤回がなされたときは、予備送付議案も同様の変更が加えられたこととなる。したがって、内閣から他院に対してその旨の通知がなされなければならない（参先185）。内閣修正又は撤回が議院の承諾に係る場合には、先議議院からその旨の通知がなされる必要がある（衆先185、参先185）。

〔他院提出議案の説明〕

第60条　各議院が提出した議案については、その委員長（その代理者を含む）又は発議者は、他の議院において、提案の理由を説明することができる。

　　　　　　　　制定時（昭22.5）

　本条は、議院提出議案についての他院における提案理由説明について規定している。

【**提案理由説明**】議案の審議は、提案理由説明から始まる。

　「提案の理由を説明」とは、議案の審議の導入部において、その提案者が提案の趣旨、議案の内容について説明することである。実定法上、用語の統一が図られておらず、「趣旨を弁明」（衆規117、参規118Ⅱ）、「趣旨について説明」（衆規44、参規39、107）の語が用いられている。国会法第56条の2の規定による趣旨の説明も本条の「提案の理由を説明」に含まれるが、その特殊な意義について注意を要する（┅▶第56条の2〔本会議における議案の趣旨説明〕）。

第6章　会議　　*219*

§60

　議院提出議案については、その委員長（代理者を含む）又は発議者が他院において提案理由を説明することができる。

　二院制の下での議案成立の推進者の役割を示したものである。

　「他の議院」とは、他院の本会議又は付託委員会を指す。

　「説明することができる」とは、他院又は他院の委員会に対する関係で当然に説明できる旨を規定するものではなく、求められたときに説明の任に当たる資格を認めるものである。

　質疑に対して答弁することも、その根拠を本条に求めることが可能である（大池・説明6頁）。

　他院における提案理由説明を両院独立活動の原則に対する例外との説明がなされているが[41]、二院制の下で両議院に議案提出を認める以上、それは必然に属する事柄であり、他院の意思決定に対する関与と位置付けるほどのことではないだろう（**▶第10章概説【両院独立活動の原則】**）。

【説明者】議院内においては、議案の提案理由説明は発議者又は提出者である委員長が行う。提案者が議案成立についての推進者であり、その内容や提案理由について自らのこととして説明できる立場にあるからである。

　この議案の発議者、提出者の立場は院内におけるものであり、他院との関係では、当該議案は議院提出議案となる。提出議院の代表者である議長ではなく、提出議院で提案又は審議に関わった者にその資格を与えるのが実際的であり、本条はその点を確認するものである。

　「その委員長」は、当該議案を提出又は審査した委員会の委員長を指す。

　「その代理者」は、当該委員会の理事のうち委員長が指定（委託）した者である（衆規38Ⅱ、参規31Ⅲ、衆委先28、参委先25）。

　「発議者」は、議員発議議案についての提出議院における発議者のことである。

　「各議院が提出した議案」は、議員発議又は委員会（参議院の調査会）・憲法審査会提出の議案を可決又は修正議決して他院に送付した議案のことである。

　本条に挙げられている説明者は網羅的ではない。提出した議院において修正議決された場合、その修正案提出者も説明できるとしておく必要がある。委員会において修正された場合には委員長で対応できるが、本会議で修正案が出されて修正議決された場合にはカバーできる者がほかにいない。

　本条は、参議院の調査会及び憲法審査会について準用されている（国54の4Ⅰ、102

---

[41] 清宮四郎『憲法Ⅰ〔第3版〕』（有斐閣・1979）213頁。

§61

の9Ⅰ）。

〔発言時間の制限〕

第61条①　各議院の議長は、質疑、討論その他の発言につき、予め議院の議決があつた場合を除いて、時間を制限することができる。

②　議長の定めた時間制限に対して、出席議員の5分の1以上から異議を申し立てたときは、議長は、討論を用いないで、議院に諮らなければならない。

③　議員が時間制限のため発言を終らなかつた部分につき特に議院の議決があつた場合を除いては、議長の認める範囲内において、これを会議録に掲載する。

制定時（昭22.5）、第2次改正（昭23.7）、第5次改正（昭30.3）

本条は、本会議における発言時間の制限について規定している。

【発言時間制限】議長は、あらかじめ議院の議決があった場合を除いて、発言時間を制限することができる。

　会議で議論を尽くすことは、議員が無制限に発言できることを意味しない。また、特定の議員だけが長時間にわたって発言することも公平の見地から避けなければならない。それに対処するため、①会派間の事前協議によって発言時間を協定する、②発言時間制限を議決する、③議長が発言時間を制限する各方法があり、議員はその内容に拘束される。

　本条は、国会法上、議長の議事整理権に発言時間の制限が含まれることを規定し、事前協議が調わない場合でも発言時間に制約を掛けることが可能であることを確認するものである。

　「議長」は、本会議を主宰している者であり、副議長が議長の職務を代行している場合や仮議長が議長席に着いている場合を含む。

　「質疑、討論その他の発言」は、本会議における議員のほか出席者の発言の全てを指す。

　ただし、少数意見報告に対する時間制限（国54Ⅱ）については、議院の議決による制限や議員からの異議申立て等は予定されていないものと解する（⋯▶第54条【時間制限】）。

　「議院の議決」は、発言時間に関する本会議の議決を指し、発言時間制限について

第6章　会議　*221*

§61

の議長権限に優越する位置付けが与えられている。

「予め」は、「議院の議決」に係り、議長の発言時間制限の決定より前という意味である。

発言時間についての議決は、議長による発言時間制限の後は行えず、それ以後は、本条第2項の異議申立てによって処理しなければならない。

「時間を制限する」は、発言時間を「〇分以内」とするように、決めた時間を超える発言を認めないことである。必ずしも発言前になされることを要しない。

制限の仕方についての定めがなく、各発言者均一なことが原則であるが、会派を代表しての発言である場合等、その所属議員数を勘案して時間に差を設けることが合理的と認められることもあろう。

質疑に対する時間制限は、答弁に要する時間を含めない形で行うべきである。本会議では一問一答方式を採用しない（衆先260、参先298）ため、質疑部分だけで計時するのが適当である。

制限がなされると、発言者はこれに拘束され、従わない場合には、発言の中止を強制され、懲罰の対象ともなり得る。

【制限に対する異議申立て】議長の発言時間制限に対しては、出席議員の5分の1以上からの異議申立てが可能である。

発言時間制限を議長の専権事項とはしなかったものである。

「出席議員」は、申立てを行う時点で議場に現在する議員を指す。議長席に着いている議員を含む。

「5分の1以上」の中には制限対象となる発言議員を含み得ることは当然であるが、本人が含まれていなくてもよい。すなわち、制限された議員の意に反しても異議を申し立てることが可能である。当該議員の利益にのみ関わる事項ではないからである。

「異議」は、発言時間を制限すること又はその時間に対するものである。

より強い制限を加えるべき旨の異議も可能であり、申し立てるに当たってはどのような趣旨での異議であるかを主張すべきである。

異議申立てがあると、議長は発言時間制限について、討論を用いないで議院に諮らなければならない。

これは発言時間制限を行おうとする場合のことであって、議長が異議申立てを受けて時間制限を撤回しようとするときには諮る必要はなく、その旨を宣告すればよい。なお、その場合には、他の議員が撤回を不服として発言時間制限の動議を提出

§61

することができる。

　「諮らなければならない」の議長が諮る対象は、議長の定めた時間制限であるが、異議申立てを受けてその時間を見直した上で諮ることも可能であると解する。

　諮った結果が否決の場合には、その制限時間が否定されたことを意味するが、一旦否決されれば、議長が改めて職権による制限を行うことは許されないと解する。その事態を受けて、議員がより緩和した時間制限を行うべき旨の動議を提出することはできる。

　「討論を用いないで」とは、異議申立て後、直ちに採決することを意味する。

　手続について決めるものであるので、そのための議論に時間を費やすことを避ける趣旨である。

【未発言部分の会議録掲載】議員が時間制限のため発言を終わらなかった部分は、特に議院の議決があった場合を除き、議長の認める範囲内で会議録に掲載する。

　ここでの「時間制限」は、あらかじめの議院の議決によるもの・議長によるもの・異議申立て後の議決によるもののいずれの場合でもよい。

　議院運営委員会における発言時間の協定は自粛であり、本条第3項の「制限」には当たらない。

　「発言を終らなかつた部分」は内容が未確定であるから、これを会議録に掲載するには会議後に作文しなければならない。したがって、発言者が希望しなければ掲載することとはならない。

　発言が質疑であった場合に発言できなかった部分に対する答弁を引き出して掲載することまで認められるものではない。

　「特に議院の議決があつた場合」とは、会議録掲載について指示を与える議決があった場合のことであり、その場合には議決内容が優先し、議長が判断する余地はない。ただし、その議決内容は、発言者の意図どおりに無制限で認めるとか、一切認めないというような漠然としたものとならざるを得ない。

　「議長の認める範囲内」は、発言者が提出した掲載文案について指示を与えることができる点で具体性を持ったものとなる。

　議決が行われない場合には議長が判断を示すことができ、全く掲載しないとの判断も可能である。

　「会議録」は、発言できなかった当日の会議録を指すが、議長の認める範囲の確定に時間を要するような場合には、後日の会議録に掲載することもやむを得ない。そのために会議録の発行を遅らせるのは適当でないからである。

§62

「掲載する」は、実際に行われた発言とは区別して行うことを要する。

あたかも発言があったかのように実際の発言に接続して掲載することは認められない。例外的な掲載であり、会議における意思決定のための資料としては存在しないものだからである。

〔秘密会〕
第62条　各議院の会議は、議長又は議員10人以上の発議により、出席議員の3分の2以上の議決があつたときは、公開を停めることができる。

制定時（昭22.5）

本条は、本会議の秘密会について規定している。

【傍聴・報道の自由】憲法において、両議院の会議は公開とすると規定されている（憲57 I）。

会議の内容を国民の前に明らかにして、世論へのフィードバックの機会を作り、結論に対する説得力を増加させるとともに、国会の活動を国民の監視の下に置いて、議員の発言内容を通じて以後の国政選挙時における国民の判断材料を提供することを狙いとするものである[42]。

「両議院の会議」が本会議を指すことについては、**第52条【会議公開原則】**の説明参照。

「公開」とは、出席者以外の者が会議を直接・間接に見聞きすることにつき制限を設けず、そのための条件を整えることをいう。

会議の公開が傍聴の自由の保障をも意味するものであるか否かは必ずしも明確でないと言える。制度として公開が保障されているだけで、これに対して各人が傍聴することを権利として要求できることを認めたものではないとの見解もあり得る[43]からである。しかし、会議の公開には、立法過程の情報が選挙民に直接伝達され、国政選挙での判断材料に供されるとともに、国民意思の国会への反映に意義があり、傍聴の自由として保障することが眼目となると言えよう[44]。

傍聴の自由だけでなく、報道の自由が保障されていることも含む。会議録の公表も併せて言及されることがある（佐藤（功）・ポケ（下）738頁）が、それについては憲法第57

---

[42]渋谷秀樹『憲法〔第3版〕』（有斐閣・2017）522頁。
[43]最判平成元年3月8日民集43巻2号89頁参照。
[44]松本和彦「演習憲法」法学教室385号（2012）137頁。

224

§62

条第2項が規定している（•••▶第63条【会議録の公表】）。

　傍聴の自由とは、出席者以外の者が会議の様子をその場で見聞きすることにつき制限が設けられていないことをいう。ただし、議場の構造上の限界による制限、秩序保持のための傍聴人の人数の制限等は可能である。また、傍聴規則を定め、その遵守を求めることもできる（•••▶『逐参』第228条【傍聴規則】）。

　本会議の開会予定を官報に掲載すること（衆規110、参規86Ⅱ）も会議の公開の要請に基づく措置である。

　報道の自由は、ここでは取材の自由の局面として取り上げることができる。傍聴の自由に準じることとなるが、その重要性に鑑み、議場に報道機関のための記者席を設けること（衆規221、参規220）や撮影の許可等、一般傍聴者よりも優遇措置を講じることが要請される。

　公開についての従来の議論では、報道の自由が重視されていた。ほとんどの国民にとって会議の模様はマスメディアを通じてしか知ることができなかったことがその背景にある。しかし、情報通信技術の発達に伴い、現在では、議院が提供する映像や音声により、遠隔地においても会議の模様を見聞きすることができるようになった（インターネット審議中継）。これは有りのままの会議の様子を知ることができる手段であり、編集や解説を伴う報道と比べても、傍聴の自由を補う媒体として、その維持保全は憲法上の要請に高められていると言えよう。

【秘密会】憲法第57条第1項ただし書は秘密会について規定している。本会議の公開原則に対して、厳格な要件の下に秘密会を開く例外を認めたものである。公開することが国益に反する場合を想定してのものであるが、個人のプライバシーに関わる事項について秘密を要するとの判断がなされることもあろう。

　「秘密会」とは、公開を停止して開かれる会議のことである。国会法では「公開を停める」（国62）、「秘密会議」（国63）の表現が用いられている。

　「公開を停める」とは、傍聴の制限を認めることであるが、通常は一切の傍聴を認めないことを指す。

　したがって、議院所属議員、議院が出席を求めた者、会議の運営に必要な事務職員以外の者は、議場又はそれに連続する室内空間に入ることができない。また、議場の外において会議の様子を視聴できるようにするための撮影、録音は認められない。

　それに対する逆方向の例外として、懲罰を議決した後にこれを宣告する場合（衆規247、参規247）、懲罰として公開議場における戒告又は公開議場における陳謝（国122⑴

第6章　会議　　225

§ 62

(2))を科する場合には、その本会議を秘密会とすることはできない。

憲法上「内閣総理大臣その他の国務大臣は、両議院の一に議席を有すると有しないとにかかわらず、何時でも議案について発言するため議院に出席することができる。」とされており（憲63）、それが秘密会においても妥当するかが問題となる。出席できるとされているのは議案について発言するためであり、秘密会で議題となる問題が当該国務大臣の所管に属するものである以上、本人の希望があれば出席を認めざるを得ないと解する。出席を認められた国務大臣は議長の議事整理権に服し、議事の内容についての守秘義務を負うこととなる。

秘密の程度を緩和すること、例えば、他院議員の傍聴だけを許可するようなことは可能であるが、それも公開を停める措置であることに変わりはない。

秘密会の場合に備えて、議場とそれに連続する空間は、外部と遮断されていて外から視聴することができないような構造となっていなければならない。出入口を閉ざしても外部に音が漏れ聞こえるような場合には、周辺の通行を制限するような措置を採る必要もあろう。

秘密会において行われた議事の結果については、秘密を要するとした趣旨に反しない限りにおいて、議長が国民に向けて報告することを要するものと解する。特に秘密を要するものとして会議録を公表しないと議決した場合も同様である。衆議院先例集は、その報告の場としてその後に本会議が公開された際を挙げている（衆先435）。

【秘密会の議決】本会議を秘密会とするための要件は、出席議員の３分の２以上の多数による議決である。

憲法第57条〔会議の公開、会議録、表決の記載〕の規定する要件を確認するものである。

「出席議員」は、採決時に議場に現在する議員を指す。棄権者は含まれないと解すべきである。これは、賛成・反対とは異なる表決態度に独自の意義を見いだした者の意思を慮った解釈である。重要なのは、このことが事前に議員に示されていることであり、それによって議員は自分の態度がどのように扱われるかを知った上で表決態度を選択できる（•••▶第50条【棄権の取扱い】）。

議長席に着いている議員も含まれ得るが、これは表決に参加して賛否を明らかにした場合のみ含まれるという意味である。議長は表決権を有し、それを行使するか否かは本人の意思によるが、それは特別多数を要する本条の場合でも同じである。議長が表決権を行使しないこととなっている現在の取扱いの下では「出席議員」に

226

§62

含めるべきではない。

特別多数決の場合には、議長の決裁権は存しない。これが認められるのは、特にその旨の規定が置かれている場合であり、憲法第56条第2項とは異なり、特別多数を要する場合の決裁権は観念できない。

公開を停止する議決は、議事を特定してなされる必要がある。特に限定が加えられない場合は、議決後その日の会議が開かれている間を通じて（休憩後を含む）秘密会とする趣旨と解される。

議決があって初めて公開を停止できるので、秘密会とすることについての表決は公開の下で行わなければならない。

公開を停止する議決がなされたときには議長はこれに拘束され、傍聴人を退場させなければならない。議場を閉鎖することは必要でなく、議員の出入りは可能である。

一旦行った秘密会の議決の効果を解除するのは、過半数の議決により可能であると解する。3分の1を超えることで3分の2は崩れるが、事情変更があったことの認定でもあることから、多数決によるべきであろう。この点については、解除するのにも3分の2以上が必要であるとの解釈があるかもしれないが、原則である公開に戻るために特別多数が必要とすることは適当でない。

【秘密会の発議】秘密会とすることを決定するのは、議長又は議員10人以上の発議による。

会議公開原則に対する例外措置を講じようとする重い内容の提案であることに鑑み、発議要件を加重したものである。

「発議」は、議決に向けての提案であり、議員による場合は動議の形を採る。

会議の状況に応じての動議であるので、会議の場で提出する必要がある。

「議長」は、本会議を主宰している者であり、副議長が議長の職務を代行している場合や仮議長が議長席に着いている場合を含む。

「議員」は、その会議に出席していることを要する。

「10人以上」は「議員」にのみ係り、議長は単独で発議できる。

発議は、合同行為である必要があり、個別に提案の意思を持つ者の合計が10人以上であるだけでは足りない。

内閣や他院は議案の提出が認められているが、秘密会を求める権能は与えられていない。事実上、議長に申し入れることは可能であろうが、議長にはそれに応じて秘密会を発議する義務はない。

§ 63

発議において秘密会とする理由に触れることは求められていない。いかなる場合がそれに当たるか、その必要度については、発議者の判断に委ねられている。このことは、議決を行うに際しての個々の議員の表決態度についても言えることである。

〔秘密会の記録〕
第63条　秘密会議の記録中、特に秘密を要するものとその院において議決した部分は、これを公表しないことができる。

制定時（昭22.5）

本条は、本会議の秘密会の会議録について規定している。

【会議録の公表】憲法は、会議の記録を保存し、原則として公表し、一般頒布しなければならないと規定している（憲57Ⅱ）。

「会議の記録」は、議事の内容についての諸事項を掲載した文書であり、出席者の発言を完全に収録することが必須である。

「保存」とは、議院として必要な時に閲読できるようにするため、閉所にしまって紛失、汚損、改ざんが生じないよう管理することである。

会議録の真正さを保証するための措置であり、その期間は永久である。

「公表」とは、一般に発表し、誰もが見ることのできる状態に置くことである。一旦公にするだけでなく、その状態を保つことまで求めるものである。

具体的には、議院の広報部署や国立国会図書館で閲覧に供することがそれに当たる。現在では、インターネットを通じて閲覧することができるようになっている。

「一般に頒布」とは、一般公衆が入手できるよう多部数を行きわたらせることをいう。無償であることを要しない。また、全てのバックナンバーを常備して販売することまで求めるものではない。

実際には、官報に掲載され官報販売所等において販売されている。

これらの保存、公表、一般頒布の行為は議院の活動として位置付けられるが、事実性の強いものであり、会期制の制約を受けない。すなわち、会期が終了した後にも当然に行えるものである（⋯▶第1章概説【会期制の適用除外】）。

会議録は事後的に会議の様子を知るための伝統的な手段であり、その公表は、会議の公開の一要素として捉えられている。現在では、衆参両院の本会議の映像及び音声による記録がインターネットを通じて提供されており、再現度において会議録をしのぐ内容を持つが、公式の記録と認められるには至っていない。

228

§ 63

【秘密会の会議録】 秘密会の記録中、特に秘密を要するものと議決した部分は公表しないことができる。

　憲法では、会議録の公表の例外として「秘密会の記録の中で特に秘密を要すると認められるもの」が挙げられている（憲57Ⅱ）。本条の規定は、それを具体化するものである。

　秘密会についても速記を付して記録を作成しなければならず、また、その記録は当然に公表されないのではなく、公表しないためには更に本会議の議決による認定を要する。

　秘密会とすることは事前の認定であるのに対し、会議録を公表するか否かはそれとは別個の判断であり、その部分を限定することも可能である。

　秘密会とすることについて厳格な要件を定めておきながら、その上で、特に秘密を要すると認められるもの以外は公表するとの趣旨は明確でないとし、憲法第57条第2項は、秘密会の内容の中でも記録として公表し得るものを定めることができる趣旨と解するほかないとの理解もある（宮澤・コメ437頁）。しかし、本条の規定は、秘密会会議録の非公表を原則とはしておらず、その判断がなされるまでは公表を猶予することができるにとどまり、最終的に、特に秘密を要するとの議決がなされない場合には原則どおり公表することとなる。

　「秘密会議」は、第62条〔秘密会〕の規定によって公開を停止された本会議である。「特に秘密を要するもの」は、秘する必要が高い旨議決で指定する部分である。

　会議録には、議事の内容のほか、会議の年月日や開会・散会等の時刻、出席者、会議に付した案件等が掲載されるが、特に秘密を要すると指定できるのは議事の内容、すなわち、出席者の発言に限られる。

　その他の事項の掲載は、議長の議事整理権に属する事項であり、議長は出席者の氏名を秘するために掲載しないとすることも可能である。

　各議員の表決は、出席議員の5分の1以上の要求があれば会議録に記載しなければならないとされており（憲57Ⅲ）、秘密会において行われた採決について、この要求と特に秘密を要するものとの議決が競合し得る。この点については、表決記載の要求が優先すると解する。秘密を要するのは発言の内容と解すべきであり、少数の議員に表決記載の要求権を認めたのは個々の議員の政治責任を明確にする必要性を強く打ち出したものと考えられる。

　「部分」は、特定された箇所のことを指す。議決で指示する範囲に限定はなく、秘密会とした議事全体を公表しないとすることも可能である。

第6章　会議　　229

§64

　「議決」は、秘密会とすることを決める内容では足りず、それに加えて会議録を公表しない旨及びその部分を指示する内容のものでなければならない。

　この議決は特別多数を要せず、出席議員の過半数によるもので足りる。要件が異なるので、秘密会とすることと一括して採決することはできない。

　「ことができる」と結んでいる点につき、特に秘密を要するものと議決した部分について非公表とするか否かを任意としたものとの理解があるが[45]、その任意性は、特に秘密を要するものと議決することに係るものと解すべきであり、国会法上も、議決したものについて更に公表しないことの議決が求められているわけではない。

> ♣議院法では〔秘密会会議録の非公表〕
> 　第39条　秘密會議ハ刊行スルコトヲ許サス
> 　　秘密会については、特段の要件を付さずに会議の記録を刊行しないこととされていた。

【非公表の効果】「公表しない」は、議員に配付し一般国民に頒布する会議録に掲載しないことである。

　議院に保存する会議録原本には、全ての議事を掲載しなければならない。

　公表しないとしたことの実効性を保つため、会議に出席していた者は、特に秘密を要すると議決した部分を外部者に漏らしてはならない。議院規則ではその違反が懲罰事由とされている（衆規234の2、参規236）（•••▶『逐参』第236条〔秘密の漏洩〕）。

【非公表の解除】会議録中、一旦公表しないとした部分は、その議決を解除しない限り、永久に公にされない。

　一定期間の経過後、国益への影響、個人の秘密に対する不当な侵害の有無等を勘案した上で、非公表の解除を認定する必要があると考えるが、現在のところ、その手続についての規定は置かれていない。

> 〔内閣総理大臣欠缺の通知〕
> 　第64条　内閣は、内閣総理大臣が欠けたとき、又は辞表を提出したとき
> 　　は、直ちにその旨を両議院に通知しなければならない。

　　　　　　　制定時（昭22.5）

　本条は、内閣総理大臣が欠けたとき又は辞表を提出したときの通知について規定している。

---

45 今野彧男「国会における秘密会議録の取扱いについて」RESEACH BUREAU 論究15号（2018）70頁。

§64

【内閣総理大臣の欠缺】内閣総理大臣が欠けたとき、内閣は総辞職しなければならない（憲70）。

この「内閣総理大臣が欠けたとき」に内閣総理大臣の自発的な辞職が含まれるか否かについては争いがある。この場合も内閣の総辞職を伴うのが議院内閣制にかなうものとして、「欠けたとき」に当たるとするのが通説である（宮澤・コメ542頁）。これに対して、内閣総理大臣の辞職で内閣が総辞職しなければならないことは自明であり、「欠けたとき」に総理単独の辞職を含ませるのは無意味であるとする反対説がある（佐藤（功）・ポケ(下)852頁）。両説は結果として差をもたらすものではないが、国会法や内閣法第9条で同じ文言を用いており、その意味を確認しておく必要がある。

この点につき本条では、「欠けたとき」を「辞表を提出したとき」に並列させており、反対説の立場で規定を置いたことになる。

「欠けたとき」は、内閣総理大臣がその地位を失ったときのほか、将来にわたって執務することができない状態となったときを指す[46]。具体的には、①内閣総理大臣の地位にある者が死亡したとき、②国会議員であることが内閣総理大臣の在任要件であると解されていることから、辞職、除名等により国会議員の地位を失ったことで自動的に内閣総理大臣でなくなったとき、③意識不明あるいは行方不明の状態が続いて将来にわたって職務を執行することができない状態となったときである。

なお、衆議院解散又は衆議院議員の任期満了の場合には、衆議院議員たる内閣総理大臣は国会議員の地位を失うが、例外的に内閣総理大臣の地位は保持し[47]、衆議院議員総選挙後の国会召集日に内閣が総辞職する。内閣総理大臣が参議院議員でその任期満了の場合も、同様に通常選挙の後の国会の召集日に総辞職するものと解してよいだろう。

欠けたことは、客観的に明らかであることが多いが、前述の③のように、客観的事実や内閣総理大臣自身の意思によっては明確でないような場合には、臨時代理の指定を受けた国務大臣が必要に応じ他の閣僚と協議して判断する[48]。

【内閣総理大臣の辞任】内閣総理大臣は、自らの意思で辞任することができる。ただし、天皇に内閣総理大臣を免じる権能はなく（憲6参照）、内閣総理大臣が辞任するのは、閣議で総辞職を決定する方法によっている。

「辞表を提出したとき」は、内閣が総辞職を決定したときと解釈する必要がある。

---

[46] 第147回国会参議院予算委員会会議録第14号（平12年4月25日）46頁〔津野修内閣法制局長官の答弁〕。
[47] 第90回帝国議会貴族院帝国憲法改正案特別委員会議事速記録第19号（昭21年9月21日）16頁〔金森徳次郎国務大臣の答弁〕。
[48] 行政法制研究会「内閣総理大臣が欠けたとき」判例時報1746号（2002）18頁。

§ 65

実際上、内閣総理大臣が辞表を提出することはない[49]。

【総理欠缺又は辞任の通知】内閣総理大臣が欠けたとき又は内閣が総辞職を決定したとき、内閣は直ちにそのことを両議院に通知しなければならない。

いずれの場合も後任の内閣総理大臣の指名を行う必要があり、そのための通知である。したがって、国会が閉会中であれば、内閣総理大臣指名のための臨時会の召集を決定しなければならない。1月は常会を召集すべき時期に当たるが、召集日までの猶予期間が置かれている（国1Ⅱ）ので、即時の対応が求められる場合は常会前に臨時会を召集すべきであろう（•••▶第3条【臨時会の召集】）。

「通知」は、内閣総理大臣が欠けた又は内閣が総辞職を決定した旨の通知であり、方法は指定されていない。

通知を行うのは内閣であるが、内閣総理大臣が欠けたときにはあらかじめ指定する国務大臣が臨時にその職務を行い（閣9）、また、内閣は総辞職後も新たに内閣総理大臣が任命されるまで引き続きその職務を行うこととされている（憲71）。

「直ちに」は、時を置かずという意味であり、この場合の緊急性に鑑みると、即刻と解さなければならない。通知は国会の閉会中にもなし得る。

「両議院に」は、実際には衆参両院の代表である各議長宛てに、衆議院が解散されている場合には、衆議院に対しては事務総長宛てに通知することとなる。

【通知の効果】通知があると、両議院は内閣総理大臣の指名を行わなければならない。その指名は、他の案件に先立って行う（憲67Ⅰ）。

前述したとおり、閉会中である場合には、内閣は臨時会召集の決定を義務付けられるが、衆議院が解散されている時に内閣総理大臣が欠けた場合、内閣総理大臣の指名のために参議院の緊急集会を開くことはできないと解する。この点については肯定説もあるが、詳細については第11章概説【付議案件の類型】の説明参照。

〔議案の奏上・内閣送付〕

第65条① 国会の議決を要する議案について、最後の議決があつた場合にはその院の議長から、衆議院の議決が国会の議決となつた場合には衆議院議長から、その公布を要するものは、これを内閣を経由して奏上し、その他のものは、これを内閣に送付する。

② 内閣総理大臣の指名については、衆議院議長から、内閣を経由して

---

[49]法務総裁意見（昭和23年3月1日）法務廳『法務総裁意見年報（昭和23年度）』（1949）1頁。

§65

　　これを奏上する。

　　　　制定時（昭22.5）、第5次改正（昭30.3）

　本条は、議案及び内閣総理大臣の指名の奏上、送付について規定している。

【法令の公布】議案は、成立すると執行を要するものが多く、それに接続するための手続が必要となる。その代表的なものは公布である。

　「公布」とは、成立した法令を広く国民に知らせる行為であり、効力発生の前提条件である。

　法令の権威を高め、一般の尊重の念を重からしめるため、天皇の国事行為とされている（憲7⑴）。

　憲法上は、憲法改正、法律、政令、条約について公布が規定されている（憲7⑴）が、ここでの「その公布を要するもの」に当たるのは法律だけである。

　憲法改正について公布がなされるのは、国民投票における多数の承認を経た上でのことであり（憲96Ⅱ）、内閣総理大臣が憲法改正案に対する賛成の投票の数が投票総数の2分の1を超える旨の通知を受けたときにその手続を採ることとされている（憲改126Ⅱ）。

　条約は、批准を待って公布する必要があり、事後承認の場合も内閣の判断で公布のための手続が採られるため、国会の議決を受けて公布手続に入るのではない。

　予算の法形式的性格についての予算法律説によれば、予算も法形式としては法律に当たり、公布が必要であるとされるが[50]、実務はその立場を採っていない。

　なお、地方特別法は、住民投票を経るため、その公布は本条の規定とは異なる手続による（地自261Ⅴ）（➡➡第67条【地方特別法の公布】）。

【公布の方法】公布は、戦前、公式令（明治40年勅令第6号）により官報をもってすることとされていたが、戦後、公式令が廃止された後も、次官会議了解（昭和22年5月1日）により、従前どおり官報をもってすることとされている。

　公布の時点がいつであるかは、公布即施行という法律もあることから、その時点の取り方によって新法の適用の有無に関わる問題となり得る。

　これについては、官報の発行段階に投影して解釈が分かれる[51]。その主なものを挙げると、①一般国民が官報を閲読することができる状態になった最初の時点、②各地方ごとに官報を閲読することができる状態になったそれぞれの時点、③全ての

---

[50] 小嶋和司「財政―予算議決形式の問題を中心として」『日本国憲法体系 第6巻 統治の作用（宮沢俊義先生還暦記念）』（有斐閣・1965）176、191頁。
[51] 浅野一郎編『立法の過程（立法技術入門講座1）』（ぎょうせい・1988）218頁。

第6章　会議　*233*

§65

地方で官報を閲読することができる状態になった時点とする3説である。

判例は、一般の希望者が閲覧し又は購入することができた最初の時点をいうものとし、①説によっている[52]。

【議案の奏上】国会の議決を要する議案で公布を要するものについては、最後の議決を行った議院の議長から、衆議院の議決が国会の議決となった場合には衆議院議長から内閣を経由して奏上する。

奏上を、議案の成立に最後に関わった議院の議長の役割としたものである。

「奏上」とは、国事行為である公布が行えるよう天皇に送ることである。

「内閣を経由して」は、公布が国事行為であり、内閣の助言と承認が必要であることから、内閣を通じて公布を求める趣旨である。

「国会の議決を要する議案」は、国会としての意思決定を必要とする議案であり、そのために両議院の送付関係に置かれるものをいう。

「最後の議決」とは、両議院の議決が一致した場合の後の方の議院の議決である。

先議議院が可決又は修正議決した場合には後議議院の可決であり、後議議院が修正議決した場合には回付を受けた先議議院の同意がそれに当たる。両院協議会に付された議案については、その成案を後議した議院の議決である。

奏上は公布のために必要な行為であるので、積極的な内容の議決があった場合に限られる。

> ♣議院法では〔否決奏上〕
> 第31条①　凡テ議案ハ最後ニ議決シタル議院ノ議長ヨリ國務大臣ヲ經由シテ之ヲ奏上スヘシ
> 　　政府提出案が否決された場合にも、議案が成立しなかったことを奏上することとされていた[53]。

「衆議院の議決が国会の議決となつた場合」とは、議案審議において衆議院の優越が認められているもの（ここで対象となるのは法律案）で、参議院が衆議院と異なった議決を行った議案について、衆議院が出席議員の3分の2以上の多数で再議決した場合（憲59Ⅱ）である。

奏上の対象となるのは成立した議案である。既に成立しているという意味において国会の審議対象ではなくなっているため、厳密には、既に議案ではなく、その残像たる成果物である。実際には印本が用いられる（衆先196、参先195）。

奏上は直ちに行う必要があり、実際にも議決の当日に行われる例である（衆先193、

---

[52]最判昭和33年10月15日刑集12巻14号3313頁。
[53]衆議院=参議院編『議会制度100年史 議会制度編』（1990）68頁。

234

§65

参先192）が、仮にそれが会期終了後にずれ込んだとしても無効とはならない。議決に伴う事実性の強い行為であり、会期制の適用対象から外れていると解するのが妥当である（•••▶第1章概説【会期制の適用除外】）。

奏上したときには、その旨を他院に通知する（衆先193、参先192）。

参議院の緊急集会において成立した議案の奏上については、**第102条の3【緊急集会における公布奏上】**の説明参照。

【議案の内閣送付】国会の議決を要する議案で公布を要しないものについては、最後の議決を行った議院の議長から、衆議院の議決が国会の議決となった場合は衆議院議長から内閣に送付する。

内閣は、送付を受けて、その執行等のための手続に入る。

「その他のもの」は、法律案以外の国会の議決を要する議案で、予算、条約、予備費等がこれに当たる。これらは、国会の議決を受けて公布されるものではないため、その執行等のため内閣に送付することとなっている。

憲法改正原案は国会の議決を受けて公布されるものではないが、その内閣への送付は、本条第1項の規定ではなく第68条の5第2項の規定するところによるものである。また、地方特別法は国会の議決を受けて公布されるものではないが、その内閣への送付は本条第1項の規定によるものではなく、地方自治法（昭和22年法律第67号）の規定による（地自261 I）。

送付の対象となるのは成立した議案であるが、奏上の場合と同じく、正確には、審議結果たる成果物である。印本が用いられる（衆先196、参先195）。

「最後の議決」は、奏上の場合と同じであり、両議院の議決が一致しないで終わった場合には送付の必要はない。

「衆議院の議決が国会の議決となつた場合」とは、議案審議において衆議院の優越が認められているもの（ここで対象となるのは予算、条約）で、①両議院が異なった議決をした場合に、両院協議会を開いても意見が一致しないとき（憲60 II、61）、②参議院が衆議院から送付を受けてから30日以内に議決しないとき（憲60 II、61）の衆議院の議決である。

議案の内閣送付も直ちに行う必要があり、議決の当日に行われる例である（衆先194、参先193）。ただし、その事実行為・付随行為性から会期制の適用除外となっていると解すべきであり（•••▶第1章概説【会期制の適用除外】）、会期が終了した後でも有効に行うことができる。

【内閣総理大臣指名の奏上】内閣総理大臣の指名は国会の議決で行う（憲67 I）。

第6章　会議　235

§65

指名の手続については、**第86条【内閣総理大臣の指名】**の説明参照。

天皇は国会の指名に基づいて内閣総理大臣を任命する（憲6Ⅰ）。国会の指名と天皇による任命をつなぐものが奏上である。

内閣総理大臣の指名の奏上は、衆議院議長から内閣を経由して行う。

内閣総理大臣の指名については、議院内閣制の趣旨により、衆議院側から奏上することとしたものである。

指名の手続は両議院が先議後議の関係に立たないため、両議院の指名の議決が一致しているか否かは認定が必要である。しかし、その認定権者が誰であるかは、国会法上曖昧である。奏上を衆議院が行うとしていることから、衆議院が認定するようにも読めるが、議決が一致しない場合には参議院が両院協議会を請求するとされているところである（国86Ⅱ）。ただ、議決内容が人名であることから、指名の一致の有無は一目瞭然であり、議決の結果を他院に通知するとされている（国86Ⅰ）ことで手続としては十分と考えてよいであろう。

両議院の指名の議決が一致せず、両院協議会が開かれて成案を得た場合、その成案は参議院が先議とされ、衆議院議長から奏上できるように配慮されている（⋯▶第86条【内閣総理大臣指名の両院協議会】）。

「奏上」とは、国事行為である内閣総理大臣の任命が行われるべく天皇に送ることである。

「内閣を経由して」は、議案の公布と同じく、国事行為に内閣の助言と承認が必要であることから、内閣を通じて求める趣旨である。

奏上の対象となるのは、内閣総理大臣の指名についての国会の議決を奏上書にしたものである。

奏上については期限が付されていないが、直ちに行う必要がある（衆先68）。この奏上も会期制の適用対象外の行為であると解する。

【その他の案件の議決通知】国会の議決を要する案件以外の案件については、国会法はそれを議決した場合の措置を規定していない。例えば、決算、決議案、国会法第39条ただし書の規定による議決案、国家公務員等の任命に関する件がそれに当たるが、内閣に通知（送付）すべきものであり、実際にもそのように取り扱われている（衆先194、368、371、380、参先194、196、480、481）。

§66

〔法律公布の期限〕
第66条 法律は、奏上の日から30日以内にこれを公布しなければならない。

制定時（昭22.5）

本条は、法律の公布の期限について規定している。

【法律の公布期限】 法律案は、成立すると公布のための奏上がなされる（国65 I）。

法律の公布は、奏上の後30日以内になされなければならない。

公布は、立法過程の完了後のそれに引き続く手続であり、天皇の国事行為とされている（憲7(1)）。そのため、内閣の助言と承認が必要である（憲7）が、内閣の意に沿わない法律の公布がなされなかったり遅延することがあってはならず、期限が法定された。

「公布」については、第65条【法令の公布】の説明参照。

「奏上の日」は、最後の議決があった議院の議長又は衆議院議長から内閣に対して送られた（国65 I）日であり、これを受けて内閣が公布のための助言と承認を行った日ではない。

法律の成立後、奏上には期限が付されていないが、それは立法府が自ら制定した法律の公布に向けた行為を怠ることが想定できないからであり、実際には、その当日に行われる例である（衆先193、参先192）。

「30日」は、奏上の日から起算する（国133）。

公布は官報掲載によることとなっており、判例によれば、一般の希望者が掲載された官報を閲覧し又は購入することができるようになった最初の時点で公布の効果が発生する（••▶第65条【公布の方法】）ため、その時点が30日の期限内であることを要することとなる。

公布は国会の行う立法行為ではなく、会期の終了後でも行うことができる。

なお、30日はあくまでも期限であり、それまでに施行期日が定められている場合には、それに間に合うように公布されなければならない[54]。そうでない場合でも、施行前の周知期間を確保する必要上、可能な限り早急に公布しなければならない。猶予されるのは、施行のための政令等の準備、官報の印刷、頒布に要する時間程度と見るべきである。

---

[54] 佐藤達夫「法律の公布について」自治研究26号10号（1950）19頁。

§67

　法律は国会の議決により成立しており、仮に公布の期限である 30 日を超過したとしても、その法律が無に帰するものではなく、その後速やかに公布しなければならない。

〔地方特別法の制定〕

第 67 条　一の地方公共団体のみに適用される特別法については、国会において最後の可決があつた場合は、別に法律で定めるところにより、その地方公共団体の住民の投票に付し、その過半数の同意を得たときに、さきの国会の議決が、確定して法律となる。

　　　　　制定時（昭 22.5）

　本条は、地方公共団体特別法の制定について規定している。

【地方特別法】一の地方公共団体のみに適用される特別法（以下、「地方特別法」という。）を制定するには、その地方公共団体の住民投票で過半数の同意を得る必要がある（憲 95）。

　その制度趣旨としては、地方公共団体について、①その個性を尊重すること、②その平等権を保障すること、③特別立法による侵害から自治権を擁護すること等が挙げられる。

　地方特別法については、国会において最後の可決があった場合は、その地方公共団体の住民投票に付す。

　憲法は、住民投票で「同意を得なければ、国会は、これを制定することができない」と規定しているが（憲 95）、順序としては、国会の議決が先で、その後で住民投票に付される。

　住民投票を後に回すこととしたのは、国会での審議を通じて法律案の問題点を提示するためである。住民投票を先にすると、その後で国会が法案を修正することとなっては住民投票での同意が無に帰することとなり、成立のめどが不確かな地方特別法案についてまで住民投票を要することとなる。また、同意が得られても、残り会期との関係で国会での審議期間を確保できないことも考えられる。

　「一の」は、特定のという意であり、単数とは限らない。

　「地方公共団体」は、都道府県市町村等、地域の行財政運営を行うために認められた法人格を有する団体及びその地域をいう。

　「のみに適用される」は、同種の他の地方公共団体と差別してその地方公共団体そ

238

§67

のものの組織、権能、運営を規律するという意味である。

「特別法」は、法形式としては法律であり、一般法の適用領域を限定して異なる内容を規定するものをいう。

個別具体の法律案が地方特別法に当たるか否かについては、様々な争点が見られる。例えば、①一般法の存在を前提とするか否か、②不利益を課する場合に限るか否か、③どの程度の特例を定める場合がそれに当たるか、④地方特別法を廃止する法律は地方特別法に当たるか等である。

【地方特別法の認定】 地方特別法に当たるか否かは微妙な判断を要するが、その認定は国会が行う。

国会運営の実際に鑑みると、結局、政治的判断ということになる[55]。特定の地方公共団体にとっての特例が国会の判断だけで定まることに対する懸念も見られるが[56]、それも含めて立法府の権能とせざるを得ないだろう。

具体的方法については、両議院の附帯決議の形で表明されることがあり得るとの見解が示されている（佐藤（功）・ポケ(下)1245頁）が、当該法律案の中で地方特別法に当たる旨を規定する取扱いによるべきである。これによって地方特別法に当たるか否かが明確になり、それについて異論があれば、議案に修正を施す手続によって処理できる。この点についての衆参両院の意見が異なる場合でも、法律案の審議を通じて調整が可能となる。その結果、法律制定についてと同じ衆議院の優越が働くこととなる。ただし、この規定が確定的に働くのは住民投票で同意を得た場合であるため、この規定を住民投票に付すことの根拠にするのはフライングであると指摘されるところではある[57]。

【地方特別法の議決】 地方特別法を制定する法案の国会における手続は通常の法律案と同じであり、それに住民の投票が付加される。

「国会において最後の可決があつた場合」とは、通常の法案であれば法律として成立する場合である。具体的には、両議院の一致した議決の後の方の議決があった場合、衆議院の優越によりその議決が国会の議決となった場合、参議院の緊急集会において議決があった場合を指す。

「可決」は、他院から送られた議案を可とする議決であり、回付案に対する同意を含む。なお、参議院の緊急集会の場合には、修正議決も含まれる。

---

[55] 宮崎伸光「日本国憲法第95条の政治的意義─地方自治特別法の再生のために」法学新報100巻5・6号（1994）290頁。

[56] 俵静夫「地方特別法の意義」法学教室（別冊ジュリスト第1期）4号（1962）119頁。

[57] 高辻正巳「『特別法住民投票制』について」地方自治31号（1950）9頁。

§68

最後に議決した議院の議長は、その法律案を添えて、議決した旨を内閣総理大臣に通知しなければならない（地自261 I）。

【住民投票】住民投票については、別の法律で定める。

立法過程の一部ではあるが、国会における手続ではないため、国会法では規定しないこととしたものである。

「別の法律で定めるところにより」は、実際には、地方自治法が第261条及び第262条に規定を置いている。

「その地方公共団体」は、その地方特別法が適用される団体である。

「住民」とは、その地方公共団体の区域内に住所地のある選挙権を有する者をいう。

「投票」は、賛成・反対の意思表示を行う手続をいう。賛否以外の選択肢はない。

【地方特別法の成立】地方特別法は、住民の過半数の同意を得たときに成立する。

このことから、地方特別法についての国会の議決は「停止条件附の議決」であるとされる[58]。

「過半数の同意」は、賛成票が有効投票の半数を超えることをいう。

住民の同意は、国会が議決した会期内に行われる必要はない。地方自治法は、それに関する期限として、内閣総理大臣から総務大臣への通知は直ちに、総務大臣から関係普通地方公共団体への通知は通知を受けた日から5日以内に、関係普通地方公共団体の長が選挙管理委員会に投票を行わせるのは通知を受けた日から31日以後60日以内と規定している（地自261 I～Ⅲ）。

「得たとき」とは、選挙管理委員会による開票結果が確定したときである。

「さきの国会の議決」は、国会における当該法律案についての最後の議決である。

【地方特別法の公布】法律が成立すると、内閣総理大臣は直ちに当該法律の公布の手続を採る、すなわち、天皇の国事行為たる公布に対する助言と承認を行うとともに衆議院議長及び参議院議長に通知しなければならない（地自261 Ⅳ）。

議案が国会の手を離れており、法律として成立したことを立法府たる国会に知らせる必要があるからである。

〔案件不継続〕

第68条　会期中に議決に至らなかつた案件は、後会に継続しない。但し、

　　第47条第2項の規定により閉会中審査した議案及び懲罰事犯の件は、

---

[58] 入江俊郎「地方自治特別法について」自治研究25巻1号（1949）28頁。

§ 68

後会に継続する。

制定時（昭 22.5）、第 2 次改正（昭 23.7）、第 5 次改正（昭 30.3）、
第 7 次改正（昭 33.6）

　本条は、案件不継続の原則について規定している。

【**会期不継続の原則**】　会期制は国会の活動期間を限定する制度であり、我が国の国会は、それに付随して会期不継続の原則を採用している。

　「会期不継続の原則」とは、国会は会期ごとに別個独立の存在であり、前の会期の国会と後の会期の国会の間には意思の継続がないものとして取り扱われるという決まりである。

　その狙いは、議会の意思の会期ごとの独立性保持と考えることができる。

　会期の独立性保持は、議決の効力の時間的範囲と審議過程の独立性という 2 つの側面で考えることができ、それが会期不継続の原則として次の 2 つの形態で発現するとされる[59]。

　　①1 つの会期において審議未了となった国会又は一議院の議決を必要とする議案その他の案件は、会期終了とともに消滅する。

　　②各議院の内部の運営について有効に成立した各議院の意思もその会期限りのもので、次の会期にまでその効力は及ばない。具体的には、ⓐ甲議院で議決後、乙議院に送付した議案が乙議院で継続審査に付された場合、後会ではさきの甲議院の議決の効果は消えており、乙議院の議決後、もう 1 度甲議院の議決を経なければ両議院で議決したこととはならず、ⓑ特別委員会は、目的が達成されない場合には、会期終了とともに消滅すること等である。

　この 2 側面は、意思決定以前の段階に着目して、決定に至るまでに会期が終了した場合にそれまでの過程がどのような行末をたどるのかの問題（①）と意思決定に至った場合にその決定はいつまで効力を有するのかの問題（②）である[60]。

　会期不継続の 2 つの形態に加えて審議過程の不継続を挙げる整理も見られる（今野・法理 4 頁）が、これも①の一内容にほかならない。

　会期不継続の原則を定める包括的な規定はない。①を「案件不継続の原則」と呼び、本条が規定する。②については、個別断片的に規定されているのみで、ⓐは第 83 条の 5〔送付案の継続審査〕から、ⓑは第 45 条〔特別委員会〕から導かれる。

---

[59] 黒田覚「会期不継続の原則」清宮四郎＝佐藤功編『憲法演習』（有斐閣・1959）114 頁。
[60] 森本昭夫「会期不継続の原則と新たな分析―日本特有の議会運営の側面」議会政治研究 26 号（1993）38 頁。

§68

会期不継続の原則は、発現状況が2つの側面にわたるだけでなく、その徹底度に幅があり、それは制度設計、運用における選択肢となる。

【会期不継続の根拠】 会期不継続が憲法上の要請か否かについては説が分かれる。その採否は国会の立法裁量に含まれるとする否定説が多数を占め、憲法が会期制度を採用していることから直ちに会期相互間の不継続を要請するものではないとする[61]。これに対して憲法上の不文の原則であるとする肯定説 (今野・法理7頁) は、憲法の衆議院優越権が発動される「○日以内に参議院が議決しない場合」が同一会期内に限られる点を指摘する。

しかし、肯定説の挙げる点も運用によるものと見ることができ、必ずしも憲法上の要請と解する必要はない[62]。近時は、会期不継続の抜本的な廃止を唱える見解が有力である[63]。

【案件不継続】 会期中に議決に至らなかった案件は、後会に継続しない。

案件不継続について明文の根拠を置いたものである。

「会期」は、国会が活動能力を持つ期間である。ただし、休会の期間もこれに算入される。

参議院の緊急集会についても、本条本文は妥当する。

「議決に至らなかつた」は、本会議における内容の可否を決する議決に至らなかったことである。委員会審査を終え、本会議で議題となっていても、最終議決がなされないで会期を終えると審議未了となる。

「案件」は、議決を求めて提出される審議対象である。国会の議決を求めるものであると議院の議決を求めるものであるとを問わない。

ただし、決算は本条との関係では報告として扱われており、議決に至らない場合でも次会期に改めて提出されることはなく、当然に引き続いての審議対象となる (衆先349、参先158)。

また、資格争訟は、本条の「案件」には含まれないと解する。議員の身分に関わる争訟という性格上、会期制に付随する制約が緩和されると解すべきだからである (•••▶第111条【会期との関係】)。

なお、調査事件は、場面によっては「案件」に含められるが、議決対象ではないため、継続するか否かの問題意識になじまない。

「後会」とは、次に召集される国会のことである。

---

[61] 村上英明「会期不継続の原則」九大法学40号 (1980) 105頁。
[62] 森本昭夫「参議院改革にとっての憲法の『枠』」議会政治研究82号 (2007) 30頁。
[63] 大石眞「国会改革をめぐる憲法問題」法学論叢141巻6号 (1997) 19頁。

§ 68

「継続しない」とは、会期終了によって消滅してしまい、次の国会では審議対象として存在しなくなることである。

なお、本条本文は、反対解釈が成り立つものではない。議決された案件は、その議決の態様によって、その帰趨が異なる。国会の議決を要する案件については、**第83条**〔議案の送付・回付・議決通知〕以下が規定する。議院の議決を要する案件は、可決又は修正議決の場合にはその内容で成立し、否決の場合には消滅する。

【議案等の後会継続】閉会中審査に付した議案及び懲罰事犯の件は、後会に継続する。

案件不継続の原則についての例外を定めたものである。

「閉会中審査」は、会期中に審査が終わらなかった案件について、議院の議決により閉会中も引き続き委員会で審査を行うことであり、予備審査議案についての閉会中審査を含む。

「審査した」は、閉会中審査のために委員会に付託されたことを指し、閉会中、付託委員会で実際に審査を行ったか否かを問わない。

「議案」は、**第56条【議案の意義】**の説明参照。

「懲罰事犯の件」は、院内の秩序を乱した議員に対して科する懲罰を決定するための手続であり、懲罰委員会に付託される（国121、121の2、121の3）。

第47条第2項で閉会中審査の認められている「案件（懲罰事犯の件を含む。）」と比べると、後会に継続する「議案及び懲罰事犯の件」は狭い概念であり、したがって、閉会中審査に付しても後会に継続しない案件が存在することとなる。例えば、請願がそれに当たる。その案件は、閉会中に委員会審査を行い議了しても、次の国会が召集されるとそれらの案件は消滅してしまい本会議に上程できず、結局、閉会中審査に付す意義が認められない。

前述したとおり、調査事件については、後会に継続するか否かを問題として取り上げる意義は乏しいが、形式的には、閉会中調査を行っても、その状態が後会に続くわけではない。

「継続する」は、次の国会が召集されても消滅することなく、引き続き議院に係属して審議の対象となることをいう。

◆改正前は〔案件の後会継続〕

　第68条（旧）　会期中に議決に至らなかつた案件は、後会に継続しない。

　　本条は、制定時、ただし書が付されていなかった。他方、閉会中審査は当初から認められていた（国47Ⅱ）。閉会中に行った審査の成果を後会にいかせないこと

第6章　会議　　243

§ 68

を意味するものである。

　参議院の閉会中審査議案は、その閉会中に衆議院議員が任期満了となった場合、それ以後審査を行うことはできず、その議案は後会に継続しない（参先138）。立法期をまたいで議案を継続させることはできないとの態度である（⋯▶第47条【衆議院解散後の参議院の閉会中審査】）。ただし、これは国会の議決を要する議案についてであり、決算や懲罰事犯の件は後会に継続する。

　参議院の緊急集会では、提出される案件は次の国会の召集を待ついとまがないものであり、そもそも閉会中審査に付すことが想定できず（⋯▶第47条【参議院の緊急集会後の閉会中審査】）、したがって、本条ただし書の規定が緊急集会で働く余地はない。懲罰事犯の件についても、第47条第2項は緊急集会に準用されておらず、類推適用もできないと解さざるを得ない（⋯▶第102条の5【緊急集会末の懲罰】）。

　憲法改正原案については、本条ただし書の規定の重要な読替えがなされている（国102の9Ⅱ）（⋯▶第102条の9【案件不継続】）。

【審議手続の継続】後会において、継続した議案及び懲罰事犯の件がどのような審議の状態に置かれるかについては、衆参両院で扱いを異にしている。

　まず問題となるのは、委員会への付託の継続である。衆議院では、後会召集時に議案は一旦議長の手元に戻り、その上で改めて付託がなされる。参議院では、閉会中に審査が終わらない以上、付託されたままの状態で後会に継続する。

　これに関連して、後会の審査は、衆議院ではそれまでの審査が更新された上で再スタートするのを建前としている。これに対して参議院では、前会及び閉会中の審査に続けての審査が行われ、閉会中に審査が終了していれば、後会では本会議に上程されることとなる。

　閉会中の成果をいかせないのであれば、議案が後会に継続する意義は著しく減殺される。その意味で衆議院の運用は、例外として認めた継続審査の制度の中にも会期独立性の理念が色濃く残っている[64]。

---

[64]森本・前掲 **60** 42頁。

第6章の2　日本国憲法の改正の発議

第31次改正（平19.8）

本章は、活動論のうち、憲法改正原案の発議及び審議についての規定を置く。

日本国憲法制定後、その改正手続に関する法制は長らく未整備のまま放置されていたが、衆参両院の憲法調査会における議論等を踏まえ、平成19年に制定された日本国憲法の改正手続に関する法律（平成19年法律第51号）（以下「憲法改正手続法」という。）により、国民投票制度が整えられ、国会法に両議院の憲法審査会、国民投票広報協議会の制度とともに本章が新設された。

憲法改正手続のうち、国民投票及び公布の手続については、憲法改正手続法が定めている。

【憲法改正】憲法の改正とは、憲法所定の手続に従い、憲法典中の個別条項につき、削除、修正、追加を行うことにより、意識的、形式的に憲法の変改をなすことをいう[1]。

憲法は、憲法改正手続について、国会の議決と国民投票を連結する方式を採用し、かつ、国会の議決について、各議院で総議員の3分の2以上の賛成を要することとしている（憲96 I）。典型的な硬性憲法である。

「国会が、これを発議し」（憲96 I）とは、国民に提案する憲法改正案を国会が決定することであって、その改正案の案となるものを国会に提出することとは別の概念である。この改正案の案を「憲法改正原案」と呼ぶことについては、**第68条の2【憲法改正案・憲法改正原案】**の説明参照。

なお、国会における憲法改正手続については、憲法が「各議院の総議員の3分の2以上の賛成で」と規定している（憲96 I）ことから、憲法改正原案を国会の議決を要する議案とせず、各議院の議決の一致が確認されれば足りると解する余地のあることが指摘されている[2]。この点につき国会法は、国会の議決を要するもの（•••▶ 第11条【国会の議決】）として両院交渉を規定している（国68の5、83の4、86の2）。

【内閣の発議権】国会の内部で憲法改正原案を発議できることは当然のこととして、憲法上、内閣に憲法改正原案の提出権が認められるか否かについては、憲法制定直後から争われている。

1　佐藤幸治『日本国憲法論』（成文堂・2011）35頁。
2　浅野善治「憲法改正を発議する国会の性格」岡田信弘ほか編『憲法の基底と憲法論』（高見勝利先生古稀記念）（信山社・2015）393頁。

否定説は、憲法改正の発議は「はじめから、政府から獨立して、國会の内部だけの手續によつてなされなければならない、という意味まで含んでいる」とする（法學協會・註解㊦1443頁）のに対し、肯定説は、「内閣に発案権をみとめたところで、各議院は、これに対して完全な修正権をもち、少しもその自主的審議権を害されるおそれはない」とする（宮澤・コメ793頁）。

　政府答弁は従来から、憲法上、内閣による提出が禁じられているわけではないとの立場を採っている[3]。憲法改正手続法の発議者も、これを認めるか否かは立法政策の問題であるとしている[4]（•••▶第68条の2【憲法改正案・憲法改正原案】）。

　内閣法は「内閣提出の法律案、予算その他の議案を国会に提出し」と規定する（閣5）。学説の中には、憲法改正原案の提出は「つねに予想されるものではないので特に例示しなかった」とし（佐藤（功）・ポケ㊦1259頁）、現行法上も内閣が憲法改正原案を提出することは否定されていないと解するものがあるが、この規定は国会法が憲法改正手続を規定する前から存在するもので、法律のレベルでは憲法改正手続については規定が整備されていなかったはずであり、「その他の議案」に憲法改正原案が含まれているとは解せない。現行法上は、内閣による憲法改正原案の提出は認められていないと言えよう。

【定足数】 定足数算定の基礎となる「総議員」の意味については、**第49条【定足数算定の基礎】**の説明参照。

　本会議の定足数については、憲法において総議員の3分の1以上の出席とする旨が規定されている（憲56Ⅰ）が、それが憲法改正原案の審議についても当てはまるか否かの問題がある。

　憲法改正の議決を行うに当たって3分の2以上の出席がなければそもそも議決要件に届かないことから、議決定足数は総議員の3分の2であるとの考え方が通説である。また、議事定足数についても、慎重を期すため、総議員の3分の2以上の出席が必要とする説が有力である。

　しかし、議決定足数については、憲法第56条第1項の規定どおり、総議員の3分の1以上と解すべきである。その取扱いの下で、総議員の半分ほどの議員が出席して採決した場合、当然のことながら総議員の3分の2以上の賛成は得られないわけであるが、その採決を有効とした上で否決と見ることは論理に背くことではないからである[5]。

----

3 第75回国会衆議院法務委員会議録第19号（昭50年5月14日）18頁〔三木武夫内閣総理大臣の答弁〕。
4 第165回国会衆議院日本国憲法に関する調査特別委員会議録第8号（平18年12月7日）6頁〔保岡興治衆議院議員の答弁〕。

§68の2

同項が憲法改正原案の審議を射程に置いていないという解釈も成り立ち得るが、明文の規定のない状況の下で、総議員の3分の1とは異なる要件を定足数と解するのは適当でない。ただし、この欠缺を埋める具体的数値は、国会法又は議院規則で規定することが可能であると解する。

【議決数】憲法は、憲法改正の発議について「各議院の総議員の3分の2以上の賛成で」と規定している（憲96 I）。この「総議員」の意味についても、定足数の場合と同様、定数説と実数説の間で争われている。立法的解決を図るべきであったが、憲法改正手続法の制定に際しては措置されなかった。要件を割合で示す以上、分子にカウントし得ないものを分母に含ませることは理にかなわず、実数説には十分な理由があると言えよう。ただし、衆参両院では、他の場面すなわち、召集決定要求（憲53）や定足数の要件（憲56 I）を算定するに当たって、「総議員」を法定数とする扱いである。議員の死亡や補欠選挙等による議員数の変動の影響を受けないようにするとの観点が重視されているためである。実際の憲法改正原案の議決に際しても、整合性を図って、この定数説の立場が採用されるものと予想される。

憲法改正原案の議決に必要な総議員の3分の2以上の賛成という要件は、修正議決の場合に問題となる。

衆参両院の議案の議決の仕方によれば、原案に対して修正動議が提出された場合、まず修正案を採決し、それが可決されれば修正部分を除いた原案について採決することとなる（除く原案方式）。修正案についての採決がその部分についての終局的な採決となる以上、修正案及び除く原案の両方について総議員の3分の2以上の賛成が必要となる。

これに対して、修正案の可決に原案の内容を修正する意味しか持たせない取扱い（溶け込み方式）を採用するのであれば、修正案の可決後に修正が施された原案全体を採決（総議員の3分の2以上の賛成を要する。）に付すので、修正案は通常の出席議員の過半数で可決となると解する余地が出てくる。

〔憲法改正原案の発議〕
第68条の2　議員が日本国憲法の改正案（以下「憲法改正案」という。）の原案（以下「憲法改正原案」という。）を発議するには、第56条第1項の規定にかかわらず、衆議院においては議員100人以上、参議院に

---

5 森本昭夫「憲法改正原案審議の定足数―全員多数制と出席者数の関係」立法と調査342号（2013）104頁。

§68の2

> おいては議員 50 人以上の賛成を要する。

第 31 次改正（平 19.8）

本条は、憲法改正原案の発議要件について規定している。

【憲法改正案・憲法改正原案】 憲法改正についての国会の権能は発議して国民に提案することであり（憲96 I）、それに至る最初の手続として、国会においてそのための案が出されることが必要である。

「日本国憲法の改正案」とは、日本国憲法をどのように改正するかを具体的に示した案で、国民投票に付す対象となるものである。

国会の審議対象ではなく、各議院の総議員の 3 分の 2 以上の賛成によって出来上がった国会審議の成果物である（憲96 I）。本条において「憲法改正案」と言い換えられている。

「原案」とは、憲法改正案を策定するための案のことであり、国会の審議対象となる。

「日本国憲法の改正案の原案」は「憲法改正原案」と言い換えられている。

【憲法改正原案の発議】 憲法改正原案は国会の議決を要する議案であり、衆議院・参議院いずれの所属議員も発議者となることができる。

憲法改正原案の審議について、参議院はその使命に鑑み先議するのは望ましくないとの主張があるが[6]、本条は参議院議員にも発議権を認めている。

議員が憲法改正原案を発議するには、衆議院においては議員 100 人以上、参議院においては議員 50 人以上の賛成を要する。

憲法改正の持つ重みに鑑み、発議要件を加重したものである。本条で規定する賛成者要件は、国会法上最も厳格なものである。

「議員」とは、発議先の議院所属の議員のことである。

二院制の下で、両院議員が合同で又は一院の議員が他院に対して発議することはできない。その制約を克服する工夫として憲法審査会の合同審査会の制度（国102の8）が設けられているところである。

「発議する」とは、議員が憲法改正原案を作成し、所属する議院の審議に供するために提出することをいう。

「第 56 条第 1 項の規定にかかわらず」とは、憲法改正原案も議案であるところから、その発議要件を定めた第 56 条第 1 項の規定によらないという意味である。

---

6 清宮四郎『憲法 I 〔第 3 版〕』（有斐閣・1979）399 頁。

§68の3

「賛成」は、議員が憲法改正原案を発議するに際し、発議者以外の当該議院所属の議員がその発議行為を了とする旨の議院に対する意思表示をいう。

発議行為についての賛意であるにとどまり、その賛成者は、当該憲法改正原案の審議の結果、表決に際して賛成の態度を示さなければならないものではない。

「要する」は、賛成が併せて表示されなければ憲法改正原案の発議行為が成立しないことを意味する。

賛成者の存在は憲法改正原案の存続要件ではなく、発議後に成規の賛成者を欠くに至った場合でも原案は影響を受けないものと解するが、衆議院規則はそれと異なる主義を採っている（衆規36の2）（••▶第56条【発議に対する賛成】）。

賛成者要件以外の発議に関する事項については、**第56条【議案の発議】**の説明参照。

〔憲法改正原案の発議区分〕

第68条の3　前条の憲法改正原案の発議に当たつては、内容において関連する事項ごとに区分して行うものとする。

第31次改正（平19.8）

本条は、憲法改正原案の発議区分について規定している。

【憲法改正原案の発議区分】憲法改正原案の発議は、内容において関連する事項ごとに区分して行うものとする。

憲法改正原案は、憲法改正に向けられた審議の対象であり、国会で議決された場合には、国民に提案する憲法改正案に昇格するものである。その各議院の意思決定や国民投票に際しては、争点明確化の要請が働く。無関係な争点を組み合わせた案に対しては賛否の判断に困難が伴い、国民投票で用意されている意思表示は賛成・反対のみで、修正の余地はない。また、別々の改正点を抱き合わせることで両方についてそれぞれの支持者の賛成を取り付けようとの企ては排除されなければならない。そのために、憲法改正原案の内容の束ね方に限定を加える趣旨である。

本条の趣旨についての異端説ということになろうが、憲法の全面改正が憲法上許容されることを前提として、全面改正は改正案が全体として内容において関連すると解することで、本条は全面改正を否定したものではなくなると理解するものも見受けられる[7]。しかし、それでは本条は空文に帰してしまう。

---

7 井口秀作「憲法改正をめぐる政治と理論」憲法問題27号（2016）105頁。

§ 68 の 3

「憲法改正原案」については、第68条の2【憲法改正案・憲法改正原案】の説明参照。

「発議」とは、議員が憲法改正原案を作成し、所属する議院の審議に供するために提出することをいう。

なお、本条の規定は、憲法審査会による憲法改正原案の提出に対して準用されている（国102の7 I）。

「当たつては」とは、発議者に対する義務付けであると同時に、それを受理する議長にとっての判断対象であることを意味する。

「内容において」とは、改正を加える内容に着目してとの意味である。

「関連する」について、一律の基準を示すことは難しい。一方において、賛否の判断が区々となるようなものを一括することを排除すべきとの要請が働き、他方で、成否を共にしなければ齟齬が生じる複数の改正点は一括しなければならないところである。それらを勘案して関連性を判断しなければならない。

「事項ごとに」は、個々の条文を単位とすることを意味するものではない[8]。複数の条文を一括することも場合によっては許容される。ただし、必ずしも条単位での一括に限られるわけではない。内容が多岐にわたる条文については、部分的に、例えば、項や号を単位として別々の改正原案の対象とされることもあり得る。

「区分して行う」とは、関連する事項を1つの独立した憲法改正原案として発議することをいう。

「ものとする」は、弱めた形での義務付けを意味する。

関連性の判断が困難なこともあり、貫徹できない場合を想定したものであろう。国会の審議の過程において、関連する事項ごとの改正原案に修正される可能性も勘案されているものと考えられる。

【修正についての類推適用】本条の趣旨は、修正案の提出についても類推適用されなければならない。原案に対して内容において関連するとは言えない事項を付け加えるような修正はできないとする禁則である。そのような修正の結果、原案が内容において関連する事項ごとに区分された形を失うことになるからである。

---

[8] 橘幸信=高森雅樹「憲法改正国民投票法の制定─国民投票の実施手続及び国会による憲法改正の発議手続を整備」時の法令1799号（2007）14頁。

250

§ 68 の 4

〔憲法改正原案修正の動議〕

第 68 条の 4　憲法改正原案につき議院の会議で修正の動議を議題とす
　　るには、第 57 条の規定にかかわらず、衆議院においては議員 100 人以
　　上、参議院においては議員 50 人以上の賛成を要する。

第 31 次改正（平 19.8）

　本条は、憲法改正原案についての修正動議を本会議で議題とするための要件につ
いて規定している。

【憲法改正原案の修正】 発議された憲法改正原案は、審議の結果、内容に手を加え
た上で議決することも可能である。その方法は、原案をどのように修正するかを案
に仕立て、原案と併せて審議するものである。

　本会議での憲法改正原案審議において修正すべきであるとの提案には、①憲法審
査会がその審査において修正すべきとの結論を得たもの、②議員から修正すべきこ
とを動議によって提案されるものの 2 通りがある。

【憲法審査会修正】 憲法審査会において憲法改正原案を審査した結果、修正議決す
べきとの結論を出すことが可能である。

　憲法審査会で修正した場合、原案が修正された内容に改められて議長の手元に
返ってくるのではない。憲法審査会修正とは、憲法審査会から修正案を提出するも
のであり、修正案を付して憲法改正原案を議長に戻す趣旨のものである。

　その場合、本会議では、憲法審査会審査を受けて、原案と併せて憲法審査会から
提出された修正案を審議する形となる。その修正案は、本条に規定する賛成者を要
せず、原案と同時に議題に載せられる（衆先 288）。

【修正動議】 憲法改正原案につき本会議で修正動議を議題とするには、衆議院で
は 100 人以上、参議院では 50 人以上の議員の賛成が必要である。

　本条が規定するのは本会議における修正動議であり、憲法審査会での修正動議に
は適用されない。憲法審査会においては、賛成者なしに修正動議が出せるものとさ
れている[9]。

　動議一般については、**第 57 条【動議】** の説明参照。

　「修正の動議」とは、憲法改正原案の内容を改めようとする動議であり、どのよう
に改めるかを指示する修正案を付して提出しなければならない。

---

9 第 166 回国会参議院日本国憲法に関する調査特別委員会会議録第 2 号（平 19 年 4 月 17 日）16 頁〔葉梨康弘
　衆議院議員の答弁〕。

§68 の 4

　憲法審査会における審査の結果にかかわらず、発議、提出された原案に対して修正を求めるものである。

　修正動議は議員が提出する。当該原案の発議者や賛成者であっても動議を提出することは可能である。発議者の立場での修正申出が認められていないのは、改正原案審議の過程で修正の手続を採れることを理由としているところでもある（••▶第59条【議案の内閣修正】）。

　また、議員であれば、議長や委員長等の役員、国務大臣等の政府関係者が修正動議を提出することも法規上は可能である。ただし、その後の当該役職の職務遂行に支障の出る面もあろう。

　「議題とする」は、議事の内容として議論の対象とすることであり、修正動議の場合、その対象とする改正原案が上程される時に併せて行う必要がある。

　修正動議は原案に対して先決性があり、修正動議を処理しないで原案の審議を終えることはできない。したがって、修正案を議題とするためには日程に追加することを諮る必要がない。

　「賛成」は、議員が提出した動議に対し、提出者以外の議員がその提出行為を了とする旨の議院に対する意思表示をいう。

　動議提出についての賛意であるにとどまり、原案及び修正案の審議の結果、表決に際して動議についての賛成者が修正案に賛成の態度を示さなければならないものではない。

　「第57条の規定にかかわらず」とは、憲法改正原案も議案であるところから、その修正動議を議題とするための要件を定めた第57条〔修正動議〕の規定によらないという意味である。

　「要する」は、賛成が表示されていなければ動議が成立しないことを意味する。動議提出の要件ではなく、議題とするために必要であるとの意味である。

　したがって、改正原案を議題とする時に会議に出席している者が賛成者となっていることを認定する必要がある。

　「議員○人以上」は、当該議院所属の議員で提出者を含まない人数である。

　賛成者の人数要件が衆議院で100人以上、参議院で50人以上とされている点は、憲法改正原案の発議と同じである。憲法改正の持つ重みに鑑み、発議要件に準じて国会法上最も厳格なものとしたものである。

252

§68の5

〔憲法改正の提案、憲法改正案の内閣送付〕

第68条の5① 憲法改正原案について国会において最後の可決があつた場合には、その可決をもつて、国会が日本国憲法第96条第1項に定める日本国憲法の改正（以下「憲法改正」という。）の発議をし、国民に提案したものとする。この場合において、両議院の議長は、憲法改正の発議をした旨及び発議に係る憲法改正案を官報に公示する。

② 憲法改正原案について前項の最後の可決があつた場合には、第65条第1項の規定にかかわらず、その院の議長から、内閣に対し、その旨を通知するとともに、これを送付する。

第31次改正（平19.8）

本条は、憲法改正案の国民への提案、内閣送付について規定している。

【憲法改正の国民への提案】 憲法改正原案について国会において最後の可決があった場合には、その可決をもって国会が憲法改正の発議をし、国民に提案したものとする。

憲法改正のために国会の議決、発議、国民への提案、国民投票という手続が用意されている（憲96 I）が、憲法学説には発議と提案を区別する2段階説を採るものもあり[10]、その点について通説に従って立法的解決を図ったものである。国民への提案として特段の行為を要しないとする趣旨である。

「憲法改正原案」とは、憲法改正案を策定するための案のことであり、国会の審議対象となる。

「国会において最後の可決があつた場合」とは、両議院の一致した議決の後の方の議決があった場合を指す。

「可決」は、他院から送られた議案を可とする議決であり、回付案に対する同意、両院協議会成案の可決を含む。いずれの場合でも、総議員の3分の2以上の賛成が必要である。

憲法改正については、衆議院の優越が認められていない。また、参議院の緊急集会において憲法改正原案を審議することは認められない（•••▶第11章概説【付議案件の類型】）。

「日本国憲法第96条第1項に定める日本国憲法の改正（以下「憲法改正」という。）の発議」は、憲法改正案を確定させ、国民投票に向けての手続を進めることを内容

---

[10]佐々木惣一『改訂日本国憲法論』（有斐閣・1952）122頁。

§68の5

とする国会の意思決定のことである。

「国民に提案」とは、国民の承認を得るために、確定した憲法改正案を示すことを指す。

「その可決をもつて……したものとする」とは、可決後に具体的な行為を必要とせず、可決という事実によって効果が発生することを意味する。可決対象がそのまま国民への提案内容に転じることをも含意する。

【憲法改正案の公示】国会が憲法改正の発議をし国民に提案した場合には、両議院の議長は、その旨及び発議に係る憲法改正案を官報に公示する。

本条第1項本文で、国民への提案を国会の議決による直接の効果としての観念的な行為とした上で、具体的にその内容を提示することを付加的な義務とするものである。

「この場合において」とは、国会が憲法改正の発議をし、国民に提案する場合、すなわち、憲法改正原案について国会において最後の可決があった場合のことである。

「両議院の議長」は、各別の行為主体として規定されているのではない。最後の可決があった場合には、その議院の議長はその旨を他院に通知することとされているところであり（国83ⅡⅣ）、国民に対して提案する主体が国会とされている（憲96Ⅰ）ことから、両議院の代表の合同による行為とするものである。

「憲法改正の発議をした旨」とは、憲法改正案を確定させ、それについて憲法を改正する手続を進めることを各議院の総議員の3分の2以上の賛成で議決した事実のことである。

「発議に係る憲法改正案」とは、各議院の総議員の3分の2以上の賛成で確定させた憲法改正案のことである。発議区分（国68の3）に応じて議決された改正案であることを要する。

「官報」とは、国の公告のための機関紙であり、独立行政法人国立印刷局が編集、発行を行っている。

「公示する」とは、相手方を特定できない場合に公的な手段によって広く一般に知らせることである。ここでは、官報に掲載することがその方法となる。

両議院の議長は、憲法改正案の記事原稿を国立印刷局に提出し、同局はこれを掲載する義務を負う。

【憲法改正案の内閣送付】憲法改正原案について国会において最後の可決があった場合には、その議院の議長から内閣に対し、その旨を通知するとともに、憲法改正案を送付する。

§ 68 の 6

国民投票の実施等のため、内閣への通知及び憲法改正案の送付を義務付けたものである。

「第 65 条第 1 項の規定にかかわらず」とは、憲法改正原案も議案であるところから、その内閣への送付を定めた第 65 条第 1 項の規定によらないという意味である。

「その院の議長」とは、両議院の一致した議決の後の方の議決があった議院の議長を指す。

「その旨」とは、憲法改正原案を議決し、憲法改正案が確定した事実のことである。

「これを」とは、憲法改正案を指す。法律の公布奏上の場合と同様、印本が用いられることとなろう。

「送付する」は、具体的な方法を指定するものではないが、通常は、出向いて手交するものである。

内閣への通知、送付は直ちに行う必要があるが、その事実行為・付随行為性から会期制の適用除外となっていると解すべきであり（••▶第 1 章概説【会期制の適用除外】）、会期が終了した後でも有効に行うことができる。

〔国民投票の期日〕
　第 68 条の 6　憲法改正の発議に係る国民投票の期日は、当該発議後速やかに、国会の議決でこれを定める。

第 31 次改正（平 19.8）

本条は、憲法改正の国民投票の期日について規定している。

【国民投票の期日の決定権】憲法改正の発議に係る国民投票の期日は、国会の議決で定める。

国民投票までにどの程度の周知期間を置くかについて、改正案の内容を熟知している国会が定めるのが適切との判断による[11]。

「憲法改正の発議に係る国民投票」とは、国会で各議院の総議員の 3 分の 2 以上の賛成で確定させた憲法改正案について、承認するか否かを決めるための国民による投票のことである。

「期日」とは、実施する日のことであり、1 日限りであることが想定されている。

憲法においては、特別の国民投票又は国会の定める選挙の際行われる投票とされ

---

11 第 164 回国会衆議院日本国憲法に関する調査特別委員会議録第 3 号（平 18 年 3 月 9 日）2 頁〔保岡興治衆議院議員の発言〕。

第 6 章の 2　日本国憲法の改正の発議　255

§68の6

ている（憲96 I）が、憲法改正手続法では、期日は憲法改正の発議の日から起算して60日以後180日以内とされている（憲改2 I）。

憲法改正手続法の発議者は、国政選挙と国民投票とでは、与野党が相争うものと超党派で合意したものの賛否を争点とするものとの性格の相違があることに鑑み、別個に行うことが適当であるとの考えを示していた[12]。

なお、国民投票無効の訴訟の結果、再投票を行うこととなったときも、その投票の期日は国会の議決で定める（憲改135 III）。

【期日の議決】「国会の議決」とは、衆参両院で構成される国会を1つの機関として捉え、両議院が先議後議の関係となって、一方の議院で審議し議決したものを他院に送って審議し、その議決内容が両議院で一致したものを指す。先議議院の議決に対して後議議院で修正することも可能であり、その場合は先議議院に回付される（国83 III）。

議案の形式によることが想定されている（憲改2 II 参照）が、法律案によることを得ない。したがって、衆議院の優越が働かず、両議院の意思が一致しない場合には期日が定まらないこととなるが、両議院は一致する期日を見いだす義務を負う。なお、両院協議会を開くことが可能とされている（国87 II）。

国民投票の期日の決定は、当該憲法改正の発議後速やかに行う。

投票の期日までの期間を確保し、その準備や国民への周知に遺漏のないようにするための措置である。

「当該発議後」とは、憲法改正原案について各議院の総議員の3分の2以上の賛成で議決し、憲法改正案を確定した後のことである。

「速やかに」とは、できるだけ早い時期にという意味である。

仮に、憲法改正原案について国会における最後の可決があった後、衆議院の解散等により会期が終了しても、既に国民に対する憲法改正提案はなされている（国68の5）のであるから、憲法改正の発議の効力は影響を受けない。その場合には、次に召集される国会又は参議院の緊急集会において速やかに国民投票の期日を決定しなければならない。

期日に係る議案につき最後の議決があった場合には、その議院の議長から内閣に送付することとなる（国65 I）。内閣は、総務大臣を経由して中央選挙管理会に通知し（憲改2 II）、中央選挙管理会が国民投票の期日を官報で告示する（憲改2 III）。

---

[12] 第163回国会衆議院日本国憲法に関する調査特別委員会議録第2号（平17年10月6日）3頁〔保岡興治衆議院議員の発言〕。

第7章　国務大臣等の出席等

制定時（昭22.5）、第25次改正（平11.10）

　本章は、活動論のうち、国務大臣等の議院への出席についての憲法の定めを補充する規定を置いている。

　章名の「国務大臣等」の「等」とは、①副大臣、大臣政務官等の行政府の役職に就いている者、②会計検査院長、最高裁判所長官等の内閣から独立した国家機関の役職に就いている者を指す。

　「出席等」の「等」に当たるのは、発言、報告の送付等である。

　本章の各規定は、全て参議院の調査会及び憲法審査会（法律案に係るものに限る。）に準用されている（国54の4Ⅰ、102の9Ⅰ）。

【国務大臣の出席】国会における議案審議や国政調査の具体的、実質的な活動形態は対政府質疑である。これは、議院内閣制の下、国会の審議において政府側の出席、発言が不可欠であることを物語っている。

　憲法第63条〔閣僚の議院出席の権利と義務〕は、「内閣総理大臣その他の国務大臣は、両議院の一に議席を有すると有しないとにかかはらず、何時でも議案について発言するため議院に出席することができる。又、答弁又は説明のため出席を求められたときは、出席しなければならない。」と規定する。

　国務大臣は国会議員でないこともあり、また、議院から見れば他院議員のこともあるが、それらの場合でも出席、発言の権利義務の主体となる。

　閣僚の発言権は、内閣が行政権の行使について国会に対して連帯して責任を負うことから認められたものである。国会での議論において、内閣の方針や所信を述べ、内閣が提出する議案についての説明を行うことを保障するものである。

　ただし、出席の義務については、病気その他出席しない正当な理由がある場合は履行しないことも許される[1]。

　「議案」が発言の対象とされているが、内閣提出のものだけでなく、また、議決対象となるものに限らず審議のなされるもの全てを意味すると解する。

　「何時でも」は、「出席する」に係り、議院の許可が必要ないことを意味する。ただし、出席する会議の開会や議題の設定等は議院の側の専権に属するため、出席・発

---

1 第183回国会参議院議員谷岡郁子君提出安倍内閣総理大臣等の本院予算委員会欠席に関する質問に対する答弁書（平25年7月2日受領）。

第7章　国務大臣等の出席等　　257

§69

言権が認められるのは「何時でも」とは言え、制約の下にある。すなわち、大臣の
側の具体的な権利を論じることができるのは、会議と議題がセットされた上でのこ
とである。

　◆事例
　　内閣が所信表明演説を希望する意向を示していたところ、参議院が内閣総理大
　臣に対して既に問責決議を行ったとして、演説を行うのを認めなかったことがあ
　る。なお、それに代えて、緊急質問の形で対政府質疑を行った[2]。

　なお、出席・発言権が認められるのは秘密会も例外ではなく、所管に係る問題が
議題となる時には出席できるものと解する（••▶第62条【秘密会】）。

　「議院」は、本会議、委員会等の議院における会議を指す。

　出席義務は、答弁、説明の義務を含む。

　「答弁又は説明のため」は、発言の要求が具体的でない場合もあり得る。例えば、
所管の案件が議題となる会議において、答弁や説明が必要となる可能性があるとい
う程度の理由で出席が求められる場合でも、これを拒むことはできない。

　「求められた」は、議院を代表する立場である議長から求められたことであり、そ
の要求は議院の意思とみなせるものでなければならない。具体的には、議院の議決
又は委員会等の議決に基づく要求であることを要する。その運用の実態については、
第71条【国務大臣等の出席要求】の説明参照。

〔 内閣官房副長官等の出席、政府特別補佐人 〕

第69条① 　内閣官房副長官、副大臣及び大臣政務官は、内閣総理大臣そ
　の他の国務大臣を補佐するため、議院の会議又は委員会に出席するこ
　とができる。

② 　内閣は、国会において内閣総理大臣その他の国務大臣を補佐するた
　め、両議院の議長の承認を得て、人事院総裁、内閣法制局長官、公正取
　引委員会委員長、原子力規制委員会委員長及び公害等調整委員会委員
　長を政府特別補佐人として議院の会議又は委員会に出席させることが
　できる。

制定時（昭22.5）、第25次改正（平11.10、平13.1）、第33次改正（平24.9）

　本条は、国務大臣を補佐する者の本会議、委員会への出席について規定する。

---

2 第181回国会参議院会議録第2号（平24年11月2日）1頁。

§69

【国務大臣の補佐】国務大臣の委員会出席は、憲法第63条〔閣僚の議院出席の権利と義務〕でカバーされている（➡▶本章概説【国務大臣の出席】）。

　　国務大臣を補佐するため、内閣官房副長官、副大臣及び大臣政務官は、両議院の本会議、委員会に出席することができる。

　行政部門において政治主導の政策決定システムを強化することを目的とし、内閣府設置法（平成11年法律第89号）及び国家行政組織法の改正（平成11年法律第90号）により副大臣、大臣政務官のポストが新設された。これらに相当する従前のポストは政務次官であり、国会との関係では、政府委員に任命される例であった。後述する政府委員の廃止に伴い、内閣官房副長官、副大臣及び大臣政務官に対して国会への出席資格が付与された。

　「補佐する」とは、具体的には、国務大臣の答弁に漏れがないかどうかをチェックしたり、専門性、技術性の高い質疑に対して国務大臣に代わって答弁したりすることである。

　「出席することができる」とは、議院や委員会の許可を要しないで出席できることを意味する。

> ◆改正前は〔政府委員制度〕
> 　第69条（旧）　内閣は、国会において国務大臣を補佐するため、両議院の議長の承認を得て政府委員を任命することができる。
> 　　国会審議の活性化及び政治主導の政策決定システムの確立に関する法律（平成11年法律第116号）により本条が改正され、帝国議会時代以来続いてきた政府委員制度が廃止された。
> 　　「政府委員」とは、国会において国務大臣を補佐するため、内閣が両議院の議長の承認を得て任命する政府職員である。公務員として現に担当する政府の事務について大臣を補佐するために説明、答弁する資格であったが[3]、その発言は単独の責任でなし得るものではなく、その範囲も担当事務に限られる[4]。実際には、各省庁の政務次官のほか、局長・審議官クラスの職員が任命されていた。
> 　　しかし、委員会審議の実態が政府委員に対する質疑中心のものとなっていたため、国会を直接国民に責任を負うべき議員同士又は国務大臣との間での政策論争の場とすべきであるとの意見が強くなり、平成12年の常会から政府委員が廃止された。これにより、会期を通じて国会に出席する資格を持つ官僚の数が大幅に削減された。

【副大臣・大臣政務官】「内閣官房副長官」は、内閣官房長官の職務を助け、命を受けて内閣官房の事務をつかさどり、内閣官房長官不在の場合その職務を代行する職

---

3 大島稔彦「政府委員─その制度と運用」議会政治研究17号（1991）15頁。
4 有倉遼吉編『基本法コンメンタール新版憲法』（日本評論社・1977）214頁〔田口精一〕。

§69

である（閣14Ⅲ）。副大臣制導入前から、内閣官房における次官相当職として存在していた。

「副大臣」は、各省に置かれる職で、大臣の命を受けて政策、企画をつかさどり、政務を処理し、大臣不在の場合その職務を代行する（行組16ⅠⅢ）。内閣府にも3人が置かれる（閣設13Ⅰ）。

「大臣政務官」は、内閣府及び各省に置かれる職で、大臣を助け、特定の政策及び企画に参画し政務を処理する（行組17ⅠⅢ、閣設14ⅠⅢ）。

【政府特別補佐人】内閣は、国会において国務大臣を補佐するため、両院議長の承認を得て、人事院総裁、内閣法制局長官、公正取引委員会委員長、原子力規制委員会委員長及び公害等調整委員会委員長を政府特別補佐人として本会議又は委員会に出席させることができる。

政府委員制度廃止の趣旨は、官僚の発言の機会をなくして政治家たる国会議員による政策論争を活発にしようというものであったが、その例外的な扱いとして政府特別補佐人が認められた。

「政府特別補佐人」とは、人事院総裁、内閣法制局長官、公正取引委員会委員長、原子力規制委員会委員長及び公害等調整委員会委員長に限って認められる、国務大臣を補佐するために両議院の本会議、委員会に出席するための資格である。会期ごとに両院議長の承認を得て、その資格が認められる。

内閣から一定の独立性を有する機関の長であるとの特性等に鑑み、これらの5者を旧政府委員と同様に扱うこととしたものである。このうち原子力規制委員会委員長は平成24年の改正で加えられたものである。

「国会において」は、政府特別補佐人の資格が国会の活動との関係で国務大臣を補佐するとの限定を付すものである。

「補佐する」は、内閣官房長官、副大臣、大臣政務官の行う補佐に準じる（⋯▶本条【国務大臣の補佐】）。

「両院院の議長の承認」は、内閣が出席させることについてのものであるが、出席ごとに必要ではなく、会期中の出席についての包括的なもので足りる。

閉会中期間の両議院の議長の承認は会期制に照らして適当ではなく、閉会中には政府特別補佐人の資格を設定することはできないと解する。

なお、誰を政府特別補佐人として出席させるかも承認の内容となるので、承認後にこれらの職について更迭があれば、新任の者について改めて承認が必要となる。

「出席させることができる」は、内閣傘下の政府の一員に対する権限を示すととも

§70

に、出席が内閣の主体的判断で可能なことを指す。

　規定の文言上は、内閣が政府特別補佐人の承認を求めないことも可能と解さざるを得ないが、その場合に議院の側で必要となればこれらの者を政府参考人として出席を求めることとなろう（⋯▶第71条【政府参考人】）。閉会中審査においては、政府特別補佐人として承認された者が存在しないので、そのように取り扱う例である。

【議院の出席要求】　本条は、内閣官房副長官等の出席権だけを規定しているが、議院の側がこれらの者の出席を要求することを否定するものではなく、議院が国務大臣の補佐の必要性を認定することにより、国務大臣の出席義務（憲63）をこれらの者に及ぼすことができるものと解する。

　第71条〔委員会の出席要求〕の規定は、議院の出席要求権を前提としている。

　〔発言の通告〕

　第70条　内閣総理大臣その他の国務大臣並びに内閣官房副長官、副大臣及び大臣政務官並びに政府特別補佐人が、議院の会議又は委員会において発言しようとするときは、議長又は委員長に通告しなければならない。

制定時（昭22.5）、第25次改正（平11.10、平13.1）

　本条は、国務大臣等の発言通告について規定する。

【発言通告】　「発言通告」は、発言の希望を事前に会議主宰者に知らせることで、会議の招集、議事の組立て、発言順序の決定等の議事整理権の行使に役立たせることを狙いとする制度である。

　国会法上、発言通告が要求されるのは政府側の出席者についてだけである。これは国会と内閣の関係を規定することによるものである。議員の発言通告については、議院規則が規定する（衆規125、参規91）（⋯▶『逐参』第91条〔発言通告〕）。

【国務大臣等の発言】　**国務大臣、内閣官房副長官、副大臣、大臣政務官及び政府特別補佐人は、本会議又は委員会において発言しようとするときは、議長又は委員長に通告しなければならない。**

　国務大臣には、発言のために議院に出席する権能が与えられている（憲63）。しかし、これは会議で自由に発言できることを意味せず、議長又は委員長の議事整理権に服する。すなわち、発言するためには、そのタイミングごとに発言許可が必要であり、その前段階の会議開会に当たって、発言したい旨を通告しなければならない。

第7章　国務大臣等の出席等　**261**

§71

「発言しようとするとき」とは、その日の会議に出席して発言を希望する場合のことであり、国会の側から説明や答弁を求められたときを含まない。ただし、発言が自発的なものか、求められたものかの境界は曖昧で、実際には発言の類型で決められている傾向がある。例えば、国務大臣が行う報告に類する発言は、議院の側がそれを聴取することを決めて初めて実現するのが通例であるが、その場合も発言通告が提出される例である。

「通告」は、発言したい旨を通知することであり、何についての発言かを明確にする必要がある。本会議の場合には議長に対して、委員会の場合には当該委員長に対して行う。

発言前であることを要する。既に会議が招集されていればその会議を指定することとなり、招集されていない時点での通告も可能で、事実上、招集を促すものとなる。急遽必要な場合には、会議中でも可能であると解する。通告の形式は問われていない。本会議については、文書によることとなっている（参先354）。

「しなければならない」とは、通告をしないことには発言する資格がないことを意味する。

発言通告があった場合には、議長又は委員長は発言の機会を与える必要があるが、その時期については、議長又は委員長の判断に委ねられ、通告で指定されていてもそれに拘束されない。

国務大臣は発言のための会議への出席権を持つ（憲63）が、その発言は会議で議題となった時でなければならないため、結局、議事整理権の下でのみ実現し得る。

〔委員会の出席要求〕

第71条　委員会は、議長を経由して内閣総理大臣その他の国務大臣並びに内閣官房副長官、副大臣及び大臣政務官並びに政府特別補佐人の出席を求めることができる。

制定時（昭22.5）、第25次改正（平11.10、平13.1）

本条は、委員会の国務大臣等に対する出席要求について規定する。

【国務大臣等の出席要求】 委員会は、議長を経由して国務大臣、内閣官房副長官、副大臣、大臣政務官、政府特別補佐人の出席を求めることができる。

国務大臣の議院への出席義務については憲法第63条〔閣僚の議院出席の権利と義務〕で規定されるところであり（•••▶本章概説【国務大臣の出席】）、内閣官房副長官以下の者の

262

§71

議院への出席義務は国務大臣に準じる形で認められる（•••▶ 第69条【議院の出席要求】）。

委員会における議案審査や国政調査は、政府に対する質疑が中心となっており、本条の規定する委員会の出席要求は議院の出席要求権を前提としている。

「委員会」は、各議院の常任委員会・特別委員会を問わない。参議院の調査会及び憲法審査会（法律案に係るものに限る）にも準用されている（国54の4Ⅰ、102の9Ⅰ）。

「出席」は、委員会への出席にとどまらず、その上で説明や答弁を行うことも含まれる。

「求めることができる」は、委員会が求めることを権能として持つのみならず、求められた国務大臣等にそれに応じる義務が生じることを意味する。

ただし、病気その他出席しない正当な理由がある場合は出席しないことも認められる。

求める主体は委員会であり、個々の委員ではない。したがって、委員会の決定によって求めなければならない。

「議長を経由して」とは、委員会の代表である委員長が議長に対して国務大臣等の出席を求めるよう要求し、その要求を受けた議長が当該国務大臣等に出席を求めるという手順を踏むことを意味する。

> ♥運用
> 委員会は所管を定めて設置されており、それぞれの委員会運営の実績において、通常出席を求める者はおのずから所管関係省庁の国務大臣等に特定される。委員が質疑の相手として指定する国務大臣等が委員会所管の範囲に含まれる者であれば、改めて委員会の議決を行い議長を経由して出席を求めるという手続を踏まず、略式の連絡によって出席を求めるのが通例である。
> その範囲を超えて、委員から内閣総理大臣や関係省庁以外の大臣の出席を求める動きがあるときには、理事会において協議がなされる。野党の要求に対し、与党側は過大な要求とならないよう主張するのが通常であり、その上で与野党間で合意されれば、委員会決定によらずに略式の手続で済まされる。

委員会側の出席を求める意向に対して政府側が応じない姿勢を示したときに、本条の規定する要求権が発動され、手続を踏んで国務大臣等の出席を義務付けることとなる。

【政府参考人】政府委員制度が廃止され、政府の官僚が国会で発言する機会が著しく減ったが、これに対する例外の1つとして、議院規則において政府参考人が新たに制度化された（衆規45の3、参規42の3）（•••▶『逐参』第42条の3〔政府参考人〕）。

委員会における質疑が行政運営の細目的・技術的事項にわたる場合、委員会の決

§72

定によって政府職員を招致して説明、答弁を行わせるものである（衆規45の3、参規42の3Ⅰ）。

〔会計検査院長・最高裁判所長官等の出席説明〕
第72条①　委員会は、議長を経由して会計検査院長及び検査官の出席説明を求めることができる。
②　最高裁判所長官又はその指定する代理者は、その要求により、委員会の承認を得て委員会に出席説明することができる。

制定時（昭22.5）、第2次改正（昭23.7）

　本条は、会計検査院長、最高裁判所長官等の委員会への出席について規定する。

【会計検査院からの出席】委員会は、議長を経由して会計検査院長及び検査官の出席説明を求めることができる。

　明治憲法時代には、会計検査院は天皇に直属する独立の官庁として財政監督を行い、議会との間でも交渉を持つ関係になかった。現行憲法の下でも、会計検査院は内閣に対し独立の地位を有する（会検1）が、会計検査院法（昭和22年法律第73号）は検査官に国会への出席説明の権能を与えている（会検30）。

　「会計検査院」は、国の会計を検査し、会計経理が正しく行われるように監督する機関である。

　国会法が委員会に会計検査院長等の出席説明を求める権能を与えたのは、会計検査院による決算検査報告が決算審査において活用されることにより、国の財政運営に対する国会の行政監督機能が一層充実されることが期待できることによる。

　また、平成9年の法改正により、国会の側から会計検査院に対して特定事項の検査を要請することができるようになり（国105）、会計検査院は、その場合に検査を実施して結果を報告することができるようになった（会検30の2）。このことからも、会計検査院長等が国会に出席して説明を行う機会が増えた。

　会計検査院長等の出席説明について、国務大臣等とは別に規定を置いたのは、会計検査院が内閣から独立する特殊な地位に置かれていることに鑑みてのことである。

　「会計検査院長」は、会計検査院の長であり、検査官が互選した者について内閣が命じる（会検3）。

　「検査官」は、会計検査院の意思決定を行う検査官会議のメンバーである。3人が置かれ、両議院の同意を得て内閣が任命する（会検2、4Ⅰ）。

264

§72

「出席説明を求めることができる」は、質疑して答弁を求めることを含む。

「議長を経由して」は、第71条【国務大臣等の出席要求】の説明参照。

会計検査院長等の出席説明を求めることができるのは委員会だけであり、本会議に出席することは予定されていない。

しかし、各議院の行政監督機能、決算審査機能が重視されるようになり、それが本会議の場で行使される機会も増えたことから、要求主体を委員会に限る理由が不明瞭になっている。

【最高裁判所からの出席】最高裁判所長官又はその指定代理者は、その要求により、委員会の承認を得て委員会に出席説明することができる。

司法権に関する事項であっても立法の対象となるのであるから、議院はその準備のために裁判の機構や訴訟の運用の実際について調査することが可能である（浅野・調査権104頁）。また、予算についても裁判所所管事項については、その説明を裁判所が行う必要もある。これらのことに鑑み、国会法は、最高裁判所に対して委員会に出席説明することができることを認めたのである。

国務大臣、会計検査院長等と異なり、国会の側に出席を求める権能を与える形を採らなかったのは、司法権の独立に配慮したためであると考えられる（研究会・法規46時の法令1565号（1998）78頁）。

「最高裁判所」は、司法権を担当する最高機関である。終審裁判所であるとともに違憲立法審査権や司法行政監督権等の権能を有する。

「最高裁判所長官」は、最高裁判所の長たる裁判官であり、内閣の指名に基づき天皇が任命する（憲6Ⅱ）。

「その指定する代理者」は、最高裁判所長官の指定により委員会に出席する者であり、通常は、最高裁判所事務総局の幹部職員が指定され、会期の始めに議長に通知する例となっている（衆委先59、参委先248）。

「その要求」は、外部者からの議院に対する関係であるから、議長を通じて委員会に要求することとなる。

「委員会の承認」は、最高裁判所長官の要求があったことを受けて行うものであり、委員会の意思によるものでなければならない。参議院では、委員会に諮ることなく委員長が承認する例である（参委先248）が、これは異論のない場合に手続を簡略化することが先例となったものである。

承認は、その日の委員会で出席説明することを包括的に認めるものであり、個別の発言については更に委員長の発言許可が必要である。

第7章　国務大臣等の出席等　　265

§73

国会の側に出席説明を求める権限はなく、委員会が出席説明の要求を行ったとしても、それによって裁判所に法的な出席説明義務が生じるわけではない。

♥運用

　両議院の法務委員会は、裁判所の司法行政に関する事項を所管事項とし（衆規92(3)、参規74(3)）、それに関する審査又は調査においては、最高裁判所に対する質疑が日常化している。そこでは、事実上、委員が最高裁判所事務総局に対して出席説明を求めることが慣例として行われている。

最高裁判所長官等が出席説明を要求できるのは委員会だけであり、本会議に出席することは予定されていない。

〔会議に関する報告〕
第73条　議院の会議及び委員会の会議に関する報告は、議員に配付すると同時に、これを内閣総理大臣その他の国務大臣並びに内閣官房副長官、副大臣及び大臣政務官並びに政府特別補佐人に送付する。

　　　　　　　制定時（昭22.5）、第5次改正（昭30.3）、第25次改正（平11.10、平13.1）

本条は、本会議及び委員会に関する報告の議員等への配付、送付について規定する。

【会議に関する報告】本会議、委員会の会議に関する報告は、議員に配付すると同時に、国務大臣等に送付する。

　議院内閣制の下で、議院からの所属議員に対する情報伝達を国務大臣等に拡大する措置を採るものである。

　「会議に関する報告」とは、本会議の議事日程、委員会の開会予告やそれぞれの議事経過、議案等の提出状況のほか、会議に関係のある事項について議員が知っておく必要のあるものを、議長から議員に対して文書によって知らせるものである。会議録もこれに含まれる[5]。各議院では議院公報が発行されており（参規253 I、衆先468、参先494）、本条にいう会議に関する報告事項の大部分もこれに掲載される（衆先467、参先495）。

　「議員」とは、自院の議員である。

　「配付する」は、その通知事項が適時に議員の目に触れるような仕方でなされることを要する。例えば、会議の招集通知等を読んでその開会に間に合うよう、議員の

---

[5] 第91回帝国議会貴族院国会法案特別委員会議事速記録第3号（昭21年12月24日）12頁（佐藤達夫法制局次長の答弁）。

§73

宿所等に配られなければならない。

「同時に」とは、発信の時期を合わせるとともに、その内容についても同じであることを求める趣旨である。

「送付する」は、政府側で会期中議院に出席することが常態化している者に対するものであることから、その公務所に対してなされれば足りる。

【議院公報】議長から議員に通知するものを掲載した印刷物が「議院公報」であり、衆参両院がそれぞれ会期中は休日を除いて毎日、閉会中も必要に応じて発行し、本条の要請を満たすよう、配付及び送付がなされている（衆先468、参先495）。

議院公報には、議長からの情報だけでなく、委員会が議員に知らせる情報、会派からの所属議員に対する連絡事項等も掲載されている。

第8章　質問

制定時（昭22.5）、第5次改正（昭30.3）

　本章は、議院活動の一形態である質問についての規定を置いている。その内容は活動論であるが、内閣との関係に関するものでもあるため、法律事項として国会法が規定している。

　両議院の議院規則にも質問について若干の規定が置かれている（•••▶『逐参』第9章〔質問〕）が、国会法と議院規則の間での規定の振り分けの基準は必ずしも明確でない。

【質疑と質問】 国会議員は内閣に対する質問権を有する。

　「質問」とは、内閣の責任に属する事項についてテーマの限定なしに行うものであり、議事とは関係なく会期中であれば行える。

　これに対して「質疑」とは、会議において議題となっている案件について疑義をただす発言である。

　両者の差は、議会機能の進展に根ざしている。質疑が租税等、君主から同意を求められた案件を議題とする際に認められた発言に淵源を持つのに対し、議会の権能が拡張し、国政一般に対する監督権を行使する際に政府に情報を求める発言が議題とは関係なく認められるようになったのが質問であるとされる[1]。

【質問権の根拠】 議員の質問権については憲法に明文の規定が置かれていないが、議院内閣制、国政調査権等から導かれる国会の行政監督権の一態様であると解されている（研究会・法規73時の法令1643号（2001）75頁）。

　この点について、国務大臣の国会出席義務を規定した憲法第63条後段を質問権の根拠として挙げる見解がある。同条が「答弁」の語を用いているのは「『質疑』に対する『説明』と『質問』に対する『弁明』の両者を包含」し、「質疑と説明、質問と弁明という場を確保するものとして解釈すべき」とするものであり、両議院の先例集（録）が質問についての関係法規に憲法第63条〔閣僚の議院出席の権利と義務〕を掲げていない点を指して、「議員の質問権が憲法上のものではないと結論すべきかどうか」との疑問を提示している[2]。

【質問権の所在】 質問権が両議院の議員の権能なのか、議院の権能なのかについて見解が分かれている。

---

1 前田英昭「議会における質問権―イギリスを中心として」レファレンス126号（1961）41頁。
2 大石眞「国会改革をめぐる憲法問題」法学論叢141巻6号（1997）14頁。

§74

議員の権能と解するのが一般的である。帝国議会とは異なり、賛成者要件が廃止されたことで議員個人の権能と解する流れができたものと思われる。

♣議院法では〔質問主意書の提出要件〕
　第48条① 両議院ノ議員政府ニ對シ質問ヲ爲サムトスルトキハ30人以上ノ賛成者アルヲ要ス
　　質問主意書を提出するのに30人の賛成が必要とされていた。

　これに対して、質問権を憲法第63条〔閣僚の議院出席の権利と義務〕に根拠付ける説は、「それは議院が政府に対する統制権を行使する手段の一つであ」る（大石・議会法53頁）とし、同条後段で国務大臣が答弁のために議院に出席しなければならないとされているのは、「そこに議院の質問権が当然に含意されている」とする[3]。

　質問が議長の承認を必要とする（国74 I）ことからも、純然たる議員固有の権能と見ることはできないと思われる。しかし、内閣に対する関係では議院内閣制に基づく立憲的観念であることを強調するとしても、それが内部的には、議長の承認が厳格化し、議院（議員の多数）の意向に反しないかどうかの審査を行った上でなされるというような運用になれば、少数者の権利として活用されている文書質問の妙味を消し去ることともなりかねない点が懸念される。

〔質問〕
第74条① 各議院の議員が、内閣に質問しようとするときは、議長の承認を要する。
② 質問は、簡明な主意書を作り、これを議長に提出しなければならない。
③ 議長の承認しなかつた質問について、その議員から異議を申し立てたときは、議長は、討論を用いないで、議院に諮らなければならない。
④ 議長又は議院の承認しなかつた質問について、その議員から要求があつたときは、議長は、その主意書を会議録に掲載する。

制定時（昭22.5）、第5次改正（昭30.3）

　本条は、文書質問の提出、承認について規定している。

【文書質問】議員が内閣に質問しようとするときは、議長の承認を要する。

　議長の承認を要することとしたのは、質問を行うことが個々の議員に与えられた

---

3 大石眞『議院法制定史の研究—日本議会法伝統の研究』（成文堂・1990）312頁。

§ 74

権能であるものの、外部との関係においては議院の活動そのものとなるので、議院のコントロールの下に置く必要があることによる（松澤・議会法230頁）。

「質問」は、広く国政全般にわたって事実についての説明を求め、見解をただすものであり、原則として文書による。

質問が文書によるとされたのは、帝国議会時代に倣ったものであるが、議員1人で行うことができる点は、帝国議会時代の賛成者要件（旧議48Ⅰ）を意識的に改めたものである（大池・説明6頁）。当初の案では、賛成者を要することとされていたが、GHQの示唆もあってその要件が削除された[4]。

「内閣に」とあるように、質問制度は行政府に対するものであり、議長、他院、裁判所に対しては行えない。内容は国政全般にわたってよく、具体的には特定の省庁の所管事項であっても、究極的に内閣の責任に属する事項であればよい。

「議長」は、質問しようとする議員の所属する議院の議長である。

「承認」は、事前に内容、形式を検討した上で、内閣に対する質問としての適格性を認めることである。

承認されない場合を定型的に列挙することはできないが、内容が簡明でないもの、議長に対するもの（衆先427）や個別具体の判決に関するもののように内閣の責任に属しない事項についてのもの、議院の品位を傷つけると認められるもの（参先371）、単に資料を要求する内容のもの（衆先421、参先372）等がそれに当たる。理由によっては、受理しないことも可能である。

「要する」は、承認がなければ質問が内閣に送られず、答弁を得られないとの意味である。

【質問主意書】質問を行う場合、簡明な主意書を作って議長に提出しなければならない。

質問自体を簡明な内容にしなければならないこと、文書によることを指示するものである。

「主意書」とは、質問内容を示した文書のことであり、このほかに質問の本文の作成を予定するものではない。

「議長に提出」は、承認を受けるために必要なものである。承認された場合には、これが内閣に転送される（国75Ⅰ）。

質問主意書の提出は会期中に限られる。議院の活動は会期制の中で行われるものであり、文書質問もその例外ではない。議長が承認しない質問について本会議で諮

---

4 憲法調査会第2委員会第5回会議議事録（昭34年3月25日）19頁〔西沢哲四郎衆議院法制局長の説明〕。

270

§74

る可能性があることからも、閉会中に質問を提出することは予定されていないことが分かる。

> ♥運用
> 　衆議院では、会期末の質問主意書提出は、議長の承認のために必要な手続に要する時間を考慮し、2日前までに提出すべきことが議院運営委員会理事会で確認されている（第164回国会　平成18年6月15日）。

　また、参議院の緊急集会は、緊急の必要があるときに求められるものであり、その限りで参議院が活動し得るものであるので、問題を限定しない疑義の究明はできないと解すべきであり、質問主意書は提出できない（佐藤（吉）・参規378頁）。

【不承認質問】議長が質問を承認しないときには捍出議員にその旨の回答がなされる。

　質問を承認されなかった議員は、それを不服とする場合には異議を申し立てることができる。

　議長の判断が裁量に流れて厳格に過ぎることのないよう、議院の判断による救済を図るものである。

　「異議を申し立て」は、承認すべきである旨申し立てることである。

　異議の申立てがなされたときは、議長は討論を用いないで議院に諮らなければならない。

　「議院に諮らなければならない」とは、質問主意書を示した上で、その質問を承認すべきか否かを本会議で採決しなければならないことである。時期の指定はないが、速やかに行う必要がある。

　「討論を用いないで」とは、問題についての賛否の発言を許可することなくという意である。議長に代えて議院が決するだけであり、議論の対象とする問題ではないとの趣旨である。

　諮られた場合の議院の判断基準も議長の承認の場合と同じである。

　議長が承認した場合、それに対して他の議員が異議を申し立てることは認められていない。

【不承認質問の会議録掲載】承認の得られなかった質問は、要求により主意書を会議録に掲載する。

　「議長又は議院の承認しなかつた」は、議長が承認せず、異議申立てを行わなかった場合と異議の申立てがあり議院に諮られた結果、承認を得られなかった場合の両方である。議長が承認せず議院に諮って承認された場合は内閣に転送されるので、

第8章　質問　　*271*

§ 75

ここでの「承認しなかつた」には当たらない。

「要求」は、質問主意書を会議録に掲載することの要求である。期限は付されていないが、要求を行うのは容易なことであるから、少なくとも当該会期中でなければならないと解する。

「会議録」は、本会議の会議録であり、要求後速やかに掲載する必要がある。

要求があれば、議長はこれを無視することはできず、掲載する義務を負うが、公表することによって国益を損なうものや個人のプライバシーに関わるもの等、内容によっては拒否し得るものと解する。

ちなみに、承認された質問主意書、それに対する答弁書も会議録に掲載する例である（衆規200⒂、参先381）。

〔答弁〕
第75条①　議長又は議院の承認した質問については、議長がその主意書を内閣に転送する。
②　内閣は、質問主意書を受け取つた日から7日以内に答弁をしなければならない。その期間内に答弁をすることができないときは、その理由及び答弁をすることができる期限を明示することを要する。

制定時（昭22.5）、第5次改正（昭30.3）

本条は、質問の内閣への転送、答弁について規定している。

【内閣への転送】承認された質問については、議長がその主意書を内閣に転送する。

対外的な行為であることから、内閣に送るのは議院の代表たる議長が行う。

「内閣に転送」は、主意書を送ることによって答弁を求めることをいう。承認後直ちに行う必要がある。

この行為も議院の活動であり、会期内になされることを要する。

【内閣の答弁】質問に対する答弁は内閣が行う。

「内閣」は内閣総理大臣を首長とする合議機関であるから、答弁のためには閣議決定を必要とする。

「答弁」は、質問に対する回答であり、その方法についての言及はない。文書によって行うのが原則であるが、口頭によることも可能である。

文書による場合、答弁書は、内閣から質問者の所属する議院の議長に送付される。議長は、答弁書を質問者に伝達するとともに、印刷して各議員に配付する（衆規158、

§ 75

参規 153）。

　議院規則は、答弁を口頭で行える旨を規定している（衆規 160 Ⅰ、参規 154 Ⅰ）（•••▶逐参』第 154 条【口頭答弁】）。これは、内閣が書面を作るいとまのなくなった場合や速やかに事態を明らかにしたいと考える場合のための措置とされており（佐藤（吉）・参規 257頁）、本会議での答弁が予定されている。その口頭の答弁に対しては、質問者は口頭で更に質問することができるとされている（衆規 160 Ⅱ、参規 154 Ⅱ）。

【答弁の期限】内閣は、質問主意書を受け取った日から 7 日以内に答弁をしなければならない。

　答弁のために閣議決定等の手続が必要であることから、1 週間の猶予期間を設けたものである。

　「7 日以内」は、受け取った日から起算して（国 133）7 日目に当たる日までを指す。

　答弁は本条に規定する期限が守られればよく、会期内に収まる必要はない。7 日の猶予を考慮して質問主意書を提出しなければならないとすると、質問については会期日数を有効に使えないこととなるからである。以前、参議院においては、会期終了まで少なくとも 7 日の期間を置いて提出するものとされ（参先（昭和 43 年版）327）、会期中の答弁確保が図られていたが、現在ではその制約は設けられていない。

　衆議院は、解散によって議員全員がその地位を失い活動能力を完全に喪失するので、その場合には、内閣は答弁できなくなる[5]。

　答弁を口頭で行う（衆規 160 Ⅰ、参規 154 Ⅰ）には、それが会期内に行えることが要件となり、期限との関係では、答弁のための発言通告が 7 日以内になされれば足りると解する。実際に答弁する時期はいつ本会議が開かれるかによって左右されるからである。

**　内閣は 7 日以内に答弁をすることができないときは、その理由及び答弁できる期限を明示することを要する。**

　質問内容によっては調査に時間を要するものもあり、答弁期限の延長を認めたものである。

　「答弁をすることができる期限」は、内閣の答弁可能な見通しを期限として示すものであり、制限は付されていないが、7 日という法定の期限をないがしろにするほどの延長は認められない。質問者の議員の任期満了が迫っている場合には、それまでに答弁することが必要である。

　「明示することを要する」は、質問者の所属する議院の議長に回答することであり、

---

[5] 鴫谷潤＝藤田昌三「質問主意書の制度と現状」立法と調査 146 号（1988）39 頁。

第 8 章　質問　　273

§76

質問主意書を受け取った日から7日以内になされなければならない。

> 〔緊急質問〕
> **第76条** 質問が、緊急を要するときは、議院の議決により口頭で質問することができる。

制定時（昭22.5）

本条は、緊急質問について規定している。

【緊急質問】質問が緊急を要するときは、議院の議決により口頭で質問できる。

これを「緊急質問」という。

質問は文書によるのを原則とするが、答弁までに時日を要するため、緊急を要する質問には適さない。そこで、質問を口頭で行うことが例外的に認められたものである。

「質問」は、文書による場合と同じく、国政全般の中から事実についての説明を求め、見解をただすものである。

「緊急を要する」とは、一律の基準を示すことはできないが、答弁に7日もの猶予が与えられている文書質問では用をなさないような場合を指す。衆議院先例集は、天災地変、騒じょう等に関するものと例示している（衆先428）。

「議院の議決により」とは、口頭による質問を行うか否かを本会議で表決を行って決めることを指す。

この議決が緊急質問のための唯一の要件である。**第74条〔質問〕**に規定された要件（主意書の提出、議長の承認）を満たす必要はない。

議決は、通常、質問を希望する議員からの申出に基づいて行うこととなるが、文書質問と同じく、その申出は議員1人で可能である。申出では、質問の適式性、緊急性を判断できるよう、質問の概略が示される必要がある。

議院の議決を行うには本会議を開会しなければならないため、緊急質問を認めるか否かは事前に下審査の必要がある。両議院の先例では、議長は議院運営委員会に諮るのを例としている（衆先428、参先377）。そこで認められた場合には、議長が本会議を招集して議院の議決を行うこととなる。

議員個人からの申出によるのではなく、会派間の協議で本会議における口頭の質問を行うことを決める場合も、本条に基づく緊急質問と言えよう。緊急性の顕著な場合には、議院運営委員会で議院を代表する質問者を決めるようなこともあり得る

§§ 77・78

だろう。

「口頭で」とは、本会議において行うという意味である。

「質問する」は、その相手を定めて行う必要があり、内閣はそれに対してその場で答弁しなければならない。

文書質問が内閣に対するものであり、その答弁が閣議決定を経たものであることと比べて、緊急質問では、答弁が即時のものであること、所管の国務大臣による場合もあることから、緊急性の代償として答弁の慎重性、厳密性が劣ったものとなることは覚悟せざるを得ない。

緊急質問は、本会議で行うものであることから会期中に限って可能である。

♥運用

　　緊急質問が用いられるのはまれであり、それに代えて、政府による口頭報告とそれに対する各会派の質疑を行うことが多い。

参議院の緊急集会においては、質問制度の性格上、緊急質問であっても行うことはできない[6]。すなわち、内閣が緊急の必要があると認めた案件に限って参議院が活動し得るのであり、それに該当しない問題を取り上げることはできない。内閣が示した案件に対する疑義は、それが議題となる会議で質疑すべきである。

緊急集会中に新たに緊急を要する問題が発生した場合には、内閣が案件を追加し得ると解すべきであり（⋯▶第11章概説【緊急の必要】）、参議院はその限りで問題を取り上げることができる。

♠事例

　　組閣後に施政方針に関する演説が行われなかったため、それに対する質疑に代えて、衆参両院が緊急質問を行ったことがある[7]。

　　参議院では、内閣総理大臣に対する問責決議案が可決された後、所信表明演説を行うことを認めず、その質疑に代える形で「内閣総理大臣問責決議等」に関して緊急質問が行われたことがある[8]。

第77条及び第78条　削除

制定時（昭22.5）、第2次改正（昭23.7）、第4次改正（昭24.10）、
第5次改正（昭30.3）

---

6 第14回国会閉会後の参議院緊急集会議院運営委員会会議録第1号（昭27年8月31日）10頁〔河野義克参議院議事部長の答弁〕。

7 第3回国会衆議院会議録第7号（昭23年11月9日）23頁、第3回国会参議院会議録第9号（昭23年11月11日）52頁。

8 第181回国会参議院会議録第2号（平24年11月2日）1頁。

§§ 77・78

◆改正前は〔自由討議〕

第78条 (旧) ①　各議院は、国政に関し議員に自由討議の機会を与えるた
め、少くとも、3週間に1回その会議を開くことを要する。

　国会発足当初、本会議における自由討議の制度が設けられていた。議員相互間
の意見交換や対政府質疑等、内容、形式に縛りを掛けずに、なるべく多人数に発
言の機会を与える方法として導入されたものであったが[9]、次第に活用されなく
なり、昭和30年の国会法改正により廃止された。

---

9 第91回帝国議会衆議院議事速記録第12号 (昭21年12月18日) 135頁 (田中萬逸衆議院議員の提案理由説明)。

第9章　請願

制定時（昭22.5）

本章は、活動論のうち、請願の提出、審査方法、内閣との関係について規定を置く。

請願権の具体化や行使方法等は法律事項とされており、国会の各議院に対する請願については国会法で規定している。本章に規定されていない事柄については、一般法たる請願法（昭和22年法律第13号）の適用がある[1]。

【請願権】 請願は憲法上認められた制度であり、請願権は国民の基本的人権の1つとして保障されている（憲16）。

「請願」とは、国民等が国又は地方公共団体の機関に対して希望、苦情、要請を述べることである。

請願権は希望の陳述とその受理の保障にとどまる受益権であるとするのが通説的理解であり、それによると、政治上の集会、結社、表現の自由が保障され、国民の参政権が確立した現在では、その重要性が希薄になっているとされる。これに対して近時は、請願権を国家意思の形成活動に能動的に参加する補充的参政権と捉える理解が有力になっている[2]。さらには、立法参加権と構成する理解も見られる[3]。

国会との関係では、議院に対して請願を行うことが可能とされており、国民の代表者たる国会議員が拾い上げない国民の意思を国政に反映させる手段として大きな意義を持つものである。その意味で、立法及び行政監視の活動に国民等が能動的に関与する参政権的要素の存在も否定できないところである。

さらには、国民からの法案の国会への提出を、請願権の強化として認めようとの改革策が示されている[4]。討議民主主義論の観点から、国会の審議が公共圏での議論により敏感に反応するような仕組みとして考えられたものである。

【陳情書】 憲法上の請願権が誰でも容易に行使できることを保障するものであるとの見地から、国会法上の請願が議員の紹介を要すること（国79）につき、余計な手続的負担を課している点で再考の余地があると指摘されている[5]。

---

1 第92回帝国議会貴族院請願法案特別委員会議事速記録第1号（昭22年2月18日）4頁〔金森徳次郎国務大臣の答弁〕。
2 永井憲一「請願権の現代的意義―これを補充的参政権として評価する試論」経済学季報10巻2号（1960）33頁。
3 渡辺久丸「立法過程への国民参加―請願権による場合を中心として」立命館法学139号（1978）268頁。
4 毛利透『民主政の規範理論―憲法パトリオティズムは可能か』（勁草書房・2002）283頁。
5 小林孝輔=芹沢斉編『基本法コンメンタール憲法〔第5版〕』（日本評論社・2006）116頁〔根森健〕。

§79

　しかし、各議院は、請願以外にも、国民からの希望、苦情、要請等に門戸を開いており、議員の紹介を要しない形で受理している。これを「陳情書」といい、請願法の規定に沿ったものを受理することで憲法の保障する請願権に適切に対応していると言える。

　陳情書は、国会法上の請願とは異なり、議決の対象とはされないが、請願法の趣旨に沿って誠実に処理しなければならない（請5参照）。議長が必要と認めた陳情書は適当の委員会に参考のため送付している（衆規180）。

　また、衆議院の決算行政監視委員会、参議院の行政監視委員会は、国民から寄せられた行政に関する苦情を調査の資料、端緒として活用することとしている。

【意見書】普通地方公共団体の議会は、当該普通地方公共団体の公益に関する事件につき国会に対して意見書を提出することができる（地自99）。これは地方議会の活性化の観点から制度化されたものである[6]。

　また、普通地方公共団体の長又は議会の議長の全国的連合組織は、地方自治に影響を及ぼす法律又は政令その他の事項に関し、国会に意見書を提出できる（地自263の3 II）。

　さらに、東日本大震災に係る復興推進計画の認定を受けた特定地方公共団体等は、復興の円滑かつ迅速な推進に関する措置につき国会に対して意見書を提出することができる（東日本大震災復興特別区域法11 VIII）。これは福島県の原子力災害による被害を受けた産業の復興及び再生の推進を図るための計画について準用され、福島県知事は福島復興再生意見書を提出することができるとされている（福島復興再生特別措置法62）。

　ここでいう「国会」は各議院のことであり、意見書の受理は、会期中に限定されるわけではない。

> ♥運用
> 　議長は意見書を受領した後、適当の委員会に参考のため送付する扱いである（衆先399、参先412）。

〔請願書の提出〕
第79条　各議院に請願しようとする者は、議員の紹介により請願書を提出しなければならない。

---

6 第147回国会衆議院地方行政委員会議録第11号（平12年5月18日）1頁（斉藤斗志二衆議院地方行政委員長の発言）。

§79

制定時（昭22.5）

本条は、請願の提出について規定するものである。

【請願の提出】各議院に請願しようとする者は、請願書を提出しなければならない。

請願は国会ではなく各議院に提出するものであり、口頭では認められない。

「請願書」とは、請願の内容を文書にしたものであり、請願者の氏名、住所も記載しなければならない（衆規171、参規162）。

「各議院」とは、請願者が提出しようとする議院である。

請願者は、提出先として衆議院・参議院のいずれを選択することも可能である。同一内容の請願を両方の議院に提出することも可能であるが、そのためにはそれぞれについて手続を採る必要がある。

各議院は、適式に提出された請願の受理を拒むことはできない。

【請願者】「請願しようとする者」とは、日本国民たる自然人に限らず、国内在住の外国人、未成年者、法人を含む。

憲法では「何人も、……平穏に請願する権利を有し」とし（憲16）、請願できる者を国民に限っていない。選挙権を付与されていない者にとってこそ請願が重要な意味を持ち得ることを考慮し、在留外国人や未成年者を含めてしかるべきであろう。この点は一般的な理解となっている。しかし、在外外国人の場合、憲法の効力についての属地主義の原則から、請願権を認めることとはならないものと解する[7]。

これに対して法人については、請願権を参政権と把握し、選挙権に準じて享有主体として認められないとする説もあるが[8]、法人の活動はその効果が自然人に帰属するものであり、その能力の範囲内の請願は提出が認められると解すべきである（宮澤・コメ187頁）。

実例としては、国内在住の外国人から提出された請願を受理したことがある（参先391）[9]。法人の請願についても、議院規則上、これを認めている（衆規171、参規163）（••▶『逐参』第163条【総代名義の請願】）。

【請願事項】請願の内容は、国会の所管に属するもの、例えば、特定内容の立法についての要望に限られるものではなく、行政に対する希望、苦情でもよい。国会が行政監督の権能を持つからである。

ただし、国会で対応できない請願について2点規定されている。①天皇に対する

----

7 綱島清兵衛「在外外国人に対する憲法第16条の請願権に関する規定の適用の可否についての問題」衆議院法制局報1（1979）104頁。
8 吉田栄司「請願権の現代的意義・再考」関西大学法学論集43巻1・2号（1993）313頁。
9 第5回国会参議院議院運営委員会第24号（昭24年5月2日）5頁。

第9章 請願　　279

§79

請願は内閣に提出しなければならないこと（請3Ⅰ）、②裁判官の罷免を求める請願は議長が裁判官訴追委員会に送付するとされていること（衆規177、参規167）である。

　なお、国会は司法権の行使に対して介入することができないので、議院は個々具体の裁判に関する請願は受理できない。憲法上、判決の変更や係属中の訴訟事件に関する請願を行うことも希望の陳述にすぎないから除外すべき理由はないとする説（佐藤（功）・ポケ(上)263頁）が有力なようであるが、事件を扱う裁判所以外の機関に対しその事件への干渉を求めるような請願は許されず[10]、審査せずに裁判所に送付する道も開かれていないので議院が受理することはできない（佐藤（吉）・参規269頁）。司法権の独立を侵すこととなるか否かを審査の過程で判断すべきとの主張も見られるが[11]、そもそも審査対象とすることの是非が問われている問題であり、それを議院の個別の判断に委ねるべきではないだろう。

【請願の紹介】 請願を提出するには議員の紹介によらなければならない。

　この要件を課すことによって、国民等から寄せられる雑多な要望をふるいに掛けるとともに、議院も請願についての責任ある対応が求められることとなる。

　「議員」とは、提出しようとする議院に所属する議員である。

　「紹介」とは、提出の取次ぎをすることである。したがって、請願者は、その提出行為を紹介議員に委ねることとなる。

　紹介の依頼を受けた議員に取次ぎをする義務はない。自らの判断で紹介するか否かを決めることができる。

　他方、請願を紹介することは、その願意に賛成しなければならないことを意味しない。委員会の要求に応じて請願の趣旨を説明しなければならない（参規168、衆委先169）ことから、その請願の願意実現に努力するという道義的責任を有するとの見方もあるが[12]、請願者の意図するところを誠実に伝える義務を負うにとどまると解すべきであろう。紹介議員が賛成しなければならないとすると、願意に賛同する議員を見つける負担を請願者に負わせることとなり、国民の真摯な希望を国政の場に提起する機会が縮小するからである。特に、議員の選挙で小選挙区制が採用されている場合にその傾向が顕著となろう。

【提出時期】 請願は議院の議決対象となるため、会期の制約を受け、閉会中に提出することはできない。閉会中に議員に対して紹介を依頼することは差し支えないが、

---

10 樋口陽一=佐藤幸治=中村睦男=浦部法穂『憲法Ⅰ〔前文・第1条〜第20条〕』（青林書院・1994）352頁〔浦部法穂〕。
11 高野浩臣「請願制度に関する一考察—国会請願を中心として」立法と調査152号（1989）51頁。
12 高野・前掲11 53頁。

§80

議員がその請願書を議院に提出するには次の会期まで待たなければならない。

> **♥運用**
>
> 　議院の審査が可能なように、会期終了の1週間程度前に提出期限を設ける例となっている（衆先383、参先395）。同様の理由から、ごく短期間の国会では請願を受理しない扱いである（衆先383、参先396）。

〔請願の処理〕

第80条① 請願は、各議院において委員会の審査を経た後これを議決する。

② 委員会において、議院の会議に付するを要しないと決定した請願は、これを会議に付さない。但し、議員20人以上の要求があるものは、これを会議に付さなければならない。

　　　　　　　　制定時（昭22.5）

　本条は、請願の審査について規定するものである。

【**請願審査**】請願は、その願意の妥当性について議院が審査を行う。

　元来、請願は自己の希望を申し立てるだけのものであり、提出を受けた相手方はその内容に拘束されるものではなく、誠実に処理することを求められるものの、その実現に努力する義務はない。

　これに対し、国会に対する請願は、それを受理するにとどまらず、議決対象とすることによって願意の内容次第でその実現に寄与する機能を果たすことが予定されている。すなわち、行政府の権限に属する事項で当該庁に聞き入れられないものについても、国会に対して請願を提出して妥当性が確認されれば、それによって願意が国政調査権を有する議院の後押しを受け、その実現に近づくこととなる。

　請願は、各議院において委員会の審査を経た上で本会議で議決する。

　多数に上る請願を効率よく処理するとともに、委員会の専門性をいかして議院の議決につなげるために、議案と同様の扱いとしたものである。

　「各議院において」とは、請願を受理した議院が最終的には本会議で議決することを指す。

　「委員会」は、請願の内容を所管する委員会のことであり、常任委員会・特別委員会を問わない。

　議案等はその内容に応じて所管の委員会で審査されるので、それに関係する請願

第9章 請願 *281*

§ 80

も併せてその委員会で審査対象とするのが便宜的であるとするのが現在の認識である。そのため、請願委員会は設置されていない。

なお、不適正行政に対する苦情や救済を求める請願（苦情請願）については、その内容にかかわらず衆議院では決算行政監視委員会、参議院では行政監視委員会が審査することとなっている（衆規92⒂、参規74⒂）。

本条は、憲法審査会に準用されている（国102の9Ⅰ）（⬝⬝▶第102条の9【請願の処理】）。

∴ **議院法では〔請願委員会〕**
　　第63条①　請願書ハ各議院ニ於テ請願委員ニ附シ之ヲ審査セシム
　　　　請願を専門に審査する請願委員会が常任委員会として設けられていた。

委員会は議院に提出された請願を当然に審査できるのではなく、議長による付託が必要である。

「審査」とは、請願の願意の妥当性について議論して結論を出す、委員会における手続である。

採択すべき・不採択とすべきの結論を出すのが基本となる（衆規178Ⅱ、参規170）。

衆議院においては、一事不再議に配慮して（⬝⬝▶第56条の4【一事不再議の原則】）みなし採択の措置が採られることがある。「みなし採択」とは、同一会期において既に可決された議案又は採択された請願と目的を同じくする請願を採択とみなす決定のことである（衆先394、衆委先173㈤）。

なお、審査の語は議院の議決に至る前段階の委員会における手続を指すのが一般的である（浅野他・事典86頁）が、請願については、委員会に限らず議院における議決のための議事手続全般を指して慣用的に「請願審査」の表現が用いられている。

「経た後」とは、委員会審査を終わった請願は本会議に上程するとの意である。

委員会において採択すべきと決定された請願だけでなく不採択と決定された請願も本会議に上程される。

請願については、委員会における審査が絶対的要件となっていると説かれているが（鈴木・理念131頁）、委員会審査省略は議案に限定されているものの、中間報告の規定（国56の3）の適用はあると解する（⬝⬝▶第56条の3【中間報告】）。

♥**運用**
　　請願の委員会審査は、会期末にまとめて行われるのが通例である。同一内容の請願が時期を異にして複数提出されることが珍しくないこと、審議中の議案に関連した内容の請願を先に審査するのが困難であること等の理由による。

請願の本会議審議は簡略化が図られている。委員会審査の終わった全ての請願が

§80

一括して議題とされ（衆先388、参先406）、委員長報告を省略して（衆先389、参先407）、採択するか否かについて採決する例である（衆先390、参先408）。

【本会議審議不要の決定】委員会は、請願について議院の会議に付すことを要しないと決定することができる。

　請願についても、本会議での審議対象の選別機能を委員会に与えるものである。

　「委員会」とは、請願を付託された委員会である。

　「議院の会議に付するを要しない」とは、委員会で審査した結果、その内容が評価するに値しないため、議院の議決対象とはしないとの判断である。この請願については、委員会としても採択・不採択の判断は行わない。

　「決定」は、委員会採決による決定であることを要する。

　♥運用

　　委員会においては、採択しない請願は、不採択と決定するのではなく、付託されたままの状態で終わらせる（いわゆる「保留」）取扱いを行っている。これは採択しない旨の明示的な意思決定を控える趣旨であり、本条にいう「議院の会議に付するを要しないと決定」するものとは異なる。

本会議審議不要の決定があった請願は、本会議に付さない。

　本会議審議不要の決定があれば、委員会はその旨を議長に報告し、当該請願は付託を解かれて議長の手元に戻る。ただし、直ちに消滅するわけではなく、当分の間は議院係属の状態が残る。

　「会議に付さない」とは、議長はこの請願を本会議で議題とすることができないことを意味し、そのため、議事日程に記載することもできない。また、議員が議事日程追加の動議を提出することもできない。

【本会議審議の要求】委員会において本会議審議不要の決定があっても、議員20人以上の要求があれば本会議審議を行わなければならない。

　委員会は議院の縮図となるように構成されている（国46Ⅰ）が、委員会の決定が議院の意思と相反する可能性があり、また、相当数の議員の意向に配慮して救済措置を設けたものである。

　「議員20人以上」は、連名である必要はなく、個々の要求を合わせて20人に達すればよい。

　「要求」とは、本会議に上程されたい旨を求めることである。

　要求者についての欠格事由はなく、請願審査報告書が印刷されて各議員に配付されるので、当該委員会に所属しない議員もその決定について察知できる。請願の紹

§81

介者、この決定を行った委員会の委員も要求に加わることができる。ただし、委員会においてその決定に賛成した者がこの要求を行うことは矛盾した態度となろう。

議案についてと異なり、要求の期限は規定されていないが、議院規則において、議案と同様、委員会の報告の日から休会中の期間を除いて7日以内とされている（衆規179、参規172Ⅱ）（•••▶『逐参』第172条【本会議審議要求の期限】）。

要求が出されず本会議に上程されない請願は、議案でいうところの廃案となり、議院への係属が消える。

【要求の効果】要件を満たす要求があれば、当該請願は本会議に上程できる状態となる。議長は本会議の議事日程に当該請願を記載することができ、かつ、その義務を負う。記載されない場合には、議員が日程追加の動議を提出することができる。

本会議で議題となった場合には、委員長報告からスタートすべきである。本会議に付すことを要しないと決定した経緯も本会議での審議の資料となるからである。

〔内閣への送付、内閣の処理経過報告〕
第81条① 各議院において採択した請願で、内閣において措置するを適当と認めたものは、これを内閣に送付する。
② 内閣は、前項の請願の処理の経過を毎年議院に報告しなければならない。

制定時（昭22.5）

本条は、採択請願の内閣送付、内閣の処理経過報告について規定するものである。

【請願採択】請願審査は、その願意の妥当性についてのものである。

「採択」とは、請願の願意を了として、その実現に向けての方策を検討する旨の意思決定である。

請願は、国民から提出されるものであり、審議の結果として内容を修正するということにはなじまない。ただし、願意の一部分についてのみ採択とするというように、一定の留保付で採択することも可能である。

参議院では、その留保等を記した文書を「意見書案」と称し（参規171）、審査した委員会が報告書に付して提出し、議院の議決対象となる。

【内閣送付】議院において採択した請願で内閣で措置するのが適当と認めたものは、内閣に送付する。

採択請願の内容が行政に関するものについて、議院がその願意を了とすることを

284

$\S 82$

内閣に伝えることにより、内閣がその実現に向けた措置を講ずることを期するものである。

「内閣において措置する」は、請願の内容が内閣及びその指揮下にある行政府の権限に属する事項である場合に、内閣がその実現に向けた検討を行うことを指す。

「適当と認めた」との判断は、請願ごとに議院が採択の議決時に行う必要がある。

「送付する」は、議長から内閣に対して送ることである。単なる転送ではなく、議院が採択したことを踏まえて措置するよう要請する意味を持つ。

留保を付して採択した請願は、その内容を付して送付する。

送付行為は事実性の高い行為であることから、会期終了後でも有効になし得るものと解する。

【処理経過報告】内閣は、送付された請願について処理経過を毎年議院に報告しなければならない。

内閣に対して、請願の願意を了とした議院の意思を無視することなく、誠実に対処することを義務付ける趣旨である。

「内閣」は、機関としての内閣であり、請願を送付されてから政権が交代しても報告の義務を免れるものではない。

「処理の経過」は、請願が送付されてから、その願意及びその対象である公務について講じた措置のことである。

「毎年」は、少なくとも年に1度の報告を義務付けるものである。期限を付すものではないが、送付後1年程度で報告すべきことを示唆している。個々の請願についての処理経過は、送付後連年にわたって報告するのではなく、1度の報告によって義務は解除される。

「議院」は、請願を送付した議院であり、衆議院解散や議員の任期満了後も新たな構成の議院に対して報告することを要する。

〔請願の他院不関与〕

第82条　各議院は、各別に請願を受け互に干預しない。

　　　　　　　制定時（昭22.5）

本条は、請願についての両院関係を規定するものである。

【請願の両院関係】請願の受理、審査については、両議院は互いに関与しない。

両議院は、本来、独立して活動するものであるが、本条の規定はその一般論を確

§82

認するものではない（••▶第10章概説【両院独立活動の原則】）。請願が決議案や議院規則と同じように、議院として処理権能を有することを規定するものである。

「各別に」とは、各々別々ということであり、両議院がそれぞれ独立して請願を受理する権能を持つことを示す。

「受け」は、受理することであり、受理するか否かの判断も議院として行うことを示している。

「互に干預しない」は、請願を両院間で送付して国会としての意思決定を行うのではなく、両議院がそれぞれ自らの判断で議決することをいう。

仮に同内容の請願が両議院に提出されていても、付託委員会の間で合同審査会を開くことはできない（••▶第44条【開会の要件】）。それらの請願に対して両議院の意思が一致しないことも排除されない。

第10章　両議院関係

制定時（昭22.5）

本章は、活動論のうち両議院関係について規定を置いている。

【両議院関係】国会は衆参両院で構成されており、両議院のそれぞれが独立して行った審議の結果を国会の意思とするためには、両院間の交渉が必要である。

憲法は、国会が意思を形成するに当たって、一定の場合に衆議院の優位を認めている。その上で、なるべく両議院一致の議決を成立させるために両院協議会の制度を設けている。憲法が両院協議会を予定しているのは、法律案（憲59Ⅲ）、予算（憲60Ⅱ）、条約（憲61）、内閣総理大臣の指名（憲67Ⅱ）についてであり、いずれも「法律の定めるところにより」とされ、本章で規定している。

憲法改正手続について、憲法は衆議院の優越を認めず、両議院間で意思決定の調整を行うための定めをしていない。その調整を可能とすることには否定的な見方も存在したが[1]、国会法は両院協議会の規定を置いた（国86の2）。

【両院独立活動の原則】国会は衆参両院から成り、各々独自の判断で活動し、意思決定を行う。これを「両院独立活動の原則」という。特定分野についてこの点を明文で定める規定もある（国82）が、二院制から生じる、言わば当然の原則である。

この原則に対しては、憲法上、両院協議会の制度が予定されている（憲59Ⅲ、60Ⅱ、61、67Ⅱ）。両議院の意思を合致させるための工夫として、両議院の議員が1つの会議で協議し、成案を作成するものである。ただし、その成案は両議院で議決されなければならず、それは各議院の独自の判断に委ねられているため、最終点では独立活動が保持されていると言える。

また、常任委員会合同審査会（国44）、憲法審査会合同審査会（国102の8）も両院独立活動の原則の例外措置に当たる。

議案の発議者等が他院で提案理由の説明をできること（国60）が独立活動の原則に対する例外であると説明されているが[2]、二院制の下で両議院に議案提出を認める以上、その提案理由説明を行うことや質疑に答えることは必然に属する事柄である。内閣の法律案提出が国会単独立法の原則（憲41）に反しないことと同様、他院における提案理由説明もその意思決定に対する関与と位置付けるほどのことではないだろ

---

1 美濃部達吉〔宮澤俊義補訂〕『日本國憲法原論』（有斐閣・1952）342頁。
2 清宮四郎『憲法Ⅰ〔第3版〕』（有斐閣・1979）213頁。

§ 83

う。

　なお、活動期間については両院同時活動の原則が働き（┈▶第1章概説【両院同時活動の原則】）、会期が共通であることや会期、休会、休会中の開議についての議長間の協議（国15Ⅱ、衆規20〜22、参規22Ⅰ、23、23の2Ⅰ）は両院独立活動の原則の例外という位置付けとはならない。

　また、開会式は国会として行うものであり、儀式としての性格上、両議院の意思決定に関わるものではなく、その日時、場所を両議院の議長が協議して決めること（衆規19、参規21）は、本原則の例外に当たるものではない。

〔議案の送付・回付・議決通知〕
　第83条① 　国会の議決を要する議案を甲議院において可決し、又は修正したときは、これを乙議院に送付し、否決したときは、その旨を乙議院に通知する。
　② 　乙議院において甲議院の送付案に同意し、又はこれを否決したときは、その旨を甲議院に通知する。
　③ 　乙議院において甲議院の送付案を修正したときは、これを甲議院に回付する。
　④ 　甲議院において乙議院の回付案に同意し、又は同意しなかつたときは、その旨を乙議院に通知する。

　　　　　　　　制定時（昭22.5）

　本条は、議案の送付、回付、議決通知について規定するものである。

　【国会の議決】二院制を採る国会では、国会の意思を形成するには、両議院のそれぞれの意思決定を国会のそれに昇格させる操作が必要となる。その方法として採用されているのは、議決対象である議案を両議院の送付関係に置き、それぞれの審議を前後させて行うものである。これによって議案内容の修正を行う場合の両議院の調整を可能としているのである。

　第87条〔案件の返付、両院協議会〕では「国会の議決を要する案件」という語が用いられており、議案より広い概念を対象としている。実際には、議案ではない案件で国会の議決を要するものが存在するとは考えにくい（研究会・法規62時の法令1613号(2000)79頁）が、それについての送付及び議決通知に関する規定が欠如しており、必要な場合には本条の規定を類推適用する必要がある。

§83

「国会の議決」とは、衆参両院で構成される国会を1つの機関と見て、その意思決定を示すものである。両議院の審議が先議後議の関係にあり、先議議院の議決を踏まえて後議議院が審議し、それらの結論が一致した場合の議決をいう。

両議院の議決が一致しない場合には、憲法上も調整手続としての両院協議会が予定されている（憲59Ⅲ、60Ⅱ、61、67Ⅱ）。

「国会の議決を要する議案」としては、法律案、憲法第8条の規定による議決案、予算、条約、予備費支出承諾案件、決算調整資金からの歳入組入れに関する調書、国会の議決を求めるの件、国会の承認を求めるの件を挙げることができる（参先193）。さらには、憲法改正原案や憲法改正の発議に係る国民投票の期日に関する議決案もこれに含まれる。

「国会の議決」に対するのが「両議院一致の議決」であり、衆議院、参議院をそれぞれ独立の機関として捉えたもので、その各々の議決内容の一致をもって条件のクリアーと見るものである。この場合、議決の案が両院送付関係に置かれるものではなく[3]（••▶第11条【両議院一致の議決】）、本条の適用はない。

【議案の送付】国会の議決を要する議案を先議議院において可決又は修正議決したときは、他院に送付する。

後議議院の審議が先議議院の審議結果を踏まえて行うこととしているのは、二院制の妙味を発揮させることを目的とするものであるが、一方の議院が修正議決した場合に議決のすれ違いが生じないようにするための工夫でもある。

「甲議院」は、国会の議決を要する議案を当該会期において先に審議する議院であり、「先議議院」と言い換えることができる。

「乙議院」は、甲議院から見て他院のことであり、同様に「後議議院」と言い換えることができる。

国会法は、衆議院か参議院かを特定する必要のない送付関係の場合にこのような表現を用いている。

なお、乙議院は議案を継続審査に付した後、次国会においては乙議院でなくなる（••▶第83条の5【継続審査後の議決】）。

議案の発議・提出権は、議員、委員会、憲法審査会、参議院の調査会、内閣にあるが、その発議（提出）先として、内閣は衆参いずれの議院を選択することも可能であり、その他は自らが属する議院に限定される。

議院による提出がここでいう提出に当たらないことについては、**第56条【議案の**

---

[3] 佐藤達夫「『両議院一致の議決』について」レファレンス別冊（1959）231頁。

§83

付託】の説明参照。

「可決」とは、議案を発議（提出）された内容で了とする本会議の議決である。

「修正」とは、議案を発議（提出）された内容に変更を加えた上で了とする本会議の議決である。議案の内容を改めるにとどまらず、改められた内容でその議案を了とする議院としての最終議決である。

本条第1項の「これ」は、議決した内容の議案である。可決の場合には発議（提出）された議案（これを「原案」という。）と同じ内容であり、修正議決の場合には原案に修正を加えた内容の議案である。

「送付」とは、先議の議院が議決した内容で議案を他院に送ることをいう。修正議決の場合には、修正を施した議案が送付される。

回付や返付を含む広義の送付は、相手方のある単独行為と解すべきである。相手方たる議院はその受領を拒んだり、遅らせたりすることはできない。

衆議院の優越の発動要件である期間経過について、「参議院が、衆議院の可決した……を受け取つた後」という表現が用いられている（憲59 Ⅳ、60 Ⅱ）が、これについては、衆議院が送付した日から起算するものと解する必要がある（衆先 333、341、348）。参議院先例録では「憲法第59条第4項及び第60条第2項に規定する期間の計算は、本院が議案を受領した当日から起算する」としている（参先 422）が、参議院の意向次第で衆議院に認められた優越権が阻止されるのは、そもそも認められないことである[4]。

♠事例
参議院が衆議院から送付された総予算をその翌日に受領するとした例がある（第177回国会　平成23年3月2日）。

所属議員が発議した議案を議決して他院に送ることを「提出」と表現することがあるが、それも本条における「送付」に該当する（•••▶第56条【議案の付託】）。

送付によって審議権は後議議院に移る。後議議院は送付された内容の議案を原案として審議する。先議議院が修正議決した場合、その送付によって後議議院の審議対象であった予備送付案は消滅し（•••▶第58条【予備審査】）、その後の審査対象の内容が新たなものとなる。その場合でも、後議議院は更に修正を加えることができる。

【先議議院の否決通知】先議議院で議案を否決したときは、他院にその旨を通知する。

---

4 山田隆司「参議院議長演出“予算案受領ミステリー”」『記者ときどき学者の憲法論』（日本評論社・2012）196頁。

§83

　先議議院の否決後に他院の予備審査を行えなくする必要があるため、否決したことを知らせるものである。

　「否決」とは、議案を成立させることを否定する本会議の議決である。

　先議議院が議案を否決したときには、その議案は消滅する。

　先議議院で議案を継続審査とした場合には、後議議院も予備審査議案について継続審査を行わなければ、後会において後議議院には議案が係属しない状態となるが、それでも先議議院が否決したときに後議議院への通知の必要性がなくなるわけではない。

【後議議院の議決通知】後議議院において先議議院の送付案に同意又は否決したときは、その旨を先議議院に通知する。

　可決の場合には、それによって国会の議決が完成し、議案は成立する。否決の場合には、議案成立の過程は頓挫する。その議案は通常の手続によっては成立せず、両議院の調整又は衆議院の優越が認められている限りにおいて成立の可能性がある。いずれにしても、審議結果を先議議院に知らせる必要がある。

　「送付案」とは、先議議院が議決した内容で送った議案である。

　「同意」とは、送付案をその内容で了とする議決、すなわち可決することである。

【議案の回付】後議議院において先議議院の送付案を修正したときは、先議議院に回付する。

　後議議院が議案を修正議決した場合には、両議院の議決が一致していないので、修正した内容について先議議院の議決を得るために修正を施した議案を送り返すものである。

　本条第3項の「これ」も議決した内容の議案であり、この場合には、後議議院が修正を加えた内容の議案である。

　「回付」とは、後議議院が修正議決した場合に修正を加えた内容の議案を先議議院に送ることをいう。

【回付案の審議】回付を受けた先議議院は、もう1度その議案を審議することとなる。

　この場合には、更に修正を加えることはできず、可決するか否決するかの選択しかできない。瑣末な点にこだわって修正を繰り返し、何度も議案が両議院の間を行き来した結果、成立の機会を逸することを避けるためである。

　この点を明文でうたった規定は存在しないが、本条第3項において議決通知を要する場合として同意、不同意しか規定していないこと、先議議院が再修正した場合

第10章　両議院関係　　*291*

§ 83 の 2

の送付関係についての規定を置いていないことから、再修正を想定していないことが読み取れる。

回付案を先議議院が更に修正できないことは、後議議院が議案の内容を確定させる権能を有することを意味する[5]。

先議議院が回付案について同意し又は同意しなかったときは、その旨を後議議院に通知する。

国会の議決を要する議案の帰趨については両議院が了知しておく必要があることによる措置である。

「回付案」とは、後議議院が修正議決して先議議院に送り返した議案のことである。

「同意し」とは、修正を加えたことを了として、その内容で議案が成立することを肯定する本会議の議決を行ったことである。

この場合には、それによって国会の議決が完成し、議案は成立する。

「同意しなかつた」とは、回付案について本会議で採決して否決したことをいう。

この場合には、議案成立の過程は頓挫し、両議院の調整又は衆議院の優越による成立の可能性が残されるだけである。

国会法は、送付案、回付案を可決することについては「同意」の語を用いているが、否決することは、前者については「否決」、後者については「同意しない」の語を用いている。

先議議院が回付案について議決するに至らずに会期が終了した場合は「同意しなかつた」に当たらない。この場合には、議案は審議未了により成立せず、消滅する。会期が終了してしまっているので、その後の手続も行われない。ただし、憲法改正原案については、特殊な扱いがなされている点に注意を要する（•••▶第102条の9【案件不継続】）。

〔法律案・予算・条約の返付〕
第83条の2① 参議院は、法律案について、衆議院の送付案を否決したときは、その議案を衆議院に返付する。
② 参議院は、法律案について、衆議院の回付案に同意しないで、両院協議会を求めたが衆議院がこれを拒んだとき、又は両院協議会を求めないときは、その議案を衆議院に返付する。

5 森本昭夫「後議の利」立法と調査365号（2015）2頁。

§83の2

③　参議院は、予算又は衆議院先議の条約を否決したときは、これを衆議院に返付する。衆議院は、参議院先議の条約を否決したときは、これを参議院に返付する。

第 5 次改正（昭 30.3）

本条は、参議院の法律案の返付及び予算、条約の返付について規定するものである。

【返付】 本条は、昭和 30 年の改正の際に新設されたものであり、そこで新たに返付行為が導入された。

「返付」とは、送られてきた議案を否決したときにそれを他院に送り返すことをいう。

これは議案所持主義を採用することにより必要となる行為である。

「議案所持主義」（原案保持主義）とは、議案の審議、議決はもとより、その議案について両院協議会を請求するためにも、当該議院が議案を保持していなければならないとする考え方である（鈴木・理念 75 頁）。

> ♣議院法では〔両院協議会の請求〕
>
> 第 55 条① 　乙議院ニ於テ甲議院ヨリ移シタル議案ニ對シ之ヲ修正シタルトキハ之ヲ甲議院ニ同附スヘシ甲議院ニ於テ乙議院ノ修正ニ同意シタルトキハ之ヲ奏上スルト同時ニ乙議院ニ通知スヘシ若之ニ同意セサルトキハ兩院協議會ヲ開クコトヲ求ムヘシ
>
> ② 　甲議院ヨリ協議會ヲ開クコトヲ求ムルトキハ乙議院ハ之ヲ拒ムコトヲ得ス
>
> 　両院協議会を請求するのは回付案に同意しない場合に限られ、請求する議院と議案を保持する議院が一致していた。

新憲法の下では、衆議院の優越により、両院協議会の性格に変更を来し、必ずしも両院協議会の請求議院が議案を保持しているわけではなかったところ、議案所持主義を復活させることを意図して、第 5 次改正で規定の整備が図られたのである。この改正前には返付に当たる行為がなく、したがって議案を保持していなくても両院協議会を請求する場合があった（鈴木・理論 448 頁）。

議案の返付を行うべき場合は、本条以下に規定されているが、想定されるにもかかわらず返付を要する旨の規定が置かれていないケースがある。すなわち、両院協議会を開いて成案が得られた後、①参議院が成案を否決した場合、②参議院が成案を議決しない場合である。これらの場合には、衆議院の優越が働く可能性があり、

第 10 章　両議院関係　　293

§ 83 の 2

その場合には衆議院への返付が必要なはずである。これは規定を失念したわけではなく、衆議院が第5次改正の立案段階において参議院の同調を得られずに断念したものである**6**。

【否決法律案の返付】 法律案は国会の議決を要する議案であるが、その制定に関して憲法は衆議院の優越を定めている。すなわち、衆議院の送付案について参議院が異なった議決をしたとき、衆議院が出席議員の3分の2以上の多数で再議決すると、その衆議院の議決が国会の議決となり法律案が成立する（憲59Ⅱ）。この点の詳細については、**第84条【法律案についての衆議院の再議決】**の説明参照。

参議院は、衆議院から送付された法律案を否決したときは、議案を衆議院に返付する。

これは第83条第2項の規定に対する追加的特則である。

後議議院が送付案を否決すると先議議院に通知することとなっている（国83Ⅱ）が、議案が法律案で衆議院先議の場合には、参議院に議案を返付することをも義務付けるものである。衆議院がその優越権を行使して再議決すること（憲59Ⅱ）や参議院が両院協議会を請求する（憲59Ⅲ、国84Ⅰ）ために必要だからである。

衆議院が参議院から送付された法律案を否決したときの返付についての規定がないが、それはこの場合の両院協議会請求権が参議院に認められていないことによる。

【不同意法律案の返付】 参議院先議で衆議院が修正して回付した法律案に参議院が同意しなかったときには、まず、参議院が議案を保持している状態であり、両院協議会を請求する権能を有している（国84Ⅱ本）。

参議院が衆議院から回付された法律案に同意しないで、かつ、両院協議会を求めないときは、議案を衆議院に返付する。

この返付が、参議院が両院協議会を請求しない旨の意思表示にもなる。

参議院からの両院協議会の請求を衆議院が拒んだとき、参議院は議案を衆議院に返付する。

これらによって衆議院は議案を保持する状態となり、両院協議会を請求し（国84Ⅰ）又は出席議員の3分の2以上による再議決を行うことが可能となる（憲59Ⅱ）。

「両院協議会」は、国会の議決を要する案件について、両議院の議決が一致しない場合にその調整のために設けられる機関である。

両院協議会に関しては、**第84条【両院協議会の性格】**の説明参照。

参議院から請求した両院協議会を衆議院が拒まなければ、参議院は議案を返付す

6 第21回国会衆議院議院運営委員会議録第8号（昭30年1月21日）6頁〔大池眞衆議院事務総長の説明〕。

§83の3

ることを要しない。

【予算・条約の返付】 予算、条約については、後議議院が送付案を否決したときは先議議院に返付する。

「予算」とは、国の歳入歳出の予定的見積を内容とする国の財政行為の準則として議決されるべきものとして提出された議案のことである。

「条約」とは、文書による国家間の合意のうち締結について承認を得るために提出されたもののことである。

「先議」とは、当該会期において先に審議することを指す。したがって、予算については衆議院を指す。また、参議院先議の条約を後議の衆議院が閉会中審査に付した場合には、次会期では衆議院が先議となる。

これらについては、後議議院の否決の場合には先議議院が両院協議会を請求しなければならないこととされており（国85）、そのために議案を先議議院に返付することとなる。

〔 衆議院の議決の優越に関する通知 〕
第83条の3① 衆議院は、日本国憲法第59条第4項の規定により、参議院が法律案を否決したものとみなしたときは、その旨を参議院に通知する。
② 衆議院は、予算及び条約について、日本国憲法第60条第2項又は第61条の規定により衆議院の議決が国会の議決となつたときは、その旨を参議院に通知する。
③ 前2項の通知があつたときは、参議院は、直ちに衆議院の送付案又は回付案を衆議院に返付する。

第5次改正（昭30.3）

本条は、衆議院の優越に伴う通知及び議案の返付について規定するものである。

【法律案のみなし否決】 憲法第59条第4項は「参議院が、衆議院の可決した法律案を受け取つた後、国会休会中の期間を除いて60日以内に、議決しないときは、衆議院は、参議院がその法律案を否決したものとみなすことができる。」と規定する。

衆議院の優越権の1つとして、法律案について参議院の自律にも介入して特定内容の議決を行ったものとみなす権能を与えたものである。この議決を「みなし否決」と呼ぶ。

第10章　両議院関係　　295

§83の3

60日の経過によって自動的に否決したものとみなされるのではなく、衆議院の判断でみなすための議決を行う。この議決は本会議の出席議員の過半数の賛成による（憲56Ⅱ）。

「受け取つた後」は、衆議院が送付した日から起算して（国133、衆先333）という意味として解すべきである（•••▶第83条【議案の送付】）。

「国会休会中の期間を除いて」は、参議院が活動できない期間を60日に含めてカウントすることが不当であることによる。

閉会期間への言及はないが、60日が経過するまでに国会が閉会した場合には、それで当該法律案は審議未了となって消滅する。参議院が閉会中審査を行っても、次国会に期間が引き続いて進行するわけではない。

「議決しない」とは、法律案の内容についての本会議における終局的議決を行わないことである。すなわち、可決（回付案に対する同意を含む。）・否決・修正議決のいずれの議決も行わないことであり、継続審査の議決を行ったとしても「議決しない」状態は解消されない。

【みなし否決の対象】 一般的には、衆議院が否決とみなすことができる対象は、衆議院先議の法律案で衆議院が可決又は修正議決して参議院に送付したものと解されているようであるが[7]、参議院先議の法律案で衆議院が修正議決して回付したものも含めるべきである[8]。衆議院が再議決権を行使できる場合（憲59Ⅱ）と同様、憲法は修正議決を含む概念として「可決」を用いており、文言上、衆議院が修正議決して参議院に回付する場合が排除されるわけではない。参議院が回付案を棚上げにする可能性を否定できない以上、この場合も衆議院の優越を発動させてよい場面であろう。本条第3項に返付の対象として回付案が挙げられているのも、それを認めている証左である。

両院協議会の成案で衆議院が可決したものは、ここでの「衆議院の可決した法律案」には当たらない。これを肯定する説もあるが[9]、成案の処理は通常の議案審議過程ではなく早急に行うべきものであり、その審議を行うための合理的な相当期間が経過しても参議院が議決しない状態が続く場合には、衆議院は60日の経過を待たずに参議院が議決しないものと認定できると解する。この場合、衆議院にはなお再議決を行う可能性が残されており（憲59Ⅱ）、参議院が議決を遅延させることによっ

---

[7] 林修三「国会の意思決定手続—両院関係」清宮四郎＝佐藤功編『憲法講座3 国会・内閣』（有斐閣・1964）52頁。

[8] 浅野一郎「両院の意思の調整をめぐる諸問題」関東学園大学法学紀要1号（1991）17頁。

[9] 粕谷友介「両議院関係」Law School 37号（1981）57頁。

§83の3

てそれを封じることは認めるべきでないからである。明文の規定がないが、衆議院
優越の趣旨によりこの認定権を認めるべきであろう。

【みなし否決の通知】衆議院は、参議院で審議中の法律案についてみなし否決の議決を行ったときは、その旨を参議院に通知する。

「否決したものとみなした」は、衆議院が本会議において、参議院が否決したこととしてその効果を発生させる旨の議決を行ったことをいう。

この通知によって、参議院は当該法律案を審議することができなくなり、委員会に付託されている場合にはその係属が解かれて議案は議長の手元に戻る。その後の手続については、**本条【みなし否決法律案等の返付】**の説明参照。

両院協議会の成案で衆議院が議決したものについて、参議院が議決しないものと衆議院が認定した場合（⬤➡本条【みなし否決の対象】）にも、以後、参議院は議決できなくなり、そのことを知らせるために衆議院はその旨を参議院に通知する必要がある。

【予算の衆議院先議権】憲法第60条第1項は「予算は、さきに衆議院に提出しなければならない。」と規定する。

下院の先議権は、近代憲法の伝統的原則とされ、国民の経済負担に直接関係するのでその審議に重点を置く趣旨であるとされる。現行憲法の下では、同条第2項の優越権を発揮させることとの関連で必要なものと言えよう。自然成立の要件である30日の経過は参議院が予算を受け取ってからのものであり、その前に衆議院の議決が必要だからである。

衆議院の先議権により、予算については参議院が閉会中審査を行うことは認められない（衆先202）。両議院の議決は同一会期において必要なため、参議院が継続審査を行うと次国会で参議院が先議の形となってしまうからである。

【予算の自然成立】憲法第60条第2項は「予算について、参議院で衆議院と異なった議決をした場合に、法律の定めるところにより、両議院の協議会を開いても意見が一致しないとき、又は参議院が、衆議院の可決した予算を受け取つた後、国会休会中の期間を除いて30日以内に、議決しないときは、衆議院の議決を国会の議決とする。」と規定する。

国会の議決（憲86）を待たずに予算を成立させるもので、一般に、これを「自然成立」という。

自然成立となる場合を大別すると、①両院協議会を開いても意見が一致しない場合、②参議院が衆議院送付案を30日以内に議決しない場合の2通りである。「自然成立」の語には、この②だけを指す用法も見られる。

第10章　両議院関係　　297

§83の3

【意見が一致しないとき】「両議院の協議会を開いても意見が一致しないとき」とは、(a)両院協議会で成案を得られないとき、(b)両院協議会の成案が衆議院又は参議院で否決されたとき、(c)両院協議会の成案が衆議院又は参議院で議決されないときの3つの場合をいう。

(a)については、両院協議会が延々と続くことによって予算の成立が遅れることが懸念されるところである。協議会を終了させるためにも出席者の過半数の賛成を必要とするとされる (今野・法理108頁) が、衆参同数の協議委員によって構成される両院協議会では多数形成が容易ではなく、成案が得られないことを認定できない可能性もある。それを克服するため、各議院が選出した協議委員の提出した案が共に否決されれば、それによって成案を得られないことが確定したと解すべきである。

(c)については、どの時点で議決しないことが確定するかの問題があり、それについては規定が欠如している。両院協議会成案は各議院で早急に処理すべきものであり、その審議を行うための合理的な相当な期間が経過したときは「意見が一致しないとき」となると解される[10]。この期間は客観的に限定することが可能であり、かつ、衆議院の優越を確保する必要があるため、これについては衆議院が認定できると解すべきである。

【参議院が議決しないとき】「参議院が、衆議院の可決した予算を受け取つた後、国会休会中の期間を除いて30日以内に、議決しないとき」の「衆議院の可決した予算」とは、内閣の提出した予算を衆議院が可決又は修正議決して参議院に送付した予算のことである。

この点については、両院協議会の成案で衆議院が可決したものも「衆議院が可決した予算」に当たると解する説がある (法學協會・註解(下)930頁)。ただし、この説を採る者のほとんどが30日の起算点を当初の衆議院送付時とする。要は、当初の衆議院送付から30日が経過すれば、予算審議がどのような状況にあっても自然成立すると解することを眼目とするものである。参議院の抵抗で衆議院の優越が事実上働かなくなることを危惧する実際的な見方ではある。参議院が抵抗手段として両院協議会を開けない状況を作り出すような場合をも想定すると、そもそも「両院協議会を開いても」という要件すら満たせなくなるところである。しかし、参議院が衆議院送付案を一旦否決したような場合まで「議決しないとき」に当たると解する点で無理があり、法文上、「意見が一致しないとき」を「30日以内」に係らしめるようには読めない (松澤・議会法613頁)。

10 浅野・前掲8 22頁。

§83の3

　また、30日の起点を参議院が両院協議会成案を受け取った時と解する説もあるが[11]、それでは予算について衆議院に強い優越を認めた趣旨を没却することとなる。

　やはり、衆議院送付案について参議院が何らかの議決を行った時点で30日のカウントは停止させるべきであり、その後の手続は30日の枠外で行われるものと解する。その上で、「両議院の協議会を開いても意見が一致しないとき」の認定に移行すべきである（→▶本条【意見が一致しないとき】）。

　立法論としては、両院協議会の協議及びその後の両議院での成案の議決を短期間で完了させるために、期限を明定すべきであろう。

　「受け取つた後」は、仮に参議院が受領を拒んだり遅らせたりしても、衆議院が送付した日から起算する（国133、衆先341）との意味と解する必要がある（→▶第83条【議案の送付】）。

【衆議院の議決】自然成立の内容である「衆議院の議決」（憲60Ⅱ）とは、内閣提出案を先議した時の衆議院の議決のことであり、これは、両院協議会を開いて成案を得られないとき・両院協議会を開いて得られた成案を衆議院が否決したときのいずれの場合にも当てはまる。

　これに対して、両院協議会を開いて成案を得、衆議院が可決して参議院が否決した場合や議決しない場合については説が分かれる。成案説は、両院協議会の成案が最新の衆議院の意思であり、両議院の意見の一致を図るべく成案を得たという意味を失わしめることになる等の理由により[12]、成案の内容が国会の議決となると解するものである。しかし、成案は両議院の調整、妥協を目的とするものであるので、両議院の賛成という条件付きと解すべきであり（佐藤（功）・ポケ(下)771頁）、衆議院が可決したという事実をもって衆議院の優越を発動させる対象になると見るべきではないだろう。国会の議決となるのは、最初の内閣提出案についての衆議院議決と解すべきである（当初議決説）。

　両説の差は両院協議会の性格に関わるものでもあり、その点については**第84条【両院協議会の性格】**の説明参照。

【条約の自然承認】条約は、予算と同じく、参議院で衆議院と異なった議決をした場合に両院協議会を開いても意見が一致しないとき又は参議院が衆議院から送られた議案を受け取った後、国会休会中の期間を除いて30日以内に議決しないときは衆議院の議決が国会の議決となる（憲61）。一般に、これを条約の「自然承認」という。

---

11 小島和夫「両院の予算異議決と憲法上の問題」議会政治研究13号（1990）42頁。
12 佐藤功『ポケット註釋全書 憲法』（旧版）（有斐閣・1955）354頁。

§83の3

国会の議決となる衆議院の議決は、予算の場合と同じく、内閣が提出した議案についての衆議院の議決であり、成案についての議決ではない。

【参議院先議の条約】条約は、予算と異なり参議院先議のものもあり、それについて憲法第60条第2項の規定が準用されるか否かが問題となる。

まず、参議院が衆議院から回付された条約に同意しなかったときは両院協議会を開くこととなる（国85Ⅱ、88）が、その結果、両議院の意見が一致しないときには、憲法第60条第2項が準用され、衆議院の議決内容で自然承認となるものと解する。参議院先議の議案についての衆議院の優越権は認められないとする否定説もあるが[13]、衆議院の議決を踏まえて参議院が審議する点及び両院協議会を開いても衆参の意見が一致しない点は衆議院先議の場合と状況は変わらない。否定説は、衆議院の優越を認めないための実質的な理由を挙げる必要があるのではないだろうか。

「意見が一致しないとき」は、予算についてと同様の3つの場合をいう。参議院が成案を議決しない場合を含む（⋯▶本条【意見が一致しないとき】）。

なお、衆議院が参議院の送付案を否決して両院協議会を開き、両議院の意見が一致しない場合には、衆議院の議決が積極的内容を含まないので、憲法第60条第2項の規定を準用して衆議院の議決を国会の議決とする実益はない。両議院の議決がなく国会の承認が得られなかったと解すれば足りる。

参議院から送付された議案を衆議院が修正議決して回付した後30日経過したときに修正された内容で自然承認となるか否かも争点である。これについても否定説があるが、参議院先議の法律案についての衆議院の再議決やみなし否決が可能であることと同じく、衆議院の議決内容で自然承認となると解する[14]（⋯▶本条【法律案のみなし否決】）。

【国会の条約修正権】国会に条約を修正する権能があるか否かについては議論のあるところであるが、国会法は、条約についても回付を前提とした規定を設け、両院協議会も認めている（国85）ので、修正承認を念頭に置いていると言える。

憲法解釈の学説上は、否定説と肯定説が拮抗しているようである。否定説を採る政府は、国会法第85条の「回付」について、一括して承認を求めた可分の数個の条約のうち一部を不承認とする場合に両議院の不一致があり得ると解している[15]。しかし、妥協と修正を旨とする両院協議会が条約についても認められている点については、否定説は十分な説得性を示し得ないだろうとされているところである[16]。

---

[13] 林・前掲7 58頁。
[14] 浅野・前掲8 27頁。
[15] 第19回国会衆議院議院運営委員会議録第4号（昭28年12月23日）2頁〔佐藤達夫内閣法制局長官の答弁〕。

§83の3

国会による修正は、条件付きの承認との意味で認めてよいと考える[17]。その条件は、外交交渉をやり直して修正内容のとおりに相手国を受諾させることであり、それが満たされなければ条約締結は承認されなかったこととなる。内閣には、その内容による締結義務はなく、不承認と受け止めて批准を断念することも可能である[18]。これにより、国会による修正で内閣の外交関係を処理する権能を害することはないと解する。なお、修正された内容で条約が締結されれば改めて国会の承認を得る必要はない。

事後承認の場合も基本的には同じで、国会による修正は可能であると解する。

【自然成立・自然承認の通知】予算、条約が自然成立（承認）となったときは、衆議院はその旨を参議院に通知する。

「衆議院の議決が国会の議決となつたとき」とは、具体的には、①両院協議会を開いても意見が一致しないとき、②参議院が衆議院から送られた案を受け取った後、国会休会中の期間を除いて30日以内に議決しないときのことであり、①については本条【意見が一致しないとき】の説明参照、②については本条【参議院が議決しないとき】の説明参照。

予算、条約が参議院に係属しているとき、自然成立（承認）という客観的事実によって参議院は以後審議できなくなる。衆議院から通知があるまで審議が可能なわけではない。両院協議会の成案について参議院が議決していないときについては、合理的な相当期間が経過したにもかかわらず参議院が議決しないことを衆議院が認定し、その旨を通知することで、以後、参議院は議決できなくなる。

【みなし否決法律案等の返付】衆議院から、法律案のみなし否決、予算の自然成立、条約の自然承認の通知があったときは、参議院は直ちに衆議院の送付案又は回付案を衆議院に返付する。

「前2項の通知」は、法律案のみなし否決、予算の自然成立、条約の自然承認の通知のことである。

ただし、予算又は衆議院先議の条約について両院協議会を開いても意見が一致せず自然成立（承認）となったときの通知を除く。この場合には、衆議院が既に議案を保持しているからである（国83Ⅲ、83の2Ⅲ）。

「送付案又は回付案」は、衆議院から前2項の通知があったときに参議院で保持している議案のことである。ただし、自然成立、自然承認となった予算、条約の場合、

---

16 田中正巳「条約承認権論(2)」自治研究39巻10号（1963）139頁。
17 田岡良一「国会の条約修正権」ジュリスト199号（1960）15頁。
18 第87回国会衆議院外務委員会議録第7号（昭54年4月26日）8頁〔山田中正政府委員の答弁〕。

§83の4

既に審議対象ではなくなっており、その意味において、案ではなく、その残像たる成果物である。

　両院協議会の成案を含まない。衆議院の再議決の対象が最初の衆議院の議決であり、国会の議決となるのが最初の衆議院の議決だからである（⋯▶第84条【法律案についての衆議院の再議決】、本条【衆議院の議決】）。

　法律案のみなし否決の場合には、否決したときと同じように、議案を返付する（国83の2Ⅰ）ことで衆議院が両院協議会を請求することや再議決権を行使することができる。

　なお、衆議院からの回付案についてみなし否決が行われた場合には、参議院は返付の前に両院協議会を請求することができ（国84Ⅱ）、衆議院がそれに応じたときには返付の必要はない。参議院が両院協議会を請求しないとき又は請求した両院協議会を衆議院が拒んだときに返付することとなる（国83の2Ⅱ）。

　予算の自然成立、条約の自然承認の場合には、参議院が返付することによって衆議院議長から内閣に送付する（国65Ⅰ）ことができる。

〔憲法改正原案の返付〕
　第83条の4①　憲法改正原案について、甲議院の送付案を乙議院が否決したときは、その議案を甲議院に返付する。
　②　憲法改正原案について、甲議院は、乙議院の回付案に同意しなかった場合において両院協議会を求めないときは、その議案を乙議院に返付する。

第5次改正（昭30.3）、第31次改正（平19.8）

　本条は、憲法改正原案の返付について規定している。

【憲法改正原案の両院関係】憲法改正原案も国会の議決を要する議案であり、両院送付関係については本章の規定に従う。ただし、憲法改正について衆議院の優越が認められていないことから、法律案、予算、条約とは同様に扱えない点があり、本条で特則を置いたものである。

【憲法改正原案の返付】後議議院が憲法改正原案の送付案を否決したときは、その議案を先議議院に返付する。

　議案一般について後議議院が送付案を否決すると先議議院に通知することとなっている（国83Ⅱ）が、議案が憲法改正原案の場合には、先議議院に議案を返付するこ

§83の4

とをも義務付けるものである。先議議院が両院協議会を請求する（国86の2 I）ために必要であることによる。

「憲法改正原案」とは、憲法改正案を策定するための案のことである。

「甲議院」は、国会の議決を要する議案を当該会期において先に審議する議院であり、「先議議院」と言い換えることができる。

「乙議院」は、甲議院から見て他院のことであり、同様に「後議議院」と言い換えることができる。

「送付案」とは、先議議院が議決（可決又は修正議決）した内容で後議議院に送った議案である。

「否決」とは、送付された議案について成立させることを否定する本会議の議決である。

「返付」とは、送られてきた議案を否決したときにそれを他院に送り返すことをいう。議案所持主義を採用することにより必要となる行為である（•••▶第83条の2【返付】）。

憲法改正原案について、先議議院が回付案に同意しなかった場合において両院協議会を求めないときは、その議案を後議議院に返付する。

議案一般について、先議議院が回付案に同意しないとき後議議院に通知することとなっている（国83 IV）が、議案が憲法改正原案の場合には両院協議会を求めることができる（国86の2 I）。これを求めない場合に後議議院に議案を返付することを義務付けるものである。後議議院が両院協議会を請求する（国86の2 II）ために必要となるからである。

この返付が先議議院として両院協議会を請求しない旨の意思表示にもなる。

「回付案」とは、後議議院が修正議決して先議議院に送り返した議案のことである。

「同意しなかつた」とは、回付案を否決したことをいう。

この場合には、憲法改正に向けての過程は頓挫し、両院協議会の調整を経た憲法改正案発議の可能性が残されるだけである。

先議議院が回付案について議決に至らずに会期が終了した場合は「同意しなかつた」に当たらず、その憲法改正原案は両院協議会の協議対象とはならない。なお、この憲法改正原案（回付案）は審議未了となるとは限らない。憲法審査会が会期制をそのまま適用されないことから、当該回付案が先議議院において憲法審査会に付託されていれば（衆規253 I、参規178 Iの不準用）、後会に継続する（国68但の国102の9 IIによる読替え）（•••▶第102条の9【案件不継続】）。

「両院協議会」は、国会の議決を要する案件について、両議院の議決が一致しない

§83の5

場合にその調整のために設けられる機関である。

「求めない」とは、両院協議会を請求することについての本会議の採決で否決された場合又は請求する提案が出なかった場合を指す。

両院協議会に関しては、第86条の2〔憲法改正原案の両院協議会〕の説明参照。

〔送付案の継続審査〕
第83条の5　甲議院の送付案を、乙議院において継続審査し後の会期で議決したときは、第83条による。

第31次改正（平19.8）

本条は、後議議院で継続審査に付した議案の扱いについて規定するものである。

【会期を隔てた両議院の可決】国会の議決を要する案件については、両議院の審議が先議後議の関係にあり、先議議院の議決を踏まえて後議議院が審議する（•••▶第83条【国会の議決】）。その代表である法律案を例に取ると、憲法は「両議院で可決したとき法律となる」（憲59Ⅰ）と規定している。

憲法解釈においては、「両議院で可決したとき」に会期を隔てて議決がなされたときを含むか否かについて争われてきた。

かつては継続審査議案について会期は継続しているものと考え、会期を隔てても両議院の一致する議決があれば議案は成立するとの説が存在した（A説）（宮澤・コメ396頁）。

これに対しては、会期不継続が憲法上の不文の原則であり、全ての議事、議決が後会に継続するものでないのは当然のことで、議案成立のためには同一会期における両議院一致の議決が必要であるとする理解が有力となった（B説）（鈴木・理論423頁）。それを補強する理由として、法律案等についての衆議院の優越権が発動されるまでの参議院の審議期間が同一会期内の日数であることが挙げられている（今野・法理8頁）。

議案を継続審査に付すのは一院の意思で可能なことであるため、会期を隔ててなされた議決でもよいこととすると、議案についての議決の効力がいつまで及ぶかが他院の意思に委ねられることとなり、議院の自律性と相容れない[19]。憲法の解釈としてもB説が妥当であると解する。これは両院同時活動の原則のコロラリーと考えてもよいだろう（法學協會・註解下729頁）。

【継続審査後の議決】先議議院の送付案を後議議院で継続審査し後の会期で議決

[19]森本昭夫「会期不継続の原則と新たな分析—日本特有の議会運営の側面」議会政治研究26号（1993）40頁。

§84

したときは、第83条〔議案の送付・回付・議決通知〕による。

これはB説に立った取扱いであり、昭和24年の衆議院議院運営委員会の決定[20]で確認されていた取扱いを昭和30年の国会法改正で条文化したものである。これによって憲法上の争いについて立法的解決が図られた。

議案について行った議決の効力は、次会期には通用しない。したがって、先議（甲）議院で可決又は修正議決して後議（乙）議院に送付した議案を乙議院が継続審査に付した場合には、甲議院の議決は効力を失い、次の国会では継続審査に付した乙議院が先議議院となって審議することとなる。その後、乙議院がこの議案を可決又は修正議決した場合には、甲議院に送付し、その議決が必要となる。この趣旨は「議案は継続するが、議決は継続しない」とのフレーズで表現される。

「送付案」とは、当該会期における先議議院が議決した内容で送った議案のことである。

回付案を継続審査し後の会期で議決した場合にも同様の扱いをする必要があると考えられるが、現行法の下では、一般的な議案について回付案の継続審査は認められない（●▶第47条【閉会中審査の対象】）。

「継続審査」とは、会期中に審査を終わらなかった議案について、本会議の議決により、閉会中も引き続き委員会で審査を行うことであり、その議案は後会に継続する（国68但）。

憲法改正原案については案件不継続が適用されず、乙議院の憲法審査会での審査中に会期が終了しても当然に後会に継続することとされている（国68但の国102の9Ⅱによる読替え）が、会期不継続の原則の適用は免れず、後会に継続することは本条の「継続審査」に当たる。すなわち、原則どおり、同一会期における両議院の議決が必要である。

「後の会期」とは、甲議院が議決を行った会期より後の会期であり、継続審査を繰り返して数会期後となる場合を含む。

「第83条による」とは、両議院の送付関係については、振り出しに戻って次会期に乙議院を先議議院として審議をスタートさせたかのように扱うとの意である。

〔法律案の両院協議会〕

第84条①　法律案について、衆議院において参議院の回付案に同意し

---

[20] 第5回国会衆議院議院運営委員会議録第55号（昭24年10月24日）9頁。

§ 84

> なかつたとき、又は参議院において衆議院の送付案を否決し及び衆議
> 院の回付案に同意しなかつたときは、衆議院は、両院協議会を求める
> ことができる。
> ②　参議院は、衆議院の回付案に同意しなかつたときに限り前項の規定
> にかかわらず、その通知と同時に両院協議会を求めることができる。
> 但し、衆議院は、この両院協議会の請求を拒むことができる。

　　　　制定時（昭 22.5）

　本条は、法律案についての両院協議会の請求について規定するものである。

【両院協議会の性格】国会の議決を要する案件について両議院の意見が一致しない
とき、両院協議会を開いて意見の調整を行う道が開かれている（憲 59 Ⅲ、60 Ⅱ、61、67
Ⅱ）。両院独立活動の原則の例外である（•••▶本章概説【両院独立活動の原則】）。

　「両院協議会」とは、両議院の意見が異なった場合にその一致を図るために設けら
れる機関である。

　両院協議会は、両議院を拘束する決定を行うものではなく、両議院それぞれで議
決するための案（成案）を策定する。

　両院協議会については、その基本的性格をどのように見るかの論争がある。審査
機関か起草機関かの争いである（今野・法理 78 頁）。

　審査機関説は、両院協議会の請求が協議会の設置と議案の付託を含み、両院協議
会は請求議院に係属していた議案を原案とし、これを審査して両議院の合意できる
成案に仕上げる（修正する）との構成を採るものである（鈴木・理論 481 頁）。その成案は、
委員会が付託議案を修正議決したときと同じように、議案に修正案を付したもので
あるが、一院で可決されることによって修正部分が溶け込んで原議案は不可逆的に
内容が改まるとの理解に立つ。

　これに対して起草機関説は、両院協議会における調整に原案となるものはなく、
協議会は妥協内容たる成案を起草する機関であるとするものである。その成案とは、
両議院の議決の異なる部分について作成されるもので、それが両議院で可決される
と、さきに両議院の議決の一致した部分と一体となって最終的な国会の議決となる
とする（佐藤（吉）・参規 291 頁）。

　両説のいずれを採用するかによって、次の 2 点について結論が異なることとなる。
すなわち、①法律案について、両院協議会の成案を衆議院が可決した後に参議院が
否決した場合の衆議院の再議決の対象と②予算、条約について、両院協議会の成案

§ 84

を衆議院が可決した後に参議院が議決しない場合の自然成立（承認）となる内容である。これらにつき、審査機関説は成案とし、起草機関説は原議案と解することとなる（今野・法理88頁）（•••▶本条【再議決の対象】、第83条の3【衆議院の議決】）。

両説の差は両院協議会における調整の成否に影響するようなものではないため、協議会の性格論から衆議院の再議決の対象等の問題を帰結すべきではないと解する。性格論については、衆議院の再議決の対象等の問題を先決してそれに適合する立場を採用すれば足りるものと考える。その意味で、原議案説につながる起草機関説を支持する（•••▶本条【再議決の対象】、第83条の3【衆議院の議決】）。

【両院協議会の請求】 両院協議会には設置議決の概念がなく、一院が他院に請求することがそれに代わるものとなる。

請求は任意の場合と義務的の場合があり、いずれも国会法に規定のある場合に限られる（国84〜87）。

請求する議院は、請求に係る議案を保持していなければならない。そのため、両議院の意見が異なるに至ったときは両院協議会を請求できる議院が議案を保持するよう、第5次改正において、返付についての規定が整備された（•••▶第83条の2【返付】）。

請求は、議長から他院の議長に対し件名を示して行う。

【法律案の両院協議会の請求】 法律案について衆議院が両院協議会を請求できるのは、①衆議院で参議院の回付案に同意しなかったとき、②参議院で衆議院の送付案を否決したとき、③参議院で衆議院の回付案に同意しなかったときである。

法律案について参議院が両院協議会を請求できるのは、④参議院が衆議院の回付案に同意しなかったときに限られる。

いずれの場合も法律案の成立に一応積極的な意思を示した議院に両院協議会の請求権を認めたものである。

衆議院で参議院の送付案を否決したときには両院協議会の道は開かれていない。

参議院による請求は国会法制定時に貴族院の修正により導入されたものであるが、憲法上、両院協議会の請求主体として明示されているのは衆議院だけであり（憲59Ⅲ）、国会法による拡大解釈に対して疑問が提起されている[21]。法律制定に係る衆議院の優越は、憲法成立過程を通じて両議院の権能対等原則に回帰するという経過をたどっており[22]、本条第2項を無効とするのではなく、参議院の請求に係る両院協

---

[21] 原田一明「衆議院の再議決と憲法59条―新たな『ねじれ国会』の中での両院関係を考える」議会政治研究86号（2008）7頁。

[22] 木下和朗「日本国憲法成立過程における両院制の構想」曽我部真裕＝赤坂幸一編『憲法改革の理念と展開（上巻）』（大石眞先生還暦記念）（信山社・2012）521頁。

§84

議会が憲法上保障されたものではないと解すれば足りるだろう(宮澤・コメ454頁)。他方で、運用上、衆議院の優越権行使に対して障害となるようなことは避けなければならないだろう。

参議院が両院協議会を請求するのは、不同意の通知と同時でなければならない。
①及び④の場合には当該議院が議案を保持しているので直ちに請求することができるが、②、③の場合は、請求できることとなった時点では議案は参議院にあるため、衆議院はその返付を受けてから両院協議会を請求することとなる。②の場合には第83条の2第1項により、③の場合には同条第2項により、参議院から議案が返付される。

③と④は同一の請求事由であるが、両者の関係は、まず参議院に請求権があり、参議院が請求しないとき又は参議院が請求して衆議院がこれを拒んだときに衆議院が請求できることとなる。衆議院が拒否した上で請求するのは矛盾した行為のようにも映るが、拒否するのは議案の返付を受けるためであり、その上で両院協議会を請求するか再議決を行うかを判断することとなる(➡第83条の2【不同意法律案の返付】)。

「参議院の回付案」とは、衆議院が先議である議案について、その送付を受けた参議院が修正議決した場合に衆議院に送り返す、その修正を加えた内容の議案のことである。

「衆議院の回付案」も同様である。

「衆議院の送付案」とは、衆議院が先議である議案について、衆議院が可決又は修正議決した場合に参議院に送る議案(修正議決の場合には、その修正を加えた内容の議案)のことである。

「同意しなかつた」は、回付案について採決した結果が否決であったことをいう。

「否決し」は、送付案を成立させることについての採決の結果が否であったことである。

採決に至らない状態が続くだけでは請求要件を満たさない。継続審査を行う議決もこれに当たらない。

参議院における対案の可決が「送付案を否決し」に当たるか否かの問題があるが、衆議院再議決の要件の問題としての方が切実であるので、後述する(➡本条【法律案についての衆議院の再議決】)。

参議院の場合、衆議院の議決により法律案を否決したものとみなされることがあり(憲59Ⅳ)、それは回付案についても適用のあるものと解する(➡第83条の3【法律案のみなし否決】)が、本条の「同意しなかつた」、「否決し」はみなし否決の場合を含む。

§84

　衆議院によるみなし否決がなされた場合に、参議院側に両院協議会の請求権を認めるべきであるとの立法論が見られる[23]。参議院が結論を出していないことから、両議院による妥協が成立する可能性を見込んでのものであろう。

　「求めることができる」は、請求権を有し、求めるか否かは任意であることを意味する。

　「その通知」とは、回付案に同意しない旨の議決通知のことである。

　法律案の両院協議会は、請求する議院の判断で決められる任意的両院協議会である。その決定は本会議の議決による。特に期限は付されていないが、請求事由が発生した場合には、直ちに求めるか否かを判断すべきである。特に参議院が求める場合は、「その通知と同時に」とされているため、回付案に同意しないことを議決した直後に求めるか否かを決する必要がある。

　求めることが議決されたときは、議長から他院の議長に対して請求を行う。

　請求を受けた議長は、これを議院に報告する。

【請求に対する拒否】参議院が衆議院の回付案に同意せず両院協議会を求めたとき、衆議院はこの請求を拒むことができる。

　この場合に衆議院が拒否できることとしたのは、その優越権である出席議員の3分の2以上の多数による再議決を行うことができるようにするためである[24]。

　衆議院の拒否権は、国会法制定に当たって、貴族院の修正により参議院からの請求が認められた際に、それとの抱き合わせで規定され、貴族院の意図したところを骨抜きにしたものである（浅井・概説230頁）。そもそも、憲法上は参議院に請求する地位が保障されていない（憲59Ⅲ）ところである。

　「拒むことができる」は、他院からの請求を拒否できることをいう。本会議の議決によることを要するが、両院協議会を開会するか否かを早急に確定させるため、拒否する場合にだけ議決するのではなく、応諾するか否かを決することを要する。

　法律案の場合の両院協議会の請求は任意的であるが、国会法で両院協議会の請求を拒むことが認められているのはこの場合だけである（国88）。

【法律案についての衆議院の再議決】憲法第59条第2項は「衆議院で可決し、参議院でこれと異なつた議決をした法律案は、衆議院で出席議員の3分の2以上の多数で再び可決したときは、法律となる。」と規定する。

　その「衆議院で可決し、参議院でこれと異なつた議決をした法律案」とは、①衆

---

[23] 世木義之「参院審議中の法律案に衆院の『みなし否決』の再考」議会政治研究81号（2007）50頁。
[24] 第92回帝国議会貴族院国会法案特別委員会議事速記録第3号（昭22年3月18日）2頁〔大木操貴族院議員の修正意見〕。

§ 84

議院先議の法律案の送付を受けた参議院が否決した場合、②同じく修正議決した場合、③参議院先議で衆議院が修正議決し、その回付を受けた参議院が否決した場合である。

参議院先議の場合、すなわち、③の場合には衆議院の再議決権の行使が認められないと解する説も見られる（黒田・国会法175頁）。憲法第59条第2項は、その文理上、衆議院先議の法律案を対象とした規定であるとするものである。しかし、同項は「可決」を修正議決を含む概念として用いており、参議院先議で衆議院が修正議決し、その後に参議院が異なる議決をした場合を排除する必要は、文理の上からも認められない[25]。③の場合にも参議院の返付が規定されており（国83の2Ⅱ）、手続上も現行法に不備はないと言える。

①、③については、衆議院がみなし否決を行った場合を含む。

①について、参議院における対案の可決が衆議院からの送付案の否決に当たるか否かの問題がある。参議院では、対案の可決後は一事不再議により送付案の審議が不可能となることから、これを肯定して、衆議院は「参議院でこれと異なつた議決をした」と評価することも可能とする見解も見られるが[26]、原案保持主義の立場から参議院が否決したとみなすことはできないとの説に説得力がある[27]。参議院の行為を衆議院が解釈、認定することには慎重であるべきであるが、それ以前に参議院側の対応の問題として、他院からの送付案を差し置いて、自院における対案の方を先に採決することは避けなければならない（→第56条の4【同一の議案】）。

②の場合、衆議院としては、参議院の修正に同意するか否かが先決であり、再議決が可能となるのは同意しないと決した後である。

【参議院否決法案の衆議院への再提出】 参議院先議の法律案を参議院が否決した場合、その会期に衆議院議員又は内閣が同内容の法律案を衆議院に発議（提出）することは一事不再議に抵触しない。これを衆議院の優越による一事不再議の例外として認める（鈴木・理論152頁等）のが一般的な理解かもしれないが、衆議院がその法律案に対して議決を行っていないことから、衆議院に対しては一事不再議が働かないはずである[28]。

ただし、衆議院が再提出法案を可決した後に参議院がそれを審議することは一事不再議の問題となる。この点につき、衆議院の優越条項に基づいて例外を認める説

25 浅野・前掲8 15頁。
26 高見勝利「『ねじれ国会』と憲法」ジュリスト1367号（2008）77頁。
27 今井彧男「議案の審議過程における原案保持の原則—第169回国会における税制関連法案の取扱いを顧みて」RESEACH BUREAU 論究12号（2015）64頁。
28 森本昭夫「一事不再議の原則と新たな分析」議会政策研究会年報2号（1995）157頁。

310

がある[29]。百歩譲って再議には当たらないと解しても、衆議院が再議決権を行使することに参議院が協力するとは考えにくく、送付案を棚上げにする戦術が採られると予想される。衆議院としては送付後の60日を待ってみなし否決を行うしかないだろう。

【両院協議会と再議決権】 両院協議会を開会できる場面と衆議院が再議決権を行使できる場面は重複している。その場合、衆議院は両方を選択できるのか、一方しか選択できないのかが問題となる。

憲法第59条第3項は「衆議院が、両議院の協議会を開くことを求めることを妨げない」とするだけで、この問題についての指示を含んでいない。憲法学上、衆議院が両院協議会を求め又はそれに応じたときは再議決の特権を放棄したとの解釈（宮澤・コメ455頁）が有力であるが、学説の大勢及び衆議院の理解[30]はその場合にも再議決権の行使が可能であるとしており、それが妥当であると解する。

衆議院の回付案に参議院が同意しなかった場合、衆議院は、参議院からの両院協議会の請求を拒んだ上で自ら請求することができることとされているが、その実益は、議案を保持した状態で両院協議会を開くことによって、成案の議決に至らない場合に備えて再議決権を温存しておくことにある。国会法では両方の選択を認めているのである。

裏を返すと、衆議院が参議院の請求した両院協議会に応じることは再議決権を放棄したものと認定しなければならないことを意味する。この場合に両院協議会が不調に終わっても、参議院からの議案の返付が規定されていないところである。

衆議院は、まず両院協議会の請求を選択した場合には、その決着が付くまでは再議決権を行使することは控えなければならない。両者の同時並行は言わば矛盾した行為だからである。両院協議会の性格についての起草機関説を採れば両院協議会を一方的に中断して再議決を試みることが可能となるとの見方がある（今野・法理110頁）が、さきに述べたように、これらの問題は両院協議会の性格論から展開させるべきではない（ •••▶ 本条【両院協議会の性格】）。

衆議院は両院協議会と再議決権の両方を選択できるとする説は、その順序については、両院協議会を先行させなければならないと解している[31]。「出席議員の3分の2以上の多数で再び可決したときは、法律となる」とは、否決されたときは法律と

---

[29] 橘幸信「『一事不再議の原則』考—議事手続におけるルールと原理」千葉大学法学論集14巻2号（1999）138頁。
[30] 第21回国会衆議院議院運営委員会議録第8号（昭30年1月21日）6頁〔大池真衆議院事務総長の説明〕。
[31] 粕谷・前掲9 54頁。

§85

ならないことが確定することを意味すると解釈するものである[32]。しかし、両院協議会が両議院の妥協を引き出すことを目的とするものであるなら、衆議院が優越権を行使できなくなった時点でこそ、その真価を発揮できるはずである。その意味で、衆議院が再議決を試みて失敗した場合でも、衆議院は両院協議会を求めることができるものと解してよいのではないだろうか。ただし、その場合には、逆に参議院が実質的な優位に立ち、妥協譲歩による成果を得ることの困難が予想されるところではある[33]。

【再議決の対象】　衆議院の再議決の対象となる法律案は、①衆議院先議の場合の衆議院の議決（可決又は修正議決）に係る法律案、②参議院先議の場合の衆議院の修正議決に係る法律案のことである。

　ただ、両院協議会を開いて成案を得、その成案を衆議院が可決して参議院が否決した場合や衆議院が可決して参議院が議決しない場合については、予算の自然成立の場合と同様、再議決の対象が原議案か成案かで説が分かれる。自然成立の内容たる衆議院の議決と同じく、原議案が対象となると解する（➡第83条の3【衆議院の議決】）。両院協議会の成案は、あくまでも両院調整を目的とする案であり、衆議院の優越権にはなじみにくい性質のものだからである。

【再議決の通知】　衆議院が法律案を再議決したときは、その旨を参議院に通知しなければならない。国会法ではそのことを直接規定していないが、それによって成立の効果がもたらされるのであり、第83条第2項、第4項の趣旨を類推することを要する。再議決を試みて否決された場合も同様である。

〔予算・条約の両院協議会〕

第85条①　予算及び衆議院先議の条約について、衆議院において参議院の回付案に同意しなかつたとき、又は参議院において衆議院の送付案を否決したときは、衆議院は、両院協議会を求めなければならない。

②　参議院先議の条約について、参議院において衆議院の回付案に同意しなかつたとき、又は衆議院において参議院の送付案を否決したときは、参議院は、両院協議会を求めなければならない。

制定時（昭22.5）

---

[32] 浅野・前掲8 11頁。
[33] 森本昭夫「両院協議会改革の難航」立法と調査374号（2016）175頁。

§85

本条は、予算及び条約についての両院協議会の請求について規定するものである。

【予算の両院協議会】 予算は衆議院が先議で審議する（憲60Ⅰ）。

予算について、①衆議院で参議院の回付案に同意しなかったとき、②参議院で衆議院の送付案を否決したときは、衆議院は両院協議会を求めなければならない。

この両院協議会は、衆議院が請求することを義務付けられ、参議院が拒むことのできない（国88）、必要的両院協議会である。

必要的両院協議会とされている趣旨は、成案の獲得、作成を目指すものではなく、両議院の意思不一致を確定させることにあり、それによって衆議院の優越が具現できるとの見方がある[34]。

「参議院の回付案」、「衆議院の送付案」、「同意しなかつた」、「否決した」については、**第84条【法律案の両院協議会の請求】**の説明参照。

「求めなければならない」は、請求権を有し、かつ請求義務を負っていることを意味する。

したがって、求めるために本会議の議決を必要とせず、請求事由が発生した場合に直ちに求めなければならない。ただし、②の場合、衆議院は議案を保持していないので、参議院から予算の返付（国83の2Ⅲ前）を受けた後に請求することとなる。

両院協議会を求めるのは、衆議院議長から参議院議長に対して行う。

請求を受けた参議院議長は、これを議院に報告する。

【条約の両院協議会】 衆議院先議の条約についての両院協議会の請求は予算と同じである（•••▶本条【予算の両院協議会】）。

参議院先議の条約については、①参議院で衆議院の回付案に同意しなかったとき、②衆議院で参議院の送付案を否決したとき、参議院は両院協議会を求めなければならない。

この両院協議会も参議院が請求することを義務付けられ、衆議院が拒むことのできない必要的両院協議会である。

必要的両院協議会とされている趣旨については、**本条【予算の両院協議会】**の説明参照。

「先議」とは、当該会期において先に審議することをいう。

条約が提出された会期において後議であった議院も閉会中審査を行った場合には、次会期で先議となる。

両院協議会を求めるために本会議の議決を必要とせず、請求事由が発生した場合

---

[34] 加藤一彦「両院協議会の憲法的地位論」現代法学20号（2011）95頁。

§86

に直ちに求めなければならない。ただし、②の場合、参議院は議案を保持していないので、衆議院から条約の返付（国83の2Ⅲ後）を受けた後に請求することとなる。

両院協議会を求めるのは、参議院議長から衆議院議長に対して行う。

請求を受けた衆議院議長は、これを議院に報告する。

〔内閣総理大臣指名の通知・両院協議会〕
第86条①　各議院において、内閣総理大臣の指名を議決したときは、これを他の議院に通知する。
②　内閣総理大臣の指名について、両議院の議決が一致しないときは、参議院は、両院協議会を求めなければならない。

制定時（昭22.5）

本条は、内閣総理大臣の指名の議決についての他院への通知及び両院協議会の請求について規定するものである。

【内閣総理大臣の指名】 憲法では、内閣総理大臣は「国会の議決」での指名と規定されている（憲67Ⅰ）が、これは国会の意思で指名することを指すもので、「両議院一致の議決」に対置される「国会の議決」を意味するものではない（••▶第11条【国会の議決】）。すなわち、指名の議決は両議院がそれぞれ独立して行い、両院間に送付関係はない。衆参のいずれが先に指名の議決を行わなければならないということでもない。両議院の指名の議決が一致すれば、それが国会の議決となる。このことは、憲法も第67条第2項で「衆議院と参議院とが異なつた指名の議決をした場合」と規定し、多くの選択肢の中から1人を選び出す行為を両院交渉案件とすることは想定していないことからも分かる。

「議決」と表現されているが、その意味するところについては争いがある。過半数説は、選挙と議決は異なるもので、憲法が議決で指名すると定めており（鈴木・理念115頁）、議員の過半数の意思に基づく指名が憲法の期待するところとする[35]。しかし、**憲法第67条**〔内閣総理大臣の指名、衆議院の優越〕は国会の意思によって決定されるべきものであることを要求しているにとどまり（宮澤・コメ516頁）、出席議員の過半数で決するもの（憲56Ⅱ）には当たらないと解すべきである。

現行の議院規則においても、投票の過半数を要求するものの、過半数を得た者がないときの決選投票では相対多数で足りることとしている（衆規18ⅡⅢ、参規20ⅡⅢ）

[35]長谷川喜博「内閣総理大臣の指名手続」ジュリスト156号（1958）18頁。

§ 86

(⸺▶『逐参』第 20 条【決選投票】)。

**【内閣総理大臣指名の通知】各議院は、内閣総理大臣の指名の議決を行ったとき
は他院に通知する。**

　両議院の指名の議決が一致したかどうかを判断するためである。

　「指名を議決」とは、誰を内閣総理大臣に指名するかを国会議員の中から選び出す
ことをいう。

　「通知」は、誰を内閣総理大臣に指名したかの通知であり、議長が他院の議長に対
して行う。方法は指定されていないが、文書によるのが妥当な手段であろう。

　内閣総理大臣の指名の奏上については、第 65 条【内閣総理大臣指名の奏上】の説
明参照。

**【内閣総理大臣指名の両院協議会】両議院の議決が一致しないときは、参議院は両
院協議会を求めなければならない。**

　内閣総理大臣の指名については衆議院の優越が認められている（憲 67 Ⅱ）が、その
前に両院協議会を開くこととなっている。この両院協議会は参議院が請求すること
を義務付けられ、衆議院が拒むことのできない必要的両院協議会である。

　必要的両院協議会とされている趣旨については、第 85 条【予算の両院協議会】の
説明参照。

　「両議院の議決が一致しないとき」とは、衆参両院で指名した者が異なる場合であ
り、一院が議決しない場合は含まない。相互に通知することでその不一致が認識さ
れる。

　参議院から両院協議会を求めることとされているのは、国会法制定時の説明では、
「総理大臣の指名につきましては衆議院からこれを奏上するという必要があるから」
とされている（国 65 Ⅱ参照）（大池・説明 7 頁）。両院協議会で得た成案について衆議院を
後議とすることによって衆議院から奏上できるようにしたとの趣旨である。

【内閣総理大臣指名についての衆議院の優越】憲法第 67 条第 2 項は「衆議院と参議
院とが異なつた指名の議決をした場合に、法律の定めるところにより、両議院の協
議会を開いても意見が一致しないとき、又は衆議院が指名の議決をした後、国会休
会中の期間を除いて 10 日以内に、参議院が、指名の議決をしないときは、衆議院の
議決を国会の議決とする。」と規定し、衆議院の優越を認めている。

　これは予算の自然成立の規定（憲 60 Ⅱ）と同じ構造をしている。衆議院の指名後の
猶予期間は 10 日間と短く設定されているが、ここでも同様の問題が出てくる。

　「両議院の協議会を開いても意見が一致しないとき」とは、①両院協議会で成案を

第 10 章　両議院関係　　*315*

§86の2

得られないとき、②成案が参議院又は衆議院で否決されたとき、③成案が参議院又は衆議院で議決されないときの３つの場合をいう。その認定は、予算についてと同様である（••▶第83条【意見が一致しないとき】）。

両院協議会の成案を参議院が議決しないときを「10日以内に、参議院が、指名の議決をしないとき」に含め、10日の期間を最初の衆議院の指名の議決の日から起算すると解する説がある（宮澤・コメ522頁）。しかし、この場合には10日の経過は関係なく、必要な合理的期間の経過によって「両議院の協議会を開いても意見が一致しないとき」に該当するとの認定がなされるべきである（佐藤（功）・ポケ(下)835頁）（••▶第83条の3【参議院が議決しないとき】）。

「衆議院の議決」とは、最初に衆議院が指名した者のことである。

両院協議会で成案が得られた場合でも、それについては参議院先議であり（国93Ⅰ）、衆議院だけが議決する事態が起こり得ないため、成案の内容が衆議院の優越によって国会の議決となることはない。

〔憲法改正原案の両院協議会〕
第86条の2①　憲法改正原案について、甲議院において乙議院の回付案に同意しなかつたとき、又は乙議院において甲議院の送付案を否決したときは、甲議院は、両院協議会を求めることができる。
②　憲法改正原案について、甲議院が、乙議院の回付案に同意しなかつた場合において両院協議会を求めなかつたときは、乙議院は、両院協議会を求めることができる。

第31次改正（平19.8）

本条は、憲法改正原案についての両院協議会の請求について規定するものである。
【憲法改正原案の両院協議会の請求】憲法改正原案について、①先議議院が回付案に同意しなかったとき、②後議議院が送付案を否決したとき、先議議院は両院協議会を求めることができる。

憲法改正原案を先に議決した議院が当該憲法改正についての肯定的な意思を有していることから、先議議院に請求権を認めたものである。

①の場合には先議議院が議案を保持しているので直ちに請求することができるが、②の場合は、請求できることとなった時点では議案は後議議院にあるため、先議議院はその返付を受けて（国83の4Ⅰ）から両院協議会を請求することとなる。

§86の2

①の場合において先議議院が両院協議会を求めなかったときは、後議議院は両院協議会を求めることができる。

後議議院にも修正した内容で憲法改正の手続を進めようとの意図が認められることから、補充的に請求権を認めたものである。

この場合、後議議院は議案の返付を受けて（国83の4Ⅱ）から請求することとなる。

「憲法改正原案」とは、国民に提案する憲法改正案を策定するための案のことである。

「甲議院」は、議案を当該会期において先に審議する議院であり、「先議議院」と言い換えることができる。

「乙議院」は、甲議院から見て他院のことであり、同様に「後議議院」と言い換えることができる。

「回付案」とは、乙議院が修正議決した場合に甲議院に送り返す、その修正を加えた内容の議案のことである。

「送付案」とは、甲議院が議決（可決又は修正議決）した内容で乙議院に送った議案である。

「同意しなかつた」は、回付案について採決した結果が否決であったことをいう。

「否決」とは、送付された議案について成立させることを否定する本会議の議決である。

いずれも採決に至らない状態が続くだけの場合は、これに当たらない。

「両院協議会」とは、両議院の意見が異なった場合にその一致を図るために設けられる機関である。

「求めることができる」は、請求権を有し、求めるか否かは任意であることを意味する。

いずれの議院が請求する場合でも、その議院の判断で決められる。その決定は本会議の議決による。特に期限は付されていないが、請求事由が発生した場合には、求めるか否かを早急に判断すべきである。特に、①の場合には後議議院の請求権が控えているので、先議議院は両院協議会を求めるか否かを直ちに決めなければならない。

「求めなかつたとき」とは、議案を返付したときを指すこととなる。

先議議院が両院協議会を求めるか否かを決めないで、両院協議会の請求・議案の返付のいずれも行わない場合には、後議議院としては打つ手がない。これは先議議院が回付案に対していつまでも同意するか否かの議決を行わない場合と同様であり、

第10章　両議院関係　*317*

§87

両議院に対等な権能が与えられている憲法改正については、両議院の意見の一致を拒む意図の表れであり、やむを得ない事態と受け止めるほかない。要件を具備しておらず、返付があったものとみなして後議議院から両院協議会を請求することは認められない。

両院協議会を求めることが議決されたときは、議長から他院の議長に対して請求を行い、請求を受けた議長は、これを議院に報告する。

両院協議会を求められた議院は、これを拒むことができない（国88）。

〔案件の返付、両院協議会〕
第87条① 法律案、予算、条約及び憲法改正原案を除いて、国会の議決を要する案件について、後議の議院が先議の議院の議決に同意しないときは、その旨の通知と共にこれを先議の議院に返付する。
② 前項の場合において、先議の議院は、両院協議会を求めることができる。

制定時（昭22.5）、第5次改正（昭30.3）、第31次改正（平19.8）

本条は、法律案・予算・条約・憲法改正原案以外の案件についての返付及び両院協議会の請求について規定するものである。

【その他の案件の返付】法律案・予算・条約・憲法改正原案以外の国会の議決を要する案件について、後議議院が先議議院の送付案を否決したときは、その旨の通知と共に案件を先議議院に返付する。

これらの案件については衆議院の優越が認められていないが、両議院の議決が一致しない場合には、両院協議会による調整が可能であり、その請求が先議議院によってなされるため、議案所持主義の立場から返付の規定が第5次改正で整備されたものである（•••▶第83条の2【返付】）。

「国会の議決を要する案件」とは、衆参両院で構成される国会を1つの機関として、両議院を先議後議の関係に置いて一致した議決が必要な案件である。法律案・予算・条約・憲法改正原案以外では、予備費の支出について承諾を求めるの件（憲87Ⅱ）のほか、皇室の財産授受についての国会の議決（憲8）、NHK予算、国の地方行政機関の設置の承認、憲法改正国民投票の期日の議決（国68の6）などがある。

「案件」とされてはいるものの、現行法上、議案以外で国会の議決を要する案件に該当するものはなく、また考え難い（研究会・法規62 時の法令1613号（2000）79頁）。

318

§87

「後議の議院」とは、当該会期において後議となる議院であり、提出会期で後議であっても、その議院による閉会中審査を経ると、次会期では先議となる。

「先議の議院」とは、当該会期において先に審議する議院のことである。

「同意しない」とは、先議議院の議決を了としない議決を行うことをいうのであり、不作為を指すものではない。

本章においては、「否決」と「同意しない」は区別して用いられており、前者は修正議決という選択が可能な場合、後者は修正不可能な場合に用いられている。この区別を本条に当てはめると、法律案・予算・条約・憲法改正原案以外の案件については、修正することができないように読める。しかし、案件が修正可能か否かは、個別の検討を要するところであり、法律案・予算・条約・憲法改正原案以外の案件が当然に修正不可ということにはならないはずである[36]。

したがって、案件の性質として修正議決が可能な場合、後議議院が修正議決したときには、先議議院に回付しなければならない (国83Ⅲ)。先議議院がその回付に同意しないときには後議議院に通知することを要する (国83Ⅳ) が、その際の議案の扱い (送付関係) については規定がなく、先議議院がそのまま保持することとなる。

「その旨の通知」とは、同意しない旨の通知であり、第83条第1項の規定により義務付けられているものである (•••▶第83条【国会の議決】)。

「共に」とは、同時にという意味である。

「返付」とは、送られてきた案件を否決したときにそれを他院に送り返すことをいう。

【その他の案件の両院協議会】法律案・予算・条約・憲法改正原案以外の国会の議決を要する案件についての両院協議会は、先議議院が請求できる。

この場合には、先議議院が議案を成立させようとするものであることからその請求を認めたものである。

「前項の場合」とは、法律案・予算・条約・憲法改正原案以外の国会の議決を要する案件について、後議議院が同意しない場合をいう。

「求めることができる」は、請求権を有し、求めるか否かは任意であることを意味する。

両院協議会を求められた後議議院は、これを拒むことができない (国88)。

しかし、修正のできない案件については、両院協議会を開くことの意義は見いだし難い。両議院が譲歩して中間的な結論で決着を付けることができないからである。

---

36 森本昭夫「国会における審議の対象—動議、議案を中心に」議会政策研究会年報4号 (1999) 230頁。

§88

> ♠事例
>
> 衆議院先議の予備費支出承諾案件につき参議院で承諾しないとの議決がなされたことを受けて、衆議院は両院協議会を求めず、結局、国会の承諾が得られないとの結論となったことがある[37]。

なお、修正可能な案件について後議議院から回付を受けた先議議院がこれに同意しない場合の両院協議会の請求についての規定が欠如している。この場合は先議議院及び後議議院の双方に請求権を認めるべきところであるが、両院協議会の請求事由が限定的に規定されているため、請求不可と解さざるを得ない。

〔両院協議会受諾拒否の禁止〕

第88条　第84条第2項但書の場合を除いては、一の議院から両院協議会を求められたときは、他の議院は、これを拒むことができない。

制定時（昭 22.5）

本条は、請求された両院協議会は拒めないとの原則を規定するものである。

【両院協議会の拒否】参議院が衆議院から回付された法律案に同意せず両院協議会を求めた場合を除いて、両院協議会を求められた議院はその請求を拒むことができない。

両院協議会の請求については、第84条〔法律案の両院協議会〕ないし第87条〔案件の返付、両院協議会〕で規定されている。請求は義務付けられているものと任意のものの両方があるが、このいずれに対しても請求を受けた議院は拒否できないのが原則である。

衆議院に強い優越性が認められている予算、条約、内閣総理大臣の指名については、参議院の立場を何らかの形で反映させる意味で、必要的両院協議会とすることによって両議院の意見の一致を引き出す努力が要請されているものである。

憲法改正原案の場合は衆議院の優越はなく、両院協議会が効用を発揮すべき典型的な場面と言えるため、請求を受けた議院は拒否できない。

法律案の場合は衆議院の優越の程度が弱く、その分、両院協議会に対する期待度が高くなるため、衆議院が請求した場合には参議院は拒否できないこととされている。

---

[37]第116回国会衆議院議院運営委員会議録第11号（平元年12月1日）1頁〔小此木彦三郎衆議院議院運営委員長の発言〕等。

§89

「第84条第2項但書の場合」とは、法律案について参議院が衆議院の回付案に同意せず、両院協議会を求めたのに対して衆議院が拒否できるとされる場合である。

この場合に参議院が求めた両院協議会を衆議院が拒否できるとされたのは、参議院から議案の返付を受けて自ら両院協議会を請求するか、再議決権を行使するかの選択権を確保させるためである（•••▶第84条【請求に対する拒否】）。

「一の議院」とは、国会法で両院協議会を請求できるとされている場合に、その権能を与えられている議院のことである。

「他の議院」とは、両院協議会の請求を受けた議院のことである。

「拒むことができない」とは、両院協議会の開会に応じる義務があることである。

義務の具体的内容は、協議委員を選任して両院協議会を開会するための態勢を整えることである。

両院協議会を求められ拒むことができない場合には、応じるか否かについて本会議で議決する必要がなく、また他院に対して返答することも要しない。

【両院協議会の設置】両院協議会は、設置議決によって設けられるのではなく、請求権のある議院の請求行為によって設置が決まる。拒むことができる場合には、一院の請求と他院の応諾による。いずれも本会議での議決を要する。

設置が決まると、両議院は両院協議会の開会のための手続に移る。

〔両院協議会の組織〕
第89条　両院協議会は、各議院において選挙された各々10人の委員でこれを組織する。

制定時（昭22.5）

本条は、両院協議会の構成について規定するものである。

【両院協議会の構成】両院協議会は、各議院が選任した委員で構成される。

議院を代表する委員であるため、議院が選任することとしたものである。

「各議院において」は、衆参それぞれの議院所属の議員の中からそれぞれの議院の意思によりという意味である。本会議の議事においてという限定はないものと解する。

「選挙された」は、議院所属の議員の意思によって選び出されたという意味であり、その方法についての言及はない。

「委員」は、一般的に「協議委員」と呼ばれる。

第10章　両議院関係　　*321*

§ 90

両議院は、それぞれ 10 人の協議委員を選挙する。

両院協議会は意見の調整を図るための機関であるため、その構成において衆参対等としている。

この点については、両院協議会改革の一環として、成案を得やすくするために衆議院の協議委員の数を多くするとの提案が見られるが[38]、国会の権能について憲法の外で衆議院の優越を設けることについては消極に解すべきであろう[39]。

【協議委員】 協議委員は、議院の機関であると同時に両院協議会の構成員となる。

両院協議会で得た成案は両議院の議決を要する（国 93 Ｉ）ため、各議院の意思を協議に反映させることができるような協議委員の構成とすることが望ましい。両議院の議院規則ではその選挙を連記無名投票によるとしているが（衆規 250 Ｉ、参規 176 Ｉ）、これは、その案件についての院議に賛成した議員の中から協議委員全員が選出されることを意図するものである（⋯▶『逐参』第 176 条【協議委員の選挙】）。

各議院は、協議委員を選任したとき、その旨を他院に通知する。この通知は、事務総長間において行われる（衆先 482、参先 415）。

協議委員は、その両院協議会が終了するまでその任にある。ただし、特段の事情により、その地位を失わせることは可能である（国 91 の 2 Ｉ、衆規 243 Ⅱ、参規 243）。

協議委員の辞任については、国会法に規定がないが、その許可は議院の権能と考えてよいだろう。

【両院協議会の合併】 両院協議会は案件ごとに請求し開会するものであるが、関連する案件で両議院それぞれにおいて一括して審議された場合には、両院協議会も一括したものとなる。

内容に関連のない複数の案件について両議院で同じ協議委員が選任されている場合には、両院協議会を合併した形で開会することも可能である。それは両議院の協議委員議長の協議で決められる。

〔 両院協議会の議長 〕

第 90 条　両院協議会の議長には、各議院の協議委員において夫々互選された議長が、毎会更代してこれに当る。その初会の議長は、くじでこれを定める。

---

[38] 加藤秀治郎「両院協議会の改革」『日本の統治システムと選挙制度の改革』（一藝社・2013）100 頁。
[39] 森本・前掲 33 173 頁。

§90

制定時（昭22.5）

本条は、両院協議会の議長について規定するものである。

【協議委員議長】各議院の協議委員は、協議委員の議長を互選する。

各議院で協議委員が選任されると、両院協議会が開かれるまでに、それぞれの議長を互選する（衆規252、参規177）。この衆議院、参議院それぞれの協議委員団の長を「協議委員議長」と呼ぶ。

協議委員議長は、自院の協議委員団を代表し、他院の協議委員議長と交互に両院協議会の議長に就く役職である。

「互選」とは、そのメンバーの中からメンバーの意思によって選出することをいう。方法については言及しておらず、投票によるものとの限定はない。

協議委員議長が欠けたとき又は事故があるときにはその権限を行使する代行者が必要となるが、国会法は協議委員議長の権限（職務）代行について規定を置いていない。したがって、協議委員の互選により副議長を置くことも可能であり、両院協議会規程はそのように規定している（両規5）。

【両院協議会の議長】両院協議会の議長は、各議院の協議委員の議長が交替で当たる。

両議院合同の機関であることに鑑み、両議院で1人の議長を選任するのではなく、衆参の交替制としたものである。

「両院協議会の議長」は、両院協議会の議事整理、秩序保持を行う役職である。

「毎会更代」とは、両院協議会が日を単位として招集、開会されるものであり、その日の開会から散会までを1回としてカウントし、1回ごとに衆参の協議委員議長が替わって担当することを指す。

招集した会議が予定どおりに開かれずに終わったときには、それを1回分として勘定するか否かが問題となるが、開かれないことが議長の議事整理権の行使による場合のほか、議長を出していない側の協議委員の出席見合せによる場合もあり、交替すべきか否かは一律に決められないところである。

「当る」とは、議長の職務を行うことである。

両議院の協議委員議長が選任されると、初会の両院協議会の議長はくじで決める。

初会の議長の決め方についても、両議院を平等に扱う趣旨である。

「初会」とは、その案件について開かれる初めての両院協議会のことである。ただ

第10章 両議院関係 323

し、複数の案件についての両院協議会を合併して開くときには、案件ごとに初会を定めるのではなく、一連の両院協議会の最初のものだけを初会としてくじによって議長を決めることで偶然に左右される回数が減り、より公平な結果を得られるだろう。

初会をいつ開くかは、まず初会の議長を決めた上で、その議長が定めるのが本来の方法であるが、両議院の協議委員議長が協議して定めるのが適当であろう。両院協議会規程はそのように規定している（両規2）。いずれにしても遅滞なく開く必要がある。

「くじ」とは、人の意思や作為が入らない方法によることを指し、具体的な方法についての言及はない。その時期は指定されていないが、初会をいつ開くかを決めるのに前後して行えばよい。

【議長の代行】両院協議会の議長に事故がある場合には、他院の協議委員議長ではなく、議長と同じ議院の協議委員副議長がその職務を代行する（両規5）。

代行権限は、議長の権能全てに及ぶ。

〔両院協議会の定足数〕
　第91条　両院協議会は、各議院の協議委員の各々3分の2以上の出席がなければ、議事を開き議決することができない。

　　　　　　制定時（昭22.5）

本条は、両院協議会の定足数について規定するものである。

【両院協議会の定足数】両院協議会の議事・議決定足数は、各議院の協議委員の3分の2以上の出席である。

このように定足数が高く設定されているのは、両議院の折衝の場であるので各議院からの出席がなければ意味がないこと、両議院の議決の対象となる成案を20人という少数の協議委員で取りまとめることによる。

少数者の欠席戦術が功を奏することとなる点については批判も考えられるが、それへの対処は、国会法上でなされているところである（…▶第91条の2〔欠席協議委員に対する措置〕）。

「各議院の協議委員」とは、各議院が選出した協議委員10人のことをいう。

欠員が生じているときはその欠員を除いた実員で足りると解する。定足数が高くセットされており、また、分子にカウントできないものを分母に含めることが不当

§91の2

であることによる。

「各々」とは、衆参両院の協議委員について、いずれも定足数の要件を満たす必要があることを指す。

「3分の2以上」は、小数点以下の端数が出る場合には、それを切り上げた整数以上のことである。

「出席」は、会議に参加する意思をもって両院協議室に現在することをいう。議長席に着いている協議委員も出席者に含める。

「議事を開き」とは、両院協議会の会議の開始行為だけでなく、開かれている状態を継続することも含む。したがって、両院協議会の開会中に定足数を欠くことは許されない。

「議決」は、方法のいかんにかかわらず両院協議会としての意思決定を指す。

定足数についての詳細は、**第49条〔委員会の定足数〕**の説明参照。

〔 欠席協議委員に対する措置 〕

第91条の2①　協議委員が、正当な理由がなくて欠席し、又は両院協議会の議長から再度の出席要求があつてもなお出席しないときは、その協議委員の属する院の議長は、当該協議委員は辞任したものとみなす。

②　前項の場合において、その協議委員の属する議院は、直ちにその補欠選挙を行わなければならない。

第5次改正（昭30.3）

本条は、協議委員のみなし辞任及びその補欠について規定するものである。

【みなし辞任制度】協議委員が正当な理由がなくて欠席し又は再度の出席要求があっても出席しないときは、その協議委員の属する議院の議長は、当該協議委員が辞任したものとみなす。

両院協議会では各議院の協議委員の各々3分の2以上の出席という厳しい定足数要件が設定されている（国91）。そのため、両議院が意見を調整することに消極的な協議委員による欠席戦術が有効に働く可能性がある。また、そのような意図に出ない欠席によっても開会できない場合がある。これらの場合に対する対処方法として、両院協議会の開会を保障するために昭和30年の改正で置かれた規定である。

要件として挙げられている「正当な理由がなくて欠席」と「再度の出席要求があ

§91の2

つても出席しない」は択一的である。正当な理由がある欠席でも再度の出席要求で要件は充たされ、理由が正当でないと認められるときは出席要求の必要はない。

【正当な理由のない欠席】「欠席し」とは、両院協議室に現在しない状態であることをいう。開会から散会までの間に一時的にでも議事に参加すれば足りるというわけではない。また、協議会の開会中に限らず、開会しようとするときに両院協議室に来ていないことも、ここにいう「欠席」に該当する。

「正当な理由」とは、評価を伴うものなので一律の基準を示すことは難しいが、両院協議会出席に優先する理由として認定されるのはごく例外的な場合に限られるであろう。

【出席要求】「出席要求」とは、現在しない協議員に対して両院協議室に来て議事に参加するよう求めることをいう。当該議員の控室又は議員会館の事務室に電話等で連絡をすることで足りる。そのいずれもが不在な場合には、本人、所属会派、秘書等に要求が到達しなくても差し支えない。

「両院協議会の議長」とは、欠席当日の議長職務を行っている協議委員である。

「再度」とは、2回目ということである。1回目と2回目の要求の間に置く時間は、議員の現在しているべき場所（控室又は議員会館事務室）から両院協議室に来るのに要する程度の時間で足り、複数日にまたがってもよい。2回の要求の間、欠席の状態が続いていることを要する。

「出席しない」とは、2回目に要求してから相当程度の時間が経過しても両院協議室に現れないことをいう。要求に対して出席しない旨の回答があったときには、相当程度の時間の経過は必要ない。

【要件の認定】欠席の理由や再度の出席要求後に出席しないこと等、みなし辞任の要件については、当日の両院協議会の議長が認定する。

要件の充足が一旦認定されると、その後に当該協議委員が出席しても、みなし辞任の要件が消滅するわけではない。

「協議委員の属する議院の議長」とは、衆議院議長又は参議院議長であり、その議員の属する議院の協議委員議長ではない。

協議委員の属する議院の議長は、当然には協議委員欠席の事実を知るわけではないため、両院協議会の議長からみなし辞任の要件充足を通知する必要がある。

「辞任したものとみなす」とは、当該協議委員の意思にかかわらず辞任したものとすることをいう。これは議長の単独行為である。

両院協議会の議長からの通知があったときは、協議委員の属する議院の議長は遅

326

§92

滞なく辞任したものとみなさなければならず、要件充足を争うことはできない。

【補欠選任】みなし辞任が生じたときには、その議院は直ちに補欠の協議委員を選任しなければならない。

一時たりとも両院協議会に空隙が生じることを認めない趣旨である。

「前項の場合」とは、欠席した協議委員の属する議院の議長が、当該協議委員が辞任したものとみなす決定を行った場合である。

「直ちに」は、即刻という意味である。協議委員の欠席によって両院協議会の議事が遅滞することがあってはならず、その日のうちに協議委員を補充する必要がある。

「補欠選挙」は、方法について言及するものではなく、本会議を開いて選任する方法に限定されない。

〔両院協議会の表決〕

第92条①　両院協議会においては、協議案が出席協議委員の3分の2以上の多数で議決されたとき成案となる。

②　両院協議会の議事は、前項の場合を除いては、出席協議委員の過半数でこれを決し、可否同数のときは、議長の決するところによる。

制定時（昭22.5）

本条は、両院協議会の議決数について規定するものである。

【両院協議会の協議】両院協議会では、両議院が異なる議決を行ったことを前提として、その調整を目的として協議を行う。その協議の性格については、両院協議会を審査機関と見るか起草機関と見るかの争いが反映する（•••▶第84条【両院協議会の性格】）。

国会法では両院協議会の議事についての規定を置いていないので、その運営について特に限定的に解さなければならない事項はない。

先例上は、まず各議院の議決の趣旨説明を聴き又は請求議院の側からその趣旨、理由が述べられる（衆委先312、参委先363）。

【両議院の議決の異なった事項】両院協議会規程第8条において、「協議会の議事は、両議院の議決が異つた事項及び当然影響をうける事項の範囲を超えてはならない。」とされている。

この点についても、両院協議会の性格についての両説で理解の仕方が異なるが、帝国議会時代に「協議に於ける議論多岐に渉り、既に両院意思の一致せる点に迄議論を擴張すれば徒らに論争を繁くし、其の結果収拾を困難ならしめるに至るを虞る

§92

る」とされていた[40]点は、現在でも両説の最大公約数的理解であると考えてよいだろう。

　具体的に問題となるのは、内閣総理大臣の指名について両議院の議決が異なる場合、衆参両院がそれぞれ指名した以外の第三者を協議の対象とできるか否かである。国会の取扱いはこれを否定する（衆先480、参先418、参委先367）。これに対しては、反対説が有力である。①この規定は協議会開催の原因となった事項の範囲を超えることを禁じる趣旨であり、第三者の指名はそれに当たらない（宮澤・コメ521頁）、②第三者の指名を認めなければ両議院の妥協ということがあり得なくなる（松澤・議会法605頁）、③この規定は議決が一致した部分が存在することを前提としているのに、内閣総理大臣指名の場合には最初から一致する部分がない（今野・法理121頁）等を理由とする。

　この範囲限定は憲法上の要請ではないと解されるが、第三者の指名を協議対象とすることを認めたとしても、衆議院の優越が控えている以上、第三者を指名する成案が得られ、かつ両議院で可決される可能性があるとは考えられない[41]。

　法律案等で後議議院が否決して両院協議会が開かれる場合には、その議案全体が議決の異なった事項となり、全ての条項について妥協案の模索が可能となる。新たに付け加える条項がどの程度許されるか等、微妙な判断が必要となるが、妥協が可能であるにもかかわらず禁則を発動するのは、意見相違の収拾を容易にするための規制であることに鑑みれば本末転倒であろう。

【成案の議決数】両院協議会では、成案の議決には出席協議委員の３分の２以上の多数が必要である。

　国会法の原案では、帝国議会時代の不都合を避けるため、両院協議会の議決要件を全会一致に改めたが、貴族院の修正により、出席協議委員の３分の２以上の多数とされたものである（大池・説明7頁）。

> ♣議院法では〔両院協議会における協議案の表決〕
> 　第59条　兩院協議會ニ於テ可否ノ決ヲ取ルハ無名投票ヲ用ヰ可否同数ナルトキハ議長ノ決スル所ニ依ル
> 　　両院協議会では多数決で成案を議決していたため、議長を出した側の議院が表決で負けて、他院の主張が通るという不公平が生じていた[42]。

　議決要件が高く設定されたのは、両院協議会の成案は両議院の本会議で可決されることが必要であり、協議委員の相当数が賛意を示すものでなければそれを見込め

---

[40]田口弼一『委員会制度の研究』（岩波書店・1939）555頁。
[41]長谷川・前掲**35** 19頁。
[42]工藤重義『議院法提要』（東京博文館・1904）310頁。

328

§92

ないという点で大きな意味を持つ。両院協議会改革についての提案として、過半数で成案を決定できるようにすべきとするものが多く見られるが、この点を看過するものとの評価が可能であろう[43]。

「3分の2以上」は、小数点以下の端数が出る場合には、それを切り上げた整数以上のことである。

特別多数による議決であるので、議長の決裁権の観念は出てこない。

【出席協議委員】「出席協議委員」とは、出席している協議委員のうち議長を除いた者のことである。これは議長が表決に加わらないことを前提としている。実際の取扱いにおいても、議長は表決に加わらない例である。

また、棄権者も「出席協議委員」に含めない。賛成にも反対にもカウントされたくない者が棄権者であるので、これを出席として扱うと、反対としてカウントすることとなって当人の意思に反するからである。

表決の算定基礎の詳細については、**第50条【棄権の取扱い】**の説明参照。

【協議案・成案】「協議案」とは、成案とするための案である。

協議案として何が協議の対象となるかについては、両院協議会の性格論によって差が出る。審査機関説によると、両院協議会を請求した議院が保持していた議案が協議案となり、これを原案として調整の結果、原案のまま又は修正を加えて3分の2以上の多数による議決を得たものが成案となる。起草機関説によると、最初から協議案となるものがあるわけではなく、協議の過程で形作られた案が協議案となり、それについて採決した結果、3分の2以上の賛成があれば成案となる。

協議案は、そのままの内容で可決されるだけでなく、修正を加えた上で可決されることも考えられる。その修正案を独立させて採決する場合には、その可決のためにも出席協議委員の3分の2以上の多数の賛成が必要である。

「成案」とは、両院協議会での調整が奏功して出来上がった案のことである。

これが両議院の本会議で可決されると、両議院で異なっていた議決内容に取って代わることとなる。

【成案以外についての議決数】両院協議会の議事は、成案以外については、出席協議委員の過半数で決する。

成案については特別多数による議決を要することとされているが、それ以外の事項、例えば手続上の問題については、原則どおり、出席協議委員の過半数によって決することとされている。

43森本・前掲 **33** 172 頁。

第 10 章 両議院関係　　*329*

§93

表決に加わらない議長、棄権者を「出席協議委員」に含めないことは、成案の場合と同じである。

【議長の決裁権】 過半数によって決する場合、可否同数のときには議長の決裁による。

議院におけると同様、単純な多数決による事項については議長決裁を認めた。

「可否同数」とは、賛成と反対が同数の場合であり、賛成者とそれ以外の協議委員の数を比べて同数の場合ではない。例えば、起立採決による場合、棄権者は反対者と区別されるために席を外すこととなろうが、それを「否」として勘定してはならない。

「議長の決するところによる」とは、両院協議会の議決内容を議長の判断で決めることをいう。議長は、自らの判断で可否いずれに決することも可能である。

〔 成案の審議 〕
第 93 条①　両院協議会の成案は、両院協議会を求めた議院において先ずこれを議し、他の議院にこれを送付する。
②　成案については、更に修正することができない。

制定時（昭 22.5）

本条は、成案の両議院での議決について規定するものである。

【成案の両議院の議決】 両院協議会で成案を得ただけでは両議院の意見が一致したことにはならない。その成案は、両議院で議決されなければならない。

憲法上、両院協議会については法律に委ねられており（憲 59 Ⅲ、60 Ⅱ、67 Ⅱ）、このことを明示する憲法の規定はない。

予算や内閣総理大臣の指名について衆議院の議決が国会の議決となる場合として「両議院の協議会を開いても意見が一致しないとき」が挙げられている（憲 60 Ⅱ、67 Ⅱ）が、これは両院協議会で意見が一致すれば両議院の議決の必要性がなくなることを意味しない。「両議院の協議会を開いても意見が一致しないとき」は「両議院の協議会において意見が一致しないとき」とは異なるのである（研究会・法規 66 時の法令 1627 号（2000）91 頁）。

【成案の先議】 成案は、両議院の送付関係に置かれる。

成案を先議するのは両院協議会を求めた議院である。

議案を成立させることに積極的な態度を示した議院に両院協議会の請求権が認め

§93

られており、成案審議についても優先させることとしたものである。

「両院協議会の成案」は、両院協議会で調整が奏功して出席協議委員の３分の２以上の多数で議決された案である。

「両院協議会を求めた議院」とは、**第84条**〔法律案の両院協議会〕ないし**第87条**〔案件の返付、両院協議会〕の規定により請求権能を与えられ、かつそれを行使した議院である。

「先ず」とは、他院より先にという意味である。

「議し」とは、審議し、その結果、採決によって意思決定を行うことをいう。意思決定は、本会議における出席議員の過半数の表決による。ただし、憲法改正原案の場合は、総議員の３分の２以上の賛成が必要である。

議案だけでなく、内閣総理大臣の指名についての成案もその可否を採決で決する。

成案は可否を決するだけで、時間を掛けて審議するものではないので、議院内での委員会審査を予定していない（衆規253Ⅰ、参規178Ⅰ）。ただし、憲法審査会については、この点が両議院の憲法審査会規程において準用されていないので注意を要する。

成案の本会議審議の仕方については、議院規則に委ねている（➡『逐参』第178条【両院協議会成案の審議】）。

【成案の送付】 成案が先議議院で可決されると、他院に送付する。

先議議院で否決されると両院協議会による手続は失敗に終わり、他院への送付は必要ない。

後議の議院で可決されると成案の内容が両院一致の議決として当初の不一致に取って代わることとなり、後議の議院で否決されると両院協議会の手続は失敗に終わる。

「送付」とは、成案を送ることであるが、その成案がどのようなものであるかは、両院協議会の性格論によって生じる「協議案」の差が反映される（➡**第84条**【両院協議会の性格】、**第92条**【協議案・成案】）。

審査機関説によると、両院協議会を求めた議院から付託された案件を修正し又はそのままの内容で成案とするが、それは付託案件に修正案を付した形態のもので、一院で可決されることによって修正部分が原案件に溶け込む（今野・法理78頁）。

これに対して起草機関説によると、両議院の議決が一致しない部分について両院協議会で調整できた内容が成案であるため、それが案件の一部分でしかないこともある。その場合には、成案を両議院で議決しても、当初の案件のうち両議院の意思が一致していた部分と合体させなければ案件の形態とならない。したがって、成案

第10章　両議院関係　*331*

§ 94

だけでなく、両院協議会を求めた議院が保持している案件も送付しなければ、後議の議院から公布のための奏上や内閣への送付を行えないこととなる。

【成案の否決】 成案がいずれかの議院で否決されると、それで両議院の調整手続は終了し、否決した議院は、その旨を他院に通知する必要がある。

それらの場合、法律案は衆議院の再議決の可能性があり、予算は自然成立となる。内閣総理大臣の指名についても同様であり、条約も自然承認となることがある。その後の手続を運ぶためには衆議院が案件を保持しなければならず、参議院からの返付が必要となる。これについては国会法に規定は置かれていないが、それは失念によるものではなく、昭和30年の第5次改正時に、衆議院が参議院の同調を得られずに規定を置くことを断念したものである[44]。

【成案の修正】 成案は更に修正することができない。

成案は両議院から選出された協議委員の調整の結果であるので、それを一院の意思で修正することはできず、その内容に賛成できない場合には否決するしかない。両院協議会が両議院の意見調整の最終拠点とされているのである。

〔両院協議会不調の報告〕
第94条　両院協議会において、成案を得なかつたときは、各議院の協議
　　委員議長は、各々その旨を議院に報告しなければならない。

制定時（昭 22.5）

本条は、両院協議会において成案を得なかった場合の措置について規定するものである。

【両院協議会不調の報告】 両院協議会で成案が得られなかった場合には、各議院の協議委員議長はそれを自院に報告しなければならない。

議院の議決を受けての両院間の調整であることから、その結果のいかんにかかわらず報告を義務付けたものである。

「各議院の協議委員議長」とは、議院ごとに協議委員団が互選した長である（衆規252、参規177）。

「各々」とは、協議委員議長が属する議院においてという意味である。

「議院に」とは、本会議において口頭で報告することが予定されている。

---

[44] 白井誠「憲法政治の循環性をめぐって」曽我部真裕=赤坂幸一編『憲法改革の理念と展開（上巻）』（大石眞先生還暦記念）（信山社・2012）681頁。

332

§95

「その旨」とは、両院協議会における協議の経過と成案を得るに至らなかった結果である。

【両院協議会の不調】「成案を得なかつたとき」とは、協議案が出されずに終わったとき又はいずれの協議案も出席協議委員の3分の2以上の賛成を得られなかったときを指す。

この点につき、その認定が問題となる。両院協議会は、意見を異にする両議院から同数の協議委員が出て協議を行うので、その議事運営についても両議院の意見が衝突することが予想される。具体的には、両院協議会の不調という結果が衆議院の優越につながる場合、参議院側が難色を示して、成案を得るに至らないことを簡単に認定できない可能性がある。

各議院の協議委員の提出した協議案が否決されればそれ以上の協議を行っても不調に終わる確度が高く、成案を得られないと認定せざるを得ないのではないだろうか。その認定は両院協議会議長の権限であると解する。

> **♠事例**
> 法律案の両院協議会で成案を得るに至らなかったと両院協議会議長が判断したことに対し、衆参両院の議長から更に協議を行うよう要請があり、両院協議会を再開したことがある[45]。

〔 **両院協議会への各議院議長の出席意見陳述** 〕
第95条　各議院の議長は、両院協議会に出席して意見を述べることができる。

制定時（昭22.5）

本条は、各議院の議長に両院協議会への出席・意見陳述権があることを規定するものである。

【議長の両院協議会出席発言権】各議院の議長は、両院協議会に出席して意見を述べることができる。

協議委員は必ずしも議院全体を代表する意見を述べるものではなく、実際にも、協議委員は各議院において連記無名投票で選挙することとされており（衆規250 I、参規176 I）、先例上も院議を構成した会派の議員の中から選出される（衆先481、参先415）ため、院内の多数派の意向しか表出されない。各議院の議長の出席発言が認められ

---

[45]第128回国会公職選挙法の一部を改正する法律案外3件両院協議会会議録第3号（平6年1月29日）1頁〔平井卓志両院協議会議長の発言〕。

第10章　両議院関係　　*333*

§ 96

たのは、それを補い議院の立場を説明することを目的とするものである。

さらには、両議院の議長が第三者的、中間的な立場による調停に乗り出すことも否定するものではないと解する。

これは両院協議会に対する具体的権限であり、各議院の議長が出席して発言したい旨通告した場合には、両院協議会はこれを拒むことはできない。ただし、両院協議会議長の議事整理権には服することとなるため、発言の時機についてはその指示に従わなければならず、発言の都度、その許可を受けることを要する。

逆に、両院協議会の側が各議院の議長の出席を義務付けることはできない。

当然のことながら、各議院の議長は出席しても表決に参加することはできない。

〔 両院協議会の国務大臣等の出席要求 〕
第96条　両院協議会は、内閣総理大臣その他の国務大臣並びに内閣官房副長官、副大臣及び大臣政務官並びに政府特別補佐人の出席を要求することができる。

制定時（昭 22.5）、第 25 次改正（平 11.10、平 13.1）

本条は、両院協議会の国務大臣等の出席要求について規定するものである。

【国務大臣等の出席要求】両院協議会は、国務大臣等の出席を要求することができる。

両院協議会は、協議委員間の協議によって両議院の意見の不一致についての調整を行うが、政府側から説明を求め又は意見を聴取する必要が生じることもあり、その場合に備えるものである。

求める相手は、国務大臣、内閣官房副長官、副大臣、大臣政務官、政府特別補佐人である。

「出席」は、両院協議会への出席にとどまらず、その上で説明や意見を述べることも含まれる。

「要求することができる」は、両院協議会が求めることを権能として持つのみならず、求められた国務大臣等にその義務が生じることを意味する。

これは憲法において国務大臣の出席義務が規定されていることを背景とする（憲 63）。求める主体は両院協議会であり、個々の協議委員ではない。したがって、両院協議会の議決によらなければならない。

なお、国務大臣等が自らの意向で出席することは認められない。

334

§97

♣議院法では〔両院協議会への政府側の出席〕

　第 57 条　國務大臣政府委員及各議院ノ議長ハ何時タリトモ兩院協議會ニ
　　出席シテ意見ヲ述フルコトヲ得

　　　両院協議会に政府側の自発的な出席が認められていた。

【出席要求の実際】両院協議会の場合、委員会とは異なり、国務大臣等の出席を要
求するのに「議長を経由して」とは規定されていない。したがって、両院協議会議
長が政府側に対して直接要求することとなる。

　また、実際の運用においては、各議院の委員会と同様、政府側が拒否する姿勢を
示さなければ、出席を求めるのに議決を行うことも省略できる。

〔両院協議会の傍聴禁止〕

　第 97 条　両院協議会は、傍聴を許さない。

　　　　　　　　制定時（昭 22.5）

　本条は、両院協議会の傍聴について規定するものである。

【両院協議会の傍聴】両院協議会は、傍聴を許さない。

　両院協議会は、意見を異にした両議院が協議委員を出し合って調整を行う会議で
あり、懇談的雰囲気の中で譲歩を引き出すことに主眼を置いている。そのため、協
議の過程を公開しないだけでなく、傍聴を許可することも予定していない。

　憲法では両議院の会議は公開とすると規定している（憲57 I）が、これは本会議を
指すものであり、両院協議会が傍聴を許さないのはこれに反しない。

　「傍聴」とは、協議会の出席者以外の者が協議の様子をその場で見聞きすることを
いう。

　「許さない」とは、公開せず、かつ、傍聴願が出ても議長は許可することができな
いことを意味する。

　出席者及び事務を執る職員以外の者は入室することができない。

　傍聴を許さない趣旨からすると、撮影や録音を許可することもできない。

【両院協議会の会議録】傍聴を許さないのは協議の内容が秘密を要することを理由
とするものではないため、その議事は事後に公にされる。

　各協議委員の発言を検証可能な形で記録にとどめる必要もあるため、両院協議会
についても速記を付して会議録を残すこととされている。

　しかし実際には、懇談と称して速記を外す協議場面が設けられることも見られる。

第 10 章　両議院関係　　*335*

§98

それに対しては、公開によって妥協を促す効果が認められるとの見方もある[46]。

〔両院協議会規程〕
　第98条　この法律に定めるものの外、両院協議会に関する規程は、両議院の議決によりこれを定める。

　　　　　　　制定時（昭22.5）

　本条は、両院協議会規程について規定するものである。

【両院協議会規程】両院協議会については国会法が骨格を規定しているが、これを補充する事項は両院協議会規程で定める。その両院協議会規程は、両議院の議決で定める。

　両院協議会に関する事項を定めるのに、両議院を対等に扱う趣旨である。

　「両院協議会に関する規程」とは、両院協議会についての組織、運営等を定める法規範のうち、国会法に規定した以外のものを定める法形式を指す。

　実定法上は、「両院協議会規程」という名称が付されており、昭和22年7月に制定されている。

　国会法の設定する法形式であり、議院規則とは所管も性格も異なるものである[47]。ただし、両議院の議決によるとしたことにより、制定に当たっての行政の関与と衆議院の優越が排除される結果となっている。

　「両議院の議決」とは、内容の一致した両議院の本会議の議決のことである。

　両院協議会規程案は両院送付関係にはなく、偶然の一致は望めないので、両議院間の事前の交渉で内容を調整する必要がある。法律と異なり、その制定改廃に衆議院の優越が働かない点で、参議院側の意向が無視されることはない。

　両院協議会規程は、単なる議決ではなく、議院規則と同様、永久効を持つ法形式である。したがって、会期不継続によって効力が消えるものではない。

【両院協議会規程の内容】両院協議会規程で規定している事項は次のとおりである。

　　協議会の請求、開会、議長の職務、協議委員副議長、仮議長、議長による討論、議事の範囲、協議委員の発言、成案の議院への報告、会議録、懲罰事犯、事務

---

[46] 大西祥世「両院間の意思の相違と調整」『参議院と議院内閣制』（信山社・2017）133頁。
[47] 小嶋和司「議院自律権」『憲法学講話』（有斐閣・1982）101頁。

第11章　参議院の緊急集会

制定時（昭22.5）、第5次改正（昭30.3）

　本章は、活動能力論のうち、参議院の緊急集会の基本事項について規定を置いている。内閣による請求や議員の不逮捕特権等、法律事項とされるもののほか、緊急集会前逮捕議員の釈放要求の手続のように活動論についても規定しているが、これは自律事項に当たるものでもある。

　参議院の緊急集会については、国会法は制定当初、最低限の規定を置くだけで、より詳細には参議院緊急集会規則が規定していた。その後、昭和30年に参議院緊急集会規則は廃止され、その規定が国会法と参議院規則とに分けて置かれることとなった。その時期が両院法規委員会の廃止と一致したため、第11章が参議院の緊急集会に充てられた。

> **◆改正前は〔両院法規委員会〕**
>
> 　第11章（旧）　両院法規委員会
>
> 　　制定当初は、両議院及び内閣に対し、新立法の提案並びに現行の法律及び政令に関して勧告し、国会関係法規を調査研究してその改正につき両議院に対して勧告する権能を持つ両院法規委員会の制度が置かれていた。
>
> 　　GHQの指示により導入された制度であったが、当初からその機能を疑問視する向きがあり、次第に開かれなくなった後に廃止された。

【緊急集会の要件】 国会は会期制を採り、常時活動できることとはなっていないが、必要な場合には内閣は臨時会の召集を決定できる（憲53前）。ところが、衆議院が解散されている場合には国会を召集することができず、その間隙を埋めるために参議院の緊急集会の制度が設けられている（憲54Ⅱ但）。

　憲法第54条第2項ただし書は、「内閣は、国に緊急の必要があるときは、参議院の緊急集会を求めることができる」と規定する。

　「参議院の緊急集会」とは、衆議院が解散されている間に緊急の必要が生じた場合、内閣の求めによって参議院が国会の機能を果たすために活動する場のことである。

　緊急集会の要件は、①衆議院が解散中であること、②国に緊急の必要があること、③内閣の求めによることである。

【衆議院の解散】 衆議院の解散が参議院の緊急集会の要件とされている（憲54Ⅱ但）ことから、ここで簡単に触れておく。

　「衆議院の解散」とは、衆議院議員全員の地位を任期満了前に同時に失わせる行為

第11章　参議院の緊急集会　　*337*

のことであり、天皇の国事行為とされている（憲7⑶）。

解散権が果たす主な機能としては、①国家機関間の紛争の解決、②レフェレンダムの代用、③内閣の安定化が挙げられている[1]。

憲法制定後、解散権論争が注目を集めた。論点は多岐にわたるが、その中核にあるのはどのような場合に解散を行い得るかの問題である。すなわち、衆議院で内閣不信任が議決された場合に限られる（69条限定説）か、それ以外の場合にも可能（非限定説）かである。当初は、限定説も唱えられたが[2]、実務の上では憲法第69条以外の場合の解散事例が積み重ねられた。近時は、英国の議会任期固定法が制定されたことの影響もあり、解散権を制限すべきであるとの論調が再び出てきている[3]。

解散決定機関についての論争も現在ではほぼ収まり、実質的決定権が内閣にあること、衆議院の自律解散が認められないことで収束している。

そこで、論点の中心は解散権の限界にシフトしており、有力説が憲法習律上の制約として解散権を行使できる場合を列挙しているが[4]、これは狭義の違憲・合憲の判断基準ではなく、国政担当者間で憲法運用上意識されてしかるべき規範との関係を述べたものと解されている[5]。

解散が国会の会期中に限定されるか否かについても学説は分かれている。限定説は解散権の限界に触れ、選挙民の判断を求める政策課題についての情報提供は国会開会中に行われるのが本則であることを理由に挙げる[6]。また、会期冒頭に解散するためにわざわざ国会を召集した昭和61年6月の事例を挙げて、会期中に限られるというルールが確立したとする見解も示されているところである[7]。

解散の効果発生時点については、**第10条【解散による会期終了】**の説明参照。

【請求可能期間】緊急集会が開けるのは、衆議院が解散されたときに限られる。

「衆議院が解散されたとき」とは、解散後、総選挙によって新議員が選出されるまでの間を指す。特別会が召集されるまでの間と解する立場もあるが[8]、国会が活動し得る状態にある以上は両議院の協働によるべきである。したがって、衆議院議員が選出されて特別会の召集が可能である期間は、緊急集会を行い得る期間に該当しないと解する[9]。

---

1 長谷部恭男「現代議会政における解散権の役割⑴」国家学会雑誌97巻1・2号（1984）2頁。
2 小島和司「解散権論議について―既成憲法学の盲点をつく」公法研究7号（1952）92頁。
3 野中尚人「制限ない『首相の解散権』時代遅れ―政局判断での総選挙」朝日新聞2016.5.13等。
4 深瀬忠一「衆議院の解散―比較憲法史的考察」『日本国憲法体系 第四巻 統治の機構Ⅰ（宮沢俊義先生還暦記念）』（有斐閣・1962）204頁。
5 大石眞「衆議院解散権の根拠と習律上の制約」『憲法秩序への展望』（有斐閣・2008）272頁。
6 芦部信喜監修『注釈憲法⑴』（有斐閣・2000）297頁（芹沢斉）。
7 長谷部恭男「内閣の解散権の問題点」ジュリスト868号（1986）14頁。
8 宮澤俊義『新憲法と國會』（國立書院・1948）196頁。

衆議院が解散された場合で、同時に参議院議員の半数が任期満了で存在しないことも起こり得るが、その場合であっても緊急集会を開くことはできる。参議院議員を半数改選としている理由の1つは参議院に断絶を生じさせないことであり、衆議院が機能し得ない場合にこそその要請が強くなる。

衆議院議員が任期満了を迎えるにもかかわらず、その直前の国会の会期との関係で総選挙期日がずれ込む（公選31Ⅱ）と、解散の場合と同様に衆議院議員が存在しない期間が発生する。しかしこの場合には、緊急の必要があっても緊急集会を開くことはできず、深刻な問題となる[10]。運用論としては、任期満了の直前にでも衆議院を解散して緊急集会を開ける状態にしておくのが危機管理の方策として必要な措置となる。立法論としては、衆議院議員の任期満了による総選挙は必ず任期満了前に行えるようにし、任期に隙間を生じさせないようにすべきである（•••▶第10条【任期満了による会期終了】）。

【緊急の必要】「国に緊急の必要があるとき」とは、国の利害に関し国会の議決を要する措置が必要とされ、次の国会の召集を待ついとまがない場合である。

措置の内容について、公共の安全を保持し又はその災厄を避けるためという消極目的が内在しており、福祉増進という積極目的のために本条を発動することはできないとする説がある（法學協會・註解(下)840頁）。消極・積極の境界は定め難いが、緊急集会が両院制の国会に対する極めて特殊な場合の異例的・変則的措置であることは考慮しなければならない[11]。

緊急性の認定は、緊急集会の請求権者である内閣が行う。

内閣の認定に対し参議院が異議を持つ場合は、内閣の提出した案件を特別会の召集を待って処理すべきであるとの理由で、審議結果によって対抗するしかない。

逆に、内閣が緊急の必要を認めない以上、参議院が自ら集会することはできない。

緊急の必要性が衆議院の解散前に予測し得た場合、解散を先送りして緊急措置を講ずべきか否かが問題となり得る。内閣不信任決議があった場合でも、衆議院解散か内閣総辞職かの選択までに10日間の猶予がある（憲69）ため、その間に緊急の案件を国会に提出すべきか否かという問題である。この10日の期間は、緊急善後措置を採るべき義務を内閣に課すものではなく[12]、解散後の時期において現にある必要性に基づいて緊急集会を請求したとしても、解散時期が不当だったことにはならな

---

9 永井憲一「参議院の緊急集会制度に関する一考察—主として現行法の解釈理論を中心として」早稲田法学雑誌7号（1957）136頁。
10 清水望「緊急事態と国会」清宮四郎＝佐藤功編『憲法講座3 国会・内閣』（有斐閣・1964）163頁。
11 佐藤功「緊急集会の諸問題」『憲法解釋の諸問題』（有斐閣・1953）200頁。
12 高辻正巳「参議院の緊急集会について」自治研究29巻7号（1953）6頁。

い。

緊急集会中に発生した別個の緊急の必要については、内閣は改めて緊急集会を請求するのではなく、提出案件の追加によって対処できると解すべきである。ただし、その追加行為は、緊急集会の請求に準じた手続を踏む必要がある。

【付議案件の類型】国会の権能に係る案件であれば緊急の必要があるとして何についても緊急集会を求めることができるかが問題となる。法律案、予算を付議することを目的として緊急集会を請求できることは問題ないが、注意を要するものがある。

憲法改正については、①その措置が臨時のものであっては意味をなさない[13]、②そもそも時日を惜しむべき緊急事ではない[14]、③絶対的に二院の共同が貫徹されるべきとして[15]、これを否定する見方が一般的である。

内閣総理大臣の指名も緊急の必要には当たらない。この問題については、緊急集会で採り得る措置については限定のないことから、あながち違憲行為ではないとするもの（鈴木・理念121頁）や、総理指名は速やかになされることが憲法上要請されているとして肯定するもの（法學協會・註解(下)1022頁）も見られる。しかし、①内閣総理大臣を欠いて内閣が総辞職した後とは言え、引き続き職務を行う内閣が存在していること[16]、②参議院議員の中から総理を選ぶこととなってしまうこと[17]、③総選挙後の特別会で指名されることが予定されていること[18]等を勘案すると否定に解すべきであろう。

条約は、批准によって確定的に成立するものであるから、緊急集会の措置として締結を承認することは実益を欠くとされる[19]。事後承認によることが可能であることをも考え合わせると、緊急性を肯定する必要はないといってもよいだろう。

両議院一致の議決を要する案件の処理も緊急の必要となり得る。「両議院一致の議決」は「国会の議決」と区別され（➡第11条【両議院一致の議決】）、国会の権限でないものは緊急集会の付議事項とならないと問題視する向きもあるが[20]、参議院の議決が衆議院の議決を肩代わりすると考え、肯定に解して差し支えないだろう。

---

13 高辻・前掲12 7頁。
14 佐藤（功）・前掲11 201頁。
15 小林孝輔「参議院の『緊急集会』制度の研究」青山経済論集5巻3号（1953）271頁。
16 田中正巳「参議院の緊急集会制度における緊急措置請求権の主体の一考察」北海道学芸大学紀要（第一部）6巻1号（1955）29頁。
17 永井・前掲9 148頁。
18 佐藤（功）・前掲11 201頁。
19 高辻・前掲12 11頁。
20 佐藤達夫「『両議院一致の議決』について」レファレンス別冊（1959）231頁。

§ 99

〔緊急集会の請求、集会〕
第99条① 内閣が参議院の緊急集会を求めるには、内閣総理大臣から、集会の期日を定め、案件を示して、参議院議長にこれを請求しなければならない。
② 前項の規定による請求があつたときは、参議院議長は、これを各議員に通知し、議員は、前項の指定された集会の期日に参議院に集会しなければならない。

制定時（昭22.5）、第2次改正（昭23.7）、第5次改正（昭30.3）

本条は、参議院の緊急集会の請求及び初日の集会について規定するものである。

【緊急集会の請求】 参議院の緊急集会を求めるのは内閣である（憲54Ⅱ但）。国会のように天皇の国事行為によって召集するのではない。

内閣が参議院の緊急集会を求めるには、内閣総理大臣から参議院議長に請求しなければならない。

各議員に対して必要な伝達を参議院議長に委ねる趣旨である。

「緊急集会を求める」とは、集会を開くよう参議院に対して求めることである。内閣が直接に議員を招き集めるものではない。

求める主体は内閣であり、そのためには閣議決定が必要である。

「請求」は、緊急集会を開くよう求めることをいう。様式は定められていないが、文書によることを要するものと解する。

緊急集会の請求は、集会の期日を定め、案件を示して行わなければならない。

「集会の期日」とは、緊急集会の初日として参議院議員が議院に集まる日のことである。

期日の決定権も内閣にある。常会の召集のように猶予期間が規定されていないが、緊急性によっては請求の翌日に集会することも許容範囲内として視野に入れておく必要があろう。

「案件」とは、緊急集会において提出し、議決を求める審議対象である。

「示して」は、案件の題名を提示することで緊急集会の必要性を伝えることを意図している。したがって、題名だけで理解しにくいときには、案件の内容が大まかに分かるような説明を添える必要がある。

緊急集会を特定するために、「第○回国会閉会後の参議院緊急集会」の称呼が用い

第11章 参議院の緊急集会 341

§ 100

られている（参先 487）。

【請求の通知】 緊急集会の請求があったときは、参議院議長は各議員に通知しなければならない。

参議院議長は、内閣総理大臣の請求を拒むことはできない。

「通知」は、緊急集会を求める請求があった旨の通知であり、集会の期日及び案件を示す必要がある。その方法は指定されていないが、参議院公報をもって通知される例であり、官報にも掲載される。

【集会】 議員は指定された期日に参議院に集会しなければならない。

参議院議員が集会することは、法的な義務である。

「指定された集会の期日」は、年月日で示されるが、集会のためには時刻まで特定される必要があり、参議院規則で「午前 10 時に参議院に集会しなければならない」と規定されている（参規 251）（••▶『逐参』第 251 条【集会時刻】）。

「参議院に」は、集会の場所としての特定性が弱いが、議員全員の会同する場所が議場であることは周知の事実である。

「集会」は、議院の会議（本会議）に出席することを指す。

初日に集会した本会議では、特別委員会の設置等、必要な院の構成を行い、実質審議を行うことも差し支えない。

〔 緊急集会における不逮捕特権 〕

第 100 条① 参議院の緊急集会中、参議院の議員は、院外における現行犯罪の場合を除いては、参議院の許諾がなければ逮捕されない。

② 内閣は、参議院の緊急集会前に逮捕された参議院の議員があるときは、集会の期日の前日までに、参議院議長に、令状の写を添えてその氏名を通知しなければならない。

③ 内閣は、参議院の緊急集会前に逮捕された参議院の議員について、緊急集会中に勾留期間の延長の裁判があつたときは、参議院議長にその旨を通知しなければならない。

④ 参議院の緊急集会前に逮捕された参議院の議員は、参議院の要求があれば、緊急集会中これを釈放しなければならない。

⑤ 議員が、参議院の緊急集会前に逮捕された議員の釈放の要求を発議するには、議員 20 人以上の連名で、その理由を附した要求書を参議院

§ 100

議長に提出しなければならない。

> 制定時（昭22.5）、第2次改正（昭23.7）、第5次改正（昭30.3）、
> 第7次改正（昭33.6）

　本条は、緊急集会中に参議院議員が逮捕され得る場合や緊急集会前に逮捕された議員の釈放を要求する手続等を規定するものである。

【緊急集会中の不逮捕特権】憲法第50条は「両議院の議員は、法律の定める場合を除いては、国会の会期中逮捕されず、会期前に逮捕された議員は、その議院の要求があれば、会期中これを釈放しなければならない。」と規定する。

　「国会の会期中」は参議院の緊急集会中を含む。緊急集会が国会の権能を代行するものであり、その間の参議院議員の活動は、会期中の議員の活動同様に保護されるべきだからである。

　したがって、本条の規定は、創設的なものではなく、憲法の規定趣旨を確認し、具体化するものである。

　緊急集会中、参議院議員は、院外の現行犯罪の場合を除いては参議院の許諾がなければ逮捕されない。

　「参議院の緊急集会中」とは、内閣が請求した集会の期日の午前0時から議長が集会の終了を宣告する（国102の2）までの間である。

　初日の集会の時刻である午前10時までは緊急集会の活動は開始していないが、駆け込みの逮捕も禁止しておく必要があろう。また、内閣の請求した期日に議院の会議が開かれない場合でも緊急集会は始まっており、不逮捕特権も認められる。

　「参議院の許諾」とは、逮捕することについての求めに対して、それを許す旨の参議院本会議における議決をいう。逮捕に対して事前でなければならない。

　逮捕の禁止、院外の現行犯罪、許諾の基準等については、第33条〔不逮捕特権〕の説明参照。

【逮捕許諾請求】緊急集会中の逮捕許諾請求の手続については、本章で特に規定は置かれていないが、第34条〔逮捕許諾請求の手続〕の規定が適用されると考えてよい。

【集会前逮捕通知】内閣は、緊急集会前に逮捕された参議院議員があるときは、集会期日の前日までに参議院議長に令状の写しを添えてその氏名を通知しなければならない。

　通知を要することとした趣旨は、会期前に逮捕された議員の場合（国34の2Ⅰ）と同じである。

第11章　参議院の緊急集会　　*343*

§101

「緊急集会前」は、内閣の請求した期日の前日までの期間を指す。以前の会期で逮捕を許諾した議員についても改めて通知を要する。

「集会の期日の前日」は、内閣が請求において指定した期日の前日を指す。

「逮捕」、「令状の写」等については、第34条の2【会期前逮捕通知】の説明参照。

【勾留延長通知】内閣は、緊急集会前に逮捕された参議院議員について、緊急集会中に勾留期間が延長されるときは、参議院議長にその旨を通知しなければならない。

その趣旨は、会期前に逮捕された議員の場合と同じである（…▶第34条の2【会期前逮捕通知】）。

【釈放要求】緊急集会前に逮捕された参議院議員は、参議院の要求があれば、緊急集会中これを釈放しなければならない。

その趣旨は会期前に逮捕された議員の場合（憲50）と同じである（…▶第34条の3【会期前逮捕議員の釈放要求】）。

【釈放要求の発議】緊急集会前に逮捕された議員の釈放の要求を発議するには、議員20人以上の連名で理由を付した要求書を参議院議長に提出しなければならない。

その趣旨は会期前に逮捕された議員の場合と同じである（…▶第34条の3【釈放要求の発議】）。

【緊急集会中の免責特権】憲法第51条は「両議院の議員は、議院で行つた演説、討論又は表決について、院外で責任を問はれない。」と規定する（…▶第4章概説【議員の発言・表決の免責】）。

この規定では、期間に言及されておらず、緊急集会中の発言等についても適用がある。

〔緊急集会における議員の発議権〕

第101条　参議院の緊急集会においては、議員は、第99条第1項の規定により示された案件に関連のあるものに限り、議案を発議することができる。

制定時（昭22.5）、第5次改正（昭30.3）

本条は、緊急集会において発議できる議案について規定するものである。

【緊急集会の権能】緊急集会は内閣が案件を示して請求するものであり、憲法上、

§101

そこで採ることのできる措置がその案件に限定されるか否かが争われている。「一度び召集された以上、議院自身は自由に活動し得なければならない」とする無限定説（法學協會・註解(下)841頁）と「内閣より求められた事項の範囲において必要なものに限らる」とする限定説[21]の間においてである。

　本条の規定は限定説に立ったものである。参議院だけで国会活動をなし得るのは異例であり、内閣にのみ緊急集会の請求権を与えた趣旨を重く見て、その権能を限定的に捉えたものである。

　緊急集会は両院同時活動原則（•••▶第1章概説【両院同時活動の原則】）に対する例外の制度であるが、緊急集会の間は、議院としての活動も制限される。例えば、国政調査を行う権能は行使できない。請願の審査は、例外的に内容を限定して認められている（国102）。

　前国会において閉会中審査（調査）を行うことが承認された委員会（調査会）があっても、緊急集会の間は国会閉会中の性格がなくなり、その委員会は審査（調査）活動を停止しなければならない。憲法審査会といえども同様であると解する。

【緊急集会中の発議】 緊急集会においては、議員は内閣総理大臣の請求において示された案件に関連のあるものに限って議案を発議することができる。

　内閣提出案件を審議する立場として必要な限りにおいて発議権を認めたものである。

　「第99条第1項の規定により示された案件」とは、内閣が参議院の緊急集会を求める際に、内閣総理大臣が参議院議長に対する請求において示した案件のことである。

　「関連のある」とは、その案件に対する対案や案件を施行する上で必要となる議案で、衆議院総選挙後の国会まで成立を待つことができないものである。その認定は議長が行い、要件を満たさないものは受理しないこととなる。

　「議案」は、法律案が念頭に置かれている。決議案を発議することは、必要性、緊急性の上で疑問である。

　緊急集会において内閣の信任・不信任決議が認められないのは、それが衆議院の専権事項であることよりも、総選挙を控えている時点で行う意義が乏しく、緊急性が認められないことを理由として挙げるべきである。

【緊急集会における審議】 参議院における議案等の審議手続は、国会の会期におけるそれと変わるところはない。

---

21 奥野健一「参議院緊急集会の法的性格」ジュリスト19号（1952）25頁。

§ 102

　緊急を要するとしても、議案の委員会審査が必要であることについては、第 102 条の 5〔緊急集会についての読替規定〕において第 47 条第 1 項についての読替規定が置かれているところであり、委員会中心主義の一面 (国 56 Ⅱ) は緊急集会においても生きている。ただし、委員会審査省略の手続 (国 56 Ⅱ但) を踏むことも会期中と同様に可能である。

　前国会で設置され付託案件の継続審査 (調査) が承認された特別委員会は、緊急集会中においてもそのまま存在し、提出された案件がその目的に合致していれば付託して審査させることが可能である。

　緊急集会では、提出された案件を継続審査に付すことはできない。次の国会の召集を待つといとまがない件について国会の議決を要するとして提出されたものだからである。

　発生した懲罰事犯については閉会中審査の必要な場合が想定されるが、国会法はそれを認めていない (⋯▶第 47 条【参議院の緊急集会後の閉会中審査】、第 102 条の 5【緊急集会末の懲罰】)。

〔緊急集会における請願〕
第 102 条　参議院の緊急集会においては、請願は、第 99 条第 1 項の規定により示された案件に関連のあるものに限り、これをすることができる。

制定時 (昭 22.5)、第 5 次改正 (昭 30.3)

　本条は、緊急集会において提出できる請願について規定するものである。

【緊急集会中の請願】緊急集会においては、請願は、内閣総理大臣の請求において示された案件に関連のあるものに限って提出することができる。

　緊急集会において、そもそも請願を受理できるか否かが問題となるが、そこで立法活動等が行われることに鑑み、国民の直接の声である請願の提出を認め、案件の審議に反映させることとし、その上で、その内容を緊急集会で処理する問題に限定することとしたものである。

　「請願」は、議院に対して希望、苦情、要請を述べ、これを採択するよう求めることである。

　「これをする」とは、国民等が議員の紹介を通じて請願を提出すること、参議院議員が国民等から提出された請願を紹介すること及び参議院が審査することを指す。

346

§102の2

「第99条第1項の規定により示された案件」とは、内閣が参議院の緊急集会を求める際に、内閣総理大臣が参議院議長に対する請求において示した案件のことである。

「関連のある」とは、その案件に対する賛成・反対、条件を付す旨の希望、案件を施行することを前提とした要請を示すものである。

その認定は議長が行い、要件を満たさないものは受理しないこととなる。

【緊急集会中の陳情書・意見書】同じく議院に対して希望等を述べるものであっても、議院の議決対象とならない陳情書や地方公共団体の意見書は議員の紹介が不要であり、本条の対象とはならない。

陳情書や意見書は提出するのに期日を問わないため、参議院の緊急集会中においても請願法の規定に反しない限りで提出することが可能であるが、議院の議決の対象とはならない（・・▶第9章概説【陳情書】【意見書】）。

〔緊急集会の終了〕
第102条の2 緊急の案件がすべて議決されたときは、議長は、緊急集会が終つたことを宣告する。

第5次改正（昭30.3）

本条は、緊急集会の終了について規定するものである。

【緊急集会の終了時期】緊急の案件が全て議決されたときに緊急集会は終了する。

緊急集会には会期の観念がなく、その終了は確定期日では示されない。緊急集会への付議案件の処理が終わることで、その目的を達成して終了する。

第99条第1項の「集会の期日」には期間は含まれず（・・▶第99条【緊急集会の請求】）、内閣は終期を定めて緊急集会を求めることはできない[22]。

「緊急の案件」とは、内閣が参議院の緊急集会を求める際に、内閣総理大臣が参議院議長に示し、実際に提出した案件及びそれに関連のあるものとして議員が発議した議案である。また、緊急集会の最中に生じた新たな緊急の必要に応じて提出された案件（・・▶本章概説【緊急の必要】）も含まれる。

請願は緊急集会の主たる審議対象ではなく、また、関連のある内閣提出の案件に対して先決の関係にはない。したがって、その審査の進捗度は緊急集会が目的を達したか否かの判断要素とはならない。

---

[22] 加藤一彦「参議院の緊急集会論─起源と残された課題」現代法学31号（2016）78頁。

§102の2

「すべて」とは、原則として全部のことであるが、内閣提出の案件が議決されたことによって議員が発議した議案が議決を要しないこととなる場合又はその逆の場合には、その案件は含まない。

「議決された」は、本会議において、その内容について可決、修正議決又は否決の議決が行われたという意味である。

内閣の提出した案件を否決しただけで審議が終わってしまった場合には、緊急集会に求められた緊急の必要の処理がなされたことにはならないが、終了する要件を一応満たしたと言える。

緊急集会が終了する要件を満たした時、議長は緊急集会の終了を宣告する。

「終つた」は緊急集会が終了して参議院が国会としての権能を行使できなくなったという意味である。

「宣告する」は、緊急の案件が全て議決されたことの認定権が議長にあることを含意し、その上で終了した旨を口頭で告げることを指す。全参議院議員に対する行為であり、本会議の場で行われることが想定されている。

緊急の案件が全て議決された時点で当然に集会は終了し、議長の宣告はその確認にとどまるとの理解がある (松澤・議会法347頁) が、形成的行為と解する余地はある。すなわち、内閣が提出した案件が否決されたような場合には、内閣からの出し直しを待つのも議長の認定権に含まれるものと解する。

【案件の未了】内閣から示された案件の審議は迅速に行われる必要があるが、それが決着しない以上、緊急集会は終了しない。参議院で与党が多数を占めていない場合にそのような事態となる可能性がある。

緊急集会が続いている間に総選挙が行われて衆議院議員が選出された場合のその帰趨が問題となる。未処理の案件を未了とし、進められてきた審議を白紙に戻すのは不経済ではあるが、衆議院が活動し得る状態になると同時に緊急集会は自動的に終了すると解さざるを得ない。

この点についての衆議院議員の任期開始時は選挙の期日 (公選256) であるが、衆議院が活動し得る状態となった時とは、衆議院議員の当選の効力が発生した時、すなわち、当選の告示の日 (公選102) である。

【緊急集会終了の効果】緊急集会が終了すると、参議院は本会議を開けなくなり、緊急集会で設置された特別委員会は消滅する。

前の会期後の閉会中の状態に戻るため、前国会で閉会中審査 (調査) を承認していた案件については、付託委員会はそれを再び行うことができる。

§§ 102 の 3・102 の 4

〔緊急集会における奏上・内閣送付〕
第 102 条の 3　参議院の緊急集会において案件が可決された場合には、
　参議院議長から、その公布を要するものは、これを内閣を経由して奏
　上し、その他のものは、これを内閣に送付する。

第 5 次改正（昭 30.3）

　本条は、緊急集会における案件の奏上、内閣送付について規定するものである。

【緊急集会における公布奏上】緊急集会において案件が可決された場合には、参議
院議長から、その公布を要するものは内閣を経由して奏上する。

　国会の会期中においては最後の議決を行った議院の議長から公布の奏上を行うが
（国 65）、緊急集会においては参議院の審議だけで完結するため、参議院議長から奏上
する。

　「可決された」は、修正議決された場合を含む。

　「その公布を要するもの」、「内閣を経由して」、「奏上」については、第 65 条【法令
の公布】【議案の奏上】の説明参照。

【緊急集会における内閣送付】緊急集会において可決された公布を要しない案件
は、参議院議長から内閣に送付する。

　「その他のもの」については、第 65 条【議案の内閣送付】の説明参照。

〔衆議院の同意を求める案件の提出〕
第 102 条の 4　参議院の緊急集会において採られた措置に対する衆議院
　の同意については、その案件を内閣から提出する。

第 5 次改正（昭 30.3）

　本条は、緊急集会で採られた措置に対する衆議院の同意について規定するものであ
る。

【衆議院の同意】緊急集会で採られた措置は参議院だけの議決によるものであるた
め、衆議院の事後の同意が必要である。同意があれば、参議院の議決によって採ら
れた措置の効果が確定的なものとなる。憲法第 54 条第 3 項は、「前項但書の緊急集
会において採られた措置は、臨時のものであつて、次の国会開会の後 10 日以内に、
衆議院の同意がない場合には、その効力を失ふ。」と規定している。

第 11 章　参議院の緊急集会　*349*

§102の4

「採られた措置」とは、緊急集会で提出された案件についての参議院の本会議での議決による成立等である。

案件を否決したことについては同意を要しない。両議院一致の議決を要する案件についての議決も対象となる（⋯▶本章概説【付議案件の類型】）が、請願審査は議院としての独立した権能行使であるので、衆議院の同意の対象とはならない。

「衆議院の同意」とは、総選挙後の特別会において、緊急集会で採られた措置について異議がない旨の衆議院の本会議での議決である。

衆議院の同意は、参議院の議決を追認するものであり、同意の対象が法律の場合でも改めて公布をし直すことはない（⋯▶本条【衆議院の審議結果の公示】）。

【同意がないことの効果】「同意がない」とは、同意を求める案件が否決された場合及び同意の議決に至らないまま10日が経過した場合である。

緊急集会後の特別会の会期も衆議院の優越を伴う両議院一致の議決で定められ（国11、13）、10日以上の期間が保障されているわけではない。

「10日」は、会期中にのみ進行するわけではない。すなわち、特別会の召集日から衆議院の同意がないまま10日が経過する前に会期が終了又は衆議院が解散された場合でも、その期間は停止しない。したがって、この場合には事実上、不同意が確定する。

同意が得られないことによって緊急集会で採られた措置が効力を失うのは、将来に向かってである。

一旦公布された法律は、同意がないことが確定した時に当然に効力を失うと解するのが一般的である（法學協會・註解(下)841頁等）。ただし、そのことが公示されるまでの間は、当該法律は有効なものとして存在し、施行されていれば、それに基づいて採られた措置は有効となる。

【同意案件の提出】緊急集会において採られた措置に対する衆議院の同意については、その案件を内閣から提出する。

衆議院の同意を求める主体を誰とすべきかについては、憲法学上論議されている。立法権の行使に対する事後の手続であり、参議院と衆議院の間で行われるべきとの説（参議院説）もある[23]。衆議院の同意を望むのは緊急集会を請求した内閣であるとして、当然、内閣であるとする説もある[24]。

本条は、内閣説に立っている。議決された案件は一旦参議院の手を離れており、

[23] 佐藤功「緊急集会の諸問題」『憲法解釋の諸問題』（有斐閣・1953）212頁。
[24] 高辻・前掲12 13頁。

350

§102の4

内閣から提出するとしたことは妥当であろう。

内閣が衆議院の同意を求めることは、法的な義務である。実際には、新内閣総理大臣の指名がなされるまでに旧内閣が提出している。

「その案件」とは、参議院が緊急集会において議決した内容を同意を求める件に仕立てたものである。

緊急集会で採られた措置全部を一括してではなく、案件ごとであることを要する。

内閣提出案件を参議院が修正議決した場合には修正後の内容で同意を求めなければならない。

緊急集会においては内閣提出の案件ではなく参議院議員発議に係る対案の方が可決されることもあり得るが、その場合でも内閣は衆議院の同意を求めなければならない。

また、案件の内容によっては、その措置の効力の存続が必要でない場合もあると思われるが[25]、内閣がそのことを認定して衆議院の同意を求めないのは失当である。緊急集会で行った措置は国会の権能に属する事項であり、失効の是非は同意を求められた衆議院で判断すべきである。

【衆議院の審議】 同意を求める件について、衆議院は同意するか否かの選択肢しか持たず、修正することはできない。また、個々の案件について、その内容を部分的に同意することはできない（衆先361）。

同意のための審議手続については、国会法、衆議院規則は規定を置いていない。総選挙後の特別会では、院の構成や内閣総理大臣の指名のような先議案件があり、召集後の10日間を緊急集会で行った措置に対する同意のための手続に丸々費やすことはできない。迅速な審議方法が要請されるところである。

過去の例では、議案については委員会に付託してその審査を経た上で本会議で同意の議決を行っている[26]。

【衆議院の審議結果の公示】 衆議院の同意手続の結果次第で緊急集会で採られた措置の効力が確定するが、過去においては、その旨が内閣告示として官報に掲載された[27]。

衆議院の同意が得られなかった場合には、緊急集会での措置の効力がなくなる旨を公示しなければならないと解する[28]。法律の場合、その公布が天皇の国事行為と

---

[25]小林・前掲**15** 275頁。

[26]第16回国会衆議院会議録第5号（昭28年5月27日）33頁。

[27]高見勝利「衆議院の解散・特別会、参議院の緊急集会」高見勝利ほか編『日本国憲法解釈の再検討』（有斐閣・2004）301頁。

[28]高辻・前掲**12** 16頁。

§102の5

されている以上、この措置も内閣の責任においてなされるべきである。新たな法律関係が発生することから、公布手続に準じる必要があるとの見解も存在する[29]。

〔緊急集会についての読替規定〕

第102条の5　第6条、第47条第1項、第67条及び第69条第2項の規定の適用については、これらの規定中「召集」とあるのは「集会」と、「会期中」とあるのは「緊急集会中」と、「国会において最後の可決があった場合」とあるのは「参議院の緊急集会において可決した場合」と、「国会」とあるのは「参議院の緊急集会」と、「両議院」とあるのは「参議院」と読み替え、第121条の2の規定の適用については、「会期の終了日又はその前日」とあるのは「参議院の緊急集会の終了日又はその前日」と、「閉会中審査の議決に至らなかつたもの」とあるのは「委員会の審査を終了しなかつたもの」と、「前の国会の会期」とあるのは「前の国会の会期終了後の参議院の緊急集会」と読み替えるものとする。

第5次改正（昭30.3）、第7次改正（昭33.6）、第16次改正（昭62.4）、第25次改正（平11.10）

本条は、参議院の緊急集会のための読替規定である。

【読替事項】国会法には、会期制を念頭に置いて様々な規定が設けられているが、それを参議院の緊急集会に適用するに当たっては、「召集」、「会期中」、「国会」等の語をそのまま使えず、「集会」、「緊急集会中」、「参議院の緊急集会」等に置き換える必要があるため、本条で読み替える旨を規定している。

なお、会期中・閉会中を問わない旨を定めている規定（国55の2Ⅲ、114）については、本条で読替えを行っていない。緊急集会中を会期中・閉会中のいずれに当たるとしても結論は異ならないが、解釈としては「閉会中」でカバーされていると解するのであろう。

【議長・副議長の選任】緊急集会においても、集会初日の時点で議長、副議長がいないときはその選挙を行う（国6の読替え）。

【委員会の審査案件】常任委員会、特別委員会は、緊急集会中において付託案件を審査する（国47Ⅰの読替え）。

緊急集会においても、議案の委員会審査が必要である旨の原則（国56Ⅱ）が生きて

---

[29] 加藤・前掲22 85頁。

§102の5

いることを読み取ることができる。

　憲法審査会は常時活動できるが、緊急集会の活動の緊急性には劣後する。参議院の調査会は、その性格上、緊急集会中の活動にはそぐわない。

【地方特別法】緊急集会において一の地方公共団体のみに適用される特別法を制定するには、参議院が可決した後にその地方公共団体の住民投票に付す (国67の読替え)。

　国会法第67条〔地方特別法の制定〕には、「確定して法律となる」とあるが、衆議院の同意が不要であることを意味しない。逆に、先に衆議院が同意しないことが確定すれば、住民投票を行う必要がなくなる。

【政府特別補佐人】緊急集会においても、内閣は、人事院総裁、内閣法制局長官、公正取引委員会委員長、原子力規制委員会委員長及び公害等調整委員会委員長が国務大臣を補佐するために、これらの者を政府特別補佐人として議院の会議又は委員会に出席させることができる (国69Ⅱの読替え)。両議院の議長の承認は、緊急集会では参議院議長の承認で足りる

【緊急集会末の懲罰】通常の会期では、会期の終了日又はその前日に生じた懲罰事犯は特例的な扱いがなされており、それを緊急集会に適用するために読替えが必要となる (国121の2の読替え)。

　ただし、懲罰事犯の件についての「閉会中審査の議決に至らなかつたもの」から「委員会の審査を終了しなかつたもの」への読替えは、単純なスライドではない。議院の自律事項である懲罰事犯の件といえども、緊急集会からの継続審査は認められないことを前提としている。そのことに合理的な理由があるのか疑問であるが、文言からはそのように解釈せざるを得ないだろう。(•••▶第47条【参議院の緊急集会後の閉会中審査】)。

第11章　参議院の緊急集会　　353

§ 102 の 6

第11章の2　憲法審査会

第 26 次改正（平 12.1）、第 31 次改正（平 19.8）

　本章は、組織論のうち、議院の内部機関としての憲法審査会について規定を置き、その活動論にも触れている。

　国会法で独立した章に規定したことは、委員会や参議院の調査会といった既設の機関とは異なる位置付けを与えたものである。

【憲法審査会制度】両議院には憲法を所管する常任委員会が置かれておらず、また、憲法や憲法改正に関する問題を設置目的とする特別委員会もかつては設けられることがなかった。その後、憲法施行 50 周年（平成 9 年）を機に、国会に憲法論議を行う場を設けようとの気運が高まり、平成 11 年の第 26 次改正により、両議院に憲法調査会が設けられた。

　両議院の憲法調査会は日本国憲法について広範かつ総合的に調査を行うことを権能とする機関であった（国旧 102 の 6）が、それぞれ所期の成果を収め、いずれも平成 17 年 4 月に議長に対して調査報告書を提出した。

　これを受け、憲法改正についての手続を整備することを目的として、両議院に日本国憲法に関する調査特別委員会が設置された。平成 19 年 5 月には憲法改正手続法が同委員会の審査を経て制定され、それにより国会法が改正され、憲法改正の発議に係る手続の一環として、平成 19 年の第 167 回国会の召集日に、憲法調査会に代えて、両議院に憲法審査会が設けられた（第 31 次改正）。

〔憲法審査会〕
第 102 条の 6　日本国憲法及び日本国憲法に密接に関連する基本法制について広範かつ総合的に調査を行い、憲法改正原案、日本国憲法に係る改正の発議又は国民投票に関する法律案等を審査するため、各議院に憲法審査会を設ける。

第 26 次改正（平 12.1）、第 31 次改正（平 19.8）

　本条は、憲法審査会の設置、目的について規定するものである。

【憲法審査会の設置】各議院に憲法審査会を設ける。

　「憲法審査会」は、広い意味では委員会の一種であるが、国会法上、委員会や参議

354

§102の6

院の調査会とは別類型のものとして位置付けられる議院の内部機関である。

当該議院の所属議員の中から選ばれた委員を構成員とする。

「各議院に」とは、衆参両院にそれぞれ設けるとの趣旨であり、両憲法審査会は別個の独立した機関である。

「設ける」とは、本条の施行によって設置されるとの意味である。

設置目的に着目する限り、憲法審査会は調査・審査権能を併せ持つ機関であり、実質的には常任委員会にほかならない。法律案の提出が認められている（国102の7）点においても、委員会と異ならない。調査、審査の対象が憲法に関わるものであり、また、憲法調査会を発展的に改造したものであることから、委員会とは別類型の機関とされている。

【憲法審査会の所掌】 憲法審査会の設置目的は、①日本国憲法及び日本国憲法に密接に関連する基本法制についての広範かつ総合的な調査、②憲法改正原案の審査、③日本国憲法に係る改正の発議又は国民投票に関する法律案等の審査である。

「日本国憲法」とは、我が国における現在の実定憲法である日本国憲法のことである。

「密接に関連する基本法制」とは、憲法に規定されていない実質的意義における憲法に当たる事項を規定する法律、憲法が規定を法律に委任しているもの等、憲法を改正する場合に直接影響を受ける法規を中心とする制度のことである。

具体的な例としては、次のような諸法律（略称表記）がカバーしている法領域を考えることができる[1]。

> 皇室典範、国事行為臨時代行法、皇室経済法、元号法、国旗国歌法、国籍法、請願法、人身保護法、個人情報保護法、男女共同参画法、宗教法人法、情報公開法、行政機関個人情報保護法、生活保護法、教育基本法、国会法、議院証言法、公職選挙法、政党助成法、政治資金規正法、内閣法、内閣府設置法、国家行政組織法、国家公務員法、国家賠償法、行政手続法、自衛隊法、武力攻撃事態法、国民保護法、周辺事態法、裁判所法、検察庁法、恩赦法、財政法、会計法、会計検査院法、地方自治法

これらは、それぞれ常任委員会の所管事項に属するものであるが、目的において憲法改正の準備という限定が働くため、具体的な場面で常任委員会の権能との衝突は生じないと考えられる。

---

1 第165回国会衆議院日本国憲法に関する調査特別委員会日本国憲法の改正手続に関する法律案等審査小委員会議録第3号（平18年11月16日）2頁〔高見勝利参考人の発言〕。

§ 102 の 7

基本法制についても調査の範囲に加えたのは、憲法改正に当たって現行法制の内容が影響を与え、憲法改正後の法整備が直接影響を受けることによるものである[2]。

「広範かつ総合的に」とは、憲法に関するあらゆる事項を調査対象として取り上げ、幅広い観点から課題を見つけて解決を目指すことを意味する。

「調査」は、憲法改正の準備活動としてのものである。

なお、憲法の制定過程や運用状況、要改正事項等に関連するものであれば広く調査対象とすることができ、これに必要な限りで諸外国の憲法制度の調査も含まれる。

「憲法改正原案」とは、国民投票の対象となる憲法改正案を策定するための案のことである。

「日本国憲法に係る改正の発議又は国民投票に関する法律案」とは、国会が国民の承認を求めるための憲法改正案の発議に至る行為及びそれを承認するか否かを決するための国民による投票について規定する法律案のことであり、憲法改正に限らない国民投票制度に係る法律案も含まれる[3]。

これらの事項については、既に憲法改正手続法が制定され、一応処理済みであるが、憲法改正を要する問題及び憲法改正の対象となり得る問題についての国民投票制度に関し検討することとされており、それらについての法整備の必要が生じた場合や新たに規定する事項が出てきた場合、憲法改正に深く関連するため、憲法審査会で審査することとしたものである。

「等」に含まれるものとしては、請願や国民投票の期日を定める議案（国68の6）が考えられる。

「審査する」とは、議院からの付託を受け、詳しく調べ、議論した上でその可否を決めることである。

【憲法審査会の消滅】憲法審査会は、本条が施行されている間存続し、廃止するためには国会法の改正が必要である。1つの憲法改正原案を議決し、それが本会議の議決に至っても目的を達成したわけではなく、それによって消滅するものではない。

〔憲法審査会の憲法改正原案等の提出〕
第102条の7① 憲法審査会は、憲法改正原案及び日本国憲法に係る改

---

[2] 第165回国会衆議院日本国憲法に関する調査特別委員会議録第6号（平18年11月30日）11頁〔船田元衆議院議員の答弁〕。
[3] 第180回国会衆議院憲法審査会議録第4号（平24年4月5日）5頁〔橘幸信衆議院法制局企画調整部長の説明〕。

§102の7

正の発議又は国民投票に関する法律案を提出することができる。この場合における憲法改正原案の提出については、第68条の3の規定を準用する。

② 前項の憲法改正原案及び日本国憲法に係る改正の発議又は国民投票に関する法律案については、憲法審査会の会長をもつて提出者とする。

第26次改正（平12.1）、第31次改正（平19.8）

本条は、憲法審査会の憲法改正原案等の提出権について規定するものである。

【憲法改正原案の提出】憲法審査会は、憲法改正原案を提出することができる。

憲法審査会は、日本国憲法及び日本国憲法に密接に関連する基本法制についての広範かつ総合的な調査権能が認められているので、その活動の過程において憲法についての具体的な要改正点を見いだした場合には審査会の側からアクションを起こす必要に迫られる。そこで、委員会に法律案提出権が認められているのと同様、憲法審査会にも憲法改正原案の提出権が認められた。

「憲法改正原案」とは、国民に対して発議、提案する憲法改正案を策定するための案のことである。

「提出することができる」とは、憲法審査会の意思だけで議院の審議に供することができることを意味する。

憲法審査会が提出するためには、憲法審査会の出席議員の過半数の賛成による議決が必要である。議員が発議する場合に必要な賛成者（国68の4）は求められていない。

【憲法改正原案の提出区分】憲法改正原案の提出に当たっては、内容において関連する事項ごとに区分して行うものとする。

憲法審査会が提出する憲法改正原案も、憲法改正に向けての手続の対象となる点で議員発議の場合と異ならない。そのため、第68条の3〔憲法改正原案の発議区分〕の規定を準用することとしたものである。

憲法改正原案の内容に関する関連性については、第68条の3【憲法改正原案の発議区分】の説明参照。

【関連法律案の提出】憲法審査会は、法律案（日本国憲法に係る改正の発議又は国民投票に関するもの）を提出することができる。

憲法審査会は憲法改正原案だけでなく、日本国憲法に係る改正の発議又は国民投票に関する法律案も審査することとされており（国102の6）、これについても委員会

§ 102 の 8

と同様に法律案の提出権を認めたものである。

「日本国憲法に係る改正の発議又は国民投票に関する法律案」とは、国会が国民の承認を求めるための憲法改正案の発議に至る行為又はそれを承認するか否かを決するための国民による投票について規定する法律案のことである。

【憲法審査会会長提出】憲法審査会で提出を決定した憲法改正原案及び法律案（日本国憲法に係る改正の発議又は国民投票に関するもの）は、憲法審査会会長が提出者となる。

委員会提出法律案と同様の措置である（•••▶第50条の2【委員長提出】）。

「憲法審査会の会長をもつて」とは、憲法審査会会長である議員が個人の立場で発議者となることではなく、憲法審査会を代表する会長の資格においてという意味である。

「提出者とする」とは、当該憲法改正原案又は法律案の審議に当たって、提出に伴う責務を負うことを意味する。したがって、趣旨説明を行うことや審議過程で質疑があればそれに答弁するのは憲法審査会会長の職務となる。この点については幹事による代行も可能である（衆憲規6Ⅲで衆規38Ⅱを準用、参憲規6Ⅲで参規31Ⅲを準用）。

〔 憲法審査会合同審査会 〕
第102条の8①　各議院の憲法審査会は、憲法改正原案に関し、他の議院の憲法審査会と協議して合同審査会を開くことができる。
②　前項の合同審査会は、憲法改正原案に関し、各議院の憲法審査会に勧告することができる。
③　前2項に定めるもののほか、第1項の合同審査会に関する事項は、両議院の議決によりこれを定める。

第31次改正（平19.8）

本条は、憲法審査会の両院合同審査会について規定するものである。

【合同審査会】各議院の憲法審査会は、憲法改正原案に関し、他院の憲法審査会と合同審査会を開くことができる。

合同審査会はもともと常任委員会についての制度であるが、憲法改正案の発議が極めて重要な案件であることに鑑み、あらかじめ両議院の憲法審査会が共通の土俵の上で議論できるようにするため[4]、常任委員会に倣って導入されたものである。

「合同審査会」は、両議院の憲法審査会が合同して開く会議である。

§102の8

両院独立活動の原則に対する例外となるのは、常任委員会の合同審査会と同様である。

両院間に設けられる機関ではなく、憲法審査会の審査の特殊形態である。必ずしも両審査会の委員全員によることを要せず、各々の委員の一部をメンバーとするものでもよい。

【開会の要件】「各議院の憲法審査会」とは、衆参いずれかの憲法審査会のことである。

議題となる案件が付託されている等、その憲法審査会が具体的審議権を有していることを要する。予備付託でもよい。調査に関しては、各議院の憲法審査会は固有の権能として、日本国憲法及び日本国憲法に密接に関連する基本法制について広範かつ総合的に調査することが認められている（国102の6）。

「憲法改正原案に関し」とは、憲法改正原案の審査を目的とするものに限らず、改正原案を立案することも含まれる。すなわち、改正原案の要綱や骨子を取りまとめるための調査も合同審査会の対象となり得る。

合同審査会を開くには、他院の憲法審査会と協議することを要する。

「他の議院の憲法審査会」は、審議中の憲法審査会から見た他院の憲法審査会のことである。

合同審査会が審査手続の一形態であることから、主たる立場となる憲法審査会の側に具体的審議権があれば足り、相手となる他院の憲法審査会に憲法改正原案が付託又は予備付託されていることを要しない（➡第44条**【開会の要件】**）。

「協議して」とは、双方の憲法審査会の間の合意を要件とすることを指す。

合意に至る契機のいかんは問わない。現に議案の審査、調査を行っていない議院の憲法審査会の側からも合同審査会の開会を要請することができる。

それぞれの憲法審査会が求めたり応諾したりする行為は、憲法審査会の議決に基づかなければならない。

【憲法改正原案に関する勧告】憲法審査会の合同審査会は、憲法改正原案に関し、各議院の憲法審査会に勧告することができる。

「勧告」とは、具体的な行為を説き勧めることである。

合同審査会の成果として、衆参両院の共通の認識、大枠のイメージを実効的に各議院の憲法審査会に反映できるように設けた仕組みである[5]。

---

4 第166回国会参議院日本国憲法に関する調査特別委員会会議録第2号（平19年4月17日）11頁〔保岡興治衆議院議員の答弁〕。
5 第166回国会参議院日本国憲法に関する調査特別委員会会議録・前掲4 11頁〔保岡興治衆議院議員の答弁〕。

§102の9

これについては、二院制の機能不全を回避するための一院制的運用のルートとしての評価（白井・国会法22頁）がある一方、かつて両院法規委員会が両議院に対して勧告権が与えられながら、その後廃止に至った経緯（⋯▶第11章〔参議院の緊急集会〕概説）を踏まえ、各議院の独立の要請に反するものとする批判的な見方もある[6]。

勧告の具体的なイメージとしては、合同審査会の場で原案を起草して、衆参各院で議論を行う形式が想定されている[7]。両院間の議論が煮詰まって原案を起草できる段階に至ったような場合、一方の議院の憲法審査会に対してのみ憲法改正原案の提出を勧告することも考えられる。

勧告を受けた各議院の憲法審査会にはこれを尊重することが求められるものの、勧告に法的拘束力はない[8]。

勧告するためには合同審査会の議決を要する。その具体的要件には言及されていないが、両議院の憲法審査会が尊重する勧告内容であるためには、両議院の意向を反映できるような議決要件が必要である。

【合同審査会規程】合同審査会に関する事項は、両議院の議決により定める。

常任委員会の合同審査会に関する手続等については常任委員会合同審査会規程が存在し、これに倣うこととしたものである。

「合同審査会に関する事項」として考えられるのは、合同審査会の開会要求、開会、会長、出席者、委員の発言、勧告の議決、会議録、事務等である。

「両議院の議決」とは、内容の一致した両議院の本会議の議決のことである。

規程という法形式を用いることで、議院規則と同様、永久効を持つこととなる。その性格については、**第44条【常任委員会合同審査会規程】**の説明参照。

規程の案は両院送付関係にはなく、偶然の一致は望めないため、両議院間の事前の交渉で内容を調整する必要がある。法律と異なり、その制定改廃に衆議院の優越が働かない点で、参議院の自律権が尊重されていると言える。

〔委員会等に関する規定の準用〕

第102条の9① 第53条、第54条、第56条第2項本文、第60条及び第80条の規定は憲法審査会について、第47条（第3項を除く。）、第56条第3項から第5項まで、第57条の3及び第7章の規定は日本国憲

---

6 浅野善治「憲法改正、国会審議のあり方」議会政治研究82号（2007）6頁。
7 第165回国会衆議院日本国憲法に関する調査特別委員会議録・前掲2 4頁〔園田康博衆議院議員の発言〕。
8 第166回国会参議院日本国憲法に関する調査特別委員会議録・前掲4 11頁〔保岡興治衆議院議員の答弁〕。

360

§102の9

法に係る改正の発議又は国民投票に関する法律案に係る憲法審査会について準用する。

② 憲法審査会に付託された案件についての第68条の規定の適用については、同条ただし書中「第47条第2項の規定により閉会中審査した議案」とあるのは、「憲法改正原案、第47条第2項の規定により閉会中審査した議案」とする。

第31次改正（平19.8）

本条は、憲法審査会の活動等について委員会等に関する規定を準用することを規定するものである。

【準用事項】国会法は憲法審査会を委員会とは別の機関として位置付けているが、その実態が常任委員会に近いものであることから、委員会等についての規定を準用している。

規定内容の詳細については、それぞれ被準用規定の説明参照。

【審査会会長報告】憲法審査会会長は、審査会の経過及び結果を議院に報告しなければならない（国53の準用）。

報告の対象となるのは、憲法改正原案、法律案（日本国憲法に係る改正の発議又は国民投票に関するもの）等の審査の経過及び結果である。

【少数意見報告】憲法審査会において廃棄された少数意見で出席委員の10分の1以上の賛成があるものは、審査会会長の報告に次いで少数意見者が議院に報告することができる。この場合においては、少数意見者は、その賛成者と連名で簡明な少数意見の報告書を議長に提出しなければならない（国54Ⅰの準用）。

議長は、少数意見の報告につき時間を制限することができる（国54Ⅱの準用）。

少数意見報告書は、憲法審査会の報告書と共に会議録に掲載する（国54Ⅲの準用）。

【審査会付託】憲法改正原案、法律案（日本国憲法に係る改正の発議又は国民投票に関するもの）等が発議又は提出されたときは、議長は憲法審査会に付託し、その審査を経て会議に付す（国56Ⅱ本の準用）。

第56条第2項ただし書は準用されておらず、憲法審査会への付託は必須事項である。ただし、ここで念頭に置かれているのは、憲法改正原案であり、法律案等その他の議案については、同項ただし書が類推適用され、審査の省略が可能であると解する。

また、注意を要するのは、憲法審査会が議案を提出した場合であるが、その審査

§ 102 の 9

省略については議院規則等で対処することが可能である（参規29の2を準用する参憲規26参照）。

【他院提出議案の説明】各議院が提出した憲法改正原案、法律案（日本国憲法に係る改正の発議又は国民投票に関するもの）等については、その憲法審査会会長（その代理者を含む）は、他の議院において、提案の理由を説明することができる（国60の準用）。

憲法審査会会長が説明を行う典型的な場面は、憲法審査提出に係る憲法改正原案が他院で審議される場合である。

【請願の処理】憲法改正又は国民投票に関する請願は、各議院において憲法審査会の審査を経た後に議決する（国80Iの準用）。

憲法審査会において、本会議に付すことを要しないと決定した請願は会議に付さない。ただし、議員20人以上の要求があるものは本会議に付さなければならない（国80IIの準用）。

【審査と会期】付託された法律案（日本国憲法に係る改正の発議又は国民投票に関するもの）については、会期中に限り審査する（国47Iの準用）が、各議院の議決で特に付託された場合には、閉会中も審査することができる（国47IIの準用）。

憲法審査会で閉会中審査を行うときは、議長からその旨を他院及び内閣に通知する（国47IVの準用）。

第47条〔委員会の審査と会期〕の規定は法律案（日本国憲法に係る改正の発議又は国民投票に関するもの）についてのみ準用されているが、その裏では、憲法改正原案は閉会中審査の議決を要することなく当然に審査が可能であるとの例外が念頭に置かれている。この点は、本条第1項の反対解釈だけでは導き出せないが、憲法改正手続法案の審議においてその旨が明らかにされていたところであり[9]、憲法審査会規程において、憲法審査会が会期中であると閉会中であるとを問わず開会できることが規定されている（衆憲規8、参憲規8）。

また、憲法審査会ではそのほかにも請願や国民投票期日議案のような審査案件があり、それらについても同条の規定が準用されていないが、反対解釈したとしても、閉会中も当然に審査できると解することはできない。本条第2項で特例の定められている憲法改正原案と異なり、第68条本文がそのまま適用になるからである。ただし、期日を定める議案については第47条を類推適用して法律案並みの扱いをするのが実際的である。

【本会議審議不要の決定】憲法審査会において、法律案（日本国憲法に係る改正の発議

---

9 第165回国会衆議院日本国憲法に関する調査特別委員会議録・前掲2 17頁〔船田元衆議院議員の答弁〕。

§102の9

又は国民投票に関するもの）については本会議に付すことを要しないと決定することが可能である。ただし、憲法審査会の決定の日から休会中の期間を除いて7日以内に議員20人以上の要求があるものは本会議に付さなければならない（国56Ⅲの準用）。

期間内に要求がないときは、その法律案（日本国憲法に係る改正の発議又は国民投票に関するもの）は廃案となる（国56Ⅳの準用）。

他の議院から送付された法律案（日本国憲法に係る改正の発議又は国民投票に関するもの）については、本会議審議不要の決定に関する規定を適用しない（国56Ⅴの準用）。

憲法改正原案については、本会議審議不要の決定に関する規定は準用されていない。すなわち、憲法審査会はそのような決定を行うことができない。

【内閣の意見聴取】 各議院又は各議院の憲法審査会は、憲法審査会の提出若しくは議員の発議に係る予算を伴う法律案（日本国憲法に係る改正の発議又は国民投票に関するもの）又はそれに対する修正で、予算の増額を伴うもの若しくは予算を伴うこととなるものについては、内閣に対して意見を述べる機会を与えなければならない（国57の3の準用）。

なお、憲法改正原案については、直接に予算を伴うことは観念できない。

【国務大臣等の出席等】 内閣官房副長官等の出席、政府特別補佐人、国務大臣等の発言通告、国務大臣等に対する出席要求、会計検査院長・最高裁判所長官等の出席説明、会議に関する報告を規定した第7章〔国務大臣等の出席等〕の規定が法律案（日本国憲法に係る改正の発議又は国民投票に関するもの）に係る憲法審査会に準用される。

憲法改正原案に係る憲法審査会については第7章〔国務大臣等の出席等〕の規定は準用されていないが、国務大臣等の出席を禁じる趣旨ではなく、議院規則で対処することが予定されている（国102の10）。

【案件不継続】 憲法改正原案及び憲法審査会で閉会中審査した法律案（日本国憲法に係る改正の発議又は国民投票に関するもの）は、後会に継続する（国68但の読替え）。

憲法改正原案は、憲法審査会において会期中であると閉会中であるとを問わず審査を行うことが可能である。これは、第47条〔委員会の審査と会期〕が法律案（日本国憲法に係る改正の発議又は国民投票に関するもの）にのみ準用されていることからも推測できる（…▶本条【審査と会期】）。そのため、当然に後会に継続することが考えられる。憲法改正原案の審査は長期にわたることが予想されることから、案件不継続の原則を適用しないこととしたものである。

注意を要する点がある。本条第2項の憲法改正原案の後会継続の読替えが「憲法審査会に付託された案件について」と限定を加えた上で規定されている点である。

§102の9

この「付託」には、予備付託も含まれる。憲法改正原案でも、憲法審査会に付託される前のものや憲法審査会の審査を終えたものはそのままでは会期終了とともに廃案となるため、後会に継続させることを目的とした憲法審査会への付託も考える必要があるものと解される。衆参の憲法審査会規程では、衆議院規則第253条第1項、参議院規則第178条第1項が準用されておらず、憲法改正原案の回付案や両院協議会成案が憲法審査会に付託される可能性が留保されている。その場合には、案件不継続の対象外となることを意味する（⋯▶『逐参』第178条【憲法審査会への非準用】）。

なお、会期不継続の原則中、議決の効力の時間的範囲（⋯▶第68条【会期不継続の原則】）は、憲法改正原案にも適用があり、それについての両議院の議決は同一会期においてなされなければならず（国83の5）、議院の議決まで後会に継続するものではない。

憲法改正原案と同様、法律案以外の案件については、第47条〔委員会の審査と会期〕が準用されていない。これは、憲法改正原案との対比において法律案だけを挙げて準用する規定を置いたのであって、それ以外の案件への適用を拒絶するものではないと解する（⋯▶本条【審査と会期】）。したがって、これらの案件についても会期原則が働き、その結果、第68条ただし書の適用対象ともなり、閉会中審査を行った議案については後会に継続すると解することとなる。

【周辺事項】国会法の既存の規定で憲法改正原案にも適用されるものがあり、それを再認識しておく必要がある。

本会議における議案の趣旨説明は、憲法改正原案についても聴取することができる（国56の2）。

各議院は、他院から提出された憲法改正原案と同一の議案を審議することができない（国56の4）。

【非準用事項】憲法審査会に準用されていない規定のうち重要なものとして第56条の3〔委員会の中間報告〕を挙げることができる。その重要性、非緊急性に鑑み、憲法審査会が議院からの指示を受けずに議論を尽くすことを要請するものである。

委員会審査省略を規定する第56条第2項ただし書も準用されていないが、同様の趣旨により、憲法審査会での審査を必須事項とするものである。

ただし、これらは基本的に憲法改正原案の特殊性に鑑みての特別な扱いであると解すべき点に注意を要する。法律案（日本国憲法に係る改正の発議又は国民投票に関するもの）を特定した準用規定の中で審査省略や中間報告の規定（国56Ⅱ但、56の3）が準用されていない以上、これらを類推適用することはできないのであろうが、国民投票期日議案のような審査案件は、委員会に付託される案件と径庭はなく、これらの

§ 102 の 10

規定が類推適用されてしかるべきであると解する。

　さらには、本会議審議不要の決定を規定する第56条第3項から第5項までの規定のように、法律案にのみ準用しているものがある。

　また、そのほかにも、国会法の委員会に関する規定中、憲法審査会に準用されていないものが見られるが、それを受けて反対解釈すべきものばかりではない。**第102条の10〔憲法審査会に関する事項〕で各議院の議決に委ねられていると解する余地**が認められるからである。例えば、第7章〔国務大臣等の出席等〕の規定は憲法改正原案に係る憲法審査会について準用されていないが、憲法審査会規程にそれに相当する規定が置かれている（衆憲規15、参憲規15）。

　なお、議院と憲法審査会の関係に関する事項等、憲法審査会規程に規定することを予定しないものについては、準用していないことに積極的な意味を見いだすべきである。

〔憲法審査会に関する事項〕
　第102条の10　第102条の6から前条までに定めるもののほか、憲法審査会に関する事項は、各議院の議決によりこれを定める。

　　　　　　　第31次改正（平19.8）

　本条は、憲法審査会に関する事項を議院の議決に委ねることを規定するものである。

【憲法審査会に関する規定】憲法審査会に関する事項は、第102条の6〔憲法審査会〕から第102条の9〔委員会等に関する規定の準用〕までに定めるもののほか、各議院の議決により定める。

　詳細については各議院の自律権に委ねる趣旨である。

　「憲法審査会に関する事項」とは、憲法審査会の組織、権能、運営等に関する一切の事項である。

　本条の委任に基づく法規範として位置付けられる限りにおいて、規定事項は議院の内部事項に限定されない。例えば、両議院の憲法審査会規程では、最高裁判所長官の出席要求を規定しているところである（衆憲規15、参憲規15）。

　「第102条の6から前条までに定めるもののほか」とは、憲法審査会の設置、目的、憲法改正原案等の提出、合同審査会、国会法の他の規定の準用事項以外の事柄である。

第11章の2　憲法審査会　　365

§102の10

　この文言によれば、第102条の6〔憲法審査会〕から第102条の9〔委員会等に関する規定の準用〕までの規定に反する内容の議決を行うことはできないように読めるが、議院の内部組織については全て議院の自律に委ねられていると解する余地もあり、それによると、本条に基づく議決ではなく、規則制定権を根拠に自院の憲法審査会を変容させることが可能となる。

　「各議院の議決」は、当該議院の本会議議決を指す。

　議院規則の形式で議決することによって、会期を超える効力を持たせることができる。衆参両院はそれぞれ憲法審査会規程という法規範を有している。衆議院では平成21年6月に、参議院では平成23年5月に、それぞれ議院の議決によって制定されたものである。これは本条の委任に基づく議院規則の一種である。

【憲法審査会規程の内容】両議院の憲法審査会規程で規定している事項は次のとおりである。

　　　設置の趣旨、委員数、委員、会長、幹事、小委員会、開会、定足数、表決、委員の発言、委員でない議員の意見聴取、委員の派遣、国務大臣等の出席説明、報告又は記録の提出、公聴会、参考人、会議の秩序保持、休憩及び散会、懲罰事犯の報告等、会議の公開及び傍聴、会議録、合同審査会、事務局、準用、細則

　なお、規程に定めるもののほか、議事その他運営等に関し必要な事項は、憲法審査会の議決で定めることとされている（衆憲規27、参憲規27）。

366

§102 の 11

第11章の3　国民投票広報協議会

第 31 次改正（平 22.5）

　本章は、組織論のうち、国民投票広報協議会について規定を置いている。

【国民投票】 憲法を改正するためには、国会が特別多数による議決で改正案を発議し、その上で国民の承認を必要とする厳格な要件が課されている（憲 96 I）。その国民の承認のための手続が国民投票であり、選挙類似の手続によって行われる。

　国民投票の執行は国会の本来的業務ではなく、その手続については憲法改正手続法の規定するところであるが、憲法改正案についての広報活動では国会が関与することとされており、その組織面について国会法が規定を置いている。

【憲法改正案の周知】 憲法改正案について国民の承認を求めるに当たり、改正案の条文をそのまま提示するだけでなく、その要旨等を平易に取りまとめた文書を作成するなど、できるだけ国民にわかりやすい形で情報提供をする必要があることから、国民投票手続の中に充実した周知・広報活動が組み込まれた。

　広報活動は、改正案の賛否に関して公平中立が要請されるものの、その内容を熟知している国会議員で組織する機関が行うのがふさわしいとの考えから、国会に置かれる機関が行うこととされた[1]。

〔国民投票広報協議会〕

第 102 条の 11 ① 憲法改正の発議があつたときは、当該発議に係る憲法改正案の国民に対する広報に関する事務を行うため、国会に、各議院においてその議員の中から選任された同数の委員で組織する国民投票広報協議会を設ける。

② 国民投票広報協議会は、前項の発議に係る国民投票に関する手続が終了するまでの間存続する。

③ 国民投票広報協議会の会長は、その委員がこれを互選する。

第 31 次改正（平 22.5）

　本条は、国民投票広報協議会の組織について規定するものである。

【国民投票広報協議会の設置】 憲法改正の発議があったときは、国会に国民投票広

---

1 第 164 回国会衆議院会議録第 33 号（平 18 年 6 月 1 日）5 頁〔保岡興治衆議院議員の趣旨説明〕。

第 11 章の 3　国民投票広報協議会　　*367*

§ 102 の 11

報協議会を設ける。

　国民への憲法改正案の内容の周知活動は、政府が行うのは適当でなく、国会における賛成・反対それぞれの立場からの意見を知らせる必要上、担当する機関を国会に置くこととされた。

　「国民投票広報協議会」は、憲法改正の国民投票に向けて憲法改正案の周知広報活動を行う公的機関である。

　「国会に」とは、衆参両院から成る複合的な機関としての国会に設置するとの趣旨である。

　その任務が国会や議院の本来的な権能の外にあることから、会期制や国会の両院独立活動の原則（•••▶第10章概説【両院独立活動の原則】）の適用対象外の機関であると言える。

　「憲法改正の発議があつたとき」とは、憲法改正原案について両議院で一致する内容の議決がなされたときを指す。

　同時期に複数の案について憲法改正の発議がなされた場合でも、設けられる協議会はそれぞれの案に対応したものではなく、１つで足りる。

　「設ける」とは、憲法改正発議という事実の効果として自動的に設置されるとの意味である。

　各議院の総議員の３分の２以上の賛成で憲法改正の発議がなされることから、その手続を進めるための意思を改めて確認する必要はなく、両議院一致の議決によるとの文言もないことから、そのように解してよいだろう。

　改正案が発議された場合の活動しか想定できず、また当該改正案の内容に詳しい議員を構成員とする必要があることから、常設の機関として設けておくこととはされていない。

【国民投票広報協議会の所掌】国民投票広報協議会は、憲法改正案の国民に対する広報に関する事務を行う。

　国民投票広報協議会の設置目的をうたったものである。

　「当該発議に係る憲法改正案」とは、憲法改正原案が国会で議決され憲法改正案として国民に提案されたもののことである。

　「国民に対する広報に関する事務」とは、国民が投票における態度を決めるに当たって参考とするための資料を広く一般に知らせることであり、具体的には、憲法改正案の要旨、新旧対照表、賛成意見・反対意見等を掲載した国民投票広報の原稿の作成、投票記載所に掲示する憲法改正案の要旨の作成、憲法改正案の広報のため

368

§102の11

の放送・新聞広告に関する事務のことである（憲改14 I）。

【委員】国民投票広報協議会は、各議院で議員の中から選任された同数の委員で組織する。

国会に置く機関として、構成員も国会議員とするものである。

「委員」とは、国民投票広報協議会の構成員としてその事務を行う者のことである。

「各議院において」とは、衆参それぞれの議院所属の議員の中からそれぞれの議院の意思によりという意味である。本会議の議事においてという限定はないものと解する。

「その議員」とは、選任する議院に所属する議員である。

憲法改正手続法において更に限定が加えられており、当該発議がなされた際に議員であった者でなければならない（憲改12 II）。

委員の任期は国民投票広報協議会の存続期間（•••▶本条【国民投票広報協議会の存続期間】）に合わされている（憲改12 I）。国民投票広報協議会の発足後に衆議院が解散した場合にも、当該憲法改正の発議の効力は失われず、にもかかわらず代わりのできる議員が存在しないため、例外を認めざるを得ない。

「選任された」とは、議院所属の議員の意思によって選び出されたという意味であり、その方法についての言及はない。

憲法改正手続法において、各会派の所属議員数の比率により割り当て選任することとされており、憲法改正原案に対する反対会派から選任されない可能性があるが、選任するよう配慮する旨が規定されている（憲改12 III）。その配慮は、その反対派全体から少なくとも1人以上の委員を選出することを意味するとされている[2]。

「同数の」は、衆参で人数が同じであればよく、具体的な員数は別途定めることを予定しており、憲法改正手続法において、衆参各10人と規定されている（憲改12 II）。

「組織する」とは、合議制による機関を構成するという意味である。

委員の辞任手続は規定されておらず、各議院で予備員を選任しておき、委員に事故ある場合又は欠けた場合に予備員が委員の職務を行うこととされている（憲改12 II V）。

【国民投票広報協議会の存続期間】国民投票広報協議会は、当該発議に係る国民投票に関する手続が終了するまでの間存続する。

国民投票広報協議会の事務が国民投票の手続全般と不可分であることから、それ

---

2 第166回国会参議院日本国憲法に関する調査特別委員会議録第12号（平19年5月11日）23頁〔船田元衆議院議員の答弁〕。

§ 102 の 12

に合わせた存続期間としたものである。

　「国民投票に関する手続が終了するまでの間」とは、国民投票の結果が確定的になるまでの間を指す。具体的には、国民投票無効の訴訟が提起されないことが判明するまで又は提起された国民投票無効の訴訟の判決が確定するまでの間である。ただし、訴訟の結果、当該国民投票が無効となり再投票が行われるときは引き続き存続する。

　国民投票広報協議会の活動は会期制による制約を受けず、国会の閉会中であっても、その存続期間中、必要な活動を行うことができる。

【会長】国民投票広報協議会の会長は、その委員が互選する。

　国民投票広報協議会の会長人事について他機関の介入を認めない趣旨である。

　「会長」は、国民投票広報協議会の代表たる役職で、その会議の議事整理、秩序保持等を行う委員である。

　「互選する」とは、そのメンバーの中からメンバーの意思によって選出することをいい、具体的方法の指定はない。

〔 国民投票広報協議会に関する事項 〕
第 102 条の 12　前条に定めるもののほか、国民投票広報協議会に関する
　　事項は、別に法律でこれを定める。

第 31 次改正（平 22.5）

　本条は、国民投票広報協議会に関する事項を別の法律で定めることを規定するものである。

【憲法改正手続法】第 102 条の 11〔国民投票広報協議会〕に定めるもののほか、国民投票広報協議会に関する事項は別に法律で定める。

　憲法改正の国民投票に必要な国民投票広報協議会を国会に設ける必要上、前条でその構成に関する事項の骨格部分について規定し、その他の事項については別の法律で規定することとしたものである。

　「前条に定めるもののほか」は、国民投票広報協議会の組織の骨格以外の事柄を指す。

　「国民投票広報協議会に関する事項」とは、国民投票広報協議会の組織、権能等に関する一切の事項であり、その活動の手続に関する事項を含む。

　「別に法律で」は、本条の母法でもあり、平成 19 年法律第 51 号として平成 19 年

370

§102 の 12

5月に制定され、平成22年5月18日に施行された「日本国憲法の改正手続に関する法律」を指す。

【憲法改正手続法の内容】 憲法改正手続法で規定している国民投票広報協議会に関する事項は、次のとおりである。

協議会の組織（憲改12）、会長の権限（憲改13）、協議会の事務（憲改14）、協議会の議事（憲改15）、協議会事務局（憲改16）、両院議長協議決定への委任（憲改17）、国民投票公報（憲改18Ⅰ）、投票記載所に掲示する憲法改正案の要旨（憲改65Ⅲ）、国民投票運動の禁止（憲改102）、広報のための放送（憲改106）、広報のための新聞広告（憲改107）、罰則（憲改111、119Ⅳ）

第11章の3　国民投票広報協議会　*371*

第11章の4　情報監視審査会

第35次改正（平26.12）

　本章は、組織論のうち、議院の内部機関としての情報監視審査会について規定を置き、その活動論にも触れている。

　委員会のような代表的な審査機関とは異なる性格のものとして、別途、章を設けて情報監視審査会を規定している。

【特定秘密保護】平成25年、我が国の安全保障に関する情報のうち特に秘匿することが必要であるものについて、その保護に関し特定秘密の指定、取扱者の制限等を定めるため、特定秘密の保護に関する法律（平成25年法律第108号）（以下「特定秘密保護法」という。）が制定された。

　「特定秘密」とは、①防衛、外交、特定有害活動の防止、テロリズムの防止の4分野に関する情報で、②公になっていないもののうち、③その漏洩が我が国の安全保障に著しい支障を与えるおそれがあるため特に秘匿することが必要であるものの3要件を満たすもので、行政機関の長によって指定されたものをいう（特秘3Ⅰ）。日米相互防衛援助協定等に伴う秘密保護法に規定する特別防衛秘密に該当するものは除かれる。

　特定秘密の指定（特秘3）、取扱者の制限（特秘11）等により当該情報の漏洩の防止が図られている。

　特定秘密保護法の制定に際しては、特定秘密を取り扱う関係行政機関の在り方や特定秘密の運用状況等について審議し、監視する組織を国会に置くこと、国会が特定秘密の提供を受ける際の手続その他国会における保護措置全般について検討を加えることが考えられていた[1]。その検討の結果、両議院に情報監視審査会が設けられることとなった。

【保護措置】国会において特定秘密の提出を受けるには、国会における特定秘密の保護措置を定めることが条件とされた（特秘附10）。その保護措置として講じられたのは、①会議を非公開にすること（衆情規26Ⅰ、参情規26Ⅰ）、②特定秘密に接する者の範囲を限定すること（国102の19、104の3）、③漏洩を防ぐ物理的措置を採ること（衆情規11、参情規11）、④情報監視審査会の委員を特別な選任方法（議院の議決）によること

1　第185回国会衆議院国家安全保障に関する特別委員会議録第19号（平25年11月26日）12頁（大口善徳衆議院議員の答弁）。

372

§ 102 の 13

（衆情規 3 I 、6、参情規 3 I 、6）、⑤事務を行う職員の適性評価を行うこと（国 102 の 18）
である。

　そのほかにも、情報監視審査会に出席する者の宣誓（衆情規 4、参情規 4）、会議録の
非配付（衆情規 29 III、参情規 29 IV）、提出された特定秘密の厳重な保管（衆情規 27、参情規
27）、特定秘密を漏洩した委員の解任（衆情規 5 III、参情規 5 II）、懲罰事犯として処分を
求めることの義務化（衆情規 25、参情規 25）等の措置が講じられている。

〔情報監視審査会〕
第 102 条の 13　行政における特定秘密（特定秘密の保護に関する法律（平
　成 25 年法律第 108 号。以下「特定秘密保護法」という。）第 3 条第 1 項
　に規定する特定秘密をいう。以下同じ。）の保護に関する制度の運用を
　常時監視するため特定秘密の指定（同項の規定による指定をいう。）及
　びその解除並びに適性評価（特定秘密保護法第 12 条第 1 項に規定す
　る適性評価をいう。）の実施の状況について調査し、並びに各議院又は
　各議院の委員会若しくは参議院の調査会からの第 104 条第 1 項（第 54
　条の 4 第 1 項において準用する場合を含む。）の規定による特定秘密
　の提出の要求に係る行政機関の長（特定秘密保護法第 3 条第 1 項に規
　定する行政機関の長をいう。以下同じ。）の判断の適否等を審査するた
　め、各議院に情報監視審査会を設ける。

　　　　　　　　第 35 次改正（平 26.12）

　本条は、情報監視審査会の設置、目的について規定するものである。

**【情報監視審査会の設置】行政における特定秘密の保護に関する制度の運用を常
時監視するため各議院に情報監視審査会を設ける。**

　特定秘密保護法においては、国会は、特定秘密の提供を受ける国会におけるその
保護に関する方策について検討し、必要な措置を講ずるものとするとされており（特
秘附 10）、その結果として、国会法の改正によって情報監視審査会の制度が設けられ
た。

　「情報監視審査会」は、行政における特定秘密の保護に関する制度に関わる議院の
常設の内部機関である。

　当該議院の所属議員の中から選ばれた委員を構成員とする。

　「各議院に」とは、衆参両院の個性、会派構成等が異なることから、両議院にそれ

第 11 章の 4　情報監視審査会　　　373

§ 102 の 13

ぞれ設けるとの趣旨であり[2]、両情報監視審査会は別個の独立した機関とされた。

「特定秘密」については、本章概説【特定秘密保護】の説明参照。

「保護に関する制度」とは、特定秘密保護法によって構築されている法制度のことを指す。

「常時」とは、会期制の制約に縛られることなくという意味で、そのことは、情報監視審査会の活動時期が会期中であると閉会中であるとを問わずいつでも開会することができる点にも反映されている（衆情規9、参情規9）。

「監視」は、特定秘密の指定等についての行政の側の恣意的な判断を排除するためのもので、政府に対する勧告権を背景にしたものであるとは言え、政府の決定に関与することまでは含んでいない[3]。

「設ける」とは、本条の施行によって設置されるとの意味である。

情報監視審査会は、本条が施行されている間存続する。廃止するためには本条を改正しなければならない。

【情報監視審査会の性格】情報監視審査会は、広い意味では委員会の一種であるが、国会法上、委員会、憲法審査会等とは別類型のものとして位置付けられる議院の内部機関である。

その権能は、国会法によって与えられているものであるが、議院が判断するに当たっての下審査を行うものでない点において、委員会等より自律性の強いものと言える。また、活動内容に関しても、特定秘密保護制度の運用を監視するという特殊な目的を有する点において、通常の議案等の審査や国政調査のための機関とは異なり限定的な任務を負うものであると言える。

【情報監視審査会の所掌】情報監視審査会は、①政府の特定秘密の指定、解除及び適性評価の実施の状況について調査し、②各議院等からの特定秘密の提出の要求に係る行政機関の長の判断の適否等を審査する。

「適性評価」とは、特定秘密の取扱いの業務を行う者等につき、それを漏らすおそれがないことについて行う評価（特秘12）のことであり、これをクリアーした者でなければその業務に就くことはできない。ここで挙げられているのは行政機関の長が実施するものである。

「実施の状況」とは、指定等の要件（特秘3Ⅰ）、運用の基準（特秘18）が適切に遵守されているかどうか等を指す[4]。

2 第186回国会参議院議院運営委員会会議録第34号（平成26年6月19日）12頁〔大口善徳衆議院議員の答弁〕。
3 第186回国会衆議院議院運営委員会会議録第32号（平成26年6月11日）1頁〔中谷元衆議院議員の答弁〕。
4 第186回国会衆議院議院運営委員会会議録・前掲3 11頁〔中谷元衆議院議員の答弁〕。

374

§ 102 の 14

　「調査」は、政府からの年次報告（特秘19）、指定に関する記録の提示、スタッフの調査、行政機関の長からの意見聴取などを端緒として行うものである[5]。聴取対象には、政府側のチェック機関である情報保全監察室も含まれる[6]。

　「各議院又は各議院の委員会若しくは参議院の調査会からの第104条第1項（第54条の4第1項において準用する場合を含む。）の規定による特定秘密の提出の要求」については、第104条【報告・記録提出要求】【要求に対する例外措置】【要求の拒否】【内閣の声明】の説明参照。

　議院や委員会等による提出の要求自体には、その対象が特定秘密である場合の特例があるわけではなく、行政機関の長がそれに応じない場合に特別の手続が設けられている（国104の2）。

　「行政機関の長」は、事務分掌の単位としての官署の長を指す。ただし、当該行政機関が合議制の機関である場合等にあっては当該行政機関自身が行政機関の長である等、特例的な扱いのなされる機関もある（特秘3Ⅰ）。

　「判断」とは、議院の側の求めに応じないとの判断のことである。

　これに対する情報監視審査会の審査は、行政機関の長が要求に応じないことが適切妥当か否かについてのものであり、議院や委員会等の求め、要請に基づいて行われる（国104の2）。行政機関の長が要求に応じた場合には、審査権を発動する契機はない。

　　〔特定秘密の指定等についての報告の受理〕
　　第102条の14　情報監視審査会は、調査のため、特定秘密保護法第19条
　　　の規定による報告を受ける。

　　　　　　　　　第35次改正（平26.12）

　本条は、特定秘密の指定等についての報告の受理について規定するものである。
【報告の受理】情報監視審査会は、調査のため、特定秘密保護法第19条〔国会への報告等〕の規定による報告を受ける。

　「特定秘密保護法第19条の規定による」とは、政府が、毎年、有識者（我が国の安全保障に関する情報の保護、行政機関等の保有する情報の公開、公文書等の管理等に関し優れた識見を有する者）の意見を付して、特定秘密の指定及びその解除並びに適性評価の

---

5 第186回国会衆議院議院運営委員会議録・前掲3 11頁〔中谷元衆議院議員の答弁〕。
6 第186回国会衆議院議院運営委員会議録・前掲3 12頁〔大口善徳衆議院議員の答弁〕。

§102の15

実施の状況について国会に報告するとともに、公表するとされている（特秘19）ことを受け、その受け手として情報監視審査会を指定するものである。

　この有識者に当たるものとして内閣総理大臣の下に設けられている諮問機関が「情報保全諮問会議」である。

　「調査」は、第102条の13〔情報監視審査会〕に規定する政府の特定秘密の指定、解除及び適性評価の実施の状況についての調査のことである。

　「報告」は、特定秘密そのものは含まず、省庁・項目ごとの特定秘密の指定・更新・解除の件数、有効期間等を内容とし、情報保全諮問会議の意見が付される（特秘19）。

　国会に対して文書による報告がなされるのに加えて、情報監視審査会では、その詳細が口頭によってなされることを予定している。

〔特定秘密の提出要求〕

第102条の15① 　各議院の情報監視審査会から調査のため、行政機関の長に対し、必要な特定秘密の提出（提示を含むものとする。以下第104条の3までにおいて同じ。）を求めたときは、その求めに応じなければならない。

② 　前項の場合における特定秘密保護法第10条第1項及び第23条第2項の規定の適用については、特定秘密保護法第10条第1項第1号イ中「各議院又は各議院の委員会若しくは参議院の調査会」とあるのは「各議院の情報監視審査会」と、「第104条第1項（同法第54条の4第1項において準用する場合を含む。）又は議院における証人の宣誓及び証言等に関する法律（昭和22年法律第225号）第1条」とあるのは「第102条の15第1項」と、「審査又は調査であって、国会法第52条第2項（同法第54条の4第1項において準用する場合を含む。）又は第62の規定により公開しないこととされたもの」とあるのは「調査（公開しないで行われるものに限る。）」と、特定秘密保護法第23条第2項中「第10条」とあるのは「第10条（国会法第102条の15第2項の規定により読み替えて適用する場合を含む。）」とする。

③ 　行政機関の長が第1項の求めに応じないときは、その理由を疎明しなければならない。その理由をその情報監視審査会において受諾し得る場合には、行政機関の長は、その特定秘密の提出をする必要がない。

§102の15

④　前項の理由を受諾することができない場合は、その情報監視審査会は、更にその特定秘密の提出が我が国の安全保障に著しい支障を及ぼすおそれがある旨の内閣の声明を要求することができる。その声明があつた場合は、行政機関の長は、その特定秘密の提出をする必要がない。

⑤　前項の要求後10日以内に、内閣がその声明を出さないときは、行政機関の長は、先に求められた特定秘密の提出をしなければならない。

第35次改正（平26.12）

本条は、情報監視審査会による特定秘密の提出要求について規定するものである。

【特定秘密提出要求】各議院の情報監視審査会から調査のため、行政機関の長に対し、必要な特定秘密の提出（提示を含む）を求めたときは、その求めに応じなければならない。

情報監視審査会の任務である、政府の特定秘密の指定、解除及び適性評価の実施の状況についての調査のため、政府からの報告の受理、聴取だけでなく、特定秘密そのものの内容を了知することにより、特定秘密保護制度の運用の監視の実を挙げることを図ろうとするものである。

「行政機関の長」とは、当該特定秘密を指定した者を指す。

「特定秘密」は、文書でも映像記録でも、原本に限らず、内容の真正さが保証されていることを条件に、写しで足りるものと解する。

「提出」は「提示を含むものとする」とされており、情報監視審査会の判断で、占有を移すのではなく、一時的に内容を示すだけで足りるとする場合があることも予定している。

「求め」は、内閣を通じる必要はなく、直接、行政機関の長に対して行う。ただし、議院の側では、議長を経て行うこととされている（衆情規20、参情規20）。

「応じなければならない」とは、一般的、原則的に義務があることを規定するものであるが、その違反に対する制裁等は設けられていない。

情報監視審査会の求めは議長を経由する（衆情規20、参情規20）ので、相手方の提出も議院宛てということになる。

【特定秘密の提供】行政機関の長が公益上の必要により特定秘密を提供できる場合は限定されており（特秘10）、国会に対する提供もその要件を満たす必要がある。それについては、**第104条【特定秘密の提供】**の説明参照。

第11章の4　情報監視審査会　　*377*

§ 102 の 15

　なお、議院や委員会等の求めに応じることができないものについても、特に保護措置が講じられている情報監視審査会には提出できるという場合が想定されている[7]。

【読替事項】特定秘密保護法制定時には各議院の情報監視審査会の制度が設けられていなかったため、行政機関の長が特定秘密を提供できる場合として、情報監視審査会の調査で利用する場合を加える必要があり、本条第2項で特定秘密保護法の読替規定を設けたものである。

　特定秘密保護法第10条の「各議院又は各議院の委員会若しくは参議院の調査会」、国会法「第104条第1項（同法第54条の4第1項において準用する場合を含む。）又は議院における証人の宣誓及び証言等に関する法律（昭和22年法律第225号）第1条」、「審査又は調査であって、国会法第52条第2項（同法第54条の4第1項において準用する場合を含む。）又は第62条の規定により公開しないこととされたもの」はいずれも、議院や委員会等が秘密会における審査又は調査のために要求する場合を指している。これらについて、「各議院の情報監視審査会」で国会法「第102条の15第1項」により「調査（公開しないで行われるものに限る。）」のために要求する場合を加える必要上、読替規定で対応するものである。

　また、特定秘密保護法第23条では罰則を規定しており、その適用について同法「第10条」の場合、すなわち、提供された特定秘密を漏らしたときが挙げられている（特秘23Ⅱ）ところ、本条で読替えを行ったため、その場合にも罰則が及ぶことを読替規定によって対応している。

【要求の拒否】行政機関の長が各議院の情報監視審査会の求めに応じないときは、その理由を疎明しなければならない。

　行政機関の長の義務が絶対的なものでなく、拒否できる場合について本条第3項及び第4項で規定した。

　「理由」は、提出を拒むためのものであり、内容上の限定はないが、対象が特定秘密であることを前提としているため、そのことだけでは理由とならない。なぜ安全保障に著しい支障を及ぼすことになるのかを可能な限り具体的に明らかにする必要がある[8]。

　「疎明」は、相手が一応確からしいと受諾できる程度に説明することをいい、提出を求められた行政機関の長が行う。真実か否かを判断するための証拠提出と言える

---

7 第186回国会衆議院議院運営委員会議録第33号（平26年6月12日）29頁〔森まさこ国務大臣の答弁〕。
8 第186回国会衆議院議院運営委員会議録・前掲7 16頁〔森まさこ国務大臣の答弁〕。

§102 の 15

ほど厳格なものでなくてもよいが、説得力が弱くても足りるというものではない。

　求めに応じない理由を情報監視審査会が受諾し得る場合には、行政機関の長は、その特定秘密の提出をする必要がない。

　「受諾し得る」は、理由の内容、疎明の程度によって受諾可能か否かが客観的に決まるのではなく、提出を求めた情報監視審査会が判断するものである。

　理由の疎明があった後、情報監視審査会が本条第4項の内閣の声明を要求しない場合には、理由が受諾し得る場合に当たるものとみなされる。したがって、情報監視審査会が受諾するには、そのための議決は必要ない。

　「提出をする必要がない」とは、本条第1項の一般的義務規定にかかわらず、具体的な義務が免除されることを意味する。

【内閣の声明】情報監視審査会は、求めに応じない理由を受諾することができない場合は、更にその特定秘密の提出が我が国の安全保障に著しい支障を及ぼすおそれがある旨の内閣の声明を要求することができる。

　特定秘密を提出できないことについて、行政機関の長の意思だけではなく、内閣の判断がなければ最終的に情報監視審査会の要求には対抗できないこととしたものである。

　「受諾することができない場合」とは、受諾しないことを内容とする意思形成を行った場合であり、必ずしも独立して議決する必要はない。

　「我が国の安全保障に著しい支障を及ぼすおそれがある」とは、国外からの攻撃や侵略等に対して国家の安全を保障する上において悪影響があるという意である。

　我が国の安全保障は行政が独占する観念ではなく、特定秘密が提出されないことによって、情報監視審査会の特定秘密保護制度の運用を監視する機能が阻害されることも考慮しなければならない。

　国会で秘密が漏洩しないよう保護措置が講じられていることに鑑みると、支障を及ぼすおそれの具体的内容としては、対外情報機関が情報を交換するに当たり、それを第三者に提供する場合には提供元から同意を得なければならないとの慣行（サードパーティー・ルール）や情報提供者の人的情報源についての情報の提供拒絶のような場合に限定されると解される。これらを守らないと、以後、安全保障に関する様々な情報を入手できなくなるとか、情報提供者の生命に危険が及ぶといった支障が考えられることによる[9]。

　「内閣の声明」とは、内閣が閣議決定によって判断したことを明らかにすることで

9 第186回国会参議院議院運営委員会会議録・前掲25頁〔大口善徳衆議院議員の答弁〕。

第11章の4　情報監視審査会　　*379*

§ 102 の 16

ある。要求に対するものであるので、これを情報監視審査会に伝達する必要がある。

「要求する」は、発するよう求めることであり、その旨の議決が必要であり、これが求めに応じない理由を受諾することができない旨の意思決定を兼ねる。我が国の安全保障に著しい支障を及ぼすとの判断を情報監視審査会が要望するものではなく、特定秘密を提出させる前段階の手続を踏むという意味においてのものである。

その声明があった場合は、行政機関の長は、その特定秘密の提出をする必要がない。

提出要求権が情報監視審査会の特定秘密保護制度の運用監視のために認められているのに対し、政府が保有する情報の管理が行政権に属するものであることから、最終的な決定権が政府側にあることを確認するものである。

【声明の期限】内閣が、特定秘密の提出が我が国の安全保障に著しい支障を及ぼすおそれがある旨の声明を、要求後 10 日以内に出さないときは、行政機関の長は、その特定秘密を提出しなければならない。

提出するか否かについて、最終的には内閣の判断によることとしつつ、それに期限を設けたものである。

「要求後」とは、特定秘密の提出を求めた後ではなく、内閣の声明を要求した後のことである。

「10 日以内」とは、要求の日を起算日として (国133) 10 日目に当たる日までを指す。

「出さない」とは、声明を出すことを決定しないか、又はその声明を情報監視審査会に伝達しないことをいう。

「提出をしなければならない」とは、本条第 1 項で規定された一般的義務のとおり具体的義務が課されることを意味する。

〔 情報監視審査会による改善勧告 〕

第 102 条の 16 ①　情報監視審査会は、調査の結果、必要があると認めるときは、行政機関の長に対し、行政における特定秘密の保護に関する制度の運用について改善すべき旨の勧告をすることができる。

②　情報監視審査会は、行政機関の長に対し、前項の勧告の結果とられた措置について報告を求めることができる。

第 35 次改正（平 26.12）

本条は、情報監視審査会による改善勧告について規定するものである。

§ 102 の 17

【改善勧告】情報監視審査会は、調査の結果、必要があると認めるときは、行政機関の長に対し、行政における特定秘密の保護に関する制度の運用について改善すべき旨の勧告をすることができる。

　調査の結果を行政の側に反映させるため、情報監視審査会に勧告する権能を認めたものである。

　秘密指定を解除すべき旨の内容の勧告も可能であると解する[10]。

　政府が必ずそれに従わなければならないという法的拘束力はない。三権分立の観点から、たとえ国会であっても、政府の持つ行政権を侵してはならず、自主的な改善を求めるにとどまるとしたものである[11]。

　勧告は、特定秘密の部分を除き公表される[12]。

【報告要求】情報監視審査会は、行政機関の長に対し、勧告の結果採られた措置について報告を求めることができる。

　情報監視審査会による勧告が法的拘束力を持たないことを補い、政府が勧告を軽視することなく、その自主的な改善を行うよう促すため、採った措置についての報告要求権を認めたものである。

　「報告」は、勧告を受けて、その改善に向けて採った措置についてのものであるので、相当程度の時間的猶予が与えられなければならない。

　「求めることができる」は、情報監視審査会の権能であると同時に、相手方である行政機関の長のそれに応じる義務を示すものである。

〔 特定秘密情報を含む報告・記録提出拒否の審査 〕

第 102 条の 17 ①　情報監視審査会は、第 104 条の 2 （第 54 条の 4 第 1 項において準用する場合を含む。）の規定による審査の求め又は要請を受けた場合は、各議院の議決により定めるところにより、これについて審査するものとする。

②　各議院の情報監視審査会から審査のため、行政機関の長に対し、必要な特定秘密の提出を求めたときは、その求めに応じなければならない。

③　前項の場合における特定秘密保護法第 10 条第 1 項及び第 23 条第 2

10 清水勉「特定秘密保護法と国会—国会は特定秘密を監視できるか」法律時報 86 巻 10 号（2016）93 頁。
11 第 186 回国会衆議院議院運営委員会議録・前掲 3 1 頁〔中谷元衆議院議員の答弁〕。
12 第 186 回国会衆議院議院運営委員会議録・前掲 7 30 頁〔大口善徳衆議院議員の答弁〕。

第 11 章の 4　情報監視審査会　*381*

§ 102 の 17

項の規定の適用については、特定秘密保護法第 10 条第 1 項第 1 号イ
中「各議院又は各議院の委員会若しくは参議院の調査会」とあるのは
「各議院の情報監視審査会」と、「第 104 条第 1 項（同法第 54 条の 4 第
1 項において準用する場合を含む。）又は議院における証人の宣誓及
び証言等に関する法律（昭和 22 年法律第 225 号）第 1 条」とあるのは
「第 102 条の 17 第 2 項」と、「審査又は調査であって、国会法第 52 条第
2 項（同法第 54 条の 4 第 1 項において準用する場合を含む。）又は第
62 条の規定により公開しないこととされたもの」とあるのは「審査（公
開しないで行われるものに限る。）」と、特定秘密保護法第 23 条第 2 項
中「第 10 条」とあるのは「第 10 条（国会法第 102 条の 17 第 3 項の規
定により読み替えて適用する場合を含む。）」とする。

④　第 102 条の 15 第 3 項から第 5 項までの規定は、行政機関の長が第 2
項の求めに応じない場合について準用する。

⑤　情報監視審査会は、第 1 項の審査の結果に基づき必要があると認め
るときは、行政機関の長に対し、当該審査の求め又は要請をした議院
又は委員会若しくは参議院の調査会の求めに応じて報告又は記録の提
出をすべき旨の勧告をすることができる。この場合において、当該勧
告は、その提出を求める報告又は記録の範囲を限定して行うことがで
きる。

⑥　第 102 条の 15 第 3 項から第 5 項までの規定は、行政機関の長が前項
の勧告に従わない場合について準用する。この場合において、同条第
3 項及び第 4 項中「その特定秘密の提出」とあり、並びに同条第 5 項
中「先に求められた特定秘密の提出」とあるのは、「その勧告に係る報
告又は記録の提出」と読み替えるものとする。

⑦　情報監視審査会は、第 1 項の審査の結果を、当該審査の求め又は要
請をした議院又は委員会若しくは参議院の調査会に対して通知するも
のとする。

第 35 次改正（平 26.12）

　本条は、特定秘密情報を含む報告・記録提出拒否に対する審査について規定する
ものである。

【議院等の求めによる審査】情報監視審査会は、第 104 条の 2 〔特定秘密情報を含む

§102の17

報告・記録提出拒否の審査の要請〕の規定により審査の求め又は要請を受けた場合は、これについて審査するものとする。

　議院、委員会が特定秘密情報を含む報告、記録の提出を求め、それに対して行政機関の長が応じなかったとき、議院、委員会は、情報監視審査会に対し、行政機関の長がその求めに応じないことについて審査を求め又は要請することができるとされていること（国104の2）を受け、情報監視審査会の所掌を規定したものである。

　「求め又は要請」は、議院によるものが「求め」、委員会等によるものが「要請」である。これらの手続については、第104条の2【特定秘密提出拒否の審査の要請】の説明参照。

　「審査」は、行政機関の長が求めに応じずに提出を拒んでいることに正当な理由があるか否かを調べて結論を出すことである。

　「審査するものとする」は、情報監視審査会の任務とされているものの、義務ではなく、審査するか否かは審査会が判断できる（衆情規14Ⅰ、参情規14Ⅰ）。

情報監視審査会の審査については、各議院の議決により定めるところによる。

　情報監視審査会の審査手続の内容をどのように設定するかについて、各議院の自律権に委ねる趣旨である。詳細については、第102条の21【情報監視審査会に関する規定】の説明参照。

【特定秘密提出要求】情報監視審査会は、審査のため、行政機関の長に対し、必要な特定秘密の提出を求めることができる。

　議院サイドからの特定秘密の提出要求に対し、情報監視審査会がその要求主体から独立した立場で、行政機関の長が提出を拒んでいる理由が正当であるか否かを判断するため、当該特定秘密の内容を知る必要が考えられることから与えられた権能である。

**　行政機関の長は、情報監視審査会からの特定秘密の提出要求に応じなければならない。**

　情報監視審査会が特定秘密の提出を求める前段階として、行政機関の長が議院、委員会の提出要求を拒んでいるという事情があり、それにもかかわらず情報監視審査会に対する提出を義務付けているのは、情報監視審査会に特別の保護措置が講じられていることから、特例的に提出できる場合が想定し得ることによる[13]。

【提出要求についての読替事項】特定秘密保護法制定時には各議院の情報監視審査会の制度が設けられていなかったため、行政機関の長が特定秘密を提供できる場合

---

[13]第186回国会衆議院議院運営委員会議録・前掲7 29頁〔森まさこ国務大臣の答弁〕。

第11章の4　情報監視審査会　*383*

§102の17

として、情報監視審査会の審査で利用する場合を加える必要があり、本条第3項に特定秘密保護法の読替規定が設けられた。

調査と審査の違いがあるものの、趣旨は第102条の15第2項と同じであり、詳細は、第102条の15【読替事項】の説明参照。

【要求の拒否等】行政機関の長が各議院の情報監視審査会の求めに応じないときは、行政機関の長による理由の疎明、内閣の声明の要求、声明の期限等、調査のため特定秘密の提出を要求した場合と同じ手続を踏む。

第102条の15第3項から第5項までを準用するものであり、詳細については、第102条の15【要求の拒否】【内閣の声明】【声明の期限】の説明参照。

【改善勧告】情報監視審査会は、審査の結果に基づき必要があると認めるときは、行政機関の長に対し、議院等の求めに応じて報告、記録を提出すべき旨の勧告をすることができる。

審査結果を行政側の対応に反映させるため、勧告する権能を認めたものである。政府が必ずそれに従わなければならないという法的拘束力はない。三権分立の観点から、たとえ国会であっても、政府の持つ行政権を侵してはならず、自主的な改善を求めるにとどまるとしたものである[14]。

勧告は、特定秘密が情報監視審査会に提出されなかった場合にも行えるものと解する。不提出によって勧告権を封じることがなされる弊を防止するためである。

勧告は、特定秘密の部分を除き公表される[15]。

勧告は、その提出を求める報告、記録の範囲を限定して行うことができる。

情報監視審査会の審査結果が、議院等の要求の全てを是とする場合に限らないことを踏まえて注意的に規定したものである。

【勧告の不従等についての準用・読替事項】行政機関の長が情報監視審査会の提出すべき旨の勧告に従わないときは、行政機関の長による理由の疎明、内閣の声明の要求、声明の期限等、調査のため特定秘密の提出を要求した場合と同じ手続を踏む。

審査結果としての勧告に対しては、報告義務を課すのではなく、第102条の15第3項から第5項までを準用し、内閣の判断にまで進む手続を用意したものである。

詳細については、第102条の15【要求の拒否】【内閣の声明】【声明の期限】の説明参照。

同条の「その特定秘密の提出」、「先に求められた特定秘密の提出」については、

---

[14] 第186回国会衆議院議院運営委員会議録・前掲3 1頁〔中谷元衆議院議員の答弁〕。
[15] 第186回国会衆議院議院運営委員会議録・前掲7 30頁〔大口善徳衆議院議員の答弁〕。

§102の18

「その勧告に係る報告又は記録の提出」と読み替える。

【審査結果の通知】情報監視審査会は、審査の結果を当該審査の求め又は要請を
した議院、委員会、参議院の調査会に対して通知するものとする。

　情報監視審査会による審査が議院等の求め等によってなされたものであり、その
結果が政府側の提出行為に大きな影響を及ぼすため、提出要求を行った主体に通知
することとしたものである。

　勧告した場合には、その勧告内容やそれに対する政府側の対応についても、同様
に扱う必要があろう。

〔情報監視審査会の事務執行者の適性評価〕

第102条の18　各議院の情報監視審査会の事務は、その議院の議長が別
　　に法律で定めるところにより実施する適性評価（情報監視審査会の事
　　務を行つた場合に特定秘密を漏らすおそれがないことについての職員
　　又は職員になることが見込まれる者に係る評価をいう。）においてそ
　　の事務を行つた場合に特定秘密を漏らすおそれがないと認められた者
　　でなければ、行つてはならない。

　　　　　　　第35次改正（平26.12）

　本条は、情報監視審査会の事務執行者の適性評価について規定するものである。

【適性評価】各議院の情報監視審査会の事務は、適性評価において、特定秘密を漏
らすおそれがないと認められた者でなければ行ってはならない。

　情報監視審査会では、特定秘密に関わり、その事務を行う者もその内容に触れる
機会があるため、政府において特定秘密の取扱いの業務を行う者（特秘12Ⅰ）に対す
るのと同様に、適性評価を行うこととしたものである。

　「情報監視審査会の事務」とは、審査会の運営、調査のほか、速記や速記録の編集
も含まれる[16]。

　「適性評価」とは、情報監視審査会の事務を行った場合に特定秘密を漏らすおそれ
がないことについての職員又は職員になることが見込まれる者に係る評価のことで
ある。

　適性評価は、あらかじめ、評価対象者に対しそのための調査を行うことを告知し、
その同意を得て実施する（適性2Ⅲ）。評価結果は対象者本人に通知する（適性3）。

---

16 第186回国会参議院議院運営委員会会議録・前掲**2** 16頁〔大口善徳衆議院議員の答弁〕。

第11章の4　情報監視審査会　　*385*

§102の18

【評価者】適性評価は、その議院の議長が実施する。

適性評価の実施主体は、議長である。実際には、議長の委任を受けた事務総長又は法制局長が実施することになる[17]。具体的には、その議院の職員が質問、照会等を行う（国職24の4Ⅱ）。

【評価対象者】評価の対象となるのは、情報監視審査会の事務を執ることを予定する者である。現に国会職員である者だけでなく、そのために採用することが見込まれる者を含む（国職24の4Ⅰ）。

既に情報監視審査会の事務を執っている者でも、漏らすおそれがないと認めることについて疑いを生じさせる事情があるものについては、改めて評価を行う必要が生じる（適性2Ⅰ(3)）。

議院や委員会等に提出された特定秘密は、情報監視審査会事務局の職員以外の事務局職員にも接する機会があると考えられるが[18]、これらの者は適性評価の対象とはならない（•••▶第104条の3【特定秘密の閲覧・利用】）。

議員は選挙で選ばれた者であることから、適性評価の対象とはならない[19]。

【評価方法】適性評価については、別に法律で定める。

「別に法律で定めるところにより」とは、国会職員法で規定することを予定しており、そこでは、その調査事項等が「両議院の議長が協議して定めるところにより」とされている（国職24の4）。具体的には、平成27年3月に両院議長協議決定により「国会職員の適性評価の実施に関する件」が定められた。

評価のために行う調査事項は、政府における者に準じ、①特定有害活動及びテロリズムとの関係に関する事項、②犯罪及び懲戒の経歴に関する事項、③情報の取扱いに係る非違の経歴に関する事項、④薬物の濫用及び影響に関する事項、⑤精神疾患に関する事項、⑥飲酒についての節度に関する事項、⑦信用状態その他の経済的な状況に関する事項とされている（適性2Ⅱ）。

評価のための調査の方法として、必要な範囲内において、評価対象者、その知人その他の関係者に質問し、評価対象者に資料の提出を求め、公務所、公私の団体に照会して必要な事項の報告を求めることができる（国職24の4Ⅱ）。

---

17 第186回国会衆議院議院運営委員会議録・前掲7 31頁〔大口善徳衆議院議員の答弁〕。
18 第186回国会衆議院議院運営委員会議録・前掲3 2頁〔中谷元衆議院議員の答弁〕。
19 第186回国会衆議院議院運営委員会議録・前掲3 3頁〔大口善徳衆議院議員の答弁〕。

§ 102 の 19

〔情報監視審査会における特定秘密情報を含む報告・記録の閲覧・利用〕
第 102 条の 19　第 102 条の 15 及び第 102 条の 17 の規定により、特定秘
　　密が各議院の情報監視審査会に提出されたときは、その特定秘密は、
　　その情報監視審査会の委員及び各議院の議決により定める者並びにそ
　　の事務を行う職員に限り、かつ、その調査又は審査に必要な範囲で、
　　利用し、又は知ることができるものとする。

　　　　　　　第 35 次改正（平 26.12）

　本条は、情報監視審査会における特定秘密情報を含む報告、記録の閲覧、利用に
ついて規定するものである。

【特定秘密の閲覧・利用】特定秘密が各議院の情報監視審査会に提出されたときは、
その特定秘密は、その情報監視審査会の委員及び各議院の議決により定める者並
びにその事務を行う職員に限り、利用し、知ることができるものとする。

　特定秘密の国会への提出を厳格な要件に係らせるだけでなく、それに接する者を
限定することにより、その漏洩を防ぐ趣旨である。

　閲覧・利用者の限定は、特定秘密の国会への提供を可能とするための保護措置（特
秘附 10）の 1 つである。

　「第 102 条の 15 及び第 102 条の 17 の規定」は、情報監視審査会が調査、審査のた
めの特定秘密の提出要求、行政機関の長の提出義務を定めた規定である。

　「各議院の議決で定める者」は、各議院の情報監視審査会規程に規定した者を指す。
そこでは、本条に定められている情報監視審査会の委員、その事務を行う職員のほ
か、情報監視審査会に対して審査の要請をした委員会等の委員長等及び理事 2 人並
びに議長、副議長が指定されている（衆情規 18、参情規 18）。ただし、審査の要請をした
委員会等の委員長等及び理事 2 人については、その要請に係る事案について提出さ
れた特定秘密に限られる。

　「利用し、又は知る」とは、閲覧し、それに基づいて審査、調査に資することであ
る。

　閲覧に付随しての筆写、複写、撮影等は制限される。

**　特定秘密を情報監視審査会の委員等が利用し、知ることができるのは、その調**
査又は審査に必要な範囲においてである。

　「その調査又は審査」は、情報監視審査会の職責である、①特定秘密の指定・解除、

第 11 章の 4　情報監視審査会　　*387*

§ 102 の 20

適性評価の実施状況の調査、②国会からの特定秘密の提出要求に係る行政機関の長の判断の適否の審査を指す。

したがって、それを飛び越えて、要求した委員会の委員長が内容を自らの委員会の調査に資することを目的として閲覧することはできない。

【特定秘密の管理】 特定秘密保護法が求める保護措置の1つに、情報が漏れないような物理的な措置がある。具体的には、情報監視審査会を開くための部屋として情報監視審査室が設けられている（衆情規11、参情規11）。これは電磁波の漏洩、盗聴、盗み見を防ぐシールドルームであり、入退室の厳格な管理が講じられている。

〔 国務大臣等の出席等に関する規定の準用 〕
第102条の20 情報監視審査会については、第69条から第72条まで及び第104条の規定を準用する。

第35次改正（平26.12）

本条は、情報監視審査会の運営について委員会等に関する規定を準用することを規定するものである。

【準用事項】 国会法では、情報監視審査会を委員会とは異なる類型の機関として規定しているものの、その運営については委員会に倣った点があり、準用規定を置いてその点を明確にしている。

規定内容の詳細については、それぞれの被準用規定の説明参照。

なお、参議院の調査会などとは異なり、情報監視審査会については準用規定の数は多くない。

【副大臣等の出席】 内閣官房副長官、副大臣及び大臣政務官は、国務大臣を補佐するため、情報監視審査会に出席することができる（国69Ⅰの準用）。

【政府特別補佐人の出席】 内閣は、国務大臣を補佐するため、両議院の議長の承認を得た政府特別補佐人（人事院総裁、内閣法制局長官、公正取引委員会委員長、原子力規制委員会委員長及び公害等調整委員会委員長）を情報監視審査会に出席させることができる（国69Ⅱの準用）。

【国務大臣等の発言通告】 国務大臣等が情報監視審査会で発言しようとするときは、情報監視審査会会長に通告しなければならない（国70の準用）。

【国務大臣等の出席要求】 情報監視審査会は、議長を経由して国務大臣等の出席を求めることができる（国71の準用）。

§102の21

【検査官の出席説明要求】 情報監視審査会は、議長を経由して会計検査院長及び検査官の出席説明を求めることができる（国72Ⅰの準用）。

【最高裁判所長官の出席説明】 最高裁判所長官又はその指定代理者は、情報監視審査会の承認を得て出席説明することができる（国72Ⅱの準用）。

【内閣等に対する報告・記録提出要求】 内閣、官公署その他は、情報監視審査会から調査のため必要な報告又は記録の提出を求められたときは、応じなければならない。これについて、内閣、官公署が求めに応じないときについても、委員会と同じ手続が求められる（国104の準用）。

〔 情報監視審査会に関する事項 〕
　第102条の21　この法律及び他の法律に定めるもののほか、情報監視審
　　査会に関する事項は、各議院の議決によりこれを定める。

　　　　　　　第35次改正（平26.12）

　本条は、情報監視審査会に関する事項を議院の議決に委ねることを規定するものである。

【情報監視審査会に関する規定】 情報監視審査会に関する事項は、国会法及び他の法律に定めるもののほか、各議院の議決により定める。

　詳細については各議院の自律権に委ねる趣旨である。

　「情報監視審査会に関する事項」とは、情報監視審査会の組織、権能、運営等に関する一切の事項である。

　本条の委任に基づく法規範として位置付けられる限りにおいて、規定事項は議院の内部事項に限定されない。例えば、両議院の情報監視審査会規程では、行政機関の長に対する勧告（衆情規21Ⅰ、参情規21Ⅰ）、それに対して採られた措置についての報告要求（衆情規21Ⅱ、参情規21Ⅱ）を規定しているところである。

　「他の法律」とは、現在のところ、議院における証人の宣誓及び証言等に関する法律（昭和22年法律第225号）（以下「議院証言法」という。）、国会職員法、歳費法、議院に出頭する証人等の旅費及び日当に関する法律（昭和22年法律第81号）のことである。

　この文言によれば、法律で定めた事項に反する内容の議決を行うことはできないように読めるが、議院の内部組織については全て議院の自律に委ねられていると解する余地もあり、それによると、本条に基づく議決ではなく、規則制定権を根拠に自院の情報監視審査会を変容させることが可能となる。

§102の21

「各議院の議決」は、当該議院の本会議議決を指す。

議院規則の形式によることによって、会期を超える効力を持たせることができる。衆参両院はそれぞれ情報監視審査会規程という法規範を有している。両議院共に平成21年6月に議院の議決によって制定したものである。これは国会法に根拠を持つ議院規則である。

【情報監視審査会規程の内容】両議院の情報監視審査会規程で規定している事項は次のとおりである。

> 設置の趣旨、委員数、委員、会長、開会、情報監視審査室、定足数、表決、審査、委員の発言、議長・副議長の出席・発言、審査の要請をした委員会の委員長等の出席・発言、特定秘密を利用し又は知ることができる者の範囲、委員の派遣、特定秘密の提出・提示、勧告、報告書の提出、会議の秩序保持、休憩・散会、懲罰事犯の報告等、傍聴、特定秘密の保管、特定秘密の閲覧、会議録、特定秘密等の漏洩に係る懲罰事犯の報告等、事務局、準用

§ 103

第12章　議院と国民及び官庁との関係

制定時（昭22.5）

　本章は、国会の活動論のうち、議院の活動手法として国民や官庁と関わりの生じるものについて規定を置いている。

　両議院は、国政上の重要な機能を営む上で、正確な資料に基づいて正しい判断を行うために、外部からの資料・情報収集が必要である。それらを活動手段とすることは国民や他機関との関係を含むものであるので、法律事項とされている。

〔議員派遣〕
第103条　各議院は、議案その他の審査若しくは国政に関する調査のために又は議院において必要と認めた場合に、議員を派遣することができる。

制定時（昭22.5）、第2次改正（昭23.7）

　本条は、議員派遣について規定するものである。

【議院の活動場所】議場や委員会議室は議事堂（本館、分館）内に設けられており、議院の活動は議事堂内において行われるのが原則である。

　召集詔書には、集会の場所として「東京に」と記される例であるが（⋯▶第1条【集会場所】）、これは議事堂の所在地を示すものであると同時に、議院の活動場所が議事堂内であることを前提としている。

　議長警察権の及ぶ範囲が議事堂構内であるとされるのも、議院活動が原則として議事堂内に限局されていることの表れである（⋯▶第114条【警察権の及ぶ範囲】）。

　国会の活動場所は東京に限定されるものではなく、非常時に他の場所に召集することも可能であると解する。

【議員派遣】各議院は、審査、調査のために又は必要と認めた場合に、議員を派遣することができる。

　言論の府たる国会では、会議の場での議論が本来的な活動形態であるが、それを補うために他の手法を用いることも必要なことである。議院が議案等を審議したり、国政調査権を行使するに当たっての活動手法として、問題の所在地に赴き、現場を視察したり、地元の住民から意見を聴取すること等を行うことが認められており、

第12章　議院と国民及び官庁との関係　　*391*

§ 103

そのために議員を派遣するものである。

「各議院」とは、衆参両院が各々の判断で行うことを指す。

委員会がその審査又は調査のために行う委員派遣も対外的には議院が派遣するものに当たる。

「議案その他」とは、議院の議決を必要とする案件を指す。

「審査」は、通常、委員会における付託案件についての意思決定の過程を指す語である（浅野他・事典86頁）が、ここでは、本会議における審議を含めて、議院における審議過程全般を指すものと解する必要がある。

議案等の審査のための派遣は委員会に委ねられるのが一般的であり、後述する委員派遣として行われる。

「国政に関する調査」は、国政に対する監視、統制の権能を行使する上で必要な調査のことである。

「議院において必要と認めた場合」とは、議案の審査又は国政に関する調査以外で議院が必要と認めた場合で、その判断は議院の議決で行う。議長の判断に委ねることも可能であると解する。

具体的には、国際会議への出席や外国議会との交流を例として挙げることができる。

「派遣」とは、議院の意を受けた議員を出張させて職務を行わせることである。

議院サイドの主体的な判断に基づくものであり、個々の議員からの申出を議院が承認するものではない。

♥運用

実際上、全ての議員派遣について本会議の議決で決めることはできないため、開会中における場合でも議長の決定に代えることが多い。

派遣の相手先は、内閣、官公署のみならず、国民や国内の民間企業もこれを受け入れる義務がある（大池・説明8頁）。法的な義務であるが、拒否行為等の違反に対する罰則は定められていない。

派遣先は、国内に限らず、外国とすることも可能である。

派遣を行う時期は、会期中に限られない。議案の審議のための派遣を除いて、議院の意思決定を直接の目的とするものではなく、議院の部分主体による活動であるため、委員会の閉会中審査に準じ、会期制の例外が利くものと解する（••▶第1章概説【会期制の例外】）。

§ 104

♣議院法では〔召還・派出の禁止〕

　第73条　各議院ハ審査ノ為ニ人民ヲ召喚シ及議員ヲ派出スルコトヲ得ス

　　証人喚問、参考人招致や議員派遣のような制度はなく、交渉し得る範囲を政府に限定し、起こるべき紛擾を防ごうとしていたとされる[1]。

【委員派遣】議員派遣の一類型として委員派遣がある。

　「委員派遣」とは、委員会が付託案件の審査又は国政に関する調査のため、委員を出張させて職務を行わせることをいう。

　委員会の決定によって行われるが、対外的に受入義務を発生させるものなので、議院からの派遣という形式を整え、派遣活動の統一を図るため（佐藤（吉）・参規302頁）、議長の承認が必要とされている（衆規55、参規180の2Ⅰ）。

〔内閣等に対する報告・記録の提出要求〕

第104条①　各議院又は各議院の委員会から審査又は調査のため、内閣、官公署その他に対し、必要な報告又は記録の提出を求めたときは、その求めに応じなければならない。

②　内閣又は官公署が前項の求めに応じないときは、その理由を疎明しなければならない。その理由をその議院又は委員会において受諾し得る場合には、内閣又は官公署は、その報告又は記録の提出をする必要がない。

③　前項の理由を受諾することができない場合は、その議院又は委員会は、更にその報告又は記録の提出が国家の重大な利益に悪影響を及ぼす旨の内閣の声明を要求することができる。その声明があつた場合は、内閣又は官公署は、その報告又は記録の提出をする必要がない。

④　前項の要求後10日以内に、内閣がその声明を出さないときは、内閣又は官公署は、先に求められた報告又は記録の提出をしなければならない。

制定時（昭22.5）、第5次改正（昭30.3）、第24次改正（平10.1）

　本条は、内閣等に対する報告、記録の提出要求について規定するものである。

【憲法・議院証言法との関係】憲法第62条は、「両議院は、各々国政に関する調査を行ひ、これに関して、……記録の提出を要求することができる。」と規定している。

1 工藤重義『議院法提要』（東京博文館・1904）355頁。

§104

議院の国政調査権を十全に行使できるよう、調査手段についての要求権を定めたものである。

憲法第62条〔議院の国政調査権〕を具体化する規定は、国会法と議院証言法の2系統に分けて置かれており、証人に対するものは議院証言法で、証人以外の者に対するものは国会法で規定している。

憲法では、記録提出要求の目的として国政調査がうたわれているだけであるが、議案等の審査の手段として記録提出要求が認められないことを意味するものではない。国会法、議院証言法では、いずれも、国政調査に限らず、議案等の審査をも目的として報告・記録（書類）提出要求を規定している。

証人として書類の提出を求める場合には強制力が働き、義務違反に対する罰則も設けられている（議証7）。

【報告・記録提出要求】各議院又は各議院の委員会が審査又は調査のため報告又は記録の提出を求めたとき、求められた内閣、官公署その他はそれに応じなければならない。

各議院がその権能を有効に発揮できるようにするために、資料収集活動に対する相手方の義務を定めたものである。

要求する主体は、各議院又はその委員会であるが、本条は参議院の調査会に準用されている（国54の4）。また、常任委員会合同審査会について、本条と同様の規定が置かれている（常合規11）。憲法審査会には準用されていないが、同様の趣旨が両議院の憲法審査会規程に規定されている（衆憲規16、参憲規16）。

議員は、単独では資料の要求を行うことができない。実際には、政府は議員個人から要求のあった場合には、可能な限りで応じているが、義務によるものではない。

「審査」は、委員会における付託案件についての意思決定の過程だけでなく、本会議における審議を含めて議院における審議過程全般を指すものと解する必要がある。

「調査」は、国政に関する調査を指し、国政に対する監視、統制の権能を行使する上で必要な調査のことである。

「官公署」は、国又は地方公共団体の諸機関を指す。

議院はそれぞれが自律権を有し、自らを調査することが可能であるが、予算審議等においては他院に対する要求も考え得る。

裁判所も「官公署」に含まれるが、司法権の独立との関係から国政調査権の行使には限界がある。

「その他」には、民間の団体や個人が含まれる（大池・説明8頁）。

§104

「報告」とは、当該官公署が議院又は委員会に提出することを予定して作成した文書で、調査や任務の結果などについて述べたものをいう。

実務上、口頭の報告を含まないとされているようであるが、含むと解する余地もある[2]。

「記録」とは、要求の前に既に作成していた文書又は保持している文書一般を指す。文書でなくても、写真、映画フィルム、録音テープ、DVD のように、映像、音声、文字情報等、記録されたものの意味内容が問題となるものを含む[3]。

官公署に提出を求める記録について、文書一般という点を限定し、整理保存の対象となる役所の文書というように狭く解する説もあるが[4]、民間の団体や個人が要求の対象となることとの均衡からも、公式・非公式のものを問わず、公務員個人が作成した私案の類いも含まれるものと解する[5]。

「提出」とは、差し出すことであり、持参、郵送等、方法は問わない。

対象は現物であることを原則とするが、内容の真正さが保証されていることを条件に、写しの提出も認められよう。

「求め」は、相手を特定して要求することであり、これによって具体的な義務が発生する。国会法上は必ずしも文書によることを要しない。

求める主体は議院又は委員会であるから、それぞれ議決によることが必要である。

要求対象が特定秘密である場合でも要求手続に特例は設けられておらず、行政機関の長がそれに応じない場合についての特別の規定が存在する（国104の2）。

「応じなければならない」とは、一般的、原則的に義務があることを規定するものであるが、証人に対する書類提出要求の場合（議証7）と異なり、罰則は設けられていない。

委員会が求める場合は議長を経由する（衆規56、参規181）ので、相手方の提出も議院宛てということになる。

【特定秘密の提供】 各議院又はその委員会から求めた報告、記録に特定秘密が含まれる場合、行政機関の長は、次のときに限り、特定秘密を提供するものとされている。すなわち、①国会で保護措置が講じられていること、②我が国の安全保障に著しい支障を及ぼすおそれがないと認めたときが挙げられ、さらに、会議が非公開であることが要件とされている。その上で①の例として、ⓐ当該特定秘密を利用し又

---

2 入江雅昭「国会法第104条について」参議院法制局『法制実務研究報告（昭和42年度）』(1968) 353頁。
3 入江・前掲2 364頁。
4 第16回国会衆議院予算委員会議録第17号（昭28年7月7日）10頁〔佐藤達夫法制局長官の答弁〕。
5 第19回国会参議院議院運営委員会議録第47号（昭29年4月16日）12頁〔芥川治参議院事務総長、奥野健一参議院法制局長の答弁〕。

第12章　議院と国民及び官庁との関係　　*395*

§104

は知る者の範囲を制限すること、ⓑ当該業務以外に当該特定秘密が利用されないようにすることが挙げられている（特秘10 Ⅰ①イ）。

提出された特定秘密を利用し又は知ることのできる者の範囲は、**第104条の3**〔特定秘密情報を含む報告・記録の閲覧・利用〕に規定するところであり、秘密の漏洩の防止措置として、議員の院内での違反行為については懲罰規定が、職員については罰則が設けられている（衆規234の2、参規236、特秘23 Ⅱ）。

【要求に対する例外措置】国会の行政監視機能の充実強化を図ることを目的とする平成9年の国会法改正により、内閣又は官公署が提出の求めに応じない場合の例外的措置について、本条に第2項ないし第4項の規定が追加された。

議院証言法では公務員たる証人が書類の提出義務を免れる場合についての規定があり、国会法による要求の場合にも同様の法理が働くものと指摘されていたところ[6]、同改正によりその手続を整備したものである。

【要求の拒否】内閣又は官公署は、理由がある場合には報告、記録を提出する必要がない。その場合、内閣又は官公署は理由を疎明しなければならない。

内閣、官公署の義務が絶対的なものでなく、拒否できる場合について本条第2項及び第3項で規定した。

「理由」は、提出を拒むためのものであり、内容上の限定はない。したがって、個人情報に関する事柄を含むとか行政運営に支障を来すというものでもよい。

「疎明」は、相手が一応確からしいと受諾できる程度に説明することをいい、提出を求められた内閣又は官公署が行う。真実か否かを判断するための証拠提出行為ではないが、説得力が弱くても足りるというものではない。

「受諾し得る」は、理由の内容、疎明の程度によって客観的に決まるのではなく、提出を求めた議院又は委員会が判断するものである。

理由の疎明があった後、議院又は委員会が本条第3項の内閣の声明を要求しない場合には、理由を受諾し得る場合に当たるものとみなされる。したがって、議院又は委員会が受諾するには、そのための議決は必要ない。

「提出をする必要がない」とは、本条第1項の一般的義務規定にかかわらず、具体的な義務が免除されることを意味する。

【内閣の声明】提出を求めた議院又は委員会が内閣又は官公署によって疎明された要求に応じない理由を受諾できない場合には、内閣の声明を要求することができる。その声明は、当該報告又は記録の提出が国家の重大な利益に悪影響を及ぼ

---

6 第48回国会参議院予算委員会会議録第12号（昭40年3月15日）15頁〔高辻正巳内閣法制局長官の答弁〕。

396

§ 104

す旨を内容とするものである。

　報告・記録提出要求権が国会の議案審議や国政調査のために認められていることから、具体的提出義務の有無についての判断基準を国家の重大な利益への影響に絞り込んだ上で、その認定権を内閣に認めることで調整を図ったものである。ただし、最終的に内閣の判断を優越させることについては、疑問の声も聞かれる[7]。

　「受諾することができない場合」とは、受諾しないことを内容とする意思形成を行った場合であり、そのこと自体を議決する必要はない。

　「国家の重大な利益に悪影響を及ぼす」とは、我が国の存立、存続に悪影響があるという意で、悪影響の具体的内容として、国家機能が麻痺してしまう場合、内閣の重要な施策の遂行が著しく阻害される場合、公共の福祉に著しく反する場合等が挙げられる（浅野・調査権186頁）。

　国家の重大な利益は行政が独占する観念ではなく、報告、記録が提出されないことによって、議院又は委員会の審議権、国政調査権の行使が阻害されることも考慮しなければならない。本会議や委員会を秘密会とする等の運営によって機密保持を図ることも可能であり、それでもなお漏洩する危険があることを勘案した上で国家の重大な利益への影響を判断すべきである。

　「内閣の声明」とは、内閣が閣議決定によって判断したことを明らかにすることである。要求に対するものであるので、これを議院又は委員会に伝達する必要がある。

　「要求する」は、発するよう求めることであり、議決によることを要する。この議決が、求めに応じない理由を受諾することができない旨を含意する。国家の重大な利益に悪影響を及ぼすとの判断を議院又は委員会が要望するものではなく、報告、記録を提出させる前段階の手続を踏むという意味においてのものである。

　官公署の疎明した理由を受諾できない場合（本条第3項、第4項）の「官公署」には裁判所及び会計検査院は含まれないと解する。すなわち、それらの持つ情報についての報告や記録の提出が国家の重大な利益に悪影響を及ぼすか否かを内閣が判断できるわけではないからである。したがって、裁判所又は会計検査院が提出要求に応じず、議院又は委員会がその理由を受諾しないと判断した場合には、本条第3項及び第4項が適用されず、膠着状態となる可能性がある。

　なお、特定秘密情報について行政機関の長が求めに応じない場合については、特則が設けられている（国104の2）。

【声明の期限】内閣が報告、記録の提出が国家の重大な利益に悪影響を及ぼす旨

---

7 孝忠延夫「国政調査権の現状―政府・行政統制機能の拡充」ジュリスト1177号（2000）92頁。

§104の2

の声明を要求後10日以内に出さないときは、内閣又は官公署はその報告、記録を提出しなければならない。

この反対解釈により、声明を出したときは報告、記録を提出する必要がない。提出するか否かについて、最終的には内閣の判断によることとしたものである。

「10日以内」とは、要求の日を起算日として（国133）10日目に当たる日までを指す。

「出さない」とは、声明を出すことを決定しないか、又はその声明を議院又は委員会に伝達しないことをいう。

「提出をしなければならない」とは、本条第1項で規定された一般的義務のとおり具体的義務が課されることを意味する。

【民間人の拒否事由】要求に対する例外措置は、内閣、官公署についてのみ規定されているが、民間の団体や個人の場合にも、議院証言法の規定に準じて提出義務を免れる場合を想定できる[8]。

その1は、自己負罪を拒否する権利が認められる場合である。議院証言法第4条第1項は、自己又は近親者等が刑事訴追又は有罪判決を受けるおそれのあるときの提出拒否権を定めており、これを類推適用すべきである。

その2は、医師、弁護士等が業務上知り得た他人の秘密に関する事実であり、これも同条第2項が規定しており、同じく類推適用すべきである。

〔特定秘密情報を含む報告・記録提出拒否の審査の要請〕
第104条の2　各議院又は各議院の委員会が前条第1項の規定によりその内容に特定秘密である情報が含まれる報告又は記録の提出を求めた場合において、行政機関の長が同条第2項の規定により理由を疎明してその求めに応じなかつたときは、その議院又は委員会は、同条第3項の規定により内閣の声明を要求することに代えて、その議院の情報監視審査会に対し、行政機関の長がその求めに応じないことについて審査を求め、又はこれを要請することができる。

第35次改正（平26.12）

本条は、特定秘密情報を含む報告・記録提出拒否の審査の要請について規定するものである。

【特定秘密提出拒否の審査の要請】議院、委員会が特定秘密情報が含まれる報告、

8 入江・前掲2 376頁。

§104の3

記録の提出を求めた場合において、行政機関の長が求めに応じなかったときは、その議院、委員会は、内閣の声明を要求することに代えて、その議院の情報監視審査会に対し、行政機関の長が求めに応じないことについて審査を求め又は要請することができる。

　特定秘密の国会への提出要求について、情報監視審査会を通じることによって行政機関の対応の適正さを確保できるとの制度趣旨である。

　「前条第1項の規定」は、議院、委員会による審査又は調査のための内閣、官公署その他に対する報告、記録の提出要求を定めたものである。

　「同条第2項の規定」は、内閣、官公署が求めに応じないときの理由の疎明義務を定めたものである。

　「同条第3項の規定」は、議院、委員会が疎明された理由を受諾することができない場合の内閣声明（報告、記録の提出が国家の重大な利益に悪影響を及ぼす旨）の要求権を規定したものである。

　これらについての詳細は、第104条〔内閣等に対する報告・記録の提出要求〕の説明参照。

　「代えて」は、内閣に対する声明要求を行わずに、情報監視審査会への要請、求めを選択するという意味であり、どちらが原則、例外というわけではないが、新たに設けられた制度を活用することによって、要求実現の可能性の広がることが予想される。

　「審査」は、提出要求に応じない行政機関の長の判断の適否についての審査である。

　「求め」は議院によるもの、「要請」は委員会によるものである。情報監視審査会が独立性を認められているものの、議院の下部機関であることから、それぞれの行為の表現が使い分けられている。

　いずれも、それを行うことは議決によって決める必要がある。

　求めや要請に対して、情報監視審査会は審査に応じる義務を課されてはおらず、審査を行うためには、審査会での議決が必要とされている（衆情規14 I、参情規14 I）。

　審査を要請する主体について、本条は参議院の調査会に準用されている（国54の4）。

〔特定秘密情報を含む報告・記録の閲覧・利用〕

第104条の3　第104条の規定により、その内容に特定秘密である情報を含む報告又は記録が各議院又は各議院の委員会に提出されたときは、

第12章　議院と国民及び官庁との関係　　399

§ 104 の 3

　　その報告又は記録は、その議院の議員又は委員会の委員及びその事務を行う職員に限り、かつ、その審査又は調査に必要な範囲で、利用し、又は知ることができるものとする。

第 35 次改正（平 26.12）

　本条は、特定秘密情報を含む報告、記録の閲覧、利用について規定するものである。

【特定秘密の閲覧・利用】特定秘密情報を含む報告、記録が議院、委員会に提出されたときは、その報告、記録は、その議院の議員、委員会の委員及びその事務を行う職員に限り、利用し、知ることができるものとする。

　提出された特定秘密情報に接する者を限定することにより、その漏洩を防ぐ趣旨である。

　特定秘密の国会への提供を可能とするための保護措置（特秘附 10）の１つである。

　「第 104 条の規定」は、議院、委員会による審査又は調査のための内閣、官公署その他に対する報告、記録の提出要求を定めたものである。

　「提出されたとき」には、①内閣、官公署が要求に無条件に応じた場合（国 104 Ⅰ）、②内閣が声明を出すには至らず、提出することとなった場合（国 104 Ⅳ）、③情報監視審査会の審査を経て提出することとなった場合（国 102 の 17）の全てが含まれる。このうち①の場合は、提出を受けた側がその内容に特定秘密を含むことを了知しているとは限らないため、本条の限定を働かせるために、提出者はその旨を言い添える必要がある。

　「議院の議員」が閲覧・利用可能者となるのは、議院の要求に係る場合に限られる。

　「委員会の委員」は、委員会の要求に係る場合の当該委員会の委員に限定する趣旨である。

　「事務を行う職員」は、適性評価を受けていなくても、職務として閲覧することが可能であることを意味する[9]。

　「利用し、又は知る」とは、閲覧し、それに基づいて審査、調査に資することである。

　閲覧に付随する行為としての筆写や複写等は制限される。

　特定秘密情報を含む報告、記録を議院の議員等が利用し、知ることができるのは、その調査又は審査に必要な範囲においてである。

----

[9] 第 186 回国会衆議院議院運営委員会議録第 32 号（平 26 年 6 月 11 日）2 頁〔中谷元衆議院議員の答弁〕。

§105

「その調査又は審査」は、報告、記録の提出を要求することを必要とした調査、審査を指す。

特定秘密情報を含む報告、記録の提出を受けた主体につき、本条は参議院の調査会に準用されている（国54の4）。

【閲覧の方法】 特定秘密情報が漏れないようにする必要上、議院や委員会で閲覧する場合には、場所を情報監視審査室（衆情規11、参情規11）とすることや、閲覧者に限定を掛ける等の措置が必要となろう。

なお、提出する内閣、官公署の側としても、そのような制限がなされることを提出の条件とすることは可能であると解する。

〔特定事項の会計検査の要請〕

第105条　各議院又は各議院の委員会は、審査又は調査のため必要があるときは、会計検査院に対し、特定の事項について会計検査を行い、その結果を報告するよう求めることができる。

制定時（昭22.5）、第2次改正（昭23.7）、第24次改正（平10.1）

本条は、会計検査院に対する特定事項の検査要請について規定するものである。

【特定事項検査要請】 各議院又は各議院の委員会は、審査又は調査のため、会計検査院に対し特定事項について会計検査を行い、結果を報告するよう求めることができる。

この制度は、平成9年の国会法改正において、国会の行政監視活動をより実効的なものとするために、会計検査院の機能を国会が機能的に利用できるようにすることを狙いとして新設されたものである。

これを受けて、会計検査院法においても、会計検査院が要請に係る特定事項について検査を実施してその結果を報告することができる旨の規定が置かれた（会検30の2）。

会計検査院は毎会計年度の歳入歳出決算を検査する（憲90Ⅰ）が、これと比べて本制度は、①各議院の委員会等が必要に応じて随時に検査の要請を行い、これに応じて会計検査が行われるものである点、②会計検査の結果が内閣を経由せずに直接に各議院に報告されるものである点に特徴がある[10]。

要求する主体は衆参両院の各々又は各議院に設けられているいずれかの委員会で

---

10 郡山芳一「衆議院決算行政監視委員会設置と行政監視機能の強化」議会政治研究46号（1998）23頁。

§1

き（憲53前）、②いずれかの議院の総議員の4分の1以上の要求があるとき（憲53後）、③衆議院議員の任期満了による総選挙又は参議院議員の通常選挙が行われたとき（国2の3）に召集される。多様な召集要因を含むため、常会及び特別会以外の会期という控除的性格によって定義する方が的確であろう。

「特別会」とは、衆議院の解散による総選挙後に召集される国会である。

帝国議会においては、衆議院の解散後の議会を「特別議会」とか「解散後議会」と呼んでいたところ、国会法において法律上の名称として採用された。選挙の日から30日以内に召集されなければならない（憲54 I）。臨時会と異なり、「特別会」の語が憲法の規定には出てこないので、「日本国憲法第54条により召集された国会をいう」と指示されている。

「前項によることを要しない」とは、召集詔書の公布期日についての制限を設けないという意味である。

従来の例では、集会期日の3日ないし23日前に召集詔書が公布されている。特別会や選挙後の臨時会については、新当選議員の支度や議院の側の受入準備等を考慮してある程度の期間を置く必要があると思われるが、選挙の日から召集日まで9日というような短期間の例（第101回国会（特別））も見られる。

【公布の時点】詔書の公布は官報掲載による（•••▶本条【召集方法】）が、官報の印刷頒布のどの時点で公布がなされたこととなるかがかつて争われた。

この点については、官報を一般の希望者が閲覧し、又は購入しようとすれば、それをなし得た最初の時点をいうものとして、現在では解釈が確立している。法令の公布時期についてではあるが、この旨の判例がある[5]。

【召集可能時期】常会、特別会、選挙後の臨時会については召集時期が特定されている（憲54 I、国2、2の3）が、本条で規定する詔書公布期限とは別に、国会を召集することについての時期的な制限の有無の問題がある。

そもそも、議員が選出されていない時期における国会はナンセンスであり、衆議院解散時の必要に備えて参議院の緊急集会の制度が設けられているところである。

参議院議員通常選挙の際、選挙期日によっては議員が半数しかいない期間が生じ得る。そのような状況でも、国会の召集権が制約されると解すべきではないだろう。参議院は半数改選とすることで常に参議院議員は存在し、間隙を生じさせないことが意図されているからである[6]。

---

[5] 最判昭和33年10月15日刑集12巻14号3313頁。
[6] 佐藤達夫「会期延長についての疑問―参議院議員の任期に関連して」時の法令207号（1956）23頁。

§2

国会が現に開会中である場合、その会期中の日を集会期日として次の国会を召集することはできない。

内閣が実質的に召集を決定する権限は、会期延長が国会側の判断でなされることと衝突する場面が生じ得る。過去には、前国会の会期終了の翌日から次の国会が始まるような召集事例も存在するが、会期中に次国会を召集しておくことは、常会の1月召集のような義務的な場合やそれ以上の会期延長が不可能な場合（国12 Ⅱ）を除いて控えるべきである。臨時会であれば召集詔書の公布に期限が付されていないので、会期延長がなされないことを見定めてから召集すれば足りる。

〔常会の召集時期〕
第2条　常会は、毎年1月中に召集するのを常例とする。

制定時（昭22.5）、第5次改正（昭30.3）、第19次改正（平3.9）

本条は、常会の召集時期について規定するものである。

【常会の召集義務】 財政民主主義の下、毎会計年度の予算が国会の議決を経なければならず（憲86）、その審議のための国会を毎年1回召集しなければならないこととされている（憲52）。

「常会」とは、実体的には総予算審議を第1の目的とする国会であるが、召集詔書でその目的がうたわれることはないため、ここでの定義としては、**憲法第52条**〔常会〕を根拠に掲げて召集される国会とするほかない。

憲法第52条では「国会の常会は、毎年1回これを召集する。」と規定されており、その「毎年」が暦年で見て毎年いずれかの日に召集日があるということが要請されているのか、国会の会期が開かれていない時期が1年以上にわたってはならないとの趣旨かが争点となっていた（宮澤・コメ393頁）。常会の召集時期を12月から1月に移行させる本条の改正（•••▶本条【1月召集】）に際しては、それにより平成3年に常会の召集が行われなくなることについて、後者による解決が図られたが、議院法制局の説明では、いずれの説に立っても憲法に反しないとされていた[7]。

本条改正前の常会召集時期が12月だった当時、衆議院の解散によって常会を召集できなかったことがある（•••▶第2条の2【併合国会】）。いずれも、常会の召集詔書公布後に衆議院が解散され、総選挙後に特別会が召集されたケースである。憲法第52条

---

7 第121回国会衆議院議院運営委員会議録第5号（平3年9月6日）2頁〔和田文雄衆議院法制局長の答弁〕、第121回国会参議院議院運営委員会会議録第5号（平3年9月11日）2頁〔中島一郎参議院法制局長の説明〕。

§2

の「召集」は、国会の活動を開始させるために国会議員を各議院に呼び集める行為ではなく、それによって実際に会期が開始することが必要である。したがって、これらのケースは召集詔書を公布したことで召集義務を果たしたものではなく、特別会で総予算を審議する場が確保されたことで、結果的、実質的に常会の召集義務が解除されたものと解すべきである。

現在では、常会の召集時期が1月とされているため、衆議院の解散によりその時期に召集できない場合でも、その年のうちに召集する時間的余裕はある。

したがって、衆議院解散の場合には、常会と特別会の併合召集（国2の2）によって対処すべきであろう。その場合には、召集詔書を少なくとも10日前に公布しなければならないとの制約は働かないものと解する（•••▶第1条【常会の詔書公布期限】）。

【1月召集】常会は、毎年1月中に召集するのを常例とする。

総予算の提出も前年度の1月中とすることが財政法（昭和22年法律第34号）で定められており（財27）、次年度開始までの3か月弱の間に予算の審議を行うことが予定されている。

「毎年」は、「1月」と特定されている以上、暦年ごとと解さざるを得ない。

「1月中」とは、暦年の1月1日から31日までの間のことである。

ここでの「召集」は、会期の始まりを指す。1月中に常会の召集詔書を公布して2月から会期が始まるというのでは本条の要請を満たしたことにはならない。逆に、1月から始まる常会のために前年の12月に召集詔書を公布するのは差し支えない。

「常例とする」とは、通常の例であって、衆議院の解散による影響等、場合によってはその例によらないことも可能であることを意味する（•••▶第2条の2【併合要件】）。法律上の拘束性が弱められているのである。後述するように、昭和30年の改正で本条のただし書が削除された際に、ゆとりを持たせる趣旨で付け加えられた文言である（•••▶第10条【任期満了による会期終了】）。

なお、現行規定の下において、常会が1月以外の時期に召集された例はない。

◆改正前は〔12月召集〕

　第2条（旧）　常会は、毎年12月中に召集するのを常例とする。

　　本条は、平成3年に改正されるまでは「12月中」に召集することとされていた。同じく、財政法でも総予算は「12月中」に提出することとされていた。召集時期を12月とした理由としては、「予算案を早く内閣から提出させ、翌年の3月までの間にみっちりと予算の内容について審査し得るようになる」ことが挙げられていた（大池・説明2頁）。にもかかわらず、戦後、12月中に総予算が提出されたことはなく推移していた。

第1章　国会の召集及び開会式　*21*

§2の2

常会が召集されても予算審議に入ることができないため、1月下旬まで国会は開店休業の状態となるのが通例であり、年末年始の休みと併せて、これを「自然休会」と呼んでいた。150日間の冒頭を空費することで会期は実質的に短縮されたこととなり、内閣提出法案について後議となることの多い参議院では、会期末に議案が輻輳して十分な審議時間を取ることができない事態が頻繁に起こった。

そこで、参議院改革のテーマとして常会の1月召集の実現が取り上げられ、本条が改正されるに至った。その実現は、平成4年の常会の召集からであった。

◆改正前は〔会期と議員任期の関係〕

第2条(旧) ……これを召集する。但し、その会期中に議員の任期が満限に達しないようにこれを召集しなければならない。

制定当初は、会期中に議員の任期が満限に達しないように召集しなければならないとのただし書が付されていた。その結果、常会として不適当な時期に召集せざるを得ない事態が生じ、昭和30年の改正により、召集時期が変動しないようにただし書が削除された（➡第10条【任期満了による会期終了】）。

〔特別会と常会の併合〕

第2条の2　特別会は、常会と併せてこれを召集することができる。

第5次改正（昭30.3）

本条は、特別会の常会との併合召集について規定するものである。

【特別会の召集義務】「特別会」とは、衆議院の解散による総選挙後に召集される国会である。

特別会は、解散後の総選挙の日から30日以内に召集されなければならない（憲54 I）。議長を始めとする役員を選任したり、委員会を設置する等、議院が活動を開始するためにその内部組織を整えることを「院の構成」というが、選挙の結果を反映した衆議院の院の構成を早期に行い、新しく内閣総理大臣を指名する必要があること（憲70）を理由として期限を付したものである。

特別会の主たる目的は前述のとおりであるが、それ以外の国会の権能を行使することを妨げない。

【併合召集】特別会は常会と併せて召集することができる。

衆議院の解散時期に限定のないことから、特別会を召集すべき時期が常会のそれと重なることがあり得る。この場合に両方を別々に召集することは困難であることによる措置である。

常会及び特別会の召集は、いずれも憲法上の要請によるものであることから、両

§ 105

あり、本条は参議院の調査会に準用されている（国54の4）。なお、憲法審査会については、その権能上、本条は準用されていない。

「審査」は、委員会における付託案件についての意思決定の過程だけでなく、本会議における審議を含めて議院における審議過程全般を指すものと解する必要がある。

「調査」は、国政に関する調査を指し、国政に対する監視、統制の権能を行使する上で必要な調査のことである。

「会計検査院」は、財政の執行を監視し、検査することを任務とする憲法上認められた機関である（憲90 II）。

「特定の事項」とは、国の行政機関等の予算執行のうち、検査費目、政府の関係部局、会計年度等を限定して指し示した事項のことであり、議院又は委員会が検査要請を行うことを決定する際に決められる。

その内容は、既に会計検査院の審査の終わった会計年度における収入支出についてでもよい。行政の活動に対する監視のための制度であることに鑑みると、議院として決算審査を終えている年度のものについても可能であると解する。

「会計検査」とは、予算が適正に執行されたかどうかを事後的に検査することである。

「結果を報告」は、文書でなされることが原則であるが、併せて口頭による報告を求めることも可能である。委員会等の要請に対する報告は、議長を通じて行うべきものであろう。

「求める」ことは、議院又は委員会等の議決によって決めた上でなされなければならない。

「求めることができる」とは、議院又は委員会等に求める権能を認めるものであるが、会計検査院に義務を課するものではなく、会計検査院はその自主的な判断で応じることができる[11]。会計検査院の独立性に配慮した規定ぶりとされたところである。会計検査院法第30条の2〔国会及び内閣への報告〕で「要請」の語が用いられているのもその趣旨である。

衆議院では、本制度創設に当たって、複数の委員会から同種又は多数の要請がなされる際には、現行会計検査院法上行われている会計検査業務の円滑な遂行に支障を来さないよう、議院運営委員会において調整を図る旨の申合せがなされた[12]。

---

[11] 郡山・前掲 **10** 23頁。
[12] 第141回国会衆議院議院運営委員会議録第22号（平9年12月11日）5頁。

402

§106

〔証人等の旅費・日当〕
**第106条　各議院は、審査又は調査のため、証人又は参考人が出頭し、又
は陳述したときは、別に定めるところにより旅費及び日当を支給する。**

制定時（昭22.5）、第5次改正（昭30.3）、第17次改正（昭63.12）

　本条は、証人、参考人に対する旅費、日当について規定するものである。

【証人】憲法は、両議院が国政調査に関して証人に対して出頭、証言、記録の提出を
要求できる旨を規定している（憲62）。これを受けて議院証言法では、各議院から、議
案その他の審査又は国政に関する調査のため、証人として出頭及び証言又は書類の
提出を求められたときは、何人でもこれに応じなければならないと規定している（議
証1）。憲法で規定する国政調査に関するものだけでなく、議案の審査についての証
人も認めている。

　また、議院規則は、委員会に証人喚問の権限を認め、議長を経由してその出頭を
求める旨を規定している（衆規53、参規182Ⅱ）（••▶『逐参』第182条【委員会への証人出頭要求】）。

　「証人」とは、議院又は委員会の議決によって、審査又は調査のため出頭、証言、
記録提出を求められた者で、その不出頭、証言拒否、偽証等について罰則が設けら
れているものである。

【参考人】議院は、審査又は調査のため、学識経験者や利害関係者その他一般国民
の意見を聴く必要がある場合に、その者を参考人として招致する。

　参考人の制度は議院規則において規定されており（衆規85の2、257、参規186）、委員
会において招致することも認められている（••▶『逐参』第186条【参考人の出席要求】）。

　「参考人」とは、議院又は委員会の議決によって、審査又は調査のため出頭して参
考意見を求められた者である。

【証人と参考人の相違】元々、証人に対してはその経験した事実の陳述を求めるの
に対し、参考人には参考意見を求めるという聴取内容の相違がある。したがって、
証人の場合には代替性がなく、出頭・証言義務が伴い、その違反に対して刑事罰が
用意されている。その点、参考人が招致に応じるか否かは任意である。

　ところが、証人の場合、当人の非行に関して尋問されることが少なくないため[13]、
喚問を受けること自体がマイナス・イメージを伴うものと受け止められるように
なってきた。また、手続が厳格なため、本来であれば証人として出頭を求めるべき

---

[13]齋藤秀夫「国会における証人の特殊性」早稲田法学31巻1・2号（1955）137頁。

第12章　議院と国民及び官庁との関係　　*403*

§ 106

ところを参考人の資格を便宜的に用いるケースも見られる[14]。

【旅費・日当】**各議院は、証人又は参考人の出頭を求めたときは、別に定めるところにより旅費及び日当を支給する。**

　証人や参考人は議院に出頭した上で証言し又は参考意見を述べるので、そのための実費及び報酬を支給する趣旨である。

　本条には挙げられていないが、公聴会に出頭した公述人、証人の補佐人に対しても同様の旅費、日当が支給される（証旅6）。

　「旅費」とは、議院に出頭するため、居所から議院までの移動に要する往復の交通費のことである。ただし、議院外の指定する場所に出頭する証人（議証1の2Ⅰ）の場合は、居所から指定場所までの移動に要する往復の交通費のことであり、現在場所において証言する証人（議証1の2Ⅰ）の場合には支給されない。

　「日当」とは、証言又は参考意見を述べるために議院に出頭したこと及びそのための移動に要した日数に応じて支給される報酬である。なお、宿泊を要する場合には支給額が加算され、その意味で実費の要素もある。

　「出頭」とは、議院に出向いて来ることをいうが、証人については、議院外の指定する場所に出頭を求めた場合を含む。

　「陳述」とは、証人についてその現在場所において証言することがある（議証1の2Ⅰ）ことを踏まえたものである。

　「別に定めるところにより」は、法形式を指定していないが、法律によることを要すると解する。実際には、議院に出頭する証人等の旅費及び日当に関する法律で基本事項を規定し、その額等については両院議長が協議して定める議院に出頭する証人等の旅費及び日当支給規程で規定している。

　「支給する」とは、議院の義務を規定するものであるが、議院に出頭する証人等の旅費及び日当に関する法律では、職務の関係で出頭した公務員等には旅費、日当を支給しない旨が定められている（証旅1但、6）。

14岡崎慎吾「参考人―より充実した審議のために」立法と調査191号（1996）34頁。

第13章　辞職、退職、補欠及び資格争訟

制定時（昭22.5）

　本章は、組織論のうち、議員がその地位を失う事由、その補欠のための手続、議員の資格についての争訟について規定を置いている。これらは、その手続に着目した場合、活動論の各論でもある。

　国会議員の地位取得、すなわち選挙については公職選挙法が規定する。議員が一旦地位に就いた後は、国民の意思によってそれを左右することはできず、議院の議決による場合も、議員の議席を失わせるには出席議員の3分の2以上の多数によることが必要である（憲55但、58Ⅱ但）。

【議員の任期】国会議員は選挙で選ばれ（憲43Ⅰ）、その任期は、衆議院議員は4年（憲45本）、参議院議員は6年（憲46）とされている。衆議院議員は解散があればその地位を失う（憲45但）。補欠議員は、前任者の残任期間在任する（公選260）。

　任期は暦に従って計算し、該当する年の起算日応当日の前日（民143Ⅱ）午後12時に終了する。

　任期の起算日は、公職選挙法が規定している。衆議院議員の任期は、総選挙の期日から、ただし、任期満了による選挙が任期満了日前に行われたときは前任者の任期満了の日の翌日から起算し（公選256）、参議院議員の任期は、前任者の任期満了の翌日から、ただし、通常選挙がその任期満了日の翌日後に行われたときは通常選挙の日から起算する（公選257）。

【当選無効・選挙無効】国会議員は選挙で選ばれる地位である（憲43Ⅰ）ため、その当選が無効となった場合には、それによって得られた議員の地位も無に帰することとなる。

　「当選無効」とは、当選争訟や選挙犯罪等により、選挙の当選人の決定が無効となることであり、「選挙無効」とは、執行された選挙が選挙の規定に違反し、その結果に異動を及ぼすおそれがある場合に、選挙争訟により選挙そのものが無効となることである。

　当選無効、選挙無効が生じた場合、本来的には選挙時に遡って当選がなかったものとなるところであり、その「当選人」には既に議員の身分を取得した者を含むとされるが[1]、無効が確定するまでになされた当該議員の行為は有効である。議員で

1 安田充＝荒川敦編『逐条解説公職選挙法(下)』（ぎょうせい・2009）1946頁。

第13章　辞職、退職、補欠及び資格争訟　　405

§ 107

ない者が加わっていたことを理由に議院、委員会等の活動の効果を覆すと大きな混乱を惹起し、その弊害は甚だしいものとなるからである （国113本参照）。

〔議員の辞職〕
第107条　各議院は、その議員の辞職を許可することができる。但し、閉会中は、議長においてこれを許可することができる。

制定時 （昭22.5）

本条は、議員の辞職について規定するものである。

【議員の辞職】 国会議員は選挙で選ばれるものであり （憲43 I）、その議席を失わせるには、出席議員の３分の２以上の多数による議決で資格争訟の裁判をする （憲55但） か、懲罰によって除名する （憲58 II但） かのいずれかによらなければならない。しかし、これらは本人の意思に基づかない場合のことであり、自らの意思で議員の地位を辞そうとすることは可能である。

「辞職」とは、議員の地位に就いている者が、自らの意思に基づき、将来に向かってその地位を離れることをいう。

【辞職許可】 各議院は、その議員の辞職を許可することができる。

辞職を議院の許可に係らしめているのは、国民の信任に基づいて選出された議員の地位は重く、本人の恣意によりみだりにその地位を失うことのないようにする趣旨である。

辞職の申出は、議員本人 （代理者を通じてでもよい） から所属する議院の議長に対してなされなければならず、その方法は辞表の提出によることとされている （衆規186、参規190）。

「各議院」が主語となっているのは、議員の辞職が議院の自律に関わる事項であることを示している。

「その議員」とは、当該議院に所属する議員のことであり、辞職を申し出ていることが前提となっている。

「許可する」とは、本会議において、申出を認める議決を行うことである。出席議員の過半数の賛成による （憲56 II）。

衆議院においては、会期中でも、本会議を開くいとまがないときに、閉会中に準じて、議長の許可によった例がある （衆先86） が、これは本条本文の「議院」を拡大させた解釈であり、議院運営委員会理事会等において各会派の事前の了承を得るこ

406

§107

とが事実上の要件となると解する。

　会期中に提出された辞職願は、先決性の高い事件として速やかに本会議で許可することを諮る必要がある。

　辞職の申出は、通常であれば許可されることとなるが、当該議員が不祥事の当事者である等の場合には、これを許可しないで、懲罰としての除名を目指すことも考えられる（衆規188Ⅱ、参規192参照）。

　本会議において辞職の許可が否決されると、その辞職の申出は効力を失う。

　辞職願が会期中に諮られない場合、それは実質的な不許可を意味し、申出の効力が失われるため、閉会後に持ち越して議長許可の方法によることはできない。

【閉会中の辞職】 閉会中は、議長の許可によって議員を辞職することができる。

　本会議を開けない時期における議院の判断を議長がなし得ることとしたものである。

　「閉会中」とは、会期終了日の翌日から次会期召集日の前日までの期間を指すが、会期最終日の本会議を散会した後に辞表が提出された場合は、その日のうちに許可するときでも、閉会中に当たるものとして議長の許可によることとなる。

　「許可することができる」は、議長に権限を与える趣旨であり、次国会の召集が目前に迫っているときに、議長が許可することなく召集後に議院の会議の判断に委ねることを妨げない。

【他院議員の繰上補充の場合の特則】 議員がその当選前に他院議員の選挙（比例代表）で落選し、次順位の名簿登載者となっている場合、他院議員に当該選挙区で欠員が生じると、その議員が繰上補充により当選人となる（公選112ⅠⅡⅣ）が、それに応じて他院議員となるためには現在地位に就いている議員を辞さなければならない（公選103Ⅱ）。

　その際の辞職の手続については、公職選挙法第103条第3項が「前項の場合において、同項に規定する公務員がその退職の申出をしたときは、当該公務員の退職に関する法令の規定にかかわらず、その申出の日に当該公務員たることを辞したものとみなす。」と規定している。これは本条に対する特則に当たる。

　この場合には、議長に辞職願を提出することにより、その許可を要することなく、辞職の効果が発生する[2]。

【辞職の効果】 本会議で辞職を許可する議決がなされたとき又は議長が許可を決定したときは、当該議員はその時点で議員の地位を失い、議員としての権能を行使で

----

2 安田充=荒川敦編『逐条解説公職選挙法(上)』（ぎょうせい・2009）883頁。

第13章　辞職、退職、補欠及び資格争訟　　*407*

§ 108

きなくなる。

〔他院議員となったときの退職〕
第 108 条　各議院の議員が、他の議院の議員となつたときは、退職者と
なる。

制定時（昭 22.5）、第 5 次改正（昭 30.3）

　本条は、議員が他院の議員となった場合の退職について規定するものである。

【両院議員の兼職禁止】憲法第 48 条は「何人も、同時に両議院の議員たることはできない。」と規定している。

　二院制を採用する以上、衆参両院は別個独立のものであり、異なる議員で構成されなければならないことが前提である。

【他院議員となることによる退職】各議院の議員は、他の議院の議員となったときは退職者となる。

　両院議員の兼職禁止を実現するための具体的措置として、議員の他院議員への立候補を禁止することも 1 つの方法であろうが、国会法は、兼職状態が生じるときに既に就いている議員の地位を失うことを規定した。

　「各議院の議員」とは、衆議院議員又は参議院議員のことである。

　「他の議院の議員」とは、衆議院議員にとっては参議院議員のことであり、参議院議員にとっては衆議院議員のことである。

　「なつた」とは、当選して地位を得たことである。当選が確定するのは当該選挙の選挙会の決定による。

　「退職者となる」とは、その意思に基づかずに自動的に将来に向かって兼職状態が生じる前の議員の地位を失うことである。

【本条適用の可能性】本条とは別に、公職選挙法は、公職の候補者となることのできない公務員が候補者となったときは当該公務員を辞したものとみなす旨規定しており（公選 90）、国会議員もその公務員に該当する。これにより議員は、他院の議員となる場合、その一段階前の立候補の時点でその地位を失うこととなる。

　衆参各院の比例代表選出議員に欠員が生じて繰上補充を行う場合に、次順位の名簿登載者がその後に行われた他院議員の選挙に当選して議員となっているとき、その者が繰上補充に応じるとしても、その前に他院議員を辞しておく必要がある（公選 103 Ⅱ Ⅲ）（➡➡第 107 条【他院議員の繰上補充の場合の特則】）。

408

§ 109

　以上のことから、現行制度上、議員が他院議員となって本条が適用されるという場合は存しないことになる。

　〔被選資格喪失による退職〕
　第109条　各議院の議員が、法律に定めた被選の資格を失つたときは、退職者となる。

　　　　　　制定時（昭22.5）

　本条は、被選資格を失った場合の退職について規定するものである。

【被選資格喪失による退職】議員は、法律に定めた被選の資格を失ったときは退職者となる。

　国会議員は、国民の選挙によって選ばれる地位であるため、被選挙権を有することが絶対条件である。そこで、国会議員となった後も被選挙権を有することが地位保持の要件とされているのである。

　「退職者となる」とは、その意思に基づかずに自動的に将来に向かって議員の地位を失うことである。

【被選の資格】「被選の資格」は、議員たる地位に就き得る資格である。公職選挙法に規定されており、①日本国民であること、②選挙期日の時点で衆議院議員については25歳以上、参議院議員については30歳以上であることである（公選10）。

　被選資格の欠格事由も公職選挙法等に規定されている。被選挙権を有しない者として挙げられているのは、刑に処せられた者（公選11 Ⅰ⑵～⑸、11の2、252、政資28、地方公共団体の議会の議員及び長の選挙に係る電磁的記録式投票機を用いて行う投票方法等の特例に関する法律17）である。

　以前は、成年被後見人も被選挙権を有しない者として定められていた（公選旧11 Ⅰ⑴）が、この規定は平成25年に削除された。

　刑に処せられた者が被選挙権を有しないことについては、犯罪の種類、刑罰の程度により区分して規定されており、その区分により被選挙権を有しない期間が異なる。

　①禁錮以上の刑に処せられその執行を終わるまでの者、②禁錮以上の刑に処せられ、その執行を受けることがなくなるまでの者（刑の執行猶予中の者を除く）、③公職にある間に犯した刑法第197条から第197条の4までの罪（収賄等）又は公職にある者等のあっせん行為による利得等の処罰に関する法律第1条の罪（公職者あっせん利

第13章　辞職、退職、補欠及び資格争訟　　409

§ 109 の 2

得）により刑に処せられ、その執行を終わり若しくはその執行の免除を受けた者で
その執行を終わり若しくはその執行の免除を受けた日から5年を経過しないもの又
はその刑の執行猶予中の者、④法律で定めるところにより行われる選挙、投票及び
国民審査に関する犯罪により禁錮以上の刑に処せられ、その刑の執行猶予中の者、
⑤公職選挙法違反の罪で同法第252条の規定により一定の期間選挙権及び被選挙権
を停止されている者は、その間、被選挙権を有しない（公選11）。

　また、公職にある間に犯した公職選挙法第11条第1項第4号に示した罪（収賄、
公職者あっせん利得等）により刑に処せられ、その執行を終わり又はその執行の免除
を受けた者でその執行を終わり又はその執行の免除を受けた日から5年を経過した
ものは、当該5年を経過した日から5年間、被選挙権を有しない（公選11の2）。

　なお、公職選挙法以外の法律でも被選挙権が停止される場合を規定しているもの
がある（政資28、地方公共団体の議会の議員及び長の選挙に係る電磁的記録式投票機を用いて行う投票
方法等の特例に関する法律17）。

【被選資格の喪失】国会議員が被選の資格を失うこととなるのは、①日本国籍喪失、
②有罪判決によってである。

　「失つたとき」とは、被選資格を失うことを法効果とする事実が発生したときであ
り、具体的には判決の確定時等を指す。

　観念的には、これらの事実の発生によって議員はその地位を失うのであるが、実
際上は、議院がその事実を確認するまでは当該議員が活動を継続することとなりか
ねない。そのため、議員の資格に影響のある裁判が確定した場合には、裁判所から
の通知が必要である。具体的には、議員たる当選人が選挙に関する犯罪によって刑
に処せられたときは裁判所の長から当該議員が所属する議院の議長に通知されるこ
とが法定されており（公選254）、それ以外の事由で議員の資格に影響のある裁判が確
定したときも、それを言い渡した裁判所の長から当該議員が所属する議院の議長に
通知される例となっている（衆先89、参先106）。

〔政党間移動による退職〕

　第109条の2①　衆議院の比例代表選出議員が、議員となつた日以後に
おいて、当該議員が衆議院名簿登載者（公職選挙法（昭和25年法律第
100号）第86条の2第1項に規定する衆議院名簿登載者をいう。以下
この項において同じ。）であつた衆議院名簿届出政党等（同条第1項の

§109の2

規定による届出をした政党その他の政治団体をいう。以下この項にお
いて同じ。）以外の政党その他の政治団体で、当該議員が選出された選
挙における衆議院名簿届出政党等であるもの（当該議員が衆議院名簿
登載者であつた衆議院名簿届出政党等（当該衆議院名簿届出政党等に
係る合併又は分割（2以上の政党その他の政治団体の設立を目的とし
て一の政党その他の政治団体が解散し、当該2以上の政党その他の政
治団体が設立されることをいう。次項において同じ。）が行われた場合
における当該合併後に存続する政党その他の政治団体若しくは当該合
併により設立された政党その他の政治団体又は当該分割により設立さ
れた政党その他の政治団体を含む。）を含む2以上の政党その他の政
治団体の合併により当該合併後に存続するものを除く。）に所属する
者となつたとき（議員となつた日において所属する者である場合を含
む。）は、退職者となる。

②　参議院の比例代表選出議員が、議員となつた日以後において、当該
議員が参議院名簿登載者（公職選挙法第86条の3第1項に規定する
参議院名簿登載者をいう。以下この項において同じ。）であつた参議院
名簿届出政党等（同条第1項の規定による届出をした政党その他の政
治団体をいう。以下この項において同じ。）以外の政党その他の政治団
体で、当該議員が選出された選挙における参議院名簿届出政党等であ
るもの（当該議員が参議院名簿登載者であつた参議院名簿届出政党等
（当該参議院名簿届出政党等に係る合併又は分割が行われた場合にお
ける当該合併後に存続する政党その他の政治団体若しくは当該合併に
より設立された政党その他の政治団体又は当該分割により設立された
政党その他の政治団体を含む。）を含む2以上の政党その他の政治団
体の合併により当該合併後に存続するものを除く。）に所属する者と
なつたとき（議員となつた日において所属する者である場合を含む。）
は、退職者となる。

第27次改正（平12.5）

　本条は、衆参両院の比例代表選出議員が政党間移動をした場合の退職について規
定するものである。

【比例代表と党籍変更】 参議院では昭和58年の通常選挙から、衆議院では平成8年

第13章　辞職、退職、補欠及び資格争訟　*411*

§109の2

の総選挙から、それぞれ比例代表制が導入されたが、比例代表選出議員が党籍を変更した場合についての措置は規定せず、その場合も引き続き議員の身分を保持することとされていた。実際にそのような事例がしばしば見られ、当時は、それに対する厳しい批判も少なくなかった。

憲法解釈上、党籍変更した比例代表選出議員の身分を失わせる制度の可否については学説が分かれている。議席保有説は、議員の政党所属関係を議員たる地位の要件とすることは国民代表の観念に矛盾するとする[3]。これに対して議席喪失説は、憲法が議員の身分の取得を選挙に係らしめている点を重視し、国民から委託された意思から全体として離脱するのであれば国民はその事態を容認できないとする[4]。

平成12年の改正では、比例代表選出議員の党籍変更のうち政党間移動行為に限定して禁止する趣旨の措置が講じられた。議員の意思が客観的に民意から離れていると判断できる場合に議員の身分を喪失させるものである[5]。

【政党間移動の禁止】衆参各院の比例代表選出議員が、議員となった日以後、他の名簿届出政党等に所属する者となったときは退職者となる。

本条が対象とする政党間移動は、他の名簿届出政党等に移る場合である。したがって、比例代表選出議員が無所属となる場合や選挙後に設立された政党、名簿を提出しなかった政党に所属する場合には議席を失わない。ただし、無所属や新党所属を経て他の名簿届出政党等に移る場合には退職者となる。

「衆議院の比例代表選出議員」、「参議院の比例代表選出議員」とは、それぞれ総選挙又は通常選挙で比例代表選挙の候補者として名簿に登載され、当選した後、任期の開始している者をいう。繰上補充によって当選した者も含まれる。衆議院でいわゆる重複立候補（公選86の2Ⅳ）して小選挙区で当選した議員は含まない。

「議員となつた日」とは、その任期が開始した日のことであり、前任者の任期が終了している場合には選挙の期日から、終了していない場合には前任者の任期終了の翌日を指す。

当選後、任期が開始する前の段階での政党間移動については、公職選挙法の当選人の失格の規定（公選99の2ⅠⅥ）が適用され、その場合、当選人は当選を失う。

「衆議院名簿登載者」、「参議院名簿登載者」は、衆参それぞれの比例代表選挙において、政党その他の政治団体が選挙長に届け出る当選人となるべき者の名簿に、当

---

3 佐藤功「比例代表制の憲法問題―参議院全国区政改革案の問題点」法学セミナー320号（1981）23頁。
4 白藤令「改正公選法の問題点―政治学の立場から」ジュリスト776号（1982）29頁。
5 上脇博之「『国民代表論と政党国家論』再論」『政党国家論と国民代表論の憲法問題』（日本評論社・2005）209頁。

§109の2

該政党等の名称とともに氏名が記載されている者のことである。

「衆議院名簿届出政党等」、「参議院名簿届出政党等」とは、衆参それぞれの比例代表選挙において、選挙長に名簿の届出をした政党その他の政治団体のことである。「等」とあるのは、政治資金規正法等の政党要件を満たさない政治団体が名簿を届け出ることが一定の要件で認められていることによる（公選86の2Ⅰ、86の3Ⅰ）。

「以外の政党その他の政治団体で、当該議員が選出された選挙における衆（参）議院名簿届出政党等であるもの」とは、その比例代表選挙における他の名簿届出政党等のことである。

したがって、院内の会派所属の異動は、本条の政党間移動には当たらない。

「所属する者となつたとき」とは、当該政党等で所属が認められたときである。

「退職者となる」とは、その意思に基づかずに自動的に将来に向かって議員の地位を失うことである。

議員となった日において他の名簿届出政党等に所属する者である場合も同様に退職者となる。

「議員となつた日において所属する者である場合」とは、任期が開始した時点において既に他の政党へ移動していたにもかかわらず、当選人としては失格（公選99の2ⅠⅥ）とならなかった場合のことである。

【**選挙後の政党間移動**】名簿届出政党等に登載されて当選した議員が他の名簿届出政党等に移ることが本条の対象となるのであるが、その政党等が選挙後に解散したり合併したりするような事態が生じた場合に本条の要件を満たしたことになるのか否か疑義が生じるため、括弧書きで周到に規定されている。

具体的には、A党に所属する比例代表選出議員について、次のような場合に議席を失わないことが規定されている[6]。なお、A党、B党、C党は選挙時の名簿届出政党であり、X党、Y党は、その後に設立された政党である。

① A党がB党に吸収合併されたときに、B党に所属する場合

② A党がC党に吸収合併された後にC党がB党に吸収合併されたとき、又は、A党がC党と合併してX党を新設した後にX党がB党に吸収合併されたときに、B党に所属する場合

③ A党がX党とY党に分割された後に、X党がB党に吸収合併されたときに、B党に所属する場合

---

[6] 山本悦夫「政党と国会法・公職選挙法―比例代表選出議員の議席喪失規定を中心に」法学新報108巻3号（2001）470頁。

$§110$

　これらは、Ｂ党がＡ党の後継政党であることを認定し、Ｂ党への所属が国民の選挙時の意思をゆがめるものには当たらないことを確認するものである。

　このことに鑑みると、①や②でＡ党を離れて無所属となっていた議員が合併後のＢ党に所属することや③で分割によりＹ党に所属していた議員が合併後のＢ党に移ることも退職事由には当たらないこととなる。

【移動の事実の調査】　本条の要件は国会議員の政党間移動であり、言わば私的自治に関する事項なので、その事実が生じたことは議院が当然に知るところではない。

　政党助成法（平成6年法律第5号）は、政党交付金の交付を受けようとする政党に所属する衆議院議員又は参議院議員の氏名等の事項を届け出る義務を課し、それが告示されることとなっている（政助5）。しかし、これは異なる制度上のものであり、届出も年1回であることから、この届出によっては遅滞なく議員の政党間移動の事実を知ることができない。

　公職選挙法では、当選人の政党間移動による失格について、当選人が政党を移動したことについての通知等の手続が定められている（公選99の2Ⅱ～Ⅵ）が、国会法ではこれに相当する規定が設けられていない。したがって、議院がその事実を察知していない場合には、当該議員と同じ議院に所属する他の議員の提訴に係る資格争訟手続による等の方法で認定するほかない[7]。

〔欠員の通知〕
第110条　各議院の議員に欠員が生じたときは、その院の議長は、内閣総理大臣に通知しなければならない。

制定時（昭22.5）、第1次改正（昭22.12）、第5次改正（昭30.3）

　本条は、議員に欠員が生じたときの措置について規定するものである。

【議員の欠員】　議員定数は法定されており（公選4ⅠⅡ）、実際の議員数もこれに合致しているのが望ましい。そこで議員に欠員が生じた場合には、その補欠選挙等を行う必要がある。

　「議員」は、国会議員として任期中の者のことである。

　当選後任期開始前の者については、当選人が死亡者であるとき等として公職選挙法の定めるところである。

....
7 大泉淳一「『公職選挙法の一部を改正する法律案』及び『国会法及び公職選挙法の一部を改正する法律案』等について（2・完）」選挙時報49巻9号（2000）12頁。

§111

「欠員」とは、議員の地位に就いている者の現在数が法定議員数（衆議院465、参議院242（令和元年の通常選挙後は245、令和4年の通常選挙後は248となる。））に満たない事態をいう。本条では、個別の事情によって生じたものを指し、衆議院の解散や議員の任期満了による場合を含まない。

個別の事情によって生じる欠員とは、議員の死亡、辞職、退職（国108、109、109の2、公選90）、除名、資格争訟による地位喪失、選挙無効、当選無効によるものである。

選挙無効や当選無効は公職選挙法の定めるところである（公選205Ⅰ、208Ⅱ、209Ⅰ、251、251の2Ⅰ～Ⅲ、251の3ⅠⅡ、251の4Ⅰ）。選挙争訟、当選争訟による無効の判決等による場合のほか、当選人の選挙犯罪、連座制の適用による場合がある。既に議員となっている者も、これによってその地位を失うこととなる。

【欠員通知】各議院の議員に欠員が生じたときは、その院の議長は内閣総理大臣にこれを通知しなければならない。

補欠選挙等を行う必要があり、内閣に対してその準備を促すことを目的とする。

欠員の通知を受けた内閣総理大臣は総務大臣に通知し、総務大臣は都道府県知事を通じてその事務を管理する選挙管理委員会又は中央選挙管理会に通知しなければならないとされている（公選111Ⅰ(1)(2)）。

「その院の議長」は、欠員が生じた議院の議長であるが、衆議院において、総選挙後の特別会が召集されるまでの間は議長、副議長がいないので、事務総長がその任に当たる。

「通知」は、どの議員について生じた欠員であるかの通知であり、その期日、選挙区等の事由を示す必要がある。

内閣総理大臣への通知の時期や方法は指定されていないが、速やかに文書によって行う必要がある。

〔資格争訟〕
第111条①　各議院において、その議員の資格につき争訟があるときは、委員会の審査を経た後これを議決する。
②　前項の争訟は、その院の議員から文書でこれを議長に提起しなければならない。

制定時（昭22.5）

本条は、議員の資格争訟の手続について規定するものである。

§111

【制度趣旨】憲法第55条は、「両議院は、各々その議員の資格に関する争訟を裁判する。」と規定している。

議員の地位が正当な議員の資格に基づくものであるかどうかについて、司法審査に委ねるのではなく、その議員の属する議院が審査する法制は、あまねく見受けられる（大石・自律権41頁）。我が国では、旧帝国議会において議員の資格審査は議院が行うこととされ（旧議78）、これが現行憲法に受け継がれた。

裁判所は、憲法に特別の定めのある場合を除いて、一切の法律上の争訟を裁判する権限を有するとされるが（裁3Ⅰ）、議員の資格争訟は、その特別の定めのある場合に当たる。したがって、議院の議決によって資格を有せずと判断された議員は、司法に救済を求めることができない。

しかし、議員の地位に関わる争いを議院が独占的に審査するわけではない。選挙や当選の有効・無効については司法審査によることとなっており、議院による資格争訟の対象とはならない。議院が判断できるのは、議員の資格についてである。

【資格争訟と選挙訴訟の関係】議員選挙における当選人の当選を争う方法として選挙の効力に関する訴訟があり（公選208）、その者が議員の資格を備えているかどうかは裁判所の審理の対象となり得る。当選訴訟の出訴期間は当選の告示から30日に限定されているため、ごく限られてはいるが、議院に提起される資格争訟と競合する可能性が生じる。

競合した場合、議院と裁判所は独立して判断するほかないとするのが一般的な理解である（黒田・国会法163頁）。それによると、裁判所で資格ありとされた議員が議院で資格なしと判定されることもあり得ることになる。

しかし、両者の競合が生じないように守備範囲を仕切るのが実際的な解決法であろう。被選挙資格に関わる当選訴訟を裁判所に提起できないようにすべきとの立法論も示されている（鈴木・理論265頁）が、当選の効力に関する限り、資格の有無の判断は裁判所の専権事項とし、議院における資格争訟の手続は、任期開始後に議員がその資格を失っていないか否かに限って対象とすべきである（浅井・概説260頁）。

この理解による場合、選挙時の議員の資格についての裁判所の判断は、議院によって覆されることはないが、その後の資格争訟における議院の判断を縛ることはない。

♣議院法では〔資格争訟と選挙訴訟の関係〕
第79条　裁判所ニ於テ當選訴訟ノ裁判手續ヲ爲シタルモノハ衆議院ニ於テ同一事件ニ付審査スルコトヲ得ス
　　資格争訟と選挙訴訟の交通整理がなされ、司法の判断を優先させていた。

416

§111

【議員の資格】議員はその資格を有することが地位を保持する上での要件である。

「議員の資格」とは、被選挙権（被選の資格）を有すること及び退職者となる旨定められている要件に該当していないことを指す。

被選の資格については、**第109条【被選の資格】**の説明参照。

議員が退職者となる旨定められているのは、①他院の議員となった場合（国108）、②被選の資格を失った場合（国109）、③比例代表選出議員が他の名簿届出政党に移動した場合（国109の2）、④公職の候補者となった場合（公選90）である。

【資格喪失の事実の認知】議員がその資格を喪失するのは公的に了知し得る事実に係ることが多く、その場合には関係当局から議院に対して通知する手続が採られるようになっているのが通常である。 例えば、議員たる当選人が選挙に関する犯罪によって刑に処せられたときには、裁判所の長がその議員が属する議院の議長に通知しなければならないと規定されている（公選254）ほか、議員が公職選挙法による犯罪以外の犯罪により禁錮以上の刑に処せられた場合等、議員の資格に影響のある裁判が確定した場合には、その裁判所の長から通知されることとなっている（衆先89、参先106）。また、議員が公職の候補者となったときは、選挙管理委員会から報告を受けた総務省が議院に通知することとなっている。これらの場合には、資格争訟に及ぶまでもなく、議院は当該議員を退職者として扱うこととなる。

これに対して比例代表選出議員の政党間移動は、議院が当然に了知し得る事実ではないので、資格争訟の手続によって判断することとなる可能性がある（•••▶**第109条の2【移動の事実の調査】**）。

【資格争訟】議員の資格について争訟があるときは、委員会の審査を経た後に本会議で議決する。

事案の重大性に鑑み、厳格な手続によることとしたものである。

「争訟」とは、訴えを起こして争うこと又はその後に採られる手続のことをいう。

議員の資格についての争訟は、特定の議員にその資格がなく、議員の地位を喪失していることを確認する旨の訴えを起こすことである。

対象議員が現に議員の資格を欠く場合だけでなく、現在では資格を回復しているが、任期開始後に一旦失った時期があったことにより議員の地位を失っていることを理由とすることも可能である。

前述のとおり、資格喪失の原因は公知の事実であることが多く、議院が当該議員を退職したものとして扱うのが通常であり、その場合には争訟の手続によることを要しない。

§111

　資格争訟は、現在議員の地位を争うための手続であり、議員でない者が自分が議員の地位を有することを主張して議院に対してその確認を求めるためのものではない。

　同様に、議院から退職したものとして扱われた議員がその地位の保全を求めることも資格争訟制度の予定するところではない。

【争訟提起】争訟は、その議院に所属する議員が議長に対して文書で提起しなければならない。

　資格争訟を議院の権能としたことを踏まえ、その提起を所属議員に限って認めるものである。

　「その院」とは、争訟の対象となる議員が所属する議院のことである。

　「議員から」は、人数要件が付されていないが、資格争訟が議院の権能であることに鑑みると、議院規則で争訟を提起するために何人以上の提出によるとの要件を設けることを妨げないと解する。

　「文書」とは、争訟の対象議員名、その議員にその資格がなく、その確認を求める旨及びその理由となる事由等を記載した書面である。

　「提起」とは、問題を議院に出すことであり、これによって特定の議員の資格についての疑義が具体的なものとなる。

　提起に期限はなく、対象議員の任期中はいつでも可能である。

　争訟は、その係属中に対象（被告）議員が地位を失うことによって争訟の利益を欠くこととなる。後任の決定の仕方にも影響を及ぼさないので、争訟を維持する必要はない。

　また、争訟を提起した議員が議員でなくなった場合も、当事者の不存在となる。一旦争訟が提起された以上、その事件は影響を受けないと解する説もある（鈴木・理論269頁）が、争訟を維持する上で提訴の正当性を真摯に主張する原告の存在は必須であり、争訟の消滅として扱うべきである。代わりを務める原告議員が現れるか否かを見定め、争訟が引き継がれない場合には、議院内の関心やそれまでの争訟の信ぴょう性もその程度のものだったということであろう。

【争訟手続】資格争訟が提起されると、議案と同様、委員会に付託して審査した後、本会議で裁断する。

　憲法は資格争訟について、議院が裁判すると規定しており（憲55）、その手続は訴訟に準じたもので行わなければならない。すなわち、利害関係人を当事者として関与させて、事実の認定を行い、法を適用することによって結果を導き出す手続によ

$§111$

るものである。

「委員会」とは、議院の内部において、本会議での審議に先立ち、案件について調査、審査する目的を限定して設置された機関である。

議院規則では、資格争訟を審査する委員会は、衆議院では懲罰委員会、参議院では資格争訟特別委員会とされている（衆規 92⑰、参規 193 の 2 Ⅰ）（•••▶『逐参』第 193 条の 2【資格争訟特別委員会】）。

「審査」とは、付託に応えて審議することであり、認容すべき又は棄却すべきとの結論を出すことを要する。

議案ではないので、議院の会議に付すことを要しないとの決定（国 56 Ⅲ）はできない。争訟の要件が欠けているためにその当否について判断しないとの結論（争訟の却下）は、議院の会議に付すことを要しないとの趣旨ではなく、それを踏まえて本会議に上程することとなる。

「経た後」とは、委員会審査を要件とすることであるが、絶対的要件ではない。中間報告に関する規定（国 56 の 3）は資格争訟にも適用され得る（•••▶第 56 条の 3【中間報告】）。参議院規則では審査期間を定めるとされているところでもある（参規 194 Ⅰ）（•••▶『逐参』第 194 条【訴状の付託】）。

「議決」とは、本会議における採決によって結論を出すことである。

憲法第 55 条は「議員の議席を失はせるには、出席議員の 3 分の 2 以上の多数による議決を必要とする」と規定しているが、これは本会議の議決についてであり、委員会では出席委員の過半数で足りる。

なお、その「出席議員」については、第 62 条【秘密会の議決】の説明参照。

【会期との関係】 争訟が提起されると、議院はこれを決着させる義務を負う。

資格争訟が議決に至らないまま会期が終了した場合のその帰趨が問題となり得るが、議員の地位に関わることであるため、議員の任期に比して短期である会期の終結で問題に決着が付くというのは望ましくない（松澤・議会法 547 頁）。資格争訟は第 68 条〔案件不継続〕の「議決に至らなかつた案件」に含めるべきではなく、後会に自動的に継続すると解する。閉会中審査に付すことも可能であり、その場合の後会継続も第 68 条ただし書によるのではなく、争訟たる性格によるものである。

一旦争訟が否決された後、会期が改まれば再び同じ理由によって争訟を提起できるとするのは常識的でない。これは一事不再議一般に言えることかもしれないが、議員の身分に関わる事柄であるので、一切の蒸し返しを許すべきでないとの要請が強く働く。資格争訟については議決が裁判であることから、会期の更新とは関係な

§112

く働く一事不再理として認識する必要がある。

　これらの点については、資格争訟の事例が乏しいため、実務面で具体的な問題として提起されるに至っていない。会期中の処理の義務化、会期継続についての特則を整備しておく必要があろう。

〔資格争訟における弁護人〕
第112条① 　資格争訟を提起された議員は、2人以内の弁護人を依頼することができる。
　②　前項の弁護人の中1人の費用は、国費でこれを支弁する。

　　　　　　制定時（昭22.5）

　本条は、争訟を提起された議員の弁護人について規定するものである。

【弁護人】資格争訟を提起された議員は、2人以内の弁護人を依頼することができる。

　被告議員が防御活動を十分に行えるようにするための措置を講じたものである。

　「資格争訟を提起された議員」とは、争訟において、議員の資格がなく地位を喪失していると指摘された議員のことである。議院規則では、これを「被告議員」と呼んでいる（衆規190Ⅰ、参規194Ⅰ）。

　「弁護人」とは、争訟手続において争訟を提起された議員の弁護のために発言する者である。議員以外の者であることを妨げず、弁護士資格の有無を問わない[8]。

　「2人以内」とは、争訟手続に関与できる各時点の人員の制限である。

　議院との関係では弁護人が多数に及ぶことを避けるべきであるが、途中段階での交替を認める必要もあることから、手続を通じての延べ人数の制限と解することはできない。

　「依頼することができる」とは、議院との関係で弁護に当たる者として委任契約を結ぶことができるとの意味である。

　議員が弁護発言以外の事務について2人以外の弁護士等を依頼することは、本条の関知するところではない。

【弁護人費用】弁護人の費用は、その1人分について国費で支弁する。

　資格争訟が議院全体の問題でもあることから、1人分を国の負担としたものとさ

8 第91回帝国議会衆議院国会法案委員会議録（速記）第2回（昭21年12月20日）20頁〔中村高一委員の答弁〕。

420

§113

れる（松澤・議会法546頁）。

「弁護人の中1人」は、1人分ということであり、弁護人の中で特定した者と解する必要はない。複数回の委員会で異なる弁護人が出席、発言したとしても、それぞれの委員会ごとに1人分の費用を支弁してよい。

「費用」は、当該議員が弁護人に対し支払うべき報酬のうち弁護発言に係るものを指し、弁護人の旅費、宿泊料に相当するものを含む。その額は、証人、参考人等の旅費、日当のようには法定されておらず、議院が相当と認めるところによる。

「国費」とは、国庫から支出する費用である。

「支弁」とは、金銭を支払うことであり、その方法を問わない。

〔被告議員の地位〕
第113条　議員は、その資格のないことが証明されるまで、議院において議員としての地位及び権能を失わない。但し、自己の資格争訟に関する会議において弁明はできるが、その表決に加わることができない。

　　　　　　　制定時（昭22.5）

本条は、争訟を提起された議員の地位等について規定するものである。

【議員の地位】議員が資格争訟を提起されても、その地位や権能は停止されるわけではなく、争訟手続の結果、資格がないことが明らかになるまでは議員として活動できる。

本条本文は資格争訟に関する規定として位置付けられるが、「議員」は、資格争訟を提起された議員だけでなく、国会議員一般を指すと解して規定の射程範囲を広めるべきであろう。後述するように、議員の資格を失った場合でも、資格争訟手続によらずに議員の地位を失うことがあるからである。

「議員としての地位及び権能」とは、議員として活動するに当たって行使し得る権能や議員であることによって認められた特権全てを指す。

「失わない」とは、資格のないことが証明されるまでに行使した権能や享受した特権は確定的なものであり、資格のなくなった事実の生じた時点に遡って無効となることはないとの意である。

資格争訟の場合には、議員の地位を喪失していることを確認する裁判となるので、特に本条の規定が意味を持つ。当該議員の権能の行使が議院やその機関の活動の一部を成す場合、それらの活動も有効である。

第13章　辞職、退職、補欠及び資格争訟　　*421*

§113

【資格のないことの証明】「その資格」については、第111条【議員の資格】の説明参照。

「証明」とは、理由や根拠を示して真実であることを明らかにすることである。

証明される具体的なケースとしては、①公的な事実によって議員が退職者となる場合に、その事実のあったことが関係当局から議院に通知されたとき、②退職者となる事実のあったことを当該議員が議院に対して認めたとき、③資格争訟の手続において、議院の会議で出席議員の3分の2以上の多数で議員の議席を失わせる旨の議決があったときが挙げられる。

②は、本人の誤解に基づくこともあり得るため、留保が必要である。議長においてその真偽を確認した上で結論を出すべきである。資格争訟手続の中で被告議員が提訴の趣旨を争わない場合も同様であり、被告議員の認諾によって争訟手続を中断して、議長による確認の後に退職の扱いとすべきである。その場合にまで本会議での出席議員の3分の2以上の賛成を要件とする（憲55但）のは理にかなっていない。

【除斥】議員は、自己の資格争訟に関する会議において弁明はできるが、その表決に加わることができない。

地方議会においては、審議全般について、その公正を期するため、事件と一定の利害関係を有する議員はその審議に参与できないことが規定されている（地自117）。国会では、そのような一般的な制度はないが、自己の懲罰事犯の会議への出席禁止（衆規239、参規240）のほか、本条で自己の資格争訟に関する会議の表決への参加が禁止されている。

「自己の資格争訟に関する会議」とは、自分に対する資格争訟を議題としている本会議及びその資格争訟が付託されている委員会のことである。

「弁明」とは、相手の理解を求めるために説明することである。

「できる」とは、会議に対して求めることができるとの意であり、弁明のための発言を行うには、議長や委員長の議事整理権に従わなければならない。

「その表決」とは、当該資格争訟が議題となっている間の全ての表決を指す。

「加わることができない」とは、賛否の意思表示ができないだけではなく、採決時に議場（委員会室）に現在することができないとの意味である。

本条の趣旨によれば、争訟を提起された議員は、被告議員としてのみ会議に参加し得るので、一般の議員としての発言は認められない。このことからすると、拡大解釈ではあるが、被告議員はその資格争訟が付託されている委員会の委員となることはできない。

§ 114

第14章　紀律及び警察

制定時（昭 22.5）

　本章は、議院内における秩序保持のための紀律、警察権の所在・行使について規定を置いている。権能論、活動論に当たる分野である。

　紀律の具体的な内容は議院の自律に委ねることとされ（憲 58 Ⅱ）、主に議院規則で規定されている（⋯▶『逐参』第 16 章第 1 節〔紀律〕）が、国会法でもその一部を両院共通のものとして規定している（国 119）。

【議院の秩序保持】国会は言論の府であり、議員が実力の行使によって意図を実現しようとすることは厳しく戒められなければならない。さらに、議論を行うための環境を整備する上でも秩序の保持は必須事項である。

　紀律遵守、秩序保持については、議員の良心、自戒に委ねると同時に、国会法は、紀律違反行為に対する制裁措置として懲罰を用意するとともに、議長による警察権の行使も予定している。

〔議長の内部警察権〕

　第 114 条　国会の会期中各議院の紀律を保持するため、内部警察の権は、この法律及び各議院の定める規則に従い、議長が、これを行う。閉会中もまた、同様とする。

制定時（昭 22.5）、第 5 次改正（昭 30.3）

　本条は、議院警察権の行使者について規定するものである。

【議院警察権】議院自律権により、各議院は院内の秩序保持を目的とする警察権を有する。

　「内部警察の権」とは、議院の秩序保持を目的として、院内にある全ての者に対し、命令し、強制する権能である。一般的に「議院警察権」と呼ばれるものである。

　その性質については、国の一般統治権に基づく警察権を院内において行使するものであるとの考え方（一般警察権説）（鈴木・理論 246 頁等）と特別権力関係に基づく作用と解する説（特別権力関係説）[1]との間で争われた。しかし現在では、行政法学において特別権力関係論そのものが批判にさらされ、このような対立のさせ方が既に過去

---

1 田中二郎『新版行政法 下巻　全訂第 2 版』（弘文堂・1983）35 頁等。

§114

の遺物と化している。目的を院内秩序の保持に限定した上で、議院自律権に伴う特殊性を検討するアプローチが妥当であろう。

「各議院」とは、衆参両院の各々であり、他院とは独立して秩序保持に当たる。

「紀律」とは、秩序保持のための基準のことであり、換言すると、議院の活動が円滑かつ平穏に行われるためのルールである。

「保持する」とは、それが守られている状態を保つことをいう。

【秩序保持権との関係】議長の権能として認められている秩序保持権（国19）は範囲が広く、例えば、会議の秩序保持や懲罰事犯を認定して委員会に付託する権能等を含む。議院警察権も秩序保持権の一部と解されている（黒田・国会法88頁）。

この広義の秩序保持権のうち、会議の秩序保持権は議事進行の確保を目的とするものであり、議事整理権と表裏を成す面を持つ。これに対して議院警察権は、院内秩序一般を対象とする点で広い目的を持つ[2]。

【一般警察権との関係】議院警察権を考える上で、一般統治権に基づく警察権（一般警察権）との関係が問題となる。

議院の自律を実現するために議院警察権が認められていることによると、一般警察権の介入を阻止することが眼目となっており、必要な範囲で一般警察権が排除されるのは事理に照らして当然のことである。

まず、議院警察権と目的が競合するものは排除される。議院警察は秩序保持を目的とする作用であるから、一般警察権の行政警察と呼ばれるもののうち、いわゆる保安警察がそれに該当する[3]。この目的達成のための警察権は、議院が独占的に行使する。

さらに、一般警察権によって院内秩序が乱され又は議院の自律権が侵されると判断される場合には、その行使は制約を受ける。例えば、犯罪の捜査を目的とする司法警察権は議院内にも及ぶとされるのが一般的な理解であるが、その行使は自由になし得るものではない。

議長は議院内部の秩序を乱した者を必要な場合に警察官庁に引き渡すことができるとし（国118の2）、自ら訴追を行うことなく一般警察権に委ねることとしているが、これは、警察官庁が主体的に被疑者の逮捕のために議院内で活動することを阻止する趣旨も含んでいる。

衛生警察、建築警察等も議院警察権と競合するものではないが、院内秩序に影響

---

2 参議院法制局第1部第1課「議長警察権の研究」参議院法制局『立法資料調査研究集（創立20周年記念）I』（1969）71頁。

3 参議院法制局第1部第1課・前掲2 35頁。

§114

を及ぼさない限度で行使すべきものである[4]。すなわち、議長の許諾を待つ必要がある。

【司法権等との関係】 議院警察権の行使は、行政不服審査や行政事件訴訟の対象とはならない。

形式的にはそれが行政庁の行為でないことによるが、実質的には、院内秩序保持のためにどのような手段が必要か、その行使が適切なものであったかについて、議長の判断を優先させることにより議院や議員の自主的行動を保障することを理由とする。

【警察権の行使者】 議院警察権は、議院の紀律を保持するため、議長が行使する。

これを指して、内部警察の権を「議長警察権」と呼ぶこともある。

「議長」は、その事故があるとき又は欠けたときの副議長を含む。

「これを行う」とは、議院警察権に基づく命令、強制の指揮を行うことをいう。

議院の内部機関、例えば、委員会においては、委員長に秩序保持権が認められている（国48）が、それを実効あらしめるためには強制力による裏付けを必要とする。しかし、委員長には固有の権能として警察権は認められていない。傍聴人を退場させる等の行為は、委員会運営に当たって議長警察権の行使が場面を限定して委員長に委譲されたものと解すべきである。

この点につき、議院の内部警察権は議長に専属し、反秩序的言動をなした者に対して強制の必要があるとき、委員長は議長にその発動を請わなければならないとの説明が見られる（鈴木・理論397頁）が、危機管理に当たって執行の指揮命令系統が複雑化することは望ましくなく、現場の秩序保持権者が直接に執行を命じることができるものとすべきである（••▶第48条【秩序保持権】）。

【行使についての規範】 議院警察権は、国会法、議院規則に従って行使されなければならない。

これらの法規では、警察権の行使の方法等について規定している。

「この法律」とは、形式的意義における国会法のことである。

「各議院の定める規則」とは、衆議院規則、参議院規則に限らず、各議院の議決で定める規範（憲法審査会規程、政治倫理審査会規程等）や両議院の議決で定める規範（両院協議会規程、常任委員会合同審査会規程等）も含まれる。

議院の傍聴規則は議院規則の規定の実施細則に当たるものであるが、議長決定によるものであり、そこで議院警察権の行使方法等を定めることには限界がある。

---

[4] 参議院法制局第1部第1課・前掲2 35頁。

第14章　紀律及び警察　　*425*

§115

議院の自律権に基づく作用であるので、憲法上の要請としては、その行使方法等についての規定は議院規則に置くことで足りると解すべきである[5]。

【警察権の及ぶ範囲】議院警察権は、会期中・閉会中を問わず認められる。

参議院の緊急集会については、以前は会期中の議院警察権の規定が準用されていた（国旧114Ⅱ）が、昭和30年の改正で閉会中においても議院警察権の行使が認められたのに伴ってその準用規定が削除された。結論は同じであるが、現行規定の解釈としては、**第102条の5**〔緊急集会についての読替規定〕で本条の読替えがなされていない以上、「閉会中」でカバーされていると解さざるを得ない。

議院警察権の及ぶ場所的範囲は、議事堂の囲障内の各議院の管理区域である（衆先553、参先453）。したがって、議員派遣のように議事堂の囲障外で議院活動が行われる場合、そこには議院警察権は及ばない。

各委員会の委員長室は議事堂外の議員会館内にあり、衆議院では議院警察権の範囲外であることが明示されている（衆先553）。しかし、委員長の公務のために使用する設備であり、そこで委員会運営のための協議（いわゆる理事懇談会）が日常的に行われるため、議長警察権の場所的範囲を拡大させて、それに含ませるべきであると解する。

また、議院の出入口周辺や囲障外面については、現行犯性の認められる限度内で議院警察権の行使としての衛視による職務執行が可能であると解する。

議長警察権の人的対象範囲は、議員以外の者を含む院内に現在する全ての者である。

〔警察官の派出〕

第115条　各議院において必要とする警察官は、議長の要求により内閣がこれを派出し、議長の指揮を受ける。

制定時（昭22.5）、第5次改正（昭30.3）

本条は、議院への警察官の派出について規定するものである。

【議院警察権の執行】議院警察権は、議長の指揮の下、衛視及び警察官が執行する（衆規208、参規217）。これは、議院自律権の下で、議院警察権の執行について議院の自前の職員で対応することを原則としながら、行政府に対して警察官による増援の要求を可能とする趣旨である。

5　長谷川喜博「議長警察権の本質」ジュリスト210号（1960）64頁。

426

§115

　警察官の導入を必要とするか否かの判断は議長が行うが、議院の自律の例外的措置であるので慎重を要する。

　特に議事堂の屋内の警察を行わせることは特に必要な事態が生じた場合に限られる。騒乱が院内通行許可者と結託してなされたこと、院外民衆運動に呼応するものであること、政党の意思によること等を判断基準とする説明が見られるが[6]、画一的な基準としてではなく、勘案すべき材料と考えるべきであろう。

　「衛視」は、院内警察の職務を行う当該議院の国会職員である。

　国会法及び両議院の議院規則は、他院に対して衛視の派出を要請することを予定していない。

　「警察官」は、警察活動を行うことを日常業務とする行政機関の職員である。

【警察官の派出】各議院において必要とする警察官は、議長の要求により内閣が派出する。

　警察官をして議院警察の任務に当たらせるには、議長が内閣に対してその派出を要求しなければならない。

　現行の警察法（昭和29年法律第162号）によれば内閣は警察機関に対して指揮監督権を持っていないが、議院は行政府に対する関係では内閣を相手として交渉する慣行となっていることからこのような規定になったと思われる[7]。

　議長からの要求を受けて、内閣がその管下の東京都公安委員会に対して警察官派出を要請する義務を負い、それを受けた公安委員会が警察官の派出義務を負うと解することとなる。

　議院の権利として認められたものであるので、内閣は議長の要求に応じなければならない。

　「必要とする」は、議院警察を執行するために必要なという意味で、期間、人数、職務内容等が特定される必要がある。

　「要求」は、議院警察を執行させるために警察官を議院に派出するよう求めることであり、必要とする人数、期間等を内容とする。

　「派出」は、職務を行わせるために出向かせることである。

【警察官の指揮】派出警察官は、議長の指揮を受ける。

　派出された警察官は、行政機関の職員としての身分を保持したまま、議院警察に専念し、衛視とも連係を取りながら議長の指揮命令に従うこととなる。その間は、

6　村教三「議会秩序の自律性の具体的手続」清宮四郎博士退職記念論文集刊行委員会編『憲法の諸問題（清宮四郎博士退職記念）』（有斐閣・1963）327頁。

7　奥野健一「改正された国会法─解説と問題点」ジュリスト78号（1955）6頁。

§116

一般警察機関としての活動はできず[8]、本来の警察の指揮命令系統から外れる。

「指揮を受ける」とは、系統的な動きを取るため、指図に従うことをいう。

〔会議中の秩序保持〕

第116条 会議中議員がこの法律又は議事規則に違いその他議場の秩序をみだし又は議院の品位を傷けるときは、議長は、これを警戒し、又は制止し、又は発言を取り消させる。命に従わないときは、議長は、当日の会議を終るまで、又は議事が翌日に継続した場合はその議事を終るまで、発言を禁止し、又は議場の外に退去させることができる。

制定時（昭22.5）、第7次改正（昭33.6）

本条は、本会議における秩序保持のための措置について規定するものである。

【本会議の秩序保持】 議長は、議院の秩序保持権を有している（国19）。

本会議中の法規違反行為、秩序を乱す行為、議院の品位を傷つける行為に対しては、議長は、強制行為を含め、措置を講じることができる。具体的には、警戒、制止、発言取消命令を行うことができる。

対象となる議員の行為としては、議長の許可を得て行った発言が念頭に置かれているが、それ以外の行為についても、本条によって警戒、制止、退去命令が可能である。

「会議中」とは、本会議の開会から散会までの間をいい、休憩中を含まない。ただし、発言以外の行為については、開会前、休憩中、散会後の議場における行為について会議中に準じるものと解する。

「議員」は、当該議院に所属する議員のことである。他院議員は議場に入ることができず、傍聴席では傍聴人として扱われる（国118）。

議員以外の者が本条に規定するような行為に及んだ場合の対処については、**第118条**〔傍聴人の退場〕、**第118条の2**〔議員以外の者の院外退去〕で規定されている。

「この法律」とは、形式的意義における国会法のことであり、「議事規則」とは、議院規則、先例等のうち議事運営に関する規範を指す。

「違い」とは、法規等に反する行為を行うことをいう。

「議場の秩序をみだし」とは、議事が平穏かつ円滑に行われている状態を阻害して混乱させることをいう。

---

[8] 浅野一郎「院内の秩序維持と議長警察権」議会政治研究39号（1996）17頁。

§116

「議院の品位を傷ける」とは、国権の最高機関の一翼を担う機関として内外から敬意を受けるに値するような価値を低下させることをいう。

「警戒」とは、未然に行われないよう注意し又は衛視を配置する等の備えをすることである。

「制止」とは、現に行われている行為を中止するよう命じることである。

「発言を取り消させる」とは、議長の許可を得て行われた発言について、その内容を撤回するよう発言者に命じること、さらには、その発言を会議録に掲載させないことを指す。

【付加措置】議長の命令が遵守されないときは、議長は、当日の会議を終わるまで、議事が翌日に継続した場合はその議事を終わるまで、発言を禁止し又は議場からの退去を命じることができる。

これらは、秩序を保持するために対象者を特定して以後の違反行為を防止するための付加的な措置である。

「命に従わない」とは、議長による制止、発言取消命令等の内容どおりの行動をとらないことをいう。

「発言を禁止し」とは、発言の許可を与えないだけでなく、発言を求めることも禁じる趣旨である。

「議場の外」とは、議事を行うための空間の四囲の外のことである。

「退去させる」とは、出て行かせることをいい、退去命令に従わないときには、衛視をして議場外に連行させることも可能である。その議員は、その後の再入場も認められない。

退去措置が選択されるのは、発言禁止を無視して、無許可で発言（野次）を行う等の行為が見られる場合である。

この趣旨を徹底させるためには、傍聴席への入場も認められない。

「当日の会議を終るまで」とは、その日の会議が散会（延会を含む）されるまでをいう。

「その議事」とは、議員が命令に従わない事態が生じた時に行われている議事のことである。

「翌日に継続した場合」とは、延会や議事延期によって当日に終了しない議事が次の会議で引き続き議題となる場合をいい、「翌日」は、次回の本会議が開かれる日のことであり、日付の上では翌々日以降となる場合もある。

紀律違反の行為が特定の議事に関連してなされることに鑑み、次回の会議におい

第14章 紀律及び警察　　*429*

§117

ても当該議事が続く場合には、強制措置を講じることができることとしたものである。

　議長が発言を禁止し、議場退去を命じる場合には、その期間を特定しなければならない。その議事が終わるまでか、当日の会議が終わるまでかの選択となろう。

【議員以外の出席者に対する措置】 議長の秩序保持権は議員以外の者にも当然に及び、具体的な措置の内容にはおのずから限度があるものの、明文の規定がなければいかなる措置を採ることもできないということではない。

　議員以外の者が議院の秩序を乱す行為に及んだ場合の対処については、第118条〔傍聴人の退場〕及び第118条の2〔議員以外の者の院外退去〕で規定されているが、これは会議における発言行為を念頭に置いたものではない。

　本会議における議員以外の出席者の法規違反等の行為については、本条を類推適用して、議長は警戒、制止、発言取消、発言禁止、議場外退去命令の措置を採ることができると解すべきである。

〔議場整理と休憩・散会〕
第117条　議長は、議場を整理し難いときは、休憩を宣告し、又は散会することができる。

制定時（昭22.5）

　本条は、議場を整理し難い場合の休憩、散会について規定するものである。

【議場の整理】 議長は、議場を整理し難いときに休憩又は散会を宣告することができる。

　会議の主宰者として有する議事整理権（国19）の一内容である。

　国会法は、議長の議事日程編成権（国55）や議事協議会での協議（国55の2）を規定し、本会議の議事の順序等が事前に決まっていることを予定している。したがって、会議の所要時間や休憩の時期も事前に明らかになっているのが通常であるが、不測の事態が発生した場合には、その予定にかかわらず議長は休憩又は散会を宣告できるのである。

　「議長」とは、会議を主宰している者をいい、議長に故障があるとき等には、それぞれ議長席に着いている副議長、仮議長、事務総長を指す。

　「議場を整理し難いとき」とは、議場が騒然とする等の理由で議事を進めることができない状態で、第116条〔会議中の秩序保持〕に規定する個別の命令によってはその

430

§118

状態を収拾できない場合をいう。

【休憩・散会】「休憩」とは、その日のうちに再開する可能性を残して会議を閉じることである。

「散会」とは、狭義では議事日程に記載した全ての案件の議事を終えて会議を終了することをいうが、ここでは、議事日程に記載した全ての議案の議事を終わらない状態で会議を終了する「延会」を含む広義の散会のことである。すなわち、その日に再開することができない会議の閉じ方である。

本条による散会は、議事途中の不測の事態に対処するためのものであるので、そのほとんどは延会であるが、その場合でも議院に諮る必要はない (衆規105 Ⅱ、参規82 参照)。

〔傍聴人の退場〕
第118条①　傍聴人が議場の妨害をするときは、議長は、これを退場させ、必要な場合は、これを警察官庁に引渡すことができる。
②　傍聴席が騒がしいときは、議長は、すべての傍聴人を退場させることができる。

　　　　　　　制定時 (昭22.5)

本条は、傍聴人の取締りについて規定するものである。

【傍聴】両議院の会議は、公開とすると定められている (憲57 Ⅰ)。

「公開」は、会議録の公表、傍聴の自由、報道の自由の3要素から成るが、傍聴の自由との関連では、傍聴を希望する者には条件を付さずにこれを認めなければならないことを意味する。ただし、議場の設備、構造の関係及び議場の秩序保持の上から、傍聴を制限することは可能である。

【傍聴人の取締り】議場の秩序保持のため、傍聴人は議長が定める傍聴規則を遵守しなければならない (衆規227、参規228)。当然のことながら、議場の妨害をしてはならない。

議長は、傍聴人が議場の妨害をしたときは、退場させることができる。

傍聴の自由も議長の秩序保持権の下、制限できることを確認するものである。

「傍聴人」とは、本会議の議事を傍聴するために傍聴席に現在する者をいう。

「議場の妨害をする」とは、本会議の議事を停止、遅延させる等、円滑な進行を妨げることをいう。

第14章　紀律及び警察　　*431*

§118

「議長」とは、会議を主宰している者をいい、議長に故障があるとき等には、それぞれ議長席に着いている副議長、仮議長、事務総長を指す。

「退場させ」とは、傍聴人に対して傍聴席の外に出るよう命じ、これに従わないときには衛視をして傍聴席外に連行させることをいう。

議長は、必要な場合には、議場の妨害をした傍聴人を警察官庁に引き渡すことができる。

現行犯人は、何人でも、逮捕状なくして逮捕することができ（刑訴213）、逮捕したときは、直ちに地方検察庁若しくは区検察庁の検察官又は司法警察職員に引き渡さなければならないとされている（刑訴214）。本条第1項後段は、傍聴人について、それを議長の判断によるとするものである。

「必要な場合」とは、傍聴人の妨害行為が犯罪に当たるとして、その身柄を拘束しておく必要がある場合のことである。

「警察官庁」とは、警察活動のための行政機関であり、国家公安委員会の管理下にある警察庁及び都道府県公安委員会の管理に服する都道府県警察から成る。刑事訴訟法第214条〔私人による現行犯逮捕と被逮捕者の引渡し〕で規定されている地方検察庁又は区検察庁の検察官を含むものと解する。

「引渡すことができる」とは、必要性の有無を判断し、必要な場合に当該傍聴人の身柄を渡すことである。その限りで、それまでの過程において当人の身体を拘束することも可能である。

必要性を認めながら、引き渡さないこととする裁量の余地はない。

傍聴人が他院議員である場合でも、院外における現行犯の場合（国33）に当たるので、引渡しが可能である。

【全傍聴人退場】傍聴席が騒がしいときには、議長は傍聴人全員を退場させることができる。

会議の公開原則にもかかわらず、議場の秩序保持を優先させる趣旨である。

「傍聴席が騒がしい」とは、特定の傍聴人を退場させるだけでは傍聴席の静謐を保てないような状態をいう。傍聴人が議事の進行を妨げる意図で騒いだ場合に限らず、傍聴席内の事故や犯罪等の結果、それによる騒ぎが容易に収束しないような場合を含む。

「すべての」と規定されているが、例えば、傍聴席の区分ごとに退場させるか否かを決めることも可能である。

「退場させることができる」は、現在する傍聴人に傍聴席の外に出るよう命じ、こ

432

§118の2

れに従わないときには衛視をして傍聴席外に連行させることをいう。

さらに、全傍聴人を退場させた後に別の傍聴人の入場を認めないことも本条第2項を根拠として認められると解する。

〔議員以外の者の院外退去〕
第118条の2　議員以外の者が議院内部において秩序をみだしたときは、議長は、これを院外に退去させ、必要な場合は、これを警察官庁に引渡すことができる。

第7次改正（昭33.6）

本条は、議員以外の者の取締りについて規定するものである。

【議員以外の者の取締り】議長は、議員以外の者で議院内部において秩序を乱したものを院外に退去させることができる。

院内の秩序を乱した議員は懲罰の対象となるが、議員以外の者については、その行為に対して議院が法的制裁を加えることはできず、司法による犯罪の処罰を待つほかない。

必要な場合には、秩序を乱した者を警察官庁に引き渡すことができる。

秩序を乱す行為が犯罪を構成する場合があることを踏まえての措置である。

「議員以外の者」とは、所属の議員以外の者のことであり、他院議員も院外における現行犯に当たる場合（国33）にはこれに含まれる。

「議院内部」とは、議院警察権の及ぶ範囲のことであり、議事堂の囲障内の各議院の管理区域である（••▶第114条【警察権の及ぶ範囲】）。

「秩序をみだし」とは、議院の活動が平穏かつ円滑に行われている状態を阻害して混乱させることをいう。

「院外」は「議院内部」に対する語で、議事堂の囲障内の各議院の管理区域の外である。

「退去させ」とは、外に出て行くよう命じることであり、これに従わないときに衛視をして院外に連行させることを含む。

「必要な場合は、これを警察官庁に引渡すことができる」については、**第118条【傍聴人の取締り】**の説明参照。

議員以外の者に対する秩序保持のための措置は本条の規定するところに尽きるものではなく、本会議や委員会等の出席者の発言行為については、別途の規律が考え

第14章　紀律及び警察　*433*

§ 119

られる（•••▶第116条【議員以外の出席者に対する措置】）。

　議員の取締りについては、第33条【院内の現行犯罪】の説明参照。

【施設管理権】本条では、議院警察権に基づく議員以外の者の退去を規定している
が、議員会館の敷地内のように、議院警察権の及ぶ区域以外でも議長が施設管理権
を保持している区域があり、その行使として退去命令を発することが可能である。

　　〔 無礼の言等の禁止 〕
　第119条　各議院において、無礼の言を用い、又は他人の私生活にわた
　　る言論をしてはならない。

　　　　　　制定時（昭22.5）

　本条は、無礼の言等の禁止について規定するものである。

【無礼の言】各議院においては、無礼の言を用いることは禁じられる。

　議院の活動に当たっては、秩序を維持するとともに、権威と品位を保持する必要
がある。そのためには、議員は選良として互いに敬意を持って接することが求めら
れる。

　「各議院において」とは、場所的に院内だけでなく、議員が公務によって出張した
場合にはその職務を行う場面を含む。

　「無礼の言」とは、相手や第三者に対する礼を失した発言である。具体的には、内
容的に相手や第三者を愚弄、侮辱する等、その人格をおとしめる発言又は形式上、
乱暴、不真面目、不作法等の発言を指す。

　禁止の対象となる発言の主体は、原則として当該議院所属の議員であるが、本会
議や委員会等における発言については、所属する議員以外の出席者も含まれる。ま
た、議員の場合、所属する議院においては、会議での正式な発言だけでなく、不特
定多数の面前での発言は公式発言に準じることとなろう。

　無礼を働く対象は特に限定されない。議員以外の者に対する発言やそれらの者に
言及する発言であっても、議院の品位を傷つけ、権威をおとしめることは本条の趣
旨に照らして許されないものと解される。

【他人の私生活にわたる言論】各議院においては、他人の私生活にわたる言論は禁
じられる。

　国会は、言論の府であり、その自由は保障されなければならないが、公論を戦わ
せる場としての制約及びプライバシーの尊重の観点からの禁止である。

§120

「他人の私生活にわたる」とは、発言者以外の者の個人としての生活に言及することである。

公務に就いている者が私生活において非行に及んだような場合には、その者の適格性が問われるのは当然のことであり、国会においても論議の対象とすることが禁止されるものではない。本条の禁止は、興味本位により又は名誉を失墜させること等を目的として、他人のプライバシーにわたる事柄を取り上げてはならないとの趣旨である。したがって、その内容が事実であるか否かを問わない。

禁止されるか否かは、その対象者の秘密・名誉を侵す程度、言及する必要性等を総合的に判断し、議院の権威、品位を保持する観点から決せられるべきである。

「言論」とは、話したり書いたりすることにより事実、意見等を公表することである。

ここで発言に限っていないのは、議員の活動の中には決議案の発議や質問主意書の提出のように文書によるものが含まれるからである。

【違反の効果】議員の発言については、院外で責任を問われないとされている（憲51）（•••▶第4章概説【議員の発言・表決の免責】）。

これは、国会における言論の自由を特に保障する趣旨であるが、議院の秩序を保持する必要から議員の発言に制約を加え、それに反する行為に対して議院が法的サンクションを科すことは免責特権の趣旨に反しない。

違反の効果は明定されていないが、本条違反は懲罰の対象となり得る。また、議長や委員長による発言に対する措置が採られることとなる（国116、衆規71、参規51）。

また、対象者とされた者が議員であり、侮辱を被ったと受け止める場合には、議院に対して処分を求めることが可能である（国120）。

〔侮辱に対する処分要求〕
第120条　議院の会議又は委員会において、侮辱を被つた議員は、これを議院に訴えて処分を求めることができる。

　　　　　　　　制定時（昭22.5）

本条は、侮辱を被った議員からの処分要求について規定するものである。

【制度趣旨】本会議又は委員会において侮辱を被った議員は、議院に訴えて処分を求めることができる。

第119条〔無礼の言等の禁止〕で無礼の言、他人の私生活にわたる言論が禁じられて

§ 120

おり、その違反行為に対しては懲罰が科される可能性があるが、これを公的制裁に見立てるなら、被害者の救済を目的とするのが処分要求の制度である。

なお、懲罰と同様、院内における措置であるので、院外で責任を問われないとする議員の免責特権（憲51）に反するものではない。

【侮辱】「議院の会議又は委員会において」は、本会議又は委員会での発言によってとの意味である。

本条は、調査会について準用されている（国54の4）。憲法審査会については準用規定が置かれていないが、適用外とする理由はない。

場所を限定するかのような規定となっているが、これは多数の面前での発言が会議の場でなされることが通常であることによるものであり、懲罰の対象となるのが「各議院において」とされている（国121 I）ことに鑑みても、議院内のそれ以外の場で受けた侮辱についての救済を排除する趣旨ではない。処分要求が司法救済ではなく議院内の手続によって被害者の救済を図ろうとする制度であることから、議院内全域にわたる秩序保持の一環として捉えるべきである。

「侮辱」とは、相手を見下し、言語や動作などによって恥ずかしい思いをさせることである。

刑法上の侮辱罪（刑231）の構成要件と重なり合う部分が大きいが、事実の摘示の有無を問わず、救済の要否は議院の秩序保持の観点から決せられるべきである。

侮辱は発言によることが多いだろうが、その発言は議長又は委員長が許可した正規の発言に限らない。これらの会議における不規則発言は非難、揶揄、嘲弄を内容とするものが多く、多数の面前で行われること、報道される可能性のあること等から、対象となり得る。また、会議の場以外でも、公然となされた言動で侮辱を受けた場合には、処分要求が可能である。発言以外の方法によっても、相手を侮辱することは可能であり、例えば、文書やビデオ映像等を用いた場合も対象となる。

侮辱行為の主体は、当該議院所属の議員に限定されない。そのような行為に及んだ者全てである。処分要求は、議員が被った被害に着目してその救済を図ろうとする制度だからである。

侮辱を与えた者が他院議員である場合も、その行為は免責特権（憲51）の対象となる「議院で行つた」行為ではないため、処分対象たり得る。

【処分要求】「議員」は、当該議院所属の議員である。他院議員は処分を求めることはできず、議員以外の者と同様、院外で責任を問うこともできない（憲51）。ただし、行為者については、院内において懲罰動議等を経て懲罰が科される可能性を否定で

436

§120

きない。

「議院に訴え」とは、侮辱行為の主体、内容を特定し、求める処分の内容を示して議院に要求することをいう。

これは、処分を行うのが議院の権能であることを含意しており、議長は議院を代表する立場でこれを受理する。

【処分要求後の手続】 処分要求後の手続については、国会法は規定を置いていない。したがって、最終的に議院による処分への道が確保されていれば、その他の事項については議院独自に定めることが可能である。

要求に係る事実の有無、要求の当否、処分の内容等を検討する必要があることから、委員会で審査するのが適当である。

> ♥**運用**
> 衆参両院とも、議長は処分要求を議院運営委員会に諮問し、その答申に基づいて議長が処分を行うとしている（衆先417、参先442）。衆議院では、処分の内容により議院に諮ることも想定されている。

【処分】「処分」とは、被害議員を救済するための措置であり、例えば、発言の取消し、本人に対する注意、本人による陳謝等である。

被害議員の救済を目的とするものであれば方法に限定はない。ただし、議員の身分を失わせるような処分は根拠規定がないため不可能である（研究会・法規85 時の法令1671 号 (2002) 62 頁）。公開議場における陳謝も認められるが、それは懲罰としてのものではない。

侮辱を与えた者が当該議院の議員である場合には懲罰に付すべきである旨の処分が可能であり、その議決がなされた場合には議長職権で懲罰委員会に付すこととなるとの説明がなされている（鈴木・理論260 頁）が、処分要求に基づく処分は懲罰と区別すべきであり、せいぜいその端緒となり得る程度のものと解する（•••▶本条【懲罰との関係】）。

侮辱を与えた者が当該議院の議員でない場合、処分の内容を当人に強制することはできない。したがって、侮辱を被った議員の名誉を回復するために、司法救済によらざるを得ないこともある（•••▶本条【司法救済との関係】）。

【会期との関係】 要求がなされると、議院は処分を行うか否かを決着させる義務を負う。

処分要求の件が議決に至らないまま会期が終了した場合には、未了となって消滅するものと解する（国68）。閉会中審査に付すことも可能であろうが、後会に継続し

第14章　紀律及び警察　*437*

ないので（国68但参照）、その実益はない。ただし、次会期に改めて要求することを妨げない。

　一旦処分要求の件が否決された後、次会期で再び同じ理由によって要求できるとすることは常識的ではない。過去の事実に対する訴訟類似の議事であり、事情変更が生じることも考えられないため、一事不再議の適用外として扱う必要がある。

　これらの問題は、懲罰の継続審査の扱いを参考にして、会期中の処理の義務化、会期末の処分要求の取扱い等を整備しておく必要があろう。

【懲罰との関係】処分要求と懲罰は、言わば民事と刑事の関係にあり、両方の手続を同時に進めることが可能である。また、一方の手続が先行したとしても、事実認定等において、その判断は後行の手続を拘束しない。その意味で、両者は全く独立の手続であると言える。これは、両者が目的を異にする制度であることによるが、同一事件について重ねて処分することは妥当でないことから、先行手続について何らかの決定があるまで留保すべきであるとの説も見られる（鈴木・理論261頁）。実際問題として、懲罰手続が先行した場合に、その懲罰の実行によって処分要求の目的も達せられたと判断されることがあろう。

【司法救済との関係】処分要求の制度は、侮辱による被害の救済を目的とするものであるが、処分要求を行うことで司法救済の道が排除されるわけではない。

　処分対象者が国会議員の場合には免責特権が認められており（憲51）、議院における発言等について民事上の責任を問うことはできない。

　議員でない者に対しては、処分要求と並行して裁判所に損害賠償請求等の訴えを提起することも可能である。ただし、両者は目的において重なり合う面があるため、一方において救済措置が採られた場合には、他方においてはそのことを勘案した上での判断が下されることとなろう。

第15章　懲罰

制定時（昭22.5）

本章は、活動論のうち、懲罰の手続、内容及び懲罰事由について規定を置いている。

【懲罰】憲法第58条第2項本文は、「両議院は、各々……院内の秩序をみだした議員を懲罰することができる。」と規定し、紀律違反行為に対するサンクションとしての懲罰を予定している。

「懲罰」とは、議院内の秩序を乱した所属議員に対して議院が行う制裁である。

議員に対する懲罰は議院の自律権の一内容として認められるものであり、その手続等についても議院規則で規定できる（┈▶『逐参』第18章〔懲罰〕）。議院の自律事項についての国会法の規定の性格については、序章2【所管事項】の説明参照。

議院における議員の発言等については、院外で責任を問われないとされているが（憲51）、その反対解釈によっても院内における懲罰は予想し得る。

【懲罰の対象行為】懲罰は、議院の秩序保持を目的として定められているものである。

「院内の秩序をみだした」という要件は解釈に幅が生じ得る。実際に秩序が乱れたという事実が認められなくても、義務違反があれば懲罰の対象となり、これに対して、選良にあるまじき行為が議院の品位を損ね、権威をおとしめたとしても、それが院外における私的生活上のことであれば懲罰の対象とはならない。

【懲罰の対象者】懲罰は議院の自律権の一内容として制度化されているものであり、対象となるのは当該議院に所属する議員である。

国務大臣等が当該議院所属の議員である場合、国務大臣等としての行動は懲罰の対象とはならない。ただし、それが同時に議員の行為としても評価し得るものはこの限りでないと言ってよいであろう。

【懲罰の場所的範囲】懲罰の対象となるのは、原則として、議院警察権の及ぶ地理的範囲、すなわち議事堂の囲障内の各議院の管理区域における行為である。ただし、議員派遣のように議事堂の囲障外で議院活動が行われる場合には、その職務の行われる範囲で懲罰の対象となる（佐藤（吉）・参規350頁）。

しかし、行為と職務との関係による要件に置き換えれば、場所的範囲という問題の立て方は不要となろう。例えば、会派控室内での議員の発言が不謹慎な内容であ

第15章　懲罰　**439**

§ 121

ると評価されたとしても、それが私的な会話におけるものであれば懲罰の対象外と言えよう。

　逆に、会議に欠席すること（国124）や秘密を漏らすこと（衆規234の2、参規236）のように、院外における職務関連の作為・不作為でも、秩序を乱すという結果を院内に発生させたものは懲罰の対象となる。

【刑罰との関係】懲罰事犯が同時に刑事罰の対象となるか否かが問題となり得るが、懲罰を科すことで刑事上は免責されるとは解されない。それぞれ目的が異なるものであり、競合する場合には議院の懲罰と刑事罰の併科があり得る。ただし、軽微な犯罪に当たる場合には、懲罰で済ませて刑事告発を見送ることも可能であろう。

【懲罰に対する異議】議員が受けた懲罰については、これを違法として裁判によって争い得ない。議院の自律権により、その自主的判断を尊重する趣旨である。

〔懲罰の手続〕

第121条①　各議院において懲罰事犯があるときは、議長は、先ずこれを懲罰委員会に付し審査させ、議院の議を経てこれを宣告する。

② 　委員会において懲罰事犯があるときは、委員長は、これを議長に報告し処分を求めなければならない。

③ 　議員は、衆議院においては40人以上、参議院においては20人以上の賛成で懲罰の動議を提出することができる。この動議は、事犯があつた日から3日以内にこれを提出しなければならない。

制定時（昭22.5）、第5次改正（昭30.3）

　本条は、懲罰手続の原則について規定するものである。

【懲罰事犯の委員会付託】議院において懲罰事犯があるときは、議長はこれを懲罰委員会に付託し審査させる。

　議長が懲罰事犯を認定できることを定めている。

　「懲罰事犯」とは、懲罰を科するに相当すると思われる行為のことである。

　議長が懲罰委員会に付託するためには、懲罰事犯の認定が必要であり、その端緒として、①議長による認定、②委員長からの要求、③懲罰動議の可決の3種類を挙げることができる。いずれの場合も、議長が懲罰事犯の件として懲罰委員会に付託する。

　「懲罰委員会に付し審査させ」は、懲罰委員会に対し当該事犯を特定してその概要

§121

を示して、事実の有無、懲罰を科すべきか否か、科すとすればその内容をどうするかを検討させ、委員会としての結論を出させることである。

委員会審査は必須要件であり、議案ではないので省略することはできない（国56Ⅱ参照）が、中間報告の規定（国56の3）が適用される可能性はある（•••▶第56条の3【中間報告】）。

付託の時点では事犯者に対してどのような懲罰を科すべきかは特定されておらず、その意味において懲罰事犯の件は案ではない。それは委員会の側が作出する。

【懲罰の議決】懲罰は、委員会審査を経て本会議で議決する。

議長は議院の秩序保持権を有しており（国19）、それに基づいて院内の警察権を行使するが、紀律違反に対する事後措置としての懲罰権は議院にある。

懲罰委員会では、付託された事犯に対する懲罰を決定しなければならない。嫌疑が薄弱であったり、事犯が軽微な場合には、懲罰を科すべきではないとの決定も可能である。

「議院の議」は、懲罰委員会で出された結論の報告を受けて行われた本会議の議決である。

本会議では、懲罰委員長の委員長報告を基に議決する。言わば、委員長報告の内容が懲罰の案の役割を果たす。

懲罰委員会の結論が懲罰を科すべきでないとするものである場合、本会議ではそれを採決の対象とせざるを得ないだろう。懲罰委員会を訴追機関であると位置付ければ、その懲罰を科すべきでないとの決定で手続は終結し、本会議に上程する議決対象は存在しないと解することとなるが、議長による付託や懲罰動議の可決の重みに鑑みると、議院の意思を形成することが一切封じられるとの解釈は採用できない。

懲罰を科さないことを諮るのは、反対表決となり望ましくない方法と言えるが、それが否決されたときは何らかの懲罰を科すとの結論を得たものと解することとなる。その場合、懲罰の種類を決めるための採決を続けて行う必要がある。

委員会・本会議いずれも議決は多数決による。懲罰の内容が除名である場合には出席議員の3分の2以上の多数が必要であるが（憲58Ⅱ但）、これは本会議の議決についてであり、懲罰委員会では出席委員の過半数の賛成で足りる。

【懲罰の宣告】議長は、懲罰を本会議の議を経て宣告する。

「経て」は、本会議の議決のとおりにという意味である。

「宣告する」は、本会議の議決内容である懲罰を言い渡すことである。

宣告の性格は、法律関係を形成するものであったり、事犯者に対して命令を下す

第15章　懲罰　　*441*

§ 121

ものであったり、懲罰の内容によって異なり、それぞれについては**第122条**〔懲罰の種類〕の説明参照。

【議長認定】本条第1項は、懲罰事犯全般についての議長の委員会付託権を認めるとともに、議長自らが職権により懲罰事犯を認定できることを規定している。

議長が認定するのは、本会議の場で自ら認知した場合のほか、懲罰動議を待つまでもなく議長が事態を明らかに把握できる場合である。委員会の秩序保持権は委員長にあるが、委員会における懲罰事犯の認定を議長が自発的に行うことも認められると解する。

議長が懲罰事犯を認定した場合には、これを懲罰委員会に付託する。

なお、議長が懲罰事犯と認定して懲罰委員会に付託することに対しては期間制限がないが、**第121条の2**〔会期末の懲罰事犯〕の反対解釈から、会期の終了日の前日より前に生じた懲罰事犯については、会期内に行うことを要する。

【委員長の要求】委員会において懲罰事犯があるときは、委員長は議長に報告し処分を求めなければならない。

委員会における懲罰事犯については、委員長は直接に懲罰に向けての手続を採ることはできず、議長の措置に委ねる趣旨である。

「委員会において」とは、当該委員会が開かれている委員会室だけでなく、委員長の秩序保持権〔国48〕の及ぶ範囲、すなわち、委員会運営と密接な関係を有する箇所である理事会の開かれている理事会室や理事協議の行われている委員長室などを含むが、現に委員会としての活動が行われている時間帯に限られる。会期中に限らず、閉会中審査等における場合についても報告して処分を求める義務がある。

「懲罰事犯」は、当該委員会所属委員の行為に限らず、傍聴している議員によるものも含む。

「あるとき」は、委員長が自ら見聞きして懲罰事犯と認定した場合のほか、他の委員からの通報に基づいて懲罰に値すると判断した場合を含む。

「委員長」は、当該委員会の委員長であり、委員長に事故があるとき又は欠けているときの代行者を含む。

「報告し」は、委員会で起きた事犯を特定し、その概要を示して知らせることをいう。

「処分を求め」は、懲罰委員会に付して審査させるよう求めることである。

報告を受けた議長は、委員長の要求に拘束されるものではなく、当該懲罰事犯を懲罰委員会に付託することの可否について調査した上で判断できると解する。また、

442

§121

委員会における懲罰事犯を付託することは、当該委員長による報告を要件とするものでもない（鈴木・理論398頁）。

委員長の要求については特に期限が付されていないが、手続開始が原則として会期内である必要から、それに間に合うように報告し処分を求めなければならない。ただし、会期の終了日、その前日又は閉会中に生じた懲罰事犯については、次の国会冒頭に手続を開始できる（国121の2Ⅰ）ので、報告はそれに間に合うような時期になされれば足りる。

委員会における懲罰事犯については、参議院の調査会に準用されている（国54の4）。憲法審査会については、両議院の憲法審査会規程に同趣旨の規定が置かれている（衆憲規21Ⅰ、参憲規21Ⅰ）。

【懲罰動議】議員は、懲罰動議を提出することができる。

懲罰につき、言わば議員の告発権を認めたものである。

「懲罰の動議」とは、特定の議員の行為を懲罰事犯として認定し懲罰委員会に付託するよう議院に求める動議である。

本会議の議決対象であり、可決されると、議長は対象とされた議員の行為を懲罰事犯として懲罰委員会に付託しなければならない。

懲罰動議を提出するには、衆議院では議員40人以上、参議院では議員20人以上の賛成を要する。

懲罰権の発動について動議の方法が採られているのは、提案要件を格段に厳しくしていることを意味する。すなわち、提出のために多くの賛成者が必要なだけでなく、可決されて初めて懲罰の手続がスタートするからである。これは、議員の身分に関わる内容であるため慎重な行動が求められていることによる[1]。

「賛成」は、議員が動議を提出するに際し、提出者以外の議員がその提出行為を了とする旨の議院に対する意思表示をいう。

動議提出行為についての賛意であるから、当該事犯についての審議の結果、表決に際して懲罰を科すことに賛成しなければならないものではない。

「提出」は、議院を代表する議長に対して出すことをいう。

懲罰動議は独立動議であり、会期中であれば本会議の開閉に関係なく提出できる。

懲罰動議の趣旨は手続を開始させるよう求めるものであるので、対象行為の嫌疑が確かなことを証拠等を用いて厳格に示すことが求められるわけではなく、その可否は懲罰委員会の審査の要否を決するものである。

---

1 森本昭夫「国会における審議の対象—動議、議案を中心に」議会政策研究会年報4号（1999）226頁。

§121の2

【動議提出期限】懲罰動議は、事犯のあった日から3日以内に提出しなければならない。

懲罰の問題は、具体的な事実の確認を要し、早急に決着を図り、議員身分の不安定を避けるべきものだからである。

「事犯のあつた日」とは、行為が公然と行われた作為である場合にはその日、非公然に行われた作為である場合にはその発覚した日である。行為が不作為である場合にはその継続している間は期間は経過しない。

「3日以内」は、事犯のあった日を初日として起算し（国133）3日目に当たる日までを指す。

【付託手続の競合】懲罰手続のスタートは、事犯の件の懲罰委員会への付託である。付託行為によって、委員長の要求も懲罰動議も目的を達成する。そこで、それらが競合する場合に、一方の行為が他方に影響を及ぼすことがないかどうかを考えておく必要がある。

まず、議長が職権で懲罰事犯を付託したときには、それによって目的が達せられるため、委員長による要求も懲罰動議もなし得ない。

委員長から議長に対して処分の要求が行われたときでも、懲罰動議は提出し得る。前者を受けての事犯の付託が議長の判断の余地を残しているのに対し、動議が可決されると議長はその議院の判断に拘束されるからである。強い手段として弱い手段と競合し得る。

懲罰動議に対する議院の判断は、消極的方向にも議長を拘束する。すなわち、動議が否決されると議長はもはや職権で付託することはできない。多数の意思によって行為者が擁護された場合に、二重の危険にさらすことは許されないからである。ただし、懲罰動議が提出されたときに、議長はその議決を待たずに職権で事犯を付託することは可能であり、委員長が要求を行うこともできると解する。

〔 会期末の懲罰事犯 〕

第121条の2① 会期の終了日又はその前日に生じた懲罰事犯で、議長が懲罰委員会に付することができなかつたもの並びに懲罰委員会に付され、閉会中審査の議決に至らなかつたもの及び委員会の審査を終了し議院の議決に至らなかつたものについては、議長は、次の国会の召集の日から3日以内にこれを懲罰委員会に付することができる。

§ 121 の 2

　　②　議員は、会期の終了日又はその前日に生じた事犯で、懲罰の動議を
　　　提出するいとまのなかつたもの及び動議が提出され議決に至らなかつ
　　　たもの並びに懲罰委員会に付され、閉会中審査の議決に至らなかつた
　　　もの及び委員会の審査を終了し議院の議決に至らなかつたものについ
　　　ては、前条第３項に規定する定数の議員の賛成で、次の国会の召集の
　　　日から３日以内に懲罰の動議を提出することができる。
　　③　前２項の規定は、衆議院にあつては衆議院議員の総選挙の後最初に
　　　召集される国会において、参議院にあつては参議院議員の通常選挙の
　　　後最初に召集される国会において、前の国会の会期の終了日又はその
　　　前日における懲罰事犯については、それぞれこれを適用しない。

　　　　　第７次改正（昭33.6）

　本条は、会期末の懲罰事犯について規定するものである。

【制度趣旨】懲罰動議の提出については、事犯のあった日から３日以内という期限
が定められている（国121Ⅲ後）ため、会期終了間際に起きた事犯に対して、懲罰手続
を進めるのに時間が足りない事態が生じかねず、これに対処するため、昭和33年の
改正において、懲罰事犯が閉会中審査の対象に加えられる（国47Ⅱ）とともに、本条
が新設され、次国会での議長による付託、懲罰動議の提出が可能となった。

　本条は、参議院の緊急集会について準用され、読替規定が置かれている（国102の
5）。

【会期末の事犯の付託】会期の終了日又はその前日に生じた懲罰事犯で、①議長
が懲罰委員会に付すことができなかったもの、②懲罰委員会に付託され、閉会中
審査の議決に至らなかったもの、③懲罰委員会の審査を終了し議院の議決に至ら
なかったものについては、議長は次国会の召集日から３日以内に懲罰委員会に付
託することができる。

　「会期の終了日」とは、会期の実際の最後の日を指す。したがって、会期が延長さ
れたときは延長後の最終日、衆議院が解散されたときは解散の日、議員の任期満了
によって常会の会期が途中で終了する場合にはその任期満了の日となる。

　「議長が懲罰委員会に付することができなかつたもの」とは、議長が事実を承知し
ていなかったもの、嫌疑を抱きながら認定に至らなかったもの、認定したけれども
付託する時間的余裕のなかったもの、委員長から処分の要求があったけれども付託
するに至らなかったもの等、議長が懲罰事犯として懲罰委員会に付託しなかったも

第15章　懲罰　　445

§121の2

の全てを指す。

議長が懲罰事犯には当たらないと一旦判断し付託に至らなかったケースであっても、公式の場でその判断を明言した場合を除いて、次国会冒頭で付託することは可能であると解する。

「懲罰委員会に付され、閉会中審査の議決に至らなかつたもの」とは、議長が認定して又は懲罰動議が可決されて懲罰委員会に付託された事犯で、閉会中審査を行うこととならなかったものをいう。そのケースとして、①委員会において審査を終了せず、かつ、閉会中審査を求めなかったもの、②委員会が閉会中審査を求めたが本会議の議決に至らなかったもの、③委員会で閉会中審査を要求することを否決したものが考えられる。③は若干問題があるが、議院の意思によるものではないため、①と同様に扱ってよいだろう。

これに対し、本会議で閉会中審査を行うことが否決されたものについては、当該懲罰事犯の件を未了とする旨の議院の意思が明確であるので、次国会において改めて付託することはできない。

「委員会の審査を終了し議院の議決に至らなかつたもの」とは、委員会で懲罰事犯に対する決定がなされながら、それを受けた本会議の議決が行われなかったもののことである。委員会の決定が懲罰を科す必要がないとの内容の場合もこれに含まれる。

本会議で懲罰を科さないとの議決がなされた場合は、当然に本条第1項の要件を満たさない。

「次の国会」とは、その次の国会として実際に召集されたものである。召集詔書が公布されながら衆議院の解散により召集に至らなかったような場合には、総選挙後の特別会が「次の国会」に当たる。ただし、懲罰事犯が衆議院議員によるものである場合はこの限りでない（➡▶本条【次国会付託・動議の限界】）。

参議院議員の場合、閉会中に緊急集会が開かれたときも、その緊急集会ではなく、特別会が「次の国会」となる。緊急集会は期間が不定で、かつ、目的が限定されており、その間に前国会の懲罰の問題を処理するのに適さないからである。

「召集の日」とは、召集詔書公布の日ではなく、会期の初日のことである。

「3日以内」とは、召集の日から起算して（国133）3日目に当たる日までを指す。

「懲罰委員会に付する」とは、懲罰委員会に対し当該事犯を特定してその概要を示した上で、懲罰を科すべきか、科すとすればその内容をどうするかを検討して委員会としての結論を出させるために付託することである。

§121の2

【会期末の委員会での事犯】 会期末における委員会での懲罰事犯については、委員長による報告、処分要求の規定が置かれていない。これは、この報告が委員会付託や動議提出のような要式行為ではないため、会期内に報告できなかったものについては会期終了後に議長に報告すれば足りるとの判断によるのだろう。

したがって、会期末の委員会における懲罰事犯についても第121条第2項がそのまま適用され、その結果としての議長による付託は本条第1項の特例によるものに当たる。

【会期末の事犯についての動議】 会期の終了日又はその前日に生じた事犯で、①懲罰の動議を提出するいとまのなかったもの、②動議が提出され議決に至らなかったもの、③懲罰委員会に付され、閉会中審査の議決に至らなかったもの、④委員会の審査を終了し議院の議決に至らなかったものについては、所定の議員の賛成で、次国会の召集日から3日以内に懲罰の動議を提出することができる。

「懲罰の動議を提出するいとまのなかつたもの」とは、本来、動議を提出するのに準備時間が足りず提出できなかったもののことであるが、この時期に生じた事犯で動議提出に至らないものについては、時間の余裕を詮索することなく「いとまがなかつた」と認定してよいだろう。

「動議が提出され議決に至らなかつたもの」は、懲罰動議が提出されて本会議に上程されなかったもの、上程されても議決に至らなかったものを指す。動議が本会議で否決された場合は、これに含まれない。

「閉会中審査の議決に至らなかつたもの」及び「委員会の審査を終了し議院の議決に至らなかつたもの」については、**本条【会期末の事犯の付託】**の説明参照。

「前条第3項に規定する定数」とは、衆議院においては40人以上、参議院においては20人以上のことである。

「懲罰の動議」については、**第121条【懲罰動議】**の説明参照。

次国会に懲罰動議を提出できる場合は、次国会に議長が懲罰委員会に付託することのできる場合と要件の面で一致すると考えられるため、動議提出は補充的手段として位置付けられる。

【次国会の懲罰委員会】 次国会において、懲罰委員会は付託された懲罰事犯の件を審査する。

付託を受けるケースの中には前国会で一旦審査を終了していることもあり、その場合には前国会での審査結果を確認するだけで審査を終えることができる。

【次国会付託・動議の限界】 本条第1項及び第2項の規定は、衆議院にあっては衆

§121の3

議院議員の総選挙の後最初に召集される国会において、参議院にあっては参議院議員の通常選挙の後最初に召集される国会において、前の国会の会期の終了日又はその前日における懲罰事犯については、それぞれ適用しない。

　会期の終了日又はその前日に生じた懲罰事犯については、本条第1項及び第2項により、例外的に次国会冒頭の議長による懲罰委員会付託、懲罰動議提出が可能とされているが、それには限界があり、議員の選挙が行われた後の国会においては、その議院では認められないとするものである。

　前国会の会期末に生じた懲罰事犯の当事者である議員が再選されない場合は当然のことであるが、再選された場合又は非改選である場合にも、議院を構成するメンバーが替わったことに鑑み、それ以前の懲罰事犯を取り上げることができないとする趣旨である。

　「最初に召集される国会」とは、選挙後の国会として実際に召集されるに至ったものである。

　「これを適用しない」とは、議長が懲罰委員会に付託することも議員が懲罰動議を提出することもできないという意味である。

〔閉会中の懲罰事犯〕

第121条の3① 　閉会中、委員会その他議院内部において懲罰事犯があるときは、議長は、次の国会の召集の日から3日以内にこれを懲罰委員会に付することができる。

② 　議員は、閉会中、委員会その他議院内部において生じた事犯について、第121条第3項に規定する定数の議員の賛成で、次の国会の召集の日から3日以内に懲罰の動議を提出することができる。

第7次改正（昭33.6）

　本条は、閉会中の懲罰事犯について規定するものである。

【制度趣旨】 議院の活動は会期中に限るのが原則であり、かつては懲罰も会期中の議員の行為に限られていたのであるが、委員会等の閉会中審査が一般的に行われることに鑑み、閉会中の懲罰事犯についての処理ができるよう、昭和33年の改正において本条が追加された。

【閉会中の事犯の付託】 閉会中の懲罰事犯については、議長は次国会の召集日から3日以内に懲罰委員会に付託することができる。

§121の3

　「閉会中」とは、会期終了日の翌日から次の国会の召集日の前日までの期間のことである。

　参議院の緊急集会の期間中は会期中に準じて扱われるため、「閉会中」には当たらない。これは、第102条の5〔緊急集会についての読替規定〕で第121条の2〔会期末の懲罰事犯〕についての読替規定が置かれていることからも明らかである。

　「委員会その他議院内部」とは、閉会中における議院活動の中心である委員会を例示したものであり、懲罰の対象となる場所的範囲は開会中と同じで、議事堂の囲障内の各議院の管理区域を指すが、議員派遣のように議事堂の囲障外で議院活動が行われる場合には、その職務の行われる範囲における行為も懲罰の対象となる。

　「次の国会」、「召集の日」、「3日以内」、「懲罰委員会に付する」については、第121条の2【会期末の事犯の付託】の説明参照。

【閉会中の委員会での事犯】閉会中における委員会での懲罰事犯については、委員長による報告、処分要求の規定が置かれていない。これも会期末の場合と同様、第121条第2項がそのまま適用され、それに基づく議長による付託が本条第1項の特例によってなされる（•••▶第121条の2【会期末の委員会での事犯】）ことによる。

【閉会中の事犯についての動議】議員は、閉会中に生じた事犯について、所定の議員の賛成で、次国会の召集日から3日以内に懲罰の動議を提出することができる。

　「第121条第3項に規定する定数」とは、衆議院においては40人以上、参議院においては20人以上のことである。

　「懲罰の動議」については、第121条【懲罰動議】の説明参照。

【選挙後の国会での付託・動議】本条においては、選挙が行われる閉会中の懲罰事犯についての適用除外規定が置かれていない（国121の2Ⅲ参照）。衆議院が解散されたときには衆議院の活動はなく、また、議員の任期満了の場合にも閉会中に委員会が活動するのがごくまれなことから、適用除外規定が置かれなかったものと解する。

　そこで、それ以外で選挙が行われる閉会中に例外的に議院活動が行われるような場合、そこで生じた事犯に対して選挙後の国会で懲罰手続を開始することができるか否かが問題となる。秩序保持のための懲罰の一般予防機能も捨て難いが、第121条第3項の規定を類推適用し、選挙の後最初に召集される国会では閉会中の懲罰事犯について議長による付託も議員による動議提出もできないと解さざるを得ない。議院の構成メンバーが改まったことを優先すべきだからである。

第15章　懲罰　　*449*

§122

〔懲罰の種類〕

第122条　懲罰は、左の通りとする。

　一　公開議場における戒告

　二　公開議場における陳謝

　三　一定期間の登院停止

　四　除名

　　　　　　　制定時（昭22.5）

　本条は、懲罰の種類について規定するものである。

【懲罰の種類】議院が議員に科すことのできる懲罰は、①公開議場における戒告、②公開議場における陳謝、③一定期間の登院停止、④除名の4種類である。

　これらは軽いものから順に並べられており、併科することはできない。

【公開議場における戒告】「公開議場における戒告」とは、他の議員が出席している本会議の場で議長が戒めの発言を行うことである。

　戒告文の内容については言及がなく、どのような定め方も可能であると解する。したがって、本会議で戒告文を議決することや議長に一任することも可能である。この点につき参議院規則では、懲罰委員会が文案を起草する旨規定し（参規241）、本会議で戒告することを決める議決において戒告文を定める例である（→▶『逐参』第241条【戒告・陳謝の起草】）。

　議長は、戒告することを宣告した後、戒告文を朗読する。

　戒告は公開議場におけるものなので、その本会議は秘密会とすることができない。

【公開議場における陳謝】「公開議場における陳謝」とは、他の議員が出席している本会議の場で懲罰の対象となる議員に謝りの発言を行わせることである。

　陳謝発言の内容については言及がなく、どのような定め方も可能であると解する。したがって、本会議で陳謝文を議決することや本人の意思に委ねることも可能である。この点につき衆参両院の規則では、懲罰委員会が文案を起草する旨規定し（衆規241、参規241）、本会議で陳謝させることを決める議決において陳謝文を定める例である（→▶『逐参』第241条【戒告・陳謝の起草】）。

　議長が陳謝を命じることを宣告した後、本人が陳謝する。

　陳謝は公開議場におけるものなので、その本会議は秘密会とすることができない。

【一定期間の登院停止】「一定期間の登院停止」とは、懲罰の対象となる議員に期間

450

§122

を定めて議事堂の囲障内の各議院の管理区域内に入ることを禁止することである。

議員としての活動を禁止する趣旨であるから、議案の発議、請願の紹介、質問主意書の提出等もできない。議院外における議院活動に参加することも認められない。議院規則では、登院を停止された者は委員（参議院では特別委員）及び協議委員を解任されたものとする旨規定している（衆規243、参規243）（•••▶『逐参』第243条【登院停止による委員解任】）。

これに対して、議員の地位に基づいて認められている特権、例えば、歳費等の給付を受ける権利は失わない。

登院停止は議決を宣告した当日から起算する。休日も含めて計算する（衆先412）。

登院停止の期間は会期の残存期間に拘束されず（衆先414）、会期を超えて科される場合、異論はある（鈴木・理論250頁）が、会期終了によってその効力が消滅するのではなく、それに続く閉会期間にも及ぶ（佐藤（吉）・参規361頁）。

次の国会が召集されたときには、登院停止の効力は及ばない。会期不継続の原則によるものと説明されている（佐藤（吉）・参規361頁）。

期間は30日を超えることができないとされている（衆規242本、参規242 I）が、特定の議員が懲罰事犯を併発した場合の対応は衆参で異なる。衆議院は30日を超えることができるとする（衆規242但）のに対して、参議院は超えることができないとしている（参規242 II）。

【除名】「除名」とは、議員の地位を失わせることである。

この懲罰を科すには、本会議で出席議員の3分の2以上の多数による議決が必要である（憲58 II但）。その「出席議員」とは、会議に参加する意思をもって議場に現在する者を指す。棄権者は含まれない（•••▶第62条【秘密会の議決】）。

議長の宣告の時点で効果が発生し、対象議員はその地位を失う。

【懲罰の表決】懲罰を決定する際には、懲罰委員長の委員長報告を基に科す懲罰の種類を特定して採決するが、その否決は一切の懲罰を科さないことを意味するものと解すべきである。論理的には、複数の種類の1つの懲罰を科すことが否定されただけであるが、懲罰手続の中での懲罰委員会の位置付けの重みに鑑み、他の懲罰を付すべきとの動議を提出することは、特段の規定がなければできないものと解する（衆規246、参規246参照）。

懲罰委員会の結論が懲罰を科すべきでないとするものである場合の措置については、第121条【懲罰の議決】の説明参照。

【不服従への対処】懲罰の内容が対象者の行為を必要とするものであっても、それ

§ 123

を実力によって強制することはできない。公開議場における戒告、公開議場における陳謝につき、正当な理由もなく本会議に出席しない等の場合には、それが新たな懲罰事由となる。

登院停止に応じない場合には、議長警察権により排除でき、同じくこれが新たな懲罰事由となる（衆規244、参規244）。

〔除名議員の再選〕
第123条　両議院は、除名された議員で再び当選した者を拒むことができない。

制定時（昭22.5）

本条は、再選した除名議員の受入れについて規定するものである。

【再選した除名議員の受入れ】両議院は、除名議員で再び当選した者を拒むことができない。

除名は、それによって失われる議員の地位限りのもので、当該懲罰対象者が終生、国会議員の地位に復帰できないものではない。極端な場合、自らの除名によって生じた欠員についての補欠選挙に立候補することも可能である（公選87の2参照）。選挙民の意思を尊重するものである。

除名後の選挙によって当選した者は、何の障害もなく議員の地位に就き、議員として活動できる。

「両議院」とは、衆参両院のことで、他院で除名された者を拒むことができないことも含意している。

そもそも懲罰は議院の自律権の内容を成すものであるため、他院で除名された者のことに言及する必要があるのか疑問であるが、「両議院」の語が用いられている以上、そのように解することとなろう。

「除名された議員」とは、懲罰として除名処分を受けて議員の地位を失った者である。

「再び当選した者」とは、除名後に行われた衆議院議員又は参議院議員の選挙で当選した者である。

「拒むことができない」とは、議院がその者を一員として受け入れなければならず、その者が議員として活動するのに支障を来す事態を生じさせてはならないことを指す。例えば、かつての除名処分を理由として改めて懲罰を科すことはできない。

452

§124

〔欠席議員の懲罰〕

第124条　議員が正当な理由がなくて召集日から7日以内に召集に応じないため、又は正当な理由がなくて会議又は委員会に欠席したため、若しくは請暇の期限を過ぎたため、議長が、特に招状を発し、その招状を受け取つた日から7日以内に、なお、故なく出席しない者は、議長が、懲罰委員会に付する。

制定時（昭22.5）

　本条は、応召・出席義務違反による懲罰について規定するものである。

【懲罰事由】懲罰が科されるのは、議院の品位を傷つけ、権威をおとしめる行為に対してであるが、国会法や議院規則の懲罰事由の規定は制限列挙ではない[2]。そもそも懲罰事由の類型化は困難であり、ましてや網羅的に示す規定を置くことはできないと解する。

　本条に規定する行為は通常、院外における不作為が該当するが、例外的に懲罰とするために個別具体の規定を置いたと見るべきではない。不応召や欠席は院内に結果するものであり（鈴木・理論253頁）、たとえ本条がなくても懲罰の対象とし得るものと解する。

　本条は懲罰事由の一類型を取り出して規定するものであるが、懲罰が議院の自律権の一内容として認められているところから、本来は議院規則で規定すべき内容である。そこで、本条の規範としての意義は、自律事項についての両議院の共通の認識として規定されたもので、議院規則でこれに抵触する内容が規定された場合にはそちらが優先適用されるものと解する。

【応召・出席義務】応召、本会議への出席、委員となっている委員会等への出席が議員としての義務であるのは当然のことであるが、それが抽象的な義務ではなく、一定の要件の下に不応召、欠席が懲罰事由となることを示すことで、具体的な義務であることが明らかにされている。

【不応召】正当な理由がなくて召集日から7日以内に召集に応じない議員には、議長が招状を発する。

　懲罰を科す前段階の手続として議長が登院要請を行うこととしたものである。

　「正当な理由」とは、政府の役職としての出張公務のような議員の義務に優先する

---

2 長谷川喜博「議員の懲罰について―国会と地方議会の場合」ジュリスト260号（1962）65頁。

§124

理由、病気や忌服のような義務を果たせない個人的な理由を指す。

　召集は詔書公布の方法でなされ、全ての議員に伝達されたものとみなされるため、実際に召集の事実を了知していなかったとしても、不応召の「正当な理由」には当たらない（•••▶第1条【召集方法】）。

　議院に対して応召できない旨の連絡のないことは、正当な理由がないと認定できる。衆議院では、召集に応じることができないときは、その理由を付した応召延期届を議長に提出することとされている（衆先82）。

　「召集日から7日以内」とは、会期の初日から起算して（国133）7日目に当たる日までを指す。

　「召集に応じない」とは、議事堂に登院しないことをいう。登院していれば、会議に出席しない場合であってもこの要件を満たさない。

【欠席】正当な理由がなくて本会議又は委員会に欠席した議員には、議長から招状を発する。

　「正当な理由」は、不応召の場合と同じであるが、議院規則で義務付けられている欠席届の理由として、参議院規則は、公務、疾病、出産その他一時的な事故を挙げている（参規187Ⅱ）（•••▶『逐参』第187条【欠席届】）。欠席届が提出されないことは、正当な理由のないことに当たる。

　「会議又は委員会に欠席し」とは、開かれた本会議、所属する委員会に出席しない状態がある程度の期間継続することである。不応召に7日の期間を見ていることとの均衡から、欠席が継続することが招状発出の要件であると解する。

【請暇期限経過】請暇の期限を過ぎた議員には、議長から招状を発する。

　「請暇」とは、議員が事故のため数日間議院に出席できないときに、議院又は議長に許可を求めることである（衆規181、182、参規187Ⅰ）が、ここでは、それに対して許可したことを指す。

　「期限」とは、請暇に対して許可された日数の最終日のことである。

　「過ぎた」とは、期限を経過しても登院しないことである。

【招状】不応召、欠席の議員に対する招状の発出は議長の義務ではなく、ケースごとの個別の判断による。ただし、懲罰を科すためには必要な要件となる。

　「招状」とは、応召するよう又は本会議、委員会に出席するよう要請する書状である。

　「特に」とは、それぞれの要件を満たした者に対してのみという意味である。

　「議長」は、委員会の欠席の場合にも該当する。招状は単なる出席要請ではなく、

§124

懲罰の前提となる要式行為であり、議長を主体とする意義が認められるからである。

　委員会において招状発出を要する場合には、当該委員長から議長に対し要請する。

　「発し」とは、届くように送ることであり、その手段は問わない。

【懲罰委員会付託】議長が特に発した招状を受けてから7日以内に、なお故なく出席しない議員は、議長が懲罰委員会に付す。

　招状を発出してからの2段階目の要件を規定するものである。

　「受け取つた日」とは、招状が当該議員の了知できる勢力範囲に入った日であり、留守宅に届けられた場合もそれに該当する。

　「7日以内」とは、受け取った日から起算して（国133）7日目に当たる日までを指す。

　「なお、故なく」とは、引き続き、正当な理由のない状況にあるという意味であり、連絡のないことは正当な理由のないことに当たる。

　「出席しない」とは、開かれた本会議又は所属する委員会に出席しないことである。応召するよう招状を発した場合に応召しないことを含むと解する。

　7日目までに開かれた会議に出席せず、かつ8日目以降の最初に開かれた会議に欠席すれば、要件が満たされたことになる。7日目までに会議が開かれない場合は、8日目以降の最初に開かれた会議に欠席することが「出席しない」に該当する。その会議とは、招状を発する原因となった欠席した会議のことである。したがって、正当な理由がなくて本会議を欠席し招状を発せられた議員が7日以内に委員会に出席しても、そのことだけで懲罰事由が解消するわけではない。

　招状発出後の委員会への出欠の状況については、当該委員長から議長に報告する。

　「懲罰委員会に付する」とは、議長の認定により、懲罰委員会に対して当該事犯を特定してその概要を示して、懲罰を科すべきか、科すとすればその内容をどうするかを検討させ、委員会としての結論を出させることである。

§ 124 の 2

第15章の2　政治倫理

第14次改正（昭60.6）

　本章は、国会議員の政治倫理に関し、議院におけるその確立の方策について規定を置いている。

【政治倫理の確立】国会議員について、資産や所得等、金銭に絡む疑惑を招いた昭和50年代前半のロッキード事件を受けて、議員が職務に関して廉潔、公正である必要性が制度上の問題として認識されるようになり、政治倫理確立のための具体策の枠組みを案出する機関として、衆参両院議長の下にそれぞれ政治倫理協議会が設置された（衆議院は昭和59年、参議院は58年）。両協議会での検討の結果、国会法に規定する事項及び政治倫理綱領、行為規範、政治倫理審査会規程の案が各議院の議長に報告され、その内容に沿う形で昭和60年に本章が新設された。また、政治倫理綱領、行為規範、政治倫理審査会規程については、議院規則の形式により、同年、衆参両院ではほぼ同内容のものが制定された。

　政治倫理確立を目的とした法整備は本章が置かれた後も続けられ、平成4年に政治倫理の確立のための国会議員の資産等の公開等に関する法律（平成4年法律第100号）が、平成11年に政治倫理の確立のための仮名による株取引等の禁止に関する法律（平成11年法律第126号）が、平成12年に公職にある者等のあっせん行為による利得等の処罰に関する法律（平成12年法律第130号）が、それぞれ制定されている。

【懲罰との関係】政治倫理確立のための具体策を設けるための議論において、院内の秩序を乱した議員の行為を対象とする懲罰（憲58Ⅱ）を院外での非行があった場合にまで拡大できるか否かが問題となった。

　この点については、職務との関係の有無にかかわらず、議院外での犯罪がそれだけで直ちに院内の秩序を乱したことにはならないとの解釈が一般的である。その結果、政治倫理について国会法の採る対処法は、懲罰とは別枠で、政治倫理審査会における事態の解明、有責議員に対する措置という制度を設けるものとなった。

〔政治倫理綱領、行為規範〕

　第124条の2　議員は、各議院の議決により定める政治倫理綱領及びこれにのつとり各議院の議決により定める行為規範を遵守しなければな

§124の3

　らない。

第14次改正（昭60.12）

　本条は、議員の政治倫理綱領及び行為規範の遵守義務について規定するものである。

【政治倫理規範遵守義務】議員は、各議院の議決により定める政治倫理綱領及び行為規範を遵守しなければならない。

　政治倫理に関する規範を議院の議決による法制度上の規範として明文化することを明確にし、その遵守義務を定めたものである。

【政治倫理綱領】「政治倫理綱領」とは、政治倫理の基本方針ともいうべきもので、議員の行動基準を抽象的な形で示したものである。

　「各議院の議決により定める」とは、衆参各議院が自らの規範として、本会議議決によって定めることを指す。

　議院規則の形式で議決することによって、会期を超える効力を持たせることができる。実際には、衆参両院がそれぞれ昭和60年に制定した「政治倫理綱領」が存在している。

【行為規範】「行為規範」とは、政治倫理に関し、詳細な遵守事項を定めて議員の行動基準を具体化したものである。

　政治倫理綱領と同じく、衆参両院がそれぞれ昭和60年に議院規則の形式で制定した「行為規範」が存在している。

　両議院の行為規範では、企業・団体の役職に就いている議員の届出義務、議院の役員等の企業・団体の役職兼任禁止のような事項が規定されている。

〔政治倫理審査会〕
第124条の3　政治倫理の確立のため、各議院に政治倫理審査会を設ける。

第14次改正（昭60.12）

　本条は、政治倫理審査会の設置、目的について規定するものである。

【政治倫理審査会の設置】議員の政治倫理確立のため、各議院に政治倫理審査会を設ける。

　政治倫理綱領、行為規範の実効性を担保する枠組として、議院に監視機関を設

第15章の2　政治倫理　457

§ 124 の 4

ける趣旨である。

「政治倫理審査会」は、委員会とは別類型の議院の内部機関であり、当該議院所属の議員により構成される。

「各議院に」とは、議院の内部機関として衆参両院にそれぞれ設けるとの趣旨で、両議院の政治倫理審査会は別個の独立した機関である。

「設ける」とは、本条の施行によって設置されるとの意味である。

政治倫理審査会は、本条が施行されている間存続する。廃止するためには本条を改正しなければならない。

【政治倫理審査会の性格】政治倫理審査会は、議院の通常の活動に関する機関ではなく、したがって議案等の審査や国政調査を行う権能を有しない。

「政治倫理の確立のため」とは、議員が職務に関して廉潔、公正であるとの政治的基盤をしっかり保持することを目的としてとの意味である。

本条では、政治倫理審査会の漠然とした目的を示すのみで、その基本的性格が明らかにされていない。両議院の政治倫理協議会における検討では、政治倫理審査会を、議員が行為規範に著しく違反し、政治的道義的に責任があると認められるかどうかについて審査する機関として設置することが考えられていた。現在の衆参両院の政治倫理審査会規程の第１条〔設置の趣旨〕において、その旨が審査会の目的として規定されている。

【政治倫理審査会の所掌】政治倫理審査会は、議員の政治的道義的責任について審査するため、対象議員の出席、説明を求めることができるほか、国務大臣等の出席を求め、内閣、官公署等に対して報告、記録の提出を求めることが想定されている。

審査の結果、審査対象の議員に政治的・道義的責任があると認めたときには、対象議員に対して勧告措置を講じることが可能である。現在の規程では、行為規範等の遵守の勧告、一定期間の登院自粛の勧告、役員・特別委員長等の辞任の勧告を行うことができるとされている（衆政規３ⅠⅡ、参政規３ⅠⅡ）。

〔政治倫理審査会に関する事項〕
　第124条の4　前条に定めるもののほか、政治倫理審査会に関する事項は、各議院の議決によりこれを定める。

第 14 次改正（昭 60.12）

本条は、政治倫理審査会に関する事項を議院の議決に委ねることを規定するもの

§124の4

である。

【政治倫理審査会に関する規定】 政治倫理審査会に関する事項は、第124条の3〔政治倫理審査会〕に定めるもののほか、各議院の議決により定める。

詳細については各議院の自律権に委ねる趣旨である。

「政治倫理審査会に関する事項」とは、政治倫理審査会の組織、権能、運営等に関する一切の事項である。

「前条に定めるもののほか」は、政治倫理審査会の設置、目的以外の事柄である。

この文言によれば、第124条の3〔政治倫理審査会〕の規定に反する内容、例えば、政治倫理確立以外を目的とする権能を付与する内容の議決を行うことはできないように読めるが、議院の内部組織については全て議院の自律に委ねられていると解する余地もあり、その場合には、本条に基づく議決ではなく、規則制定権を根拠に自院の政治倫理審査会を変容させることが可能となる。

「各議院の議決」は、当該政治倫理審査会の設けられている議院の本会議議決を指す。

議院規則の形式で議決することによって、会期を超える効力を持たせることができる。実際には、衆参両院がそれぞれ昭和60年に制定した「衆（参）議院政治倫理審査会規程」という法規範が存在している。

【政治倫理審査会規程の内容】 政治倫理審査会規程で規定している事項は両議院ともほぼ同じで、次のとおりである。

> 設置の目的、審査申立て・申出、勧告、報告書、議院への報告、委員数、委員、会長、幹事、開会、定足数、議決数、弁明、被申立議員の出席・説明、国務大臣等の出席説明、報告又は記録の提出、参考人、傍聴、活動期間、会議録

第15章の2　政治倫理　　459

第16章　弾劾裁判所

制定時（昭22.5）

　本章は、組織論のうち、裁判官弾劾裁判所、裁判官訴追委員会について規定を置いている。

　両機関については裁判官弾劾法（昭和22年法律第137号）が詳細な規定を置いており、国会法では国会又は両議院の関与する点について規定している。

【公の弾劾】裁判官は、憲法によって職権の独立が保障され（憲76Ⅲ）、身分保障がなされ、罷免されるのは、心身の故障のために職務を執ることができないと決定された場合と公の弾劾による場合に限られている（憲78）。

　「公の弾劾」という表現は具体性を欠くが、憲法はそれに当たるものとして弾劾裁判所の裁判を用意している（憲64Ⅰ）。

　国会は、罷免の訴追を受けた裁判官を裁判するため、両議院の議員で組織する弾劾裁判所を設ける（憲64Ⅰ）。

　「弾劾裁判所」は、裁判官についての公の弾劾を行うために国会が設置する機関である。

　最高裁判所の系列に属さず、裁判所法の適用を受けない。憲法第76条第2項で禁じられている特別裁判所に当たるが、憲法の明文の規定で認められた例外である。

　弾劾裁判所は憲法の施行によって観念的に設置される。その組織を整えるに当たって法律に基づく手続を踏むこととなる。

【弾劾裁判所の独立性】設置された弾劾裁判所は国会の機関ではなく、独自の存在を認められた機関とされるのが一般的である（法學協會・註解(下)967頁等）。

　しかし、制度の趣旨が、公務員罷免権（憲15Ⅰ）の趣旨を裁判官にまで及ぼし、国民の意思を代表する国会を通じて弾劾するものであること、組織面で両院議員の中から人材供給がなされることを勘案すれば、国会の機関と捉えることが可能であると解する。また、弾劾裁判の機能として国会による司法権の抑制という面があることも否定できず、そのことからも弾劾裁判所を国会の機関として位置付けてよいのではないだろうか。

　司法権の独立の確保を急務とする憲法の要請に適合させる上で、弾劾裁判所の独立機関性は必須事項であったかもしれないが、その独立機関性を強調することは、弾劾制度の持つ政治的性格を見えにくくする側面を持つとも指摘されているところ

§ 125

である[1]。

　弾劾裁判所の独立性は、高度な身分保障を認められた裁判官を罷免する公正かつ適正な裁判を行う機関が当然追求すべき属性と考えるべきであろう[2]。

　具体的には、各議院から裁判についての指令を受けることはなく、その活動も会期制による制約を受けない。

〔弾劾裁判所〕

第125条①　裁判官の弾劾は、各議院においてその議員の中から選挙された同数の裁判員で組織する弾劾裁判所がこれを行う。

②　弾劾裁判所の裁判長は、裁判員がこれを互選する。

制定時（昭22.5）

　本条は、弾劾裁判所の構成について規定するものである。

【弾劾裁判】裁判官の弾劾は弾劾裁判所が行う。

　憲法第64条第1項で規定されているところを確認するものである。

　「裁判官の弾劾」とは、国民の意思を代表する機関が行う、裁判官を罷免するための特別の手続のことである。憲法では「公の弾劾」と表現している（憲78）。

　「弾劾裁判所」は、裁判官訴追委員会から罷免の訴追を受けた裁判官を裁判する裁判所で、国会が設ける機関である。

　憲法及び国会法では「弾劾裁判所」と規定しているが、裁判官弾劾法は「裁判官弾劾裁判所」の名称を用いている。

【弾劾裁判所の構成】弾劾裁判所は、各議院で議員の中から選挙された同数の裁判員で組織する。

　弾劾の制度が国民の裁判官に対する選定罷免権に由来するものであり、国民の意思を反映する者に委ねるのが適当との趣旨である。

　「裁判員」とは、弾劾裁判所の裁判を行う者のことである。

　「各議院において」とは、衆参両院の各々の本会議においてという意味である。

　「選挙された」とは、議院所属の議員の意思によって選び出されたという意味であり、その方法についての言及はない。

　「同数の」は、衆参で人数が同じであればよく、具体的な員数は別途定めることを

[1] 佐藤幸治「憲法と裁判官弾劾制度」裁判官弾劾裁判所事務局=裁判官訴追委員会事務局編『裁判官弾劾制度の50年』（1997）48頁。
[2] 土屋孝次「裁判官弾劾制度に関する国会権限の現代的意義」弾劾裁判所報2000年号（2000）5頁。

第16章　弾劾裁判所　　*461*

§126

予定している。裁判官弾劾法において、衆参各7人と規定されている（弾裁16 I）。

議院規則では、衆議院では単記無名投票で（衆規23 I）、参議院では連記無名投票で（参規248 I）選挙すると規定されているが、いずれもその指名を議長に委任することができるとされている（衆規23 V、参規248 Ⅲ）（••▶『逐参』第248条【弾劾裁判所裁判員等の選挙】）。

実際には、議長委任の方法が採られ、議長は各会派の所属議員数の比率に応じて会派から推薦された者を指名する例である（衆先362、参先477）。

「組織する」とは、合議制による裁判機関を構成するという意味である。

議員であることは、選任の要件であるとともに、身分保持の要件でもある。裁判員が議員でなくなると、それと同時に裁判員の地位も失う。

裁判員が辞任するには、その者の属する議院の許可を受けなければならない。国会の閉会中であれば、議長の許可が必要である（弾裁16 Ⅵ）。

【裁判長】 弾劾裁判所の裁判長は、裁判員が互選する。

弾劾裁判所の独立性を保持する必要から、人事について他機関の介入を認めない趣旨である。

「裁判長」は、弾劾裁判所を代表し、訴訟指揮、評議整理、裁判言渡し等を行う裁判員である。

「互選する」とは、そのメンバーの中からメンバーの意思によって選出することをいい、方法については言及していない。

【弾劾裁判所事務局】 官署としての弾劾裁判所は事務局を付置する（弾裁18 I）。

事務局には、裁判員でない参事その他の職員が置かれる（弾裁18 Ⅱ）。事務局の職員は国会職員法の適用を受ける（国職1(4)(5)）。

〔訴追委員会〕

第126条① 裁判官の罷免の訴追は、各議院においてその議員の中から選挙された同数の訴追委員で組織する訴追委員会がこれを行う。

② 訴追委員会の委員長は、その委員がこれを互選する。

制定時（昭22.5）、第5次改正（昭30.3）

本条は、訴追委員会の構成について規定するものである。

【訴追委員会】 裁判官の罷免の訴追は訴追委員会が行う。

裁判官の弾劾は訴追行為を前提とした裁判手続によらなければならないが、憲法

462

§126

はその訴追の主体について規定を置いておらず、その点につき本条が規定している。

「訴追委員会」は、裁判官の罷免に値する事由について調査し、弾劾裁判所に対して訴追請求を行う機関で、国会が設けるものである。

国会法では「訴追委員会」と規定しているが、裁判官弾劾法は「裁判官訴追委員会」の名称を用いている。

【罷免の訴追】「裁判官の罷免の訴追」とは、罷免に値する著しい非行のある裁判官について、その職を辞めさせることを弾劾裁判所に対して申し立てることである。

具体的な罷免事由としては、①職務上の義務に著しく違反し又は職務を甚だしく怠ったとき、②その他、職務の内外を問わず、裁判官としての威信を著しく失うべき非行があったときが挙げられている（弾裁2）。

【訴追委員】訴追委員会は、各議院で議員の中から選挙された同数の訴追委員で組織する。

訴追の主体についても、国会議員で構成される機関とするものである。

「訴追委員」とは、裁判官の罷免の訴追、訴追の猶予を決定する訴追委員会の議事に参加する者である。

「各議院において」、「選挙された」、「同数の」、「組織する」については、**第125条【弾劾裁判所の構成】**の説明参照。

訴追委員の員数は、弾劾裁判所法において、衆参各10人と規定されている（弾裁5Ⅰ）。

> ◆改正前は〔訴追委員選出母体〕
>
> 第126条（旧）①　裁判官の罷免の訴追は、衆議院においてその議員の中から選挙された訴追委員で組織する訴追委員会がこれを行う。
>
> 弾劾裁判所については、憲法上、両議院の議員で組織するとされているのに対し（憲64Ⅰ）、訴追委員会についてはその縛りがなく、制定当初は、衆議院のみから訴追委員を出すこととされていた。

議員であることは、裁判員と同様、選任の要件であるとともに在任の要件でもある。

訴追委員が辞任するには、その者の属する議院の許可を受けなければならない。国会の閉会中であれば、議長の許可が必要である（弾裁5Ⅶ）。

【訴追委員会委員長】訴追委員会の委員長は、訴追委員が互選する。

弾劾裁判所と同様、独立性を保持する必要から、人事について他機関の介入を認めない趣旨である。

§ 127

「委員長」は、訴追委員会を代表し、会務を統理する訴追委員である。

「互選する」とは、そのメンバーの中からメンバーの意思によって選出することをいい、方法については言及していない。

【訴追委員会事務局】官署としての訴追委員会は事務局を付置する (弾裁7 I)。

事務局には、訴追委員でない参事その他の職員が置かれる (弾裁7 II)。事務局の職員は国会職員法の適用を受ける (国職1(4)(5))。

〔 裁判員・訴追委員兼職の禁止 〕
第127条　弾劾裁判所の裁判員は、同時に訴追委員となることができない。

制定時 (昭22.5)

本条は、弾劾裁判所裁判員と訴追委員の兼職禁止を規定するものである。

【弾劾裁判所裁判員と訴追委員の兼職禁止】弾劾裁判所裁判員は、訴追委員を兼ねることができない。

訴追する立場とそれを受けて裁判を行う立場は相容れず、同一人物が両方の役を受け持つことはできないことによる。

「同時に」とは、選任される時期が一致する場合だけでなく、任にある期間が重なってはいけないという意味である。当然のことながら、訴追委員である議員が弾劾裁判所裁判員に選任される逆パターンも許されない。

「なることはできない」とは、選任できないとの意である。

兼職禁止の趣旨は予備員 (国128) にも及ぶ。すなわち、弾劾裁判所裁判員及び訴追委員はそれぞれ他方の予備員となることはできず、また、両方の予備員を兼ねることもできない。

兼職を排除するのであれば、新たに弾劾裁判所裁判員又は訴追委員に選任されたことによって、それまでの地位を失うという扱いをすることで足りるだろう。

本条の趣旨は、形式的に兼職を禁止するだけでは貫徹できない。特定の事案について、訴追委員としてその訴追に関与していた議員が公判段階では訴追委員を辞して裁判員として弾劾裁判に加わることは、裁判の公正を保つ上で疑義が生じるからである。裁判員が当該事案について訴追委員の職務を行ったことは除斥事由となるが (弾裁30で刑訴20(6)を準用)、予測のつく範囲でそのような裁判員の選任は差し控えるべきである。

§128

〔予備員〕
**第128条　各議院は、裁判員又は訴追委員を選挙する際、その予備員を
選挙する。**

制定時（昭22.5）、第5次改正（昭30.3）

　本条は、弾劾裁判所裁判員と訴追委員の予備員の選任について規定するものである。

【予備員】各議院は、裁判員、訴追委員を選挙する際、その予備員を選挙する。

　弾劾裁判所裁判員及び訴追委員に事故や欠員が生じた場合でも、職務に支障を生じさせないようにする趣旨である。

　「予備員」とは、裁判員又は訴追委員が事故により職務を行えないとき又は欠けたときに臨時にその職務を代行するため、それぞれについて置かれる職であり、議員の中から選任される。

　その員数は、別途、法律で定めることが予定されており、弾劾裁判所法において、弾劾裁判所裁判員予備員は衆参各4人、訴追委員予備員は衆参各5人と規定されている（弾裁5 I、16 I）。

　個々の裁判員、訴追委員にそれぞれ予備員が付くわけではなく、予備員として選任される者について職務を行う順序が定められ、必要な際に、その順序に従って属する議院の裁判員、訴追委員の職務を代行する。

　「各議院は」とは、衆参両院が各々の本会議においてという意であり、裁判員又は訴追委員の代行のための予備員はその議院の所属議員の中から選任することを含意する。

　「選挙する際」とは、裁判員、訴追委員が欠けたとき又は事故があるときに備えて常置するという趣旨であり、裁判員、訴追委員を常に予備員とセットで選挙することを要求するものではない。

　「選挙する」とは、議院所属の議員の意思によって選び出すという意味であり、その方法についての言及はない。

　実際には、裁判員、訴追委員と同じく、各会派の所属議員数の比率に応じて会派から推薦された者を議長が指名する例である（衆先362、参先477、478）。

　予備員が辞任するには、その者の属する議院の許可を受けなければならない。国会の閉会中であれば、議長の許可が必要である（弾裁5 Ⅶ、16 Ⅵ）。

第16章　弾劾裁判所　　465

§129

〔裁判官弾劾法〕

第129条　この法律に定めるものの外、弾劾裁判所及び訴追委員会に関する事項は、別に法律でこれを定める。

制定時（昭22.5）

　本条は、弾劾裁判所、訴追委員会に関する事項を別の法律で定めることを規定するものである。

【裁判官弾劾法】国会法に定めるもののほか、弾劾裁判所及び訴追委員会に関する事項は別に法律で定める。

　憲法上、裁判官の弾劾に関する事項は法律で定めることとされている（憲64Ⅱ）。国会法では、その構成に関する事項の骨格部分について規定するのみで、その他の事項については別の法律で規定することとした。その法律に当たる裁判官弾劾法は、昭和22年11月に制定されている。

　議院規則で定めている事項もある（衆規23〜25、参規248）が、これは裁判員等の選出方法について議院の自律事項として規定を置くものである（••▶『逐参』第248条【弾劾裁判所裁判員等の選挙】）。

　「弾劾裁判所及び訴追委員会に関する事項」とは、弾劾裁判所、訴追委員会の組織、権能等に関する一切の事項であり、訴追や弾劾裁判の手続に関する事項を含む。

【裁判官弾劾法の内容】裁判官弾劾法で規定している事項は、次のとおりであり、刑事訴訟に関する法令を準用する規定も多い。

　（総則）法律の趣旨、弾劾による罷免の事由、弾劾裁判所及び訴追委員会の所在地、弾劾裁判所及び訴追委員会の職権行使、予算（弾裁1〜4の2）

　（訴追）訴追委員・予備員、委員長の職務、事務局、職権の独立、招集、議事、調査、訴追委員の派遣、訴追期間、訴追の猶予、訴追状の提出、訴追の請求（弾裁5〜15）

　（裁判）裁判員・予備員、裁判長の職務、事務局、職権の独立、合議制、訴追状の送達、弁護人の選任、口頭弁論、訴追委員の立会、開廷の場所、審判の公開、法廷の秩序維持、訊問、証拠、裁判員の派遣、刑事訴訟に関する法令の準用、裁判の評議、一事不再理、裁判の理由、裁判書、裁判書の送達、裁判の公示、罷免の裁判の効果、資格回復の裁判、裁判官の職務の停止、刑事訴訟との関係、免官の留保、公職選挙法の適用除外、規則の制定（弾裁16〜42）

　（罰則）虚偽申告の罪、証人等に対する罰則（弾裁43〜44）

§130

| 第17章 | 国立国会図書館、法制局、議員秘書及び議員会館 |

制定時（昭22.5）、第2次改正（昭23.7）、第21次改正（平5.5）

　本章は、組織論のうち、議員の立法活動を補佐し、その地位向上を図ることを目的とした国立国会図書館、法制局、議員秘書及び議員会館について規定を置いている。

【議員の活動補助】 国会議員の活動内容は多岐にわたり、充実した立法活動のためには人的、物的な支援措置が必要である。国会法は、第3章〔役員及び経費〕で事務総長及び事務局参事について、第4章〔議員〕で常任委員会専門員及び調査員について、それぞれ規定を置いているが、それ以外にも議員の職務遂行の補助を目的とする制度を設けている。

　これらは、国会法制定に当たって、GHQ から新しい民主的な国会を構築するための条件として示された11項目の指示に含まれていた事項である[1]。

　議員に支給される歳費が報酬としての性格を持つこと（•••▶第35条【歳費】）と比べ、これらは職務に必要な便宜・現物供与的な性格を有する。

〔国立国会図書館〕

第130条　議員の調査研究に資するため、別に定める法律により、国会に国立国会図書館を置く。

制定時（昭22.5）、第2次改正（昭23.7）

　本条は、国立国会図書館の設置について規定するものである。

【国立国会図書館】 議員の調査研究に資するため、国会に国立国会図書館を置く。

　議員が職務を遂行するに当たって、その調査研究を補助する機関が必要である。その1つとして、国立国会図書館は、文献等の資料を収集保持し、調査スタッフを常置し、議員を補佐する役割を担う。

　議会図書館が設置されたのは新憲法下のことであり、これらは様々な場面で要望されたことに基づくものであるが、その主張はいずれも米国議会図書館に範をとったものであった[2]。

---

1 西沢哲四郎『国会法立案過程における GHQ との関係』（憲法調査会事務局・1959）59頁。
2 小林正「国立国会図書館法制定史稿─国会図書館法の制定から国立国会図書館法の制定まで」レファレンス 576号（1999）14頁。

§131

　国会法制定当初は、「国会図書館」という名称であったが、それに相当する図書館は設置されるに至らず、昭和23年の第2次改正で「国立国会図書館」に取って代わられた。

　「国立国会図書館」は、国会の附属機関たる図書館である。

　「調査研究」とは、議員がその活動に関連して物事を明らかにするための知的行為である。

　「資するため」とは、助けになるためという意味である。

　具体的には、議員からの求めに応じて資料を提供したり、調査を行ったりするほか、自発的に立法に関連する資料を発刊している。

　「国会に」とは、国会の附属機関としてという意味である。

　館長は、両議院の議長が両議院の議院運営委員会と協議の後、国会の承認を得て任命する（図4 I後）。

　国会法では国立国会図書館を議員の調査研究に資することを目的として規定するだけであるが、同館は同時に、国の中央図書館としての性格を有し、国民に対して図書館奉仕を行うとともに、行政、司法の各部門に図書館サービスを提供している。

【国立国会図書館法】国立国会図書館は、別に定める法律により設置する。

　「別に定める法律により」とは、国会法が直接の設置根拠となるのではなく、別個の法律を制定して国立国会図書館を置く旨を具体的に規定するという意味である。その法律に当たる国立国会図書館法（昭和23年法律第5号）は、昭和23年に制定されている。

　本条に規定するとおり、国立国会図書館法が設立について規定している。

　同法前文では、「国立国会図書館は、真理がわれらを自由にするという確信に立って、憲法の誓約する日本の民主化と世界平和とに寄与することを使命として、ここに設立される。」との理念がうたわれている。

　同法では、そのほか、目的、組織、国会に対する補佐業務、行政・司法部門への奉仕、一般公衆・図書館に対する奉仕、収集資料、出版物の納入義務、金銭の受入・支出及び予算等について規定している。

〔議院法制局〕

　第131条① 　議員の法制に関する立案に資するため、各議院に法制局を置く。

§131

② 各法制局に、法制局長1人、参事その他必要な職員を置く。

③ 法制局長は、議長が議院の承認を得てこれを任免する。但し、閉会中は、議長においてその辞任を許可することができる。

④ 法制局長は、議長の監督の下に、法制局の事務を統理する。

⑤ 法制局の参事その他の職員は、法制局長が議長の同意及び議院運営委員会の承認を得てこれを任免する。

⑥ 法制局の参事は、法制局長の命を受け事務を掌理する。

制定時（昭22.5）、第2次改正（昭23.7）、第8次改正（昭34.4）

本条は、議院法制局の設置、組織等について規定するものである。

【議院法制局】 議員の法制立案に資するため、各議院に法制局を置く。

議員が職務を遂行するに当たって、その法制立案を補助する機関が必要であり、議院法制局はそのための役割を担う。

「法制局」とは、法律案等の立案、法律問題の調査などの業務を行う機関である。

本条により各議院に置かれるものとは別に、同様の業務内容を持つ機関が内閣にも置かれている（内閣法制局設置法1）。

「法制に関する立案」とは、法律案、修正案等の案文を作成することである。

「資するため」とは、助けになるためという意味であり、具体的には、議員から示された政策をその求めに応じて法律案文にまとめ、議員が作成する議案を仕上げること等を行う。

「各議院に」とは、衆参両院それぞれが附属機関として設置することを意味する。

議院法制局が設置されたのは新憲法下のことであるが、その背景にはGHQによる勧告があった[3]。

「法制局」は国会法制定時には「法制部」であり、昭和23年の第2次改正において局に昇格した。

【法制局長・参事】 議院法制局に法制局長1人、参事その他の職員を置く。

議院法制局の構成を定めるものである。

「法制局長」は、法制局の長たる職員である。

「参事」は、常勤の議院法制局職員を指す。

法制局長の任免は議長が行い、それには議院の承認が必要である。ただし、閉会中における辞任は議長が許可する。

----

3 ジャスティン・ウィリアムズ（市雄貴＝星健一訳）『マッカーサーの政治改革』（朝日新聞社・1989）221頁。

§132

議院の組織自律権が法制局職員の任免についても当てはまることを確認するものである。

「任免」とは、役目に就ける又は辞めさせる発令のことである。

「議院の承認」とは、認める旨の本会議の議決のことである。

発令を確定させるために必要な要件であり、通常は先立って行われるが、事後であることを妨げない趣旨であると解する。

「得て」とは、議長から承認を求める旨提議することを前提としている。

「閉会中」は、会期終了日の翌日から次会期召集日の前日までの間を指す（••▶第30条【閉会中の辞任】）。

法制局の参事その他の職員の任免は法制局長が行う。その任免には、議長の同意及び議院運営委員会の承認が必要である。

「同意」、「承認」については、**第27条【参事等の任免】**の説明参照。

それぞれ、全ての職員の任免について個別に必要なものではなく、議院法制局法（昭和23年法律第92号）では、議長の同意を要するものとして法制次長、法制主幹、部長及び副部長が挙げられているだけである（法制4Ⅰ、4の2Ⅰ、5Ⅰ、5の2Ⅱ）。

【法制局長・参事の職務】法制局長は、議長の監督下、法制局の事務を統理する。

法制局長の職務を規定するものである。

「法制局の事務」とは、議院の活動を補佐するための事務のうち、議員の立法活動を補佐する事務のことである。

「統理」とは、その所掌事務をつかさどり、責任者として全てを治めるという意味である。

「議長の監督」とは、議長が法制局長の行為について監視し、必要とする時には指揮、命令などを加えることである。

法制局の参事は、法制局長の命を受け、事務を掌理する。

「掌理する」とは、執り行うことである。

〔議員秘書〕

第132条① 各議員に、その職務の遂行を補佐する秘書2人を付する。

② 前項に定めるもののほか、主として議員の政策立案及び立法活動を補佐する秘書1人を付することができる。

制定時（昭22.5）、第2次改正（昭23.7）、第5次改正（昭30.3）、

§132

第9次改正（昭38.4）、第21次改正（平5.5）

　本条は、議員の公設秘書について規定するものである。

【秘書】議員の職務遂行を補佐するためのスタッフとして、各議員に秘書2人を付す。

　議員が活動するために専属のスタッフを用いる必要があることから、国の負担で手当てすることとしたものである。

　「秘書」とは、議員に直属して、その職務を助ける役を担う者のことである。

　「職務の遂行」とは、議員としての活動全般と解される。したがって、議院内における活動だけでなく、所属政党や選挙区の支持者との関係に関する事務等の政治活動を含む幅広い概念である。

　「補佐する」は、仕事を助けることであるが、公的職務を代行する権限を含まない。

　「付する」とは、その雇用のための費用を国費によって賄うという意味である。

　この点を捉えて一般に「公設秘書」と呼ばれる。

　その身分は特別職の国家公務員とされる（国公2Ⅲ⒂）が、秘書の雇用は、議長の同意を要する（秘給規5ⅠⅡ）ものの、議員と秘書との間の契約による。給与は国庫から支給される一方、採用、人事管理は個々の議員に委ねられる特殊な地位である。

　秘書には、政治的行為の禁止や守秘義務など、一般職公務員に対する規制は及ばない。

　「2人」とは、2人を限度とするという意味である。

　議員が希望しない場合には秘書2人を置く義務はない。また、2人を超えて秘書を雇用することも可能であるが、超える人数の秘書は、全くの私的な雇用契約によるものであり、一般に「私設秘書」と呼ばれる。

【政策秘書】2人の公設秘書のほかに、政策立案、立法活動の補佐を職務とする秘書1人を各議員に付す。

　議員立法の立案機能を強化する趣旨で、平成5年の改正により、議員の政策スタッフの充実を図るために設けられた制度である。

　この秘書は、一般に「政策担当秘書」と呼ばれている。

　「政策立案」とは、政治目標を達成するための手段として採る具体的な方針、施策を案出することである。

　「立法活動」とは、国会の法案審議に参画したり、法案を提出するための行動である。

第17章　国立国会図書館、法制局、議員秘書及び議員会館　　*471*

§132の2

「付する」は、その雇用を国費によって賄うという意味である。

政策担当秘書は、その制度創設に当たって、高度の資格試験に合格した者及び豊富な学識経験を有する者を採用すべきことが念頭に置かれており[4]、実際にもそのための試験が実施され、その合格者等、有資格者の中から各議員が採用することとされている（秘給21 I）。

〔議員会館〕
第132条の2　議員の職務の遂行の便に供するため、議員会館を設け、各議員に事務室を提供する。

第21次改正（平5.5）

本条は、議員会館の議員事務室の提供について規定するものである。

【議員会館】議員の職務遂行の便に供するため、議員会館を設ける。

議員活動に対する施設空間を提供するものである。

「議員会館」とは、議員の職務遂行に当たり、議員間で会議を開いたり、外部者と面談する等の場を提供する建物であり、館内に各議員の議員事務室が設けられる。

議事堂に近接する場所に設けられる必要があり、議事堂と道路を隔てて3棟（衆議院2棟、参議院1棟）が置かれている。

「職務の遂行」とは、議員としての活動に従事すること全般と解される。したがって、議院内における活動だけでなく、所属政党や選挙区の支持者との関係に関する事務等の政治活動を含む幅広い概念である。

「便に供する」とは、役に立つようにするという意味である。そのため、議員会館内の居室の使用は、議員が優先して行えるようにしなければならない。

【議員事務室】議員の職務遂行の便に供するため、各議員に議員事務室を提供する。

国会で活動するための準備行為等のために独立したスペースが必要となることに鑑みての措置である。

「議員事務室」とは、議員が事務を執るための居室である。

「各議員に」とあることから、1人ずつの個別の部屋であることを要する。

「提供する」とは、使える状態として差し出すことであり、無償であることを含意する。

---

4 第121回国会衆議院議院運営委員会議録附録「国会議員の秘書に関する調査会答申（平3年10月11日）」3頁。

472

§ 133

第18章　補則

第5次改正（昭30.3）

　本章は、他章に置くのが適当でない事項に関する規定を置くものである。

　国会法制定当初には補則に当たる規定は存在しなかったが、第5次改正において第133条〔期間の計算〕を新設するに当たり、他章に属しない規定事項であるとして、本章が新たに設けられたものである。

　　〔期間の計算〕
　第133条　この法律及び各議院の規則による期間の計算は、当日から起算する。

第5次改正（昭30.3）

　本条は、国会法及び議院規則の期間計算について規定するものである。

【期間の計算】国会法、議院規則による期間計算は、当日から起算する。

　民法は、期間の計算の起点となる時点として初日を算入しないと規定しており（民140）、他の法分野においても民法の定めによる例である。本条は、これに対する特則となっている。

　明治憲法時代から議会においては当日起算の慣行があったものを、第5次改正において明文で確認することとしたものである。

　国会に関する法規では、「少なくとも10日前にこれを公布しなければならない」（国1Ⅱ）、「奏上の日から30日以内にこれを公布しなければならない」（国66）、「休会中の期間を除いて委員会の報告の日から7日以内に会議に付する要求がないとき」（衆規179）というように、日を単位とする時間の経過によって効果を発生させたり、期間内に履行を義務付けたりする規定が見られる。そのため、本条は日以上の期間の計算を対象としているが、時以下の単位が問題となる場合には、原則に戻って民法の規定（民139）どおり、即時から起算する。

　「この法律」とは、形式的意義における国会法のことであるが、議院証言法のように国会の組織、権能、運営について規定する法律もこれに準じるものと解する。

　また、憲法第4章〔国会〕等の実質的意義における国会法に当たる規定についても、本条の趣旨に鑑み、当日起算主義によるべきであり、実例もそのように取り扱われ

第18章　補則　　*473*

§133

ている。例えば、予算の自然成立の「参議院が、衆議院の可決した予算を受け取つた後、国会休会中の期間を除いて30日以内」（憲60Ⅱ）は、受領した当日から起算することとされている（参先422）。ただし、衆議院解散後の総選挙の期日のように選挙関係のものについては、初日不算入として扱っているようである[1]。

「各議院の規則」は、衆議院規則、参議院規則のほか、議院の議決で定める議院規則、規程が含まれる。また、両議院の議決で定める規程も「各議院の規則」に準じて本条を適用すべきである。

「による」とは、それぞれの法規で規定されているとの意味である。

「期間の計算」とは、時間の経過が法効果に結び付いている場合、そのための時間の経過を勘定することである。

「当日」とは、法文上、時間経過によって法効果を発生させる契機となる事実等が生じた日のことである。

「起算する」とは、計算を開始することであり、その日を1日目としてカウントすることとなる。

期間を遡って計算する場合には、表現のしにくさもあり、起算日の取り方が難しくなる。通常の感覚によると「1日前」は前日を指すことから、このような表現を採る遡及計算の場合には初日算入主義の入り込む余地がないと解する。例えば「3日前」の場合、基準時の前日を第1日として逆算して3日目に当たる日を指す。

---

1 第171回国会参議院議員加賀谷健君提出衆議院選挙の日程に関する質問に対する答弁書（平21年5月22日受領）。

附　則

制定時（昭 22.5）

① この法律は、日本国憲法施行の日から、これを施行する。

② 議院法は、これを廃止する。

③ この法律施行の際現に在職する衆議院の議長及び副議長は、この法律により衆議院の議長及び副議長が選挙されるまで、その地位にあるものとする。

④ この法律施行の際現に在職する衆議院及び貴族院の書記官長は、この法律により衆議院及び参議院の事務総長が選挙されるまで、夫々事務総長としての地位にあるものとする。

⑤ 参議院成立当初における参議院の会議その他の手続及び内部の規律に関しては、参議院において規則を定めるまでは、衆議院規則の例による。

⑥ 平成 23 年 3 月 11 日に発生した東北地方太平洋沖地震に伴う原子力発電所の事故について、東京電力福島原子力発電所事故調査委員会の委員長及び委員の推薦、その要請を受けて国政に関する調査を行うこと等のため、附則第 10 項の法律がその効力を有する間、国会に、東京電力福島原子力発電所事故に係る両議院の議院運営委員会の合同協議会（以下「両院合同協議会」という。）を置く。

⑦ 両院合同協議会は、東京電力福島原子力発電所事故調査委員会の要請を受けた場合において必要があると認めるときは、当該要請に係る事項について、国政に関する調査を行うことができる。

⑧ 第 104 条の規定は、前項の規定による国政に関する調査を行う場合における両院合同協議会について準用する。

⑨ 前 2 項に定めるもののほか、両院合同協議会の組織、運営その他の事項については、両議院の議決によりこれを定める。

⑩ 国会に、別に法律で定めるところにより、東京電力福島原子力発電所事故調査委員会を置く。

⑪ 内閣は、当分の間毎年、国会に、前項の法律の規定により送付を受

附　則　475

> けた東京電力福島原子力発電所事故調査委員会の報告書を受けて講じた措置に関する報告書を提出しなければならない。

制定時（昭22.5）、第32次改正（平23.10）

　附則では、国会法の施行日、議院法の廃止、衆議院の議長・副議長の地位についての経過措置、衆議院・貴族院の書記官長の地位についての経過措置、参議院規則制定までの経過措置、臨時に設ける組織等を規定している。

　国会法の改正のたびにそれぞれ附則が付されるが、それは改正法の附則であり、本書では取り上げない。

【施行日】国会法は、日本国憲法施行の日から施行する。

　国会法は、旧帝国議会の審議を経て制定され（昭和22年4月28日裁可）、昭和22年4月30日に公布された。

　「この法律」とは、形式的意義における国会法である。

　「施行する」とは、効力を現実に発生させることである。

　施行日とされる日本国憲法施行の日とは、憲法公布の日（昭和21年11月3日）から起算して6か月を経過した日（憲100 I）、すなわち昭和22年5月3日である。

【議院法廃止】議院法は廃止する。

　日本国憲法の施行により、国会が帝国議会に取って代わった。法制面では、議院法は規律対象が消滅して適用される余地がなくなり、その廃止の規定を附則に置いたものである。

　国会法の制定が旧議院法の全部改正ではなく廃止制定方式によったのは、制度を質的に変更させたとの判断によるものであろう[1]。

　「議院法」とは、大日本帝国憲法の下で帝国議会に関する事項を規定した法律（明治22年法律第2号）である。明治22年2月11日に制定され、翌23年11月25日に施行された。

【衆議院議長・副議長】国会法施行の際に在職する衆議院の議長及び副議長は、国会法により衆議院の議長及び副議長が選挙されるまで、その地位にあるものとする。

　憲法では、憲法施行の際、現に在職する衆議院議員は当然にはその地位を失わないとされた（憲103）。それを受けて、本附則において、衆議院議長・副議長についても同様の措置が採られた。

---

1 長野秀幸『法令読解の基礎知識』（学陽書房・2008）115頁。

実際には、日本国憲法施行前の昭和22年4月25日の総選挙で選ばれた議員による帝国議会は召集されなかったので、国会法施行時には衆議院議長・副議長は存在せず、本項が適用されることはなかった。

　参議院議長・副議長は、新たに選出された議員によって選挙されるもので、貴族院議員との連続性は想定されなかった。

【衆議院・貴族院書記官長】国会法施行の際に在職する衆議院及び貴族院の書記官長は、国会法により衆議院及び参議院の事務総長が選挙されるまで、それぞれ事務総長としての地位にあるものとする。

　国会では事務総長を各議院で選任することとなっている (国27 I) が、最初の事務総長が選任されるまでの必要を考え、帝国議会における衆議院、貴族院の書記官長を国会における衆議院、参議院の事務総長の地位にあるものとした。

　実際には、衆議院では第1回国会の召集日の2日後に、参議院では召集日の翌日にそれぞれ選任されており、それまでの間、旧書記官長がそれぞれ事務総長の地位にあった。

【参議院規則制定前の措置】参議院成立当初における参議院の会議その他の手続及び内部の規律に関しては、参議院で規則を定めるまでは、衆議院規則の例による。

　第92回帝国議会の衆議院において、暫定衆議院規則が定められた。これは、国会となってからの衆議院で新議院規則が制定されるまでの暫定措置として必要最小限の規定を置くものであり、旧衆議院規則も日本国憲法、国会法、暫定衆議院規則に反しない限りにおいて効力を有するとされた (暫衆規附II)。これにより、衆議院についてはスタート時の会議その他の手続及び内部の規律に関する規則 (憲58 II) が整備されていたことになる。

　ところが参議院の場合、貴族院で事前に暫定規則を定めておくのは適当でないという事情があるので、衆議院規則の例によることとされた。

　「衆議院規則の例による」とは、衆議院規則を適用するとの意味である。

　衆参両院の議院規則は、いずれも第1回国会の昭和22年6月28日に制定され、それまでの間は参議院で暫定衆議院規則が通用していた。

【福島原発事故に係る両院合同協議会】東北地方太平洋沖地震に伴う原子力発電所の事故について、国会に、東京電力福島原子力発電所事故に係る両議院の議院運営委員会の合同協議会 (両院合同協議会) を置く。

　東日本大震災において東京電力福島原子力発電所に深刻な事故が発生し、それに

附　則　　*477*

ついては政府内に事故調査・検証委員会が設けられたが、法令に基づくものではなく、権限が曖昧であるとの批判がなされ、国会に第三者機関を設置して事故調査を行うこととなった。それが後述する東京電力福島原子力発電所事故調査委員会（国附X）であり、その組織に係る監督のために国会議員から成る機関を設けることとしたものである。

「東北地方太平洋沖地震」とは、平成23年3月11日に宮城県沖を震源として発生した大地震のことであり、津波等によって東日本を中心に我が国に未曽有の被害（東日本大震災）をもたらした。

「東京電力福島原子力発電所事故」は、東北地方太平洋沖地震に起因して原子炉炉心溶融、放射性物質漏出等が発生した我が国最大の原子力事故のことである。

「両議院の議院運営委員会の合同協議会」は、両議院の議院運営委員会の委員をメンバーとする両議院の委員会合同による形態で設けられる機関である。

両議院の合同協議会の形を採るのは、調査委員会が国会の附置機関であることから、衆参一体の機関で対応することとなったものである[2]。

両院合同協議会は、東京電力福島原子力発電所事故調査委員会の委員長及び委員の推薦、同委員会の要請を受けて国政に関する調査を行うこと等を目的とする。

「東京電力福島原子力発電所事故調査委員会」については、附則【福島原発事故調査委員会】の説明参照。

両院合同協議会は、附則第10項に規定する法律がその効力を有する間、存続する。

両院合同協議会は、附則第6項の規定によって設置されるもので、その施行は第179回国会召集日から10日を経過した日（平成23年10月30日）である。

「附則第10項の法律」とは、東京電力福島原子力発電所事故調査委員会法（平成23年法律第112号）のことである。

「その効力を有する間」については、附則【福島原発事故調査委員会】の説明参照。

両院合同協議会は、東京電力福島原子力発電所事故調査委員会の要請を受けた場合において必要があると認めるときは、当該要請に係る事項について、国政調査を行うことができる。

国政調査が議院に認められている権能であることから、両議院にまたがる機関である両院合同協議会も行使できることを確認的に規定したものである。

---

2 中川博史「国会原発事故調査委員会の設置―国会に第三者機関を置く憲政史上例を見ない試み」時の法令1906号（2012）12頁。

事故調査委員会の要請と両院合同協議会による必要性の認定が行使の要件とされている。

第104条〔内閣等に対する報告・記録の提出要求〕の規定は、両院合同協議会による国政調査を行う場合における両院合同協議会について準用する。

国政調査に実効性を持たせるため、両院合同協議会にも内閣等に対する報告、記録の提出要求を手段として認めたものである。

【福島原発事故に係る両院合同協議会規程】附則に定めるもののほか、両院合同協議会の組織、運営その他の事項については、両議院の議決で定める。

両院合同協議会に関する事項について両議院の議決で定めるとしたことにより、制定に当たっての行政の関与と衆議院の優越が排除されるものとなっている。

法文上は、「東京電力福島原子力発電所事故に係る両議院の議院運営委員会の合同協議会規程」という名称が付されており、平成23年11月に制定されている。

「両議院の議決」とは、内容の一致した両議院の本会議の議決のことである。

両院送付関係にはなく、制定に当たっての偶然の一致は望めないので、両議院間の事前の交渉で内容を調整する必要がある。

この規程は、単なる議決ではなく、議院規則と同様の効力を持つ法形式である。したがって、会期不継続によって効力が消えるものではない。

両院合同協議会規程で規定している事項は次のとおりである。

> 設置の趣旨、委員数、委員、委員外議員、会長、会長代理、幹事、開会、定足数、表決、委員派遣、常任委員会合同審査会の例、細則

本規程に定められているもののほか、常任委員会合同審査会の例に準ずるとされている。

同規程は、福島原発事故調査委員会が活動を終えることにより（•••▶附則【福島原発事故調査委員会】）、失効した。

【福島原発事故調査委員会】国会に、別に法律で定めるところにより、東京電力福島原子力発電所事故調査委員会を置く。

政治的中立性の確保を念頭に置いて、民間から委員が任命される第三者機関を国会に設置することとされたものであり、憲政史上初の試みとされている[3]。

別に定められる「法律」とは、東京電力福島原子力発電所事故調査委員会法のことである。国会法の一部を改正する法律（平成23年法律第111号）の施行の日、すなわち第179回国会召集日から10日を経過した日（平成23年10月30日）に施行され、それ

---

3 塩崎恭久『「国会原発事故調査委員会」立法府からの挑戦』（東京プレスクラブ・2012）106頁。

から1年を経過した日に失効している。

「東京電力福島原子力発電所事故調査委員会」とは、東京電力福島原子力発電所事故の原因等を調査するための国会に設けられた機関のことであり（旧原調1）、委員長及び委員9人で組織される（旧原調2Ⅰ）。

調査委員会が行う事務は、①東北地方太平洋沖地震に伴う原子力発電所の事故の直接又は間接の原因を究明するための調査、②発電所事故に伴い発生した被害の直接又は間接の原因を究明するための調査、③関係行政機関その他関係者が発電所事故に対し講じた措置及び発電所事故に伴い発生した被害の軽減のため講じた措置の内容、当該措置が講じられるまでの経緯並びに当該措置の効果を究明し検証するための調査、④これまでの原子力に関する政策の決定又は了解及びその経緯その他の事項についての調査、⑤事故調査の結果に基づき、原子力に関する基本的な政策及びそれを所掌する行政組織の在り方の見直しを含む原子力発電所の事故の防止及び原子力発電所の事故に伴い発生する被害の軽減のため講ずべき施策又は措置についての提言等である（旧原調10）。

調査委員会は、平成23年12月8日に発足し、平成24年7月5日、「東京電力福島原子力発電所事故調査委員会報告書」を決定し、衆参両院議長に提出した。

【福島原発事故についての内閣の報告書】内閣は、当分の間毎年、国会に、事故調査委員会法の規定により送付を受けた福島原発事故調査委員会の報告書を受けて講じた措置に関する報告書を提出しなければならない。

事故調査委員会が両議院の議長に提出した調査の結果等を記載した報告書は内閣に送付されており（旧原調16ⅠⅢ）、その送付を受けて、内閣は措置を講ずることが予定されている。それに関する報告書を国会に提出することとするものである。

480

事項索引

あ

案件‥‥‥‥‥‥‥‥242,341
　──の返付‥‥‥‥‥‥‥318
　──の両院協議会‥‥‥‥319
案件不継続‥‥‥‥‥240,363

い

委員‥‥‥‥‥‥116,120,128
　──の解任‥‥‥‥‥‥‥373
　──の辞任‥‥‥‥‥117,127
　──の選任‥‥‥‥‥116,126
　──の任期‥‥‥‥‥116,126
　──派遣‥‥‥‥‥‥‥‥393
　──変更‥‥‥‥‥‥130,166
　──割当‥‥‥‥‥‥128,166
　第1種──‥‥‥‥‥‥‥118
委員会‥‥‥‥‥‥‥‥‥109
　──修正‥‥‥‥‥‥‥‥204
　──制度‥‥‥‥‥‥‥‥107
　──中心主義‥‥‥‥‥‥108
　──調査スタッフ‥‥‥‥119
　──提出法律案‥‥‥‥‥187
　──の効用‥‥‥‥‥‥‥107
　──の出席要求‥‥‥‥‥262
　──の種類‥‥‥‥‥‥‥109
　──の存続期間‥‥‥‥‥110
　──の中間報告‥‥‥‥‥194
　──の定足数‥‥‥‥‥‥139
　──の非公開‥‥‥‥‥‥153
　──の秘密会‥‥‥‥153,154
　──の表決‥‥‥‥‥‥‥143
　──の傍聴‥‥‥‥‥‥‥153
　──の法律案提出‥‥‥‥147
　──の類型‥‥‥‥‥109,162
　第1種──‥‥‥‥‥‥‥118
委員会議室‥‥‥‥‥‥‥391
委員会審査‥‥‥‥‥‥‥179
　──省略‥‥‥‥‥‥‥‥186
　──に対する期限付与‥‥197
委員長‥‥‥‥‥75,127,137
　──決裁‥‥‥‥‥‥‥‥145

　──室‥‥‥‥‥‥‥‥‥426
　──提出‥‥‥‥‥‥‥‥149
　──の職務権限‥‥‥‥‥137
　──の代行‥‥‥‥‥‥‥139
　──の表決権‥‥‥‥‥‥145
　──報告‥‥‥‥‥‥‥‥156
意見書‥‥‥‥‥‥‥‥‥278
意見書案‥‥‥‥‥‥‥‥284
一会期一意思‥‥‥‥‥‥200
1月召集‥‥‥‥‥‥‥‥‥21
一事不再議の原則‥‥‥‥200
一事不再理‥‥‥‥‥‥‥420
一定期間の登院停止‥‥‥450
一般警察権‥‥‥‥‥‥‥424
一般警察権説‥‥‥‥‥‥423
院外退去‥‥‥‥‥‥‥‥433
インターネット審議中継‥225
院内交渉会派‥‥‥‥‥‥129
院内現行犯‥‥‥‥‥‥‥‥96
院の構成‥‥‥‥‥‥‥‥‥32
印本‥‥‥‥‥‥‥‥‥‥234

う

ウィリアムズ, J‥‥‥‥‥5,7

え

衛視‥‥‥‥‥‥‥‥‥‥427
延長回数‥‥‥‥‥‥‥‥‥49
延長幅‥‥‥‥‥‥‥‥‥‥48

お

応召延期届‥‥‥‥‥‥‥454
応召義務‥‥‥‥‥‥‥30,453
公の弾劾‥‥‥‥‥‥‥‥460
おことば‥‥‥‥‥‥‥‥‥41
おみやげ立法‥‥‥‥‥‥181

か

開院式‥‥‥‥‥‥‥‥‥‥38
開会‥‥‥‥‥‥‥‥‥‥‥17

開会式‥‥‥‥‥‥‥‥‥‥38
　──式辞‥‥‥‥‥‥‥‥‥40
　──次第‥‥‥‥‥‥‥‥‥41
　──の時期‥‥‥‥‥‥‥‥39
　──の主宰‥‥‥‥‥‥‥‥39
　──の場所‥‥‥‥‥‥‥‥40
会期‥‥‥‥‥‥‥‥‥12,42
　──延長‥‥‥‥‥‥‥‥‥48
　──の起算‥‥‥‥‥‥‥‥51
　──の終了‥‥‥‥‥‥‥‥52
　──の種別‥‥‥‥‥‥‥‥14
　──の伸縮‥‥‥‥‥‥‥‥48
　──の独立性‥‥‥‥‥‥241
　──幅‥‥‥‥‥‥‥‥‥‥47
　──前逮捕通知‥‥‥‥‥‥97
　──末の懲罰事犯‥‥‥‥444
会期決定‥‥‥‥‥‥‥‥‥45
　──の時期‥‥‥‥‥‥‥‥45
会議公開原則‥‥‥‥‥‥153
会期制‥‥‥‥‥‥‥‥‥‥12
　──の適用除外‥‥‥‥‥‥13
　──の例外‥‥‥‥‥‥‥‥13
会議に関する報告‥‥‥‥266
会議の日ごと開会原則‥‥175
会期不継続の原則‥‥‥‥241
会議録‥‥‥‥‥‥‥‥228,335
　──の公表‥‥‥‥‥‥‥228
　秘密会の──‥‥‥‥‥‥229
　両院協議会の──‥‥‥‥335
会議録掲載‥‥‥‥‥‥223,271
　不承認質問の──‥‥‥‥271
　未発言部分の──‥‥‥‥223
会計検査‥‥‥‥‥‥‥‥401
会計検査院‥‥‥‥‥‥170,264
　──からの出席‥‥‥‥‥264
　──に対する検査要請‥‥170
会計検査院長‥‥‥‥‥‥264
戒告‥‥‥‥‥‥‥‥‥‥450
解散‥‥‥‥‥‥‥44,133,337
　──権論争‥‥‥‥‥‥‥338
　──詔書‥‥‥‥‥‥‥‥‥44
　──による会期終了‥‥‥‥44
改善勧告‥‥‥‥‥‥‥‥384
会派‥‥‥‥‥‥‥‥‥‥‥89

事項索引　　*481*

──の所属議員数……90,129
──離脱…………59
一人──…………90,129
立法事務費の交付を
　受ける──…………90
回付…………291
回付案…………291
──の審議…………291
概要についての演説…………191
概要の報告…………191
学識経験者…………152,403
各種委員…………105
可決…………290,296
過半数…………144,240
可否同数…………146
仮議長…………60,70
──の事故…………72
──の選挙…………71
──の代行職務…………72
──の任期…………72
官公署…………394
官報…………254

き

議案…………179
──所持主義…………293
──の回付…………291
──の議決通知…………288
──の後会継続…………243
──の修正…………203
──の奏上…………232,234
──の送付…………289
──のつるし…………193
──の撤回…………215
──の内閣修正…………216
──の内閣送付…………235
──の発議…………179,180
──の付託…………183
議員…………88
──互助年金…………102
──事務室…………472
──事務補助員…………8
──尊重主義…………7
──特権…………88
──の活動補助…………467
──の欠員…………414
──の兼職禁止…………104
──の資格…………417
──の辞職…………406

──の集会…………30
──の席次…………17
──の地位…………421
──の地位喪失事由…………415
──の任期…………405
──派遣…………391
──秘書…………470
議院…………287
──公報…………267
──代表権…………65
──提出議案…………219
──の会議…………16,171
──の活動場所…………391
──の休会…………56
──の経費…………86
──の職員…………76
──の自律権…………1
──の成立…………17
──の秩序保持…………423
議院運営委員会小委員…………9
議院運営委員長…………176
議員会館…………472
議院規則優先適用説…………3
議院警察権…………423,426
──の場所的範囲…………426
議院事務局…………61
議院事務局法…………77
議院証言法…………393,403
議院法…………476
「議院法改正の項目」…………5
議院法規調査委員会…………5
議院法制局…………469
議院法制部…………469
議院予算の独立…………86
議員立法…………210
期間の計算…………474
議決…………142
──数…………143,172,247
──通知…………236,291
──の効力の時間的範囲
…………241
──の不一致…………50
棄権…………142,144
期限付逮捕許諾…………94
議事…………142
──規則…………428
──経過…………266
──整理…………176
──整理権…………65,137
──の順序…………177

議事協議員…………176
議事協議会…………176
儀式…………38
議事堂…………391,426
議事日程…………173
──の報告…………174
議場…………31,40,173
──退去…………429
──の整理…………430
議席喪失説…………412
議席の指定…………32
議席保有説…………412
起草…………5
起草機関説…………306
貴族院議員…………477
規則特別法説…………3
義務的公聴会…………151
義務的合同審査会…………121
議題…………205,217
議長…………33,60
──警察権…………425
──決裁権…………172,330
──辞任願…………69
──辞任の件…………82
──選挙…………33
──の委員会出席・発言権
…………66
──の員数…………61
──の欠缺…………69,73
──の資格…………62
──の事故…………68,70
──の職務権限…………64
──の代行…………69,72
──の定員…………61
──の内部警察権…………423
──の任期…………62
──の表決権…………172
──の両院協議会出席・発言権
…………333
──不信任決議案…………183
休会…………53
──中の開議…………55
──の議決…………53
──の終了…………56
議院の──…………56
国会の──…………53
休憩…………431
協議案…………329
協議委員…………322
協議委員議長…………323

協議委員団……………………323
行政監視委員会………………115
極東委員会……………………6
紀律……………………………424
議了案件………………………157
緊急質問………………………274
緊急集会………………………337
　　──中の請願………………346
　　──中の発議………………345
　　──中の不逮捕特権………343
　　──中の免責特権…………344
　　──における奏上…………349
　　──における内閣送付……349
　　──の権能…………………344
　　──の終了…………………347
　　──の請求…………………341
　　──の付議案件……………340
緊急集会末の懲罰……………353
緊急の案件……………………347
緊急の必要……………………339

く

くじ……………………………324
苦情請願………………………282
組替え動議……………………209
繰上補充………………………407
訓示規定………………………39

け

警察官…………………………427
　　──の指揮…………………427
　　──の派出…………………427
警察官庁………………………432
形式的意義における国会法……1
刑事訴訟法……………………94
継続審査………………………133
欠員通知………………………415
決議案…………………………182
決裁権……………65,139,146
決算……………………115,191
決算委員会……………………115
決算行政監視委員会…………115
欠席……………………………454
　　──議員の懲罰……………453
　　──協議委員………………325
　　──届………………………454
原案保持主義…………………293
減額修正………………………207

現行犯罪………………………92
原告議員………………………418
検査官…………………………264
　　──の出席説明……………264
兼職禁止…………………104,464
原子力規制委員会委員長……260
憲法改正………………………245
　　──の提案…………………253
憲法改正案……………………248
　　──の公示…………………254
　　──の周知…………………367
　　──の内閣送付……………254
憲法改正原案…………………248
　　──に関する勧告…………359
　　──の修正…………………251
　　──の提出…………………357
　　──の提出区分……………357
　　──の発議…………247,248
　　──の発議区分……………249
　　──の返付…………………302
　　──の両院協議会…………316
憲法改正手続法………………370
憲法審査会……………………354
　　──規程……………………366
　　──合同審査会……………358
　　──修正……………………251
　　──の憲法改正原案
　　　　提出…………………356
　　──の消滅…………………356
　　──の所掌…………………355
　　──の設置…………………354
憲法審査会会長…………358,361
　　──提出……………………358
　　──報告……………………361
憲法調査会……………………354

こ

行為規範………………………457
公開議場における戒告………450
公開議場における陳謝………450
後会継続……………243,419
公害等調整委員会委員長……260
後議……………………………289
　　──院………………………291
公式令……………………15,233
公述人…………………………152
公職選挙法………………88,405
硬性憲法………………………245
公正取引委員会委員長………260

公設秘書………………………471
公聴会……………………149,168
合同審査会…………………120,358
　　──規程……………………123,360
公布………………………15,233
公文……………………………80
　　──への署名………………79
公報……………………………267
勾留延長通知………………97,344
勾留期間の延長………………97
国事行為…………14,233,338
国政調査権………112,268,394
国民投票………………………367
　　──の期日…………………255
国民投票広報協議会…………367
　　──の所掌…………………368
　　──の設置…………………367
　　──の存続期間……………369
国民投票広報協議会委員……369
国民投票広報協議会会長……370
国務大臣………105,118,257
　　──の出席…………………257,363
　　──の出席要求……………262,334
　　──の発言…………………261
　　──の発言通告……………261
　　──の補佐…………………259
国立国会図書館………………467
国立国会図書館法……………468
互助年金………………………102
国会議員互助年金法…………102
国会議員の歳費、旅費及び
　　手当等に関する法律……100
国会自主主義…………………7
国会職員法……………………120
国会審議の活性化及び政治
　　主導の政策決定システムの
　　確立に関する法律………259
国会単独立法の原則…………287
国会中心主義…………………7
国会図書館……………………468
国会の休会……………………53
国会の議決…………………47,288
　　──を要する案件…………318
国会法…………………………1
　　──違憲論…………………1
　　──と議院規則の抵触……2
　　──の起草…………………5
　　──の改正経過……………9
　　──の施行日………………476
　　──の制定過程……………4

事項索引　*483*

——の存在………………1
——の編別………………4
形式的意義における——…1
実質的意義における——…1
国会法案委員会……………6
国会法案特別委員会…………6
国会予備金…………………87
国家基本政策委員会………114

さ

サードパーティー・ルール
　　　　　　　　………379
再議決………………………310
　——権……………………311
　——の対象………………312
　——の通知………………312
最高裁判所…………………265
　——からの出席…………265
　——事務総局……………266
最高裁判所長官……………265
　——指定代理者…………265
　——の出席説明…………264
在場数説……………………144
財政法…………………21,87
採択………………282,284
再提出法案…………………310
歳入法案……………………151
裁判員………………461,464
裁判官………………95,460
　——の弾劾………………461
　——の罷免の訴追………463
裁判官訴追委員会…………463
裁判官弾劾裁判所…………461
裁判官弾劾法………………466
歳費…………………………99
　——受給権………………101
　——の差押え……………101
再付託………………………185
財務自律権…………………86
散会…………………………431
参議院改革協議会…………10
参議院規則…………………337
参議院制度改革検討会……10
参議院説……………………350
参議院先議…………………300
参議院の緊急集会…………337
参議院の調査会……………162
参議院の通常選挙………34,37
参考人………………………403

——の旅費・日当………404
参事………………77,469
　——の事務総長代行……80
　——の職務………80,470
　——の任免………………78
賛成………159,181,205,443
　——者……………………159
暫定衆議院規則……………477

し

GHQ…………………………5
資格喪失……………………417
資格争訟……………………417
　——提起…………………418
　——手続…………………418
資格争訟特別委員会………419
事情変更の例外……………200
辞職…………………………406
　——願……………………407
　——の許可………………406
　——の申出………………406
施設管理権…………………434
私設秘書……………………471
自然休会……………………57
事前協議方式………………178
自然承認……………………301
自然成立……………………301
質疑………………193,268
実質的意義における国会法…1
実数説………………28,140
質問…………………………268
　——権……………………268
質問主意書…………………270
　——の内閣転送…………270
指定参事……………………36
司法権の独立……265,394,460
事務監督権…………………65
事務局職員定員規程………77
事務総長………………61,77
　——の議長代行…………36
　——の職務………………79
　——の職務代行…………80
　——の選挙………………78
　——の任期………………78
釈放要求………97,98,344
　——の発議………98,344
集会…………………………342
　——の期日………………16
　——の日時………………31

——の場所………………17,31
　——前逮捕通知…………343
衆議院…………49,295,476
　——の議決………………299
　——の再議決……………310
　——の先議権……………297
　——の同意………………349
　——の同意を求める案件
　　　　　　　　………349
　——の優越………………49
衆議院解散…………………337
衆議院優越主義……………7
衆参同日選挙………………27
修正………………216,290
　——動議………205,251
　——の限界………………203
　委員会——………………204
　議案の——………………203
　憲法改正原案の——……251
　憲法審査会——…………251
　内閣提出案の——………215
　予算を伴う——…………206
自由討議……………………276
12月召集……………………21
住民投票……………………240
重要広範議案………………193
主宰………………40,178
趣旨説明……………………191
趣旨弁明……………………217
出席…………………………141
　——委員………144,160
　——義務…………………453
　——協議委員……………329
　——要求………261,326
出席者多数制説……………144
出頭…………………………404
常会…………………………43
　——と特別会の併合……22
　——の会期………………42
　——の召集義務…………20
　——の召集時期…………20
召集…………………………14
　——可能時期……………19
　——義務………20,22,26
　——権者…………………14
　——時期………20,24,30
　——詔書…………………15
　——日……………………31
　——方法…………………15
　——要求…………………28

——了知義務…………15
併合——…………22
詔書…………15
招状…………454
少数意見…………158
——者…………159
少数意見報告………158,361
——書…………161
省庁依頼立法…………210
上程不要…………157
証人…………403
——の旅費・日当…………404
常任委員…………115
——就任義務…………117
——の兼務…………118
——の辞任…………117
——の選任…………116
——の任期…………116
常任委員会…………109
——の種類…………113
常任委員会合同審査会…………120
——規程…………123
常任委員会専門員…………119
常任委員会中心主義…………8
常任委員会調査員…………119
常任委員長…………61,75
——の選挙…………75
——の任期…………76
常任委員長解任…………83
——決議案…………84
情報監視審査会…………372
——規程…………390
——の改善勧告…………380
——の事務執行者…………385
——の所掌…………374
——の性格…………374
——の設置…………373
情報監視審査会室…………388
情報保全監察室…………375
情報保全諮問会議…………376
条約…………295
——の自然承認…………299
——の返付…………295
——の両院協議会…………313
条約修正権…………300
常例…………21
書記官長…………59,477
職員…………400
職務代行者…………36,139
除斥…………422

初日算入主義…………18,474
処分要求…………436
　侮辱に対する——…………435
除名…………451
——議員の再選…………452
処理経過報告…………285
自律的集会制…………14
審議過程の独立性…………241
「新憲法ニ基キ国会法ニ規定
スル事項」…………5
「新国会法に就いて」…………5
審査機関説…………306
審査期間の延長…………197
審査省略要求…………186
審査報告書…………161
人事院総裁…………260
人事に関する自律権…………77

（せ）

成案…………329
——の議決数…………328
——の修正…………332
——の審議…………330
——の先議…………330
——の送付…………331
成案説…………299
請暇…………454
——期限経過…………454
請願…………277
——委員会…………282
——権…………277
——採択…………284
——事項…………279
——者…………279
——書…………279
——審査…………281
——の紹介…………280
——の処理経過報告…………285
——の他院不関与…………285
——の提出…………279
——の両院関係…………285
苦情——…………282
請願法…………277
政策担当秘書…………471
政策秘書…………471
政治倫理…………456
政治倫理規範…………457
政治倫理協議会…………456
政治倫理綱領…………457

政治倫理審査会…………457
——規程…………459
——の所掌…………458
——の性格…………458
——の設置…………457
政党間移動の禁止…………412
政党助成法…………414
成年被後見人…………409
政府委員…………259
——制度…………259
政府演説…………171
正副議長の選任…………32
政府参考人…………263
政府特別補佐人…………260,353
政務次官…………259
全院委員会…………109
先議…………295,313
——議院…………290
選挙…………33,76
——議事…………74
——期日の公示…………24
——後の臨時会…………25
——訴訟…………416
——手続…………35
——の先決性…………34
——無効…………405
選挙管理委員会………240,415
選任の委任…………71
全部修正…………203
専門員…………119
専門の知識を有する職員…… 119

（そ）

増額修正…………207
総議員…………28
総選挙…………22,24
送付…………290,331
送付案…………201,291
——の継続審査…………304
組織自律権…………112
訴追委員…………463
——の裁判員との兼職禁止
…………464
——予備員…………465
訴追委員会…………462
——委員長…………463
——事務局…………464

た

第1種委員‥‥‥‥‥‥‥118
第1種委員会‥‥‥‥‥118
退去命令‥‥‥‥‥428,434
退職‥‥‥‥‥‥409,413
　政党間移動による——‥410
　他院議員となることによる
　　——‥‥‥‥‥‥408
　被選資格喪失による
　　——‥‥‥‥‥‥409
退職金‥‥‥‥‥‥‥102
大臣政務官‥‥‥‥‥259
大臣補佐官‥‥‥‥‥105
代表権‥‥‥‥‥‥‥138
代表質問‥‥‥‥‥‥171
逮捕許諾請求‥‥‥‥‥94
他院提出議案の説明‥‥219
他院不関与‥‥‥‥‥285
他律的集会制‥‥‥14,28
弾劾裁判‥‥‥‥‥‥461
弾劾裁判所‥‥‥‥‥460
　——裁判長‥‥‥‥462
　——事務局‥‥‥‥462
　——の構成‥‥‥‥461
　——の独立性‥‥‥460
弾劾裁判所裁判員‥‥464
　——の訴追委員との兼職禁止
　　‥‥‥‥‥‥‥464
　——予備員‥‥‥‥465
単記無名投票‥‥‥‥462

ち

秩序保持権‥‥‥64,138,424
地方特別法‥‥‥‥238,353
　——の公布‥‥‥‥240
　——の成立‥‥‥‥240
　——の認定‥‥‥‥239
中央選挙管理会‥‥‥256,415
中間報告‥‥‥‥‥157,195
　——後の本会議審議‥‥199
　——動議‥‥‥‥‥196
　自発的——‥‥‥‥199
調査員‥‥‥‥‥‥‥119
調査会‥‥‥‥‥‥‥163
　——の権能‥‥‥‥163
　——の性格‥‥‥‥163
　——の設置‥‥‥‥164

　——の存続期間‥‥‥164
　——の定足数‥‥‥168
　——の法律案提出‥‥168
調査会委員‥‥‥‥‥165
　——の辞任‥‥‥‥166
　——の選任‥‥‥‥165
　——の任期‥‥‥‥165
調査会長‥‥‥‥‥‥165
　——決裁‥‥‥‥‥168
　——の辞任‥‥‥‥166
　——の選任‥‥‥‥166
　——の代行‥‥‥‥166
調査局‥‥‥‥‥‥‥120
調査室‥‥‥‥‥‥‥120
調査報告書‥‥‥‥‥354
懲罰‥‥‥‥‥‥‥‥439
　——事由‥‥‥‥‥453
　——動議‥‥‥‥‥443
　——と処分要求の関係‥‥438
　——の議決‥‥‥‥441
　——の種類‥‥‥‥450
　——の宣告‥‥‥‥441
　——の対象行為‥‥439
　——の対象者‥‥‥439
　——の手続‥‥‥‥440
　——の場所的範囲‥‥439
　——の表決‥‥‥‥451
懲罰委員会‥‥‥‥419,440
懲罰事犯‥‥‥‥‥‥440
　——の件‥‥‥‥‥136
　会期末の——‥‥‥444
　緊急集会末の——‥‥353
　閉会中の——‥‥‥448
陳謝‥‥‥‥‥‥‥‥450
陳述‥‥‥‥‥‥‥‥404
陳情書‥‥‥‥‥‥‥277

つ

通常選挙‥‥‥24,26,34,37
通信等手当‥‥‥‥‥103
通年会期制‥‥‥‥‥‥12

て

提案理由説明‥‥‥‥219
停会‥‥‥‥‥‥‥‥‥53
帝国議会の審議‥‥‥477
提出者‥‥‥‥‥149,186
定数説‥‥‥‥‥‥‥140

ディスチャージ・ルール‥‥195
定足数‥‥‥‥140,171,246
　——算定の基礎‥‥140
　——の認定‥‥‥‥143
　——不足の効果‥‥142
　委員会の——‥‥‥139
　調査会の——‥‥‥168
　本会議の——‥‥‥171
　両院協議会の——‥‥324
適性評価‥‥‥‥‥‥385
撤回‥‥‥‥‥‥‥‥216
　内閣提出案の——‥‥215
天皇‥‥‥‥‥14,39,233

と

同意案件‥‥‥‥‥‥350
同意人事案件‥‥‥‥184
同一議案‥‥‥‥‥‥202
　——の審議禁止‥‥199
登院停止‥‥‥‥‥‥450
動議‥‥‥‥‥‥‥‥204
　——の成立‥‥‥‥204
　——の提出‥‥‥‥204
　修正——‥‥‥205,251
　中間報告——‥‥‥196
　懲罰——‥‥‥‥‥443
　独立——‥‥‥‥‥443
　予算修正の——‥‥207
　予算の組替え——‥‥209
　予算の編成替え——‥‥209
当日起算原則‥‥‥51,473
党首討論‥‥‥‥‥‥122
当初議決説‥‥‥‥‥299
党籍変更‥‥‥‥‥‥411
当選辞退‥‥‥‥‥‥‥35
当選受諾‥‥‥‥‥‥‥35
当選証書‥‥‥‥‥‥‥31
　——対照‥‥‥‥‥‥31
当選人名簿‥‥‥‥‥‥31
当選無効‥‥‥‥‥‥405
投票多数説‥‥‥‥‥144
答弁‥‥‥‥‥‥268,272
　——の期限‥‥‥‥273
答弁書‥‥‥‥‥‥‥272
東京電力福島原子力発電所事故
　調査委員会‥‥‥‥480
東京電力福島原子力発電所
　事故に係る両議院の議院
　運営委員会の合同協議会

………………………477
特定事項検査要請………401
特定秘密………372
——提出拒否の
　審査………381,398
——提出要求………377
——の閲覧・利用…387,400
——の管理………388
——の指定………374
——の提供………377,395
——保護………372
特定秘密保護法…………372
特別委員………126
——の辞任………127
——の選任………126
——の任期………126
特別委員会………109
——の形態変更………126
——の消滅時期………125
——の廃止………125
特別委員長………127
——の辞任………128
——の選任………127
——の任期………128
特別会………19,22,45
——と常会の併合…22
——の会期………45
——の召集義務………22
特別権力関係説…………423
特別多数決………227
独立動議………443
溶け込み方式………247
読会制………190

な
内閣………272
——送付………284
——に対する報告・
　記録提出要求………393
——の意見聴取……210,363
——の助言と承認……14,236
——の処理経過報告………284
——の声明………379,396
——の答弁………272
——の発律権………245
——の法律案提出………287
——への送付…235,255,284
——への転送………272
内閣官房副長官…………258

内閣説………350
内閣総辞職………231
内閣総理大臣………314
——の欠缺………231
——の辞任………231
内閣総理大臣指名………314
——についての衆議院の優越
　………315
——の奏上………236
——の通知………315
——の両院協議会………315
内閣総理大臣補佐官………105
内閣提出案………215
——の修正………215
——の撤回………215
内閣不信任決議案………182
内閣法制局長官………260
内部警察権………423

に
二重予算………87
日時指定による招集………175
日時招集………175
日当………404
日本国憲法に係る改正の発議
　又は国民投票に関する
　法律案………355
日本国憲法に密接に関連する
　基本法制………355
日本国憲法の改正案………248
日本国憲法の改正案の原案
　………248
任意規定性………178
任意的両院協議会………309
任期満了………24,43

の
除く原案方式………247

は
廃案………189
排他的議院規則説………3
発議………180,227
——者………186,220
——に対する賛成………181
——要件の加重………182
議案の——………179,180

緊急集会中の——………345
憲法改正
　原案の——………247,248
　秘密会の——………227
発言………221
——時間制限………221
——通告………261
——取消命令………428
発言・表決の免責………88
半数改選………117,339

ひ
控室………90
否決通知………297
被告議員………420
日ごと開会原則………175
秘書………471
　公設——………471
　私設——………471
　政策——………471
　政策担当——………471
被選資格喪失………410
被選の資格………409
必要的両院協議会………313
一人会派………90,129
秘密会………154,225
——の議決………226
——の記録………228
——の発議………227
　委員会の——………153,154
秘密会会議録………229
——の非公表………230
——非公表の解除………230
秘密会議………229
罷免の訴追………463
費用弁償説………100
比例代表………411

ふ
不応召………453
副議長………33,60
——の員数………61
——の議長代行………67
——の欠缺………73
——の資格………62
——の事故………70
——の職務権限………68
——の代行………69

事項索引　487

——の定員……………61	報酬説……………………100	**め**
——の任期……………62	法制局長………………469	
複修正…………………………205	——の職務……………470	免責特権………………………88
副大臣…………………………259	傍聴………………………431	
不採択…………………………282	——規則………………425	**や**
不承認質問……………………271	——許可………………154	
——の会議録掲載……271	——の自由……………224	役員………………………………60
侮辱………………………………436	傍聴人……………………431	——選任権………………58
——に対する処分要求…435	——退場命令…………155	——の兼職禁止…………84
部属………………………………130	——の取締り…………431	——の辞任………………81
不逮捕特権………………………90	報道………………………225	——の就任………………35
——の例外………………91	——の自由……………224	——の種類………………59
付託………………………………183	法律案……………………182	——の地位喪失…………82
——替え…………………185	——の再議決…………309	——の中立性……………59
——変更…………………185	——の返付……………294	
——保留…………………184	——のみなし否決……295	**ゆ**
再——……………………185	——の両院協議会……305	
予備——…………………215	法律公布…………………237	有効投票数説…………………144
不服従…………………………451	——の期限……………237	
無礼の言の禁止………………434	法律優位説…………………………3	**よ**
文書質問………………………269	補欠選挙……………327, 415	
文書通信交通滞在費……………103	保護措置…………………372	予算………………………207
	保留………………………283	——修正権の限界……207
へ	本会議……………………171	——修正の動議………207
	——上程………………186	——総額の増額修正…211
閉院式……………………………42	——における議案の趣旨説明	——の組替え動議……209
閉会中…………………………132	………………………190	——の自然成立………297
——の活動……………132	——の公開……………225	——の衆議院先議権…297
——の議事協議会……178	——の招集……………173	——の編成替え動議…209
——の辞職……………407	——の秩序保持………428	——の返付……………295
——の辞任………………82	——の定足数…………171	——の法形式的性格…233
——の懲罰事犯………448	本会議審議………186, 199, 282	——の両院協議会……313
閉会中審査……………………133	——の要求………189, 283	——を伴う修正………206
——の議決……………135	——不要の決定	——を伴う法律案……182
——の対象……………134	……………188, 283, 362	予算委員会………………115
併合国会…………………………23	——を行う議決………198	予算法形式説……………208
併合召集…………………………22	本会議中心主義…………108	予算法律説………………208
併託……………………………184	本審査……………………214	予備員……………………465
弁護人…………………………420	本送付……………………214	予備金………………………87
——費用………………420		予備審査…………………213
編成替え動議…………………209	**み**	予備送付…………………214
返付……………………………293		予備費……………………115
	みなし採択………………282	予備付託…………………215
ほ	みなし辞任制度…………325	
	みなし否決………………295	**り**
報告……………………………395	——の対象……………296	
——の受理……………375	——の通知……………297	理事………………………139
——要求………………381	——法案の返付………301	理事会……………………139
報告・記録提出要求…………394		理事懇談会………………426
報告書…………………156, 160		

488

立法勧告……………………163
立法期………………………133
　──不継続………………133
立法事務費の交付を受ける
　会派………………………90
立法府再編成法………………5
両院議員の兼職禁止………408
両院協議会…………………318
　──規程…………………336
　──受諾拒否の禁止……320
　──と再議決権の関係…311
　──の会議録……………335
　──の合併………………322
　──の議長………………323
　──の協議………………327
　──の拒否………………320
　──の構成………………321
　──の国務大臣出席要求
　　…………………………334
　──の性格………………306

　──の請求………………307
　──の設置………………321
　──の組織………………321
　──の定足数……………324
　──の表決………………327
　──の不調………………333
　──の傍聴………………335
　──への各議院議長の
　　出席・意見陳述……333
憲法改正原案の──……316
条約の──………………313
その他の案件の──……319
内閣総理大臣
　指名の──……………315
　任意的──……………309
　必要的──……………313
　法律案の──…………305
　予算の──……………313
両院合同協議会……………477
両院同時活動の原則………13

両院独立活動の原則………287
両院平等の原則………………47
両院法規委員会……………337
両議院一致の議決……………46
両議院関係…………………287
旅費…………………………404
臨時会………18,25,27,45
　──召集の要求……………28
　──の会期…………………45
　選挙後の──………………25
臨時法制調査会………………5

㋸ れ

令状……………………………95
連記無名投票…………322,462

㋺ ろ

69条限定説…………………338

事項索引　　489

法令索引

●日本国憲法

憲4 ……………………………15
憲6 ………59,231,236,265
憲7 ……14,25,233,237,338
憲8 ……………………………318
憲15 ……………………35,460
憲16 ……………………277,279
憲33 ……………………………94
憲41 ……………………………287
憲43 ……………61,88,405,406
憲45 ……………………24,405
憲46 ……………………134,405
憲48 ……………………………408
憲49 ……………………88,99
憲50 ……12,88,90,97,98,343
憲51 ……88,344,435,436
憲52 ……………12,17,20,43
憲53 ……12,15,45,247,337
憲54 ……………14,19,22,44,
　　　　　45,337,341,349
憲55 …405,406,416,418,422
憲56 ……37,66,140,143,227,
　　　　　246,296,314,406
憲57 ……………………145,153,
　　　　　224,228,335,431
憲58 ……32,58,60,77,405,406,
　　　　423,439,441,451,456,477
憲59 ……53,201,234,287,289,
　　　　294,295,304,306,330
憲60 ……………………53,135,184,
　　　　　214,287,289,297,
　　　　306,313,315,330,474
憲61 ……53,287,289,299,306
憲62 ……………………393,403
憲63 ………88,169,226,257,
　　　　259,261,262,268,334
憲64 ……………460,461,466
憲67 ……32,47,53,105,232,
　　　　236,287,289,306,314,330
憲68 ……………………………105
憲69 ……………………182,339
憲70 ……………………22,25
憲71 ……………………………232
憲72 ……………………………214

憲73 ……………………86,180
憲76 ……………………………460
憲78 ……………………460,461
憲86 ……………20,180,297
憲87 ……………………87,318
憲90 ……………………87,401
憲95 ……………………………238
憲96 ……………………233,245,248,
　　　　　253,256,367
憲100 …………………………476
憲103 …………………………476

●議院における証人の宣誓及び証言等に関する法律

議証1 ………………………403
議証1の2 …………………404
議証4 ………………………398
議証7 ………………………394
議証8 ………………………144

●衆議院規則

衆規1 ……………17,31,173
衆規2 …………………………31
衆規3 ……………………33,74
衆規10 ………………………35
衆規11 ………………………37
衆規15 ……………………35,71
衆規16 ……………………71,78
衆規17 ………………………71
衆規18 ………………………314
衆規19 ……………………40,288
衆規20 ……………………55,288
衆規21 ………………………288
衆規22 ………………………288
衆規22の2 …………………57
衆規23 ……………………462,466
衆規24 ………………………466
衆規25 ………………………466
衆規28 ………………………211
衆規28の2 ………63,84,183
衆規28の3 …………………183
衆規29 ……………187,213,215
衆規31 ………………………124

衆規35 ………………………215
衆規36 ……………………205,216
衆規36の2 …………181,249
衆規37 ……………116,126,129
衆規38 ……………………139,220
衆規39 ……………………117,127
衆規44 ……………………214,219
衆規45の3 …………………263
衆規47 ………………………211
衆規48の2 …………148,212
衆規49 …………………………59
衆規53 ………………………403
衆規55 ………………………214
衆規56 ………………………395
衆規59 ………………………173
衆規63 ………………………155
衆規71 ………………………435
衆規76 ……………………150,168
衆規77 ………………………214
衆規78 ………………………150
衆規79 ………………………152
衆規85の2 …………139,403
衆規86 ………………………156
衆規88 ………………………161
衆規89 ………………………189
衆規92…111,118,266,282,419
衆規94 ………………………112
衆規98 ………………………122
衆規100 ……………126,130
衆規101 ………………………127
衆規102 ………………………128
衆規105 ………………………174
衆規110 ……………………174,225
衆規111 ………………………187
衆規113 ………………………174
衆規115 ………………………156
衆規117 ………………………219
衆規119 ………………………185
衆規125 ………………………261
衆規138 ………………59,67,68
衆規143 ……………………204,211
衆規146 ………………………205
衆規147 ………………………218
衆規158 ………………………272

衆規 160 ……………… 273
衆規 171 ……………… 279
衆規 177 ……………… 280
衆規 178 ……………… 282
衆規 179 …………56,284
衆規 180 ……………… 278
衆規 181 ……………… 454
衆規 182 ……………… 454
衆規 186 ……………… 406
衆規 188 ……………… 407
衆規 190 ………… 112,420
衆規 200 ……………… 272
衆規 205 ………………69
衆規 208 ……………… 426
衆規 221 ……………… 225
衆規 227 ……………… 431
衆規 234 ……………… 112
衆規 234 の 2 ………155,230,
　　　　　　　　　396,440
衆規 237 ……………… 112
衆規 239 ……………… 422
衆規 241 ……………… 450
衆規 242 ……………… 451
衆規 243 …76,117,127,322,451
衆規 244 ……………… 452
衆規 246 ……………… 451
衆規 247 ……………… 225
衆規 250 ………… 322,333
衆規 252 ………… 323,332
衆規 253 ……… 134,184,303,331
衆規 257 ……………… 403

●参議院規則
参規 1 …………17,31,173
参規 2 …………………31
参規 3 ………………… 173
参規 4 ………………33,74
参規 10 …………………37
参規 16 ………………35,71
参規 17 ………………71,78
参規 19 …………………71
参規 20 ……………… 314
参規 21 …………40,288
参規 22 …………55,288
参規 23 ……………… 288
参規 23 の 2 ………57,288
参規 24 ……………… 211
参規 25 ……… 187,213,215
参規 26 ……………… 187
参規 28 ………… 205,216

参規 29 ……………… 124,215
参規 29 の 2 …148,151,188,212
参規 30 …116,126,129,165
参規 31 ……………… 139,220
参規 39 ……………… 214,219
参規 42 の 3 ……… 139,263
参規 45 …………………59
参規 46 ……………… 211
参規 50 ………… 148,212
参規 51 ……………… 435
参規 53 ……………… 136
参規 58 ……………… 155
参規 60 ………… 150,168
参規 62 ……………… 150
参規 63 ……………… 214
参規 65 ……………… 152
参規 70 ……………… 152
参規 72 ……………… 156
参規 72 の 2 ………… 161
参規 72 の 4 ………… 189
参規 74 ……… 111,118,266,282
参規 74 の 2 ………… 118
参規 74 の 3 ………… 112
参規 76 ……………… 122
参規 78 ………… 126,130
参規 80 ………… 127,166
参規 80 の 2 ………… 164
参規 80 の 8 ………… 165
参規 82 ……………… 174
参規 86 ………… 174,225
参規 89 ……………… 174
参規 90 ……………… 204
参規 91 ……………… 261
参規 105 ……………… 156
参規 107 ……………… 219
参規 118 ……………… 219
参規 119 …………59,67,68
参規 125 ………… 206,211
参規 128 ……………… 204
参規 131 ……………… 205
参規 132 ……………… 218
参規 153 ……………… 273
参規 154 ……………… 273
参規 159 ………………69
参規 162 ……………… 279
参規 163 ……………… 279
参規 167 ……………… 280
参規 168 ……………… 280
参規 170 ……………… 282
参規 171 ……………… 284

参規 172 ………… 56,284
参規 176 ………… 322,333
参規 177 ………… 323,332
参規 178 … 134,184,303,331
参規 180 の 2 ……… 214
参規 181 ……………… 395
参規 182 ……………… 403
参規 186 ……………… 403
参規 187 ……………… 454
参規 190 ……………… 406
参規 192 ……………… 407
参規 193 の 2 ……… 419
参規 194 ………… 112,420
参規 217 ……………… 426
参規 228 ……………… 431
参規 220 ……………… 225
参規 234 ……………… 112
参規 236 …… 155,230,396,440
参規 238 ……………… 112
参規 240 ……………… 422
参規 241 ……………… 450
参規 242 ……………… 451
参規 243 …… 117,127,322,451
参規 244 ……………… 452
参規 246 ……………… 451
参規 247 ……………… 225
参規 248 ………… 462,466
参規 251 ……………… 342
参規 253 ……………… 266

●両院協議会規程
両規 2 ……………… 324
両規 5 ……………… 323
両規 8 ……………… 327

●常任委員会合同審査会規程
常合規 2 ……………… 121
常合規 11 ……………… 394

●衆議院先例
衆先 1 …………………15
衆先 2 …………34,37,45
衆先 4 …………………49
衆先 10 …………………54
衆先 30 …………………41
衆先 31 …………………41
衆先 54 …………………82
衆先 59 ………………81,86
衆先 63 …………………70

法令索引　　491

衆先 66 ……………………32	衆先 467 ………………15,266	参先 195 ………………… 234
衆先 68 ……………………236	衆先 468 ……………………266	参先 196 ………………… 236
衆先 82 ……………………454	衆先 480 ……………………328	参先 233 ………………… 172
衆先 86 ……………………406	衆先 481 ……………………333	参先 271 ………………… 186
衆先 89 …………………410,417	衆先 482 ……………………322	参先 273 ………………… 187
衆先 93 …………………96,112	衆先 488 ……………………187	参先 298 ………………… 222
衆先 98 …………………89,129	衆先 496 ……………………191	参先 304 ………………… 193
衆先 99 …………………89,129	衆先 516 ……………………13	参先 354 ………………… 262
衆先 114 …………………116,126	衆先 537 ……………………13	参先 359 ………………… 191
衆先 140 ……………………125	衆先 548 ……………………90	参先 371 ………………… 270
衆先 155 ……………………180	衆先 553 ……………………426	参先 372 ………………… 270
衆先 161 ……………………180	衆先 554 ……………………90	参先 377 ………………… 274
衆先 185 …………………215,219	衆先 558 ……………………90	参先 381 ………………… 272
衆先 193 …………………234,237		参先 391 ………………… 279
衆先 194 …………………235,236	**●参議院先例**	参先 395 ………………… 281
衆先 196 ……………………234	参先 1 ………………………15	参先 396 ………………… 281
衆先 202 ……………………135	参先 18 ………………34,37,45	参先 406 ………………… 283
衆先 228 ……………………172	参先 29 ………………………54	参先 407 …………… 157,283
衆先 236 ……………………185	参先 31 ………………………45	参先 408 ………………… 283
衆先 239 ……148,151,188,212	参先 35 ………………………41	参先 412 ………………… 278
衆先 258 ……………………193	参先 37 ………………………41	参先 415 …………… 322,333
衆先 260 ……………………222	参先 38 ………………………41	参先 418 ………………… 328
衆先 288 …………………204,251	参先 46 ………………34,38,75	参先 422 …………… 290,474
衆先 298 ……………………48	参先 62 ………………… 62,75	参先 433 ………………… 187
衆先 333 …………………290,296	参先 64 ………………… 83,86	参先 434 ………………… 13
衆先 340 ……………………209	参先 67 ………………………70	参先 442 ………………… 437
衆先 341 …………………290,299	参先 77 ………………………90	参先 453 ………………… 426
衆先 348 ……………………290	参先 81 ………………………83	参先 477 …………… 462,465
衆先 349 ……………………242	参先 82 ………………… 83,86	参先 478 ………………… 465
衆先 353 ……………………135	参先 85 ………………………32	参先 480 ………………… 236
衆先 361 ……………………351	参先 106 …………………410,417	参先 481 …………… 184,236
衆先 362 …………………462,465	参先 109 …………………96,112	参先 487 ………………… 342
衆先 368 ……………………236	参先 110 …………………89,129	参先 494 ………………… 266
衆先 370 ……………………184	参先 111 ……………89,119,129	参先 495 …………… 15,266
衆先 371 ……………………236	参先 112 ……………………90	参先 568 ………………… 90
衆先 377 ……………………186	参先 117 …………………116,129	参先 571 ………………… 90
衆先 380 ……………………236	参先 120 ……………………117	
衆先 383 ……………………281	参先 124 ……………………126	**●衆議院委員会先例**
衆先 388 ……………………283	参先 133 ……………………125	衆委先 8 ………………… 125
衆先 389 …………………157,283	参先 134 …………………135,214	衆委先 9 ………………… 116
衆先 390 ……………………283	参先 137 ……………………134	衆委先 15 ……………… 131
衆先 394 …………………201,282	参先 138 ……………………244	衆委先 21 ……………… 128
衆先 399 ……………………278	参先 145 ……………………180	衆委先 22 ……………… 90
衆先 412 ……………………451	参先 146 ……………………180	衆委先 27 ……………… 139
衆先 414 ……………………451	参先 158 ……………………242	衆委先 28 ……………… 220
衆先 417 ……………………437	参先 177 ……………………185	衆委先 36 ……………… 54
衆先 421 ……………………270	参先 185 …………………215,219	衆委先 59 ……………… 265
衆先 427 ……………………270	参先 192 …………………235,237	衆委先 67 ……………… 154
衆先 428 ……………………274	参先 193 …………………235,289	衆委先 102 ……………… 212
衆先 435 ……………………226	参先 194 ……………………236	衆委先 103 ……………… 213

492

衆委先 107 ·················· 212
衆委先 118 ·············· 141,145
衆委先 119 ·················· 147
衆委先 169 ·················· 280
衆委先 173 ·············· 201,282
衆委先 219 ·················· 155
衆委先 221 ···················90
衆委先 260 ·················· 122
衆委先 312 ·················· 327

●参議院委員会先例
参委先 9 ····················· 129
参委先 10 ··················· 131
参委先 14 ·····················83
参委先 18 ··················· 128
参委先 24 ··················· 139
参委先 25 ··················· 220
参委先 27 ····················90
参委先 28 ····················90
参委先 47 ··················· 141
参委先 48 ··················· 143

参委先 152 ·················· 212
参委先 157 ·············· 141,146
参委先 159 ·················· 147
参委先 175 ·················· 154
参委先 181 ···················90
参委先 201 ···················90
参委先 248 ·················· 265
参委先 308 ·················· 121
参委先 318 ·················· 122
参委先 363 ·················· 327
参委先 367 ·················· 328

法令索引　　*493*

森本　昭夫（もりもと　あきお）

〔略歴〕
1957年、大阪府に生まれる。
京都大学法学部卒業後、参議院事務局に奉職。会議運営・調査
業務に従事し、憲法審査会事務局長を最後に退職。

〔主要著作〕
『議会用語辞典』参議院総務委員会調査室編〔共同執筆〕（学陽
　書房・2009）
「会期不継続の原則と新たな分析―日本特有の議会運営の側面」
　議会政治研究 26 号（1993）
「議院内における議案の流れ―本会議上程までのプロセス」議
　会政策研究会年報 5 号（2001）
「国会法規範の特性」北大法学論集 59 巻 2 号（2008）
「憲法第 56 条第 2 項における棄権の位置付け―採決パラドック
　スの解法」立法と調査 323 号（2011）
「国会の議事運営についての理事会協議―多数決と全会一致の
　間合い」立法と調査 388 号（2017）

逐条解説　国会法・議院規則〔国会法編〕

2019（平成 31）年 4 月 30 日　初版 1 刷発行

著　者　森　本　昭　夫
発行者　鯉　渕　友　南
発行所　株式会社　弘　文　堂　　101-0062　東京都千代田区神田駿河台 1 の 7
　　　　　　　　　　　　　TEL 03(3294)4801　　振替 00120-6-53909
　　　　　　　　　　　　　http://www.koubundou.co.jp

装　丁　青山修作
印　刷　三報社印刷
製　本　井上製本所

© 2019　Akio Morimoto.　Printed in Japan

JCOPY ＜（社）出版者著作権管理機構　委託出版物＞

本書の無断複写は著作権法上での例外を除き禁じられています。複写される場合は、
そのつど事前に、（社）出版者著作権管理機構（電話 03-5244-5088、FAX 03-5244-5089、
e-mail：info@jcopy.or.jp）の許諾を得てください。
また本書を代行業者等の第三者に依頼してスキャンやデジタル化することは、たとえ
個人や家庭内での利用であっても一切認められておりません。

ISBN978-4-335-35775-6

―――――――――――― 条解シリーズ ――――――――――――

条解行政手続法〔第2版〕　　　高木光・常岡孝好・須田守=著

条解行政事件訴訟法〔第4版〕　南博方=原編著
　　　　　　　　　　　　　　　高橋滋・市村陽典・山本隆司=編

条解行政不服審査法　　　　　　小早川光郎・高橋　滋=編著

条解行政情報関連三法　　　　　高橋滋・斎藤誠・藤井昭夫=編著
　公文書管理法・行政機関情報公開法・
　行政機関個人情報保護法

条解国家賠償法　　　　　　　　宇賀克也・小幡純子=編著

条解刑事訴訟法〔第4版増補版〕　松尾浩也=監修　松本時夫・土本武司・
　　　　　　　　　　　　　　　池田修・酒巻匡=編集代表

条解刑法〔第3版〕　　　　　　前田雅英=編集代表　松本時夫・池田修・
　　　　　　　　　　　　　　　渡邉一弘・大谷直人・河村博=編

条解民事訴訟法〔第2版〕　　　兼子一=原著　松浦馨・新堂幸司・竹下守夫・
　　　　　　　　　　　　　　　高橋宏志・加藤新太郎・上原敏夫・高田裕成

条解破産法〔第2版〕　　　　　伊藤眞・岡正晶・田原睦夫・林道晴・
　　　　　　　　　　　　　　　松下淳一・森宏司=著

条解民事再生法〔第3版〕　　　園尾隆司・小林秀之=編

条解信託法　　　　　　　　　　道垣内弘人=編

条解不動産登記法　　　　　　　七戸克彦=監修
　　　　　　　　　　　　　　　日本司法書士会連合会・
　　　　　　　　　　　　　　　日本土地家屋調査士会連合会=編

条解消費者三法　　　　　　　　後藤巻則・齋藤雅弘・池本誠司=著
　消費者契約法・特定商取引法・
　割賦販売法

条解弁護士法〔第4版〕　　　　日本弁護士連合会調査室=編著

条解独占禁止法　　　　　　　　村上政博=編集代表　内田晴康・石田英遠・
　　　　　　　　　　　　　　　川合弘造・渡邉惠理子=編

―――――――――――――― 弘文堂 ――――――――――――――

＊2019年4月現在

オンブズマン法〔新版〕《行政法研究双書1》	園部逸夫
	枝根 茂
土地政策と法《行政法研究双書2》	成田頼明
現代型訴訟と行政裁量《行政法研究双書3》	高橋 滋
行政判例の役割《行政法研究双書4》	原田尚彦
行政争訟と行政法学〔増補版〕《行政法研究双書5》	宮崎良夫
環境管理の制度と実態《行政法研究双書6》	北村喜宣
現代行政の行為形式論《行政法研究双書7》	大橋洋一
行政組織の法理論《行政法研究双書8》	稲葉 馨
技術基準と行政手続《行政法研究双書9》	髙木 光
行政とマルチメディアの法理論《行政法研究双書10》	多賀谷一照
政策法学の基本指針《行政法研究双書11》	阿部泰隆
情報公開法制《行政法研究双書12》	藤原静雄
行政手続・情報公開《行政法研究双書13》	宇賀克也
対話型行政法学の創造《行政法研究双書14》	大橋洋一
日本銀行の法的性格《行政法研究双書15》	塩野宏監修
行政訴訟改革《行政法研究双書16》	橋本博之
公益と行政裁量《行政法研究双書17》	亘理 格
行政訴訟要件論《行政法研究双書18》	阿部泰隆
分権改革と条例《行政法研究双書19》	北村喜宣
行政紛争解決の現代的構造《行政法研究双書20》	大橋真由美
職権訴訟参加の法理《行政法研究双書21》	新山一雄
パブリック・コメントと参加権《行政法研究双書22》	常岡孝好
行政法学と公権力の観念《行政法研究双書23》	岡田雅夫
アメリカ行政訴訟の対象《行政法研究双書24》	越智敏裕
行政判例と仕組み解釈《行政法研究双書25》	橋本博之
違法是正と判決効《行政法研究双書26》	興津征雄
学問・試験と行政法学《行政法研究双書27》	徳本広孝
国の不法行為責任と 公権力の概念史《行政法研究双書28》	岡田正則
保障行政の法理論《行政法研究双書29》	板垣勝彦
公共制度設計の基礎理論《行政法研究双書30》	原田大樹
国家賠償責任の再構成《行政法研究双書31》	小幡純子
義務付け訴訟の機能《行政法研究双書32》	横田明美
公務員制度の法理論《行政法研究双書33》	下井康史
行政上の処罰概念と法治国家《行政法研究双書34》	田中良弘
行政上の主体と行政法《行政法研究双書35》	北島周作
法治国原理と公法学の課題《行政法研究双書36》	仲野武志
法治行政論《行政法研究双書37》	髙木 光
行政調査の法的統制《行政法研究双書38》	曽和俊文

法律学講座双書

法 学 入 門	三ケ月 章
法 哲 学 概 論	碧 海 純 一
憲 法	鵜 飼 信 成
憲 法	伊 藤 正 己
行 政 法 (上・中・下)	田 中 二 郎
行 政 法 (上・＊下)	小早川 光 郎
租 税 法	金 子 宏
民 法 総 則	四宮和夫・能見善久
債 権 総 論	平 井 宜 雄
債 権 各 論 Ⅰ (上)	平 井 宜 雄
債 権 各 論 Ⅱ	平 井 宜 雄
親 族 法 ・ 相 続 法	有 泉 亨
商 法 総 則	石 井 照 久
商 法 総 則	鴻 常 夫
会 社 法	鈴 木 竹 雄
会 社 法	神 田 秀 樹
手形法・小切手法	石 井 照 久
＊手形法・小切手法	岩 原 紳 作
商行為法・保険法・海商法	鈴 木 竹 雄
商 取 引 法	江 頭 憲治郎
民 事 訴 訟 法	兼子一・竹下守夫
民 事 訴 訟 法	三ケ月 章
民 事 執 行 法	三ケ月 章
刑 法	藤 木 英 雄
刑 法 総 論	西田典之/橋爪隆補訂
刑 法 各 論	西田典之/橋爪隆補訂
刑事訴訟法 (上・下)	松 尾 浩 也
労 働 法	菅 野 和 夫
＊社 会 保 障 法	岩 村 正 彦
国際法概論 (上・下)	高 野 雄 一
国 際 私 法	江 川 英 文
特 許 法	中 山 信 弘

＊印未刊

逐条解説

国会法・議院規則

参議院規則編

Akio Morimoto
森本昭夫
著

弘文堂

逐条解説
国会法・議院規則
参議院規則編

Akio Morimoto
森本昭夫
著

弘文堂

はしがき

　我が国の議会制度では二院制が採用されており、昨今の憲法改正論議において、一部の政党は一院制への移行を憲法改正の構想として掲げている。そのことをおくとしても、参議院は、現行制度の下での改革努力を宿命付けられている。

　しかし、国会における審議の方法については、伝統的、普遍的な会議原則への準拠を余儀なくされ、国会改革の必要性が叫ばれる近時の動向の中でも、議院運営のコアとなる規範は根幹に係る修正を受けることなく生き続けることが予想される。

　衆参両院が各々定める議院規則は、日々の議院運営にとって欠くことのできない法規範である。憲法上、議院の自律権が保障されているとは言え、両規則の内容に大差はなく、本編は代表して参議院規則を取り上げるものである。内容に関しては、衆議院規則と参議院規則の間に多少存在する相違点にも言及したため、衆議院規則の理解にも寄与するものになっていると自負している。

　参議院規則については、参議院の発足当初に、起草作業に携わった実務家による逐条解釈が公にされ (寺光忠『國會の運営―逐條參議院規則釋義』(1947))、その後、実際の運用を踏まえたコンメンタールが刊行された (佐藤吉弘『註解参議院規則』(1955))。後者は、改訂や追補を経て、現在も参議院事務局職員にとってのバイブルとなっている。

　著者自身の議院運営法規についての理解もこれら先達の著述に負うところが大であるが、年を経て、具体的な問題に直面してこれらの参考書に当たってみてもヒントを得られないことが増えてきた。そのため、実際の運営に資することを目的として、自ら参議院規則の解釈論を示すことができないかと思い立ち、国会法の逐条解釈と並行して執筆作業を進めることとした。国会法の方は本書の『国会法編』として結実した。

　本編の執筆方針も『国会法編』に準拠している (•••▶『逐国』はしがき)。

　議院規則の適用は、先例・慣行の存在と切り離して考えることができない。いずれも議院の自律権を実現する過程で規範化されるものだからである。したがって、議院規則の解釈を構築するに当たっても、運用の実態に照らし合わせた上でなければ、到底、実務での使用に耐え得るものとはならない。とは言え、自律がなしくずしの恣意に陥ることは、もとより許されない。議院規則は成文法であるため、柔軟な解釈、運用にはおのずから限界があり、それを画して明示することが本編に課せ

はしがき　*i*

られた使命であると理解するものである。

　本編で述べたことは、著者の参議院における経験を基にしており、議院事務局に籍を置いていたことに伴う客観性を欠いた記述が多々あるかもしれない。しかし、解釈の態度としては、伝統的理解の追随に終始することのないように努めたつもりである。その意味で、意見にわたる部分は個人的な見解にすぎない。今後の議論のたたき台として用いていただければ幸いである。

　『国会法編』と同様、本編の内容は、参議院事務局の先輩同僚諸氏からいただいた御指導に大きく依存している。原稿段階においても、同事務局の多くの職員の方々から様々な助言をいただいた。拙いながらも、これまでの成果を形にすることができたことで感謝の意に代えさせていただく。

　2019年2月

森 本 昭 夫

contents | 目　次

はしがき ……*i*
凡　例 ……*xiii*

序　章 ……… *1*
　　1　参議院 …… *1*
　　2　規則制定権 …… *4*
　　3　議院規則の種別 …… *7*
　　4　議院規則の性格 …… *8*
　　5　参議院規則の制定過程 …… *10*
　　6　旧貴族院規則との対比 …… *12*
　　7　衆議院規則との比較 …… *13*
　　8　参議院規則の改正経過 …… *14*

第 **1** 章　**開会及び役員の選挙** …… *17*
　　第1条〔召集日の集会時刻〕…… *17*
　　第2条〔当選証書の対照〕…… *19*
　　第3条〔召集日の本会議の定足数〕…… *20*
　　第4条〔召集日に議長及び副議長がないときの議長選挙〕…… *22*
　　第5条〔議長選挙の投票〕…… *23*
　　第6条〔投票箱の閉鎖〕…… *25*
　　第7条〔投票の計算〕…… *26*
　　第8条〔選挙結果の報告〕…… *29*
　　第9条〔当選人の決定〕…… *29*
　　第10条〔選挙疑義の決定〕…… *32*
　　第11条〔副議長の選挙〕…… *33*
　　第12条〔議長・副議長の紹介〕…… *34*
　　第13条〔召集日に議長又は副議長がないときの選挙〕…… *34*
　　第14条〔議席の指定〕…… *36*
　　第15条《削除》…… *38*
　　第16条〔召集日に常任委員長がないときの選挙〕…… *38*
　　第17条〔召集日に事務総長がないときの選挙〕…… *40*
　　第18条《削除》…… *41*
　　第19条〔会期中の役員の選挙〕…… *41*

第 **2** 章　**内閣総理大臣の指名** …… *44*
　　第20条〔内閣総理大臣の指名〕…… *45*

目　次　*iii*

第 3 章 開会式 ………… *50*

第 21 条〔開会式の日時・場所〕…… *50*

第 4 章 会期の決定、会期の延長及び休会 ………… *52*

第 22 条〔会期の議決〕…… *52*

第 23 条〔会期の延長〕…… *55*

第 23 条の 2〔国会の休会、議院の休会〕…… *56*

第 5 章 議案の発議及び撤回 ………… *61*

第 24 条〔議案の発議〕…… *61*

第 25 条〔議案の予備送付〕…… *65*

第 26 条〔議案の委員会審査省略要求〕…… *67*

第 27 条〔衆議院提出議案等の印刷・配付〕…… *71*

第 28 条〔議案の撤回〕…… *73*

第 6 章 議案の付託 ………… *78*

第 29 条〔議案等の付託〕…… *78*

第 29 条の 2〔委員会・調査会提出法律案の付託〕…… *82*

第 29 条の 3〔特別委員会への併託〕…… *84*

第 7 章 委員会 ………… *86*

第 1 節 通則 …… *86*

第 30 条〔委員の選任・辞任〕…… *87*

第 31 条〔理事〕…… *89*

第 32 条《削除》…… *94*

第 33 条〔委員会の開会事由〕…… *94*

第 34 条《削除》…… *96*

第 35 条〔小委員会〕…… *96*

第 36 条〔連合審査会〕…… *98*

第 37 条〔本会議中の委員会開会〕…… *101*

第 38 条〔委員会の開会・開会要求〕…… *102*

第 39 条〔議案の趣旨説明〕…… *106*

第 40 条《削除》…… *107*

第 41 条〔議案についての衆議院議員による説明〕…… *107*

第 42 条〔委員の発言〕…… *109*

第 42 条の 2〔政府に対する質疑〕…… *111*

第 42 条の 3〔政府参考人〕…… *113*

第43条〔委員長の他委員会等への出席・発言〕……… 115

第44条〔委員外議員の発言〕……… 116

第45条〔委員長の討論〕……… 117

第46条〔修正案の提出〕……… 119

第47条〔発言時間の制限〕……… 122

第48条〔質疑・討論終局動議〕……… 124

第49条〔表決の時期〕……… 128

第50条〔予算を伴う法律案等に対する内閣の意見〕……… 130

第51条〔委員長の秩序保持権〕……… 133

第52条〔秩序保持のための休憩・散会〕……… 136

第53条〔継続審査・調査要求〕……… 137

第54条及び第55条《削除》……… 140

第56条〔委員会会議録〕……… 140

第57条〔委員会会議録の保存〕……… 142

第58条〔委員会会議録の印刷・配付〕……… 143

第59条〔会議録に関する規定の準用〕……… 145

第2節　公聴会 ……… 147

第60条〔公聴会の目的〕……… 148

第61条〔公聴会の開会希望申出〕……… 149

第62条〔公聴会開会承認〕……… 150

第63条〔予備審査のための公聴会〕……… 151

第64条〔公聴会の問題〕……… 152

第65条〔公聴会の公示〕……… 153

第66条〔公聴会への意見陳述希望〕……… 154

第67条〔公述人の選定〕……… 155

第68条〔公述人の発言〕……… 157

第69条〔公述人に対する質疑〕……… 158

第70条〔公聴会における討論・表決〕……… 159

第71条〔公述人の代理〕……… 160

第3節　委員会の報告 ……… 161

第72条〔審査・調査報告書〕……… 161

第72条の2〔少数意見報告書〕……… 164

第72条の3〔審査・調査未了報告書〕……… 165

第72条の4〔報告書の印刷・配付〕……… 166

第73条〔調査事件の中間報告〕……… 167

第4節　常任委員会 ……… 169

第74条〔常任委員会の委員数、所管〕……… 169

第74条の2〔常任委員の兼任〕……… 176

第74条の3〔常任委員会の調査〕······ *179*

第74条の4〔総予算の委嘱審査〕······ *181*

第74条の5〔行政監視委員会の報告〕······· *185*

第74条の6〔議院運営委員会の開会〕······· *186*

第75条〔予算委員会・決算委員会の分科会〕······ *187*

第76条〔合同審査会の開会〕······ *191*

第77条〔合同審査会と表決〕······ *194*

第5節　特別委員会 ······ *196*

第78条〔特別委員会の委員数〕······· *196*

第79条《削除》······ *197*

第80条〔特別委員長の選任・辞任〕······· *197*

第7章の2　調査会 ············ *201*

第80条の2〔調査会の設置〕······ *201*

第80条の3〔調査会の公聴会〕······ *202*

第80条の4〔調査会の報告書〕······ *204*

第80条の5〔調査会長の報告〕······ *205*

第80条の6〔法律案の提出勧告〕······ *206*

第80条の7〔調査員〕······ *209*

第80条の8〔調査会についての準用規定〕······ *210*

第8章　会議 ············ *215*

第1節　開議、散会及び延会 ······ *216*

第81条〔開議時刻〕······ *217*

第82条〔散会、延会〕······ *218*

第83条〔開議〕······ *220*

第84条〔定足数の効果〕······· *222*

第85条〔散会後の発言禁止〕······ *226*

第2節　議事日程 ······ *227*

第86条〔議事日程〕······ *227*

第87条〔日時招集時の議事日程〕······· *230*

第88条〔日程変更〕······ *231*

第89条〔日程更新〕······ *235*

第3節　動議 ······ *236*

第90条〔動議の成立〕······ *237*

第90条の2〔動議の撤回〕······· *241*

第4節　発言 ······ *242*

第91条〔発言通告〕······ *243*

vi

第 92 条《削除》……… 245

第 93 条〔討論通告〕……… 246

第 94 条〔発言順序〕……… 247

第 95 条〔無通告発言の時機〕……… 249

第 96 条〔無通告発言の要求〕……… 250

第 97 条〔無通告発言の順序〕……… 252

第 98 条〔発言場所〕……… 254

第 99 条〔登壇命令〕……… 255

第 100 条〔議題外発言の禁止〕……… 256

第 101 条〔発言妨害の禁止〕……… 257

第 102 条〔未了発言の継続〕……… 258

第 103 条〔文書朗読の禁止〕……… 259

第 104 条〔委員長報告〕……… 261

第 105 条〔意見付加の禁止〕……… 263

第 106 条〔少数意見の報告〕……… 264

第 107 条〔委員会審査省略議案の審議順序〕……… 266

第 107 条の 2〔予算を伴う法律案等に対する内閣の意見〕……… 267

第 108 条〔質疑相手〕……… 270

第 109 条《削除》……… 273

第 110 条〔質疑回数〕……… 273

第 111 条〔質疑終局動議〕……… 275

第 112 条〔質疑終局〕……… 278

第 113 条〔討論〕……… 278

第 114 条《削除》……… 279

第 115 条《削除》……… 279

第 116 条〔討論順序〕……… 279

第 117 条〔討論回数〕……… 282

第 118 条〔趣旨弁明の発言〕……… 283

第 119 条〔議長による討論〕……… 285

第 120 条〔討論終局動議〕……… 287

第 121 条《削除》……… 289

第 122 条〔討論終局〕……… 289

第 123 条〔議事進行発言〕……… 290

第 5 節　修正 ……… 291

第 124 条《削除》……… 292

第 125 条〔修正動議〕……… 292

第 126 条〔撤回された修正動議の継続〕……… 295

第 127 条《削除》……… 296

第128条〔委員会の報告による修正案〕……*296*

第129条〔修正動議の優先採決〕*297*

第130条〔修正動議の採決順序〕*298*

第131条〔修正案否決後の採決対象〕……*301*

第132条〔修正案・原案否決後の委員会付託〕……*304*

第133条〔修正議決の条項・字句整理〕……*307*

第6節　表決……*308*

第134条〔表決の条件付加禁止〕……*310*

第135条〔不在議員の表決参加禁止〕……*311*

第136条〔採決時の問題宣告〕……*313*

第137条〔起立採決〕……*315*

第138条〔記名投票による場合〕……*319*

第139条〔記名投票の方法〕……*321*

第140条〔議場閉鎖〕……*322*

第140条の2〔押しボタン式投票による場合〕……*323*

第140条の3〔押しボタン式投票の方法〕……*325*

第141条〔投票の結果宣告〕……*327*

第142条〔表決の更正禁止〕……*328*

第143条〔異議の有無による採決〕……*330*

第7節　削除……*333*

第144条から第152条まで《削除》……*333*

第9章　質問……*334*

第153条〔質問主意書及び答弁書の印刷・配付〕……*334*

第154条〔口頭答弁、口頭質問〕……*335*

第155条〔会議録掲載の質問主意書の簡明化〕……*337*

第10章　会議録……*339*

第156条〔会議録への議事の記載〕……*340*

第157条〔会議録の掲載事項〕……*341*

第158条〔発言の訂正・異議申立て〕……*343*

第159条〔会議録への署名〕……*348*

第160条〔会議録の印刷・配付・一般頒布〕……*349*

第161条〔配付・頒布会議録の内容〕……*351*

第11章　請願……*353*

第162条〔請願書の記載事項〕……*353*

第163条〔総代名義による請願〕……*354*

viii

第164条〔請願の平穏〕……… 355

第165条〔請願文書表〕……… 356

第166条〔請願の付託〕……… 357

第167条〔裁判官の罷免を求める請願〕……… 359

第168条〔請願の趣旨説明〕……… 360

第169条〔請願書の印刷・配付〕……… 361

第170条〔委員会審査結果〕……… 362

第171条〔意見書案〕……… 365

第172条〔本会議審議不要決定の報告書〕……… 367

第173条《削除》……… 369

第12章 衆議院との関係 ……… 370

第174条〔衆議院への議案の伝達〕……… 370

第175条〔議案受領の報告〕……… 371

第175条の2〔発議者等の衆議院での説明〕……… 372

第176条〔協議委員の選任・辞任〕……… 373

第177条〔協議委員議長の互選〕……… 376

第178条〔衆議院回付案・両院協議会成案の審議〕……… 377

第179条〔両院協議会規程、常任委員合同審査会規程〕……… 379

第13章 国民及び官庁との関係 ……… 382

第180条〔議員派遣の議決〕……… 382

第180条の2〔委員派遣〕……… 383

第181条〔報告・記録の提出要求の手続〕……… 386

第181条の2〔特定事項の会計検査要請の手続〕……… 387

第181条の3〔特定秘密の閲覧〕……… 388

第182条〔証人の出頭要求の手続〕……… 391

第183条〔証言要旨の提出要求〕……… 394

第184条〔証人の出頭・証言義務〕……… 394

第185条〔証人の発言範囲〕……… 396

第186条〔参考人〕……… 397

第14章 請暇及び辞職 ……… 400

第1節 請暇 ……… 400

第187条〔請暇書、欠席届書〕……… 400

第188条〔出発・帰着届〕……… 403

第189条〔請暇の失効〕……… 404

第2節 辞職 ……… 405

目　次　ix

第 190 条〔辞表の提出〕……… 405

第 191 条〔辞職許可〕……… 406

第 192 条〔辞表の無礼〕……… 407

第15章 資格争訟 ………… 410

第 193 条〔訴状の提出〕……… 410

第 193 条の 2〔資格争訟特別委員会〕……… 411

第 194 条〔訴状の付託・送付〕……… 413

第 195 条〔答弁書の送付〕……… 416

第 196 条〔資格争訟の審査資料〕……… 417

第 197 条〔弁護人依頼〕……… 419

第 198 条〔弁護人の委員会での発言〕……… 420

第 199 条〔原告議員・被告議員の委員会出席・発言〕……… 421

第 200 条〔原告議員・被告議員の委員会招致・尋問〕……… 422

第 201 条〔審査期間の延長〕……… 424

第 202 条〔審査報告書の印刷・配付〕……… 425

第 203 条〔被告議員の本会議での発言〕……… 426

第 204 条〔弁護人の本会議での弁護〕……… 427

第 205 条〔資格の有無の判決〕……… 428

第 206 条〔判決謄本の送付〕……… 431

第16章 紀律及び警察 ………… 432

第 1 節 紀律 ……… 432

第 207 条〔議院の品位〕……… 432

第 208 条〔敬称の使用〕……… 433

第 209 条〔着用・携帯の禁止〕……… 434

第 210 条〔喫煙の禁止〕……… 435

第 211 条〔新聞・書籍閲読の禁止〕……… 436

第 212 条〔発言妨害の禁止〕……… 437

第 213 条〔無断登壇の禁止〕……… 438

第 214 条〔振鈴による発話禁止〕……… 438

第 215 条〔議員の退席時期〕……… 439

第 216 条〔紀律の問題〕……… 440

第 2 節 警察 ……… 441

第 217 条〔議長の警察権〕……… 441

第 218 条〔衛視・警察官の執行範囲〕……… 442

第 219 条〔現行犯人の拘束〕……… 443

第**17**章 傍聴 ············ *448*

第 220 条〔傍聴席の区分〕······· *448*

第 221 条〔公務員の傍聴券〕······· *450*

第 222 条〔公衆傍聴席〕······· *450*

第 223 条〔新聞通信社用傍聴章〕······· *452*

第 224 条〔傍聴人の身体検査〕······· *453*

第 225 条〔傍聴人の取締り〕······· *454*

第 226 条〔傍聴人数の制限〕······· *455*

第 227 条〔衛視の指示〕······· *456*

第 228 条〔傍聴規則の遵守〕······· *457*

第 229 条〔議場入場の禁止〕······· *458*

第 230 条〔傍聴人退場の執行〕······· *459*

第 231 条〔委員会傍聴への準用〕······· *460*

第**18**章 懲罰 ············ *462*

第 232 条〔本会議における懲罰事犯〕······· *462*

第 233 条〔委員会における懲罰事犯〕······· *463*

第 234 条〔会議外における懲罰事犯〕······· *464*

第 235 条〔議長・委員長に対する不服従〕······· *465*

第 236 条〔秘密の漏洩〕······· *467*

第 237 条〔委員会における事犯についての懲罰動議〕······· *470*

第 238 条〔懲罰動議の付議〕······· *471*

第 239 条〔懲罰委員会の本人尋問〕······· *473*

第 240 条〔事犯対象議員の出席禁止〕······· *474*

第 241 条〔戒告・陳謝の起草〕······· *476*

第 242 条〔登院停止の期間〕······· *477*

第 243 条〔登院停止による委員解任〕······· *479*

第 244 条〔登院停止の執行〕······· *480*

第 245 条〔情状の重い事犯に対する懲罰〕······· *482*

第 246 条〔除名否決後の措置〕······· *483*

第 247 条〔懲罰の宣告〕······· *485*

第**19**章 裁判官弾劾裁判所の裁判員、裁判官訴追委員その他の選挙 ············ *487*

第 248 条〔弾劾裁判所裁判員等の選挙〕······· *487*

第 249 条〔複数各種委員の選挙〕······· *490*

第 250 条〔単数各種委員の選挙〕······· *492*

第**20**章 緊急集会 ············ *494*

第 251 条〔緊急集会の集会時刻〕········ *494*

第 252 条〔緊急集会についての読替規定〕········ *495*

第**21**章 参議院公報 ············ *497*

第 253 条〔公報〕········ *497*

第**22**章 補則 ············ *500*

第 254 条〔議院規則の疑義〕········ *500*

事項索引 ········ *502*

法令索引 ········ *512*

凡　　例

1　逐条解説の前に各章冒頭で概説を付した。

2　各条文には括弧書きで見出し語を付し、内容把握の便を図った。

3　条文が2項以上にわたる場合には、便宜上、各項に丸囲み数字で項番号を付した。

4　各条文の直後に制定以後の改正経過を施行時により示し、それに続けて衆議院規則中の該当規定を掲げた。

5　各条の解説は内容に応じて分割して行い、それぞれに小見出しを付した。

6　解説文における太字表記の部分は、条文が内包する法命題をその表現に沿って転記したものである。

7　解説文中、周辺情報を提示するために下記のコラムを設けた。

　①「運用」―参議院規則の規定内容を離れた運用又は応用した運用がなされている場面を示す。

　②「事例」―特異な又は希少な事例を示す。

　③「衆議院では」―参議院規則とは異なる衆議院規則の内容や衆議院における運用の特徴を示す。

　④「旧規定は」―現行規定に改正される前の旧規定の特徴点を紹介する。どの時点の規定であるのかはそれぞれの箇所で示す。

8　本文中において他の箇所を参照する場合は、参照されるべき箇所の条文番号、小見出しを示した。また、国会法の内容について参照を必要とする場合は、本書の『国会法編』の該当箇所を『逐国』として同様に示した。

9　引用条文におけるアラビア数字は条数、ローマ数字は項数、括弧数字は号数を示す。先例の場合、アラビア数字は号数を示す。

10　学説等を引用する際には本文該当箇所にゴシック体の数字を付し、ページごとに脚注として示した。引用文献のうち頻出するものや法規等を示す場合には、下記のとおり略称を用いて括弧書きで示した。

11　平成30年7月に行われた第24次改正は令和元年に行われる通常選挙後に施行されるが、本文では施行後の内容で解説している（第74条、第74条の5、第74条の6、第252条）。

法規等表記

憲＝日本国憲法

国＝国会法（昭和 22 年法律第 79 号）

参規＝参議院規則

衆規＝衆議院規則

議証＝議院における証人の宣誓及び証言等に関する法律（昭和 22 年法律第 225 号）

弾裁＝裁判官弾劾法（昭和 22 年法律第 137 号）

人弾＝人事官弾劾の訴追に関する法律（昭和 24 年法律第 271 号）

予備＝昭和 22 年法律第 82 号（国会予備金に関する法律）

歳費＝国会議員の歳費、旅費及び手当等に関する法律（昭和 22 年法律第 80 号）

立費＝国会における各会派に対する立法事務費の交付に関する法律（昭和 28 年法律第 52 号）

事務＝議院事務局法（昭和 22 年法律第 83 号）

国職＝国会職員法（昭和 22 年法律第 85 号）

皇典＝皇室典範（昭和 22 年法律第 3 号）

皇経＝皇室経済法（昭和 22 年法律第 4 号）

請＝請願法（昭和 22 年法律第 13 号）

公選＝公職選挙法（昭和 25 年法律第 100 号）

裁＝裁判所法（昭和 22 年法律第 59 号）

閣＝内閣法（昭和 22 年法律第 5 号）

閣設＝内閣府設置法（平成 11 年法律第 89 号）

行組＝国家行政組織法（昭和 23 年法律第 120 号）

地自＝地方自治法（昭和 22 年法律第 67 号）

日銀＝日本銀行法（平成 9 年法律第 89 号）

外交＝外務公務員法（昭和 27 年法律第 41 号）

刑＝刑法（明治 40 年法律第 45 号）

刑訴＝刑事訴訟法（昭和 23 年法律第 131 号）

警＝警察法（昭和 29 年法律第 162 号）

常合規＝常任委員会合同審査会規程

参憲規＝参議院憲法審査会規程

衆憲規＝衆議院憲法審査会規程

参情規＝参議院情報監視審査会規程

参政規＝参議院政治倫理審査会規程

参傍規＝参議院傍聴規則

参行規＝参議院行為規範

歳費規＝国会議員の歳費、旅費及び手当等支給規程

事分規＝参議院事務局事務分掌規程

特調＝特別調査室設置に関する件（参議院）

参先＝平成 25 年版　参議院先例録

参委先＝平成 25 年版　参議院委員会先例録

衆先＝衆議院先例集　平成 29 年版

衆委先＝衆議院委員会先例集　平成 29 年版
旧議＝議院法（旧）
旧貴規＝貴族院規則（帝国議会）

参考文献略称

浅野・調査権＝浅野一郎『議会の調査権』（ぎょうせい・1983）
浅野他・事典＝浅野一郎・河野久編著『新・国会事典―用語による国会法解説 第 3 版』（有斐閣・2014）
大石・議会法＝大石眞『議会法』（有斐閣・2001）
大石・自律権＝大石眞『議院自律権の構造』（成文堂・1988）
黒田・国会法＝黒田覚『国会法』（有斐閣・1958）
研究会・法規＝国会法規研究会「国会に関する法規」時の法令 1475 号〜1689 号（1994〜2003）
今野・法理＝今野彧男『国会運営の法理―衆議院事務局の視点から』（信山社・2010）
佐藤（功）・ポケ（下）＝佐藤功『ポケット註釈全書　憲法（下）〔新版〕』（有斐閣・1984）
佐藤（吉）・参規＝佐藤吉弘『注解参議院規則（新版）』（参友会・1994）
佐藤（吉）・追補＝佐藤吉弘『注解参議院規則（新版）追補』（参友会・2004）
参総務・事典＝参議院総務委員会調査室編『議会用語事典』（学陽書房・2009）
白井・国会法＝白井誠『国会法』（信山社・2013）
鈴木・理念＝鈴木隆夫『国会法の理念と運用―鈴木隆夫論文集』（信山社・2012）
鈴木・理論＝鈴木隆夫『國会運営の理論』（聯合出版社・1953）
寺光・参規＝寺光忠『國会の運營―逐條参議院規則釋義』（刑務協會・1947）
原・概論＝原度『議会法概論（三訂版）（2005 年版）』（政文堂・2005）
松澤・議会法＝松澤浩一『議会法』（ぎょうせい・1987）
宮澤・コメ＝宮澤俊義〔芦部信喜補訂〕『全訂日本国憲法』（日本評論社・1978）

序 章

1……参議院

【二院制の存続】 日本国憲法の制定に当たり、連合国軍最高司令官総司令部（GHQ）の起草した原案では国会は一院制によるとされていた。これに対して日本政府の主張が通り、二院制存続の方向が打ち出された。第二院たる参議院の構成は直接公選制によるとされたが、これは当時の単一国家としては類いまれな制度であった。

帝国議会の憲法改正審議における政府側の説明では、「二院制度ト云フモノハ、一院専制ト云フヤウナ傾キ、又議會ノ審議ガ慎重ヲ幾分缺ク憾ミガアルト云フコト、及ビ輿論ガ果シテ何ヲ目當ニシテ結集セラレテ居ルカト云フコトニ付キマシテノ判斷ヲ的確ナラシメルト云フヤウナ、此ノ三ツノ要點ハドウシテモ二院政治ノ美點トシテ舉ゲナケレバナラヌ」と述べられている[1]。

【参議院の成立】 日本国憲法の施行（昭和22年5月3日）により参議院が設置された。

憲法施行の際、参議院がまだ成立していないときは、その成立までの間、衆議院が国会としての権限を行うとされていた（憲101）が、一方で、憲法施行前に参議院議員の選挙を行うことができるともされており（憲100Ⅱ）、実際には、昭和22年4月25日に通常選挙が行われた。

「参議院」という名称の由来は明確でない。憲法改正時の政府側の説明でも「補充的ナ意味ニ於テ議會ノ働キヲ達成シヨウト云フモノニハ斯ウ云フ言葉ガ宜イノデハナイカ」と説明されるにとどまっている[2]。

英訳では「House of Councillors」とされるが、そのように訳されることとなった経緯も明らかでない[3]。

【選挙制度】 参議院の存在意義は、その構成と密接に関連する。

憲法上、両議院は全国民を代表する選挙された議員で組織するとされている（憲43Ⅰ）。これが参議院をも対象としていることから、地方代表や職能代表という性格を正面から提示することを困難にし、選挙法上、参議院の独自性を打ち出すことに限界をもたらす結果となっている。これに対して、憲法のこの規定の下においても

---

1 第90回帝国議会貴族院帝国憲法改正案委員会議事速記録第18号（昭21年9月20日）2頁〔金森徳治郎国務大臣の答弁〕。
2 第90回帝国議会衆議族院帝国憲法改正案委員会議録（速記）第18回（昭21年7月20日）2頁〔金森徳治郎国務大臣の答弁〕。
3 佐藤達夫（佐藤功補訂）『日本国憲法成立史 第3巻』（有斐閣・1994）82頁。

序章 *1*

参議院の組織については立法的な選択の幅を広く確保することが妥当するとの見解が見られるところである（大石・議会法47頁）。

　現在の参議院議員についての選挙制度は、①定数——242（令和元年の通常選挙後は245、令和4年の通常選挙後は248となる。）、②被選資格——30歳以上、③選出方法——全国を一選挙区とする非拘束名簿式比例代表制（令和元年の通常選挙後は、一部、拘束名簿式を含む。）と各都道府県を選挙区とする（一部、複数の県で合区を形成している。）多数代表制、④任期——6年（3年ごとの半数改選）とするものである。

【定数較差問題】都道府県を選挙区とする選挙については、当初から、一票の較差問題が懸案となっていた。地域代表的性格を勘案した上でどのような較差内であれば許容されるのか、通常選挙のたびごとに提起される訴訟に対する最高裁の判断もいまだに流動的である。参議院の選挙制度については、抜本的な見直しが求められているところである。

【権能】参議院に与えられた権能は、その種類においておおむね衆議院と対等である。関係する権能の大半は各議院に認められたものではなく、国会の権能であることによる。

　国会に認められた権能は、憲法改正の発議（憲96 I）、法律の制定（憲59 I）、予算の議決（憲86）、条約締結の承認（憲73(3)但）、内閣総理大臣の指名（憲67 I）、財政に関する統制（憲8、83、85、87、90 I、91）、弾劾裁判所の設置（憲64 I）等である。これらの権能行使に参画するに当たっては、参議院は独自の判断で活動する。

　各議院に認められている権能としては、国政調査権（憲62）、請願審査（国80 I）等を挙げることができる。これは両院対等に認められたものである。

　参議院にのみ認められているのは、衆議院解散時の緊急集会の開会（憲54 II但）であるが、これは権能の一類型ではなく、特別の活動能力と捉えるべきである。

　国会の権能の中には、衆議院に優越の認められているものも見られる。法律案の再議決（憲59 II）、法律案についてのみなし否決（憲59 IV）、予算先議（憲60 I）、予算の自然成立（憲60 II）、条約の自然承認（憲61）、内閣総理大臣の指名（憲67 II）、会期・会期延長の議決（国13）である。

　にもかかわらず、第二院としての参議院の権限は比較的強いと言われている。国会の権能の中心である法律の制定について衆議院に認められている優越権行使のハードルが高い（出席議員の3分の2以上の多数による再議決）（憲59 II）ことを指しての評価である。

　これに関連して、参議院の自律性が弱いのは、その権限の強いことに起因してい

2

るとの逆説的な見方が示されている。権限が強いがゆえに政党が参議院に対してコントロールの手を伸ばさざるを得ず、参議院の政党化が進み、その特性を発揮できなくなったとするものである[4]。

【参議院批判】 参議院の在り方については、当初から各方面で論議がなされていた。その後、選挙のたびごとに参議院の政党化が進むにつれ、国政上期待されている本来の使命を果たしていないのではないかとの批判が見られるようになり、「衆議院のカーボン・コピー」と揶揄されたり、「参議院無用論」まで俎上に載せられるようになった。

他方、平成の時代に入ってから、参議院での与野党逆転が頻繁に生じるようになり、特に、平成19年の参議院通常選挙による与野党逆転以降、いわゆる「ねじれ国会」の下で、野党の抵抗によって政府の政権運営が大きな困難に直面し、「決められない政治」として批判する声が高まり、「強すぎる参議院」に矛先が向けられることもあった。

【参議院改革】 昭和46年6月の通常選挙後、参議院に向けられた批判を正面から受け止めた河野謙三議員は、全議員宛ての「選挙を終って」と題する書簡で参議院自身による改革の必要性を訴え[5]、その直後に行われた議長選挙で当選した。

河野議長は就任後、改革のための諸方策を打ち出し、参議院の議院挙げての改革への取組がスタートした。以後、歴代議長にとって参議院改革が大きな課題となっている。

その具体的手法は、「参議院改革協議会」や「参議院制度改革検討会」の名称を持つ参議院議員をメンバーとする会議において議院の組織及び運営についての改善策を検討するものである。外部の学識経験者を集め、参議院改革の方向性等について議長が諮問したこともある（河野議長時代の「参議院問題懇談会」、藤田正明議長時代の「参議院制度研究会」、斎藤十朗議長時代の「参議院の将来像を考える有識者懇談会」）[6]。

参議院改革の柱は、①参議院の独自性・自主性の発揮、②審議の充実、③国民に開かれた参議院の3つであり、これまでに調査会制度の創設、決算審査の充実、押しボタン式投票の導入等、様々な改革策が打ち出されてきた。

---

4 大山礼子『国会学入門（第2版）』（三省堂・2003）157頁。
5 河野謙三『一隅を照らす─理性と良識を守って』（恒文社・1974）13頁。
6 参議院改革協議会「参議院改革協議会報告書（昭57年2月24日）」参議院事務局編『平成19年版 参議院改革の経緯と実績』（2007）219頁。

2⋯⋯ 規則制定権

【議院自律権】 憲法第58条は、第1項で「両議院は、各々その議長その他の役員を選任する。」、第2項本文で「両議院は、各々その会議その他の手続及び内部の規律に関する規則を定め、又、院内の秩序をみだした議員を懲罰することができる。」と規定する。これが議院自律権の形式的根拠となるものである。

「議院自律権」とは、国会の両議院が活動するに当たって各々に認められている各種の自主的権能のことである。

講学上、議院自律権の内容は、①運営自律権、②秩序保持権、③組織自律権に分類される[7]。経費面で議院の独立性を確保するための観念として財務自律権をクローズアップする見解も見られる（大石・自律権329頁）。

【規則の意義】 議院自律権の具体的内容として第1に挙げられるのが、議院運営に関する規範を議院自身が設定する議院規則制定権である。

憲法第58条〔役員の選任、議院規則・懲罰〕の規定する「規則」が何を意味するかについては、通説は各議院が単独に制定する法形式と解している（宮澤・コメ443頁）。それでは同条は各議院が各議院で制定するものを定め得るとの趣旨に帰着し、同義反復に陥ってしまうため、議院の手続準則という内容を指すものとして実質的に観念しなくてはならないとする理解があり（大石・自律権316頁）、妥当であると解する。

具体的には、議院規則等として一括して法典化されたもののほか、機に臨み必要な準則を個別的に決定したもの、事例の積み重ねにより不文先例として形成されたものも含まれる。

【国会法の存在】 既に語り尽くされた観のある論点であるが、憲法と議院規則の間に国会法が存在していることに関する問題がある。

理屈の上では、議院の内部事項は議院規則の守備範囲であり、法律で規定すべきものではない。これを法律で規定することについては、衆議院の単独の議決で決定される可能性を否定できず、主任の国務大臣の署名と内閣総理大臣の連署（憲74）の意味付けが曖昧となり、施行要件として天皇による公布行為が介在する点においても問題が生じることが挙げられている[8]。

問題の発端は、国会法が議院の内部事項のかなりの部分を取り込んで制定されたことにある。具体的には、常任委員会の種類（国41ⅡⅢ）、発言時間の制限（国61）等であり、その内容は多岐にわたる。

---

[7] 小嶋和司「議院自律権」月刊法学教室5号（1981）17頁。
[8] 大石眞「議院自律権」月刊法学教室78号（1987）8頁。

問題は２つに分けて考える必要がある。第１は、国会法の規定した議院手続準則の効力であり、第２は、その規定を有効視した場合の議院規則との間での形式的効力の優劣である。

　これらについては、憲法改正時に帝国議会においても論議されており[9]、意識されないまま国会法が旧議院法に取って代わったわけではない。その意味で、現在の国会法中の該当規定には何らかの意味付けが必要であり、実際的な観点を入れて考慮することを要する問題である。

【国会法の規定する議院内部事項】 第１の問題は、国会法がその所管事項以外について定めた規定の効力をどのように解するかというものである。

　後述する法律優位説及び規則優位説（•••▶本章2【国会法と議院規則の関係】）は、国会法で規定した議院手続準則が有効であることを前提としている。これに対しては、憲法と議院規則の間にいかなる法律の存在も予想していないとの見方がある（黒田・国会法13頁）。

　実務上の解釈においては、国会法が衆議院の優越によることなく制定、改正され現在に至っていることを踏まえ、議院手続準則を定めた規定を法規範として通用させる必要があると解している。

　問題があるとすれば、国会法の制定が帝国議会で行われた点にまで遡るべきであろうが、衆参両院の発足後にいつでも改正を行う機会があった以上、制定時のまま残っている規定も事後に承認されたものとみなしてよいだろう。後述するように、議院規則の形式的効力を引き上げることによってもその点を補正できる。

【国会法と議院規則の関係】 第２の論点は、国会法と議院規則が同一事項について異なる規定を置いた場合、いずれを優先して適用するかの問題である。

　通説は国会法の優位を説く。議院規則が一議院の制定するものであり、法律が両議院の議決を経たものであることから、議院規則の形式的効力を法律の下に置くものである（法律優位説）[10]。依然として多数説として紹介されることが多いが、現在この問題を取り上げるものの中でこの説に与するものは少数であろう。

　これに対して議院規則の優位を導くために、①国会法を一般法、議院規則を特別法と解する（規則特別法説）（鈴木・理念156頁）とか、②国会法の該当規定が紳士協約以上の意味を持つものではなく、規則が当然に優先するとの説明（紳士協約説）がなされている[11]。

---

9 第90回帝国議会貴族院帝国憲法改正案特別委員会議事速記録・前掲1 36頁〔松平親義貴族院議員の質疑〕。
10 宮澤俊義『新憲法と國會』（國立書院・1948）172頁。
11 小嶋和司『憲法概観〔第3版〕』（有斐閣・1986）130頁。

序章　5

そもそも議院の自律を実現するための手段として議院規則が認められているのであるから、両議院の議決を必要とする法律に、そのことを理由として優位を認めるのは全くの筋違いであると言えよう[12]。

国会法は議院手続準則を取り込んではいるものの、議院規則の規定事項との間で一応の棲み分けが図られている。例えば、常任委員会については、種類は国会法が（国41 II III）、各委員会の委員数と所管事項は議院規則が規定している（参規74）。

議院規則が優越するとの立場によれば、両者の棲み分けは固定化されたものではなくなる。国会法に規定された議院手続準則の適用を議院が排除したい場合には、その規定を改正せずとも議院規則に自らの意図する内容の規定を置くことで実現が可能となる。

しかしこの問題については、法律と議院規則の形式的効力は同位に置かれ、後法優位の原則が通用するとするのが、解釈のスタンスとしても妥当性のある現実的な対応であると解する（松澤・議会法52頁）。

法律の制定には参議院も同意しており、その適用を受けることが自律に反することにはならない。ただし、衆議院優越が行使されていないことが大前提である（黒田・国会法34頁）。

実際の運用では、国会法の規定内容に正面から抵触する議院規則の規定を新設することは差し控えられているが、補充、修正する程度の自律権行使は行われていると考えてよい。

【規則の一時停止】一般的に自律とは、自らが設定した規範によって自らを統御することである。その規範に法システムの構成・運用原理を当てはめれば、あらかじめ定められて構成員の指針として機能しなければならないことになる。議院規則の主要部分が成文法でなければならないのはこの要請による。

これに対して、その時々の必要に応じて議決によって既存の規則を一時停止させる柔軟な取扱いが可能であるとの見解が見られる（鈴木・理念157頁）。

これは議院の自律を徹底させるかのような主張であるが、多数決原理の持つ危険性をはらんでいる。規則の解釈についても、議院において慣習法的な意味を持つ先例を多数党が数の力で一方的に破ることを是認するような解釈は許されないと指摘されているところであり[13]、不都合が生じた場合に多数決でそれを取り除けるのであれば、多数派は絶えずその誘惑に駆られるであろう。しかし、議事手続に関して

---

[12] 森本昭夫「憲法の最高法規性と硬性性─形式的効力の改正要件からの解放」立法と調査356号（2014）118頁。
[13] 芦部信喜「議長職権による議事日程の変更」ジュリスト341号（1966）29頁。

も、法は少数派にとっての砦であり、多数派はそれを安易に動かすことに謙抑的でなければならない[14]。

法規を改廃するには必ず一定の形式を踏まなければその効力を生じないと解すべきであり（佐藤（吉）・参規2頁）、規則の一時停止を行うためにも、規則改正に準じた手続を経ることを要するものと解する。

3…… 議院規則の種別

【成文法源】議院規則に含まれる成文法には様々なものがある。

参議院に関するもの全てをここで列挙することはできないが、制定主体別による分類と、その代表的なものを挙げると次のようになる。

①参議院の議決によるもの＝参議院規則、参議院憲法審査会規程、参議院情報監視審査会規程、政治倫理綱領、行為規範、参議院政治倫理審査会規程

②参議院議長が決定するもの＝議事協議会要綱、行為規範実施細則、参議院傍聴規則

③両議院が議決するもの＝両院協議会規程、常任委員会合同審査会規程、人事官弾劾訴追手続規程

④両院議長が協議決定するもの＝国会議員の資産等の公開に関する規程、国会議員の歳費、旅費及び手当等支給規程、国会における各会派に対する立法事務費の交付に関する規程、国会議員の公務上の災害に対する補償等に関する規程、議院に出頭する証人等の旅費及び日当支給規程、国会議員の秘書の給与の支給等に関する規程

それぞれの直接の根拠によって分類すると次のようになる。

①憲法＝参議院規則（憲58Ⅱ）

②法律＝参議院憲法審査会規程（国102の10）、参議院情報監視審査会規程（国102の21）、政治倫理綱領（国124の2）、行為規範（国124の2）、参議院政治倫理審査会規程（国124の4）、両院協議会規程（国98）、人事官弾劾訴追手続規程（人弾6）、国会議員の資産等の公開に関する規程（資産6）、国会議員の歳費、旅費及び手当等支給規程（歳費13）

③議院規則・規程＝行為規範実施細則（参行規5）、参議院傍聴規則（参規228）

④その他＝議事協議会要綱、常任委員会合同審査会規程

これによると、憲法第58条第2項の規定する議院自律権に根拠を置くものは参

---

14 森本昭夫「国会法規範の特性」北大法学論集59巻2号（2008）464頁。

序章　7

議院規則だけのように見える。しかし、国会法が議院の内部事項を定めており、その上で各議院の議決に委ねたものは、議院自律権に基づく規範とみなすことができる。参議院憲法審査会規程、参議院情報監視審査会規程、政治倫理綱領、行為規範、参議院政治倫理審査会規程がそれに当たる。参議院規則に直接の根拠を持つものも当然に議院自律権に基づくものとなる。

これに対して、同じく国会法が直接の根拠となっているものでも、両院協議会規程は両院協議会の組織、運営等を規定するものである。両院協議会の開会が法律の定めるところによりとされている（憲59 III、60 II、61、67 II）ことから、組織、運営等についても法律が所管する事項であると解し、両院協議会規程は議院規則の一種と見ることはできないと指摘されている[15]。これに対して、両院相互関係の規律についても、その制定に行政が関与することを問題視し、法律事項と解すべき理由はないとの理解が見られる（大石・議会法162頁）。これによると、両院協議会規程も議院規則の一種として位置付けることとなる。

その他の法律で委任され両議院の議決によるとされた規程等は、法律の施行規則に当たるものである。

【不文法源】 議院運営のための規範として、しばしば先例の重要性が強調される。

「先例」とは、法規に規定のない事項、法規の解釈に関する事項等について[16]、事例の積み重ね等により規範としての性格を持つに至ったもののことである。

先例は各議院で自主的に形成されるものであり、そのうち重要なものについては先例録という冊子に収載される。

参議院では、ほぼ10年ごとに、議院全般に関する「参議院先例録」と委員会運営に関する「参議院委員会先例録」を事務局の編集により刊行している。これまでに、自第1回国会至第22回国会版（昭30）、自第1回国会至第40回国会版（昭37）、昭和43年版、昭和53年版、昭和63年版、平成10年版、平成25年版が出されている。

先例録は一内容一項目の原則で編纂され、各項目の中には規範たる先例だけでなく、事例を示すだけのものもある。

4···· 議院規則の性格

【合憲性の判断】 議院規則は、憲法の認める国法形式であり、その内容は憲法に適合していなければならない。例えば、憲法において内閣の権能とされる事項につい

---

15 小嶋和司「議院自律権」『憲法学講話』（有斐閣・1982）101頁。
16 『平成25年版 参議院先例録』（参議院事務局・2013）例言。

て、議院が行使することを議院規則で規定するようなことは許されない。

憲法は、規則についても最高裁判所が憲法に適合するかしないかを決定する権限を有すると規定し（憲81）、議院規則もその「規則」に当たると解されるのが一般的である。法律の内容に対する違憲審査を認めるのと同じ扱いである。

これに対して、議院自律権を重んじる見地から、規則は議院の内部手続に関するその議院の意思表示であり、司法的違憲審査の対象と見るのは妥当でないとする立場もある（完全自律権思想）（大石・自律権12頁）。その中間において、議院規則の内容を議院の内部事項と見た上で、一見極めて明白な違憲無効事由が含まれていない限りにおいて、裁判所は議院の判断を尊重しなければならないとする説もある[17]。

議院規則に対する司法審査を認めると、その違憲を主張すれば議院の内部事項についても裁判所に訴えを提起できることとなる点が危惧されるが、「一見極めて明白な」という基準で訴訟要件の厳格化が図れるのであれば、実用に耐え得るところとなろう。

【法規性】議院規則が法規を包含し得るか否かが問題とされることがある。ここでいう「法規」とは、国民の権利義務に関する法規範をいう。

多数説はこれを否定するが、議員以外の者でも会議に出席する者や傍聴人等、議院内部にある者が議院規則の規律の下に置かれることまで拒否するものではない。

それ以外でも、会議その他の手続及び内部の規律に関する限りにおいて、議院の外にある国民の権利義務に関わる事項を定めることが可能であるとする見解があり（黒田・国会法42頁）、実際にも、証人の義務を定める**第184条**〔証人の出頭・証言義務〕のような規定が参議院規則に存在する。これと内容的に競合する規定が法律に置かれており（議証1）、この点については法律が優位すると解すべきである[18]。

同様に、議院規則で内閣等の他の国家機関を義務付ける規定を置く例も見られる。例えば、両議院の憲法審査会規程では、最高裁判所長官や会計検査院長に対して出席説明を求めることができるとしている（衆憲規15、参憲規15）が、これは国会法の委任（国102の10）に基づくものとして許容されていると解することが可能である。

【施行】議院規則は、本会議における制定、改正の議決と同時に効力を発生する。ただし、附則において施行時期を定めることも可能である。

議院規則の施行のためには、その前段として公布することを必要としない。天皇の国事行為としての公布を規定する**憲法第7条**〔天皇の国事行為〕においても規則は

---

[17] 宍戸常寿「衆議院事務局による議員提出法案の不受理」自治研究75巻2号（1999）104頁。
[18] 佐藤幸治『日本国憲法論』（成文堂・2011）462頁。

その対象として挙げられていない。規定し得るのが議院の内部事項だからであり、その拘束を受ける者も所属の議員のほか議院内の者に限るのを原則としていることによる。

　しかし、議院外部の国民を義務付ける規定を設けることも可能である以上（⋯▶本章4【法規性】）、これについて周知を図る必要がある。実際には、参議院規則を改正した時には、その内容を官報に掲載している。

【時間的効力】　議院規則の制定、改正の議決は、単なる議決にとどまらず、国法形式として結実する。したがって、その内容は条文の形式により策定される。通常の議決は会期不継続の原則により会期が改まると失効するが、議院規則の形式にはめ込まれることで恒久的効力を取得する。

　比較制度的には、議会の議事規則は必ずしも恒久的効力を持つものばかりではなく、一会期にだけ効力を有する区分の規則も見られる（黒田・国会法44頁）。

5⋯⋯ 参議院規則の制定過程

【暫定衆議院規則】　日本国憲法は昭和22年5月3日に施行され、第1回国会は同月20日に召集された。ただし、議院規則の制定は当該議院の議決によるとの方針の下、参議院は独自の議院規則を持たずに始業した。一方、新憲法制定前後の継続性が認められている衆議院は、帝国議会時代に必要最小限の規定から成る暫定衆議院規則を定めた（昭和22年3月31日）。これは、日本国憲法の下での議事の運営について、新たな衆議院規則が制定されるまでの間の経過措置としての役割を担うものである。

　国会法は参議院について、参議院規則が定められるまでは会議その他の手続及び内部の規律に関して衆議院規則の例によるとしたので（国附Ⅴ）、暫定衆議院規則は参議院における法規範としても機能した。

　なお、暫定衆議院規則では、旧衆議院規則中、日本国憲法、国会法、暫定衆議院規則に反しない規定はなお効力を有すると規定されていた（暫衆規附Ⅱ）。

【起草】　参議院の設立に際しては、貴族院書記官長を長とする参議院開設準備委員会が議院規則等の法規の整備に当たり、貴族院書記官はその委員として参議院規則の起草を担当した[19]。

　その際の編成方針については、「衆議院の規則とは著しく違つた立場に立つて制定せられて参つたのであります。と申しますのは、参議院というものは新しく作ら

---

19 河野義克「参議院の歩みと存在意義」読売新聞調査研究本部編『日本の国会―証言・戦後議会政治の歩み』
（1988）120頁。

10

れた国会でありまして、古い先例というものは一切ご破算になつておつた。……少くとも貴族院規則というものは全然問題にならないということであります」と証言されている[20]。

その過程でGHQの意見を徴し、手直しを施した上で昭和22年6月16日に議院運営委員会の非公式打合会に案が示され、検討が開始された。その後もGHQからのサジェスチョンが寄せられ、それを踏まえて同月23日に議院運営委員が発議者となって正式に参議院規則案が発議された。

【GHQのサジェスチョン】国会発足後も、GHQでは立法に関する調査研究を進めており、参議院規則の立案に当たっても、民政局国会課長のJ・ウィリアムズから内容上のサジェスチョンが与えられた。

紹介されているところによると、その内容は、公述人に対する委員の質疑、少数意見者の議場における報告、特別委員数の自由化、定足数不足時の措置、定足数に対する議員からの異議申立て、発言通告の不要化、委員長による本会議討論者の指名、討論に対する時間制限、少数意見の報告順位、請願についての少数意見、紀律についての議長の権限、敬称使用の義務、会期決定に際しての常任委員長からの立法計画の聴取、調査事件の付託権限、公聴会の承認権限等であり[21]、そのほとんどが参議院で受け入れられたとのことである。

【審議】参議院規則案は議院運営委員会に付託され、同委員会では、昭和22年6月27日に短時間のうちに全会一致で修正議決された。その修正もGHQからの重ねてのサジェスチョンに基づくものとされている[22]。

本会議においても、議院運営委員長の委員長報告の後、質疑、討論もなく全会一致で委員長報告のとおり修正議決され、参議院規則は同月28日に成立した。

議院規則は公布されるものではなく（⸳⸳▶本章4【施行】）、即日施行された。

【参議院緊急集会規則】当初制定された参議院規則には参議院の緊急集会に関する規定が置かれず、懸案となっていたところ、第1回国会昭和22年8月15日、参議院規則とは別に参議院緊急集会規則が制定された。

内容が法律によることが適当と思われるほど重要なものであるので、独立の議院規則とされたとの由である[23]。

その後、国会法及び参議院規則が改正され緊急集会についての規定が整備された

---

20 憲法調査会第2委員会第7回会議議事録（昭34年5月27日）9頁〔寺光忠元参議院議事部長の説明〕。
21 憲法調査会第2委員会・前掲20 11頁〔寺光忠元参議院議事部長の説明〕。
22 憲法調査会第2委員会・前掲20 12頁〔寺光忠元参議院議事部長の説明〕。
23 第1回国会参議院会議録第22号（昭22年8月16日）264頁〔木内四郎参議院議院運営委員長の報告〕。

序章　*11*

のに伴い、参議院緊急集会規則は不要となり、昭和30年3月18日に議院の議決により廃止された。

【諸規程との関係】院内組織の後発組として政治倫理審査会、憲法審査会、情報監視審査会が設けられ、それぞれの運営等については、それぞれ独自の規程が設けられた（国102の10、102の21、124の4）。その点において参議院規則で措置された調査会とは異なっている。

それぞれの規程では、その組織、運営等を規定しているが、憲法審査会規程は、それにとどまらず、議院と憲法審査会の関係等についての規定も取り込んでいる。本来であれば参議院規則に規定すべきものであり、それらについては本書でも取り上げることとする。

また、諸規程には参議院規則中の規定を準用する規定が存在する。その準用も、一部について自前の規定を設けた上で、それに付随するものだけを準用する仕方が多用されている（参憲規6、9、14等）。

本書では、政治倫理審査会規程、憲法審査会規程、情報監視審査会規程は直接の解説対象としないが、委員会等に関する規定の説明の中で、準用の有無等、必要な限りで言及することとする。

6…… 旧貴族院規則との対比

参議院は貴族院との連続性を持たないとするのが一般的な見方である。

しかし、議事運営に関しては普遍的なルールもあり、参議院規則制定に当たり、貴族院規則から180度の転回が可能であったわけではない[24]。

また、帝国議会における議院法が果たしていたような役割を国会法が担うこととなり、制度の大枠が国会法によってカバーされたため、貴族院規則と参議院規則の相違点は議院法から国会法への移行に伴うものがほとんどであった。

参議院規則と貴族院規則を比較対照してみると、貴族院規則の規定をそのままスライドさせたと思われる規定も少なくない。そのような中で、純粋に規則レベルで参議院規則と相違する点として挙げられる貴族院規則の規定は次のようなものである。なお、比較の対象とした貴族院規則は、12次にわたる改正を経た最終内容のものである。

仮議長選挙の主宰者（旧貴規15）、常任委員会の種類（旧貴規33）、副委員長の存在

---

[24]森本昭夫「議院規則に見る貴族院と参議院の連続性—議院の自律権確立に関連して」議会政策研究会年報創刊号（1994）98頁。

（旧貴規39 I）、委員長選任までの委員長職務を行う者（旧貴規39 II）、委員会の審査期限（旧貴規45）、再付託（旧貴規47）、議案の会議時刻の設定（旧貴規64）、起立採決での反対者の起立（旧貴規116 I）、氏名点呼による採決（旧貴規116 I）、無名投票による採決（旧貴規120）、質問主意書の趣旨説明（旧貴規128）、傍聴規則（旧貴規173）

7…… 衆議院規則との比較

参議院は、二院制の下で独自性を発揮するための努力を重ねているが、議院規則の内容については衆議院との差は大きくないのが実状である。

議院の組織及び運営において特色化を図るためには、独自の判断により制度設計が可能であることが条件となるが、議院規則については制定時から様々な障害に阻まれてきた。

衆参両院は互いに独立に議院規則を制定できるが、国会法が両院共通の法規範として制定され、議院規則はその細目規定に近いものとならざるを得なかった。なおかつ、法律と議院規則の関係について法律優位説が有力であったため（…▶本章2【国会法と議院規則の関係】）、制定時には衆議院との間で顕著な違いを打ち出しにくい条件下にあった。

参議院規則の起草に当たってのGHQの介在が衆参両院規則に共通化の影響を及ぼしたことが指摘されている[25]。すなわち、GHQから共通のサジェスチョンが両院に対してなされ、さらに、一方の議院からの要望事項がサジェスチョンを通じて他院でも実現してしまうようなこともあったとのことである。

両院の規則は編別構成においても非常に似通ったものとなっている。衆議院にはない制度である緊急集会や調査会について衆議院規則が規定していないのは当然であるが、それ以外については順序に多少の差はあるものの、章立てはほぼ同じである。

国会法を施行するに当たり、その運用について両議院の解釈がまちまちになることは当然のことであり、その差が議院規則の規定に現れているものもある。

なお、衆参の議院規則における個々の規定及び運用の相違点については[26]、各条文の説明の中で必要に応じて取り上げることとする。

---

[25] 憲法調査会第2委員会・前掲**20** 18頁〔寺光忠元参院議事部長の説明〕。
[26] 森本昭夫「衆議院流と参議院流―議事運営をめぐる考え方の相違」立法と調査311号（2010）109頁。

序章　*13*

8⋯⋯ 参議院規則の改正経過

参議院規則の制定後、必要に応じて、現在まで23次にわたる改正がなされている。

その大部分は国会法の一部改正に伴って必要となったものであるが、参議院改革の一環として新たな運営方法を導入することを内容としたものも目立つ。行政組織等の法改正に伴って常任委員会の組織に関する改正を行ったことも多い。

ここでは、重要な内容を含む改正を挙げて簡単に説明する。

【第1次改正】昭和23年10月、第2回及び第3回国会における国会法の改正に伴い、常任委員会の委員数、所管等の改正が行われた。

常任委員会の各省別化（参規74）、日時招集時の議事日程（参規86の2）、討論時間制限規定の削除（参規114）

【第2次改正】昭和24年10月、各省設置法の施行に伴う国会法改正に合わせて常任委員会に関する規定の改正とともに、委員の選任、辞任に関する規定の改正が行われた。

常任委員会の名称・委員数・所管の変更（参規74）、委員の選任・辞任規定の整備（参規30、31）

【第6次改正】昭和30年3月、第21回国会の国会法改正に伴う改正とともに、過去の経験に徴し慣行に合わない点、実情に沿わない点を是正する改正が行われた。

議院成立の規定の削除（参規18）、議院の休会の規定の新設（参規23の2）、議案発議・修正案提出の手続（参規24、46）、案件の特別委員会付託手続（参規29、29の3）、委員会提出法律案の付託省略（参規29の2）、連合委員会の改称（参規36）、議院提出法律案・修正案の両院相互説明（参規41、175の2）、予算を伴う法律案等に対する内閣の意見陳述の時期（参規50、107の2）、常任委員会の委員数・所管（参規74）、常任委員の兼務（参規74の2）、特別委員長互選手続（参規80）、委員派遣（参規180の2）、自由討議の廃止（参規144〜152）、陳情処理の規定の削除（参規173）、参考人意見聴取（参規186）、資格争訟特別委員会（参規193の2）、両院法規委員会の廃止（参規旧248〜250）、緊急集会の規定の新設（参規251、252）

【第7次改正】昭和33年6月、第28回国会の国会法改正に伴う改正とともに、過去の経験に徴し実情に沿わない点、慣行に合わない点を是正する改正が行われた。

委員会提出法律案の提出手続（参規24）、委員長報告に対する多数意見者の署名の廃止（参規72）、元特別委員長の報告（参規104）、緊急時の議長決定による議員派遣（参規180）

【第9次改正】昭和57年3月、参議院改革協議会の答申に基づき、総予算の委嘱審

査方式を導入するための改正が行われた。

　　総予算の委嘱審査の導入（参規74の4）

【第10次改正】昭和60年10月、参議院改革協議会の答申に基づき、実情に合わない規定、意味を明確にする必要がある規定等について整理するための改正が行われた。

　　常任委員会の調査承認の廃止（参規74の3）、分科会主査の補足報告の廃止（参規75）、質疑中の意見陳述禁止規定の削除（参規109）、請願の議決区分の改正（参規170）、傍聴席区分の改正（参規220）、事犯者の退場処分の改正（参規232）、公報の規定新設（参規253）

【第11次改正】昭和61年5月、参議院改革協議会の答申に基づく国会法改正に伴い、創設する調査会制度に関し、所要の規定の整備を行うための改正が行われた。

　　調査会の設置時期（参規80の2）、調査会の公聴会（参規80の3）、調査会の報告書（参規80の4）、調査会長報告（参規80の5）、調査会の立法勧告（参規80の6）、調査会調査員（参規80の7）

【第12次改正】平成3年8月、参議院改革協議会の答申に基づく国会法改正に伴い、社会労働委員会の分割のための所要の規定の整備を行うための改正が行われた。

　　厚生委員会・労働委員会の委員数・所管（参規74）

【第13次改正】平成9年12月、参議院制度改革検討会の報告等に基づく国会法改正に伴い、再編される常任委員会及び新設される行政監視委員会の委員の数及び所管について定め、本会議における押しボタン式投票方式を導入するための所要の規定の整備を行う等の改正が行われた。

　　常任委員会の委員数・所管（参規74）、本会議における押しボタン式投票方式の導入（参規137、140の2、140の3）、特定事項の会計検査要請（参規181の2）

【第14次改正】平成11年7月、国会審議の活性化及び政治主導の政策決定システムの確立に関する法律（平成11年法律第116号）の制定に伴い、政府委員制度の廃止、国家基本政策委員会の新設等のための改正が行われた。

　　政府に対する委員の質疑（参規42の2）、政府参考人（参規42の3）、国家基本政策委員会の委員数・所管（参規74）

【第15次改正】平成12年3月、議員が出産のために議院に出席できない場合の手続を定める改正が行われた。

　　出産を理由とする欠席届（参規187）

【第16次改正】平成12年11月、中央省庁再編に伴い、再編される常任委員会の委

序章　　*15*

員数・所管を改める改正が行われた。

　　常任委員会の各省別化（参規74）

【第18次改正】平成15年6月、議場・委員会議室におけるつえの携帯についての規制を緩和するための改正が行われた。

　　携杖届出（参規209）

【第23次改正】平成26年6月、情報監視審査会の新設に伴い、特定秘密の閲覧に関する規定の整備等を行う改正が行われた。

　　特定秘密の閲覧（参規181の3）、特定秘密の漏洩に係る懲罰（参規236）

【第24次改正】平成30年7月、参議院改革協議会の答申に基づき、参議院の行政監視機能を強化し、行政監視委員会の通年的な活動を確保するための改正が行われた。

　　行政監視委員会の所管（参規74）、行政監視委員会の報告（参規74の5）

§1

第1章　開会及び役員の選挙

制定時（昭22.6）、第6次改正（昭30.3）

　本章は、活動能力論である会期の開始及びそれに伴って必要となる活動論としての役員の選挙について規定を置いている。

【開会】帝国議会時代、その活動開始については、「召集」の後、召集詔書で指定する期日に集会し（旧議2）、議長と副議長が選ばれ、議員の席次等が定まることを「議院の成立」と称していた。これで活動のための準備が整った状態となり、勅命で「開会」の日が定められ（旧議5）、会期はこの開会の日から起算することとなっていた。

　これに対して国会では、会期は召集の当日、すなわち、召集詔書に指定された期日から起算するとされており（国14）、議院の成立や開会の観念はなくなった（•••▶第18条〔削除〕）。

　章名中の「開会」は、会期の開始を意味する語として用いられているが、旧来の開会概念を復活させるものではない。この語は国会法や参議院規則中、他所では用いられていない。「閉会」と同様、時期と状態の両方を指す用いられ方をするため、注意が必要である。

【役員】議院は、その組織自律権の内容として役員を選任することとされており（憲58Ⅰ）、その種類は国会法において①議長、②副議長、③仮議長、④常任委員長、⑤事務総長と定められている（国16）。

　本章で規定する選挙もこの5種類の役員についてのものである。

　なお、「役員」の意義についての詳細は、『逐国』第3章概説【役員選任権】の説明参照。

〔召集日の集会時刻〕
第1条　議員は、召集詔書に指定された期日の午前10時に参議院に集会しなければならない。

　　　制定時（昭22.6）
　　　　衆規1　議員は、召集詔書に指定された期日の議長が定めた時刻に、衆議院に集会しなければならない。

本条は、召集日の集会時刻について規定するものである。

第1章　開会及び役員の選挙　　*17*

§1

【召集】国会の活動期間である会期は、召集を契機として始まる。

「召集」は、機関としての国会の活動を開始させるために国会議員を各議院に呼び集める行為である。ただし、後述するように、参議院規則上これと異なる語義で用いられることがあるので注意を要する（⋯▶本条【応召】）。

【応召】国会法では「議員は、召集詔書に指定された期日に、各議院に集会しなければならない。」と規定されている（国5）。召集に応じるとは登院することを指すが、国会法及び本条では集会することまで義務付けている。

議員は、召集日の午前10時に参議院に集会しなければならない。

国会法第5条〔議員の集会〕の規定では集会の日時の特定性が弱いため、本条がその点を補充している。

「議員」とは、在任中の参議院議員のことである。

「召集詔書」とは、国会を召集するために天皇が発する公文書のことである。

天皇の親署がなされ御璽が押され、内閣総理大臣が副署して公示され、また、議院公報に掲載する例であり（参先495）、これによって個々の議員に伝達される。

「指定された期日」とは、集会の期日として召集詔書に定められた期日のことである（国1Ⅰ）。これが国会法第14条〔会期の起算〕にいう「召集の当日」であり、「召集日」と呼ばれる。

このように、召集詔書の公布とは異なる意味で「召集」の語が用いられるが、こちらの用法の方がむしろ一般的である。

【集会】「集会」とは、本会議に出席することである。

この会議で院の構成を始め、会期の活動を開始するための議事を行う。

「参議院」とは、東京都千代田区永田町の国会議事堂の参議院所掌地域を指すが、場所的概念としては特定性が弱い。議員全員が会同する場所が議場であることは言うをまたないとされているわけである。集会が本会議への出席を指すことからも、この点は明らかである。

【初回本会議】本条は、召集によって参議院の会期冒頭の初回の本会議が当然に開かれる、自動招集の仕組みを採っている。

♥運用

実際には、召集日前日に議長が議事日程を定めて本会議を招集する扱いである。召集日の議事日程記載の開議時刻は本条の規定に従い午前10時とされる。

♣衆議院では〔初回本会議の開会時刻〕

衆議院規則では、初日の集会時刻が議長が定めた時刻と規定されている（衆

§2

規1）ため、初回本会議についても招集行為が事実上必須となっている。実際には、開議時刻は正午や午後1時に定められることが多い。

〔当選証書の対照〕
第2条　当選後始めて登院する議員は、当選証書を事務局に提示し、これと当選人名簿との対照を受けなければならない。

> 制定時（昭22.6）
> 　衆規2　議員は、当選証書を事務局に提示し、これと当選人名簿との対照を受けなければならない。

　本条は、当選議員の当選証書の対照について規定するものである。

【当選議員の本人確認】議員は選挙に当選することによってその地位に就く。当選者にはその告示後に当選証書が付与され（公選105）、参議院は内閣総理大臣からの報告によって当選人を了知する（公選108Ⅱ）。

　当選者が議員としての活動を開始するに当たっては、その活動の場である参議院において、議員の本人確認を行う必要がある。

　法規上は、活動開始時の本人確認についてだけ規定しているが、それは任期中常時必要なことでもある。この点については、交付した議員記章の帯用を義務付けることで担保している（参先449）。

【当選証書の対照】当選した議員は、初めて登院するとき、当選証書を事務局に提示して当選人名簿との対照を受けなければならない。

　書面の対照を本人確認の方法とすることは、正確性の点において不十分であることを否めないが、真正な当選証書を持参した者を当選者本人とみなすものである。

　「当選」とは、選挙の結果、選び出されることをいい、具体的には、誰が選び出されたかについての選挙会における決定を指す。

　これに基づいて当選者本人への当選証書の付与、参議院への報告がなされる。

　「始めて」は、当選人が定まった後、初めてという意味であり、証書の対照は確認のための行為にすぎないので、任期の開始前であっても差し支えない。

　「登院」は、参議院を訪れることである。

　「当選証書」は、当選したことを証する文書であり、比例代表では中央選挙管理会から、選挙区では都道府県等その事務を管理する選挙管理委員会から当選人に付与される（公選105）。

第1章　開会及び役員の選挙　*19*

§3

「事務局」とは、参議院事務局であり、議員の身分に関する事項は庶務部議員課が所掌している (事分規39 (1))。

「当選人名簿」とは、内閣総理大臣から受けた当選人の住所、氏名の報告又はこれに基づいて参議院で作成した名簿のことである。

「対照」とは、符合していることを確認することである。

【違反の効果】当選証書の対照を受けない者は議員としての活動を行うことができない。

ただし、これは本人確認のための一手段であるので、他の方法によってそれが確認できれば、一時的な代替手段として用いることも可能である。先例上は、当選証書を持参しなかった議員について、既に当選証書の対照を終えた議員の保証によって議場に入ることができるとされている (参先99)。

〔 召集日の本会議の定足数 〕
第3条　集会した議員が総議員の3分の1に達したときは、議長は、議長席に着く。

制定時 (昭22.6)、第6次改正 (昭30.3)

本条は、召集日の本会議の開会要件について規定するものである。

【集会】召集日の本会議の開会要件は、総議員の3分の1の議員の出席である。

召集日の本会議は、法規上、議長が招集するのではなく、自然集会を想定している。すなわち、召集日の定められた時刻 (国5、参規1) に各議員が法規上の義務に基づいて集まって来るというものである。

実際には、召集日においても、議長が前日に議事日程を定めて本会議を招集する扱いである (⤳第1条【初回本会議】)。

【本会議の開会】召集日の本会議の開会要件として集会した議員が総議員の3分の1以上に達したことを挙げているのは、憲法で規定する議事定足数 (憲56 I) に一致させたものである。

開会要件が満たされると、議長は議長席に着く。

「集会」とは、国会の召集に応じて、召集日の午前10時 (参規1) に参議院議場に入場することである。

「議員」とは、参議院議員のことである。

「議長」とは、参議院議長のことであるが、事故があるとき又はいないときには副

§3

議長を指すこととなる（国21）。議長及び副議長共に事故があるときには、仮議長を選任しなければならないので、事務総長が議長の職務を行う（国22Ⅱ）。

議長及び副議長が共にいないときについては、**第4条〔召集日に議長及び副議長がないときの議長選挙〕**の説明参照。

「議長席に着く」とは、本会議を開会するために議場の会議主宰者のために設けられた席に座ることである。

結局、本条は、会議を開くことのできる状態、すなわち、召集日開会時の定足数を規定していることとなる。

【**定足数算定の基礎**】「総議員」については、参議院の議員定数を指す（定数説）のか、欠員を除いた現在議員を指す（実数説）のか、解釈の分かれるところである。

定数説から実数説に対する批判は、①議員が死亡する等、知らない間に欠員が生じた場合に定足数算定の基礎が動いて開会の要件が一定せず、法定数を基礎としないと事後に定足数を満たしていたかどうかの認定が覆る可能性が出てくる、②余り多くない出席者で事を決することを認めるのは不合理であるとするものである。

これに対して実数説は、出席し得る者の中でどれだけの比率の者が出席したかを問うのが定足数の趣旨であり、3分の1というような分数の形で規定される定足数について、分子に算入し得ないものは分母にカウントすべきでないとの論理を理由とする。

実際の取扱いでは、変化のない数を基準とする方が便宜であり、定数説によっている（参先233）。

実数説に立った場合に定足数が一定しないのは確かであるが、定数説が懸念する「定足数を満たしていると思って会議を開き議事を進めたところ、実は不足していたことが後に判明した」という事態が発生することはない。なぜならば、知らない間に現在議員が減っていた場合には、分母が小さくなって定足数要件は緩和されるからである。定足数不足が後に判明するような事態は分母である現在議員数が増えていた場合に起こるが、議長の知らない間に定数が増えたり、欠員が埋まるということは考えられない。したがって、定数説が懸念するほど実数説が実用に耐えないということはない。

定数説の②の批判は、定足数の設定において解決すべき問題であり、これは憲法事項である。

逆に、定数説の不都合な点がある。参議院議員の半数が任期満了となり、その後任が選出されていない場合には、議員の現在数も半分になっているわけであり、そ

第1章 開会及び役員の選挙 *21*

§4

の状況の下で国会を召集しなければならない事態が生じた場合、法定数の３分の１という定足数は高いハードルとなる。非常時に議員に大量の欠員が生じた場合も同様である。

〔召集日に議長及び副議長がないときの議長選挙〕

第４条① 召集の当日に議長及び副議長が共にないときは、集会した議員が総議員の３分の１に達した後、議院は、議長の選挙を行う。

② 議長の選挙は、単記無名投票でこれを行う。

制定時（昭22.6）、第６次改正（昭30.3）

衆規３① 召集の当日に議長及び副議長が共にないときは、集会した議員が総議員の３分の１に達した後、議院は、議長の選挙を行う。

② 議長の選挙は、無名投票でこれを行う。

本条は、召集日に議長・副議長の両方がいないときの議長選挙について規定するものである。

【院の構成】 国会が活動するためには、まず、役員や委員会等の議院の内部組織を整える必要がある。これらを指して「院の構成」と呼ぶ。

院の構成は、議院の活動を開始するに当たって最初に行うべき事柄であり、憲法上、最優先で行うとされている内閣総理大臣の指名（憲67 I）にも先立って処理する必要がある（参先85）。

【議長】「議長」は、議院の長たる役職である。

その職務権限には、秩序保持権、議事整理権、事務監督権、代表権等がある（国19）（•••▶『逐国』第19条〔議長の職務権限〕）。

「副議長」とは、議長の職務を代行し（国21）、補佐する役職である。

【議長選挙の時期】 召集日に議長及び副議長が共にいないときは、集会した議員が総議員の３分の１に達した後、議長選挙を行う。

院の構成を整えるには本会議の議事を進められる態勢とする必要があり、まずその主宰者を選任しなければならない。正副議長の選任は院の構成の根幹を成す。

その議長の選挙は、召集日の本会議の冒頭に行う。

「召集の当日」とは、集会の期日として召集詔書に定められた期日のことであり、これが会期の初日である（国14）。

「ないとき」とは、その地位に就いている議員が会期の当初から存在しないときを

22

§5

指す。通常選挙で任期満了となった後の臨時会がこのときに当たる。また、閉会中の辞任等によって欠けた場合も、次の国会の召集時には「ない」状態となる。

「集会した議員が総議員の3分の1に達した」は、召集日の本会議の開会要件である（•••▶第3条〔本会議の開会〕【定足数算定の基礎】）。

「後」と規定しているのは、議長の選挙を本会議の議事として行うことを前提としており、時期としては開会冒頭に行うべきことを指示している。したがって、午前10時に達していることも必要である（参規1）。

定足数を満たす議員が集会しただけでは足りず、会議の主宰者がそれを認定した上でなければ選挙は行えない。

【選挙の主宰者】議長及び副議長がいないときのその選挙の主宰者については国会法が規定しており、事務総長が議長の職務を行う（国7）。第6条〔投票箱の閉鎖〕、第7条〔投票の計算〕、第8条〔選挙結果の報告〕及び第10条〔選挙疑義の決定〕の規定に出てくる「事務総長」の語は、それを踏まえたものである。

【選挙の方法】議長選挙は単記無名投票で行う。

「単記」とは、被選挙人の名前を1人だけ記入すべきことである。1人の議長を選ぶためには当然のことである。

「無名」とは、投票者の名前を記入することを禁じることである。

無名投票としている理由は、投票の自由を確保し、当選した議長が公正円満に職務を遂行できるようにしたものである。

これらに反して、複数の被選挙人の名前を記載したり、投票者の名前を記載すると、その投票は無効票となる。

「投票」とは、選挙に当たって、選びたい者の名前を記して選挙管理者の下に提出することである。

被選資格を持つのは、議院所属議員に限られるが、議長との兼任、兼務を禁じられている任に在る者への投票も有効である（国31Ⅱ参照）。

無名投票としている趣旨から、特段の定めがない限り、手続を省略して主宰者の指名によることを議決するような方法を採ることはできず、議長、副議長の選挙に関してはそのような定めは存在しない。

〔議長選挙の投票〕
第5条①　議員は、点呼に応じて、投票及び木札の名刺を持参して、演

第1章　開会及び役員の選挙　*23*

§5

> 壇に至り投票する。
> ② 甲参事は名刺を、乙参事は投票を受け取り、議員に代つて夫々名刺
> 箱及び投票箱に投入する。

制定時（昭22.6）
　　衆規4① 議員は、点呼に応じて、投票及び木札の名刺を持参して、
　　　　演壇に至り投票する。
　　② 甲参事は名刺を、乙参事は投票を受け取り、議員に代つてそれ
　　　　ぞれ名刺箱及び投票箱に投入する。

　本条は、議長選挙の投票方法について規定するものである。

【**選挙時の議場**】議長選挙は本会議の議事として行われる。したがって、議員は本会議に出席しないで選挙に参加することはできない。

　選挙の際、議場は閉鎖しない。表決の記名投票におけるようにその旨の規定（参規140）が置かれていないことによる。これは、投票が個々の議員の意思の集積過程であり（白井・国会法106頁）、議決の場合のごとく、議院の意思を一定時期を画して定める必要がないからであるとされる（佐藤（吉）・参規12頁）。したがって、議員の議場への出入りは自由である

【**投票**】議員は、議席において投票用紙に被選挙人の名前を自筆で記入する。視覚障害のある議員が点字を用いることも自筆に当たる。

　議員は点呼に応じて、演壇で投票する。

　投票を整序だてて行うために、議員の投票する順序を指示することとしたものである。

　「点呼」とは、投票を行うべき順序に従って議員名を呼ぶことである。

　事務局参事が行う例であり、その順序は議席番号の順によっている。

　「応じて」とは、自分の名前が呼ばれてから演壇に向かうということである。

　投票時の移動をより円滑に行うための点呼であるので、実際の投票が点呼とは異なる順序で行われたとしても、その効果に影響するものではない。また、タイミングを規定するものであり、議員が投票を強制されるわけではない。

　「演壇」とは、発言者が立つために設けられた議長席の前のスペースのことである。

　「投票する」は、選挙で当選すべき者についての意思表示を行うことである。具体的には、演壇上で投票事務を行う参事に票を渡すことである。

　事務総長は議長席に着いてはいるが、議員ではないので当然のことながら、投票することはできない。

§6

議員が投票する際には、投票と木札の名刺を持参する。

木札の名刺の持参を義務付けているのは、無名投票であるので、誰が投票したかを事後に分かるようにして二重投票を防ぐことを目的とするものである。

「投票及び木札の名刺」の「投票」とは、投票者が被選挙人の名前を記した投票用紙のことであり、「木札の名刺」とは表決の記名投票で用いる白色票のことであり、それを代用することとしている。いずれも各議席に配付されている。

【投票委託】「演壇に至り」は、議席から演壇まで歩いて行くことである。

ただし、歩行困難により演壇に登ることができない等の事情がある場合には、本人からの申出により、投票を他者に委託することが可能である。委託は、議長の許可が必要で、その場合には、参事が当該議員の議席に至り、名刺と投票を受け取った後、代わって投票する例である（参先50）。

【投票箱】投票行為のうち、投票箱への投入については参事に託すこととされている。点呼が始まると、演壇上で2人の参事が待機する。

甲参事は名刺を、乙参事は投票を議員から受け取り、議員に代わってそれぞれ名刺箱、投票箱に投入する。

投票管理の一環として、名刺を持参しない者が投票することを防止することを企図するものである。

「参事」は、事務局職員のことであり、ここでは事務総長を補佐する業務を行うために指定された2人の者を指す。

「甲参事」、「乙参事」は、2人の参事が名刺と投票を受け取る順序を示しており、1人目（甲）が名刺を受け、2人目（乙）が投票を受け取る趣旨であるが、2人に限定されると解する必要はない。

名刺だけを参事に渡して投票を渡さないことは棄権として認められる（••▶第7条【投票数と名刺数の不一致】）が、逆に、名刺を渡さないで投票することは認められない。

「名刺箱」は、受け取った木札の名刺を収めるための箱である。現在用いられているものは、名刺を入れる（重ねて並べる）ことで枚数が視認できるような設計となっている。

「投票箱」は、受け取った投票を収めるための箱である。

〔投票箱の閉鎖〕

第6条　現在議員の投票が終つたときは、事務総長は、投票箱の閉鎖を

第1章　開会及び役員の選挙　　25

§7

宣告する。この宣告があつた後は、投票することができない。

制定時（昭22.6）
> **衆規5** 現在議員が、投票を終つたときは、事務総長は、投票箱の閉鎖を宣告する。この宣告があつた後は、投票することができない。

本条は、投票終了後の投票箱の閉鎖について規定するものである。

【投票の終了】 現在議員の投票が終わると、事務総長は投票の終了を認定する。

「現在議員」とは、議場に現在する議員のことであるが、議員は投票しない自由を持つため、投票する意思を持たない議員は含まない。

「投票が終つたとき」とは、点呼が終了し、それに応じる議員が投票を終えたときである。

本条は、召集日に議長・副議長が共にないときを想定している。したがって、「事務総長」が**国会法第7条**〔事務総長の議長代行〕により選挙議事を主宰する者として指定されており、事務総長に事故があるとき又はいないときは、あらかじめ指定された参事が職務を代行する（国29）。

事務総長は、議員が投票を終えたことを視認したときには、投票漏れがないか否かを問う発言を行い、それを確認する。

投票の意思を示しながらもなかなか投票しない議員がいる場合には、投票時間を制限することができる。議事整理権によるものである。制限時間は、未投票の議員が投票するのに十分な時間とする必要がある。その場合には、制限時間が経過した時に、投票漏れの有無を問うことなく投票の終了を認定する。

【投票箱の閉鎖】 投票が終了すると、事務総長は投票箱の閉鎖を宣告する。

投票可能時間が経過したことを明確にするための措置である。

「投票箱の閉鎖」は、投票箱（••▶第5条【投票箱】）をそれ以上投入できない状態にすることをいう。物理的に閉ざす必要はなく、参事が投票を受け付けないことで足りる。

投票箱閉鎖の宣告があった後は、議員は投票することができない。

宣告の後は、未投票である旨の異議申立てを行うことも許されない。

〔投票の計算〕
第7条① 投票が終つたときは、事務総長は、参事をして直ちに名刺及

§7

び投票を計算し、投票を点検させる。

② 投票の数が名刺の数に超過したときは、更に投票を行わなければならない。但し、選挙の結果に異動を及ぼさないときは、この限りでない。

> 制定時（昭 22.6）
> **衆規6**① 投票が終つたときは、事務総長は、参事をして直ちに名刺及び投票を計算し、投票を点検させる。
> ② 投票の数が名刺の数に超過したときは、更に投票を行わなければならない。但し、選挙の結果に異動を及ぼさないときは、この限りでない。

本条は、投票の計算、点検について規定するものである。

【投票の計算】 投票が終わったとき、事務総長は、参事に直ちに名刺と投票を計算させ、投票を点検させる。

開票作業も本会議の開会中に行うことを、ここで明確にしている。

投票の管理は参事が行う。事務局の中立公正を信頼してのものである。

「投票が終つたとき」とは、議員の投票行為が終わったことを事務総長が認定し、投票箱の閉鎖を宣告したときである。

「参事」は、事務局職員で、議場で事務総長の補佐業務を行うために指定された者である。

「直ちに」は、時を置かず、その場でという意味である。

「名刺及び投票を計算し」は、名刺箱、投票箱に投入された名刺、投票を数えて、両者の数が一致していることを確認する作業のことである。

「投票を点検」は、各投票の内容を読み取り、被選挙人の得票数及び無効票等の数を数える作業のことである。

【投票数と名刺数の不一致】 投票数と名刺数が一致した場合には、各議員が名刺1枚と投票1票を持参したことが確認できたことになり、開票結果は正当なものと認められる。

投票数が名刺数に超過したときは、更に投票を行わなければならない。

名刺を持参しないで投票した議員がいるか、1人で2票以上投票した議員がいるものと推認されることから、投票全体を無効とするものである。

「更に投票を行わなければならない」とは、1度行った投票を無効として、全議員についてもう1度投票をやり直すことである。

投票数が名刺数に超過しても、選挙の結果に異動を及ぼさないときは、再投票

第1章 開会及び役員の選挙　　27

§7

の必要はない。

投票の適正さを必要とする限度を示したものである。

「選挙の結果に異動を及ぼさないとき」とは、名刺数を超過する投票分について開票結果を補正したとしても当選者についての結果が変わらないときのことである。

「この限りでない」とは、投票をやり直すことなく有効とするとの意味である。

◆事例
投票の数が名刺の数を3票超過したことを受けて、その超過が選挙の結果に影響を及ぼさない場合であったにもかかわらず改めて投票を行ったことがある[1]。

名刺数が投票数に超過したときのことは規定がないが、名刺だけ持参した議員は棄権したものであり（⋯▶第5条【投票箱】）、投票の効力に影響はない。

【定足数】選挙も議事として行われるので出席者が定足数を満たしていることが必要である。そこで、議場に現在する議員が定足数を満たしていて、選挙を行ったところ、投票者数が定足数に満たない場合の扱いが問題となる。

名刺の数が定足数に満たない場合は、その投票全体を無効とすべきである。白票を投じる又は名刺だけを持参して棄権することができるにもかかわらず、その手段を用いない者は、議場に現在しても出席していないものと扱うべきだからである。この場合には、投票をやり直す。

名刺の数は定足数を満たしているものの、投票の数が定足数に満たない場合は、投票を有効として、投票の点検を進める。投票とは別に名刺を持参することとした意義は、出席して棄権するという行為類型を認めたものと解し得るからである。この点、表決における棄権の取扱いとは異なる（⋯▶『逐国』第50条【棄権の取扱い】）。

名刺、投票の数がいずれも定足数を満たしていて、投票終了後その計算、点検の間に議場内の出席者数が定足数を割るような場合、選挙が本会議の議事として行われるものである以上、第84条〔定足数の効果〕の問題となると解さざるを得ない。完了した投票が無効となるのではなく、休憩等を挟んで、再開後に結果の報告を行うこととなる。

♣衆議院では〔投票計算・点検中の定足数〕
選挙の投票の計算及び点検中は定数の出席議員を要しないとされていた（衆先（平成6年版）43）。その間は議事の進行がないため休憩中に準じる扱いとされていたのであろうが、現行先例集ではこの記述は削除されている。

1 第184回国会参議院会議録第1号（その1）（平25年8月2日）2頁〔山崎正昭参議院議長の発言〕。

§§ 8・9

〔選挙結果の報告〕

第8条 投票の点検が終つたときは、事務総長は、選挙の結果を報告する。

> 制定時（昭22.6）
>> **衆規7** 投票の点検が終つたときは、事務総長は、選挙の結果を報告する。

　本条は、選挙結果の報告について規定するものである。

【選挙結果の報告】投票の点検が終わったとき、事務総長は選挙の結果を報告する。

　「投票の点検」とは、各投票の内容を読み取り、被選挙人の得票数及び無効票等の数を数える作業である。

　投票の点検の結果は、参事から事務総長に伝達する。

　「事務総長」は、選挙議事を主宰する者としての立場である。したがって、選挙を副議長が主宰する場合には、「副議長」と読み替えることとなる（⋯▶第13条【選挙手続】）。

> ♣衆議院では〔選挙の結果の報告〕
> 　選挙議事を副議長が主宰する場合には、投票の結果の報告は事務総長に行わせ、当選者を副議長が報告する。

　「選挙の結果」とは、投票総数、名刺の数、投票の過半数、被選挙人の得票数、無効票・白票の数、当選者のことである。

　投票の過半数を得た者がないときは、決選投票を行う（参規9）旨を述べる。また、定足数に満たないこと等により投票が無効な場合には、その旨を報告する。

　「報告する」とは、本会議で口頭で述べることをいう。

〔当選人の決定〕

第9条 投票の過半数を得た者を当選人とする。投票の過半数を得た者がないときは、投票の最多数を得た者2人について決選投票を行い、多数を得た者を当選人とする。但し、得票数が同じときは、決選投票を行わなければならない2人又は当選人を、くじで定める。

> 制定時（昭22.6）
>> **衆規8**① 投票の過半数を得た者を当選人とする。
>> ② 投票の過半数を得た者がないときは、投票の最多数を得た者2人について決選投票を行い、多数を得た者を当選人とする。但し、決選投票を行うべき2人及び当選人を定めるに当り得票数が同じ

第1章　開会及び役員の選挙　　29

§9

ときは、くじでこれを定める。

衆規10 当選人が当選を辞したときは、更にその選挙を行う。

本条は、議長選挙の当選者の得票要件について規定するものである。

【投票の過半数】投票の過半数を得た者を当選人とする。

議長の職務の性格に鑑み、相対多数ではなく絶対多数により、できるだけ多くの支持を集めた者を選任することを目指すものである。

「投票」とは、投票箱に投入された全ての票のことである。したがって、無効票や白票も1票としてカウントする。現在の取扱いもそのようになされている（参先52）。

白票は棄権の趣旨でもあるが、名刺だけを持参して投票しない場合と扱いが異なる。すなわち、白票は過半数算定の分母に算入されるので、当選者決定に関しては否定的に働く。これに対し、名刺だけを投じた場合は定足数では勘定するものの、当選者決定に関しては何の影響も及ぼさない。

「過半数」とは、半分より多い数のことで、投票が偶数の場合にはその2分の1に1を加えた数が、奇数の場合にはその2分の1に0.5を加えた数が必要となる。

「当選人」とは、議長として選ばれた者のことである。

【決選投票】投票の過半数を得た者がいないときは、投票の最多数を得た者2人について決選投票を行い、その多数を得た者を当選人とする。

絶対多数を実現できない場合の次善の策として決選投票によることとしたものである。

「投票の最多数を得た者2人」とは、得票数の上位2人を指す。「最」の語が用いられているが、最も多く得票した者と2番目に多く得票した2人のことである。得票数が同じであるため最多数を得た者を2人に絞れないときについては、**本条【くじ】**の説明参照。

「決選投票」とは、被選挙人を2人に限定して行う2回目の投票のことである。

1回目の投票の最多数を得た2人以外の者に対する投票は無効票となる。

「多数を得た者」は、2人のうち得票数の多い者のことである。ここで絶対多数を要求すると、無効票や白票があって当選者が決まらない可能性があるため、相対多数で足りることとしている。

♠事例

副議長の選挙において、得票した者が1人だけで、かつ、その得票数が投票の過半数に達しなかったことがある。決選投票を行うべき2人がそろわず、本条の予想しない事態となったが、事務総長が議院に諮ってこの得票者を当選人とし

30

§9

た[2]（参先55）。

【くじ】 得票数が同じときは、決選投票を行わなければならない2人又は当選人をくじで定める。

当選人又は決選投票の被選挙人2人を決めるに当たって、得票数によっては決められない場合、改めて投票を行っても結果が変わらない可能性が高いことによる。

「得票数が同じとき」とは、①1回目の投票で過半数を得た者がなく、最も多く得票した者が1人で、2番目に多く得票した者が複数あるとき、②1回目の投票で過半数を得た者がなく、最も多く得票した者が3人以上あるとき、③決選投票で2人の得票が同数のときの3通りの場合である。

「決選投票を行わなければならない2人」とは、前述の①の場合は決選投票の被選挙人の2人目のことであり、②の場合は決選投票の被選挙人2人のことである。

「くじ」とは、人の意思や作為が入らないようにして決める方法のことである。

具体的な方法についての定めがないので、当選の可能性が均等なものであればよい。

♥運用

くじの方法としては、箱の中から白玉・黒玉を引いて当たり・はずれを決める道具が用意されている。

現在まで、くじが用いられたことはない。

【当選人の辞退】 選挙の結果、当選者が当選を辞退した場合には、その者を議長に就任させるわけにはいかない。

当選の辞退は解除条件というべきもので、特に当選者の意向を確認する手続は用意されていない。当選者は速やかに確定させる必要があるので、辞退の申出は副議長選挙を開始させるまでになされなければならない。

辞退があった場合、代わりの当選者を定める方法として、他に過半数得票者がないので2番目と3番目の得票者について決選投票を行うことも考えられないではないが、多数の投票者の意思を無に帰せしめることとなるので適当ではない。投票のやり直しによるべきである。その場合の再投票では、既に辞退した者に対する投票は無効票となる。

1回目の投票で過半数を得た者がない場合で、決選投票の被選挙人の中から辞退者が出たときにも、同様の趣旨で1回目の投票をやり直すべきである。

---

2 第99回国会参議院会議録第1号（昭58年7月18日）2頁〔指宿清秀参議院事務総長の発言〕。

第1章　開会及び役員の選挙　*31*

§ 10

♣衆議院では〔当選人の辞退〕
　衆議院規則には、当選人の辞退があったときに更に選挙を行う旨の規定がある（衆規 10）。参議院規則がこの規定を欠いているのは、貴族院時代に議長は勅任で選挙によらなかったため、辞退への対処の必要がなく、それを踏襲した結果であろうとされている（鈴木・理念 117 頁）。

〔選挙疑義の決定〕
第 10 条　選挙について疑義が生じたときは、事務総長は議院に諮りこれを決する。

制定時（昭 22.6）
　衆規 11　すべて選挙に関する疑義は、議院がこれを決する。

　本条は、選挙について生じた疑義の処理方法について規定するものである。
【選挙についての疑義】選挙について疑義が生じたときは、事務総長は議院に諮って決する。
　規則の疑義については第 254 条〔議院規則の疑義〕で議長が決する旨規定されているが、本条は、事務総長が選挙議事を主宰することを慮って、議院の判断によって決することを規定したものである。
　「疑義」とは、事務総長が自分では判断できない問題のことである。主に手続についての法規の解釈に関する問題である。したがって、投票の記載内容の判読について、投票の点検を行う参事が事務総長に確認を求めるようなものは、ここでいう「疑義」には当たらない。
　「事務総長」は、国会法第 7 条〔事務総長の議長代行〕により選挙議事を主宰する者である。
　事務総長に事故があるとき又は欠けたときは、あらかじめ指定された参事が当たる（国 29）。
　選挙を議長又は副議長が主宰する場合には、本条がそのまま適用になるわけではない。その場合には、直ちに議院に諮ることが求められるわけではなく、議長又は副議長自らの判断により又は議院運営委員会理事が議場内で協議した結果を踏まえて決することも可能であると解する。
　「議院に諮りこれを決する」は、本会議において事務総長が案を提示し、それを採決して可決することによって解決を図ることである。

32

§11

【本条の準用】召集日に議長及び副議長がいないときの議長選挙以外の役員の選挙について議長の選挙の例によるとされているが（参規13、16 I、17 I、19）、本条は事務総長が主宰する場合に限って準用される。

〔副議長の選挙〕
第11条①　議長の選挙が終つたときは、議院は、副議長の選挙を行う。
②　副議長の選挙については、議長の選挙の例による。

> 制定時（昭22.6）
> **衆規9①**　議長の選挙が終つたときは、議院は、副議長の選挙を行う。
> ②　副議長の選挙については、議長の選挙の例による。

　本条は、召集日に議長及び副議長が共にいないときの副議長選挙について規定するものである。

【副議長】「副議長」は、議長職務を代行し、議長を補佐する機関である。

　副議長が代行するのは、議長に事故があるとき又は議長が欠けたときである（国21）。

【副議長選挙】**議長選挙が終わったときは、議院は副議長選挙を行う。**

　副議長の選任も院の構成の根幹であり、議長選挙の後に他の議事を挿入することは認めていない。

　「議長の選挙」は、第4条第1項の議長選挙のことであり、召集日に議長及び副議長が共にいないときに行う議長選挙を指す。

　「終つたとき」とは、議長の当選者が決まったときである。それに引き続いて直ちに副議長選挙を行う。

【選挙手続】**副議長の選挙については、議長の選挙の例による。**

　役員の選挙として、議長選挙と同じく、厳格な手続によることを規定するものである。

　「例による」とは、その手続を議長選挙についての定めに倣うことである。

　この場合の副議長選挙は、事務総長が主宰する。議長が選出された後ではあるが、議長及び副議長が選挙されるまでは事務総長が議長の職務を行うと規定されている（国7）。

第1章　開会及び役員の選挙　　*33*

§§ 12・13

〔議長・副議長の紹介〕

第12条　議長及び副議長の選挙が終つたときは、事務総長は、議長及び副議長を議院に紹介し、議長を議長席に導く。

> 制定時 (昭 22.6)
> **衆規 12**　議長及び副議長の選挙が終つたときは、事務総長は、議長及び副議長を議院に紹介し、議長を議長席に導く。

　本条は、議長・副議長選挙後のその紹介について規定するものである。

【議長・副議長の紹介】議長及び副議長の選挙が終わったとき、事務総長は議長及び副議長を議院に紹介する。

　既に当選者は報告されており (参規8)、儀礼的な手続として置かれているものである。

　「紹介」とは、当選者を演壇に導き、その名前と当選者であることを改めて出席議員に知らしめることである。

　この行為は選挙に付随したものであり、その選挙を主宰した者の行為として「事務総長」が挙げられている。したがって、議長が副議長選挙を主宰したときは議長が、副議長が議長選挙を主宰したときは副議長が、それぞれ当選者を紹介する。

　当選者が欠席している場合には、次回の本会議で行うほかない。儀礼であるので、これを省略しても当選の効力に影響はない。

　選挙結果を報告した後に改めて紹介するのは、それを受けて当選者が就任の挨拶を行うことを予定しているからである。この挨拶は、就任受諾の意思表示ではない。当選者の確定は速やかになされる必要があり、議長当選者が当選を辞退する場合、次の副議長選挙の開始までになされなければならず (••▶第9条【当選人の辞退】)、紹介する時点では就任が確定していることを前提としている。

　挨拶に対して年長議員が祝辞を述べる例である (参先58)。

　事務総長は、紹介の後、議長を議長席に導く。

　事務総長が議長の職務を行うのは議長及び副議長が選挙されるまでであり (国7)、議長は、紹介を受けて挨拶した後に事務総長に導かれ、議長席に着く。

〔召集日に議長又は副議長がないときの選挙〕

第13条　召集の当日に議長又は副議長がないときは、第4条以下の例

§ 13

により、その選挙を行う。

　　　制定時（昭22.6）、第6次改正（昭30.3）
　　衆規13①　召集の当日に議長又は副議長がないときは、集会した議
　　　　員が総議員の3分の1に達した後、議院は、その選挙を行う。
　　　②　選挙の手続は、第4条以下の例による。

　本条は、召集日に議長又は副議長がいないときのその選挙について規定するもの
である。

【議長又は副議長の欠員】召集日に議長又は副議長がいないときは、その選挙を
行う。

　院の構成の根幹として最優先の議事であることを指示している。

　「議長又は副議長」は、議長と副議長のどちらか一方だけという意味である。両方
がいないときは第4条〔召集日に議長及び副議長がないときの議長選挙〕以下の規定が直
接適用される。

【通常選挙後の臨時会における選挙】参議院議員の通常選挙が半数改選である（憲
46）ことに伴う特殊事情がある。

　正副議長の任期は議員としての任期によることとされている（国18）ものの、通常
選挙が議員の半数の改選であることから、その一方又は両方が任期満了となって欠
員状態となる場合がある。本条の規定するのは前者の場合であるが、その場合も、
議員構成が変わることに鑑み、欠員を埋めるだけでなく、正副議長の両方を新たに
選出することとされている（参先46）。

　その場合、選出の順序を議長、副議長の順とするための工夫が必要である。議長
がいない場合には、本条の規定どおり、まず議長の選挙を行ってから、副議長の辞
任、選挙の手続を行う（参先46（二））が、副議長がいない場合には、その欠員を埋める
選挙の前に議長の辞任を諮ってその後任の選挙を行う（参先46（三））。

【選挙手続】召集日に議長又は副議長がいないときのその選挙手続は、第4条〔召
集日に議長及び副議長がないときの議長選挙〕以下の例による。

　議長・副議長の一方だけを選挙する場合も、同じく厳格な手続によることを規定
するものである。

　「第4条以下」とは、召集日に議長及び副議長が共にいないときの議長選挙、副議
長選挙の例を指す意味で、第4条〔召集日に議長及び副議長がないときの議長選挙〕から
第12条〔議長・副議長の紹介〕までのことである。本条も議長、副議長の選挙につい
ての規定であるので、「議長及び副議長の選挙の例により」としたのでは同語反復の

第1章　開会及び役員の選挙　　*35*

§14

きらいがあるため、このような表現を用いたのであろう。

「例により」とは、その定めに倣うことである。

【選挙の主宰者】選挙議事の主宰者については国会法が規定しており、それについてまで第4条以下の例によるわけではない。

本条の場合、議長・副議長の一方は在職しているので、他方の選挙を主宰するのは事務総長ではない。議長がいないときは副議長が議長席に着き、副議長がいないときは議長が議長席に着き、選挙を行う。

したがって、第4条以下の「事務総長」は、それぞれの場合で読み替える必要がある。

この点についても、通常選挙後の臨時会では、正副議長の両方の改選を行うとされることに伴う変則が採用されている。

議長がいない場合には、原則どおり、まず行う議長選挙については副議長が主宰し、その後の副議長の辞任、選挙の議事は新議長が主宰する（参先46㊁）。副議長がいない場合には、まず議長の辞任を諮ってその後任の選挙を行うため、それを事務総長が主宰し、それに続く副議長の選挙は新議長が主宰する（参先46㊂）（•••▶『逐国』第7条【参議院の通常選挙後】）。

【議長席にある議長又は副議長の投票】議長席にある議長又は副議長が選挙で投票することも可能である。

先例では、議長席にある議長又は副議長は投票しないこととされているが（参先66）、これは本人の判断による自粛が先例化したものであると解する。

> ♣衆議院では〔議長の投票〕
> 　議長席に着いている議長又は副議長は議長席で選挙の投票をするとされている（衆先42）。

〔議席の指定〕

第14条①　議員の議席は、毎会期の始めに議長がこれを定める。但し、必要があるときは、これを変更することができる。

②　議席には、号数及び氏名標を附する。

制定時（昭22.6）
　衆規14①　議員の議席は、毎会期の始めに議長がこれを定める。但し、必要があるときは、これを変更することができる。
　②　議席には、号数及び氏名標を附する。

§14

　本条は、議席の指定について規定するものである。

【議席】 参議院議場には、460 の議席が演壇を囲むように扇形に配置されている。開会式で用いられることも想定され、全議員数よりも多くの議席が設けられているのである。本会議で使用するのは、その中心に配置されているものである。

　各議席には、号数及び氏名標を付す。

　各議席を特定し、位置を分かりやすくするための措置である。

　「議席」とは、議場に設けられた出席議員のための席であり、椅子と机がセットになっている。ここでいう「各議席」とは、実際に用いるものを指し、周辺部の余分な議席には号数、氏名標は付されていない。

　「号数」とは、各議席を特定するための番号のことであり、背もたれの部分にそれを示すプレートが付されている。

　「氏名標」とは、誰の議席であるかを示す標識のことで、黒漆塗り四角柱の 4 側面に白字で各議員の氏名を書くこととされている。

　各議席には、記名投票用の木札 (白色票及び青色票) が備えられ、押しボタン式投票のための投票機が設置されているほか、必要に応じ選挙投票用紙を配付する。

　会議に出席した議員は氏名標を立てる。これをセンサーが感知し、出席議員の氏名が議長サイドで認識され、会議録に掲載される (参先 15)。

【議席の指定】 本会議の議席は指定席である。記名投票のための投票札を議席に配置し、押しボタン式投票のための投票機を議員ごとに特定する必要があり、また、広い議場で議長が特定の議員の所在を確認するための便宜でもある。

　議員の議席は、毎会期の始めに議長が定める。

　議席を決めることは、院の構成と同じように本会議を開くために必要な事柄であり、他の案件に先立って処理する必要がある。

　「定める」とは、個々の議席に各議員を対応させることである。議席に付されている番号によって各議員の議席を指定する。

　議長の単独行為であり、必ずしも本会議の議事として行うことが要求されているわけではないが、実際には本会議において指定される (参先 10)。

　指定内容についての制約はない。議席を指定席とした趣旨によれば、会派ごとに区分した上で各議員の議席を定めるのが実用的である。

　♥運用
　　実際の議席の指定は、会派に割り当てた区分の中で、会派の申出に基づいて行う例である。会派に所属しない議員については、その区分を定めた上で議員在職

第 1 章　開会及び役員の選挙　　*37*

§§ 15・16

　　年数、年齢等を考慮して定める例である（参先11）。

　会期ごとに定めるのは、特別委員会等、院の構成が会期ごとに変わる部分があり、それに伴う人事異動によって会派内での議席の位置変更があることを想定するものである。

　「会期の始め」とは、召集日を念頭に置いている。

　議席の指定がなされる際にも議員は席に着く必要があるので、事前に仮議席が指定される。これは、召集日の前日に指定し、公報によって各議員に通知する例である（参先14）。

　議席は会期ごとに指定されるが、会期の途中に変更できないわけではない。

　必要があるときは、議長は議席を変更することができる。

　会派の異動等による必要がある場合には、議長は会期中に指定の変更を行う。これも本会議の議事として行う必要はなく、実際にも、議長は変更した旨を公報で知らせることで済ませる例である。

第15条　削除

　　　　制定時（昭22.6）、第2次改正（昭24.10）

〔 召集日に常任委員長がないときの選挙 〕
第16条①　召集の当日に常任委員長がないときは、議長の選挙の例により、その選挙を行う。
②　議院は、常任委員長の選任を議長に委任することができる。

　　　　制定時（昭22.6）
　　　　衆規15①　常任委員長の選挙については、議長の選挙の例による。
　　　　②　議院は、常任委員長の選任を議長に委任することができる。

　本条は、召集日に常任委員長がいないときのその選挙について規定するものである。

【**常任委員長**】「常任委員長」は、各常任委員会の代表たる役職であり、議員の役員とされている（国16(4)）。

　常任委員長は、委員会の議事整理権、秩序保持権を有する（国48）。

【**常任委員長の選任**】常任委員長は、議院の役員として本会議で選任される。国会法第25条〔常任委員長の選挙〕の「各議院において」は、議院の自律権の内容として

§16

議院の中で選出することと同時に、委員会における互選ではなく本会議で選任することを意味するものである。

　常任委員長は、その常任委員の中から選出する(国25)。これは、候補者が当該常任委員に限られることを意味し、したがって、常任委員長の選挙の前に常任委員を選任しておく必要がある。

【常任委員長の欠員】召集日に常任委員長がいないときは、その選挙を行う。

　院の構成として、他の議事に先立って処理すべき事項である。

　「召集の当日」とは、集会の期日として召集詔書に定められた期日のことである。

　「常任委員長がないとき」とは、17人の常任委員長のうち1人でも欠員があるときのことである。

【常任委員長の選任方法】常任委員長の選任は、議長の選挙の例による。

　議員の役員の選任であることから、原則として厳格な手続によることを定めるものである。

　「議長の選挙の例」とは、単記無名投票によること(参規4Ⅱ)を指し、その手続は第5条〔議長選挙の投票〕ないし第10条〔選挙疑義の決定〕の規定による。

　単記によることから、欠員分の全ての選挙を1度の投票で行うことはできない。

　選挙の主宰者は議長であり、「事務総長」は読み替える必要がある。

議院は常任委員長の選任を議長に委任することができる。

　多人数の常任委員長をそれぞれ無名投票によって選挙すると時間を要することから、簡易な方法を選択できるようにしたものである。

　「議院」とは、常任委員長の選任が議院の権能とされている(国25)ことにより、委任の意思決定が本会議でなされなければならないことを規定するものである。

　「議長」とは、その選挙議事を主宰している者であり、副議長が代行している場合には副議長でもよい。

　「委任する」とは、誰を任に就けるかについて、その意思に委ねることである。

　委任を受けた議長は、自らの判断で常任委員長を指名することが可能であるが、誰が任に就くかについてはルール化されている。委任は議長がそのルールに従って指名することを期待するものであり、議長は事実上それに拘束される。

　参議院の採用するルールは、委員長ポストを各会派に割り当て、会派の推薦に基づいて選任することである。第1回国会以来、参議院ではこの方法によっている。会派への割当ては、一定数(議員定数を常任委員長数で除して得た数)以上の議員が所属する会派に、その所属議員数に比例して配分する例である(参先77)。

第1章　開会及び役員の選挙　*39*

§17

〔召集日に事務総長がないときの選挙〕
第17条①　召集の当日に事務総長がないときは、議長の選挙の例により、その選挙を行う。
②　議院は、事務総長の選任を議長に委任することができる。

　　　　制定時（昭22.6）
　　　　衆規16①　事務総長の選挙については、議長の選挙の例による。
　　　　②　議院は、事務総長の選任を議長に委任することができる。

　本条は、召集日に事務総長がいないときのその選挙について規定するものである。
【事務総長】「事務総長」は、議院事務局の長であり、議院運営に関して議長を補佐する役職である。

　議院の役員とされており（国16⑸）、議長の監督の下に、議院事務の責任者として活動し、議院の公文に署名する（国28Ⅰ）。また、参事その他の職員を任免する（国27Ⅱ）。

【事務総長の選任】事務総長は、各議院において国会議員以外の者から選挙される（国27Ⅰ）。

　「各議院において」は、本会議で選任することを意味する。

　国会議員以外の者から選ぶのは、国会法の立案経過説明では、政党的色彩の全然ない者で、議院事務にも習熟した者を選ぶべきであるとの趣旨とされている[3]。

【事務総長の欠員】召集日に事務総長がいないときは、その選挙を行う。

　院の構成として、他の議事に先立って処理すべき事項である。事務総長は召集日に議長及び副議長が共にいないときの選挙議事を主宰するが、そのことは事務総長の選挙が正副議長の選挙に優先することを意味しない。

【事務総長の選任方法】事務総長の選任は、議長の選挙の例による。

　これは、常任委員長についてと同じであり、詳細は**第16条【常任委員長の選任方法】**の説明参照。

　議院は事務総長の選任を議長に委任することができる。

　議長と事務総長の密接な関係を考慮して（佐藤（吉）・参規22頁）、簡易な方法を選択できるようにしたものである。

　「議院」とは、事務総長の選任が議院の権能とされている（国27Ⅰ）ことにより、意

----

3 第91回帝国議会衆議院国会法案委員会議録（速記）第1回（昭21年12月19日）3頁〔大池眞衆議院書記官長の説明〕。

§§ 18・19

思決定が本会議でなされなければならないことを規定するものである。

「議長」とは、その選挙議事を主宰している者であり、副議長が代行している場合には副議長でもよい。

「委任する」とは、誰を任に就けるかについて、その意思に委ねることである。

委任を受けた議長は、自らの判断で指名することが可能であるが、通常は、誰を任に就けるかについて事前に議院運営委員会理事会の了承を得る例である。

第18条　削除

制定時（昭22.6）、第6次改正（昭30.3）

◆旧規定は〔議院の成立〕

第18条（旧）　議長、副議長、常任委員長及び事務総長の選挙が終わつたとき、又はその選挙を要しないときは、議長は、議院の成立を宣告し、直ちにこれを衆議院及び内閣に通知する。

帝国議会時代と比べて会期概念は変容した（•••▶『逐国』第1条【集会期日】）が、現行国会法の下でも、召集、成立、開会という手続的・時間的段階は議会制の論理として否定されていないと解する説があり（松澤・議会法315頁）、当初の参議院規則にはその名残と思われるような規定が存在した。この規定は、昭和30年に削除された。

〔会期中の役員の選挙〕

第19条　会期中に議長、副議長、常任委員長若しくは事務総長が欠けたときに行う選挙及び仮議長の選挙については、第4条以下の例による。

制定時（昭22.6）、第2次改正（昭24.10）
衆規9②　副議長の選挙については、議長の選挙の例による。
衆規15①　常任委員長の選挙については、議長の選挙の例による。
　②　議院は、常任委員長の選任を議長に委任することができる。
衆規16①　事務総長の選挙については、議長の選挙の例による。
　②　議院は、事務総長の選任を議長に委任することができる。
衆規17　仮議長の選挙については、議長の選挙の例による。

本条は、会期中に議長、副議長、常任委員長、事務総長が欠けたときに行う選挙及び仮議長の選挙について規定するものである。

【会期中の役員の選挙】 参議院規則は、役員の選挙について、それらが召集日にい

第1章　開会及び役員の選挙　*41*

§ 19

ないときと会期中に欠けたときに分けて規定している。これは、本章が開会と併せて役員の選挙を規定し、召集後に最初に行う議事として役員選挙を挙げたことによるものである。

議長、副議長が欠けたときは、直ちにその選挙を行う（国23）。常任委員長、事務総長についても同様である。

会期中に行う役員の選挙の手続は第4条〔召集日に議長及び副議長がないときの議長選挙〕以下の例による。

会期途中であっても、選挙の手続を変えないことを定めるものである。

「欠けたとき」とは、辞任、死亡、退職等によってその地位を占める者がいなくなったときのことである。

「第4条以下の例による」とは、議長、副議長については**第4条〔召集日に議長及び副議長がないときの議長選挙〕から第12条〔議長・副議長の紹介〕まで、常任委員長については第16条〔召集日に常任委員長がないときの選挙〕、事務総長については第17条〔召集日に事務総長がないときの選挙〕**の例によるという意味である。したがって、常任委員長、事務総長については、その選任を議長に委任することができる。

なお、第4条以下の規定のうち、召集の当日に議長及び副議長が共にいないときのそれらの選挙については事務総長が議長の職務を行うことで規定しているので、それを「議長」又は「副議長」に読み替える必要がある。

【仮議長】「仮議長」は、議長及び副議長に共に事故があるときに議長の職務を代行する役職である（国22Ⅰ）。

仮議長が選任されるのは、議長・副議長共に事故あるときという、ごく限られた場合だけである。①議長・副議長が共に欠けたとき、②議長又は副議長が欠け、副議長又は議長に事故があるときの2通りの場合には、事務総長が議長の職務を行い、議長、副議長の選挙議事を主宰する（国24）。

仮議長は臨時の役職であるが、その重い職責に鑑み議院の役員とされている（国16(3)）。

【仮議長の選挙】仮議長の選挙については、**第4条〔召集日に議長及び副議長がないときの議長選挙〕以下の例による。**

仮議長の選挙についても、議員の役員として厳格な手続によることを定めるものである。

「第4条以下の例による」とは、**第4条〔召集日に議長及び副議長がないときの議長選挙〕から第12条〔議長・副議長の紹介〕**までの例によるという意味である。すなわち、

42

§ 19

単記無名投票による方法である。

　仮議長の選挙手続については国会法がその一部を規定しており、事務総長が議長の職務を行い（国22Ⅱ）、議院は仮議長の選任を議長に委任することができる（国22Ⅲ）とされている（⋯▶『逐国』第22条【仮議長の選挙】【仮議長選任の議長への委任】）。

第2章　内閣総理大臣の指名

制定時（昭22.6）

　本章は、活動論のうち、参議院における内閣総理大臣指名の手続について規定を置いている。

　内閣総理大臣指名の国会の議決を確定させる手続は、**憲法第67条**〔内閣総理大臣の指名、衆議院の優越〕の規定とともに**国会法第86条**〔内閣総理大臣指名の通知・両院協議会〕で規定している。

【内閣総理大臣の指名】 憲法第67条〔内閣総理大臣の指名、衆議院の優越〕は、第1項で「内閣総理大臣は、国会議員の中から国会の議決で、これを指名する。この指名は、他のすべての案件に先だつて、これを行ふ。」、第2項で「衆議院と参議院とが異なつた指名の議決をした場合に、法律の定めるところにより、両議院の協議会を開いても意見が一致しないとき、又は衆議院が指名の議決をした後、国会休会中の期間を除いて10日以内に、参議院が、指名の議決をしないときは、衆議院の議決を国会の議決とする。」と規定する。

　憲法では内閣総理大臣の指名を「国会の議決」によるとしているが、これは国会の意思で指名することを意味するもので、「両議院一致の議決」に対置される「国会の議決」を指すものではない（••▶『逐国』第11条【国会の議決】）。

　指名の議決は両議院がそれぞれ独立して行い、両院の送付関係はない。衆議院が先に指名の議決を行わなければならないということでもない。両議院の指名の議決が一致すれば、それが国会の議決となる。多くの選択肢の中から1人を選び出す行為が両院交渉案件とすることに適さないことによるものであり、そのことは、憲法第67条第2項の「衆議院と参議院とが異なつた指名の議決をした場合」の表現と予算についての同法第60条第2項の「参議院で衆議院と異なつた議決をした場合」という文言との相違からも察せられる。

【内閣総理大臣の資格】 内閣総理大臣は国会議員の中から指名するとされており、衆議院議員に限られるわけではない。参議院議員が政党の代表となることもあり、その場合には、その者が得票することがあるが、衆参いずれの議院においても、過去に参議院議員が内閣総理大臣に指名されたことはない。

　内閣総理大臣その他の国務大臣は文民でなければならないとされている（憲66Ⅱ）が、「文民」の意味については争いがある。「旧職業軍人の経歴を有する者であって

§20

軍国主義的思想に深く染まっている者及び自衛官」以外の者とするのが政府解釈である[1]。国会議員が自衛官を兼ねることはできない (国39, 自衛隊法60 I) ことや戦前に職業軍人であった者の現在の年齢等を勘案すると、この文民条項に抵触する者が内閣総理大臣の候補となる可能性は、事実上なくなっていると言える。

〔内閣総理大臣の指名〕

第20条① 内閣総理大臣の指名は、単記記名投票でこれを行う。

② 投票の過半数を得た者を指名された者とする。

③ 投票の過半数を得た者がないときは、投票の最多数を得た者2人について決選投票を行い、多数を得た者を指名された者とする。但し、得票数が同じときは、決選投票を行わなければならない2人又は指名される者を、くじで定める。

④ 議院は、投票によらないで、動議その他の方法により指名することができる。

制定時 (昭 22.6)、第 6 次改正 (昭 30.3)

衆規18① 内閣総理大臣の指名については、記名投票で指名される者を定める。

② 投票の過半数を得た者を指名される者とし、その者について指名の議決があつたものとする。

③ 投票の過半数を得た者がないときは、第 8 条第 2 項の規定を準用して指名される者を定め、その者について指名の議決があつたものとする。

④ 議院は、投票によらないで、動議その他の方法により、指名することができる。

本条は、内閣総理大臣の指名手続について規定するものである。

【内閣総理大臣指名の先決性】内閣総理大臣の指名は、他の全ての案件に先立って行うと規定されている (憲67 I 後)。内閣と行政権の空白を避けるため、一刻も早く内閣総理大臣を任命する必要があることを理由とする。

論理的に先決を要するものではないため、その優先性には限界があり、議院が指名の議決を有効に行う態勢を整えるための案件はそれに先んじて処理することが必要である。具体的には、役員の選任などの院の構成、会期の件等である (参先85)。

この先決性を定める憲法第 67 条第 1 項後段は訓示規定であり、それに違反して

1 第 48 回国会衆議院予算委員会議録第 21 号 (昭 40 年 5 月 31 日) 26 頁〔高辻正巳内閣法制局長官の答弁〕。

第 2 章 内閣総理大臣の指名 *45*

行われた指名も違法ではあるが、効力を失うこととはならないとされる（宮澤・コメ
519頁）。

【指名の手続】内閣総理大臣の指名は単記記名投票で行う。

選び出す対象たる内閣総理大臣は1人であるので、その投票が単記によるのは当
然のことである。

記名投票とされているのは、内閣総理大臣を選び出す行為が議員の政治的責任を
最も明確にすべきものだからである（佐藤（吉）・参規27頁）。ただし、議員の自由な意
思決定に対する掣肘の役割を果たすことから、記名投票に固執しなければならない
理由はないとの理解も見られる[2]。

憲法第15条第4項で規定する投票の秘密の保障は、国会内部で行われる選挙に
は適用されず（宮澤・コメ225頁）、記名投票とすることに対する禁則は存在しない。

会議録においても、各議員の投票内容が掲載される（参先382）。

「指名」とは、誰を内閣総理大臣にするかについての参議院の意思を明らかにする
行為又はその意思を確定させるための手続を指す。

「投票」は、指名に参加する者の個々の意思を手続管理者に届ける行為を指す。

憲法上、国会の議決で指名するとされており（憲67Ⅰ）、投票は本会議における議
事として行われることが想定されている。必ずしも紙（票）に筆記具で記入する形式
に限定されるわけではなく、技術的に可能であれば、電子式装置によること等も許
容される。

投票できるのは参議院議員である。議長（議長席に着いている者）も投票権を有する。
先例では、議長席にある議長又は副議長は投票しないとされている（参先66）が、こ
れは法規上の要請ではない。

「単記」とは、投票の記載内容として被指名者の名前を1人だけ記すことである。

投票用紙への記入は、自分の議席において行う。

投票で被指名者の名前を複数記入したもの、被指名者を特定できないもの（国会
議員の中に同姓者がいる者について姓だけを記入したもの等）、国会議員以外の者を記入し
たものは無効となる。

内閣総理大臣は文民でなければならない（憲66Ⅱ）が、国会議員のうち文民でない
者を特定した上で候補者から除外するという手続は採られていない。

「記名」とは、投票者自身の名前を記載しなければならないことである。

記名投票であるので、投票者の名前を記入しないもの等は無効となる。参議院で

---

2 長谷川喜博「内閣総理大臣の指名手続」ジュリスト156号（1958）18頁。

§ 20

用いられている投票用紙は投票者の氏名があらかじめ印字されており（参先 88）、投票者がこれを意図的に消去するようなことがない限り、無記名による無効は生じ得ない。

【憲法第 56 条との関係】 内閣総理大臣は国会の議決で指名することとされており（憲 67 Ⅰ前）、また、憲法第 56 条第 2 項では両議院の議事は出席議員の過半数で決することとされている。そこで、内閣総理大臣の指名が同条の「議事」に当たるか否かが問題となる。総理指名も「議事」に含まれるとする説（A 説）は、選挙と議決は異なるもので、憲法第 67 条第 1 項が「議決」の語を用いており（鈴木・理念 116 頁）、議員の過半数の意思に基づく指名は憲法の期待するところであるとする[3]。「議決」に代議制的な契機を反映させる特別な意義を見いだす必要があるとして、内閣総理大臣の指名を選挙と見ることに疑問を示す見解もある[4]。

これに対しては、総理指名は性質上選挙であるため**憲法第 56 条**〔定足数、表決〕にいう「議事」には当たらず、比較多数で足りるとするもの（B 説）（佐藤（功）・ポケ〔下〕731 頁）も存在する。

これらのほか、指名された内閣総理大臣に対して直ちに不信任決議案が可決されるという「信任と不信任のパラドックス」を避けるため、総理指名に当たって賛成、棄権、無効の合計が出席議員の過半数に達しているときに「議決」がなされたとするとの解釈も見られるところであるが[5]、**憲法第 56 条**〔定足数、表決〕の「出席議員」の解釈との整合が図れるのかどうか疑問である。

多数の選択肢の中からの指名に当たって絶対多数を要求するのは無理があり、総理指名を「議事」に当たらないとする B 説によるべきであろう。

◆旧規定は〔総理に指名される者の議決〕

第 20 条（旧）①　内閣総理大臣の指名は、単記記名投票で指名される者を定め、その者について議決する。

参議院規則制定当初には、A 説的な理解により、選び出された者について議決を行うという 2 段階の手続によることとしていた。

ところが、選び出された者について議決を行う段になって出席議員の過半数の賛成を得られないという事態が生じた[6]。そこで、一旦休憩して議院運営委員会で処理方法を協議したところ、10 日の経過で衆議院の議決が国会の議決となる

---

3 長谷川・前掲 2 18 頁。
4 小林昭三「「国会の議決による」首相『指名』手続についての試論—憲法第 67 条 1 項に関する解釈と提案」早稲田政治経済学雑誌 192 号（1965）48 頁。
5 近藤敦「未決定な議会と容認投票—組閣と倒閣の整合性(2)」『政権交代と議院内閣制—比較憲法政策論』（法律文化社・1997）134 頁。
6 第 2 回国会参議院会議録第 13 号（昭 23 年 2 月 21 日）145 頁。

§20

　ことを待つべきであるとの意見や投票の段階からやり直すべきであるとの意見もあったが、結局、否決の結果が出た採決をなかったものとしてその採決だけをやり直し、投票の結果を参議院の議決とすることについて異議の有無を諮るという方法を採ることで決着が図られた。

　膠着状態を経験したことから、その後、昭和30年に参議院規則が改正されて現行の規定となった。

> ♣衆議院では〔総理に指名される者の議決〕
> 　参議院と同じ時期に衆議院規則も改正されたが、その規定ぶり（「投票の過半数を得た者を指名される者とし、その者について指名の議決があつたものとする。」（衆規18Ⅱ））については、「議決」の語に拘泥しながらそれを擬制していることに疑問が投げ掛けられている（宮澤・コメ517頁）。

【過半数】投票の過半数を得た者を指名された者とする。

　できるだけ多くの支持を集めた者を選任することを目標とするものである。

　「投票の過半数」とは、投票によって表示された意思の半数を超える数である。投票が偶数の場合にはその2分の1に1を加えた数が、奇数の場合にはその2分の1に0.5を加えた数が必要となる。

　「投票」には無効票や白票を含める取扱いである（参先90）。

　正副議長選挙は無名投票によるため投票のほかに名刺を持参することとなっており、名刺だけを持参して投票しない場合と白票を投じた場合とを区別できる（➡第9条【投票の過半数】）が、内閣総理大臣の指名では、白票は、最多得票者を支持しない趣旨と解して他の被指名者への投票と同様に扱わざるを得ない。無効票は白票と取扱いを異にすべきかもしれないが、意図して無効票を投じることも可能であることからすれば、白票と同様に「投票」に含めるとすることでよいのであろう。

　「指名された者」とは、参議院の意思として内閣総理大臣に指名する者のことである。

【決選投票】投票の過半数を得た者がいないときは、投票の最多数を得た者2人について決選投票を行い、多数を得た者を指名された者とする。

　ここで絶対多数を要求すると、無効票や白票がある場合に当選者が決まらないことがあるため、相対多数で足りることとしている。

　「投票の最多数を得た者2人」とは、得票数の上位2人を指す。「最」の語が用いられているが、最も多く得票した者と2番目に多く得票した者の2人のことである。

　「決選投票」とは、被指名者を限定して行う2回目の投票のことである。

　1回目の投票の最多数を得た者2人以外の者に対する投票は無効票となる。

§20

「多数を得た者」は、2人のうち得票数の多い者のことである。

【くじ】得票数が同じときは、決選投票を行わなければならない2人又は指名される者をくじで定める。

当選人又は決選投票の被指名者2人を決めるに当たって、得票数によっては決められない場合、改めて投票を行っても結果が変わらない可能性が高いことによる。

「得票数が同じとき」とは、①1回目の投票で過半数を得た者がなく、最も多く得票した者が1人で、2番目に多く得票した者が複数あるとき、②1回目の投票で過半数を得た者がなく、最も多く得票した者が3人以上あるとき、③決選投票で2人の得票が同数のときの3通りの場合である。

「決選投票を行わなければならない2人」とは、前述の①の場合は決選投票の被指名者の2人目のことであり、②の場合は決選投票の被指名者2人のことである。

「指名される者」とは、参議院の意思として内閣総理大臣に指名する者のことである。

「くじ」とは、人の意思や作為が入らないようにして決める方法のことである。

具体的な定めがないので、当選の可能性が均等であるという条件を備えた方法であれば足りる。実際に用意されている方法は、議長選挙と同じものである（⋯▶第9条【くじ】）。被指名者の2人の代理者となる議員がくじを引くこととなる。

【動議等による指名】議院は、投票によらないで動議その他の方法により指名することができる。

指名すべき者について各会派間で協議が調ったときには、略式手続によることができるとしたものである。

さきに見たように、投票による場合には必ずしも絶対多数の得票がなくても指名できるのに対し、動議その他の方法によるためには出席議員の過半数による議決で決めなければならず、その意味では、略式手続の方がリジッドな面もある。とは言え、内閣総理大臣指名における個々の議員の態度が優れてその政治姿勢を明らかにするものであるだけに、多数の意思だけで略式手続によることを決めるのは問題があり、会派間の合意が要件となっていると解すべきものであろう。

「議院は」とは、議院の意思により、すなわち、本会議の議決によりという意味である。

「動議その他の方法」とは、議員の動議、議長の発議等に基づいて特定人を指名することを議決することをいうが、被指名者を特定しないで議長に委ねることを議決することも含んでいると解する。

第2章　内閣総理大臣の指名　　49

§21

第3章 開会式

制定時（昭22.6）

　本章は、活動論のうち、国会の開会式について規定を置いている。

　開会式は国会の儀式であり、それについては衆議院及び参議院で構成される国会に関して定めた事項として国会法に規定が置かれている。そのため、国会法上の規定とは別に議院規則で定めるべきことはごく限られており、**第21条〔開会式の日時・場所〕**の規定内容も議院規則で規定することについては疑義がある。

> 〔開会式の日時・場所〕
> **第21条　開会式の日時及び場所は、議長が衆議院議長と協議してこれを定める。**

制定時（昭22.6）
　　　衆規19　開会式の日時及び場所は、議長が参議院議長と協議してこれを定める。

　本条は、開会式の日時及び場所について規定するものである。

【**開会式**】「開会式」は、国会が各会期の活動を開始するに当たって行う儀式である。

　衆議院、参議院が別々にではなく、両院共同で国会議員が一堂に会して行う。国会として行うものであり、本会議の議事の形態を採るものではない。

　帝国議会時代には、召集後、院の構成が行われることで議院は成立し、その後に開院式が開かれることによって議院が活動能力を取得するという法的意味があった。これに対して現在の国会の開会式は、これとは全く性格を異にし、国会の活動能力とは無関係であり、式典としての意義しか持たない。

【**開会式の日時・場所**】開会式は衆議院議長が主宰し、これに事故があるときは参議院議長が主宰する（国9）。

　主宰とは儀式を主たる立場で執り行うことであり、具体的には、その式次第等の内容を決定し、進行の一切を取り仕切ることである。

　開会式の日時及び場所は、議長が衆議院議長と協議して定める。

　日時、場所を決定することは、本来的には主宰者の権限に含まれる。したがって、本条はそれに対する特則としての意味を持つ。

50

§21

「議長」とは、参議院議長を指す。

「協議」とは、合意できるよう話し合うことである。特に手続は規定されていないので、直接の面談である必要はない。

「定める」の主体は、参議院議長ではなく、衆議院議長及び参議院議長である。したがって、両者が合意に至らなければ定めることはできない。

衆議院規則にも同様の規定があり（衆規19）、そちらの方だけを読むと、開会式の日時、場所は主宰者である衆議院議長が定めるが、その前に参議院議長と協議することを要すると規定しているように解されかねない。本条と併せて読むことによって、両院の議長が決定権者とされていることが分かる。

しかし、開会式は国会事項であるので、それを参議院規則で規定して衆議院に対して義務付けを行うことや国会法の規定の特則を定めることには問題があると言えよう。

開会式の時期については、会期の始めに行うとされており（国8）、その限定の下で日時を定めることとなる。

開会式の場所については国会法にも規定はないが、両院の議員が出席できる規模の室内空間は両院の議場しかなく、天皇の臨席のための設備が整っていることを踏まえ、参議院議場において行うと定める例である（参先35）。

§ 22

第4章　会期の決定、会期の延長及び休会

制定時（昭22.6）、第6次改正（昭30.3）

　本章は、会期、会期延長、休会の決定手続について規定を置いている。活動能力論を踏まえた活動論に関する章である。

　国会は会期制及び両院同時活動の原則を採用している。これらについては、『逐国』第1章概説【会期制】【両院同時活動の原則】の説明参照。

　会期は国会として決定することとされている（国11、12、15）ため、衆議院及び参議院で構成される国会に関して定める事項として国会法に規定されている。議院規則における会期等の規定は、議院におけるその決定手続についてのものである。

〔 会期の議決 〕

第22条①　臨時会及び特別会の会期は、議長が衆議院議長と協議した後、議院がこれを議決する。この場合において、議長は、その会期における立法計画に関して、予め各常任委員長の意見を聴かなければならない。

②　前項の議決の結果は、これを衆議院及び内閣に通知する。

制定時（昭22.6）、第6次改正（昭30.3）

　衆規20①　臨時会の会期は、議長が各常任委員長の意見を徴し参議院議長と協議した後、議院がこれを議決する。

②　特別会の会期は、議長が参議院議長と協議した後、議院がこれを議決する。

　衆規22の3　前4条の議決の結果は、直ちにこれを議長において参議院及び内閣に通知する。

　本条は、会期の議決及び議決結果の通知について規定するものである。

【会期】臨時会、特別会の会期は、原則として両議院一致の議決で定めることとなっている（国11、13）。

　両議院一致の議決によるとされていることから、各議院において会期の議決を行う必要がある。

　「会期」は、国会が活動能力を持つ期間のことであるが、ここではその長さを指す。日単位で勘定される。

52

§22

なお、常会については会期が150日間と法定されている（国10）ので、議決を行うことを要しない。

【衆議院議長との協議】臨時会、特別会の会期を議院が議決するには、その前に議長が衆議院議長と協議しなければならない。

議決の前に議長が衆議院側と協議することにより、両議院の議決が一致するよう調整を図る趣旨である。

「臨時会」とは、常会及び特別会以外の会期のことであり、①内閣が必要とするとき（憲53前）、②いずれかの議院の総議員の4分の1以上の要求があるとき（憲53後）、③衆議院議員の任期満了による総選挙又は参議院議員の通常選挙が行われた後（国2の3）に召集される。

「特別会」とは、衆議院の解散による総選挙後に召集される国会である（憲54Ⅰ、国1Ⅲ）。

なお、特別会を常会と併せて召集した場合（国2の2）には、会期は150日間であり、議決の必要はない（•••▶『逐国』第2条の2【併合国会】）。

「協議」は、会期を何日間とするかについての話合いである。両者の合意を必要とするものではなく、参議院側の意向を衆議院議長に伝え、衆議院議長から意向を聴く程度の意見交換がなされることで足りる。要式行為ではないので、その方法は対面口頭でも電話によるものでもよい（佐藤（吉）・参規38頁）。

参議院側の意向は、参議院における本会議の議決の案となるものであり、院内の事前手続（•••▶本条【常任委員長懇談会】）を経て、議長が決めるものである。

協議の結果、議長は当初の参議院の意向を改めることも可能であると解する。衆参の互譲の可能性を否定してしまっては協議に実効性を持たせることができないからである。

衆議院議長との協議は、両議院の議決が一致するように調整するための方策であり、優越権（国13）のない参議院がそれを略して会期の議決を行ったとしても、その議決は無効とはならないと解する。例えば、議長が衆議院に協議を求めたところ、衆議院議長からの連絡を得られないような場合、参議院はそれを待たずに議決できるとしておく必要がある。

♥運用

実際に採られている衆議院との協議の手順は、まず衆議院議長から協議の申出があり（衆規20）、それを受けて参議院の意向を形成（議院運営委員会で決定）し、議長が衆議院議長に回答するというものである（参先17）。

§22

【常任委員長懇談会】議長は、衆議院議長との協議に当たり、その会期における立法計画に関して、あらかじめ各常任委員長の意見を聴かなければならない。

　会期として必要な日数を見積もるに当たり、委員会中心主義の下、委員会の活動予定を勘案する必要があることから、所管ごとの立法動向の情報に近い立場にある常任委員長の意見を聴取するのが適当であることによる。

　「立法計画」とは、内閣の法案提出予定や議員による法案発議の動向等を踏まえたその会期における全体の審議日程の都合のことである。

　「意見」は、委員会としてどれだけの会期日数が必要かを踏まえたものである。各常任委員長が委員会を代表して述べるが、委員会の決定を経たものである必要はない。具体的な意見の内容は、会期の長さについての衆議院側の意向に対する賛否である。

　「予め」は、会期について衆議院議長と協議する前を指す。

　「聴かなければならない」とは、この手続を経なければ衆議院議長と協議するための参議院の意向を固めることができないことを意味する。

　ただし、常任委員長が選任されていない場合にその選任を先行させなければ会期議決の手続を進められないというものではない。通常選挙後の臨時会においては、常任委員長からの意見聴取は行わない例である（参先 17、参委先 381）。その臨時会は参議院の院の構成を行うことを主目的とするものであり、また、当選直後の常任委員長に立法計画に関する意見を求めることに無理があるからである。

> ♣衆議院では〔特別会の会期についての常任委員長の意見聴取〕
> 　参議院と同様に会期議決に先立っての常任委員長の意見聴取が規定されているが、特別会の会期についてはそれを要しないことが明文で定められている（衆規 20）。

　議長は各常任委員長の意見を聴くために会合を開く（参委先 378）。これを「常任委員長懇談会」という。そこでは、常任委員長のほか、特別委員長、調査会長、憲法審査会会長の出席を求め、その意見を聴く例である（参委先 379）。

> ♣衆議院では〔常任委員長会議の座長〕
> 　各常任委員長の意見を聴くための会合は「常任委員長会議」と呼ばれ、議長に代わり議院運営委員長が座長を務める例である（衆委先 326）。

【会期の発議】会期の議決は議長発議によって行う。これは常任委員長からの意見聴取、衆議院議長との協議が事前手続として定められており、その結果に関する情報を議長が保持していることによる。

　議長は、常任委員長懇談会の後、そこで出された意見を踏まえ、議院運営委員会

§23

に諮って参議院の意向を決める例であり（参先17）、その後の衆議院議長との協議を経て発議する内容を決定する。

　議員の側から会期について提案する方法としては、議院運営委員会で提案して決定に至らしめること等により、議長発議案に反映させるしかない。議長発議に係る会期が本会議で否決された場合でも、衆議院との調整が既にできなくなっていることに鑑みると、会期についての本会議での動議提出はできないと解するしかない。

　内閣は会期を提案することはできない。国会の活動能力に関わる事項として、その自律に委ねられているからである。与党議員を通じて議院運営委員会の決定を実現させる等により、議長に働き掛けるしかない。

【議決の通知】 会期の議決の結果は、衆議院及び内閣に通知する。

　臨時会、特別会の会期が両議院一致の議決で定めるとされていることから、その一致・不一致を判断するために両院相互の通知が必要とされているものである。

　内閣に対する関係でも、会期については国会の議決というものがないため、各議院から通知することとされている。

　衆議院規則にも同様の規定が置かれている（衆規22の3）。

　「通知」は、会期を何日間とすると議決したかの通知であり、その方法は指定されていないが、議院を代表する議長が行う。また、即日行う必要がある。

〔会期の延長〕
第23条　国会の会期の延長については、前条の規定を準用する。

> 制定時（昭22.6）、第6次改正（昭30.3）
> 　衆規21　会期の延長については、前条第1項の規定を準用する。
> 　衆規22の3　前4条の議決の結果は、直ちにこれを議長において参議院及び内閣に通知する。

　本条は、会期延長の議決について規定するものである。

【会期延長】 会期は延長することができる（国12）。

　「会期の延長」は、会期を一旦決定した後に、必要に応じて延ばすことであり、日数をもって定める。

　両議院一致の議決によることとされている（国12Ⅰ）ことから、各議院の議決が必要である。

【会期に関する規定の準用】 会期延長については、第22条〔会期の議決〕の規定を

第4章　会期の決定、会期の延長及び休会　　55

§ 23 の 2

準用する。

　会期延長も会期と同様に、原則として両議院一致の議決とされている（国 12 Ⅰ、13）ことから、議院の議決に当たっての手続も会期議決のそれに準じることとしたものである。

【衆議院議長との協議】会期延長は、議長が衆議院議長と協議した後に議院で議決する。

　衆議院が会期延長についての動きを見せない場合でも、参議院から協議を求め、議決することは可能である。その逆の場合、議長は衆議院からの協議に応じなければならない。

【常任委員長懇談会】議長は、衆議院議長との協議に当たり、延長予定の会期における立法計画に関して、あらかじめ各常任委員長の意見を聴かなければならない。

【会期延長の提案】会期延長を行う場合の実際上の流れは、与党から両院の議長に対して延長の申入れがなされ、それを受けて議長が手続を進める例である。

　しかし、会期延長の議決は、当初会期と異なり、その必要性が認められた上での手続であるので、与党サイドが会期延長についてアクションを起こさない場合でも、野党議員が延長を希望することが考えられる。野党側から議長に対して延長の申入れがなされ、議院運営委員会で会期延長の議決がなされたときには、議長は衆議院議長との協議等の事前手続を採ることを要する。議院運営委員会で否決されれば、その必要はない。

♥運用
　会期延長が衆議院の優越する事項である（国 13）ことを踏まえ、衆議院が延長を行おうとしている場合に、参議院では、議院運営委員会理事会において、手続を途中で切り上げて議決を行わないことを決めることも見られる。延長をめぐる意見の対立がその後の議院運営の支障として顕在化することを避ける工夫である。

　内閣が会期延長を提案することはできない。

【議決の通知】会期延長の議決の結果は、衆議院及び内閣に通知する。

〔国会の休会、議院の休会〕
第23条の2①　国会の休会については、第22条の規定を準用する。
②　議院の休会は、議長の発議により議院がこれを議決する。この場合において、議長は、予め各常任委員長の意見を聴かなければならない。

§23の2

③ 議院の休会中、議院は、議長において緊急の必要があると認めたとき、又は総議員の4分の1以上の議員から要求があつたときは、会議を開くことができる。

④ 前項の規定により会議を開いたときは、議院の休会は、終つたものとする。

> 第6次改正（昭30.3）
>
> **衆規22** 国会の休会は、国の行事、年末年始のためその他議案の都合等により議長が参議院議長と協議した後、議院がこれを議決する。
>
> **衆規22の2①** 議院の休会は、議案の都合その他の事由により、議院がこれを議決する。
>
> ② 議院の休会中、議院は、議長において緊急の必要があると認めたとき、又は総議員の4分の1以上の議員から要求があつたときは、会議を開くことができる。
>
> ③ 前項の場合における会議の日数は、議院の休会の期間にこれを算入する。
>
> **衆規22の3** 前4条の議決の結果は、直ちにこれを議長において参議院及び内閣に通知する。

本条は、国会の休会及び議院の休会について規定するものである。

【国会の休会】国会は、会期中、一時的に活動を休止することができる（国15Ⅰ）。

「国会の休会」とは、国会が会期中に期間を定めて活動を休止すること又はその期間をいう。

憲法上、衆議院の優越についての期間の計算が「国会休会中の期間を除いて」とされている（憲59Ⅳ、60Ⅱ、61、67Ⅱ）ことから、国会としての休会が制度化された（•••▶『逐国』第15条【休会】）。

【会期に関する規定の準用】国会の休会については、第22条〔会期の議決〕の規定を準用する。

国会の休会も両議院一致の議決によるとされている（国15Ⅰ）ことから、議院の議決に当たっての手続も会期議決のそれに準じることとしたものである。

国会の休会は、議長が衆議院議長と協議した後に議院で議決する。

国会の休会を議決するに当たり、議長は、衆議院議長と協議する前に各常任委員長の意見を聴かなければならない。常任委員会の審査に支障がないかどうかを聴取するものである。

国会の休会の議決の結果は、衆議院及び内閣に通知する。

§23の2

【議院の休会】議院は、会期中、議院の議決により10日以内において活動を休止することができる（国15Ⅳ）。

「議院の休会」とは、議院が会期中に期間を定めて活動を休止すること又はその期間をいう。

議院の休会と同様の効果を、議院の議決によらないで議院運営委員会理事会等の申合せで発生させることがあり、これを「自然休会」という（⋯▶『逐国』第15条【自然休会】）。

【議院の休会の議決】議院の休会は、議長の発議により議院が議決する。

議長の発議に限定したのは、議院全体の運営に関することはその代表者たる議長から諮ることが適当であるからとされる（佐藤（吉）・参規41頁）。

「議長」には、職務を代行している場合の副議長を含むと解する。議長に事故があることも議院の休会を行う事由となり得るであろう。

「発議」とは、本会議において口頭で議院に諮ることをいう。事前に議院運営委員会に諮ることとなろう。

議長は、自らの判断で又は議院運営委員会等の議論を踏まえて、本会議で議院の休会を諮ることとなる。議員は本会議において議院の休会を求める動議を提出することはできず、議院運営委員会等で協議を求めることにより議長発議を促すほかない。議院運営委員会で決定されれば、事実上、議長に発議を義務付けることとなる。

内閣が休会を求めることはできない。

議長は、議院の休会を発議するに当たり、あらかじめ各常任委員長の意見を聴かなければならない。

国会の休会の場合と同様、常任委員会の審査に支障がないかどうかを聴取するものである。

「意見」は、議院の休会を行うこと及びその日数についてのものである。それぞれ委員会の決定を経たものである必要はない。

「予め」は、本会議に諮る前を指す。

「聴かなければならない」とは、この手続を経なければ議長は発議できないことを意味する。

規定はないが、議決の結果は衆議院及び内閣に通知すべきである。

参議院では、過去に議院の休会が行われたことはない。

【議院の休会中の開議】議院の休会期間中、緊急の必要が生じた場合には、本会議を開会することができる。

§23の2

議院の休会中と言えども会期内であり、そこで緊急の事態に対処できないのでは、閉会中の臨時会召集に比して均衡を失することによる。

「開くことができる」とは、議長の裁量を示すものではなく、要件を満たした場合には開会することを要する。ただし、具体的な招集の時期の決定は議長の議事整理権に属する事項である。

議院の休会中の本会議開会の要件は、議長が必要と認めたこと又は総議員の4分の1以上の議員から要求があったことである。

議員からの要求を総議員の4分の1以上としたのは、臨時会の召集決定要求（憲53後）に合わせたものであろう。国会の休会中の本会議の開会要件も同じである（国15Ⅱ）。

「緊急の必要」とは、休会の議決を行ったときには予想外だった突発的な事柄を処理するために休会の終了を待つことができないような緊急性を指す。

「総議員」については、他の場合（臨時会の召集決定要求、本会議の定足数等）と同じく議員の法定数を指すものと解されているものと思われる。議員の死亡や補欠選挙等による議員数の変動の影響を受けないようにするためである（⋯▶第3条【定足数算定の基礎】）。

「4分の1以上」について、総議員を4で除した数が小数を伴う場合には、その小数点以下を切り上げた数以上となる。

臨時会の召集要求と異なり、ここでは要求の方式が定められておらず、個別に要求している議員の数を合わせて総議員の4分の1以上に達すれば足りると解する。

「要求」の対象は、本会議の開会である。様式等は規定されていないが、開会の必要性を述べる必要があろう。また、人数を確認する必要があるため、書面によるべきである。

議員による開会要求は休会中にのみ可能なものであり、会期中において本条を類推することはできない。会期中に要求があっても議長に招集義務は発生しない。ただし、立法論としては、せめて総議員の半数以上による要求権を認めるべきである（⋯▶『逐国』第55条【本会議の招集】）。

【議院の休会の終了】議院の休会中に本会議を開いたときは、議院の休会は終わったものとする。

国会の休会中の開議の場合（国15Ⅲ）と異なる扱いとしたのは、議院の休会は一院の議決で足りるため、なお休会を続けようとするならば改めて休会の議決をすればよいからであるとされる（佐藤（吉）・参規42頁）。一たび会議が開かれた以上は休会の

第4章　会期の決定、会期の延長及び休会　59

§23の2

期間は終わったものとすることは、国会の休会中の開議の効果としても学説が唱えていた（宮澤・コメ457頁）ところである。

> ♣衆議院では〔議院の休会中の開議の効果〕
> 　議院の休会中に本会議を開会した場合、休会が終了するのではなく、会議の日数を休会の期間に算入するとしている（衆規22の2Ⅲ）。

　議院の休会は、本条第4項の場合のほか、議決で定めた期間が経過したときに終了する。

　議院の休会の終了後、議事や手続は休会前の状況に引き続いて活動を再開することができる。

§ 24

第5章　議案の発議及び撤回

制定時（昭 22.6）

　本章は、活動論のうち、議案の発議及び撤回について規定を置いている。

　その内容は、議員による発議だけでなく、衆議院や内閣による提出等に関係する事項を含んでいる。

【議案の意義】 実質的意義における国会法において、議案概念は非常に重要な位置を占め、参議院規則中にも随所に現れる。

　「議案」とは、国会又は議院の審議対象（議決すべき案件）のうち、委員会審査が必要なほどに重要なものを指す（研究会・法規 33 時の法令 1539 号（1997）74 頁）。

　議案は多義的な語であり、それに応じて様々な定義がなされている。そこで挙げられる属性として、①案を備えていること、②修正が可能であること、③両院の議決を要するものであること、④委員会付託を要するものであること等が挙げられる。これらは互いに排他的なものではなく、その組合せによって様々な議案概念の構成が試みられているのであるが、参議院規則で用いられているものとしては、委員会付託の要否を基準とすべきである[1]。

　ここでは議員が発議できるものに限定されるため、憲法改正原案、法律案、決議案、議院規則案等を指すことになる。

〔議案の発議〕

第 24 条①　議案を発議する議員は、その案を具え、理由を附し、所定の賛成者と共に連署して、これを議長に提出しなければならない。予算を伴う法律案については、なお、その法律施行に要する経費を明らかにした文書を添えなければならない。

②　議長は、発議案を印刷して各議員に配付する。

③　前 2 項の規定は、委員会提出又は調査会提出の法律案について準用する。

制定時（昭 22.6）、第 6 次改正（昭 30.3）、第 7 次改正（昭 33.6）、第 11 次改正（昭 61.6）

---

1 森本昭夫「国会における審議の対象─動議、議案を中心として」議会政策研究会年報 4 号（1999）229 頁。

第 5 章　議案の発議及び撤回　*61*

§ 24

衆規28① 議員が法律案その他の議案を発議するときは、その案を具え理由を附し、成規の賛成者と連署して、これを議長に提出しなければならない。この場合において、予算を伴う法律案については、その法律施行に関し必要とする経費を明らかにした文書を添えなければならない。

② 議長は、前項の議案を印刷して各議員に配付する。

衆規28の2① 議員が議長若しくは副議長の信任又は不信任に関する動議若しくは決議案を発議するときは、その案を具え理由を附し、50人以上の賛成者と連署して、これを議長に提出しなければならない。

② 仮議長の信任又は不信任に関する動議若しくは決議案の発議については、前項の例による。

③ 常任委員長の解任に関する動議又は決議案の発議については、第1項の例による。

衆規28の3 議員が内閣の信任又は不信任に関する動議若しくは決議案を発議するときは、その案を具え理由を附し、50人以上の賛成者と連署して、これを議長に提出しなければならない。

衆規48の3 委員会が予算を伴う法律案を提出するときは、その法律施行に関し必要とする経費を明らかにした文書を添えなければならない。

本条は、議案発議の手続、議案の印刷、配付について規定するものである。

【議案の発議】 議員であれば、議案を発議し得る資格に限定はない。その詳細については、『逐国』第56条【議案の発議】の説明参照。

なお、議長や委員長の立場にある者が発議することも一応可能であるが、その場合、その議案については、議長や委員長が議事を主宰する上で制約を受ける（⋯▶第45条【委員長の質疑等】、第119条【議長の質疑等】）。

議案を発議する議員は、その案に理由を付し、所定の賛成者と共に連署して、議長に提出しなければならない。

議案が文書であることに伴い、その必要記載事項を規定したものである。

「議案」については、**本章概説【議案の意義】**の説明参照。

「発議」は、議員が案を作成し、所属する議院の審議に供するため提出することをいう。

「議員」とは、参議院議員のことである。

本条だけでなく、参議院規則において単に「議員」という場合には、参議院議員を指す。

「その案」とは、議決されるとそのまま議院の意思となるような文章であり、書面

§24

に表されていることを要する。

憲法改正原案や法律案、議院規則案は国法形式の案であるため、用文、用字、様式等が一定の要領に沿ったものでなければならず、そのため、議院法制局の審査を経ていることが条件となる。

「具え」とは、用意してということである。発議者が自らの責任で案を作成して提出することが求められている。

「理由」とは、提案が必要である理由を文章で記したものであり、これは議決対象とはならない。

議案の中でも決議案については、理由を付さなくてもよいとされている（参先148）。決議案の実態として、本文で理由を明らかにすることが多く、その限りでこの取扱いは許容されるものである。

「所定の」とは、議員の議案発議要件たる賛成者の人数を指し、国会法で規定されている。すなわち、参議院においては議員10人以上、予算を伴う法律案については議員20人以上（国56Ⅰ）、憲法改正原案については議員50人以上（国68の2）である。

「賛成者」とは、議員が議案を発議するに際し、発議者以外の議院所属の議員でその発議行為を了とする旨、議院に対して意思を表示する者のことである。

発議行為についての賛意であるにとどまり、当該議案の審議の結果、表決に際して賛成しなければならないものではない。この点については、異論があると思われるが、審議前の段階で表決態度を決めつけることは審議の形骸化につながりかねない。

「連署」は、同一書面上に発議者・賛成者全員が並べて署名することであり、それによって当該案に対する発議、賛成の意思が確かであることを担保しようとするものである。

発議者の署名は自署又は記名押印でなければならない。

「議長に提出」は、直接に議長に手交しなければならないものではなく、事務局の窓口に出すことで足りる。

【予算を伴う法律案の施行に要する経費】 予算を伴う法律案については、その法律施行に要する経費を明らかにした文書を添えなければならない。

昭和30年の国会法改正において、国会の立法権と内閣の財政に関する権限とを調整し、その均衡を図る趣旨で予算を伴う法律案の発議要件が加重された（国56Ⅰ但）。その一環として、議院規則において発議に条件が付されたものである。必要な経費を明らかにすることで、財政を圧迫することとなるような立法を抑制することを狙

第5章 議案の発議及び撤回 *63*

いとし、発議の段階でその濫発に歯止めを掛けようとするものである。

内閣提出に係る法律案については、予算措置がなされていること等に鑑み、経費文書の添付は義務付けられていない。

「予算を伴う」の意味は単純ではなく、①歳出予算総額を増加し又は歳入予算の総額を減少することを要する場合、②歳出予算の総額の増加はなくとも、新たに項を新設し又は各部局若しくは各項間においてその額を増減させることを要する場合であってその増減額が国会の議決を経た移用の範囲の額でない場合、③法律の施行の年度においては予算の計上額の範囲であっても、次年度以降において内閣に予算上の義務を課すこととなる場合等がそれに当たる（浅野他・事典109頁）。

予算を伴うことの認定は、一次的には議案発議者が行う。この点は議案立案の段階で法制局審査の対象となっているが、議長が受理する段階において発議者の判断を改めさせることができる。

「施行に要する経費」は、歳出増及び歳入減の額のことである。会計年度単位で示す程度の明瞭さが要求されているものと解する。財源まで示す必要はない。

この文書は議決の対象ではない。

【議案の印刷・配付】議長は、発議案を印刷して各議員に配付する。

議案は議院における審議対象であるので、その内容が全議員に周知されなければならないことは当然であり、その手段として印刷物を配付することとしたものである。

「発議案」は、議員が発議した議案のことであり、発議の要件とされている発議者・賛成者の氏名、理由、予算を伴う法律案の場合の施行に要する経費も印刷配付の対象である。

「印刷」とは、紙に文字等を刷り出すことであるが、紙媒体による情報伝達に限定することが時代の要請にかなっているかどうかは、後述するように検討の余地がある。

「配付」は、各々の手元に配り渡すことであり、遅滞なく議員の目に触れるような仕方でなされることを要する。具体的には、議員会館の議員事務室等に配ることで足りる。実際には、議員会館文書配付室に設けた文書函に配られている（参先168）。

ファクシミリによる送信は、その経費等を議院が負担することを前提として本条の印刷、配付の一手段であると解されるが、大部にわたることも多く、送受信トラブルの可能性等を考慮すると、現実に取り得る確実な手段ではないだろう。

議案の内容を電子データにして記憶媒体に記録させることは「印刷」に当たらず、

§25

電子データを電子メールで送信することは「配付」とはいえない。しかし、この方法は、印刷物配付の役割の全てを果たすものではないものの機能的には近いものであり、付加・代替手段としての採用の可能性を検討すべきであろう。

【委員会・調査会提出法律案への準用】委員会、調査会は、その所管に属する事項について法律案を提出することができる（国50の2Ⅰ、54の4Ⅰ）。

　本条第1項及び第2項の規定は、委員会提出又は調査会提出の法律案について準用する。

　委員会又は調査会が法律案を提出するときは、案を用意し、理由を付して議長に提出する。予算を伴う法律案については、その施行に要する経費を明らかにした文書を添えなければならない。

　委員会、調査会の提出する法律案は、委員長、調査会長をもって提出者とされ（国50の2Ⅱ、54の4Ⅰ）、賛成者は規定されていないので、連署の必要はない。

　委員会又は調査会が法律案を提出したときは、議長はその議案を印刷して各議員に配付する。

　本条第3項の規定は、憲法審査会について準用されている（参憲規26）。

〔議案の予備送付〕
第25条　前条の議案のうち国会の議決を要するものについては、議長は、その配付と共に、予備審査のためこれを衆議院に送付する。

　　　　制定時（昭22.6）、第6次改正（昭30.3）
　　　　衆規29　第28条の議案のうち国会の議決を要するものについては、議長は、その配付とともにこれを予備審査のため参議院に送付する。

　本条は、議案の予備送付について規定するものである。

【予備審査】国会の議決を要する参議院議員発議の議案及び参議院の委員会・調査会提出の法律案は、まず参議院において審議する。その審議が終わらなければ衆議院の審議対象となる内容が確定しないため、衆議院の審議スタートは議案が参議院より送付されてからとなる。

　これに対して、先議議院で審議中の議案について、それと並行して後議となる議院が予備的に審議を行うのが予備審査制度であり、審議の能率向上を図ることを目的としている。

§25

「予備審査」とは、後議の議院が他院から議案が送付される前に他院での審議と並行して審議を行うことである。

参議院規則では、本条で議案の予備送付を、第29条第1項で予備付託を規定するが、予備審査を行うことができることについては直接規定していない。国会法においても、内閣提出議案の予備送付を規定するのみで（国58）、予備審査そのものを定める条文を置いていない。それぞれの規定が予備審査を行えることを含意していると解することもできようが、両院の交渉に関わる事項であるため、予備審査全般についての根拠は国会法に求めるべきであり、同法第58条〔予備審査〕から読み取ることとなる。

その意味で、予備審査は国会法上の概念と解することとなる。その詳細については、『逐国』第58条【予備審査】の説明参照。

【予備送付】議員発議又は委員会・調査会提出の議案のうち国会の議決を要するものについては、議長は予備審査のために衆議院に送付する。

衆議院が予備審査を行うためにはその対象となるものが必要であり、参議院から送付することによって提供する。

「送付」とは、予備審査に供するために送ることである。一般に、これを「予備送付」と呼んでいる。

議院間の予備送付を送付側の議院規則事項としているのは、予備審査制度の効用を得るのが提出議案の審議が促進される先議議院だからである。他院が予備送付の規定を設けていないために他院提出議案について予備審査制度を活用できないとしても、後議議院はそのことに痛痒を感じない。ただし、両院交渉の問題であることからすれば、相互主義によるべきであり、本来的には国会法に規定すべきところであろう。

「前条の議案」とは、参議院議員が発議した議案、委員会提出法律案、調査会提出法律案のことである。第24条第3項が憲法審査会に準用されている（参憲規26）ことから、「前条の議案」には、憲法審査会提出の憲法改正原案や法律案も含まれることとなる。

「国会の議決を要する議案」とは、国会としての意思決定を必要とする議案であり、そのために両議院の送付関係に置かれるものをいう。したがって、議院規則案や決議案は除かれる。

内閣提出議案について（国59）と異なり、議員発議議案や委員会（調査会）提出法律案が発議者や提出者の申出により修正されることはないため、予備送付した議案の

66

§26

内容が議院の議決までの間に変わることはない。

予備送付前に発議者が撤回し又はその請求が許可された場合 (参規28) には、予備送付の必要はなくなる。予備送付後に撤回がなされたときは、議長はその旨を衆議院に通知する必要がある (参先185)。それによって予備送付案は消滅する。

予備送付は、議案の配付と共に行う。

自院で審議を開始できるのが実質的には議案の配付後であり、それに先立って予備審査のお膳立てをするには及ばないからである。

「配付」とは、発議、提出された議案を議長が印刷に付して参議院議員に配ることである。

「共に」とは、時期を合わせてという意味である。

〔 議案の委員会審査省略要求 〕

第26条①　発議者又は提出者が発議又は提出した議案について委員会の審査の省略を要求しようとするときは、その議案の発議、提出又は送付と同時に書面でその旨を議長に申し出なければならない。

②　前項の要求があつたときは、議長は、これを議院に諮らなければならない。

制定時 (昭 22.6)、第6次改正 (昭 30.3)

衆規111①　委員会の審査を省略しようとする案件については、発議者又は提出者は、発議又は提出と同時に、書面でその旨を議長に要求しなければならない。

②　内閣は、参議院において委員会の審査省略を要求しなかつた議案については、衆議院においてその要求をすることができない。

③　第1項の要求があつた案件については、議長は、これを議事日程に記載し、議院において委員会の審査を省略するかどうかを決する。

衆規121　委員会の審査を省略しないと決した議案については、議長が、これを適当の委員会に付託する。

本条は、議案の委員会審査省略の手続について規定するものである。

【議案の委員会審査省略】 議案は、議長が適当の委員会に付託し、原則としてその審査を経ることとなっているが、特に緊急を要するものは発議者又は提出者の要求に基づき、議院の議決で委員会審査を省略することができる (国56Ⅱ)。

なお、委員会、調査会又は憲法審査会が提出した法律案 (憲法改正原案) は、委員

§ 26

会、憲法審査会に付託しないで本会議に付すとされている（参規29の2、参憲規26）。

「委員会の審査の省略」とは、議院の審議過程として、委員会審査を経ることなく直ちに本会議で審議することをいう。

「議案」は、多義的な語であるが（•••▶本章概説【議案の意義】）、具体的には、法律案、決議案、予算、条約、決算、予備費承諾案件、国会の承認を求めるの件、国会の議決を求めるの件等を指し、請願、懲罰事犯の件、資格争訟は含まない。

なお、憲法審査会については、その提出議案を除いて、審査を省略することはできないとされている（国102の9での国56Ⅱ但の不準用）が、それは憲法改正原案に限定されることであり、法律案等の議案については可能であると解する（•••▶『逐国』第102条の9【審査会付託】）。その手続については、本条が類推適用される。

【審査省略要求手続】発議者、提出者が発議、提出した議案について委員会審査省略を要求しようとするときは、議長に申し出なければならない。

議長が議案審議のプロセスを管理するため、変則的な手続を採ろうとするには議長に申し出ることとしている。

「発議者」とは、議案を発議した参議院議員のことである。

衆議院提出議案については、委員会審査省略要求を行うか否かの判断を衆議院が行うため、その発議者である衆議院議員はここでの「発議者」には当たらない。

「提出者」は、内閣提出議案については内閣、衆議院提出議案（衆議院の委員会提出法律案が衆議院で議決されたものを含む）については衆議院のことである。

委員会、調査会又は憲法審査会が提出した法律案（憲法改正原案）は委員会、憲法審査会に付託しないこととされている（参規29の2、参憲規26）ので、委員長、調査会長、憲法審査会会長が審査省略要求を行うことは原則としてない（•••▶本条【審査省略の要求時期】）。

「発議」は、議員が案を作成し、所属する議院の審議に供するため提出することをいう。

「提出」は2つの場合を指す。①内閣が議案を国会に出して審議に供することであり、これは参議院を先議とするものに限らない。②衆議院が衆議院議員発議又は衆議院の委員会提出の議案を議決して参議院に送ることである。参議院の委員会・調査会・憲法審査会提出は、ここでの「提出」に含まれない（•••▶第29条の2【委員会・調査会提出法律案の審査省略】）。

「要求」とは、求める旨を申し出ることであり、発議者が複数の場合には、その全員から求めることを要する。

§26

　提出者として衆議院が求める場合にはその本会議での議決で（衆先488）、内閣が求める場合には閣議で、それぞれ要求することを決める必要がある。

　国会法では、特に緊急を要することが要件とされており（国56Ⅱ但）、発議者等が委員会審査のいとまがないと判断し、それを経なくても本会議で可決される見通しのある場合に要求することとなろう。

　決議案については、委員会審査省略要求を付して発議する例となっている（参先271）。政策に関する決議案の場合、事前に会派間で合意した上で発議し可決を目指すことが多く、委員会における議論を省いても問題がないことによるものと考えられる。議長不信任等の決議案の場合、可否を決することに重点が置かれ、本会議で討論を行うことで議論を尽くしたこととなると考えられていることによる。

> ♣衆議院では〔議員辞職勧告決議案の委員会審査〕
> 　決議案について、委員会審査を省略する扱いが原則とされている中、議員辞職勧告決議案には委員会審査省略要求が付されない扱いである（衆先377）。議員の身分保障、裁判との関係等、憲法上の問題があることによるとされる（白井・国会法53頁）。

　委員会審査省略要求の申出は書面でなされなければならない。

　書面によることとされているのは、発議者全員の意思によるものであること等を確認する便宜のためである。

　「書面」とは、審査を省略されたい旨及び発議者、提出者を記した文書である。理由を示すことは必要とされていない。

【**審査省略の要求時期**】**委員会審査省略要求の申出は、その議案の発議、提出、送付と同時に行わなければならない。**

　発議、提出、送付があれば、議長は直ちに委員会に付託するため、その前に委員会審査省略を行うか否かを判断できるようにするためである。

　「送付」とは、内閣提出議案が衆議院から送られてくることをいう。

　内閣が衆議院に提出した議案について参議院に対して要求するには、衆議院から送付される時でなければならないとする趣旨である。

> ♣衆議院では〔後議での委員会審査省略要求〕
> 　衆議院規則では、内閣は、参議院で委員会審査省略を要求しなかった議案については衆議院で要求することはできないと規定している（衆規111Ⅱ）。参議院規則にはこのような規定がなく、後議の参議院に対してのみ要求がなされることも許容される（佐藤（吉）・参規54頁）。

　参議院が提出した議案が衆議院で閉会中審査を経て議決された場合には、その後

§26

に参議院に送られるのも「送付」に当たり、参議院の発議・提出者はこの議案についても審査省略を要求することが可能である。前会期に委員会審査がなされている場合や元々が委員会・調査会提出の議案については審査省略を求める合理的な理由となろう。

予備送付は、ここでの「送付」には当たらないとされている（参先273）。①予備審査議案は本来の議案ではない、②予備審査を省略しても審査期間を短縮することにはならない、③審査省略は本会議に付すことを前提として認められている、④予備審査のために送付していながら、その省略を求めることは矛盾であること等を理由とするものである[2]。しかし、本送付議案について審査省略がなされれば予備審査は無に帰するため、予備付託を制止しておくのは意味のないことではない。省略するか否かは議院で決することであるので、予備送付に際して委員会審査省略要求を行う余地を残しておいても支障はないと解する。

【審査省略の議決】委員会審査省略要求があったときは、議長は議院に諮らなければならない。

委員会審査省略要求が付された議案は省略するか否かが決まるまで委員会付託を保留しなければならず、審議を進めるためには、まずこの問題に決着を付けなければならない。

「これ」とは、委員会審査省略要求のことであり、「議院に諮らなければならない」とは、本会議で表決に付さなければならないことである。

これを受けて議院は、要求に係る議案が委員会審査を省略しなければならないほどに緊急を要するものか否かを判断することとなる。

> ♥運用
> 審査省略要求が付されている議案について、議長は、本会議で委員会審査省略を諮る前にその取扱いを議院運営委員会に諮る例である（参先269）。先例上、議院運営委員会で委員会審査を省略すべきでない旨決定されたときは、発議者は要求書を撤回するのを例とするとされている（参先272）。撤回されない場合には、その要求が有効なまま、当該議案は付託保留の状態が続くこととなる。

【審査省略議案の上程】委員会審査を省略することが可決されると、その議案は本会議に上程する資格を得る[3]。

このことは会議に直ちに上程することを含意しないが、緊急を要すると判断されたものであるだけに、議事日程追加の手続を採らずに直ちに議題に供することがで

---

2 第25回国会参議院議院運営委員会会議録第4号（昭31年11月15日）2頁〔河野義克参議院事務次長の答弁〕。
3 森本昭夫「議院内における議案の流れ―本会議上程までのプロセス」議会政策研究会年報5号（2001）107頁。

70

§27

きると解する[4]。実際には、委員会審査省略と日程追加の両者が一括で諮られている。

委員会審査省略議案の本会議審議は、発議者又は提出者の趣旨説明から始まる（参規107）。

【衆議院に対する委員会審査省略要求】 衆議院規則においても本条と同様の規定が置かれており（衆規111 I）、参議院が衆議院に対して委員会審査省略を要求することが可能である。内閣提出の場合（衆規111 II）と異なり、参議院で委員会審査を省略しなかった場合でも、衆議院に対して省略を要求できる。

ただし、憲法審査会については審査省略の規定（国56 II但）が準用されていないため、憲法改正原案については要求できない（⋯▶本条【議案の委員会審査省略】）。

衆議院に対して要求するためには、そのことについて議院の議決が必要である。発議者や提出者である委員会（調査会）の意向に反して議決することも可能である。

その場合には、当該議案を議決した後に審査省略要求の件を諮ることとされており、可決されれば議案の送付とともに議長が文書で要求する（参先433）。

〔 衆議院提出議案等の印刷・配付 〕

第27条 衆議院又は内閣から議案が提出されたとき、衆議院から議案が送付されたとき及び予備審査のため衆議院又は内閣から議案が送付されたときは、議長は、これを印刷して各議員に配付する。但し、提出案又は送付案がすでに予備審査のため配付された議案と同一の場合は、この限りでない。

> 制定時（昭22.6）、第6次改正（昭30.3）
>> **衆規30** 参議院又は内閣から提出された議案及び参議院から送付された議案は、議長は、直ちにこれを印刷して各議員に配付する。但し、予備審査のため既に配付された議案と同一の場合は、この限りでない。
>> **衆規35** 予備審査のため参議院又は内閣から送付された議案については、前5条の規定を準用する。

本条は、衆議院又は内閣の提出議案、衆議院からの送付議案、予備送付案の印刷、配付について規定するものである。

【衆議院提出議案等の印刷・配付】 衆議院、内閣から議案が提出されたとき、衆議

---

4 森本・前掲3 116頁。

第5章 議案の発議及び撤回　　71

§27

院から議案が送付されたとき及び衆議院、内閣から議案が予備送付されたときは、議長は印刷して各議員に配付する。

　衆議院提出議案等についても、その内容が全議員に周知されなければならないことは議員発議に係る議案の場合（参規24Ⅱ）と同様であり、その手段として印刷物を配付することとしたものであり、これは議長の義務である。

　議案が印刷、配付されるまでは、原則として、その委員会審査及び本会議審査を行うことはできないが、審議に当たってその内容を朗読することで議員に周知させ、議事を進めることも可能である（参先167）。

　「衆議院から提出」とは、衆議院議員発議又は衆議院の委員会提出の議案を衆議院本会議で議決して参議院に送ることを指す。議員発議又は委員会提出があった会期に衆議院で本会議議決に至らず、継続審査の後、後会において衆議院が議決して参議院に送る行為も「提出」に当たる。

　「内閣から提出」とは、閣議決定の後、内閣が参議院を先議議院として出すことである。

　「衆議院から送付」とは、①衆議院先議で内閣から提出された議案を衆議院で議決して参議院に送ること、②参議院先議で参議院が議決した議案を衆議院が継続審査に付した後に衆議院で議決して参議院に送ることを指す。ごく例外的なことではあるが、衆議院提出の議案につき、同一会期中の両議院一致の議決に至らず、両議院を行き来し、衆議院が継続審査に付した後の会期で議決して参議院に送る行為も「送付」である。

　「予備審査」とは、議案が衆議院から提出、送付される前に衆議院での審議と並行して参議院で審議を行うことである。

　内閣が衆議院に議案を提出したとき及び衆議院で議員が議案を発議したときには、参議院の予備審査に供するためにその議案を送付することとなっている（予備送付）（国58、衆規29）。衆議院規則では、委員会提出法律案の予備送付については規定されていない（衆規29参照）が、議員発議案と同様に扱われている。

　回付された議案、すなわち、参議院が提出し又は参議院から送付した議案で衆議院がその会期に修正議決して送り返してくるもの（国83Ⅲ）は、印刷、配付の対象とされていない。しかし、衆議院修正に係る部分だけでも印刷、配付する必要があり、実際にもそのようになされている（参先164）。本条との関係では、「送付」に読み込むとの理解でよいだろう。

　「印刷」、「配付」については、**第24条【議案の印刷・配付】**の説明参照。

§28

【例外的取扱い】提出案又は送付案が既に予備審査のため配付された議案と同一の場合は、印刷、配付の必要はない。

　予備送付議案が配付されるため、衆議院からの提出案又は送付案が予備送付案と内容が同じであれば、重ねて印刷、配付を行う必要はないことを確認したものである。

　「この限りでない」とは、議長の印刷、配付の義務が免除されるとの意味である。

　本条ただし書の反対解釈から、衆議院が修正議決したために、提出案又は送付案が予備送付案の内容と異なる場合には印刷、配付することとなるが、回付の場合と同様に修正に係る部分だけの印刷、配付で済ませることも可能であると解する。

　実際の取扱いは、内閣提出議案についてはそのように扱われ (参先164)、衆議院提出案については提出案全部を印刷に付している (参先165)。

〔議案の撤回〕
第28条①　議員が、その発議案を撤回しようとするときは、発議者の全部からこれを請求しなければならない。

②　委員会の議題となつた後に発議案を撤回するには、委員会の許可を要し、会議の議題となつた後には、議院の許可を要する。

　　　　　制定時 (昭22.6)、第6次改正 (昭30.3)、第7次改正 (昭33.6)
　　　　衆規36　議員がその発議した議案及び動議を撤回しようとするときは、発議者の全部からこれを請求しなければならない。委員会の議題となつた後にこれを撤回するには委員会の許可を要し又会議の議題となつた後には、議院の許可を要する。

　本条は、議員発議の議案の撤回手続について規定するものである。

【議員発議案撤回の請求】議員は、一旦発議した議案の撤回を申し出ることができる。

　本来、議案は一旦発議 (提出) した後は、発議を受けた会議体がその生殺与奪の権を握るものである。これに対して国会では、発議 (提出) 者の意思に配慮を示している。

　議員がその発議案を撤回しようとするときは、発議者の全部から請求しなければならない。

　一部の発議者だけで撤回できることとすると他の発議者の意思を無視することとなり、撤回反対の発議者だけでも議案成立推進の役目を果たすことができるため、

§ 28

議案を維持する必要性が認められる。

　撤回の意思を有する者が発議者から離脱するための手続は用意されておらず、そのような者も形式的には発議者としてとどまることとなる。

　発議者の離脱については、それと相容れない地位に就いたような場合に、議院運営委員会理事会に諮って変更が認められることがある（参先147）。

　「議員」は、参議院議員のことであり、衆議院提出議案として参議院に係属している議案について発議者である衆議院議員が撤回することはできない。

　「発議案」とは、自ら発議した議案のことである。

　「撤回」とは、一旦発議したものを取り戻して審議できないようにすることである。

　「請求」は、委員会審査中であっても議長に対して行う。

　請求には、賛成者の同意は必要ない。賛成者は発議行為の主体的な立場ではないからである。

　議案の議院への係属に関わることであるので、会期中に限られる。

　本条が規定するのは、発議案が参議院に係属している間についてであり、議院が終局的な議決を行った後については、本条【衆議院送付後の撤回】の説明参照。

　内閣提出議案についての内閣の撤回申出は、国会法が規定している（国59）。

　委員会提出の議案は、提出行為が議決に基づくものであり、事後に撤回できるとすることは一事不再議の問題があり、撤回の申出は認められていない。

【議案撤回の許可】委員会の議題となった後に発議案を撤回するには委員会の許可を要する。

　本条第2項は、委員会又は本会議で議題となった後のことだけを規定しているが、これは撤回が原則として発議者の意思に委ねられていることを前提としており、反対解釈により、議題となる前は発議者の申出によって撤回が実現することとなる。

　議題となったか否かを許可要否の境界線としているのは、会議体が意思形成のため具体的に内容に関わる活動段階に入れば、その対象を維持する権限が生じるとの理解による。

　内閣提出議案の場合は、委員会の議題となった後も議院の承諾が必要とされている（国59）。議員発議案と扱いが異なるのは、内閣は外部の機関として直接の交渉関係に立つのが議院であるのに対し、議員発議案の扱いは院内の事項にとどまっていることによる。その点が「許可」と「承諾」という用語の違いにも表れている。

　請求があり、当該議案を委員会に付託していない場合には、撤回の効果が直ちに発生する。

74

§ 28

付託が済んでいれば、議長は付託委員会に撤回の請求があった旨を通知する。

委員会から議長に対し、まだ議題としていないとの回答があれば、それで撤回の効果が発生する。委員会の議題となっている場合には、委員会の許否の決定を待つこととなる。

「委員会の議題となつた後」とは、付託委員会において、意思決定につながる過程として議論の対象とされた後のことをいう。

委員会審査省略要求の取扱いを議院運営委員会に諮ることは、付託委員会での手続ではないので「委員会の議題となつた」には当たらない。また、付託委員会において審査のための小委員会を設置することや閉会中審査を求める決定を行うことは、議案に関連する手続を踏むことにすぎず、「議題となつた」には当たらない。

> ♣衆議院では〔継続審査議案の撤回〕
> 委員会において審査に入ることなく継続審査となった議案でも、その撤回は委員会の許可を要する[5]。

「委員会の許可」は、付託委員会による許可する旨の決定のことである。

委員会は撤回を許可するか否かの問題を放置することはできず、速やかに決定する義務があると解する。許可しないと判断することが可能なことは当然であるが、許可する場合には条件を付すことができない。

許可か不許可かの決定の結果は、委員長から議長に報告しなければならない。

本条第2項の規定は、憲法審査会についても準用されている (参憲規26)。

本会議の議題となった後に発議案を撤回するには議院の許可を要する。

この場合、議長は、その議案の審議を停止して、撤回を許可するか否かを諮らなければならない。撤回の許否は、当該議案の審議に対して先決問題となる。

「会議の議題となつた後」とは、本会議において意思決定につながる過程として議論の対象とされた後のことをいう。委員会審査を受けて審議するのが原則であるため、通常は委員長報告から始まる。

本会議において国会法第56条の2の規定による趣旨説明を聴取したことは、「議題となつた」には当たらず、その後でも許可なく撤回できるとするのが先例である (参先182参照)。この趣旨説明聴取は、議案を議題として審議するものではなく、提案の趣旨を議員に徹底させることを狙いとする制度であるとの理解による。この取扱いに対しては、1つの手続が行われたのであるから撤回には議院の許可を要すると解すべきであるとの見解がある (佐藤(吉)・参規58頁)。趣旨説明に対しては質疑を行

---

5 青木修二＝遠藤賢一「議案の修正・送付」議会政治研究46号（1998）41頁。

第5章　議案の発議及び撤回　75

§28

うのが通例となっており、実質的に議案の審議にほかならないことを踏まえてのものである。

委員会で審査中の案件について中間報告を求め、それを聴取すること（国56の3 I）は、「会議の議題となつた」には当たらないと解する。それだけでは依然として委員会に付託された状態であり、委員会の意向を尊重すべきである。

本会議で閉会中審査を行う議決を行うことも「議題となつた」には当たらないと解する。したがって、委員会において審査に入ることなく継続審査となった議案を撤回するには許可を必要としないこととなる。実質審議の有無で判断することによる帰結である。

「会議の議題となつた後」は、通常、「委員会の議題となつた後」にも当たるが、この場合、議院と委員会の両方の許可が必要となるわけではなく、議院の許可だけで足りる。

委員会が当該議案の審査を終え、本会議の議題となる前の時点での撤回請求の扱いについては検討を要する。委員会は議案の内容に深く関わっていながら既にその手を離れているため、撤回の許否を判断する立場にないと言えるからである。許可が一切不要とすることは適当ではないので、このようなケースは「会議の議題となつた後」に準じて議院の許可を要することとせざるを得ないであろう。

> ♣衆議院では〔委員会審査議了議案の撤回〕
> 委員会審査を終え本会議上程前の議案に対する撤回申出に対し、審査した委員会が議長に提出した委員会報告書を撤回し、法律案の撤回を許可することを決定したことがある[6]。

撤回の請求が委員会で許可されなかった場合でも、発議者は本会議の議題となった後にその許可を得ること目的として発議案の撤回を請求することができるものと解する。本会議の許可は委員会の不許可に対して再議ではなく、実際上の要請としても、委員会で内容について否決された議案につき本会議に上程されるに際して撤回しようとする場合があるだろう。

「議院の許可」とは、許可する旨の本会議の議決のことである。

なお、いずれの場合でも、衆議院が予備審査を開始していても、その承諾は必要ない。

【衆議院送付後の撤回】 規定はないが、議員発議案又は委員会提出案を本会議で議

---

6 第169回国会衆議院財務金融委員会議録第2号（平20年1月31日）1頁「国民生活等の混乱を回避し、予算の円滑な執行等に資するための租税特別措置法の一部を改正する法律案」及び「国民生活等の混乱を回避し、予算の円滑な執行等に資するための関税暫定措置法の一部を改正する法律案」の撤回許可。

§28

決して衆議院に送った後は、参議院はその撤回の申出を行うことができない。議院の議決を経たものである以上、それを無に帰せしめることはできないからである。それは一事不再議の問題でもある。

　ましてや、参議院の発議者が衆議院に対して撤回を請求することはできない。

　参議院議員発議に係る議案が両院間の送付と継続審査を経て、その後の会期で参議院が先議のような形になった場合でも、前会期までの議決は効力を失っている（国83の5）ものの、それまでの過程は無視してよいものではなく、発議者による撤回の請求は認められない。

【 撤回の効果 】議案が撤回され又は撤回が許可されると、議案の提出がなかったことになり、議院への係属、委員会付託等が消滅する。

　委員会審査が進み、既に委員会で採決がなされた場合でも、その効力がなくなる。したがって、同内容の議案が同会期に改めて提出されたとしても、その議案を同じ委員会の審査に付すことは一事不再議には反しない。

　撤回された議案を審議した委員会や本会議での議事は事実として残り、会議録における当該議事の記載が抹消されることとはならない。

　なお、撤回がなされたときは、予備送付議案にも影響するので、衆議院に対してその旨の通知がなされる必要がある（参先185）。

§ 29

第6章　議案の付託

制定時（昭 22.6）

　本章は、活動論のうち、議案の付託について規定を置いている。

　議案については、議院内において、本会議審議の前に委員会審査が組み込まれる（国56 Ⅱ本）等、その流れに関連して法的に解決しておかなければならない問題が多々ある。

【委員会中心主義】国会法第 56 条第 2 項本文は、「議案が発議又は提出されたときは、議長は、これを適当の委員会に付託し、その審査を経て会議に付する。」と規定している。この議案の付託についての規定は、委員会中心主義の一側面を示す根拠として挙げることができる。現在では、調査会や憲法審査会のような機関も設けられているが、ここでいう「委員会」は、それらを含む概念として考えられる。

　「委員会中心主義」は、委員会が議院の活動の中で中心的な役割を果たすことが期待されていることを指す語として用いられているが、公式の定義があるわけではない。その提唱者によると、①全ての議案は、提出されると委員会に付託し、その審査を経て本会議で審議するのが原則である、②常任委員会は、所管に属する事項について調査することができる、③委員会で審査中の議案について、本会議は指示権を持たない、④委員会は、自主的判断に基づいて活動できること等を挙げて、その内容として説明されている（鈴木・理念 128 頁）。

【付託の意義】「付託」とは、案件を委員会等の内部機関に命じて独占的に審査するよう命じる行為である。

　議長の単独行為であり、その意味では観念的なものである。当該委員会に対しては議長から付託通知がなされる。

　特定の議案を複数の会議体が審議することは認められない。また、議案は一体不可分であるので、複数の委員会に同時に付託することや分割して付託することはできない。

　付託によって初めて委員会はその対象を審査することができるようになる。

〔議案等の付託〕

第 29 条① 　議長は、議案及び予備審査のため送付された議案を適当の

§29

常任委員会に付託する。

② 特に必要があると認めた議案又は常任委員会の所管に属しない特定の議案については、議長は、議院に諮り、特別委員会を設けこれを付託する。

③ 議案以外のものを委員会に付託する場合は、この規則に特別の規定があるものの外、前2項の規定による。

制定時（昭22.6）、第6次改正（昭30.3）
　　衆規31　議案が発議又は提出されたときは、議長は、その配付とともにこれを適当の常任委員会に付託する。
　　衆規32　案件の所管を定めがたいものについては、議長は、議院に諮つて決定した常任委員会に付託する。
　　衆規33　議院において特に必要があると認めた案件又は常任委員会の所管に属しない案件について、特別委員会が設けられた場合には、その所管に属する案件については、議長は、これをその委員会に付託する。
　　衆規35　予備審査のため参議院又は内閣から送付された議案については、前5条の規定を準用する。

本条は、議案等の付託について規定するものである。

【常任委員会への付託】議長は、議案を適当の常任委員会に付託する。

国会法第56条第2項本文は、「議案が発議又は提出されたときは、議長は、これを適当の委員会に付託し、その審査を経て会議に付する。」と規定している。本条は、これを受けて、議案の付託先は常任委員会が原則である旨を規定するものである。

国会法第56条第2項本文は、文言上、他院から送付された議案の委員会付託に言及していないが、そのことを受けて、本条がその点をカバーしていると読むのは適当でない。委員会中心主義は国会法レベルでの規定事項であり、送付議案についても委員会審査が必要であることは本条の前提となっていると解すべきである（⋯▶『逐国』第56条【議案の付託】）。

「議案」とは、国会又は議院の審議対象（議決すべき案件）のうち、委員会審査が必要なほどに重要なものを指す（⋯▶第5章概説【議案の意義】）。

「常任委員会」とは、法規に規定されることで設置される常設の委員会である。

参議院の常任委員会は国会法で規定されており（国41Ⅲ）、その所管及び委員数は参議院規則が規定している（参規74）。

参議院の常任委員会は、その所管の定め方を2種に分けており、内閣委員会から環境委員会までの11の委員会（第1種委員会）で政策分野全般をカバーしている。そ

第6章　議案の付託　79

§29

れ以外の6つの委員会（第2種委員会）は、政策分野を限定しないで、特定の案件や特殊な任務を挙げて所管事項としている（•••▶第74条【第1種委員会】【第2種委員会】）。したがって、どのような内容の議案であっても、原則として、いずれかの常任委員会で審査できるように設計されているのである。

以前は、憲法を所管する常任委員会がなく、その守備範囲に空隙が生じていたが、現在では、これを憲法審査会がカバーしている（国102の6）。

「適当の」とは、第74条〔常任委員会の委員数、所管〕で定めた所管に当てはまるという意味である。

本条第1項の規定は憲法審査会に準用されており（参憲規26）、憲法改正原案は憲法審査会に付託される。

【特別委員会への付託】特に必要があると認めた議案又は常任委員会の所管に属しない特定の議案については、議長は、議院に諮り、特別委員会を設けて付託する。

常任委員会への付託を原則としながら、特別な事情のある場合には、特に委員会を設置して審査させることもできるとするものである。

「特別委員会」とは、議院の議決によって設置する委員会である。その構成、目的は設置議決で定められる。

「特に必要があると認めた」とは、常任委員会で審議することが適当でないと判断したという意であり、①複数の常任委員会の所管にまたがる場合、②非常に重要な問題を含むので大規模の委員会で審議する必要がある場合、③早期の議案成立が求められる場合、④所管する常任委員会に付託議案が輻輳している場合等が考えられる。

「常任委員会の所管に属しない」とは、現行の常任委員会の編成が審査を予定していないことを指すが、憲法審査会に付託されるものはこれに当たらない。

「特定の議案」は、特別委員会設置の時点で個々具体の議案名を掲げる必要はなく、付託対象が判別できればよい。

「設けて」は、本会議の議決によって設置することである。特別委員会の名称、委員数、設置目的を定めて議決する必要がある。

「議院に諮り」とは、本会議の議決によりとの意で、「特別委員会を設けて」に係る。

付託は議長の権限であり、特別委員会が設置された以上、その議決に拘束されるものの、付託自体を議院に諮るわけではない。

§ 29

　♣衆議院では〔院議付託〕

　　特定の案件を審査する目的で特別委員会を設置する場合には、その設置議決に付託行為が含まれるものとされている（研究会・法規 36 時の法令 1545 号 (1997) 75 頁）。これを「院議付託」という。

【予備送付議案の付託】 予備審査のため送付された議案も本来の議案と同様に付託する。

　これを「予備付託」という。

　「予備審査」とは、議案が他院から送付される前に他院での審議と並行して審議を行うことである。

　審議の能率向上を図るための制度であり、これが国会法上の概念と解されることについては、第 25 条【予備審査】の説明参照。

　「審査」の語が用いられているように、委員会での審査が念頭に置かれており、そのためには予備付託が必要となる。

　その前に審査対象が送られていることを要し、これを「予備送付」という。内閣提出議案については国会法第 58 条〔予備審査〕において、衆議院提出議案については衆議院規則第 29 条〔議案の予備送付〕において、それぞれ予備審査のため参議院に送付する旨が規定されており、その条件が整えられている。

　これに対して、衆議院が審議を終えて議案を送付してきてから行う本来の審議を「本審査」という。参議院先議で行う審査も本審査である。

　予備審査議案の付託先は本審査を行う予定の委員会であり、そのため、原則は常任委員会であり、特に必要があると認めたもの又は常任委員会の所管に属しないものについては特別委員会を設けることとなる。

　順序としては、予備付託が先行するが、本付託も同じ委員会に対してなされることを念頭に置いて付託委員会を決定しなければならない。両審査は同一主体が行わなければ予備審査制度の趣旨がいかされないからである。

【予備審査と本審査の関係】 予備審査段階での審査順序は、本審査のそれと変わらず、趣旨説明からスタートする。質疑はもとより、公聴会の開会（参規 63）や委員派遣を行うことも可能である。ただし、予備審査においては採決や議案に対する賛否を明らかにする討論を行うことは許されない。審査があくまでも予備段階のものだからであり、また、先議院で修正されれば議案の内容が変わって送付されてくるからで、本審査はそれを踏まえて行う必要がある。

　予備審査を行っている間に衆議院の審議が終わって議案が送付されると、本審査

第 6 章　議案の付託　*81*

§29の2

は予備審査を引き継ぐ形で行う。予備審査で行ったことを繰り返す必要はない。

【議案以外のものの付託】議案以外のものを委員会に付託する場合は、参議院規則に特別の規定があるもののほか、本条第1項及び第2項の規定による。

本条は、第1項及び第2項において、代表的な委員会審査対象である議案について規定し、第3項でこれを他の案件に準用している。すなわち、所管の常任委員会への付託を原則とし、特に必要があると認めたもの又は常任委員会の所管に属しないものについては特別委員会を設置して付託するというものである。

「議案以外のもの」としては、請願、懲罰事犯の件、資格争訟の訴状、議員逮捕許諾を求めるの件等を挙げることができる。決算は、議案として委員会審査対象となっているものと解する（···▶『逐国』第56条【議案の意義】)。

「この規則に特別の規定があるもの」とは、請願 (参規166)、懲罰事犯の件 (参規192、234、235、236、238Ⅱ、244)、資格争訟の訴状 (参規194) である。

特別の規定のあるものは、当然のことながら、それぞれの規定によって付託する。

本条第3項の規定は、憲法審査会についても準用されている (参憲規26)。

〔委員会・調査会提出法律案の付託〕
第29条の2 委員会提出又は調査会提出の法律案は、委員会に付託しないで議院の会議に付する。ただし、議長が特に必要と認めたものは、これを委員会に付託することができる。

第6次改正 (昭30.3)、第11次改正 (昭61.6)

本条は、委員会・調査会提出法律案の審査省略について規定するものである。

【委員会・調査会提出法律案の審査省略】委員会・調査会提出の法律案は、委員会に付託しないで本会議に付す。

本条は、原則として議案を委員会に付託する旨を定める**国会法第56条**〔議案の発議・委員会審査〕の特則である。当然に委員会審査を行わない点で同条第2項ただし書の特則と見ることもできるが、憲法改正原案のようにそのただし書が適用にならない場合でも本条は準用されているので、国会法第56条第2項本文に対する特則に当たると理解すべきである。

「委員会提出又は調査会提出の法律案」とは、委員会、調査会がその所管事項について提出した法律案 (国50の2、54の4Ⅰ) のことである。衆議院の委員会提出法律案は参議院から見ると衆議院提出の議案であり、これに当たらない。

§ 29 の 2

この法律案は委員会又は調査会がそれぞれ所管に属する事項についての専門的な議論の結果として意思決定を行って提出したものであるので、改めて委員会審査を行う必要はないとの判断による。委員会提出法律案では、これを付託する場合、その委員会に対してのものとなって、結局、繰り返しの議論を行うこととなり、提出者たる立場で審査を行う不都合も生じる。

委員会・調査会提出の法律案でも、本会議で議決して衆議院に送付され、継続審査に付された後、次会期以降に再び参議院で審議する場合には、委員会付託を要する。ただし、提出者たる委員会、調査会は送付されると同時に議長に対して委員会審査省略要求を申し出ることができる（••▶第26条【審査省略の要求時期】）。

「委員会に付託しないで議院の会議に付する」とは、委員会審査省略の議決を行うことなく、直接本会議に上程できるという意味である。

本条は、憲法審査会について準用されている（参憲規26）。

> ♣衆議院では〔委員会提出法律案の審査省略〕
> 委員会提出の法律案は当然に委員会に付託しないわけではなく、先例により、委員会からの要求があったこととして審査省略を議決する扱いである（衆先239）。

【委員会・調査会提出法律案の付託】委員会・調査会提出の法律案のうち議長が特に必要と認めたものは、委員会に付託することができる。

一般の議案について委員会付託と委員会審査省略を原則と例外の関係で規定している（国56Ⅱ）ところを、委員会・調査会提出法律案について逆転させ、例外的に委員会審査の道を開いたものである。

「議長が特に必要と認めたもの」とは、当該委員会・調査会での提出前の議論だけでは不十分と議長が認めたものである。

法律案の内容が多岐にわたり他の委員会の所管に係る部分が大きい場合や本会議に上程する前に公聴会を開く必要のある場合等が想定される（佐藤（吉）・参規66頁）。

「委員会」は、原則として、提出した委員会以外の委員会でなければならないと解する。

当該委員会は、既にその法案の提出を決定して立法推進の方針を明らかにしているため、審査を行う立場として適さないからである。他の常任委員会の所管事項に適合しない場合には、特別委員会を設置すべきであろう。ただし、公聴会を開くことのみを目的とする場合はこの限りでない。

付託は、本会議上程前であることを要するが、本会議の議題となった後であって

第6章　議案の付託　**83**

§29の3

も、再付託に準じて付託することは可能であろう。これは議案の流れについての議院と委員会の関係を変更することを意味するので、議院の議決によることを要するものと解する。

〔特別委員会への併託〕
第29条の3　議長は、特別委員会に付託した案件に関連がある他の案件を、その委員会に併せて付託することができる。

　　　　第6次改正（昭30.3）
　　　衆規33　議院において特に必要があると認めた案件又は常任委員会の所管に属しない案件について、特別委員会が設けられた場合には、その所管に属する案件については、議長は、これをその委員会に付託する。
　　　衆規34　特別委員会に付託した案件に関連がある他の案件については、議長は、議院に諮りその委員会に併せて付託することができる。
　　　衆規35　予備審査のため参議院又は内閣から送付された議案については、前5条の規定を準用する。

　本条は、特別委員会への併託について規定するものである。

【特別委員会への併託】議長は、特別委員会に付託した案件に関連がある他の案件をその委員会に併せて付託することができる。

　これを「併託」という。

　特別委員会の活動は、設置目的の限定を受ける。したがって、設置目的が国政調査である場合には、議案を審査することは目的外の行為に当たる。同様に、特定の議案審査を目的として設置された特別委員会は、国政調査を議題とすることはできない。

　これに対して本条は、内容に着目して関連がある場合に当初の目的に付随する権能を持たせ、議長にその案件を付託する権限を与えたものである。

　「特別委員会に付託した案件」とは、設置に際して目的に挙げた活動内容である。審査目的であれば設置目的で特定された議案等を指し、調査目的であればその調査内容を指す。

　「関連がある」とは、付託した案件と一緒に審議した方が所管の常任委員会や別の特別委員会におけるよりも効率的で充実した審議が期待できる程度に関わりがあることをいう。

84

§29 の 3

「他の案件」は、議案のように議院の議決対象だけでなく、調査事件を含む。

「その委員会」は、当然のことながら存在している必要がある。当初に付託した案件が本会議で議決されると目的を達して消滅してしまう（参先133）ため、その後の併託はできない。

併託によって特別委員会の目的は拡張したこととなる。したがって、併託後は、当初に付託した案件が本会議で議決されても、それだけでは特別委員会は消滅しない。

【常任委員会と特別委員会の関係】本条に関連して、常任委員会と特別委員会の関係について争点となっている問題がある。特別委員会が設置された場合、その目的に係る事項を所管する常任委員会の所管権限が影響を受けるか否かである。

A説は、所管の重複、権限の競合は望ましくなく、新しく設けられた特別委員会の権限が優先し、常任委員会の所管が停止されるとする（鈴木・理念137頁）のに対し、B説は、設置目的の範囲で特別委員会に所管事項が生まれ又は常任委員会の所管の一部が常任委員会から移るわけではないとする（佐藤（吉）・参規67頁）。

常任委員会の所管は一体として扱う必要があり、部分的に欠如することによって不都合が生じる可能性があるため、B説を妥当と考える。この立場では、特別委員会への併託は判断を伴うものであり、それが議長の付託権に属することを本条で特に認めたものと解することとなる。

> ♣衆議院では〔特別委員会への併託〕
>
> 特別委員会にも設置目的に応じた所管が生じると解し（A説）、付託した案件に関連する案件もその所管に属するものとして付託しており（衆規33）、併託という手続にはよっていない（研究会・法規36 時の法令1545号（1997）75頁）。衆議院規則第34条により、併託のためには議院に諮ることが要件とされているため、現在では同条は適用機会がなくなっている（白井・国会法39頁）。

第6章 議案の付託　85

第7章 委員会

制定時（昭22.6）

　本章は、委員会の組織論、権能論、活動論について規定を置いている。

　委員会に関する規定の国会法と議院規則への振り分けの基準は必ずしも明らかではない。例えば、議院と委員会の関係についても、委員長報告は国会法で、委員会（審査・調査）報告書については参議院規則で規定している。委員の兼任制限について見られるように、かつては国会法で規定していた（国旧41 II）ものを現在では参議院規則で規定している（参規74の2）という例もあり、法律レベルと規則レベルが峻別されているわけではない。

【委員会制度】国会は委員会を中心として活動している。旧帝国議会と比較しての国会の特徴の1つとして「委員会中心主義」の語がよく用いられる。厳密な定義がなされている概念ではないが、実態としても一応の定着を見ていると言える（•••▶『逐国』第5章概説【委員会中心主義】）。

　「委員会」とは、議院の内部において、本会議での審議に先立ち、案件について調査、審議する、所属議員の一部を構成員とする機関である。

　この定義による場合、憲法審査会もそれに該当することとなるが、国会法上、憲法審査会は別個の機関として位置付けられている（•••▶『逐国』第102条の6【憲法審査会の設置】）。憲法審査会に適用される議院規則レベルのルールとしては、参議院憲法審査会規程が置かれており、参議院規則が直接規定するところではない。

　委員会による審議には数々の利点が挙げられるが（•••▶『逐国』第5章概説【委員会の効用】）、そのためには独自のルールを必要とし、その運営に関しては主に議院規則において規定されている。

第1節　通則

制定時（昭22.6）

　本節は、常任委員会・特別委員会を通じての規定を置く。原則的に調査会にも準用されている（参規80の8 I）。憲法審査会規程において憲法審査会に準用されている規定も多い。

　内容は、委員会の組織論、権能論、活動論にわたるが、大半は会議運営ルールで

§ 30

占められる。

　会議録、紀律、傍聴等については独立した章が設けられており、そこに置かれた規定は本会議への適用を予定するものの、委員会にも適用があるか否かは個別に判断する必要がある。中には準用規定も見られる（参規59、231）が、内容から判断するしかない規定もある。

〔委員の選任・辞任〕
第30条①　委員の選任は、すべて議長の指名による。
②　委員の辞任は、議長がこれを許可する。

> 制定時（昭22.6）、第2次改正（昭24.10）、第6次改正（昭30.3）
> **衆規37**　委員の選任は、すべて議長の指名による。
> **衆規39①**　委員に選任された者は、正当の理由がなければ、その任を辞することができない。
> ②　委員がその任を辞そうとするときは、理由を附し、その委員長を経由して、議長の許可を得なければならない。
> **衆規40**　委員に欠員を生じたときは、その補欠は議長の指名による。

　本条は、委員の選任及び辞任について規定するものである。

【委員の選任】 委員の選任は、全て議長の指名による。

　国会法では、常任委員、特別委員は、それぞれ議院において選任すると規定されている（国42Ⅰ、45Ⅱ）。その「議院において」は、委員に誰を選任するかを決めるに当たって他の機関の介入を認めない趣旨であり、選任の方法として議員による選挙で行わなければならないとの意味ではない（佐藤（吉）・参規74頁）（•••▶『逐国』第42条【常任委員の選任】）。

　議員が委員の地位に就くことについては、幾つかの制約（国42Ⅱ、参規74の2）が設けられており、また、委員会の構成は会派の所属議員数の比率によることとされている（国46Ⅰ）。それを選挙によって全議員の無調整な意思に委ねて実現することは不可能であり、議長の指名によることとされているのである。

　「委員」は、常任委員及び特別委員を指す。

　「選任」は、資格を持つ多くの者の中から選び出して任に就けることをいう。当初に選び出す場合だけでなく、委員の辞任等に伴って生じた欠員を埋める行為を含む。

　「指名」は、名前を挙げて特定することであり、議長の単独行為である。要式行為ではなく、必ずしも本会議においてなされる必要はない。

第7章　委員会　　87

§ 30

♥運用

　実際には、通常選挙後の臨時会では、常任委員の選任は本会議における議事として行われる例であり、議席に配付した名簿のとおりに指名がなされる（参先 120）。特別委員についても、特別委員会の設置を議決した直後に本会議において名簿を配付して指名を行う例である（参先 123）。ただし、その後に行われることもある。

　議長は誰を指名するかについては、委員が会派に割り当てられる（国 46 I）ことから、所属会派の推薦に基づいて指名を行う（参先 117、124）。ただし、会派から推薦がなされない場合には、議長の選定によって指名し得るものと解する。一部の会派の意向によって委員会の開会能力が阻害されることは認めるべきではないからである[1]。

♠事例

　第 150 回国会の選挙制度に関する特別委員について、推薦を行わない会派の委員を議長が選定して指名を行った（平成 12 年 9 月 29 日）。

♣衆議院では〔委員会割当分の欠員〕

　特殊な事例として、推薦を行わない会派について委員を指名せず、その割当分を欠員のままで特別委員会をスタートさせたことがある[2]。

　無所属議員については、本人の希望も参考にして議長が指名する扱いである。

　会派の推薦は委員選任についての制約（国 42 II、参規 74 の 2）をクリアーしていなければならず、議長による指名はその点を確認した上でのものとなる。

【委員の辞任】委員の辞任は、議長が許可する。

　委員会の専門性を確保する観点から、委員については任期が規定され（国 42 I、45 II）、その固定が図られている。一方、会派内人事や臨時の代理出席等の実際上の要請により、委員の交替が必要とされる場合がある。これは本人（会派）の意思に基づいてのものであり、委員の任期の規定に反するものではない。

　選任が議院によるとされていることから、辞任も本人の意思だけで実現するのではなく、議長の許可に係らしめたものである。

　「辞任」は、任期満了前に本人の申出により地位を降りることである。

　辞任の場合にはその後任を選ぶ必要があり、委員の所属する会派から辞任願と後任の推薦届がセットで議長に提出される例である。

　委員の割当てが会派に対してなされること（国 46 I）に伴い、委員の異動を発動することが会派の権限とされ、本人の意思に反しても辞任願が提出される可能性がある。同時に、本人が辞任を希望しても、会派の了解が得られないものは許可される

---

1 赤坂幸一「憲法習律論とフランス憲法学」曽我部真裕=赤坂幸一編『憲法改革の理念と展開（上巻）』（大石眞先生還暦記念）（信山社・2012）755 頁。
2 赤坂・前掲 1 753 頁。

§31

に至らない。

「許可」は、議長の単独行為であり、本会議においてなされる必要はない。

ただし、これを議院運営委員会に諮問した上で行う取扱いも可能であると解する。

【委員異動の制限】本条の議長の権限に対して、先例によって制約を掛けることも可能であり、実際に、委員異動について制限が設けられている。

◆旧規定は〔委員辞任の方法〕

第31条（旧）①　委員及び常任委員長については、議院がその辞任を許可する。……

　　当初、委員の辞任は議院の議決によることとされていたが、昭和24年の規則改正で議長が許可することに改められた。ただし、辞任の許可及びその補欠選任に当たり、議院運営委員会に諮ることとされ（参先（自第1回国会至第22回国会）81）、その後、この運用が改められて議院運営委員会に諮ることを要しないとされ、現行の方法に至っている。

委員辞任を議院運営委員会に諮ることを要しないとされた際に、それと引き換えに、異動の回数制限を行うことが取り決められた[3]。すなわち、同一議員の委員の異動は1日1回とするというルールである。正確には、指名の当日はその委員の辞任を許可せず、辞任を許可された当日、再びその委員には指名しないとするものである（参先125、参委先12）。

手続が簡便化されたことに伴い、ルーズに流れることのないようにする措置であり、また、委員異動の通知を受けた委員長は委員会にその旨を報告することとされた。

【本条の準用】本条の規定は、調査会委員、憲法審査会委員の選任、辞任に準用されている（参規80の8Ⅰ、参憲規3Ⅳ）。政治倫理審査会委員には本条第1項だけが準用され（参政規7Ⅳ）、第2項に相当する規定は別途置かれている（参政規8）。

なお、参議院情報監視審査会委員は、選任・辞任のいずれも議院の議決によることとされている（参情規3Ⅰ、5Ⅰ、6）。委員の選任を特別な方法によることは、国会における特定秘密の保護措置の1つの条件であった（特秘附10参照）。

〔理事〕

第31条①　委員会に1人又は数人の理事を置く。

②　理事は、委員の中から無名投票でこれを互選する。但し、投票によ

---

3 第24回国会参議院議院運営委員会会議録第18号（昭31年2月20日）9頁。

第7章　委員会　89

§31

> らないで、動議その他の方法により選任することができる。
> ③　委員長に事故があるとき、又は委員長が欠けたときは、理事がその職務を行う。
> ④　理事の辞任は、委員会がこれを許可する。

制定時（昭22.6）、第2次改正（昭24.10）、第6次改正（昭30.3）
　　衆規38①　委員会に1人又は数人の理事を置き、その委員がこれを互選する。
　　　　　②　委員長に事故があるときは、理事が委員長の職務を行う。

　本条は、委員会の理事の選任、辞任、職務について規定するものである。

【理事】委員会に1人又は数人の理事を置く。

　「理事」とは、委員長職務の代行機関であり、その意味で副委員長であるとの説明も見られる（寺光・参規50頁）。委員とは別に置かれる職ではなく、一部の委員が就く役職である。

　規則上はこのように位置付けられているが、実際上は、委員会の運営について協議する会派代表の役割を担うものであり、数人を置くとしていることからも、規則がその役割を想定しているものと解される。

　「委員会」とは、それぞれの委員会のことである。各委員会の中で委員長の代行機関を備えておく必要があることを踏まえてのものである。

　「置く」とは、ポストを設け、それに就く委員を選任しておくとの意味である。

　理事の数については「1人又は数人」と幅が持たせてあるが、理事会（•••▶本条【理事会】）の協議が効率的になされるようにするためには、ほとんどの委員が理事となるような人数設定は不適当である。実際には、委員5人に1人の割合の数の理事を置くこととされている（参委先27、28）。

【委員長の職務代行】委員長に事故があるとき又は委員長が欠けたときは、理事がその職務を行う。

　理事の職責のうち代表的なものを規定したものである。

　「その職務を行う」とは、理事が委員長に昇格するのではなく、理事の地位に就いた状態で、理事の名において委員長の持つ権能を代わりに行使することをいう。

　理事のうち誰が委員長の職務を行うかは、あらかじめ委員長が定めておく必要がある。順位を付けて指定しておくのが適当であろうが、実際には、委員長が当該理事に委託しておく例である。その理事にも事故があるときには、その理事からあらかじめ委託を受けた別の理事が委員長の職務を行う。委託を受けた理事がない場合

90

§31

には、理事が協議して定める (参委先25)。事例としては、理事に事故があり又は選任される前に委員が委員長の職務を代行したことがある (参委先36)。

「事故があるとき」とは、在任中に職務を行うことのできない事情のあるときであり、理由を問わない。

職務を行えない事情には様々な要因が考えられる。事実的、物理的に登院や委員会出席が不可能な場合のほか、委員長が委員会の議事を主宰することが法的に不適当とされる場合もある。

登院できない場合としては、海外渡航、病気、交通の途絶等を挙げることができる。

委員長が委員会を主宰することが不適当な場合とは、委員会で委員長不信任や辞任を諮る (特別委員長の場合) 等、自らの地位に関する議事を行う場合である。ただし、委員長が辞任願を提出したり不信任動議が提出されたりすることで、全ての職務を行えなくなるわけではない。また、自身が一委員の立場で発言する場合には、その間、委員長の職務を行えない。討論したときには、その問題の表決が終わるまで委員長席に復することができない (参規45)。

事故の認定は、原則として委員長自身が行う。その場合には、委員長から理事に対してあらかじめ職務代行が託されることとなる。

委員長が所在不明、音信不通である場合等、本人の意思を確認できない場合にも権限の代行が可能となる方途を用意しておかなければならない。その場合の認定権は理事にあり、理事全員で協議した上での認定となる。委員長が意識不明の状態に陥った場合も同様に解すべきである。

「欠けたとき」は、死去、辞職等、議員でなくなった場合及び辞任する等、委員長がその地位を外れた場合のほか、意識不明又は行方不明により将来にわたって執務することができない状態となったときを指す。会期中・閉会中を問わない。

欠けたことは客観的に明らかであることが多いが、客観的事実から明確でない場合には、理事が協議した上で認定する。常任委員長については、後任を選任する必要との関係では議長の認定が必要となろう。

理事が代行する委員長の権限は、事故があるときと欠けたときで異なる。

事故があるときも、ケースごとに代行可能な権限が異なり、必ずしもその全てを行使できるわけではない。委員長の海外渡航の場合には、議院における全ての権能を代行できると解される。病気等により登院できないものの、委員長自身による判断が可能な場合には、その限りで委員長は代行を委託する権限を一部留保すること

§31

が可能である。委員会の最中に委員長が中座するような場合には、現に行われている議事の主宰に限られる。

委員長が欠けたときには、速やかに後任を選出する必要がある。常任委員長の場合、本会議で選任される（国25）ので、それまでに必要な委員長の職務は理事が代行する。特別委員長の場合、委員会で互選することとされている（国45Ⅲ）ので、理事が代行する主な職務はその選挙議事を主宰することである。

なお、委員長が復帰した後も、代行した職務に関連して理事が委員長の職務を行うことがある。例えば、主宰した委員会の会議録に署名すること（参規57）などである。

> ♣衆議院では〔委員長が欠けたときの代行〕
> 　衆議院規則では、理事が委員長の職務を代行する場合として、「委員長が欠けたとき」を規定していない（衆規38Ⅱ参照）が、実際には、その場合にも理事が委員長の職務を行うこととされている（衆委先28）。

【理事会】委員会は柔軟で融通無碍な運営を旨とし、委員も議題について自由に発言できるとされている（参規42Ⅰ）。

しかし、議事進行の手続を処理しながらそこで決めた手順に沿って進める会議運営では確たる見通しを立てにくく、不十分な準備しかできないため、議事進行の事前管理を図ることが要請される。その手段となるのが委員長と理事による委員会運営についての事前の協議である。その各委員会における協議の場が「理事会」である。

理事会においては、理事は委員長を補佐する立場としてではなく、委員会における会派の代表として協議主体となる。

理事会における協議内容は、委員会の開会日、審議時間、質疑時間等の会派割当等、委員会運営全般にわたる。委員長の権限に属する事項であっても、ほとんどの場合、会派間の協議に委ねた上で決定される。

理事会が開かれるのは委員会の直前の時間帯（通常10分前）であり、そこでは、内定している当日の委員会の運営について確認がなされるのが常であり、実質的な協議はそれ以前に開かれる会合（これを「理事懇談会」という。）で懇談の形で行い、必要事項を内定しておく。

理事会や理事懇談会には、理事を選出していない会派から委員がオブザーバーとして出席し、協議に加わるのが一般的である。その出席については、委員長及び理事の承認が必要である。

§31

【理事の選任】理事は、委員会で委員の中から互選する。

委員会の役職であることから、互選によることとしたものである。

「互選」とは、そのメンバーの中からメンバーの意思によって選出することをいう。

理事の選挙は、無名投票で行う。ただし、投票によらないで、動議その他の方法により選任することができる。

「無名」とは、投票者の名前を記入することを禁じることである。

「投票」とは、選挙に当たって、選びたい者の名前を記して選挙管理者の下に提出することである。

理事は通常複数であり、単記投票によるのか連記投票によるのかが規定されていないが、多数会派が独占することとなってはその職務を全うすることができないため、単記によるべきである。

委員長は委員長席で選挙議事を主宰するが、委員長も投票できる。ただし、本人の判断で自粛することも可能である。

「動議」とは、投票によらないこと及びそれに代わる具体的方法又は当選者の推薦を委員から提案するものである。

「その他の方法」としては、委員長から提案して当選者を指名すること等が考えられる。

いずれにしても、投票によらないで他の方法を採るためには委員会の決定が必要である。

> ♥運用
>
> 理事の選任は、実際には、議院運営委員会で会派に対して人数を割り当て、割当会派からの推薦に基づいて委員長が指名する例である（参先29）。この割当会派は、所属議員が10人以上であることを要する（参先27、28）。この会派要件は、議院運営委員の割当てにも適用され（参先117、参先9）、その資格を持つ会派は「院内交渉会派」と呼ばれる（•••▶『逐国』第46条【委員割当】）。

【理事の兼任制限】理事は通常の委員よりも多くの職務を負うことから、先例上、兼任の制限が設けられている。すなわち、常任委員会の理事は他の常任委員会の理事を兼ねないこととされている（参先32）。ちなみに、常任委員長及び特別委員長は他の委員会の理事を兼ねない例となっている（参先31）。

【理事の辞任】理事の辞任は、委員会が許可する。

選任に対応させて、委員会の許可事由としたものである。

「辞任」とは、任期満了前に本人の申出により地位を降りることをいう。

理事が辞任を希望する場合には、その旨を委員長に申し出、委員長がこれを委員

第7章 委員会 　93

§§ 32・33

会に諮り、委員会がそれを許可することを決定する。

　理事の任期については規定が置かれていない。一旦選任されると、委員の地位が続く限り理事であることになる。理事が委員を辞任すると、それによって理事の地位からも外れる。また、当該委員会の委員長に選任されたときも理事の地位を失う（参委先33）。

【本条の準用】　本条の規定は、調査会に準用されている（参規80の8 I）。

　憲法審査会には本条第2項ないし第4項が準用されており（参憲規6 III）、本条第1項に相当する規定は別途置かれている（参憲規6 I）。政治倫理審査会については、本条に相当する内容について独自の規定が置かれている（参政規12 II、12の2）。両審査会では、理事に相当する役職はそれぞれ「幹事」という名称となっている。情報監視審査会には理事に相当する役職は置かれておらず、会長の職務代行は、あらかじめ会長の指名する委員が行う（参情規8 II）。

　なお、憲法審査会については、本条第3項の規定の準用に対する特則的申合せがなされており、会長代理のポストを設け、会長が指名することとされている[4]。

第32条　削除

制定時（昭22.6）、第6次改正（昭30.3）

〔委員会の開会事由〕

第33条　委員会は、付託を受けた案件の審査又は調査のためこれを開くことができる。

制定時（昭22.6）、第6次改正（昭30.3）

　本条は、委員会を開会する事由について規定するものである。

【委員会の活動権能】　委員会は自主的な活動の契機を持たず、実体的な活動の全ては議院から授権されなければならない。活動内容を大別すると、①案件の審査、②調査となるが、いずれも議院と無関係に委員会が動けるものではない。

　議案を代表とする審査案件については、付託という明示の行為がなされる（•••▶第6章概説【付託の意義】）。

　これに対し、調査事件についてはその点が法規上は不明瞭である。議院から委員

4　第179回国会参議院憲法審査会会議録第2号（平23年11月28日）1頁。

94

§33

会へのその行使の授権方法は2通りが考えられる。その1は議案と同じように付託する方法であり、その2は委員会の側から議院に対して承認を求める方法である。

常任委員会は所管を定めて設置されており、その所管に属する事件については調査できるとされている（参照74の3）。以前は会期ごとに議長に対して要求を行い調査承認を受けなければならなかった（⋯▶第74条の3【具体的調査権能】）のを、昭和60年の改正で包括的に授権されたものである。

特別委員会は設置目的の範囲内でしか活動できず、目的に調査がうたわれている場合には、それが付託に当たる。

【委員会の開会事由】委員会は、付託を受けた案件の審査又は調査のため開くことができる。

委員会開会の目的は限定されている。委員長や理事の選任を行う等、その構成を整えるだけのために委員会を開くことも可能であるが、ここでは実体的な活動として議院から委ねられた審査及び調査に限定して委員会開会の目的としているのである。

付託されている議案がなければ審査を行う委員会を開けず、議案審査を目的として設置された特別委員会は調査のための委員会を開くことができない。

「委員会」とは、議院の内部機関であるが、ここでは機関としての委員会が開く正規の会議のことを指している。

「付託を受けた」とは、議院との関係で授権されたとの意味であり、「調査」にも係る。前述のとおり、**第74条の3**〔常任委員会の調査〕で認められた常任委員会の調査や設置目的でうたわれた特別委員会の調査も「付託を受けた」調査に当たる。

「審査」とは、付託案件について詳しく調べてその可否を決めることである。議院の議決を要するものが対象となる。

「調査」とは、国政に関する調査を指し、国政に対する監視、統制の権能を行使するほか、必要な国政上の施策を探り出す上で必要な審議のことである。

ここでは、その審議行為だけでなく、それらに付随する手続に関する決定を行うことも「審査」、「調査」に当たる。

【委員打合会】委員会の正規の会議として開会することが適当でない場合やその要件を満たしていないときに、委員会に代わる会議として「委員打合会」を開くことがある。例えば、会議録に残すことが不適当な委員間の懇談を行う場合や継続調査の承認を得ていない閉会中に所管に属する国政上の問題が急遽浮上したような場合である。

第7章　委員会　　95

§§ 34・35

正規の手続は必要とされないが、全委員の出席を予定するものである以上、委員会を開会する場合に準じる必要がある。

速記を付して会議録を作成することは義務付けられないが、委員長の判断でこれを行うことも可能である。

傍聴についても委員会に準じる。秘密を要する場合には、委員長が許可しなければよい。

第34条　削除

制定時（昭22.6）、第6次改正（昭30.3）

〔小委員会〕
第35条　委員会は、審査又は調査のため、小委員会を設けることができる。

制定時（昭22.6）、第6次改正（昭30.3）、第10次改正（昭60.10）
衆規43　委員会は、小委員会を設けることができる。
衆規48　委員会は、小委員会を設けて修正案を審査させることができる。

本条は、小委員会の設置について規定するものである。

【小委員会】委員会は、審査又は調査のため、小委員会を設けることができる。

委員会は、その活動の一部をより専門的な議員集団である小委員会に委ねることができる。その効用としては、議院が委員会を設けて審査や調査を委ねることと同様、①少数の構成員の間で効率的な審議が可能である、②複数の小委員会を同時に開会することにより、審査の効率を図ることができる、③守備範囲を限定して専門的知識、経験を有する議員を小委員として審査に当たらせることにより、論議の深化を図ることができる、④柔軟な議事手続を設定することで、詳細かつ周到な論議を尽くせる、⑤少数の議員による懇談により初めて互譲妥協が可能となりやすいこと等を挙げることができる。

「小委員会」とは、委員会の中に設けられる委員の一部をメンバーとする機関である。

小委員会としての効用を期すため、委員全員をメンバーとするものを設けることはできない。

96

§ 35

　「審査又は調査のため」とは、委員会が議院から授権されるものを目的とすることを要するが、現に付託されていることを要しない。将来の必要に備えて設置することも可能であると解する。この点については異論もある（佐藤（吉）・参規80頁）が、必要な時期に速やかに小委員会が活動を開始できるようにすることを優先させるべきであろう。

　「又は」は、目的を限定する必要上、審査・調査のいずれか一方が原則となろうが、関連する問題については両方を目的とすることを妨げない。

　「設ける」ことは、委員会の決定によらなければならず、その決定は、名称、目的、小委員の数を特定するものでなければならない。

　小委員会は、付された案件の審査又は調査を終わり、委員会に報告した時に消滅する。これは目的を達成する時まで存続することを意味する。会期中に審査又は調査が終わらない場合は会期の終了と同時に消滅する。ただし、小委員会に付された案件が委員会において閉会中も審査又は調査を行うとされた場合には、小委員会は次の国会の開会と同時に消滅する（参委先218）。

　委員会は、小委員の数を増減することができる。この点は、委員会についてと異なる（参規78但参照）。

【小委員会の構成】委員会と小委員会の関係等については規定がなく、原則として議院と委員会の関係から類推せざるを得ないが、実際には独自の方法によっているものも見られる。

　「小委員」は、小委員会のメンバーである。

　小委員会は委員会内の機関であることから、委員以外の議員や議員以外の者が小委員となることはできない。

　小委員の指名は委員長が行うべきものであろう（参規30の類推）。小委員の辞任許可、補欠選任は、委員長の権能に属すると解される（参規30の類推）。

> ♥運用
>
> 　小委員の選任は、実際には、委員会の一任に基づく委員長による指名で行うのが一般的であり、委員会が直接選任した例もある（参委先202）。いずれの場合でも割当会派の推薦に基づいた選任がなされている。
> 　また、小委員の辞任許可、補欠選任は、実際には、委員会の決定により委員長に一任する例となっている（参委先203）。

　小委員の在任期間は、小委員会の存続期間に一致する（⋯▶本条【小委員会】）が、任期としての規定があるわけではない。

　小委員の減員により小委員が地位を失う可能性がある。この場合、会派の割当減

第7章　委員会　　97

を伴うので小委員辞任願が出されることが期待されるが、それがない場合には、委員長が小委員を特定してその地位を奪う決定が可能であると解する (国46Ⅱの類推)。

「小委員長」は、小委員会の代表たる役職である。小委員会の議事を整理し、秩序を保持する。

その選任は、小委員会の互選によるべきものと解される (国45Ⅲの類推)。

> ♥運用
> 小委員長の選任の実際例は、委員会からの一任に基づき委員長の指名によっている (参委先205)。

【小委員会の活動】 小委員会は、委員会からの授権がなければ活動できない。その授権は、議院から委員会への議案の付託のような要式行為とされていない。通常は、小委員会設置の決定がその授権を含んでいるものと解してよいだろう。設置の際に当該案件が委員会に付託されていない場合には、付託後に委員長から小委員会に付す旨の通知が必要となる。

小委員会の運営は、委員会のそれに準じて行う。対外行為については、原則として委員長を介し議長を通じて行うものであるが、便宜的方法を採ることができる場合には小委員長が直接当たる。すなわち、国務大臣の出席要求や政府側に対して資料提出要求を行う場合等で、略式に済ませられるものについては小委員長から求める例である (参委先212、214)。

小委員会が付された案件の審査又は調査を終えたとき、小委員長はその経過及び結果を委員会に報告する。

【委員会と小委員会の関係】 小委員会は委員会に対して独立の地位を保障されていない。小委員会が委員会の判断に基づいて設置される任意の機関であることによるもので、中間報告 (国56の3) のような手段を用いるまでもなく、小委員会に対し審査、調査の期限を付すことや小委員会で審査中の案件を取り上げて委員会で審査することも委員会の議決により可能である (佐藤 (吉)・参規81頁)。

〔連合審査会〕

第36条　委員会は、審査又は調査のため必要があるときは、他の委員会又は調査会と協議して連合審査会を開くことができる。

制定時 (昭22.6)、第6次改正 (昭30.3)、第11次改正 (昭61.6)

衆規60　委員会は、審査又は調査のため必要があるときは、他の委員会と協議して、連合審査会を開くことができる。

§36

本条は、連合審査会の開会について規定するものである。

【連合審査会】委員会は、審査又は調査のため必要があるときは、他の委員会又は調査会と協議して連合審査会を開くことができる。

各委員会で審査する案件の内容がその所管に収まらないことが多々ある。他方、案件は内容が多岐にわたる場合でも、分割して複数の委員会に付託することができない。そこで、それらを審議対象とする委員会が他の委員会（調査会）と合同で会議を開けるとすることによって審査に万全を期すこととしたものである。

調査についても、社会で生じる個々の事象は様々な問題を包含し、それぞれの委員会が所管の範囲内で受け持っている問題が相互に関連することがあり、それに対応するための会議形態でもある。

「連合審査会」とは、委員会が他の委員会又は調査会と合同で開く会議である。議院に設けられる機関ではなく、委員会審査（調査）の特殊形態である。

必ずしも両委員会の委員全員によることを要せず、各々の委員の一部をメンバーとする会議としてもよいと解するが、参議院ではそのような事例はない。

「委員会は」は、審査又は調査を行っている側の委員会を主体として規定しているものである。

複数の委員会が主体となって、それぞれが審査又は調査中の案件について、互いに関連する案件を審査（調査）する委員会（調査会）を相手として相互的な連合審査会を開くことも可能である。この場合には、連合審査会で両方の案件を議題とすることとなる。

常任委員会の場合、付託委員会の所管をはみ出す部分について他の委員会の立場から検討を加えることが必要な場合に連合審査会の制度を利用することとなる。

複数の常任委員会にまたがる案件については特別委員会を設置して審査を委ねることができるが、その場合においても、特別委員会が他の専門的な立場（委員会）と合同で議論を行うことが可能である。

「審査又は調査」とは、議院から授権されたものでなければならない。すなわち、「審査」は付託されたものでなければならず、予備審査でも差し支えない。「調査」は所管又は設置目的に含まれるものでなければならない。

「必要があるとき」とは、自発的な場合でも、他の委員会からの申入れによる場合でも、付託委員会が必要性を認めれば足りる。その具体的理由、目的を問わない。ただし、相手のあることなので、その了承が必要である。

閉会中審査においても開くことは可能であると解する。閉会中審査の許否は、審

§36

査対象ごとに定められるものであるが、その上で委員会間の協議が調った場合に、これを認めない理由はないであろう。

「他の委員会又は調査会」の委員会は、常任委員会・特別委員会を問わない。また、調査会は、委員会と比べて高い専門性を有するものではないが、その取り上げているテーマとの関連が強い場合に備えて連合審査会の相手となり得ることとされたものである。

いずれも連合審査会の従たる立場としての相手方となるための資格を厳格に解する必要はなく、両者が認定できる程度の関連性で足りる。したがって、所管や設置目的に含まれるという必要はない。

「協議」は、委員長間で行うが、連合審査会を開くことについて両者の間で意見が一致しない場合には開きようがない。

先例では、案件を付託されていない側の委員会から申し入れ、付託委員会がこれを受諾して開く例とされている (参委先228) が、付託委員会から働き掛けることを妨げない。申入れ及び受諾は、委員会の決定によらなければならない。

本条は、調査会について準用されている (参規80の8)。この準用の結果、調査会を主体として他の委員会又は調査会を相手とする連合審査会が可能となる。

調査会には議案の審査権能が与えられていないが、従たる立場として付託委員会の審査に資する目的で連合審査会に加わることを不可とする理由はない。

委員会と憲法審査会による連合審査会については、憲法審査会規程が本条を準用しており、(参憲規26)、憲法審査会を主たる立場とする連合審査会は可能である。委員会を主たる立場とする場合も、あえて禁止されていると解する必要はないだろう。

【連合審査会の運営】 連合審査会は付託委員会の審査 (調査) の一環として開かれるので、その運営については付託委員会が主導権を持つ。

開会の日時は、付託委員会の委員長が申し入れた委員会の委員長と協議して決定する (参委先230)。協議が調わない場合は、付託委員会の側で決めることができる。

定足数は委員会に準じる。先例では、各委員会の委員実数の合計の半数以上が出席し、かつ、各委員会の委員の少なくとも1人以上が出席することを要するとしている (参委先232)。

> ♣衆議院では〔連合審査会の定足数〕
> 　主たる委員会の委員の半数以上の出席を要するが、従たる委員会については特に半数以上の出席を要求していない[5]。

5 鈴木哲夫=飯島正雄「秘密会、小委員会、分科会、公聴会、連合審査会」議会政治研究54号 (2000) 53頁。

§37

連合審査会は付託委員会の委員長が主宰する（参委先233）。委員長に事故があるときには、付託委員会の理事が代行する。

連合審査会の議事は、通常は質疑である。その場合、付託されていない委員会の知見を審査に反映させることを主たる目的とするものであるため、質疑は付託されていない委員会の委員を優先させるべきである（参委先236）。

それぞれの委員会の委員が意見交換を行うことも可能であろう。

審査権限は付託委員会にあるので、連合審査会で案件についての結論を出す採決を行うことはできない（参委先239）。また、その前提となる討論を行うこともできない。

その他、運営については委員会のそれに準じる。

連合審査会の終了は、先例上、連合審査会での決定によるとされている（参委先245）が、日ごとに開会する原則によれば、終了を決定しなくても翌日以降の開会が決まらない場合にはそれによって事実上終了したことになる。その意味でも、付託委員会にイニシアティブがあると言える。

〔 本会議中の委員会開会 〕
第37条　委員会は、議院の会議中は、これを開くことができない。但し、議長の許可を得たときは、この限りでない。

> 制定時（昭22.6）、第6次改正（昭30.3）
> **衆規41**　委員会は、議院の会議中は、これを開くことができない。但し、議長の許可を得たときは、この限りでない。

本条は、本会議と委員会との並行開会について規定するものである。

【並行開会の禁止】委員会は、本会議中に開くことができない。

本会議は議院の意思決定機関であり、所属議員全員がメンバーであり、出席義務があるので、その開会を最優先とすることを確認する規定である。

「委員会」は、審査形態を問わない。公聴会、連合審査会、小委員会、分科会、合同審査会も含まれる。

「会議中」とは、実際に議事を行っている最中のことであり、招集時刻を過ぎても開会されていない間や休憩中を含まない。

「開くことができない」とは、実際に議事を行うことができないとの意味である。

理事会や委員懇談会のような会議を開くこともこれに準じる。

第7章　委員会　　*101*

§38

　委員会の招集日時を本会議開会中に重なるように設定することは差し支えない。禁止されているのは実際の開会である。

【並行開会の許可】例外として、議長の許可を得たときは、本会議中でも委員会を開会することができる。

　本会議の開会中に委員会を開くことを「並行開会」という。

　公聴会や委員派遣は、対外関係を伴うため、急遽取りやめる等、機動的に対応することが困難であり、また、議長の承認を得て行われるものでもあるので（参規62、180の2）、並行開会禁止に対する例外的措置が可能な場合と言える。

　また、その本会議に上程する必要があるような緊急を要する案件の審査なども並行開会を必要とする場合と言えよう。

　「議長の許可」は、当該委員長からの許可願を受けて事前になされる。本会議の議事の予定を勘案して、時間帯を限って許可することも可能である。

　一旦許可した場合でも、本会議の定足数を確保する等の理由により、許可を取り消すことも可能である。

　並行開会が行われるとき、当該委員会の委員は、本会議への出席義務を免除される。

【議院運営委員会の並行開会】本条の禁則は、議院運営委員会にも適用される。

　第74条の6〔議院運営委員会の開会〕では、議院運営委員会は会期中いつでも開くことができる旨を規定しているが、本条の特則には当たらない。本会議中に生じた事件について議院運営委員会を開会するのに議長の許可を要するとすることは、第74条の6の規定の趣旨に反しない（•••▶第74条の6【本会議との並行開会】）。

　〔委員会の開会・開会要求〕

第38条①　委員長は、委員会の開会の日時を定める。

　②　委員の3分の1以上から要求があつたときは、委員長は、委員会を開かなければならない。

　③　委員長は、委員会の開会、休憩又は散会を宣告する。

　　　　制定時（昭22.6）、第6次改正（昭30.3）

　　　衆規67①　委員長は、委員会の開会の日時を定める。

　　　　②　委員の3分の1以上から要求があつたときは、委員長は、委員会を開かなければならない。

§38

　本条は、委員会の開会及び開会要求について規定するものである。

【委員会の招集】委員会を開くには、委員に対して事前に開会の日時、委員会議室、会議に付す案件を通知することを要する。

　委員長は、委員会開会の日時を定める。

　委員長は、委員会の議事を整理するとされ（国48）、委員会の開会がその議事整理権に含まれることから、委員会の開会の日時の決定も委員長の権限であることを確認したものである。

　「開会の日時」とは、開会を予定する日時として委員に通知するもの（招集日時）を指す。

　開会の通知は参議院公報をもって行うとされており（参委先45）、したがって開会日時は翌日以降でなければならない。

　しかし、早急に開会する必要がある場合には、招集当日に開会の日時を設定することも可能である。実際にも、当日に委員会を開会する旨、口頭で通知した例がある（参委先45）。開会を招集当日とする場合、開会時刻は委員が都内宿所から委員会議室に集まることのできる程度の時間の余裕を持たせる必要があろう。

　委員長は委員会の開会の日時を決定するに当たって理事と協議する例である（参委先37）。

　開会通知には会議に付す案件を示す例であるが、これは議事日程を定めるという意味ではなく、したがって、それに伴う拘束も働かない（••▶第88条〔日程変更〕）。

【委員会の開会】委員長の開会日時決定権は、招集時刻の決定だけでなく、実際に開会する時刻を定める権能が委員長にあることも含意している。

　招集時刻と開会時刻は一致すべきものであるが、ズレが生じることもある。突発的な事情により招集時刻に開会できない場合や、実際に開会できる時刻が不明確なときに招集時刻を早めに設定して委員に通知する場合等である。

　委員会は、あらかじめメンバーに通知した時刻（招集時刻）よりも前に開会することができない。不意打ちを禁止するためである。ただし、予定時刻の前であっても、委員全員が委員会議室にそろっているような場合には、その了解の下に開会することは可能であろう。

　国会においては、会議の開会について「日ごと開会原則」とでもいうべきルールが存在する。会議は1日を単位として開会しなければならないとするものである。具体的には、招集は前日になされるのが原則であり、会議を一旦散会した後には再開することができない。また、日をまたいで会議を継続することはできず、午後12

第7章　委員会　　103

§38

時に至ったときには会議を閉じなければならず、翌日の会議は別途招集することを要する。

【定例日】会期中であれば、委員会はいつでも開会できるが、各委員会は定例日を定める例である（参委先40）。これは、本会議の開会と重ならないようにするとともに、衆議院の同種の委員会との間で政府側出席者が重複してしまうことを避けるための工夫である。

「定例日」は、開会することを予定する日を曜日で定めるものであるが、一応の目安でしかない。毎定例日に開会しなければならない趣旨ではなく、逆に定例日以外でも開会することは可能である。

一般的に、第1種常任委員会は火曜日、木曜日を定例日とし、それ以外の委員会が定例日を設ける場合には、それ以外の曜日に設定することが多い。

開会時刻についても、午前10時又は午後1時を定刻として、委員の予測が立つように便宜を図っている（参委先43）。これについても、その他の時刻に定めることを妨げるものではない。

【開会場所】議事堂内には委員会を開会するための部屋として相当数の委員会議室が設けられており、そこで開くのを例としている（参委先46）。ただし、議院運営委員会は院内の議長応接室において開くこととなっている。

委員会の数に応じた委員会議室が設けられているわけではないが、各委員会は定例的に使用する部屋を定めて開会する例である。

また、理事会（●▶第31条【理事会】）のための部屋（理事会室）が各委員会議室に近接する場所に設けられている。

【開会要求】委員の3分の1以上から要求があったときは、委員長は委員会を開かなければならない。

委員会の開会は委員長の権限であるが、これに対して委員からの要求権を定めたものである。

委員会の開会については理事会で協議される例であるので、委員サイドの要望が直ちに開会要求の形で提出されるわけではない。理事会で各会派の意見が一致しない場合や委員長が開会について理事に協議を求めない場合等に初めて要求がなされることとなる。

委員会の継続審査・調査が認められている場合には、閉会中にも開会要求を行うことが可能である。

「委員」については、定数を指すか実数（現在委員数）を指すかの問題がある。要件

§38

を分数の形で示す以上、分子にカウントし得ないものを分母に含ませることは理に
かなわず、実数説が適切であると解する。参議院の実例もそのように扱っている（参
委先38）。

「3分の1以上」は、要求の要件であり、要求に加わった委員がその地位を失うこ
とでその後に3分の1を割っても要求の効力は影響を受けないものと解する。委員
長による開会引き延ばしによってその義務が解除される可能性が増すこととなりか
ねないからである。

「要求」は、様式が定められておらず、連名であることが要件とされていないので、
個別に要求している議員の数を合わせて3分の1に達すれば足りると解する。ただ
し、要求の内容として審査（調査）を行うべきであるとする案件や開会日時が含まれ
る場合には、それらが合致していなければならず、事実上、連名でなされることが
必要となる。

♥運用

実際の開会要求の取扱いは、要求者が連署する文書によることとされている（参
委先38）。

要求の内容は、次回の委員会開会であるが、休憩中の委員会再開を含む。

「委員会を開かなければならない」とは、要求に応じて委員会を招集し、実際に開
会しなければならないことを意味する。

要求の内容として特定の案件の審査（調査）が挙げられている場合でも、単に委員
会が開会されることによって目的は達せられたものと解される。議題の設定は委員
長の議事整理権に含まれる一方、要求で示されていた案件が議題とされなくても、
その委員会において要求委員が動議を提出することが可能だからである。

開会要求権は委員の3分の1以上で行使できる少数者の権能であり、その実現可
能性には限界が内在する。すなわち、要求に期限が付されている場合でも、委員長
はそれに拘束されるわけではない。著しく遅延した開会では要求の制度の意義がな
くなってしまうが、これを強制する方法はない。委員長に対する拘束力を確定的な
ものとするには、開会の期限を規定するか、委員の過半数による要求という形に構
成し直すかの方法が考えられる。

なお、要求に付された期限を経過して委員会が開会されない場合でも要求の効力
がなくなるわけではない。再開要求も、その日に再開されなかった場合には翌日以
降の開会要求として引き続き効力を有する。

【開会・休憩・散会宣告】 委員長は、委員会の開会、休憩、散会を宣告する。

第7章 委員会 *105*

§39

委員会の開閉についての宣告権に着目した規定であるが、その決定権も議事整理権として委員長に属することが前提となっている。ただし、委員から動議が提出され可決されると委員長はそれに拘束される。その場合でも、休憩、散会の効果は委員長の宣告によって発生する。

「開会」とは、委員会を開始することであり、ここでは休憩後の再開も含まれる。

「休憩」とは、その日のうちに再び開会することを予定して会議を閉じることである。

「散会」とは、その日には再開することができない会議の閉じ方である。

「宣告」とは、ここでは開会、休憩、散会の効果を伴う発言のことである。

〔議案の趣旨説明〕
第39条 委員会は、議案が付託されたときは、まず、議案の趣旨について説明を聴く。

制定時（昭22.6）、第10次改正（昭60.10）
　　衆規44　委員会は、議案が付託されたときは、先ず議案の趣旨についてその説明を聴いた後、審査に入る。

本条は、委員会における議案の趣旨説明について規定するものである。

【趣旨説明】委員会は、議案が付託されたときは、まず議案の趣旨について説明を聴く。

委員会における議案の審査順序として、趣旨説明からスタートすることを規定するものである。

委員会では、様々な審査手法を用いることができる。通常の手続は、趣旨説明、質疑、討論、採決の順に進められ、そのほか、公聴会、連合審査会、小委員会のような会議形態のほか、証人喚問、参考人の招致、報告又は記録の提出要求、委員派遣等の特殊形態の審査手法を用いることもできる。

法規上、その順序が指定されているのは、本条で趣旨説明を最初に行うことが規定されているほか、討論が終わった後に採決を行うことである（参規49）。

趣旨説明を冒頭に行うのは、委員に議案の内容を了知させた上でなければ、それに対する疑義も発生せず、賛否の態度の決めようもないからである。委員には議案が配付されているが、会議の場で口頭での説明が必要とされているのである。

「議案」は、国会又は議院の審議対象（議決すべき案件）のうち、委員会審査が必要

§§ 40・41

なほどに重要なものを指す (⋯▶第5章概説【議案の意義】) が、ここではそれ以外の付託案件についても類推適用される。

「付託されたとき」とは、議院から審査を委ねられたときであり、予備付託を含む。付託後、直ちに委員会を開くことを命じるものではなく、委員会を開いて審査を開始するに当たってという意味である。

「まず」とは、当該議案を議題とした後、最初に議事として行い得るのが趣旨説明であることを指示するものである。

「議案の趣旨」とは、議案を提案するに至った理由、その内容の概要のことである。

「説明」は、口頭で分かりやすいように述べることであり、提案者の行為であるが、委員会の側としては、その聴取が審査行為となる。

◆旧規定は〔趣旨説明と審査〕

　第39条（旧）　委員会は、議案が付託されたときは、先ず議案の趣旨について説明を聴いた後、審査に入る。

　　かつての規定の表現では、趣旨説明の聴取が審査行為ではないと誤解され、特に、議案の中間報告の要件である「審査中」（国56の3 I）との関係で疑義が生じかねないことを理由として、昭和60年に改められた。

【趣旨説明者】議案の趣旨説明を行うのは、その発議者又は提出者である。

　提出者とは、内閣提出議案については所管の国務大臣、衆議院提出議案については衆議院の委員長又は発議者である。それぞれ代理者、例えば、副大臣や理事が行うことも可能であるが、委員会側の了解が必要であろう。

　衆議院で修正されている場合については、第41条【衆議院議員による説明】の説明参照。

第40条　削除

制定時（昭22.6）、第6次改正（昭30.3）

〔議案についての衆議院議員による説明〕

第41条　委員会は、衆議院提出の議案につき又は内閣提出の議案中衆議院の修正にかかる部分につき、衆議院の委員長、発議者又は修正案の提出者から、説明を聴くことができる。

制定時（昭22.6）、第6次改正（昭30.3）

第7章　委員会　　107

§41

本条は、委員会における衆議院議員からの説明聴取について規定するものである。

【本条の趣旨】国会法第60条〔他院提出議案の説明〕は、議院提出議案について委員長又は発議者が他院で提案理由を説明することができる旨を規定している。**参議院規則第175条の2〔発議者等の衆議院での説明〕**においても、参議院提出の議案につき又は内閣提出の議案中参議院の修正に係る部分につき、委員長、発議者又は修正案の提出者は衆議院で修正趣旨を説明することができる旨を規定している。これらは、他院に対する関係で当然に説明できるとの意味ではなく、求められた場合にその任に当たることができることを規定したものである（⋯▶第175条の2【発議者等の衆議院での説明】）。

本条は、これとは逆に聴取する側に立った規定であり、委員会においても衆議院議員から説明を聴くことができることを確認したものである。

「聴くことができる」は、他院議員を出席者として発言させることが帝国議会時代には異例であったことに鑑み、議員立法が通常行われることとなった現在ではそれが可能であることを確認する趣旨である。

衆議院の関係者との間で出席、説明を義務付けるものではない。ただし、それらの者としては、説明を拒むと議案審議が滞るので、推進者の立場として事実上義務付けられていることとなる。

【衆議院議員による説明】委員会は、衆議院提出の議案につき衆議院の委員長、発議者又は修正案提出者から説明を聴くことができる。

「委員会」は、当該議案を審査している委員会に限られる。

「衆議院提出の議案」とは、衆議院において議員の発議又は委員会提出に係る議案で衆議院本会議が議決して参議院に送付してきたものである。本会議の議決が原案の可決であると修正議決であるとを問わない。また、衆議院から予備送付された議案（衆規29）を含む。

衆議院の発議者から聴くのは議員発議の場合であり、衆議院の委員長から聴くのは委員会提出の場合又は議員発議でその委員会で審査した（その委員会の所管に属する）場合（衆規69参照）である（鈴木・理論184頁）。

衆議院提出議案が衆議院の修正を経ている場合には、その修正部分について説明を聴く必要があり、委員会で修正されたときは衆議院の委員長又は委員会での修正案提出者から、本会議で修正案が提出されたときは修正案提出者からの説明聴取となる。

内閣提出の議案中衆議院の修正に係る部分については、衆議院の委員長又は修

108

§42

正案提出者から説明を聴くことができる。

「内閣提出の議案」とは、①内閣が衆議院に提出した議案、②内閣が参議院に提出した議案で参議院が議決して衆議院に送付し、衆議院が継続審査したもののことである。

内閣が参議院に提出した議案で衆議院が回付したものは委員会に付託されない（参規178 I）ので、本条の適用はない。

「衆議院の修正にかかる部分」とは、衆議院が修正議決して参議院に送付してきた場合のその修正に係る部分のことである。

委員会で修正されたときには衆議院の委員長又は委員会での修正案提出者から、本会議で修正案が提出されたときには修正案提出者から、説明を聴く。

「説明」とは、審査冒頭の趣旨説明だけでなく、質疑に対する答弁等を含む。

〔委員の発言〕

第42条① 委員は、議題について、自由に質疑し、意見を述べることができる。

② 委員から発言を求めたときは、その要求の順序によつて、委員長がこれを許可する。

制定時（昭22.6）、第6次改正（昭30.3）
衆規45① 委員は、議題について、自由に質疑し及び意見を述べることができる。
② 委員から発言を求めたときは、その要求の順序によつて、委員長がこれを許可する。
③ 委員から発言の順序について、異議の申立があるときは、委員長は、これを委員会に諮らなければならない。

本条は、委員の自由な発言及び発言順序について規定するものである。

【発言の自由】委員は、議題について自由に質疑し、意見を述べることができる。

委員会の効用の1つとして、発言に制限なからしむることによって事件の審査を周密なものとすることが挙げられているところであり[6]、それを明文化したものである。

「委員」とは、当該委員会の全ての委員を指す。

委員長を含むが、その発言にはおのずから制約がある（••▶第45条〔委員長の討論〕）。

---

6 田口弼一『委員会制度の研究』（岩波書店・1939）28頁。

第7章 委員会　　109

§42

「議題について」は、自由な発言も議題による制約があることを意味する。すなわち、委員会は、各場面において対象を限定して議論するため、それから外れる発言は許されない。議題外発言の禁止の規定（参規100）は、委員会にも類推適用される。

「自由に」とは、発言する者を限定して議事を進めるのではなく、誰もが発言する資格のあることを含意しており、発言を求めるために特別の様式による必要はなく、発言回数も制限されず、内容についても原則として縛りはないことを指す。

ただし、委員長の議事整理権に服し、発言のたびごとに委員長の指名を受けなければならない。

また、審議は質疑、討論等、段階を区分して進めるが、本条はそのことを織り込んでおり、審議区分を無視した発言はできない。

「質疑」は、議案の発議者や政府側の出席者等に対して疑義をただすことである。その相手は、委員会で発言をした全ての者に対して可能である（佐藤（吉）・参規92頁）。事実だけでなく、相手の所見をただすこともできる。

「意見」は、討論の中で述べるのは当然のこととして、質疑の審査段階において、疑義をただすために自らの所見を述べることも必要な範囲で認められる[7]。

【発言順序】 委員から発言を求めたときは、その要求の順序によって委員長が許可する。

発言について自由を保障する一方、発言希望者が複数いる場合には、それを調整する必要が出てくる。これを要求順に許可することとしたものである。

「委員から発言を求めたとき」とは、内容や所要時間を特定して発言したい旨要求したときのことである。例えば、誰に対して〇分間質疑したいというような要求である。質疑相手の出席が必要となる等、準備を要するため、事前になされることが原則である。

「その要求の順序によって」とは、要求が出された順序どおりに発言できるようにするとの意味である。

「許可する」とは、発言者を決めることが委員長の議事整理権に属することを示すものである。要求時間どおりに認めなければならないものではなく、委員間の公平を欠かないよう配慮して時間を限ることも可能である。

【発言許可】 本条の許可とは別に、個々の発言について、発言者は委員長から指名を受けなければ発言できない。これが一般的な用語でいう「発言許可」である。

例えば質疑の場合、一問一答形式の質疑・答弁発言が行われるが、そのたびごと

---

[7] 佐藤吉弘『註解参議院規則』（旧版）（参友会・1955）193頁。

§42の2

に発言許可を得なければならない。これは本条にいう許可ではないため、1問ごとに要求順で質疑者を替えて許可することを求められるものではない。

発言許可を受けていない発言は、正規の発言とはみなされず、私語扱いとなる。

【発言についての事前協議】本条は任意規定であり、会派間の合意により適用を排除することが可能である。

発言時間、順序等については、通常、理事会において協議がなされる例であり、本条の規定どおり要求順序により許可された委員が自由に発言することは少ない[8]。審議の性格によっては、自由な発言により意見交換が行われる場面も見られるが、それも原則に戻って本条を適用するということではなく、理事会の協議で自由討議の形態を採用するというものである。

協議は、会派所属委員数比に応じた時間を基準として発言時間を会派に割り当て、発言順序を大会派順とする例が多い。ただし、これは理事会における理事間の合意であり、互いにその内容を尊重する限度で通用するものである。

事前協議による運営に対しては、委員会が筋書の決まった芝居のようになってしまっては活力も失われざるを得ず、もっと自然に、柔軟に、自由闊達に議論が戦わされることが望ましいとの意見も見られる（佐藤（吉）・参規93頁）。

なお、本条の「自由に」の意味が委員ごとの質疑応答の完結を前提とし、理事会協議による発言の割当てを織り込んだものであるとの見方もなされている[9]。

〔政府に対する質疑〕
第42条の2　委員会が審査又は調査を行うときは、政府に対する委員
　　の質疑は、国務大臣又は内閣官房副長官、副大臣若しくは大臣政務官
　　に対して行う。

第14次改正（平11.10、平13.1）、第20次改正（平19.1）
　　衆規45の2　委員会が審査又は調査を行うときは、政府に対する委
　　　　員の質疑は、国務大臣又は内閣官房副長官、副大臣若しくは大臣
　　　　政務官に対して行う。

本条は、委員の政府に対する質疑の質疑相手について規定するものである。

【対政府質疑】委員会が審査、調査を行うとき、政府に対する委員の質疑は国務大

8　森本昭夫「国会の議事運営についての理事会協議─多数決と全会一致の間合い」立法と調査388号（2017）82頁。
9　白井誠『政党政治の法構造─明治・大正期憲法改革の地下水流』（信山社・2017）53頁。

第7章　委員会　*111*

§42の2

臣又は内閣官房副長官、副大臣、大臣政務官に対して行う。

　国会における審議行為の中心である委員会でなされる議論は、高度に政治的なものから専門的、技術的なものまで様々である。本条は、政府に対する質疑相手を行政を担当する政治家とするのを原則とする旨を規定するものである。

　以前は、国会において国務大臣を補佐するために説明、答弁することを職務とする資格である「政府委員」が置かれていた。その制度の下では、委員会審議の実体として、政府委員に対する質疑が中心となる傾向が見られた。これに対して、国会を直接国民に責任を負うべき議員同士又は国務大臣との間による政策論争の場とすべきであるとの意見が強くなり、国会法が改正され、平成12年の常会から政府委員制度が廃止された。本条はその時に新設された規定である。政府委員制度については、『逐国』第69条【国務大臣の補佐】の説明参照。

　「政府」とは、行政権の属する内閣及びその下にある行政機関を総体として指すものである。

　国会、裁判所、会計検査院に対する質疑は、本条の規定するところではない。

　「国務大臣」は、内閣を構成する大臣で内閣総理大臣を含む。その数は、内閣総理大臣を除いて14人以内、特別に必要がある場合は17人以内とされている（閣2Ⅱ）。

　「内閣官房副長官」は、内閣官房長官の職務を助け、命を受けて内閣官房の事務をつかさどり、また、内閣官房長官不在の場合にその職務を代行する職である（閣14Ⅲ）。3人を置くこととされており（閣14Ⅰ）、うち2人が政務担当で、国会議員の中から任命される例である。本条の「内閣官房副長官」は、政務担当の者を想定している。

　「副大臣」は、各省に置かれる職で、大臣の命を受けて政策、企画をつかさどり、政務を処理し、大臣不在の場合にその職務を代行する（行組16ⅠⅢ）。内閣府にも3人が置かれる（閣設13Ⅰ）。

　「大臣政務官」は、内閣府及び各省に置かれる職で、大臣を助け、特定の政策及び企画に参画し政務を処理する（行組17ⅠⅢ、閣設14ⅠⅢ）。

　内閣官房副長官以下の者は国務大臣に続けて挙げられているが、「又は」で前後に分けてあるのは、これらの者は国務大臣を補佐するために出席することができる（国69Ⅰ）との趣旨を踏まえている。

　「対して行う」とは、質疑の相手をこれらの者とすることを原則とするという意味である。

　したがって、国務大臣を補佐するために答弁するのも、内閣官房副長官、副大臣、

§42の3

大臣政務官が原則である。

　質疑者は質疑の相手を指定して出席を求めるが、個々の質疑について誰が答弁するかは、質疑者の希望や誰が適切に答弁できるか等を勘案して委員長が決める。その場合に、原則として本条に規定されている者の中から選ぶこととなる。

【政府特別補佐人】国会法では、内閣は両院議長の承認を得て、人事院総裁、内閣法制局長官、公正取引委員会委員長、原子力規制委員会委員長、公害等調整委員会委員長を政府特別補佐人として議院に出席させることができると規定されている（国69Ⅱ）が、参議院規則では政府特別補佐人の位置付けがなされていない。政府特別補佐人は政務以外の政府関係者として、その必要性から特に出席が認められたものであり（⦅⦆『逐国』第69条【政府特別補佐人】）、国務大臣を補佐するとの限定が付くものの、本条との関係では、政府特別補佐人に対する質疑は、必ずしも例外的、補充的なものとして捉える必要はない。

〔政府参考人〕

第42条の3①　委員会は、前条の規定にかかわらず、行政に関する細目的又は技術的事項について審査又は調査を行う場合において、必要があると認めるときは、政府参考人の出席を求め、その説明を聴く。

②　委員会が政府参考人の出席を求めるには、当該公務所を通じて行う。

　　　　第14次改正（平11.10）
　　　　　衆規45の3　委員会は、前条の規定にかかわらず、行政に関する細目的又は技術的事項について審査又は調査を行う場合において、必要があると認めるときは、政府参考人の出頭を求め、その説明を聴く。
　　　　　衆規85の2②　参考人の出頭を求める場合には、委員長は、本人にその旨を通知する。
　　　　　③　政府参考人に対する前項の通知は、当該公務所を通じて行う。

　本条は、政府参考人に対する出席要求について規定するものである。

【政府参考人】委員会は、行政に関する細目的・技術的事項について審査、調査を行う場合、必要があると認めるときは、政府参考人の出席を求め、説明を聴く。

　第42条の2において、政府に対する質疑は政務の政府関係者に対して行うと規定したが、その一方で、細目にわたる事項や技術的な事項については、政府の事務担当者の発言を認めることとしたものである。

§42の3

「前条の規定にかかわらず」は、第42条の2が原則、本条が例外であることを意味する。

「行政に関する」とは、内閣及びその下にある行政機関の所管に属する事項であり、立法行政や司法行政を含むものではない。

「細目的又は技術的事項」とは、政策論議として国務大臣等が発言するのに適さない事柄のことである。

委員会としてこれらの事項に限定して審査、調査を行う場合だけでなく、そのような限定を施さないで審査、調査を行う場合でも、質疑者の取り上げる問題がこのような事項に及ぶときを含む。

「必要があると認める」とは、政府参考人の出席、説明の必要性を委員会が認定することである。

「政府参考人」とは、委員会からの求めに応じて出席し、行政に関する細目的・技術的事項について説明する政府職員である。

その資格は規定されておらず、委員会側が指定するので特に限定を加える必要はなく、当該事項に精通している者であれば職階を問わない。実際には、執行する施策、業務に責任を持つ立場の者が指定される（佐藤（吉）・追補7頁）。局長・審議官クラスであることが多い。

「出席を求め」とは、対象者を指定して委員会で決定し、その出席を求めることである。

「説明を聴く」とは、質疑して答弁を求めることを含む。その内容は行政に関する細目的・技術的事項に限られるので、議案の趣旨説明や内閣が国会、議院に対して行う報告等は補充的なものに限って認められる。

委員会から出席を求められた政府参考人が出席して説明を行うのは、議院内閣制を背景とした職務上の義務である。

【政府参考人の招致】委員会が政府参考人の出席を求めるには、当該公務所を通じて行う。

政府参考人の出席、説明は、職務として行うものであり、通常の参考人の招致と比べて簡易な手続による。すなわち、議長を経由する必要はなく（参規186Ⅱ参照）、本人に対する直接の通知も不要である。

「当該公務所」とは、政府参考人の勤務する府省のことである。

「通じて行う」は、公務所に通知することで本人に求めたこととなり、それによって本人の具体的出席義務が生じるとの意味である。

114

§43

〔委員長の他委員会等への出席・発言〕
第43条　委員長は、委員会を代表して意見を述べるため、他の委員会又は調査会に出席して、発言することができる。

制定時（昭22.6）、第6次改正（昭30.3）、第11次改正（昭61.6）
　衆規70　委員長は、他の委員会に出席して、意見を述べることができる。

　本条は、他委員会での委員長の出席・発言権について規定するものである。
【委員長の他委員会出席・発言権】委員長は、委員会を代表して意見を述べるために、他の委員会又は調査会に出席し、発言することができる。

　委員長は、自ら委員長を務める委員会以外の委員会（調査会）の委員の地位に就くこともできる。しかし、本条の規定するのは委員として所属する委員会（調査会）に出席し、発言することではなく、委員長の立場としてのものである。

　委員会は所管を区切って設置されているが、他委員会（調査会）で審議中の案件について自委員会の所管事項が関連することがある。連合審査会の制度が設けられており（参規36）、専門の立場からの発言の機会を確保する点では共通するが、そこでの審議内容は質疑が中心で、委員会の意見を伝えるのに適した手段ではないため、別の方法として委員長の他委員会への出席、発言を認めたものである。

　「委員長」は、委員長の職務を行う者と解すべきである。委員長に事故がある又は欠けた場合には委員長の代理で理事が他の委員会に出席し発言することができる。

　「委員会を代表して」とあることからも、意見は委員長の個人のものであってはならず、その内容については委員会の所管による制限も働く。ただし、必ずしも委員会の決定で内容を確定させる必要はなく、委員の大方の意向であることを委員長の権限で認定できるものと解する。通常は、理事会で確認の上行われるものであろう。

　「意見」は、委員会の所管に属する政策内容に関するものだけでなく、連合審査会の申入れのような手続に関するものでもよい。

　本条は、調査会について準用されており（参規80の8）、調査会長も他の委員会（調査会）に出席し、発言することができる。また、憲法審査会にも準用されており（参憲規26）、出席、発言の主体に憲法審査会会長が、対象に憲法審査会が、それぞれ加わる。
【出席発言権の行使】「出席して、発言することができる」とは、他委員会に対する具体的権限であり、委員長が出席して発言したい旨通告した場合には、当該他委員

§44

会はこれを拒むことはできない（佐藤（吉）・参規94頁）。

　当該他委員会は、その後に開会される委員会で出席を許し、発言の機会を設けなければならない。意見の内容が特定の案件に関するものである場合には、その案件を議題とする時でよい。発言する委員長は当該他委員会の委員長の議事整理権に服さなければならず、具体的な発言の時機は当該他委員会の委員長が決し、発言の都度、その委員長の許可を受けなければならない。

　逆に、委員会の側が他委員会の委員長に出席、発言を求めることも可能である（参規44）が、それは出席、発言を義務付けるものではない。証人喚問や参考人招致の対象となる場合には、それぞれの資格で出席を求めることとなる。

〔委員外議員の発言〕
第44条　委員会は、委員でない議員から意見を聴き、又は発言を許可することができる。

　　　　制定時（昭22.6）、第6次改正（昭30.3）
　　　衆規46　委員会は、審査又は調査中の案件に関して、委員でない議員に対し必要と認めたとき、又は委員でない議員の発言の申出があつたときは、その出席を求めて意見を聴くことができる。

本条は、委員外議員の発言について規定するものである。

【委員外議員の発言】委員会は、委員でない議員から意見を聴き又は発言を許可することができる。

　委員の任期を保障すること等により、その専門性を高める工夫がなされているが、委員会では、委員以外の者の発言が必要となることがある。委員会の側がそれを認めることもあり、委員でない議員の方で必要とすることもある。本条は、その要請に応えるためのものである。

　「委員会」とは、機関としての委員会が開く正規の会議のことである。公聴会等の特殊審査形態を採る場合を含む。

　「委員でない議員」は、参議院議員に限られる。衆議院議員の場合、証人又は参考人としての発言となり、本人には発言を求める資格はない。

　「意見を聴き」は、委員会の側から特定の委員外議員に対して意見を述べるよう求めることである。委員会の決定によらなければならないが、相手を義務付けるものではない。

116

§45

意見に限らず、その経験した事実についての陳述等、発言全般の聴取を指す。ただし、委員としての発言ではないので、委員会の表決に直結する討論を認めることはできない。

具体例として考えられるのは、委員でない議員が審査中の案件を専門とする学識経験者である場合や関連する調査を目的とする議員派遣に参加した議員から報告を求める場合等である。

「発言を許可する」は、委員でない議員から発言を求められた場合に委員会の決定で許可することである。

具体的には、委員の割当てのない会派の議員が質疑を希望することや傍聴していた議員が関連する質疑を急遽行いたい旨希望するような場合である。

委員外議員が発言する場合には委員長の議事整理権に服さなければならず、具体的な発言の時機は委員長が決し、発言の都度、委員長の許可を受けなければならない。

委員派遣に委員でない議員が現地で参加すること等も本条に準じて認められる。

〔委員長の討論〕
第45条①　委員長が、自ら討論しようとするときは、委員席に着かなければならない。
②　委員長が討論したときは、その問題の表決が終るまで、委員長席に復することができない。

制定時（昭22.6）、第6次改正（昭30.3）
　衆規49　委員長が自ら討論をしようとするときは、理事をして又は委員の中から代理者を指名し、委員長席に着かせなければならない。

本条は、委員長が討論を行う場合の着席について規定するものである。

【委員長の発言】委員長は、開会・休憩・散会宣告や発言許可のような議事整理のための発言を行うが、議事に参加してその内容について発言することも可能である。

例えば、委員長が委員会を代表して質疑を行うことがある。その典型的な例は、証人喚問の場合に、冒頭で総括的な質問を行うものである。また、委員長が一委員として質疑や討論を行うことも可能である。

【委員長の討論】委員長は、自ら討論しようとするときは委員席に着かなければ

第7章　委員会　　117

§45

ならない。

委員長が討論のための発言を行うことは、特定の立場を表明することであり、委員の1人としての行為である。委員長席に着いてその職務を行いながら、同時に二役を処理することはできないため、この場合には、委員長席を外し、あくまでも一委員としての立場で発言しなければならないこととしたものである。

「委員長」とは、委員長のポストに就いている者を指すが、委員長に事故がある場合の職務代行者にも当てはまる。

「討論」とは、表決の前に、議題となっている問題について賛否を明らかにして意見を述べることである。

「委員席」とは、委員長でない委員が座るために用意されている席のことである。

「着かなければならない」とは、着かないことには討論の発言を行うことが認められないことを意味する。

この場合には、委員長に事故あるものとしてあらかじめ指定を受けた理事が委員長の職務を代行する。

【討論後の復席】委員長が討論したときは、その問題の表決が終わるまで委員長席に復することができない。

討論は審査中の問題についての態度を表明するものであり、委員長が討論を行うことは委員長の職務（議事整理）の中立性と相容れない。また、表決の結果次第では委員長が決裁権を行使することもあり得る（国50）。そこで、委員長による討論を禁止しないことと引換えに、討論を行った場合には、その後は委員長の職務を行えないこととしたものである。委員から見て、委員会運営についての委員長の中立性に対する疑義を拭えないからである。

「その問題」とは、委員長が討論を行った案件であり、他に一括して議題となっている案件があれば、委員長がそちらに言及していなくても、その案件も「その問題」に当たると解する。一括議題とした関連性に応じて、本条第2項の制約も及ぶと解すべきだからである。

「表決が終るまで」とは、その案件が議題となっている時に表決を行って審査結果が出るまでであるが、それに付随する附帯決議案の審議も委員長が主宰することができないと解する。その案件の表決を行うまでの間に他の案件を議題とする場合には、その審査について委員長としての職務を行うことは可能である。

「委員長席に復することができない」とは、委員長席に座って議事を主宰することができないという意味である。

§46

　委員席に着いた委員長は、表決時には、一委員として表決権を支障なく行使できる。

　審査を終了した時点で議事を整理していたのは職務代行者たる理事であるので、議長への審査報告書の提出は、その理事が行うこととなる。

　なお、当該案件についての本会議での委員長報告まで、委員長による職務遂行が禁じられているものではないが、委員会における採決時に委員長席に着いていた代理理事が代わって行うべきである。

　本条の趣旨を敷衍すると、討論を行った理事は、その問題の表決が終わるまで委員長の職務を代行することができないことになる。

【委員長の質疑等】　本条は討論の場合についてのものであるが、第1項が規定する点については、委員として質疑する場合にも当てはまる。一委員としての発言と委員長の議事整理を1人で同時にこなすことは適当でないからである。

　委員長が質疑を行った場合について本条のような規定を置いていないのは、復席の禁止を討論を行った場合に限る趣旨であると解する。しかし、委員長が質疑を行うことは例外的事象であり、質疑が自らの意見を交えながら行えることに鑑みれば、本条第2項の類推適用とは言わないまでも、復席を自粛すべきものであろう。

　さらに、委員長は議員として議案を発議したり、委員として修正動議を提出することができなくはない（••▶第46条【修正動議】、『逐国』第56条【議案の発議】）が、それは討論を行うときと同様に特定の立場を採ることであるので、その議案の審査においては議事を主宰することができない。

〔修正案の提出〕
第46条①　議案を修正しようとする委員は、予め修正案を委員長に提
　　出しなければならない。
②　前項の修正案が法律案に対するもので予算の増額を伴うもの又は予
　　算を伴うこととなるものである場合には、修正の結果必要となる経費
　　を明らかにした文書を添えなければならない。

　　　　　制定時（昭22.6）、第6次改正（昭30.3）
　　　　衆規47①　議案を修正しようとする委員は、予め修正案を委員長に
　　　　　提出しなければならない。
　　　　②　前項の修正案が法律案に対するもので、予算の増額を伴うもの
　　　　　又は予算を伴うこととなるものについては、修正の結果必要とす

§46

る経費を明らかにした文書を添えなければならない。

　本条は、委員会における議案に対する修正案の提出について規定するものである。
【委員会修正】審議の対象である議案については、内容に手を加えた上で、その内容を了とする議決を行うことができる。これが「修正」であり、議案を審査する委員会段階においても、そのためのアクションを起こすことが可能である。

　その方法は、原案に対してどのように修正するかを案に仕立て、原案と併せて審議するものであり、その案は審査に加わっている委員が提供する。

　修正の限界については、『逐国』第57条【修正の限界】の説明参照。

　委員会審査の結果、修正議決すべきとの結論が得られた場合、その修正案が委員会提出の修正案となり、付託されていた原案に委員会提出の修正案を付して議長に戻すこととなる。この場合、この修正案は本会議の議題とするのに賛成者を要しない（参規128）。

【修正動議】委員会の決定を求めてなされる委員からの提案は動議の形を採る。規則上は、委員会における議案の修正について「動議」の語は出てこないが、審査議案の内容を改めようとの提案は議事の中でなされるものであり、動議によることとなる。

　「動議」とは、委員会においてその決定を求めてなされる提案である。

　本会議では議案等の形式と区別された概念であるが、委員会においては、提案全般を指すと考えてよい。

　議案を修正しようとする委員は、あらかじめ修正案を委員長に提出しなければならない。

　そこで、修正動議と修正案の関係が問題となる。「修正動議」は、対象とする議案の内容を改めるよう求める提案であり、どのように改めるかという内容を伴う。その内容が「修正案」である。したがって、修正案自体は修正されたいとの提案ではない。

　文書の形で存在する議案の内容を修正しようとするものであるから、修正案も文書にする必要がある。法律案等の国法形式に対する修正案は、用文、用字、様式等に規格があり、議院法制局の審査を経る必要がある。

　第1項の意図するところは、修正動議を提出する際に修正案を提示したのでは、それを直ちに審議対象とすることができないため、修正案をあらかじめ委員長に提出することとして、印刷、配付の準備を整えておくようにするというものである。

§46

　誤解を招きやすい点であるが、修正動議は、事前に提出した修正案を議題に載せることを求める動議ではない。修正動議と修正案は一体不可分の関係にあり、修正を求めるのは動議の役割である。内容を予告する必要により、便宜上、修正案を先に提出しておくだけで、本体たる動議は委員会の最中、適時に提出しなければならない。

　「修正しようとする」とは、修正動議を提出する予定であることを指す。

　「委員」は、当該議案を審査中の委員会の委員であればよい。

　委員長は、特定の立場を採ることを控えるべきであり、委員長が修正案を提出することについては、討論を行う場合に準じる必要がある（•••▶第45条【委員長の質疑等】）。

　当該議案の発議者や賛成者が委員となっている場合でも、その者が審査経過に鑑みて修正を必要とするとの判断に至ったときには、自ら修正案を提出することができる。

　「予め」とは、修正案を印刷、配付し、修正動議提出時に直ちに審議することが可能な程度の時間の猶予を必要とする趣旨である。

　委員長は、修正案の提出を受けると、修正動議の提出に備えて、その準備をしなければならない。修正案を印刷して審議できるようにしておくほか、予算総額の増額修正案又は法律案に対する修正案で予算の増額を伴う若しくは予算を伴うこととなるものである場合には、その案を内閣に示して意見を述べる（参規50Ⅱ）準備を促す必要がある。

　修正動議の提出については要件が規定されておらず、賛成者は必要ない（参委先128）（•••▶第48条【質疑・討論終局動議】）。

　修正を求めるとの判断は、原案に対する疑義が全て解消した上で初めて可能なことであるので、修正動議提出者は、以後、新たな事情が生じない限り、質疑を行うことはできない。修正動議の提出時期として質疑終局後討論に入る前が挙げられている（参委先147）のはその趣旨である。

　修正動議は原案に対して先決問題であり、修正動議を処理することなく原案を採決して審査を終えることはできない。

　修正案を表決に付す場合の問題点については、第49条【修正動議の表決】の説明参照。

【予算を伴う修正案】修正案が法律案に対するもので予算の増額を伴うもの又は予算を伴うこととなるものである場合には、修正の結果必要となる経費を明らかにした文書を添えなければならない。

§47

　この場合には、採決を行うまでに内閣に対して意見を述べる機会を与える必要があり（参規50Ⅱ）、また委員が修正の当否を判断する上でも、必要経費についての資料が必要となるからである。

　「予算の増額を伴うもの」は、原案である法律案が予算を伴う場合に、修正を施すことによって歳出が増加又は歳入が減少することとなる修正案をいう。修正案が部分的に歳出の増減又は歳入の増減となる施策を併せて講じる場合であっても、原案と比較して修正案全体として歳出増又は歳入減をもたらすときには「予算の増額を伴う」に当たる。逆に、修正案が全体として歳出増又は歳入減をもたらさなければ、「予算の増額を伴う」には当たらない。

　「予算を伴うこととなるもの」は、原案が予算を伴わない場合に、修正を施すことによって、①歳出予算総額を増加し又は歳入予算の総額を減少することを要するとき、②歳出予算の総額の増加はなくとも、新たに項を新設し又は各部局若しくは各項間においてその額を増減させることを要するときであってその増減額が国会の議決を経た移用の範囲の額でないとき、③法律の施行の年度においては予算の計上額の範囲であっても、次年度以降において内閣に予算上の義務を課すこととなるときの修正動議がそれに当たる（浅野他・事典109頁）。

　予算の増額を伴う・予算を伴うこととなるの認定は、一次的には修正動議提出者が行う。この点は修正案立案の段階で法制局審査の対象であるが、委員長において修正案提出者の判断を改めさせることができるものと解する。

　「修正の結果必要となる経費」とは、経費の見込額又は歳入減となる見込額のことである。

　「明らかにした」は、修正に伴うものを個々に挙げるのではなく、それらを差し引きしたトータルの額を概算で示すことで足りる

　「添えなければならない」とは、修正案の提出時に一緒に委員長に提出することを要するとの趣旨である。

　この文書は、参考資料であって議決の対象ではない。

〔発言時間の制限〕
　第47条　委員長は、委員会に諮り、質疑、討論その他の発言時間を予め
　　制限することができる。

制定時（昭22.6）、第6次改正（昭30.3）

§47

> **衆規68** ① 委員長は、委員会に諮り質疑、討論その他の発言につき、時間を制限することができる。
> ② 予め時間を制限する場合は、各委員に対して均等にしなければならない。

　本条は、委員会における発言時間の制限について規定するものである。

【発言時間の制限】 委員会は融通無碍な運営を目指し、委員は自由に発言できることとされている（参規42Ⅰ）。その自由には発言回数に縛りがないことも含まれる（••▶第42条【発言の自由】）。他方、質疑終局や討論終局を委員の動議に基づいて決定することも予定されており（参規48）、委員の希望どおりに際限なく発言が認められるものではない。

　委員長は、質疑、討論その他の発言時間をあらかじめ制限することができる。

　各委員の発言が計画的になされるよう、事前の時間管理を行う手段の1つを規定したものである。

　「質疑、討論その他の発言」は、審査段階を例示して全ての発言を対象とできることを示すものである。

　「発言時間」とは、個々の委員ごとの発言時間、会派単位の発言時間、質疑・討論等の各審査段階の発言時間全体枠等、どのような単位で取り上げて対象とすることも可能である。

　ただし、各審査段階を超えるような単位での時間制限はできないものと解する。例えば、別々に議題となる複数の案件の審査時間をまとめて制限することや単一の案件であっても趣旨説明から表決までの全体についての時間を定めること等はできない。各案件や各審査段階は互いに時間を融通し合える関係にないからである。

　「予め」とは、発言者にとって残りの持ち時間を予見できるような形であれば、発言に入ってから制限することも許されるものと解する。

　例えば、特定の委員の討論が異常に長時間にわたる等、ほとんどの場合、制限を行う必要性が具体化するのは発言に入ってからである。その場合、発言の途中においても以後の発言時間を制限できなければ、本条が意味を成さないこととなる。

　この点については、発言中の者に途中から時間を制限することはできないとの説も見られる（佐藤（吉）・参規100頁）が、対象となる発言が始まる前でなければ制限できないと解すると、必要のない場合の時間制限まで誘発することとなり、かえって普段の自由な発言が阻害される。

　発言時間の制限は、委員会に諮った上で行わなければならない。

第7章　委員会　**123**

§48

委員長の議事整理権固有のものとはせず、委員会の決定によることとしたものである。

「委員会に諮り」とは、誰のどの発言を○分（時間）以内とする等、制限の対象及び内容を特定して表決によって決定することである。

「制限することができる」とは、時間の上限を定められることであるが、委員会に諮って可決されれば、委員長はそのとおりの議事整理を行わなければならない。

本条は委員長の権限として規定しているが、委員会の決定によれば可能であるとの趣旨から、委員の側から動議によって時間制限を求めることもできるものと解する。

【時間制限の効果】制限時間を守らない者に対しては、委員長は、秩序を乱し又は議院の品位を傷つけたとして発言を禁止し又は退場させることができる（参規51）。これは、委員長の秩序保持権（国48）によるものである。

それが懲罰に値すると判断したときは、委員長は、これを議長に報告して処分を求めることとなる（国121Ⅱ）。

【発言時間の管理】実際上、本条により発言時間の制限がなされることはほとんどない。通常行われているのは、理事会における合意に基づく発言時間の割当てである（⋯▶第42条【発言についての事前協議】）。

〔質疑・討論終局動議〕
第48条　委員は、質疑終局の動議及び討論終局の動議を提出することができる。

制定時（昭22.6）

本条は、委員会における質疑・討論終局動議について規定するものである。

【審査段階】委員会における議案審査については、第39条〔議案の趣旨説明〕で趣旨説明を最初に行うこと、第49条〔表決の時期〕で討論が終わった後に採決を行うことが規定されており、委員会においても発言の種別を区別しながら審査に段階を設けることが予定されている。

質疑は趣旨説明と討論の間に行われるので、審査段階は趣旨説明、質疑、討論、表決の順序となる。

原則はこの順序の前後を入れ替えることができないが、質疑は元の議題に対するものだけでなく、例えば、討論中に修正動議が提出された場合には、一旦質疑を終

§48

局していても修正案に対する質疑を行うことは可能である。その場合には、その質疑終局後に、修正案をも対象に含めて討論を行うこととなる。

【質疑】「質疑」は、案件の発議者や政府側の出席者等に対して疑義をただすことである。

　質疑の相手は、当該案件の提出者たる資格を持つ者だけでなく、議員発議案について、政府関係者に対して関係行政の執行状況等をただすことも可能である。

　委員会審査の中心は質疑である。そこでは自己の意見を述べながら答弁者の見解をただすことも行われ、暗黙裏に他の委員に対する説得の機能も受け持っている。

【討論】「討論」とは、表決の前に、委員が議題となっている問題について賛否を明らかにして意見を述べる審議の一段階又はそこでの発言のことである。

　国会における討論は、議論の過程で相手を自分の意見に同調させることを目的とする発言というよりは一般国民に向けてなされる意思表明の色彩が強い。

　これは本会議の討論について顕著であるが (…▶第93条【討論】)、参議院の先例では委員会についても、討論者は1会派1人 (参委先140)、1人1回 (参委先141) とする例とされているように、意見の異なる者との間での議論のやり取りという性格が後退してしまっている。

　しかし、議院内の実質的な議論を行う委員会審査においては、対象とする案件についての疑義を明らかにするだけでメンバーが意思を固めるのではなく、それを踏まえて意見の相違を調整する段階としての位置付けも必要であり、それを経た上で委員会としての結論に集約させるべきである。

　そのためには、討論についても保障されている自由な発言 (参規42 I) を実質的に確保する運用が望まれる。

【質疑・討論終局動議】 委員の自由な発言 (参規42 I) が委員の希望どおりに際限なく発言を認めるものでないことは、**第47条【発言時間の制限】**において見たところである。

　委員は、質疑終局動議及び討論終局動議を提出することができる。

　各審査段階は、委員の発言希望がある限り延々と続くのではなく、それを終わらせるための手段を認めたものである。

　「質疑終局の動議」、「討論終局の動議」とは、それぞれ審査段階としての質疑、討論を終わらせることを求める動議である。

　両動議については提出要件が規定されておらず、どの程度続けば終局の条件が整うかの基準がない。それぞれ、質疑中、討論中であることを要する。

第7章　委員会　　*125*

§48

　質疑又は討論に入る直前に、その省略を求めることも本条の規定する終局動議の一類型と考えることができる。なお、質疑及び討論、すなわち両方を省略することは、全会一致の場合を除いては行わない旨の申合せがある (参委先57)。

　質疑、討論における発言希望は、それぞれの終局動議に優先するものではない。発言希望が続出する場合に委員会の意思によってそれを打ち切ろうとするのが終局動議である。

　「動議」については、第46条【修正動議】の説明参照。

　「委員は」は、それぞれの委員が1人で提出できることを意味する。

　第90条〔動議の成立〕では、「すべて動議は1人以上の賛成者を待つて議題とする」とされている。賛成者が必要なのは、提出者の独りよがりによる動議を排除するためである。その「すべて」に委員会の動議も含まれるか否かが問題となるが、この規定は会議の章 (第8章) に置かれており、委員会の章 (本章) ではそれを準用する規定はなく、当然に委員会における動議に当てはまるわけではない。少数のメンバーで柔軟な運営を旨とする委員会では、類推適用の必要がないと解する。ただし、先例上は、1人以上の賛成者又は賛成の声を待って議題としている (参委先128)。

　「提出」は口頭による。会議の進行状況に応じて必要となるものであり、動議自体を事前に文書で出しておくのは予告以上の意味を持たない。

【先決動議】　質疑終局動議、討論終局動議は先決動議であり、他の動議に対して優先的に議題として処理しなければならない。

　「先決動議」とは、議事の状況にかかわらず、優先的に処理する必要のある動議のことである。

　一般的には、動議が議題に供されるまでには、(ⅰ) 発言許可、(ⅱ) 賛成 (セカンド)、(ⅲ) 他の動議に対する先決性 (優先性) の3つのフィルターを通過しなければならない。なお、前述のとおり、委員会では (ⅱ) の要件は法規上は求められていないと解する。

　先決性は、動議が競合するときに他の動議に優先して処理される資格を有することであり、動議相互間でその性格を比較して決められるものである。したがって、先決動議という性格も相対的なものであり、質疑終局や討論終局の動議といえどもオールマイティなわけではない。例えば、修正案は討論を終局する前に議題とする必要があるので、討論終局動議と修正動議が競合するときには、後者が優先する。

　先決性の基準については、従来から次のような理解が示されている。

　①「その議題となつている問題の運命をなるべく決定してしまわないように、従

126

§48

つて、議題を審議する正規の手続を、できるだけ省略しないように取扱つて、その優先性を定めている」、②「一の先決動議の採決によつて、他の先決動議の機会を失わしめないように取扱つて、その優先を決定する例である」(鈴木・理論200頁)、③「案件の内容に軽重がある場合には、軽いほうを先に採決する」[10]。

しかし、動議が現在の進行を変えようとする求めであることに鑑みれば、先決を要する動議の間では効果の大きな動議から諮るべきである。本線から遠い選択肢は、その分、可決される可能性が低く、それを順次切り捨てていくことによって分散していた意見を落ち着くべきところに収斂させることができることを理由とする。①〜③の基準と相容れない面を持つが、これにより適正な多数形成に資することとなるものと解する[11]。複数の修正動議の採決順序について原案から遠いものを先にするのと同じ企図である (•••▶第130条【修正動議の採決順序】)。

休憩動議と散会動議の間では、一方の表決が他方の表決の機会を奪うことのないようにするとの観点からは前者を優先させることになるが (佐藤 (吉)・参規205頁)、効果の大きなもの、すなわち後者から諮ることで潜在的な多数意見の分断を避けることができると考える。

これらの基準を踏まえた上で、競合した先決動議を議題とする順序を決定するのは、委員長の権限である (参委先130)。

【終局動議の審議】 質疑終局動議、討論終局動議は、提出されると直ちに表決に付す。

本会議の終局動議 (参規111Ⅱ、120Ⅱ) と異なり、討論を用いない旨は規定されていないが、質疑・討論終局の動議に対する討論に時間を費やすくらいなら、それを本案の質疑や討論に充てるべきであり、終局動議に対する討論が容易に尽きないときには更にその終局動議が必要となるからである (佐藤 (吉)・参規101頁)。

【終局の効果】 質疑、討論の終局動議が可決されると、委員長はその審査段階が終局した旨を宣告する。それは質疑や討論を希望する委員がまだ存在する場合でも、その意向に優先するものである。

質疑が終局すると討論に移り、討論が終局すると表決に移る (参規49)。

終局動議が否決されると、その審査段階が続く。質疑・討論希望者は、引き続き委員長に対して発言を求めることができる。

その後発言が続いた場合には、改めて終局動議を提出することができる。終局す

---

10 海保勇三『会議学入門—考え・生み・決める』(教育出版・1968) 164頁。
11 森本昭夫「議院内における議案の流れ—本会議上程までのプロセス」議会政策研究会年報5号 (2001) 125頁。

第7章 委員会　　127

§49

べきか否かの事情は時々刻々変化するものであり、また、動議の処理には時間を要しないため、一事不再議の適用は厳格に解する必要がない。

> 〔表決の時期〕
> **第49条** 討論が終局したときは、委員長は、問題を宣告して表決に付する。

制定時（昭22.6）
　衆規50　討論が終局したときは、委員長は問題を宣告して表決に付する。

　本条は、委員会における討論終局後の審査手続について規定するものである。

【討論終局】 討論が終わるとその案件についての委員会での議論は終了する。したがって、意見を述べる者は討論終局までに済ませなければならない。

　討論が終局した後では議題に関する動議を提出することはできない。修正動議も例外ではない。各委員は、質疑が終局した段階で議題となっている案件に対する賛否の態度を決しているのが常であり、修正すべきであるとの意見を持つ委員は、討論においてその旨を述べ、少なくともそれまでに修正動議を提出しなければならない。

　なお、修正動議の提出を考えていた委員が討論終局動議に先を越されたときには、その委員は直ちに修正動議を出す必要がある。修正案はあらかじめ委員長に提出しなければならないこととされている（参規46Ⅰ）ので、委員長は修正希望の動きがあることを事前に知っており、修正動議が出されないうちに討論終局動議が提出された場合には修正動議を提出するよう促すべきである。修正動議は討論終局動議に優先するので（•••▶第48条【先決動議】）、修正動議が議題に供せられることとなり、修正案についての表決の機会も確保されることとなる。

【表決】 討論が終局したとき、委員長は問題を宣告して表決に付す。

　議論が終わった後は、その案件についての委員会としての結論を出すことが残されているだけである。

　「討論が終局したとき」とは、討論に入ってから意見を述べることを希望する委員が尽きたとき又は討論終局の動議が可決されたときのことであり、いずれも委員長の宣告によってその効果が発生する。

　委員会の意思決定の方法は表決である。

128

§49

「委員長」は、委員長席に着いている者であり、委員長の職務を代行する理事を含む。

「問題」とは、議題に供していたもののうち表決の対象とするもののことである。

複数の案件を一括して議題としていた場合には、原則として案件ごとに表決の対象とする必要があり、修正動議も原案とは独立した問題として表決の対象となる。

逆に、1つの案件を分割して表決の対象とすることはできない（…▶第136条【分割採決】）。

「宣告して」とは、表決の対象が何であるかを口頭で委員に知らせることである。

「表決に付する」とは、委員に賛否の態度を表示させて、委員会の議決に至らせることである。

【修正動議の表決】修正動議は実体面での内容を持つにもかかわらず、原案からは独立した表決対象であり、このことに関連して難しい問題が発生する。

規則は委員会における修正案の採決について規定を置いていないが、本会議における取扱いと異ならない（参委先160〜163）。詳細については、**第130条**〔修正動議の採決順序〕及び**第131条**〔修正案否決後の採決対象〕の説明参照。

【表決の方法】本条では、表決の方法に言及していないので、賛成者と反対者を識別して勘定できる方法であればよい。

先例上、挙手又は起立の方法によることとされ、異議の有無を諮ることもある（参委先155）。

「挙手の方法」とは、問題を可とする委員（賛成者）に挙手させることで、賛成者と反対者の数を比較して結果を認定するものである。

「起立の方法」は、前述の挙手を起立に置き換えた方法である。

「異議の有無を諮る」とは、軽微な手続上の問題等、反対者がいないだろうと予想されるものについて、委員長が「御異議ございませんか」と問い、委員から「異議あり」との発声がないことを確認して全会一致による可決とする方法である。

異議がある旨の発声があれば、その発声をした委員の数の多少によって結果を認定するのではなく、他の正確な方法で採決し直す。

投票によることも可能であり、記名投票だけでなく無名投票を用いることもできる。委員会の表決については、要求によって各委員の表決態度を会議録に記載することが制度化されていないからである。憲法第57条第3項は、本会議における表決についての規定であり、委員会への適用はない。

どの表決方法によるかは委員長の判断によるが、挙手又は起立の方法によること

第7章　委員会　　*129*

§50

が定着している現在、顕名、匿名を伴う記名投票や無名投票によることは、委員会に諮った上で行うべきであろう。

【議決数】委員会の議事は、出席委員の過半数で決し、可否同数のときは委員長の決するところによるとされている（国50）。

棄権の取扱い、委員長決裁、委員長の表決権等、表決に関する論点については、『逐国』第50条〔委員会の表決〕の説明参照。

【附帯決議】委員会が案件を可決又は修正議決した場合、その審査に附帯して決議を行うことがある。当該案件が成立して施行されるに当たっての所管行政機関に対する要望、注意等を内容とするものであり、これを「附帯決議」という。

附帯決議の内容としては、①当該案件の趣旨、使用されている概念・用語などの解釈、②当該案件の実施又は関連施策等についての政府に対する希望、要望等が挙げられている[12]。

附帯決議は法規上に根拠を持つものではなく、先例上認められてきたものである。本会議ではこれに類するものは存しない。

通常の決議と同じく政治的効果を持つのみであるが、それに対して所管の国務大臣が所信を述べる例であり（参委先170）、これによって政府に決議の内容を事実上尊重させる仕組みが構築されている。

〔予算を伴う法律案等に対する内閣の意見〕

第50条① 委員会が予算を伴う法律案を提出しようとするときは、委員長は、その決定の前に、内閣に対して、意見を述べる機会を与えなければならない。

② 議員の発議にかかる予算を伴う法律案で委員会に付託されたものについては、委員長は、その議案を表決に付するまでに、内閣に対して、意見を述べる機会を与えなければならない。委員が提出した予算総額の増額修正案及び法律案に対する修正案で予算の増額を伴うもの又は予算を伴うこととなるものについてもまた、同様とする。

制定時（昭22.6）、第6次改正（昭30.3）

　　衆規48の2　委員会は、予算を伴う法律案を提出しようとするときは、その決定の前に、内閣に対して、意見を述べる機会を与えなければならない。

---

[12] 生天目忠夫「附帯決議の意義と効果」議会政治研究16号（1990）21頁。

§50

　本条は、予算を伴う法律案を委員会が提出する場合や議員発議の予算を伴う法律案等についての内閣の意見聴取を規定するものである。

【内閣の意見聴取】国会法第57条の3は、「各議院又は各議院の委員会は、予算総額の増額修正、委員会の提出若しくは議員の発議にかかる予算を伴う法律案又は法律案に対する修正で、予算の増額を伴うもの若しくは予算を伴うこととなるものについては、内閣に対して、意見を述べる機会を与えなければならない。」と規定する。

　内閣には成立した法律を執行する義務があるが、それが議員立法による場合、当初予算では財政面での措置が講じられていないのが通常であるため、財政負担を伴うような提案については内閣に意見を述べる機会を与えることにより、財政のアンバランスの防止を図ろうとするものである。その制度趣旨については、『逐国』第57条の3【内閣の意見聴取】の説明参照。

　本条は、この国会法の規定内容について委員会における内閣の意見聴取を要する場面を規定している。

【委員会提出法律案についての意見聴取】委員会が予算を伴う法律案を提出しようとするときは、委員長は、その決定の前に内閣に対して意見を述べる機会を与えなければならない。

　委員会提出法律案は、委員会には付託されず（参規29の2）、委員会審査段階がないため、その提出を決める際に意見聴取を義務付けたものである。

　「予算を伴う」の意味は単純ではなく、①歳出予算総額を増加し又は歳入予算の総額を減少することを要するとき、②歳出予算の総額の増加はなくとも、新たに項を新設し又は各部局若しくは各項間においてその額を増減させることを要するときであってその増減額が国会の議決を経た移用の範囲の額でないとき、③法律の施行の年度においては予算の計上額の範囲であっても、次年度以降において内閣に予算上の義務を課すこととなるとき等がそれに当たる（浅野他・事典109頁）。

　「法律案を提出」とは、委員会がその所管に属する事項について認められている、議院に法律案を出すことである。委員会の議決による。委員会提出法律案の詳細については、『逐国』第50条の2【委員会の法律案提出】の説明参照。

　「その決定」とは、委員会が法律案を提出することを表決に付して決めることである。

　「内閣に対して」は、内閣を代表する内閣総理大臣の発言によることを意味するのではない。内閣の意見であれば、それを開陳するのは他の国務大臣等であっても差し支えない。

第7章　委員会　　*131*

§50

「意見」は、その案に対する内閣としての評価を指し、具体的には賛否及びその理由である。内閣が予算編成権を有するがゆえに認められた制度であり、財政上の観点からの意見でなければならない。その内容は閣議で決定されたものであることを要する。

「機会を与えなければならない」は、要件に該当する法律案を提出しようとしていることを伝え、その内容を示して、相応の時間的猶予を与えた後に意見があればその陳述を認めるとの意味である。その上で内閣としての意見が決まらなかったり、意見開陳を差し控える意向であったりする場合には、意見聴取なしに提出を決定することができる。

【議員発議法律案についての意見聴取】議員の発議に係る予算を伴う法律案で委員会に付託されたものについては、委員長は、それを表決に付すまでに内閣に対して意見を述べる機会を与えなければならない。

予算を伴う議員発議法律案に対する内閣の意見聴取について、委員会審査の段階で行うことを義務付けるものである。

「議員の発議にかかる」とは、参議院議員が発議したとの意味である。ただし、一旦内閣の意見を聴取した後に参議院で議決し、その後、衆議院の継続審査を経て再び参議院で審議する場合には、改めて聴取することを要しない。

衆議院議員が発議したものについては、参議院で内閣の意見を聴取する必要はない。参議院で審議する時点では既に一院の議決を経ており、それについて内閣の意見聴取を行っても予算を伴う法律案の発議抑制につながらないからである。

「委員会に付託されたもの」とは、議案でも委員会審査省略の可能性があることを踏まえたものであり、委員会審査を省略した場合については、**第107条の2**〔予算を伴う法律案等に対する内閣の意見〕が規定している。

「その議案」とは、議員の発議に係る予算を伴う法律案のことである。

「表決に付するまでに」とは、委員会で採決するまでを指し、委員の意思形成に先立つことを要請する趣旨であるので、討論よりも前ということになる (参委先152)。

【修正案についての意見聴取】委員が提出した予算総額の増額修正案及び法律案に対する修正案で予算の増額を伴うもの又は予算を伴うこととなるものについては、委員長は、その修正案を表決に付すまでに内閣に対して意見を述べる機会を与えなりればならない。

内閣の意見聴取を要する修正案で委員会で提出されたものについては、委員会審査の段階で聴取することを義務付けるものである。

§51

　本条第2項後段の規定ぶりは複雑であるが、そこで意見を聴く対象とされているのは、①委員が提出した予算総額の増額修正案、②法律案に対する委員提出の修正案で予算の増額を伴うもの、③法律案に対する委員提出の修正案で予算を伴うこととなるものである。

　「予算総額の増額修正案」は、総予算に限らず、補正予算、暫定予算に対する修正案でも、その歳出総額が増えるような内容のものを指す。歳入総額が減少する内容の修正案にも類推適用する必要がある。

　「予算の増額を伴うもの」は、原案である法律案が予算を伴う場合に、修正を施すことによって歳出が増加又は歳入が減少することとなる修正案をいう。修正案が部分的に歳出の増減又は歳入の増減となる施策を併せて講じる場合であっても、原案と比較して修正案全体として歳出増又は歳入減をもたらすときには「予算の増額を伴う」に当たる。逆に、修正案が全体として歳出増又は歳入減をもたらさなければ、「予算の増額を伴う」には当たらない。

　「予算を伴うこととなるもの」は、原案が予算を伴わない場合に、修正を施すことによって、①歳出予算総額を増加し又は歳入予算の総額を減少することを要するとき、②歳出予算の総額の増加はなくとも、新たに項を新設し又は各部局若しくは各項間においてその額を増減させることを要するときであってその増減額が国会の議決を経た移用の範囲の額でないとき、③法律の施行の年度においては予算の計上額の範囲であっても、次年度以降において内閣に予算上の義務を課すこととなるときの修正動議がそれに当たる（浅野他・事典109頁）。

　「同様とする」とは、「議案」を「修正案」に読み替え、委員長はその修正案を表決に付すまでに内閣に対して意見を述べる機会を与えなければならないとの意味である。

〔委員長の秩序保持権〕

第51条　委員が国会法又はこの規則に違いその他委員会の秩序をみだし又は議院の品位を傷けるときは、委員長は、これを制止し、又は発言を取り消させる。命に従わないときは、委員長は、当日の委員会を終るまで発言を禁止し、又は退場を命ずることができる。

　　　　　制定時（昭22.6）、第6次改正（昭30.3）

　　　衆規71　委員が国会法又はこの規則に違いその他委員会の秩序をみ

第7章　委員会　　*133*

§51

だし又は議院の品位を傷つけるときは、委員長は、これを制止し、又は発言を取り消させる。命に従わないときは、委員長は、当日の委員会を終るまで発言を禁止し、又は退場を命ずることができる。

本条は、委員会における秩序保持のための措置について規定するものである。

【委員会の秩序保持】委員長は、委員会の秩序保持権を有している（国48）。

委員長は、委員の法規違反行為、秩序を乱す行為、議院の品位を傷つける行為に対し、強制行為を含め、措置を講じることができる。具体的には、制止、発言取消命令を行うことができる。

秩序保持のために採り得る手段は、本会議において議長の講じ得る措置（国116）とおおむね同じである。

「委員」は、当該委員会に所属する議員のことである。

委員の行為としては、委員長の許可を得て行った発言が念頭に置かれているが、それ以外の行為についても本条による措置が可能である。

「委員長」は、当該委員会の長のことである。委員長に事故がある場合の職務代行者を含む。

委員長の秩序保持権の行使可能期間は、委員会の開会から散会までの間であり、休憩中を含まない。ただし、発言以外の行為については、開会前、休憩中、散会後の委員会議室における行為について委員会開会中に準じるものと解する。

「国会法」とは、形式的意義における国会法のことであり、「この規則」とは、参議院規則のことである。参議院の他の議院規則や先例等のうち議事運営に関するものもこれに準じる。

「違い」とは、法規等に反する行為を行うことをいう。

「委員会の秩序をみだし」とは、委員会の議事が平穏かつ円滑に行われている状態を阻害して混乱させることをいう。

「議院の品位を傷ける」とは、国権の最高機関の一翼を担う機関として内外からの敬意を受けるに値するような参議院の価値を低下させることをいう。

「制止」とは、現に行われている行為を中止するよう命じることである。

「発言を取り消させる」とは、委員長の許可を得て行われた発言について、その内容を撤回するよう発言者に命じること、さらには、その発言を会議録に掲載させないことを指す。

委員長は、委員会において即時に発言を特定して取消しを命じる必要はなく、調

§51

査の上で処置する旨を告げた上で、調査の結果、後刻、取消しを命じることも可能である。

本会議についての国会法第116条〔会議中の秩序保持〕の規定と異なり、本条には「警戒し」の文言がない。これは、委員長の場合、警察権を保持していないことによるものと思われるが、緊急の場合に対処するためには委員長が警察権を直接行使できるようにしておく必要があり（⋯▶『逐国』第114条【警察権の行使者】）、警戒措置を採ることもできると解する。

【付加措置】委員長の命令が遵守されないとき、委員長は、その委員に対し、当日の委員会を終わるまで発言を禁止し又は委員会議室からの退去を命じることができる。

秩序を保持するため、対象者を特定して以後の違反行為を防止する付加的な措置である。

「命に従わない」とは、委員長による制止、発言取消命令の内容どおりの行動を採らないことをいう。

「当日の委員会を終わるまで」とは、その日の委員会が散会されるまでをいう。

本会議についての国会法第116条〔会議中の秩序保持〕の規定と異なり、本条には「議事が翌日に継続した場合はその議事を終わるまで」の文言がなく、次回以降の委員会ではこのような措置を採ることはできない。

これは、委員会の場合、延会や議事延期の概念（⋯▶第82条【延会】、第89条【議事日程の更新】）がないことによると思われるが、個々の案件が複数日の委員会で続けて議題となることは珍しくなく、紀律違反の行為が特定の議事に関連してなされがちであることに鑑みると、委員会でも同様に規定すべきであった。

「発言を禁止し」とは、発言の許可を与えないだけでなく、発言を求めることも禁じる趣旨である。

「退場を命ずる」とは、委員会議室から出て行かせることをいい、退場命令に従わないときには、衛視をして委員会議室の外に連行させることも可能である。委員会議室は傍聴席を含まない空間を指すが、傍聴させることも適当でないと判断するときは、傍聴を禁じることもできる。

【委員以外の者に対する措置】委員会における委員以外の出席者の行為については本条のような規定がないが、それについても本条を類推適用して、委員長は制止、発言取消、発言禁止、退場命令の措置を採ることができると解すべきである。

これは、本会議における議員以外の出席者の法規違反行為、秩序を乱す行為に対

第7章　委員会　　*135*

§52

し、議員のそのような行為に対する措置についての規定（国116）を類推適用すべきであることと同断である（•••▶『逐国』第116条【議員以外の出席者に対する措置】）。

　国務大臣等の発言中、不穏当な言辞を会議録に掲載しなかった事例があり（参委先251）、それは委員長の権限ではなく、事実問題であるとする見方がある（佐藤（吉）・参規109頁）。しかし、委員会における発言に対しては法規上の秩序保持権の具体的内容として発言取消命令を及ぼすべきであり（鈴木・理論406頁）、規定が存在しないことを理由に事実問題に追いやるべきではないと解する。

〔 秩序保持のための休憩・散会 〕
第52条　委員長は、委員会の議事を整理し難いときは、休憩又は散会することができる。

制定時（昭22.6）、第6次改正（昭30.3）
　衆規72　委員長は、委員会の議事を整理しがたいとき又は懲罰事犯があるときは、休憩を宣告し又は散会することができる。

本条は、委員会の議事を整理し難い場合の措置について規定するものである。

【議事の整理】委員会においては、柔軟な議事手続を設定することによってその特性を発揮させることが意図されている。議事日程の観念がなく、議事の進行状況によって散会が制限されるということがないのもその現れである。

　通常、委員長は理事との間で議事進行の予定を協議しておくものであり、合意がなされれば、事実上それに沿って議事を進行する。また、そのような合意がないまま委員会を開会する場合には、発言希望と動議を処理しながら議事を進めることとなるが、それは委員主導による進行であり、その流れを中断して委員長が休憩や散会を宣告することは避けるべきである。みだりに委員会を休憩又は散会することが常任委員長解任の理由となることが議院運営委員会の申合せ事項とされているところでもある（参委先14）。

【秩序保持のための休憩・散会】委員長は、委員会の議事を整理し難いときは休憩又は散会を宣告することができる。

　委員会の進行が平穏を欠き、正常でないときには、委員長の判断により委員会を閉じることができることとしたものである。委員会の主宰者として有する議事整理権（国48）の一内容であるが、秩序保持権の側面もある。

　「委員長」とは、委員会を主宰している者をいい、委員長に事故あるとき等には、

§53

委員長席に着いて委員長の職務を代行している理事を指す。

「議事を整理し難いとき」とは、委員会議室内が騒然とする等の理由で議事を進めることができない状態で、第51条〔委員長の秩序保持権〕に規定する個別の命令によってはその状態を収拾できない場合をいう。

議事を整理し難いときに休憩・散会のいずれを選択するかは、冷却期間をどの程度置く必要があるかについての委員長の判断による。

「休憩」とは、その日のうちに再び開会することを予定して会議を閉じることである。

「散会」とは、その日には再開することができない会議の閉じ方である。

〔継続審査・調査要求〕
第53条①　委員会が、閉会中もなお特定の案件の審査又は調査を継続しようとするときは、理由を附して文書で議長に要求しなければならない。
②　前項の要求があつたときは、議長は、これを議院に諮らなければならない。

制定時（昭22.6）、第6次改正（昭30.3）

本条は、委員会の継続審査・調査要求について規定するものである。

【閉会中審査・調査】 委員会の活動は会期中に限られるが、例外的に、議院の議決で特に付託された案件については閉会中審査・調査が可能である（国47ⅠⅡ）。これは調査会、法律案（日本国憲法に係る改正の発議又は国民投票に関するもの）に係る憲法審査会にも準用されている（国54の4Ⅰ、102の9Ⅰ）。

「閉会中審査」と「継続審査」は同義である。後者は、閉会中の審査が会期中の委員会審査に引き続いて行われるものであることに由来するネーミングとされる（松澤・議会法422頁）が、その議案等が後会に継続する効果（国68但）に着目して用いられている面もある。

【閉会中審査・調査の要件】 閉会中審査の議決の要件として付託委員会の意向を考慮する必要があるか否かについては争いがあるが、委員会の閉会中審査・調査要求手続を規定する本条を根拠として、議院は委員会の要求に基づいてのみ閉会中審査・調査の議決が可能であると解釈すべきではない。すなわち、閉会中に審査・調査を行うか否かは委員会の自主性に委ねられる事項であるとしても、議院に係属し

§53

ている案件の帰趨は最終的には議院の判断に委ねる必要があり、委員会の意に反しても閉会中審査の議決を行う道を開いておく必要があると解する。

♥**運用**
　現在の参議院の取扱いは、委員会からの要求がある場合にのみ本会議で閉会中審査・調査を議決している。

♣**衆議院では〔院議継続〕**
　議案について、委員会の要求に基づかないで閉会中審査を議決することがある（衆先137）。これを「院議継続」という。

　この点については、対象となる案件の付託状況に応じて扱いを考える必要があり、その詳細は『逐国』第47条【閉会中審査の議決】の説明参照。

【閉会中審査・調査の要求】委員会が閉会中もなお特定の案件の審査又は調査を継続しようとするときは、議長に要求しなければならない。

　「委員会」とは、個別の委員会である。

　「閉会中」とは、会期が終了した後、次会期の召集日の前日までの間の期間のことである。

　「なお」とは、会期中の審査又は調査が終わらないために引き続いてということを意味している。

　したがって、会期中に付託されなかった案件や付託されても審査を終えて報告書を提出した案件については、要求することができない。

　「特定の案件」とは、それについて継続して審査、調査を行うことが明示された対象をいう。

　委員会の閉会中の活動は案件単位で認められるものであり、その所管全般にわたって包括的に活動権限が与えられるわけではない。

　予算は、参議院において閉会中審査に付すことができない（衆先202）。参議院で閉会中審査に付すと、後会に継続した予算が参議院先議の様相を呈し、憲法が衆議院先議を定めたこと（憲60Ⅰ）に反する形となるからである。

　予備審査議案も、議案本体が衆議院において閉会中審査がなされることを条件として、閉会中審査の対象とすることができる（参先134）。

　憲法審査会にも本条は準用されているが、憲法審査会は閉会中も活動が可能であり（参憲規8）、かつ憲法改正原案が案件不継続の対象とならず（国102の9Ⅱ）当然に継続することから、要求を要する対象は、それ以外の議案に限られることとなる（参憲規26）。

138

§53

「審査」とは、議院から託された案件についての意思決定を目的とする行為である。

その対象は議案が中心であるが、議院運営委員会の場合、その所管に当たる議院に関する事項、国立国会図書館の運営に関する事項等は国政調査として位置付けられないため、審査案件として扱っている。

「調査」とは、国政に関する調査で委員会に委ねられたもののことである。

「継続しようとする」は、「なお」とあいまって、会期中に引き続いて審査、調査を行おうとすることであり、委員会の議決で決めなければならない。

ただし、既に審査に入っている必要はなく、案件が委員会に付託されていれば足りる。調査事件の場合、その件名が決められて対象が特定されていなければならない。

委員会の議決は、会期末に行われるのが通常である。会期中に審査、調査が終わらないことを見極める必要があることによるが、衆議院の解散が見込まれるような場合には会期途中で議決することも可能である。

「要求しなければならない」とは、当該委員会の代表者たる委員長の採るべき措置を指示するものである。

議長への要求は、閉会中審査・調査を行うことを本会議で諮ることを目的として行われるものである。

議長への要求によりその案件の取扱いは議院の判断に委ねられたことになるが、その結論が出るまでの間も委員会係属の状態は続いており、会期中は委員会でその案件を議題として審査、調査を行うことが可能である。議院にその案件の審議権が戻ったわけではなく、本会議で議題として審議することはできない。

議長に対する閉会中審査・調査の要求は、理由を付して文書で行わなければならない。

「理由」とは、閉会中審査・調査を行う必要性を示すものである。議案や懲罰事件は後会に継続する（国68但）ため、会期不継続に対する例外を認めるに足りる理由であることを要する。

「文書」とは、案件名、理由を記載して要求する旨を記した書面である。

【閉会中審査・調査の議決】委員会から閉会中審査又は調査の要求があったときは、議長は議院に諮らなければならない。

「前項の要求」とは、委員会の議決に基づいて委員長から議長に対して閉会中審査・調査の要求書が提出されたことを指す。

「議院に諮らなければならない」とは、委員会の要求どおりに閉会中審査・調査を

§§ 54〜56

行わせることについて採決しなければならないことである。

本会議で閉会中審査・調査が可決されると、会期終了後も審査、調査が可能となる。国会法では「特に付託された」と規定されているが（国47Ⅱ）、本条の場合は既に付託された状態であるので、改めての付託行為は必要なく、会期が終了するに当たっての観念的なものと解すればよいだろう。

否決された場合には、その案件は当該会期で処理しなければならず、会期終了までの残された期間を審査、調査に費やすことも可能であると解するが、審査、調査が終わらない場合には未了となってしまう。

本会議で閉会中審査・調査を議決した後に会期が延長された場合、当該委員会は延長会期中に審査、調査を続行することができる。それが終わらない場合、改めて要求書を提出しなくても、一旦行った閉会中審査・調査の要求が生きていると解してよいだろう。

♠事例

閉会中審査議決の後に会期が延長され、その延長会期中に委員会が当該議案の審査を続け、その結果、審査を終了して本会議に上程したことがある（参先135）[13]。

第54条及び第55条　削除

制定時（昭22.6）、第6次改正（昭30.3）

〔委員会会議録〕
第56条　委員会においては、その会議録を作成する。

制定時（昭22.6）、第6次改正（昭30.3）

衆規61　委員会は、委員会会議録を作り、次の事項を記載する。
　一　開会、休憩及び散会の年月日時刻
　二　出席した委員の氏名
　三　出席した委員外議員の氏名
　四　出席した国務大臣、内閣官房副長官、副大臣、大臣政務官及び政府特別補佐人の氏名
　五　委員の異動
　六　付託案件の件名
　七　会議に付した案件の件名
　八　議事

---

[13] 第26回国会参議院会議録第38号（昭32年5月18日）87頁及び第39号（昭32年5月19日）20頁（水道法案）。

§56

　　　九　　表決の数
　　　十　　決議の要領
　　　十一　　公聴会
　　　十二　　証人
　　　十三　　参考人（政府参考人を含む。第85条の2第1項を除き、以
　　　　　　下同じ。）
　　　十四　　委員の派遣
　　　十五　　報告又は記録の提出の要求
　　　十六　　報告書
　　　十七　　その他重要な事項

　本条は、委員会の会議録の作成について規定するものである。

【委員会会議録】憲法第57条第2項は、「両議院は、各々その会議の記録を保存し、……これを公表し、且つ一般に頒布しなければならない。」と規定している。この「会議の記録」は本会議の会議録を指し、憲法上は、委員会議録の作成を要求していないと解するのが通説である。

【委員会会議録の作成】委員会においては、その会議録を作成する。

　会議録の必要性については、**第10章概説【会議録】**の説明参照。

　技術進歩により映像、音声による記録も容易となり、国会でも実際に導入されているが、委員会について参議院規則で義務付けているのは古典的な会議録の作成である。

　「委員会」は、ここでは会議録の作成主体を指す語として用いられているので、機関としての委員会を意味する。

　「その」は、「委員会」を受けるが、作成する会議録の対象を示す語であるため、機関としての委員会ではなく、委員会の会議のことである。秘密会も例外ではない。公報で開会予告がなされて開かれる正規の委員会だけを指し、全委員の出席を予定するものでも懇談の形式で開かれる委員打合会は含まない。

　「会議録」とは、会議についての文書による完全な記録である。開会した委員会の議事の主要な内容が掲載されていなければならない。

　本条で作成を義務付けているのは原本1部であり、印刷物でなくてもよく、日本語表記により一体として閲読可能なものであればよい。これが**第57条〔委員会会議録の保存〕**において保存を義務付ける会議録の基となるものである。

　「作成する」とは、会議録を完成させるために必要な一切の事務を執ることである。具体的には、速記、原稿作成、校閲、編集等を指す。

　作成主体は委員会であるが、具体的な作業はそれを補佐する事務局記録部の所掌

第7章　委員会　　*141*

§ 57

事務となっている（事分規21（1）（2））。

　会議録の作成は、会期制による制約を受けない（••▶『逐国』第1章概説【会期制の適用除外】）。委員会の活動から見れば事後的な事実行為であり、会期中に収まらなかった作業について次の国会召集を待たなければ続行できないとするのでは本末転倒となるからである。

〔委員会会議録の保存〕
第57条　委員会の会議録は、委員長又は当日の会議を整理した理事がこれに署名し、事務局に保存する。

制定時（昭22.6）、第6次改正（昭30.3）
　　衆規62　委員会議録は、委員長及び理事がこれに署名し、議院に保存する。

　本条は、委員会の会議録の保存について規定するものである。

【委員長等の署名】委員会会議録には委員長又は当日の会議を整理した理事が署名する。

　署名の趣旨は、会議録の内容が正確であることを証し、責任を明らかにすることである。

　「委員会の会議録」とは、**第56条**〔委員会会議録〕の規定により作成した後、訂正や正誤により内容を確定した会議録のことである。

　「委員長又は当日の会議を整理した理事」とは、その会議録に掲載されている議事を主宰した者のことである。

　委員長の署名は委員会の長の資格で行うものではないため、委員長が当日の委員会を欠席した場合には不要である。委員長の職務代行は理事が行うが、理事以外の委員が会議を整理した場合には、その委員の署名も必要である。

　「会議を整理」とは、委員会開会中に委員長席に着いて議事を主宰することである。

　「署名」は、会議録の内容が事実に反しないことを証する趣旨で氏名を書き込むことである。本人がその意思によって行うことで足りるため、記名捺印でもよい。

【署名の時期】委員長等の署名は、会議録の全ての内容等が確定してから行うべきである。

　会議録の内容については、会議録の配付後に発言の訂正要求や異議申立てが認められている（参規59で参規158を準用）。そのほか、事後に判明した誤植等も会期内であ

§58

れば正誤の形で処理できるので[14] (•••▶第158条【会議録の正誤】)、それらが完了して初めて確定することとなる。

> ♣衆議院では〔会議録署名者〕
>
> 　会議録への署名は、委員長と理事全員の分が必要であり (衆規62)、各会期ごとに署名を受ける運用とされている (研究会・法規45 時の法令1563号 (1998) 76頁)。

【委員会会議録の保存】委員会会議録は事務局に保存する。

　委員会会議録は、その真正さを担保するために原本管理が必要であり、保存が義務付けられている。

　「事務局に」とは、場所を示すとともに、保存行為が事務局の責任においてなされなければならないことを意味している。

　会議録の保存に関する事務は記録部記録企画課が担当している (事分規23(2))。

　「保存する」とは、紛失、汚損、改ざん等が生じないよう、閉所にしまって管理することである。

　保存期間は永久である。

　保存の趣旨に鑑み、会議録原本の閲覧は認められない。

〔委員会会議録の印刷・配付〕

第58条　委員会の会議録は、印刷して各議員に配付する。但し、秘密会の記録の中で、その委員会において特に秘密を要するものと決議した部分及び第51条により委員長が取消を命じた発言は、これを掲載しない。

> 　　制定時 (昭22.6)、第6次改正 (昭30.3)
>
> 　　衆規63　委員会会議録は、これを印刷して各議員に配付する。但し、秘密会議の記録中特に秘密を要するものと委員会で決議した部分及び第71条の規定により委員長が取り消させた発言については、この限りでない。

　本条は、委員会の会議録の印刷、配付について規定するものである。

【委員会会議録の印刷・配付】委員会の会議録は、印刷して各議員に配付する。

　委員会会議録は法規上、公表を義務付けられていないが、各委員会の議事の内容は委員でない議員にも知らしめる必要があり、その手段として会議録を用いるものである。

---

[14] 佐藤忠雄『会議録事務提要―記録は歴史をつくる』(教育出版・1968) 90頁。

第7章　委員会　　*143*

§58

「印刷」とは、紙に文字等を刷り出すことである。

「配付」は、各々の手元に配り渡すことであり、遅滞なく議員の目に触れるような仕方でなされることを要する。具体的には、議員会館の議員事務室等に配ることで足りる。実際には、議員会館文書配付室に設けた文書函に配られている。

印刷、配付の概念拡大の可能性については、第24条【議案の印刷・配付】の説明参照。

「各議員」とは、全ての参議院議員のことである。

実際には、議員に配付するだけでなく、二院制の趣旨に鑑み、衆議院議員にも配付されているほか、公共図書館に提供し、国立国会図書館ホームページにも掲載して一般国民が閲覧できるようにされている。

【配付会議録の内容】「委員会の会議録」とは、第56条〔委員会会議録〕の規定により作成した会議録の内容を指し、まだ内容の確定に至っていないものである。会議録の内容は配付後に初めて確定し得るものだからである（••▶第158条〔発言の訂正・異議申立て〕）。その点において第57条〔委員会会議録の保存〕で規定する「委員会の会議録」と異なる。

さらに、保存する会議録には掲載するが、配付する会議録には掲載しない内容がある。

秘密会の記録の中で、委員会において特に秘密を要するものと議決した部分は配付する会議録に掲載しない。

秘密会についても会議録は作成し、印刷、配付も行う。ただし、特に秘密を要すると認定された部分はその例外で、配付する会議録には掲載しない。秘密の漏洩を防ぐためである。

「秘密会」とは、傍聴を認めない会議のことであり、そのことは出席委員の過半数による議決で決める（国52Ⅱ）。

「記録」とは、会議録に掲載する内容のことである。

「特に秘密を要するもの」は、秘する必要度が高い旨議決で指定する部分である。

会議録には、議事の内容のほか、委員会の年月日や開会、散会等の時刻、出席者、会議に付した案件等が掲載されるが、特に秘密を要すると指定できるのは出席者の発言に限られる。その他の事項を掲載するか否かの判断は、委員長の議事整理権に属する事項である。

「決議」の語が用いられているが、提出された決議案が可決された結果としての決議ではなく、委員の多数決による委員会の決定のことである。秘密会とすることを

144

§59

決めるだけでは足りず、それに加えて会議録を公表しない旨及びその部分を指示する内容のものでなければならない。

「部分」は、特定された箇所のことを指すが、議決で指示する範囲に限定はなく、秘密会とした議事全体を公表しないとすることも可能である。

なお、秘密会に出席していた者は、特に秘密を要すると議決した部分を委員外の議員及び外部者に漏らしてはならない (参規236Ⅱ)。

第51条〔委員長の秩序保持権〕により委員長が取消しを命じた発言は、配付する会議録に掲載しない。

このような発言を会議録上で再現することは、改めて法規に違反し、秩序を乱し、議院の品位を傷つけることとなるからである。

「第51条により委員長が取消を命じた発言」とは、委員長の許可を得て行われた発言のうち、法規違反行為、秩序を乱す行為、議院の品位を傷つける行為に当たるものについて、委員長がその内容を取り消すよう発言者に命じたもののことである。

【不掲載の解除】 秘密会会議録中、一旦秘密を要するものと議決した部分は、その議決を解除しない限り永久に公にされない。

一定期間の経過、国益への影響、個人の秘密に対する不当な侵害の有無等を勘案した上で、不掲載の解除を認定する必要があると考えるが、現在のところ、その手続についての規定は置かれていない。

〔 **会議録に関する規定の準用** 〕
**第59条　前3条に定めるものの外、委員会の会議録については、第156
　　条から第158条までの規定を準用する。**

制定時 (昭22.6)、第6次改正 (昭30.3)

本条は、委員会の会議録について本会議の会議録に関する規定の準用を規定するものである。

【準用事項】 第56条〔委員会会議録〕から第58条〔委員会会議録の印刷・配付〕までに定めるもののほか、委員会の会議録については第156条〔会議録への議事の記載〕から第158条〔発言の訂正・異議申立て〕までの規定を準用する。

本会議と委員会とでは、その会議録に関する規律で共通する点が多いことによる。

規定内容の詳細については、それぞれの被準用規定の説明参照。

【議事の記載】 委員会会議録には速記法によって全ての議事を記載しなければなら

第7章　委員会　　*145*

ない（参規 156 の準用）。

　委員会についても、出席者の発言は、その内容の概要でなく、逐語で記録する必要があるとの認識に立つものである。

【会議録掲載事項】国会法に特別の規定があるもの、特に委員会の議決を経たもの及び委員長において必要と認めたものは、これを会議録に掲載する（参規 157 の準用）。

　「国会法に特別の規定があるもの」は、委員会については存在しない。

　準用に当たって、**第 157 条**〔会議録の掲載事項〕の「議院の議決」、「議長において必要と認めたもの」はそれぞれ「委員会の議決」、「委員長において必要と認めたもの」と読み替えることとなる。

　「委員長において必要と認めたもの」とは、会議録作成に当たって委員長が認定する事項である。掲載対象である委員会について理事が代行して議事を整理していた場合も認定するのは委員長である。

　委員長の判断は議事整理権の一内容であり、通常のケースでは定型化された次の事項を掲載することとなる（参委先 300）。

　①会議の年月日及び曜日

　②開会、休憩及び散会の時刻

　③委員及び委員長の氏名、選任又は異動年月日

　④出席した委員長、理事及び委員の氏名

　⑤出席発言した他の委員会の委員長及び委員外議員の氏名

　⑥出席した議長、副議長、発議者、衆議院議員、国務大臣、内閣官房副長官、副大臣、大臣政務官、会計検査院長、検査官、政府特別補佐人、最高裁判所長官の指定した代理者、国会職員及び政府参考人の氏名

　⑦出席発言した説明員の氏名

　⑧出席した証人、公述人及び参考人の氏名

　⑨会議に付した案件

　⑩付託案件の名称、内容及び付託年月日（予算、決算、予備費使用総調書及び各省各庁所管使用調書等、国庫債務負担行為総調書、国有財産増減及び現在額総計算書、国有財産無償貸付状況総計算書については、その内容を掲載しない。）

　なお、秘密会のような特殊な開会形態では、掲載事項について個別の判断が必要となる。

【発言の訂正】発言した委員は、会議録配付の翌日の午後 5 時までに発言の訂正を求めることができる。ただし、訂正は字句に限るものとし、発言の趣旨を変更する

§ 59

ことができない。国務大臣等、会議において発言した者についても同様とする (参規
158 Iの準用)。

　準用に当たって、第158条第1項の「議員」、「会議」はそれぞれ「委員」、「委員会」
と読み替えることとなる。

【会議録に対する異議申立て】 会議録に記載した事項及び会議録の訂正に対して、
委員が異議を申し立てたときは、委員長は、討論を用いないで委員会に諮って決す
る (参規158 IIの準用)。

　準用に当たって、第158条第2項の「議員」、「議長」、「議院」は、それぞれ「委員」、
「委員長」、「委員会」と読み替えることとなる。

第2節　公聴会

制定時 (昭22.6)

　本節は、公聴会についての規定を置いている。

　公聴会は、常任委員会・特別委員会を通じての開会形態であり、一まとまりの規
定群を成していることから別に節を設けたものである。調査会や憲法審査会に準用
される規定も多い。

【公聴会】 議員は国民を代表する資格であり、かつ、委員は所管事項についての専
門性を期待して選任された者であるが、案件によっては直接に国民の意見を聴取し
て委員会審査の参考にする必要がある。公聴会はその手段として設けられた制度で
ある。

　「公聴会」とは、案件に関する利害関係者や学識経験者等から、その案件の利害得
失等についての意見を聴くための委員会の開会形態である。

　公聴会において意見を聴く利害関係者及び学識経験者等を「公述人」という (参規
67 I)。

　公聴会は機関ではなく、委員会の開会形態である。したがって、改めて組織を整
えるわけではない。

　委員会開会の一形態ということは、開会から散会までを公聴会として開くことを
意味する。会議録も委員会のものとは区別して公聴会会議録として作成されている。

　開会形態であると同時に審査段階の1つであり、その運営に関し、本節の規定以
外に、公聴会の性格に反しない限り委員会に関する規定も適用される。

　委員会が開くものであり、審査の一過程であるため、対象案件が当該委員会に付

第7章　委員会　　147

§ 60

託されていなければならない。

〔公聴会の目的〕
第 60 条　公聴会は、議案の審査のために、これを開くことができる。

　　　制定時（昭 22.6）
　　　　衆規 76　公聴会は、議院又は議長から付託された議案の審査のため
　　　にこれを開くことができる。

　本条は、公聴会の開会目的について規定するものである。

【公聴会の開会目的】公聴会は、議案審査のために開くことができる。

　国会法では、一般的関心及び目的を有する重要な案件について公聴会を開くこと
ができるとされている（国 51 Ⅰ）が、それと比べて本条が規定する公聴会の目的は更
に絞りを掛けたものとなっている。

　「議案」とは、国会又は議院の審議対象（議決すべき案件）のうち、委員会審査が必
要なほどに重要なもののことである（•••▶第 5 章概説【議案の意義】）。

　議案に限定したことについて、国会法上の「重要な案件」の有権解釈であるとす
る理解がある（佐藤（吉）・参規 121 頁）。しかし、例えば国政調査権の行使でも、その対
象が「一般的関心及び目的を有する」ものと認定し得ることがあるだろうし、調査
事件について、その性質上、公聴会を観念できないというわけでもない。調査権能
しか有しない調査会についても国会法第 51 条第 1 項が準用され（国 54 の 4 Ⅰ）、公聴
会を開くことが認められている。したがって本条の規定は、委員会が開く公聴会の
対象について特に限定を加えたものと解すべきである。

　ただし、本条の規定は国会法第 51 条第 1 項の要件を排除するものではない。すな
わち、議案について当然に公聴会の対象とできるわけではなく、「一般的関心及び目
的を有する重要な案件」に該当することを認定する必要がある。その意義について
は、『逐国』第 51 条【公聴会の対象案件】の説明参照。

　「開く」主体は機関としての委員会であり、委員会の議決で決めた上でなければな
らない。

　公聴会を開く場合、個々の議案ごととしなければならないのではなく、関連する
議案を一括して対象とすることも可能である。

148

§61

〔公聴会の開会希望申出〕
**第61条　議員又は議員でない者が、重要な議案について、公聴会を開く
ことを希望するときは、その理由を明記して、文書でその委員長に申
し出なければならない。**

制定時（昭22.6）、第6次改正（昭30.3）
　　衆規80　重要な案件について、公聴会を開くことを希望する者又は
　　　公聴会に出席して意見を述べようとする者は、文書を以て予めそ
　　　の理由及び案件に対する賛否をその委員会に申し出でなければな
　　　らない。

　本条は、公聴会の開会希望申出の手続について規定するものである。

【公聴会開会希望】公聴会を開会することは委員会が決定するが、外部の者でもそ
れを希望する旨を申し出ることができる。本条はそのことを規定するために設けら
れているのではないが、他にその根拠となる規定がなく、本条により認められたも
のと解するほかない。

　**議員又は議員でない者は、重要な議案について公聴会開会を希望する旨を申し
出ることができる。**

　委員会運営について、委員以外の者に希望を述べる機会が認められているのは異
例のことである。公聴会開会の要件である一般的関心（国51 I）の有無を判断する資
料とするものとされる（寺光・参規86頁）。

　「議員」とは、参議院議員のことである。当該委員会の委員は委員会で公聴会を開
くことを委員として主張することができるので、本条の「議員」に含める必要はな
い。

　「議員でない者」は、参議院議員以外の者全てである。

　「重要な議案」であることはあらかじめ決まっているものではなく、希望を述べる
者がそれであると認めれば足りる。

　「希望」の内容は、公聴会の開会であり、自ら公述人として意見を述べたいことを
意味するものではない。

　ただし、この申出において公聴会での意見陳述の希望を併せて申し述べること（参
規66）は差し支えない。

【希望申出手続】公聴会開会を希望するときは、その理由を明記して文書でその
委員長に申し出なければならない。

第7章　委員会　　*149*

§62

　議員以外の者にも希望の申出を認めたことから、それが真摯な目的でなされるようにするための措置として設けた要件である。

　「その理由」とは、その議案に対する単なる個人的な主観を述べるものでは足りず、その議案が一般的関心及び目的を有する重要な案件に当たる事由を示すものでなければならない。

　「文書」は、申出者の住所、氏名、対象とする議案、希望する理由等を記載した書面である。書式は問わない。

　「その委員長」は、公聴会開会を希望する議案の付託委員会の委員長のことである。

　「申し出なければならない」は、手段を限定していないので、持参するほか、郵送やファクシミリ送信等によるものでもよい。

　申出の時期は、委員会に付託されてから審査が終わるまでの期間に限られる。予備付託の段階でもよい（➡➡▶第63条【予備審査の公聴会】）。

　付託前の申出も、その議案が当該委員会に付託されることを停止条件として有効と解する。議院内の議案の動きについて、その不知による不利益を部外者に負わせるべきではないからである。

【希望申出の処理】希望の申出は公聴会を開会することを委員会に義務付けるものではない。委員長に対して公聴会を開会するか否かを委員会に諮ることを義務付けるものでもない。

　委員長は公聴会開会の希望がある旨を委員に知らせ、それを参考として委員会が主体的に判断すれば足りる。

〔公聴会開会承認〕
第62条　委員会が公聴会を開くには、議長の承認を得なければならない。

　　　　　　制定時（昭22.6）、第6次改正（昭30.3）
　　　　衆規78　委員会において、公聴会を開こうとするときは、議長の承認を得なければならない。

　本条は、公聴会開会の議長の承認について規定するものである。

【公聴会開会承認要求】委員会は公聴会の開会が認められている（国51Ⅰ）が、委員会には議院外部と交渉を持つ権能はないため（➡➡▶『逐国』第48条【代表権】）、それを議長権限で補う必要がある。

　委員会が公聴会を開くには、議長の承認を得なければならない。

150

§63

議長の承認を要するのは、対外交渉について議長が代表権を行使する上で、公聴会の開会について承知しておく必要があるという程度の意味と解する。この点につき、一般的には、公聴会の対象が一般的関心及び目的を有する重要な案件であることを認定する趣旨とされている（鈴木・理論361頁）が、それでは義務的な公聴会（国51Ⅱ）についても議長の承認が必要なことを説明できない。公聴会の対象とすることの議案の適格性については委員会の判断が尊重されてしかるべきであろう。

公聴会の開会日時が議長の承認対象であるか否かについて、否定的な見方がなされている（佐藤（吉）・参規123頁）。しかし、議院全体の審議計画との抵触がないかどうかの観点から承認しないとするケースはあり得るのではないだろうか。

「承認」とは、要求が適正であるとの判断である。

「得なければならない」とは、承認が下りないことには公聴会を開けないことを意味し、不承認の場合は公聴会の開会を決定した委員会の議決が無効となる。

議長の承認を求めるには、まず、委員会で公聴会を開くことを決定する必要がある。

その上で、公聴会開会承認要求書を議長に提出する。要求書には、議案の名称、公聴会の問題（参規64）、開会日を記載する（参委先219）。

【議長の承認】 委員会から公聴会開会の承認を求められた場合、議長は早急に承認するか否かを決定する義務を負う。

公聴会開会の承認については、議長は、議院運営委員会理事会に諮った後に決定する例とされている（参先127）が、承認が前述の趣旨のものである以上、不承認とするのはごく例外的な場合に限られる。たとえ軽微な内容の議案についての公聴会であっても、慎重な審査を行うことについて議長が異議を差し挟むべき筋合いではないからである。それが議院の審議計画に沿わない場合には、中間報告の制度（国56の3）も用意されているところである。

承認の決定は、議長から委員長に通知する。

〔予備審査のための公聴会〕
第63条　公聴会は、予備審査のためにも、これを開くことができる。

> 制定時（昭22.6）
>> **衆規77**　委員会は、予備審査のためにも、公聴会を開くことができる。

第7章　委員会　　*151*

§64

本条は、予備審査のための公聴会について規定するものである。

【予備審査】審議の能率向上を図るため、先議議院で審議中の議案について、後議議院がこれと並行して予備的に審議を行うことができるとするのが予備審査制度である。

内閣提出議案については国会法第58条〔予備審査〕で、衆議院提出議案については衆議院規則第29条〔議案の予備送付〕で、それぞれ予備審査のための送付を規定し、それらの議案は委員会に付託される（参規29）。

詳細については、『逐国』第58条【予備審査】の説明参照。

【予備審査の公聴会】公聴会は、予備審査のためにも開くことができる。

予備審査は議案送付後は本審査に引き継がれるため、両審査は一体のものである。一方、公聴会は議案審査の一過程であり、趣旨説明から採決までの間に行われるものである。そのため、公聴会の開会が予備審査段階で必要となることもあり、本条はそれを確認するものである。

「ためにも」とあるが、予備審査段階の公聴会を本審査段階での公聴会と区別して別途開くとの意味ではなく、その議案についての公聴会であることに変わりはない。

予備審査段階で公聴会を開くためには委員会審査が始まっていなければならず、そのためには予備付託が必要である。

公聴会を開いた後、衆議院において議案が修正された場合、修正の程度に応じて改めて本審査で公聴会を開くことが必要か否かを判断することとなる。

〔公聴会の問題〕
第64条　公聴会の問題は、委員会に諮り、委員長が、これを決定する。

制定時（昭22.6）

本条は、公聴会の問題の決定について規定するものである。

【公聴会の問題】公聴会を開会するには、公聴会の問題を定めなければならない。

「公聴会の問題」とは、公聴会において公述人から意見を聴く主題のことである。

対象となるのは、委員会の場合には議案である（参規60）から、その内容の全般を問題とするのが通例であるが、部分的な内容を問題として設定することも可能である。

なお、公述人は問題に対する賛否を申し出なければならない（参規66）ので、賛否という形で態度決定ができるような問題設定がなされなければならない。

152

§ 65

【問題の決定】公聴会の問題は、委員会に諮り、委員長が決定する。

　委員会は、公聴会の開会を決定する際に公聴会の問題も決定する必要がある。

　「委員会に諮り」とは、公聴会の問題を特定して表決によって決定することである。

　公聴会を開くことを前提としているので、否決された場合には、代案を決定することを要する。

　「決定する」の主体は委員長であるが、委員会に諮った上でのことであるので、委員長は採決の結果に拘束される。

〔公聴会の公示〕
　第65条　委員長は、公聴会の日時及びその問題を公示する。

　　　　制定時（昭22.6）
　　　　衆規79　公聴会開会について議長の承認があつたときは、委員長は、
　　　　　その日時及び公聴会において意見を聴こうとする案件を公示する。

　本条は、公聴会の公示について規定するものである。

【公聴会の公示】委員長は、公聴会の日時及びその問題を公示する。

　公聴会で意見を述べる公述人は本人が名乗り出ることを予定するものであるため、募集が必要であり、それを公示によって行うものである。

　「日時」は、公聴会を開会する日時であり、委員会が決定し、議長が承認したものである。

　「その問題」については、第64条【公聴会の問題】の説明参照。

　「公示」とは、相手方を特定できない場合に公的な手段によって広く一般に知らせることである。

　官報によるのが一般的であるが、全国紙への掲載、テレビ・ラジオ放送によることでも足りる。

　♥運用
　　現在行っている公示の方法は、官報掲載、テレビ・ラジオ放送の併用であり、新聞掲載は行っていない（参委先221）。

　公示の期日は、公聴会の開会までに公述希望者が応募できるように設定しなければならない。参議院では、おおむね10日前に公示するのを例としている（参委先222）。

　公示では、公聴会の日時、問題のほか、意見陳述希望者の申出要領に言及しなければならない。具体的には、申出の方法、期限、公述人の選定要領、出席のための

第7章　委員会　153

§ 66

費用負担等である。

〔公聴会への意見陳述希望〕

第 66 条　公聴会に出席して意見を述べようとする者は、文書で、予めその理由及び問題に対する賛否をその委員長に申し出なければならない。

制定時（昭 22.6）、第 6 次改正（昭 30.3）

衆規 80　重要な案件について、公聴会を開くことを希望する者又は公聴会に出席して意見を述べようとする者は、文書を以て予めその理由及び案件に対する賛否をその委員会に申し出なければならない。

本条は、公述希望の申出について規定するものである。

【公述希望申出】公聴会に出席して意見を述べようとする者は、あらかじめ文書でその理由及び問題に対する賛否を委員長に申し出なければならない。

委員会審査に資するように公述人を選定する必要があるため、委員会が公述希望者の意見の概略を事前に知っておく必要があることによる措置である。

「公聴会に出席して意見を述べようとする者」とは、公述希望者として実際に応募する者のことである。

公聴会を開くことを希望した者（参規 61）も、公述人として意見を述べるためには応募して理由、賛否を申し出る必要がある。便宜、両者を兼ねて申し出ても、本条の要件を満たしていれば有効と解してよいだろう。

「文書」の書式は問わない。持参・郵送いずれによるものでもよい。ファクシミリや電子メールによる送信は、書面性に欠けるかもしれないが、公示の期日によっては応募のための時間的余裕がないこともあり、その場合には、このような方法も認める必要があろう。

「予め」とは、公述人の募集に応募する時点においてという意味である。

公述人選定の参考にするための情報は、応募と同時の申出が必要だからである。

このことから、応募自体も文書によらなければならないことを示している。

「その理由」とは、希望者本人が真に利害関係を有する者又はその問題に造詣が深い学識経験者であり、公聴会の問題について強い関心及び意見を持っている旨を示す事由である。

「問題に対する賛否」は、議案を成立させること又は議案中のその問題について賛成であるか反対であるかの意思のことである。

154

§67

　問題中の部分ごとに賛否が分かれる場合でも、設定された公聴会の問題全体に対する賛否を表示しなければならない。修正希望も反対の一類型と解することができる。

　問題に対して賛成・反対のいずれでもない者は、公述人の資格に欠ける。

　「その委員長」は、公聴会を開会する委員会の委員長のことである。

　「申し出なければならない」とは、理由及び問題に対する賛否を述べない応募者を公述人に選定しないことを意味する。

〔公述人の選定〕

第67条①　公聴会において意見を聴く利害関係者及び学識経験者等（これを公述人という）は、予め申し出た者及びその他の者の中から、委員会においてこれを定め、本人にその旨を通知する。

②　議員又は公務員も、公述人となることを妨げない。

③　公聴会においては、賛成者と反対者との数又は時間は、これを公平に定めなければならない。

　　　　　　制定時（昭22.6）、第6次改正（昭30.3）

　　　衆規81①　公聴会において、その意見を聴こうとする利害関係者及び学識経験者等（これを公述人という。）は、予め申し出た者及びその他の者の中から委員会においてこれを定め、本人にその旨を通知する。

　　　②　予め申し出た者の中に、その案件に対して、賛成者及び反対者があるときは、一方にかたよらないように公述人を選ばなければならない。

　本条は、公述人の資格要件、選定について規定するものである。

【公述人の資格要件】公聴会において意見を聴く利害関係者及び学識経験者等を公述人という。

　「利害関係者」とは、当該議案の審査結果に利害関係を有する者を指すが、公聴会の対象となる議案が一般的目的を有するものであり（国51 I）適用対象が不特定であることから、余りに限定的に解するのは適当でない。

　「学識経験者」は、当該案件の対象事項に関する学問分野についての識見を有する者を指す。

　「等」とは、弾力条項的な扱いとするために加えたもので、利害関係者・学識経験

§67

者のいずれにも当たらない者でも公述人たり得ることを示すものである。

議員又は公務員も公述人となることを妨げない。

公述人となる資格制限がないことを示す意図で規定されたものである。

「議員」とは、参議院議員のことであるが、衆議院議員や地方議会議員を排除する趣旨ではない。

「公務員」とは、国又は地方公共団体に任用され、それらの事務に従事する者のことである。常勤・非常勤を問わない。

自然人に限定されるが、外国人や未成年者も本条の規定する公述人の資格を有する場合があると考えられる。

当該委員会の委員は公述人となることはできない（寺光・参規 90 頁）。委員は公述意見を聴く側の立場であり、自らの意見は公聴会以外の議案審査において述べることが可能だからである。

「妨げない」とは、当人が応募し、委員会が公述人として選定するのが可能なことである。

【公述人の選定】公述人は、あらかじめ申し出た者及びその他の者の中から、委員会において選定する。

申し出た者に公述人となる権利が認められているわけではないことを前提としている。

「予め申し出た者」とは、公聴会の公示に対して応募し、その理由及び問題に対する賛否を申し出た者のことである。

「その他の者」とは、会派から推薦された者等、公募以外の方法により公述人の候補となった者のことである。

「中から」は、あらかじめ申し出た者とその他の者を合わせて、区別することなくという意味である。

結果の平等は求められてはおらず、選定された者があらかじめ申し出た者とその他の者のいずれかに偏ったとしてもやむを得ない。

「定め」とは、適当と考えられる者を選び出すことである。

選定するのは委員会であり、これを委員長に一任することを妨げない。

公聴会においては、賛成者と反対者との数又は時間を公平に定めなければならない。

公述意見が偏ることのないように公述人の選定、発言時間に制限を加えたものである。

§ 68

「賛成者」は、公述人で問題に賛成する旨を申し出た者、「反対者」は反対する旨を申し出た者のことである。

「数」は、それぞれの公述人の数のことである。

「時間」とは、それぞれの意見陳述時間の合計のことである。

「公平」とは、等しい状態をいう。

「又は」とされているが、一方が満たされていれば足りるのではない。賛否同数の公述人が得られないことはやむを得ないが、その場合でも、陳述時間の合計は、賛否の間で公平を図る必要がある。

したがって、賛成・反対いずれかの公述人を1人も得られないときは、公聴会開会の要件を満たしていないことになるが、その上で中止とするか否かは別途の判断とすべきであろう。

なお、本条第3項は訓示的な規定であり、会派間の合意により適用を排除することが可能である。

【公述人への通知】公述人を選定したときは、本人にその旨を通知する。

公述人本人に対して、選ばれたことを伝え、公聴会への出席を求める趣旨である。

その準備を促すため、公示事項に加え、場所や発言時間等も示す必要がある。

通知は、受け取った公述人が参議院に赴くための時間的余裕がある時期に到達する必要がある。

〔 公述人の発言 〕

第68条①　公述人の発言は、問題の範囲を超えてはならない。

②　公述人の発言が、問題の範囲を超え又は公述人に不穏当な言動があつたときは、委員長は、その発言を禁止し又は退場を命ずることができる。

制定時（昭 22.6）

衆規82　公述人が発言しようとするときは、委員長の許可を受けなければならない。

衆規83①　公述人の発言は、その意見を聴こうとする案件の範囲を超えてはならない。

②　公述人の発言が前項の範囲を超え、又は公述人に不穏当な言動があつたときは、委員長は、その発言を禁止し、又は退場を命ずることができる。

第7章　委員会　*157*

§69

本条は、公述人の発言について規定するものである。

【公述人の発言範囲】 公述人の発言は、問題の範囲を超えてはならない。

会議においては議題が定められ、それ以外の事柄に関する発言は禁止される。公聴会では、議題となるのは対象議案であるが、更に限定して公聴会の問題が設定されている（参規64）ことによる。加えて、公述人は問題を示して公募された者であり、それ以外の事柄についての利害関係や学識経験を認定されていないからである。

「公述人の発言」は、意見陳述、委員の質疑に対する答弁の両方を含む。

「問題」とは、公聴会の問題のことである（➡➡▶第64条【公聴会の問題】）。

「範囲を超え」とは、関係のない内容に言い及ぶことである。

【公述人による質疑】 公述人の発言形態に関する制限も存在し、公述人は委員に対して質疑することができない。審議の主体は委員会であり、公述人の疑義を解明することは公聴会の目的ではないからである。もちろん、委員の質疑内容を確認する程度の発言は、この限りでない。

【公述人に対する措置】 公述人の発言が問題の範囲を超え又は公述人に不穏当な言動があったときは、委員長はその発言を禁止し又は退場を命ずることができる。

委員長は秩序保持権を有しており（国48）、それは公聴会においても行使でき、公述人に対しても及ぶ。

「不穏当な言動」とは、公聴会の秩序保持の上で差し障りがあるような適切でない発言又は行動のことである。

「その発言を禁止し」とは、以後、当該公述人に発言させないことである。

「退場を命ずる」とは、委員会議室から出て行かせることをいい、退場命令に従わないときには、衛視をして委員会議室の外に連行させることも可能である。

本条は、公述人の発言行為に対する制止、発言取消を規定していないが、委員の場合、それらは発言禁止、退場命令の前段として規定されており（参規51）、公述人についてもその部分を類推適用することができると解する。公述人の性質から、委員長の処分として発言の取消しを認めることは妥当でないとする理解も見られる（鈴木・理論406頁）が、発言禁止や退場命令を出すには及ばない場合、発言の制止や発言取消で対処することができるものと解する。

〔公述人に対する質疑〕

第69条　委員は、公述人に質疑することができる。

§ 70

制定時（昭 22.6）

　　衆規84　委員は、公述人に対して質疑することができる。但し、公
　　　　述人が委員に質疑することはできない。

　本条は、公述人に対する質疑について規定するものである。

【公述人に対する質疑】委員は、公述人に質疑することができる。

　公述人は公聴会で意見を述べる者であるが、述べられた意見の中で不明な点や疑
義をそのままにして終わることは適当ではなく、委員にそれをただすことを認める
ものである。

　「委員」は、公聴会を開いた委員会に属する委員のことである。

　委員外議員の希望により質疑を許可することも可能である（参規44）。

　「質疑」とは、疑問をただすことである。公述人が述べた意見の内容についてだけ
でなく、公述人が言及しなかった点について意見を聴き出すことも質疑として認め
られる。ただし、公述人の発言内容に限度が設けられている（参規68 I）ため、公聴
会の問題の範囲内の事項に限られる。

　　〔公聴会における討論・表決〕
　　第70条　公聴会においては、討論及び表決をすることができない。

　　　　　　　制定時（昭 22.6）

　本条は、公聴会における討論、表決について規定するものである。

【公聴会における討論・表決】公聴会においては、討論及び表決をすることができ
ない。

　公聴会は議案審査の一過程としての委員会の開会形態であり、利害関係者、学識
経験者等の意見を聴くことを目的とする（国51 I）。その目的以外のことを行えない
のは当然であり、討論、表決だけでなく、対政府質疑や証人喚問等を行うこともで
きない。その意味で、本条は確認的に規定したものである。

　「討論」とは、表決の前に、議題となっている問題について賛否を明らかにして意
見を述べる、委員会審査の一段階又はそこでの発言のことである。

　委員が公述人に対する質疑において、発言中に自らの意見を交えることは「討論」
には当たらない。

　「表決」とは、議題となっている問題について委員会としての結論を得るために各
委員が賛成・反対の意思表示を行う、委員会における最終段階の審査手続のことで

第7章 委員会　　*159*

§71

ある。

公聴会の進行等、手続について決定しようとすることは、本条の「表決」に当たらない。

公聴会の終了後、同日に開いた委員会において当該議案に対して討論、表決を行うことは本条に反するものではない。

〔公述人の代理〕
第71条 公述人は、代理人に意見を述べさせ、又は文書で意見を提示することができない。但し、委員会が特に許可した場合は、この限りでない。

制定時（昭22.6）
衆規85 公述人は、委員会の同意を得た場合には代理人をして意見を述べさせ又は文書で意見を提示することができる。

本条は、公述人の代理、文書による意見提示の禁止を規定するものである。

【公述人の代理等の禁止】 公述人は、代理人に意見を述べさせ又は文書で意見を提示することができない。

公述人は、真に利害関係を有する者又は学識経験者等であり、本人の立場、意見、知識等に着目して選定された者である。本人の直接の意見陳述が欠かせないため、代わりの者では用をなさないとの判断に基づく規定である。

また、代理人による陳述や文書による提示では、それによって示された意見が真に公述人本人の意見であるか否かが委員会の側で判断できない。

公述人本人が意見を述べる場合でも、その発言は作成してきた原稿を朗読することに終始しがちであるが、それに対する質疑を予定していること（参規69）からも、代理人による代読や文書による提示とは区別される。

「代理人」とは、自分の代わりに出席させるために公述人が選んだ者のことである。公述人に代わってその者自身の意見を述べる者として公述人本人が託す場合だけでなく、公述人本人の意見を伝えるだけの使者的代理人もここでの「代理人」に当たる。

「文書」とは、公述人が公聴会の問題についての自分の意見をしたためた書面である。

【例外的許可】 委員会が特に許可した場合は、代理人による意見陳述、文書による意見提示が可能となる。

§ 72

例外措置を採っても弊害がなく、かつ他の手段では補えないような場合の対処を認めたものである。

賛否の一方の公述人が出席できないこととなった場合、それを埋めるために別の公述人を選定するのも選択肢の1つであるが、当初選定した公述人が代替不能なこともあり得るからである。

本条ただし書を根拠に、法人が公述人となることを特例的に認めていると解すべきではない（ ⚫▶ 第67条【公述人の資格要件】）。

「委員会」とは、公聴会を開く機関としての委員会のことであり、公聴会の場での許可決定を妨げない。

「特に許可」とは、公述人選定後の事情変更として、公述人からの申出を受けて、それを認めることを採決により決定することである。

この場合の代理人も使者的代理人だけでなく、その者自身の意見を述べる代理人を許可することも可能であると解する。出席できない公述人から、当人と立場を同じくする者を推薦された場合、変更した公述人としてではなく代理人として出席を認めることも便法だからである。

第3節　委員会の報告

制定時（昭22.6）

本節は、委員会からの議院に対する報告書について規定を置いている。また、少数意見者による報告書についても、ここで規定している。

委員長報告（国53）が本会議における口頭報告であり、議事の一内容であるのに対し、本節の報告は、第73条〔調査事件の中間報告〕を除いて書面によるものであり、議院と委員会の関係を直接形成する意味を持つ、付託の対概念として重要なものである。

〔審査・調査報告書〕
第72条① 　委員会が案件の審査又は調査を終つたときは、報告書を作り、委員長からこれを議長に提出しなければならない。
② 　前項の報告書には、委員会の決定の理由、費用その他について簡明に説明した要領書を添えなければならない。

第7章　委員会　　161

§72

③ 委員会において国会法第57条の3により内閣が意見を述べた場合は、その要旨を要領書に記載しなければならない。

制定時（昭22.6）、第6次改正（昭30.3）、第7次改正（昭33.6）、第10次改正（昭60.10）

衆規86① 委員会が付託案件について審査又は調査を終つたときは、議決の理由、費用その他について簡明に説明した報告書を作り、委員長からこれを議長に提出しなければならない。
② 委員会が国会法第57条の3の規定により、内閣に対して意見を述べる機会を与えた場合は、その意見の要旨を報告書に記載しなければならない。

本条は、委員会の審査・調査報告書について規定するものである。

【審査・調査報告書】委員会が具体的な案件について活動を開始するのはそれが議院から付託された後であり、付託は、その審査又は調査を行ってその結果を回答するよう求めるものである。

委員会が案件の審査又は調査を終わったときは、報告書を作り、委員長から議長に提出しなければならない。

委員会の審査、調査は、本会議で議院の態度を決するための資料の役割を果たすものであり、委員以外の議員は、その報告書によって審査、調査の内容を知ることとなる。

「委員会」を主体としているのは、報告書の作成が委員会の権能であることを示す。したがって、委員会の議決によって報告書の内容を決定することを要する。その作成は委員長に一任するのが通常であるが、そのためにも委員会の議決は必要である。

「案件」には、議案等のほか調査事件も含まれる。その調査事件は、常任委員会がその所管に属する事件として調査を認められているもの（参規74の3）のほか、特に付託されたものや特別委員会の設置目的にうたわれているものを含む。

個々の案件は本来独立したものであり、報告書の作成も個別に行うべきであるが、委員会で複数の案件を密接不可分の関係にあるものとして一括して審査し、一括して採決したような場合には、1本の報告書にまとめることができる。

「終つたとき」とは、表決によってその案件について最終的な結論を得たときを指す。閉会中審査・調査における場合を含む。

議案等のように可否を決するものは、「可決すべき」・「否決すべき」・「修正すべき」（請願の場合は「採択すべき」・「不採択とすべき」）との結論となる。議案及び請願については本会議に付すことを要しないと決定することができ（国56Ⅲ、80Ⅱ）、その場

§72

合も「終つたとき」に当たる。

調査事件の場合、政策提言や政府に対する警告のような内容を伴う結論を得ることで調査が終結することとなる。

「報告書」とは、委員会から議院に対して提出する審査、調査の結果を記した文書のことである。

「提出」は、報告書の作成主体である委員会から案件の付託主体である議院に対してなされるものであるが、本条は、それぞれの代表者である委員長から議長に対する行為としている。

審査・調査報告書は付託に対する回答であり、その提出によって案件は議長の手元に戻り、付託されている状態が終了する。ただし、閉会中については、議案が委員会に係属している状態でなければ存続できないため、継続審査中に審査が終わっても、次の会期まで付託されたままとしておく必要がある。

【要領書】審査・調査報告書には要領書を添えなければならない。

報告書には審査・調査結果の結論部分だけを記載し、それ以外の事柄は添付資料である要領書の内容となる。

要領書は、委員会の決定の理由、費用その他について簡明に説明したものである。

「委員会の決定の理由」は、議案等の要旨、提案の理由、利害得失等のことであり、議論の俎上に載せられ、審査、調査の結果が導かれるに至った理由となる事柄の概要である。附帯決議を行ったとき（•••▶第49条【附帯決議】）には、その旨を記載し、決議文を添付する。

「費用」は、法律案が念頭に置かれているが、成立した場合における施行に当たって必要となる費用の見積りのことである。

委員会で否決した場合にも記載することを要する。また、修正議決した場合、その修正案が予算を伴うときには修正の結果必要となる経費も記載する必要がある。

委員会において、予算の増額修正等について内閣が意見を述べた場合は、その要旨を要領書に記載しなければならない。

この意見聴取は本会議又は委員会において行うこととされており、委員会で聴取した場合には、それを報告書に記載することで本会議審議の資料とする趣旨である。

「国会法第57条の3により内閣が意見を述べた」とは、**国会法第57条の3〔内閣の意見聴取〕**の規定で、予算総額の増額修正、議員の発議に係る予算を伴う法律案又は法律案に対する修正で、予算の増額を伴うもの若しくは予算を伴うこととなるも

§72の2

のについて内閣に意見を述べる機会を与えることが義務付けられており（⋯▶『逐国』第57条の3【内閣の意見聴取】）、それに応じて内閣が意見を述べたことを指す。

〔少数意見報告書〕
第72条の2　少数意見の報告書は、委員長を経て速かにこれを議長に提出しなければならない。

> 第6次改正（昭30.3）
> **衆規88**　委員会において少数で廃棄された意見を議院に報告しようとする者は、委員会の報告書が提出されるまでに、少数意見の報告書を作り、成規の賛成者と連署し、委員長を経由して、これを議長に提出しなければならない。

本条は、少数意見報告書について規定するものである。

【**少数意見報告**】委員会の少数意見で出席委員の10分の1以上の賛成があるものは、少数意見者が議院に報告することができる（国54Ⅰ前）。

委員会における少数意見についても、その周知を図ることが本会議における公平な議論に資するものとなるとの趣旨で設けられた制度である（⋯▶『逐国』第54条【少数意見報告】）。

【**少数意見報告書**】少数意見報告を行う場合には、その報告書を議長に提出しなければならないこととされている（国54Ⅰ後）。文書の形で少数意見を明確化して記録に残すとともに、本会議での少数意見報告を行いたい旨の申出を文書によって行わせる趣旨である。

「少数意見の報告書」とは、少数意見の報告者が委員会での自らの意見を議院に報告する文書である。

少数意見の報告書は、委員長を経て速やかに議長に提出しなければならない。

「委員長を経て」とは、少数意見の報告者が当該委員会の委員長に提出し、その委員長が審査した上で議長に提出することを意味する。

委員長を経ることは、少数意見者が少数意見報告を行う旨を委員会の側に通告することを意味する。

少数意見報告を行うためには出席委員の10分の1以上の賛成者がいることが必要で、その報告書も賛成者との連名であることや簡明であることが要件とされている（国54Ⅰ）。そのほかにも、報告書の内容が実際に委員会で述べられたものであること等を委員会の側で審査する趣旨である。これらの要件を欠くときには、委員長

§72の3

はそのままでは議長に提出することができず、少数意見者に対して訂正を求めることができる。

　複数の少数意見者から同趣旨の報告書が出された場合、委員長はそれらを一本化するよう求めることも可能である。

　また、委員長を経由することは、委員会の審査報告書や委員長報告における著しい内容の重複を避ける意味がある。少数意見報告書に述べられている少数意見については、審査報告書への掲載や委員長報告での言及を簡略化することが公平にかなった措置となる。

　「速かに」は、委員長はその政治的な判断によって手元にとどめることはできず、当該案件が上程される本会議の準備に間に合うようにとの趣旨であり、少数意見報告者も委員長による審査に要する時間を見込んだ提出が求められる。

〔審査・調査未了報告書〕
第72条の3　委員会が閉会中その審査又は調査を終らなかつた案件については、委員長は、その旨の報告書を作り、これを議長に提出しなければならない。

> 第6次改正（昭30.3）、第7次改正（昭33.6）
> **衆規91**　委員会が、閉会中その審査を終らなかつた案件については、次の会期の始めにその旨の報告書を議長に提出しなければならない。

本条は、審査・調査未了報告書について規定するものである。

【審査・調査未了報告書】委員会が閉会中その審査又は調査を終わらなかった案件については、委員長はその旨の報告書を作り、議長に提出しなければならない。

　閉会中審査・調査が議院により特に認められたものであることに鑑み、それが未了に終わった場合に報告書の提出が義務付けられたものである。

　「閉会中その審査又は調査を終らなかつた案件」とは、議院の議決により閉会中審査・調査を特に付託された案件で、次の国会の召集日の前日までに終了しなかったもののことである。

　「委員長」は、その審査・調査案件を付託されていた委員会の委員長である。

　「その旨の報告書」は、審査、調査が未了に終わった旨の報告書であり、それまでに行った審査、調査の内容を記載したものである。閉会中審査・調査を行うことと

第7章　委員会　　*165*

§72の4

なったことにより前国会会期中の審査、調査についての報告書も提出していない（•••▶本条【会期内の審査・調査未了】）ので、その経過も記載する必要がある。

「提出」は、次会期の召集日前日に行う。

【会期内の審査・調査未了】本条は、閉会中審査・調査を終わらなかった案件の未了報告書提出を義務付けており、会期内に審査、調査を終わらなかった案件の報告書については規定がない。

これは報告書提出の必要が審査の終了を前提としているとの考えに基づくものであり（鈴木・理論379頁）、実際上も提出することとされていないが、審査が議院から委ねられたものである以上、結果のいかんにかかわらず、全ての場合に事実を含めて成り行きについて委員会は回答するのが道理であろう。現に、調査事件については、会期内に調査を終わらなかったときには調査未了報告書を提出する例とされている（参委先288）。ただし、閉会中調査が承認されたときはこの限りでない（•••▶本条【審査・調査未了報告書】）。

〔報告書の印刷・配付〕
第72条の4　議長は、前3条の報告書を印刷して各議員に配付する。

第6次改正（昭30.3）
衆規89　議長は、委員会において特に秘密と認めた部分及び第71条の規定により委員長が取り消させた発言の部分を除き、委員会の報告書及び少数意見の報告書を印刷して、各議員に配付する。

本条は、報告書の印刷、配付について規定するものである。

【報告書の印刷・配付】議長は、提出された審査・調査結了報告書、少数意見報告書、審査・調査未了報告書を印刷して各議員に配付する。

報告書が議院に対して提出されるものである以上、それを全議員に配付して本会議審議の参考に供することとしたものである。

「前3条の報告書」とは、第72条〔審査・調査報告書〕ないし第72条の3〔審査・調査未了報告書〕に規定された審査・調査結了報告書、少数意見報告書、審査・調査未了報告書のことである。

「印刷」とは、紙に文字等を刷り出すことである。

「配付」は、各々の手元に配り渡すことであり、遅滞なく議員の目に触れるような仕方でなされることを要する。具体的には、議員会館の議員事務室等に配ることで

§73

足りる。実際には、議員会館文書配付室に設けた文書函に配られている。

　印刷、配付の概念拡大の可能性については、第24条【議案の印刷・配付】の説明参照。

〔調査事件の中間報告〕

第73条① 常任委員会が調査中の事件について、議院に中間報告しようとするときは、委員長から書面でその旨を議長に申し出なければならない。

② 前項の要求があつたときは、議長は、これを議院に諮らなければならない。

制定時（昭22.6)、第6次改正（昭30.3)、第10次改正（昭60.10)

　本条は、調査事件の中間報告について規定するものである。

【調査事件の中間報告】常任委員会は、調査中の事件について議院に中間報告をすることができる。

　国政調査権の担い手が実質的に委員会であるものの、それは議院から委託された権能であり、かつ常任委員会に委ねられた調査についてその全般が結了することは通常考えられないため、その途中での議院への報告を認めるものである。

　「常任委員会」は、調査の範囲が広範にわたり中間報告の必要性が強いことから、その主体として規定されたものである。

　特別委員会も付託された調査事件の調査を全て会期内に終えることは通常では困難なため、中間報告を行う必要が生じることは常任委員会と径庭はなく、これを特別委員会に類推適用すべきである。実際にも、特別委員会が中間報告を行った例がある（参先284、参委先293)。

　調査会については第80条の5で調査会長の報告が規定されており、そこで中間報告を読み込むことができよう（•••▶第80条の5【調査会長報告】)。

　「調査中の事件」とは、常任委員会は所管に属する事項について調査できる（参規74の3）が、ここでは、委員会において具体的に件名を決定した調査事件（•••▶第74条の3【具体的調査権能】）又は議院から付託された調査事件であることを要する。

　常任委員会は、所管事項全般については永続的に調査を行うものであり、その中で中間報告を行う必要の生じる事項は、時の重要テーマについてのものとなろう。

　「議院に」とは、本会議において口頭でという意味である。

第7章　委員会　　167

§73

「中間報告」とは、調査事件の全体について結論を得ない状態において、それまでの調査内容を委員でない議員に周知させるために行う報告のことである。

調査が一区切り付いたときに行うのが通常であろうが、調査事件中の特定のテーマについて調査を終えたときも与えられた課題の中では一部分であるので、結了報告ではなく中間報告となる。

長期にわたって行ってきた一連の調査である場合、以前の会期や閉会中の調査の経過を報告に含めることが許されると解する。会期制の下においても、意思決定を直接の目的としない調査については、継続・不継続の観念は事実上のものにすぎないと受け止めざるを得ない。

特別委員会の場合、同名、同目的であっても会期ごとに異なる委員会となるが、この点についても継続した主体として扱うのが実際上の要請に沿ったものとなろう。

【中間報告の申出】 常任委員会が議院に中間報告しようとするときは、委員長から書面でその旨を議長に申し出なければならない。

「中間報告しようとするとき」とは、委員会において中間報告することを申し出る旨の議決を行ったときのことである。

「書面」には、調査件名を明示して中間報告を行いたい旨を記す必要がある。

通常は、中間報告書を議長に提出し、それに併せて口頭報告を申し出ることとなる。

「申し出」は、希望を述べるものにすぎず、いつの本会議で行いたい旨を述べても、議長はそれに拘束されない。

この申出が発言通告 (参規91) を兼ねることととなる。

【中間報告聴取の議決】 中間報告を行いたい旨の要求があったときは、議長は議院に諮らなければならない。

中間報告を認めることは、本会議の議決で決める。

委員会からの報告とは逆に、議院から報告を求めることも、事実上の要請として認められよう。委員会の活動に議院が介入することは特に規定がなければ認められないが、調査についての中間報告は議案についてのもののように審査打切りの前段階の意味合いを持つものではないことによる。

「前項の要求」とは、委員会が中間報告を行いたい旨を申し出たことを指す。「要求」と言い換えているものの、中間報告を行うことを認めるか否かは議院の意思に委ねられている。

「議院に諮らなければならない」とは、申出があった以上、議長はそれを放置でき

§74

ず、本会議で採決に付さなければならないことを意味する。

諮る時期について限定は受けないが、通常は可能な限り早く処理する必要がある。

中間報告を聴取するか否かについて、議長は本会議の採決結果に従い議事を進めなければならず、諮った結果が可決であれば、その直後に中間報告を行うこととしてもよい。

第4節　常任委員会

制定時（昭22.6）

本節では、常任委員会及びそのうちの特定の委員会に適用される規定を置いている。

組織面においては、常任委員会と特別委員会の間で差が認められるものの、活動に関しては顕著な相違はなく、本節に置かれている規定のうち活動論に関するものは、特定の委員会の特殊性に起因するものがほとんどである。

【常任委員会】「常任委員会」とは、恒久的な効力を持つ法規に規定されることで設置される常設の委員会である。

現在は、国会法に規定することによって設置されている（国41ⅡⅢ）。

国政全般を政策分野ごとに各常任委員会の所管とした上で、委員の固定化を図ってその専門性を高め、原則として全ての案件を審査、調査できることとするのが委員会制度の骨格であり、国会の採用する委員会中心主義は、その大部分を常任委員会に依存していると言える。

〔 常任委員会の委員数、所管 〕
第74条　各常任委員会の委員の数及びその所管は、次のとおりとする。

　　一　内閣委員会　20人

　　　　1　内閣及び内閣府の所管に属する事項（外交防衛委員会、財政金融委員会及び経済産業委員会の所管に属する事項を除く。）

　　　　2　人事院の所管に属する事項

　　　　3　宮内庁の所管に属する事項

　　　　4　国家公安委員会の所管に属する事項

　　二　総務委員会　25人

第7章　委員会　*169*

§74

　　1　総務省の所管に属する事項（環境委員会の所管に属する事項を除く。）

　三　法務委員会　20人

　　1　法務省の所管に属する事項

　　2　裁判所の司法行政に関する事項

　四　外交防衛委員会　21人

　　1　外務省の所管に属する事項

　　2　防衛省の所管に属する事項

　　3　国家安全保障会議の所管に属する事項

　五　財政金融委員会　25人

　　1　財務省の所管に属する事項（予算委員会及び決算委員会の所管に属する事項を除く。）

　　2　金融庁の所管に属する事項

　六　文教科学委員会　20人

　　1　文部科学省の所管に属する事項

　七　厚生労働委員会　25人

　　1　厚生労働省の所管に属する事項

　八　農林水産委員会　20人

　　1　農林水産省の所管に属する事項

　九　経済産業委員会　21人

　　1　経済産業省の所管に属する事項

　　2　公正取引委員会の所管に属する事項

　十　国土交通委員会　25人

　　1　国土交通省の所管に属する事項

　十一　環境委員会　20人

　　1　環境省の所管に属する事項

　　2　公害等調整委員会の所管に属する事項

　十二　国家基本政策委員会　20人

　　1　国家の基本政策に関する事項

　十三　予算委員会　45人

　　1　予算

　十四　決算委員会　30人

§74

1　決算

2　予備費支出の承諾に関する事項

3　決算調整資金からの歳入への組入れの承諾に関する事項

4　国庫債務負担行為総調書

5　国有財産増減及び現在額総計算書並びに無償貸付状況総計算書

6　会計検査に関する事項

十五　行政監視委員会　35人

1　行政監視（これに基づく勧告を含む。第74条の5において同
　じ。）に関する事項

2　行政評価に関する事項

3　行政に対する苦情に関する事項

十六　議院運営委員会　25人

1　議院の運営に関する事項

2　国会法その他議院の法規に関する事項

3　国立国会図書館の運営に関する事項

4　裁判官弾劾裁判所及び裁判官訴追委員会に関する事項

十七　懲罰委員会　10人

1　議員の懲罰に関する事項

　　　制定時（昭22.6）、第1次改正（昭23.10）、第2次改正（昭24.10）、
　　　第3次改正（昭25.7）、第4次改正（昭26.12）、第5次改正（昭27.10）、
　　　第6次改正（昭30.3）、第7次改正（昭33.6）、第8次改正（昭45.11）、
　　　第12次改正（平3.8）、第13次改正（平10.1）、第14次改正（平11.10、平12.1）、
　　　第16次改正（平13.1、平13.8、平16.7）、第17次改正（平15.4）、
　　　第19次改正（平17.4）、第20次改正（平19.1）、第21次改正（平26.1）、
　　　第22次改正（平26.6）、第24次改正（令元通常選挙後施行予定）

　　衆規92　各常任委員会の委員の員数及びその所管は、次のとおりと
　　　する。ただし、議院の議決によりその員数を増減し、又はその所
　　　管を変更することができる。
　　一　内閣委員会　40人
　　　1　内閣の所管に属する事項（国家安全保障会議の所管に属す
　　　　る事項を除く。）
　　　2　人事院の所管に属する事項
　　　3　宮内庁の所管に属する事項
　　　4　公安委員会の所管に属する事項
　　　5　他の常任委員会の所管に属さない内閣府の所管に属する事
　　　　項

第7章　委員会　　*171*

§74

二　総務委員会　40人
　　1　総務省の所管に属する事項（経済産業委員会及び環境委員会の所管に属する事項を除く。）
　　2　地方公共団体に関する事項
三　法務委員会　35人
　　1　法務省の所管に属する事項
　　2　裁判所の司法行政に関する事項
四　外務委員会　30人
　　1　外務省の所管に属する事項
五　財務金融委員会　40人
　　1　財務省の所管に属する事項（予算委員会及び決算行政監視委員会の所管に属する事項を除く。）
　　2　金融庁の所管に属する事項
六　文部科学委員会　40人
　　1　文部科学省の所管に属する事項
　　2　教育委員会の所管に属する事項
七　厚生労働委員会　45人
　　1　厚生労働省の所管に属する事項
八　農林水産委員会　40人
　　1　農林水産省の所管に属する事項
九　経済産業委員会　40人
　　1　経済産業省の所管に属する事項
　　2　公正取引委員会の所管に属する事項
　　3　公害等調整委員会の所管に属する事項（鉱業等に係る土地利用に関する事項に限る。）
十　国土交通委員会　45人
　　1　国土交通省の所管に属する事項
十一　環境委員会　30人
　　1　環境省の所管に属する事項
　　2　公害等調整委員会の所管に属する事項（経済産業委員会の所管に属する事項を除く。）
十二　安全保障委員会　30人
　　1　防衛省の所管に属する事項
　　2　国家安全保障会議の所管に属する事項
十三　国家基本政策委員会　30人
　　1　国家の基本政策に関する事項
十四　予算委員会　50人
　　1　予算
十五　決算行政監視委員会　40人
　　1　決算
　　2　予備費支出の承諾に関する事項
　　3　決算調整資金からの歳入への組入れの承諾に関する事項
　　4　国庫債務負担行為総調書

§74

     5　国有財産増減及び現在額総計算書並びに無償貸付状況総計
算書

     6　その他会計検査院の所管に属する事項

     7　会計検査院が行う検査の結果並びに総務省が行う評価及び
監視並びに総務省が評価及び監視に関連して行う調査の結果
についての調査に関する事項

     8　行政に関する国民からの苦情の処理に関する事項

     9　1から8までに掲げる事項に係る行政監視及びこれに基づ
く勧告に関する事項

  十六　議院運営委員会　25人

     1　議院の運営に関する事項

     2　国会法及び議院の諸規則に関する事項

     3　議長の諮問に関する事項

     4　裁判官弾劾裁判所及び裁判官訴追委員会に関する事項

     5　国立国会図書館に関する事項

  十七　懲罰委員会　20人

     1　議員の懲罰に関する事項

     2　議員の資格争訟に関する事項

　本条は、各常任委員会の所管と委員数について規定するものである。

【常任委員会の種別】本条では明示されていないが、参議院の常任委員会は2つの
類型に分けられる。

　「第1種委員会」は、国政全般を政策分野ごとに分けて所管する常任委員会であり、
「第2種委員会」は、それ以外の委員会で、特定の案件の審査を目的とするものや特
殊な役割を与えられているものである。

　前者は第1号の内閣委員会から第11号の環境委員会までの11個の委員会、後者
は第12号の国家基本政策委員会から第17号の懲罰委員会までの6個の委員会の総
称である。

　第1種委員会の委員数の合計は現在242で、議員総数に一致している。各議員が
少なくとも1つの常任委員となることとされている（国42Ⅱ）ことに対応し、その1
つを第1種委員会のいずれかの委員としているものである（参先116）。委員会制度の
効用の1つとして、専門的知識を有する委員に審査に当たらせることにより議論の
深化を図ることが挙げられており（→▶『逐国』第5章概説【委員会の効用】）、そのためには、
各議員の担当する委員の守備範囲を限定する必要が認められるからである。

【常任委員会の所管】各議院に設置する常任委員会は国会法が規定しているが（国
41）、各委員会の所管事項は議院規則で規定している。そのため、衆参で同名の委員
会の所管が一致しないこともあり得る。

第7章 委員会　173

§74

第1種委員会の所管の定め方には、事項別と省庁別の2通りがある。事項別は、政策分野の内容を挙げて規定するものであり、省庁別は、行政府における所管分けに準じて、それぞれの委員会に中央省庁に対応する所管を担当させるものである。

◆旧規定は〔常任委員会の所管〕

第74条（旧）　各常任委員会の委員の数及びその所管は、次のとおりとする。

一　総務委員会　21人

　1　皇室に関する事項

　2　国家行政組織に関する事項

　……

（以下略）

参議院では、第1種委員会の所管の定め方に変遷が見られる。

発足当初は、事項別によっていたが、これを昭和23年の第1次改正で省庁別とし、昭和30年の第6次改正で事項別に戻し、参議院の特色としていたところである。

さらに、第13次改正（平成10年施行）では、参議院改革の一環としてこれを発展させ、複数の省庁を横断した政策要求や省庁間の隙間に存在する問題等を国民生活の実態に即して取り上げられるようにするため、基本政策別の編成に改めた。上記の規定は、この時のものである。

しかし、この編成の下では、議案の付託委員会を決めるに当たって困難を生じることが少なくなく、その後、平成13年に施行された中央省庁再編に伴い、第16次改正で再び省庁別の所管に戻され、その後、小規模な改正を経て現在に至っている。

♣衆議院では〔常任委員会の所管〕

常任委員会の編成は、規則制定当初こそ事項別によっていたが、その後、長らく省庁別の所管とすることで定着している（衆規92）。

省庁別の編成は、行政監視機能を発揮する上で効果的である一方、その反面として、行政官庁との結び付きが強くなって各委員会が各省庁の利益代弁者の観を呈するおそれがあるとされる（佐藤（吉）・参規148頁）。

【常任委員会の委員数】第1種委員会の委員数は、基本的には各委員会で均等とすべきであろうが、経験から予想される提出議案数等を勘案し、他の委員会より多く配分されている委員会もある。全体を見渡して、20人ないし25人の布陣となっている。なお、令和元年と4年の議員数増員に伴い、委員数の増員される委員会が出る。

第2種委員会については、それぞれの所管や付託案件の性格に応じて員数が配分

§ 74

されている。最大は、予算委員会の 45 人である。

【第1種委員会】 中央官庁の1府11省に11個の委員会が対応している。外交防衛委員会のように2省を受け持つ委員会もある。また、委員会の名称からは判読できないものの、内容上の関連によって他省を所管する委員会の所管とされているものがある。

それらの例外的な所管は次のとおりである。

①内閣に置かれる国家安全保障会議の所管に属する事項＝外交防衛委員会

②内閣総理大臣の所轄に属する公正取引委員会の所管に属する事項＝経済産業委員会

③内閣府の外局である金融庁の所管に属する事項＝財政金融委員会

④総務省の外局である公害等調整委員会の所管に属する事項＝環境委員会

なお、国政に係る事項の中でも、行政府の所管しない司法行政は法務委員会の所管とされ、内閣に対して独立の地位を有する会計検査院に関わる事項については決算に関連が強いため第2種委員会である決算委員会の所管とされている。

予算、決算、予備費等は、主管省庁に着目すれば財政金融委員会の所管となるが、それぞれ特殊な案件として第2種委員会の所管事項とされている。

【第2種委員会】 第1種委員会以外の常任委員会が第2種委員会であるが、その性格は次のように様々である。

①第1種委員会で国政全般がカバーされているが、案件によっては特定の省庁の所管に収まらないものもあり、その審査、調査を行う受皿としての第2種委員会が用意されている（予算委員会、決算委員会、行政監視委員会）。

②案件の審査を主目的とせず、特殊な活動を行うための委員会が設けられている（国家基本政策委員会）。

③政策に関わる事項ではなく、議院の運営に関わる事項を取り扱うための委員会が設けられている（議院運営委員会、懲罰委員会）。

「国家基本政策委員会」は、衆参両院で平成12年の常会に発足したものであり、英国議会のクエスチョン・タイムに倣って党首討論を行う場として設けられた。

党首討論は衆参の国家基本政策委員会の合同審査会の形態で行われる。

「予算委員会」は、総予算、補正予算、暫定予算を審査するだけでなく、会期冒頭に国政全般について委員会で議論する必要のある場合や国政上の重要問題が発生した場合に、予算の執行状況に関する調査を議題として開かれる。

「決算委員会」は、決算を中心として、財政の事後チェックを行うための案件を審

第7章 委員会　　*175*

§74の2

査する。

　予算審議が衆議院の優越の下に置かれることに対応して、参議院では決算審査の充実に力点を置いているところである。

　「行政監視委員会」は、行政監視機能の充実強化を図るため、オンブズマン的機能を備えた委員会として、平成10年に新設された。その活動は行政全般にわたる調査が中心であり、必要な場合には政府に対して改善勧告を行う。また、特殊な機能として、苦情請願の審査を行うこととされている。

　「議院運営委員会」については、後述する。

　「懲罰委員会」は、懲罰動議又は議長の認定により付託された懲罰事犯の件を審査する委員会である。

> ♣衆議院では〔懲罰委員会の所管〕
> 　懲罰委員会が議員の資格争訟の審査も行うこととされている（衆規92⒄♣）。この点、参議院では資格争訟特別委員会が設けられることとされている（参規193の2Ⅰ）。

【議院運営委員会】議院運営委員会は、第2種委員会の1つであるが、議院の運営に関する事項等を所管する特殊な委員会である。

　通常の委員会と同じく、議案の審査を行うこともあり、その典型が国会法や議院規則の改正案である。また、議員逮捕について許諾を求めるの件も付託され、その審査を行う（参先109）。所管に係る請願の審査も行う。

　法規により議院運営委員会の決定を必要とされているものがある。例えば、本会議での趣旨説明聴取の決定（国56の2）、国会予備金の支出の承認（予備2）、立法事務費の交付を受ける会派の認定（立費5）等である。

　そのほか、議長の諮問を受けて審査を行う対象は、会期に関する事項（参先17）、本会議運営に関する事項（参先218）、議案の付託委員会に関する事項（参先171）等、議院運営全般にわたる。

　上記の事項についての協議は主に理事会において行われる。

〔常任委員の兼任〕

　第74条の2　議員は、同時に2箇を超える常任委員となることができない。2箇の常任委員となる場合には、その1箇は、国会法第42条第3項の場合を除き、国家基本政策委員、予算委員、決算委員、行政監視委員、議院運営委員又は懲罰委員に限る。

§74の2

第6次改正（昭30.3）、第13次改正（平10.1）、第14次改正（平12.1）

本条は、常任委員の兼任について規定するものである。

【常任委員の兼任可能数】議員は少なくとも1個の常任委員となることとされている（国42Ⅱ本）。議院の活動の中心を委員会に置き、各議員の専門的知見を審査にいかすことを狙いとするものであるが、加えて、常任委員を兼任することについても制限が設けられている。

　　議員は、同時に2個を超える常任委員となることができない。

常任委員の総数は平成31年の常会（第198回国会）の時点で402であり（参規74参照）、平均すると議員1人当たりの委員数は1.66である。委員の担当が特定の議員に集中すると専門性が散漫なものとなり、委員会が並行して開かれる場合には出席率にも影響する。そこで、委員担当の平均化、分散化を図っているのである。

「同時に」とは、文字どおり特定の時間帯を指し、それに掛からなければ、同日のうちに延べ3個以上の委員となることを妨げない。

議員はその任期中、常任委員の任にあることとされており（国42Ⅰ）、辞任、選任を繰り返して本条違反を回避することは任期規定の想定するところではないが、形式的な基準で判断するほかないだろう。

「2箇を超える」とは、3個以上のという意味である。

「なることはできない」とは、議長はそのような指名を行うことはできず、また、議員、会派の側からそのような結果となる推薦届、選任願を出すこともできないという意味である。

本条前段については例外は認められない。国会法第42条第3項の規定により国務大臣等の辞した委員を兼ねる場合も、自らの分と兼ねる分との2個の委員の兼任が限度である。

特別委員や調査会委員については、兼任数の制限はない。

【兼任可能委員】**2個の常任委員となる場合には、その1個は、原則として第2種委員に限る。**

常任委員会は第1種委員会と第2種委員会に分類される。

「第1種委員会」は、第74条第1号の内閣委員会から第11号の環境委員会までの11個の委員会のことであり、「第2種委員会」は、同条第12号の国家基本政策委員会から第17号の懲罰委員会までの6個の委員会のことである。

前者は、国政全般を政策分野ごとに分けて所管する常任委員会であり、後者は、

§74の2

それ以外の委員会で、特定の案件の審査を目的とするものや、特殊な役割を与えられているものである（••▶第74条【第1種委員会】【第2種委員会】）。

これに応じて、それぞれの委員は「第1種委員」、「第2種委員」と呼ばれる（参先116）。

「2箇の常任委員となる場合」とは、義務として担当する常任委員（国42Ⅱ本）に加えてもう1個の常任委員を兼任する場合のことである。

「その1箇」とは、義務として担当している第1種委員ではない他方の常任委員を指す。

各議員が少なくとも1個担当しなければならない常任委員は、参議院では第1種委員のことである。全ての議員が専門分野を持ち、その専門性を発揮させるには、政策領域を区切って設けられている第1種委員会の委員の担当を義務付けるのが趣旨に合致するからである。第1種委員の委員数の合計が議員総数と同数に設定されているのは、このことを前提としている。

これは委員会の開会に支障をもたらさないことをも目的としている。すなわち、常任委員会の定例日を第1種委員会と第2種委員会とで異なる曜日に設定することで、複数の委員を兼任している議員がいずれの委員会にも出席できるように配慮しているのである。

義務として担当する常任委員が第1種委員であることは、本条後段で常任委員の1個が原則として第2種委員でなければならないことからも読み取ることができる。すなわち、仮に2個の第2種委員の兼任を認めると、国会法第42条第3項の場合以外でも他の議員が第1種委員を2個兼任せざるを得なくなるからである。これを回避するには第1種委員に欠員を生じさせることが必要となるが、それは常態を崩す措置となってしまい、本条の認めるところではないと解する。

第1種と第2種の区分は、実定法上、明確ではなく、本条において兼ねることのできる委員として「国家基本政策委員、予算委員、決算委員、行政監視委員、議院運営委員又は懲罰委員」を特定していることから読み取れるだけである。

議長、国務大臣等が常任委員を辞し、その者が属する会派の議員がその委員を兼ねる場合には、第1種委員を2個兼ねることができる。

この場合には例外を認めざるを得ないことを確認するものである。

「国会法第42条第3項の場合」とは、同条第2項ただし書の常任委員担当義務免除規定により議長や国務大臣等が常任委員を辞した場合で同条第3項によりその者が属する会派の議員がその委員を兼ねるときのことである。

§ 74 の 3

　「除き」とは、この場合には、2個目の常任委員は第2種委員に限るとの制約が働かないとの意味である。

　ここで議長等が担当を免除された常任委員とは第1種委員であり、それを兼ねる側の議員は第1種委員を2個受け持つこととなる。

〔常任委員会の調査〕
　第74条の3　常任委員会は、付託された案件のほか、その所管に属する
　　事件について、調査をすることができる。

　　　　　　第6次改正（昭30.3）、第10次改正（昭60.10）
　　　衆規94①　常任委員会は、会期中に限り議長の承認を得てその所管に属する事項につき、国政に関する調査をすることができる。
　　　②　常任委員会が議長の承認を求めるには、その調査しようとする事項、目的、方法及び期間等を記載した書面を議長に提出しなければならない。
　　　③　議長は、前項の要求を承認したときは、これを議院に報告しなければならない。

　本条は、常任委員会の調査権能について規定するものである。

【常任委員会の調査権能】常任委員会は、付託された案件のほか、その所管に属する事件について調査をすることができる。

　国政調査権は議院の権能として認められている（憲62）が、国会法第41条第1項は、常任委員会の議案、請願等の審査権能について規定し、調査について言及していない。それに対して本条は、常任委員会の調査権能を規定するが、議院規則で創設的に認めるものではない（今野・法理264頁）。**国会法第103条〔議員派遣〕、第104条〔内閣等に対する報告・記録の提出要求〕**等において、委員会も調査を行えることを前提とした規定が置かれていることからも、その点は明らかである。

【具体的調査権能】各委員会は、議院の権能をそれぞれの所管や設置目的に応じて分有するものであるが、それを当然に行使できるものではなく、議院から委員会に対する具体的な権限付与行為が必要である。それは国政調査権についても同様である。

　本条は、常任委員会の抽象的調査権能を規定するだけではなく、議院から具体的、包括的に権限を付与するものである。

第7章　委員会　　*179*

§74の3

◆旧規定は〔調査承認〕

第74条の3（旧）① 常任委員会は、付託案件の外、議長の承認した事件について、調査をすることができる。

　規則は以前、常任委員会は議長の承認した事件について調査することができるとしていた。常任委員会は会期ごとに議長に対してその所管に属する事件について調査承認要求を行い、議長の承認を待って調査活動を開始していたが、具体的な調査の必要性の有無にかかわらず、ほとんどの常任委員会が会期冒頭に所管事項全般にわたって調査承認要求を行い、議長もこれを承認するのが常であった（佐藤（吉）・参規159頁）。そこで、この手続を省略して恒常的に調査を行えるよう、昭和60年の規則改正で改めた。

♣衆議院では〔調査承認〕

　参議院におけるような規則改正はなされておらず、現在でも会期冒頭に議長に対して調査承認を要求する方法によっている（衆規94Ⅰ）。

　「付託された案件」とは、議長から審査又は調査を行うよう託された個別特定の案件のことである。「案件」とある以上、審査対象も含むと解し、それらの審査、調査のほかと解釈することとなる。

　「その所管に属する事件」とは、**第74条**〔常任委員会の委員数、所管〕で規定された所管に含まれる事柄のことである。委員会の判断により、その全部又は一部を調査対象とすることができる。

♥運用

　委員会が調査を行おうとする事件については、調査承認要求の手続はなくなったものの、その件名については、あらかじめ議決により決めておく例である（参委先116）。

　この決定については会期不継続の原則が働くので、会期ごとに行う必要がある。

　「調査をすることができる」とは、議院から独立した権能として認められているものではない。したがって、調査件名を決定した事件については、調査の結果を議院に報告することが必要となり、会期中に調査が終わらなかった場合には未了報告書を提出しなければならない（参委先288）。ただし、閉会中調査が承認されたものについては、この限りでない（⋯▶第72条の3【審査・調査未了報告書】）。

【調査事件の付託】 本条により、常任委員会は議院による特別の行為を要することなく自発的に調査活動を行うことが可能となるが、これは議院による調査事件の付託を排除するものではない。

　委員会が既に所管に属する事件についての調査を開始していても、その所管のうちの特定事項について議院が特に調査を行う必要を認めた場合には、これを付託す

§74の4

ることが可能である。

　この場合、当該委員会は、自発的な判断で行う調査と比べ、議院との関係において、より具体的な形で調査義務を負うこととなる。

〔総予算の委嘱審査〕
第74条の4①　予算委員会は、他の委員会に対し、審査中の総予算について、当該委員会の所管に係る部分の審査を期限を付して委嘱することができる。
②　前項の審査の委嘱を受けた委員会の委員長は、その審査の後、審査概要を予算委員会に報告するものとする。
③　予算委員会は、第1項の委嘱に係る審査期間内であつても特に必要と認めたときは、総予算の審査を行うことができる。

第6次改正（昭30.3）、第9次改正（昭57.3）

　本条は、総予算の委嘱審査について規定するものである。

【総予算審査の順序】　予算委員会における総予算の審査は、議案審査の一般的な枠組みに沿って趣旨説明、質疑、討論、採決の順に進められるが、公聴会や委員派遣のような特殊審査形態を用いることが定例化され、質疑も基本的質疑、一般質疑、集中審議、締めくくり質疑という段階分けがなされている（参委先65）。

　「基本的質疑」とは、国政全般にわたる総括的な問題について内閣総理大臣の出席の下に内閣の統一的見解をただすものである。

　「一般質疑」は、主として各省担当事項について所管大臣の見解をただすものである。

　「集中審議」とは、テーマを限定して政府に対する質疑を行うものである。内閣総理大臣出席の下に行われることが多い。

　「締めくくり質疑」は、基本的質疑と同様の形態で質疑の最終段階に行うものである。

　制度上、分科会という特殊審査形態が存在する（参規75Ⅰ）が、参議院においてはこれに代わるものとして、本条の規定する委嘱審査の制度が存在する。

【委嘱審査の制度趣旨】　議案は、複数の委員会に併託したり、分割して複数の委員会に付託することができない。予算は予算委員会の所管事項であり（参規74⒀）、同委員会に付託される。他方、予算委員会では、守備範囲を限定して専門的知識・経験

第7章　委員会　　**181**

§74の4

を有する委員を審査に当たらせて論議の深化を図ることが困難なことも確かなところである。

本条は、その点を補正するため、総予算について委員会審査の特例的取扱いを認めるものであり、その総予算の委嘱審査の制度は、参議院改革の一環として、昭和57年の規則改正で導入されたものである。

参議院における予算の審査は、衆議院とは異なる観点に立って行うことが要請される。また、総予算の内容は国政全般にわたり、その審査には専門的な知見を傾ける必要がある。さらに、予算審議は議院にとって重要な責務であり、予算委員以外の議員も参画できることが望ましい。総予算審査は、その期間も比較的長く、日程的な余裕もある。

以上のようなことから、従来の分科会審査（参規75Ⅰ）に代わる新たな審査形態として、他委員会が予算審査に関与する方法を策出したのが委嘱審査の制度である。

【総予算の委嘱審査】予算委員会は、他の委員会に対し、審査中の総予算について当該委員会の所管に係る部分の審査を委嘱することができる。

「他の委員会」とは、常任・特別を問わず、予算委員会が選定した委員会である。

第1種常任委員会が国政全般をカバーしているため、これらに対して委嘱すれば足りるが、特別委員会が設置されている場合、その趣旨に鑑みて特別委員会に委嘱することも可能である。

本来的には、「他の委員会」は部分的にせよ予算を審査する権能を有しておらず、本条はその専門性に着目して審査の委嘱を認めたものである。したがって、特別委員会の設置目的が調査や特定案件の審査であることは委嘱審査を行う障害とはならない。

一部の委員会にのみ委嘱することも可能であると解する。例えば、第1種常任委員会のうち多くの付託議案を抱えて時間的余裕のないものへの委嘱を見送る場合等である。

「審査中の」とは、予算委員会に付託されていることを指す。予備付託の段階でもよい。

予算委員会でまだ趣旨説明を聴取していない状況でも委嘱することはできるものと解する。委嘱審査は予算委員会での審査の進度に依存して行われるものではない。

制度創設時の構想では、総括質疑（現在の基本的質疑）終了の後とされている[15]。

---

[15]参議院改革協議会「参議院改革協議会報告書（昭57年2月24日）」参議院事務局編『平成19年版 参議院改革の経緯と実績』（2007）21頁。

§74の4

「総予算」とは、国の年間予算として年度当初から執行することを目指す予算であり、一般会計、特別会計、政府関係機関に係る予算の総称である。

総予算は一般会計、特別会計、政府関係機関の3案を一体のものとして審査するが、委嘱相手の委員会によってはその所管内容により、特別会計予算や政府関係機関予算が関係しないこともあり得る。

「当該委員会」とは、審査を委嘱する相手の委員会のことである。

「所管に係る部分」とは、総予算中、常任委員会においては**第74条〔常任委員会の委員数、所管〕**に規定された事項、特別委員会においては設置目的に係る事項であり、主に歳出が対象となるが、歳入予算も所管を特定できるものは委嘱審査の対象となる。

複数の委員会に対して同一事項の審査を重複して委嘱することも例外的に認められるものと解する。第1種委員会に対して縦割りの所管に応じて委嘱する一方、省庁横断的な事項を担当する特別委員会にも審査を委嘱する場合等には、重複は避けられず、また、それに伴う弊害も予想しにくいからである。

「審査」とは、委嘱された事項についての不明な点の解明、問題の指摘等であり、専ら説明の聴取や質疑によってなされる。したがって、討論や採決を行って可否を決するものではない。

「委嘱」とは、特定の職務を部外の者に頼み任せることであり、予算委員長から相手委員会の委員長に対してなされる。

予算委員会の議決によることが必要であり、委嘱先の委員会、委嘱事項（当該委員会の所管に係る部分）等を特定しなければならない。

委嘱行為は、文書によってなされるべきである。

予算を分割して復付託するかのような行為であるが、議案はあくまでも予算委員会に係属したままで、その内容の審査を委ねるものである。それを指して、原案保持主義の例外であるとの指摘もなされている（今野・法理105頁）。

【委嘱審査の期限】 審査の委嘱には期限を付す。

参議院の予算審査の期間は最大30日間と限られており（憲60Ⅱ）、また、予算委員会における全体の審査日程との調整も必要であるので、委嘱審査の期間を制限することとしたものである。

「期限」とは、委嘱を受けた委員会が審査概要を予算委員会に報告する期限であるが、予算委員会が自ら行う審査との関係を調整する必要上、設定される審査の始期を含む概念である。予算委員会の委嘱の議決において定める。

§74の4

期限は委員会ごとに個別に指定することができる。議員が委員を兼任する委員会が同時に開会されると審査に支障を来すので、種別の異なる委員会ごとに予算委員会で審査日時を調整して指定する例である。委嘱を受けた委員会はその指定に拘束される。

【委嘱審査報告】審査の委嘱を受けた委員会の委員長は、その審査の後、審査概要を予算委員会に報告するものとする。

予算委員会と他の委員会とは対等な立場にあり、委嘱は指揮命令に係るものではないが、本条第2項は、委嘱を受けた委員会に法規上の審査・報告義務を規定したものである。

「その審査」とは、委嘱を受けた当該委員会の所管に係る部分の審査のことである。

「審査概要」は、質疑の内容や明らかとなった問題点等の概略のことである。

「報告」は、文書で行うことを要し、それに加えて予算委員会において口頭報告を行うか否かについては予算委員会の決定による。

「ものとする」とは、弱めた形での義務付けを意味する。

この義務違反に対するサンクションは用意されていない。

委嘱を受けた委員会が期限内に報告を行わない場合には、予算委員会はそれを待たずに続きの審査を進めることとなる。

【委嘱審査時の予算委員会】予算委員会は、委嘱審査期間内でも特に必要と認めたときは総予算の審査を行うことができる。

審査を委嘱しても議案としての総予算は予算委員会に係属しているので、予算委員会が委嘱審査期間においてもその審査権能を失わないことを確認するものである。

ただし、特定案件を複数の会議体で同時に審議する点において特例的な事態であり、そのための要件を定めた。

実際には、委嘱審査が行われている間は、予算委員も他の委員会の委員として委嘱審査に携わっているのが通常であるので、予算委員会を開会するのは困難であろう。

「委嘱に係る審査期間内」とは、予算委員会が他の委員会に委嘱した時から報告を受けるまでの期間であるが、予算委員会が委嘱に当たって期限を付した場合には、そこで示した期間内を指すこととなる。

「特に必要と認めたとき」とは、委嘱した委員会と並行して審査を行うことを要するほどの切迫した事情がある場合のことであり、その認定は委員会の議決で行わなければならない。

§74の5

　ここでいう「総予算の審査」では、討論、採決を行うことはできない。認められているのは委嘱審査との並行審査であり、委嘱審査を無に帰してしまうようなことはできない。

〔行政監視委員会の報告〕
第74条の5　行政監視委員会は、計画的、継続的かつ効果的な行政監視に資するため、少なくとも毎年1回、その実施の状況等（勧告を行う必要がある場合には、その旨を含む。）を議院に報告するものとする。

第24次改正（令元通常選挙後施行予定）

　本条は、行政監視委員会の議院への報告について規定するものである。

【政策評価等に関する報告】 参議院は、行政の適正な執行を監視、監督する活動を重要視しており、議院全体としてそれに取り組むため、常会の本会議において、政策評価等の実施状況、その結果の政策への反映状況等について政府から報告を聴取することとされている[16]。

【行政監視委員会の機能強化】 行政監視機能の充実拡大は参議院の年来の課題であり、その主たる担い手である行政監視委員会の活動を充実させることを目的として、本会議における政府からの報告聴取を起点とする行政監視の年間サイクルを構築するという改革が令和元年に実施される。

　行政監視委員会は、本会議での政府の報告を踏まえて調査項目を選定し、閉会中の活動、省庁別調査、小委員会の設置、副大臣の活用などの方策も検討することとされている。また、苦情請願の審査（⋯▶第166条【苦情請願】）のほか、参議院ホームページ上の苦情窓口に寄せられる一般国民からの苦情も調査の端緒として活用する。

【行政監視委員会の報告】 行政監視委員会は、少なくとも毎年1回、行政監視の実施の状況等（勧告を行う必要がある場合には、その旨を含む。）を議院に報告するものとする。

　行政監視が参議院の活動の柱の1つであることから、行政監視委員会の活動を委員会限りで完結するものとはせず、その実施状況等の議院への報告を義務化したものである。

　「少なくとも毎年1回」は、翌年の常会の本会議が考えられている。

　「その実施の状況等」は、行政監視委員会における調査の経過やその成果を指す。

---

16 参議院改革協議会「参議院改革協議会報告書（平30年6月1日）」1頁。

§74の6

「勧告を行う必要がある場合には、その旨を含む」は、行政監視委員会の所管事項に行政監視に基づく勧告が加えられた（参規74⒂）ことから、本会議での報告の中で勧告の必要性について言及できる旨を括弧書きで示すものである。

「勧告」は、適正な行政の執行を実現するために政府に向けてなされるものであり、委員会の報告を受けて議院の議決による勧告決議が行われることも想定されている。

勧告に対しては、政府から講じた措置について報告を求めることを予定している。

「議院に報告」は、委員長による本会議における口頭報告のことであるが、これに加えて委員会から報告書を提出することを妨げるものではない。

議院への報告は、計画的、継続的、かつ効率的な行政監視に資することを目的とする。

「計画的、継続的、かつ効率的な」とは、調査が議院として規則的に秩序立てて積極的になされる状態を指しており、報告を義務化することで、行政監視委員会の調査の促進を意図するものでもある。

〔議院運営委員会の開会〕

第74条の6　議院運営委員会は、議院及び国立国会図書館の運営に関しては、会期中、何時でも、これを開くことができる。

第9次改正（昭57.3）、第24次改正（令元通常選挙後施行予定）
衆規67の2　議院運営委員長は、特に緊急の必要があるときは、会期中、何時でも、委員会を開くことができる。但し、議院の会議中は議長の許可を要する。

本条は、議院運営委員会の開会可能時期について規定するものである。

【委員会の開会】委員会を開くには、委員長は事前に委員を招集しなければならない。

その招集を行う時期についての規定はないが、通常の場合、開会の前日までに参議院公報により通知がなされている（参委先45）。

ただし、会期中の緊急を要する場合であれば、開会当日の口頭連絡による招集も特例的に可能であると解する（•••▶第38条【委員会の招集】）。

【議院運営委員会の特例】議院運営委員会は、議院及び国立国会図書館の運営に関しては、会期中、いつでも開くことができる。

議院運営委員会の所管は、①議院の運営に関する事項、②国会法その他議院の法

§75

規に関する事項、③国立国会図書館の運営に関する事項、④裁判官弾劾裁判所及び裁判官訴追委員会に関する事項とされている（参規74⒃）が、そのうち議院及び国立国会図書館の運営に関しては、突発的に審査案件が生じる可能性もあることから、特例的な取扱いを明文で確認したものである。

「議院運営委員会」は、機関としての議院運営委員会の正規の会議のことであり、その委員打合会や理事会は本条を待つまでもなく緊急時に対応して開会できる。

「関しては」は、それを議題とすることを目的としてという意味であるが、その前提として理事選任等の委員会の構成を行うことを排除するものではない。

「会期中」は、召集日の午前０時から会期最終日の午後12時までの期間である。

「何時でも」は、委員に時間の猶予を与えずに開会することも可能であることを意味する。

前日招集原則に縛られることはなく、また開会当日の通知による場合でも、一般の委員会（•••▶第38条【委員会の招集】）と異なり、議院運営委員会の場合は、通常の業務時間内であれば、議員の現在場所（会派控室又は議員会館事務室）から委員会議室に足を運ぶのに要する程度の猶予の後に開会できるとするものである。本条の意義はこの点にある。

「開くことができる」とは、開会や休憩後の再開だけでなく、一旦散会した後、同日中に再び開くことも可能なことを意味する。

【本会議との並行開会】本会議の開会中、委員会は議長の許可がなければ開会できない（参規37）が、議院運営委員会もその例外ではない。本条は、議院との関係について規定するものではなく、委員との関係で招集の特例的取扱いを定めるものだからである。

本会議中に生じた事件について直ちに議院運営委員会での協議、決定を要する事態が生じても、それは本会議の議事を主宰している議長と無関係なものではなく、議院運営委員会の独自の判断での開会を認める必要はない。

♣衆議院では〔議院運営委員会の並行開会〕
　衆議院規則では、本会議開会中の議院運営委員会の開会も議長の許可を要することを明記している（衆規67の２但）。

〔予算委員会・決算委員会の分科会〕
第75条①　予算委員会及び決算委員会は、審査の便宜のため、これを数

第 7 章　委員会　　*187*

§75

　箇の分科会に分けることができる。
②　各分科会は、無名投票で、主査及び副主査各々1人を互選する。但し、投票によらないで、動議その他の方法により選任することができる。
③　主査、副主査の選挙を終るまで、分科会に関する事務は、分科担当委員中の年長者がこれを行う。
④　主査に事故があるとき又は主査が欠けたときは、副主査がその職務を行う。
⑤　主査又は副主査の辞任は、分科会がこれを許可する。

制定時（昭22.6）、第6次改正（昭30.3）、第10次改正（昭60.10）
衆規97　予算委員会及び決算行政監視委員会は、その審査の必要によりこれを数箇の分科会に分かつことができる。各分科会には主査を置き、その分科員がこれを互選する。

　本条は、予算委員会、決算委員会の分科会について規定するものである。

【**分科会**】委員会によっては広い政策分野にまたがる案件を所管するものがあり、そこでは問題を分割し並行して審査することによって、効率化を図る工夫が可能である。

　予算委員会及び決算委員会は、審査の便宜のため、数箇の分科会に分けることができる。

　予算委員会の審査対象である総予算、決算委員会の審査対象である決算は国の全ての機関の所管業務に及ぶものであり、その内容は広範多岐にわたる。そこで、この2つの委員会に限って、委員会を分割して審査を行うことを認めたものである。

　「分科会」とは、委員会を分割して付託案件を分担審査する委員会内機関である。

　小委員会と異なり、必ず複数のものが設けられ、全ての委員がいずれかの分科会に所属する点で、正に委員会の分割である。

　「数箇の」とは、2個以上のという意味である。

　「審査の便宜のため」とは、案件の審査を2つ以上に分割することによって、効率化、専門化、精緻化等を図ることを目的とするという意味である。

　調査を目的として分科会を設置することはできない。

　♣衆議院では〔分科会〕
　　委嘱審査（参規74の4）は参議院独自のものであり、予算審査において分科会に代わるものとして行われているが、衆議院においては、現在でも分科会の審査形態が実際に稼働しており、予算委員会だけでなく決算行政監視委員会の決算審査でも活用されている。

188

§75

【**分科会の設置**】 **分科会は、委員会の議決によって設置する。**

「分ける」は、分科会を設置することであり、委員会の一部の委員ではなく、全員がいずれかの分科会に所属することを要請している。

設置の議決では、分科会の数、各分科会の担当事項、担当委員の数を決める。

各分科会は、第○分科会というように番号を振った名称が付けられる。

担当事項は、複数の分科会に重複する部分があってはならない。その方法は、通常は省庁別であるが、歳入・歳出、一般会計・特別会計・政府関係機関というような分け方も可能であろう。

分科会は、付された案件が本会議において議決されたときに消滅するが、会期中に議決されるに至らなかったときは会期終了と同時に消滅するとされる（参委先198）。しかし、小委員会と同様に、分科会の審査を終了し、委員会への報告が終了した時点で消滅すると解してよいのではないだろうか（•••▶第35条【小委員会】）。

【**分科担当委員**】 **委員会は、分科会を設置する際に全ての委員を分科担当委員に選任する。**

「分科担当委員」とは、分科会のメンバーのことである。

分科担当委員の選任についての規定は置かれておらず、原則として議院と委員会の関係から類推せざるを得ない。

分科会が委員会内の機関であることから、委員以外の議員又は議員以外の者が分科担当委員となることはできない。

分科担当委員は委員会が選任し、その指名は委員長が行うべきものであり（国45Ⅱ、参規30の類推）、その辞任許可、補欠選任は、委員長の権能に属すると解される（参規30の類推）。

> ♥運用
>
> 実際の分科担当委員の選任は、委員会の一任に基づいて委員長が指名することとしている（参委先182）。この場合、割当会派の推薦に基づいた選任がなされている。
>
> また辞任許可、補欠選任は、委員会の決定により委員長に一任する例となっている（参委先184）。

分科担当委員の在任期間は、分科会の存続期間に一致する（•••▶本条【分科会の設置】）。

【**主査・副主査**】 **各分科会には、主査及び副主査各々1人を置く。**

「主査」は、各分科会の代表たる役職である。

主査は、分科会の代表として、議事整理権、秩序保持権を有する。

「副主査」は、主査の職務を代行し、補佐する各分科会に置かれる役職である。

第7章 委員会　　189

§ 75

主査に事故があるとき又は主査が欠けたときは、副主査がその職務を行う。

「事故があるとき」は、在任中に職務を行うことのできない事情のあるときであり、理由を問わない。

病気、交通の途絶等、事実的、物理的に登院できない場合のほか、主査が辞任願を提出してその許可を諮る場合のように、議事を主宰することが不適当な場合を挙げることができる。

「欠けたとき」は、死去、辞職等、議員でなくなった場合及び委員を辞任する等、主査がその地位を外れた場合を指す。

「その職務」とは、主査が行う職務であるが、事故の場合と欠けた場合とでその内容は異なる。

主査が欠けたときには直ちにその選挙を行うべきであり、副主査はその選挙議事を主宰する。事故があるときは、主査の直接行うことのできない職務を代行する。

主査、副主査については任期の規定がなく、分科担当委員の任期が終わるまで在任することとなる（⋯▶本条【分科担当委員】）。

【主査等の選任】主査及び副主査は、分科会において互選する。

分科会の役職であることから、互選によって選任することとしたものである。

「互選」とは、メンバーの中からメンバーの意思によって選出することをいい、その方法を限定する意味は含んでいない。

その互選は、投票によらないで、動議その他の方法によることができる。

互選は、「投票によらないで」とあるように、投票が原則的な方法であるが、それは法規上定められているものではないので、その具体的方法は分科会で決定しなければならない。特別委員長の互選では無名投票によるとされているところである（参規80 Ⅰ）。

「動議その他の方法」とは、会派推薦者を選任する動議や主宰者の指名に一任する動議による等の方法であるが、分科会の意思によるものでなければならない。

【当初の主宰者】主査、副主査の選挙を終わるまで、分科会に関する事務は分科担当委員中の年長者が行う。

主査、副主査の選任は分科会の構成に関する事項であるので、当該分科会において行うべき最優先事項である。それまでは、一般原則にのっとり、メンバー中の年長者が主査の職務を行うこととしたものである。

「主査、副主査の選挙を終るまで」とは、正副主査の両方の選挙を行う場合にその両方が決まるまでを指す。

190

§76

　主査が選出された後、副主査の選挙については主査がその職務を行うこととしてもよさそうであるが、正副議長の選任の場合に倣ったものと思われる（⟶▶『逐国』第7条【代行必要時】）。

　主査及び副主査が選任された後に一方が欠けた場合には、他方が選挙議事を主宰する。

　「分科会に関する事務」としては、分科会の招集、主査・副主査の選挙議事の主宰等、本来であれば主査が行うべき職務が念頭に置かれている。

　「年長者」とは、最も年齢の高い者を指す。その者に事故がある場合には、次順位の者が当たる。

【主査等の辞任】 主査又は副主査の辞任は、分科会がこれを許可する。

　それぞれ委員会で互選されることから、その辞任も委員会の許可事項とされたものである。

【分科会の活動】 分科会は、委員会からの授権がなければ活動できない。その授権は、分科会設置の決定に含まれるものである。

　分科会の運営は、委員会のそれに準じる。対外行為については、原則として委員長を介し議長を通じて行うものであるが、便宜的方法が可能な場合には主査が直接当たる。すなわち、国務大臣の出席要求や政府側に対して資料提出要求を行う場合等で、略式に済ませられるものについては主査から求める例である（参委先193、195）。

　分科会が付された案件の審査を終えたときは、主査はその旨の報告書を委員長に提出し、審査の概要を委員に報告する（参委先196）。

【委員会と分科会の関係】 分科会は委員会に対して独立の地位を保障されていない。分科会が委員会の判断に基づいて設置される任意の機関であることによるもので、中間報告の規定（国56の3）が類推適用されることはない。したがって、分科会に対し審査期限を付すことや分科会で審査中の案件を取り上げて委員会で審査することも、中間報告を前置することなく、委員会の判断によって可能である。

　委員会が分科会の審査期間を決定した場合でも、委員会はその間に開会して当該案件を審査することができる。委員会が開かれている間は、原則として分科会は開くことができない。

〔 **合同審査会の開会** 〕
第76条 常任委員会が、衆議院の常任委員会と合同審査会を開く場合は、

第7章 委員会 *191*

§76

> 委員長が、衆議院の委員長と協議した後、その決議をしなければなら
> ない。

制定時（昭22.6）
> **衆規98** 常任委員会が参議院の常任委員会と合同審査会を開くには、
> 委員長が参議院の委員長と協議した後、その決議をしなければな
> らない。

本条は、合同審査会の開会手続について規定するものである。

【合同審査会】 常任委員会は、他院の常任委員会と合同審査会を開くことができる（国44）。

「合同審査会」は、共通の所管を有する両院の常任委員会が合同して開く会議である。両院間に設けられる機関ではなく、常任委員会の審査の特殊形態としての会議名である。

審査又は調査を目的とすることができ、その能率を上げるとともに、他院の意見を参考にするための工夫として設けられた制度である。

合同審査会の開会要件については、『逐国』第44条【開会の要件】の説明参照。

【合同審査会の開会決定】 常任委員会が衆議院の常任委員会と合同審査会を開くには、委員会の議決によらなければならない。

合同審査会は衆参の両委員会の合意によって開かれる。本条と同内容の規定は衆議院規則にも置かれており（衆規98）、両者の議決が一致することで合意が成立する。したがって、いずれの議決を欠いても合同審査会は開けない。

「常任委員会」は、個々の常任委員会で、審査の対象となる案件を所管するものを指す。

「衆議院の常任委員会」とは、審査の対象となる案件を所管する衆議院の常任委員会のことである。

衆参の常任委員会は種類が異なり、また、名称が同じ委員会でも所管事項を異にする可能性があるので、合同審査会のパートナーは委員会ごとに一律に決まるのではなく、厳密には案件ごとに特定されることになる。

「その決議」とは、合同審査会を開く旨を委員会の採決で決めることであり、「決議」の語が用いられているが、提出された決議案が可決された結果としての決議という意味ではない。最低限、相手となる衆議院の委員会、審査又は調査の対象となる案件を定める必要がある。

通常は、一方からの申出に対して他方が応諾するものであり、そのいずれもが議

192

§76

決によらなければならない。ただし、内容が一致するものであれば、双方が議決して相互に通知するのでもよい。

議決を行うためには、対象となる案件が主たる立場の委員会に付託されていれば足りる。審査の場合には、その申出は、案件を審査中の委員会、既に審査を終えた委員会、予備審査中の委員会、案件がまだ付託されていない委員会のいずれからでも可能である。双方の委員会が審査中であることを要するとの理解に賛同しないことについては、『逐国』第44条【開会の要件】の説明参照。

調査の場合、参議院の常任委員会は所管に属する事項について、議院による個別具体の付託又は承認がなくても調査できる（参規74の3）ので、対象の事件が所管に属していれば議決が可能である。

議決がなされれば、相手の委員会に通知する（常合規1）。

【義務的合同審査会】 法律等の定めるところにより、合同審査会の議を経ることとされている事項（•••▶『逐国』第44条【義務的合同審査会】）については、両議院の議長が協議して合同審査会の開会を両議院の常任委員長に求めることができるとされている（常合規2）。

これを受けて両議院の常任委員長は、それぞれ合同審査会開会のための措置を採ることとなる。

> **♥運用**
> 両議院の議院運営委員会の合同審査会の議を経なければならないものについて、実際には、その開会を省略し、各議院の議院運営委員会でそれぞれ審査する例とされている（参委先308）。

【委員長間の協議】 委員長は、合同審査会を開くための議決を行う前に衆議院の委員長と協議しなければならない。

両院の委員会の議決を一致させるため、事前の打合せを必要としたものである。

「協議」は、両者の合意を必要とするものではなく、意見交換がなされることで足りる。

ただし、委員長の間で合意に至らない場合には、両委員会の議決の一致を見ることはないであろうから、事実上、事前の合意が求められていることになる。逆の見方をすると、委員長間の協議がなされなくても、他の方法を経て両委員会の議決が一致すれば、本条の違反は治癒されたものと考えてよい。

第7章　委員会　　193

§77

〔合同審査会と表決〕
**第77条　常任委員会は、合同審査会に付した案件については、その合同
　　審査会が終るまで、表決をすることができない。**

制定時（昭 22.6）、第 6 次改正（昭 30.3）
　衆規 99　常任委員会は、合同審査会に付した案件について、その合
　同審査会が終るまで表決を行うことができない。

　本条は、合同審査会終了までの表決の禁止を規定するものである。

【合同審査会と委員会審査の関係】合同審査会の開会は、対象となっている案件を
審査中の委員会にとっては審査過程の一段階であるが、どの時点で合同審査会を行
うかについては規定がない。

　また、合同審査会は複数回開くこともあるが、その審査期間中でも、委員会を開
いて当該案件を審査することは可能である。

**【表決の禁止】常任委員会は、合同審査会に付した案件については、その合同審査
会が終わるまで表決をすることができない。**

　合同審査会を開くこととした以上は、その過程を踏まえた上で表決するよう求め
るものである。

　「常任委員会」とは、衆議院の常任委員会との間で合同審査会を行う委員会のこと
である。この場合、参議院の委員会が本審査中であることが想定されている。

　双方の委員会が合同審査会の議決を行い、互いにそれを通知し、その一致が確認
された後は、本条の禁則が働く。

　「付した案件」とは、合同審査会の対象とした案件のことであり、調査事件を含む。

　「その合同審査会が終る」とは、合同審査会での決定によるものであるが、日ごと
に開会する原則（•••▶第 8 章第 1 節概説【会議の日ごと開会原則】）によれば、終了を決定しな
くても翌日以降の開会に至らない場合にはそれによって事実上終了したこととなる。
したがって、当該案件を審査中の委員会がいつまでも合同審査会に拘束されるもの
ではない。

　また、両委員会の議決は一致したものの合同審査会を開けない状況が続く場合に
は、審査中の委員会は議決を撤回して離脱することが可能であると解する。

　「表決」とは、当該案件が委員会の議決を要するものである場合はその表決であり、
調査事件の場合には、その結果として行う決議の表決を指す。

【合同審査会の運営】合同審査会の運営については、常任委員会合同審査会規程が

§77

制定されており（参規179参照）、ここでその概要に触れておく。

開会の日時等、合同審査会の運営は両委員会の委員長の協議に基づいて行う（常合規3Ⅰ）。

合同審査会は、その主体となる両議院の常任委員の全員又は各議院の常任委員会で選定された委員が合同して開く（常合規3Ⅰ）。選定した委員で開く場合には、各議院の常任委員長、理事は必ずその委員にならなければならない（常合規3Ⅱ）。

合同審査会の会長は、各議院の常任委員長又は理事が協議して当たるとされている（常合規4）が、現に議案の審査又は調査を行っている委員会の側の審査の一過程であるので、その委員会の委員長が主宰すべきである。

合同審査会の初会の日時、場所は両議院の常任委員長が協議して定め、その後の会議の日時、場所は合同審査会が定める（常合規5）。

議事定足数についての定めはないが、議決定足数については、各議院の常任委員の各々半数以上が出席していなければならないとされている（常合規8Ⅱ）。選定された委員で構成される場合には、「各議院の常任委員」はその選定された委員を指す。

合同審査会で行えるのは、討論及び採決を除く過程である。ただし、法律に特別の定めがある場合には、その審査又は調査する事件について表決をすることができる（常合規8Ⅰ）。義務的合同審査会の場合がそれに当たる。

合同審査会は、国務大臣等の出席を求めること、内閣、官公署その他に対し必要な報告、記録の提出を求めること、証人の出頭を求めることができ、それぞれ、その会長の属する議院の議長を経由して要求する（常合規6、9、11）。ただし、国務大臣等の出席を求めるには、略式手続により会長から求める例である（参委先315、衆委先258）（•••▶『逐国』第71条【国務大臣等の出席要求】）。

合同審査会は議案の審査のために公聴会を開くことができ、その場合、両議院の議長の承認を得なければならない（常合規12、13）。

各議院の常任委員長又は理事は、合同審査会の審査の経過及び結果を委員会に報告しなければならない（常合規20）。この報告は口頭によるものであるが、委員会は文書の報告を求めることができる（常合規20但）。これらの報告は、委員全員による合同審査会の場合は省略できると解してよいだろう。

合同審査会において懲罰事犯があるときは、会長はその委員の属する議院の議長に報告して処分を求めなければならない（常合規24）。

合同審査会はその会議録を2部作り、両議院の常任委員長又はその代理者が署名し、各議院にそれぞれ1部を保存し（常合規21）、印刷して両議院の議員に配付する（常

第7章　委員会　　*195*

§78

合規 23 本)。

　合同審査会の事務は、各議院の参事が掌理する (常合規 25)。

　その他の運営に関する事項は、委員会のそれに準じる。

第5節　特別委員会

制定時 (昭 22.6)

　本節は、特別委員会の組織に関する規定を置いている。

【特別委員会】「特別委員会」とは、議院の議決によって設置する委員会である。

　国会の委員会制度は、常任委員会を中心に置いて設計されているが、常任委員会が審査の受皿として適当でない場合に特別委員会が用いられ、時には政局に絡むような重要案件を審査させるために特別委員会が設置される。

〔特別委員会の委員数〕

　第78条　特別委員会の委員の数は、議院の議決でこれを定める。但し、必要があるときは、議院は、これを増加することができる。

制定時 (昭 22.6)、第 6 次改正 (昭 30.3)
　　衆規 100　特別委員会の委員の員数は、その設置のときに議院の議決でこれを定める。但し、必要があるときは、議院は、その員数を増加することができる。

　本条は、特別委員の数について規定するものである。

【特別委員の数】特別委員会の委員数は議院の議決で定める。

　特別委員会の設置は本会議で議決するが、その議決において特別委員会の名称、設置目的、委員数を定める。特別委員会の属性に当たるものなので、設置の議決と同時に決めなければならない。

　「議院の議決」とは、本会議における表決による決定である。

　なお、資格争訟特別委員会は、議員の資格争訟の訴状が提出されることで自動的に設置され (参規 193 の 2 Ⅰ)、委員数も 10 人と定められている (参規 193 の 2 Ⅱ)。

【特別委員の増員】必要があるときは、議院は特別委員の数を増加することができる。

　特別委員会を設置した後に事情変更が生じた場合に委員の数を増やすことで対応

196

§§ 79・80

できることとしたものである。

「必要があるとき」は、例示されていないが、委員会の活動状況や付託案件等で設置時に想定していなかった事態が生じたと認められる場合であり、その認定は本会議の議決で行う。当該特別委員会の意向を確認するには及ばない。

その増員分の選任は議長の指名による（参規30 I）。

これについても各会派の所属議員数の比率により会派に割り当てる必要があり（国46 I）、その場合、増員分ではなく、増員後の委員全体が会派所属議員数の比率による割当てとなるように増員しなければならないと解する。

本条ただし書の規定は反対解釈を予定するものであり、委員を減らすことはできない（寺光・参規115頁）。これは特別委員の任期の規定（国45 II）からも導かれる（佐藤（吉）・参規175頁）。

第79条　削除

制定時（昭22.6）、第2次改正（昭24.10）

〔特別委員長の選任・辞任〕

第80条①　特別委員長の互選は、無名投票でこれを行い、投票の最多数を得た者を当選人とする。得票数が同じときは、くじでこれを定める。但し、投票によらないで、動議その他の方法により選任することができる。

②　委員長の選挙を終るまで、委員会に関する事務は、委員中の年長者がこれを行う。

③　特別委員長の辞任は、委員会がこれを許可する。

制定時（昭22.6）、第6次改正（昭30.3）

衆規101①　特別委員長の互選は、委員選任の当日又は翌日これを行う。

②　特別委員長の互選は、無名投票でこれを行い、投票の最多数を得た者を当選人とする。得票数が同じときは、くじでこれを定める。

③　特別委員長は、投票によらないで、動議その他の方法により、これを選任することができる。

④　委員長が選任されるまでは、年長者が委員長の職務を行う。

第7章　委員会　　*197*

§80

衆規 102　特別委員長の辞任は、その委員会がこれを決する。

本条は、特別委員長の選任及び辞任について規定するものである。

【特別委員長】 特別委員長は、委員会においてその委員が互選するとされている（国45Ⅲ）。

議院の役員とはされておらず（国16参照）、本会議で選任する役職ではない。

「特別委員長」とは、各特別委員会の代表たる役職である。

特別委員会の議事を整理し、秩序を保持する（国48）。

【特別委員長の任期】 特別委員長については任期の規定が置かれていない。特別委員の任期（国45Ⅱ）が終わるまで在任することとなるが、任期規定がないことはその身分保障が弱いことをも意味する。

議員が登院停止の懲罰を科された場合には特別委員を解任されるため（参規243）、それが特別委員長であるときにはその地位も失う。

このほか、会派割当変更のための委員変更の場合に本人の意思に関わりなく特別委員の地位を失う可能性がある（国46Ⅱ）が、議長は委員長である委員を変更の対象とすることは避けるべきである。

【特別委員長の選任】 特別委員長の互選は無名投票で行い、投票の最多数を得た者を当選人とする。得票数が同じときは、くじで定める。

無名投票としている理由は、投票の自由を確保し、当選した特別委員長が公正円満に職務を遂行できるようにしたものである。

「互選」とは、メンバーの中からメンバーの意思によって選出することをいう。

「無名」とは、投票者の名前を記入することを禁じることである。

「投票」とは、選挙に当たって、選びたい者の名前を記して選挙管理者の下に提出することである。

委員会に関する事務を行う委員中の年長者（➡▶本条【当初の主宰者】）が投票に加わらないとの先例は確立しておらず、投票した事例の方が多い（参委先19）。

「投票の最多数を得た者」とは、投じられた票の中で、最も多く被選挙人として名前を記された者のことである。

比較多数の方法によっており、決選投票の必要がない点で役員の選挙（参規9、19）と異なることには注意を要する。

「当選人」とは、特別委員長として選ばれた者のことである。

「くじ」とは、人の意思や作為が入らないようにして決める方法のことである。具

198

§80

体的な定めがないので、当選の可能性が均等な方法であればよい。

> **♥運用**
> 抽選の方法としては、筒状の容器から棒状のくじを引いて当たり・はずれを決める道具が用意されている。

「得票数が同じ」は、3者以上でもよい。

「これを定める」とは、くじの結果に従って、当たった者を当選者とすることである。

当選人が特別委員長の地位に就くが、当選人は辞退することも可能である。その場合の代わりの当選者を定める方法については規定がなく、得票数が2番目の者を繰り上げることも考えられないではないが、多数の投票者の意思を無に帰せしめることとなるので適当ではない。投票のやり直しによるべきである。ただし、くじによって当選者を決めた後に辞退した場合には、くじではずれた者を当選者とすることができる。3者以上の者によるくじを行った後に辞退者が出た場合には、残りの者で再度くじを行えばよい。

投票によらないで、動議その他の方法により特別委員長を選任することもできる。

「動議その他の方法」とは、会派推薦者を選任する動議や主宰者の指名に一任する動議による等の方法であるが、特別委員会の意思によるものでなければならない。

> **♥運用**
> 実際には、本条ただし書の規定により、会派に対する割当てに基づき、当該会派から推薦された者について、委員長の職務を行う年長者の指名により選任する例である（参委先18）。
> 無名投票によるのは、議院運営委員会理事会において委員長の会派割当についての協議が調わなかった場合である。

【当初の主宰者】特別委員長の選挙を終わるまで、委員会に関する事務は委員中の年長者が行う。

特別委員長の選任は委員会の構成に関する事項なので、当該特別委員会において行うべき最優先事項である。それまでは、一般原則にのっとり、メンバー中の年長者が委員長の職務を行うこととしたものである。

「委員長の選挙を終わるまで」とは、選挙の結果、委員長が決まるまでを指す。

「委員会に関する事務」としては、委員会の招集、特別委員長の選挙議事の主宰等、本来であれば委員長が行うべき職務が念頭に置かれている。

「委員中の年長者」とは、選任された委員の中で最も年齢の高い者を指す。その者

第7章 委員会　　*199*

§80

に事故がある場合には、次順位の者が当たる。

　選任された委員の数が予定の委員数に満たない場合には年長者が定まらず、した
がって、委員会を開くこともできない。一部の会派が委員を推薦しない場合にその
ようなことが起こり得るが、委員会の構成の基本である委員が全員そろわないよう
な異常な事態は認めるべきでない（•••▶第30条【委員の選任】）。

【特別委員長の辞任】 特別委員長の辞任は委員会が許可する。

　特別委員長が委員会で互選されることから、その辞任も委員会の意思に係らしめ
たものである。

　委員長が辞任願を提出した場合には、その辞任許可の議事は委員長自身が主宰す
るのが不適当なため、「委員長に事故があるとき」に当たり、理事がその職務を行う
（参規31 Ⅲ）。

　役員のように閉会中辞任の特別な手続（国30但）が定められておらず、閉会中審査
を行う特別委員会の委員長が辞任するには委員会を開いて許可を受けるほかない。

§80の2

第7章の2　調査会

第11次改正（昭61.6）

　本章は、調査会の組織論、権能論、活動論について規定し、委員会と同じ扱いとなる点につき準用規定を置いている。

【調査会】調査会は、参議院の特性をいかすために設けられた参議院独自の機関である。

　「調査会」とは、国政の基本的事項に関し、長期的かつ総合的な調査を行う院内機関である。

　調査会に関する詳細については、『逐国』第5章の2概説及び第54条の2〔調査会の設置〕の説明参照。

　〔調査会の設置〕
　第80条の2　調査会は、参議院議員の通常選挙の後最初に召集される国会において設置するものとする。

　　　　　　第11次改正（昭61.6）

　本条は、調査会の設置時期について規定するものである。

【調査会の設置時期】調査会は、参議院議員の通常選挙の後最初に召集される国会において設置するものとする。

　調査会の存続期間は参議院議員の半数の任期満了の日までであり（国54の2Ⅱ）、存続期間をフルに活用するためには可能な限り早く設置する必要がある。そこで、通常選挙後の院の構成において調査会を設置することとしたものである。

　「参議院議員の通常選挙の後最初に召集される国会」は、臨時会とは限らない。臨時会を召集しなければならない期間内に常会又は特別会が召集された場合には臨時会の召集義務が解除されるからである（国2の3Ⅱ但）。その場合には、その常会又は特別会が「最初に召集される国会」となる。

　「設置するものとする」は、「設置しなければならない」との表現を緩めた弱い義務付けと解することができる。調査テーマとして適当なものが通常選挙後の新たな議員構成の下で出そろうとは限らず、そのような事情によりその国会で設置できない場合には、次国会に繰り延べることもやむを得ないとの趣旨である。

第7章の2　調査会　　*201*

§80の3

♠事例

　通常選挙後最初に召集された国会で調査会が設置されず、その次の国会にずれ
込んだことがある（第161回国会、第168回国会、第176回国会、第192回国会）。

　また、通常選挙後の国会で調査会が設置された後、かなりの期間が経過してから
別の調査会を設置することも禁止されているわけではない。その事例も存在する（第
189回国会）。通常選挙から次の通常選挙までの間に長期的かつ総合的な調査を必要
とする課題が新たに出現した場合には、その着手を次の選挙後まで繰り延べるのは
適当でないからである。調査会の調査はその存続期間で完了させることは困難であ
り、事実上、次期調査会が引き継ぐこととなる。したがって、調査可能な期間が短
いことを理由として迅速な対応を見送るのは的外れである。

〔調査会の公聴会〕

**第80条の3①　調査会の公聴会は、調査のため必要があるときに、これ
　を開くことができる。**

**②　調査会の公聴会については、第62条及び第64条から第71条までの
　規定を準用する。**

第11次改正（昭61.6）

　本条は、調査会の公聴会について規定するものである。

【調査会の公聴会】国会法上、委員会は一般的関心及び目的を有する重要な案件に
ついて公聴会を開くことができるとされており（国51Ⅰ）、これが調査会に準用され
ている（国54の4Ⅰ）。

　調査会は、調査のため必要があるときに公聴会を開くことができる。

　委員会の開く公聴会は議案の審査のためとされている（参規60）が、調査会では、
幅広い審議手法を確保しておく必要から、調査のための公聴会の開会が認められた。

　調査会は専ら調査を行う機関であるので、「調査のため」は確認のための文言であ
る。

　「必要があるとき」は、調査会の議決で認定するものである。例えば、調査の結果
として法律案を提出する前に利害関係者の意見を聴くことが必要な場合等がそれに
当たる。

　「開く」主体は機関としての調査会であり、調査会の議決で決めた上でなければな
らない。

§80の3

【準用事項】調査会の公聴会については、第62条〔公聴会開会承認〕及び第64条〔公聴会の問題〕から第71条〔公述人の代理〕までの規定を準用する。

　公聴会の運営については、委員会が開く公聴会と共通する点が多いことによる。

　規定内容の詳細については、それぞれの被準用規定の説明参照。

【公聴会開会承認】調査会が公聴会を開くには、議長の承認を得なければならない (参規62の準用)。

【公聴会の問題】公聴会の問題は、調査会に諮り、調査会長が決定する (参規64の準用)。

　公述人は問題に対する賛否を申し出なければならない (参規66の準用) ので、賛否という形で態度決定ができるような問題を選定しなければならない。議案の場合と異なり、調査を対象とする公聴会ではこの点についての工夫が必要となる。

【公聴会の公示】調査会長は、公聴会の日時及びその問題を公示する (参規65の準用)。

【公聴会への意見陳述希望】公聴会に出席して意見を述べようとする者は、あらかじめ文書でその理由及び問題に対する賛否をその調査会長に申し出なければならない (参規66の準用)。

【公述人の選定】公述人は、あらかじめ申し出た者及びその他の者の中から調査会において定め、本人にその旨を通知する (参規67Ⅰの準用)。

　議員や公務員も公述人となることを妨げない (参規67Ⅱの準用)。

　公聴会においては、賛成者と反対者の数又は時間を公平に定めなければならない (参規67Ⅲの準用)。

【公述人の発言】公述人の発言は、問題の範囲を超えてはならない (参規68Ⅰの準用)。

　公述人の発言が問題の範囲を超え又は公述人に不穏当な言動があったときは、調査会長はその発言を禁止し又は退場を命じることができる (参規68Ⅱの準用)。

【公述人に対する質疑】委員は、公述人に質疑することができる (参規69の準用)。

【公聴会における討論・表決】公聴会においては、討論及び表決をすることができない (参規70の準用)。

【公述人の代理】公述人は、調査会が特に許可した場合のほか、代理人に意見を述べさせ又は文書で意見を提示することができない (参規71準用)。

【非準用事項】第7章第2節〔公聴会〕の規定のうち調査会の性質により準用されないものがある。第60条〔公聴会の目的〕、第61条〔公聴会の開会希望申出〕、第63条〔予備審査のための公聴会〕がそれに当たるが、第61条の公聴会の開会希望については、「議案」を読み替えた上で準用する措置を採らなかったことに注意する必要がある。

§80の4

> 〔調査会の報告書〕
> **第80条の4①　調査会は、調査事項について、調査の経過及び結果を記載した報告書を作り、調査会長からこれを議長に提出するものとする。**
> **②　調査会の閉会中の調査については、第72条の3の規定を準用する。**
> **③　議長は、第1項の報告書及び前項において準用する第72条の3の報告書を印刷して各議員に配付する。**

第11次改正（昭61.6）

本条は、調査会の報告書について規定するものである。

【調査会の報告書】調査会は、調査事項について調査の経過及び結果を記載した報告書を作り、調査会長から議長に提出するものとする。

調査会は議院から調査を付託されており、それに対する回答を報告書の形で行うことを義務付けたものである。

「調査事項」とは、調査会の設置議決において目的としてうたわれた事柄のことである。

「調査の経過及び結果」は、調査会での議論やそのほかの調査活動の内容及びその結論を指す。

「報告書」とは、調査会から議院に対して提出する調査委託に対する回答を記した文書のことである。

「作り」の主体は調査会であり、その内容は調査会の議決によって決めなければならない。

「提出」は、報告書の作成主体である調査会から調査の付託主体である議院に対してなされるものであるが、本条は、それぞれの代表者である調査会長から議長に対する行為としている。

報告書の提出時期は指定されていない。国政の基本的事項に関する長期的かつ総合的な調査が3年間で完結することは考えられないので、その一部分について結論を得た場合や年次中間報告、調査会消滅前の報告が予定されている。

「ものとする」は、弱い義務付けを意味する。

【準用事項】調査会の閉会中の調査については、第72条の3〔審査・調査未了報告書〕の規定を準用する。

調査会が閉会中その調査を終わらなかった案件については、調査会長はその旨の

§80の5

報告書を作り、議長に提出しなければならない。

　調査会は長期的な調査を行うとは言え、当然に閉会中も調査を継続できるわけではなく、議院が特に認めた場合に限られる。それに対応して、調査が未了に終わった場合に報告書の提出を義務付けたものである。

　詳細については、**第72条の3【審査・調査未了報告書】**の説明参照。

　「閉会中の調査」とは、議院の議決により特に付託された閉会中の調査事件のことである。

　本条は、会期制の例外措置が採られた場合の特別対応として規定されたものであり、長期的な調査が会期ごとに一段落することは想定されていないので、閉会中調査を行わない場合でも調査未了報告書を提出する必要はないところである。ただし、実際には、委員会の調査に準じ、閉会中調査を行わない場合にも調査未了報告書を提出する例となっている。

【報告書の印刷・配付】議長は、調査報告書及び調査未了報告書を印刷して各議員に配付する。

　報告書が議院に対して提出されるものであることから、それを全議員に配付して本会議審議の参考に供することとしたものである。

　「第1項の報告書及び前項において準用する第72条の3の報告書」とは、調査会が提出する調査（未了）報告書のことである。

　「印刷」とは、紙に文字等を刷り出すことである。

　「配付」は、各々の手元に配り渡すことであり、遅滞なく議員の目に触れるような仕方でなされることを要する。具体的には、議員会館の議員事務室等に配ることで足りる。実際には、議員会館文書配付室に設けた文書函に配られている。

　印刷、配付の概念拡大の可能性については、**第24条【議案の印刷・配付】**の説明参照。

〔調査会長の報告〕
　第80条の5①　調査会長は、調査の経過及び結果を議院に報告することができる。
　②　前項の報告をする場合においては、第105条の規定を準用する。

　　　　　　第11次改正（昭61.6）

本条は、調査会長報告について規定するものである。

§80の6

【調査会長報告】調査会長は、調査の経過及び結果を議院に報告することができる。

報告書の提出（参規80の4Ⅰ）だけでなく、調査会長による本会議における口頭報告を制度化したものである。

「調査会長」を主語としているのは、この報告が調査会長の権能であり、その内容も調査会に諮ることなく自ら決定することができることを意味している。

「調査の経過及び結果」については、第80条の4【調査会の報告書】の説明参照。

「議院に報告する」とは、議員に知らせるため、本会議において口頭で述べることである。

報告の時期は、第80条の4第1項の報告書を提出したときであり、その場合に本会議で報告する具体的な権利が生じる。調査中の事件についての中間報告書を提出したときに口頭報告を行うことも本条により可能である。その発言の時機については、議長の議事整理権に従わなければならない。

【準用事項】調査会長の報告をする場合においては、第105条〔意見付加の禁止〕の規定を準用する。

報告に当たって、調査会長は自己の意見を加えることができない。

口頭報告を調査会長の権能としていることに伴い、その内容についての制限を明文で加えたものである。

調査会長の中立性が要請され、調査会の経過、結果を客観的に議員に伝える必要があることによる。

〔法律案の提出勧告〕

第80条の6① 調査会は、調査事項に関し、法律案の委員会提出を勧告することができる。

② 調査会が前項の勧告をする場合においては、調査会長は、勧告の趣旨及び内容を記載した文書を議長に提出しなければならない。

③ 前項の文書が提出されたときは、議長は、これを適当の委員会に送付する。

④ 第2項の文書が送付された委員会から要求があつたときは、調査会長は、委員会において、当該勧告に関し説明をすることができる。

⑤ 議長は、第2項の文書を印刷して各議員に配付する。

第11次改正（昭61.6）

§80の6

　本条は、調査会の委員会に対する法律案の提出勧告について規定するものである。

【法律案提出勧告】調査会は、調査事項に関し法律案の委員会提出を勧告することができる。

　調査会がその調査の結果、立法措置を講じる必要があると判断した場合、法律案を提出することができる（国54の4で国50の2Ⅰを準用）。これに加えて調査会に特別に認めた権能が法律案の提出勧告権である。

　自ら法律案を提出できるにもかかわらず他の機関に対してその提出を勧告する権能を認める意義は、より専門性の高い、すなわち所管範囲の狭い委員会に委ねた方が適当と判断される場合もあることによる。

　提出勧告の対象はあくまでも法律案であり、また、憲法審査会を送付先とされるような提出勧告はできない。

　「調査会」を主語としているのは、勧告するために調査会の議決が必要であることを示している。

　「調査事項に関し」とは、調査会の設置議決において目的としてうたわれた事柄に関連してとの意味である。

　「法律案の委員会提出」とは、委員会がその議決に基づき法律案を提出すること（国50の2）である。

　「勧告」とは、勧めて促すことであり、相手を義務付ける性格のものではない。

　具体的にどのような立法が必要であるかを特定して勧告する必要がある。

> **♠事例**
> 　調査会が他の委員会に対して立法勧告を行った事例はまだ存在しないが、平成15年に共生社会に関する調査会が、議院内におけるつえの携帯を原則として認めるべき旨の申入れを議院運営委員長に行ったことがあり、それを契機として参議院規則第209条の改正が実現した（••▶第209条【携杖届出・許可】）。

【勧告書】調査会が法律案の委員会提出の勧告をする場合には、調査会長は勧告書を議長に提出しなければならない。

　勧告が重要な意味を持つ行為であることに鑑み、文書によって行うこととしたものである。この文書を「勧告書」という。

　直接に相手の委員会に対して勧告を行うのではなく、勧告書を議長に提出することとしたのは、勧告の内容たる法律案の所管がどの委員会のものであるかの判断を、議案の付託権との見合いで、議長の権限とするためである。

　「調査会長」は、調査会を代表して勧告書を提出する主体であり、その内容の決定

第7章の2　調査会　　207

§80の6

権は調査会にある。

「提出しなければならない」は、調査会で勧告を決めただけでは手続が先に進まず、効果が発生しないことを意味している。

勧告書には、勧告の趣旨及び内容を記載する。

「勧告の趣旨及び内容」とは、勧告するに至った調査の経過、立法を必要とする事情、自ら法律案を提出しない理由、法律案の概要等のことである。

【勧告書送付】**勧告書が提出されたときは、議長は適当の委員会に送付する。**

議長の送付行為は、調査会の勧告に議院側の意思を付け加えるものではなく、相手となる委員会を特定するだけの意味しか持たない。

「前項の文書」とは、法律案提出勧告を内容とする勧告書のことである。

「適当の委員会」とは、勧告対象である法律案の内容を所管する委員会のことである。

常任委員会に限定されず、特別委員会でもよい。

複数の委員会を勧告相手とすることはできず、複数の委員会の所管にまたがる場合や所管する委員会が存在しない場合には、その受皿として特別委員会を設置した上で送付することも考えられるが、それはこの制度の予定するところではない。

「送付」とは、勧告書を当該委員会に伝達することである。

委員会は送付を受けることにより、調査会の勧告を受けたことになる。調査会と委員会との関係は指揮命令系統に置かれるものではなく、勧告を受けた委員会が当該法律案を提出するか否かは独自に判断することとなる。

【勧告の説明】**勧告書を送付された委員会から要求があったときは、調査会長は、委員会において当該勧告に関し説明をすることができる。**

勧告を受けた委員会は、法律案の提出を行うことについて調査事件として検討する。その過程において、勧告を行った調査会から説明することができることとしたものである。

「要求」とは、委員会の意思により説明を求めることである。

「当該勧告に関し」とは、調査会で法律案の提出勧告を行ったことについて、勧告書に記載されている内容及びそれ以外の事情を指す。

「説明をすることができる」とは、説明の任に当たるとの資格を認めるものである。

義務付けを規定するものではないが、勧告の実現のためには、事実上、要求に従うことが必要となる。その場合、説明だけでなく、委員会の委員の質疑に答えることも含まれる。

§80の7

【勧告書の印刷・配付】議長は、勧告書を印刷して各議員に配付する。

　調査会による法律案提出勧告は議院にとっても重要事項であり、その内容は、その後の過程における議員の判断材料となることから、資料として議員が知り得るようにしたものである。

　「印刷」とは、紙に文字等を刷り出すことである。

　「配付」は、各々の手元に配り渡すことである。具体的には、議員会館の議員事務室等に配ることで足りる。実際には、議員会館文書配付室に設けた文書函に配られる。

　印刷、配付の概念拡大の可能性については、第24条【議案の印刷・配付】の説明参照。

〔調査員〕
　第80条の7　調査会の調査に資するため、専門の知識を有する職員その他必要な職員を置くことができる。

第11次改正（昭61.6）

　本条は、調査会の調査員について規定するものである。

【調査会の調査員】調査会の調査に資するため、専門の知識を有する職員その他必要な職員を置くことができる。

　委員会は、議論を行う会議体であるにとどまらず、会議外における資料、情報の収集整備や問題点の整理等も業務として行う必要があり、そのために専門員、調査員を置くことができるとされている（国43）。同様のことは調査会についても当てはまり、議員以外の調査スタッフを置くことができるとしたものである。

　「調査会」とは、各々の調査会のことである。

　各調査会は調査事項を定めて設置されるため、調査業務に就く職員もそれに対応し得るよう、分野を限ることで高い専門性を備えさせ、各調査会の独立性保持のためにも調査会長の指揮下に置く必要があるからである。

　「調査に資する」とは、調査会の業務の助けになるという意味である。

　「専門の知識を有する職員」とは、当該調査会の設置目的に関する事項について高度の知識を有し、調査会を担当する調査室の「室長」（特調3）として調査事務に従事する者である。

　調査会長や調査会の活動に政策面においても寄与するものであるため、常任委員

第7章の2　調査会　　209

§80の8

会専門員と同様に、国会職員法上の公正不偏義務 (国職17) を適用しない措置を講じるべきであると解する (国職24の3Ⅰ参照)。

「その他必要な職員」とは、調査室の室長の下で、同じく調査会の調査事務に従事する者である。「首席調査員」、「調査員」という名称が付されている (特調3)。

「置くことができる」とは、議院事務局において、職員として任用することができるとの意味である。常勤職員に限定されない。

室長、首席調査員、調査員の行う調査事務としては、調査会で必要な事項の調査、参考資料の作成、調査会決議の関連業務、本会議や議長に対する報告の原案の作成、調査会提出法律案の起草のための調査・資料作成等を挙げることができる。

【調査室】 調査会の調査業務は、事務局内の機構として設けられる特別調査室が担当する。現在、3つの特別調査室が設けられている (特調1)。

特別調査室は、室長、首席調査員、調査員その他の職員で構成される。

〔調査会についての準用規定〕

第80条の8①　調査会の組織及び運営については、前章第1節（第39条、第41条、第46条及び第50条第2項を除く。）及び第80条の規定を準用する。この場合において、第58条中「第51条」とあるのは、「第80条の8第1項において準用する第51条」と読み替えるものとする。

②　前項に定めるもののほか、調査会については第180条の2、第181条、第181条の2、第181条の3第2項及び第3項（委員会に係る部分に限る。）、第186条、第231条、第233条、第234条並びに第236条第2項の規定を、調査会長については第175条の2、第235条第2項及び第237条の規定を準用する。この場合において、第235条第2項中「第51条」とあるのは、「第80条の8第1項において準用する第51条」と読み替えるものとする。

第11次改正（昭61.6）、第13次改正（平10.1）、第23次改正（平26.12）

本条は、調査会の組織、運営等について委員会に関する規定を準用することを規定するものである。

【準用事項】 調査会は委員会とは異なる機関として位置付けられているが、その組織や運営については委員会に倣った点が多く、その点について準用規定を置いている。なお、調査会の権能が調査に限られることから、被準用規定に「審査」の語が

§80の8

含まれていても、その部分は空振りとなる。

　規定内容の詳細については、それぞれの被準用規定の説明参照。

【委員の選任・辞任】委員の選任は議長の指名による（参規30 Iの準用）。

　委員の辞任は、議長が許可する（参規30 IIの準用）。

【理事】調査会に1人又は数人の理事を置く（参規31 Iの準用）。

　理事は、委員の中から無名投票で互選する。ただし、投票によらないで、動議その他の方法により選任することができる（参規31 IIの準用）。

　調査会長に事故があるとき又は調査会長が欠けたときは、理事がその職務を行う（参規31 IIIの準用）。

　理事の辞任は、調査会が許可する（参規31 IVの準用）。

【調査会の開会事由】調査会は、調査のために開くことができる（参規33の準用）。

【小委員会】調査会は、調査のために小委員会を設けることができる（参規35の準用）。

【連合審査会】調査会は、調査のため必要があるときは、他の委員会又は調査会と協議して連合審査会を開くことができる（参規36の準用）。

　調査会と憲法審査会による連合審査会については、憲法審査会規程が準用規定を置いている（参憲規26で参規36を準用）。これによって、憲法審査会が主たる立場で調査会との連合審査会を開くことが可能となるが、逆の場合を禁じる理由はないであろう。

【本会議中の調査会開会】調査会は、議長の許可を得たときを除き、本会議中に開くことができない（参規37の準用）。

【調査会の開会・開会要求】調査会長は、調査会の開会の日時を定める（参規38 Iの準用）。

　委員の3分の1以上から要求があったときは、調査会長は調査会を開かなければならない（参規38 IIの準用）。

　調査会長は、調査会の開会、休憩、散会を宣告する（参規38 IIIの準用）。

【委員の発言】委員は、議題について、自由に質疑し、意見を述べることができる（参規42 Iの準用）。

　委員から発言を求めたときは、その要求の順序によって調査会長が許可する（参規42 IIの準用）。

【政府に対する質疑】調査会が調査を行うときは、政府に対する委員の質疑は、国務大臣、副大臣、大臣政務官等に対して行う（参規42の2の準用）。

【政府参考人】調査会は、行政に関する細目的又は技術的事項について調査を行う

§80の8

場合において、必要があると認めるときは、政府参考人の出席を求め、その説明を聴く（参規42の3Ⅰの準用）。

　調査会が政府参考人の出席を求めるには、当該公務所を通じて行う（参規42の3Ⅱの準用）。

【調査会長の他委員会等への出席・発言】 調査会長は、調査会を代表して意見を述べるため、他の委員会又は調査会に出席して発言することができる（参規43の準用）。

【委員外議員の発言】 調査会は、委員でない議員から意見を聴き又は発言を許可することができる（参規44の準用）。

【調査会長の討論】 調査会長が、自ら討論しようとするときは、委員席に着かなければならない（参規45Ⅰの準用）。

　調査会長が討論したときは、その問題の表決が終わるまで、調査会長席に復することができない（参規42Ⅱの準用）。

【発言時間の制限】 調査会長は、調査会に諮り、質疑、討論その他の発言時間をあらかじめ制限することができる（参規47の準用）。

【質疑・討論終局動議】 委員は、質疑終局の動議及び討論終局の動議を提出することができる（参規48の準用）。

【表決の時期】 討論が終局したときは、調査会長は、問題を宣告して表決に付す（参規49の準用）。

【予算を伴う法律案に対する内閣の意見】 調査会が予算を伴う法律案を提出しようとするときは、調査会長は、その決定の前に、内閣に対して意見を述べる機会を与えなければならない（参規50Ⅰの準用）。

【調査会長の秩序保持権】 委員が国会法又はこの規則に違反しその他調査会の秩序を乱し又は議院の品位を傷つけるときは、調査会長はこれを制止し又は発言を取り消させる。命に従わないときは、調査会長は当日の調査会を終わるまで発言を禁止し又は退場を命じることができる（参規51の準用）。

【秩序保持のための休憩・散会】 調査会長は、調査会の議事を整理し難いときは、休憩又は散会することができる（参規52の準用）。

【継続調査要求】 調査会が、閉会中もなお調査を継続しようとするときは、理由を付して文書で議長に要求しなければならない（参規53Ⅰの準用）。

　調査会から継続調査の要求があったときは、議長は議院に諮らなければならない（参規53Ⅱの準用）。

【調査会会議録】 調査会においては、その会議録を作成する（参規56の準用）。

§80の8

【調査会会議録の保存】 調査会の会議録は、調査会長又は当日の会議を整理した理事がこれに署名し、事務局に保存する (参規57の準用)。

【調査会会議録の印刷・配付】 調査会の会議録は、印刷して各議員に配付する。ただし、秘密会の記録の中で、その調査会において特に秘密を要するものと議決した部分及び委員が法規に反する等の行為を行ったときに調査会長が取消しを命じた発言は掲載しない (参規58の準用)。

【会議録に関する規定の準用】 調査会の会議録については、第156条から第158条までの規定〔会議録への議事の記載、会議録の掲載事項、発言の訂正・異議申立て〕を準用する (参規59の準用)。

【調査会長の選任・辞任】 調査会長の互選は無名投票で行い、投票の最多数を得た者を当選人とする。得票数が同じときは、くじで定める。ただし、投票によらないで、動議その他の方法により選任することができる (参規80Ⅰの準用)。

調査会長の選挙を終わるまで、調査会に関する事務は委員中の年長者が行う (参規80Ⅱの準用)。

調査会長の辞任は、調査会が許可する (参規80Ⅲの準用)。

【委員派遣】 調査会は、議長の承認を得て、調査のため委員を派遣することができる (参規180の2Ⅰの準用)。

調査会が、委員を派遣しようとするときは、派遣の目的、委員の氏名、派遣地、期間及び費用を記載した要求書を議長に提出しなければならない (参規180の2Ⅱの準用)。

【報告・記録の提出要求の手続】 調査会が調査のため、内閣、官公署その他に対し報告又は記録の提出を求めようとする場合は、議長を経て求めなければならない (参規181の準用)。

【特定事項の会計検査要請の手続】 調査会が調査のため、会計検査院に対し特定の事項についての会計検査及びその結果を求めようとする場合は、議長を経て求めなければならない (参規181の2の準用)。

【特定秘密の閲覧】 調査会の委員及び事務を行う職員は、その調査会に提出、保管されている特定秘密については、正当な理由があると調査会長が認めたときに限り、閲覧することができる (参規181の3ⅡⅢの準用)。

【参考人】 調査会は、調査のため参考人の意見を聴くことができる (参規186Ⅰの準用)。

調査会が参考人の出席を求めるには、議長を経なければならない (参規186Ⅱの準用)。

【傍聴に関する規定の準用】 調査会の傍聴については、第224条以下の規定〔傍聴人

§ 80 の 8

の身体検査、傍聴人の取締り、傍聴人数の制限、衛視の指示、傍聴規則の遵守、議場入場の禁止、傍聴人退場の執行〕を準用する（参規231の準用）。

【調査会における懲罰事犯】 調査会において懲罰事犯があるときは、調査会長は休憩又は散会を宣告することができる（参規233の準用）。

【調査会外における懲罰事犯】 調査会におけるほか、議院内部において懲罰事犯があるときは、議長は懲罰委員会に付託する（参規234の準用）。

【特定秘密漏洩の懲罰事犯】 調査会の秘密会で特に秘密を要するものと議決した部分又は調査会に提出された特定秘密を他に漏らした者については、調査会長は、懲罰事犯として議長に報告し処分を求めなければならない（参規236 Ⅱの準用）。

【調査会長の衆議院での説明】 参議院提出の議案につき衆議院から要求があったときは、調査会長は衆議院において説明をすることができる（参規175の2の準用）。

【調査会長に対する不服従】 調査会長の制止又は発言取消の命に従わない者に対しては、調査会長は秩序保持権により処分するほか、懲罰事犯として議長に報告し処分を求めることができる（参規235 Ⅱの準用）。

【調査会における懲罰事犯についての懲罰動議】 調査会長が懲罰事犯と認めない事件についても、議員は懲罰動議を議院に提出することができる（参規237の準用）。

【非準用事項】 調査会の性質により、委員会に関する規定で準用できないものがある。それらをチェックすることで調査会の特異点が明らかとなる。

議案の審査を前提とした規定（参規39、41、46、50 Ⅱ）、請願の審査に関する規定（参規166、168、170〜172）、証人喚問に関する規定（参規182〜185）は準用されていない。

第8章　会議

制定時（昭22.6）

　本章は、活動論のうち、議院の会議すなわち本会議の運営について規定を置いている。

　章名の「会議」とは、参議院議員全員で構成される本会議のことである。委員会等を含まない。

　本会議の運営については憲法が若干の規定を置き（憲56、57）、残りを国会法と議院規則が分担して規定している。現行の国会法と議院規則の間での規定の振分け基準は明確でないが、本来は、議院の自律に関する事項であるので、議院規則の専属的所管事項である。

【本会議】「本会議」は、議院所属の議員全員で構成する会議であり、議院の最高意思決定機関である。法規上、「議院の会議」の語が用いられることが多い。

　議院としての意思決定を目的とする議事だけでなく、政府演説や代表質問のように国政調査権の行使に当たるものも行われる。これらは議院としての活動そのものであるので、衆議院と合同して開会するようなことは不可能である。議決を究極の目的としないものについては両院独立活動の原則は適用されないとの理解も見られるが[1]、現在は、開会式のような儀式と政府演説等との間に一線を画すべきものと考えられている。

　本会議は多数の議員で構成されるため、委員会と比べて、運営の円滑性、効率性を優先させざるを得ない。国会では事前協議による会議運営が一般化、常態化しているが、本会議における議事進行の事前管理は制度上のものとして仕組まれている。具体的には、議事日程（国55Ⅰ）、議事協議会（国55の2）、発言通告制（参規91、95、123Ⅰ）等である。

【議事整理】本会議の議事整理権は議長に与えられている（国19）。議院規則には、その議事整理権の具体的内容についての規定が置かれているが、実際の会議運営においては、議長が独自の判断でそれを行使することはほとんどなく、議院運営委員会理事会の協議に委ねられているのが実情である。

---

1 安念潤司「演習憲法」法学教室297号（2005）119頁。

第8章　会議　　*215*

第1節　開議、散会及び延会

制定時（昭22.6）

本節は、本会議の開閉について規定を置いている。

【**開議定例日**】本会議は、会期中いつでも開けるのが建前であるが、毎日開会することを予定するものではない。

本会議の招集は議長の議事整理権に含まれ、議長が必要と判断した場合に招集する。

実際には、本会議をいつ開くかについて議院運営委員会理事会で協議され、それを受けて議長が判断する例であり、理事会で合意されればそれが尊重されるのが通常である。

本会議を開くには、衆議院や委員会との日程調整が必要であり、議員活動に対する便宜を図る意味からも、本会議を開くこととなる日が曜日で取り決められている。参議院では、原則として月・水・金曜日に開くこととされている（参先220）。

> ♣衆議院では〔**本会議定例日**〕
> 　衆議院本会議の開会は、当初、火・木・土曜日を定例日とするとされていたが、現在は火・木・金曜日が定例日である（衆先219）。

衆参の本会議開会の重複を避けて開会予定の曜日が定められたものである[2]。

これを「定例日」というが、一応の目安であり、毎定例日に開会しなければならない趣旨ではない。基本的には、委員会議了議案等、本会議に付す案件がある場合に定例日に招集されることとなるが、その案件の数が少なく、次の定例日に繰り越しても支障がない場合には、招集しないことも可能である。

逆に定例日以外でも、重要案件や緊急を要する案件を上程する必要がある場合には招集できる。

【**会議の日ごと開会原則**】会議運営に関する約束ごととして「日ごと開会原則」とでもいうべきルールが存在する。会議は1日を枠として開会しなければならず、したがって、招集は前日以前になされるのが原則であり、会議を一旦散会した後はその日のうちには再開することができないとするものである。また、日をまたいで会議の開会を継続することはできず、午後12時に至ったときには会議を閉じなければならない。

この原則は、国会では暗黙の了解事項となっており、柔軟な運営を求められる委

---

2 第1回国会参議院議院運営委員会会議録第26号（昭22年9月20日）1頁。

§81

員会についても適用がある。

　なお、一旦議題となった議事の中途で会議が終了しても、それまでの議事は有効であり、次回以降の会議では、その審議段階を受けて継続することとなる（議事継続の原則）。

〔開議時刻〕
第81条　会議は、午前10時に始める。但し、議長が必要と認めたときは、この限りでない。

　　　　制定時（昭22.6）
　　　　　衆規103　会議は、午後1時に始める。但し、議院において特に議決したとき又は議長が必要と認めたときは、この限りでない。

　本条は、本会議の開始時刻について規定するものである。

【開議時刻】本会議は午前10時に始める。ただし、議長が必要と認めたときはこの限りでない。

　開議定例日を定めたのと同様の趣旨で、本会議を開会する場合の開議時刻の標準を一応の目安として規定したものである。

　「始める」とは、本会議を開く場合には、これを開始の時刻として招集するのを原則とするという意味である。

　ここで規定しているのは招集時刻であり、午前10時に招集した場合でも自動的にその時刻に本会議が始まるわけではない。開議は議長の宣告による。したがって、事情により招集時刻から遅れての開議となることもあり得る。ただし、招集時刻前に会議を開くことはできない。

　「議長が必要と認めたとき」とは、本会議の招集につき、議長が本条本文に拘束されない場合があり、その認定は議長が行うことを意味する。

　招集時刻についても、実際には、議院運営委員会理事会において協議され、議長はその結果を踏まえて決定する例である。

　「この限りでない」とは、午前10時以外の時刻に招集することを妨げないことである。

　実際には、午前10時に招集される例が圧倒的に多い。特別な事情により午前10時以外に招集される場合としては、①月曜日に本会議を開く場合、②衆議院の本会議と同じ日に衆議院よりも遅くに開く必要がある場合、③その日に開かれる委員会

§ 82

で議了予定の案件を上程する場合、④本会議の延会後、翌日直ちに開会する必要の
ある場合等が挙げられる。

♣衆議院では〔本会議開会時刻〕
衆議院規則では、本会議は午後1時に始めると規定されている（衆規103本）。

〔散会、延会〕
第82条　議事日程に記載した案件の議事を終つたときは、議長は、散会
を宣告することができる。議事を終らない場合でも、議長は、必要と
認めたときは議院に諮り、午後4時を過ぎたときは議院に諮らないで、
延会を宣告することができる。

制定時（昭22.6）、第6次改正（昭30.3）
衆規105①　議事日程に記載した案件の議事を終つたときは、議長
は散会する。
②　議事が終らない場合でも午後6時を過ぎたときは、議長は、議
院に諮らないで延会することができる。

本条は、本会議の閉じ方について規定するものである。

【散会】本会議の終了は議長の宣告によるが、その裁量で終了時を決めることはで
きず、議事日程による制約が働く（→本章第2節概説【議事日程に伴う制約】）。その制約へ
の対応の仕方の差に応じて会議終了の呼び方が異なっている。

議事日程に記載した案件の議事を終わったときは、議長は散会宣告すること
ができる。

議事日程に記載した案件はその日の会議で処理しなければならず、その議事が終
わって初めて会議を閉じることができる。

「議事日程」とは、会議を招集する通知で、開議日時及び上程する案件とその順序
を記載したものである。

「記載した案件」とは、その議事日程によって招集した本会議で上程を予定する案
件として記載したもののことである。

会議中に日程を変更した場合には、変更後の案件が「記載した案件」となる。

「終つた」とは、案件の議事を完了したことをいう。議決を要する案件であれば採
決を終えて結論が出たこと、質疑議事であれば質疑、答弁が終了したことを指す。

まだ日程記載案件が残っていたり、その議事の最中であったりする場合でも、そ
の議事延期を決定することでその日の日程記載案件がなくなってしまい、散会でき

§82

る状態を作り出すことができる。実際にもよく用いられるテクニックである。詳細については、第88条【日程順序変更】【その他の日程変更】の説明参照。

「議長」とは、議長席について議事を整理している者のことである。代行している副議長等を含む。

「散会」とは、広義では、会議を閉じて、その日に再開することができなくすること全般を指すが、狭義では、議事日程に記載した全ての案件（日程を変更した場合には変更後の案件）の議事を終えて会議を終了することをいう。本条では狭義の用法で用いられている。

「宣告することができる」とは、告げ知らせることによって本会議終了の効果を発生させることができるという意味である。

権限を与える規定であるが、本会議に付す案件がそれ以上出て来なければ会議を維持することはできず、散会するほかない。ただし、後刻に委員会での案件議了が見込まれる場合には、一旦休憩して、緊急上程に備えることは可能である。

【延会】議事日程に記載した案件の議事を終わらない場合でも、議長は、必要と認めたときは議院に諮って延会を宣告することができる。

本条前段の裏として、議事日程に記載した案件の処理が終わらない時点において散会することはできず、会議を閉じることを議院の議決によることとしたものである。

「議事を終らない」とは、議題としない又は議題としたがその議事を完了しない案件が残っていることである。

「必要と認めたとき」とは、議長から発議することを指し、その「必要」の内容に限定はないが、実際には、議院運営委員会の理事の協議結果に基づいて認定される。

ただし、議長が必要と認めたときに限る趣旨ではなく、議員の側から延会の要望を出すことや延会の動議を提出することを妨げない。

「議院に諮り」とは、延会するか否かを本会議で採決することであり、議長はその結果に拘束される。

「延会」とは、議事日程に記載した案件（日程を変更した場合には変更後の案件）の一部又は全部の議事を終えない時点で会議を終了することをいう。

議事日程を定めない会議に延会の観念はない。

議事を終わらない場合でも、午後4時を過ぎたときは議院に諮らないで延会を宣告することができる。

議長の会議を閉じる権限については議事日程による制約が掛けられているが、そ

第8章 会議　　*219*

§ 83

れは一定の時刻を過ぎると解除される。午前10時の開議後、相当の時間が経過しているものとして、午後4時を基準にそれ以後は議長の権限で会議を閉じることができることとしたものである。

「午後4時を過ぎたとき」は、一律の基準であり、午後から開会されたときにも適用される。したがって、午後4時以降に会議が始まった場合には、会議を閉じることについての議事日程による制約は働かないこととなる。

「議院に諮らないで」とは、議長の判断で会議を閉じることができることを意味する。

午後4時を過ぎた時点で延会の動議が提出されたとき、議長はそれを諮らずに延会することが可能である。逆に、諮った場合にはその結果に拘束され、動議が否決されたときには、当分の間、延会することはできなくなる。

【例外的延会】議事日程に記載した案件の議事を終わらない状況では、原則として議長に会議を閉じる権限が与えられていないが、例外的に議長判断で延会できる場合がある。

その1は、議場を整理し難いとき（国117）又は懲罰事犯があるとき（参規232）であり、議事の進行状況にかかわらず、会議を閉じることができる（•••▶第232条【懲罰事犯時の本会議の休憩・延会】、『逐国』第117条〔議場整理と休憩・散会〕）。

国会法第117条では「散会」の語が用いられているが、これは広義の用法であり、実質的には延会に当たる。

その2は、会議中に定足数を欠くに至ったときであり、議長は休憩か延会のいずれかを選択しなければならない（参規84 I）。

〔開議〕

第83条① 議事開始の時刻に至つたときは、議長は、議長席に着き、諸般の事項を報告した後、会議を開く旨を宣告する。

② 議長が開議を宣告するまでは、何人も、議事について発言することができない。

制定時（昭22.6）、第6次改正（昭30.3）
衆規104① 開議の時刻に至つたときは、議長は、議長席に着き諸般の事項を報告した後、会議を開くことを宣告する。
② 議長が会議を開くことを宣告するまでは、何人も議事について発言することができない。

§83

　本条は、開議の手続について規定するものである。

　【議員入場】本会議の招集は議長権限であり、その時刻も議長が定める。それは事前に議員に知らされる（国55Ⅰ、参規86Ⅱ）。

　　議事開始の時刻に至ったときは、議長は議長席に着く。

　本条は、本会議をいつ開会するかについて、招集した時刻とする原則をうたった規定であり、これに反する判断を一切禁じるというものではない。

　本会議を実際に開く時刻は、議長のその時々の判断で決められ、これも議事整理権に含まれる。実際には、議事協議会に代わって議院運営委員会で協議する例である。

　招集で議員に知らせた時刻以前に開議時刻を設定することはできない。

　「議事開始の時刻」とは、議事日程に記載した開議の時刻又は特に緊急の必要があると認めたときに議員に通知した会議の時刻（国55Ⅱ）のことである。

　「議長席に着き」とは、議場の会議主宰者のための席に座ることである。

　議員も議事開始の時刻に議場に入場していることが前提となっており、そのため実際の開議時刻が決まると、議長は電鈴を鳴らして開会を知らせる例である（参先225）。議院構内及び議員会館内において開議時刻の5分前に予鈴（10秒間ずつ3回断続）を、開議時刻に至った時に本鈴（1分間連続）を鳴らし、議員に知らせる。

　議員は予鈴が鳴った段階で議場に入場することができ、議長は本鈴が鳴ってから入場する例となっている。

　【諸般の事項の報告】議事開始の時刻に至ったとき、議長は諸般の事項を報告する。

　議長から議員に知らせておくべき事柄を本会議開会前の時間を使って報告することとしたものである。

　「諸般の事項」は、どのような項目がそれに当たるかが当然に決まっているものではなく、議長の選定による。

　「報告する」とは、議員に対して口頭で知らせることである。議長本人による必要はなく、参事が朗読することで足りる。

> ♥運用
> 　諸般の事項の報告は、必要事項が参議院公報で速やかに議員に知らされていることもあり、開会前の報告は省略して会議録に掲載する例となっている（参先226）。ただし、ごくまれにではあるが、儀礼に関するもの等が開会前に口頭で報告されることがある。

　諸般の事項の報告は開会前に行うものであり、その時点で議場に在席する議員の

第8章　会議　　*221*

§84

数が定足数を満たしている必要はない。

【開議】議長は、諸般の事項を報告した後、会議を開く旨を宣告する。

　本会議の開始は議長の宣告による。これも議事整理権の内容である。

　「会議を開く」とは、本会議を始めて、議事を行うことができる状態にすることである。

　宣告によって、開会の効果が発生する。

　実際には、諸般の事項の報告は省略する例である（⋯▶本条【諸般の事項の報告】）ので、議長は着席後、定足数を満たしていること等を確認し、ギャベル（木槌）を打ち鳴らして議場の注意を引き、開会を宣告する。

【開議前の発言禁止】議長が開議を宣告するまでは、何人も議事について発言することができない。

　会議が開会するまでは議事に入れないのであるから、本条第2項は当然のことを規定したものであるが、あわせて、議場の秩序保持を目的に置いている。

　「開議を宣告するまで」とは、本会議を始める旨を告げ知らせるまでのことである。休憩後に再開する場合を含む。

　「開会」が開始の行為と開いている状態の両方について用いられるのに対し、「開議」は開始だけを指す語として用いられるのが通常である。

　「何人も」は、本会議出席者の全員を指す。

　「議事について」とは、当日の会議の進行や上程を予定される案件の内容に関するものを指す。

　注意的な文言であり、議事以外についての発言であれば許されるとの趣旨ではない。

　「発言することができない」とは、議長に対し発言を求めることや議長が発言の許可を与えることを禁じる趣旨である。

　禁止を無視して行われた発言は、そもそも会議における発言ではなく、私語でしかない。

〔定足数の効果〕
　第84条① 　出席議員が定足数に充たないときは、議長は、延会を宣告する。会議中に退席者があつて定足数を欠くに至つたときは、議長は、休憩又は延会を宣告することができる。

222

§84

② 会議中に定足数を欠くに至る虞があると認めたときは、議長は、議員の退席を禁じ、又は議場外の議員に出席を要求することができる。

③ 議員は、会議中、定足数を欠いていると認めたときは、議長に出席議員の数を計算することを要求することができる。

制定時（昭22.6）
衆規106① 出席議員が総議員の3分の1に充たないときは、議長は、相当の時間を経て、これを計算させる。計算2回に及んでも、なお、この定数に充たないときは、議長は、延会しなければならない。

② 会議中に前項の定数を欠くに至つたときは、議長は、休憩を宣告し、又は延会しなければならない。

本条は、出席議員が定足数に満たないとき、欠くおそれのあるときの措置について規定するものである。

【定足数】本会議の定足数は憲法第56条第1項で規定されており、総議員の3分の1以上の出席がなければ議事を開き、議決することができないとされている。

「定足数」とは、会議体が会議を開き、審議し、意思決定を行うために必要とされる出席者の数のことである。総定数に対する比率で示されることが多い。

その「総議員」の意味については、第3条【定足数算定の基礎】の説明参照。

【開議時の定足数不足】議長が議長席に着いて開議を宣告しようとする時に定足数を満たしていない場合には議事を開くことができず（憲56Ⅰ）、その事態に対処して、招集した本会議をどうするかを決定する必要がある。

開会時に出席議員が定足数に満たないときは、議長は延会を宣告する。

本条第1項前段の規定は、議長の対処方法の一例を示したものと解すべきであり、必ずしも直ちに延会を宣告する必要はなく、暫時、出席者が増えるのを待つことや、開議時刻を延期する旨を宣告することも可能である。

「出席議員が定足数に充たないとき」とは、議事開始の時刻に至り議長が開会を宣告しようとした時に、議場に居る議員の数が定足数を下回っていることを議長が認識した場合のことである。

「延会」とは、本来、一旦開会した会議で議事日程に記載した全ての案件の議事を終えない時点で会議を終了することをいうものであるが、ここでは開会できないのであるから、延会ではなく流会というべきものである。

「延会を宣告する」は、会議の開会を断念する意思を表明することを意味する。

この宣告は本会議を開いての発言ではなく、議員に対する事実上の伝達行為にす

第8章 会議　223

§84

ぎないが、当日はもはや本会議を開会することができないとの効果は発生する。

【会議中の定足数不足】憲法第56条第1項の「議事を開き」は、会議の開始行為だけでなく、開かれている状態を継続することも含む。すなわち、定足数は会議の継続要件でもある（•••▶『逐国』第6章概説【定足数】）。

　会議中に退席者があって定足数を欠くに至ったときは、議長は休憩又は延会を宣告することができる。

　議長は、定足数不足を認定した以上、そのまま開会状態を維持することはできず、休憩又は延会によって会議を閉じなければならない。

　「会議中」とは、開議から休憩又は広義の散会までの間のことである。

　「退席者」とは、出席していた議員のうち途中で議場の外に出た者をいう。

　「定足数を欠くに至つたとき」とは、議場に居る議員の数が定足数を下回っていることを議長が認定した場合のことである。

　定足数は、その充足・不足いずれも認定を要するものであり、客観的事実として定足数を欠いているとしても、それによって自動的に会議の開会状態が停止されるものではない。したがって、定足数を欠いた時から休憩又は延会の宣告までの間に行われた議事は一応有効である。仮に、この間に採決が行われたとしても、後にそれが定足数を満たしていない状況で行われたと認定されない限り、有効なものとなる。

　「休憩」とは、その日のうちに再び開会することを予定して会議を閉じることである。

　「延会」とは、議事日程に記載した案件の一部又は全部の議事を終えない時点で会議を終了することである。

　「宣告することができる」は、休憩か延会かについての選択権があることを意味し、宣告するか否かの裁量が認められるという趣旨ではない。

【定足数不足の予防】会議中に定足数を欠くおそれがあると認めたときは、議長は、議員の退席を禁じ又は議場外の議員に出席を要求することができる。

　議員は本会議に出席する義務があり、議長にはそれに対応するものとして退席禁止、出席要求の権能が認められている。これも議事整理権の内容と言える。

　「定足数を欠くに至る虞があると認めたとき」とは、議長の主観的判断によるものであり、どの程度の人数が退席すると定足数を欠くこととなる場合かを画一的に示すことはできない。

　「議員の退席を禁じ」とは、議員に対して議場から出て行くことを禁止するもので

§84

ある。ただし、その後に入場する議員も見込まれるので議場を閉鎖することはできない。

「議場外の議員」とは、その時点で本会議に出席していない議員のうち、議院構内又は議員会館内に居る者のことである。

欠席届書 (参規187Ⅱ) を提出している議員は、出席要求の対象外である。

「出席を要求する」とは、議場に入るように求めることである。

その方法は問わない。通常は、参事をして会派控室に要求を伝達させる方法が採られるほか、実際に用いられることはないが、会派控室で鳴る電笛 (ブザー) のスイッチが事務総長席に設けられており、これで要求を伝えることとなっている。議員会館では館内放送を用いることも可能であろう。

「又は」とは、退席禁止と出席要求の一方を命じることも両方を命じることも可能であることを示す。残りの議事が短時間で終わりそうな場合には、退席禁止の措置だけで済むと判断されることもあろう。

これらの措置のほか、委員会の並行開会を許可している場合には、それを撤回することができる (•••▶第37条【並行開会の許可】)。

退席禁止に反して退席したり、議場外に居て出席要求に応じない行為は、義務違反であるため、院内の秩序を乱したと認定されることがあろうが、懲罰事犯には該当しないものと解する。要求に応じない議場外の議員は相当数に上り、かつ特定しにくいことが予想される。退席議員は特定可能であるとしても、定足数を欠くに至るおそれの原因となったのは議場外の議員であり、それらの者が出席要求に応じないことと比べて義務違反の程度が高いとは言えず、均衡を考慮せざるを得ない。

在席する議員が増えて定足数を欠くおそれがなくなった場合には、議長は退席禁止を解除することも可能である。出席要求については、あえて撤回するには及ばないだろう。

【出席議員数計算要求】議員は、会議中、定足数を欠いていると認めたときは、議長に出席議員数を計算することを要求することができる。

定足数の認定は議事整理権の一内容であり、議長の専権事項であるが、議員の側から注意喚起することも可能であり、本条第3項は、それを法規上の要求権として規定したものである。

「議員」とは、本会議に出席している議員であり、要求は1人で行える。

「定足数を欠いていると認めた」とは、要求者たる議員の判断内容を指す。

「出席議員の数」とは、その時点で議場に居る議員の数のことである。

第8章 会議　　225

§85

「計算」とは、数えることである。その方法は特定されておらず、要求で方法を指定することはできない。

議場を閉鎖して氏名点呼を行うこと（参先233）、木札の名刺を演壇上に持参させること（佐藤（吉）・参規195頁）、押しボタン式投票装置のボタンを押させること（参先329）等、複数の方法が考えられるが、出席者としてカウントされるか否かが議員本人の意思に依存する方法は必ずしも適当とは言えず、参事をして数えさせるのが妥当であろう。

「要求」は、口頭で足りる。議事進行に関する発言に当たるので、要旨を参事に通告し（参規123Ⅰ）、議長の発言許可を得なければならない（参規123Ⅱ）。ただし、議長は通告の内容を確認し次第、直ちに発言を許可することを要する（佐藤（吉）・参規234頁）。

要求があれば、議長はこれに応じて計算を行わなければならない。ただし、その時点の出席者が定足数を満たしていることが明らかで、議事妨害を意図した要求であると判断する場合には、その旨を告げて議事を続行することができるものと解する。

計算をして定足数を満たしているか否かが判明したときには、議長は、その結果に応じた措置を採らなければならない。

〔散会後の発言禁止〕
第85条　議長が散会、延会又は休憩を宣告した後は、何人も、議事について発言することができない。

制定時（昭22.6）
　衆規107　議長が散会、延会又は休憩を宣告した後は、何人も議事について発言することができない。

本条は、会議を閉じた後の発言禁止について規定するものである。

【散会・休憩後の発言禁止】議長が散会、延会又は休憩を宣告した後は、何人も議事について発言することができない。

開会前に議事に入れない（参規83Ⅱ）のと同様、散会・延会・休憩宣告によって会議を閉じる効果が発生し、その時点で議事は終わっているのであるから、本条は当然のことを規定したものと言える。あわせて、議場の秩序保持を目的としたものと解される。

226

§86

「散会、延会又は休憩を宣告した後」とは、本会議を閉じる旨を告げ知らせた後のことである。

「何人も」、「議事について」、「発言することができない」については、第83条【開議前の発言禁止】の説明参照。

第2節　議事日程

制定時（昭22.6）

本節は、議事日程について規定を置いている。

【議事日程】 国会法は、各議院の議長は議事日程を定めるとし（国55Ⅰ）、本会議の招集、議事進行について議事日程による方式を採用している。委員会や調査会等には見られない特性である。

「議事日程」とは、会議を招集する通知で、開議日時及び上程する案件とその順序を記載したものである。

議事日程の編成は議長の議事整理権に含まれ、その権能であると同時に責務でもある。

本会議で処理する予定事項を事前に議員に知らせて準備を促すとともに、恣意的な運営を排するため議事進行上の制約を課すことを目的としたものである。

【議事日程に伴う制約】 議事日程の編成は議長の議事整理権に含まれる事項であるが、一旦議事日程を定めて議院に報告する（国55Ⅰ）と、それに伴って議事進行上の制約が生じ、議長をも拘束する。

議事日程に記載された案件は、その順序に沿って議題に供することが求められ、その日の会議で処理しなければならない。これらの制約を脱すること、例えば、議事日程記載案件の順序を変更したり記載されていない案件を議題とすることや、日程記載案件の議事が終わらない段階で会議を終了することは議長権限ではなし得ず、そのためには議院に諮らなければならない（参規82、88）。

〔議事日程〕

第86条① 議事日程には、開議の日時並びに会議に付する案件及びその順序を記載する。

② 議事日程は、参議院公報をもつて予め各議員に通知し、官報にこれ

§ 86

を掲載する。

> 制定時（昭22.6）、第6次改正（昭30.3）
>
> **衆規108**　会議を開こうとするときは、議長は、予め議事日程を定め
> てこれを議院に報告する。
>
> **衆規109**　議事日程には、開議の日時及び会議に付する案件並びに
> その順序を記載する。
>
> **衆規110**　議事日程は、衆議院公報に記載し、且つ、官報にこれを掲
> 載し、各議員に配付する。

本条は、議事日程の記載事項及びその通知について規定するものである。

【招集日時】議事日程には、開議の日時を記載する。

議事日程は本会議の招集状の機能を果たすものであるから、いつ開かれるかを記すことは欠かせない。

「議事日程」については、本節概説【議事日程】の説明参照。

「開議の日時」とは、本会議を開く予定の日と時刻のことである。

会議ごとに議事日程を定めるので、1つの議事日程で複数回の予定日時を記載することはなく、1回の会議についての議事日程を複数に分割することもない。

本会議を開く場所は、議事堂内の議場であることが自明であるので、招集状たる議事日程に記載することは求められていない（⸺▶第1条【集会】）。

【議事日程記載案件】議事日程には、会議に付する案件及びその順序を記載する。

議題に載せることを「上程」というが、本会議に案件を上程するためには、議事日程を通すことが求められる。

「会議に付する案件」とは、議長がその本会議において上程することを公約する案件のことである。

個々の案件は本来独立したものであり、議事日程の記載も個別に行うべきであるが、委員会で複数の案件を一括して審査し、密接不可分の関係にあるものとしてまとめて1本の審査報告書が提出された場合（⸺▶第72条【審査・調査報告書】）には、一括して1件の案件として記載することができると解する。その場合には、上程においても一括議題となる。

議事日程は、単に議長が予定する案件を列挙するものではなく、記載することについての制約がある。

記載できる案件は、議事日程編成の時点で本会議に上程することが可能な、後述するスタンバイ状態のものだけである。

「その順序」とは、議事日程記載案件を議題とする予定の順序を指す。

228

§86

　議事の順序については、案件の類型ごとに順序がルール化されており、①議院の構成に関するもの、②会期に関するもの、③内閣総理大臣の指名と続き、議案は最後とされている（参先198）。同一類型の議案の中では、委員会の報告書提出順を議題とする順序としている。

　請暇や辞職の許可等、議員個人の身分に関するものや軽微な案件については議事日程に記載しない例である（参先210）[3]。議員の事前の準備を要しないものについての特例的措置である。

【スタンバイ状態】議院における案件審議については様々な規制があり、議案の場合、本会議に上程するためには議院に係属しているだけでは足りず、委員会審査との関係がクリアーされていなければならない。この要件が満たされた状態を「スタンバイ状態」という[4]。本会議で審議するのにスタンバイ状態となっている議案とは、具体的には、①委員会審査を終了している議案（国56Ⅱ本）、②委員会審査を省略することを議決した議案（国56Ⅱ但）、③付託委員会から中間報告聴取後、本会議で審議することを議決した議案（国56の3Ⅱ）、④中間報告聴取後、委員会審査に期限を付す旨議決し、その期間が経過した議案（国56の3Ⅲ本）、⑤委員会において本会議に付すことを要しないと決定した議案で、それに対して議員20人以上から本会議に付す旨の要求のあったもの（国56Ⅲ但）の5つのパターンである。

　衆議院からの回付案、両院協議会の成案は委員会に付託しない（参規178Ⅰ）ので、送られてきた時点で上程可能な状態にある。ただし、憲法改正原案については、扱いを異にする（参規178Ⅰの不準用）。

　議事日程編成時に以上の条件を満たしている議案は、議事日程に記載できると同時に、原則として議事日程に記載しなければならない（参先205、206）。

　何を議題とするかを構成メンバーによる協議対象とすると、そのことで意見の対立が起きて多大な時間が費やされる可能性があるため、本会議の運営においては、案件の実質審議を委員会に委ねるのと引換えに、委員会の審査に決着が付いたものについては機械的に本会議上程の道を開くこととしているのである。

　委員会への付託を要しない案件については、議員の事前の検討を要するので、その上程時期については議院運営委員会において協議される例であり、その決定を待って議事日程に記載することとなる。

【議事日程の通知】議事日程は、参議院公報によりあらかじめ各議員に通知し、官

---

3 合志章「議事日程と発言」議会政治研究40号（1996）31頁。
4 森本昭夫「議院内における議案の流れ―本会議上程までのプロセス」議会政策研究会年報5号（2001）106頁。

第8章　会議　　*229*

§87

報に掲載する。

　国会法では、各議院の議長は議事日程を定め、あらかじめ議院に報告すると規定している（国55 I）。これは本会議を議事日程によって招集することを意味するもので、それを具体化して、各議員に知らせる手段として公報を用いることとしたものである。

　「参議院公報」とは、参議院の会議に関する事項その他、議長が必要と認める事項を掲載する印刷物のことであり（参規253 I）、事務局が作成して各議員等に配付する。

　「予め」とは、当該本会議の前日までとされる（佐藤（吉）・参規199頁）が、この通知を到達主義に解すると招集手続に相当の時間を見込まなければならず、即時の対応が困難となってしまう。議事日程を定めることが前日中であれば、その通知は会議への出席に支障が出ない時刻までに到達すれば足りるものと解する（•••▶『逐国』第55条【議事日程の報告】）。

　「通知」とは、知らせる行為であり、相手が了知し得る状態とすることで完了する。

　ここでは公報によるので、各議員が受け取れる指定場所、すなわち、議員会館の議員事務室や議員宿舎に配付することで足りる。

　国会法は、議院の会議及び委員会の会議に関する報告は、内閣総理大臣その他の国務大臣並びに内閣官房副長官、副大臣及び大臣政務官並びに政府特別補佐人に送付すると規定しており（国73）、議事日程も参議院公報に掲載することでこれらの者に伝達される。

　「官報」とは、国の公告のための機関紙であり、独立行政法人国立印刷局が編集、発行を行っている。

　官報に掲載するのは、会議公開の原則（憲57 I）により、その予定も広く国民に知らせる必要があることによる。

　本条第2項により、参議院は議事日程の記事を国立印刷局に提出し、掲載を依頼しなければならない。

〔日時招集時の議事日程〕
　第87条　議長が議員に会議の日時だけを通知したときは、議長は、その開議までに議事日程を定めなければならない。

制定時（昭22.6）、第6次改正（昭30.3）

　本条は、日時招集時の議事日程の編成について規定するものである。

§88

【日時招集】議長は、特に緊急の必要があると認めたときは、会議の日時だけを議員に通知して本会議を招集することができるとされている（国55Ⅱ）。これを「日時招集」という。詳細については、『逐国』第55条【日時招集】の説明参照。

議長が議員に会議の日時だけを通知したときは、議長は、その開議までに議事日程を定めなければならない。

議事日程編成義務を貫徹する趣旨であり、議長側で会議に付す案件を掌握していなければ本会議を開けないとするものである。もともと、本会議の招集は議長が行うものであり、その時点では会議の目的も可能性のレベルのもので足りるが、会議を開く時点ではその具体性が要求されるのである。

「会議の日時だけを通知したとき」とは、国会法第55条第2項により、特に緊急の必要があると認め、議事日程を作成せずに本会議を招集したときのことである。

「開議まで」とは、本会議を実際に開始するまでのことである。通知した日時に本会議を開かないときには、議事日程の編成が通知した日時より遅れることも許容される。

「議事日程」は、通常の招集の場合の議事日程と同様、開議の日時、会議に付す案件及びその順序を記載する。

ただし、日時招集の場合には、通常のものと編成原則を異にする。すなわち、記載する会議に付す案件は必要最小限のものに絞るべきである。議事日程記載案件は、その順序により当然に議題とできるが、日時招集の場合には、議事日程が当日の開議直前に示されることもあるため、議題とするか否かは、できれば議院の判断に委ねて議事日程追加の手続（参規88）によるべきだからである。

「定めなければならない」は、編成した上で各議員に通知しなければ本会議を開会できないことを意味する。

> ♣衆議院では〔日時招集時の議事日程〕
> 　衆議院規則は本条に当たる規定を置いておらず、日時招集時には議事日程を定めずに開会できることとしている。ただし、その場合も議事日程原則を放棄したわけではなく、案件を上程するには日程追加の手続が必要である（⋯▶第88条【案件追加】）。

〔日程変更〕
第88条　議長が必要と認めたとき又は議員の動議があつたときは、議長は、討論を用いないで、議院に諮り、議事日程の順序を変更し又は

第8章　会議　*231*

§88

他の案件を議事日程に追加することができる。

制定時（昭22.6）、第6次改正（昭30.3）

衆規112 議長が必要と認めたとき又は議員の動議があつたときは、
議長は、討論を用いないで議院に諮り、議事日程の順序を変更し、
又は他の案件を議事日程に追加することができる。

本条は、議事日程の順序の変更、案件の追加について規定するものである。

【議事日程原則】本会議で議題とする案件とその順序は、議事日程に従わなければ
ならない。すなわち、議長は自らが編成した議事日程に拘束されることとなる。

議事日程記載が上程のための要件であると同時に、その記載が上程を義務化する
のである。これが「議事日程原則」である。

案件が審議される会議の日時とそこで上程される順序が決められている状態のこ
とを「上程予定」と呼ぶこととするが、案件は議事日程に記載されることで本会議
上程予定の位置付けとなる。

議長は、上程予定となった案件については、その順序に従う限り、議院に諮るこ
となく当然に議題とすることができる。その裏として、議長には議事日程に反して
議題を決める権限はない。

議事日程に記載される案件は、通常、個別に順序を付され（⟶第86条【議事日程記載
案件】）、案件を議題とするには、先順序の案件の議事が終了していなければならない
（一事件一処理の原則）。

1つの議題の議事が終了するのは、その案件が議決を要するものである場合はそ
の採決が完了して結論が出た時であり、質疑案件であれば、全ての予定質疑とそれ
に対する答弁が完了した時である。

ただし、複数の案件の内容が関連の強いものである場合には一括して議題とする
ことが必要又は便宜である。それらが議事日程上一連の順序で記載されている限り、
一括議題とすることは議長の判断で可能であると解する。順序を超えて一括する場
合には、日程順序変更の手続が必要である（⟶本条【日程順序変更】）。

【日程順序変更】議長が必要と認めたとき又は議員の動議があったときは、議長
は議院に諮り、議事日程の順序を変更することができる。

議事日程に定めた順序どおりに議事を進めないためには議事日程の変更を要する
こと及びそれが議院の議決によらなければならないことを定めたものである。

「議長が必要と認めたとき」とは、議長から発議することを指し、その「必要」の
内容に限定はないが、通常は、議院運営委員会における協議に基づいて決められる。

§88

「動議」とは、議員からの提案で本会議での意思決定を求めるもののことである。動議提出者のほか、1人以上の賛成者が必要である（参規90）。

「議事日程の順序を変更し」とは、議事日程に掲載した会議に付す案件の議題とする予定順序を変えることである。

順序の変更は一義的、確定的になされるべきであるが、次に議題とすべき案件を取りあえず先送りすることを議決して、その次順位以降の案件を順次議題としていくというような手法を採ることも可能であろう。ただし、先送りしていた案件を都合が付いた時点で議題とするには、その時に再度諮る必要がある。

【案件追加】議長が必要と認めたとき又は議員の動議があったときは、議長は議院に諮り、他の案件を議事日程に追加することができる。

「他の案件」とは、会議に付す案件として議事日程に記載されていない案件のことである。

ただし、本会議での意思決定を要する案件の全てを対象とするものではなく、議事日程に記載しない例である軽微な案件等については、議題とするのに日程追加の手続を採らないとされている（参先210）（•••▶第86条【議事日程記載案件】）。議員が会議に臨むに当たって事前の準備を要しないものについての特例的措置である。

また、内容又は性質により優先的に処理すべき案件（先議案件）は、議題とするのに日程追加の手続を要しない。例えば、議長辞任の件や議長不信任決議案等は会議の主宰者に関する事項で、その時点の議事の基盤を左右するものであり、議事日程記載案件に優先して処理することを要するためである。内閣総理大臣の指名は、憲法上、他の全ての案件に先立って行うと規定されている（憲67 I 後）（•••▶第20条【内閣総理大臣指名の先決性】）。先例録には、このような先議案件として、役員辞任の件、議長の選挙、会期延長の件、内閣総理大臣の指名等が挙げられている（参先245）。

委員会審査を省略することや中間報告後に本会議審議を行うことを決した議案は、いずれも緊急性を要件とするものであるため（国56 II 但、56の3 II）、その上で日程追加を諮る必要はないものと解する[5]。

動議を議題とする手続については、**第90条〔動議の成立〕**の説明参照。

「議事日程に追加する」とは、本会議が始まってから、その日の上程予定案件（•••▶本条【議事日程原則】）に加えることである。

「緊急上程」という呼称もあるが、これは委員会を議了した当日の本会議に上程する場合全てを指す。したがって、日時招集の場合で当日に委員会を議了した案件を

---

[5] 森本・前掲 **4** 116頁。

§88

開議前に議事日程に記載するときには、緊急上程には当たるが日程追加の手続を経ない。

　追加するためには、対象案件がその時点で議事日程記載可能な（スタンバイ）状態となっていなければならない（⋯▶第86条【スタンバイ状態】）。

　議事日程に案件を追加する場合、併せてその順序も指定する必要がある。通常は、「この際、議事日程に追加して、○○案を議題とすること」が諮られるが、その「この際」はその時点の最優先順位とすることを意味し、残っている日程記載案件は順序が繰り下がることとなる。

　議事日程の順序変更や案件の追加は、その時に議題となっている案件がない状況においてのみ可能である。別の案件の議事の最中に急遽案件を追加してその議事に入る必要がある場合は、現在の議事を終了又は中断（⋯▶本条【その他の日程変更】）した上でなければならない。

　上程されている議案の議事の最中に他の議事が割り込んで議題となる場合の例として、委員会議了議案を議題とした後、委員長報告に先立って当該委員長の解任決議案を先議案件として議題とするケースが挙げられる。この場合、当該委員長の委員長報告に移る時点で委員長解任決議案の先決性が現出し、優先処理が必要となるのである。ここでは、議題となっていた議案は、挿入された議事の間は中断し、それが終了した時点で上程の状態に戻る。

　「議院に諮り」とは、議事日程の変更、案件の追加を行うか否かを本会議で採決することである。

　「することができる」は、議事日程の変更、案件の追加が可能であることを意味し、議長の選択可能性を示すものではない。動議があった場合には議院に諮らなければならず、議長はその採決結果に拘束される。

> ♣衆議院では〔緊急上程の要件〕
> 　本会議の当日に委員会を議了した案件を緊急上程することについては、議院運営委員会理事会で協議されるが、審査を行った委員会が緊急上程を希望していることが事実上の要件となっている（白井・国会法49頁）。この点、参議院では、審査を行った委員会の意向も勘案されるが、必須要件とは考えられていない。

【日程変更の議決】 議長は、議事日程の順序変更、案件の追加を議院に諮るときは討論を用いない。

　事柄が単純であり、直ちに決する必要があるからで、その趣旨によると、提案者に対する質疑も許されないものと解する。

234

§ 89

「討論」とは、表決の前に議題となっている問題について賛否を明らかにして意見を述べることである。

【その他の日程変更】本会議が開会されてからの議事日程の変更は、順序の変更と案件の追加に限られるものではなく、幾つかのパターンを挙げることができる。

議事日程に記載された特定の議案をその日の会議の議事として取り上げず又は途中で打ち切って、次回の会議に延期する「日程延期」。これによって、その議案は議事日程から脱落するが、次会の議事日程に記載することとなる（参先209）。

議事日程に記載されている議案を削除する「日程削除」。これは日程延期と異なり、次回以降の会議においても議題とすることを要しない議案についてなされる手続で、例えば、議案が撤回された場合に行われる。

現在議題となっている案件の議事を一旦中断する「議事中断」。この効果は会議の状況を議題のない状態とすることであり、中断が解ければ、中断した議事を続行する。また、中断時に他の議事を挿入することも可能で、それは日程の順序変更又は案件の追加による。その場合も中断された議事の案件は議事日程に残っており、挿入した案件の議事を終了した後、日程順序に従い議事の続きを行うこととなる。

〔日程更新〕
第89条　議事日程に記載した案件の会議を開くことができなかつたとき又はその議事を終らなかつたときは、議長は、更にその日程を定めなければならない。

　　　　　制定時（昭22.6）、第6次改正（昭30.3）
　　　　　　衆規113　議事日程に記載した案件の議事を開くに至らなかつたとき、又はその議事を終らなかつたときは、議長は、更にその日程を定めなければならない。

本条は、議事日程の更新について規定するものである。

【議事日程の更新】議事日程に記載した案件の会議を開くことができなかったとき又はその議事を終わらなかったときは、議長は更にその日程を定めなければならない。

議事日程に伴う制約は当日の本会議だけでなく、次回の本会議にも及ぶ。会期中は議事が継続することを示している（•••▶本章第1節概説【会議の日ごと開会原則】）。

「議事日程に記載した案件の会議」とは、議事日程を編成した本会議のことである。

第8章　会議　　235

§89

したがって、日時招集による本会議（国55Ⅱ）で議事日程を定めるに至らずに流会となった場合はこれに当たらない。

「開くことができなかつたとき」とは、招集した日に議長が開議の宣告をするに至らないときのことである。議長が開会しようとしたが出席議員が定足数に満たないため延会を宣告した場合（参規84Ⅰ前）もこのときに当たる。

「その議事」とは、議事日程に記載した案件の議事のことであり、開会後、議事日程を変更した場合は、その変更後の案件を指すこととなる。

「終らなかつたとき」とは、議題とならなかったとき及び議題となったがその途中で本会議を終えたときのことである。延会したときや議事延期した案件はこの場合に含まれるが、日程削除はその案件が消滅するとき等に行われるもので（•••▶第88条【その他の日程変更】）、ここでの「終らなかつたとき」には当たらない。

「更に」とは、次回に招集する本会議の議事日程においてもう1度という意味である。

「その日程を定めなければならない」とは、その議事の終わらなかった案件を会議に付す案件として議事日程に記載しなければならないことである。

その順序は、原則として前会の順序を維持した上で議事日程の首位に置かれるが、議長が特に必要と認める場合には、他の案件を優先させることも可能である。

♣衆議院では〔延会後の議事日程〕
　延会された案件は次会の議事日程の首位に記載することとされる（衆先206）。しかし、それでは不便が少なくないため、通常、延会によることを回避して、残っている案件について日程延期を諮った上で散会する方法が採られる[6]。

議題となった案件でその議事を終わらなかったものは件名の下に「（前会の続）」と表示し、国務大臣の演説に関する件や国務大臣の報告に関する件では「（第○日）」と表示して、新規の案件と区別することとされている（参先208）。

第3節　動議

制定時（昭22.6）

本節は、本会議における動議について規定を置いている。

【動議】会議は元来、議事進行の手続を処理しながらそこで決めた手順に沿って実体的な議事を進める運営が予定され、また、実体的な提案も動議によってなされる

---

6 合志・前掲**3** 31頁。

236

§ 90

ため、動議が非常に重要な役割を果たすものであった。しかし現在では、会議運営の事前管理が図られ、また、提案形式として議案が定着しているため、動議の機能は限局されたものとなっている。

「動議」とは、会議の意思決定を求めてなされる提案のうち、案件として形式を整えたもの以外のものである。

この定義（佐藤（吉）・参規203頁）は、上述の会議運営の変容をよく反映している。ただし、動議の中にも実質的には案件の性格（①文書によるものであること、②会議外で提出できること、③独立した審議対象であること）を持ち合わせた特殊な沿革を有するものが見られる[7]。懲罰動議がそれに当たる。

本会議運営の基準は議事日程であり、その内容と異なる進行を行うためには議決によらなければならず、その提案が動議によってなされることが予定されている（参規88）。ただし、議院運営委員会において本会議運営の細目についての事前の協議が調っている場合には、議長発議で議院に諮る例である。

そのため参議院では、議事進行に関して動議が必要となることはほとんどない。議院運営委員会の協定が存在する場合には、逆に動議の提出自体が協議内容に違反するものとなる。予定しない事態が発生した場合にも、動議を処理することによって運営事項を決めていくのではなく、議場内において議院運営委員会の理事が協議して対処するのが常である。結局、動議は、運営についての会派間の交渉が決裂した場合など、事前に何の取決めも交わさずに本会議に臨む場合に用いられる程度である。

♣衆議院では〔議事進行係〕
事前の協議に基づく議事日程の変更は、議長発議ではなく、議事進行係の議員の動議提出による例である。

〔動議の成立〕
第90条　国会法及びこの規則において特に定めた場合を除き、すべて動議は1人以上の賛成者を待つて議題とする。

制定時（昭22.6）

本条は、動議の成立について規定するものである。

【動議の提出】動議を提出できるのは参議院議員に限られる。本会議の出席者でも、

---

7 森本昭夫「国会における審議の対象─動議、議案を中心として」議会政策研究会年報4号（1999）225頁。

第8章　会議　*237*

§90

参議院議員の資格で出席している者でなければ提出できない。

　議長が提案するのは動議とは呼ばない。議事整理権に基づいて行うものであり、動議とは扱いを異にするからである（‥‥▶本条【動議の成立】）。

　動議は、原則として１人で提出できる。通常、動議について複数人の関与が要求されるのは動議に対する賛成者としてであり、提出者について複数人を必要とするのは、被逮捕議員の釈放要求の発議（国34の３）と秘密会議の発議（国62）だけである。

　提出は、原則として本会議の場で口頭による。動議には、議事進行に関する内容のものもあるが、第123条〔議事進行発言〕にいう議事進行に関する発言には当たらない（佐藤（吉）・参規234頁）ので、事前に参事に対して発言の通告をする必要はない。ただし、議長に発言の許可を求める際に何の動議を提出するかを告げなければならず、その動議が適時のものでない等、不適法な場合には発言は許可されない。

　例外的に、文書で提出しなければならない動議がある。懲罰動議（国121Ⅲ）、修正動議（参規125Ⅰ）、委員会において審査中の案件につき中間報告を求める動議である。本会議の議事とは関係なく提出できる独立動議であったり、案を備えた動議であることにより、会議外で提出されるものだからである。

　また、質疑終局動議や討論終局動議のように相当数の賛成者を必要とする動議は、文書で提出するのが実際的である。提出と同時に賛成者を示すことができ、議事進行上、好都合だからである。

　議長が文書による動議を取り上げるとき、改めて発言を許可して提出者に口頭で動議を述べさせる必要はなく、議長が提出された動議の内容を報告すれば足りる。

【動議の成立】国会法及び参議院規則において特に定めた場合を除き、全て動議は１人以上の賛成者を待って議題とする。

　動議に賛成者を必要としたのは、１人の支持もないような提案は取るに足りないものと断定して、門前払いとしてよいという趣旨である。

　　♣衆議院では〔動議の成立〕
　　　本条に相当する規定が衆議院規則には置かれておらず、動議の成立の観念を採っていないとされる（鈴木・理論198頁）。

　「国会法及びこの規則において特に定めた場合」とは、１人を超える賛成者が必要である旨を規定した場合であり、具体的には、修正動議（10人以上）（国57本）、法律案に対する修正動議で予算の増額を伴うもの又は予算を伴うこととなるもの（20人以上）（国57但）、予算の修正動議（20人以上）（国57の２）、憲法改正原案の修正動議（50人以上）（国68の４）、懲罰動議（20人以上）（国121Ⅲ、121の２Ⅱ、121の３Ⅱ）、質疑終局動議

238

§ 90

(20 人以上)(参規 111 I)、討論終局動議(20 人以上)(参規 120 I)のことである。

「すべて」に関しては注意を要する。提案の内容によっては、決議案・動議のいずれの形式で提出することもできそうなものもあるが、議案の提出要件(国 56 I)は、通常、動議の成立要件より厳しく設定されており、このことから、議長不信任のような提案を動議によって行うことはできないと解される。

> ♣衆議院では〔動議・決議案の加重要件〕
> 　重大な結果をもたらす動議と決議案の発議について、その賛成要件を同様に加重している(衆規 28 の 2、28 の 3)ため、提出者による動議か決議案かの提案形式の選択を許容しているものと解される。

なお、本会議を秘密会議とする発議を議員が行う場合は動議の形態を採ることとなるが、それは議員 10 人以上で提出しなければならない(国 62)ので、この場合には賛成者は不要であると解する。

議長が議院の意思決定を求める行為は議事整理権に基づいて行うものであるので、本条の動議には当たらない(⋯▶本条【動議の提出】)。

委員会における動議が本条の動議に当たらないことについては、**第 48 条【質疑・討論終局動議】**の説明参照。

「賛成者」とは、議員が動議を提出した際、その提出行為を了とする旨を議院に対して意思表示する者のことである。提出者以外の参議院議員でなければならない。

「賛成」は、動議提出行為すなわちその動議を会議で取り上げることについての賛意であるにとどまり、当該動議の内容についての賛成である必要はない。

賛成の発言は、動議が提出された直後に口頭で行う。賛成者を特定する必要があるため、議場でその旨の発声があっても議長は賛成者がいるものと認定してはならず、賛成する者は議長の発言許可を受けて賛成である旨を述べなければならない。

文書で提出する動議は、賛成者がそれに連署する必要がある。

賛成者を得たことで、その動議は会議の議題に供するための資格を備えたことになる。これを「動議の成立」という。

賛成者が出ない場合、会議としてその動議についての手続を進めることができず、その時点で廃棄される。

【動議の上程】動議を議題とするためには成立しただけでは足りず、それに加えての要件が必要である。

「待つて議題とする」の文言は、動議が成立すると直ちに議題とすることを意味するかのようであるが、提出者と賛成者の僅か 2 人のメンバーに議題を決める権能を

第 8 章　会議　　**239**

§90

与えることはできない。これは相当数の賛成者を必要とする動議についても同様である。

　動議には多様なものがあり、そのうち懲罰動議や中間報告を求める動議は、会議の外で提出でき、かつ独立して議題とできるので、その上程については、案件と同様に扱うことが可能である。したがって、このような特殊な動議には議事日程原則がそのまま当てはまり、議題とするには議決が必要である。

　これに対して、修正動議のように他の案件が議題となっていることを要件としてそれに付随させる形で議題とする動議や、休憩動議のように遅滞なく処理しないと意味を成さない動議もあり、それらに議事日程原則をそのまま適用するのは適当でない。極端な例が日程追加動議であり、それを取り上げるためにも議事日程の追加が必要であるとすると無限後退に陥るからである。

　そこで、成立した動議を議題とする時期については議長の議事整理権に委ねる必要がある。議長は他の案件、動議との関係も考慮した上で判断することとなる。

【先決問題】動議の上程時期の例外として、特定の場合に議事整理権を拘束して直ちに議題とされる先決問題が認められている。

　「先決問題」とは、議事日程に記載された案件に先立って処理する必要のある動議のことである。

　先決問題は、これを議決しなければ議事を進めることができないことから優先処理を保障されているもので、議事日程の変更の手続をしないで直ちにこれを議題とする（衆先294参照）。

　その典型は、質疑終局動議、討論終局動議、議事日程変更動議、休憩動議、散会動議等の議事進行動議や修正動議である。

　「議事進行動議」とは、議長の議事整理権の行使に対抗する形での提案となるもので、その時点で処理することが必要な提案であるため、緊急性を認めて先決性が与えられている。

　修正動議は議題となっている案件の内容を変更する提案であり、その案件を採決する前に処理しないと意味がなくなるため、対象とする案件に対して先決問題とされている（•••▶第125条【修正動議】）。

【動議の優先順位】複数の動議が前後して成立し、それらが先決問題として競合した場合には、優先性の程度によって議題とする順序が決められる。従来から、学説によって示されている優先性の基準は次のようなものである。

　①その議題となっている問題の運命をなるべく決定してしまわないように、した

§90の2

がって、議題を審議する正規の手続をできるだけ省略しないように取り扱う（鈴木・理論200頁）、②一の動議の採決によって他の動議の機会を失わしめないように取り扱う（鈴木・理論201頁）、③案件の内容に軽重がある場合には、軽い方を先に採決する[8]とするものである。

しかし、動議が現在の進行を変えようとする求めであることに鑑みれば、幹から遠い、すなわち大きな効果をもたらす動議から諮り、枝葉を順次切り捨てていくとの観点も必要である。これによって分散していた意見を落ち着くべきところに収斂させることができ、適正な多数形成に資すると考えられる[9]。複数の修正案の採決順序を原案から遠いものを先にする（参規130）のと同趣旨である。

〔 動議の撤回 〕
第90条の2　議員が動議を撤回しようとするときは、提出者の全部からこれを請求しなければならない。会議の議題となつた後に撤回するには、議院の許可を要する。

> 第7次改正（昭33.6）
> **衆規36**　議員がその発議した議案及び動議を撤回しようとするときは、発議者の全部からこれを請求しなければならない。委員会の議題となつた後にこれを撤回するには委員会の許可を要し又会議の議題となつた後には、議院の許可を要する。

本条は、動議の撤回の手続について規定するものである。

【動議の撤回】 一旦提出した動議でも、その後に撤回することが可能である。本条はそれを前提としている。

「撤回」とは、一旦提出したものを取り戻して審議できないようにすることである。

議員が動議を撤回しようとするときは、提出者の全部から請求しなければならない。

通常の動議は1人が口頭で提出するので、撤回もその本人の請求で足りるが、複数の提出者がある場合、撤回するためには全員の一致した意思によらなければならないとするものである。

「請求」は、本会議中であれば議長に発言を求めて口頭で行うことができ、参事を通じて議長に伝えてもよい。本会議が開かれていない時点では、議長に対して口頭

---

8 海保勇三『会議学入門─考え・生み・決める』（教育出版・1968）124頁。
9 森本・前掲**4** 125頁。

第8章　会議　*241*

§90の2

で行うことで足りる。

懲罰動議は、提出されると議長がその取扱いを議院運営委員会に諮る（➡第238条【懲罰動議の上程】）が、その間でも、撤回は議長に対して請求する。

提出者のうち一部の者だけが撤回しようとの意思を有していても請求はできず、動議は維持される。提出者からの離脱の手続は用意されておらず、撤回希望者も形式的には提出者としてとどまることとなる。実際上は、この者に動議推進者としての役割を期待できないので、動議を維持しようとする者だけで提出者としての責務を負うこととなる。

【撤回の時期】動議の撤回は、会議の議題となる前でも後でも可能である。ただし、採決に付された後ではその動議は存在を失うので撤回できなくなる。

動議が会議の議題となる前であれば、撤回は請求によってその効果が発生する。この点については直接規定されていないが、本条後段の反対解釈によって導くことができる。

動議が会議の議題となった後に撤回するには、議院の許可を要する。

議題となったか否かで許可の要否を分けているのは、会議体が意思形成のため具体的に内容に関わる活動段階に入れば、会議体にその対象を維持する権限が生じるとの理解による。

「会議の議題となつた」とは、議長によってその動議を議題とする旨が宣告されたことを指す。

「議院の許可」とは、本会議での議決によって許可することである。

【撤回の効果】動議が撤回され又は撤回が許可されると、その提出がなかったことになる。ただし、撤回された動議を審議した議事は事実として残り、会議録における当該議事の記載も抹消されない。

第4節　発言

制定時（昭22.6）

本節は、発言の一般原則及び発言の典型的形態である質疑や討論について規定を置いている。

【発言に対する制約】本会議の発言に対しては、法規上、発言時間の制限（国61ⅠⅡ）、質疑・討論の回数制限（参規110、117）、質疑・討論終局動議（参規111、120）が認められている。これらは個々の状況に応じて発言を制限するものであるが、言わば場当た

§91

り主義に立つものであり、公平、安定の観点からは、その趣旨に沿った運営を望めないものである。

　本会議運営については、法規の上でも議事協議会が制度化されており（国55の2）、事前の会派間の協議によって発言割当会派、発言順序、発言時間を合意し、それを規準として議事を進行する方式が採用されている。

　発言に対する法規上の制約と事前合意との整合をどのように図るかは大きな問題である。会議運営に関する法規は原則として任意規定であり、発言の割当てに関する事前合意がなされた場合、それに抵触する限りで法規上の議員の権利保障や制約は排除されると解する必要がある[10]。

〔発言通告〕
第91条　会議において発言しようとする者は、予めその旨を参事に通告することを要する。但し、やむを得ないときは、この限りでない。

> 制定時（昭22.6）、第6次改正（昭30.3）
> 　**衆規125**　会議において発言しようとする者は、予め参事に通告することを要する。但し、やむを得ないときは、この限りでない。

本条は、発言通告について規定するものである。

【通告制】本会議において発言しようとする者は、あらかじめその旨を参事に通告することを要する。

　本会議における発言は本人が希望すればかなえられるものであり、許可制は採っていない。発言の都度必要な議長の許可（発言許可）は、発言を認めるか否かについてのものではなく、個々の発言のタイミングを見計らうものである。例えば、複数の発言が同時に行われないようにするための交通整理であったり、議事の流れに沿ったものであることの確認に伴うものである。

　ただし、全く自由に発言できるのではなく、その希望は事前に議長サイドに伝えることが義務付けられている。これを「通告制」という。

　本会議の規模が大きいことから、議長が議事整理の見通しを立てる上で、あらかじめ発言希望者の有無、数を知っておく必要があることを理由とするものである。例えば、発言の種類によっては、それを議事日程に記載する必要があり、発言希望者が多数に上るときには、発言機会の公平化を図るために発言時間制限を予定する

---

[10] 森本昭夫「国会の議事運営についての理事会協議―多数決と全会一致の間合い」立法と調査388号（2017）83頁。

§ 91

等である。

通告制は、通告を要件として発言の機会を与えると同時に、その裏として、発言の通告をしない者の発言は、議長の特段の許可を必要とするものである（••▶第96条【無通告発言の要求】）。

【発言通告】「発言しようとする者」とは、自らの意思で発言を希望する者のことである。参議院議員に限られないが、本会議に出席し発言する資格を有していることが必要である。

国会法第56条の2の規定による趣旨説明を聴取する場合や委員長報告、議員の質疑に対する答弁等は、議院が発言を求める場合であるので通告の必要はない。これに対して、国務大臣が演説、報告を行う場合は、政府側から発言を希望する形式を採るため発言通告を要する。少数意見報告は、少数意見報告書の提出が発言通告の役割を果たす（••▶第106条【少数意見報告の時期】）。

なお、議事進行に関する発言は時宜を得てなされなければならないので、事前の通告には適さず、本条の「発言」に含まれるものではないが、第123条〔議事進行発言〕において、特に通告を要する旨が規定されている（••▶第123条【議事進行発言の通告】）。

「予め」とは、議事日程記載案件に関しては本会議が始まる前が原則である。ただし、本会議開始時に間に合わなくても、対象とする案件が議題となってその審議段階に入る前であれば受理される。日程追加された案件についても、その審議段階に入る前であれば足りる。

通告制が発言予定者を事前に把握する必要を認めるものである以上、発言直前の通告まで許容するものではない。他の通告者の発言中でも通告を認める見解がある（佐藤（吉）・参規211頁）が、それでは通告発言と無通告発言に差を設けている趣旨をないがしろにすることとなってしまう。

「その旨」とは、発言を希望することであるが、併せて、発言の対象とする案件、発言の種類、発言に要する時間を記載する必要がある。そのほか、発言の種類によって必要な記載事項がある。質疑の場合の要求する答弁者や討論の場合の賛否（••▶第93条【討論通告】）である。

「参事」とは、事務局職員のうち本会議の運営を担当する者のことである。事務局においては、この事務は議事部議事課の所管とされている（事分規5⑵）。

通告先を参事としたのは、通告に基づいて発言表を作成することとし、それを参事の職務と位置付けた（参規94Ⅰ）ことに対応する。

「通告」は、文書によらなければならない（参先250）。

244

§92

「要する」とは、通告がなければ原則として発言が認められないことを意味する。

【通告を要しない発言】 通告制の下でも、全ての発言について通告が必要であるわけではなく、本来的に通告を求めることが無理な発言がある。例えば、議事の進行に応じて行う議事進行動議の提出やそれに対する賛成発言である。これを無通告発言と区別して「通告を要しない発言」と呼ぶこととする。議事進行に関する発言も本来は通告を要しない発言に当たるが、参議院規則の上では、特例的に通告が必要とされている（参規123）。

【無通告発言】 通告を要しない発言とは別に本条ただし書が規定するのは、本来であれば通告が必要であるが例外的に通告しないで発言できる場合についてである。これを「無通告発言」という。

やむを得ないときは、発言のための通告をする必要はない。

通告制を貫徹すると、必要な発言に対して機会を与えないこととなる可能性があることに鑑みてのものである。

「やむを得ないとき」とは、例えば、①日程追加された案件に対する発言につき通告を要件とすることがかえって円滑な運営を妨げると認められる場合、②通告者の発言を受けて新たに発言を希望するに至った場合であり、その認定は議長が行う。

「この限りでない」とは、通告しなくても、直接に議長に対して発言を求めて認められるとの意味であるが、通告者より後の順位でしか発言できない等の劣位の扱いを受ける（➡第95条【無通告発言】）。

第92条　削除

制定時（昭22.6）、第6次改正（昭30.3）

◆旧規定は〔委員会指名討論者〕

　第92条（旧）　委員会は、その委員の中から、討論者を指名して、議長に申出ることができる。議長がこの申出を承認したときは、他の通告者より先きにその発言を許さなければならない。

　委員会が指名する討論者を議長が承認したときは、他の通告者より先に発言を許可するとされ、通告制と交互討論の原則に対する特則を形成していた。

　参議院のこの規定は昭和30年に削除されたが、衆議院には現在も残っている（衆規136）。ただし、ほとんど活用されていない。

§93

〔討論通告〕
第93条 討論の通告をする議員は、その通告と共に反対又は賛成の旨を明らかにしなければならない。

制定時（昭22.6）、第6次改正（昭30.3）
衆規135 議事日程に記載した案件について討論しようとする者は、反対又は賛成の旨を明かにして通告しなければならない。

　本条は、討論通告について規定するものである。

【討論】「討論」とは、表決の前に、議題となっている問題について賛否を明らかにして意見を述べる審議の一段階又はそこでの発言のことである。ここでは後者の意味で用いられている。

　一般的な用語法では、議論の過程で相手を自分の意見に同調させることを目的とする言論行為を指すことが多いが、国会では、全ての議員が自らの表決態度を決定している表決直前の段階で、賛否とその理由を明らかにして述べる発言を意味する。

　討論の目的として、他の議員を自己の意見に従わせることを強調する見解も見られるが、質疑によって論点を整理し、問題を明るみに出しさえすれば、議員にとっては支持者の意向や所属政党の方針に沿った自身の態度も決まってしまい、対立する意見を持つ議員を説得する試みも実効性を伴わないというのが実情であるため、本来的な意味での討論の目的は後退する。

　法規の上からも、そのことが読み取れる。すなわち、事前に行う討論通告において賛否を明らかにする必要があること（参規93）、1人1回までしか発言できないこと（参規117）に見られるように、相手方の意見を踏まえて発言するようなことは予定していないのである。

　これは、既に委員会において実質的な議論がなされていることから、本会議に臨む時点で案件に対する各議員の意思がおおむね固まっていることに基づくものであろう。

　討論は賛否の表明が必須であるため、表決を棄権する者すなわち表決に参加する意思のない議員（•••▶『逐国』第50条【棄権の取扱い】）は行うことができない。ただし、討論は強制して行うものではなく、議員が討論において議題となっている案件の一部の賛否についてのみ言及することは可能である。

【討論通告】 討論の通告をする議員は、その通告と共に反対又は賛成の旨を明らかにしなければならない。

§ 94

　討論が賛否を明らかにして行うものである以上、その通告においても賛否を明示しなければならない。討論における発言の順序についてはルールがあり（参規116 I）、議長がその順序を決める参考にする必要があるからである。

　なお、実際の討論の発言の中でも賛否に言及しなければならず、それは通告での賛否の記載で代替できるものではない。

　「討論の通告」とは、発言通告（参規91）の一種であり、議題となる予定の案件について討論を行いたい旨を参事に告げ知らせることである。

　「共に」とは、同時にとの意味で、通告を文書で行う（参先250）必要上、併せて記載することとなる。

　「反対又は賛成」とは、対象案件に対する自らの表決態度のことである。

　複数の案件が一括して討論に付されるときには、各案件について個別に態度を示さなければならない。ただし、討論において一部の案件についてのみ言及することも可能であり、その場合にはその案件についての態度を示すことで足りる。

〔 発言順序 〕
　第94条① 　参事は、質疑又は討論の通告については、通告の順序によって、これを発言表に記載し、議長に報告する。
　② 　議長は、質疑又は討論に当り、発言表により順次に発言者を指名する。
　③ 　前項の指名に応じない者は、通告の効力を失う。

　　　　　　制定時（昭22.6）

　本条は、質疑、討論の発言順序について規定するものである。

【発言表】参事は、質疑又は討論の通告をその順序によって発言表に記載し、議長に報告する。

　発言の通告が複数ある場合には発言の順序を定める必要があるが、通告制の下では、通告がなされた順によらざるを得ない。通告は参事に対してなされる（参規91）ため、それを整理した上で議長に伝えることとしたものである。

　「参事」は、事務局職員のうち本会議の運営を担当する者を指す。事務局の議事部議事課が担当している（事分規5(2)）。

　「質疑又は討論の通告」としたのは、これらについて複数の発言希望者が競合する可能性が高いことによる。

第8章 会議　　247

§94

　議院規則では、議員の発言順序について、所属する会派の規模によって決めるというようなスタンスを採っていない。

　「通告の順序によつて」とは、通告を受理した先後の順が読み取れるようにとの意味である。

　討論については、交互討論の原則（参規116）があるので、賛成と反対それぞれに分けて通告の順序が分かるように記載する必要がある。

　「これを」とは、通告の内容を指し、発言希望者、対象案件、発言の種別（質疑・討論）、討論の場合には賛否の別、質疑の場合には要求する答弁者、所要予定時間等を指す。

　「発言表」は、議長が発言者を指名するために参看する文書であり、案件、審議段階（質疑・討論）に区分して作成する必要がある。

　「報告」とは、発言表の提出によって発言通告の内容を知らせることである。

【発言順序】**議長は、質疑又は討論に当たり、発言表により順次に発言者を指名する。**

　発言順序は通告順によるため、議長の発言者の指名は発言表に記載された順序に拘束される。

　「質疑又は討論に当り」とは、質疑者又は討論者を指名して発言を許可するに際してという意味である。

　「発言表により」とは、発言表に記載された通告の順序に従いという意味であるが、討論については、賛成者と反対者を交互に指名して発言させなければならず（参規116）、それも併せて順序を決める必要がある。

　「順次に」とは、先順位者の発言が終わってから次順位者の指名に進むという意味である。

　「発言者を指名する」とは、議長が質疑又は討論を行う者の名前を挙げて発言を許可することである。発言者は既に通告しているので、議場において改めて発言許可を求めることを要しない。

【指名不呼応】**議長から指名された者は、通告の内容に従い発言する。**

　議長の指名に応じない者は、通告の効力を失う。

　通告者は発言する資格を有するので、その準備をして本会議に臨まなければならず、与えられた機会をいかさない者はその資格も失うとの趣旨である。

　「前項の指名」とは、議長が発言表に基づいて行った発言者の指名のことである。

　「応じない者」とは、発言を通告し、議長から指名されたにもかかわらず、その時

§95

に議場に居ない又は登壇しない者のことである。

「通告の効力を失う」とは、遡って通告が行われなかったこととなり、発言表から
その者に係る通告内容が抹消されることである。

その結果、次順位の通告者が繰り上がって発言の機会を得る。討論の場合には、
不呼応者と同じ賛否の態度の者を次に指名すべきである。

通告の効力を失っても、無通告者に認められている限りで改めて発言を求める（参
規95、96）ことは可能である。

【通告制と事前協議の関係】 現在の議院運営においては、本会議における発言は、
その割当会派、発言順序・時間を事前に協議して決めておくのが一般的である（•••▶本
節概説【発言に対する制約】）。

その場合には、本条第1項の規定の適用は排除され、その結果、発言表には合意
内容どおりに記載することとなる。

仮にその合意に反する発言通告がなされても、その通告は効力を生じない。

〔 無通告発言の時機 〕

第95条 通告をしない者は、通告した者がすべて発言を終つた後でな
ければ、発言を求めることができない。

> 制定時（昭22.6）
> 衆規126 通告しない議員は、通告した議員がすべて発言が終つた
> 後でなければ、発言を求めることができない。

本条は、発言通告をしなかった者の発言機会について規定するものである。

【無通告発言】 通告をしない者は、通告した者が全て発言を終わった後でなけれ
ば発言を求めることができない。

通告制の下では、発言希望者は事前に通告することを要する（参規91本）が、その
例外が認められる場合（参規91但）の発言機会について規定している。

「通告をしない者」とは、通告が必要な発言を行うにつき事前の通告を行わなかっ
た者のことである。したがって、そもそも通告を必要としない発言（•••▶第91条【通告
を要しない発言】）を行おうとする者は含まれない。

通告の時期は対象とする案件が議題となってその審議段階に入る前までであるの
で、通告者の発言中に発言の必要を感じた者は「通告をしない者」となる（•••▶第91条
【発言通告】）。

第8章 会議 249

§96

「通告した者」とは、通告をしない者が希望する発言と同種の発言を行う通告者のことである。

例えば、無通告で質疑をしようとする者と同種であるのは、その案件について質疑通告をした者であり、討論通告者や他の案件についての質疑通告者は「通告した者」には当たらない。

「すべて発言を終つた」とは、通告した者全員が発言を終えたことである。時間制限のため当初予定した発言を全うできなかった者も「発言を終つた」ものとみなす。

なお、この点については、討論の場合の特則がある（•••▶第116条【無通告討論希望者】）。

「発言を求める」とは、発言したい旨を口頭で議長に伝えることである。

無通告発言の要求については、第96条【無通告発言の要求】の説明参照。

なお、会議中の発言通告の手続が煩瑣なものとなることから、簡易な方法として準通告を認めてよいと解する（•••▶第96条【準通告】）が、それによる場合には、要求の時期について本条の適用を受けない。

【通告を要しない発言の時機】通告を要しない発言（•••▶第91条【通告を要しない発言】）は、本条の規定するところではなく、発言者が希望する時に発言を求めることができる。ただし、他の議員の発言中は認められない（参規101）。

通告を要しない発言の要求については、第96条〔無通告発言の要求〕の規定が類推適用されると解する（•••▶第96条【無通告発言の要求】）。

【事前協議と無通告発言の関係】発言者の会派割当が事前協議によって決められている場合（•••▶本節概説【発言に対する制約】）には、無通告発言は認められない。

〔無通告発言の要求〕

第96条　通告しないで発言しようとする者は、起立して議長と呼び、自己の氏名を告げ、議長の許可を得た後、発言することができる。

　　　　　制定時（昭22.6）
　　　　　　衆規127　通告しないで発言しようとする者は、起立して議長と呼び自己の氏名を告げ、議長の許可を得た後、発言することができる。

本条は、発言通告をしなかった者の要求、発言について規定するものである。

【無通告発言の要求】通告をしない者が発言を希望しても当然に発言の機会を与えられるのではなく、議長の許可が必要である。

§96

　発言は2段階の許可を得た上で可能となる。議長が発言を許可するためには、そのための判断材料をその発言希望者から得なければならず、まず、そのための発言を許可する必要があるからである。

　通告しないで発言しようとする者は、起立して「議長」と呼び、自己の氏名を告げ、発言を求める。

　本条は、2段階の許可を圧縮して規定しており、「発言することができる」の前に、通告に代わる発言を行った上で「許可を得」ることを要するにもかかわらず、その部分が省略されていると解釈すべきである。

　したがって、本条における発言を求める行為は、第1段階の許可を求めるものを指すものと解される。

　「通告しないで発言しようとする者」とは、通告が必要な発言につき事前に通告していないにもかかわらず発言を希望する者のことである。

　「起立して議長と呼び」は、発言許可（第2段階）を求めるための発言を行う前に、その許可（第1段階）を求めるための意思表示である。

　「議長と呼」ぶ行為は、発言を求める意思表示であるが、他の議員の発言中は認められない（参規101）。

　「自己の氏名を告げ」は、「議長」と呼ぶのに続けて行う行為であり、ここまでは議長の発言許可は必要なく、自席で行うことができる。

　これを受けて、議長は発言を許可（第1段階）する。例えば、通告者が残っている場合には無通告発言者が発言を求めることはできない（参規95）のであるが、「議長」と呼ぶ行為が無通告発言を求める者によるのか、通告を要しない発言を求める者によるのかが不明であるため、取りあえず発言を許可することとなろう。この許可は、何の発言を希望しているのかを述べることについてのものである。無通告発言であれば、通告において明らかにすべき事項等（•••▶第91条【発言通告】）を述べることとなる。

　これは自席で行うべき発言に当たり（参規98但）、議長はそれを聴いた上で発言を許可（第2段階）するか否かを判断する。

　【無通告発言の許可】無通告発言者は、議長の許可を得た後、発言することができる。

　「議長の許可」は、求められた無通告発言の許可のことであり、ここでいう第2段階の許可に当たる。発言を認める旨を告げ、発言希望者を指名して登壇させる。

　議長の許可は議事整理権によるもので、その許否には裁量が認められる。

第8章　会議　　*251*

§ 97

　ただし、通告発言が終わっていない（参規95、116Ⅱ）ことや既に終局動議が可決される等、その審議段階が終了してタイミングを失していることなどは定型的な不許可事由となる。

　無通告発言が質疑の場合には、実際上その実現は困難である。要求された答弁者が現に出席していなければ不可能であり、出席している答弁者に対する質疑であっても事前の準備なしに満足な答弁を得ることは期待できないからである。

　予定していた時間を経過している場合や既に議論が尽きていると判断する場合には、議長の判断で不許可とすることが可能である。無通告発言の希望は、その程度にしか保護されない。

　「許可を得た後」とは、議長の許可に従ってという趣旨であり、例えば、残りの通告者の発言が終わってからという留保付きの許可のような場合には直ちに発言を開始することはできない。

　「発言することができる」とは、希望した無通告発言が可能となるという意味である。

【準通告】無通告発言者の発言希望の提示を口頭で行うと、その許可を2段階で取る必要があるので、第1段階の発言許可を得ることに代えて、議場において参事に対して発言希望とその内容を伝えることとするのが簡便である。無通告の発言希望者としても、通常、通告者が何人いるのかを承知していないので発言を求めるタイミングがつかみにくく、進行中の議事と並行して水面下で手続を採るメリットが認められる。この行為は、本来の発言通告としては時機を逸している（⸺▶第91条【発言通告】）ので通告の効果を認めることはできないが、本条の第1段階の許可を求める手続に代わる「準通告」として認められるべきである。

　議長としても、準通告から希望内容を承知し、許可するか否かを判断すればよいので、第1段階の発言許可の手間が省ける。その上で許可する場合には、適時に発言許可を与えればよい。

【通告を要しない発言への類推】本条は無通告発言についての規定であるが、発言を求める方法については、通告を要しない発言も同様の方法によることが妥当であり、本条の類推適用を認めてよい。

〔 無通告発言の順序 〕
第97条　2人以上起立して発言を求めたときは、議長は、先起立者と認

§97

めた者を指名して、発言させる。

制定時（昭22.6）
衆規128　2人以上起立して発言を求めたときは、議長は、先起立者
と認めた者を指名して発言させる。

本条は、発言通告をしなかった者の発言の順序について規定するものである。

【無通告発言の順序】 通告をしない者の発言希望は競合することがあり得る。

2人以上起立して発言を求めたときは、議長は、先起立者と認めた者を指名して発言させる。

同種の発言希望者の間での発言順序について先願主義を採用したものである。

「2人以上起立して発言を求めたとき」とは、事前に通告していない2人以上の者が第96条〔無通告発言の要求〕の手続にのっとり発言を求めた場合のことである。

起立して口頭で発言を求めた者に限らず、参事に発言希望を伝えた準通告者（••▶第96条【準通告】）にも当てはめてよい。

通告を要しない発言を求める者も無通告発言希望者と同じ手続を採ることとなるが（••▶第96条【通告を要しない発言への類推】）、無通告発言と通告を要しない発言の間での優先順位は本条の規定するところではない（••▶本条【通告を要しない発言との関係】）。

「先起立者と認めた者」とは、先に起立して「議長」と呼んだ者のことであり、その先後の認定は議長が行うことを示している。準通告は第95条〔無通告発言の時機〕の適用を受けず、会議の進行と並行して行えるので通告者の発言中においても可能であるが、発言の順序を決めるに当たっては、準通告を行った時を起立時と読み替えることとしてよい。先にアクションを起こした者を優先させるのは、口頭で求めた場合にのみ当てはまるわけではないからである。

無通告者の発言希望は2段階で求める必要がある（••▶第96条【無通告発言の要求】）が、本条の「発言させる」は、第2段階の発言許可について先起立者の優先を規定するものである。

発言を求めた時点では、その者の希望の趣旨が分からないので、まず、全ての発言希望者に第1段階の発言許可を与え、何の発言を希望しているのかを述べさせる。その順序は特に発言希望者の利害に関わるものではないため、本条の規定するところではなく、どのような順序で発言許可を与えてもよい。準通告者は参事に希望の趣旨が伝わっているので、この発言を認める必要はない。

無通告発言希望者として適格を有する者は平等に扱わなければならない。先起立者優先という形式的な基準はそのことを前提としており、他の理由、例えば、所属

§98

会派の規模や当選回数等で差を設けてはならないことを示している。

　無通告者の発言は許可制で、時間の都合で一部の者の発言しか許可できない場合には先起立者を優先させなければならないとするのが本条の求めるところであるが、その許否には議長の裁量が認められてしかるべきであろう（•••▶第96条【無通告発言の許可】）。

【通告を要しない発言との関係】本条は無通告発言についての規定であり、発言順序については、通告を要しない発言は無通告発言に優先する。議事の進行に応じて行う必要から、通告制の適用を排除されたものであることによる。

　通告を要しない発言の希望が競合した場合には、その順序は議長が決定する。

　その主なものは、先決動議とされるものであり、その優先順位の詳細については、第90条【動議の優先順位】の説明参照。

〔発言場所〕
　第98条　すべて発言は、演壇においてこれをなさなければならない。但し、発言が極めて簡単な場合その他特に議長が許可したときは、自席から発言することができる。

制定時（昭22.6）
　　衆規123　すべて発言は、演壇でこれをなさなければならない。但し、議長の許可を得たときは、この限りでない。

　本条は、発言を行うべき場所について規定するものである。

【発言場所】全て発言は、演壇においてなさなければならない。

　多数の者が一堂に会する議場においては、発言は全員が注目、聴取でき、マイクを用いて速記も可能となる場所で行うとの趣旨である。

　「発言」とは、議長の許可を得てなされる発言のことである。議員によるものに限らない。

　「演壇」とは、議場内、正面中央の議長席の前にある小スペースで、マイク、書見台、水差し、グラス等が配置されている。

　発言が極めて簡単な場合その他特に議長が許可したときは、自席から発言することができる。

　演壇までの往復に時間を掛けるほどの内容を持たない発言等については、例外を認めないと議事進行が機動性を欠くこととなるからである。

254

§99

「発言が極めて簡単な場合」とは、手続上の発言等、ごく短時間で終わる場合を指す。

発言がこの場合に当たるか否かは発言者自身が判断できるが、その判断に対しては議長の議事整理権が優先する。すなわち、自席での発言者に演壇で発言するよう求めることができ(参規99)、逆に、演壇に登ろうとする者をとどめて自席で行わせることも可能である。

「その他特に議長が許可したとき」とは、議長が発言を許可するに当たって、議長が自発的に又は発言者の求めに応じて許可する場合で、病気その他の理由で登壇が困難な場合が例に挙げられている(佐藤(吉)・参規213頁)。

「自席から」とは、自分の議席においてという意味であり、起立することを要するが、それが不可能な場合は着席での発言も許可され得る。国務大臣や他院議員については、発言の内容等から判断して、自席(大臣席)において行うことを想定しにくい。

〔登壇命令〕
第99条　議長は、何時でも、自席で発言している者に対し、演壇で発言することを求めることができる。

　　　　制定時(昭22.6)
　　　　衆規124　議長は議席で発言する議員を演壇に登らせることができる。

本条は、演壇での発言命令について規定するものである。

【登壇命令】議長は、自席で発言している者に対し、いつでも演壇で発言することを求めることができる。

発言は演壇においてなさなければならないのが原則であるが、例外的に自席で発言することが可能なこともある(参規98)。この例外に対して、原則に復することを議長の議事整理権の一内容として明示したものである。

「自席で発言している者」とは、発言許可を得て自らの判断により自席で発言中の者又は自席で発言する許可を得て発言中の者のことである。

発言許可を得ない不規則発言に対しては、それが発言を求める行為でない以上、登壇して発言するよう求めることはできない。

「何時でも」とは、発言中にそれを遮って行うことも可能であるとする趣旨である

第8章　会議　　255

§ 100

(•••▶第101条【発言妨害の禁止】)。

　一旦自席での発言を許可しても、予想以上に時間を要する場合や発声が小さく聴きづらい場合(佐藤(吉)・参規213頁)などには、その許可を撤回できることとしておく必要がある。

　「演壇で発言すること」とは、演壇に登って、そこでマイクを用いて発言することである。

　「求める」とは、議事整理権に基づく命令であり、これに従わない者に対しては発言そのものの許可を撤回し、発言を中止させることが可能である(国116)。

〔議題外発言の禁止〕
第100条　発言は、すべて、議題の外に渉り、又はその範囲を超えてはならない。

> 　制定時(昭22.6)
> 　　**衆規134**　発言は、すべて議題外に渉り又はその範囲を超えてはならない。

　本条は、議題外発言の禁止について規定するものである。

【議題】会議における議論は目的を有するものであり、それに沿ったものとして議員の発言内容が拡散しないようにする必要がある。そのために、議論の対象の画定がなされる。

　「議題」とは、会議におけるその時々の審議の対象のことである。

　本会議における審議には、意思決定を直接の目的とするものとそうでないもの(例えば、国会法第56条の2の規定による議案の趣旨説明)があり、議題は狭義においては前者を対象とするものを指す(•••▶『逐国』第56条の2【制度趣旨】)が、これは特殊な用法である。議題の機能が議論の内容に限定を加える点にあることからすれば、意思決定を目的としない場合をも含めて審議の対象を意味するものと捉える必要がある。

　通常は、案件単位であるが、密接不可分な又は関連する複数の案件を一括して議題とすることもあり、逆に、1つの案件の一部分を取り上げて議題とすることもある。

　議題の設定は、議事日程、先議案件、先決問題による制約があるが、議長の宣告によって決まる。

【議題外発言の禁止】発言は、全て議題の外にわたり又はその範囲を超えてはな

§101

らない。

本会議における議論の内容を限定することを議題の機能に即して規定したものである。

「発言」とは、議長の許可に基づいてなされるものである。

不規則発言はそもそも法規が認めるものではなく、ましてや私語の内容については法規の言及するところではない。

「議題の外に渉り」とは、議題の内容に関係のない事項に及ぶことである。

「その範囲」とは、議題についての審議段階のことであり、「超えてはならない」とは、その審議段階に応じた種別以外の発言、例えば、質疑や討論に名を借りた他の発言を許さないとの意味である。

ただし、議事進行に関する発言は、議題が設定されている場合においても、その外にわたることを要するものがあり、これについては例外として認めざるを得ない。

本条の禁止に反する発言に対しては、議長は注意し、制止し、発言を取り消させることができる (国116)。

〔発言妨害の禁止〕
第101条 発言はその中途において、他の発言によつて、これを妨げられない。

制定時 (昭22.6)

本条は、発言妨害の禁止について規定するものである。

【発言妨害の禁止】 本会議においては、複数の発言が同時になされてはならない。そのようなことが起こらないように、議長は議事整理権を行使して発言許可を与え、発言できる者を1人に限定する。

また、発言は、制限や協定によって時間が限られていなければ、本人の意図した内容を全て述べることができる。

発言はその中途において、他の発言によって妨げられない。

複数同時発言の禁止を発言者の立場で表現した規定であり、正規の手続によらないで発言を終わらされることがないとするものである。

本条の趣旨は、議長に対しては、複数の者を指名して同時に発言させることを禁じるものであり、出席者に対しては、他者の発言中に発言を求めることを禁じるものである。さらに、正規の発言以外の発言、例えば、野次によって妨害することも

§ 102

禁じられる。

「発言」は、議長の許可に基づいてなされるものを指す。

「その中途において」とは、発言許可がなされてから発言の終了までの間を指す。発言の終了には、議長の中止命令による場合を含む。

「他の発言」とは、他の出席者の発声に係る言葉であり、議長の発言許可の有無を問わない。

ただし、議長の議事整理のための発言を含まない。議長は、議事をコントロールする上で、発言を遮って発言者に注意したり命令を下したりすることもあり、それを認めないとするとフィリバスターを法規上公認することとなる。発言中に発言時間の制限を行うことも可能である（┉▶『逐国』第61条【発言時間制限】）。

「妨げ」とは、中止に至らせ又は困難に逢着させることをいう。

妨害の手段は発言に限らないが、それは正に秩序を乱す行為であり、改めて規定に示すほどの事柄ではない。

〔 未了発言の継続 〕

第102条　延会又は休憩のために発言を終らなかつた議員は、更にその議事を始めたときに、前の発言を継続することができる。

制定時（昭22.6）
　衆規130　延会又は休憩のため発言を終らなかつた議員は、更にその議事を始めるときに前の発言を継続することができる。

本条は、未了発言継続の保障について規定するものである。

【発言中の延会・休憩】議長の許可を得た発言は、正規の手続によらなければ、本人の意思に反して終わらせることができない（参規101）。ただし、発言が終了しないにもかかわらず、議事進行上、会議を続けられない事情が生じることもある。発言中は他の議員は動議を提出することができないので、その間の事態に対処するのは議長の議事整理権によるほかない（┉▶第101条【発言妨害の禁止】）。

発言中であることは議事の最中であることを意味するから、その日の会議を終了させるには、議長発議で延会するか、議事を延期した上で散会するかの方法による（┉▶第82条【散会】【延会】）。休憩することは、議長の裁量で可能であると解する。

【未了発言の継続】延会又は休憩のために発言を終わらなかった議員は、更にその議事を始めたときに、前の発言を継続することができる。

§103

発言を本人の意思に反して終了させることができない趣旨を会議の単位を超えて保障するものである。このことは、議事が会議間で継続し得ることを前提としている（••▶本章第1節概説【会議の日ごと開会原則】）。

「延会又は休憩のために発言を終らなかつた」とは、発言の最中に議事進行の必要上会議を閉じることとなり、予定していた内容を全て述べることができずに中断してしまったことをいう。ここでの「延会」、「休憩」は例示であり、日程延期の後に散会した場合を排除するものではない。

なお、「発言を終らなかつた」は、「延会又は休憩のために」という理由の限定が付されており、制限時間超過等による発言中止の後に延会した場合などはこれに当たらない。

「更にその議事を始めたとき」とは、会議を再開し又は次回の会議を開会して、中途で終わった発言の議事に入ったときのことである。

当該議事が中断した状態であるので、会議では通常、その議事を優先して処理することとなる。ただし、他の議事がその前に挿入されることを妨げない（••▶第89条【議事日程の更新】）。

「前の発言」とは、中途で終わってしまった発言のことであり、「継続することができる」とは、その続きの発言を最優先で行う権利があるとの意味である。

この議員は改めて発言通告を行う必要はなく、議長はその議事に入ったときに最初にその議員を指名して発言を許可しなければならない。言わば発言中の状態が続いていることになるので、この議員の登壇前でも他の議員は発言を求めることはできない（参規101）。

本条のルールを敷延して、発言通告を行っていた者が発言できない状態のまま会議が延会した場合は、その通告は効力を失うことがないものとして扱うべきであろう。

〔文書朗読の禁止〕

第103条　会議においては、文書を朗読することができない。但し、引証
　　又は報告のためにする簡単な文書は、この限りでない。

制定時（昭22.6）
　　衆規133　会議においては、意見書又は理由書を朗読することはで
　　　　きない。但し、引証又は報告のために簡単な文書を朗読すること
　　　　は、この限りでない。

§103

　本条は、発言中の文書朗読の禁止について規定するものである。

【文書朗読の禁止】会議においては、文書を朗読することができない。

　会議は言論の場であり、自らの言葉で臨機に議論を戦わせることが求められる。朗読を認めると口頭主義を没却することとなり、文書配付に代替し得るものとなってしまう。また、外部の請託を受けることや他者に発言内容の作成を依頼することにも結び付き得る点で弊害がある。

　さらに、本条の禁止の趣旨に該当する外国における事例として紹介される典型は、フィリバスターの手段として電話帳や聖書等を読み上げる行為である。

　しかし、質疑に対する答弁のように内容の正確さを欠くことが許されないものもあり、発言の時間管理が厳しくなっていることも勘案すると、文書朗読の禁止を貫徹するのには無理がある。質疑において一問一答方式によらない (参先298) 等、本会議における発言が形式ばったものとならざるを得ないことも事実である。現に演壇には書見台が備えられているところである。

　それらを踏まえて本条を訓示規定のように解し、強行し難いとする説もある (寺光・参規141頁) が、本条ただし書を実効あるものとするためには、対象を限定した上で必要な限度での禁止を維持すべきである。

　「会議においては」とは、本会議での議長の許可を得た発言の中でという意味である。

　発言者以外の者が自席で文書を朗読するのは議事と関係のないことを公然と行うことであり、本条の禁止とは関係なく、議場の秩序を乱す行為として議長による処分対象となる (国116、121 Ⅰ)。

　「文書」とは、ここでは、紙に文字によって情報を書き記したもののうち、本人以外の者が作成したものに限定されると解すべきである。

　本条の適用範囲を現実に即して絞り込む必要により、議題となっている案件の議事とは関係なく作成された文章をそのまま朗読することを禁止する趣旨と解釈するものである。

　自らが作成した発言原稿は本条の「文書」には当たらないことになるが、それを朗読することは、規則で禁止しなくても、その場で即興を交えて行う発言と比べると議場に訴える効果に雲泥の差を生じることは否定できない (寺光・参規141頁)。

　「朗読」とは、声を出して読み上げることである。

　対象となる文書を読み上げて自分の意思として示す場合だけでなく、その文書が他者の著述であることを明示する場合も含まれる。

§104

　本条の禁止に反する行為に対しては、議長は注意し、制止し、発言を取り消させることができる（国116）。

　引証又は報告のためにする簡単な文書は朗読可能である。

　他者作成に係る文書であっても、例外的に朗読を認めざるを得ない場合を挙げたものである。

　「引証」とは、自己の主張を補強するため引用することである。

　「報告」とは、例えば、委員会の審査結果を告げ知らせることである。

　「簡単な文書」とは、朗読しても時間を要しない短い文章を記した書面のことである。

　〔委員長報告〕

　第104条①　委員会に付託した案件の会議においては、案件の質疑に入る前に、先ず委員長が、案件の内容について説明した後、委員会の経過及び結果を報告する。

　②　特別委員会が閉会中に審査又は調査を終つた案件については、元委員長が前項の報告を行う。

制定時（昭22.6）、第6次改正（昭30.3）、第7次改正（昭33.6）

衆規87①　委員長は、付託案件が議院の会議の議題となつたとき、委員会の経過及び結果を議院に報告する。
②　委員長は、前項の報告を他の委員に委託することができる。
③　小委員長又は主査は、委員長の報告について補足することができる。

衆規115①　委員会の審査した案件が議題となつたときは、先ず委員長がその経過及び結果を報告し、次いで少数意見者が少数意見の報告をする。

　本条は、委員長報告の内容及び特別委員会の閉会中審査についての委員長報告について規定するものである。

　【委員長報告の時期】 委員長は、委員会の経過及び結果を議院に報告する義務がある（国53）。

　委員会に付託した案件の会議においては、案件の質疑に入る前に委員長報告を行う。

　本会議では、委員会議了案件について、議題とした後に発議者等からの趣旨説明聴取は行わない。それは、既に国会法第56条の2の規定による趣旨説明を行ったか

第8章　会議　　*261*

§104

否かを問わない。本会議における審議は一からスタートするのではなく、委員会審査の結果を端緒として行われるものであるので、まず、委員長報告を行うという趣旨である。

「委員会に付託した案件の会議」とは、委員会に付託した案件の審議のことであり、具体的には、①委員会で審査・調査を終了した場合（国56Ⅱ本）、②中間報告後に期限を付され、その期間内に委員会審査を終わらなかった案件を上程する場合（国56の3Ⅲ）、③委員会で本会議に付すことを要しないと決定した後に議員20人以上の要求により上程する場合（国56Ⅲ但）である。

委員会に付託した案件でも、中間報告の後に本会議で審議することを議決したもの（国56の3Ⅱ）は、委員会の経過については中間報告で尽きているので改めて委員長報告を聴取することはない。

委員長報告の詳細については、『逐国』第53条【委員長報告】の説明参照。

「案件の質疑」とは、案件について発議者、委員長、国務大臣等に対して疑義をただすことであるが、委員会における実質審議を踏まえたものであるので、補充的な性格を持つ。

先例上、委員会の審査を終わった案件については質疑を行わないこととされている（参先305）。

「入る前に」とは、審議段階としての質疑を開始する前のことであり、当該案件の議題宣告の直後となる。

【委員長報告の内容】委員長報告では、まず委員長が案件の内容について説明した後、委員会の経過及び結果を報告する。

当該案件を審査した委員以外の議員は、通常、それまでの間にその案件に関わる機会を持たないため、委員長報告の中で、最初に案件の内容を紹介することとしたものである。そのため、その案件について国会法第56条の2の規定による趣旨説明を行った場合でも、リマインドのための必要性が認められる。

「先ず」とは、委員長報告の中でその冒頭に行うとの意味である。

「委員長」とは、案件を審査、調査した委員会の委員長であり、事故があるときには代理者によることも可能である。

「案件の内容」は、委員会において聴取した趣旨説明の要約で足り、そこで述べられた提案理由に言及することも可能である。

「委員会の経過及び結果」とは、委員会における議論の内容や採決結果のことである。予算を伴う法律案等について内閣の意見を聴取した場合（国57の3、参規50Ⅱ）に

262

§ 105

は、そのことも含む。

　少数意見の報告が予定されている場合には、その内容に触れることを簡略化しても公平を欠くこととはならない。

【元特別委員長の報告】特別委員会が閉会中に審査又は調査を終わった案件については、元委員長が委員長報告を行う。

　特別委員会が閉会中審査・調査を行ったときは、その特別委員会は次の国会の開会と同時に消滅する（参先133）。閉会中審査・調査分の委員長報告は次国会において行うこととなるが、その時点では委員長も地位を失っているため、誰が委員長報告を行うかについて指示する規定である。

　「閉会中に審査又は調査を終つた案件」とは、議院の議決により閉会中に審査、調査するために特に付託された案件で、その閉会中に結論を得たもののことである。

　閉会中審査した議案等は後会に継続する（国68但）。参議院では、議案等だけでなく、それについての手続も後会に継続するので、その委員長報告に引き続いて本会議で審議することが可能である（⋯▶『逐国』第68条【審議手続の継続】）。

　「元委員長」とは、前国会の当該特別委員会の委員長のことである。

　次国会で全く同じ特別委員会が設置されても、組織としては、前国会の特別委員会と断絶したものであり、元委員長に対して報告を行う資格を与えたものである。

> ♣衆議院では〔閉会中の議決〕
> 　閉会中審査手続が後会に継続するとは考えられていないため、閉会中に委員会で付託案件の表決を行うことは考えられていない。

　「前項の報告」とは、委員会に付託した案件についての委員長報告のことである。

〔意見付加の禁止〕

第105条　委員長は、報告に当つて、自己の意見を加えることができない。

　　　　　制定時（昭22.6）
　　　　　　衆規115②　委員長及び少数意見者が、前項の報告をする場合には自己の意見を加えてはならない。

　本条は、委員長報告に当たっての意見付加の禁止について規定するものである。

【意見付加の禁止】委員長は、報告に当たって自己の意見を加えることができない。

　委員長報告を行うことは委員長の権能であり、その内容については委員会から一

第8章　会議　　263

§ 106

任を受ける必要がなく、委員長の判断で決定することが可能である。本条は、その内容に対して制約を加えるものである。

委員長は中立公正の立場を保たなければならず、それは委員会運営についてだけでなく、本会議での議員の判断に影響を与える可能性があることから、委員長報告においても求められることである。

「委員長」は、常任委員長であると特別委員長であるとを問わない。

本条は、調査会長、憲法審査会会長について準用されている（参規80の5Ⅱ、参憲規26）。

「報告」とは、委員長が本会議において行う付託案件についての報告である。所管に属する調査事件を含む。委員長に対して質疑が行われる場合（参規108）には、それに対する答弁も含まれる。

「自己の意見」とは、委員長自身の主観に立った考えである。委員会において述べたものであると否とを問わない。案件の内容、委員会の経過・結論についてのもの、その他に対するもの一切である。

委員会の総意を代弁することは認められるが、それは委員会において明確になったものでなければならない。

「加える」とは、報告事項に併せて述べることである。

本条の趣旨に鑑みると、委員会において自己の意見を述べた委員長はその採決に際しても委員長の職務を行えなかったのであり（参規45Ⅱ）、委員長報告は代理理事に委ねるべきである（⋯▶第45条【討論後の復席】）。

> ♣衆議院では〔少数意見報告での意見付加禁止〕
> 　少数意見報告者についても意見の付加が禁止されている（衆規115Ⅱ）が、少数意見者としての報告と自己の意見を峻別するのは困難であると思われる。ここでいう「自己の意見」は、委員会で述べられることのなかった内容に言及することを指すのであろう。

〔少数意見の報告〕

第106条　委員長の報告に次いで少数意見者がその少数意見を報告する。数個の少数意見がある場合は、その順序は、議長がこれを決定する。

　　　　　　制定時（昭22.6）
　　　　　衆規115①　委員会の審査した案件が議題となつたときは、先ず委員長がその経過及び結果を報告し、次いで少数意見者が少数意見

264

§ 106

の報告をする。

　本条は、少数意見報告の時期及び順序について規定するものである。

【少数意見報告の時期】委員会の少数意見で出席委員の10分の1以上の賛成があるものは、少数意見者が議院に報告することができる（国54Ⅰ前）。

　少数意見報告制度については、『逐国』第54条〔少数意見の報告〕の説明参照。

　委員長の報告に次いで少数意見者がその少数意見を報告する。

　少数意見報告の順序は委員長報告に続けて行われる。本会議審議は委員会審査結果を踏まえてなされるものであるため、質疑に入る前に行う必要があるからである。

　「委員長の報告」とは、委員長が本会議において行う付託案件についての報告である。

　「少数意見者」とは、少数意見となった意見を委員会で述べた国会法第54条第1項の要件を満たす委員のことである。

　「少数意見」とは、議院から付託された案件の委員会審査の中で委員が述べた意見で、委員会の当該案件についての審査結果とは異なる内容のものをいう。

　「報告する」とは、本会議において口頭で報告することを指す。

　少数意見報告を行うには、少数意見報告書を提出しなければならず（国54Ⅰ後）、これが発言通告の代わりとなり、議長は委員長報告が終わり次第、少数意見者を指名する。

【少数意見報告の順序】少数意見報告を行うには当該委員会での出席委員の10分の1以上の賛成があればよいので、場合によっては、1案件に対して複数の少数意見が生じる。

　数個の少数意見がある場合は、報告の順序は議長が決定する。

　各少数意見は、委員会審査の結果とは異なる内容である点で共通するものの、内容に応じて報告の順序を決める基準を見いだし難いため、議長の判断によることとしたものである。

　「数個の少数意見がある場合」とは、それぞれ出席委員の10分の1以上の賛成を得た複数の少数意見のことである。

　少数意見報告のための要件は緩く、同趣旨の意見であるにもかかわらず各別に少数意見報告書が出される可能性がある。その議長への提出については、委員長が整理する権能を有する（••▶第72条の2【少数意見報告書】）が、議長としても議事整理権により、報告をその一部の者にのみ許可することが可能であると解する。同内容の報

第8章　会議　　265

§ 107

告の繰り返しを甘受してまで少数者を保護する必要はないからである。

「その順序」とは、各少数意見報告者が報告する順番のことである。

絶対的な基準はなく、少数意見者の所属会派の規模や委員長への提出順による等、裁量で決めることが可能である。

議長はあらかじめ順序を報告する必要はなく、自ら行う決定に従って順次指名して発言を許可すればよい。

〔委員会審査省略議案の審議順序〕
第 107 条　委員会の審査を省略した議案の会議においては、先ず発議者又は提出者が、その議案の趣旨及び内容について説明する。

制定時（昭 22.6）、第 6 次改正（昭 30.3）
衆規 117　委員会の審査を省略する議案については、議題となつたとき発議者又は提出者をしてその趣旨を弁明させる。

本条は、委員会審査省略議案の審議順序について規定するものである。

【審査省略議案の審議順序】 特に緊急を要する場合、議案の委員会審査は議院の議決により省略することができる (国 56 Ⅱ但)。

委員会審査省略の詳細については、『逐国』第 56 条【委員会審査省略】の説明参照。

委員会審査を省略した議案の会議においては、まず発議者又は提出者がその議案の趣旨及び内容について説明する。

議案審議は委員会審査を経て行われるのが通常であり、委員長報告の中で議案の内容が説明される (参規 104 Ⅰ) が、委員会審査省略議案の場合には、本会議において一から審議をスタートさせる必要があるので、趣旨説明から入ることを規定したものである。

「委員会の審査を省略した議案の会議」とは、委員会審査省略を議決した議案の審議を指す。委員会又は調査会提出の法律案も委員会に付託しない (参規 29 の 2 本) ので、ここでの「委員会の審査を省略した議案」に当たる。

♠事例
　委員会に付託した議案で、委員会で審査行為を全く行わないまま中間報告を経て本会議で審議することとなったものについて、「委員会の審査を省略した議案」に準じて本条を類推適用し、趣旨説明から審議を行ったことがある[11]。

「発議者」とは、参議院議員が発議した場合のその議員のことである。

---

[11] 第 147 回国会参議院会議録第 4 号（平 12 年 2 月 2 日）12 頁（公職選挙法の一部を改正する法律案の審議）。

266

§ 107 の 2

「提出者」とは、①委員会又は調査会が法律案を提出した場合の委員長又は調査会長（国50の2Ⅱ、54の4Ⅰ）、②衆議院が提出した場合の発議者たる衆議院議員、提出者たる又は審査した衆議院の委員長、③内閣が提出した場合の国務大臣等のことであるが、これに加えて、衆議院で議案が修正されている場合には、衆議院で審査した委員長又は修正案提出者による説明も必要となる。

「議案の趣旨及び内容」とは、議案を発議（提出）することとなった理由とその内容の概要のことである。

委員会提出の法律案で予算を伴うものについては、委員会で聴取した内閣の意見（参規50Ⅰ）に触れる必要がある。

「説明する」とは、賛同が得られるよう口頭で述べることである。

その趣旨説明は、本来であれば委員会審査の冒頭に行うべきものを本会議にスライドさせたものである。

本条は、憲法審査会にも準用されている（参憲規26）。憲法審査会には、国会法第56条第2項ただし書が準用されておらず、その審査を省略した議案が生じないように見えるが、憲法審査会提出の議案（国102の7Ⅰ）は改めて付託しない（参憲規26で参規29の2を準用）ことから、それがここでの「委員会の審査を省略した議案」に当たる。そこでの「提出者」に当たるのは憲法審査会会長（国102の7Ⅱ）である。

〔 予算を伴う法律案等に対する内閣の意見 〕
第107条の2　議員の発議にかかる予算を伴う法律案で委員会の審査を省略したものについては、議長は、発議者がその議案の趣旨を説明した後、内閣に対して、意見を述べる機会を与えなければならない。議員が提出した予算総額の増額修正案及び法律案に対する修正案で予算の増額を伴うもの又は予算を伴うこととなるものについてもまた、同様とする。

第6次改正（昭30.3）

本条は、議員発議の予算を伴う法律案等に対する内閣の意見聴取について規定するものである。

【内閣の意見聴取】国会法第57条の3は、「各議院又は各議院の委員会は、予算総額の増額修正、委員会の提出若しくは議員の発議にかかる予算を伴う法律案又は法律案に対する修正で、予算の増額を伴うもの若しくは予算を伴うこととなるものに

第8章　会議　　267

§107の2

ついては、内閣に対して、意見を述べる機会を与えなければならない。」と規定する。

その制度趣旨については、『逐国』第57条の3【内閣の意見聴取】の説明参照。

本条は、この国会法の規定内容について本会議における内閣の意見聴取を要する場面を規定した。

【本会議における意見聴取】内閣からの意見聴取は、委員会と本会議の両方においてなされなければならないものではなく、委員会で意見を聴取すれば、本会議では、委員長報告の中でそれが紹介されれば足りる (•••▶『逐国』第57条の3【意見聴取の場】)。

したがって、本会議で内閣から意見を聴取することが必須であるのは、委員会審査を経ない提案についてということになる。

【審査省略法律案についての意見聴取】議員の発議に係る予算を伴う法律案で委員会審査を省略したものについては、議長は、内閣に対して意見を述べる機会を与えなければならない。

委員会審査を省略した議案は、当然のことながら、委員会では内閣から意見を聴取できないので、本会議においてその機会を与えることを義務付けたのである。

「議員の発議にかかる」とは、参議院議員が発議したとの意味である。

衆議院議員発議に係る法律案について内閣に意見を述べる機会を与える必要がないことについては、『逐国』第57条の3【意見聴取の場】の説明参照。

「予算を伴う」については、第50条【委員会提出法律案についての意見聴取】の説明参照。

「委員会の審査を省略したもの」とは、本会議の議決により委員会審査を省略したもののことである。

憲法審査会については、その審査省略が認められていない (国56Ⅱ但の不準用) ため、本条の指示する事態は生じない。

委員会・調査会・憲法審査会提出の法律案は、委員会・憲法審査会審査を行わない (参規29の2本、参憲規26) が、これらについては、委員会、調査会又は憲法審査会で提出することを決定する前に内閣からの意見聴取が義務付けられており (参規50Ⅰ、80の8Ⅰ、参憲規26)、本条の規定趣旨は措置済みであるため、本会議において改めて意見を聴取することを要しない。

委員会に付託した法律案でも、委員会審査において内閣から意見を聴取する前に中間報告を経て本会議で審議することとなったものについては、「委員会の審査を省略したもの」に準じて本条を類推適用する必要がある。

本会議に付すことを要しないと委員会で決定され、それに対して要求により上程

§107の2

されることとなった議案（国56Ⅲ）についても、委員会で内閣の意見を聴取していなければ、本条を類推適用する必要がある。

「内閣に対して」は、内閣を代表する内閣総理大臣の発言によることを意味するのではない。内閣の意見であれば、それを開陳するのは他の国務大臣等であっても差し支えない。

「意見」は、その案に対する内閣としての財政上の観点からの評価を指し、具体的には賛否及びその理由である。その内容は閣議で決定されたものであることを要する。

「機会を与えなければならない」は、要件に該当する法律案を審議中であること又は審議を行おうとしていることを伝え、相応の時間的猶予を与えた上で意見があれば陳述を認めるとの意味である。その上で内閣としての意見が決まらなかったり、意見開陳を差し控える意向であったりする場合には、意見聴取なしに審議を先に進めることができる。

審議を進めない場合には、機会を与えずに終わってしまうこともあり得る。

【修正案についての意見聴取】議員が提出した予算総額の増額修正案及び法律案に対する修正案で予算の増額を伴うもの又は予算を伴うこととなるものについては、議長は、内閣に対して意見を述べる機会を与えなければならない。

議案に対する修正案には議員が提出するものと委員会が提出するものがあるが、後者については、委員会において内閣から意見を述べる機会を与えることとされており（参規50Ⅱ）、本会議でその機会を与える必要があるのは前者についてである。

本条後段の書きぶりは複雑であるが、そこで意見を聴く対象とされているのは、①議員が提出した予算総額の増額修正案、②法律案に対する修正案で予算の増額を伴うもの、③法律案に対する修正案で予算を伴うこととなるものである。

「議員が提出した」とは、本会議における審議において議員が提出した修正動議に係るとの意味である。

委員会で出された修正案については、委員会において聴取することとされている（•••▶第50条【修正案についての意見聴取】）。

「予算総額の増額修正案」、「予算の増額を伴うもの」、「予算を伴うこととなるもの」については、第50条【修正案についての意見聴取】の説明参照。

「同様とする」とは、議長は内閣に対して意見を述べる機会を与えなければならないとの意味である。

【意見聴取の時期】内閣に対して意見を述べる機会を与えるのは、法律案の発議

第8章　会議　　269

§108

者又は修正案の提出者がその趣旨を説明した後である。

　内閣からの意見聴取は議員の意思決定材料の１つであるので、討論前に行うのが道理にかなっている。本条は、その時期について、審議冒頭の趣旨説明より後とする弱い制約を設けている。

　「議案の趣旨を説明した後」とは、趣旨説明の直後ではなく、以降という意味である。

　不明点が明らかにされた上での意見という趣旨からすれば、質疑が行われる場合にはその後の方が適当であろう。

　本条後段の「同様とする」は、「発議者」を「提出者」、「議案」を「修正案」に読み替える必要がある。

　中間報告後に本会議で審議することとなった法律案が内閣の意見聴取を必要とするものである場合には、通常、趣旨説明が行われないので、意見を述べる機会を与える時期についての条文上の制約はない。

〔 質疑相手 〕
　第108条　議員は、委員長、少数意見の報告者、発議者又は提出者に質疑
　　することができる。

制定時（昭22.6）、第６次改正（昭30.3）

　本条は、議決を目的とする案件についての本会議における質疑の相手について規定するものである。

【質疑】国会における審議の中心は質疑である。

　「質疑」とは、議題となった案件について、疑義をただすことであり、それを目的とする審議の一段階又はそこでの発言を指すが、本条では後者の意味で用いられている。

　複数の案件が一括して議題とされているときには、質疑も議題全般にわたって行われる。議長が論点を整理する必要を認めた場合には、議題を分割した上で質疑を行うことも可能である。

　会議における審議は、提案について、趣旨説明を聴取した後に疑義をただしてその内容を明らかにすることから始まる。その上で、会議体としての意思を決定するためにメンバー間の議論を行うのが多数決の前提であるが、国会ではこの過程が希薄なものとなっている（⋯▶第93条【討論】）。

270

§108

　通常、質疑においては、提案の持つ問題点が指摘され、自らの主張を交えながら答弁を引き出すことが行われ、実質的に質疑が意見交換の場となっている。以前、質疑に当たって自己の意見を述べることができないとの規定が置かれていた (参規旧109) が削除された (•••▶第109条〔削除〕)。

　先例上は、委員会審査を終えた案件については質疑は行わないこととされている (参先305)。

【質疑相手】質疑は、あらゆる実質審議において行われ得るものであるが、本条は、本会議において議決を目的とする案件を議題とする場合について規定するものである。

　議員は、委員長、少数意見の報告者、発議者又は提出者に質疑することができる。

　「議員」とは、参議院議員のことである。

　議決を目的とする議事に主体的に参加するのが議員である以上、質疑ができるのも議員に限られるのは当然のことである。

　本条は、質疑相手を規定するものであるが、その典型を規定しているにとどまり、網羅的なものと解すべきではない。

　「委員長」とは、議題となっている案件が委員会に付託され審査された場合の当該委員会の委員長である。憲法審査会会長にも準用されている (参憲規26)。

　案件が当該委員会の所管に属するだけでは足りない。委員長に対する質疑は、委員会審査の経過及び結果に関する事柄に限られ、その意見を求めるものであってはならない。委員長は、報告においても自己の意見を付加することを禁じられているように (参規105)、その立場で主観に基づく考えを述べることを控えなければならないからである。

　「少数意見の報告者」とは、委員会 (憲法審査会) において少数意見となった意見を委員会 (憲法審査会) で述べた委員で、国会法第54条第1項により本会議において口頭で報告したもののことである。

　少数意見報告が委員会 (憲法審査会) で有力に存在する意見を議院に紹介するものである以上、それに対する質疑も報告者個人の意見をただすものであってはならないだろうが、実際の場面では区別できないだろう。

　「発議者」とは、当該案件が参議院議員発議による場合のその議員のことである。

　参議院における修正案提出者、すなわち、付託委員会 (憲法審査会) で可決された修正案の提出者、本会議での修正動議提出者も「発議者」に読み込むのが適当であろう。

第8章　会議　　*271*

§108

「提出者」とは、①委員会、調査会又は憲法審査会が議案を提出した場合の委員長、調査会長又は憲法審査会会長（国50の2Ⅱ、54の4Ⅰ、102の7Ⅱ）、②衆議院が提出した場合の発議者たる衆議院議員、提出者たる又は所管委員会の長としての衆議院の委員長、憲法審査会会長及び衆議院の修正案提出者、③内閣が提出した場合の国務大臣等のことである。

②は、案件の内容に精通している者としての実質的な提出者を指すが、形式的な位置付けとしては、衆議院が提出者であるので、それを代表する立場にある者として所管の委員長等が加えられているところである。衆議院規則においても、所管委員長、憲法審査会会長にその資格が与えられている（衆規69、衆憲規26）。

③についても、提出者たる内閣を代表する内閣総理大臣に限定されるのではなく、所管の国務大臣が当たるのが通常である。

衆議院先議の内閣提出議案についての衆議院の修正部分や回付案の修正部分については、衆議院における修正案提出者に質疑するほかないが、それは本条に規定されておらず、補って読まなければならない。

なお、1人の議員が質疑できる相手は5人までとされている（参先300）。

> ♣衆議院では〔答弁者数〕
> 　質疑における答弁要求は、質疑者1人当たり4人までであることが議院運営委員会理事会で合意されている（衆先261）。

【答弁義務】「質疑することができる」とは、相手を指定して疑義をただすための発言を行うことができるという意味である。

出席を求めるのは議院であり、質疑者の要求に対して難色が示されたときは本会議の議決によって要求する。

通常は、本会議の議決によって出席を求めることはなく、質疑者による質疑相手の指名が先例で認められている者の範囲内であれば、議院運営委員会の事前協議によってそのとおり求めることとなる。

指定された者は出席して答弁する義務を負う。

この義務は、それぞれの立場によって内容が異なる。

発議者や提出者は、一般的にはその案件の成立を推進する者であり、質疑に応じないことは、案件成立に関して不利益を被ることを覚悟すべきであるとの責任を負うにすぎないと解すべきである。

ただし、立場によっては単なる事実上の義務にとどまらない。委員長、調査会長、憲法審査会会長の場合、その職務としての答弁義務と位置付けることができるので、

§§ 109・110

答弁を拒むことはその違反となり得る。他院議員の場合、参議院としての制裁を加えることはあり得ず、議案審議が滞るとの提出者としての不利益を被るにすぎない。これらに対して、国務大臣を始めとする政府の役職の場合、答弁することは法規上の義務として明記されている（憲63）。

少数意見の報告者は準公的な立場にあり、その答弁も報告者の立場に伴う義務である。

【調査事件についての質疑】国務大臣の演説の聴取等、国政調査活動として位置付けられるものについては誰に対して質疑できるかを規定した条文はない。

委員会の調査報告に対する質疑は、当該委員長を相手とするものである。

基本的には、調査に関する議事の中心は対政府質疑であり、相手は国務大臣が原則である。

内閣官房副長官、副大臣及び大臣政務官、政府特別補佐人は、国務大臣を補佐することを目的として本会議への出席を認められている（国69）が、その補佐には国務大臣に代わって答弁することが含まれる（➡『逐国』第69条【国務大臣の補佐】）。

会計検査院長、検査官、最高裁判所長官、その指定する代理者は、委員会での出席説明を認める規定が置かれている（国72）が、本会議については、それに当たる規定がない（➡『逐国』第72条【会計検査院からの出席】【最高裁判所からの出席】）。

第109条　削除

制定時（昭22.6）、第10次改正（昭60.10）

◆旧規定は〔質疑中の意見〕

第109条（旧）　質疑に当つては、自己の意見を述べることができない。

当初、質疑と討論は峻別されていたが、実質審議の中心は質疑であり、そこでは自己の意見を述べながら答弁者の見解をただすことも行われ、暗黙裏に他の委員に対する説得の機能も受け持ってきた。

その実態に鑑み、昭和60年にこの禁止規定は削除された。

〔質疑回数〕

第110条　質疑は、同一の議題について3回を超えることができない。

制定時（昭22.6）

衆規134の2　質疑は、同一議員につき、同一の議題について3回

第8章　会議　273

§110

を超えることができない。

本条は、質疑の回数制限について規定するものである。

【一括質疑】本会議における質疑は、一問一答の方式によらない（参先298）。質疑項目が数項目にわたり、質疑の相手が複数の場合でも、質疑者は与えられた発言機会に全ての質疑を行い、その後に各答弁者が順次答弁することで、1人の質疑者の質疑が終了する（一括質疑原則）。

本会議という大規模な会議における質疑、答弁は演説的な性格を免れず、発言が演壇において行われることから議席との往復に時間を要し機動性にも欠けるため、まとめて行うこととされているのである。

【再質疑】質疑は、同一の議題について3回を超えることができない。

質疑について回数制限を設けることは、一括質疑原則（参先298）を前提としている。したがって、1回の質疑に対して1回の答弁で終了するのが原則であるが、場合によっては1回の質疑では目的を達しないこともあるため、回数を限定して再質疑を認めたものである。

一括質疑原則は、最初から複数回に分けて行うことを念頭に置いて質疑することを禁じるものであり、2回目以降の質疑は再質疑の性格を持つものでなければならない。すなわち、答弁に対して更に疑義が生じたり、答弁が不十分であったりする場合に、重ねて質疑するものであり、1回目で取り上げなかった新たな問題について質疑することや1回目とは別の答弁者に対して質疑することは許されない。

なお、答弁漏れがあった場合にそれを指摘することは再質疑には当たらない。

「質疑」は、1人の議員が行う質疑のための発言を指す。すなわち、質疑の回数制限は議員ごとのものである。

「同一の議題」とは、質疑の対象として限定されたテーマのことである。議題は会議におけるその時々の審議の対象のことであり、案件単位で設定されるが、ここでは更に限定を加えた場合をも想定している。すなわち、修正案に限定した質疑を独立で認めた場合には、原案とは別の議題となり、同一の議員が両方で質疑しても、それぞれにおいて3回まで行うことが可能である。

ただし、本会議では効率化を図るために発言を種別ごとにまとめる工夫がなされており、同一議員の質疑の機会が複数回生じることは考えにくい。すなわち、質疑対象となる発言である趣旨説明、委員長報告、修正案の趣旨説明等は先に済ませて、それに対する質疑はまとめて行うこととされている（参先306）ところである。

§111

議決を目的としない案件についても審議の対象として「議題」を観念できる（→第100条【議題】）。

議題が複数日の会議にわたる場合、2日目以降もその同一性は失わない。すなわち、日が改まってもその議題内では回数制限を更新しない。

「3回を超えることができない」とは、1度の質疑機会について2回までは再質疑を行うことが可能であることを意味する。

質疑は通常、協定によって質疑者ごとの時間を定めて行われる。また、議長又は議院の議決により質疑時間の制限がなされることもある（国61Ⅰ）。その場合でも、与えられた時間内であれば何回質疑してもよいとの趣旨ではなく、本条による回数制限は排除されない。すなわち、時間を余している場合にのみ再質疑が可能であり、かつ回数は最初の質疑から数えて3回までである。

〔質疑終局動議〕
第111条①　質疑が続出して容易に終局しないときは、議員は、20人以上の賛成で質疑終局の動議を提出することができる。

②　前項の動議が提出されたときは、議長は、討論を用いないで、議院に諮りこれを決する。

制定時（昭22.6）、第6次改正（昭30.3）、第7次改正（昭33.6）
　　衆規140　質疑が続出して、容易に終局しないときは、議員20人以上から質疑終局の動議を提出することができる。
　　衆規142　前2条の規定による質疑終局又は討論終局の動議が提出されたときは、議長は、討論を用いないで議院に諮りこれを決する。

本条は、質疑終局動議について規定するものである。

【質疑終局動議の提出】審議原則は議論を尽くすことを求めるが、他方で、議事の円滑な進行を阻害してはならないことも求められるところである。両者の要請を満たすためには事前の協議によって会派に対する質疑割当を行うのが有効であるが、それができない場合、フィリバスターに対抗するには、1人当たりの持ち時間を制限することとともに、発言者数に限定を加えることに頼らざるを得ない。

質疑が続出して容易に終局しないときは、議員は質疑終局動議を提出することができる。

質疑についての発言者数抑制のための要件を規定するものである。

第8章　会議　　275

§111

「質疑終局の動議」とは、議題となっている案件についての審議段階としての質疑を終わらせるよう決定することを求める提案である。

「動議」については、**本章第3節概説【動議】**の説明参照。

本会議では質疑希望者はあらかじめ通告することとされており（参規91）、議長は通告者がいる限り、順次発言を許可しなければならない（参規94Ⅱ）。それに対して、通告をした発言希望者の存在にかかわらず中途で審議段階を終わらせる権能を議院に与え、その提案権を議員に認めたものである。

「続出して」とは、少なくとも2人の議員が質疑した後を指す（参先310）。

「容易に終局しないとき」とは、なお質疑通告者が控えており又は無通告の質疑希望者が発言を求めていて、そのままでは審議段階としての質疑が続くことが見込まれる場合を指す。

「質疑が続出して容易に終局しない」との動議提出可能な状況の認定権は議長にある。この要件を満たしていない状況で動議が提出されても、議長は受理を拒むこと、すなわち議院に諮らないで済ませることができる。

質疑終局動議を提出するには、議員20人以上の賛成が必要である。

その効果の大きさから、賛成者要件を加重したものである。

「20人以上の賛成」を要件としていることは、**第90条〔動議の成立〕**の「特に定めた場合」に当たる。

「賛成」は、議員が動議を提出するに際し、提出者以外の参議院議員がその動議提出行為を了とする旨の議院に対する意思表示をいう。動議提出行為についての賛意であるにとどまり、当該動議の内容についての賛成とは意味を異にする。

賛成者となり得るのはその会議に出席している者に限られる。質疑終局動議は議事進行動議であり、会議のその時々の状況に応じて提出されるため、その場に現在していなければ賛成しようがないからである。

20人以上の賛成は提出要件として規定されているが、動議の成立要件でもあり、提出と同時に動議は成立する。

動議の成立については、**第90条【動議の成立】**の説明参照。

「提出する」は、口頭で可能であるが、賛成者の確認のためには文書によることが実際的であろう。

質疑終局動議の提出は議事進行に関する発言（参規123Ⅰ）には当たらない（佐藤（吉）・参規234頁）ので、事前に参事に対して発言の通告をする必要はない。

本条は質疑段階に入ってからの終局について規定するが、「続出して容易に終局

§111

しないとき」という要件が付されている以上、質疑に入る前にそれを省略する動議は認められないことを意味している。希望者がいる限り、質疑には入らなければならないのである。多数の力と少数意見の中和点として、終局動議が認められていると解される。

ちなみに、先例上、委員会審査を終えた案件については、質疑を行わないこととされている (参先305)。

【質疑終局動議の上程】 質疑終局動議が提出されたときは、議長は、討論を用いないで議院に諮って決する。

質疑終局動議が先決問題であることから、直ちに議題とするとともに、議事進行動議であることから、即決することを定めるものである。

「前項の動議」とは、質疑終局動議のことである。

「提出されたとき」とは、20人以上の賛成が提出要件であると同時に成立要件であることを踏まえており、改めて成立のための行為を要求しない趣旨である。

成立した動議を議題とする時期は議長の議事整理権に委ねるのが原則である (⋯▶第90条【動議の上程】) が、質疑終局動議の場合、その時点で必要な事項として提案されるものであり緊急性が認められるため、日程追加の手続を経ることなく、直ちに議題とすることを要する。

「討論を用いないで」とは、動議に対する賛否を表明しての議論を行わないとの意味である。討論の希望があっても、議長は許可してはならない。

議事の進行促進を求める動議に対して討論を認めると、それを要因として円滑な進行が阻害されるおそれが生じるからである。

動議は定型的な内容のものであり、それに対する質疑を認める余地もないと解する。

「議院に諮りこれを決する」とは、動議を表決に付して可否の結論を出すということである。

質疑終局動議が提出されても、議長が表決に付さず、自ら質疑の終局を宣告し得ることがある。質疑通告者の質疑が全て終了しているものの無通告の質疑希望があるために終局動議が出された場合で、議事整理権により無通告の質疑を許可しない (⋯▶第96条【無通告発言の許可】) ときには、それによって質疑は終局し、終局動議は目的を失うこととなる。

【動議採決の結果】 質疑終局動議が可決されると質疑は終局し、議長はその旨を宣告しなければならない (参規112)。その場合、質疑未実行の通告は無効となる。

第8章 会議 277

§§ 112・113

　質疑終局動議が否決されると、審議段階としての質疑が続くこととなる。議長は、次順位の通告者を指名しなければならない。

　その場合でも、次の質疑者の質疑が終わった時点で、新たに質疑終局動議を提出できる。さきの動議否決に伴う一事不再議の効果に対し事情変更の例外が認められる場合に当たる。

〔質疑終局〕

第112条　質疑が終つたとき、議長は、質疑の終局した旨を宣告する。

　　　　　制定時（昭22.6）
　　　　　衆規139　質疑又は討論が終つたときは、議長は、その終局を宣告する。

　本条は、質疑終局宣告について規定するものである。

【質疑終局】質疑が終わったとき、議長は質疑の終局した旨を宣告する。

　当然の規定のように読めるが、宣告によって初めて質疑終局の効果が発生することを確認するものである。

　「質疑が終つたとき」とは、①通告・無通告を問わず質疑希望者の発言が全て終わった場合、②質疑通告者の発言が全て終わり、議長が無通告の質疑希望者の発言を許可しない場合、③質疑終局動議が可決された場合である。

　質疑通告者がなく無通告の質疑希望者もない場合には、審議段階としての質疑を素通りするので、そもそも「終つた」という観念がない。

　「質疑の終局」とは、審議段階としての質疑が終わったことである。

　「宣告する」とは、告げ知らせることによってその効果を発生させなければならないという意味である。

　質疑終局宣告により、通告・無通告を問わず、以後、議題となっている案件についての議員の質疑は許されない。

〔討論〕

第113条　質疑が終つたときは、討論に入る。

　　　　　制定時（昭22.6）
　　　　　衆規118　議員の質疑が終つたときは、討論に付しその終局の後、案件を表決に付する。

§§ 114～116

本条は、討論の時期について規定するものである。

【討論】質疑が終わったときは、討論に入る。

質疑によって議題となっている案件の内容や問題点が明らかとなり、それが終わった段階で各議員は案件に対する自らの態度を決することとなり、会議の審議においてもその表明を行う段階に移る。

「討論」については、**第93条【討論】**の説明参照。ここでは審議段階としての討論を意味している。

「質疑が終つたとき」とは、審議段階としての質疑の終局を議長が宣告したときであるが、質疑希望者がなかった場合には、その前に行われる案件の趣旨説明、委員長報告、少数意見報告、修正案の趣旨説明が終わったときを指す。

「討論に入る」とは、審議段階としての討論を開始することである。

必ずしも質疑の直後とは限らず、内閣からの意見聴取（参規107の2）が必要な場合には、それを前置する必要がある。

討論の対象は議題となっている案件であり、複数の案件が一括して議題とされているときには、討論も議題全般にわたって行われる。ただし、議長が論点を整理する必要を認めた場合には、議題の部分ごとに討論を行うことも可能である。修正案が出されている場合には原案とは独立した表決対象となるので、討論も分けて行うことが可能である。

♥運用

先例上、原案に対する討論と修正案に対する討論は併せて行うこととされている（参先314）。

第114条　削除

制定時（昭22.6）、第1次改正（昭23.10）

第115条　削除

制定時（昭22.6）、第6次改正（昭30.3）

〔討論順序〕

第116条①　討論においては、議長は、最初に反対者を発言させ、次ぎに

第8章 会議　279

§116

賛成者及び反対者をなるべく交互に指名して発言させなければならない。

② 通告した甲方の議員のすべてが発言を終らないときでも、乙方の通告した議員が発言を終つたときは、通告しない乙方の議員は、発言を求めることができる。

制定時（昭22.6）
　衆規137① 討論については、議長は、最初に反対者をして発言させ、次に賛成者及び反対者をして、なるべく交互に指名して発言させなければならない。
　② 通告した甲方の議員のすべてが発言を終らないときでも、乙方の通告した議員が発言を終つたときは、通告しない乙方の議員は、発言を求めることができる。

　本条は、討論を行う順序について規定するものである。

【討論順序】討論は議題となっている案件に対する賛否と不可分のものであり、個々の議員の態度に影響を与えるものでもあることから、その扱いについては公平の観点からの種々の規制が働く。討論順序もその1つである。

　討論においては、議長は、賛成者、反対者をなるべく交互に指名して発言させなければならない。

　一方の主張に偏ったり連続したりすると、議を決するのにそちらに有利に働く可能性があるため、それを避けるために、通告順よりも意見の内容を優先させて順序を決めようとするものであり、これを「交互討論の原則」という。討論希望者の賛成、反対の内訳比率にかかわらず、議論の過程では賛否を平等に扱うものである。

　「賛成者」、「反対者」とは、それぞれ討論対象に対して賛成、反対の立場で討論を行う者のことである。

　討論対象が複数の問題を一括したものである場合には、賛否は問題ごとに分かれ得るが、順序を決めるに当たっては、全体として評価して賛成者であるか反対者であるかを判断すべきである。それが一括議題とした趣旨に合致するからである。例えば、修正案と原案とに対する討論を一括して行うような場合で修正案についてのみ賛否が分かれているときには、いずれの意見も全体としては案件に賛成と評価できても修正案に対する態度によって賛成者か反対者かを区分すべきである。異なる意見に対して均等に発言の機会を与えるためである。

　「なるべく」は、議長の義務を緩和する語であるが、複数の問題に対する討論を一括して行うような場合に順序の基準が不明確になること等を想定して加えられたも

§116

のであろう。

「交互に」とは、一方が終わった後は他方が行うという順番によるとの意味である。

「指名して発言させなければならない」とは、発言希望者の中から定められた順（参規94Ⅱ、97）により名前を挙げて発言を許可しなければならないという意味である。

一方の討論希望者が尽きたときには他方の討論希望者に連続して発言させることも可能である。

本条第1項の規定は任意規定であり、これに反する協定、例えば、大会派順の発言とすることも可能であると解するが、通常は、本条の趣旨に沿った協定がなされる例である。

【最初の討論者】 討論においては、議長は、最初に反対者に発言させる。

交互討論の原則によっても先頭をいずれの討論者とするかは導き出せないため、その点を明確にしたものである。

「最初に」とは、討論の発言を行うトップバッターに指名する者としてという意味である。

「反対者」とは、討論対象に対して反対の立場で討論を行う旨を希望している者のことである。

ただし、これは典型的な審議パターンを念頭に置いており、質疑の後に討論に入る場合を規定している。

質疑を行わない場合には、その直前の発言内容に応じて最初の討論者を決めなければならない。討論の順序を公平の観点から交互にする趣旨を敷延し、先頭の討論者を決めるに当たっても、直前の発言が案件の成立を推進する立場のものか阻止しようとするものかを見なければならない。

具体的には、その前の発言が案件の趣旨説明や委員長報告（可決報告）の場合には、原則どおり、原案に反対の討論者を「反対者」とすることでよいが、委員長報告（否決報告）や少数意見報告（委員会議決可決）の場合には、原案に賛成の討論者が「反対者」となる（参先313）。

討論対象が修正案である場合も同様である。直前の発言が委員長報告（修正議決報告）や修正案の趣旨説明の場合には、修正案に対する反対者が「反対者」となる。

これらの「反対者」に該当する者がいないときには、他方の討論者に最初に発言させることとなる。

【無通告討論希望者】 通告した甲方の議員の全てが発言を終わらないときでも、乙方の通告した議員が発言を終わったときは、通告しない乙方の議員は、発言を

§117

求めることができる。

　交互討論の原則は、通告者相互間だけでなく、無通告発言者との間でも妥当するとの趣旨である。

　無通告者の発言希望についての第95条〔無通告発言の時機〕に対する特則でもある。

　「通告した甲方の議員」とは、賛成又は反対の一方の討論を行う旨を通告した議員のことである。

　「すべてが発言を終らない」とは、通告していた議員でまだ指名されずに発言しないでいるものが残っている状態をいう。

　「乙方の通告した議員」とは、甲方とは逆の立場で意見を述べることを通告していた討論希望者のことである。

　「発言を終つた」とは、通告者全員が討論を終えたことを指す。

　「通告しない乙方の議員」とは、無通告の討論希望者のうち、甲方とは逆の立場で意見を述べようとしている者のことである。

　「発言を求める」とは、発言したい旨を口頭で議長に伝えることである。

　無通告の発言希望者に対する発言許可は議長が裁量によって決定できる事柄であり（•••▶第96条【無通告発言の許可】）、本条第2項の状況下でもその点は変わらない。すなわち、「通告しない乙方の議員」が残りの甲方の通告者に優先して発言できるのは、議長がその発言を許可する限りにおいてであって、許可を与えない場合には甲方の発言が続くことになる。

　〔討論回数〕
　第117条　議員は、同一の議題について、討論2回に及ぶことができない。

　　　　　　　制定時（昭22.6）

　本条は、討論の回数制限について規定するものである。

【討論回数】議員は、同一の議題について討論2回に及ぶことができない。

　討論においては、本来的には、相手の意見に応じて反論することも認められるべきであるが、国会における討論は、議論の締めくくり段階における意見の表明として位置付けられている。他の議員を説得するというよりは一般国民に向けてなされる意思表明の色彩が強く、争点を明示して自らの立場を示すことで主権者に訴えかける機能を示すものである。

§118

　この結果、討論者は、与えられた機会に、あらゆる反駁を予想した上で必要な限りの論点についての見解を盛り込んで発言する必要がある。

　「討論」については、**第93条【討論】**の説明参照。ここでは、その審議段階における議員の発言を指す。

　「議員」とは、個々の議員のことである。回数制限は議員ごとに掛けられるものである。

　「同一の議題」とは、討論の対象として限定されたテーマのことである。したがって、議題とされている案件の討論を原案と修正案とで分けて行うときには、互いに「同一の議題」とはならず、同一議員が両方の討論で発言することは可能である。

　ただし先例上は、原案に対する討論と修正案に対する討論は併せて行う扱いである (参先314)。

　議題が複数日の会議にわたる場合、2日目以降もその同一性は失わない。すなわち、日が改まっても回数制限は更新されない。

　「2回に及ぶことができない」とは、1回しか認められないとの意味である。

〔趣旨弁明の発言〕

第118条①　委員長又は少数意見の報告者は、その報告の趣旨を弁明するために、数回の発言をすることができる。

②　発議者又は提出者は、議案の趣旨を弁明するために、数回の発言をすることができる。

制定時（昭22.6）、第6次改正（昭30.3）

　　衆規131　委員長又は少数意見者は、その報告を補足するため発言することができる。

　本条は、趣旨弁明の発言の回数について規定するものである。

【趣旨弁明の発言】委員長又は少数意見の報告者はその報告の趣旨を弁明するために、また、発議者又は提出者は議案の趣旨を弁明するために、それぞれ数回の発言をすることができる。

　本会議においては、委員会審査を経た案件については、委員長報告及び少数意見報告を端緒として審議がスタートする。その案件に対する各議員の理解はこれらの報告に基づく部分が大きいため、報告の後にも趣旨を徹底させるための発言を認めたものである。

第8章　会議　　283

§118

また、議案は提案者の意図するところを具体化したものであり、議案に対する各議員の判断もその趣旨を正確に理解していることが必須条件となる。提案の理由や議案の内容について誤解があったり、趣旨が徹底しない状態を放置しておいては、提案者の意図から乖離した議論となってしまい、議案の帰趨に悪影響が出ることとなりかねない。さらには、議案が成立しても、その執行に混乱を来すことも考えられる。そこで、提案者側に議論の推移に応じて発言する機会を保障したものである。

「委員長」とは、当該案件について委員長報告を行った委員長である。

本条は、憲法審査会にも準用されている（参憲規26）。

「少数意見の報告者」とは、委員会において少数意見となった意見を委員会で述べた委員で、国会法第54条第1項により本会議において口頭で報告した者のことである。

少数意見報告の詳細については、『逐国』第54条〔少数意見の報告〕の説明参照。

「その報告の趣旨」とは、委員長については委員長報告、少数意見の報告者については自らが行った少数意見報告で述べようとしていたそれぞれの内容のことである。

「発議者」とは、参議院議員が発議した場合のその議員のことである。

「提出者」とは、①委員会、調査会又は憲法審査会が議案を提出した場合の委員長、調査会長又は憲法審査会会長（国50の2Ⅱ、54の4Ⅰ、102の7Ⅱ）、②衆議院が提出した場合の発議者たる衆議院議員、提出者たる又は審査した衆議院の委員長、憲法審査会会長、修正案提出者、③内閣が提出した場合の国務大臣等のことである。

発議者、提出者の趣旨弁明のための発言は、委員会審査を経た議案の審議においても可能である。趣旨の弁明は、自ら行った趣旨説明の補足としてのみ認められるのではなく、例えば、委員長報告の中で説明された議案の内容（参規104Ⅰ）を補正するためにも必要だからである。

「議案の趣旨」とは、提案者が有する議案についてのあらゆる情報のことである。

「議案」とされているが、それ以外の審議対象でも実質審議を行うものがあり、議案に準じて提案者の趣旨弁明の機会を認めるべきである。

「弁明する」とは、自ら希望して説明することである。質疑に答えることは、ここでの「弁明」に当たらない。

「数回の」とは、1度に限らず、必要に応じて認められるとの趣旨である。

「発言することができる」は、議長に発言を求めることができるとの趣旨であり、弁明の発言を求めるのは、当人がその必要を感じた時であり、具体的には、他の発言者が議案の内容について誤解していることが判明した時などである。事前に通告

284

§ 119

しなければならない（参規91）が、原則にとどまるものと理解すべきである。

　この通告に対して、議長は適当な時機に発言を許可しなければならない。ただし、弁明の必要が認められない場合に許可しないことや発言が趣旨に反すると認めた場合に中止させることは可能である。

　発言を許可するのは、審議段階としての質疑や討論の途中でもよい。議論の前提を成すものとして、通告順による発言（参規94Ⅱ）の例外となる。

〔議長による討論〕
第119条①　議長が討論しようとするときは、予めこれを通告して、議席に着かなければならない。
②　議長が討論したときは、その問題の表決が終るまで、議長席に復することができない。

　　　制定時（昭22.6）、第6次改正（昭30.3）
　　衆規138①　議長が討論しようとするときは、予めこれを通告して議席に着かなければならない。
　　　②　議長が討論したときは、その問題の表決が終るまでは、議長席に復することができない。

　本条は、議長が討論する場合の着席について規定するものである。

【議長の発言】議長は、本会議においては議事の整理が第一義的な職務であり、それは議長席での発言によって行う。

　しかし、議長も議員としての権能を全て犠牲にしなければならないものではなく、議事に参加してその内容について質疑や討論のための発言を行うことが可能である。

【議長の討論】議長が討論しようとするときは、あらかじめ通告して、議席に着かなければならない。

　討論は賛否を明らかにして行うものであり、議長がそれを行うことは、公正中立であるべき立場と相容れない。そのため、議事整理権を行使する議長の職務は自ら行わず、一議員としての活動に移行すべきことを規定するものである。

　「議長」とは、本会議の議事を主宰することが職務である役員としての議長のことである。議長の職務を代行している副議長にも適用がある。

　「討論しようとするとき」とは、表決の前に一議員として問題について賛否を明らかにして意見を述べる場合のことである。

　「予め」とは、対象とする案件が議題となってその審議段階に入る前である。通常

第8章　会議　　285

§ 119

の発言通告と変わるところはない（•••▶第91条【発言通告】）。

「通告」は、文書によらなければならず（参先250）、その相手は参事である（参規91）。

議長による通告は、副議長に対して職務代行を行わせるための予告の意味を持つとされる（佐藤（吉）・参規231頁）。

「議席」とは、議場に設けられた出席議員のための席である。議長を含め、全議員について各々の席が指定されている。

「着かなければならない」とは、着かないことには討論を行うことが認められないことを意味する。

この場合には、議長に事故あるものとして副議長が議長の職務を代行し（国21）、加えて副議長が討論しようとするときは、議長及び副議長共に事故あることとなり、仮議長を選挙しなければならない（国22Ⅰ）。

議席に着く時期は、討論通告を行った時点であると解する。

討論を行うまでは公正中立な運営を期待できるが、通告は賛否を示して行うものであり（参規93）、その時点で議長の態度は明らかなものとなり、議事参加者から議事運営の中立性に対して疑いの目を向けられる可能性があり、そのことが主宰者としての適格性を欠く要因になると言える。

【討論後の復席】議長が討論したときは、その問題の表決が終わるまで議長席に復することができない。

議長の討論のための発言が終わった後に議長が議事整理を行うとすれば、その中立性に対して議員が疑問視することとなるからである。特に、表決の結果、議長が決裁権を行使する場合（憲56Ⅱ）には、それが顕著なものとなる。

「その問題」とは、議長が討論を行った問題であり、他に一括して議題となっている案件があれば、議長がそちらに言及していなくても、その案件も「その問題」に当たると解する。例えば、討論の対象が修正案だけであった場合でも、原案の審議は関連が強く、主宰者の中立性保持の観点から復席は認められない。

「表決が終るまで」とは、その案件が議題となっている時に表決を行って審議結果が出るまでであるが、それに付随する議事、例えば、表決結果に対する国務大臣の所信表明のようなものについても議長が主宰することはできないと解する。その案件の表決を行うまでの間に他の案件を挿入して議題とする場合には、その審議については議長としての職務を行うことが可能である。

「議長席に復することができない」とは、議長席に座って議事を主宰することができないという意味である。

§120

【議長の質疑等】議長が質疑を行う場合について規定はなく、討論についての本条の規定を類推解釈するか反対解釈するかで、結論は正反対となる。

議長が討論を行えることからすれば、質疑を行うことも可能である。

しかし、議長席に着いてその職務を遂行しながら一議員として質疑を行うことは、同時に二役を果たすこととなる。討論の場合に準じて、議長席を外すべきである。その時期は、同じく通告をした時からと考えるべきであろう。

また、質疑が自らの意見を交えながら行えること（⋯▶第108条【質疑】）に鑑み、質疑後についても復席は自粛すべきものであろう。

議長は議員として議案を発議したり修正動議を提出することを自粛すべきであるが、法規上禁じられているわけではない（⋯▶『逐国』第56条【議案の発議】、第57条【修正動議】）。仮に、そのような提案を行う場合、それは特定の立場を採ることであるので、討論を行ったときと同様、その議案の審議では議事を主宰することはできない。

〔討論終局動議〕
第120条① 賛否各々2人以上の発言があつた後、又は甲方が2人以上発言して乙方に発言の要求者がないときは、議員は、20人以上の賛成で討論終局の動議を提出することができる。
② 前項の動議が提出されたときは、議長は、討論を用いないで、議院に諮りこれを決する。

制定時（昭22.6）、第6次改正（昭30.3）、第7次改正（昭33.6）
　　衆規141 賛否各々2人以上の発言があつた後、又は甲方が2人以上発言して乙方に発言の要求者がないときは、議員20人以上から討論終局の動議を提出することができる。
　　衆規142 前2条の規定による質疑終局又は討論終局の動議が提出されたときは、議長は、討論を用いないで議院に諮りこれを決する。

本条は、討論終局動議について規定するものである。

【討論終局動議の提出】討論において賛否各々2人以上の発言があった後又は甲方が2人以上発言して乙方に発言の要求者がいないときは、議員は討論終局動議を提出することができる。

討論についての発言者数抑制のための要件を規定したものである（⋯▶第111条【質疑終局動議の提出】）。

第8章　会議　287

§120

「討論終局の動議」とは、議題となっている案件についての審議段階としての討論を終わらせるよう決定することを求める提案である。

「動議」については、**本章第3節概説【動議】**の説明参照。

本会議では討論希望者はあらかじめ通告することとされており (参規91)、議長は通告者がいる限り、順序の規定に従い発言を許可しなければならない (参規94 II、116 I)。それに対して、希望者の存在にかかわらず中途で審議段階としての討論を終わらせる権能を議院に与え、その提案権を議員に認めたものである。

「賛否」とは、問題に対する態度としての賛成、反対のことである。

複数の問題を一括して討論に付している場合には、討論者の態度は問題ごとに決められるが、本条の「賛否」は議題全体に対する態度として評価した上で決めるべきであると解する。それが討論を一括する趣旨に合致する。これは討論の順序を決するに当たっても働く理である (⸺▶第116条【討論順序】)。

「各々2人以上」は、賛成・反対のいずれもが2人以上であれば足り、両方の発言者の数が同じであることは求められていない。

質疑終局動議の要件である「続出して」と同じ趣旨のもので、賛否の意見が偏らないように配慮するとともに、最低限の発言者の数を保障したものである。

「発言」とは、あくまでも審議段階としての討論における発言である。質疑中に表明した意見の中で賛成や反対に言及してもここでの「発言」には当たらない。

「甲方」とは、賛成又は反対の一方のことである。

「乙方」とは、甲方とは逆の立場のことである。

「要求者」とは、発言の通告を事前に行った者又は無通告で発言を求めた者のことである。ただし、無通告の発言要求は許可されるとは限らず (⸺▶第96条【無通告発言の許可】)、許可されない場合には「要求者がないとき」に当たる。

質疑終局動議と異なり、「容易に終局しないとき」との要件がなく動議提出可能な状況にあるか否かの認定は容易であるが、その権限は議長にある。この要件を満たしていない状況で動議が提出されても、議長は受理を拒むことができる。

討論終局の動議を提出するには、議員20人以上の賛成が必要である。

質疑終局と同様、その効果の大きさに鑑み、賛成者要件を加重したものである。

「20人以上の賛成」の要件については、**第111条【質疑終局動議の提出】**の説明参照。

本条は討論段階に入ってからの終局について規定するが、その要件の趣旨に鑑みると、討論に入る前にそれを省略する動議は認められないと解される。希望者がい

§§ 121・122

る限り、討論には入らなければならない。

【討論終局動議の上程】 討論終局動議が提出されたときは、議長は、討論を用いないで議院に諮って決する。

　討論終局動議が先決問題であることから直ちに議題とするとともに、議事進行動議であることから即決することを定めるものである。

　「前項の動議」とは、討論終局動議のことである。

　その他の事項については、第111条**【質疑終局動議の上程】**の説明参照。

【動議採決の結果】 討論終局動議が可決されると討論は終局し、議長はその旨を宣告しなければならない (参規122)。その場合、提出されたものの未発言の討論通告は効力を失う。

　その他の事項については、第111条**【動議採決の結果】**の説明参照。

第121条　削除

　　　　　制定時 (昭22.6)、第6次改正 (昭30.3)、第10次改正 (昭60.10)

〔討論終局〕
第122条　討論が終つたとき、議長は、討論の終局した旨を宣告する。

　　　　　制定時 (昭22.6)
　　　　衆規139　質疑又は討論が終つたときは、議長は、その終局を宣告する。

　本条は、討論終局宣告について規定するものである。

【討論終局】 討論が終わったとき、議長は討論の終局した旨を宣告する。

　議長の宣告によって初めて討論終局の効果が発生することを規定するものである。

　討論終局宣告により、通告・無通告を問わず、以後、議題となっている案件についての議員の討論の発言は許されず、その案件に関する動議を提出することもできない。

　その他の事項については、第112条**【質疑終局】**の説明参照。

　討論終局により審議は表決を残すのみとなる。通常、引き続き表決を行う (参規49参照) が、議員が休憩動議や延会動議を提出することを妨げない。

第8章　会議　289

§ 123

〔議事進行発言〕
第123条① 議事進行に関して発言しようとする者は、予めその要旨を
参事に通告しなければならない。
② 議事進行に関する発言を許可する時機は、議長が、これを決定する。

制定時（昭22.6）
衆規129 議事進行に関する発言は、議題に直接関係があるもの又
は直ちに処理する必要があると認めたものの外は、これを許可す
る時機は、議長がこれを定める。

本条は、議事進行発言の通告及び発言許可について規定するものである。

【議事進行発言の通告】本会議は多数の構成員から成り、その運営が機動性に欠けることから、議事日程や通告制のような仕組みによって進行の統制を図っている。そのような運営においても、議長の議事整理を補完するための議員の関与が不可欠であり、本条は、その要件を規定するものである。

議事進行発言をしようとする者は、あらかじめ要旨を参事に通告しなければならない。

議事進行に関する発言は、本来、時宜を見てなされなければならないので事前の通告には適さないが、これを無制限に認めると混乱につながりかねないので、議長サイドでその内容を事前に察知することとしたものである。

「議事進行に関して発言」とは、会議の運営上の事柄について、議長に対し、事実の指摘、注意喚起、質疑、希望陳述等を行う発言である。

議決を求める提案である動議は、議事進行に関するものでも、本条の「議事進行に関する発言」には含まれない（佐藤（吉）・参規234頁）。

「発言しようとする」は、会議を構成する者の権能であり、参議院議員以外の出席者には認められない。

「予め」とは、発言の許可を求めるまでという意味で、直前で足りる。

「その要旨」とは、意図している議事進行に関する発言の内容の概要である。

「参事」とは、事務局職員のうち本会議の運営を担当する者のことである。議場ひな壇の大臣席の後ろの参事席に着席している。

「通告」は、文書による必要はない。議事進行発言は会議中に具体的な事態が発生してから必要となるものであり、文書を作成している時間的余裕がないからである。

「しなければならない」とは、通告がなければ原則として発言が認められないこと

§ 123

を意味する。

　第1項には**第91条**〔発言通告〕のただし書にあるやむを得ない場合の例外についての定めが置かれていないが、議事進行に関する発言の場合、通常の発言と比べて緊急を要することが多く、通告していては発言の時機を逸してしまうことも考えられ、同条の場合以上に、やむを得ず通告の省略が認められることがあると解する。

【議事進行発言の許可】議事進行発言を許可する時機は、議長が決定する。

　通常の発言通告の場合には発言の順序は通告順である（参規94）が、議事進行発言は希望が競合しても通告の順に発言を許可するのではない。通告から事前に察知した発言要旨により、議長が発言の許否や許可の時機を判断するのである。その意味で、通告を要するとしながら、議事進行発言は通告制ではなく許可制の下に置かれていると言える。

　「許可する時機」とは、当該議員に発言させるタイミングである。

　許可は義務的なものではない。例えば、通告を受けて議長が措置することで発言希望者の目的が達せられる場合には、会議の俎上に載せる必要がなく、発言が現在進行中の議事に関するものでない等の場合には許可を与えないことも可能である。

　「決定する」とあるが、会議の場で結果を報告する必要はない。許可する場合には、改めて発言者からの申出を待たずに指名して発言させればよい。許可の時機を遅らせたり、許可しない場合には、本人に対して参事にその旨を伝えさせればよい。

第5節　　修正

制定時（昭22.6）

　本節では、本会議における議案の修正について規定する。

【議案の修正】議案の審議結果は可決か否決かの二者択一ではなく、内容に手を加えた上で議決することも可能である。その方法は、原案をどのように修正するかを案に仕立て、原案と併せて審議するものである。

　本会議の審議において議案を修正すべきであるとの提案には2通りの方法がある。①議員の動議によるものと②委員会審査の結論によるもの（●●▶**第46条【委員会修正】**）である。

　修正動議が議題に供されると、その修正案を対象として重ねて修正を求める意見が出ることも考えられる（複修正）。しかし、参議院規則では、その場合の対処法について規定していない。議案に対する修正が重層的になると審議対象が把握しにくく

第8章　会議　　291

§§ 124・125

なり、採決でも困難を伴うため、修正に対する修正ではなく、原案に対する別個の修正動議として提出する方法によるべきである。

【修正動議の先決性】修正動議は議題となっている議案の内容を変更する提案であり、その議案を採決する前に処理しないと意味がなくなるため、原案に対して先決性が与えられている。

第124条　削除

制定時（昭22.6）、第6次改正（昭30.3）

〔修正動議〕

第125条①　修正の動議は、その案を具え、所定の賛成者と共に連署して、予めこれを議長に提出しなければならない。

②　前項の修正案が法律案に対するもので予算の増額を伴うもの又は予算を伴うこととなるものである場合には、修正の結果必要となる経費を明らかにした文書を添えなければならない。

③　議長は、修正案を印刷して各議員に配付する。

制定時（昭22.6）、第6次改正（昭30.3）

衆規143①　修正の動議は、その案を具え議題とするに必要な賛成者とともに連署して、予め議長にこれを提出しなければならない。但し、委員会の修正案は、賛成者を必要としない。

②　前項の修正案が法律案に対するもので、予算の増額を伴うもの又は予算を伴うこととなるものについては、修正の結果必要とする経費を明らかにした文書を添えなければならない。

③　議長は、修正案を印刷して各議員に配付する。

本条は、本会議における修正動議の提出、修正案の印刷、配付等について規定するものである。

【修正動議】修正の2パターン（⋯▶本節概説【議案の修正】）のうち、本条は、議員から示される提案である修正動議について規定する。

本会議の議決を求めてなされる議員からの提案は動議の形を採る。審議している議案の内容を改めようとの提案も議事の中でなされるものであり、動議によることとなる。

「動議」については、**本章第3節概説【動議】**の説明参照。

§125

議員であれば、修正動議を提出し得る資格に限定はない。その詳細については、『逐国』第57条【修正動議】の説明参照。

なお、議長の立場にある者が修正動議を提出した場合は、その議事を主宰する上で制約を受ける（…▶第119条【議長の質疑等】）。

修正動議は、あらかじめ議長に提出しなければならない。

本来であれば、議員の当該議案に対する態度は、審議、特に質疑を終えて初めて決定できるものであり、修正希望もその時点で形成されるのであるが、委員会審査によって一応の論議を終えているので、本会議の審議前に修正の必要性の判断が可能であるとして、事前の動議の提出を義務付けたものである。

委員会では修正案をあらかじめ提出することとされている（参規46 I）のに対し、本会議では動議をあらかじめ提出することとしている。修正動議が議題に付随するものであることに鑑みるとフライングとも言えるが、本会議では議事日程方式が採られ、対象議案の上程が言わば義務化されているため、事前の動議提出が許容されているのである。

「修正の動議」とは、議案をどのように修正するかを案の形で示して、そのように修正した上で議決するよう求める提案のことである。

「予め」とは、修正の対象である議案が議題となるまでである。ただし、印刷、配付の必要上（参規125 III）、修正案だけは遅くともその準備に必要な時間を遡った時までに提出しなければならない。

修正動議は、その案を備えて提出しなければならない。

修正動議は、内容を伴う動議であり、それを明確にして提出することを求めるものである。

「その案」とは、対象とする議案をどのように改めるかを指示する案のことである。

議案と同様、議決の内容となる案であるから、趣旨や要綱を示すものでは足りず、対象議案のどの部分をどのように改めるかを具体的、確定的な記述で示す必要があり、文書にしたものでなければならない。法律案等の国法形式に対する修正案は、用文、用字、様式等に規格があり、議院法制局の審査を経る必要がある。

修正案は、修正動議の意図する修正の内容にすぎず、それ自体は修正を求める旨の提案ではない。提案はあくまでも修正動議によってなされる。

修正動議は、その内容たる修正案と一体不可分で、文書により提出しなければならない。

修正動議は、所定の賛成者と共に連署して提出しなければならない。

第8章 会議　293

§ 125

「所定の賛成者」とは、国会法で規定する修正動議を議題とするために必要な賛成者である。原則として、議員 10 人以上、法律案に対する修正動議で予算の増額を伴うもの又は予算を伴うこととなるものについては議員 20 人以上 (国 57)、予算に対するものにつき議員 20 人以上 (国 57 の 2)、憲法改正原案に対するものにつき議員 50 人以上の賛成 (国 68 の 4) が必要である。

「連署」は、同一書面上に並べて署名することであり、それによって当該動議の提出、賛成の意思が確かであることを担保しようとするものである。提出者の署名は自署又は記名押印であることを要する。

【予算を伴う修正案】修正案が法律案に対するもので予算の増額を伴うもの又は予算を伴うこととなるものである場合には、修正の結果必要となる経費を明らかにした文書を添えなければならない。

この場合には、採決を行うまでに内閣に対して意見を述べる機会を与える必要があり (参規 107 の 2 後)、また議員が修正の当否を判断する上でも、必要経費についての情報が必要となるからである。

この文書は議決の対象ではない。

詳細については、第 46 条【予算を伴う修正案】の説明参照。

【修正案の印刷・配付】議長は、修正案を印刷して各議員に配付する。

修正案は本会議における審議対象であり、その内容が全議員に周知されなければならず、その手段として印刷物を配付することとしたものである。

印刷、配付の対象となるのは案文だけでなく、動議提出の要件とされている提出者・賛成者の氏名、予算を伴う場合の施行に要する経費も含まれる。

「印刷」とは、紙に文字等を刷り出すことである。

「配付」は、各々の手元に配り渡すことであり、遅滞なく議員の目に触れるような仕方でなされることを要する。具体的には、議員会館の議員事務室等に配ることで足りる。実際には、議員会館文書配付室に設けた文書函に配られている。修正案提出のタイミングによっては、議場での配付も必要となる。

印刷、配付の概念拡大の可能性については、第 24 条【議案の印刷・配付】の説明参照。

【修正動議の審議】修正動議の趣旨説明は、委員長報告に次いで行う。動議提出者が希望して自発的に行うものではないため発言通告は不要である (⸺▶第 91 条【発言通告】)。動議があらかじめ提出されることで、事実上、発言通告に代替するものとなっている。

§126

修正案に対する質疑、討論は、原案に対するものと一括して行う例である（参先306、314）。

〔 撤回された修正動議の継続 〕
**第126条　発議者が撤回した修正の動議は、他の議員が所定の賛成者と
　　共に、これを継続することができる。**

制定時（昭22.6）、第6次改正（昭30.3）

　本条は、本会議における修正動議が撤回された後の継続について規定するものである。

【修正動議の撤回】動議を撤回しようとするときは、提出者の全部から請求しなければならず、本会議の議題となった後では議院の許可を要する（参規90の2）。修正動議もこの方法によって撤回することが可能である。

　「発議者」とは、動議提出者のことである。

　「撤回」とは、一旦提出したものを取り戻して審議できないようにすることである。

**【撤回された修正動議の継続】撤回された修正の動議は、他の議員が所定の賛成者
と共に継続することができる。**

　動議は撤回されるとなかったものとなるが、修正動議の場合、対象議案の審議が切迫しており、他の議員が改めて提出準備をする時間的余裕がないため、継続の方法を認めたものである。

　「他の議員」とは、撤回された動議の提出者以外の議員である。賛成者であった議員でもよい。

　「所定の賛成者」とは、国会法第57条〔修正動議〕、第57条の2〔予算修正の動議〕及び第68条の4〔憲法改正原案修正の動議〕で規定している人数の賛成者のことである（•••▶第125条【修正動議】）。

　撤回された修正動議の賛成者が再び賛成者となってもよい。

　「継続する」とは、撤回された動議をそのままの内容で復活させて、本会議の審議対象とすることをいう。

　継続のための手続は修正動議の提出に準じるが、通常は、文書にする時間的余裕がないため、口頭によることも認めることができよう。希望する議員が対象とする撤回された修正動議と賛成者を示した上で、これを継続させたい旨を議長に申し出る。本会議における発言として行ってもよい。これは動議提出のための発言に準じる。

第8章　会議　**295**

§§ 127・128

　継続の申出は、撤回後、対象とする議案について討論に入るまでになされなければならない。

　申出だけで継続の効果が発生し、申し出た議員が動議提出者の地位に就く。

　継続は、実質的には動議提出者の交替を意味し、撤回された動議について採られた修正案の配付、趣旨説明等の手続は継続した動議についてのものとみなされ、改めて行う必要はない。簡易な手続を認めたことに鑑み、継続させるに当たって修正案の内容に手を加えることは、一切認められないと解する。

第 127 条　削除

　　　　　制定時（昭 22.6）、第 6 次改正（昭 30.3）

〔委員会の報告による修正案〕
第 128 条　委員会の報告による修正案は、賛成者を待たないで、議題とする。

　　　　　制定時（昭 22.6）、第 6 次改正（昭 30.3）
　　　　衆規 143 ①　修正の動議は、その案を具え議題とするに必要な賛成者とともに連署して、予め議長にこれを提出しなければならない。但し、委員会の修正案は、賛成者を必要としない。

　本条は、委員会の報告による修正案の取扱いについて規定するものである。
【委員会提出修正案】委員会審査の結果、修正議決すべきとの結論が得られた場合、議案は修正された内容に改められて議長の手元に戻るのではない。議院に係属しているのはあくまでも原案であり、委員会修正とは、委員会から議院に修正案を出すことを意味する。

　「委員会の報告による修正案」とは、委員会で修正議決された場合の、その修正を内容とする案のことである。

　委員会で付託議案が修正議決された場合、審査報告書にその修正案を付す。これが議院に対する関係では修正案の提出となる。

　委員会提出の修正案も印刷して議員に配付する必要があるが、審査報告書が印刷、配付の対象となっており（参規 72 の 4）、そこに記載されるもので足りる。ただし、議場には別途配付する必要があろう。

【委員会提出修正案の審議】委員会提出の修正案は、賛成者を待たないで議題と

§129

する。

　この修正案提出行為は議員の動議ではなく委員会の議決に根拠を置いており、その過程において各会派の異なる意見による牽制がなされたものであるため（松澤・議会法519頁）、それに加えての賛成者要件を課さないことを確認するものである。

　「賛成者を待たないで」とは、国会法第57条〔修正動議〕及び第57条の2〔予算修正の動議〕に規定する数の賛成者を必要としないでという意味である。

　憲法審査会の報告による修正案についても本条が準用されている（参憲規26）。国会法第68条の4〔憲法改正原案修正の動議〕に規定する50人以上の賛成者を要しない。

　「議題とする」とは、修正動議の賛成者要件が議題とするために必要なものとして規定されていることを受けたものである。委員会提出の修正案の場合、議長が改めて議題宣告をすることなく議題に載せられる。議長に提出されている審査報告書においてその点は明らかであり、議員は委員長報告の中で修正案に言及されることで改めて了知することとなる。

　修正案の趣旨説明は別途行われるのではなく、委員長報告において、その内容の概要について説明がなされる。

　修正案に対する討論は、原案に対するものと一括して行う例である（参先314）。

　　〔修正動議の優先採決〕
　第129条　議員が提出した修正案は、委員会の報告による修正案より先に、表決を採らなければならない。

　　　　　制定時（昭22.6）、第6次改正（昭30.3）
　　　　　衆規144　議員の提出した修正案は、委員会の修正案より先きに採決しなければならない。

　本条は、修正動議と委員会提出修正案の採決順について規定するものである。

【修正動議と委員会提出修正案の採決順】　本会議における議案審議において、同一議案につき修正動議と委員会提出修正案が競合することがある。それらは一括して議題とされるが、採決は個別になされる以上、その順序を決める必要がある。

　修正動議は、委員会提出の修正案より先に表決を採らなければならない。

　これは一事不再議の原則を念頭に置いており（⬤▶『逐国』第56条の4【一事不再議の原則】）、ここでは一旦可決した事項について、異なる内容のものを審議することはできないとの問題意識が働いている。すなわち、委員会が議院の縮図であり（国46 I）、そこで

第8章　会議　　297

§130

決定された修正案は本会議でも可決される公算が大きいので、先に採決すると議員提出の修正案が採決の対象となる機会を失するからである（佐藤（吉）・参規240頁）。

可決される公算に着目して付けた順序であり、ここでは各修正案の内容の原案からの遠近（参規130参照）は問題とならない。

委員会審査が終わった後、委員会提出修正案より広い層の支持を得て別個の修正案が形成されるようなことがあり得ることも勘案すると、本条の規定に拘泥することなく、各修正案の可決される可能性を考慮して採決順序を決する必要性も考えられる。

「議員が提出した修正案」とは、議員が本会議で提出した修正動議の意図する修正案のことである。

「委員会の報告による修正案」とは、原案が付託委員会で修正議決された結果として、委員会から出された修正案のことである。

「表決を採らなければならない」とは、議員に賛否の態度を表示させて、議院の議決に至らせなければならないとの意味である。

本条の順序によった結果、先に採決した修正動議が可決されると、委員会提出の修正案は表決に付すことができなくなる。ただし、両修正案が原案の別々の問題についてのもので両立可能な場合には、委員会修正案も採決する必要がある。

議員提出の修正案が否決されると、それに続けて委員会修正案を表決に付す。

〔 修正動議の採決順序 〕
第130条　同一の議題について議員から数箇の修正案が提出された場合は、原案に最も遠いものから順次に、これを表決に付する。その表決の順序は、議長がこれを決定する。但し、出席議員20人以上から異議を申し立てたときは、議長は、討論を用いないで、議院に諮りこれを決する。

　　　　制定時（昭22.6）、第6次改正（昭30.3）
　　　　　衆規145　同一の議題について議員から数箇の修正案が提出された場合は、議長が採決の順序を定める。その順序は、原案に最も遠いものから先きに採決する。

本条は、複数の修正動議の採決順序について規定するものである。

【修正動議の採決順序の決定権】　1つの議案に対して複数の修正動議が出されるこ

§ 130

ともあり、その場合には、動議間の採決順序を決めなければならない。

　同一の議題について数個の修正動議が提出された場合、その表決の順序は議長が決定する。

　採決順序の決定が議長の議事整理権に含まれることを確認するものである。

　「同一の議題」とは、同一の議案と考えてよい。複数の議案を一括議題としている場合に、そのうちの異なる議案に対してそれぞれ修正案が提出されても、修正案の競合には当たらない。

　「数箇の」とは、複数の内容の異なるという意味である。

　複数の修正案が内容が全く同じものである場合、その1つを代表させて採決するほかない。

　「修正案が提出された」とは、修正動議が提出された場合である。一旦撤回された修正動議が他の議員によって継続された場合 (参規126) も「提出」に当たる。

　「その表決の順序」と表現しているのは、原案とは独立に各修正案を個別に採決することを前提としている (•••▶本条【共通部分の採決】、第131条【委員会提出修正案の採決】)。

　「決定する」とは、自らの判断に基づいて表決に付す問題 (修正案) を宣告することである。異議申立ての可能性があることを考慮し、表決に付す問題宣告の前に決定した順序を報告するのが丁寧な方法であろう。

　議長の採決順序の決定に対して出席議員20人以上から異議の申立てがあったときは、議長は討論を用いないで議院に諮って決する。

　表決の順序が修正の成否に関わる可能性があることに鑑み、最終判断は議院が行うこととしたものである。

　「出席議員」は、申立てを行う時点で議場に現在する議員を指す。

　「異議」は、議長の決定内容に対して反対という点で一致していれば足り、具体的な順序で同意見である必要はない。例えば、ABCの順とした議長決定に対し、ACB、BAC等、他の順によるべきだとの意見の者全てを合わせて20人以上であればよい。

　「申し立て」は、口頭による発言で行う。議事進行に関する発言であり通告することを要するとされているが (参規123Ⅰ)、そのいとまがないことも考えられ、時機を逸してしまうことを理由として通告を省略することも認められよう (•••▶第123条【議事進行発言の通告】)。

　「討論を用いないで」とは、議長決定及び異議に対し、賛否を表明しての議論を行わないとの意味である。討論の希望があっても、議長は許可してはならない。

　「議院に諮りこれを決する」とは、議長決定を表決に付して可否の結論を出すとい

第8章　会議　　299

§ 130

うことである。

　否決された場合、それに代わる順序が1通りしかなければその順序によることとなるが、数通りあるときには、改めて議長決定を行い、それに対して異議申立てがあれば、同様の手続を繰り返す。

【修正動議の採決順序】 数個の修正動議は、原案に最も遠いものから順次に表決に付す。

　採決順序は議長が決定する一方、その判断基準を規定したものである。

　この基準の理由とするところについては2通りの理解の仕方がある。その1は、「いずれの修正案に対しても、採決の機会を失することがないように取り扱う」趣旨である（松澤・議会法522頁）との理解である。1つの修正案が可決されると他の修正案は一事不再議によって採決不要とされるため、可決される可能性の低いものから順に諮ることで全ての案を採決できる確度を高めようとの企図である。その2は、「原案から最も遠い修正案が否決された場合、それに賛成した者が次善の策として次の修正案に賛成することを選択できる途を残すため」（原・概論316頁）とするものである。枝葉である修正案を先の方から切り捨てていくことで意見を太い枝へ収斂させて多数形成を図るとの理解である。後者の方が会議運営理論としては言及度が高く妥当であると思われる。

　「同一の議題について」は、ここでは同一の議案についてであるだけでなく、その同じ部分についてとの限定が加わる。各修正案の修正しようとする対象事項が部分的にでも重なっていればよい。

　これは、提出された修正案が両立しないものであることを本条適用の要件とするものである。採決の順序がその結果に影響を与える可能性があるからである。

　「原案に最も遠いもの」とは、修正案の内容を比較して、対象とする議案の意図するところから最も隔たったもののことである。

　しかし、各修正案は必ずしも同一事項を対象とせず、また、同一事項であっても数値化できるものとは限らないので、原案からの遠近はなかなか判断しにくいところである。

　「から順次に」とは、それを最優先として、近くになるに従って順位が低くなるとの意味であるが、全てを採決するのではなく、可決されたものが出た時点で、他の修正案は採決できなくなる。

　第129条〔修正動議の優先採決〕と同様、複数の修正案がそれぞれ原案の異なる部分について修正しようとするものであるときには一方の可決が他方の否定を意味しな

§131

いことがある。その場合には採決の順序にこだわる必要度も低いが、あえて基準を
示せば、他の修正案の採決結果の影響を受ける可能性のある採決を後回しにした方
が議員にとっては態度を決める上で便宜であり、採決結果の整合性も期待できる[12]。
【共通部分の採決】複数の修正案は、部分的に同じ内容を含む場合がある。その採
決に際しては、一方（甲修正案）が否決されると他方（乙修正案）に含まれるその共通
部分も否決されたこととなり、その後で乙修正案の全体を採決することは一事不再
議に反すると解されるおそれがある。そこで、両修正案の共通部分と非共通部分と
を分けて採決することで一事不再議をクリアーできるとする試みがなされることが
ある（参先324㈡）。

　しかし、分割して採決するのは技術的に過ぎると解する。修正案はそれ自体が完
結したものであり、一事性を修正案全体の趣旨目的等に鑑みて判断すべきである[13]。

〔修正案否決後の採決対象〕
第131条　すべての修正案が否決されたときは、原案について、表決を
　　採る。

　　　　制定時（昭22.6)
　　　　衆規146　修正案がすべて否決されたときは、原案について採決し
　　　なければならない。

本条は、修正案が提出されている場合の原案の採決について規定するものである。
【修正案の採決】修正案とは、原案に手を加えて出来上がった新たな案ではなく、
どのように手を加えるかを指示する案のことである。したがって、原案と修正案は
並列関係にあるのではなく、修正案についての審議は付加的なものとなる。
　全ての修正案が否決されたときは、原案について表決を採る。
　修正案は原案に対して先決性を有することを規定するものである。
　「すべての修正案」とは、委員会（憲法審査会）提出の修正案と修正動議に係る修正
案の全てを指す。
　「否決された」は、修正案と原案とを別々に採決することを前提としている。
　全修正案の否決によって一切の修正の道は閉ざされ、後は原案の可否だけが問題
として残される。

12 森本昭夫「修正案と採決─議案審議における複数の選択肢と次善策をめぐって」議会政策研究会年報6号
　（2004）231頁。
13 橘幸信「『一事不再議の原則』考─議事手続におけるルールと原理」千葉大学法学論集14巻2号（1999）140
　頁。

第8章　会議　　301

§131

「原案」とは、修正案の対象である元の議案のことである。

「表決を採る」は、採決することである。

「表決」と「採決」は同じ事象を行為者の立場で使い分けた語であり、「表決」は会議に参加して自分の態度を表示する側にウェイトを置いて用い、「採決」は会議の主宰者の側に立って用いるものである。

この場合の採決の対象は原案全部であり、それを一体として諮るべきである。

この点については、原案中の修正案に対応する部分と残りの原案とに分けて採決する方式が示されている (寺光・参規168頁)。修正案に賛成した者が修正案の否決後に次善の策として原案を受け入れる場合にも、原案中の修正案に対応する部分には反対できるようにする措置である。しかし、採決対象を細分化することはそれぞれが可否の運命を異にすることを認めるものであり、もしそれが現実のものとなると、原案が空中分解することとなるので、この方式は採用し得ない。

【除く原案方式】本条は、修正案が可決された場合の原案の採決に触れていないが、おおまかな捉え方によると、次の2通りの方式が考えられる。①修正案の可決により原案がそのように改められ、その後で改められた (修正案の溶け込んだ) 原案全体を採決対象とする方法 (「溶け込み方式」)、②修正案が可決されるとその問題については決着が付き、その後で原案中の修正の及ばなかった部分について採決する方法 (「除く原案方式」) である。

溶け込み方式は、一部改正法律案が施行によって対象とする法律の一部に置き換わることを「溶け込む」と呼ぶことに模しての命名であり、除く原案方式の呼称は、修正案の可決後に「次に、ただいま可決されました修正部分を除く原案について採決いたします」と問題宣告されるところから出ている (「残り原案方式」と呼ばれることもある)。

規則はこの点について言及していないので、溶け込み方式・除く原案方式のいずれによることも可能であると解するが、国会では、帝国議会から継承した除く原案方式が採用されている[14]。

除く原案方式の下では、修正案の可決と除く原案の可決の両方がそろって初めて修正議決となる。

【修正案・原案に対する態度】除く原案方式は、修正案が可決されると当然に除く原案も可決されることを予定している。修正案に賛成することは、そのように修正するならばその議案の成立に賛成するということであり (佐藤 (吉)・参規235頁)、除く

---

[14]岡本修「帝国議会の読会制」議会政治研究59号 (2001) 30頁。

302

§131

原案に対する賛成者が修正案の賛成者より少ないことはあり得ないとの立場によっているからである。

これに対して、修正案に賛成しそれが可決された後に除く原案に反対する態度も合理的な態度であるとする説もある[15]。否決＞修正議決＞可決の選好順序を持つ者の表決行動として容認できるとするものであり、基本的に支持したい[16]。この立場によると、修正案が可決され、除く原案が否決されるという事態も生じ得ることとなり、それは、修正案の可決も基礎を失うため議案全体が否決されたという結論を意味することとなる。

【委員会提出修正案の採決】本条の規定は原案採決前の修正案採決を前提としており、その点については、委員会提出修正の場合も同じである。委員会提出の修正案も修正案の一種であり、委員会審査の結果が修正議決であっても議案の内容が改められるわけではないことを意味するものである。

ところが、先例上、委員会から修正議決報告のあった議案は、委員会決定のとおり修正議決することについて採決することとされている（参先323）。誤解を招きかねない取扱いであるが、これはあくまでも委員会提出の修正案とそれが可決された場合の除く原案との一括採決であり、両方に対する全議員の賛否の態様が同じであると予想される場合にのみ許される措置であると理解しなければならない。議員の表決態度に支障を来さない場合にのみ一括採決が可能だからである（→第136条【一括採決】）。

この一括採決と表決への条件付加との関係については、第134条【修正案と除く原案の一括採決】の説明参照。

【対案の採決】提出された議案（以下、これについても「原案」の語を用いることとする。）に対して他の議員が代替策を用意する場合、原案に対する修正案を提出する手段によるのではなく、独立した別内容の議案を発議して審議過程を一括させて原案と対比させる手法が採られることがある。この別議案は、原案とは実質的に両立しない内容を持つものであり、通常、「対案」と呼ばれる。

対案の採決に関しては、一事不再議に絡む問題が出てくる。すなわち、原案と対案は両立しないものであるため、先に採決した議案が可決されると他方の議案は一事不再議によって議決を要しないものとなるのに対し、否決された場合にはもう一方の議案を採決することが可能である。これは、可決がベストの選択であることを

---

[15] 森秀勲「修正案に賛成し残り原案に反対する表決について」委員部だより69号（1994）81頁。
[16] 森本・前掲**12** 244頁。

§132

意味することから、それと相容れない他の案については処理済みであるとの判断が可能であるのに対し、否決の場合は、その採決対象の案が否定されただけで他の可能性をも含めて拒否されたわけではないことによる[17]。

〔修正案・原案否決後の委員会付託〕
第132条 修正案及びその原案が共に過半数の賛成を得なかつた場合に、議院が、議案を廃棄しないことを議決したときは、特に委員会に付託してその案を起せさせ、その報告を得て、これを会議に付することができる。

制定時（昭22.6）
衆規147 修正案及び原案が共に過半数の賛成を得なかつた場合に、議院において廃棄しないものと議決したときは、特に委員会に付託してその案を起させることができる。

本条は、修正案・原案が共に否決された場合の例外措置について規定するものである。

【修正案・原案の否決】 修正案が提出されると、それに対する判断は原案についての可否に付加されるものなので、表決に際しての選択肢が増えることとなる。

修正案の数が増えて、各々が複雑な内容を持つ場合には、採決の順序を決めることも容易でなく（•••▶第130条【修正動議の採決順序】）、それぞれの支持者の思惑も錯綜して、必ずしも最大公約数的な部分で妥協が図れるわけでもない。

また、複数の修正案が共通の内容を含んでいるとして共通部分と非共通部分を分けて採決するような操作（参先324 □）を施すと、議員から見て何が採決対象であるのかが不明確になり、結果としていずれの修正案も否決されるおそれがあり、しかも原案のままでは支持が得られず否決されてしまう、意見収斂の失敗とでもいうべき事態に立ち至ることもあり得る。本条は、このような懸念に応える特例規定である。

修正案及びその原案が共に過半数の賛成を得なかった場合、議院は議案を廃棄しないことを議決することができる。

採決対象が否決されるとその実現の道は閉ざされ、一事不再議の原則により、その会期においては再提出することもできない。本条の規定は、これに対する特則に当たり、議案の審議過程に特別な事情が認められる場合に議院の議決により特殊手

---

[17]森本昭夫「一事不再議の原則と新たな分析」議会政策研究会年報2号（1995）159頁。

304

§ 132

続に入ることができるとした。

「修正案」は、複数のものが出されているときには、その全てを指す。

「その原案」とは、修正案が修正を施そうとする対象である議案のことである。

修正案が可決され、除く原案が否決されることも各議員の意思が交錯して生じる点で本条の規定する場合に近い事態であるが、例外規定の適用には厳格であるべきで、本条を類推適用することはできないものと解する（•••▶第131条【修正案・原案に対する態度】）。

「過半数の賛成を得なかつた」は、「否決」の語が採決の確定結果を示すこともあるために言い換えたものである。

可否同数の場合が問題となるが、そのときには議長が決裁権を行使しなければならず（憲56Ⅱ）、議長が可と決した場合を「過半数の賛成を得なかつた場合」から除かなければならない。否と決したときは、そのまま「過半数の賛成を得なかつた場合」に当たる。

本条は、憲法改正原案についても準用されており（参憲規26）、その場合には「過半数」を「総議員の3分の2以上」に読み替える必要がある。

「議案を廃棄しない」とは、議院の審議の結論として否決としないとの意味である。参議院が後議の場合には参議院の否決が必ずしも議案の廃棄とならないため（憲59ⅡⅢ、60Ⅱ、61）、「廃棄しない」との表現は正確さを欠く（寺光・参規169頁）。

「議決」は、議長発議によっても議員の動議によっても可能である。

議案を廃棄しないことを求める動議は、採決の結果を受けて、議長が「否決されました」と結果宣告した後でも可能である。ただし、原案が衆議院の議決を経ている場合には、共に過半数の賛成を得なかつたことを受けて衆議院にその議案を返付することとなっている（国83の2ⅠⅢ）ので、それまでに廃棄しないことを求める必要がある。

【否決議案の再付託】議院が議案を廃棄しないことを議決したときは、特に委員会に付託してその案を起こさせる。

議案を廃棄しないとの議決により、当該議案は原案のままで議院に係属する状態が続くが、特別の手続によらなければ審議を続けることができない。修正案は原則どおり消滅する。

「特に委員会に付託」の対象については、その議案に代わる案の起草原案とする理解（鈴木・理論103頁）と新たな修正案の起草と解する理解（佐藤（吉）・参規244頁）がある。一見すると技術的な問題であるが、前説の立場では、代案と過半数の賛成を得なかつ

第8章　会議　　*305*

§ 132

た当初の議案との同一性を保持できず、衆議院の議決を経ている場合でもそれが無効となってしまうことになる。特に予算の場合には取り得ないとの評価が可能である。後説のように修正案の起草と解するのが妥当である。

「委員会」は、さきに審査した委員会が常任委員会の場合には同じ委員会でもよく、特別委員会の場合でも、議案を廃棄しないとの議決により特例的に存続することとし、再付託が可能であると解する。

「その案を起こさせ」とは、改めて議決対象となる案の内容を起草させることであるが、過半数の賛成を得なかった議案との同一性を保持させるためには、それに対する新たな修正案を起草させることを意味することとなる。

付託された委員会には過半数の賛成を得なかった原案は託されず、委員会がその可否を決することはできない。特例的に認められている手続であるので、起案する修正案が既に否決された修正案と同じ内容のものとなること又は原案の内容に戻すものであることを妨げない。

「ことができる」は、手続全体を特例として認めることを示すものであり、議案を廃棄しないことを議決したときには、議長は付託を義務付けられる。

【新修正案の審議】委員会で案を起草したときは、その報告を得て会議に付す。

新たに修正案を得たときに再審議することを特別に認めるものである。

「その報告を得て」とは、委員会で結論を得た後に議長に対して報告書が提出されることを意味する。

「会議に付する」は、一旦過半数の賛成を得なかった議案及び新たに委員会が起草した修正案を一体として、すなわち、同修正案が溶け込んだ内容の原案を審議対象とし、その可否を本会議で審議することを意味する。

付託案件の審議であるので、委員長報告からスタートする。

特別に認められた審議手続であり、委員会起草に係る修正以外の選択肢はないものと解する。すなわち、原案に対して議員が修正動議を提出することは認められない。採決が複雑化することで、いずれの案も過半数の賛成を得ない事態を繰り返すこととなりかねないからである。

「ことができる」は、特別手続を認めることを意味するものであり、本会議で審議することもしないことも可能であるという意味ではない。報告書が提出されれば、本会議に上程することを要する。

この修正を施した案が否決されたときは、もはや改めて本条の手続を採ることはできない。

§133

付託された委員会が新たな修正案を起草するに至らない場合は審議未了となる。特殊例外の手続であるので、中間報告の制度（国56の3）を起動させる余地はない。

【衆議院との関係】 議案を廃棄しないとの議決がなされた場合、その議案は否決となっていないため、議長は衆議院に議決通知（国83ⅠⅡ、87Ⅰ）や返付（国83の2ⅠⅢ、87Ⅰ）を行ってはならない。したがって、原案が衆議院の議決を経ている場合でも、衆議院はそれを否決と見て、再議決を試みたり（憲59Ⅱ）、両院協議会を求めたり（国84Ⅰ、85Ⅰ、87Ⅱ）することはできない。

また、この場合、議案は参議院に係属した状態が続くので、「参議院が、衆議院の可決した法律案を受け取つた後」の期間（憲59Ⅳ）は停止しない。予算や衆議院先議の条約について（憲60Ⅱ、61）も同じである。したがって、その期間が満了すれば参議院の委員会で再審査中であっても、衆議院は、法律案の場合には否決とみなす議決を行った上で（憲59Ⅳ）、両院協議会を請求したり（国84Ⅰ）、出席議員の3分の2以上の多数による再議決を行う（憲59Ⅱ）ことができる。予算や衆議院先議の条約の場合、自然成立（承認）となる。

【対案関係への応用】 修正案が提出されている状況のほかにも意見収斂の失敗という事態が生じることがあり得る。すなわち、複数の議案が対案関係にある場合も選択肢が多岐にわたることとなり、その結果、いずれの議案も可決に至らないという場合である。しかし、いやしくも一旦出した採決結果を覆す効果を発生させるには明文の根拠を必要とし、対案関係にある議案に対する本条の類推適用は行えないと解する。

〔 修正議決の条項・字句整理 〕

第133条 議院は、修正議決の条項及び字句の整理を議長に委任することができる。

> 制定時（昭22.6）
> **衆規120** 議院は、議決の結果、議案中互に牴触する事項、条項、字句、数字その他の整理を必要とするときは、これを議長に委任することができる。

本条は、修正議決の条項の字句の整理について規定するものである。

【修正議決の整理】 修正案の立案は法制局の審査を経るため、その内容が原案に施された場合の整合性は保証されている。ただし、複数の修正案が出され、共通部分

第8章　会議　**307**

§ 133

と非共通部分に分けるような分割採決を行った場合には当初の修正案を一体として実現できない可能性があり、また、議案中の異なる部分を対象とする複数の修正案がいずれも可決された場合には修正案相互の整合が図られていないのが通常である。

その場合には、修正を施した結果、法体系上矛盾を生じたり、成立した議案が完結しないものとなったりすることも考えられるため、その対策が必要である。

議院は、修正議決の条項及び字句の整理を議長に委任することができる。

不整合や矛盾を改めて審議の対象とすると時間を要し、党派的な議論がなされるおそれもあるため、中立的な立場に委ねる方法を認めたものである。

「議院」を主体として規定しているため、本会議における議決によることが要件となる。

「修正議決」とは、本会議における議案の審議において修正案及び原案を共に可決することである。

「条項及び字句」は、修正案に含まれていた部分だけでなく、整理に必要な範囲であれば原案に含まれていた部分でもよい。

「整理」とは、修正を施したことによる不体裁を修復することである。原案及び修正案の意図するところに従い、矛盾や不整合を解消させるための必要最小限の操作にとどめるべきである。

「委任」とは、留保や条件を付さないで委ねることである。

条項、字句の整理の必要性は事務的な判断が可能であり、整理を行うことについては議長がイニシアティブをとって委任を受けるよう発議すべきである。

委任の議決がなされないときは、その整理を院として行うこととなり、そのための案を議長から提示して本会議で承認の議決を受ける方法によらざるを得ないだろう。ただし、国会の議決を要する議案では、他院の審議が控えていることに注意を要する。

第 6 節　表決

制定時（昭 22.6）

本節は、本会議における表決について規定を置いている。

【表決】「表決」とは、会議が意思決定を行うために、個々のメンバーが問題に対する賛否を表示する行為のことである。

会議の主宰者の側から見て「採決」と表現することもある。すなわち、表決を採

ることである。

　本会議での表決の方法には様々なものがあり（参規137 I、138、140の2、143）、その中で「投票」と称するものは、議員の個別の意思表示が議長サイドに届き、賛成、反対の票数を厳密に勘定できるものを指している。

【表決の会議録記載要求】憲法第57条第3項は「出席議員の5分の1以上の要求があれば、各議員の表決は、これを会議録に記載しなければならない。」と規定している。

　憲法第57条第3項の対象とするのは各議院の本会議である。「会議」の語が出てこないが、同条第1項及び第2項の規定を受けて同じ対象について規定しているものと解されている。

　「出席議員」は、要求の時点で議場に現在する議員である。議長席に着いている議長又は副議長も含まれる。国務大臣として出席している参議院議員も議員としての権能を行使できるため、議席に着くことで出席議員に含まれると解する。

　「5分の1以上」は、連名であることが求められていないので、個別に要求している議員の数を合わせて5分の1に達すれば足りる。

　「要求」の内容は、各議員の表決の会議録記載である。憲法上は、様式について規定しておらず、口頭によることも可能である。ただし、人数を確認する必要があるため、書面によるのが実際的であろう。

　「表決」には、議長等の選挙や内閣総理大臣の指名は含まれない。この点については、これらの選挙を除外する理由はないと解する説（宮澤・コメ438頁）が有力である。議員の政治責任の確保という観点からは必要なことかもしれないが、「表決」の語には収まらないと解する。現行制度上、議院の役員の選挙は無名投票によることとされており（参規4 II）、その理由は「議員が、何ものにも拘束されることなく、真に自己の良心に従って投票を行い得るようにすることと、当選した議長が、議長としての職務を円滑に行い得るように、また、投票した議員自身も気まずさを残さないようにとの配慮に基づく」と説明されている（佐藤（吉）・参規10頁）。

　なお、内閣総理大臣の指名は、現行規則上、記名投票によることとされており（参規20 I）、各議員の投票内容は当然に会議録に掲載される（参先382）。

　「各議員の表決」とは、表決に参加した議員それぞれの投票内容のことである。参加しなかった議員を記載する必要はない。

　参議院規則では、出席議員の5分の1以上の要求があるときは記名投票で表決を採ることとされている（参規138）が、憲法第57条第3項との関係では、各議員の投

§134

票内容が記録に残る形の採決方法によることとすれば足り、押しボタン式投票によって対応することも可能なところである。

「会議録」は、憲法第57条第2項で規定されている「会議の記録」と同じものであり、その表決を行った会議の内容を記載した文書のことである。議院で保存する会議録だけでなく、公表し、一般に頒布するものにも記載しなければならない。

現在の取扱いの下では、記名投票や押しボタン式投票での各議員の表決態度は当然に会議録に記載されることになっている（参先382）が、これに対して記載しないことを求める手続は用意されていない。

秘密会と表決の会議録記載要求の関係については、『逐国』第63条【秘密会の会議録】の説明参照。

〔 表決の条件付加禁止 〕
第134条　表決には、条件を附することができない。

制定時（昭22.6）
　　衆規149　表決には、条件を附けることができない。

本条は、表決に際しての条件付加の禁止について規定するものである。

【条件付表決の禁止】表決には条件を付すことができない。

採決の結果は即時に確定されなければならず、その結果を事後の事実に係らしめることはできない。

また、採決は議論を尽くした上で行われるので、各議員は審議過程において出された資料に基づいて態度を決しなければならず、採決より後に生じる事象を態度決定のための判断材料とはできないことを示している。

「表決」は、個々の議員の表決態度を指す。

「条件を附する」とは、賛成か反対かを示すに当たり、将来発生するか否か不確実な事実の成否に係らせることである。

例えば、担当大臣が辞任することを条件として法案に賛成するという態度である。

仮に条件を付して表決態度が示された場合には、その表決態度を無効とするのではなく、条件が付されていない態度として有効視すべきである。なぜならば、条件を付さない通常の場合でも、将来の事実が生起する蓋然性の予測に基づいて表決態度を示すことが多く、それに類した態度とみなすことは不当ではないからである。

なお、現行の採決方法は起立、記名、押しボタン、異議の有無の4種類で、単純

§135

に賛否を表示するだけのものであり、議員は条件を付す手段を持たない。

【議決への条件付加】本条は個々の議員の表決態度についての規定であるが、議院の議決にも類推適用されると解されている（佐藤（吉）・参規246頁）。採決の結果を即時に確定させるためには、議員の表決態度だけでなく、そもそも議決自体を条件に係らしめることを禁止しなければならないからである。

議決に付す「条件」に当たるか否かは微妙な判断を要する。例えば、「議院がある人事官の任命に同意を与えるという場合に、その候補者が承諾するならばといって同意をする」というのが条件を付した議決に当たるとの理解が見られるが[18]、これは議決の内容に条件が含まれているケースであり、条件付加には当たらないと解することも可能である。すなわち、候補者が承諾しない場合には議決が遡って無効となるものではなく、有効に確定した議決がその内容に基づく効果を発生しないとする解釈である。

基準を定型的に示すことは甚だ困難であるが、後者の理解で足りるであろう。

【修正案と除く原案の一括採決】本条との関係で問題を含んだ採決パターンがある。議案審議で修正案が出された場合の修正案とその修正部分を除く原案の一括採決である。委員会審査の結果が修正議決であった場合に、委員会決定のとおり修正議決することについて採決するという方法が先例化されている（⸱⸱⸱▶第131条【委員会提出修正案の採決】）。本来であれば、修正案が可決された後に除く原案を採決するという手順を踏むのであるが（⸱⸱⸱▶第131条【除く原案方式】）、両者を一括して採決することは、修正案が可決されることを見越していることとなる。

議員の側から見ると、表決態度を示す時点では修正案は可決されておらず、除く原案部分についての判断においては修正案の可決が将来の不確定事項のはずである。自己言及の持つ論理的な危うさをはらんでいると言えよう。しかし、これを条件付表決として違法視するほどのことはない。修正案の可決は除く原案に対する賛否を左右する事象として働くのではなく、採決を行うための前提として仮定したものにすぎないと解してよいだろう。

〔不在議員の表決参加禁止〕

　第135条　表決の際に、現に議場にいない議員は、表決に加わることができない。

18「座談会　期限付逮捕許諾は是か非か」ジュリスト54号（1954）15頁〔佐藤功教授の意見〕。

第8章　会議　*311*

§ 135

制定時（昭 22.6）

衆規 148　表決の際議場にいない議員は、表決に加わることができない。

　本条は、議場に居ない議員の表決参加禁止を規定するものである。

【会議の場所】 本会議を行う場所は議院構内の議場であり、これは自明のこととされている（•••▶第 86 条【招集日時】）。

　会議の場所を特定することは、そこで議事を執り行うことを意味するが、加えて、そこに来た議員だけを出席者として会議に参加することを認める趣旨もある。

【不在議員の表決参加禁止】 表決の際に、現に議場に居ない議員は表決に加わることができない。

　議場に居ない議員が会議に参加できないことのうち、表決に係る部分だけを抜き出して規定したものである。代理者が表決に参加したり、不在者投票や遠隔地投票を認める主義を考え得るのに対し、それを採用しないことを明示したものである。

　「表決」とは、個々の議員が賛否の態度を表示して、その集計により議院の議決に至らせる行為である。**第 137 条〔起立採決〕** 以下に規定される採決方法（起立、記名、押しボタン、異議の有無）のいかんを問わない。

　「現に」とは、その時点でという意味である。表決時がそれへの参加の可否の基準時であり、それまでの審議過程に参加していたか否かは問われない。また、当人が表決態度を表示すべき時に居れば足り、結果の宣告時に在席することまで求めているわけではない。

　記名投票は時間を要する表決方法であり、本条の「現に」の意味するところを一時点に限る扱いを行っている。すなわち、議長の問題宣告直後を基準時とし、その時点で議場に居ない議員が表決に加われないように議場を閉鎖するのである（参規 140）。

　「議場」とは、本会議の議事を行うための四囲を壁で囲まれた空間のうち、議席の設置されているフロア及び演壇の設けられているフロアを指す。

　「いない」理由は問わない。公務出張の場合でも表決に加わることができないが、会議録にはその旨が記載される（参先 381）。

　「議員」は、議事に参加し得るのが参議院議員であることを前提としている。

　「表決に加わる」とは、表決態度を表示することである。

　「できない」とは、物理的にできない結果として表決態度がカウントされないことだけでなく、不在者でも参加できる特別の手続を認めず、他の在席議員が代行する

312

§136

ことも禁じる趣旨である。

　本条は表決に加わることのできない者について規定するが、その反対解釈も成り立つ。参議院議員で議場に居る者は表決に加わることができる。国務大臣等として出席していても、立場を議員に戻して表決に参加することは可能である。議長席に着いている議員が表決に加わらないことは本条から導かれるものではない（⋯▶『逐国』第50条【委員長の表決権】）。

〔採決時の問題宣告〕
第136条①　議長は、表決を採ろうとするときは、表決に付する問題を宣告する。
②　議長が表決に付する問題を宣告した後は何人も議題について、発言することができない。

　　　　　　制定時（昭22.6）、第6次改正（昭30.3）
　　　　衆規150①　議長が表決を採ろうとするときは、表決に付する問題を宣告しなければならない。
　　　　②　議長が表決に付する問題を宣告した後は、何人も議題について発言することができない。

　本条は、採決時の議長による問題宣告とその効果について規定するものである。

【表決の時期】議案の審議においては、討論終局宣告により議員の討論の発言は許されず（⋯▶第122条【討論終局】）、審議は最終段階の表決に移る（参規49参照）。討論通告がなく、無通告の発言希望がない場合も同様である。

　動議等について討論を認めないものがあり（国61Ⅱ、74Ⅲ、参規88、111Ⅱ、120Ⅱ、130、158Ⅱ、191、216、238Ⅱ）、その場合には直ちに採決を行う。

【問題の宣告】議長は、表決を採ろうとするときは、表決に付す問題を宣告する。

　何が採決の対象であるかを明示し、議員に対して表決態度を示せるよう準備を促す趣旨である。

　「表決を採ろうとするとき」とは、議員に賛否の態度を表示させ、それを集計して院の議決に至らせる行為を行おうとするときのことである。議案審議の場合、討論終局を宣告したとき又は討論より前の審議段階が終わった後に討論の希望がないときがそれに当たる。討論を許さない動議については、動議が成立した直後となる。

　「表決に付する」とは、議員が賛否の態度を示す対象に供することである。

　「問題」は、一般的には議題と一致するが、例外もある。複数の案件が一括して議

第8章　会議　　313

§136

題とされる場合には個別の案件ごとに採決するので、それぞれが「問題」となる。修正案が提出されている場合には、原案とは別に採決の対象となる（••▶第131条【除く原案方式】）。

【一括採決】採決は案件ごとに行うのが原則である。ただし、複数の案件を一括議題としているとき、全ての議員の表決態度が同じであると予想される案件を一括して表決に付すことは可能である（参先325）。一括しても賛否の態度を示すのにいずれの議員も不自由を感じることがないからである。

　一括して採決する旨の問題宣告に対しては、議員は異議を申し立てることができる。1人でも可能である。一括された2案に対して、一方に賛成・他方に反対である者としては自分の意思どおりに表決権を行使できなくなるからである。この異議が出されれば、議長は個別に採決しなければならない。

　修正案は独立して採決対象としなければならないが、委員会から提出された修正案については、委員会決定のとおり修正議決することについて採決する例であり（参先323）、修正案と除く原案が一括されていることになる。その問題点については、第134条【修正案と除く原案の一括採決】の説明参照。

【分割採決】案件を分割して採決することは、原則として認められない。一部が可決されて一部が否決となる可能性が出てくるためで、その場合、成立した議案が内容の完結しないものとなったり、法体系上矛盾を来すおそれがある。

> ◆事例
> 　議案を分割して採決した事例がある（参先327）が[19]、個々の条文の独立性、完結性が高い場合として例外的に認められたものであろう。

　議員は案件に対する態度を案件全体として形成しなければならず、案件の一部について他の部分とは賛否を異にする意思を有していても分割して採決する旨を要求することはできない。そのような場合には、反対である部分を成立させないような修正案を提出する手段を採るべきである。

　修正案の採決において除く原案方式による場合、1つの議案を2つの部分に分割して採決するかのような形になる（••▶第131条【除く原案方式】）。その場合の修正案が可決されて除く原案が否決されるという問題については、第131条【修正案・原案に対する態度】の説明参照。

　さらに、修正案否決後に原案全部を諮るのではなく、原案中修正案に対応する部分と残りの原案とに分けて採決する方式が提示されているところである（寺光・参規

---

19 第1回国会参議院会議録第36号（昭22年10月11日）491頁（刑法の一部を改正する法律案）。

314

§ 137

168頁)。その問題点については、第131条【修正案の採決】の説明参照。

【問題宣告の効果】議長が表決に付す問題を宣告した後は、何人も議題について発言することができない。

　表決の問題宣告は議論が終了して結論を出そうとするものであるので、この段階に至って発言を認めると議論を蒸し返すこととなるため、その点を確認するために規定を置いたものである。

　「何人も」とは、本会議の出席者全員を指す。出席者以外の者はもとより発言することがあり得ない。

　「議題について」とは、議題となっている案件についての報告の趣旨弁明、質疑、討論等、その内容に係るもののことである。したがって、議事進行に関する発言を求めることは可能である。例えば、表決の問題に対する異議申立て（参規137Ⅱ、143但）や表決方法についての要求（参規138後）である。

〔起立採決〕

第137条①　議長は、表決を採ろうとするときは、問題を可とする者を起立させ、その起立者の多少を認定して、その可否の結果を宣告する。

②　議長が起立者の多少を認定し難いとき、又は議長の宣告に対し出席議員の5分の1以上から異議を申し立てたときは、議長は、記名投票又は押しボタン式投票により表決を採らなければならない。

> 制定時（昭22.6）、第6次改正（昭30.3）、第13次改正（平10.1）
> **衆規151①**　議長が表決を採ろうとするときは、問題を可とする者を起立させ、起立者の多少を認定して、可否の結果を宣告する。
> ②　議長が起立者の多少を認定しがたいとき、又は議長の宣告に対し出席議員の5分の1以上から異議を申し立てたときは、議長は、記名投票で表決を採らなければならない。

　本条は、起立採決の方法及び他の採決方法への移行について規定するものである。

【採決方法】議長は、表決を採ろうとするときは、問題を可とする者を起立させ、その起立者の多少を認定して、その可否の結果を宣告する。

　採決を行う場合、起立採決の方法によるのを原則とすること（起立採決原則）を規定している。

　本条のほかに、第138条〔記名投票による場合〕以下で記名投票、押しボタン式投票、異議の有無による採決が規定されている。委員会で行われるような挙手採決は方法

第8章　会議　　*315*

§137

として認められていない。

　議院規則上は、特段のことがなければ起立採決によるとの規定の立て方となっている。起立採決が短時間で済むメリットを持つことに基づいている。

　ただし先例により、議案の採決に関しては押しボタン式投票によるのが原則とされている（参先329）（•••▶第140条の2【押しボタン式投票による場合】）。

【起立採決】 起立採決は、議員の表決行動として起立と着席を用意する方法であり、一般論として、厳密な認定を要しない場合に採用し得るものである。起立者及び着席者の数を参事に勘定させた上で認定することによって、賛否拮抗が予想される場合にも対応が可能であるが、現実的ではない。

　特に要件を付していないため、議長は特段の事由がなければ起立の方法によって採決することができる。

　「表決を採ろうとするとき」とは、議員に賛否の態度を表示させ、それを集計して議院の議決に至らせる行為を行おうとするときのことである。

　「問題を可とする者」とは、表決の対象に対して賛成する者のことである。

　「起立させ」とは、自席で立ち上がらせて、着席している者と区別できるようにさせることである。

　起立することが困難な者については、挙手で代替することを特に認めることができる。

　法規上、議長席に着いている議員にも表決権が認められており、その行使も可能である（•••▶『逐国』第50条【委員長の表決権】）。その場合は、議長席において起立（又は挙手）するほかない。ただし先例上は、議長席にある議長又は副議長は表決に加わらないこととされている（参先66）。したがって、議長席に着いている議員が座ったままでいても、反対の意思表示と解することはできない。

　国務大臣として出席している参議院議員が表決権を行使する場合には、採決時に自分の議席に移らなければならない。

　「その可否の結果」とは、採決の結果である可決か、否決かのことである。

　起立採決で可否同数を認定することは困難であると思われるが、議長がそれを確実であると認めるときは、その旨を宣告した上で決裁権を行使しなければならない（憲56Ⅱ）。

【棄権の取扱い】 採決において過半数算定の基礎に棄権者を含めるべきか否かについて争いがある。言い換えると、憲法第56条第2項の「出席議員」に棄権者を含めるか（積極説）、含めないか（消極説）であるが、参議院では、表決における棄権を認

§137

めていない。すなわち、消極説の立場を採用している。詳細については、『逐国』第50条【棄権の取扱い】の説明参照。

　異なる採決方法は手続に繁閑の差があるだけで、採用する方法によって結果が変わることがあってはならず[20]、参議院の採用する主義によれば、起立採決においても過半数算定の基礎に棄権者を含めてはならないことになる。

　この点につき、起立採決の方法が可とする者だけを特定して多少を認定することから、積極説の立場においてのみ採用が可能であるとする見方もある[21]。この方法の下では、起立していない者が反対であるか棄権であるかを問うていないからである。

　しかし、棄権の意図するところを理解すれば、起立採決の下でも自動的に消極説が実現されることが判明する。すなわち、起立した者の多少、すなわち、在席者中過半数を占めているかどうかで結果が出される取扱いの下では、可決にも否決にも寄与する意思のない者は座っていては反対者と同じように扱われるので、自らの意思を実現するためには退席を余儀なくされる。その結果、着席している者の中には棄権者が混在せず、全て反対の意思を持つ者とみなせることとなる[22]。

　したがって「起立者の多少」とは、起立した者と着席している者の数を比べてどちらが多いかということと解釈できる。

　議長が表決に加わらない取扱いの下では、議長は起立者の数にも着席者の数にも加えない。

　「認定して」とは、起立者が多ければ可決、着席者が多ければ否決と認めることを指す。

【異議申立て】議長の宣告に対し、議員は異議を申し立てることができる。

　起立採決が正確さを副次的な要請とした方法であることに鑑み、採決結果の認定を議長の専権事項としなかったものである。

　申立ては議長の宣告に対して直ちになされることを要し、様式が定められていないため口頭の発言で可能である。議事進行に関する発言に当たるため、通告することを要するとされている（参規123 I）が、通常はそのいとまはなく、時機を逸してしまうことを理由として通告を省略することも認められよう（•••▶第123条【議事進行発言の通告】）。

---

20 今村成和「多数決と白票」北海道大学法学会論集10巻合併号（1960）19頁。
21 今村・前掲20 19頁。
22 森本昭夫「憲法第56条第2項における棄権の位置付け―採決パラドックスの解法」立法と調査323号（2011）72頁。

第8章　会議　　*317*

§137

ただし、異議申立てが功を奏するのは、人数要件を満たした場合である（⸱⸱⸱▶本条【他の採決方法への移行】）。

【他の採決方法への移行】議長が起立者の多少を認定し難いとき、議長は記名投票又は押しボタン式投票により表決を採らなければならない。

起立採決は議長が議場を見渡して結果の認定を行うものであるため、賛否が僅差の場合には厳密な認定を行える他の採決方法に移行して採決をやり直すこととしたものである。

「認定し難いとき」とは、起立者と着席者のどちらが多数かを議長が自信を持って判断できないときのことである。

「記名投票」とは、第138条〔記名投票による場合〕ないし第140条〔議場閉鎖〕及び第141条〔投票の結果宣告〕で規定する採決方法のことである。

「押しボタン式投票」とは、第140条の2〔押しボタン式投票による場合〕ないし第141条〔投票の結果宣告〕で規定する採決方法のことである。

「又は」と規定されているが、いずれの方法によるかは議長が決定することができる。

「表決を採らなければならない」とは、最初に行った起立採決の手続を中止して、もう1度別の方法で採決し直さなければならないという意味である。

議長の宣告に対し出席議員の5分の1以上から異議を申し立てたときは、議長は記名投票又は押しボタン式投票により表決を採らなければならない。

議員の異議申立権についての要件を定めたものである。

憲法第57条第3項で表決結果の会議録記載要求を認めていることから、それと同じ要件で個々の議員の表決態度を厳密に認定するための採決方法に移行することとした。

「議長の宣告」とは、採決の結果が可決・否決・可否同数のいずれであったかの認定に基づく宣告である。

可否同数の場合に議長が行使した決裁の内容は異議申立ての対象とはならない。

「出席議員」とは、申立てを行う時点で議場に現在する議員を指す。議長席に着いている議員を含む。国務大臣等として出席している参議院議員は、議席に着くことで分母にカウントされる。

「異議を申し立てたとき」とは、議長の認定が誤っている又は誤っているおそれがあることを理由として、正確な方法で採決をやり直すべきである旨を申し立てたときのことである。

$§138$

「5分の1以上」とは、個別の申立ての議員の数を合わせて5分の1に達すれば足りると解する。

人数要件を満たした異議申立てがあると、それだけで採決のやり直しを要する。一旦行った結果の宣告は無効となる。

議長は異議申立てがあれば、それが採決やり直しのための人数要件を満たしていない場合でもその旨を告知し、他に異議申立者がないかどうかを確認すべきである。先例上は、申立者の数が明らかでないときは、議長は起立又は押しボタン式投票装置により数えることとしている（参先340）。

採決やり直しの場合も、記名投票によるか押しボタン式投票によるかは議長が決定できる。記名投票要求の場合（参規138後）とは異なり、ここでは起立採決でスタートしているため、記名投票に限定されるものではなく、表決数を正確に把握できる方法でさえあればよいこととしたものである。

異議申立ての人数が出席議員の5分の1に達しないときは、議長の結果宣告がそのまま有効なものとして確定する。

〔記名投票による場合〕

第138条　議長は、必要と認めたときは、記名投票によつて、表決を採ることができる。出席議員の5分の1以上の要求があるときは、議長は、記名投票により、表決を採らなければならない。

制定時（昭22.6）、第6次改正（昭30.3）
　衆規152　議長が必要と認めたとき、又は出席議員の5分の1以上の要求があつたときは、記名投票で表決を採る。

本条は、記名投票により採決を行う場合について規定するものである。

【記名投票による場合】議長は必要と認めたときは、記名投票によって表決を採ることができる。

起立採決原則（⟶第137条【採決方法】）に対し、例外的に、記名投票を行うべき場合を議長が判断できることを規定したものである。

「記名投票」とは、投票者が名前を明らかにして賛否を表示する表決方法のうち、投票に木札を用いるものである。

「記名」の趣旨は、誰が投票したかが判明するだけでは足りず、各投票者がどのような内容の意思を示したかが明らかになることまで求めるものである。

第8章　会議　　**319**

§ 138

「必要と認めたとき」とは、議長が起立採決では不都合な事情があると判断したときである。具体的には、起立採決によっては可否の認定が困難であると予想されるとき、各議員の表決内容を公表すべきと判断するとき等である。

ただし、これらの必要性は、現在では押しボタン式投票（参規140の2）によっても満たされるところである。

「表決を採ることができる」とは、議長の判断によって可能であることを示しており、これに対しては議員からの異議申立てはできない。

出席議員の5分の1以上の要求があるときは、議長は記名投票により表決を採らなければならない。

憲法第57条第3項で表決結果の会議録記載要求を認めている（・・・▶本節概説【表決の会議録記載要求】）ことから、その具体的方法として、規則は記名投票によるべき旨を議員が要求できることとしたものである。

「出席議員」、「5分の1以上」については、**第137条【他の採決方法への移行】**の説明参照。

「要求」は、議長の問題宣告の前又は直後になされることを要し、様式が定められていないため口頭の発言によるが、議事進行に関する発言であるため、通告することを要する（参規123 I）。人数要件があるため、文書での申立てが実際的である。

「記名投票により」とは、**第139条〔記名投票の方法〕**及び**第140条〔議場閉鎖〕**で手続を規定した採決方法によることを義務付けるものである。

記名投票の機能が押しボタン式投票によって代替できることに鑑みると、記名投票要求は、重要議案の表決であることを示すセレモニー的要素が強いと言える。

憲法で規定する各議員の表決の会議録記載のために必ずしも記名投票による必要がないことについては、**本節概説【表決の会議録記載要求】**の説明参照。

【記名投票の効果】本条後段が規定する出席議員の5分の1以上による要求は、憲法第57条第3項の規定の具体化として位置付けられているため、要求に基づく記名投票の結果は各議員の表決内容を含めて会議録に掲載しなければならない。

しかし、起立採決と記名投票の差は、①厳密な集計が容易か否か、②個々の議員の表決態度が記録し得る形で表示されるか否かの2点にあり、①の特性をいかすだけのために記名投票の方法を用いる場合には、議長は各議員の表決内容を会議録に掲載しないことも、規則上は可能であると解する。実際には、記名投票を行った場合には、個々の議員の表決態度を会議録に掲載することとされている（参先382）。

§139

〔記名投票の方法〕

第139条 記名投票を行う場合には、問題を可とする議員はその氏名を記した白色票を、問題を否とする議員はその氏名を記した青色票を、投票する。

制定時（昭22.6）
　　衆規153 記名投票を行う場合には、問題を可とする議員は白票を、問題を否とする議員は青票を投票箱に投入する。

　本条は、記名投票の方法について規定するものである。

【記名投票の方法】記名投票を行う場合には、問題を可とする議員はその氏名を記した白色票を、問題を否とする議員はその氏名を記した青色票を投票する。

　記名投票は、俗に「堂々巡り」とも呼ばれ、議員が議場内で演壇に至って個別に投票札を投じる方法である。

　「問題を可とする議員」、「問題を否とする議員」とは、それぞれ表決の対象に対して賛成する議員、反対する議員のことである。

　「その氏名を記した」とは、誰の投票であるかが分かるように、投票者の氏名が記してあることを要する旨を規定するものである。

　実際には、各議席に備えてある木製の投票札に議員名が記されており、投票者本人が自署することを要しない。無効票の出る可能性はほぼないと言ってよい。

　「白色票」は、賛成の投票に用いるための白木の木札であり、「青色票」は、反対の投票に用いるための木札で、実物は青緑色に着色されている。

　「投票する」は、各議員の表決態度を議長サイドに届けるための行為を指す。具体的には、議員が参事による氏名点呼に応じて順次自席から演壇に至り、そこに待機する参事に投票札を手交し、参事が代わって投函するものである（参先333）。

　歩行困難により演壇に登ることができない等の事情がある場合には、議長の許可により、本人の投票を参事が委託を受けて投じる（参先334）。

　法規上は、議長席に着いている議員にも表決権が認められ（⋯▶『逐国』第50条【委員長の表決権】）、それを行使する場合は、議長から託された参事が代わって投票する方法によるべきである。ただし、先例上、議長席にある議長又は副議長は表決に加わらないこととされている（参先66）。

　国務大臣として出席している参議院議員が表決権を行使する場合には、採決時に自分の議席に移った上で自ら投票する。

第8章　会議　*321*

§140

賛成でも反対でもない議員には投票行動は用意されていない。各議員の議席に備える投票札は白色票と青色票だけであり、棄権を積極的に表示する方法はない。

棄権者の取扱いについては、**第141条【棄権の取扱い】**の説明参照。

【投票時間の制限】記名投票では、議員が自分の議席から演壇まで歩行することを要するため、これを利用して議事妨害が行われることがある。歩行の速度を落とすことにより記名投票に要する時間を長引かせ、議題となっている案件が議決に至ることを妨げる、いわゆる「牛歩戦術」である。抗議の意思表示として使われることもある。

これは投票行動に付随して認められる抵抗手段との見方もあるが、議長は対抗措置として投票時間を制限することが可能である。議事整理権に基づくもので、議院に諮ることを要しない。

> ♣衆議院では〔投票権の放棄〕
>
> 　衆議院規則では、投票時間制限を前提とした規定が置かれており、その時間内に投票しない者を棄権したものとみなすことができるとしている（衆規155の2）。

　〔議場閉鎖〕

　第140条　記名投票を行うときは、議場の入口を閉鎖する。

　　　　　　　制定時（昭22.6）
　　　　　　　　衆規154　記名投票を行うときは、議場の入口を閉鎖する。

本条は、記名投票の際の議場閉鎖について規定するものである。

【議場閉鎖】記名投票を行うときは、議場の入口を閉鎖する。

記名投票は時間を要する表決方法であり、議院の意思が確定する時を明確にするために出席議員を固定する趣旨であるとされる。そして、議場を閉鎖して表決数を確定させることを目的とするとの説明がなされている（佐藤（吉）・参規251頁）。しかし、記名投票時に議場に居る議員でも投票を行わないことが可能である。採決の結果は、投票された白色票と青色票の比較によって決せられ、投票しなかった議員の数を確認する手続は採られない（•••▶第141条【棄権の取扱い】）。このことからすると、議場閉鎖によって在場議員を固定することは、憲法第56条第2項の「出席議員」を明確にするための手続とは考えられない。

本条の趣旨としては、第135条が規定する不在表決の禁止に係る「現に」の基準

322

§140の2

時を議場閉鎖時とし、その時点で議場に居ない議員が表決に加われないようにする程度の意味しか認められない。英国議会の分列採決における議場と採決ロビーの間の扉の閉鎖が議場閉鎖のように映り、帝国議会で記名投票時に議場を閉鎖することにつながったのではないかとの見方もなされている（原・概論320頁）。

「記名投票を行うとき」とは、表決を記名投票によって行う場合であり、そのタイミングは、問題宣告の後、各議員が投票を開始する直前から全ての投票が終わるまでの間である。

「議場の入口」とは、議員が出入りする議場南側の扉を指す。

演壇に通じる議場北側の出入口は、議長、副議長、国務大臣、事務局参事等が出入りするためのものであり（参先448）、その限りで閉鎖の対象外である。北側出入口から参議院議員が入場することは、常時できないこととなっている。参議院議員たる国務大臣は、議場閉鎖時でも必要な場合には北側出入口から出入りすることが可能であるが、議場閉鎖後に入場して大臣席（ひな壇）から議席フロアに移動することは阻止しなければならない。

「閉鎖する」とは、施錠して出入りできなくなるようにすることである。

議長が閉鎖を命じ、衛視が施錠する。

議場閉鎖中、議員が病気その他の理由により退場しようとするときは、議長の許可を受けることを要し（参先332）、許可されたときは北側出入口から退出する。一旦退出した議員は閉鎖が解けるまで再入場することはできない。

【議場閉鎖中の定足数】議場閉鎖中の議員の退出が多数に上った場合でも、投票総数が定足数に達していさえすれば、議場内の議員数が定足数を欠いていても差し支えないとする解釈が見られる（佐藤（吉）・参規251頁）が、疑問である。

憲法第56条第1項の「議事を開き」とは、本会議の開かれている状態を継続することも含み、かつ、記名投票が本会議の議事である以上、議場閉鎖中に議場内の議員が総議員の3分の1を割るのは定足数を欠く事態であると解する。このような事態は、野党が牛歩戦術を用いた場合に発生することが懸念されるのであろうが、投票時間の制限によって対処すべきである。

〔押しボタン式投票による場合〕
第140条の2　議長は、必要と認めたときは、押しボタン式投票によつて、表決を採ることができる。

第8章　会議　　*323*

§140の2

第13次改正（平10.1）

本条は、押しボタン式投票により採決を行う場合について規定するものである。

【押しボタン式投票による場合】議長は必要と認めたときは、押しボタン式投票によって表決を採ることができる。

起立採決原則（⋯▶第137条【採決方法】）に対し、例外的に、押しボタン式投票を行うべき場合を議長が判断できることを規定したものである。

> ♥運用
> 　実際には、議案及び国家公務員等の任命に関する件の採決については、原則として、押しボタン式投票によることとされている（参先329）。この先例は、本条に照らす限り、これらの採決のたびごとに議長が必要と認めることとする旨の取扱いであることを意味する。

「押しボタン式投票」とは、投票者が電子式装置の押しボタンを押して賛否を表示する表決方法である。

「投票」は、議員の個別の意思表示が議長サイドに届くことを必要とするものであり、賛成、反対の票数を厳密に勘定できるものであることを要件としている。

これに対して、個々の議員の表決態度が記録し得る形で表示されることは本条の求めるところではない。

「必要と認めたとき」とは、議長が起立採決では不都合な事情があると判断したときであり、具体的には、起立採決によっては可否の認定が困難であると予想されるとき等である。

議長は必要と認めたときに採決を記名投票によることもできる（参規138前）が、押しボタン式投票によれば短時間投票、瞬時集計が可能であり、現在導入されている装置の仕様に鑑みると、議長が記名投票を選択する必要性はほとんどないと言える。

「表決を採ることができる」とは、議長の判断によって可能であることを示しており、これに対しては議員からの異議申立てはできない。ただし、出席議員の5分の1以上から記名投票によるべき旨の要求（参規138後）があったときは、その要求が優先する。

【装置の故障】投票装置が故障して使用できない場合には、議長は押しボタン式投票によることが必要と認めることはできない。他の採決方法によらざるを得ず、原則に戻るのであれば起立採決によるが、議長が必要と認めたとき又は出席議員の5分の1以上から要求があったときには記名投票によることとなる。

投票中に議員が装置に異状を認めた場合、その旨を申し立てることができる。そ

§140の3

の申立てがあった場合又は議長サイドにおいて故障の発生を察知した場合には、その投票を無効としなければならない。

　直ちに他の方法によって採決をやり直すか、押しボタン式投票でもう1度やり直した上で復旧しないときに他の方法によるかは議長の判断による。

【押しボタン式投票の効果】現在導入されている投票装置は、個々の議員の表決態度を記録し得るものであるが、議長が必要と認めて記名投票によって採決した場合と同じく（•••▶第138条【記名投票の効果】）、議長は各議員の表決内容を会議録に掲載しないことも可能であると解する。正確な採決と記名の記録は可分な事情だからである。

　実際には、押しボタン式投票を行った場合には、その結果を会議録に掲載することとされている（参先329）。

【押しボタン式投票装置の機能】押しボタン式投票装置は、表決に用いるほか、他の用途に用いられることがある。

　本会議に出席した議員は議席に設けられている氏名標（黒色の四角柱で議員名を白書したもの）を立て、これによってセンサーが反応し、その議席の議員が出席したことを装置が認識する。それが記録され、会議録に出席議員として掲載される（参先381）。

> ♣衆議院では〔出席議員名の不記載〕
> 　本会議の会議録に出席議員の氏名は記載されない（衆規200参照）。

　装置端末の押しボタンを押すことで、定足数の確認や要求、申立てが必要人数によるものであるかの確認が可能であり、そのために使用できることとされている（参先329）。

〔押しボタン式投票の方法〕
第140条の3　押しボタン式投票を行う場合には、問題を可とする議員は投票機の賛成ボタンを、問題を否とする議員は投票機の反対ボタンを押すことによつて投票する。

第13次改正（平10.1）

本条は、押しボタン式投票の方法について規定するものである。

【押しボタン式投票の方法】押しボタン式投票を行う場合には、問題を可とする議員は投票機の賛成ボタンを、問題を否とする議員は投票機の反対ボタンを押すことによって投票する。

　押しボタン式投票における議員の投票行動を規定したものである。

第8章　会議　　325

§140の3

「押しボタン式投票を行う場合」とは、表決において、議長が押しボタン式投票による旨を宣告した場合である。

実際には、議案の採決は押しボタン式投票によることが先例化している（参先329）ため、特段の事情がなければこの場合に当たる。

「問題を可とする議員」、「問題を否とする議員」とは、それぞれ表決の対象に対して賛成する議員、反対する議員のことである。

「投票機」とは、各議員が表決内容を押しボタンによって入力するための装置である。

押しボタン式投票装置の投票機は各議員の議席に設置されており、議員は自分の議席の投票機でのみ投票できる。

「賛成ボタン」は、賛成の投票を行うときに押すボタンであり、「反対ボタン」は、反対の投票を行うときに押すボタンである。

記名投票に用いる投票札に模して、賛成ボタンは白色、反対ボタンは緑色である。

「投票する」は、各議員の表決態度を議長サイドに届けるための行為を指す。

議長の投票開始宣告から終了宣告の間、ボタンを押すことが可能である。

投票機には、それぞれのボタンに装置が投票を認識したことを示すランプが付けられている。

投票時間内であれば押し直しが可能である。また、一旦行った投票を取り消すための取消ボタンが設けられていて、投票時間内であれば、これを押すことにより取り消すことができる（参先329）。

法規上は、議長席に着いている議員にも表決権が認められ、その行使も可能である（⋯▶『逐国』第50条【委員長の表決権】）。行使する場合、議長席には投票機が設けられていないので、議長から託された参事が代わって議長の議席のボタンを押す方法によることが考えられる。ただし、先例上、議長席にある議長又は副議長は表決に加わらないこととされている（参先66）。

国務大臣として出席している参議院議員が表決権を行使する場合には、採決時に自分の議席に移動した上で自ら投票する。

賛成でも反対でもない議員には投票行動は用意されていない。投票機のボタンは賛成ボタン、反対ボタン、取消ボタンだけであり、取消ボタンを押しても棄権を表示したことにはならない。棄権者の取扱いについては、**第141条【棄権の取扱い】**の説明参照。

§141

〔投票の結果宣告〕
第 141 条 投票が終つたときは、議長は、その結果を宣告する。

> 制定時（昭 22.6）、第 6 次改正（昭 30.3）
> **衆規 155** 投票が終つたときは、議長は、その結果を宣告する。

本条は、投票の結果宣告について規定するものである。

【投票の結果宣告】 投票が終わったときは、議長はその結果を宣告する。

表決の最終手続である結果宣告について、記名投票と押しボタン式投票の両方の場合をまとめて規定したものである。

「投票」とは、記名投票又は押しボタン式投票を指す。

「終つたとき」とは、記名投票では議長が投票箱の閉鎖を命じた後、開票が終わったときであり、押しボタン式投票では議長が投票の終了を宣告したときである。

表決結果の認定は議長が行うが、表決方法により認定に至る手順が異なる。

記名投票では、演壇において参事が投票を計算し、各票数を事務総長を通じて議長に伝える。

押しボタン式投票では、投票総数、賛成者数、反対者数が議長席の端末（採決操作機）に表示される。

「その結果」とは、投票数（総数・賛成・反対）及び可決か否決かのことである。

可否同数である場合、議長はその旨を宣告した上で決裁権を行使しなければならない（憲56Ⅱ）。

「宣告」は、議長自ら口頭で行わなければならない。

> ♣衆議院では〔投票数の報告〕
> 投票結果のうち投票数の報告は、事務総長が行う例である。

押しボタン式投票では投票数が壁面の表示板に示され、議員はこれによって結果を承知し得るが、これで「宣告」に代えることはできない。

【棄権の取扱い】 採決において過半数算定の基礎に棄権者を含めるべきか否かについて、参議院では、表決における棄権を認めていない。詳細については、『逐国』第50条【棄権の取扱い】の説明参照。

記名投票において棄権を認めないとは、賛成でも反対でもない議員には投票行動を用意せず、欠席として扱うことを意味する。各議員の議席に備える投票札は白色票と青色票だけであり、棄権を積極的に表示する方法はない。投票総数も投じられた白色票と青色票の合計であり、いずれが多数かによって可否を決する。

第 8 章　会議　*327*

§142

憲法は「出席議員の過半数」で決することとしている（憲56Ⅱ）が、この取扱いの下では、棄権者は議場に現在していても出席議員には含めないこととなる。

投票総数が総議員の3分の1に達しない場合は議決定足数を満たしていないため、投票は無効となる（佐藤（吉）・参規252頁）（⋯▶『逐国』第49条【棄権者の扱い】）。

押しボタン式投票においても、記名投票におけると同じである。賛成・反対いずれのボタンも押さない議員は投票に加わらなかった者とするとされている（参先329）。

【結果宣告に対する異議申立て】起立採決、異議の有無による採決では、議長の結果宣告に対する異議申立てが規定されている（⋯▶第137条【他の採決方法への移行】、第143条【結果宣告に対する異議申立て】）。

これに対して、記名投票の結果宣告に対しては、原則として、異議を申し立てることはできない。正確を期すために採られる表決方法であり、かつ、出席議員の面前で投票及び開票を行う点で議員が疑義を差し挟む余地がないからである。例外的に、議長の読み間違い等の単純ミスに対する指摘が考えられる程度である。

押しボタン式投票はあくまでも装置の正常稼働を前提として成り立っている表決方法であり、単なる不信に基づいて異議を申し立てることはできない。また、宣告された結果に対して、議員は疑義を抱く根拠となるような情報を持ち合わせていないはずである。議長サイドとしても、異議申立てがなされても装置の表示端末で示される情報に異状が認められない以上、そのことを説明して抗弁とするしかない。議員は、投票中に自分の投票機が作動しない等の異状が発生した場合には、その時点で投票の中止を求めるべきであるが、それが議長に届かないまま結果が宣告された場合には、異議を申し立てることができると解する。

申立ては議長の宣告に対して直ちになされることを要し、口頭の発言による。議事進行に関する発言であるため、通告することを要するとされている（参規123Ⅰ）が、通常はそのいとまがなく、時機を逸してしまうことを理由として通告を省略することも認められよう（⋯▶第123条【議事進行発言の通告】）。

〔**表決の更正禁止**〕
第142条 議員は、自己の表決の更正を求めることができない。

制定時（昭22.6）
　衆規156 議員は、表決の更正を求めることができない。

本条は、表決の更正要求の禁止について規定するものである。

§142

【表決の更正禁止】議員は、自己の表決の更正を求めることができない。

　表決における議員の意思表示は確定的なものであり、事後にその変更を認めると議決自体が不安定なものとなることから、更正を求めることを禁止し、表決時の議員の責任ある行動を促すものである。

　起立採決や異議の有無を諮る採決による場合は、個々の議員の態度を個別に認定することはなく、会議録にも掲載されないので、更正を求める必要性は大きくないと言えるが、本条は全ての採決を対象としている。

　「自己の表決」とは、議員自身が表示した賛否の態度及び態度を表示しなかったことを指す。

　議員が他の議員の投票札や投票ボタンを用いて投票した場合はこの限りでなく、実例としても、本人からの更正申出が認められ、採決結果が訂正されたことがある。不在議員の表決参加禁止 (参規135) の趣旨による必要な措置でもある。

　「更正」とは、全議員の表決終了後に改めることである。賛成から反対、反対から賛成のような表決内容の変更はもちろんのこと、賛成を欠席に改めること等も「更正」に当たる。

　更正の対象は、議長の結果宣告及び会議録に掲載される議員が示した賛否の態度である。

　「求めることはできない」とは、議長に要求することができないことであり、要求がなされても、議長はそれを受諾してはならない。

　更正を求める理由としては、自らの錯誤や変心を主張するもの等が考えられるが、いずれも認められない。

　開票の誤りの指摘は、更正を求めることと区別しなければならない。表示した態度を改めるのではなく、議長サイドがそれを表示したとおりに認識しなかった旨の主張だからである。記名投票の場合の会議録への誤記等、事後に検証できることもあろう。その場合には、訂正することを要する。

　押しボタン式投票装置の故障の主張の取扱いは微妙な問題を含む。議員の側としては自分の表決が議長にどのように届いているかが分からず、事後に初めて齟齬に気が付くものである。しかし、これを聞き入れていては議決の安定は保障されない。押しボタン式投票は装置が正常に稼働するものであることを前提としており、個々の投票操作を再現することもできないため、装置の故障を理由とする事後の訂正要求は認められない。

【表決終了前の変更】一旦行った投票について投票時間内にやり直したい旨の申出

§143

は、本条の規定する更正を求めることには当たらず、別途の考察を要する。

　記名投票では、一旦参事に投票札を手交することでその議員の投票行動は完結している。既に投函された投票札について誰の投票に係るものかを識別でき、物理的には投票札を取り替えることが可能であるが、個々の議員は態度の決定から投函までに十分な時間を有しており、やり直しを認めないこととしても、議員の表決の自由を侵害する取扱いとはならないであろう。

　押しボタン式投票では、投票時間内の押し直し、取消しが可能である（参先329）。これは、各議員は瞬時の操作で投票できるため、押し間違いが生じる可能性が十分考えられることによる救済措置である。

〔 異議の有無による採決 〕
第143条　議長は、問題について、異議の有無を議院に諮ることができる。異議がないと認めたときは、議長は、可決の旨を宣告する。但し、議員が、議長の宣告に対して、異議を申し立てたときは、議長は、この節に規定する他の方法によつて、表決を採らなければならない。

制定時（昭22.6）、第6次改正（昭30.3）
　　衆規157　議長は、問題について異議の有無を議院に諮ることができる。異議がないと認めたときは、議長は、可決の旨を宣告する。但し、問題について又は議長の宣告に対して出席議員20人以上から異議を申し立てたときは、議長は、起立の方法によつて表決を採らなければならない。

　本条は、異議の有無による採決について規定するものである。

【異議の有無による採決】議長は、問題について異議の有無を議院に諮ることができる。

　議院の議決は表決によらなければならないが、必ずしも賛否あいまって決まる問題ばかりではない。そこで、反対者がいないと見込まれる問題について簡易な採決方法として異議の有無を諮る方法を定めたものである。

　「問題」とは、表決に付す対象のことである（•••▶第136条【問題の宣告】）。

　「異議の有無を議院に諮る」とは、本会議において反対である者がいるかどうかを問い、反対者に対して発声を求めることである。

　議長は「御異議ございませんか」と発言して諮るのが通常である。

　「諮ることができる」とは、議長の判断でこの採決方法によることができるという

330

§ 143

意味であり、起立採決原則（参規137）に対する例外である。

　法規上、異議の有無によって採決できる場合に制限はなく、議長が反対者がいないと予想する問題について採用することが可能である。ただし、先例上、議案及び国家公務員等の任命に関する件については押しボタン式投票により（参先329）、会期の件及び会期延長の件については起立採決の方法によることとされている（参先338）ので、それらについては全会一致が見込める場合であっても異議の有無によって採決することはない。

> ♣衆議院では〔議案の異議の有無による採決〕
> 　議院規則上、起立採決が原則であること（衆規151 I）は参議院と同じであるが、全会一致が見込まれる場合には、議案についても異議の有無を諮る方法（衆規157）が用いられる。

【結果宣告】異議の有無を諮る採決で異議がないと認めたときは、議長は可決の旨を宣告する。

　議長が諮ったとき、通常、議員からは「異議なし」との応答がなされる。

　「異議がないと認めたとき」とは、「反対」や「異議あり」との発声がないことを議長が確認した場合である。何の応答がない場合も異議がないと認めてよい。

　「可決の旨」とは、反対者がないことにより、採決の結果として全会一致で可決したことである。問題の内容によっては、可決が承認や採択等の語で表現される場合もある。

　「宣告する」は、異議がないことを認定するだけで紛れがない場合には、その後の可決宣告を省略しても違法というほどのことはなかろう。

　議長が異議の有無を諮った問題に対して反対である議員は、「反対」とか「異議あり」と発声して、議長の異議がないとの認定を阻止しなければならない。この発声は表決行動であり、発言通告（参規123 I）は必要ない。

　議員から異議があるとの発声がある場合、その採決で結論を出すことはできない。たとえ「反対」等の発声が少数であることが明らかであっても、賛成者が多数であるとして可決を認定してはならない。この採決方法における認定事項が異議の有無に限定されているからである。この場合、他の方法に移行して採決をやり直さなければならない。本条ただし書の類推適用である。

　逆に、どれほど多数の議員から「異議あり」、「反対」の発声があっても否決を認定してはならず、他の方法に移行して採決をやり直すこととなる。

第8章　会議　*331*

§143

> ♣衆議院では〔異議の有無による採決での多数認定〕
> 　異議の有無を諮る採決の議長の宣告に対する異議申立ては出席議員 20 人以上からなされる必要がある (衆規 157 但) ため、それに満たない数の議員から異議を示された場合には、そのまま可決が認定されるが、それは全会一致を意味しないことになる。

【結果宣告に対する異議申立て】議員が議長の宣告に対して異議を申し立てたときは、議長は他の方法によって表決を採らなければならない。

　異議の有無による採決では、反対の発声が他の発声に紛れて議長に届かない可能性があることに鑑み、結果宣告に対する議員の異議申立てを認めたものである。

　「議員」とは、必ずしも採決時に反対の旨を発声した議員に限らない。議長が聞き取れなかったことに対する注意喚起の趣旨で、他の議員が申し立ててもよい。人数要件はなく、1 人でもよい。

　「議長の宣告」とは、可決の旨の宣告である。

　「異議を申し立て」とは、反対者が存在したので異議がないと認めるべきではない旨を口頭で発言することであり、議長の宣告に対して直ちになされることを要する。議事進行に関する発言に当たるので、要旨を参事に通告し (参規 123 Ⅰ)、議長の発言許可を得なければならない (参規 123 Ⅱ) が、通常、そのようなゆとりはなく、通告なしに発言がなされても、議長は採決時の発声に準じて、異議として受け取るべきである。

　「この節に規定する他の方法」とは、起立採決、記名投票、押しボタン式投票のうちのいずれか 1 つの方法のことである。

　そのうちどの方法によるかは議長が判断するが、この時点でも出席議員の 5 分の 1 以上の要求があるときは記名投票によらなければならない (参規 138)。

　「表決を採らなければならない」とは、一旦行った可決宣告を取り消し、表決をやり直さなければならないとの意味である。異議の申立てを受け、さきの採決について全会一致の認定を撤回した上で過半数と認定して可決宣告をやり直すことはできない。

§§ 144〜152

第7節　削除

制定時（昭22.6）、第6次改正（昭30.3）

第144条から第152条まで　削除

制定時（昭22.6）、第6次改正（昭30.3）

◆旧規定は〔自由討議〕

第144条（旧）　議員は、自由討議の会議において、均しく発言の機会を与えられる。

（以下略）

国会発足当初、国会法上、本会議における自由討議の制度が設けられていた（国旧78）。議員相互間の意見交換や対政府質疑等、内容、形式に縛りを掛けずに、なるべく多人数に発言の機会を与える方法として導入されたものであった[23]。それを受けて参議院規則にも具体的な手続についての規定が置かれていた（参規旧144〜152）が、次第に活用されなくなり、昭和30年、国会法の改正とともに削除された。

---

[23] 第91回帝国議会衆議院議事速記録第12号（昭21年12月18日）135頁〔田中萬逸衆議院議員の提案理由説明〕。

第8章　会議　*333*

§ 153

第9章 質問

制定時（昭22.6）

　本章は、活動論のうち、質問に関する事項について規定を置いている。

　内閣との関係に関するものであるので大部分の規定は国会法に置かれているが、院内事項等を規則で規定している。

【質問】国会議員は内閣に対し質問を行うことができる。

　「質問」とは、内閣の責任に属する事項について、テーマを限定されずに事実についての説明を求め、見解をただすものである。原則として文書によるものであり（国74Ⅱ、75Ⅰ）、議事とは関係なく会期中であれば行える。

　これに対して「質疑」とは、会議で議題となった案件について、その議事の中で疑義をただす発言である。

　詳細については、『逐国』第8章〔質問〕概説の説明参照。

〔質問主意書及び答弁書の印刷・配付〕

第153条　議長は、議院又は議長の承認した質問主意書及びこれに対する内閣の答弁書を印刷して各議員に配付する。

制定時（昭22.6）、第6次改正（昭30.3）

　　衆規158　議長又は議院の承認した質問主意書及びこれに対する内閣の答弁書は、議長がこれを印刷して各議員に配付する。

　本条は、質問主意書及び答弁書の印刷、配付について規定するものである。

【質問主意書の印刷・配付】議長は、議院又は議長の承認した質問主意書を印刷して各議員に配付する。

　質問権の所在については見解が分かれているところである（⋯▶『逐国』第8章概説【質問権の所在】）が、議院の介在や他の議員の関心を排除して当該議員と内閣との関係に帰着させることはできない。そこで、質問主意書の内容を各議員に周知することとしたものである。

　「議院又は議長の承認した」とは、議長又は議院が内閣に対する質問としての適格性を認めたことであり、質問を行うための要件とされている（国74ⅠⅢ）。

　「質問主意書」とは、質問の内容を簡明に示した文書であり、質問を行う議員が作

334

§154

成して議長に提出することとされている（国74Ⅱ）。

「印刷」とは、紙に文字等を刷り出すことである。

「配付」は、各々の手元に配ることであり、遅滞なく議員の目に触れるような仕方でなされることを要する。

印刷、配付の詳細については、第24条【議案の印刷・配付】の説明参照。

議院及び議長が承認しなかった質問主意書は、印刷、配付の必要はない。ただし、その議員から要求があれば会議録に掲載する（国74Ⅳ）。

【答弁書の印刷・配付】議長は、内閣の答弁書を印刷して各議員に配付する。

質問の内容について周知を図ることに伴い、それに対する答弁書も同様に扱うこととするものである。これによって論議が議院全体に広がって行政監視機能に資することが期待できる。

「内閣の答弁書」とは、質問主意書に対する回答を記した文書である。

答弁書の詳細については、『逐国』第75条【内閣の答弁】の説明参照。

国会法は質問主意書に対する答弁の方法について言及していないが、本条は文書による答弁の方法を前提としている。

答弁は、原則として、質問主意書を受け取った日から7日以内になされなければならず（国75Ⅱ）、文書による場合、質問者の所属する議院の議長に答弁書を送付しなければならない。

議長に送付された答弁書は、印刷、配付のほか、質問者に伝達される。

〔口頭答弁、口頭質問〕

第154条① 内閣は、質問に対して、口頭で答弁することができる。

② 前項の答弁に対しては、質問者は、口頭で、更に質問することができる。

制定時（昭22.6）

衆規160① 内閣は、質問に対して口頭で答弁することができる。

② 前項の答弁に対しては、質問者は、更に口頭で質問することができる。

本条は、質問に対する口頭答弁、それに対する口頭再質問について規定するものである。

【口頭答弁】内閣は、質問に対して口頭で答弁することができる。

第9章 質問　335

§154

　国会法は質問主意書に対する答弁の方法について言及していないが、参議院規則において、その方法として文書によるか口頭によるかを内閣が選択できることとしたものである。

　義務付けられた期間内に答弁書を作成できない場合や内閣が速やかに事態を明らかにしたい場合等に備えて、口頭による方法が用意されたものである。

　「内閣」は、答弁内容を決定する主体として示されているものであり、口頭で答弁することの決定主体でもある。

　口頭答弁の主体は、内閣を代表する内閣総理大臣でなければならないものではなく、その問題を所管する国務大臣で足りる。

　「質問」は、文書による質問を指す。緊急質問 (国76) に対する答弁を口頭で行うことに言及するものではない。

　「口頭で」とは、場所を特定していないが、質問者に対して個別に行うのではなく、本会議において行うことが念頭に置かれている。本条第2項で質問者の再質問も予定していることから、本人がメンバーである会議でなされる必要があることによる。

　「答弁することができる」とは、口頭の方法による答弁を選択できるという意味である。

　内閣の選択に対して、参議院が口頭で答弁する意義を見いだせない場合や本会議を適時に招集できないような場合には、原則どおり、文書により答弁するよう求めることができるものと解する。

　実際に口頭で答弁するには、内閣は、あらかじめ参議院に対して口頭で答弁する旨の通知を行わなければならない。この通知によって、議長は答弁のための本会議を招集する必要がある。本会議で答弁のための議事が行われることが決まった後、内閣は発言通告を行い (国70)、議長はそれに基づいて発言を許可することとなる。

　口頭答弁は、会議の場でなされることから、会期が終了した後は選択することができない。

　口頭答弁の時期は本会議がいつ招集されるかによって左右されるため、内閣の努力だけでは義務付けられた期限内の答弁 (国75Ⅱ) は不可能である。口頭答弁の場合の期限については、その旨の通知が7日以内になされれば足りるものと解する。

【口頭再質問】口頭による答弁に対しては、質問者は口頭で更に質問することができる。

　内閣の答弁に対しては更に疑義が生じることもあり、文書による答弁の場合には改めて質問主意書を出すことが可能であるが、口頭答弁の場合には、その機会を利

§155

用して再質問を口頭で行えることとしたものである。

「口頭による答弁」とは、本条第1項で認められた方法による答弁のことである。

「質問者」は、その答弁に係る質問主意書を提出した議員に限られる。

「口頭で」とは、その会議において答弁に続けて行うことを指す。

「更に質問する」とは、答弁を受けて質問するものであり、最初の質問主意書及びそれに対する答弁と関係のない内容についてただすものであってはならない。

再質問の回数は質疑に準じて（参規110）2回までに限ると解されている（佐藤（吉）・参規257頁）。

〔会議録掲載の質問主意書の簡明化〕
第155条　国会法第74条第4項により質問主意書を会議録に掲載する場合において、議長は、その主意書が簡明でないと認めたときは、これを簡明なものに改めさせることができる。

制定時（昭22.6）
衆規161　議長又は議院の承認しなかつた質問主意書を会議録に掲載する場合において、議長は、その主意書が簡明でないと認めたときは、これを簡明なものに改めさせることができる。

本条は、会議録に掲載する質問主意書の簡明化について規定するものである。

【会議録掲載の質問主意書の簡明化】議院又は議長が承認しなかった質問主意書で要求により会議録に掲載するものについて、議長はその主意書が簡明でないと認めたときは簡明なものに改めさせることができる。

質問するには議長又は議院の承認が必要であり（国74ⅠⅢ）、その承認が得られなかった場合には、質問者の要求により主意書を会議録に掲載することとなる（国74Ⅳ）。それが大部なものである場合には全部を掲載するのは適当でなく、本条はその際の措置を規定したものである。質問主意書は簡明であることを要し（国74Ⅱ）、その要件を満たしていないことが不承認の理由となり得るからである。

「国会法第74条第4項により」とは、議長又は議院に承認されなかった質問について、質問者が要求した場合のことである。

詳細については、『逐国』第74条【不承認質問の会議録掲載】の説明参照。

「質問主意書」は、質問者が提出して承認を求めた内容のものである。

「会議録」とは、本会議の会議録のことである。

第9章　質問　　337

§155

「簡明でない」とは、当該の質問を行う上で必要のない事項が含まれている場合や表現が冗長で必要以上の長さとなっていることを指す。

「改めさせることができる」とは、議長が質問者に対して命じることができるとするもので、質問者がこれに応じない場合には会議録への掲載を拒否できることを含む。

表現が不穏当である等、議院の品位を傷つけると認められるものについても、会議録に掲載することは新たな問題となるため、本条を類推適用して、内容を改めさせることができるものと解する。

第10章　会議録

制定時（昭22.6）

　本章は、活動論のうち、会議録について規定を置いている。

　本章で規定する会議録は本会議会議録のことである。委員会会議録については第7章第1節〔通則〕で3か条の規定（参規56〜58）を置くとともに、本章の規定を準用する規定（参規59）を置いている。

　国会法では、秘密会の記録（国63）及び会議録に記載する事項を個別断片的に規定する（国54Ⅲ、61Ⅲ、74Ⅳ）のみで、会議録の一般的規定は規則事項とされている。

【会議録】憲法は第57条第2項で、両議院の会議について、「会議の記録」の保存、公表、一般頒布を義務付けている。

　会議の様子を事後に再現できるようにしておくことは、次のような意味で重要である。

①議事の効力を検証するための手段が必要である。

②現場に居合わせなかった者に議事内容を知らせる必要性がある。これは会議公開の要請の一要素でもある。

③立法者意思は行政の執行や裁判の判断材料として重要であり、将来の国会審議の参考資料ともなる。

④発言の内容を証拠として残すことにより、責任ある発言を促し、それが会議における真摯な議論に資する。

　技術の進歩により映像、音声による会議の状況の記録も可能となっているが、文書の形式による記録に取って代わるものでないのは、現代の情報伝達技術の進化の中でも書物が役割を果たしているのと同じである。

　憲法第57条第2項の「会議の記録」は、一般にいう「会議録」のことであり、同条第3項の「会議録」と同じものを指す。

　「会議の記録」の「会議」は、両議院の本会議を指し、憲法上、委員会の会議録作成は義務付けられていない。

　「会議録」は、議事の内容についての諸事項を掲載した文書による会議の完全な記録であり、出席者の正規の発言を完全に収録することは必須事項である。

　会議録の作成は議院が行うものであり、議長の監督の下、事務局の所掌事務となっている（事分規21）。具体的な事務内容は、速記、原稿作成、校閲、編集等である。

第10章　会議録　　*339*

§ 156

会議録の作成、保存、公表、一般頒布は議院の活動であるが、会期制による制約を受けない（⋯▶『逐国』第1章概説【会期制の適用除外】）。意思決定を目的とする議院の活動から見れば事後的な事実行為であり、会期中に収まらなかった行為について次の国会召集を待たなければ続行できないとするのでは本末転倒となるからである[1]。

〔会議録への議事の記載〕
第156条　会議録には、速記法によつて、すべての議事を記載しなければならない。

制定時（昭22.6）
衆規201　議事は、速記法によつてこれを速記する。

本条は、会議録への議事の記載について規定するものである。

【議事の記載】会議録には、全ての議事を記載しなければならない。

これは創設的な規定ではなく、憲法の規定する「会議の記録」の意味するところを確認するものである。

「会議録」は、憲法第57条第2項の「会議の記録」と同義であり、その内容については、**本章概説【会議録】**の説明参照。

ただし、本条で規定する会議録は原本のことであり、これが**第159条〔会議録への署名〕**において保存することを義務付けられている会議録の基となるものである。印刷物でなくてもよく、日本語表記により一体として閲読可能なものであればよい。

「すべての議事」とは、本会議の開会中の議長の整理に係る全ての出来事のことである。速記法によって記載されるものであるので、対象は音声情報たる出席者の発言を予定している。秘密会における議事も例外ではない。

記載対象となるのは、議長によって許可された正規の発言である。それ以外の野次、私語、発言時間超過による禁止命令後の発言は不規則発言であり、会議録に記載すべきではない。記録の品位を落とすおそれがあり、また、記載することとすると不規則発言を誘発することとなりかねないからである。ただし、議事の内容を理解する上で欠かせないものは記載すべきである。例えば、その発言を受けて議長等が引用発言した場合である[2]。

「記載」とは、日本語表記によって書き記すことである。外国語を用いた発言はそ

---

1 森本昭夫「会期制度の内実」立法と調査393号（2017）75頁。
2 佐藤忠雄『会議録事務提要―記録は歴史をつくる』（教育出版・1968）123頁。

340

§157

のまま記載するほかないが、通訳が付いた発言は日本語に訳したものだけを記載すれば足りる。

【速記法】会議録に記載する議事は、速記法によって記録したものであることを要する。

「速記法」とは、話し言葉を逐語的に文字情報で記録する技術のことである。

発言したとおりに文字に変換することが必要であり、概要を書き留める要領筆記は「速記」には当たらない。

本来的には、専門技術職である速記者が議場において発言内容を速記符号を用いて書き留め、後にその符号を日本語文字表記に反訳する作業の全体を指すが、現在では、音声を機械で認識し、それを直ちに文字に変換するシステムも速記法に含まれると解してよい。

録音をもって速記に代えることはできないとされる（鈴木・理念241頁）が、その録音を起こして日本語文字表記にしたものも速記を用いた会議録と言える。

速記法の特性は迅速性と正確性であり、それは議場での速記者の技能もさることながら、反訳や校閲に依存する度合いが大きい。音声から符号への変換の速さがクローズアップされがちであるが、それだけでは完成品たる会議録の出来上がりの速さや正確さは保証されない。

結局、速記法によることの意義は話し言葉の即時の文字変換にあるのではなく、発言を逐語でそのとおりに文書として記載できるような方法であれば足りるものと解さざるを得ない。ただし、会議録の使命に鑑みれば、その出来上がりの迅速性が重要な要素であることも否定できない。

参議院では、平成20年に手書き速記法による会議録作成に代わる会議録速成システムを導入した。会議の映像、音声データを速記者に配信し、速記者が執務室でそれを視聴しながらパソコンで文字入力して原稿を作成するものである[3]。

〔会議録の掲載事項〕

第157条　国会法に特別の規定があるもの、特に議院の議決を経たもの及び議長において必要と認めたものは、これを会議録に掲載する。

制定時（昭22.6）、第6次改正（昭30.3）
衆規200　会議録には次の事項を記載する。

---

3 松本一秀「会議録速成システム」立法と調査313号（2011）122頁。

第10章　会議録　*341*

§ 157

　　一　開議、休憩、散会及び延会の年月日時刻
　　二　議事日程
　　三　召集に応じた議員の氏名
　　四　開会式に関する事項
　　五　議員の異動
　　六　議席の指定及び変更
　　七　要求書の受領並びに通知書の発送及び受領
　　八　奏上に関する事項
　　九　議案の発議、提出、付託、送付、回付及び撤回に関する事項
　　十　出席した国務大臣、内閣官房副長官、副大臣、大臣政務官及
　　　　び政府特別補佐人の氏名
　　十一　会議に付された案件及びその内容
　　十二　委員会の報告書及び少数意見書
　　十三　議長の報告
　　十四　議事
　　十五　質問主意書及び答弁書
　　十六　選挙及び記名投票の投票者の氏名
　　十七　議員の発言補足書
　　十八　その他議院又は議長において必要と認めた事項
　衆規 202　議員がその演説の参考として簡単な文書を会議録に掲載
　　　しようとするときは、議長の許可を要する。

　本条は、会議録への議事以外の記載事項について規定するものである。

**【会議録掲載事項】国会法に特別の規定があるもの、特に議院の議決を経たもの
及び議長において必要と認めたものは、会議録に掲載する。**

　会議録には**第 156 条**〔会議録への議事の記載〕で規定した議事を掲載するだけでは足
りず、閲読者が内容を正確に把握できるよう、その周辺事項の情報を提供すること
も必要である。本条は、その情報として何を掲載するかを定めるものであるが、具
体的に列挙するのではなく、その認定を誰が行うかを示した。

　「国会法に特別の規定があるもの」とは、形式的意義における国会法で会議録に掲
載する旨を個別に規定したもののことであり、具体的には、委員会の報告書・少数
意見報告書（国 54 Ⅲ）、時間制限のため終わらなかった議員の発言の部分（国 61 Ⅲ）、承
認されなかった質問主意書（国 74 Ⅳ）を指す。

　「特に議院の議決を経たもの」とは、先例上会議録に掲載することとなっていない
ものについて、掲載すべき旨を本会議の議決で定めたもののことである。

　「議長において必要と認めたもの」とは、会議録作成に当たって議長が認定するも
ののことである。掲載対象である本会議について副議長が代行して議事を整理して
いた場合には副議長が認定する。

§158

　現在、参議院において定型化されている掲載事項は、次のとおりである（参先381）が、これらは全て「議長において必要と認めたもの」に当たる。

　①会議の年月日及び曜日

　②開議、休憩、散会及び延会の時刻

　③議事日程

　④会議に付した案件

　⑤開会式に関する事項

　⑥議題とした案件の委員会等の報告書及び少数意見の報告書

　⑦議題とした案件の提出文又は送付文及び案件の内容

　⑧選挙、内閣総理大臣の指名及び表決における投票者の氏名

　⑨出席議員の氏名

　⑩出席した衆議院の委員長又は発議者、国務大臣、内閣官房副長官、副大臣、大
　　臣政務官及び政府特別補佐人の氏名

　⑪会議当日議員派遣又は委員派遣中の議員の氏名

　⑫議長の報告事項

　⑬質問主意書及び答弁書

　⑭議席の指定及び変更

「掲載する」は、文書や表であればその内容を文字情報で載せ、図版であればそれを写真製版したものを載せることとなる。

〔 発言の訂正・異議申立て 〕

第158条①　発言した議員は、会議録配付の日の翌日の午後５時までに
　　発言の訂正を求めることができる。但し、訂正は字句に限るものとし、
　　発言の趣旨を変更することができない。国務大臣、内閣官房副長官、
　　副大臣、大臣政務官、政府特別補佐人その他会議において発言した者
　　について、また、同様とする。

②　　会議録に記載した事項及び会議録の訂正に対して、議員が異議を申
　　し立てたときは、議長は、討論を用いないで、議院に諮りこれを決する。

　　　　　　制定時（昭22.6）、第６次改正（昭30.3）、第７次改正（昭33.6）、
　　　　　第14次改正（平11.10、平13.1）
　　　　　　衆規203　演説した議員は、会議録配付の日の翌日の午後５時までに、
　　　　　　　その字句の訂正を求めることができる。但し、演説の趣旨を変更

第10章　会議録　　*343*

§158

することはできない。

衆規204　会議録に記載した事項及び会議録の訂正に対して、異議を申し立てる者があるときは、議長は、討論を用いないで議院に諮りこれを決する。

　本条は、会議録に記載される発言の訂正及び会議録記載事項に対する異議申立てについて規定するものである。

【発言の訂正】発言した議員は、会議録配付の翌日の午後５時までに発言の訂正を求めることができる。

　会議は口頭のやり取りで進められるものなので、一旦行った発言について、その事実を白紙に戻すことはできない。また、会議における発言は速記法によって会議録に記載される（参規156）ので、発言した内容がそのとおりに会議録上に再現される。ただし、誤った発言等をそのまま記録に残すことが問題となり得ることから、参議院規則は、特例的に発言者による発言の訂正を認めた。発言直後に誤りに気が付けば会議において言い直すべきところ、その場では気が付かず会議録を見て初めて発言内容の誤りを認識することもあることに対して救済措置を認めたものである。

　「発言した議員」とは、議長から許可を受けて発言した参議院議員のことである。

　野次や私語は、会議録に記載されることがあっても発言者が特定されないため、その訂正は考えにくい。

　「会議録配付の日」とは、議員の手元に配られ、議員が閲読することが可能となった日を指す（⚫⚫▶第160条【会議録の配付】）。

　配付の翌日の午後５時までとしたのは、訂正すべきことに気が付くには閲読可能時から約１日の期間があれば足りるとの判断による。

　「発言の訂正」とは、自分の言ったことが誤りだったことを認め、会議録上の発言を正しい内容に直すことである。

　「求める」は、議長に対して行うものであり、会議録上の自分の発言を特定し、それをどのように改めるかを示す必要がある。

　実際には、言い間違ったことや誤解を招きかねない表現について訂正を求めることとなろう。

　発言の訂正を認めるのは議長の権限である。本条第１項ただし書の要件（⚫⚫▶本条【訂正の限度】）を充たす限りは認められるべきであろう。

　国務大臣等、会議において発言した者の発言の訂正について、議員と同様に扱う。

344

§158

発言の訂正の必要は、参議院議員に限って認められるものではないことによる。ただし、証人の場合は、宣誓により真実を述べることが担保されているので、本条第1項による訂正、削除はできないものと解する必要がある（参総務・事典114頁）。

【訂正の限度】 発言の訂正は字句に限るものとし、発言の趣旨を変更することができない。

会議は発言の積み重ねであり、事後に訂正したのでは会議録上のそれぞれの発言がかみ合わないこととなりかねない。そこで、発言の訂正に限度を設けたものである。

「字句に限る」とは、単語や文節の単位を限度とすることをいう。

「発言の趣旨を変更する」とは、発言者の言おうとするところを改めてしまうことである。

しかし、趣旨の変更の有無を個別に判断することは困難である。字句の訂正に限定したところで、通常は発言趣旨の変更を伴うこととなるため、発言訂正の認められる場合が局限されてしまい、制度趣旨が損なわれることとなりかねない。

そこで、訂正を認める限度は、場合に分けて判断すべきであると考える。

会議録発行前の訂正では実際の発言内容と訂正した痕跡が会議録上に残らないため、発言趣旨変更の禁止は厳格に解すべきである。訂正対象の発言を受けて次の質疑や答弁の発言がなされるため、その発言だけの訂正を安易に認めては議事の脈絡がなくなってしまうからである（⋯▶本条【会議録の訂正】）。

これに対して発行後の訂正については、訂正文が直近の会議録に掲載され、訂正が会議後のものであることが明瞭であるので、字句に限られていれば発言趣旨変更の禁止は緩やかに解してよい。

♥運用

発言訂正についての限度は、発言者の申出、議長の許可に当たって遵守されるべきものであり、申出の許否が議院運営委員会理事会で協議される場合には、字句の範囲を超えたり趣旨を変更したりすることが不問に付された上で訂正が了承されることがある。

国会法第116条〔会議中の秩序保持〕の議長による発言取消しに対して制限が付されていないこととの均衡上、不適切な発言を議員からの申出による訂正の形で処理するために便法として用いられるものである。

議院運営委員会理事会の合意によって、本条第2項の異議申立ての出されないことが担保されることとなる。

【会議録の訂正】 発言の訂正に伴って会議録も訂正されることとなる。

§158

通常の場合は、会議録が発行された後に発言訂正の申出がなされてそれが認められるため、訂正文は直近の会議録に掲載される（参先386）。したがって、元の文脈から切り離した形での掲載となる。後日の会議録を見て初めて訂正の事実が判明するため、読む側の立場としては見落とす可能性も高いが、事後の訂正であることからすれば、やむを得ないと言えるだろう。

> ♥運用
> 　現行の取扱いでは、会議録発行前に発言の訂正が認められる場合、印刷に間に合えば、訂正した内容で会議録が発行される（参先386）。
> 　しかし、これでは訂正した事実が会議録上見て取れず、あたかもそのように発言したかのようになってしまうため、問題の生じかねない処理方法と言えよう。

【会議録に対する異議申立て】 会議録に記載した事項及び会議録の訂正に対して、議員は異議を申し立てることができる。

　会議録は、議長の議事整理権の下に作成される。その内容について会議録を作成する上での誤りが生じ得ることを前提として、議員に異議申立権を認めたものである。

　本条第1項の訂正が発言の訂正であるのに対し、本条第2項の異議は会議録の誤りについてのものである。したがって、発言の訂正に対するような、字句に限り、発言の趣旨を変更することができないとの限定はない。

　「会議録に記載した事項」とは、会議録上の全ての情報のことである。「記載した」とあるが、第156条〔会議録への議事の記載〕によって記載される議事のほか、第157条〔会議録の掲載事項〕によって掲載される国会法に特別の規定があるもの、特に議院の議決を経たもの及び議長において必要と認めたものも対象となる。

　「会議録の訂正」とは、本条第1項によって認められた発言者による発言の訂正に応じてなされた会議録の訂正のことである。

　「異議」とは、①実際になされた発言の内容と会議録の記載の間に離齬があること、②発言以外の掲載事項の内容が事実に反すること、③議長に認められて会議録に掲載された発言の訂正がその要件を満たしていないことについてのものである。

　①及び②には、誤字や脱字の類いのミスを指摘することも含まれる。

　会議録の記載内容が実際の発言と異なることから異議を申し立てたところ、それが発言者の事後の訂正に基づくものであった場合、会議録の訂正に対する異議に切り換えることも可能である。

　「申し立て」とは、異議内容を踏まえて会議録の記載を正すよう議長に対し求める

§158

ことである。

【異議の申立期限】 本条第1項の発言訂正と異なり、本条第2項の異議申立てについては期限が規定されていない。

この点につき、発言訂正が自分の発言についてのみ注意していれば可能であるのに対し、異議申立ては他者の発言等についてまで目を配る必要があることから、本条第1項で規定する期限を類推適用するのは適当ではない。他方、異議申立ての処理方法として議院に諮ることを予定しているので、いつまでも申立てが可能であると解することもできない。

会期不継続を原則としている我が国の国会では、会期を超えて次の国会での異議の申立ては許さるべきでないとの理解が見られるが（鈴木・理念244頁）、会期終了後に発行される会議録についての異議申立ての必要性もあり、次会期までの閉会期間もその時々で異なるため、画一的に定め難い。せいぜい、会期中又は会議録発行10日後のいずれか長い方とする程度が適当であろうが、明文の根拠がないだけに、議長の個々の判断によらざるを得ない。

【異議申立ての処理】 会議録に対する異議申立てがあったときは、議長は討論を用いないで議院に諮って決する。

議長の監督の下になされた会議録作成に対する異議申立てについての決着を議長の判断に委ねることが適当でないことから、議院に諮ることとしたものである。

「申し立てたとき」とは、異議申立てがあった全ての場合を指すのではなく、異議を受け入れるべきでないと議長が判断したときに限られる。

議長がその異議を正当と認める場合には、自らの職権により会議録を訂正すべきであり、議院に諮る必要はない。異議が正当でないことを証明して申立人を説得できたときも、議院に諮るには及ばない。

「討論を用いない」のは、事実の認識に関わる問題であることから討論になじまないとされたものである。

「議院に諮り」とは、本会議において表決に付することである。

「これを決する」は、異議申立てどおりに訂正するか、原文どおりとするかを決めることであり、議長は議院に諮った結果に従わなければならない。

異議申立てのとおりに訂正するのは、直近の会議録にその旨を掲載することによって行う。

【会議録の正誤】 会議録の記載事項について異議申立てがない場合でも、事後に議長サイドで誤りに気が付いた場合には、直近の会議録において訂正しなければなら

§159

ない。これは印刷物上の誤りを正すことであるので、一般に「正誤」と呼んで「訂正」と区別している。

　会議録の正確性を保持する観点からすれば、誤りを正すのに期限を設けるべきではないが、会議録の内容がいつまでも確定しないのでは、議長等の署名 (参規159) の手続に進めないため、会期を一応の区切りとするのが適当であろう。

〔会議録への署名〕
第159条　事務局に保存する会議録は、議長又は当日の会議を整理した副議長若しくは仮議長及び事務総長又はその代理者である参事が、これに署名する。

　　　制定時（昭22.6）
　　　　衆規205　会議録は、議長又は当日の会議を整理した副議長若しくは仮議長及び事務総長又はその代理者がこれに署名し議院に保存する。

本条は、保存する会議録への署名について規定するものである。

【会議録の保存】憲法は「両議院は、各々その会議の記録を保存し」と規定している (憲57Ⅱ)。

　会議録の真正さを保証するために原本を管理することを義務付けるものである。

　「保存」とは、紛失、汚損、改ざん等が生じないよう、閉所にしまって管理することである。

　会議録は、事務局に保存する。

　保存の方法等については規定はないが、本条において事務局に保存することがうたわれている。これは場所を示すとともに、保存行為が事務局の責任においてなされなければならないことを意味している。

　「事務局」とは、参議院事務局のことであり、会議録の保存に関する事項は記録部記録企画課が担当している (事分規23(2))。

　保存期間は永久である。

　保存の趣旨に鑑み、会議録原本の閲覧は、参議院自身が必要とする場合を除き、認められない。

【議長等の署名】保存する会議録には、議長又は当日の会議を整理した副議長、仮議長及び事務総長又はその代理者である参事が署名する。

§160

　署名の趣旨は、会議録の内容が正確であることを証し、責任を明らかにすることである。

　「保存する会議録」とは、憲法により保存を義務付けられた会議録のことであり、作成した（•••▶第156条【議事の記載】）後、訂正や正誤（•••▶第158条〔発言の訂正・異議申立て〕）により内容を確定した原本である。

　配付、頒布する会議録と異なり、秘密を要するものと議決した部分や議長が取消しを命じた発言も記載することを要する。

　「議長又は当日の会議を整理した副議長若しくは仮議長」とは、その会議録に掲載されている議事を主宰した者全員のことである。

　議長の署名は院を代表する資格で行うものではないため、議長が当日の議事を主宰しなかった場合には不要である。副議長又は仮議長だけでなく、事務総長が議長の職務を代行して会議を整理した場合の事務総長を含む。

　「会議を整理」とは、本会議開会中に議長席に着いて議事を進行することである。

　「事務総長又はその代理者である参事」とは、議長の職務を行う者による議事の主宰について、その隣席で補佐した者のことである。

　議長以下の者と事務総長以下の者の署名は両方必要である。したがって、事務総長が議事の主宰を補佐し、同日の会議で自ら議長の職務を代行して議事を主宰した場合には、それぞれの立場で両方の署名をすることとなる。

　「署名」は、会議録の内容が事実に反しないことを証する趣旨で氏名を書き込むことである。本人がその意思によって行うことで足りるため、記名捺印でもよい。

【署名の時期】議長等の署名は、会議録の全ての内容等が確定してから行うべきである。

　会議録の内容については、会議録の配付後に発言の訂正要求や異議申立てが認められており（参規158）、そのほか、事後に判明した誤植等の正誤処理もなされるので、それらが完了して初めて確定することとなる。

〔 会議録の印刷・配付・一般頒布 〕
第160条　会議録は印刷して各議員に配付し、且つ、一般に頒布する。

　　　　制定時（昭22.6）
　　　　　衆規207　官報に掲載した会議録は、これを各議員に配付するとともに一般に頒布する。

§160

　本条は、会議録の印刷、議員への配付、一般頒布について規定するものである。

【会議録の印刷】会議録は印刷する。

　多部数を作成して、多くの人が読むことを予定しての必要行為である。

　「会議録」とは、議長の監督の下に作成し、一応の完成を見た会議録の内容を指す。ただし、まだ内容の確定に至っていないものである。会議録の内容は議員への配付を経て、訂正や正誤を行った後に初めて確定し得るものだからである（•••▶第158条〔発言の訂正・異議申立て〕）。その点において**第159条〔会議録への署名〕**で規定する「事務局に保存する会議録」と異なる。

　「印刷」とは、紙に文字等を刷り出すことである。

　議員への配付、一般頒布の対象となるものとして印刷物としての会議録が必要となることによる。

　印刷も議長の監督の下に行うものであり、事務局庶務部文書課の所掌事務となっている（事分規37(7)）。したがって、印刷が外注される場合でも、その正確性の保持は議長の責任となる。

　実際には、官報号外として国立印刷局が印刷している。

【会議録の配付】印刷した会議録は各議員に配付する。

　会議録は公表を義務付けられているため、誰もがその内容を知り得る状況にあるが、会議の構成員には直接配付することとされている。

　「配付」は、各々の手元に配ることであり、遅滞なく議員の目に触れるような仕方でなされることを要する。具体的には、議員会館の議員事務室等に配ることで足りる。実際には、議員会館文書配付室に設けた文書函に配られている。

　ファクシミリによる送信や電子データの電子メール送信による印刷、配付の可否については、**第24条【議案の印刷・配付】**の説明参照。

　「各議員」とは、全ての参議院議員のことである。

　二院制の趣旨に鑑みれば衆議院議員もこれに含める必要があり、本条の指示するところではないが、実際にはそのように扱われている。

【会議録の一般頒布】憲法は、会議の記録を原則として公表し、一般に頒布しなければならない旨を規定している（憲57Ⅱ）。

　「公表」とは、一般に発表し、誰もが見ることのできる状態に置くことである。一旦公にするだけでなく、その状態を保つことを含む。

　具体的には、議院事務局の広報課サービスロビーや国立国会図書館で閲覧に供することがそれに当たる。

§161

会議録は事後的に会議の様子を知るための伝統的な手段であり、その公表は、会議の公開の一要素として捉えられている。現在では、衆参両院の本会議の映像及び音声による記録がインターネットを通じて提供されており、その再現度は会議録をしのぐが、公式の記録と認められるには至っていない。

印刷した会議録は一般に頒布する。

憲法第57条〔会議の公開、会議録、表決の記載〕の規定を受けて、確認的に規定したものである。

「一般に頒布」とは、一般公衆が入手できるよう多くの部数を行きわたらせることをいう。無償であることを要しない。

実際には、官報号外に掲載され、官報販売所等で販売されている。国立国会図書館がインターネット上で会議録検索システムを整備しており、参議院ホームページからも閲覧が可能となっている。

〔 配付・頒布会議録の内容 〕
第161条　配付及び頒布する会議録には、国会法第63条により秘密を要するものと議決した部分及び同法第116条により議長が取消を命じた発言は、これを掲載しない。

制定時（昭22.6）
　　衆規206　会議録は、官報に掲載する。但し、国会法第63条の規定により秘密を要するものと議決した部分及び同法第116条の規定により議長が取り消させた発言は、これを掲載しない。

本条は、配付・頒布会議録についての掲載事項の例外について規定するものである。

【配付・頒布会議録】配付・頒布会議録の掲載内容は、保存する会議録（参規159）のそれ（•••▶第159条【議長等の署名】）と比べて異なることがある。一般公衆に知らせることで不都合を生じる議事や発言についてである。

「配付及び頒布する会議録」については、第160条【会議録の印刷】の説明参照。

【秘密を要する部分の不掲載】配付及び頒布する会議録には、秘密会で特に秘密を要するものと議決した部分を掲載しない。

秘密会についても会議録は作成し、印刷、配付、一般頒布も行う。ただし、特に秘密を要すると認定された部分はその例外である。秘密の漏洩を防ぐためである。

第10章　会議録　*351*

§161

「秘密を要するものと議決した部分」とは、秘密会の議事中、特に秘する必要性が高いと認定して本会議の議決で指定する部分である。

この議決については、『逐国』第63条【秘密会の会議録】の説明参照。

会議録には、議事の内容のほか、本会議の年月日や開会・散会等の時刻、出席者、会議に付した案件等が掲載されるが、特に秘密を要すると指定できるのは出席者の発言に限られる。その他の事項の掲載は、議長の議事整理権に属する事項である。

「部分」は、特定された箇所のことを指し、議決で指示する範囲に限定はない。秘密会とした議事全体を指定することも可能である。

なお、秘密会に出席していた者は、特に秘密を要すると議決した部分を外部の者に漏らしてはならないとされている （参規236）。

【取消発言の不掲載】配付及び頒布する会議録には、法規に違反する、秩序を乱す又は議院の品位を傷つけると議長が認め、取消しを命じた発言を掲載しない。

このような発言を会議録上で再現することは、改めて法規に違反し、秩序を乱し、議院の品位を傷つけることとなるからである。

「議長が取消を命じた発言」とは、議長の許可を得て行われた発言のうち、法規に違反する、秩序を乱す、議院の品位を傷つけると認められたものについて、議長がその内容を取り消すよう発言者に命じたもののことである。

【不掲載の解除】秘密会会議録中、一旦秘密を要するものと議決した部分は、その議決を解除しない限り永久に公にされない。

一定期間が経過した後、国益への影響、個人のプライバシーに対する不当な侵害の有無等を勘案した上で、不掲載の解除を認定する必要があると考えるが、現在のところ、その手続についての規定は置かれていない。

なお、取消しを命じた発言を後に公表することは考えにくい。

§ 162

第11章　請願

制定時（昭22.6）

　本章は、活動論のうち、請願に関する院内事項等について規定を置いている。

　請願は憲法上認められた制度であり（憲16）、国民の権利に関わる事柄であるため、請願権の具体化や行使方法等は国会法で規定している。

【請願】「請願」とは、国民等が国又は地方公共団体の機関に対して希望、苦情、要請を述べることである。

　国会との関係では、議院に対して請願を行うことが可能とされており、議院は受理した請願の願意の妥当性について審査を行う（国80）。その願意を了としたものについては、内閣に送付することにより、内閣がその実現に向けた措置を講じることが期待されている（国81）。

〔 請願書の記載事項 〕
第162条　請願書は、請願者の氏名（法人の場合はその名称）及び住所（住所のない場合は居所）を記載したものでなければならない。

> 制定時（昭22.6）
> **衆規171**　請願書には、請願者の住所氏名（法人の場合はその名称及び代表者の氏名）を記載しなければならない。
> **衆規172**　請願書には、普通の邦文を用いなければならない。やむを得ず外国語を用いるときは、これに訳文を附けなければならない。

　本条は、請願書の記載事項について規定するものである。

【請願書記載事項】請願書は、請願者の氏名（法人の場合はその名称）及び住所（住所のない場合は居所）を記載したものでなければならない。

　請願は匿名で行うことができない。請願者が特定されることによって、真摯になされることを確保しようとするものである。

　「請願書」とは、請願の内容を文書にしたものである。

　請願の提出が文書によらなければならないことは国会法で規定されている（国79）。

　「請願者」とは、請願を行う者である。

　本条は、法人も請願者たり得ることを前提としている。

　「氏名」は、必ずしも戸籍上のものである必要はないが、通称を用いる場合でも本

第11章　請願　　*353*

§ 163

人を特定することが可能なものでなければならない。匿名を目的とする変名は許されない。

「法人」とは、自然人以外で法律上の権利義務の主体となることができるもので、法律の規定によってのみ成立する。

「その名称」は、登記上の名称でなければならない。自然人の場合と異なり、法規上存在するもので、通称を認める必要がないからである。

「住所」とは、生活の本拠である場所のことである。法人の場合は事務所等の所在場所を指す。

「居所」とは、ある程度継続して住む場所のことである。

「記載したものでなければならない」とは、記載していなければ受理できないとの意味である。

〔 総代名義による請願 〕
第163条　法人を除いては、総代の名義による請願は、これを受理しない。

制定時（昭22.6）、第6次改正（昭30.3）

本条は、総代名義による請願の不受理について規定するものである。

【総代名義の請願】 請願は、自然人でなくても行える。ただし、法人格が認められているものに限られる。

請願者の資格については、『逐国』第79条【請願者】の説明参照。

法人を除いては、総代の名義による請願は受理しない。

法人格を有しない者に請願を行う資格を認めず、それを潜脱する手段として自然人がその代理人として請願を提出することを禁止するものである。

本条は、旧議院法第66条〔総代名義の請願〕を受け継いだ規定であり、当時は、総代の名義を利用していたずらに多数人員をあおるようなことを危惧して規定されたものであった[1]。現在では、このような立法趣旨は通用せず、実際に提出される請願の多くは署名活動を経たものであり、その筆頭者の名前が文書表に表示される。

「法人」とは、自然人以外で法律上の権利義務の主体となることができるもので、法律の規定によってのみ成立する。

「除いては」とは、法人が理事等の代表機関によって対外的な活動を行うことに鑑

1 工藤重義『議院法提要』（東京博文館・1904）350頁。

§164

み、その請願提出が可能であることと混同することのないよう、確認する文言を置いたものである。

「総代の名義による」とは、代表者の名前をもってその団体（複数人）が行為の主体であることを示すことである。

本条の文言上、法人格のない者、例えば、権利能力のない社団や民法上の組合は、請願書に代表者たる自然人の名前を付記しても請願を行うことはできない。ただし、それらの請願を自然人の願意に還元できるのであれば、代表者を請願者とする請願と読み替える方法で受理することが可能であると解する。

「受理しない」は、受理を禁じる趣旨であるが、禁止の趣旨が実態に合致していないことも勘案すべきであろう。

〔請願の平穏〕
第164条　請願書の用語は平穏なものでなければならない。また、その提出は平穏になされなければならない。

制定時（昭22.6）、第6次改正（昭30.3）

本条は、請願書の用語、提出の態様について規定するものである。

【請願の平穏】憲法は平穏に請願する権利を保障しており^(憲16)、本条は、議院に対する請願について「平穏なもの」に具体性を持たせるものである。

請願は、そもそも希望を述べることであり、その伝達に際して必要以上の手段を用いて願意を達成することを企てるのは、その範疇を超える行為となる。

請願書の用語は平穏なものでなければならない。

「請願書」とは、請願の内容を文書にしたものである。

「用語」とは、願意を記すために使用する言葉である。

「平穏なものでなければならない」とは、威嚇や偽計を用いないことである。請願書の内容や文体だけでなく、異様な書体を用いないこと等、形式についても要求される。

用語が平穏を欠く請願書は、受理することを要しない。

請願書の提出は平穏になされなければならない。

「提出」は、請願者が請願を出すため議員に紹介を求めること及び紹介を得た請願を議院に出すことの両方を指す。議院への提出は、通常、紹介議員が代行するので、紹介議員に向けられた規定でもある。

第11章　請願　　355

§165

「平穏に」とは、暴力や威嚇を用いないことである。

多数の者が議員事務所に押し掛けて請願提出の紹介を要請することは、依頼の範囲を超えるものと受け止められ得る。

提出が平穏になされなかった請願書は、受理することを要しない。

紹介依頼を受けた議員には紹介の労を執る義務はなく、依頼が平穏でなかった場合に、それをどのように扱うかも当該議員の裁量で判断できる。紹介依頼の様子は必ずしも議院の知るところではないが、それが平穏になされなかったことが判明した場合には、受理を拒否し又は事後に取り消すことが可能であると解する。

〔請願文書表〕

第165条①　議長は、請願文書表を作り印刷して、毎週1回、これを各議員に配付する。

②　請願文書表には、請願の趣旨、請願者の住所氏名、紹介議員の氏名及び受理の年月日を記載する。

制定時（昭22.6）、第6次改正（昭30.3）

衆規174　議長は、請願文書表を作成しこれを印刷して各議員に配付する。

衆規175①　請願文書表には、請願者の住所氏名、請願の要旨、紹介議員の氏名及び受理の年月日を記載しなければならない。

②　数人の連署による請願は、請願者某外何名と記載する。

③　同一議員の紹介による同一内容の請願が数件あるときは、請願者某外何名と記載する外その件数を記載する。

本条は、請願文書表の印刷、配付、記載事項について規定するものである。

【文書表の印刷・配付】議長は、請願文書表を作り印刷して、毎週1回、各議員に配付する。

「請願文書表」とは、受理した請願を付託委員会別に提出順に従って簡明に記載した冊子である。

提出される請願書については様式が定められていないため、実際に提出されるものは書式、文体、文章量、用字用語等がまちまちである。多数に上る請願の文章を整理調整し、その内容を把握しやすいようにして審査の便宜を図るものである。

「印刷」とは、紙に文字等を刷り出すことである。

「毎週1回」は目安であり、受理件数が極端に少ない場合に次週に繰り越すことや、

§166

会期末に複数回作成すること等も許容される。

「配付」は、各々の手元に配ることであり、遅滞なく議員の目に触れるような仕方でなされることを要する。具体的には、議員会館の議員事務室等に配ることで足りる。実際には、議員会館文書配付室に設けた文書函に配られている。

印刷、配付の概念拡大の可能性については、第24条【議案の印刷・配付】の説明参照。

【文書表の記載事項】請願文書表には、請願の趣旨、請願者の住所氏名、紹介議員の氏名及び受理年月日を記載する。

請願の内容はもとより、その他、審査に必要な事項を記載することとしたものである。

「請願の趣旨」とは、請願の内容を簡明にまとめたものである。

「請願者の住所氏名」は、法人の場合は事務所等の所在地及び名称を記載することとなる。

「紹介議員の氏名」を記載するのは、正規の手続を経ていることを示すためである。

「受理の年月日」は、願意の緊急度を判断する上で必要となる等の理由により記載事項とされている。

〔請願の付託〕

第166条　請願は、請願文書表の配付と同時に、議長が、これを適当の委員会に付託する。

制定時（昭22.6）
　衆規176　請願は、文書表の配付と同時に議長がこれを適当の委員会に付託する。

本条は、請願の付託について規定するものである。

【請願の付託】請願は委員会審査を経て本会議に付す(国80Ⅰ)。議案と同様、各政策分野に専門性を有する委員会に審査させるのが便宜であるとの理解に立っている。

請願は、請願文書表の配付と同時に、議長が適当の委員会に付託する。

請願文書表は、議員の理解に資するように作成されるものであるが、同時に委員会審査の対象に準じるものとして用いられることをも目的としていることを示すものである。

請願文書表は毎週1回配付することとされており(参規165Ⅰ)、それに合わせて、

第11章　請願　　*357*

§ 166

委員会への付託も毎週行うこととなる。

「同時に」とは、文書表が議員の目に触れ得る時点で当該請願の委員会審査も開始できるようにするとの趣旨である。

付託されるのは文書表に記された内容によるのではなく提出された請願であり、したがって、審査対象も請願の原文である。通常、文書表の内容を用いているのは便宜によるものであり、細部にわたって精査するためには原文との照合も必要となる。

「適当の委員会」とは、その請願の内容を所管する委員会である。原則として常任委員会であるが、必要がある場合又は常任委員会の所管に属しない請願については特別委員会を設置して付託することができる（国45Ⅰ参照）。また、既に設けられている特別委員会の設置目的に関連のある請願は、その特別委員会に付託するのが趣旨に合致する。

本条の規定は憲法審査会に準用されており（参憲規26）、憲法審査会も請願の付託先とされている。

特定の請願を複数の会議体が並行して審議することは認められない。提出された請願は一体不可分であり、複数の委員会に同時に付託することや分割して付託することができない点は、議案と同じである（…▶『逐国』第56条【議案の付託】）。

ただし、一般国民から提出される請願は委員会の所管を念頭に置いて作成されるものではないため、多岐にわたる願意が込められることも珍しくない。それをあえて1つの委員会に付託したところで、その委員会の所管外の事項については事実上、審査が及ばないこととなってしまう。そのため、請願を委員会審査に適合する形で出し直してもらうことも1つの方法であり[2]、請願者の立場に立った便法としてももとより可能である。

「付託」とは、請願を特定の委員会に対して独占的に審査するよう命じることである。議長の単独行為であり、当該委員会に対しては議長から付託通知がなされる。

請願については、議案のような委員会審査省略の制度がない（国56Ⅱ但参照）。

【苦情請願】 参議院では、常任委員会の1つとして行政監視委員会が設けられており、行政に対する苦情に関する事項を所管している（参規74(15)）。具体的には、不適正行政に対する苦情を内容とする請願の審査を行うものである（参先403）。

「苦情請願」とは、行政運営上の遅延、不適切、怠慢、不注意、能力不足等によって生じた不適正行政に対する苦情を内容とする請願である。

---

2 堀田光明「国会における請願制度」議会政治研究27号（1993）5頁。

§ 167

　その審査は、不適正行政により権利、利益の侵害を受けたとする者の救済を図ることを狙いとするものである。

　なお、行政監視委員会では、苦情請願の審査のほかにも、参議院ホームページ上の苦情窓口に寄せられた一般国民からの行政に対する苦情を調査の端緒とすることとしている（•••▶第74条の5【行政監視委員会の機能強化】）。

〔裁判官の罷免を求める請願〕
第167条　裁判官の罷免を求める請願については、議長は、これを委員
　　会に付託しないで裁判官訴追委員会に送付する。

　　　　　　　制定時（昭22.6）、第6次改正（昭30.3）
　　　　　　衆規177　裁判官の罷免を求める請願については、議長は、これを委
　　　　　　　員会に付託しないで裁判官訴追委員会に送付する。

　本条は、裁判官の罷免を求める請願の送付について規定するものである。

【裁判官罷免を求める請願】各議院に対して請願を提出する利点の1つとして、立法権や国政調査権が国政全般をカバーしていることを反映して、どのような内容のものでもおおむね受理されることを挙げることができる。

　例外として、天皇に対する請願は内閣に提出することとされており（請3 I後）、係属中の裁判に関する請願等、司法権の独立を侵すおそれのあるものも受理できない（•••▶『逐国』第79条【請願事項】）。

　裁判官の罷免を求める請願については、議長は委員会に付託しないで裁判官訴追委員会に送付する。

　裁判官の罷免の手続は裁判官訴追委員会の訴追によって開始し、かつ、訴追はその専権事項である。その職権は独立したものであり（弾裁8）、議院の監督に服するものではない。

　国民も裁判官の罷免を求める請願を行うことができる（憲16）が、その請願を参議院に提出されても権能が及ばないため、受理した請願を審査することなく、そのまま本来の宛先となる官署である裁判官訴追委員会に送付することとしたものである（請4参照）。

　受理しないこととせず送付することとしたのは、訴追委員会が国会議員で組織する機関であるため、提出先選定についての負担を請願者に負わせないためである。

　「裁判官の罷免を求める請願」とは、特定の裁判官について、非行等があったとし

第11章　請願　　359

§ 168

て、その職を失わせることを求める内容の請願である。特定の種別の裁判官の廃止を求めるものは、これに当たらない。

　既に裁判官弾劾裁判所に対して訴追がなされている裁判官の罷免を求める請願も裁判官訴追委員会に送付すべきである。公判手続を遂行するに当たって、訴追側の補強材料となることが考えられるからである。

　「委員会に付託しない」とは、提出された場合には一旦受理はするものの、議院における審議を進めないことを意味する。

　「裁判官訴追委員会」とは、裁判官の罷免に値する事由について調査し、裁判官弾劾裁判所に対して訴追を行う機関である。

　裁判官訴追委員会の詳細については、『逐国』第126条【訴追委員会】の説明参照。

　「送付する」とは、訴追委員会が請願を受理できるように転送することである。

　訴追委員会は国民からの訴追請求を受け付けており（弾裁15 I）、参議院が送付した請願が訴追の請求の要件を満たしている場合には、訴追審査事案としてその事由を調査すべきである。

　既に訴追されている裁判官について罷免しないよう嘆願する内容の請願については規定がないが、個々具体の裁判に関する請願同様、受理することはできないと解すべきであろう（•••▶『逐国』第79条【請願事項】）。

〔請願の趣旨説明〕

　第168条　請願を紹介した議員は、委員会から要求があつたときは、請
　　願の趣旨を説明しなければならない。

制定時（昭22.6）、第6次改正（昭30.3）

　本条は、請願紹介議員の趣旨説明について規定するものである。

【請願の趣旨説明】請願の委員会における審査手順について、参議院規則は規定を置いていない。基本的には議案と同じであるが、審査件数が多いのが通常であり、効率的に行う必要がある。

　審査は、請願の内容を知ることから始まる。場合によっては、願意についての質疑を行う必要もある。

　請願を紹介した議員は、委員会から要求があったときは、請願の趣旨を説明しなければならない。

　議院に対する請願が提出について議員を介するものであることから、審議におけ

§169

る提出者の役割を担うことを紹介議員の義務としたものである。

「請願を紹介した議員」とは、請願提出者の依頼に基づいて議院に提出する取次ぎをした議員である。

紹介議員は必ずしもその請願に賛成しなければならないものではないが（•••▶『逐国』第79条【請願の紹介】）、請願者の意図するところを誠実に伝える義務を負う。

「委員会」とは、請願を付託され審査している委員会である。

「要求」は、委員会の意思、すなわち議決によるものであることを要する。

理事会等の合意に基づいて要請することも可能であるが、それにとどまる場合には、紹介議員に厳密な意味での義務は発生しない。

「請願の趣旨」とは、請願を提出することとなった趣旨とその内容の概要である。

「説明しなければならない」は、紹介議員としての義務であることを示しており、応じない場合には請願審査が進まない不利益を被ることを覚悟しなければならない。さらに、議員としての義務を果たさないことは懲罰事由ともなり得ると解する。

紹介議員は請願採択を推進する義務を負うものではないが、請願者に成り代わっての説明は、その意を酌んだ内容のものでなければならない。

委員会は趣旨説明を要求し得るだけでなく、それに対して質疑することも可能であり、紹介議員としてはその答弁義務も負う。

本条は、紹介議員をして請願者に代わる役割を果たさせることを定めるが、請願者本人からの直接の情報を得る必要があるときは、参考人制度（参規186 Ⅰ）を援用することが可能である。

紹介議員は自ら趣旨説明を行う旨を委員会に申し出ることができるとの解釈も示されている（松澤・議会法538頁）が、審査の手順は委員会サイドが決定するものであり、その希望が必ずしもかなうとは限らない。

〔請願書の印刷・配付〕

第169条　請願書は、議院の議決がなければ、これを印刷配付しない。

制定時（昭22.6）

本条は、請願書を印刷、配付しないことについて規定するものである。

【請願書の印刷・配付】請願については、審査の便宜のため、その内容を把握しやすいようにした文書表が作成、印刷され、各議員に配付される（参規165 Ⅰ）。

請願書は、議院の議決がなければ印刷、配付しない。

§170

　文書表を配付することは、それを事実上の審議対象とすることを意味し、原則として請願書そのものの内容の周知を図る必要がないとの認識に立つものである。

　「請願書」とは、請願者が議院に提出した文書である。

　「議院の議決」とは、議長に請願書の印刷、配付を義務付ける旨の本会議での議決であり、対象とする請願を特定して行うことも、当該会期に提出される全ての請願を対象として行うことも可能である。

　「印刷」は、紙に文字等を刷り出すことであるが、原本の複写でも足りる。

　「配付」は、全ての参議院議員の各々の手元に配ることである。

　委員会において便宜的に文書表が審査対象となるものの、付託対象は請願そのものであり（•••▶第166条【請願の付託】）、委員には必要に応じて請願書が印刷、配付される。これは議院の関知するところではなく、本会議の議決も必要ない。

〔委員会審査結果〕

第170条① 委員会は、審査の結果に従い、次の区別をして、議長に報告書を提出しなければならない。

　一 採択すべきもの

　二 不採択とすべきもの

② 採択すべきものについては、なお、次の区別をしなければならない。

　一 内閣に送付するを要するもの

　二 内閣に送付するを要しないもの

制定時（昭22.6）、第6次改正（昭30.3）、第10次改正（昭60.10）

　衆規178① 委員会は、請願についてその審査の結果に従い左の区別をなし、議院に報告する。
　　一 議院の会議に付するを要するもの
　　二 議院の会議に付するを要しないもの
② 議院の会議に付するを要する請願については、なお、左の区別をして報告する。
　　一 採択すべきもの
　　二 不採択とすべきもの
③ 採択すべきものの中、内閣に送付するを適当と認めるものについては、その旨を附記する。

　本条は、請願の審査結果及び報告書の提出について規定するものである。

【請願の審査結果】 請願の審査は、その願意の妥当性について行うものである。議

§ 170

院の議決につなげるために、委員会における審査結果を定型的なものとする必要がある。

委員会は、審査の結果に従い、①採択すべきもの、②不採択とすべきものに区別しなければならない。

規定の上では、審査の結果とその区別が因果の関係にあるかのように読めるが、審査の結果自体が採択すべきもの・不採択とすべきものの区別によることを求めるものである。

「審査の結果」は、委員会の採決によって出された結果のことである。

「採択すべきもの」とは、その願意が妥当であり、その実現に賛意を表すべきものという意味である。「べきもの」は、本会議でそのように議決することが妥当であるとの意思を委員会の立場で述べる表現である。

「不採択とすべきもの」は、その願意に妥当性が認められないので、否定すべきものという意味である。

採決の仕方としては、採択すべきか否かを諮り、可決されれば①、否決されれば②の結論を得たことになる。

◆旧規定は〔請願議決区分〕

第170条（旧）①　委員会は、審査の結果に従い、左の区別をして、議長に報告書を提出しなければならない。

一　議院の会議に付するを要するとするもの

二　議院の会議に付するを要しないとするもの

②　議院の会議に付するを要するとする請願については、なお、左の区別をしなければならない。

一　内閣に送付するを要するとするもの

二　内閣に送付するを要しないとするもの

昭和60年の改正前は、請願の審査区分に採択・不採択の語が出てこなかったが、「議院の会議に付するを要する」というのが「採択すべき」と同義であり、「議院の会議に付するを要しない」というのが「不採択」と「委員会限りで廃棄し、会議に付するまでもない」の2つを包含すると解されていた[3]。

これを本会議での議決区分に一致させるべきであるとして、昭和60年に現行規定のように改正された。

♣衆議院では〔みなし採択〕

委員会において、同一会期中、既に議決した請願と同じ趣旨の請願について、前の議決と同じ議決をしたものとみなす決定をすることがある（衆委先

---

3 佐藤吉弘『註解参議院規則』（旧版）（参友会・1955）245頁。

第11章　請願　　363

§170

173㈤）。これを「みなし採択」という。

【保留】 請願は、国会の実務においては、委員会で不採択とすべきものとの結論が出されることはない。請願者の真摯な願意を正面から否定するのは、一般的に議院として適切ではないとの判断に基づく運用である。

その代わりとして、委員会審査において採択すべきものとの判断を行わない請願は審査未了とする扱いとされている。本来、審査を終了するに至らない状況を指すものであるが、それを意図的に行うことから「保留」と呼ばれている（参委先96）。Let's agree to disagree を実践するものである。特に参議院では、保留とする場合に、そのことを委員会において決定する扱いである。

保留は、議院の会議に付するを要しないとの決定（国80Ⅱ本）とも異なる。この決定は委員会限りで請願を廃棄することを意味するものであり、保留も実質的には同じ目的を持つものであるが、「議院の会議に付するを要しない」との明確な表現を用いることをも控える便法として用いられている。

> ♣衆議院では〔保留〕
> 保留は、理事会協議の結果、委員会での採否の決定を保留することであり、したがって、委員会審査には付さない扱いである。

【請願審査の実際】 請願の審査は委員会で行うものであるが、実際上の運用は、理事会において請願の取扱いについて協議し、そこで採択すべきものと保留とするものの仕分を行う。委員会の採決では、理事会協議のとおり決定することが諮られ、可決される例である。したがって、本来であれば不作為の結果である審査未了も、保留という内容の委員会決定でなされる。

> ♥運用
> 理事会の協議では、原則として全会一致の運用が行われており、意見の一致を見ない請願は保留とされるのが一般的である。

> ♥運用
> 当該委員会で審査中の議案に関連がある請願については、その議案が議決されるまで採否の決定を行わないこととされている（参委先98）。

【内閣送付の要否】 委員会において採択すべきものと決定した請願については、更に①内閣に送付することを要するもの、②内閣に送付することを要しないものに区別しなければならない。

採択請願のうち内閣において措置するを適当と認めたものは内閣に送付することとされており（国81Ⅰ）、その選別を委員会で行うこととするものである。

この区別も委員会の決定によって行う。

§171

「内閣に送付するを要するもの」とは、請願の内容が行政に関するものであり、その願意実現のために行政府において措置する必要があるものである。立法に関する請願であっても、財政措置を要するものや内閣において立案中の法律案に関するもの等、内閣に送付するのが適当なものもある（佐藤（吉）・参規277頁）。

「内閣に送付するを要しないもの」とは、参議院又は国会の権能によって処理し得る内容の請願のことである。ただし、後者に係るものについて衆議院に送付することは行っていない（国82参照）。

【審査報告書】委員会は、請願の審査の結果について議長に報告書を提出しなければならない。

請願の審査報告書は、付託に対する回答に当たるものである。

保留とする結論も委員会採決で確認されるが、その内容は審査未了とすることであり、その請願については報告書を提出することとされていない。

「報告書」とは、審査を終えた請願について、採択・不採択、内閣送付・不送付の区別を示して結論を報告する文書である。本会議に付するを要しないと決定した場合にも必要である（•••▶第172条【本会議審議不要決定の報告書】）。

委員会が提出するものであり、委員会の議決によって報告書の内容を決定することを要する。その作成を委員長に一任することも可能であるが、そのためにも委員会の議決は必要である。

議長は、請願の審査報告書を各議員に印刷、配付する例である。

【請願の本会議審議】請願は、委員会審査を経た後に本会議に付される。その点で議案と同じであり、本会議における審議も同じ手続を踏むと考えてよい。

ただし、実際上は、審議手続の簡略が図られている。まず、委員会審査の終わった請願全てが一括して議題とされ（参先406）、委員長報告を議院に諮って省略し（参先407）、全てについて委員会決定のとおり採択するか否かについて採決する例である（参先408）。

〔意見書案〕
第171条 委員会において採択すべきものと決定した請願については、委員会は、前条第1項の報告書に付して意見書案を提出することができる。

制定時（昭22.6）、第6次改正（昭30.3）、第10次改正（昭60.10）

第11章 請願 　365

§171

　本条は、採択請願に付す意見書案について規定するものである。

【意見書案】委員会において採択すべきものと決定した請願については、委員会は、審査報告書に付して意見書案を提出することができる。

　請願審査の結果は、定型的なものとすることが求められている（参規170）が、採択請願については、請願書の内容に議院としての意思を付け加えて議決する手段を委員会が用意する点を規定するものである。

　「委員会において採択すべきものと決定した請願」には、内閣に送付するを要するものと要しないものが含まれるが、いずれに対しても意見書案を付すことができる。

　「前条第1項の報告書」とは、採択すべき又は不採択とすべきとの結論を出した請願についての審査報告書のことであるが、ここではその前者に限られる。

　「意見書案」とは、請願を採択することに付加する意見の案のことであり、議了した請願と併せて本会議の審議対象となる。

　具体的には、内閣に送付する際に、その願意実現についての留意事項等の注文を付けたり、願意の一部についての留保を加えるために用いられる。

　意見書案は請願採択の決定に後行するものであるとして、請願内容に条件を付したり、一部を切り離して採択する旨をうたったり、願意を修正する等の内容を含むものであってはならず、判断の理由や要望としての意見等を示すものに限られるとする見解がある[4]。しかし、意見書案は請願書自体に手を加えるものではなく、あくまでもそれに対する評価と一体を成すものである。したがって、採択の決定に後行するものではない。請願をどのように評価するかは議院の権能であり、採択に当たって限定を加えること等ももとより可能である。実際にも、提出された請願の内容が多岐にわたり、一部採択の方法として意見書案が用いられるのが通常の用法である（参委先97）。

　意見書案の提出主体は委員会であり、その内容は委員会で決定しなければならない。採択すべきものと決定することと意見書案を付すことが先後関係にあるかのような規定ぶりではあるが、採択する意思に留保や意見を付加するためには、意見書案付きの採択としてセットで決定する必要がある。

　「提出することができる」とは、必要な場合に提出を可能とするものであり、採択請願について必ず付さなければならないものではない。

　意見書案が付されない採択請願についての議決は、単純に採択するとの内容となる。

----

4 高野浩臣「請願制度に関する一考察―国会請願を中心として」立法と調査152号（1989）56頁。

§ 172

　委員会から提出された意見書案は、本会議の採決に付される。可決されることによって「意見書」となって、議院の意思に高められる。内閣に送付するを要する請願には、意見書を添付して送付する（参先409）。

　♣衆議院では〔請願の一部採択〕
　　意見書案は、衆議院にはない参議院独自の制度であるが、請願の内容の一部を採択する議決が行われることはある（衆先393）。

〔本会議審議不要決定の報告書〕
第172条① 委員会において議院の会議に付するを要しないと決定した請願については、委員会は、議長にその旨の報告書を提出しなければならない。
② 前項の場合において、報告書が提出された日から休会中の期間を除いて7日以内に、議員20人以上から会議に付する要求がないときは、同項の決定が確定する。

　　　　制定時（昭22.6）、第6次改正（昭30.3）、第10次改正（昭60.10）
　　　衆規178① 委員会は、請願についてその審査の結果に従い左の区別をなし、議院に報告する。
　　　一 議院の会議に付するを要するもの
　　　二 議院の会議に付するを要しないもの
　　　衆規179 委員会において、議院の会議に付するを要しないと決定した請願について、議員20人以上から休会中の期間を除いて委員会の報告の日から7日以内に会議に付する要求がないときは、委員会の決定が確定する。

　本条は、請願の本会議審議不要決定についての報告書及びその決定の確定時期について規定するものである。

【本会議審議不要決定の報告書】委員会は、審査請願について本会議に付するを要しないと決定することができる（国80Ⅱ本）。

　委員会の審査は、議院が下す判断の参考とするためのものであり、本会議に付するを要しないとの決定は、この原則に対する例外である。

　「委員会」とは、請願を付託された委員会である。

　「議院の会議に付するを要しない」とは、委員会審査の後、議院の審議を進める必要がないため、本会議に上程するに及ばないことを意味する。

　これが「保留」と異なることについては、**第170条【保留】**の説明参照。

第11章　請願　　367

§ 172

「決定」は、委員会採決の結果としての決定であることを要する。

本会議審議不要と決定した請願については、委員会は、議長にその旨の報告書を提出しなければならない。

議院の会議に付するを要しないとの決定も委員会審査の結論であり、付託に対する回答として報告書の提出が必要である。

「その旨の」とは、本会議審議が不要であるとの結論を得たため、採択・不採択の判断を行っていないことを内容とするという意味である。

「提出しなければならない」の主体は委員会であり、委員会の議決によって、報告書の内容又はその作成を委員長に一任することを決める必要がある。

【本会議審議要求の期限】委員会で本会議審議不要の決定のあった請願につき、議員20人以上の要求があれば本会議審議を行わなければならない（国80Ⅱ但）。

委員会は議院の縮図となるように構成されている（国46Ⅰ）が、委員会の決定が議院の意思と相反する可能性があり、また、相当数の議員の意向に配慮して救済措置を設けたものである。

議員20人以上からの要求が、報告書が提出された日から休会中の期間を除いて7日以内になされないときは、委員会の決定が確定する。

本条第2項の規定は、国会法第80条第2項ただし書の要求について期限を付すものである。

「前項の場合」とは、委員会が請願の審査を行った結果、本会議に付するを要しないと決定し、議長に報告書を提出した場合のことである。

「議員20人以上」は、連名である必要はなく、個々の要求を合わせて20人に達すればよい。

「会議に付する要求」とは、本会議への上程を求めることである。要求者についての欠格事由はなく、請願の紹介者、この決定を行った委員会の委員も要求に加わることができる。ただし、委員会での決定に賛成した者がこの要求を行うことは矛盾した態度となろう。

「休会中」は、国会の休会中（国15ⅠⅢ）であるが、ここでの問題は議院内のことであるので、議院の休会中（国15Ⅳ）も含まれると解する。

「期間を除いて」とは、7日の期間を進行させないという意味であり、休会の初日又は最終日が全日でない場合でも休会中の1日として扱う。

休会中の期間を除くのは、決定があってから休会となった場合、その間は国会の機関の活動が休止するため、議員に時間経過の負担を免れさせる趣旨である。

§173

「7日以内」とは、決定の日を起算日として（国133）7日目に当たる日までを指す。

「同項の決定」とは、本会議に付するを要しないとの決定である。

「確定する」とは、本会議に上程されないことが確定し、当該請願は、議案でいうところの廃案となる。以後、その請願の審査を行うことはできない。

第173条　削除

制定時（昭22.6）、第6次改正（昭30.3）

§174

第12章　衆議院との関係

制定時（昭22.6）

本章は、活動論のうち、衆議院との関係についての院内事項に当たる規定を置いている。

両議院関係については憲法及び国会法で規定されているが、それに関連して議院として定めておくべき事項を規定するものである。

なお、両院協議会に関しては、両議院の議決によって定めることとされており（国98）、別途、両院協議会規程が置かれている。

〔衆議院への議案の伝達〕
　第174条　議案を衆議院に移すときは、議長は、事務総長をしてこれを衆議院議長に伝達させる。

制定時（昭22.6）
　　衆規 248　議案を参議院に移すときは、議長は、事務総長をしてこれを参議院議長に伝達させる。

本条は、衆議院への議案の伝達手段について規定するものである。

【議案の伝達】議案を衆議院に移すときは、議長は事務総長をして衆議院議長に伝達させる。

議案を衆議院に移す行為は単なる意思行為ではなく、物としての議案を送るという事実行為を伴うため、それが事務的な処理である旨を確認するものである。

「議案」は、ここでは国会の議決を要する議案に限定される。両院協議会の成案を含む。

「衆議院に移す」とは、議案の送付、回付、返付（国83ⅠⅢ、83の2、83の3Ⅲ、83の4、83の5、87Ⅰ、93Ⅰ）を実行することである。なお、議員発議又は委員会（調査会）・憲法審査会提出の議案を議決して衆議院に送る行為は「提出」との表現が用いられるが、ここでの「移す」に当たる（••▶『逐国』第56条【議案の付託】）。

議員発議に係る法律案の予備送付についても本条が類推適用されるが、この場合には原本が用いられるわけではない。

「事務総長」は、議長の監督の下に議院の事務を統理する立場（国28Ⅰ）として挙げ

370

§175

られたものであり、自身が議案の伝達を行うことを意味するものではない。伝達行為は指示を受けた参事が当たる。その所管は議事部議案課が受け持っている（事分規6(2)）。

「これ」は、「議案」を受ける指示語で、その原本に当たるものを指す。

「衆議院議長」は、衆議院を代表する立場（国19）として挙げられたものであり、事実行為としての伝達の直接の相手たることを意味するものではない。

「伝達」は、出向いて直接手交することを意味する。

〔議案受領の報告〕
第175条　衆議院から議案を受け取つたときは、議長は、これを議院に報告する。

制定時（昭22.6)、第6次改正（昭30.3)
衆規249　参議院から議案を受け取つたときは、議長は、これを議院に報告する。

本条は、衆議院から受領した議案の報告について規定するものである。

【議案受領の報告】衆議院から議案を受け取ったときは、議長は議院に報告する。

衆議院から議案が送られてきたときには、議長は印刷して各議員に配付することとされている（参規27）が、その前にその事実を知らせることとしたものである。

「衆議院から議案を受け取つたとき」とは、衆議院から送付、回付、返付（国83Ⅰ Ⅲ、83の4、83の5、87Ⅰ、93Ⅰ）があったときを指す。衆議院で出された議案が議決され参議院に提出されたときもこの場合に当たる。衆議院からの議案の予備送付があったときを含む（衆規29）。

「これ」は、議案を受け取った事実であり、名称や議案番号により特定されれば足りる。

議案の内容は、その印刷、配付によって議員に周知される。

「議院に報告」は、本会議開会前の諸般の事項の報告（参規83Ⅰ）において口頭で行うことが念頭に置かれている。

本条の規定に対しては、第253条第2項が特則を定めており、参議院公報による通知で代えることができるとしている。

第12章　衆議院との関係　　*371*

§175の2

> 〔発議者等の衆議院での説明〕
> 第175条の2　参議院提出の議案につき又は内閣提出の議案中参議院の
> 　　修正にかかる部分につき、衆議院から要求があつたときは、委員長、
> 　　発議者又は修正案の提出者は、衆議院において説明をすることができ
> 　　る。

第6次改正（昭30.3）
　　衆規60の2　内閣提出の議案中、衆議院の修正にかかる部分につき、
　　　　参議院から要求があつたときは、その所管の委員長又は修正案の
　　　　提出者は、参議院において修正の趣旨を説明することができる。
　　衆規69　委員長は、衆議院提出の議案で、その委員会の所管に属す
　　　　るものについて、参議院から要求があつたときは、その院におい
　　　　て、提案の趣旨を説明することができる。

　本条は、参議院提出議案の発議者等の衆議院における説明について規定するもの
である。

【発議者等の衆議院での説明】参議院提出の議案につき又は内閣提出の議案中参議院の修正に係る部分につき衆議院から要求があったときは、委員長、発議者又は修正案の提出者は、衆議院において説明することができる。

　国会法第60条は、「各議院が提出した議案については、その委員長（その代理者を含む）又は発議者は、他の議院において、提案の理由を説明することができる。」と規定している。国会法であるから衆参両院共通に適用されるものであるが、本条の規定内容と重複している。新たに付け加わっているのは、内閣提出の議案中参議院の修正に係る部分についての修正案提出者の説明である。

　「参議院提出の議案」とは、議員発議又は委員会（調査会）・憲法審査会提出の議案を可決又は修正議決して衆議院に送付したもののことである。

　「内閣提出の議案」は、参議院先議のものに限らない。後議である参議院が修正して衆議院に回付した議案は衆議院では委員会に付託されない(衆規253 I)が、本会議での質疑の可能性はある(衆規253 II)。

　条文上は衆議院提出の議案が挙げられていないが、それについて参議院で修正する可能性もあり、対象とする場面から排除する理由はないものと解する。

　「参議院の修正にかかる部分」とは、参議院が本会議で修正議決した場合の、施された修正内容のことである。

　「衆議院」は、その本会議及び付託委員会の両方を含む。

§176

「要求があつたとき」とあり、衆議院側の意向に反して説明することはできない。ただし、衆議院に対して説明したい旨の申入れを行うことを妨げず、その了解が得られれば「要求があつたとき」に読み込んでよい。

「委員長」は、当該議案を提出又は審査した委員会の委員長を指し、委員長が説明できるのは、参議院提出の議案をその委員会が提出又は審査した場合と内閣提出の議案につき委員会で修正議決した場合である。

特別委員会で提出又は審査した場合には、参議院の議決により当該特別委員会は消滅しているが、元委員長が本条の「委員長」として説明することとなる。

本条は、調査会長、憲法審査会会長についても準用されている（参規80の8Ⅱ、参憲規26）が、調査会長が説明できるのはその議案を調査会が提出した場合だけである。

「発議者」とは、参議院提出の議案についての発議者のことである。

「修正案の提出者」は、内閣提出の議案が修正された場合だけでなく、参議院提出の議案が修正議決されたものである場合を含んでいる。本会議における修正案提出者だけでなく、修正案が委員会提出の場合の委員会における修正動議提出者を含む。

「説明」とは、国会法第56条の2の規定による趣旨説明、議案審議（審査）における趣旨説明だけでなく、質疑に対して答弁することも含まれる。

ただし、議案の修正部分については、国会法第56条の2の規定による趣旨説明において聴取することは予定されていない（→『逐国』第56条の2【趣旨説明】）。

「することができる」の意味するところは、参議院として対応する事項について、規定した者に説明の任に当たる資格を認めるものである。

〔協議委員の選任・辞任〕

第176条①　協議委員の選挙は、連記無名投票でこれを行う。

②　投票の最多数を得た者を当選人とする。但し、得票数が同じ者については、くじで当選人を定める。

③　議院は、協議委員の選任を議長に委任することができる。

④　協議委員の辞任は、議院がこれを許可する。

制定時（昭22.6）、第6次改正（昭30.3）

衆規250①　協議委員の選挙は、連記無名投票でこれを行う。

　②　投票の最多数を得た者を当選人とする。但し、得票数が同じときは、くじで当選人を定める。

　③　議院は、選挙の手続を省略して、その指名を議長に委任するこ

§176

とができる。

衆規251 ① 協議委員の辞任は、議院がこれを許可する。
② 協議委員の補欠は、その選任した方法による。

　本条は、協議委員の選任及び辞任について規定するものである。

【**協議委員の選挙**】両院協議会を開くこととなった場合、衆参両院は、それぞれ協議委員を選任する。

　両院協議会は各議院で選挙された各々10人の委員で構成される（国89）。

　協議委員の選挙は連記無名投票で行う。

　「協議委員」とは、両院協議会の参議院側の委員のことである。

　「選挙」は、本会議の議事として行う必要がある。

　「連記」とは、被選挙人の名前を協議委員の数だけ記入すべきことである。すなわち、完全連記制によるとの趣旨である。同じ被選挙人の名前を重複して記入することは許されない。

　連記とするのは、10人の協議委員全員を1回の投票で選出することを前提としている。

　連記とすることにより、協議委員全員を参議院の議決を構成した会派すなわちその問題についての多数派から選出することが可能となる。意見を異にした衆議院側と協議するに当たり、参議院側の意見を代表する立場にある者を折衝役として送り出す必要があり、議院の意思を主張できるような協議委員の構成としておかなければ、協議会で得られた成案が議院で可決されることがおぼつかなくなるからである。

　「無名」とは、投票者の名前を記入することを禁じることである。

　無名投票としているのは、投票の自由を確保し、当選者が特定者の拘束を受けることなく職務を遂行できるようにしたものである。

　「投票」とは、選挙に当たって、選びたい者の名前を記して選挙管理者の下に提出すること又はその提出されたもののことである。

　投票の最多数を得た者を当選人とする。ただし、得票数が同じ者については、くじで当選人を定める。

　比較多数の獲得で足りるものとしている点で役員の選挙とは異なる。

　「投票の最多数を得た者」とは、投じられた票の中で、最も多く被選挙人として名前を記された者のことであるが、10人を選挙するので、上位10人が当選人となる。

　「当選人」とは、協議委員に選ばれた者のことである。選挙結果だけでその任に就く。

§176

「得票数が同じ者」とは、得票数が10番目に当たる者が2人以上いて上位10人が一意的に決まらない場合を指す。当然のことながら、それよりも上位で得票数が同じであっても、この場合には該当しない。

「くじ」とは、人の意思や作為が入らないようにして決める方法のことである。具体的な定めがないので、当選の可能性が均等な方法であれば足りる。

くじの対象となるのは、得票数が同じ者であり、その中から未決定の定数分だけ当選人を定める。例えば、9位として2人の者の得票数が同じである場合はくじで定める必要はないが、7位として6人の者の得票数が同じである場合はそれらの者の中から4人をくじで選んで当選人とすることとなる。

【協議委員選任の委任】議院は、協議委員の選任を議長に委任することができる。

10人の協議委員を連記投票によって選挙すると開票に時間を要することから、簡易な方法を選択できるようにしたものである。

「議院」とは、協議委員の選任が議院の権能とされている (国89) ことにより、意思決定が本会議でなされることを予定している。

「議長」とは、その選挙議事を主宰している者であり、副議長が代行している場合には副議長でもよい。

「委任する」とは、誰を協議委員の任に就けるかについて、その意思に委ねることである。

委任を受けた議長は、自らの判断で指名することが可能であるが、誰が任に就くかがルール化されており、委任は議長がそのルールに従って指名することを期待するものであるので、議長は事実上それに拘束される。

参議院の採用するルールは、両院協議会に付される案件の院議を構成した会派に割り当て、会派の推薦に基づいて選任することである。院議構成会派の中での割り振りは、その所属議員数に比例して配分する例である (参先415)。ただし、衆議院が、**憲法第59条**〔法律案の議決、衆議院の優越〕の規定により参議院が法律案を否決したものとみなす議決を行った場合には、院議を構成した会派が存在しないので、各会派の所属議員数に応じて配分する。

この先例は、選挙の場合に連記投票によるとされていることから、それと同じ結果が得られることを狙いとしている。

これについては、両院協議会の改革案として、会派勢力を反映した構成とすることで成案を得やすくできるとの提案が多く見られるが、その条件の下で得られた成案が与野党の合意を伴わない多数決によるものであるなら、両議院の本会議での可

§177

決にはつながらないであろう[1]。

【協議委員の辞任】協議委員の辞任は、議院が許可する。

「辞任」は、任期満了前に本人の申出により地位を降りることをいう。

協議委員が辞任したい場合には、その旨を議長に申し出、議長がこれを議院に諮り、議院がそれを許可することを決定する。

「議院が許可する」は、本会議の議決によることを要する。

【協議委員の任期】協議委員は、その両院協議会が終了するまでその任にある。ただし、特段の事情により、その地位を失わせることは可能である（国91の2Ⅰ、参規243）。

〔協議委員議長の互選〕

第177条　協議委員の議長の互選は、協議委員中の年長者が、これを管理する。

　　　制定時（昭22.6）
　　　　衆規252①　協議委員の議長の互選は、委員選挙の当日又は翌日これを行う。
　　　　②　協議委員の議長の互選は、協議委員中の年長者がこれを管理する。

本条は、協議委員議長の互選について規定するものである。

【協議委員議長の互選】協議委員が選任されると、協議委員は参議院の協議委員団を構成し、その議長を互選して両院協議会に備えなければならない。

「協議委員の議長」とは、参議院の協議委員団の長であり、衆議院の協議委員議長と交替で両院協議会の議長に就く役職である（国90）。

「互選」とは、そのメンバーの中からメンバーの意思によって選出することをいう。

協議委員の議長の互選は、協議委員中の年長者が管理する。

「年長者」とは、最も年齢の高い者を指す。その者に事故がある場合には、次順位の者が当たる。

「管理する」とは、互選のための会合（これを「互選会」という。）の招集、選挙事務の執行等を指す。

先例上は、協議委員選任の当日、互選会を開くこととされている（参先358）。

互選の方法は規定されていないので、協議委員の意思を反映した方法であればよ

1 森本昭夫「両院協議会改革の難航」立法と調査374号（2016）172頁。

376

§178

い。先例では、投票によらないで協議委員の動議により選挙管理者の指名による例である（参委先360）。

〔衆議院回付案・両院協議会成案の審議〕
第178条①　衆議院の回付案及び両院協議会の成案は、これを委員会に付託しない。
②　回付案に対する質疑討論は、その修正の範囲に限る。
③　成案に対する質疑討論は、成案の範囲に限る。

> 制定時（昭22.6）
> **衆規253①**　参議院の回付案及び両院協議会の成案は、これを委員会に付託しない。
> ②　回付案に対する質疑及び討論は、その修正の範囲に限る。成案については、成案の範囲に限る。

本条は、衆議院の回付案及び両院協議会の成案の審議について規定するものである。

【衆議院回付案の審議】衆議院の回付案は、委員会に付託しない。

国会の議決を要する議案は、両議院が先議後議の関係に置かれ、その成立のためには、同一会期において両議院の議決が一致しなければならない。議案は委員会に付託して審査するのが原則である（国56Ⅱ本）が、衆議院の回付案については、参議院は元の案を対象として1度審議を済ませており、衆議院の修正に同意するか否かを判断するだけであるので、委員会審査を必要ないとしたものである。

「衆議院の回付案」とは、参議院先議（参議院提出を含む）の議案につき、参議院で議決した後、その会期において衆議院で修正議決して参議院に送り返してきた議案のことである（国83Ⅲ）。衆議院先議でも参議院において閉会中審査を行い後会に継続した議案は、ここでいう参議院先議の議案となる。逆に参議院先議でも、衆議院で閉会中審査を行った後に次国会以降に修正議決して参議院に送り返してきた議案は回付案ではなく（国83の5）、委員会審査が必要である。

「委員会に付託しない」とは、直接に本会議で審議することを意味する。

本条第1項の規定趣旨から判断すると、回付を受けた参議院では、衆議院における修正を了とするか否かの判断を行うだけで、それには時間を要しないことでもあり、これを更に閉会中審査に付すことはできない。

回付案に対する質疑、討論は、その修正の範囲に限る。

第12章　衆議院との関係　　377

§178

回付案についての審議は本会議で行うが、そこでの課題は衆議院の修正に同意するか否かであり、それ以外の部分についての議論は問題を不必要に拡散させるものとなるからである。

回付案の審議において重ねての修正ができない（研究会・法規63 時の法令1613 号（2000）82 頁）ことについては明確な法的根拠は存在しない（•••▶『逐国』第83条【回付案の審議】）が、本条第2項は、そのことを前提とした規定として理解することとなる。

「質疑」は、議案の内容やそれに関する行政の執行状況等について疑義をただすものである。

「討論」は、回付案に賛成か反対かの態度を明らかにして意見を述べることである。

「修正の範囲」とは、衆議院における修正に係る事項、見方を変えれば、衆議院で修正議決されたその修正案の内容のことである。

「限る」とは、外にわたる発言を禁止するものである。

例えば、衆議院の修正のいかんにかかわらず当該議案に反対である場合でも、修正内容の当否に触れずに討論を行うことは許されない。

範囲の外にわたる質疑、討論に対しては、議題外発言に準じて、議長は注意し、制止し、発言を取り消させることができる（国116）。

【両院協議会成案の審議】両院協議会の成案は、委員会に付託しない。

両院協議会の協議対象となった議案は、既に両議院で審議を行っており、成案については議院で修正することはできない（国93Ⅱ）ので、回付案と同じく、委員会審査を要しないとしたものである。

「両院協議会の成案」とは、両院協議会において、両議院の議決の異なった部分について作成される妥協案のことである。両院協議会の出席協議委員の3分の2以上の多数で議決されることで策定される（国92Ⅰ）。

両院協議会の基本的性格については論争があり（今野・法理77 頁）、それによって成案の理解が変わってくる。

審査機関説によると、両院協議会を請求した議院が自院に係属していた議案を付託し、これを原案として両議院の合意できる案に改めた（修正した）ものが成案である（鈴木・理論481 頁）。これに対して起草機関説によると、両院協議会における調整には原案となるものはなく、成案は両議院の議決の異なる部分について作成した合意案を指すこととなり（佐藤（吉）・参規291 頁）、それが両議院で可決されると、さきに両議院の議決の一致した部分と一体となって最終的な国会の議決となるとする。

両説の詳細及び起草機関説を支持すべき点については、『逐国』第84条【両院協議

§179

会の性格】の説明参照。

両院協議会の成案については、協議委員議長が両院協議会の経過及び結果を本会議で報告する（参先420）。

両院協議会の成案に対する質疑、討論は、成案の範囲に限る。

同語反復を含むため当然のことを規定しているかのようであるが、本会議審議の課題が両院協議会の決定部分に同意するか否かであり、両議院の議決の一致している部分は決着済みであるため、それについて議論することができないことを確認するものである。

本条第3項の「成案」が両議院の議決の異なった部分について両院協議会で作成された妥協案を指すことは、本条第2項の「修正の範囲」の意味に照らしても明らかである。

質疑は協議委員に対して行うこととなる。衆議院の協議委員に対する質疑も可能と考えてよいだろう。

【憲法審査会への非準用】 本条の規定は、憲法審査会規程で準用されていない（参憲規26参照）。したがって、回付案、両院協議会成案が憲法審査会に付託される可能性があることに注意する必要がある。付託するか否かの判断がそのたびごとに必要となろう。

憲法改正原案について審議の慎重を期すことを考えてのものであり、それ以外の案件については本条が類推適用されるものと解する。

憲法改正原案について本条が準用されないことによって、回付案、両院協議会成案が更に後会に継続する可能性も認められることになる。憲法審査会に付託されている限り、会期の終了によって廃案とならないことによる（国68但の国102の9Ⅱによる読替え）（•••▶『逐国』第102条の9【案件不継続】）。

〔 **両院協議会規程、常任委員会合同審査会規程** 〕

第179条　両院協議会に関する規程及び常任委員会合同審査会に関する規程は、議長が衆議院議長と協議した後、議院がこれを議決する。

制定時（昭22.6）、第6次改正（昭30.3）

衆規254　両院協議会に関する規程及び常任委員会合同審査会に関する規程は、議長が参議院議長と協議した後、議院がこれを議決する。

第12章　衆議院との関係　　379

§179

本条は、両院協議会規程及び常任委員会合同審査会規程の議決について規定するものである。

【両院協議会規程】両院協議会に関する規程は、両議院の議決で定めることとされている（国98）。

「両院協議会に関する規程」とは、両院協議会についての組織、運営等を定める法規範のうち、国会法に規定した以外のものを定める法形式を指す。

この規程は、単なる議決ではなく、議院規則と同様、永久効を持つ法形式である。したがって、会期不継続によって効力が消えるものではない。詳細については、『逐国』第98条【両院協議会規程】の説明参照。

両院協議会に関する規程は、議長が衆議院議長と協議した後、議院が議決する。

この規程が両議院の議決で定めるとされているのは、その案の審議が先議後議の関係に立たないことを意味している（**▶**『逐国』第11条【両議院一致の議決】）。そこで、衆参の議決内容を一致させるために、両議院の議長間で協議して調整を図ることとしたものである。衆議院規則においても同内容の規定が置かれている（衆規254）。

「協議した後」とは、規程の案が合致するよう意見を交換した後のことである。

その合意は要件となっていないが、衆議院議長と案をすり合わせて一致を見ない場合には、参議院で議決したところで、両議院一致の議決のめどが立たないため、事前の合意が得られない以上、実際上は手続を進めることができない。

規程は、議員がその案を提案することはできるが、それによって規程案が議院に係属するのではなく、議長に対して衆議院議長と協議する題材を提供する意味しか持たない。

議長は当初の参議院側の意向を改めた上で衆議院議長と合意することが可能であると解する。衆参の互譲の可能性を否定してしまっては協議に実効性を持たせることができないからである。

正式の規程案は、議長発議によって議院に係属することとなる。

「議院が」とは、議院の意思により、すなわち、本会議の議決によりという意味である。

議決内容については衆議院に通知し、同様に衆議院からも通知がなされ、両者の内容が一致したときに両院協議会に関する規程として成立する。

現在の両院協議会規程については、『逐国』第98条【両院協議会規程の内容】の説明参照。

【常任委員会合同審査会規程】常任委員会合同審査会に関する規程は、議長が衆議

§179

院議長と協議した後、議院が議決する。

常任委員会合同審査会に関する規程については国会法に規定はないが、両院協議
会に関する規程に準じることとしたものである。衆議院規則においても同内容の規
定が置かれている（衆規254）。

「常任委員会合同審査会に関する規程」とは、常任委員会合同審査会（国44）につい
ての組織、運営等を定める法形式を指す。

実定法上は、「常任委員会合同審査会規程」という名称が付されており、昭和22
年7月に制定されている。

常任委員会合同審査会についての議院規則に相当するものとも言えるが、議院の
自律権に基づくものではない。

現在の常任委員会合同審査会規程については、『逐国』第44条【常任委員会合同審
査会規程】の説明参照。

憲法審査についても合同審査会を開くことができるとされており、それに関す
る事項は両議院の議決で定めるとされている（国102の8Ⅲ）。その規程の議決につい
て本条が準用されている（参憲規26）。

第12章　衆議院との関係

§180

第13章　国民及び官庁との関係

制定時（昭22.6）

　本章は、活動論のうち、国民及び官庁との関係についての院内事項に当たる規定を置いている。

　国民及び官庁との関係については憲法及び国会法で規定されているが、それに関連して議院として定めておくべき事項を規定するものである。

〔議員派遣の議決〕
　第180条　審査又は調査その他の必要により議員を派遣する場合は、議院の議決でこれを決定する。但し、特に緊急を要する場合又は閉会中にあつては、議長において議員の派遣を決定することができる。

制定時（昭22.6）、第6次改正（昭30.3）、第7次改正（昭33.6）
　　衆規255①　議院において審査又は調査のため、議員を派遣するには、議院の議決を要する。但し、第55条の場合は、この限りでない。
　　②　閉会中は、議長において議員の派遣を決定することができる。

　本条は、議員派遣を行うための手続について規定するものである。

【議員派遣の議決】議院は、審査、調査のために又はその他必要と認めた場合に、議員を派遣することができる（国103）。

　会議の場での議論を補うために、例外的な活動として、問題の所在地に赴いて現場を視察したり、地元の住民等から意見を聴取することを認めるものである（⋯▶『逐国』第103条【議員派遣】）。

　審査又は調査その他の必要により議員を派遣する場合は、議院の議決でこれを決定する。

　議員派遣が議院の活動として行うものであることから、本会議で決定することを要するとしたものである。

　「審査」は、通常、委員会における付託案件についての意思決定の過程を指す語であるが、ここでは、本会議における審議を含めて、議院における審議過程全般を指すものと解する必要がある。

　「調査」は、国政に対する監視、統制の権能を行使する上で又は新たな政策形成、

382

§180の2

立法準備のために必要な調査のことである。

「その他の必要」とは、議案の審査、国政に関する調査以外で議院が必要と認めた場合で、具体的には、国際会議出席や外国議会との交流を例として挙げることができる。その判断は議院の議決で行うが、議長の判断に委ねることも可能であると解する。

特定の委員会のメンバーを派遣議員とすることもあるが、委員派遣（参規180の2）と異なり、委員会の発意でなされるものではない。

「派遣」とは、議院の意を受けた議員を出張させて職務を行わせることである。議院サイドの主体的な判断に基づくものであるため、個々の議員からの申出を議院が承認するものではない。

国内に限らず、外国への派遣も可能である。

「議院の議決」は、本会議における採決による決定であり、目的、派遣地、派遣議員、期間を決める必要がある。

【閉会中等の議員派遣】特に緊急を要する場合又は閉会中にあっては、議長において議員の派遣を決定することができる。

本会議を開けないときや開くいとまのないときのために、議長決定による議員派遣を認めたものである。

本条は、閉会中の議院の活動として議員派遣が可能であることを前提としている（•••▶『逐国』第103条【議員派遣】）。

「特に緊急を要する場合」とは、会期中に議員派遣を行うに当たって、その実施又は具体的な準備を行うのに本会議を開いて議決するいとまがない場合である。

「閉会中にあつては」とは、派遣の実施日ではなく派遣の決定を行う時期がいつであるかの問題である。「閉会中」は、会期終了日の翌日から次会期召集日の前日までの間であるが、会期最終日の本会議を散会した後に決定が必要な場合は、閉会中に当たるものとして議長の決定によることとなる。

「決定することができる」は、議長に権限を与える趣旨であり、次国会が目前に迫っているときに、議長が決定することなく召集後に本会議での決定とすることを妨げない。

〔委員派遣〕

第180条の2①　委員会は、議長の承認を得て、審査又は調査のため委

第13章　国民及び官庁との関係　383

§180の2

員を派遣することができる。

② 委員会が、委員を派遣しようとするときは、派遣の目的、委員の氏名、派遣地、期間及び費用を記載した要求書を議長に提出しなければならない。

第6次改正（昭30.3）
衆規55 委員会において、審査又は調査のため、委員を派遣しようとするときは、議長の承認を得なければならない。

本条は、委員派遣及びそのための手続について規定するものである。

【委員派遣】委員会は、議長の承認を得て、審査又は調査のため委員を派遣することができる。

議員派遣と同様、委員会が委員を派遣することを認めるものである。これを「委員派遣」という。

委員派遣も議院の活動であり、対外的には議員派遣の一類型であることから、その実施のために議長の承認を要することとされている。

「委員会」を主体として規定されており、派遣を実施することは委員会の議決で決める必要がある。

なお、本条の規定は調査会に準用されている（参規80の8Ⅱ）。憲法審査会及び情報監視審査会については、それぞれの規程が独自の規定を置いており、本条第2項だけが準用されている（参憲規14Ⅱ、参情規19Ⅱ）。

「審査又は調査のため」とは、付託案件又は所管事項についての実体的な活動全般を指す。

「派遣」とは、委員会の意を受けた委員を出張させて職務を行わせることである。委員会の主体的な判断に基づくものであり、個々の委員からの申出を委員会が承認するものではない。

派遣先での具体的な活動内容は、審査又は調査に関連する現地の視察や地元の住民等の意見を聴取すること等である。

地方において公聴会のような形式で会議を開くこともあり、一般に「地方公聴会」と呼ばれている。その会議には、通常、速記が付され、当該委員会の会議録に議事の様子が参照掲載される。

「議長の承認」は、委員会の決定を受けて行われる。委員会からの要求に対し、期間の短縮等、一部修正を加えた上で承認することも可能であると解する。

議長の承認を要するとされているのは、①議院においては、会期中、本会議開会

§180 の 2

のほか様々な活動がなされており、議員が議院を離れることがその妨げとならないようチェックを要すること、②対外的に受入義務を発生させるものなので、議院からの派遣という形式を整え、派遣活動の統一を図る必要があることを趣旨としている。

【委員派遣承認要求】委員会が委員を派遣しようとするときは、要求書を議長に提出しなければならない。

委員派遣を行うためには議長の承認が必要なことから、その承認を求めるための手続を定めたものである。

「委員を派遣しようとするとき」とは、委員会において派遣を行うことを決定したときのことである。

「要求書」とは、委員派遣の実施を承認するよう求める旨を書面にしたものである。

要求書には、派遣の目的、委員の氏名、派遣地、期間及び費用を記載する。

議長が承認するに当たっての判断材料として、必要的記載事項を挙げたものである。

要求書は委員会が提出するものであり、これらの事項は委員会で決定する必要がある。その決定を委員長に一任することも可能である。

「派遣の目的」は、どの案件の審査についてのものか、何の調査に係るものかを示す必要がある。

「委員の氏名」は、派遣に参加する委員全員の氏名である。

「派遣地」は、都道府県名を記載すれば足りる。国外への派遣は、通常、議員派遣によって行われるが、予算等の制約はあるにしても、委員派遣として要求できないものではない。

「期間」は、全ての行程に要する期間を日単位で示す。

「費用」は、派遣委員に対して派遣日数に応じて支給される旅費及び鉄道賃等の交通費(歳費規4Ⅰ、9Ⅰ)の合計の概算である。

【視察】委員会では、委員派遣に代わるものとして「視察」を行うことがある。

「視察」とは、委員会で決定することなく、理事会での合意で済ませる等、簡易な手続で実施する委員の出張である。法規上の根拠はない。

公費による出張ではあるが、議長の承認を求めずに行われることから、受入先の義務を伴わない。

実際には、近傍地に日帰りで赴く場合等に用いられる便宜的な手法である。

第13章 国民及び官庁との関係　　**385**

§181

〔報告・記録の提出要求の手続〕

第181条　委員会が審査又は調査のため、内閣、官公署その他に対し報告又は記録の提出を求めようとする場合は、議長を経て、これを求めなければならない。

制定時（昭22.6）
　　衆規56　委員会は、議長を経由して審査又は調査のため、内閣、官公署その他に対し、必要な報告又は記録の提出を要求することができる。

　本条は、内閣、官公署等に対する報告、記録の提出要求の手続について規定するものである。

【報告・記録提出要求】各議院の委員会が審査又は調査のため報告又は記録の提出を求めたとき、求められた内閣、官公署その他はそれに応じなければならないとされ（国104 Ⅰ）、委員会の提出要求権が認められている。

　委員会が内閣、官公署その他に対し報告又は記録の提出を求めようとする場合は、議長を経て求めなければならない。

　議長を経ることとされているのは、委員会が他機関や国民に対して直接対外的交渉をなすことができないからと解されているが（佐藤（吉）・参規304頁）、これに対しては議院の自律権により規則によって国政調査権の行使を委ねられた委員会に直接対外的活動権が認められないわけではなく、議院の場合と委員会等の場合とを対外的に手続上統一しようとしたものとの理解も見られる（浅野・調査権156頁）。対外的に議院を代表するのは議長であり、要求する場合も議長名で行う必要があるとする前者の解釈を現在でも維持していると解してよいだろう。

　「委員会」を主体としている点については調査会に準用されており（参規80の8Ⅱ）、憲法審査会については別途規定が置かれている（参憲規16）。

　「審査又は調査のため」とは、付託案件又は所管事項についての実体的な活動全般を指す。

　「官公署」は、国又は地方公共団体の諸機関を指す。

　衆議院や裁判所が官公署に含まれるか否かについては、『逐国』第104条【報告・記録提出要求】の説明参照。

　「その他」には、民間の団体や個人が含まれる。

　「報告」とは、当該官公署が委員会に提出することを予定して作成した文書で、調

§181の2

査や任務の結果などについて述べたものをいう。

「記録」とは、要求の前に既に作成していた文書又は保持している文書一般を指す。文書以外でも、写真や録音テープのように、映像、音声、文字情報等、記録されたものの意味内容が問題となるものを含む。

「提出」とは、差し出すことであり、持参、郵送等、方法は問わない。

「求めようとする場合」とは、委員会の議決で要求することを決めた場合のことである。

質疑の中で委員が政府に対して資料を要求することがあるが、これは委員会としての要求には当たらないため、本条の手続を踏むことを要しない。この場合には、相手方に具体的な提出義務が発生するわけではない。

「議長を経て」とは、要求する旨を議長に伝達し、議長から相手方に対して要求を行うものである。

「求めなければならない」は、要求の相手方、提出を求める報告・記録、提出先、期限等を明らかにして行う必要がある。

要求の形式は問われていないが、実際には文書によっている。

〔 特定事項の会計検査要請の手続 〕

第181条の2　委員会が審査又は調査のため、会計検査院に対し特定の事項についての会計検査及びその結果の報告を求めようとする場合は、議長を経て、これを求めなければならない。

> 第13次改正（平10.1）
> **衆規56の4**　委員会は、審査又は調査のため必要があるときは、議長を経由して、会計検査院に対し、特定の事項について会計検査を行い、その結果を報告するよう求めることができる。

本条は、会計検査院に対する特定事項の会計検査要請の手続について規定するものである。

【特定事項検査要請】　委員会は、審査又は調査のため、会計検査院に対し特定事項について会計検査を行い、その結果を報告するよう求めることができるとされ（国105）、委員会の特定事項検査要請権が認められている。

特定事項の会計検査要請の制度については、『逐国』第105条【特定事項検査要請】の説明参照。

第13章　国民及び官庁との関係　　387

§181の3

委員会が審査又は調査のため会計検査院に対し特定事項についての会計検査及びその結果報告を求めようとする場合は、議長を経て求めなければならない。

議長を経ることとしているのは、報告、記録の提出要求と同じく、対外的には議長が議院を代表することを理由とする（••▶第181条【報告・記録提出要求】）。

「委員会」を主体としている点については調査会に準用されている（参規80の8Ⅱ）。

「審査又は調査のため」とは、付託案件又は所管事項についての実体的な活動全般を指す。

「会計検査院」は、財政の執行を監視し、検査することを任務とする、憲法上認められた内閣から独立した国家機関である（憲90Ⅱ）。

「特定の事項」とは、国の行政機関等の予算執行のうち、検査費目、政府の関係部局、会計年度等を限定して指し示した事項のことであり、委員会が検査要請を行うことを決定する際に決められる。

「会計検査」とは、予算が適正に執行されたかどうかを事後的に検査することである。

「結果の報告」は、文書でなされることが原則であるが、併せて口頭による報告を求めることも可能である。委員会に対しては、議長を通じて行うべきものであろう。

「求めようとする場合」とは、委員会の議決で要請することを決めた場合のことである。

「議長を経て」とは、要請する旨を議長に伝達し、議長から会計検査院に対して要請を行うものである。

「求めなければならない」は、検査を必要とする案件、検査の対象、検査の内容等を明らかにして行う必要があることを意味している。

要請の形式は問われていないが、実際には、文書によっている。

〔特定秘密の閲覧〕

第181条の3①　議員は、議院に提出され、保管されている特定秘密（特定秘密の保護に関する法律（平成25年法律第108号）第3条第1項に規定する特定秘密をいう。以下同じ。）については、正当な理由があると議長が認めたときに限り、議院の審査又は調査に必要な範囲で、その閲覧（視聴を含む。次項において同じ。）をすることができる。

②　委員は、その委員会に提出され、保管されている特定秘密について

§181の3

は、正当な理由があると委員長が認めたときに限り、その委員会の審
査又は調査に必要な範囲で、その閲覧をすることができる。
③　第1項の規定は議院の審査又は調査の事務を行う職員について、前
項の規定は委員会の審査又は調査の事務を行う職員について準用する。
この場合において、第1項及び前項中「審査又は調査」とあるのは「審
査又は調査の事務の処理」と読み替えるものとする。

第23次改正（平26.12）

衆規56の5①　委員は、その委員会に提出され、保管されている特
定秘密（特定秘密の保護に関する法律（平成25年法律第108号）
第3条第1項に規定する特定秘密をいう。以下同じ。）については、
正当な理由があると委員長が認めたときに限り、その委員会の審
査又は調査に必要な範囲で、その閲覧をすることができる。
②　前項の規定は、委員会の審査又は調査の事務を行う職員につい
て準用する。この場合において、同項中「審査又は調査」とあるの
は、「審査又は調査の事務の処理」と読み替えるものとする。

衆規256の2①　議員は、議院に提出され、保管されている特定秘
密については、正当な理由があると議長が認めたときに限り、議
院の審査又は調査に必要な範囲で、その閲覧をすることができる。
②　前項の規定は、議院の審査又は調査の事務を行う職員について
準用する。この場合において、同項中「審査又は調査」とあるのは、
「審査又は調査の事務の処理」と読み替えるものとする。

本条は、特定秘密の閲覧について規定するものである。

【特定秘密】特定秘密を取り扱う関係行政機関の在り方や特定秘密の運用状況等に
ついて審議し、監視するため、両議院に情報監視審査会が設けられており（国102の
13）、特定秘密の提供を受けるための手続が国会法に規定されている（国102の15、102
の17）（・・▶『逐国』第11章の4概説【特定秘密保護】）。

「特定秘密」とは、我が国の安全保障に関する情報のうち特に秘匿することが必要
なものとして行政機関の長により指定されたもののことである。例えば、自衛隊の
保有する武器の性能や重大テロが発生した場合の対応要領といった国と国民の安全
に関わる重要な情報といったものがそれに当たる。

【議員による閲覧】議員は、議院に提出され保管されている特定秘密を閲覧、視聴
することができる。

特定秘密が議院に提出されるのは、審査、調査のためであり、そのためには議員
が閲覧、視聴できることが必要となる。国会法第104条〔内閣等に対する報告・記録の
提出要求〕の規定により提出された特定秘密についてはその議院の議員、委員会の委

第13章　国民及び官庁との関係　　389

§181の3

員、その事務を行う職員に限り、利用し、知ることができるとされている（国102の19、104の3）。

「議院に提出され」は、国会法の手続にのっとって差し出されたものであることを要する。具体的には、国会法第104条〔内閣等に対する報告・記録の提出要求〕の規定によるものであり、同法第102条の15〔特定秘密の提出要求〕、第102条の17〔特定秘密情報を含む報告・記録提出拒否の審査〕によって情報監視審査会に提出された特定秘密は、本条の対象ではない。

「保管」とは、提出された情報が情報監視審査会において保管するとされていること（参情規27）を指す。

「閲覧」だけでなく「視聴」が挙げられているのは、音声、映像の再生による方法でしか了知できない情報が提出されることも予想し得ることによる。

閲覧、視聴の対象は、提出された現物に限られず、真正な内容を了知できるものであれば、その写し等とすることでもよい。

議員の特定秘密の閲覧、視聴は、議院の審査、調査に必要な範囲で、正当な理由があると議長が認めたときに限る。

特定秘密の漏洩を防止する必要のため、議員の閲覧、視聴に条件を付すものである。

「議院の審査又は調査」とは、一般的な審査、調査では足りず、国会法第104条第1項の規定により提出を求めることとなった目的である具体的な審査、調査であることを要する。

「正当な理由」は、議院としての要求によって提出されたものである以上、全ての議員に閲覧、視聴の一応の資格が認められるものである（国104の3）が、会派ごとの代表者を決める等の限定を設けた場合には、それ以外の議員は「正当な理由」を有しないこととなろう。

「議長が認めたとき」とは、個別の認定が必要であり、閲覧、視聴する者、その時間帯等を限定することが可能である。

【委員による閲覧】委員は、委員会に提出され保管されている特定秘密を、正当な理由があると委員長が認めたときに限り、その委員会の審査、調査に必要な範囲で、閲覧、視聴することができる。

委員会に提出された特定秘密についても同様に、その漏洩を防止する策を講じた上で委員の閲覧、視聴を認めることとされたものである。

「委員会に提出され」は、国会法第104条〔内閣等に対する報告・記録の提出要求〕に

§ 182

よって提出されたものであり、同法第102条の15〔特定秘密の提出要求〕、第102条の17〔特定秘密情報を含む報告・記録提出拒否の審査〕の規定によって情報監視審査会に提出された特定秘密を含まない。

本条第2項の規定は、調査会について準用されている (参規80の8)。

【職員による閲覧】議院、委員会の審査、調査の事務を行う職員は、議員、委員と同様の要件の下に、特定秘密を閲覧、視聴することができる。

「職員」は、審査、調査の事務の処理を行う者であり、情報監視審査会事務局の職員に限られず、関係委員会等の事務を行う職員も含まれる。したがって、適性評価を受けていることが要件となるものではない。

職員は自ら審査、調査に当たるものではないため、目的もその「事務の処理」のためとされている。

本条第3項の規定 (委員会に係る部分) は、調査会について準用されている (参規80の8)。

〔証人の出頭要求の手続〕

第182条① 審査又は調査のため、会議に証人の出頭を求める動議があるときは、議長は、議院に諮りこれを決し、議長がその出頭を求める。

② 委員会において証人の出頭を求めることを議決したときは、議長を経て、その出頭を求めなければならない。

制定時 (昭22.6)
衆規257① 議院において審査又は調査のため、証人又は参考人の出頭を求める議決があつたときは、議長がその旨を証人又は参考人に通知する。
衆規53 委員会は、議長を経由して審査又は調査のため、証人の出頭を求めることができる。

本条は、証人の出頭要求の手続について規定するものである。

【証人】憲法は、両議院が国政調査に関し証人に対して出頭、証言、記録の提出を要求できる旨を規定している (憲62)。これを受けて、議院における証人の宣誓及び証言等に関する法律 (昭和22年法律第225号) (以下「議院証言法」という。) では、各議院から、議案その他の審査又は国政に関する調査のため、証人として出頭及び証言又は書類の提出を求められたときは、何人でもこれに応じなければならないと規定し(議証1)、憲法で規定する国政調査に関するものだけでなく、議案の審査についての証

第13章 国民及び官庁との関係 **391**

§ 182

人も認めている。

「証人」とは、議院又は委員会の議決によって、審査又は調査のため出頭、証言、記録提出を求められた者で、その不出頭、証言拒否、偽証等に対して罰則が設けられているものである。

証人に求められるのはその経験した事実の陳述であり、そのため、本人性が強く要求される。事実関係についての法則及びこれに基づく具体的事実に対する推測又は判断を陳述すべき鑑定人を包含するとの理解がある（佐藤（吉）・参規306頁）が、それは参考人として招致することも可能である。

【議院証言法】証人に関しては、議院証言法において、証人の出頭・証言・書類提出義務、出頭を求める手続、証人の権利、宣誓、撮影・録音、被害に対する給付、罰則（偽証、出頭・証言拒否）、告発等の事項が規定されている。

証人喚問については、当初、議院証言法に当たる法規はなく、国会法の旅費・日当支給についての規定（国106）が置かれるのみで、手続については議院規則で規定していたが、委員会における証人喚問の実情に鑑み、憲法及び国会法の予期した効果を上げるため、強制規定を含めて独立した法律を制定したものである[1]。

議院証言法の制定を受けて参議院規則の規定は整理されなかったため、両者の間で一部規定の重複が見られる。その場合の適用関係については、第184条【議院証言法上の義務との関係】の説明参照。

【本会議への証人出頭要求】審査又は調査のため、本会議に証人の出頭を求める動議があるときは、議長は議院に諮って決する。

「審査」は、通常、委員会における付託案件についての意思決定の過程を指す語であるが、ここでは本会議における意思決定を目的とする審議を指すものと解する必要がある。

「調査」は、国政に対する監視、統制の権能を行使する上で又は新たな政策形成、立法準備のために必要な調査のことである。

「会議」とは、本会議を指す。委員会への出頭、証言を本会議で決めることは、その自主性に介入することとなるため、できないものと解する。

「出頭を求める」とは、出頭して証言することを求める場合だけでなく、出頭が困難な場合に議院外の指定する場所に出頭することや現在場所において証言すること（議証1の2 I）、証人として書類を提出すること（議証1）を求める場合も含む。

----

1 第1回国会衆議院会議録第73号（昭22年12月6日）1031頁〔淺沼稻次郎衆議院議院運営委員長の趣旨弁明〕。

§182

「動議」は、本会議において議長に対して提出する提案で、1人以上の賛成者が必要である（参規90）。議事についての動議であるが、提出は対象としている案件が議題となっている時に限られるのではなく、独立動議的に扱われる。

証人の氏名、証言を求める事項を示して証人喚問を特定する必要がある。出頭すべき日時も議院で決定する事項であるが、本会議の招集が議長の権限であることから、日時については議長に一任すべきである。

「議院に諮り」とは、本会議において採決を行うことである。

議員の動議によることなく、議長発議によることも可能である。議院運営委員会において、各会派で合意されればそのような取扱いとなろう。

本会議に証人の出頭を求めるときは、議長がこれを行う。

議院の代表たる議長の名で証人喚問の衝に当たる趣旨である。議長本人が連絡、通知を行うことを意味するわけではない。

「出頭を求める」は、文書で通知することを指す。日時、場所、証言を求める事項を明示しなければならない。

特別の事情がない限り、出頭すべき日の5日前までに通知することを要し（議証1の3Ⅰ）、具体的に記載された証言を求める事項、正当の理由がなくて出頭しないときは刑罰に処せられる旨を併せて通知することとされている（議証1の3Ⅱ）。

【委員会への証人出頭要求】委員会において証人の出頭を求めることを議決したときは、議長を経て、その出頭を求めなければならない。

委員会には証人喚問権はなく、議院の喚問権を行使する形式を採るために議長を経由すると解する説も見られたが[2]、委員会に証人喚問権の行使を認めることは議院の自律権に属する事項であり（浅野・調査権176頁）、本条第2項はその点を定めるものである。

「議長を経て」は、外部に対する関係で手続を議院を代表する議長名義によることとしたものにすぎない。委員会が証人の出頭を求めることに対して、議長がその当否を判断し、喚問を要求することを拒否できるものではない（浅野・調査権177頁）。

「委員会」を主体としている点については調査会、憲法審査会への準用はなく、両機関では証人の出頭を求めることはできない。

---

2 福原忠男「国会における証人喚問の諸問題」法律タイムズ3巻7号（1949）23頁。

§§ 183・184

〔証言要旨の提出要求〕
第183条 議長又は委員長は、証人に、予めその証言の要旨を提出する
ことを求めることができる。

制定時（昭22.6）

本条は、証人に対する証言要旨の提出要求について規定するものである。

【証言要旨提出要求】議長又は委員長は、証人に対してあらかじめ証言の要旨を
提出することを求めることができる。

証人に対して出頭を求めるとき、具体的に記載された証言を求める事項を通知す
ることとされている（議証1の3Ⅱ）。これに対する証言の要旨の提出を求めて尋問の
効率化を図る趣旨である。

「議長又は委員長」は、それぞれ本会議、委員会で証人の出頭を求めた場合の要求
主体である。

「証人」とは、出頭を求められた者のことであり、出頭が困難な場合に議院外の指
定する場所に出頭することや現在場所において証言することを求められた者（議証1
の2Ⅰ）を含む。

「予め」は、「提出すること」に係り、出頭して証言を行うまでにとの意味である。

「証言の要旨」とは、通知に記載された証言を求める事項に対して陳述する予定の
事実の概要である。

「提出」は、文書を郵送すること等で足りる。

「求めることができる」とは、本会議又は委員会の決定による必要はない。運営の
便宜のために、議長、委員長の権限として認めたものである。

証言の要旨の提出は、正確には証人としての行為ではなく、その拒否や虚偽の記
載について罰則は設けられていない。

〔証人の出頭・証言義務〕
第184条 証人は、議院に出頭して証言しなければならない。但し、やむ
を得ない事由があるときは、証言に代えて書面を提出することができ
る。

制定時（昭22.6）、第6次改正（昭30.3）

394

§184

　本条は、証人の出頭・証言義務について規定するものである。

　本条の適用については、議院証言法との関係に注意する必要がある（⋯▶本条【議院証言法上の義務との関係】）。

【出頭・証言義務】証人は、議院に出頭して証言しなければならない。

　証人の出頭、証言が義務的であるのは、その経験した事実の陳述を求める点で他者への代替性がないからである。

　「議院に」とは、議院から出頭するよう求められた場所を指す。したがって、議院への出頭が困難な場合の、出頭するよう指定された議院外の場所を含む（議証1の2）。

　「出頭」とは、指定された日時に自ら出向くことである。

　「証言」は、口頭で発言することを要する。議員又は委員の尋問に答えることを含む。

【書面提出】証人は、やむを得ない事由があるときは、証言に代えて書面を提出することができる。

　これは、証人として出頭を求められた者が出頭できない場合の証人側に認められた代替措置であり、出頭を求める時点で出頭が困難なことを委員会が承知している場合には、院外証人として証言を求める方法（議証1の2）がある。

　「やむを得ない事由」とは、一般的な基準を示すことはできないが、病気で入院中である、逮捕され拘禁されている等の場合がそれに当たると解される。

　この事由に当たるか否かの判断は、文言上、証人自身が行う。勾引することが認められていない以上、議院サイドとしては対処のしようがないが、議院又は委員会に不出頭罪の告発が認められている（議証8）ため、「やむを得ない事由があるとき」との要件は、実質的には議院、委員会の側が認定するものとなる（⋯▶本条【議院証言法上の義務との関係】）。

　「書面」とは、あらかじめ示された証言を求める事項（議証1の3Ⅱ）に対しての証言を文書にしたものである。証人として提出を求められた書類（議証1）とは異なる。

　「提出することができる」は、出頭する予定であった会議の開会日までに郵送等により届けることを指す。

　この書面の提出も、厳格な意味では証人として宣誓を行った上での行為ではないため、虚偽の記載について議院証言法上の罰則の適用はない。

【議院証言法上の義務との関係】証人の出頭・証言義務は議院証言法においても規定されており（議証1）、罰則も設けられている（議証7Ⅰ）。そこで、本条の規定する出頭・証言義務との関係が問題となる。

§185

法律と議院規則の形式的効力については学説が分かれているが、一般論としては両者の関係は、形式的効力で同位にあるものと解してよい（•••▶『逐国』序章2【形式的効力】）。その上で、同一事項について規定している法律と議院規則の規定については後法優位の原則によるべきであるが、場合によっては議院規則の規定を特別法に当たると解する余地もあろう。その内容の違いに着目して、できるだけ両者の趣旨をいかせるように解釈すべきである。

ただし、法律と議院規則の形式的効力が論じられるのは議院の内部事項で規定が競合した場合についてであり、本条のように、規定事項が議院外の国民の権利義務に関わるものである場合には、法律たる議院証言法の方が優越すると考えられる（•••▶序章4【法規性】）。その上で更に例外があり、議院規則が法律よりも国民の権利拡大、不利益縮小の方向で規定を置いている場合には、それを優先させるべきである。

以上のことから、議院証言法が証人の側の不都合に対し指定場所への出頭、現在場所での証言を代替措置として規定している（議証1の2Ⅰ）のに対し、本条ただし書が書面提出を規定しているのは付加的に認めたものと解される。

また、議院証言法第7条第1項の「正当の理由」と本条ただし書の「やむを得ない事由」は、異なる文言を用いている以上、別個の要件と解すべきである。しかし、証人がやむを得ない事由があるとして書面を提出した場合でも、議院又は委員会は出頭しなかったことが正当の理由によるものに当たらないと判断するときには、不出頭罪で告発することが可能である。議院証言法の存在を考え合わせると、「やむを得ない事由があるとき」との要件の認定は、実際上、議院、委員会の側が握ることとなる。

〔証人の発言範囲〕

第185条 証人の発言は、その証言を求められた範囲を超えてはならない。

制定時（昭22.6）、第6次改正（昭30.3）

衆規54① 証人の発言は、その証言を求められた範囲を超えてはならない。

② 証人の発言が前項の範囲を超え又は証人に不穏当な言動があつたときは、委員長は、その発言を禁止し又は退場を命ずることができる。

衆規257③ 証人については第54条、参考人については第83条の規定を準用する。

§186

本条は、証人の発言範囲について規定するものである。

【証人の発言範囲】証人の発言は、証言を求められた範囲を超えてはならない。

会議においては議題が定められ、それ以外の事柄に関する発言は禁止される。それに加えて、発言内容が限定される場合がある。証人の場合、議院又は委員会からの求めに応じて証言する立場にあり、それ以外の資格を認定されていない。

「証人の発言」は、議員又は委員の尋問に対する陳述のことである。

「証言を求められた範囲」とは、事前に証人に通知した証言を求める事項（議証1の3Ⅱ）に関係のある事柄及び個々の尋問で尋ねられている事柄である。

「範囲を超える」とは、関係のない内容に言い及ぶことである。

尋問で求められていない意見を述べることや議員（委員）に対して質問することがそれに当たる。

【証人に対する措置】議長及び委員長は秩序保持権を有しており（国19、48）、それは証人に対しても及ぶ。

証人の発言が証言を求められた範囲を超えたときは、議長又は委員長はその発言を禁止し又は退場を命じることができる。

証人に不穏当な言動があったときも同様である（参規68Ⅱ参照）。

〔参考人〕

第186条①　委員会は、審査又は調査のため、参考人の意見を聴くことができる。

②　委員会が参考人の出席を求めるには、議長を経なければならない。

> 制定時（昭22.6）、第6次改正（昭30.3）
> **衆規85の2①**　委員会は、審査又は調査のため必要があるときは、参考人の出頭を求め、その意見を聴くことができる。
> ②　参考人の出頭を求める場合には、委員長は、本人にその旨を通知する。
> ④　参考人については、第82条乃至第84条の規定を準用する。

本条は、委員会における参考人からの意見聴取について規定するものである。

【参考人】委員会は、審査又は調査のため、参考人の意見を聴くことができる。

委員会が活動する上で、学識経験者や利害関係者その他一般国民の意見を聴く必要がある場合の制度を定めたものである。

「参考人」とは、委員会から求められて出頭し、参考意見を述べる者である。

第13章　国民及び官庁との関係　　397

§186

「委員会」を主体としている点については調査会に準用されており（参規80の8Ⅱ）、憲法審査会については別途規定されている（参憲規18）。

参考人の意見を聴くことは、委員会の議決によって決定する必要がある。

国会法では、参考人に対する旅費、日当の支給を規定する関係で主体を議院としている（国106）が、参考人を招致できるのは委員会であり、本会議において参考人から意見を聴くことはできない。証人に関する規定（参規182Ⅰ）と比較してみても、その点は明らかである。

> ♣衆議院では〔参考人招致〕
> 議院規則上、本会議で参考人の出頭を求める議決がなされることを予定している（衆規257Ⅰ）。ただし、これは本会議と委員会の証人招致権限の形式的同一性を優先して、参考人についても同様に規定した結果であり、本会議が参考人招致の場でないことは参議院と異ならないとされている（白井・国会法81頁）。

「審査又は調査のため」とは、付託案件又は所管事項についての実体的な活動全般を指す。調査会の場合は調査に限られる。

「意見を聴く」には、陳述された意見に対して質疑することを含む。

「聴くことができる」とは、相手方の出席を義務付けるものではない。

ただし、日本銀行の総裁、政策委員会議長又はそれらの指定代理者が説明のため出席を求められたときは、それに応じなければならず（日銀54Ⅲ）、それは参考人の資格で要求された場合にも当てはまる。

【証人・公述人等との相違】 証人と参考人の間には、求められる聴取内容に相違がある。すなわち、証人に対してはその経験した事実の陳述を求めるのに対し、参考人には参考意見を求めるという違いである。したがって、証人の場合には他者への代替性がなく、出頭・証言義務が伴い、その違反に対して刑事罰が用意されている。その点、参考人が招致に応じるか否かは任意である。

また、委員会は、公聴会を開いて利害関係者や学識経験者から意見を聴くことができる（国51Ⅰ）。参考人の制度の趣旨との重複が認められるが、公述人には自ら応募して意見を述べる道が開かれている（参規66）点で異なる。公聴会の場合には開会手続が複雑であるため、参考人からの意見聴取が公聴会の簡易版として活用されているという面もある。

委員会からの求めに応じて出席し、行政に関する細目的・技術的事項について説明する政府職員を政府参考人という（参規42の3Ⅰ）が、行政府の一員として求めるものである点で本条の規定する参考人と異なる。

§186

　政府職員であっても、個人としての学識に着目して参考人として招致することは可能である。

【参考人の出席要求】 委員会が参考人の出席を求めるには、議長を経なければならない。

　外部に対する関係であるため、招致手続を議院を代表する議長名義によることとしたものである。

　「出席を求める」は、委員会に出席して意見を述べるよう求めることであり、文書で通知することを指す。日時、場所、意見を求める事項を明示しなければならない。

　「議長を経なければならない」とは、出席を求める旨を議長に伝達し、議長から相手方に対して通知することを要する趣旨である。

> ♣衆議院では〔参考人への通知〕
>
> 　委員会に招致する参考人への通知は、委員長が直接行うこととされている（衆規85の2 Ⅱ）。他方、証人については、議長を経ることとされている（衆規53）。

§ 187

第14章　請暇及び辞職

制定時（昭 22.6）

　本章は、活動論のうち、議員の請暇及び辞職について規定を置いている。

　議員の辞職は組織論の面もあるが、それについては国会法で要件を定め（国 107）、規則では手続面の規定を置いている。請暇、欠席については院内事項として議院規則に委ねられている。

第1節　請暇

制定時（昭 22.6）

　本節は、請暇及び欠席届について規定を置いている。

【出席義務】議員にとっては、本会議及び所属する委員会が開かれるときに登院して出席するのが第1の職務である。

　正当な理由がなくて本会議又は委員会を欠席し、議長から招状を受け取った日から7日以内に故なく出席しないことは、懲罰事由とされている（国 124）。

　この義務を果たすためには、会期中、原則として在京する必要があることから、議員には東京に宿舎が用意され（参先 568）、JR の鉄道、自動車への無料乗車、航空券の交付の特典が認められている（歳費 10）。

　出席義務を果たせない理由がある場合のために、請暇及び欠席届の制度が設けられている。

〔請暇書、欠席届書〕

第187条①　議員は、事故のために数日間議院に出席することができないときは、予めその理由と日数を記した請暇書を議長に提出しなければならない。議長は、7日を超えない請暇については、これを許可することができる。7日を超えるものについては、議長は、議院に諮りこれを決する。

②　公務、疾病、出産その他一時的な事故によつて議院に出席することができないときは、その理由を記した欠席届書を議長に提出しなけれ

400

§ 187

ばならない。

> 制定時（昭22.6）、第6次改正（昭30.3）、第15次改正（平12.3）
> **衆規181**　議員が事故のため数日間議院に出席できないときは、その理由を附し日数を定めて、予め議長に請暇書を提出しなければならない。
> **衆規182**　議長は、7日を超えない議員の請暇を許可することができる。その7日を超えるものは、議院においてこれを許可する。期限のないものは、これを許可することができない。
> **衆規185①**　議員が事故のため出席できなかつたときは、その理由を附し欠席届を議長に提出しなければならない。
> ②　議員が出産のため議院に出席できないときは、日数を定めて、あらかじめ議長に欠席届を提出することができる。

本条は、請暇書の提出、請暇の許可、欠席届書の提出について規定するものである。

【請暇】議員は、事故のために数日間議院に出席することができないときは、あらかじめ請暇書を議長に提出しなければならない。

本人からの許可の願出によって事前に会議への出席義務を一時解除することを認めたものである。

「請暇」とは、議員が数日間議院に出席できないときに許可を求めることである。出席義務の解除を求めるものであるから、会期中にのみ必要である。

「事故のため」とは、理由のある差し障りのことである。理由の内容を問うていないが、本条第2項の欠席届の理由として公務、疾病、出産その他一時的な事故が挙げられているので、これらは請暇の理由から除かれることとなる。

> ♥運用
> 現在の取扱いでは、請暇の理由とされるのは海外渡航に限定されている。議員は、会期中に海外渡航する場合は、議院運営委員会理事会の了解を得た上で請暇書を提出することとされている（参先101）。同理事会がこれを了解するに当たっては、本人が委員長等の役職に就いているか否か等を判断事由とすることとされている。

「数日間」と規定されているが、日数の限定はない。常識的には5・6日程度までの複数日のことであるが、請暇の理由を海外渡航に限っている現在の取扱いの下では、1日間であっても請暇の手続が必要である。

「議院に出席することができない」とは、登院できないことを指す。その間の本会議及び所属する委員会の開会予定の有無を問わない。

第14章　請暇及び辞職　　*401*

§187

> ♣衆議院では〔応召延期届〕
> 　会期が始まって一旦応召した後に会議に出席できない場合を請暇として捉
> え、召集に応じることができないときは「応召延期届」を提出することとさ
> れている（衆先82）。参議院では会期中の海外渡航を理由とする欠席を全てカ
> バーする必要があることから、会期冒頭から請暇の守備範囲としている。

　「予め」とは、出席できない期間の始期が到来するまでであるが、許可の手続に要
する時間も見込んでおく必要がある。

　「請暇書」とは、請暇の旨を記載した文書である。

　請暇書には、その理由と日数を記載する。

　「理由」とは、議院に出席できない理由であるが、実際の運用では、海外渡航の場
合に限られている。

　「日数」は、始期と終期を明らかにする必要があり、始期と終期の日を含めたその
間の日数である。土・日曜日、祝日も含める。

**【請暇の許可】議長は、7日を超えない請暇を許可することができる。7日を超え
るものについては、議院に諮って決する。**

　7日間を限度として、許可を議長権限としたものである。

　許可されないにもかかわらず出席しない場合には、正当な理由がなく欠席したこ
ととなる（国124参照）。

　「7日を超えない」とは、請暇の期間が7日以下ということであり、「7日を超え
る」とは、8日以上のものである。

　出発、帰着の当日は、いずれも請暇の期間に含めてカウントする。

　「許可」とは、議院に出席できないことを、その理由に鑑みやむを得ないものと認
めることである。

　「議院に諮りこれを決する」とは、許可するか否かを本会議の採決によって決定す
ることである。

　請暇書は、許可に要する時日を考慮に入れて提出することを要するが、相当の期
間の余裕を見て提出しても請暇の始期までに本会議が開かれないときには、議長が
許可することができるものと解する。請暇を諮るためだけに本会議を招集すること
や本会議が開かれないことを理由に許可しないことは、現実の選択として考えにく
いからである。

**【欠席届】公務、疾病、出産その他一時的な事故によって議院に出席することがで
きないときは、その理由を記した欠席届書を議長に提出しなければならない。**

§188

　事前に予知できない事情により会議に出席できない場合、許可を得ることになじまず、事前又は事後に届けを出すこととしたものである。

　ただし、正当な理由によるものと認められない欠席がある程度の期間継続する場合には、議長が特に招状を発することとなる（国124）。

　「公務」とは、議員派遣や委員派遣、国務大臣等としての職務等を指す。所属政党の役職に伴うものは含まない。

　「疾病」とは、病気だけでなく、負傷した場合も含めてよい。

　「出産」は、本人の出産に限り、配偶者の出産は「その他一時的な事故」に当たる。

　「その他一時的な事故」は、例えば忌服や家族の介護のように、個人的な事情でも公務（会議出席）に優先すると認められるものがこれに当たる。

　「一時的な」と限定されているが、請暇が海外渡航の場合にのみ用いられることから、期間がある程度継続する場合や事故を予見できる場合でも欠席届の守備範囲とせざるを得ない。

　「議院に出席することができない」は、本会議又は所属する委員会等に出席できないことを指す。

　請暇の場合と異なり、事故は短期で終わることが通常であり、委員会等だけを欠席することもあり得るが、その場合でも欠席届書の提出は必要である。理由のない委員会欠席が特に招状を発する要件として規定されているところである（国124）。

　「議長」は、委員会等の欠席については当該委員長等と読み替えなければならない。議員の委員会等への出欠については議長の知るところではなく、招状発出の必要な場合には議長への要請が当該委員長等からなされる（⋯▶『逐国』第124条【招状】）。

> ♥運用
> 　現行の取扱いでは、委員会等の欠席について委員長等に欠席届書を提出することは行われておらず、口頭による連絡で済まされている。

　「欠席届書」とは、会議に欠席することを事前又は事後に届け出る文書である。

　「理由」は、本条第2項で規定された理由であることを要する。

> ♣衆議院では〔欠席届〕
> 　議院規則上は、欠席届は事後の提出であるように規定されている（衆規185）が、実際には事前の届出として運用されている（白井・国会法30頁）。

〔出発・帰着届〕
第188条　請暇の許可を得て旅行する議員は、出発及び帰着の時に、そ

§189

> の旨を議長に届出なければならない。

制定時（昭22.6）、第6次改正（昭30.3）

　本条は、請暇議員の旅行出発・帰着の届出義務について規定するものである。

【出発・帰着届】請暇の許可を得て旅行する議員は、出発及び帰着の時にその旨を議長に届け出なければならない。

　請暇の理由である旅行について、その開始、終了を議長が把握することとしたものである。

　「請暇の許可を得て」は、議長によるものと本会議の議決によるものとを問わない。

　「旅行」は、海外旅行に限られる。そもそも、請暇の理由となるのが海外渡航に限られているところである（••▶第187条【請暇】）。

　「出発及び帰着の時」とは、日本を出発する時と帰着した時の両方であり、直ちになされる必要がある。

　「その旨」とは、出発、帰着の実際の日時のことである。

　「届出なければならない」とは、議員に義務を課すものであり、それを怠ったり、虚偽の事実を届け出ると、場合によっては懲罰事由となり得る。

　♥運用
　　現在の運用は、会期中の海外渡航につき、期日、目的、渡航先を記した海外旅行届を提出し、議院運営委員会理事会の了解を得ることが必要とされ、その了解が得られ、請暇が許可された場合には、その予定どおりに出発、帰着がなされたものとして、本条の規定する議長への届出を省略している。なお、予定に変更がある場合には変更届を提出し、改めての了解を受ける必要がある。

〔請暇の失効〕

　第189条　請暇の許可を得た議員が、その請暇の期間内に議院に出席し
　　たときは、請暇の許可はその効力を失う。

制定時（昭22.6）

　　衆規183　議員が請暇の期限を過ぎ、なお、事故により登院できない
　　　ときは、更に請暇書を提出しなければならない。
　　衆規184　請暇の許可を得た議員がその請暇の期間内に議院に出席
　　　したときは、請暇の許可は、その効力を失う。

　本条は、請暇期間中の登院による請暇の失効について規定するものである。

【請暇の失効】請暇の許可を得た議員がその期間内に議院に出席したときは、請

404

§ 190

暇の許可は効力を失う。

請暇が継続して議院に出席できないことを理由とするものであることから、一旦出席した場合にはそれ以後の理由は消滅したものとみなすものである。特に、海外渡航に理由を限定する現在の取扱いの下では、出席は帰国していることを意味するため、以後の欠席を理由あるものとする必要がないからである。

「請暇の許可を得た」は、議長によるものであると本会議の議決によるものであるとを問わない。

「その請暇の期間内」とは、請暇の理由である海外渡航のために出国してから許可された請暇の終期までの期間内のことである。請暇の初日の旅行に出発するまでの時間帯に会議に出席しても本条は適用されない。

「議院に出席したとき」とは、登院したときのことである。本会議や委員会等に出席することまでは必要ない。請暇を失効させるためには、本人が帰国して渡航が終了していることが確認できればよいからである。

「効力を失う」とは、許可した請暇の残り期間については　議院に出席しない理由がなくなったことを意味する。

第 2 節　辞職

制定時（昭 22.6）

本節は、議員の辞職の手続について規定を置いている。

【**議員の辞職**】 国会議員は選挙で選ばれるものである（憲 43 I ）が、本人が自らの意思で議員の地位を辞することは認められている。

「辞職」とは、議員の地位に就いている者が、本人の意思に基づき、将来に向かってその地位から離れることをいう。

議員の辞職の要件は国会法が定めている。本人からの申出に対し、議院が許可することとされ、閉会中は議長が許可する（国 107）。

〔 辞表の提出 〕

第 190 条　辞職しようとする議員は、辞表を議長に提出しなければならない。

制定時（昭 22.6）

第 14 章　請暇及び辞職　　405

§191

> **衆規 186** 議員が辞職しようとするときは、辞表を議長に提出しなければならない。

本条は、議員が辞職を希望する場合の手続について規定するものである。

【辞表の提出】辞職しようとする議員は、辞表を議長に提出しなければならない。

議員の地位に関わることであり、文書主義を採ることとしたものである。

「辞表」とは、辞職したい旨の意思を表示する文書のことである。

理由を記すことが必要であり（参先103）、「一身上の都合により」と記されるのが一般的である。

「議長に」とされているが、直接手交することを要するものではなく、事務局に出すことで足りる。議員の身分に関する事項は庶務部議員課が所掌している（事分規39(1)）。

「提出しなければならない」とは、許可を得るための手続として規定されているものであり、他の手段ではその意思を実現できない。

議員がその地位取得前に衆議院議員の選挙（比例代表）に落選していたところ、その後、繰上補充により当選人となる場合には（公選112 I Ⅱ）、退職の申出をすることで参議院議員を辞したものとみなされる（公選103 Ⅲ）が、その手続にも本条が類推適用される（➡➡▶『逐国』第107条【他院議員の繰上補充の場合の特則】）。

〔辞職許可〕

第191条　議長は、辞表を朗読させ、討論を用いないで、議院に諮りその許否を決する。

　　　　制定時（昭22.6）
> **衆規 187** 議長は、辞表を朗読させ、討論を用いないで議院に諮りその許否を決する。

本条は、会期中の辞職を許可する手続について規定するものである。

【辞職許可】議長は、辞表を朗読させ、討論を用いないで議院に諮り、その許否を決する。

議員の辞職は議院が許可するものであり、本会議において、辞職願の理由を周知させた上で、直ちに採決することを規定するものである。

「辞表を朗読させ」とは、本会議において議員辞職の件が議題となった後、参事に辞表を読み上げさせることである。その理由を明らかにすることを目的とする。

§192

> ♣衆議院では〔辞表の朗読〕
>
> 辞表の朗読については、衆議院規則も同様の規定内容である（衆規187）が、議員辞職の重みに鑑み、議院運営委員会理事会決定（第174回国会　平成22年4月2日）により、朗読は議長自らが行うこととされている。

「討論を用いないで」とは、議員の一身に関する問題であって、事の性質上、議論するのが適当でないと考えられるからである（松澤・議会法183頁）。

「議院に諮り」とは、本会議で採決するとの意である。

「その許否」とは、辞職を許可するか否かである。

国民の信任を得て選出された議員が自らの恣意によりみだりに辞職することのないように許可に係らしめたのであり、許否を決するに当たり、正当な理由のあるときは許可しなければならないとされる（松澤・議会法185頁）。

議員の辞職は院の構成に関わる事項であり、その意味で辞表が提出されたときは速やかに処理する必要が認められるが、本人の翻意を促す、許可すべきでない等の意図の下に本会議に諮るのを見合わせる措置が採られることもある。しかし、本人が議員活動を放棄する事態となれば、それ以上放置することは許されないだろう。

【閉会中の辞職許可】 閉会中は議長が許可することとされている（国107但）が、第190条〔辞表の提出〕のほかには、特に手続は規定されていない。

〔辞表の無礼〕

第192条　辞表に無礼の言辞があると認めたときは、議長は、朗読を省略して、その要領を議院に報告することができる。この場合において、議長は、その辞表を懲罰委員会に付託して審査せしめることができる。

> 制定時（昭22.6）
>
> 衆規188①　辞表に無礼又は議院の品位を傷つける文辞があると認めたときは、議長は、朗読にかえてその要領を議院に報告する。
> ②　前項の場合において、議長は、その辞表を懲罰委員会に付して審査させることができる。

本条は、辞表に無礼の言辞があるときの措置について規定するものである。

【辞表の無礼】 辞表に無礼の言辞があると認めたときは、議長は、朗読を省略してその要領を議院に報告することができる。

国会法では、議院において無礼の言を用いてはならない旨を確認する規定が置かれている（国119）が、議員が辞表を提出するに至った経緯によっては、そこで無礼の

第14章　請暇及び辞職　　*407*

§192

言辞が用いられる可能性も考えられることから本条で規定したものであり、この場合、辞表をそのまま朗読することは議院の品位を傷つけることとなるので、省略を認めたものである。

「無礼の言辞」とは、議院や議長を侮辱する等、参議院の権威をおとしめるような礼を失した言葉のことである。

「認めた」の主体は、議長である。

「朗読」は、本会議で参事に行わせるものである（参規191）。

「省略」は、無礼の言辞の部分についてだけでなく、辞表全部の朗読をやめてしまうことである。

「その要領」とは、辞表から読み取れる理由の概要を指す。

「議院に報告する」は、朗読の場合と異なり、議長が自ら口頭で辞表の要領を述べることを指す。

辞表の要領の報告は辞表の朗読に代えて行うものであり、その後は、討論を用いないで、採決して許否を決することとなる（参規191）。ただし、辞表を懲罰委員会に付託する場合は異なる扱いとなる（⚫▶本条【辞表の懲罰委員会付託】）。

【辞表の懲罰委員会付託】議長は、無礼の言辞があると認めた辞表を懲罰委員会に付託して審査させることができる。

辞表の無礼の言辞が懲罰に値する場合、辞職を許可してしまうと懲罰を科すことができなくなるので、辞職の許否を諮ることを見合わせることを認めたものである。

懲罰委員会への付託のためには、辞表の要領を議院に報告することが要件となっていると解することができる。その結果、付託は本会議での宣告によることとなる。

「この場合において」とあるが、辞表に反故紙を用いたり、議長への提出の仕方が失当である等、無礼な言辞以外にも懲罰事犯と認められる場合があり、それらを含むものと解する。

「辞表を懲罰委員会に付託して」とは、辞表を見れば事犯の全てを特定できることからこれを資料として付託することとしたものである。懲罰の対象はあくまでも当該辞表提出議員である。

「審査せしめる」とは、事犯として懲罰を科すべきか否かの審査を行わせることである。

【懲罰手続後の辞表の扱い】懲罰委員会の審査を経て本会議で懲罰を科すことが議決されたときはその懲罰の後に、懲罰事犯に当たらないと議決されたときはその直後に、辞職を許可するか否かについて採決しなければならない。ただし、懲罰の内

§192

容が除名であった場合はこの限りでない。

　この点について、懲罰を科すと決したときは辞表は提出されなかったこととなると解する説がある（佐藤（吉）・参規315頁）が、無礼な言辞に対する否定的評価は辞表の効力にまで及ぼすべきではない。懲罰についての議決が辞表の消長をも決するとするのは、懲罰の趣旨を外れた拡張解釈ではないだろうか。

§193

第15章　資格争訟

制定時（昭 22.6）

　本章は、活動論のうち、議員の資格争訟の具体的手続について規定を置いている。

【資格争訟】現に議員である者の当選が有効とされた後、その者の議員の資格の有無を判断する権能は議院に与えられている（憲 55）。

　資格争訟の裁判は、一切の法律上の争訟の裁判について裁判所が行うとされる（裁 3 I）ことに対する憲法上の例外に当たる。

　「資格争訟」とは、議院所属の特定の議員の資格を争う者があるときの裁断のための手続のことである。

　「議員の資格」とは、被選挙権（被選の資格）を有すること、退職者となる旨定められている要件に該当していないことを指す。

　資格争訟の制度の詳細については、『逐国』第 111 条〔資格争訟〕の説明参照。

〔訴状の提出〕
第193条　他の議員の資格について提訴しようとする議員は、争訟の要
　　領、理由及び立証を具える訴状及びその副本 1 通を作りこれに署名し
　　て、これを議長に提出しなければならない。

制定時（昭 22.6）
　　衆規 189　議員が他の議員の資格について争訟を提起しようとする
　　　　ときは、争訟の要領、理由及び立証を具える訴状及びその副本 1
　　　　通を作りこれに署名して、これを議長に提出しなければならない。

　本条は、他の議員の資格について提訴する場合の手続について規定するものである。

【訴状】資格争訟は、その院の議員から文書で議長に提起することとされており（国 111 II）、その手続を本条で規定している。

　他の議員の資格について提訴しようとする議員は、訴状及びその副本 1 通を作り、署名して議長に提出しなければならない。

　議員の地位に関わる事柄であり、文書主義を採ることとしたものである。

　「他の議員」とは、自分以外の現職の参議院議員のことである。

410

§193の2

「資格について」は、現在、議員である者の資格を争う趣旨であり、既に議員を退職したものとして扱われている者や議員の資格を取り沙汰されている者についての地位保全を求めることは資格争訟制度の守備範囲ではない（•••▶『逐国』第111条【資格争訟】）。

「提訴」とは、訴えを起こして、それについての議院の判決を求めることである。人数要件はなく、1人の議員だけで提訴することが可能である。

「訴状」とは、訴えを提起する文書のことである。

「副本」とは、正本たる訴状と同一事項を記載した文書のことである。

「署名」は、提訴の意思が確かであることを担保しようとするものであり、自署又は記名押印でなければならない。

「議長に提出」は、直接に議長に手交しなければならないものではなく、事務局の窓口に出すことで足りる。議員の身分に関する事項は庶務部議員課が所掌している（事分規39(1)）。

提訴に期限はなく、対象者の議員の任期中であればいつでも訴状を提出し得る。ただし、審査に関して本会議の議決で定める事項もあり（参規194 I）、会期中でなければならない。

訴状には、争訟の要領、理由及び立証を記載する。

「争訟の要領」とは、訴えの内容を示すものである。具体的には、対象議員を特定し、その者が議員の地位を有しないことを確認するとの判決を求める旨を記載する。

「理由」とは、対象議員が議員の資格を有しないことの具体的事実である。例えば、対象議員が比例代表選出であるにもかかわらず、議員となった後に所属政党を変更した事実である（国109の2）。

「立証」とは、理由の正しさを裏付ける主張のことである。書証があれば訴状に添付することを要する。

訴状については、印刷、配付の規定がなく、各議員に配付することは予定されていない。

〔資格争訟特別委員会〕

第193条の2①　訴状が提出されたときは、資格争訟特別委員会が設けられたものとする。

②　前項の特別委員会の委員の数は、10人とする。

第15章　資格争訟　*411*

§193の2

第6次改正（昭30.3）
衆規92 各常任委員会の委員の員数及びその所管は、次のとおりとする。ただし、議院の議決によりその員数を増減し、又はその所管を変更することができる。
（中略）
十七　懲罰委員会　20人
　　1　議員の懲罰に関する事項
　　2　議員の資格争訟に関する事項

　本条は、資格争訟特別委員会の設置とその委員数について規定するものである。

【資格争訟特別委員会】 資格争訟は委員会の審査を経た後に議決することとされている（国111Ⅰ）が、資格争訟を所管する常任委員会は用意されていない（⸱⸱⸱▶第74条【第2種委員会】）。

　訴状が提出されたときは、資格争訟特別委員会が設けられたものとする。

　資格争訟がまれにしか起きない事態であることにより、常任委員会の所管とせずに特別委員会でカバーすることとし、その設置を義務的なものとせざるを得ないため、採決で決める本来の設置の仕方によらないこととしたものである。

　「訴状が提出されたとき」とは、資格争訟の訴状が提出されたときのことであり、適式のものとして受理されたことが必要である。

　「資格争訟特別委員会」は、特別委員会であるにもかかわらず、議院規則で名称が指定されているものである。

　目的は規定されていないが、提訴された資格争訟の審査を行うことである。

　「設けられたものとする」とは、議院の議決によらずに自動的に設置されることを意味する。

　♣衆議院では〔資格争訟の担当委員会〕
　　懲罰委員会が議員の資格争訟を所管している（衆規92(17)）。

　既に提起された資格争訟のために特別委員会が設置された後に別の訴状が提出されたときは、新たに特別委員会を設置するのではなく、既存の特別委員会に併託する（佐藤（吉）・参規321頁）。

　その場合の審査を併合するか否かは特別委員会が判断するが、両者の関連性や審査期限を勘案することとなるだろう。

　資格争訟特別委員会の委員数は10人とする。

　自動的に設置されることに伴い、委員数もあらかじめ定めておくこととしたものであり、第78条〔特別委員会の委員数〕の特則となる。

§194

委員の選任は、会派に割り当てられ（国46 I）、議長の指名による（参規30 I）。

明文の規定はないものの、被告議員は委員となることはできない。本会議では自己の資格争訟に関する議事で表決に加わることができないとされており（国113但）、その点は委員会においても類推すべきところである。資格争訟特別委員会において被告議員の出席、発言が認められている（参規199）以上、被告議員が委員として審査主体に加わる必要性は認められない。

原告議員については、議員としての権能行使を制限する規定がない。しかし、委員会においては訴訟手続に準じる面も多く、原告議員は当事者としての役割を果たすため、事件に対し判断を下す地位とは相容れず、資格争訟特別委員となることはできないと解する。

特別委員会の構成については、通常の特別委員会と異ならない。すなわち、初回の委員会において委員長を互選し、理事を選任する。

〔訴状の付託・送付〕
第194条①　議長は、議院に諮つて審査期間を定め、訴状を委員会に付託し、同時に、訴状の副本を資格争訟を提起された議員（これを被告議員という）に送付し、委員会の審査期間を通告すると共に、期日を定めて答弁書の提出を要求しなければならない。
②　被告議員が、天災、疾病その他避け難い事由により、期日までに答弁書を提出することができないことを証明したときは、議長は、更に期日を定めて答弁書を提出させることができる。

> 制定時（昭22.6）、第6次改正（昭30.3）
> **衆規190①**　議長は、訴状を委員会に付託し、同時に訴状の副本を資格争訟を提起された議員（これを被告議員という。）に送付して、期日を定め答弁書を提出させる。
> ②　被告議員が天災、疾病その他避けがたい事由により、期日までに答弁書を提出することができないことを証明したときは、議長は、更に期日を定めて答弁書を提出させることができる。

本条は、資格争訟の訴状の付託、被告議員への送付及び答弁書提出の要求について規定するものである。

【訴状の付託】議長は、議院に諮って審査期間を定め、訴状を委員会に付託する。

資格争訟は議員の身分に関わる問題であるので、慎重に手続を進める必要がある

第15章　資格争訟　*413*

§194

一方、迅速に結論を出さなければならないため、審査期間を限ることとしたものである。

　議院が委員会の活動について制限することを認める点で異例である。

　「議院に諮つて」は、「審査期間を定め」にのみ係り、議長発議で採決に付す。

　「審査期間」は、付託後、委員会で結論を出すまでの最大限の期間であり、委員会はこれに拘束される。

　被告議員の準備も必要であり、それを含めて相当の期間とする必要がある。

　「委員会」は、資格争訟特別委員会を指す。

　「付託」とは、資格争訟を委員会に対して独占的に審査するよう命じることである。議長の単独行為であり、資格争訟特別委員会に対しては議長から訴状が送られる。

【訴状副本の送付】委員会への付託と同時に、訴状の副本を被告議員に送付しなければならない。

　資格争訟の手続において、被告議員に反論を準備し答弁書を作成させるために、訴えの内容を知らせることを目的とする。

　「同時に」は、「送付し」、「通告する」、「要求し」の全てに係る。

　「訴状の副本」とは、資格争訟の提起に際して訴状とともに提出されたその写し(参規193)を指す。

　「資格争訟を提起された議員」とは、資格争訟の対象としてその資格を争われた議員のことであり、「被告議員」と言い換えられている。

　「送付」とは、相手の手元に送ることであり、遅滞なく当人の目に触れるような仕方でなされることを要する。確実になされることを要するため、裁判所の行う送達の手続に準じるべきであろう。

【答弁書の要求】被告議員には委員会の審査期間を通告するとともに、期日を定めて答弁書の提出を要求しなければならない。

　審査に必要な資料である主張内容をあらかじめ被告側にも提出させることとしたものである。

　「期日」は、答弁書提出の期限を意味するものであるので、被告議員はそれ以前に提出することも可能である。

　なお、期日を過ぎた場合でも答弁書の提出が不可能となるわけではない(⸱⸱⸱▶第195条【答弁書提出の遅延】)。

　「定めて」は、議長の権限である。答弁書作成に必要な時間と審査期間とを勘案して決める必要がある。

§194

　「答弁書」とは、争訟の提起に対する反論を記載した文書である。訴状に記載された争訟の要領、理由、立証に対応する主張がなされることを予定している。

　反論に限らず、訴状の趣旨を争わない旨の答弁も可能である。

　その場合、直ちに争訟が終了するわけではないが、一旦中断させ、答弁を契機として、議長において被選の資格が失われていることが確認できれば、退職の扱いとすべきである。資格争訟手続中の被告議員側の対応において、認諾と認められる言動があった場合も同様に扱うべきである（•••▶第201条【審査の中途終了】）。

　「提出」は、議長に対して行うものである。

　「要求しなければならない」は、実質的には、提出する機会を与えることを義務付けるものである。

　審査期間の通告及び答弁書の提出要求は、訴状副本の送付と同時になされることを要する。

【答弁書提出の期日延期】被告議員が天災、疾病その他避け難い事由により期日までに答弁書を提出することができないことを証明したときは、議長は、答弁書提出の期日を延期することができる。

　被告議員の利益を保護するため、その責めに帰すことのできない事由により、答弁書の作成が遅延すると認められる場合には答弁書の提出期限を延ばすことを認めたものである。

　「天災、疾病」は、証拠資料の消失や答弁書作成作業を行えないという事情が生じ得ることにより、理由として挙げられたものである。

　「その他避け難い事由」とは、被告議員の責めに帰すことのできない事由で答弁書の提出時期に影響を与えるものを指す。

　「期日まで」とは、答弁書提出要求の際に議長が定めた提出期限のことであるが、一旦延期した後の期日も含まれると解する。すなわち、期日の再延期を求めることも可能である。

　「答弁書を提出することができない」とは、期日までに提出できないだけでなく、遅らせれば提出できることも併せて必要とする要件である。

　「証明」とは、理由や根拠を示して真実であることを明らかにすることであり、どの程度の期限延長によって提出できるかも含めて説明する必要がある。厳密な証明でなくても、一応確からしいと受諾できる程度に説明することで足りると解する。

　「更に期日を定めて」とは、当初の期限を延長したものを定めることであり、審査期間を勘案した上で決める必要がある。

§195

　規定にはないが、被告議員が答弁書を提出できない事由によっては、議院に諮って審査期間を延長した上で、新たな答弁書提出期日を定めることも可能であると解する。

　「提出させることができる」は、期日を延期するか否かについて議長に選択を認めるものではなく、避け難い事由が証明された場合には期日の延期を義務付けることを規定しているものと解する。

〔答弁書の送付〕
第195条　被告議員が期日までに答弁書を提出したときは、議長は、直ちにこれをその委員会に送付する。

　　　　　制定時（昭22.6）、第6次改正（昭30.3）
　　　衆規191　被告議員が期日までに答弁書を提出したときは、議長は、直ちにこれをその委員会に送付する。

　本条は、被告議員から提出された答弁書の委員会送付について規定するものである。

【答弁書の送付】被告議員が期日までに答弁書を提出したときは、議長は直ちに委員会に送付する。

　答弁書の提出先は議長である。提出された時には既に委員会の活動が開始しており、委員会は審査資料として答弁書を必要としているため、直ちに送ることとしたものである。

　「被告議員」とは、資格争訟の対象としてその資格を争われた議員のことである。

　「期日」とは、議長が定めた提出期限のことであり、当初の期日（参規194 I）だけでなく、延期を認めて定めた期日（参規194 II）を含む。

　「答弁書」については、**第194条【答弁書の要求】**の説明参照。

　「提出したとき」とは、議長が受理したときのことである。

　「直ちに」とは、時を置かずにという意味である。

　「その委員会」とは、資格争訟特別委員会のことである。

　「送付」とは、委員会に送り渡すことである。

【答弁書提出の遅延】答弁書が期日後に提出されたときも、議長は受理して委員会に送付しなければならない。

　提出期限延期の手続が定められており（参規194 II）、それを怠った以上、期日到来

§196

後は答弁書提出権が失効するとの解釈も成り立ち得るが、議員の身分に関わる問題であるだけに、被告議員の防御手段を剥奪してしまうのは不当である。答弁書提出の期日は委員会の審査開始の猶予効果を持つものにすぎず、被告議員は期日後に答弁書を提出することも可能であると解すべきである（•••▶第196条【資格争訟の審査開始時】）。

〔資格争訟の審査資料〕
第196条　委員会は、訴状及び答弁書によつて審査する。期日までに答
　　弁書が提出されなかつたときは、ただ訴状によつて審査することがで
　　きる。

　　　　制定時（昭22.6）
　　　　　衆規192　委員会は、訴状及び答弁書によつて審査する。期日までに
　　　　　　答弁書が提出されなかつたときは、訴状だけで審査することがで
　　　　　　きる。

　本条は、資格争訟特別委員会における審査の資料について規定するものである。
【資格争訟の審査資料】資格争訟特別委員会に付託されるのは訴状であり、訴状では、特定の議員がその資格を持たず議員の地位にないことを確認することが求められている。

　委員会は、訴状及び答弁書によって審査する。

　付託対象の訴状だけでなく、答弁書も審査資料であることを明示し、被告議員側の反論を細大漏らさず勘案すべきである旨を規定するものである。

　「委員会」とは、資格争訟特別委員会のことである。

　「訴状及び答弁書によつて」とは、審査対象は付託された訴状であるところ、その内容の当否を判断するために、答弁書も審査資料としてそれと照合させることが必須条件であることを示すものである。

　その際、提訴が認容されるべきものか否かの審査は、訴状に記載された理由による限定を受ける。

　ただし、本条は弁論主義を採ることを規定するものではない。すなわち、審査資料のうち立証に係る部分は訴状と答弁書に限定されず、委員会の判断により職権で審査手段を選定することも可能である。議員の身分に関わる事柄について、争訟当事者の提出した証拠だけを真実発見の手段とするのは危険だからである。

　訴状や答弁書のほかに、弁護人や原告議員、被告議員の発言を認め（参規198、199）、

第15章　資格争訟　　*417*

§196

証人の出頭を求めること（議証1、参規182 II）も用意されており、それ以外の証拠調べを職権で行うことも可能である。

「審査する」とは、付託された訴状の当否を決めることである。

【資格争訟の審査開始時】「訴状及び答弁書によつて」は、両者がそろって初めて審査が可能であることも意味している。

したがって、原則として答弁書が提出されるまでは審査を開始することはできない。

期日までに答弁書が提出されなかったときは、訴状だけによって審査することができる。

答弁書の提出がないことの不利益を被告議員に負わせる趣旨である。

「期日まで」とは、当初に議長が定めた期日だけでなく、被告議員が避け難い事由により答弁書を提出できないことを証明したことにより議長が改めて定めた期日を含む。

「ただ訴状によつて」とは、審査資料としての答弁書がない状態でという意味である。

「審査することができる」とは、審査を開始することができるとの意味である。

審査開始後すなわち期日経過後に答弁書が提出された場合でも、議長から答弁書が送付される（⋯▶第195条【答弁書提出の遅延】）ので、それ以後の審査は、答弁書を審査資料に追加して行わなければならない。

審査開始後も答弁書が提出されないときには、書面上の資料を訴状に限定して審査を終えることとなる。

【争訟手続の併合】争訟の最中に被告議員の資格について新たな疑惑が浮上した場合、原告議員はその手続の中で理由を追加することはできないと解する。訴状の提出は議長に対するものであり、またそれに対しては厳格な手続が定められている（参規194 I）ため、訴えの追加的変更に当たる行為を簡便な方法で認めるべきではない。この場合には、別途提訴しなければならないと解する。

同一の被告議員に対して争訟提起が続出した場合、それらは理由を異にする訴状に限って併存し得るが、争点や審査期間を異にするものであれば、手続を併合するメリットは大きくないであろう。

§197

〔弁護人依頼〕

第197条　被告議員は、訴状の副本の送付を受けた後、何時でも、弁護人を依頼することができる。この場合には、その旨を議長に申し出なければならない。

制定時（昭22.6）、第6次改正（昭30.3）

衆規193①　被告議員は、訴状の副本の送付を受けた後、何時でも、弁護人を依頼することができる。この場合には、その旨を議長に申し出なければならない。

②　国費でその費用の支弁を受けようとする弁護人については、被告議員から前項の申出とともにこれを議長に通知しなければならない。

　本条は、被告議員の弁護人依頼手続について規定するものである。

【弁護人】 被告議員は、2人以内の弁護人を依頼することができる（国112 I）。

　「弁護人」とは、争訟手続において被告議員の弁護のために主張・立証活動を行う者である。参議院議員以外の者であることを妨げず、弁護士資格の有無を問わない[1]。

　ここでいう「弁護人」は弁護発言を行う資格が付与される者であり、それ以外の事務について被告議員が弁護士等を雇うことは国会法及び議院規則の関知するところではない。

【弁護人依頼】 被告議員は、訴状の副本の送付を受けた後、いつでも弁護人を依頼することができる。

　被告議員の防御活動が迅速になし得るように措置したものである。

　「被告議員」については、第194条【訴状副本の送付】の説明参照。

　「訴状の副本の送付」は、資格争訟の提起に際して訴状とともに提出されたその写しを議長が被告議員に送り渡すことを指す（参規194 I）。

　「何時でも」とは、答弁書を提出するまでの間も含む。ただし、資格争訟手続が終了するまでの間に限られる。

　「依頼することができる」とは、被告議員が自らの人選により委任契約を結べることであり、その中で争訟手続における代理権の付与や報酬額の取決めが行われる。

　議院との関係では、訴状の副本の送付後であれば、弁護人の1人について、依頼後の活動費用が国費で支弁されることを意味する（国112 II）。

---

1 第91回帝国議会衆議院国会法案委員会議録（速記）第2回（昭21年12月20日）20頁〔中村高一委員の答弁〕。

第15章　資格争訟　　*419*

§ 198

【弁護人の届出】被告議員が弁護人を依頼した場合には、その旨を議長に申し出なければならない。

弁護人は議院において発言する者であるので、言わば登録しておくという趣旨であり、そのうちの1人の費用は国費で支弁することとされている（国112Ⅱ）ので、その請求のための申出としての意味もある。

「その旨」とは、弁護人を依頼したこと、住所、氏名等、その弁護人を特定できる情報のことである。

「申し出なければならない」とは、許可を要するものではなく、弁護人を議院内で活動させることや費用を支弁するための要件として、届け出れば足りることを意味する。

〔弁護人の委員会での発言〕
第198条　弁護人は、委員会の要求により又は委員会の許可を得て、その委員会において、被告議員の弁護のために発言することができる。

制定時（昭22.6）
衆規194　弁護人は、委員会の要求により又は委員会の許可を得て、その委員会において被告議員の弁護のため発言することができる。

本条は、被告議員の弁護人の委員会における発言について規定するものである。

【弁護人の委員会発言】弁護人は、委員会の要求により又は委員会の許可を得て、委員会で被告議員の弁護のために発言することができる。

弁護人は争訟手続において被告議員の弁護活動を行うために認められたものであり、発言する資格があるのは当然であるが、それを確認するとともに、その要件を定めたものである。

「弁護人」については、第197条【弁護人】の説明参照。

被告議員は2人以内の弁護人を依頼でき（国112Ⅰ）、2人に依頼した場合にはその両方が対象となる。

「委員会」とは、資格争訟特別委員会のことである。

「弁護のため」とは、被告議員の代理人としてその主張が認められることを目的としてという意味である。

委員会の要求、許可の対象として規定されているのは発言だけであるが、その前提として弁護人の出席が当然に可能なわけではない。委員会では、口頭弁論に当た

420

§ 199

る手続以外の目的で開会することもあり、弁護人の出席についても許可制が敷かれ
ていると解すべきである。

「委員会の要求により」とは、委員会の議決で要求することを決める必要がある。
その日の委員会における発言の要求を包括的に議決することも可能である。

要求があれば、弁護人は発言する義務を負う。それに応じないことは、弁護のた
めの発言を放棄したものとみなされる。

「委員会の許可を得て」は、弁護人から発言の要求があった場合の許可であり、委
員会の議決で決定する必要がある。その日の委員会における発言の許可を包括的に
議決することも可能である。

許可制としたものであるが、弁護人の発言を審査期間中一切認めないというのは、
弁護人の制度を認めた趣旨に反するため許されない。それは、被告議員が答弁書を
提出しなかった場合でも同様である。

不許可とし得るのは、審査順序を整理し、その中で弁護人の発言時期を限定した
ことに伴う場合等に限られよう。

「発言することができる」は、委員会で発言する資格を認めるものにすぎず、実際
の発言は、委員会の要求、許可に加えて、その都度の委員長の発言許可が必要であ
る。

発言の内容としては、被告議員の代理としての主張や立証のほか、証拠の提出や
証人の出頭要求等も行い得る。

〔原告議員・被告議員の委員会出席・発言〕
第199条　争訟を提起した議員（これを原告議員という）及び被告議員
　　は、委員会の許可を得て、委員会に出席し発言することができる。

　　　　　制定時（昭 22.6）
　　　　　衆規 195　争訟を提起した議員（これを原告議員という。）及び被告
　　　　　　議員は、委員会の許可を得て、委員会に出席し発言することがで
　　　　　　きる。

本条は、原告議員、被告議員の委員会における出席、発言について規定するもの
である。

【原告議員・被告議員の委員会出席・発言】原告議員及び被告議員は、委員会の許
可を得て、委員会に出席し発言することができる。

第 15 章　資格争訟　　*421*

§200

資格争訟の審査は一次的には書面によることとされ（••▶第196条【資格争訟の審査資料】）、原告議員、被告議員の陳述等は手続の流れの中に当然に組み込まれているわけではない。そこで、これらの者が出席、発言しようとする場合に許可によることとしたものである。

「争訟を提起した議員」とは、他の議員の資格を争うために資格争訟の訴状を提出した議員のことであり、「原告議員」と言い換えられている。

「被告議員」については、第194条【訴状副本の送付】の説明参照。

「委員会」とは、資格争訟特別委員会のことである。

「許可」は、それぞれの議員から出席、発言の要求を行った上での許可であり、委員会の議決で決定する必要がある。

本条が許可制を採っているのは審査順序の整理等との関係によるものであり、場合によっては出席だけを許可することも可能である。ただし、両者の出席、発言を審査期間を通じて一切認めないというのは許されず、特に被告議員については弁明の機会を与えないまま審査を終えることはできない。被告議員が答弁書を提出しなかった場合でも同様である。

「出席し発言することができる」は、委員会に出席し発言する資格を認めるものである。発言を予定しない場合でも出席の許可だけを求めることが可能である。

発言が許可された場合でも、具体的な発言の場面では議事整理権に服し、その都度、委員長の指名を受けなければならない。

原告議員の発言の内容は、資格争訟を提起した趣旨の弁明、訴状の内容についての説明等である。

被告議員の発言の内容は、答弁書の説明等であり、弁護人の発言し得る内容との間に明確な区分はない。

なお、原告議員、被告議員の発言に対して、委員は疑義をただすことが可能である。この場合、発言に対するものである限りにおいて、第200条〔原告議員・被告議員の委員会招致・尋問〕の手続による必要はない。

〔原告議員・被告議員の委員会招致・尋問〕
第200条　委員会は、審査に当つて必要があると認めたときは、議長を経て、原告議員及び被告議員を委員会に招致し、尋問することができる。

§ 200

制定時（昭 22.6）
> **衆規 196**　委員会は、審査に当つて必要があると認めたときは、議長
> を経由して原告議員及び被告議員を委員会に招致し尋問すること
> ができる。

　本条は、原告議員、被告議員の委員会への招致、尋問について規定するものである。

**【原告議員・被告議員の委員会招致・尋問】委員会は、審査に当たって必要がある
と認めたときは、議長を経て原告議員及び被告議員を委員会に招致し尋問すること
ができる。**

　資格争訟の審査は一次的には書面によることとされている（•••▶第196条【資格争訟の
審査資料】）が、委員会は自らの判断で他の審査手段を採ることができ、原告議員、被
告議員の陳述もその1つとして認めたものである。

　「審査に当つて」とは、資格争訟についての判断を行うためという目的の限定を意
味する。

　「必要があると認めた」とは、委員会の議決により決定することを要する。

　原告議員、被告議員から出席、発言を求められている場合でも、委員会の側でそ
れとは別に尋問の必要を認める場合には、本条の手続によらなければならない。

　「議長を経て」とは、招致したい旨を議長に伝達し、議長から相手方に対して求め
るものである。

　議長は委員会からの伝達要請を拒むことはできない。

　「原告議員及び被告議員」は、両者一緒でなければならないものではなく、その一
方だけでも可能である。

　「招致」とは、出席を求めることである。尋問を行うことを目的としてのみ認めら
れる。

　「尋問」とは、問いただすことである。

　原告議員、被告議員は、招致、尋問に応じる義務がある。理由もなく拒む場合に
は、委員会の秩序を乱したとして議長に報告し処分を求めること（国121Ⅱ）も考え
られる。

　被告議員は代わりに弁護人を出席させることが許されるとする理解（佐藤（吉）・参
規326頁）があるが、本条の「必要がある」は本人尋問の必要性を含意しており、委員
会の招致が本人に限定している場合には、弁護人の出席による代替は認められない
ものと解する。

第15章　資格争訟　　*423*

§201

　原告議員が招致に一切応じない場合には、争訟維持を放棄したものと認定することが可能であり、被告議員が応じない場合には、欠席のまま手続を進めざるを得ない。

〔審査期間の延長〕
第201条　委員会は、議長に、審査期間の延長を求めることができる。

　　　　　制定時（昭22.6）

　本条は、資格争訟の審査期間の延長について規定するものである。

【審査期間延長要求】委員会は、議長に審査期間の延長を求めることができる。

　資格争訟の事案が複雑で審査に予想以上の時日を要する場合に対処できるようにしたものである。

　「議長に」とは、議長が延長を認める権能を有することを意味しない。当初の審査期間の決定と同様、延長の期間も院議で定めることを要する（佐藤（吉）・参規326頁）。

　「審査期間」とは、訴状の付託時に院議で定めた審査のために必要と認められた期間のことである。

　「延長」は、審査期間終了後も引き続き審査できるようにする措置である。

　「求める」は、審査期間終了前に委員会の議決で決定されなければならない。委員会の側で希望する期間を決定することもできるが、単に延長されたい旨を決定することも可能である。

　審査期間の再延長を求めることも可能である（佐藤（吉）・参規326頁）。

【審査期間延長議決】要求を受けた議長は、議院に諮る義務を負うが、委員会の希望する期間に拘束されず、自ら必要と判断する期間について諮ることが可能である。

　委員会からの要求が審査期間終了前になされれば、本会議の議決は期間終了に間に合わなくても可能である。その場合には、審査期間は一旦途切れるが復活する形になる。

　審査期間の延長を議決したときは、その延長期間を委員会に通告する（参規194Ⅰの類推）。

　延長が認められないときは、委員会は当初の期間内に審査を終えなければならない。

【審査の中途終了】資格争訟特別委員会が審査を終える前にその期間が終了した場合でも、委員会は審査報告書を提出しなければならない。審査報告書にはそれまで

424

§202

の経過を記載する。

　資格争訟も国会法第 56 条の 3〔委員会の中間報告〕の「案件」に当たると解する（•••▶『逐国』第 56 条の 3【中間報告】）が、参議院規則上、資格争訟の委員会審査は審査期間の満了によって終了するため、中間報告の制度を用いる余地がない。

　判決によらずに結論が出ることにより、手続が中途で終了することがあり得る。被告議員が提訴の趣旨を争わない場合である。議員という公的地位に関わる事項について当事者の意思に全面的な信頼を置くことはできないため、一旦争訟手続を中断し、議長が職権により調査すべきである。被告が認めるとおりに被選の資格が失われていることを確認できれば、退職の効果を発生させることとなり、それによって争訟手続は目的を失い終了する。議長による確認が取れない場合には、手続を再開して争訟において決着を図ることとなる。

　原告議員が争訟を維持する意向を示さない事態となったときは、原告議員の提訴の取下げの意思を確認し又は擬制した上で手続を終了させるべきである。

【資格争訟の会期不継続】資格争訟も議院の議事として行われる手続である以上、会期制による制約を免れるものではない。ただし、案件不継続（国 68）は適用除外とすべきである。議員の地位に関わる問題の決着を会期終了によって左右させるべきでないからである（•••▶『逐国』第 111 条【会期との関係】）。

　具体的には、残り会期日数が少なくなっている時点で争訟が提起された場合、審査期間はその拘束を受けるため、満足な審査結果を得ることが事実上難しくなる。閉会中に審査を行ったとしても、資格争訟は後会に継続する対象として規定されていないため、次国会の召集前に消滅してしまう（国 68 但参照）。国会法の不備であり、次国会に改めて訴状が提出されるのを待って委員会審査を進めるしかないとされるが（佐藤（吉）・参規 327 頁）、解釈によって国会法第 68 条〔案件不継続〕の適用を排除する余地があると解する。

〔審査報告書の印刷・配付〕
第 202 条　委員会がその審査報告書を議長に提出したときは、議長は、これを印刷して各議員に配付する。

制定時（昭 22.6）、第 6 次改正（昭 30.3）

　　衆規 89　議長は、委員会において特に秘密と認めた部分及び第 71
　　条の規定により委員長が取り消させた発言の部分を除き、委員会
　　の報告書及び少数意見の報告書を印刷して、各議員に配付する。

§ 203

本条は、資格争訟の審査報告書の印刷、配付について規定するものである。

【委員会の議決】 資格争訟特別委員会で審査の結論を出すのは採決による。議員の議席を失わせるには出席議員の３分の２以上の多数による議決が必要である（憲55但）が、委員会の議決は、資格なしとする場合にも出席委員の過半数によるもので足りる。

【審査報告書】 委員会がその審査報告書を議長に提出したときは、議長は印刷して各議員に配付する。

第72条の４〔報告書の印刷・配付〕で既に規定されている内容であるが、訴状や答弁書が印刷、配付の対象とされておらず、各議員にとっては審査報告書が資格争訟の内容についての重要な情報源となることから改めて規定されているものである。

「審査報告書」は、資格争訟特別委員会から議院に対して提出する審査の経過及び結果を記した文書のことである。

訴状及び答弁書の概要を含め、資格争訟の争点も記載する必要がある。

「委員会」を主体としているのは、報告書の作成が委員会の権能であることを示す。したがって、委員会の議決によって報告書の内容を決定することを要するが、その作成を委員長に一任することも可能である。

「印刷」とは、紙に文字等を刷り出すことである。

「各議員」とは、全参議院議員の各々のことである。

「配付」は、各々の手元に配ることであり、本会議に上程されるまでに遅滞なく議員の目に触れるような仕方でなされることを要する。具体的には、議員会館の議員事務室等に配ることで足りる。実際には、議員会館文書配付室に文書函が設けられている。

印刷、配付の概念拡大の可能性については、**第24条【議案の印刷・配付】**の説明参照。

〔被告議員の本会議での発言〕
　第203条　被告議員は、会議において、弁明のため数回の発言をすることができる。

　　　制定時（昭22.6）
　　　　衆規132　資格争訟を提起された議員又は懲罰事犯があると告げられた議員は、弁明のため発言することができる。
　　　　衆規197　被告議員及びその弁護人は、会議において弁明し又は弁

§204

護することができる。

　本条は、被告議員の本会議における弁明発言の回数について規定するものである。

【資格争訟の本会議審議】 資格争訟も委員会に付託した案件であり、本会議の審議ではまず委員長報告を行う（参規104Ⅰ）。その後、委員長に対する質疑や討論を行い、採決する。

　討論までの間にその他の必要な手続を行うことは可能であるが、ここでも委員会中心主義は妥当しており、証拠調べ等、資格争訟特別委員会において行われた調査は繰り返すべきではない。本会議審議は、委員会審査の内容を披瀝し、それを踏まえた議論とすべきである。

【被告議員の本会議発言】 被告議員が自己の資格争訟の議事において弁明できることは国会法が規定しており、被告議員の本会議への出席は、表決時を除いて認められている（国113但）。

　被告議員は、本会議において弁明のため数回の発言をすることができる。

　「被告議員」については、第194条【訴状副本の送付】の説明参照。

　「会議において」とは、本会議で自らの資格争訟が議題となっている時という意味である。

　「弁明のため」とは、訴状の主張、立証が誤りであり、自分が議員の資格を有することを主張するためのことである。委員会で発言した内容と重複することを妨げない。

　「数回の」については、回数の制限がないとの理解もある（佐藤（吉）・参規328頁）が、認められない。被告議員の保護は、発言回数を無制限に認めなければ実現できないものではなく、同様に、発言時間についても制限することが可能であり、議長の議事整理権に含まれるものと解する。

　「発言をすることができる」とは、発言を議院の許可に係らしめないことであり、通告することで足りる（参規91本）。また、通告がなくても、発言を求めることのできる「やむを得ないとき」と認定すべきである（参規91但）。

　個々の発言は議長の指名を待たなければならず、発言できる場面も議長の判断による。

〔**弁護人の本会議での弁護**〕
　第204条　弁護人は、会議において、弁護することができる。

第15章　資格争訟　*427*

§ 205

制定時（昭 22.6）
　　衆規 197　被告議員及びその弁護人は、会議において弁明し又は弁
　　　　護することができる。

　本条は、弁護人の本会議における弁護発言について規定するものである。

【弁護人の本会議発言】弁護人は、本会議において弁護することができる。

　弁護人の本会議における活動を認め、被告議員の防御権の保護に万全を期したものである。

　「弁護人」とは、争訟手続において被告議員から依頼を受けてその弁護のために主張・立証活動を行う者のことである。議長に申し出た者に限られ、2 人が選任されている場合（国 112 Ⅰ）は、その両方が対象となる。

　「会議において」とは、本会議で被告議員の資格争訟が議題となっている時という意味である。

　「弁護することができる」とは、被告議員が議員の資格を有することを主張するために発言できることであり、議院の許可を必要としない。

　発言回数は規定されていないが、被告議員と同様、1 回に限られないと解する。

　発言通告や発言できる場面についても被告議員に準じる（▸▸▶第 203 条【被告議員の本会議発言】）。

〔資格の有無の判決〕
第 205 条①　議院は、被告議員の資格の有無について、議決により、これを判決する。
②　議院の判決には、理由を附さない。

制定時（昭 22.6）、第 6 次改正（昭 30.3）
　　衆規 198①　議院は、被告議員の資格の有無について議決によりこ
　　　　れを判決する。
　　②　資格のないことを議決するには、出席議員の 3 分の 2 以上の多
　　　　数によることを要する。
　　③　議院の判決には、理由を附けない。

　本条は、資格争訟の判決について規定するものである。

【資格争訟の判決】議院は、被告議員の資格の有無について議決により判決する。

　資格争訟は裁判を行う手続であるが、議院において行われるので、その方法は会議の議事として進行するものである。したがって、事前の合議で結論を絞り込んで

§ 205

いくのではなく、個々の議員の判定（表決態度）を集計（採決）して結果を出すものである。

「議院」は、本会議が意思決定の主体であることを指す。

「被告議員の資格の有無」とは、提起された資格争訟に対する回答としての被告議員が議員の資格を有するか否かの結論のことである。

「議決」とは、本会議における採決の結果のことである。

採決は、積極的要件を満たすか否かを問う形で諮る必要がある。したがって、資格争訟の場合、訴状が求める被告議員に資格がないことを認めるか否かを諮る。資格がないとする議員は賛成、あるとする議員は反対の意思表示を行うこととなる。資格争訟特別委員会の審査結果が資格ありとする場合でも同様である。

「判決する」とは、争訟に対して回答するための結論を出すことである。

【議員の議席を失わせる議決】議員の議席を失わせるには出席議員の３分の２以上の多数による議決が必要である（憲55但）。

資格争訟は議員の資格を争う手続であり、そこで出される結論は被告議員に議員の資格が有るか否かである。議員の資格がないとの判断は議員の議席を失わせることに当たるので、資格がないとの議決が出席議員の３分の２以上の多数によるものでなければならないことを意味する。

「出席議員」には棄権者を含めない。その詳細については、第137条【棄権の取扱い】の説明参照。

被告議員は表決に加わることができない（国113但）ので、出席議員に含めることはできない。

【判決の理由】議院の判決には理由を付さない。

判決は議決で行うものであり、それは個々の議員の意思の合算である。争訟手続では、職権による証拠調べ等も可能であり、被告議員に議員の資格がないとの判断が必ずしも訴状の主張、立証の全てを是とするものとは限らない。資格があるとの判断の場合も原告側の主張のどの部分が認容されなかったかが特定されるわけではない。したがって、理由に当たるものが議決内容に含まれていないのである。

「理由」とは、判決で示した結論を導くに至った根拠となる法規や事実のことである。

判決に理由を付さないことと判決の効力の関係については、本条【判決の効力】の説明参照。

【判決の宣告】判決は、議長による採決の結果宣告によって効力を生じる。被告議

§205

員は表決に加わることができない（国113但）が、原告議員又は被告議員の居ない場での宣告も有効である。

【判決の効力】判決の内容が提訴を認容するものである場合、それによって被告は議員の地位を失う。同被告に対して別の理由による資格争訟が係属する場合、その争訟は維持する必要を失って消滅する。

資格がないと判断された議員にとって、参議院に対して再審を求める手続は存在しない（⋯▶『逐国』第111条【資格争訟】）。また、議員の資格争訟は議院の専権事項であり、判決に対して司法救済の道は開かれていない。

提起された争訟が棄却された場合、その判決には既判力が働くが、判決が議決によってなされることから、その効力が会期を超えては働かないと解される余地がある。すなわち、一事不再議は同一会期中にのみ認められることであるため、次会期には同じ理由であっても争訟を提起できるとする理解である。しかし、これは認められない議論である。被告議員を二重の危険にさらしてはならず、そのことは会期の独立性保持に優先させるべき要請だからである。

判決の効力は原告議員、被告議員だけでなく、他の議員にも及ぶと解する。争訟手続においては職権調査が可能であり、原告議員、被告議員の立証行為に限定されずに真実発見の努力がなされるからである。しかも、他の議員も議決に関わっており、それに反する主張は封じられなければならない。

同じ議員に対して別の理由によって改めて議員の資格を争うことは可能である。前争訟の手続は原告議員が訴状に記載した理由に限定して進められたものであり（⋯▶第196条【資格争訟の審査資料】）、対象となっていない理由についてまでは判断がなされていないからである（⋯▶本条【判決の理由】）。

その点、判決において理由が示されないことが問題となる。すなわち、判決によって、それ以前の事実を理由とする同議員についての資格争訟を一切遮断することを意味していると解される余地があるからである。

しかし、職権調査が可能なのは立証レベルのことであり、理由は訴状に記載されているものに限定され、争訟手続において職権で追加して審議することは認められない。したがって、訴状に記載されていない理由についてまで判決の効力は及ばない。

§206

〔判決謄本の送付〕

第206条　議院において判決したときは、議長は、判決の謄本を作り、これを原告議員及び被告議員に送付する。

制定時（昭22.6）、第6次改正（昭30.3）
　　　衆規199　議院において判決したときは、議長は、判決の謄本を原告議員及び被告議員に送付する。

　本条は、判決謄本の原告議員・被告議員への送付について規定するものである。

【**判決謄本の送付**】議院において判決したときは、議長は判決の謄本を作り原告議員及び被告議員に送付する。

　判決は、提訴に対する回答であるとともに、被告議員の防御活動に対する評価でもある。訴状、答弁書が文書でなされるのに対応して文書によることとされている。

　「議院において」は、本会議の資格争訟の議事においてという意味である。

　「判決」とは、議決によって行う資格争訟を解決するための判断のことである。

　「判決の謄本」とは、判決の内容を記した判決書の原本を複写したもので、原本と相違ないものであることが証されていなければならない。

　「原告議員」とは、他の議員の資格を争うために資格争訟の訴状を提出した議員のことである。

　「被告議員」とは、資格争訟の対象としてその資格を争われた議員のことである。

　「送付する」とは、相手の手元に送ることであり、遅滞なく相手の目に触れるような仕方でなされることを要する。確実に到達することを要するため、送達の手続に準じるべきであろう。

　なお、判決謄本の送付は、判決の効力発生要件ではない（国113本）。

§ 207

第16章　紀律及び警察

制定時（昭22.6）

　本章は、権能論及び活動論のうち、議院の紀律及び議長が行使する議院警察権について規定を置いている。

　国会法にも同名の章が設けられているが、国会法では両院共通事項や内閣との関係等について規定している。

第1節　紀律

制定時（昭22.6）

　本節は、参議院における紀律について規定を置いている。

【紀律】「紀律」とは、秩序保持のための基準のことであり、具体的には、議院の活動が円滑かつ平穏に行われるためのルールである。

　本節で規定されているのは、単に秩序保持を目的とするだけではなく、より高い次元の道徳、倫理、儀礼の観点からの禁止・命令事項が中心となっている。明文で定めるまでもないような規定も置かれているが、例示として把握すべきであり、各条項に反しないことは規律保持の十分条件ではない。

〔議院の品位〕
第207条　議員は、議院の品位を重んじなければならない。

制定時（昭22.6）、第6次改正（昭30.3）
　衆規211　議員は、議院の品位を重んじなければならない。

　本条は、議院の品位の尊重について規定するものである。

【議院の品位】議員は、議院の品位を重んじなければならない。

　紀律に関する総論的な規定であり、具体性を欠く反面、その精神を示すものとして本節の他の規定を導く役割を果たす。

　「議員」とは、参議院議員のことである。

　衆議院議員が参議院の品位を重んじるべきことは参議院規則の扱う事柄ではない。

　「議院の品位」とは、国権の最高機関の一翼を担う参議院が内外から敬意を受ける

432

§ 208

に値するような価値のことをいう。議員から独立して存在が認められる面もなくは
ないが、議員の行動に依存する度合いが強い。

　参議院議員が衆議院の品位を重んじることも必要であるが、議院規則の規律対象
は議院の内部事項であり、また、衆議院で活動する場面は例外的にしか生じないこ
とでもあるので、本条の「議院」が衆議院も想定しているとは解しにくい。

　「重んじなければならない」とは、議員の内心に対する義務を課すものではなく、
議院の品位を傷つけるような行為を禁止する趣旨である。

〔 敬称の使用 〕
　第 208 条　議員は、議場又は委員会議室において、互いに敬称を用いな
　　ければならない。

　　　　　制定時（昭 22.6）
　　　　　　衆規 212　議員は、互いに敬称を用いなければならない。

　本条は、議員相互の敬称使用義務について規定するものである。

**【敬称の使用】議員は、議場又は委員会議室において互いに敬称を用いなければ
ならない。**

　全ての議員は対等であり、互いに敬意を払い、礼儀正しく行動すべきことを規定
したものである。

　「議場又は委員会議室において」とは、直接には、そこで開かれる会議における公
式の発言の中でという意味である。

　当然のことながら、これは限定句ではなく、議場や委員会議室以外でも、また、
私語や会議録に残らない発言においても、本条が無視されてよいわけではない。

　「互いに」とは、参議院議員相互間を指すが、議員以外の出席者に対する関係でも
妥当する。

　「敬称」とは、相手に対して敬意を表するために名前の下に付ける語のことである。

　先例では、「君」を用いるとされている（参先 440）が、女性が用いる場合や女性に対
する場合に抵抗を感じる向きもあり、これに限定されるわけではない。

　「用いなければならない」は、相手に呼び掛けるときだけでなく、議員の名前を引
用するときにも必要である。

　議院の会議又は委員会において侮辱を被った議員は、議院に訴えて処分を求める
ことができる（国 120）。

第 16 章　紀律及び警察　　**433**

§ 209

〔着用・携帯の禁止〕
**第 209 条　議場又は委員会議室に入る者は、帽子、外とう、襟巻、傘、つ
　　　えの類を着用し又は携帯してはならない。ただし、国会議員及び国会
　　　議員以外の出席者にあつては議長に届け出て、これら以外の者にあつ
　　　ては議長の許可を得て、歩行補助のためつえを携帯することができる。**

制定時（昭 22.6）、第 6 次改正（昭 30.3）、第 18 次改正（平 15.6）
衆規 213　議場に入る者は、帽子、外とう、えり巻、かさ、つえの類
　　　を着用又は携帯してはならない。但し、病気その他の理由によつ
　　　て議長の許可を得たときは、この限りでない。

　本条は、議場・委員会議室入場に際しての着用・携帯禁止物について規定するも
のである。

**【議場等への持込禁止】議場又は委員会議室に入る者は、帽子、外とう、襟巻、傘、
つえの類を着用し又は携帯してはならない。**

　議場や委員会議室は議院の活動の中心となる場であり、議院の品位を重んじるこ
との具体化として、着衣や所持品について制限を加えるものである。

　「議場又は委員会議室に入る者」とは、議員だけでなく、国務大臣や証人等の出席
者、議員秘書や事務局職員のように職務や事務連絡等のために出入りする者全てを
指す。

　傍聴人は議場に入ることができないとされており（参規 229）、委員会議室について
も同様であるため、本条の対象外である。参議院傍聴規則では、傍聴人が傍聴席に
入ることについて本条本文と同内容の規定が置かれている（参傍規 6⑵）。

　「帽子、外とう、襟巻、傘、つえの類」とは、室内で用いるべきでない服飾品を指
す。「つえ」も服飾品としてのステッキが念頭に置かれているものと解される。

　文言にはないが、銃器のように本来的に携帯してはならないものの持ち込みが許
されないことは当然の事理であり、電子機器類などのうち会議で必要のないものを
使用する目的で持ち込むことも認められていない。

　「着用し又は携帯し」とは、身に着け又は持ち込むことであり、対象物に応じて禁
止内容が決まる。

**【携杖届出・許可】国会議員及び国会議員以外の出席者は議長に届け出て、これら
以外の者は議長の許可を得て、歩行補助のためつえを携帯して議場又は委員会議
室に入ることができる。**

434

§210

着用、携帯を禁止したもののうち、室内においても必要なものとして、つえに限って禁止を緩和し、対象者を区分して届出制と許可制を採用したものである。

「国会議員」とは、参議院議員及び衆議院議員のことであり、出席者である場合に限らない。

「国会議員以外の出席者」には、政府特別補佐人、政府参考人、証人、参考人等、発言を目的として会議に出る者を指す。証人の補佐人（議証1の4）はこれに準じる。

「届け出て」とは、届出者の氏名・肩書、会議名、時日、使用理由を記載した文書によることが必要である。継続して必要な者は会期中使用することを届け出ることが可能であり、国会議員の場合は任期中使用することでもよい。

「これら以外の者」とは、国会議員以外の者で出席者でもないもののことである。

「許可」は、氏名・肩書、会議名、時日、使用理由を記載した文書による許可願に対して、その理由に鑑み必要性を認めることである。

「歩行補助のため」とは、本条本文で服飾品としてのつえを念頭に置いて携帯を禁止したのに対して、歩行困難な者が用いるという目的の場合に限定する趣旨である。傷病、身体障害、老齢等、必要が認められる限り、理由を問わない。

「つえ」とは、歩く時、手に持って地面に突く細長い棒状の道具のことである。

先例上は、車椅子や上履きの使用についても同様の扱いとされている（参先445）。

◆旧規定は〔携杖許可〕

　第209条（旧）　議場又は委員会議室に入る者は、帽子、外とう、えり巻、かさ、つえの類を着用し又は携帯してはならない。但し、議長の許可を得た者は、つえを携帯することができる。

　つえの携帯については、一律に議長許可に係るものとしていたところ、ノーマライゼーションの理念を社会的に定着させるとの観点から、平成15年の改正により、届出制を採り入れることとされた[1]。

【服装】本条は、着用、携帯の禁止事項を規定するが、議院の品位を重んじる上で、逆に着用が義務付けられているものがある。議場においては上着を着用することとするものである（参先444）。夏季の期間、委員会室等、院内での上着着用慣行は緩和されているものの、議場に限っては例外が認められていない。

〔喫煙の禁止〕

　第210条　議場においては、喫煙を禁ずる。

---

1 髙橋美香子「携杖（議場又は委員会議室へのつえの携帯）」立法と調査405号（2018）95頁。

第16章　紀律及び警察　*435*

§211

制定時（昭22.6）、第3次改正（昭25.7）
　衆規214　議場において喫煙してはならない。

　本条は、議場における喫煙の禁止について規定するものである。

【議場の禁煙】議場においては、喫煙を禁ずる。

　会議は長時間にわたることもあり、現在でも、社会一般において会議中の禁煙ルールが必ずしも普遍的なわけではないだろうが、参議院は発足当初から喫煙を禁じた。たばこを嗜好品と位置付け、議院の品位保持と相容れないものと評価したものである。

　「議場」とは、議事堂にある本会議の議事を行うための四囲を壁で囲まれた空間のうち、議席の設置されているフロア及び演壇の設けられているフロアを指す。

　本会議の開会中に限らない。

　傍聴席は議場には含まれないが、傍聴人の喫煙は傍聴規則で禁じられている（参傍規6(3)）。

　「喫煙」とは、たばこを吸うことであるが、嗅ぎたばこ、噛みたばこの類いを用いることを含む。

　喫煙は限界線上の禁止物として示したものであり、飲食が許されないことは、いわゆるもちろん解釈である

　「禁ずる」とは、議場内の全ての者を対象としている。

◆旧規定は〔委員会議室の禁煙〕

　第210条（旧）　議場及び委員会議室においては、喫煙を禁ずる。

　　規則制定当初は、本条で委員会議室の禁煙も規定されていたが、昭和25年の改正で「委員会議室」が削除され、実際にも喫煙が認められていた。その経緯に鑑みると、現行規則上、本条は委員会議室に類推適用されない。

　　ただし、時代は推移し、現在では当然に喫煙が可能であると考えられているわけではなく、各委員会等の自主的な取決めに委ねられているものと解される。実際上は、委員会議室の禁煙が一般化している。

〔新聞・書籍閲読の禁止〕

第211条　何人も、参考のためにするものの外は、議事中、新聞紙或は書籍の類を閲読してはならない。

制定時（昭22.6）
　衆規215　議事中は参考のためにするものを除いては新聞紙及び書籍等を閲読してはならない。

§ 212

　本条は、議事中における新聞等の閲読禁止について規定するものである。

【新聞等閲読の禁止】何人も、参考のためにするもののほかは、議事中、新聞紙又は書籍の類を閲読してはならない。

　会議に出席するのは、自らが発言し又は他の議員の発言を聴くことによって議事に参加することであり、他事に関わることは許されない。本条は、他事の典型として新聞等の閲読を挙げ、その禁止を規定したものである。

　「何人も」とは、会議の出席者のほか議場、委員会議室に在室する者全てである。

　「参考のためにするもの」とは、審議のため又はその参考に供するために配付された資料や自ら持参した議事に関連する資料を指す。

　「議事中」とは、本会議、委員会等の開会中のことである。

　「新聞紙或は書籍の類」とは、閲読の対象となる読み物全てを指す。

　「閲読」とは、読むこと全般であり、音読等他者に迷惑を及ぼす行為に限らない。

　新聞等の閲読は、行われがちな行為の代表として挙げたものであり、議事を無視したその他の行為、例えば、書き物、居眠り、議事に関係のない私語等も紀律に反する。

〔発言妨害の禁止〕

第 212 条　何人も、議事中、濫りに発言し又は騒いで、他人の発言を妨げてはならない。

　　　　制定時（昭 22.6）
　　　　　衆規 216　議事中は濫りに発言し又は騒いで他人の演説を妨げてはならない。

　本条は、議事中の他人の発言の妨害禁止について規定するものである。

【発言妨害の禁止】何人も、議事中、みだりに発言し又は騒いで、他人の発言を妨げてはならない。

　会議において発言できるのは議長（委員長等）の発言許可を受けた者だけであることを確認し、他者による妨害を禁じたものである。

　本条により、正規の発言中は、議長が他者の発言を許可することも禁止される。

　「何人も」とは、会議の出席者のほか議場、委員会議室に在室する者全てである。行為の性質上、傍聴人も対象となると解してよいが、傍聴人の行為については傍聴規則で規定している（参傍規6(6)）。

第 16 章　紀律及び警察　　*437*

§§ 213・214

「議事中」とは、本会議、委員会等の開会中のことである。

「濫りに発言し」とは、議長（委員長等）の許可を受けることなく声を発することであり、野次もこれに当たる。

「騒いで」とは、声、物音、動作等により騒々しい状況を作り出すことである。

「他人の発言」とは、議長（委員長等）の発言及び自分以外の出席者が議長（委員長等）の許可を得て行っている発言のことである。

「妨げ」とは、発言しにくい又は他の議員が発言を聴き取りにくいようにすることである。

〔無断登壇の禁止〕

第213条　何人も、議長の許可がなければ、演壇に登つてはならない。

制定時（昭22.6）

　　衆規217　何人も、議長の許可がなければ演壇に登つてはならない。

本条は、無断で登壇することの禁止について規定するものである。

【無断登壇の禁止】何人も、議長の許可がなければ演壇に登ってはならない。

演壇は、正規の発言を行うことを主たる目的とする場所であり、したがって、議長の許可を受けた者だけが登壇できることを確認するものである。

「何人も」とは、会議の出席者のほか議場に在室する者全てである。

「議長の許可」は、発言を認める許可のほか、記名投票や選挙等の投開票を行う上で必要な行為に対してなされる。

「演壇」とは、発言者が立つために設けられた議長席の前のスペースのことである。

演壇は委員会議室には設けられていないが、そのような構造に改められた場合には、委員会等にも類推適用されよう。

「登つてはならない」とは、自ら発言することや他者の発言を阻止すること等、その目的を問わない。

〔振鈴による発話禁止〕

第214条　議長が振鈴を鳴らしたときは、何人も沈黙しなければならない。

制定時（昭22.6）

438

§215

> **衆規218** 議長が号鈴を鳴らしたときは、何人も、沈黙しなければならない。

本条は、議長の振鈴鳴動による発話禁止について規定するものである。

【振鈴】議長が振鈴を鳴らしたときは、何人も沈黙しなければならない。

議場の静粛を回復するための手段を特に設けたものである。

「振鈴」とは、議長席の机上に配置される小型の鐘（ハンドベル）であり、柄を持って振り鳴らすものである。

「鳴らした」とは、議場が騒々しく議事の円滑な進行が不可能なときに静粛を取り戻すことを目的として行うことであり、議長が他の目的で鳴らすことは認められていない。言葉による制止では混乱を収拾できないような場合のための非常手段である。

「何人も」とは、会議の出席者のほか議場に在室する者全てである。その時点で発言を許可されている者も含まれる。

「沈黙しなければならない」とは、議席に着いて発話しないことを義務付けるものである。発言の許可を受けていた者は、演壇にとどまって議長の指示を待つ。発声以外の手段で音をたてることもやめなければならない。

振鈴の鳴動により、進行中の議事は一旦中断するが、静粛を回復した後、議長は改めて発言を許可する等、議事再開の措置を採る。

振鈴は委員長席の机上には配置されず、本条の委員会等への類推適用はない。

〔 **議員の退席時期** 〕

第215条　散会又は休憩に際して、議員は、議長が退席した後でなければ、退席してはならない。

> 制定時（昭22.6）
> **衆規219**　散会に際しては、議員は、議長が退席した後でなければ退席してはならない。

本条は、議長と議員の退席順序について規定するものである。

【退席時期】散会又は休憩に際して、議員は議長が退席した後でなければ退席してはならない。

議員が議長に対して敬意を払う態度の1つとして規定したものである。

「散会又は休憩に際して」とは、議事を終えて議員が退場するに当たってのことで

§216

あり、「散会」は広義のものであり、延会を含む。

「議員」は、国務大臣等、議員以外の出席者にも類推される。

「議長」には、副議長等、議席に着いて議長の職務を代行していた議員が含まれる。

「退席」とは、席を立って議場から退出することである。

〔紀律の問題〕

第216条　すべて紀律についての問題は、議長が、これを決する。但し、議長は、討論を用いないで、議院に諮りこれを決することができる。

制定時（昭22.6）
衆規220　すべて秩序に関する問題は、議長がこれを決する。但し、議長は、討論を用いないで議院に諮りこれを決することができる。

本条は、紀律の問題についての議長の決定権について規定するものである。

【紀律の問題】全て紀律についての問題は、議長が決する。

そもそも、紀律に関して議院規則で禁止、命令することは道徳の中身を実定法化するようなもので、選良を対象とする規範としてはそのこと自体が矛盾を示すものである。にもかかわらず本節で若干の規定を置いているのであるが、もとより網羅的ではない。類推適用で処理できる事項以外にも様々な紀律が想定できるが、各議員の価値観の差による基準の幅もあり、議院として処理すべき問題が生じた場合には議長が判断することとしたものである。議長の秩序保持権（国19）の具体的内容の1つである。

具体的な判断内容は国会法や参議院規則の関係条文の解釈ということもあり、その点では**第254条〔議院規則の疑義〕**の規定内容と重複する。

「紀律についての問題」とは、秩序保持及び道徳、倫理、儀礼の基準についての議院としての見解のことである。

基準の内容だけでなく、紀律違反に対する措置の内容も含まれる。すなわち、紀律違反行為に対しては、懲罰という効果だけが予定されているのではなく、懲罰事犯と認定して懲罰委員会に付託しない場合でも、議長が当該議員に対して厳重注意を行うような措置も可能であり、その措置を決定することも「紀律についての問題」に当たる。

「決する」とは、判断して決定することである。

議長は、討論を用いないで、議院に諮って紀律についての問題を決することが

440

§ 217

できる。

　紀律についての問題でも、規則の改廃に相当するものや時間的に余裕のある場合
等には本会議に諮ることができることとしたものである。

　「討論を用いないで」とは、問題についての議員の発言を認めることなしに直ちに
採決することを意味する。手続の問題に準じ、そのための議論に時間を費やすこと
を避けたものである。

　「議院に諮って」とは、本会議において採決して結論を出すことである。諮る内容
は議長の発案による。

　諮った場合には、議長はその採決結果に拘束される。

　「決することができる」は、議院に諮るか否かも議長の判断で決めることができる
ことを意味する。

　本会議で諮らない場合でも、議院運営委員会に問題を諮問することは可能であり、
通常は、議長が自らの判断だけで決する場合の方が少ないと言えよう。

第2節　警察

制定時（昭22.6）

　本節は、議長警察権の具体的行使について規定を置いている。

【議院警察権】議院自律権により、各議院は院内の秩序保持を目的とする警察権を
有し、これと競合する限りにおいて一般警察権が排除される。

　この警察権は議長が行使する（国114）。

　議院警察権の詳細については、『逐国』第114条【議院警察権】の説明参照。

〔議長の警察権〕

第217条　議長は、衛視及び警察官を指揮して、議院内部の警察権を行
　　う。

　　　　制定時（昭22.6）、第6次改正（昭30.3）
　　　衆規208　議長は、衛視及び警察官を指揮して議院内部の警察権を
　　　　行う。

　本条は、議院警察権行使のための衛視、警察官の指揮について規定するものであ
る。

§218

【議長警察権】 議院内部の警察権は議長が行うこととされており（国114）、行使主体に着目して「議長警察権」とも呼ばれる。

「議院内部」とは、議事堂囲障内の参議院の管理区域を指す（参先453）。

各委員会の委員長室等は議事堂外の議員会館内に置かれているが、そこで委員会等の運営のための協議（理事懇談会）が日常的に行われるため、議長警察権の場所的範囲に含ませるべきである。

議員派遣のように議事堂の囲障外で議院活動が行われる場合には、議院警察権は及ばない。

「警察権」とは、秩序保持を目的として、全ての者に対し、命令、強制する権能である。

議院警察権は、議員以外の者に対しても院内に現在する全ての者に及ぶ。

議長は、衛視及び警察官を指揮して、議院内部の警察権を行う。

警察権を行使するための人的資源として衛視及び警察官を用いることを規定するものである。

「衛視」とは、院内警務の職務を行う参議院の職員のことである。

議院事務局法では、警務に従事する職員として衛視長、衛視副長、衛視が規定されている（事務8〜10）が、本条の「衛視」はこれらの総称である。

警察官ではないので警察官職務執行法（昭和23年法律第136号）の適用はなく、小型武器の所持も認められていない（警67参照）。

「警察官」は、警察活動を行うことを日常業務とする行政機関の職員のうち議長の要求により内閣が派出した者のことである。

議長の指揮を受ける警察官については、『逐国』第115条【警察官の派出】の説明参照。

「指揮して」とは、行為内容を指示命令して系統的な動きを取らせるとの意味である。

〔衛視・警察官の執行範囲〕

第218条① 衛視は、議院内部の警察を行う。

② 警察官は、議事堂外の警察を行う。但し、議長において特に必要と認めるときは、警察官をして議事堂内の警察を行わせることができる。

制定時（昭22.6）、第6次改正（昭30.3）

§219

> **衆規 209** ① 衛視は、議院内部の警察を行う。
> ② 警察官は、議事堂外の警察を行う。但し、議長において特に必要と認めるときは、警察官をして議事堂内の警察を行わせることができる。

本条は、衛視及び警察官の所掌する議院警察権の場所的範囲について規定するものである。

【衛視・警察官の執行範囲】衛視と警察官は、議長の指揮の下、互いに連係を取りながら議院警察権の執行に当たるが、所掌する場所を区分している。

衛視は、議院内部の警察を行う。

議院警察権の本来的な担い手が衛視であることを確認するものである。

「衛視」、「議院内部」については、第217条【議長警察権】の説明参照。

議長警察権の及ぶ場所的範囲全てにおいて執行する権限を有する。

「警察」とは、議院内部の秩序を保持するための職務行為のことである。

警察官は、議事堂外の警察を行う。

警察官が議院警察権の補助的な担い手であることを確認するものである。

「警察官」については、第217条【議長警察権】の説明参照。

「議事堂外」とは、議事堂の囲障内で、かつその全ての建物の外のことである。

したがって、外部からの侵入等に対する警戒が主たる職務となる。

衛視と警察官の職務分担については主体性警備という方式が採られ[2]、警察官の役割が縮小している。すなわち、派出警察官は囲障各門に配置され、周辺の警戒警備に当たっている。不法侵入等に対しては、議院の出入口や囲障外面においても、現行犯性の認められる限りで議院警察権が及ぶことに基づくものである。

議長において特に必要と認めるときは、警察官をして議事堂内の警察を行わせることができる。

異常事態への対処方法として、例外的に警察官の職務拡大を認めるものである。

「特に必要と認めるとき」とは、議事堂内において衛視の執行力だけでは議院の秩序を保持できないと判断した場合のことである。

「行わせる」とは、特別の命令により、所掌する場所を追加することである。

〔現行犯人の拘束〕
第219条 議院内部において、現行犯人があるときは、衛視又は警察官

[2] 齋藤史典「議会において内部の警察を執行する機関」議会政策研究会年報5号（2004）58頁。

§219

> は、これを拘束し、議長に報告してその命令を待たなければならない。
> 但し、議場においては、議長の命令を待たないで、拘束することがで
> きない。

制定時（昭 22.6）、第 6 次改正（昭 30.3）
　衆規 210　議院内部において現行犯人があるときは、衛視又は警察
　　官は、これを逮捕して議長の命令を請わなければならない。但し、
　　議場においては、議長の命令がなければ逮捕することはできない。

　本条は、議院内部の現行犯人の拘束について規定するものである。

【刑事訴訟法との関係】本条は議院内部における現行犯人の扱いを規定しているが、これと刑事訴訟法（昭和 23 年法律第 131 号）の関係が問題とされなければならない。

　刑事訴訟法においては、現行犯人は、何人でも逮捕状なくして逮捕することができるとされており（刑訴 213）、また、検察官、検察事務官及び司法警察職員以外の者は、現行犯人を逮捕したときは、直ちに地方検察庁若しくは区検察庁の検察官又は司法警察職員に引き渡さなければならないとされている（刑訴 214）。

　議院の自律権により、議院内部においては一般警察権の保安警察が排除される（•••▶『逐国』第 114 条【一般警察権との関係】）ものの、議院内部で治外法権が通用するものではなく、そこでの犯罪も国の刑事司法に委ねられなければならない。

　結論としては、この刑事訴訟法の 2 か条は、議院に対する関係でも適用されるが、議院内部においては議院自律権との関係で制限を受けると解すべきである。

　具体的には、刑事司法との関係では、議院が一私人として現行犯逮捕を行うことができ（刑訴 213）、議院が「検察官、検察事務官及び司法警察職員以外の者」として現行犯人の引渡義務を負うこととなる（刑訴 214）。ただし、その義務の程度については、議員に対する懲罰権との関係で緩和されるものと解する（•••▶本条【院内における議員の現行犯】）。

　その反面、議院内部における具体的な手続は議院自律権に委ねられ、本条が適用される。そこでは、衛視や警察官は一私人としての議院の内部機関にすぎないものとして位置付けられる。

　その限りにおいて、刑事訴訟法第 213 条〔現行犯逮捕〕の適用が院内において排除されるとは解し難いとする見解[3]や本条が現行犯人たる議員のみについて設けられたとする見解（佐藤（吉）・参規 339 頁）は採用し難い。

【議院警察権による現行犯人の拘束】議院内部において現行犯人があるときは、衛

---

[3] 浅野一郎「院内の秩序維持と議長警察権」議会政治研究 39 号（1996）18 頁。

444

§219

視又は警察官はこの者を拘束し、議長に報告してその命令を待たなければならない。

　本条は、院内の秩序の維持を図る目的のために行う議院警察権の一環としての現行犯人の拘束を規定するものと解すべきである[4]。すなわち、衛視又は警察官による拘束は、「検察官、検察事務官及び司法警察職員以外の者」としての現行犯人の逮捕 (刑訴214) ではない。議院内部においては刑事訴訟法の適用が排除されているのである。

　ただし、議院警察権の執行についての規定は詳細なものではないため、必要な限りで刑事訴訟法の趣旨に倣う必要がある。

　「議院内部」とは、議院警察権が及ぶ範囲内のことであり、議事堂囲障内の参議院の管理区域である (参先453)。

　「現行犯人」とは、現に犯罪を行い又は現に行い終わった者のことであるが、犯人として追呼されている等、犯罪を行い終わってから間がないと明らかに認められる者も現行犯人とみなす (準現行犯) (刑訴212 II参照)。議員の場合を含む。

　ここでいう「犯罪」は、実定法上の刑罰を科せられる行為を指すものではなく、議院の秩序維持の観点から取り締まるべき非行と認定することができる行為をいうものと解する。

　「あるとき」とは、その者がまだ拘束されていない状態のときのほか、衛視・警察官以外の者に拘束されているときを含む。

　「衛視」、「警察官」については、**第217条【議長警察権】**の説明参照。

　「拘束」は、身体的行動の自由を奪い、引き続き抑留することである。

　この行為は刑事訴訟手続上の「逮捕」に相当するものであるが、本条で「逮捕」の語を用いていないのは、会期中の現行犯人が参議院議員である場合があり、その場合には不逮捕特権が働くことに鑑みてのものとされるが[5]、この点については後述する (・・▶**本条【院内における議員の現行犯】**)。

　「報告」は、現行犯人を拘束したこと及びその者の行った犯罪の具体的内容等について告げ知らせることである。

　報告を受けた議長は、その者が現行犯人に当たるか否か等の判断をした上で、それに対する措置を決定する。

　この拘束を受けた者の行為が実定法上の犯罪に当たる場合には、議長がこの報告

---

4 参議院法制局第1部第1課「議院警察権の研究」参議院法制局『立法資料調査研究集 (創立20周年記念) I』(1969) 66頁。
5 長谷川喜博「議長警察権の本質」ジュリスト210号 (1960) 65頁。

§219

を受けた時点で、参議院が刑事訴訟法上の現行犯逮捕をしたこととなり（刑訴213）、その代表者たる議長は直ちに検察官又は司法警察職員に引き渡す義務を負う（刑訴214）。ただし、この者が参議院議員である場合については、**本条【院内における議員の現行犯】**の説明参照。

「その命令」とは、検察官又は司法警察職員に引き渡す又は現行犯人とは認めないで身柄を解放する等、拘束した者に対する措置を内容とするものである。

「待たなければならない」とは、現行犯人の拘束を継続することを含意する。

議院警察権は閉会中においても行使される（国114後）ので、本条本文は閉会中においても適用がある。

議場においては、議長の命令を待たないで、現行犯人を拘束することができない。

議場では、議長が直ちに命令を下すことができる状況にあり、衛視が自らの判断で執行する余地はないとするものである。

「議場においては」は、本会議の開会中又は議長が議長席に現在するときに限られる。「議場」とは、議事堂にある議事を行うための四囲を壁で囲まれた空間のうち、議席の設置されているフロア及び演壇の設けられているフロアを指す。傍聴席は含まない。

したがって、本条ただし書の拘束の対象となり得るのは、議員や国務大臣等の出席者に限られる。

「議長の命令」とは、衛視に対して拘束すべき旨を命じるものであり、拘束の対象者を具体的に指示することまでは必要ない。議場内の衛視には一目瞭然のことである。

「待たないで」にも例外が考えられ、正当防衛の要件を満たす等の場合には、拘束に相当する行為も可能と考えなければならない。

【衛視等以外の者による現行犯人の拘束】本条では、議院警察権の執行を衛視及び派出警察官が独占するのか、それ以外の者の参与する余地があるのかは規定していないが、その点については刑事訴訟法第213条〔現行犯逮捕〕に倣い、衛視、警察官でなくても現行犯人を拘束することは可能と解すべきである。

衛視・警察官以外の者が現行犯人を拘束した場合には、刑事訴訟法第214条〔私人による現行犯逮捕と被逮捕者の引渡し〕の趣旨に倣い、その者を衛視又は派出警察官に引き渡さなければならないと解釈すべきであり、衛視、警察官がその引渡しを受ける行為が本条の「拘束」に当たる。

§219

【院内における議員の現行犯】 議員には会期中の不逮捕特権が認められている (憲50) が、院内における現行犯については議員の不逮捕特権は及ばないものと解する (•••▶『逐国』第33条【院内の現行犯罪】)。

したがって、議員に対しても本条の適用はあり、「拘束」とせずに「逮捕」の語を用いても差し支えなかったと思われるが、刑事手続に移行させずに議院の懲罰権行使で済ませることも含んでいるとの趣旨が働いているものと解する。

本条に基づいて拘束した議員につき、議長は懲罰事犯として懲罰委員会に付すことができる (国121 I)。

拘束した議員の検察官、司法警察職員への引渡し等については、『逐国』第33条【院内の現行犯罪】、第34条【院内現行犯に対する許諾請求】の説明参照。

§ 220

第17章　傍聴

制定時（昭 22.6）

　本章は、活動論のうち、傍聴の手続等について規定を置いている。

　具体的には、本会議の傍聴の手続等について規定した上で、必要な範囲で委員会に準用する旨を定める規定（参規 231）を置いている。

【傍聴】「傍聴」とは、出席者以外の者が会議の様子をその場で見聞きすることである。

　国会の会議の傍聴については、憲法が本会議の公開を規定している（憲 57 Ⅰ 本）。

　会議の内容を国民の前に明らかにし、国会の活動を国民の監視の下に置き、議員の発言内容を通じて国民の国政についての判断に資することを狙いとするものである。

　傍聴の自由とは、傍聴することに制限が設けられていないことをいうが、議場の構造上の限界による制限、秩序保持のための傍聴人の人数の制限を行うこと等は可能である。また、傍聴規則を定め、その遵守を求めることもできる。

　これに対して委員会については、国会法は原則非公開とし、委員長の許可を得た者に限り傍聴できることとしている（国 52 Ⅰ）。これを指して「半公開」という呼び方もなされている。

〔 傍聴席の区分 〕

第 220 条　傍聴席は、これを皇族席、貴賓席、外国外交官席、衆議院議員席、公務員席、公衆席及び新聞記者席に分ける。

制定時（昭 22.6）、第 10 次改正（昭 60.10）
　　衆規 221　傍聴席は、これを貴賓席、外交官席、参議院議員席、公務員席、公衆席及び新聞記者席に分ける。

　本条は、傍聴席の区分について規定するものである。

【傍聴席の区分】**傍聴席は、皇族席、貴賓席、外国外交官席、衆議院議員席、公務員席、公衆席及び新聞記者席に分ける。**

　傍聴は希望者の資格ごとに手続が定められ（参規 221～223）、設備面でも差を設ける必要があるため、傍聴人の資格ごとに席を区分することを定めたものである。

448

§220

「傍聴席」とは、本会議の議事を傍聴する者が座るための席であり、議場（議事堂2階）の後方、側方の3階部分に階段状に設けられている。

「皇族席」とは、皇族が傍聴時に着席する席であり、議長席に向かって左前方に設けられている。

本条に規定されていないが、天皇が傍聴時に着席するための席（これを「御傍聴席」という。）が議長から見て正面の位置に設けられている。

「貴賓席」とは、議院が招待した外国議会からの賓客等が傍聴時に着席するための席であり、議長席に向かって右前方に設けられている。

ノーベル賞受賞者に対して議院が祝意を表する際、当人が来院して傍聴のために着席したことがある（参先545）。

「外国外交官席」は、我が国に駐在する外国の外交官が傍聴時に着席する席であり、議長席に向かって左側方に設けられている。

「衆議院議員席」は、衆議院議員が傍聴時に着席する席であり、議長席に向かって左側方に設けられている。

参議院議員については会議への出席義務があり、傍聴することは予定されていない。

「公務員席」は、国家公務員が第221条〔公務員の傍聴券〕の手続によって傍聴するときの席であり、議長席に向かって右側方に設けられている。

なお、公務員席は、元議員のための傍聴席を兼ねている。

「公衆席」は、一般国民等の傍聴人のための席であり、議長に対面する位置に360席設けられている。

公衆席は先着順の傍聴席と議員紹介の傍聴席に分けられている（•••▶第222条【公衆傍聴席】）。

「新聞記者席」は、報道関係者が第223条〔新聞通信社用傍聴章〕の手続によって傍聴するときの席であり、議席を取り囲む形で他の傍聴席区分の前の1段低い位置に設けられている。

カメラ撮影や実況中継も新聞記者席で行われる。

「分ける」とは、相互の行き来ができないように障壁を設けて各別のスペースとすることである。

§§ 221・222

〔公務員の傍聴券〕

第221条 公務員が、所属各省各庁の照会によつて傍聴を求めてきたときは、事務総長は、その数を限つて、傍聴券をその各省各庁に送付する。

　　　　　　制定時（昭22.6）

本条は、公務員の傍聴券の送付について規定するものである。

【公務員傍聴券】公務員が所属各省各庁の照会によって傍聴を求めてきたときは、事務総長は数を限って傍聴券をその各省各庁に送付する。

公務員が職務上必要な場合のため、一般公衆とは異なる手続によって傍聴することを可能としたものである。

「公務員」とは、国家公務員のことである。

「所属各省各庁」とは、公務員が在籍する役所のことであり、省庁単位での対応が必要であることを示すものである。

「照会によつて」とは、依頼を通じてとの意である。

「求めてきたとき」とは、必要の生じるたびに求めを要することを念頭に置いているが、必要となるときに備えて各省庁があらかじめ求めることを妨げない。

実際例では、各省庁の申出により、毎会期の始めに一会期通用の傍聴券を交付している（参先461）。

「事務総長」を主体としているのは、傍聴券の交付が議院事務に属する事項であることによる。

「その数を限つて」とは、公務員席の収容能力に応じて限定することを意味している。

「傍聴券」とは、傍聴する資格があることを示すための紙片であり、一連番号や通用会期等の必要事項を記載したものである。

「送付」とは、手元に届けることであり、方法は問わない。

公務員が傍聴するには、所属省庁に送付された傍聴券を持参し、傍聴席（公務員席）入口で衛視に提示して入場する（参規227）。

〔公衆傍聴席〕

第222条① 公衆席の半数は、事務総長が会議日毎に発行する公衆傍聴券を所持する者の傍聴席とする。この傍聴券は、開議前に、議院にお

§222

いて、先着順により、これを交付する。

②　公衆席の半数は、議員が紹介し、事務総長が予め議員に配付する日
　　附入りの公衆傍聴券を持参する者の傍聴席とする。

> 制定時（昭22.6）、第6次改正（昭30.3）
>
> 衆規222①　公衆席は、紹介席及び自由席に分ける。
>
> ②　紹介席に入る者は、議員の紹介による傍聴券を持参しなければ
> ならない。
>
> ③　自由席に入る者は、先着順により交付された一般傍聴券を持参
> しなければならない。
>
> 衆規232　すべて傍聴券及び傍聴章は、議長の指揮を受けて事務総
> 長がその員数を定めてこれを交付する。

本条は、公衆傍聴席の区分及び傍聴券の交付について規定するものである。

**【公衆傍聴席】公衆席の半数は一般希望者の傍聴席とし、半数は議員が紹介した
者の傍聴席とする。**

　公衆席を先着順の傍聴席と議員紹介の傍聴席に分けるとするものであり、先着順
で傍聴できる席を確保することにより、会議の公開（憲57Ⅰ本）を保障している。

　「公衆席の半数」とは、席数の半分というだけでなく、場所を分けて特定すること
を意味する。

　現在、公衆席は議長に対面する位置に設けられているが、御傍聴席（•••▶第220条【傍
聴席の区分】）を挟んで、議長席に向かって右が先着順の傍聴席、左が議員紹介の傍聴
席に充てられている。各々180席ずつである。

　「事務総長が会議日毎に発行する公衆傍聴券を所持する者」とは、先着順により傍
聴券を入手した傍聴希望者のことである。

　「会議日毎に」とは、本会議が開かれる予定のある日に、その日限りで通用するも
のとしてという意味である。

　「発行する」とは、通用に供することである。

　「議員が紹介し、事務総長が予め議員に配付する日附入りの公衆傍聴券を持参す
る者」とは、議員紹介により傍聴券を入手した傍聴希望者のことである。

　「議員が紹介し」とは、議員に対して傍聴したい旨の依頼があった場合等に、その
議員が事務総長に対して傍聴券を発行するよう要請することである。

　「予め」とは、傍聴人が使用するため事前にとの意である。「議員に配付する」とは、
傍聴人には議員から交付されることを前提としている。

　「日附入り」とは、本会議の開かれる年月日を記入することで、その日に限り使用

第17章　傍聴　　*451*

§ 223

できることを示すものである。

「公衆傍聴券」とは、一般の国民等が傍聴する際に必要な傍聴券という意味である。

「所持する」、「持参する」とは、傍聴するためには自身で傍聴券を持っていることが必要であることを示す。

【公衆傍聴券の交付】一般希望者の公衆傍聴券は、事務総長が会議日ごとに発行し、開議前に議院において先着順により交付する。

「この傍聴券」とは、一般国民等が直接議院に対して傍聴を希望する旨を申し出た者のための傍聴券である。

「開議前に」とは、交付を開始する時期を示すものであり、本会議が始まってからでも席に余裕があれば傍聴券は交付される。

「議院において」とは、事務総長の発行した傍聴券に関する事務を議院事務局が行うこと及び交付の場所を指している。傍聴券に関する事項は、事務局の警務部警務課が担当している (事分規30(2))。

「先着順により」とは、本会議の開会予定日に傍聴を希望する旨申し出た時刻の早い順に従ってという意味である。

「交付する」とは、引き渡すことである。

議員紹介者の公衆傍聴券は、日付入りのものを事務総長があらかじめ議員に配付する。

その交付は、配付を受けた紹介議員から傍聴人に対してなされる。

〔 新聞通信社用傍聴章 〕

第 223 条①　新聞通信社のために、一会期に通ずる傍聴章を交付する。

②　傍聴章の数は、毎会期の始めに、議長の指揮によつて、事務総長がこれを定める。

制定時 (昭 22.6)

　　衆規 223　新聞社及び通信社には一会期に通ずる傍聴章を交付する。

　　衆規 232　すべて傍聴券及び傍聴章は、議長の指揮を受けて事務総長がその員数を定めてこれを交付する。

本条は、新聞通信社のための傍聴章について規定するものである。

【新聞通信社用傍聴章】新聞通信社のために、一会期に通ずる傍聴章を交付する。

会議の公開の一内容として報道の自由が保障されていることが挙げられる。中で

452

§ 224

も取材の自由が重要な意味を持ち、報道関係者の本会議の取材が容易となるよう便宜を図ることが要請され、そのための措置を定めている。

「新聞通信社」とは、新聞社、通信社、放送局等の報道機関であるが、その資格の有無については、業務内容等を判断材料として議長が認定できるものと解する。

「ために」とは、その報道機関の記者やカメラマンが帯用して、傍聴できるようにすることを目的とする。

「一会期に通ずる」とは、特定の会期中に開かれる全ての本会議に使用できるとの意味である。

「傍聴章」とは、傍聴する資格があることを示すための記章である。

「交付する」とは、引き渡すことであり、事務総長の責任において新聞通信社に対して行う。

> ♥運用
> 　実際には、傍聴章を改めて交付することは行わず、議院に出入りするために必要な記者記章により傍聴を認めている（参先461）。報道の自由を尊重した緩和措置である。

【傍聴章の数】傍聴章の数は、毎会期の始めに、議長の指揮によって事務総長が定める。

傍聴者の数の管理が議長の秩序保持権に関わるものであることから、単純な議院事務ではないことを確認するものである。

「傍聴章の数」とは、新聞通信社に交付する数のことである。

「毎会期の始め」とは、傍聴章が会期ごとで通用するものであることによるもので、会期冒頭の本会議でも使用する必要があるため、その召集前であることを妨げない。

「議長の指揮」は、議院事務に対する議長の監督権にとどまらず、議長の秩序保持権に関わる事項であることを踏まえて加えられた文言である。

「事務総長がこれを定める」とは、傍聴章の交付が議院事務に属する事項であることによる。傍聴章に関する事項は、事務局の警務部警務課が担当している（事分規30(2)）。

〔傍聴人の身体検査〕
第224条　議長は、必要と認めたときは、衛視又は警察官をして傍聴人の身体検査をさせることができる。

§225

制定時（昭22.6）、第6次改正（昭30.3）

衆規228 議長が必要と認めるときは、衛視又は警察官をして傍聴人の身体検査をさせることができる。

本条は、衛視又は警察官による傍聴人の身体検査について規定するものである。

【傍聴人検査】議長は、必要と認めたときは、衛視又は警察官に傍聴人の身体検査をさせることができる。

議院の秩序保持のため、所持品等を確認して危険物等の持込みを阻止することを目的とする。

「議長」を主体としているのは、その秩序保持権に基づく措置であることを示すものである。

「必要と認めたとき」とは、個々具体的に指示することを要するとの意味ではなく、画一的に必要性を認めることを妨げない。

「衛視」とは、院内警務の職務を行う参議院の職員のことである。

「警察官」は、警察活動を行うことを日常業務とする行政機関の職員のうち議長の要求により内閣が派出したものである。

警察官が身体検査に動員されるのは、相当の必要が認められる場合であろう。

「傍聴人」とは、現に傍聴している者のほか、傍聴席に入る前の傍聴予定者を含む。

「身体検査」とは、服装や所持品を取り調べることである。具体的には、金属探知器の通過、衣服の上からの触認、携帯する鞄等のエックス線検査や中身の視認等である。

本条は、傍聴人の受忍義務を規定するものでもあり、拒否する者に対しては傍聴を認めないとする措置が可能である。

身体検査の結果、傍聴に必要のない物等の傍聴席に持ち込めない物や奇異である等により着用を認めることができない物については、傍聴の間、ロッカーに預かることとなるが、それが危険物である場合には**第225条〔傍聴人の取締り〕**が働く。

〔傍聴人の取締り〕

第225条 銃器その他危険なものを持つている者、酒気を帯びている者その他議長において取締上必要があると認めた者は、傍聴席に入ることができない。

制定時（昭22.6）、第6次改正（昭30.3）

§226

> 衆規 229　銃器その他危険なものを持つている者、酒気を帯びている者その他議長において取締上必要があると認めた者は、傍聴席に入ることができない。

本条は、危険物等所持者、酒気帯び者の傍聴禁止について規定するものである。

【傍聴禁止者】銃器その他危険な物を持っている者、酒気を帯びている者その他議長において取締上必要があると認めた者は、傍聴席に入ることができない。

議院の秩序を害するおそれのある者について、傍聴券を持っている場合でも、取締りのため傍聴を認めないとするものである。これは秩序保持という目的を有する制限であり、会議の公開を定める憲法第57条第1項の規定に反するものではない。

「銃器」とは、小銃、拳銃などの銃のことである。

「その他危険なもの」とは、人を害したり物を破壊したりすることを用途とし又はその意図を推認できる物で、具体的には、刃物、薬品、塗料等がこれに当たる。

「持つている者」とは、現に携帯、着用している者のことである。

これらの物を持っている場合には預かることとなるが、それに応じないで携帯、着用したまま入場しようとする者や隠し持っていた者等は、それだけで傍聴禁止対象となると解してよい。

「酒気を帯びている者」とは、酒を飲んだことがうかがえる者であり、酔った様子の有無を問わない。薬品の服用等により興奮、幻覚の症状を示す者にも類推適用できる。

「その他議長において取締上必要があると認めた者」とは、傍聴席で秩序を乱す行為に及ぶおそれがあると議長が判断する者のことである。

具体的には、傍聴の前に不審な行動を取る者や示威活動の意図を推認できる者等がこれに当たる。

「入ることができない」とは、議長の秩序保持権に基づいて傍聴を禁止することである。

既に傍聴席に入っている傍聴人について、本条に挙げる者の退場を命じることも可能である。具体的な妨害行為が行われる前に命じることを認める点で、国会法第118条第1項の傍聴人の退場に関する規定の内容を拡張するものである。

〔傍聴人数の制限〕

第226条　議長は、取締のため必要と認めたときは、傍聴人の数を制限

§ 227

することができる。

> 制定時（昭22.6）
>
> **衆規230** 議長において取締上必要があると認めたときは、傍聴人の員数を制限することができる。

本条は、傍聴人の数の制限について規定するものである。

【傍聴人数の制限】議長は、取締りのため必要と認めたときは、傍聴人の数を制限することができる。

特定人の傍聴を認めない措置を採るだけでは秩序の保持を確保できない場合に採り得る手段として、傍聴人の数を制限することを認めたものである。

具体的な事態が発生する前に認める点で、国会法第118条第2項の傍聴人の退場に関する規定の内容を拡張している。

「取締のため必要と認めたとき」とは、傍聴希望者の中に不穏な形勢があって、誰と特定はできないが全員を入場させれば不測の事態の起こるおそれがあるような場合のことである（佐藤（吉）・参規344頁）。

その意味において、抽象的な危険があるというだけの理由で一般的に傍聴を拒否するのは権限の濫用に当たるとの見方がなされている[1]。

「傍聴人」とは、公衆傍聴人に限らず、全ての種別の傍聴席の傍聴人を対象とすることができる。ただし、報道の自由を尊重する観点から、新聞記者席の傍聴人については制限を控えるべきである。

「制限」とは、傍聴席の収容数に対してそれよりも少ない人数の傍聴だけを認めることである。少人数にしても傍聴規則などが守られるように監視することが不可能な場合には、全く認めないことも許容される。

制限の仕方は、全ての傍聴人に対して行うことも傍聴人の種別を限って行うことも可能である。

〔衛視の指示〕

第227条 傍聴人は、傍聴券又は傍聴章を衛視に示し、その指示に従わなければならない。

> 制定時（昭22.6）、第6次改正（昭30.3）、第7次改正（昭33.6）
>
> **衆規224** 傍聴人は、傍聴券にその住所氏名及び年齢を記入しなけ

---

1 松本和彦「演習憲法」法学教室385号（2012）137頁。

§228

> ればならない。
>
> **衆規 225** 傍聴人は、傍聴券を衛視に示し、その指示に従わなければ
> ならない。

本条は、傍聴人の傍聴券・傍聴章提示義務及び衛視の指示に従う義務について規定するものである。

【傍聴券・傍聴章の提示】傍聴人は、傍聴券又は傍聴章を衛視に示さなければならない。

傍聴人たる資格を証明するのに傍聴券、傍聴章を用いることを規定するものである。

「傍聴人」とは、傍聴券、傍聴章を必要とする種別の傍聴人を指す。傍聴中だけでなくその前後に議院内に居る間も傍聴人としての立場にある。

「傍聴券又は傍聴章」とは、自らの傍聴人たる資格を証するものとして交付を受けた傍聴券、傍聴章のことである (参規221〜223)。

「衛視」とは、院内警務の職務を行う参議院の職員のことであり、ここでは当該傍聴人に傍聴券、傍聴章の提示を求めた者を指す。

警察官が規定されていないのは、派出警察官が議事堂内で傍聴人対応に従事することが予定されていないからである。

「示す」とは、相手が内容を確認できるように見せることである。

【衛視の指示】傍聴人は、衛視の指示に従わなければならない。

傍聴規則 (参規228) に定めたこと以外でも、衛視が傍聴人に対して具体的に指示する必要があることを前提としている。

「指示」とは、議長の秩序保持権を執行するための誘導、命令、禁止のことである。

「従わなければならない」とは、その違反に対して、議長が手続を踏まない者として傍聴を認めないことや取締り上必要があると認めて傍聴を禁止し (参規225) 又は議場の妨害に当たるとして退場を命じること (国118Ⅰ) が可能であることを意味する。

〔傍聴規則の遵守〕
第228条 傍聴人は、議長が定める傍聴規則を遵守しなければならない。

制定時 (昭22.6)、第6次改正 (昭30.3)

> **衆規 227** 傍聴人は、議長が定める傍聴規則を守らなければならない。

第17章 傍聴　　*457*

§229

本条は、傍聴人の傍聴規則遵守義務について規定するものである。

【傍聴規則】傍聴人は、傍聴規則を遵守しなければならない。

参議院規則とは別に、傍聴人が遵守を要する事項に特化した法規範を用意し、その遵守義務を定めたものである。

「傍聴人」については、**第227条【傍聴券・傍聴章の提示】**の説明参照。

「傍聴規則」とは、傍聴人が守るべき事項や傍聴のための手続等について定めた法規範である。会期ごとに定めるものではなく、永久規定としての効力が認められる。

「遵守しなければならない」とは、その違反に対して、議長が取締り上必要があると認めて傍聴を禁止し(参規225)又は議場の妨害に当たるとして退場を命じること(国118 I) が可能であることを含意する。

傍聴規則は、議長が定める。

傍聴人が遵守を要する事項の決定は議院の秩序保持権の一内容であるが、議院の自律権の内容である議院規則制定権との関係が問題となる。

傍聴規則の内容が議院規則に抵触することは許されないが、傍聴人の権利義務を新たに制限することは、本条の委任に基づくものとして可能であると解する (⸺▶序章4 【法規性】)。

「議長が定める」とは、その制定権限が議長にあることを示す。議長は、定める前に議院運営委員会に諮問することも可能である。

実定法上は、「参議院傍聴規則」という名称の傍聴規則が昭和22年8月に制定されている。

【参議院傍聴規則の内容】 参議院傍聴規則で規定している事項は次のとおりである。

> 一般公衆の傍聴手続、児童の傍聴、危険物所持者等の傍聴禁止、傍聴人数の制限、議場入場の禁止、傍聴席での遵守事項、秘密会議時の退場、傍聴券の提示、傍聴規則違反時の退場

傍聴人に提示して遵守を求める趣旨で制定したものであるので、参議院規則の規定内容と重複するものが含まれている。

〔議場入場の禁止〕
第229条 傍聴人は、いかなる事由があつても、議場に入ることができない。

制定時 (昭22.6)

§230

> **衆規226** 傍聴人は、議場に入ることはできない。

　本条は、傍聴人の議場入場の禁止について規定するものである。

【議場入場者】 本会議には、参議院議員や政府側出席者、議案提出者、衆議院の委員長等、発言を予定する者のほか、国務大臣を補佐するための副大臣、大臣政務官、政府特別補佐人の出席が認められている（国69）。また、事務総長及び議事に関する事務を執る参事（議院職員）も入場することができ、事務連絡のための参事や国務大臣の秘書官等は一時的な出入りが許されるだけである（参先448）。

【議場入場の禁止】 傍聴人は、いかなる事由があっても議場に入ることができない。

　傍聴人には議場に入る必要性が認められず、これを許すと議事妨害が容易になってしまうからである。

　「傍聴人」については、第227条【傍聴券・傍聴章の提示】の説明参照。

　「いかなる事由があつても」とは、緊急避難時まで想定したものではないと考えられるが、現在の議場では、その構造上、傍聴席から議場に入ることは困難である。

　「議場」とは、議事堂にある議事を行うための四囲を壁で囲まれた空間のうち、議席の設置されているフロア及びそれに連続した演壇の設けられているフロアを指す。

　「入ることはできない」ことから、傍聴席と議場とを区画することも要請され、出入りのために議場を通過しなければならないような構造で傍聴席を設けることは許されない。

〔傍聴人退場の執行〕

　第230条　秘密会議を開く議決があつたため若しくは傍聴席が騒がしいため、すべての傍聴人を退場させるとき又は議事を妨害した傍聴人を退場させるときは、議長は、衛視をしてその命令を執行させる。

> 制定時（昭22.6）、第6次改正（昭30.3）
> **衆規231** 秘密会議を開く議決があつたため若しくは傍聴席が騒がしいため、すべての傍聴人を退場させるとき又は議事を妨害した傍聴人を退場させるときは、議長は、衛視をしてその命令を執行させる。

　本条は、傍聴人の退場についての衛視による執行を規定するものである。

【傍聴人の退場】 本会議は秘密会を開くことができ（憲57Ⅰ但）、その議決があったときには、議長は傍聴人を退場させなければならない（•••▶『逐国』第62条【秘密会の議決】）。

第17章　傍聴　　**459**

§231

「秘密会議を開く議決」は、議長又は議員10人以上の発議により、出席議員の3分の2以上の多数によることを要する（憲57Ⅰ但、国62）。

傍聴席が騒がしいときは、議長は議事の妨害をする傍聴人を退場させることができ（国118Ⅰ）、また、全ての傍聴人を退場させることができる（国118Ⅱ）。

「傍聴席が騒がしい」とは、特定の傍聴人を退場させるだけでは傍聴席の静謐を保てないような状態をいう（•••▶『逐国』第118条【全傍聴人退場】）。

「すべての」と規定されているが、傍聴席が騒がしいことを理由とするときは、傍聴席の区分ごとに退場させることも可能である。

「議事を妨害した」とは、本会議の議事を停止、遅延させたり、円滑な進行を妨げる行為を行うことをいう（•••▶『逐国』第118条【傍聴人の取締り】）。

【衛視執行】議長が傍聴人を退場させるときは、衛視にその命令を執行させる。

秩序保持のための議長警察権の具体的内容の1つとして規定するものである。

「傍聴人を退場させる」とは、傍聴人に傍聴席の外に出るよう命じ、これに従わないときには実力をもって退去させることをいう。

「その命令」とは、傍聴人の退場を命じることを内容とするものである。

「執行させる」とは、命令内容を実現させるために実力の行使を命じることである。

〔委員会傍聴への準用〕
第231条　委員会の傍聴については、第224条以下の規定を準用する。

制定時（昭22.6）
> 衆規64　委員会における議員以外の者の傍聴については、第226条乃至第231条の規定を準用する。
> 衆規73　委員長は、議員以外の者で報道の任務にあたる者その他の者の傍聴を許可することができる。
> 衆規74　委員長は、委員会の秩序を保持するため、必要があるときは、傍聴人の退場を命ずることができる。

本条は、委員会の傍聴について本会議の傍聴人の規制に関する規定を準用することを規定するものである。

【委員会傍聴】委員会は議員の外傍聴を許さないが、その例外として、報道の任務に当たる者その他の者で委員長の許可を得たものは傍聴することができる（国52Ⅰ）。

委員会は、その議決により秘密会とすることができる（国52Ⅱ）。

委員長は、秩序保持のため傍聴人の退場を命じることができる（国52Ⅲ）。

§231

【準用事項】委員会の傍聴については、第224条〔傍聴人の身体検査〕以下の規定を準用する。

傍聴人の取締りに関しては、委員会傍聴も本会議傍聴と変わるところはないことによる。

「第224条以下の規定」とは、第224条〔傍聴人の身体検査〕から第230条〔傍聴人退場の執行〕までの規定のことである。

被準用規定中の「議長」の語は「委員長」と読み替える。ただし、第228条〔傍聴規則の遵守〕の「議長」はこの限りでない。

本条は、調査会、憲法審査会について再準用されている（参規80の8Ⅱ、参憲規26）。

規定の内容の詳細については、それぞれの被準用規定の説明参照。

【傍聴人検査】委員長は、必要と認めたときは、衛視又は警察官に傍聴人の身体検査をさせることができる（参規224の準用）。

【傍聴禁止者】銃器その他危険な物を持っている者、酒気を帯びている者その他委員長において取締り上必要があると認めた者は、傍聴席に入ることができない（参規225の準用）。

【傍聴人数の制限】委員長は、取締りのため必要と認めたときは、傍聴人の数を制限することができる（参規226の準用）。

【傍聴券・傍聴章の提示等】傍聴人は、傍聴券又は傍聴章を衛視に示し、その指示に従わなければならない（参規227の準用）。

【傍聴規則】傍聴人は、議長が定める傍聴規則を遵守しなければならない（参規228の準用）。

【議場入場の禁止】傍聴人は、いかなる事由があっても、委員会議室の議場部分に入ることができない（参規229の準用）。

【傍聴人退場の執行】秘密会を開く議決があったため若しくは傍聴席が騒がしいため、全ての傍聴人を退場させるとき又は議事を妨害した傍聴人を退場させるときは、委員長は衛視にその命令を執行させる（参規230の準用）。

【議院警察権の行使】第224条〔傍聴人の身体検査〕の執行は議院警察権の行使と認められるが、本条により、議長の議院警察権が委員会運営に当たっての行使に限定して委員長に委譲されたものと解すべきである（••▶『逐国』第114条【警察権の行使者】）。

なお、第230条〔傍聴人退場の執行〕については、国会法第52条第2項の傍聴人退場命令の規定において議長から委員長への警察権の委譲が含意されているものと解する（••▶『逐国』第52条【傍聴人退場命令】）。

§ 232

第18章　懲罰

制定時（昭22.6）

　本章は、活動論のうち、議員に対する懲罰の手続、懲罰事由について規定を置いている。

　国会法では、両院の共通事項として懲罰の内容等を定めているが、いずれも院内事項として議院規則で規定し得るものである（憲58Ⅱ参照）。

【懲罰】「懲罰」とは、議院内の秩序を乱した所属議員に対して議院が行う制裁であり、議員に対する懲罰は議院の自律権の一内容として認められている（憲58Ⅱ）。

　議員の発言等については、院外で責任を問われないとされている（憲51）が、議院の秩序を保持する必要から紀律違反の行為に議院が法的制裁を科すことができることは、その反対解釈からも読み取れる。

　その他、懲罰についての詳細は、『逐国』第15章〔懲罰〕概説の説明参照。

〔本会議における懲罰事犯〕

第232条　会議において懲罰事犯があるときは、議長は、休憩若しくは延会を宣告し、又は事犯者を退場させることができる。

制定時（昭22.6）、第10次改正（昭60.10）

　　衆規233　会議において懲罰事犯があるときは、議長は、休憩を宣告し若しくは散会し又は事犯者を退場させることができる。

　本条は、本会議における懲罰事犯に対する措置について規定するものである。

【懲罰事犯時の本会議の休憩・延会】本会議において懲罰事犯があるときは、議長は休憩又は延会を宣告することができる。

　本会議中の懲罰事犯について議長が懲罰委員会に付託できる（国121Ⅰ、参規235）ことを前提として、その前段階の議長の議事整理及び秩序保持の措置を規定したものである。

　「会議において」とは、本会議の開会中という意味である。

　「懲罰事犯があるとき」とは、懲罰を科すに値すると思われる行為があった場合のことである。その認定は議長が行うが、懲罰委員会への付託を要件とするわけではない。

462

§233

　休憩、延会の選択は、事犯者を退場させるだけでは議事を続行できない場合又は懲罰事犯の処理を急ぐ必要のある場合に採られる措置であり、**国会法第117条〔議場整理と休憩・散会〕**の一場面を規定したものと言える。

　「休憩」とは、その日のうちに再開することを予定して会議を閉じることである。

　「延会」とは、議事日程に記載した案件（日程を変更した場合には変更後の案件）の一部又は全部の議事を終えない時点で会議を終了することをいう。

　本条は**第82条〔散会、延会〕**に対する特則であり、午後4時までの間でも、懲罰事犯があるときには、議長は議院に諮らずに延会することができる。

【**本会議における事犯者の退場**】**本会議において懲罰事犯があるときは、議長は事犯者を退場させることができる。**

　退場は、議事を続行できる場合でも、事犯者を在席させたままでは事態を収拾できないと思料される場合の措置である。

　国会法第116条〔会議中の秩序保持〕も議員の議場外退去を規定しているが、同条が行為者の行為を排除することを目的としているのに対し、本条は、事犯者に対する周囲の反応をも視野に入れたものである。

　「事犯者」とは、懲罰事犯を行った議員本人のことである。複数の場合もある。

　「退場させる」とは、事犯者に対して議場の外に出るよう命令することであり、従わない場合には衛視に執行させることを含む。

　退場した議員はその日の本会議に再び出席することはできない。

　議長は、休憩・延会、事犯者退場のいずれの措置を採ることなく議事を続行することも可能である。議事整理に関する裁量による。

　事犯の懲罰委員会への付託は別問題であり、議事を続行して休憩又は散会後に付託してもよい。

　〔**委員会における懲罰事犯**〕

第233条　委員会において懲罰事犯があるときは、委員長は、休憩又は散会を宣告することができる。

> 制定時（昭22.6）
> **衆規72**　委員長は、委員会の議事を整理しがたいとき又は懲罰事犯があるときは、休憩を宣告し又は散会することができる。

　本条は、委員会における懲罰事犯に対する措置について規定するものである。

§ 234

【委員会における懲罰事犯】 委員会において懲罰事犯があるときは、委員長は休憩若しくは散会を宣告することができる。

懲罰事犯があるときの委員長の議事整理について採り得る措置を示したものである。

第232条〔本会議における懲罰事犯〕と異なり事犯者の退場に触れていないのは、第51条〔委員長の秩序保持権〕で規定しているからである。

「委員会において」とは、委員会の開会中という意味である。その特殊審査形態である公聴会、連合審査会、分科会等を含む。

「懲罰事犯があるとき」とは、懲罰を科すに値すると思われる行為があった場合のことである。委員長は懲罰委員会への付託権を持たないが、休憩、散会の要件である懲罰事犯の存在は委員長が認定する。

「委員長」とは、議事整理権の主体を指すものであるので、分科会の主査、小委員会の小委員長等を含む。

「休憩」とは、その日のうちに再開することを予定して会議を閉じることである。

「散会」とは、委員会を終了させることをいう。委員会には議事日程がなく、予定途中で委員会を閉じることも散会である。

事犯の議長への報告・処分要求は別問題であり、議事を続行して休憩又は散会後に行ってもよい。

本条は、調査会に準用されており（参規80の8Ⅱ）、憲法審査会については別途規定がある（参憲規20）。

〔 会議外における懲罰事犯 〕

第234条 会議又は委員会においての外、議院内部において、懲罰事犯があるときは、議長は、これを懲罰委員会に付託する。

　　　　制定時（昭22.6）、第6次改正（昭30.3）
　　　　　衆規234　会議及び委員会の外、議院内部において懲罰事犯があるときは、議長は、これを懲罰委員会に付する。

本条は、会議・委員会外における懲罰事犯に対する措置について規定するものである。

【会議外における懲罰事犯】 会議又は委員会においてのほか議院内部において懲罰事犯があるときは、議長は懲罰委員会に付託する。

§235

議長の秩序保持権は会議の場以外においても認められ、その具体的な内容として懲罰事犯の認定権があることを確認するものである。

「会議又は委員会においての外」とは、本会議開会中の議場又は委員会開会中の委員会議室における懲罰事犯以外でという意味である。

本会議中の懲罰事犯について議長が懲罰委員会に付託できることは当然として、委員会における懲罰事犯については委員長に処分要求権が認められている（国121Ⅱ、参規235Ⅱ）が、議長の懲罰委員会への付託は委員長からの報告、要求を要件とするものではない（鈴木・理論398頁）。

本条は、調査会、憲法審査会に準用されている（参規80の8Ⅱ、参憲規26）。すなわち、調査会、憲法審査会における懲罰事犯も議長自らが一次的認定者とならないことを示すものである。

「議院内部」とは、議院警察権の及ぶ範囲のことであり、議事堂の囲障内の参議院の管理区域である。ただし、議員派遣のように議事堂の囲障外で院院活動が行われる場合には、その職務の行われる範囲において懲罰の対象となる（⋯▶『逐国』第15章概説【懲罰の場所的範囲】）。

「懲罰事犯があるとき」とは、議長が自ら見聞きして確認した場合のほか、衛視や参事からの通報に基づいて議長が事犯に当たると判断した場合を含む。

議員には懲罰動議の提出権がある（国121Ⅲ）が、動議を提出せずに議長に通報することもできると解する。議長は、この通報に基づいて調査を行い、その結果として、自らの判断で懲罰事犯と認めて付託することも可能である。

「これを」とは、懲罰事犯のことであり、すなわちその行為に対して懲罰を科すべきか否か、科すとすればどのような懲罰とするかという課題である。

「懲罰委員会」とは、常任委員会の1つであり、議員の懲罰に関する事項を所管している（参規74⒄）。

「付託」とは、独占的に審査し、委員会としての結論を出すよう命じることである。

付託の時点では事犯者に対してどのような懲罰を科すべきかは特定されておらず、委員会の側が案出する（⋯▶『逐国』第121条【懲罰事犯の委員会付託】）。

〔議長・委員長に対する不服従〕
第235条①　議長の制止又は発言取消の命に従わない者に対しては、議長は、国会法第116条によりこれを処分するの外、なお、懲罰事犯とし

第18章　懲罰　　*465*

§235

> て、これを懲罰委員会に付託することができる。
> ② 委員長の制止又は発言取消の命に従わない者に対しては、委員長は、第51条によりこれを処分するの外、なお、懲罰事犯として、これを議長に報告し処分を求めることができる。

制定時（昭22.6）、第6次改正（昭30.3）

衆規75 委員長は、委員会において、懲罰事犯があると認めたときは、これを議長に報告し処分を求める。

衆規238 議長の制止又は取消の命に従わない者は、議長は、国会法第116条の規定によつてこれを処する外、なお、懲罰事犯として懲罰委員会に付することができる。

　本条は、議長等、委員長への不服従に対する懲罰に向けての手続について規定するものである。

　【議長への不服従】議長の制止又は発言取消の命に従わない者に対しては、議長は、発言禁止、議場外退去の処分のほか、懲罰事犯として懲罰委員会に付託することができる。

　国会法第116条〔会議中の秩序保持〕の規定が会議の秩序保持を直接の目的とするものであるのに対し、本条は、懲罰事犯の要件を定めるものである。

　「制止」とは、現に行われている行為を中止するよう命じることである。

　「発言取消の命」とは、議長の許可を得て行われた発言について、その内容を撤回するよう発言者に命じることを指す。

　制止及び発言取消の命は、いずれも会議中に議員が国会法又は議事規則に違反し、その他議場の秩序を乱し又は議院の品位を傷つける行為に対してなされる。

　「従わない者」は、参議院議員に限られる。参議院議員でない国務大臣等は懲罰の対象とはならないからである（•▶『逐国』第15章概説【懲罰の対象者】）。

　「国会法第116条によりこれを処分する」とは、当日の会議を終わるまで又は議事が翌日に継続した場合はその議事を終わるまで、発言を禁止し又は議場の外に退去させることができることを指す。

　「なお」とは、加えてという意味であり、**国会法第116条**〔会議中の秩序保持〕による処分と懲罰事犯の認定の両方を併せて行うことが可能であることを指す。ただし、その時の事情により懲罰委員会への付託だけを選択することを妨げない。

　「懲罰委員会に付託することができる」とは、確認の趣旨であり、命に従わないという事態が生じる以前に、制止又は発言取消の命の対象となった行為自体について

466

§236

懲罰事犯と認定することも可能である。

【委員長への不服従】 委員長の制止又は発言取消の命に従わない者に対しては、委員長は、発言禁止、委員会議室退場の処分のほか、懲罰事犯として議長に報告し処分を求めることができる。

　本会議における議長の秩序保持についての**国会法第 116 条**〔会議中の秩序保持〕と同様の内容を、委員会については**参議院規則第 51 条**〔委員長の秩序保持権〕が規定しており、その場合の懲罰事犯についての手続を定めるものである。

　「第 51 条によりこれを処分する」とは、当日の委員会が終わるまで発言を禁止し又は退場を命じることができることを指す（•••▶**第 51 条【付加措置】**）。

　「報告し」は、委員会で起きた事犯を特定し、その概要を示して知らせることをいう。

　「処分を求め」は、懲罰委員会に付して審査させるよう求めることである。

　委員長は直接に懲罰に向けての手続を採ることはできず、議長の措置に委ねる趣旨である。

　報告を受けた議長の措置については、『**逐国**』**第 121 条【委員長の要求】**の説明参照。

　本条第 2 項は、調査会長に準用されており（参規80の8Ⅱ）、憲法審査会については別途規定がある（参憲規19）。

　〔秘密の漏洩〕

第 236 条①　国会法第 63 条により公表しないもの又は議院に提出（提示を含むものとする。次項において同じ。）がされた特定秘密を他に漏らした者に対しては、議長は、これを懲罰事犯として、懲罰委員会に付託する。

　②　秘密会の記録の中でその委員会において特に秘密を要するものと決議した部分又は委員会に提出がされた特定秘密を他に漏らした者に対しては、委員長は、懲罰事犯として、これを議長に報告し処分を求めなければならない。

制定時（昭 22.6)、第 23 次改正（平 26.12）

　　　　衆規 234 の 2①　秘密会議の記録中特に秘密を要するものと議院において議決した部分又は議院に提出（提示を含むものとする。次項において同じ。）がされた特定秘密を他に漏らした者に対しては、

第 18 章　懲罰　　467

§236

　　議長は、これを懲罰事犯として、懲罰委員会に付する。

②　秘密会議の記録中特に秘密を要するものと委員会で決議した部分又は委員会に提出がされた特定秘密を他に漏らした者に対しては、委員長は、懲罰事犯として、これを議長に報告し処分を求めなければならない。

　本条は、秘密会議の秘密事項の漏洩に対する懲罰について規定するものである。

【秘密の漏洩】秘密会議の記録中、特に秘密を要するものと議決して公表しないもの又は議院に提出・提示された特定秘密を他に漏らした者については、議長が懲罰事犯として懲罰委員会に付託する。

　国会法第63条〔秘密会の記録〕では、本会議の記録を公表しなければならない原則に対して、特に秘密を要すると認め公表しないこととするための要件を定めている。

　特に秘密を要するとして会議録に掲載しない事項については、公表しないとしたことの実効性を保つため、会議に出席していた者にその部分を外部者に漏らさないことを義務付けたものである。刑罰規定と同じく、要件事実とそれに対する懲罰の可能性を規定することで禁止する形を採るものである。

　本条に規定する行為は院外においてなされることも十分予想され得るが、その場合でも、院内の秩序を乱すものとして懲罰の対象とすることの障害とはならない（鈴木・理論254頁）。

　「国会法第63条により公表しないもの」とは、秘密会とした本会議の議事について、公表する会議録に記載しないと議決した事項のことである。その発言等の内容そのものだけでなく、概略についても許されない。

　単に秘密会議としただけでは、その議事の内容は会議録に掲載されないわけではなく、出席者に対しても守秘義務は課されない。

　「特定秘密」については、第181条の3【特定秘密】の説明参照。

　「議院に提出」は、国会法第104条〔内閣等に対する報告・記録の提出要求〕によって提出されたものであり、同法第102条の15〔特定秘密の提出要求〕、第102条の17〔特定秘密情報を含む報告・記録提出拒否の審査〕の規定によって情報監視審査会に提出された特定秘密は、本条の対象ではない。これについては、情報監視審査会規程に定めがある（参情規25Ⅱ）。

　「提示を含むものとする」とされているのは、特定秘密が記された文書等の占有を移すことなく、見せるにとどめた場合でも、その漏洩を防止する措置として懲罰を予定しておく必要があることによる。

§236

　「他に」とは、参議院議員以外の者に対してという意味である。特定人相手の場合に限られない。当該本会議に出席していなかった議員や特定秘密を閲覧していない議員も秘密を知ることのできる立場にあるため、ここでの「他」には該当しないものと解する。

　「漏らした者」とは、伝達した議員のことである。当該本会議に出席していなかった議員や特定秘密を閲覧していない議員で他の議員から伝え聞いた者も対象となり得る。

　この点については、事犯者となるのは、特に秘密を要するものとの議決に参加した者に限るとの理解が見られる（鈴木・理論254頁）が、議決の効果は議院所属議員全てに及ぶものであり、間接的に聞き知った議員は対象から外すと解すべきではない。

　第235条〔議長・委員長に対する不服従〕の「付託することができる」との文言と比べ、本条が「付託する」と言い切りの形にしているのは、当然に懲罰事犯と認定すべきことを意味している（佐藤（吉）・参規355頁）。

【委員会の秘密漏洩】 委員会においても秘密会を開くことがあり、その上で本会議と同じく、特に秘密を要するものと議決した部分は会議録に掲載しない（参規58但、80の8Ⅰ）。なお、憲法審査会規程には、この旨の規定が存在しない。

　委員会の秘密会の記録の中でその委員会において特に秘密を要するものと議決した部分又は委員会に提出された特定秘密を他に漏らした者については、委員長は、懲罰事犯として議長に報告し処分を求めなければならない。

　委員会の秘密会や委員会に提出された特定秘密についても議院におけるのと同様に、委員の秘密漏洩行為に対して懲罰によって予防を図る必要があることによる。

　「他に」は、当該委員会の委員以外の者に対してとの意である。

　「漏らした者」は委員（当該委員会等に出席していなかった委員や特定秘密を閲覧していない委員で他の委員から伝え聞いた者を含む。）を指す。特に傍聴を認められた議員も対象となる（•••▶『逐国』第52条【秘密会の効果】）。議決に参加したか否かを問わない。

　「報告し処分を求め」は、対象事実を特定し、その概要を示して知らせ、懲罰委員会に付して審査させるよう求めることである。

　本条第1項の議長の職権が「付託する」と言い切っているのに対応し、委員長等の報告・処分要求も義務となっている。

　漏洩の事実は委員長のみが察知し得るものではないため、委員長が漏洩者について議長に報告し処分を求めることのほか、議長が自主的に懲罰委員会に付託することも可能である。

§ 237

本条第2項の規定は、調査会について準用されている（参規80の8Ⅱ）。

〔委員会における事犯についての懲罰動議〕
**第237条　委員長が懲罰事犯と認めない事件についても、議員は、懲罰
の動議を議院に提出することができる。**

制定時（昭22.6）、第7次改正（昭33.6）
　衆規235　議長又は委員長において懲罰事犯と認めない事件につい
　　ても、議員は、国会法第121条第3項の規定によつて懲罰の動議
　　を提出することができる。

　本条は、委員会における懲罰事犯についての懲罰動議の提出について規定するも
のである。

【委員会における事犯についての懲罰動議】委員長が懲罰事犯と認めない事件に
ついても、議員は懲罰動議を議院に提出することができる。

　委員会において懲罰事犯がある場合、委員長は議長に報告して処分を求めること
が義務付けられている（国121Ⅱ）が、懲罰事犯に当たるかどうかは認定を要するこ
とであり、議員の側での対処も可能であることを確認したものである。

　「委員長が懲罰事犯と認めない事件」とは、委員会における委員の行為又は傍聴議
員の行為について、委員長が懲罰を科すに相当すると認定せず、議長に報告しな
かったことを指す。

　委員長の認定は、自ら直接見聞した事実についてのものに限らず、委員等からの
通報に基づいて懲罰に値すると判断した場合を含む。

　「議員」とは、当該委員会の委員に限らない。例えば、傍聴していた議員が目撃し
た事実について懲罰動議を提出することも可能である。

　「懲罰の動議」とは、特定の議員の行為を懲罰事犯として認定し懲罰委員会に付託
するよう議院に求める動議である。

　本会議の議決対象であり、可決されると、議長は対象とされた議員の行為を懲罰
事犯として懲罰委員会に付託しなければならない。

　「議院に提出する」とは、本会議で諮られるよう、議長に対して出すことをいう。

　委員会には懲罰事犯を認定する権能はないので、委員としては、まず、委員長に
対して懲罰事犯と認定して議長に処分を求めるよう働き掛けることが可能であるが、
これは公式の行為ではなく、容れられないときには議院に直接求めることができる

§238

としたものである。

懲罰動議の提出には議員20人以上の賛成が必要である（国121Ⅲ）が、賛成者となるのは委員以外の者でもよい。これを委員に限定すると、委員数の少ない委員会では懲罰動議を提出できなくなる。

本条の規定は、調査会、憲法審査会、情報監視審査会について準用されている（参規80の8Ⅱ、参憲規21Ⅱ、参情規25Ⅲ）。

【委員長の認定との競合】 委員長が懲罰事犯と認めた事件についても議員は懲罰動議を提出できると解する（佐藤（吉）・参規356頁）。委員長から処分を求められた議長は、これに拘束されるものではなく、自らの判断で懲罰委員会に付託するか否かを決定できるからである。

逆に議長は、懲罰動議が提出されていても、委員長からの要求に応じて付託することができ、その場合には懲罰動議は目的が達成されたことで消滅する（••▶『逐国』第121条【付託手続の競合】）。

〔懲罰動議の付議〕
第238条① 懲罰の動議が提出されたときは、議長は、速かにこれを会
議に付さなければならない。
② 前項の場合においては、議長は、討論を用いないで、議院の決を採り、
これを懲罰委員会に付託する

　　　　制定時（昭22.6）、第6次改正（昭30.3）
　　　衆規236① 懲罰の動議が提出されたときは、議長は、速かにこれ
　　　　を会議に付さなければならない。
　　　② 懲罰の動議が散会後に提出されたときは、議長は、最近の会議
　　　　においてこれを議題としなければならない。
　　　衆規237 懲罰の動議については、議長は、討論を用いないで議院の
　　　　決を採り、これを懲罰委員会に付する。

本条は、懲罰動議の本会議上程及び採決について規定するものである。

【懲罰動議の上程】 懲罰動議が提出されたときは、議長は速やかに本会議に付さなければならない。

懲罰動議は早急に処理すべきことを定めるものである。議員の身分に関わるものであり、動議提出に期限が設けられている（国121Ⅲ）のと同じ趣旨で、結論を出さないまま不安定な状態で放置することを認めるべきでないことを理由とする。

第18章　懲罰　　*471*

§238

「懲罰の動議」とは、特定の議員の行為を懲罰事犯として認定し懲罰委員会に付託するよう議院に求める動議である。

「提出されたとき」とは、議長が議院の代表として受理したときのことである。

「速かに」とは、できるだけ早い機会にという意味である。

◆旧規定は〔懲罰動議付議の時期〕

第238条 (旧) ① 懲罰の動議が提出されたときは、議長は、直ちにこれを会議に付さなければならない。散会後に提出されたときは、最近の会議において、これを議題としなければならない。

現行規定の文言は、昭和30年の改正において緊急性を緩めたものである。議院運営委員会で取扱いを協議することを予定に入れたものであり、実際のところ、その協議が調わないまま会期が終了して動議が未了となってしまうケースがほとんどである。動議によって提起される懲罰事犯は、党派間の争いに起因し、衆目が一致して事犯と認めるものではない場合が多いからであり、その結果、現行規則の下においても本条第1項は訓示規定に近いものとなっている。しかし、この扱いは、懲罰の問題について多数決による決着を緩和する機能を果たしている点を評価しなければならない。

♣衆議院では〔懲罰動議の付議〕

散会後に提出された懲罰動議の次回本会議への付議が規定されているが（衆規236Ⅱ）、先例上、その取扱いについて議院運営委員会に諮問した上で処理することとされている（衆先401）。

「会議に付さなければならない」とは、本会議の議題にしなければならないことである。

【懲罰動議の審議】懲罰動議を本会議に付したときは、議長は討論を用いないで採決する。

懲罰動議が事犯を審査対象とするための手続的動議であることから、処理の迅速を図る必要があり、事犯の内容の詳細な検討は懲罰事犯の件となってから行えることによる（佐藤（吉）・参規357頁）。

「討論を用いないで」とは、問題についての議員の賛否の発言を許可することなくという意である。

動議の内容は一目瞭然という性格のものではなく、それに対する質疑は可能であると解するが、先例上、懲罰動議については、提出者が趣旨説明を行い、対象議員から一身上の弁明のための発言が求められたときはこれを許可し、その上で採決することとされている（参先468）。

「議院の決を採る」とは、採決によって結論を出すことである。

§239

動議で対象とされている議員も表決に参加することができる（参先469）。

【懲罰事犯の付託】懲罰動議が可決されたときは、懲罰委員会に付託する。

　動議についての採決は、議院として懲罰事犯と認定し、懲罰委員会に付託するか否かについてのものである。

　「これを懲罰委員会に付託する」は、「議院の決を採り」を受けているが、付託するのは可決された場合のことである。

　否決された場合には、対象議員の行為は懲罰事犯ではないとの結論を得て手続は終了する。議長はその後に職権で懲罰委員会に付託することは許されない（•••▶『逐国』第121条【付託手続の競合】）。

　懲罰動議は本会議の採決によって目的を達成して消滅するのであり、「これ」とは、懲罰事犯の件のことである。すなわち、動議で特定された議員の行為について懲罰を科すか否か及び科す場合にはどのような懲罰とするかという課題である。

　「付託」は、議長の行為であり、議決後直ちに行わなければならない。

〔**懲罰委員会の本人尋問**〕
第239条　懲罰委員会は、議長を経て、本人及び関係者の出席を求め、尋問することができる。

　　　　制定時（昭22.6）、第6次改正（昭30.3）
　　　　衆規240　懲罰委員会は、議長を経由して本人及び関係議員の出席説明を求めることができる。

　本条は、懲罰委員会における本人等の尋問のための手続について規定するものである。

【懲罰委員会の審査】懲罰委員会における懲罰事犯の件の審査は、まず議長又は懲罰動議の提出者から説明を聴き、質疑を行った後、本人又は代理議員から弁明を聴き（参規240但）、必要に応じて本人及び関係者の尋問を行い、討論の後、表決に付すのを例としている（参委先100）。

【懲罰委員会の本人尋問】懲罰委員会は、議長を経て本人及び関係者の出席を求め、尋問することができる。

　懲罰事犯の件の審査は、事実を明らかにした上で、それに対する評価を行うものである。事実の究明は証拠に基づいて行う必要があり、その点で訴訟に類似した手続も含まれる。中でも、本人や関係者の証言は重要な証拠方法である。

第18章　懲罰　　*473*

§ 240

「懲罰委員会」を主体としているのは、出席を求めるために委員会の決定が必要であることを示している。

「議長を経て」とは、招致したい旨を議長に要求し、議長から相手方に対して伝えるものである。

議長は委員会からの伝達要請を拒むことはできない。

「本人」とは、懲罰事犯の行為者とされている議員のことである。

「関係者」とは、事犯の現場に居合わせ、目撃情報を有すると考えられる議員、事務局の参事等である。

「及び」とあるが、両者を同席させる必要はなく、一方だけに出席を求めることも可能である。

「出席を求め」とは、義務を課すものであるが、罰則をもって強制するには証人としての出頭を求める手続を踏まなければならない（参規182Ⅱ）。

本人は議院の懲罰の対象となり得るものであるが、これは刑事訴追を受けるものではないので、証人適格がないわけではない。

「尋問」とは、その経験した事実について質問して答えさせることであるが、本人に対しては、その弁明を求めることやそれに対する質疑を行うことも含む。

本人、関係者は尋問に答える必要があるが、証人として出頭を求められた場合でなければ、証言拒否に対して議院証言法上の罰則は働かない。

〔事犯対象議員の出席禁止〕
第240条　議員は、自己の懲罰事犯の会議及び委員会に出席することができない。但し、議長又は委員長の許可を得て、自ら弁明し、又は他の議員をして代つて弁明させることができる。

制定時（昭22.6）
　　衆規132　資格争訟を提起された議員又は懲罰事犯があると告げられた議員は、弁明のため発言することができる。
　　衆規239　議員は、自己の懲罰事犯の会議及び委員会に列席することはできない。但し、議長又は委員長の許可を得て、自ら弁明し又は他の議員をして代つて弁明させることができる。

本条は、事犯対象議員の出席禁止及び弁明の許可について規定するものである。

【**本会議の懲罰審議**】本会議における懲罰事犯の件の審議は、まず懲罰委員長から委員長報告を聴き、本人又は代理議員から一身上の弁明を聴き、討論の後、表決に

474

§240

付す。

【事犯対象議員の出席禁止】議員は、自己の懲罰事犯の会議及び委員会に出席することができない。

国会においては一般的な除斥の制度（地自117参照）はないが、懲罰事犯の件に関しては、利害関係が明らかであるとして、その審議に加わることを得ない旨、特に規定を設けたものである。

「自己の」とは、自分が懲罰事犯の行為者とされているという意味である。複数の者が事犯に関わったとされている場合には、そのうちの他者についてのものを含むと解される。

「懲罰事犯の会議」とは、懲罰委員会からの報告を受けて懲罰事犯の件を審議する本会議の懲罰事犯の件が議題となっている間のことである。懲罰動議を審議する会議は含まれない（参先469）。

また、懲罰事犯の件が可決された後の懲罰の宣告（参規247）に際しては、出席禁止は働かない。

「委員会」とは、懲罰委員会において当該懲罰事犯の件を議題としている間のことである。

「出席することができない」とは、会議のメンバーとしての出席が禁じられることであり、審議の公正を害するおそれがあることから、懲罰委員会や本会議の傍聴も認められないと解すべきである。ただし、本条ただし書の場合はもとより、第239条〔懲罰委員会の本人尋問〕により出席を求められた場合や証人として出頭を求められた場合はこの限りでない。

【弁明の許可】議員は、自己の懲罰事犯の会議及び委員会において、議長又は委員長の許可を得て、例外的に自ら弁明し又は他の議員に代理で弁明させることができる。

本条本文による出席禁止の例外として、弁明を認める要件を定めたものである。

「議長又は委員長の許可」は、それぞれ本会議、懲罰委員会において弁明することについてのものであり、その必要上、出席も認められるわけである。したがって、弁明を行うことを目的としない出席は許可されない。「他の議員をして代つて弁明させる」にも係る。

許可するか否かは議長、委員長の判断によるが、特段の事情がなければ弁明の機会を与えなければならない。本会議において、懲罰動議の審議に際して一身上の弁明を許可した場合には、懲罰事犯の件の審議で重ねて許可する必要はないかのよう

§241

な先例となっているが（参先468）、弁明の趣旨が異なるものとなるであろうから、認めるべきではないだろうか。

本会議で発言するためには、原則として事前に通告することを要することとされている（参規91）が、この場合は議長の許可を受けるので、通告は許可申請の形を採る。

「弁明」とは、自己の立場を主張することである。

「他の議員」とは、自分以外の参議院議員である。

懲罰事犯の件について本人の出席を禁じて第三者によって審議されることが要請されている趣旨に鑑みると、少人数の懲罰委員会では、代理による弁明は懲罰委員以外の議員でなければできないものと解する。

「代つて」とは、本人が出席しない場合に限られる。資格争訟の手続のように弁護人を認めているわけではなく、代理を認めているのは自分で弁明できないときのための救済措置だからである。本人が既に登院停止の懲罰を受けており、更に懲罰事犯として扱われるような場合（参規244）が考えられる。

「弁明させる」とは、本人から代理議員に対する委任によるものであり、議院や懲罰委員会が代理者を選任するものではない。

弁明のための発言を行うに当たっては、議長又は懲罰委員長の議事整理権に従い、そのたびごとに許可を受けなければならない。

【尋問との関係】議員が弁明した場合には、それに対して尋問を行うことが可能であり、その際には第239条〔懲罰委員会の本人尋問〕の手続を踏むことを要しない。

尋問のために懲罰委員会が本人の出席を求めたときには、委員長はその時に併せて弁明を許可することができる。

〔戒告・陳謝の起草〕

第241条 懲罰のうち、公開議場における戒告又は陳謝については、懲罰委員会がこれを起草し、その報告書と共に、これを議長に提出する。

制定時（昭22.6）、第6次改正（昭30.3）

衆規241 公開議場において陳謝をさせようとするときは、懲罰委員会は、陳謝の文案を起草し、その報告書と共にこれを議長に提出する。

本条は、公開議場における戒告、陳謝の懲罰委員会による起草、提出について規

§242

定するものである。

【戒告・陳謝の起草】 公開議場における戒告や陳謝は、それぞれの内容が懲罰としての重要な要素となる。

「懲罰」とは、国会法で定められている①公開議場における戒告、②公開議場における陳謝、③一定期間の登院停止、④除名の4種類のもの（国122）を指す。

「公開議場における戒告」とは、他の議員が出席し、傍聴が行われている本会議の場で議長が戒めの発言を行うことである。

「陳謝」とは、他の議員が出席し、傍聴が行われている本会議の場で懲罰の対象となる議員に謝りの発言を行わせることである。

公開議場における戒告は、懲罰主体がその内容を決めるのが当然であるが、公開議場における陳謝は、本人の真意に基づかなければ陳謝と認められない一方、本人が自由に発言できるのでは懲罰の意味を成さないため、懲罰を科す議決においてその内容を決定することとされている。

懲罰のうち公開議場における戒告又は陳謝については、懲罰委員会が起草し、その報告書と共に議長に提出する。

懲罰として公開議場における戒告、陳謝に処すことは、その内容が大きな要素であり、委員会審査の結果として出した結論には当然に戒告、陳謝の内容が含まれるべきものである。したがって、それを本会議における審議の参考材料にすることとしたものである。

「については」は、懲罰委員会が審査の結果として、公開議場における戒告又は陳謝の懲罰を科すべきであるとの結論を得た場合を指している。

「これを起草し」とは、戒告文又は陳謝文の案を作ることである。

「その報告書」とは、委員会が審査を終えたときに議長に提出する審査報告書（参規72）のことである。

本会議においては、懲罰委員長が委員長報告の中で公開議場における戒告又は陳謝を科すべきであるとの結論を得たこととその起草した案文を報告し、採決はこれを対象とすることとなる。

〔登院停止の期間〕

第242条① 登院停止は、30日を超えることができない。

② 数箇の懲罰事犯が併発した場合においても、登院停止は、前項の期

§ 242

間を超えることができない。

制定時（昭22.6）

> **衆規 242** 登院停止は、30日を超えることができない。但し、数箇の懲罰事犯が併発した場合又は既に登院を停止された者についてその停止期間内に更に懲罰事犯が生じた場合は、この限りでない。

本条は、登院停止の期間制限について規定するものである。

【登院停止の期間】「登院停止」は、国会法で定めた4種類の懲罰（国122）の1つであり、懲罰対象議員に期間を定めて議事堂囲障内の参議院の管理区域内に入るのを禁止することである。

議員としての活動を禁止する趣旨であるから、議案の発議、請願の紹介、質問主意書の提出等もできない。議院や委員会等の議院外での活動に参加することも認められない。

登院停止は、国会法上「一定期間の」とされており（国122⑶）、不定期とすることはできない。

登院停止は、30日を超えることができない。

議員の活動を停止させることは懲罰の内容として非常に重いものであるため、限度を設けたものである。

登院停止は議決を宣告した当日から起算し、休日も含めて計算する。

「30日」との上限については、除名との間に差があり過ぎるため、制度上の延長を行うべきとの意見も見られる。

「超えることができない」とは、31日以上の期間を定めることはできないとの意味である。

【登院停止の併合】**数個の懲罰事犯が併発した場合においても、登院停止は30日を超えることができない。**

懲罰事由は網羅的に類型化されておらず、議院の秩序を乱したとする行為を細分してそれぞれを事犯として認定することが可能なため、併科することによって30日の上限を潜脱することを防止しようとするものである。

「数箇の懲罰事犯」とは、同一議員を対象とする複数の懲罰事犯のことであり、議長の認定によるものであると懲罰動議の可決によるものであるとを問わない。

「併発した場合」とは、数個の事犯が1件として懲罰委員会に付託された場合を指すものと解する。

この点につき、一の事犯によって懲罰委員会に付託された議員がその議決前に再

478

§243

び懲罰事犯を犯した場合を含むと解する説がある（佐藤（吉）・参規360頁）。しかし、刑事罰についての併合罪の処断（刑46, 47）と異なり、本条の定める併科の制限が強いため、「併発」に当たる場合を限定すべきである。すなわち、懲罰を科す判断が別々になされる場合には、本条第2項の規定は適用されず、合計して30日を超えることも可能であると解する。これによって、登院停止と除名の間の差を縮減することができよう。

「前項の期間」とは、30日のことである。

> ♣衆議院では〔併発事犯に対する登院停止〕
> 　衆議院規則では、数個の事犯が併発した場合に30日以内の制限が働かない旨が規定されている（衆規242但）。

【登院停止と会期の関係】登院停止の期間は、会期の残り期間の拘束を受けない。会期延長の可能性もあることから、会期を超える日数とすることが可能である。

　登院停止の期間の途中で会期が終了した場合には、その後の閉会中の期間も登院停止の効力が続く。この点については異論がある。懲罰の効果はその会期に限られるから、登院停止の効果も会期終了とともに終了すると解するものである（鈴木・理論250頁）。しかし、閉会中の委員会審査は会期中に継続して行われるものであり、それらを含めて活動全般について参加することを得ないとする趣旨で登院停止が続くと解すべきである。

　次の国会が召集されたときには、登院停止の効力は及ばない。会期不継続の原則によるものと説明されている（佐藤（吉）・参規361頁）。

〔登院停止による委員解任〕

第243条　登院を停止された議員が特別委員又は協議委員である場合は、解任されたものとする。

> 制定時（昭22.6）、第6次改正（昭30.3）
> 　衆規243① 　登院を停止された者は、国会法第42条第1項及び第45条第2項の規定にかかわらず、その委員を解任されたものとする。
> 　② 　前項の規定は、協議委員についても、また同様とする。

本条は、登院停止の効果としての特別委員、協議委員の解任について規定するものである。

【登院停止による委員解任】登院を停止された議員が特別委員又は協議委員であ

§244

る場合は、解任されたものとする。

　登院停止は議院における議員の活動全般を禁止するものであり、それによって委員会等の活動が支障を受けることのないように措置したものである。すなわち、この議員の委員の地位を失わせて補欠を選任できるようにすることを目的とする。

　「登院を停止された議員」とは、登院停止の懲罰を受けた議員のことであり、その期間の長短を問わない。

　「特別委員」とは、特別委員会の委員のことであり、「協議委員」とは、両院協議会の委員のことである。

　常任委員の解任が規定されていないのは、全ての議員が1つの第1種常任委員を受け持つこととなっており（⋯▶第74条【常任委員会の種別】）、これを解任しても他の議員をその補欠として選任できるわけではないことによる。

　調査会委員、憲法審査会委員、政治倫理審査会委員の解任が規定されていないのは均衡を失しているが、委員の身分に関わる事柄であるので類推適用で処理するわけにはいかない。ただし実際には、委員のポストは会派に割り当てられ、委員の辞任願とその補欠の推薦届は会派が提出する扱いであるので（⋯▶第30条【委員の辞任】）、これらの委員について実質的な欠員状態が生じて支障が出るわけではない。情報監視審査会委員も同様であるが、その辞任、選任は議院の議決によることとされているところであり（参情規3Ⅰ、5Ⅰ、6）、別の配慮がなされているものと言えよう。

　♣衆議院では〔登院停止による委員の解任〕
　　登院停止の懲罰によって解任となる委員に限定を加えていない（衆規243、衆憲規26）。

　「解任されたものとする」とは、その選任権者の意思及び任期にかかわらず、特段の行為を要せずして地位を失うことである。

　登院停止の宣告と同時に効果が発生する。

　登院停止の期間が終了してもその地位が復活するわけではないが、その後に選任されることは、もちろん差し支えない。

〔登院停止の執行〕
　第244条　登院を停止された議員がその停止期間内に登院したときは、議長は、直ちに退去を命ずる。その命に従わないときは、議長は、必要の処分をなし、更に懲罰委員会に付託する。

§244

制定時（昭22.6）、第6次改正（昭30.3）

> **衆規244**　登院を停止された者がその停止期間内に登院したときは、議長は、退去を命ずる。その命に従わないときは、必要な処分をなし、更に懲罰委員会に付する。

　本条は、登院停止違反に対する措置について規定するものである。

【**登院停止の効果**】登院停止の宣告により、当該議員は直ちに議事堂の囲障内からの退去を命じられ、その後、期間内は議事堂囲障内の参議院の管理区域内に入ることが禁止される。

　登院を停止された議員がその停止期間内に登院したときは、議長は直ちに退去を命ずる。

　懲罰内容の登院停止を実現するための措置である。

　「登院を停止された議員」とは、登院停止の懲罰を宣告された議員のことである。

　「その停止期間内」とは、懲罰の宣告の当日を初日として命じられた期間満了の日までの間のことである。

　「登院」とは、議事堂囲障内の参議院の管理区域内に入ろうとすること又は入ったことを指す。

　議員会館は囲障外に存在するので、会館内の事務室に出入りすることは可能である。

　登院停止の処分は議員の資格に対するものであるので、当該議員が一般国民と同様の手続を経て会議の傍聴に訪れることは阻止されない（佐藤（吉）・参規364頁）。

　「議長」は、議院の秩序保持権の主体として挙げられており、登院停止議員への対処については衛視に対して事前に命じておくことができる。

　「直ちに」とは、猶予することなくということであり、「退去」と「命ずる」の両方に係る。

　「退去」とは、登院することを断念し又は立入禁止区域から立ち退くことである。

　「命ずる」行為は、議長からのその場合に備えての事前の命令により、衛視が言い渡すことが可能である。登院しようとする行為を実力で阻止することも「命ずる」に含まれると解する。

　登院停止の他の効果については、『逐国』第122条【一定期間の登院停止】の説明参照。

【**退去命令違反**】退去命令に従わないときは、議長は必要の処分をなし、更に懲罰委員会に付託する。

§ 245

登院停止の懲罰を実現するための議長の措置を認めるとともに、退去命令を無視する行為が議院の権威をないがしろにするものであり、当然に懲罰事犯となることを確認するものである。

「その命」とは、登院を停止された議員が登院しようとし又は登院した際の退去命令のことである。

「従わない」とは、命令を受け入れず退去しないことである。

「必要な処分」とは、議院警察権に基づき実力を行使して議員の身柄を院外に排除することである。

命に従わないという事態は一目瞭然であるため、この処分についても、衛視に対して事前に命じておくことが可能であると解する。

「更に」とは、懲罰を受けている最中の議員に対して再びという意味である。

「懲罰委員会に付託する」とは、懲罰内容を受け入れず、かつ命令に従わないことを懲罰事由として認定し、懲罰委員会にその審査を命じることである。議長に付託するか否かの判断の余地はない。

退去命令に従った場合でも、停止期間内に登院する行為は院議を無視するものであり、懲罰事犯として懲罰委員会に付託することが可能である。

本条では登院停止の懲罰に対する不服従の場合だけを挙げているが、他の懲罰に応じない場合も院議不服従であり、懲罰事由に当たる。

〔情状の重い事犯に対する懲罰〕

第 245 条 議院を騒がし又は議院の体面を汚し、その情状が特に重い者に対しては、登院を停止し、又は除名することができる。

制定時（昭 22.6）

衆規 245 議院の秩序をみだし又は議院の品位を傷つけ、その情状が特に重い者に対しては、議院は、これを除名することができる。

本条は、情状の重い事犯に対する懲罰としての登院停止又は除名について規定するものである。

【重い懲罰】 議院を騒がし又は議院の体面を汚し、その情状が特に重い者に対しては、登院を停止し又は除名することができる。

国会法で定められている4種類の懲罰（国122）は軽いものから順に並べられているが、そのうちの一定期間の登院停止及び除名については、議員の活動能力や地位

482

§ 246

に関わるものであるため、軽々に扱うことなく、特別な場合にのみ科すことができることを規定したものである。

「議院を騒がし」とは、議院の活動を混乱に陥れ、その秩序を乱す類いの行為を指す。

「議院の体面を汚し」とは、内外から敬意を受けるに値する参議院の価値を低下させる類いの行為を指す。

この2つの類型はいずれも懲罰に値する行為として特異なものではないが、単なる義務違反に対してではなく、実害が発生したという点において、科す懲罰の種類を限定する意味を持つ。

「情状」とは、事犯の方法、態様等の事実的要素、当人の動機・目的等の主観的要素のように懲罰を科すことについて判断するに当たって考慮すべき諸事情のことである。

「特に重い者」は、抽象的な表現であるが、登院停止や除名の懲罰を安易に用いることができないように意図するものである。

「登院を停止」、「除名」は、本条が創設的に認める処分ではなく、あくまでも国会法で懲罰として認められている一定期間の登院停止、除名 (国 122(3)(4)) の措置を指す。

〔除名否決後の措置〕

第246条　懲罰委員会が、除名すべきものとして報告した事犯について、出席議員の3分の2以上の議決がなかつた場合に、議院は、他の懲罰を科することができる。

> 制定時（昭22.6）
> **衆規246**　懲罰委員会が除名すべきものとして報告した事犯について、出席議員の3分の2以上の多数による議院の議決がなかつた場合に、議院は、懲罰事犯として他の懲罰を科することができる。

本条は、除名とする懲罰が否決された後の措置について規定するものである。

【懲罰事犯の本会議採決】懲罰事犯の件は委員会付託の時点では事犯の概要が特定されているだけであり、懲罰委員会は、事犯者に対して懲罰を科すべきか否か、科す場合にはどのような懲罰とすべきかの結論を自ら案出する。その審査の結果、事犯に対して採るべき措置が議院に報告され、それが本会議審議の対象となる。

本会議の採決は委員会の審査結果を対象としてなされるが、それとは違う懲罰を

第18章　懲罰　　*483*

§ 246

科すべきであるとの意見を有する議員が存在しても、それを内容とする動議を提出することはできない。懲罰動議、懲罰委員会の審査等、懲罰を実現する手続が限定されていることによるもので、議員から懲罰を科すべきとの具体的、直接的な提案がなされることは、例外的な場合にしか認められない（→◆本条【除名否決後の措置】）。

懲罰委員会の結論が懲罰を科すべきでないとするものである場合の措置については、『逐国』第 121 条【懲罰の議決】の説明参照。

公開議場における戒告、陳謝の懲罰を科す場合、戒告文、陳謝文も併せて議決する。

【除名否決後の措置】懲罰委員会が除名すべきものとして報告した事犯について、出席議員の 3 分の 2 以上の議決ができなかった場合、議院は他の懲罰を科すことができる。

懲罰委員会では除名とすべき旨の議決は出席委員の過半数の賛成で行えるが、本会議では出席議員の 3 分の 2 以上の多数による議決が必要であるため（憲 58 Ⅱ但）、委員会決定のとおりに議決するのは、その分困難を伴う。それが否決された場合、いずれの懲罰を科すことも否定されたとは解釈できず、より軽い懲罰であれば可決された可能性があることを確認するものである。

「懲罰委員会が除名すべきものとして報告した事犯」とは、懲罰事犯の付託を受けた懲罰委員会がその審査の結果、除名の懲罰を科すべきとの結論を得、議長にその旨の審査報告書を提出した、その事犯のことである。

「出席議員の 3 分の 2 以上の議決がなかつた」とは、除名の懲罰を科すことについて採決した結果、必要とされる出席議員の 3 分の 2 以上の賛成が得られず否決されたことを指す。

「議院」を主体として規定しているのは、本会議の議決によって可能であることを示すものである。

「他の懲罰」とは、一定期間の登院停止、公開議場における陳謝、公開議場における戒告のいずれかである。

他の懲罰を科すことは議員の動議によることとなるが、委員会の結論より軽い懲罰という限定があるので、議長発議によることも可能であると解する。それらの提案が公開議場における陳謝又は公開議場における戒告を科すとするものであるときは、陳謝文又は戒告文の案を付さなければならない（→◆第 241 条【戒告・陳謝の起草】）。

複数の動議があればその最も重い懲罰のものを諮る。

本条の特例的扱いが特別多数決の採用に伴うものであることに鑑みると、除名以

484

§247

外の懲罰が否決されても他の懲罰を諮ることはできず、その対象者には懲罰を科さないとの結論が得られたこととなる。

〔懲罰の宣告〕
第247条　議院において懲罰を議決したときは、その会議が秘密会であつた場合においても、議長は、公開の議場において、その懲罰を宣告しなければならない。

> 制定時（昭22.6）
> **衆規247**　議院が懲罰を議決したときは、議長は、これを宣告する。秘密会議において議決した場合は、公開の議場においてこれを宣告する。

本条は、懲罰の宣告を公開議場において行うことについて規定するものである。

【懲罰の宣告】議院において懲罰を議決したときは、その会議が秘密会であった場合においても、議長は公開の議場において懲罰を宣告しなければならない。

懲罰事犯の件の審議が当該議員に不利益処分を科すことを問題とすることから、裁判の公開（憲82 I）に倣い、懲罰の宣告は公開の場で行わなければならないこととしたものである。手続の核心に当たる結果宣告を国民に明示することを義務付け、手続の公正を確保する趣旨である。

「議院において」とは、本会議においてという意味である。懲罰委員会の結論は院内の手続としては途中経過である。

「懲罰を議決したとき」とは、懲罰事犯の件についての採決の結果、結論を得たときのことである。したがって、議決内容が懲罰を科すことを要しないという場合を含む。

「その会議」とは、懲罰事犯の件を審議する本会議のことである。

「秘密会」とは、出席議員の3分の2以上の多数の議決により、公開を停止して開かれる会議のことである（憲57 I但、国62）。

「公開の議場において」とは、秘密会でない本会議の議事としてという意味である。

秘密会において議決し、それに引き続いて懲罰を宣告するときは、公開停止を解除しなければならない。本条の義務付けによるので議院に諮る必要はない。ただし、傍聴人の入場を実質的に確保するためには、公開停止の解除から懲罰の宣告までに時間の余裕を持たせるべきである。

第18章　懲罰　　485

§247

　「その懲罰」とは、本会議の議決によって科されることが決まった懲罰のことであり、懲罰を科さないとの議決の場合にはその旨である。

　「宣告」とは、対象議員に言い渡すことである。

　懲罰事犯の件の採決結果の宣告 (参規137 I、141、143) は、本条の「その懲罰を宣告」ではなく、その前段階のものであり、秘密会の場で行うことができる。

　懲罰の宣告は懲罰事犯の件を議題として審議するものではないため、この宣告時には第240条〔事犯対象議員の出席禁止〕の規定は働かない。ただし、対象議員の出席を必須要件とするものではない。

【懲罰の執行】除名、一定期間の登院停止は、本条の規定する懲罰の宣告時に効果が発生する。

　公開議場における陳謝、公開議場における戒告は、懲罰の宣告とは別に執行が必要となり、そのためには本人の出席が必須事項となる。既に議決されたものであるので、本人が出席していれば宣告に引き続いて行うことも可能である。本人が出席を拒んで執行を受け入れないことは、院議不服従として新たな懲罰事由となる。

§248

第19章 裁判官弾劾裁判所の裁判員、裁判官訴追委員その他の選挙

制定時（昭22.6）、第6次改正（昭30.3）

本章は、活動論のうち、裁判官弾劾裁判所の裁判員、裁判官訴追委員その他の選挙について規定を置いている。

本章が規定するのは、いわゆる各種委員の選任についてである。

「各種委員」とは、国務大臣等以外の公務員で国会議員からの任命枠が設けられている役職を意味するが、広義では、議院の委員・役員以外のポストで議院が選任するものを指す。裁判官弾劾裁判所裁判員等もこれに含まれる。

〔弾劾裁判所裁判員等の選挙〕

第248条①　裁判官弾劾裁判所の裁判員及び同予備員並びに裁判官訴追委員及び同予備員の選挙は、連記無名投票でこれを行う。

②　投票の最多数を得た者を当選人とする。但し、得票数が同じときは、くじで当選人を定める。

③　議院は、その選任を議長に委任することができる。

制定時（昭22.6）、第6次改正（昭30.3）

衆規23①　裁判官弾劾裁判所の裁判員及びその予備員の選挙は、単記無名投票でこれを行う。
②　投票の最多数を得た者について順次定数までを当選人とする。但し、得票数が同じときは、くじで当選人を定める。
③　前項の当選人は、投票総数を定数で除して得た数の4分の1以上の得票がなければならない。
④　当選人が定数に達しないときは、前3項の規定によつて更に選挙を行い、これを補充しなければならない。
⑤　議院は、選挙の手続を省略して、その指名を議長に委任することができる。
衆規24　裁判官訴追委員及びその予備員の選挙については、前条の規定を準用する。
衆規25　前2条の予備員がその職務を行う順序は、得票数の順序による。但し、得票数が同じときは、くじでこれを定める。

本条は、裁判官弾劾裁判所裁判員等の選挙手続について規定するものである。

【弾劾裁判所裁判員・裁判官訴追委員】弾劾裁判所は各議院で議員の中から選挙さ

第19章　裁判官弾劾裁判所の裁判員、裁判官訴追委員その他の選挙　　487

§ 248

れた同数の裁判員で組織し、訴追委員会は各議院で議員の中から選挙された同数の
訴追委員で組織すると規定されている（国 125 I、126 I）。

裁判官の訴追、弾劾の制度が国民の裁判官に対する選定罷免権に由来するもので
あり、国民の意思を反映する者に委ねるのが適当という制度趣旨である。

弾劾裁判所裁判員、裁判官訴追委員の詳細については、『逐国』第 125 条【弾劾裁
判所の構成】、第 126 条【訴追委員】の説明参照。

また、各議院は裁判員、訴追委員を選挙する際、その予備員を選挙するとされて
いる（国 128）。弾劾裁判所裁判員、訴追委員に事故や欠員が生じた場合でも、職務に
支障を生じさせないようにする趣旨である。

**【弾劾裁判所裁判員等の選挙】裁判官弾劾裁判所の裁判員、同予備員及び裁判官訴
追委員、同予備員の選挙は、連記無名投票で行う。**

「裁判官弾劾裁判所の裁判員」とは、弾劾裁判所の裁判を行う者のことであるが、
ここでは参議院が参議院議員の中から選任する 7 人（弾裁 16 I）を指す。

「裁判官訴追委員」とは、裁判官の罷免の訴追、訴追の猶予を決定する訴追委員会
の議事に参加する者のことであるが、ここでは参議院が参議院議員の中から選任す
る 10 人（弾裁 5 I）を指す。

「同予備員」とは、裁判官弾劾裁判所裁判員又は裁判官訴追委員が事故により職務
を行えないとき又は欠けたときに臨時にその職務を代行するため、それぞれについ
て置かれる職であり、ここでは参議院が参議院議員の中から選任する弾劾裁判所裁
判員予備員の 4 人、訴追委員予備員の 5 人（弾裁 16 I、5 I）を指す。

「選挙」は、特定の地位に就くべき者を多数人で選定する行為のことであり、本会
議の議事として行うことを予定している。

「連記」とは、被選挙人の名前を選ばれる者の数だけ記入すべきことである。同じ
被選挙人の名前を重複して記入することは許されない。

連記とするのは、人数分全員を 1 回の投票で選出することを前提としているが、
選挙は裁判員、訴追委員、裁判員予備員、訴追委員予備員の区分ごとに行わなけれ
ばならない。

連記とすることにより、全員を多数派から選出することが可能となる。これに対
しては、党派的に偏る結果となる投票方法は好ましくないとの評価がなされている
（佐藤（吉）・参規 370 頁）。後述する先例（→本条【議長への選任の委任】）に鑑みても、見直す
ことが立法的課題となっていると言えよう。

488

§248

♣衆議院では〔各種委員等選挙の投票方法〕
裁判官弾劾裁判所裁判員、同予備院の選挙は、単記無名投票によって行うとされており（衆規23 I）、それが裁判官訴追委員や複数の各種委員の選挙に準用されている（衆規24、26）。

「無名」とは、投票者の名前を記入することを禁じることである。

無名投票としているのは、投票の自由を確保し、当選者が特定者の拘束を受けることなく職務を遂行できるようにしたものである。

「投票」とは、選挙に当たって選びたい者の名前を記して選挙管理者の下に提出することである。

なお、弾劾裁判所裁判員と訴追委員は兼ねることができない（国127）ので、一方の職の選挙において、既に他方の任に就いている議員に投票することはできない。予備員についても同様である（••▶ 『逐国』第127条【弾劾裁判所裁判員と訴追委員の兼職禁止】）。

投票の最多数を得た者を当選人とする。ただし、得票数が同じときはくじで当選人を定める。

比較多数で足りることを示している。

「投票の最多数を得た者」とは、投じられた票の中で最も多く被選挙人として名前を記された者のことであるが、当選人は複数であるので、上位から数えてその人数分の者を指す。

「当選人」とは、選ばれてその任に就く者のことである。

「得票数が同じとき」とは、得票数の同じ被選挙人が複数いることにより、最終当選人となる者が決まらない場合である。

「くじ」とは、人の意思や作為が入らないようにして決める方法のことである。具体的な定めがないので、当選の可能性が均等な方法であれば足りる。

くじの対象となるのは、最終当選人を争う得票数が同じ者であり、その中から残っている定数の人数だけ当選者を定める。

予備員については職務を行う順序を定めることが予定されているものの、それを定める方法については規定されていない。

♣衆議院では〔予備員の職務を行う順序〕
衆議院規則では、予備員の職務を行う順序は得票数の順序によるとされている（衆規25）。

【議長への選任の委任】議院は、裁判官弾劾裁判所裁判員等の選任を議長に委任することができる。

§249

　連記投票によって選挙すると、開票に時間を要することから、簡易な方法を選択できるようにしたものである。

　「議院」とは、裁判官弾劾裁判所裁判員等の選任が議院の権能とされていることにより、委任の意思決定が本会議でなされなければならないことを規定するものである。

　「選任」には、予備員の職務を行う順序の指定が含まれる。

　「委任する」とは、誰を任に就けるかについて、その意思に委ねることである。

　委任を受けた議長は、自らの判断で指名することが可能であるが、先例上、誰が任に就くかがルール化されており、議長は事実上それに拘束される。

> **♥運用**
> 　参議院の採用するルールは、一定数（10 人）以上の議員が所属する会派に割り当て、会派の推薦に基づいて選任することである。会派への割当ては、その所属議員数に比例して配分する例である（参先477）。
> 　この先例は、選挙の場合に連記投票によることと趣旨を異にし、多数派が独占しないことを意味している。この点で両院協議会の協議委員の選任について形成されている先例とは異なっている（•••▶第176条【協議委員選任の委任】）。

【弾劾裁判所裁判員等の任期】 裁判官弾劾裁判所の裁判員、同予備員及び裁判官訴追委員、同予備員の任期は、それぞれ議員としての任期による（弾裁16Ⅴ、5Ⅵ）。

【弾劾裁判所裁判員等の辞職】 裁判官弾劾裁判所の裁判員、同予備員及び裁判官訴追委員、同予備員の辞職は、それぞれ裁判長又は訴追委員長を経由して、議院の許可を受けることを要する（弾裁16Ⅵ、5Ⅶ）。

〔 複数各種委員の選挙 〕

第249条　前条に定めるものの外、法律の定めるところにより、参議院議員の中から若干人を選出しなければならない各種の議員、委員その他のものの選挙については、すべて前条の規定を準用する。

制定時（昭 22.6）、第 3 次改正（昭 25.7）、第 6 次改正（昭 30.3）

　　衆規26　第 23 条及び第 24 条に定めるものの外、法律の定めるところにより議院において衆議院議員の中から数人を選出しなければならない各種の議員、委員その他の者の選挙については、第 23 条の規定を準用する。

　本条は、複数人を選出する各種委員の選挙手続について規定するものである。

【各種委員】 議員は、原則として国又は地方公共団体の公務員と兼ねることができ

§ 249

ない (国39) が、例外として別に法律で定める場合がある。

　一般に「各種委員」と呼ばれるが、本条の「各種の議員、委員その他のもの」が
それに当たる。すなわち、議院内閣制に基づいて公務員の地位に就く国務大臣等以
外のポストで国会議員の任命枠が設けられている場合の役職のことである。その代
表例は、政府の諮問的機関の構成員である。

　「法律の定めるところにより」とは、**国会法第 39 条**〔議員の兼職禁止〕で兼職禁止の
例外として挙げられている要件に対応するものである。

　現在、次の各種委員が法律上定められている。

　　皇室会議予備議員　2人 (皇典 30 ⅢⅣ)

　　皇室経済会議予備議員　2人 (皇経9、11 Ⅰ)

　　検察官適格審査会委員及び同予備委員　各2人 (検察庁法 23 Ⅳ～Ⅵ)

　　日本ユネスコ国内委員会委員　3人 (ユネスコ活動に関する法律9 Ⅰ(6))

　　国土審議会委員　4人 (国土交通省設置法8 Ⅰ(2))

　　国土開発幹線自動車道建設会議委員　4人 (国土開発幹線自動車道建設法 13 Ⅱ(2))

　　国土審議会特別委員 (北海道開発分科会)　3人 (国土交通省設置法 10 Ⅱ)

　　同 (豪雪地帯対策分科会)　3人 (国土交通省設置法 10 Ⅱ)

　　同 (離島振興対策分科会)　4人 (国土交通省設置法 10 Ⅱ)

　　地方制度調査会委員　2人 (地方制度調査会設置法6 Ⅰ)

　　選挙制度審議会特別委員 (選挙制度審議会設置法5 Ⅰ)

　「選出しなければならない」とは、国会議員からの任命枠が設けられていて、参議
院がその地位に就く者を選び出すことを義務付けられているもののことである。

　したがって、皇室会議議員 (皇典 28 Ⅱ) や皇室経済会議議員 (皇経8 Ⅱ) の議長及び副
議長のように、特定の議員が当然に充てられる役職は議院が選出するものには当た
らない。

　また、法律の定めるものの中には、外務公務員のように国会議員のうちから内閣
が任命できるとされている (外交8 Ⅴ) ものもあるが、それは議院が選出する役職で
はない。

【複数人各種委員の選挙】参議院議員の中から若干人を選出しなければならない
各種委員の選挙については、全て第248条〔弾劾裁判所裁判員等の選挙〕の規定を準
用する。

　国会議員の本来の職務のほかに就く地位である点で共通するので、裁判官弾劾裁
判所裁判員等の選挙手続に準じることとしたものである。

§250

「前条に定めるもの」とは、裁判官弾劾裁判所裁判員、同予備員及び裁判官訴追委員、同予備員の選挙手続である。

「若干人」とは、複数人のことである。

「選挙」とは、特定の地位に就くべき者を多数人で選定する行為のことであり、本会議の議事として行うことを予定している。

準用の結果、選挙手続は次のようになる。連記無名投票により、投票の最多数を得た者を当選人とする。得票数が同じときは、くじで当選人を定める。議院は選任を議長に委任することができる。

委任する場合の選任の仕方が、投票による場合に多数派独占となることと趣旨を異にする点については、**第248条【議長への選任の委任】**の説明参照。

ただし、選任の議長への委任は、各種委員の種別ごとに包括的に行うことができる。

〔 単数各種委員の選挙 〕

第250条①　法律の定めるところにより、参議院議員の中から1人を選出しなければならない各種の議員、委員その他のものの選挙については、すべて議長の選挙の例による。

②　議院は、その選任を議長に委任することができる。

制定時（昭22.6）、第6次改正（昭30.3）

　　衆規27①　法律の定めるところにより議院において衆議院議員の中から1人を選出しなければならない各種の議員、委員その他の者の選挙については、議長の選挙の例による。

　　　　　②　議院は、選挙の手続を省略して、その指名を議長に委任することができる。

本条は、単数人を選出する各種委員の選挙手続について規定するものである。

【単数人各種委員の選挙】参議院議員の中から1人を選出しなければならない各種委員の選挙については、全て議長の選挙の例による。

選出が1人の場合であることに鑑み、議長の選挙手続に準じることとしたものである。

「各種の議員、委員その他のもの」については、**第249条【各種委員】**の説明参照。

現在、参議院議員の中から1人を選出しなければならない各種委員を定める法律はない。

492

§250

　「選挙」とは、特定の地位に就くべき者を多数人で選定する行為のことであり、本会議の議事として行うことを予定している。

　「議長の選挙」は、第4条第1項の議長選挙のことであり、召集日に議長及び副議長がないときに行う議長選挙を指す。

　「例による」とは、その手続を議長選挙についての**第4条〔召集日に議長及び副議長がないときの議長選挙〕の第2項から第10条〔選挙疑義の決定〕まで**の定めに倣うことである。

　その結果、選挙手続は次のようになる。単記無名投票で行い、投票の過半数を得た者を当選人とする。投票の過半数を得た者がないときは決選投票を行い、多数を得た者を当選人とする。得票数が同じときはくじで定める。

　規定内容の詳細については、**第4条〔召集日に議長及び副議長がないときの議長選挙〕の第2項から第10条〔選挙疑義の決定〕まで**の規定の説明参照。

　議院は、1人を選出する各種委員について、その選任を議長に委任することができる。

　簡易な方法を選択できるようにしたものである。

　「議院」とは、各種委員の選任が議院の権能とされていることにより、委任の意思決定が本会議でなされなければならないことを規定するものである。

　「委任する」とは、誰を任に就けるかについて、その意思に委ねることである。

　委任を受けた議長は、自らの判断で指名することが可能であるが、誰が任に就くかがルール化されており、議長は事実上その先例に拘束される。

　先例は、一定数（10人）以上の議員が所属する会派に所属議員数に比例して割り当てることとされている（参先477）ので、最大会派の推薦に基づいて指名されることとなる。

§251

第20章　緊急集会

制定時（昭22.6）、第6次改正（昭30.3）

　本章は、参議院の緊急集会について、会期に関する規定事項に相当する事項の規定を置いている。活動能力論、活動論に当たる規定である。

　参議院の緊急集会については、当初は、主に参議院緊急集会規則で規定していたが、昭和30年に参議院緊急集会規則は廃止され、それに相当する規定が国会法と参議院規則とに分けて置かれることとなった。

【緊急集会】衆議院が解散されている場合には国会を召集することができず、その間隙を埋めるために参議院の緊急集会の制度が設けられている（憲54Ⅱ但）。

　「参議院の緊急集会」とは、衆議院が解散されている間に緊急の必要が生じた場合、内閣の求めによって参議院が国会の機能を果たすために活動する場のことである。

〔 緊急集会の集会時刻 〕
　第251条　議員は、緊急集会の指定された期日の午前10時に参議院に集
　　会しなければならない。

制定時（昭22.6）、第6次改正（昭30.3）

　本条は、緊急集会の集会時刻について規定するものである。

【集会時刻】内閣から緊急集会の請求があったときは、議長は各議員に通知し、議員は指定された集会の期日に集会しなければならないとされている（国99Ⅱ）。

　議員は、緊急集会の指定された期日の午前10時に参議院に集会しなければならない。

　国会法に規定された集会義務を具体化するために、その時刻を指定したものである。

　「議員」とは、在任中の参議院議員のことである。

　仮に、半数の議員が任期満了を控え、その後任を選出するための通常選挙が行われた後でも、任期中の議員に集会義務がある。

　「指定された期日」とは、内閣が緊急集会を求めるに当たって定めた集会の期日のことであり、参議院議長に請求する際に示さなければならない（国99Ⅰ）。

　「午前10時」は、国会の召集の集会時刻（参規1）に合わせたものである。

494

§ 252

「参議院」とは、議員全員が会同するための場所であることから、参議院の議場を指す (⋯▶第1条【集会】)。

「集会」とは、本会議に出席することである。この会議で院の構成を始め、緊急集会の活動を開始するための議事を行う。

【初回本会議】本条は、緊急集会の議員への通知によって最初の本会議が当然に開かれる仕組みを採っている。

♥運用

実際には、緊急集会の指定された期日の前日に議事日程を定めて本会議を招集する取扱いとなっている。その議事日程記載の開議時刻は本条の規定に従い午前10時とされている。

〔 緊急集会についての読替規定 〕

第252条　第4条、第13条、第14条、第16条、第17条、第19条、第74条の6及び第223条の規定の適用については、これらの規定中「召集」とあるは「集会」と、「毎会期」とあるは「緊急集会」と、「会期中」又は「一会期」とあるは「緊急集会中」と読み替えるものとする。

第6次改正（昭30.3）、第9次改正（昭57.3）、
第24次改正（令元通常選挙後施行予定）

本条は、緊急集会に参議院規則を適用するに当たっての読替えを規定するものである。

【読替事項】緊急集会における参議院の活動は、会期中と特段変わるところはないが、参議院規則の規定中、「召集」、「毎会期」、「会期中」等の語をそのまま使えず、「集会」、「緊急集会」、「緊急集会中」に置き換える必要があるため、本条で読み替える旨を規定している。

規定内容の詳細については、読替えの対象となっている各規定の説明参照。

【役員の選任】緊急集会初日の時点で議長、副議長、常任委員長、事務総長がいないとき及び緊急集会中に欠けたときはその選挙を行い、その選挙は会期において行う場合の選挙の例による (参規4、13、16、17、19の読替え)。

【議席の指定】緊急集会においても、集会の始めに議長が議員の議席を指定する (参規14の読替え)。

【議院運営委員会の開会】議院運営委員会は、緊急集会中も、いつでも開くことが

第20章　緊急集会　　495

§252

できる（参規74の6の読替え）。

【新聞通信社用傍聴章】新聞通信社のために緊急集会中に通ずる傍聴章を交付し、その数は、緊急集会の始めに事務総長が定める（参規223の読替え）。

§ 253

第21章　参議院公報

第6次改正（昭30.3）、第10次改正（昭60.10）

　本章は、活動論のうち、参議院公報についての規定を置いている。

【議員に対する報告】議院からの議員に対する情報伝達には様々な手段が用いられる。正規の伝達手段として、議案や会議録のような印刷物の配付（参規24Ⅱ、27、160）や諸般の事項の報告（参規83Ⅰ）が挙げられる。便宜的な連絡では、議員会館の議員事務室に対する電話や会派を通じての伝達によることもあるが、議院からの日々の雑多な通知事項をまとめて正規に伝達する手段として参議院公報が用意されている。

　「参議院公報」とは、参議院から又は参議院を通じて各参議院議員に伝達すべき情報を掲載した印刷物であり、必要に応じて発行され、議員に配付される。

〔公報〕
第253条①　議長は、参議院公報を発行し、議院の会議に関する事項その他必要と認める事項を各議員に通知する。
②　第175条の規定による議院に対する報告については、参議院公報による通知をもつて代えることができる。

第6次改正（昭30.3）、第10次改正（昭60.10）

　本条は、参議院公報の発行及びそれによる議員への通知事項について規定するものである。

【公報】議長は参議院公報を発行し、本会議に関する事項その他必要と認める事項を各議員に通知する。

　議院が各議員に配付する参議院公報が正規の情報伝達手段であることを確認するものである。

　「議長」を主体としているのは、議長が議院に報告する義務を負う事項を含め、議院の活動を中心とした情報内容を公報に掲載することによる。

　「参議院公報」については、**本章概説【議員に対する報告】**の説明参照。

　「発行」は、印刷して人目に触れるようにすることを念頭に置いているが、文字情報による伝達であれば、ファクシミリによる送信や電子データを電子メールで送信することなども許容されると解する。

第21章　参議院公報　　497

§ 253

　具体的には、発行作業は事務局において行い、会期中は休日を除いて毎日、閉会中は必要に応じて発行される。

　「議院の会議に関する事項」とは、招集日時、議事日程、議事経過等、本会議に関する情報を指す。

　「その他必要と認める事項」とは、委員会等の開会日時・場所や議案等の提出、付託等、内閣から受けた通知等、議院の活動全般にわたって各議員に知らせるべき事柄を指す。

　議長自身が発信する情報だけでなく、委員会や会派等が議員に知らせる事項を含むので、それらが一旦議長の下に集められ、編集される。

　公報に掲載される事項は次のとおりである（参先 495）。

　　詔書、衆議院の解散、召集、参議院緊急集会、開会式、議事日程、会議、議事協議会、両院協議会、常任委員長懇談会、委員会及び調査会（委員打合会、小委員会、分科会、公聴会、理事会、連合審査会及び連合理事会を含む）、合同審査会、憲法審査会、情報監視審査会、政治倫理審査会、議員、役員、委員、議席、控室、委員会議室、会期、内閣総理大臣の指名、議案、規程、質問、議事経過、両院協議会経過、常任委員長懇談会経過、委員会及び調査会経過、合同審査会経過、憲法審査会経過、情報監視審査会経過、政治倫理審査会経過、委員派遣要求承認、公聴会開会要求承認、参議院改革協議会、請願、意見書、公告、会派、国際関係、海外渡航、裁判官弾劾裁判所、裁判官訴追委員会、配付、宿所並びに電話、議員会館、事務局、法制局、国立国会図書館、広告等

　「各議員」とは、全ての参議院議員のことである。

　「通知する」とは、発行した公報を配付することによって情報内容を伝達することである。

　公報の配付は、発行翌日の朝までに届くように、議員会館の各議員事務室及び議員宿舎に対してなされ、議員宿舎以外の宿所にはファクシミリで送信されている。

　議員以外にも、国務大臣、副大臣、大臣政務官、政府特別補佐人等に発送することとなっている（参先 495）。**国会法第 73 条**〔会議に関する報告〕の要請するところでもある。

【議案受領の報告】衆議院からの議案受領の議院に対する報告については、参議院公報による通知をもって代えることができる。

　第 175 条〔議案受領の報告〕において、衆議院から議案を受け取ったときは議長は議院に報告すると規定されており、その報告は、本会議開会前の諸般の事項の報告

§253

（参規83Ⅰ）において口頭で行うことが念頭に置かれているが、参議院公報による通知で代えることができるとしたものである。

　「第175条の規定による議院に対する報告」とは、衆議院から議案を受け取ったことの各議員に対する報告である。

　「参議院公報による通知」とは、参議院公報に掲載し配付することによって議員に知らせることである。

§254

第22章　補則

第 10 次改正（昭 60.10）

　本章は、他章に収まらない事項として議院規則の疑義の決定権についての規定を置いている。

〔議院規則の疑義〕
第254条　すべて議院規則の疑義は、議長がこれを決する。ただし、議長は、議院に諮り、これを決することができる。

　　　第 10 次改正（昭 60.10）
　　衆規 258　この規則の疑義は、議長がこれを決する。但し、議長は、議院に諮りこれを決することができる。

　本条は、議院規則の疑義に対する決定権限について規定するものである。

【議院規則の疑義】全て議院規則の疑義は議長が決する。ただし、議長は議院に諮って決することができる。

　議院規則は議院が定めるものである（憲 58 Ⅱ）。通常、制定された法規を執行するのは行政府であり、その執行に当たっては、立法意思を勘案しながらも自らの責任において法規を解釈するのである。議院規則は自律のための道具であり、立法者自らが執行する点において特異であるが、その執行責任者は議長であり、議院規則の解釈に関しても議長の責任において行うことを規定したものである。

　ただし、議院の自律権は、事後の司法審査が排除される点においても通常の法規の執行とは異なり、執行者による解釈がそのまま通用してしまうこととなるため、議長が立法者たる議院の意思を確認する道を残した。

　「議院規則の疑義」とは、参議院規則、政治倫理綱領、参議院憲法審査会規程等の議院規則で規定している事項について複数の解釈の可能性がある場合にどれを選択するかの問題、参議院規則の規定しない事項についてどのように取り扱うかの問題を指す。

　議院運営において国会法の適用を受ける部分についても議院の自律権が認められる範囲内では、本条の「疑義」に当たると解する。

　「決する」とは、採用する解釈を決定することである。

500

§254

「議院に諮り」とは、本会議の採決によることである。

　議長が自らの解釈を示して、それに賛同が得られるか否かを諮ることとなる。一旦議院に諮った以上は、議長はそれに拘束され、否決されると別の解釈を諮らなければならない。

事項索引

あ

案件追加……………………233

い

委員……………………………87
──席……………………118
──の異動………………89
──の解任………………479
──の辞任…………88,211
──の選任…………87,211
──の発言………………109
兼任可能──………………177
第1種──…………………178
第2種──…………………178
委員打合会…………………95
委員会…………………………86
──修正…………………120
──審査議了議案………76
──審査結果……………362
──制度…………………86
──と小委員会の関係……98
──と分科会の関係……191
──における事犯………470
──における懲罰事犯…464
──の開会………103,186
──の開会事由…………95
──の開会要求…………102
──の活動権能…………94
──の招集………………103
──の秩序保持…………134
──の秘密漏洩…………469
──の報告による修正案
………………………296
──傍聴…………………460
第1種──…………………175
第2種──…………………175
委員会会議録………………141
──の印刷………………143
──の配付………………143
──の保存………………143
委員外議員…………………116

──の発言………116,212
委員会議室…………………436
委員会審査省略……………67
──議案…………………67
──要求…………………67
委員会中心主義……………78
委員会提出修正案…………296
──の採決………297,303
委員会提出法律案…………65
──についての意見聴取
………………………131
──の審査省略…………82
──の付託………………83
委員長………………………134
──席……………………118
──に対する不服従……467
──の質疑………………119
──の職務代行…………90
──の他委員会出席・発言権
………………………115
──の秩序保持権………133
──の討論………………117
──の発言………………117
委員長報告…………………261
──での意見付加の禁止
………………………263
──の時期………………261
委員派遣………………213,384
──承認要求……………385
異議の有無…………………330
──による採決…………330
異議申立て………317,328,332
意見書案……………………366
意見聴取の時期……………269
意見付加の禁止……………263
委嘱審査……………………181
──の期限………………183
──報告…………………184
一事件一処理の原則………232
一括採決………………311,314
一括質疑……………………274
──原則…………………274
一般質疑……………………181
院外証人……………………395

院議継続……………………138
院議付託……………………81
院議不服従…………………482
院内交渉会派………………93
院の構成……………………22

う

運営自律権…………………4

え

衛視…………………………442
──執行…………………460
──長……………………442
──の指示………………457
──の執行範囲…………443
──副長…………………442
延会…………………………219
例外的──………………220
演壇…………………………254

お

応召…………………………18
応召延期届…………………402
押しボタン式投票…………324
──の方法………………325
オブザーバー………………92
オンブズマン………………176

か

開院式………………………50
開会…………………………17
──宣告…………………105
──場所…………………104
──要求…………………104
開会式………………………50
──の日時………………50
──の場所………………50
海外渡航……………………401
会期…………………………52
──延長…………………55

──制‥‥‥‥‥‥‥52
──の議決‥‥‥‥‥52
──の発議‥‥‥‥‥54
会議 215
──外における懲罰事犯
‥‥‥‥‥‥‥‥464
──中の定足数‥‥‥224
──に付する案件‥‥228
──の議題‥‥‥‥‥75
──の記録‥‥‥141,310
──の場所‥‥‥‥‥312
──の日ごと開会原則‥216
開議‥‥‥‥‥‥‥‥222
──時刻‥‥‥‥‥‥217
──時の定足数‥‥‥223
──定例日‥‥‥‥‥216
──の日時‥‥‥‥‥228
──前の発言禁止‥‥222
会期不継続‥‥10,139,380,425
資格争訟の──‥‥425
会議録‥‥‥‥‥‥‥339
──掲載事項‥‥146,342
──掲載の質問主意書‥337
──検索システム‥‥351
──原本の閲覧‥‥‥143
──に対する異議申立て
‥‥‥‥‥‥147,346
──の一般頒布‥‥‥350
──の印刷‥‥‥‥‥350
──の作成‥‥‥141,339
──の正誤‥‥‥‥‥347
──の訂正‥‥‥‥‥345
──の配付‥‥‥‥‥350
──の保存‥‥‥‥‥348
──への議事の記載‥340
──への署名‥‥‥‥348
会計検査院長‥‥‥‥273
会計検査要請‥‥‥213,387
戒告‥‥‥‥‥‥‥‥477
──の起草‥‥‥‥‥477
外国外交官席‥‥‥‥449
解任‥‥‥‥‥‥‥‥479
回付‥‥‥‥‥‥370,377
──案‥‥‥‥‥‥‥377
外務公務員‥‥‥‥‥491
学識経験者‥‥‥‥‥155
各種委員‥‥‥‥‥‥490
──の選挙‥‥‥‥‥489
単数──‥‥‥‥‥492
複数──‥‥‥‥‥491

過半数‥‥‥‥‥‥‥48
可否同数‥‥‥‥130,327
仮議長‥‥‥‥‥‥‥42
──の選挙‥‥‥‥‥42
官公署‥‥‥‥‥‥‥386
勧告‥‥‥‥‥‥186,207
──の説明‥‥‥‥‥208
改善──‥‥‥‥‥176
勧告書‥‥‥‥‥‥‥207
──の印刷‥‥‥‥‥208
──の送付‥‥‥‥‥208
──の配付‥‥‥‥‥208
幹事‥‥‥‥‥‥‥‥94
完全自律権思想‥‥‥9
官報‥‥‥‥‥‥‥‥230

き

議案‥‥‥‥‥‥‥‥61
──受領の報告‥‥371,498
──撤回の許可‥‥‥74
──の委員会審査省略‥67
──の印刷‥‥‥‥‥64
──の回付‥‥‥‥‥370
──の修正‥‥‥‥‥291
──の趣旨説明‥‥‥106
──の送付‥‥‥‥‥370
──の撤回‥‥‥‥‥73
──の伝達‥‥‥‥‥370
──の配付‥‥‥‥‥64
──の発議‥‥‥‥‥62
──の付託‥‥‥‥‥78
──の返付‥‥‥‥‥370
──の予備送付‥‥‥65
──を廃棄しないとの議決
‥‥‥‥‥‥‥‥305
議院‥‥‥‥‥‥‥‥4
──内部‥‥‥‥‥‥442
──の会議‥‥‥‥‥215
──の成立‥‥‥‥‥41
──の体面‥‥‥‥‥483
──の内部事項‥‥‥5
──の品位‥‥‥‥‥432
議員‥‥‥‥‥‥‥‥62
──紹介の傍聴席‥‥449
──入場‥‥‥‥‥‥221
──の議席を失わせる議決
‥‥‥‥‥‥‥‥429
──の現行犯‥‥‥‥447
──の資格‥‥‥‥‥410

──の辞職‥‥‥‥‥405
──の席次‥‥‥‥‥17
──の退席時期‥‥‥439
──発議案‥‥‥‥‥73
議院運営委員会‥‥‥176
──の開会‥‥‥‥‥186
──の開会可能時期‥‥186
──の並行開会‥‥‥102
議員会館‥‥‥‥‥‥442
議員記章‥‥‥‥‥‥19
議院規則‥‥‥‥‥‥4
──案‥‥‥‥‥‥‥61
──の解釈‥‥‥‥‥500
──の疑義‥‥‥‥‥500
──の種別‥‥‥‥‥7
──の性格‥‥‥‥‥8
議院警察権‥‥‥‥‥441
──の行使‥‥‥‥‥461
議院事務局‥‥‥‥‥40
議院事務局法‥‥‥‥442
議院証言法‥‥‥‥‥392
議院自律権‥‥‥‥‥4
議院における証人の宣誓及び
証言等に関する法律‥‥391
議院に出頭する証人等の旅費
及び日当支給規程‥‥7
議院の休会‥‥‥‥‥58
──中の開議‥‥‥‥58
──の終了‥‥‥‥‥59
議員派遣‥‥‥‥‥‥382
──の議決‥‥‥‥‥382
閉会中の──‥‥‥383
議員発議法律案‥‥‥132
──についての意見聴取
‥‥‥‥‥‥‥‥132
議院法‥‥‥‥‥‥‥12
議院法制局‥‥‥‥‥63
議決‥‥‥‥‥‥‥‥47
──数‥‥‥‥‥‥‥130
──定足数‥‥‥195,328
──の通知‥‥‥55,56
──への条件付加‥‥311
棄権‥‥‥‥‥‥‥‥316
──の取扱い‥‥316,327
議事‥‥‥‥‥‥‥‥47
──延期‥‥‥‥‥‥218
──整理権‥‥‥‥‥215
──中断‥‥‥‥‥‥235
──定足数‥‥‥‥‥195
──の順序‥‥‥‥‥229

事項索引　503

──の整理‥‥‥‥‥‥136
議事協議会‥‥‥‥‥‥243
議事協議会要綱‥‥‥‥7
議事継続の原則‥‥‥‥217
議事進行‥‥‥‥‥‥92,215
──係‥‥‥‥‥‥‥237
──動議‥‥‥‥‥‥240
議事進行発言‥‥‥‥‥290
──の許可‥‥‥‥‥291
──の通告‥‥‥‥‥290
議事堂‥‥‥‥‥‥‥228
議事日程‥‥‥‥‥‥227
──記載案件‥‥‥‥228
──原則‥‥‥‥‥‥232
──の更新‥‥‥‥‥235
──の通知‥‥‥‥‥229
日時招集時の──‥‥230
議場‥‥‥‥‥‥‥‥24
──入場者‥‥‥‥‥459
──入場の禁止‥‥459,461
──の禁煙‥‥‥‥‥436
──閉鎖‥‥‥‥‥‥322
──への持込禁止‥‥434
議席‥‥‥‥‥‥‥‥37
──の指定‥‥‥‥37,495
起草‥‥‥‥‥‥‥‥10
起草機関説‥‥‥‥‥378
規則‥‥‥‥‥‥‥‥4
──制定権‥‥‥‥‥4
──特別法説‥‥‥‥5
──の一時停止‥‥‥6
──優位説‥‥‥‥‥5
貴族院規則‥‥‥‥‥12
貴族院書記官‥‥‥‥10
貴族院書記官長‥‥‥10
議題‥‥‥‥‥‥‥‥256
──外発言の禁止‥‥256
帰着届‥‥‥‥‥‥‥404
議長‥‥‥‥‥‥‥‥22
──警察権‥‥‥‥‥442
──席‥‥‥‥‥21,221
──に対する不服従‥466
──の欠員‥‥‥‥‥35
──の質疑‥‥‥‥‥287
──の紹介‥‥‥‥‥34
──の署名‥‥‥‥‥348
──の宣告‥‥‥‥‥217
──の投票‥‥‥‥‥36
──の討論‥‥‥‥‥285
──の発言‥‥‥‥‥285

──発議‥‥‥‥‥‥237
議長選挙‥‥‥‥‥‥22
──の時期‥‥‥‥‥22
喫煙の禁止‥‥‥‥‥435
貴賓席‥‥‥‥‥‥‥449
木札の名刺‥‥‥‥‥25
基本的質疑‥‥‥‥‥181
義務的合同審査会‥‥193
記名投票‥‥‥‥‥‥319
──の方法‥‥‥‥‥321
単記──‥‥‥‥‥‥46
決められない政治‥‥3
休会‥‥‥‥‥‥‥‥56
議院の──‥‥‥‥‥58
国会の──‥‥‥‥‥57
自然──‥‥‥‥‥‥58
休憩‥‥‥‥‥‥106,224
──後の発言禁止‥‥226
──宣告‥‥‥‥‥‥105
秩序保持のための──
‥‥‥‥‥‥‥136,212
牛歩戦術‥‥‥‥‥‥322
協議委員‥‥‥‥‥‥374
──選任の委任‥‥‥375
──の辞任‥‥‥‥‥376
──の選挙‥‥‥‥‥374
──の任期‥‥‥‥‥376
協議委員議長‥‥‥‥376
──の互選‥‥‥‥‥376
行政監視委員会‥176,185
──の機能強化‥‥‥185
──の報告‥‥‥‥‥185
共通部分の採決‥‥‥301
挙手採決‥‥‥‥‥‥315
紀律‥‥‥‥‥‥‥‥432
──の問題‥‥‥‥‥440
起立採決‥‥‥‥‥‥316
──原則‥‥‥‥‥‥315
記録提出要求‥‥213,386
禁煙‥‥‥‥‥‥‥‥436
緊急質問‥‥‥‥‥‥336
緊急集会‥‥‥‥‥‥494
──の集会時刻‥‥‥494
参議院の──‥‥‥‥494
緊急上程‥‥‥‥‥‥234

く

クエスチョン・タイム‥‥175
区検察庁‥‥‥‥‥‥444

くじ‥‥‥‥‥‥‥‥31
苦情‥‥‥‥‥‥‥‥358
──請願‥‥‥‥‥‥358
──窓口‥‥‥‥‥‥359

け

警察官‥‥‥‥‥‥‥442
──の執行範囲‥‥‥443
警察官職務執行法‥‥442
警察権‥‥‥‥‥‥‥442
刑事訴訟法‥‥‥‥‥444
敬称‥‥‥‥‥‥‥‥433
──の使用‥‥‥‥‥433
携杖許可‥‥‥‥‥‥434
携杖届出‥‥‥‥‥‥434
継続審査・調査要求‥137,212
携帯の禁止‥‥‥‥‥434
経費文書‥‥‥63,121,294
決議案‥‥‥‥‥‥‥63
決裁権‥‥‥‥‥‥‥327
決算委員会‥‥‥‥‥175
決算審査の充実‥3,176
欠席届‥‥‥‥‥‥‥402
決選投票‥‥‥‥‥30,48
原案‥‥‥‥‥‥‥‥302
──保持主義‥‥‥‥183
現行犯人‥‥‥‥‥‥445
──の拘束‥‥‥444,446
原告議員‥‥‥‥‥‥422
──の委員会出席・発言
‥‥‥‥‥‥‥‥421
──の委員会招致・尋問
‥‥‥‥‥‥‥‥422
現在議員‥‥‥‥‥‥26
検察官‥‥‥‥‥‥‥444
検察官適格審査会委員‥491
検察事務官‥‥‥‥‥444
原子力規制委員会委員長‥‥113
兼任可能委員‥‥‥‥177
憲法審査会‥‥‥‥‥379

こ

行為規範‥‥‥‥‥‥7
行為規範実施細則‥‥7
公開の議場‥‥‥‥‥485
──における戒告‥‥477
──における陳謝‥‥477
公害等調整委員会委員長‥‥113

504

後議⋯⋯⋯⋯⋯⋯⋯66
合憲性⋯⋯⋯⋯⋯⋯⋯8
交互討論の原則⋯⋯⋯⋯280
皇室会議（予備）議員⋯491
皇室経済会議（予備）議員
　⋯⋯⋯⋯⋯⋯⋯⋯491
公示の期日⋯⋯⋯⋯⋯153
公衆席⋯⋯⋯⋯⋯⋯449
公衆傍聴券⋯⋯⋯⋯452
公衆傍聴席⋯⋯⋯⋯451
公述希望申出⋯⋯⋯⋯154
公述人⋯⋯⋯⋯155,398
　——に対する質疑⋯159,203
　——に対する措置⋯⋯⋯158
　——の資格⋯⋯⋯⋯155
　——の選定⋯⋯⋯⋯203
　——の代理⋯⋯⋯160,203
　——の発言⋯⋯⋯157,203
　——の発言範囲⋯⋯⋯158
　——への通知⋯⋯⋯157
公正取引委員会委員長⋯⋯113
拘束⋯⋯⋯⋯⋯⋯⋯445
皇族席⋯⋯⋯⋯⋯⋯449
公聴会⋯⋯⋯⋯⋯⋯147
　——開会承認要求⋯⋯⋯150
　——における討論・表決
　　⋯⋯⋯⋯⋯159,203
　——の開会希望⋯⋯⋯149
　——の開会目的⋯⋯⋯148
　——の公示⋯⋯⋯153,203
　——の目的⋯⋯⋯148
　——の問題⋯⋯⋯152,203
　——への意見陳述希望
　　⋯⋯⋯⋯⋯154,203
　調査会の——⋯⋯⋯202
　予備審査のための——⋯151
口頭再質問⋯⋯⋯⋯336
口頭質問⋯⋯⋯⋯⋯335
合同審査会⋯⋯⋯⋯192
　——と委員会審査の関係
　　⋯⋯⋯⋯⋯⋯194
　——と表決⋯⋯⋯194
　——の運営⋯⋯⋯194
　——の開会⋯⋯⋯191
　義務的——⋯⋯⋯193
口頭答弁⋯⋯⋯⋯⋯335
公報⋯⋯⋯⋯⋯⋯⋯497
公務員⋯⋯⋯⋯156,450
　——席⋯⋯⋯⋯⋯449
　——傍聴券⋯⋯⋯450

公務所⋯⋯⋯⋯⋯⋯114
国政調査権⋯⋯⋯⋯179
国土開発幹線自動車道
　建設会議委員⋯⋯⋯491
国土審議会（特別）委員⋯491
国務大臣⋯⋯⋯⋯⋯112
国立印刷局⋯⋯⋯⋯230
互選⋯⋯⋯⋯⋯⋯⋯93
互選会⋯⋯⋯⋯⋯⋯376
国会議員の公務上の災害に対
　する補償等に関する規程⋯7
国会議員の歳費、旅費及び
　手当等支給規程⋯⋯⋯7
国会議員の資産等の公開に
　関する規程⋯⋯⋯⋯7
国会議員の秘書の給与の
　支給等に関する規程⋯⋯7
国会審議の活性化及び政治
　主導の政策決定システム
　の確立に関する法律⋯⋯15
国会における各会派に対する
　立法事務費の交付に関する
　規程⋯⋯⋯⋯⋯⋯7
国会の議決⋯⋯⋯⋯44
　——を求める件⋯⋯68
　——を要する議案⋯⋯66
国会の休会⋯⋯⋯⋯57
国会の承認を求める件⋯⋯68
国会法⋯⋯⋯⋯⋯⋯4
　——と議院規則の関係⋯⋯5
　——の存在⋯⋯⋯⋯4
国家基本政策委員会⋯⋯175
御傍聴席⋯⋯⋯⋯⋯449

Ⓢさ⒮

採決⋯⋯⋯⋯⋯⋯⋯302
　——時の問題宣告⋯⋯313
　——方法⋯⋯⋯⋯315
　異議の有無による——⋯330
　一括——⋯⋯⋯⋯314
　共通部分の——⋯⋯301
　挙手——⋯⋯⋯⋯315
　起立——⋯⋯⋯⋯316
　分割——⋯⋯⋯⋯314
最高裁判所長官⋯⋯⋯273
再質疑⋯⋯⋯⋯⋯⋯274
採択⋯⋯⋯⋯⋯⋯⋯363
裁判官訴追委員⋯⋯⋯487
裁判官訴追委員会⋯⋯⋯360

　——への送付⋯⋯⋯359
裁判官弾劾裁判所⋯⋯⋯487
裁判官罷免を求める請願⋯359
再付託⋯⋯⋯⋯⋯84,306
　否決議案の——⋯⋯⋯305
財務自律権⋯⋯⋯⋯4
散会⋯⋯⋯⋯⋯⋯⋯218
　——後の発言禁止⋯⋯226
　——宣告⋯⋯⋯⋯106
　広義の——⋯⋯⋯224
　秩序保持のための——⋯136,
　　　　　　　　　　212
参議院⋯⋯⋯⋯⋯⋯1
　——改革⋯⋯⋯⋯3
　——の機能⋯⋯⋯2
　——の緊急集会⋯⋯494
　——の政党化⋯⋯⋯3
　——の成立⋯⋯⋯1
　——の名称⋯⋯⋯1
　——批判⋯⋯⋯⋯3
　——無用論⋯⋯⋯3
　強すぎる——⋯⋯⋯3
参議院委員会先例録⋯⋯8
参議院改革協議会⋯⋯3
参議院開設準備委員会⋯⋯10
参議院規則⋯⋯⋯⋯10
　——の改正経過⋯⋯14
　——の制定過程⋯⋯10
参議院緊急集会規則⋯⋯11
参議院公報⋯⋯⋯230,497
参議院政治倫理審査会規程⋯7
参議院制度改革検討会⋯⋯3
参議院制度研究会⋯⋯3
参議院先例録⋯⋯⋯8
参議院の将来像を考える
　有識者懇談会⋯⋯3
参議院傍聴規則⋯⋯⋯458
参議院ホームページ⋯⋯351
参議院問題懇談会⋯⋯3
参考人⋯⋯⋯⋯213,397
　——の出席要求⋯⋯399
参事⋯⋯⋯⋯⋯⋯⋯25
賛成者⋯⋯⋯⋯⋯63,157
賛成ボタン⋯⋯⋯⋯326
暫定衆議院規則⋯⋯⋯10

Ⓢし⒮

GHQ⋯⋯⋯⋯⋯⋯11
　——のサジェスチョン⋯⋯11

事項索引　505

資格争訟……………………410
　　――の会期不継続………425
　　――の審査……………412
　　――の審査開始時………418
　　――の審査資料…………417
　　――の判決……………428
　　――の本会議審議………427
資格争訟特別委員会………412
資格の有無の判決…………428
時間的効力…………………10
字句整理……………………307
施行…………………………9
　　――に要する経費………64
事項別編成…………………174
視察…………………………385
辞職許可……………………406
　　閉会中の――……………407
自席…………………………255
自然休会……………………58
事前協議……………………250
自然承認……………………2
自然成立……………………2
質疑………………125,270
　　――相手………………271
　　――回数………………
　　――中の意見陳述禁止…273
　　――の回数制限…………274
　　一括――………………274
　　再――…………………274
　　調査事件についての――
　　　　　　　　　　　　……273
質疑終局……………………278
　　――宣告………………278
質疑終局動議………125,212
　　――の上程……………277
　　――の提出……………275
実数説………………………21
室長…………………………209
質問…………………………334
　　口頭再――……………336
　　口頭――………………335
質問主意書…………………334
　　――の印刷……………334
　　――の配付……………334
　　会議録掲載の――………337
指定代理者………273,398
辞任願………………………88
事犯者の退場………………463
事犯対象議員の出席禁止…475
辞表…………………………406

　　――の懲罰委員会付託…408
　　――の提出……………406
　　――の無礼……………407
　　――の朗読……………407
司法警察職員………………444
事務局………………………20
事務総長……………………40
　　――の欠員……………40
　　――の選任……………40
　　――の選任方法…………40
氏名標………………………37
指名不呼応…………………248
締めくくり質疑……………181
集会………………18,20
　　――時刻………17,494
　　――の期日……………18
銃器…………………………455
衆議院………………………2
　　――回付案の審議………377
　　――の委員長…………108
　　――のカーボン・コピー…3
　　――の修正……………109
　　――への議案の伝達……370
衆議院議員…………………108
　　――による説明…………108
衆議院議員席………………449
衆議院規則…………………13
衆議院議長との協議……53,56
衆議院提出…………………71
終局動議の審議……………127
修正案………………………120
　　――と原案の否決………304
　　――と除く原案の一括採決
　　　　　　　　　　　　……311
　　――についての意見聴取
　　　　　　　　　…132,269
　　――の印刷……………294
　　――の採決……………301
　　――の提出……………119
　　――の配付……………294
　　――否決後の採決対象…301
　　委員会提出――…………296
　　予算を伴う――…121,294
修正議決……………………308
　　――の整理……………307
修正動議………120,292
　　――の継続……………295
　　――の採決……………297
　　――の採決順序…………298
　　――の先決性…………292

　　――の撤回……………295
　　――の表決……………129
　　――の優先採決…………297
修正の限界…………………120
集中審議……………………181
自由討議……………………333
祝辞…………………………34
宿舎…………………………400
主査…………………………189
　　――等の辞任…………191
　　――等の選任…………190
　　――の補足報告…………15
趣旨説明……………………106
　　――者…………………107
趣旨弁明……………………283
　　――の発言……………283
首席調査員…………………210
主体性警備…………………443
出席…………………………223
　　――議員………………325
　　――議員数計算要求……225
　　――義務………………400
　　――要求………………224
出頭…………………………395
　　――義務………………395
出発届………………………403
準通告………………………252
小委員………………………97
　　――の辞任……………97
　　――の選任……………97
　　――の任期……………97
小委員会………96,211
　　――の活動……………98
　　――の構成……………97
小委員長……………………98
紹介議員……………………357
証言…………………………395
　　――義務………………395
　　――要旨提出要求………394
条件付表決の禁止…………310
条項整理……………………307
召集…………………………18
　　――詔書………………18
　　――の当日……………18
　　――日…………………18
招集………………103,228
　　――時刻………103,217
　　――日時………………228
情状…………………………483
　　――の重い事犯に対する懲罰

………………482
少数意見………………265
──者………………265
少数意見報告……164,264
──の時期………………265
──の順序………………265
少数意見報告書………164
招致………………114
省庁別編成………………174
上程………………228
──予定………………232
証人………………391,398
──喚問………………392
──に対する措置………397
──の出頭・証言義務……394
──の出頭要求………391
──の発言範囲………397
常任委員………………177
──の数………………174
──の兼任………………176
常任委員会………………169
──と特別委員会の関係…85
──の種別………………173
──の所管………………173
──の調査権能………179
──の調査承認………180
常任委員会合同審査会……380
──規程………………380
常任委員長………………38
──会議………………54
──懇談会………54,56
──の欠員………………39
──の選任………………38
情報監視審査会………389
条約の自然承認………………2
初回本会議………18,495
書籍閲読の禁止………436
諸般の事項の報告………221
処分要求………………465
署名………………349
除名………………482
──否決後の措置………484
書面提出………………395
審査………………81,95
審査期間………………414
──延長議決………424
──延長要求………424
──の延長………………424
審査機関説………………378
審査結了報告書………166

審査省略………………68
──議案の上程………70
──議案の審議順序……266
──の議決………………70
──法律案についての
　意見聴取………268
──要求………………68
審査段階………………124
審査報告書……161,365,426
──の印刷………………425
──の配付………………426
審査未了報告書………165
人事院総裁………………113
人事官弾劾訴追手続規程……7
紳士協約説………………5
新修正案の審議………306
身体検査………………454
新聞記者席………………449
新聞通信社………………453
──用傍聴章………452
新聞等閲読の禁止………437
尋問………………423
振鈴………………439
──による発話禁止……438

す

推薦届………………88
スタンバイ状態………229

せ

成案………………378
請暇………………401
──書………………402
──の許可………………402
──の失効………………404
請願………………353
──者………………353
──の議決区分………363
──の趣旨説明………360
──の審査結果………362
──の付託………………357
──の平穏………………355
──文書表………………356
苦情──………………358
裁判官罷免を求める──
………………359
総代名義による──…354
請願書………………353

──記載事項………353
──の印刷………………361
──の配付………………361
正規発言………………339
制止………………134
青色票………………321
政治倫理綱領………500
政府………………111
──に対する質疑…111,211
政府委員………………112
──制度………………112
政府演説………………215
政府参考人………113,211
──の招致………114
政府特別補佐人………113
成文法源………………7
先議案件………………233
選挙………………22,93,488
──疑義………………32
──結果の報告………29
──制度………………1
──投票用紙………37
──の結果………29
──の主宰者………23
──の方法………23
選挙制度審議会特別委員…491
「選挙を終って」………3
先起立者………………253
先決………………45
──性………………126
──動議………………126
──問題………………240
先着順の傍聴席………449
選任の委任………39,375
専門の知識を有する職員…209
先例………………8

そ

総議員………………21
相互的連合審査会………99
争訟………………410,422
──手続の併合………418
──の要領………411
総代………………355
──名義による請願……354
相対多数………………30
送付………………66,370
総予算………………183
──審査………………181

──の委嘱審査…………182
組織自律権……………4
訴状…………………410
──の送付…………413
──の提出…………410
──の付託…………413
──副本……………414
訴追請求………………360
速記…………………341
──者………………341
──法………………341

た

対案…………………303
──の採決…………303
第1種委員……………178
第1種委員会…………175
退去命令………………481
──違反……………481
退場……………135,463
──命令……………135
大臣政務官……………112
対政府質疑……………111
退席…………………440
──禁止……………224
──時期……………439
──者………………224
第2種委員……………178
第2種委員会…………175
代表質問………………215
代理弁明………………475
弾劾裁判所裁判員……487
──の辞職…………490
──の選挙…………488
──の任期…………490
単記記名投票…………46
単記無名投票…………23
単数各種委員…………492

ち

秩序保持権…………4,212
地方検察庁……………444
地方公聴会……………384
地方制度調査会委員……491
着用の禁止……………434
中間報告の申出………168
調査……………………95
──結了報告書……166

──承認……………180
──報告書…………162
──未了報告書……165
調査員…………………210
調査会…………………201
──制度……………3
──の開会事由……211
──の公聴会………202
──の設置…………201
──の存続期間……201
──の調査員………209
──の報告書………204
調査会会議録…………212
──の印刷…………213
──の配付…………213
──の保存…………212
調査会長………………213
──の辞任…………213
──の選任…………213
──の他委員会等への
　　出席・発言……212
──の討論…………212
──報告……………206
調査会提出法律案……65
──の審査省略……82
──の付託…………83
調査事件………167,180
──の中間報告……167
──の付託…………180
調査室…………………210
懲罰…………………462
──手続後の辞表の扱い
　　………………408
──の執行…………486
──の宣告…………485
情状の重い事犯に対する──
　　………………482
懲罰委員会……………176
──の審査…………473
──の本人尋問……473
懲罰事犯………………462
──の付託…………473
──の併発…………478
──の本会議採決……483
委員会における──……464
会議外における──……464
調査会における──……465
本会議における──……462
懲罰動議………………470
──の上程…………471

──の審議…………472
──の付議…………472
委員会における事犯に
ついての──………470
陳謝…………………477
──の起草…………477
陳情…………………14

つ

通告…………………244
──発言……………244
──を要しない発言
　………245,250,252,254
質疑──……………278
準──………………252
討論──……………246
通告制…………………243
──と事前協議の関係……249
通常選挙………………2
──後の臨時会……35
つえ…………………434
──の携帯…………435
強すぎる参議院………3

て

帝国議会………………5
提出…………………68
提出者…………………68
定数較差………………2
定数説…………………21
提訴…………………411
定足数……………28,223
──算定の基礎……21
──の効果…………222
──不足……………224
開議──……………223
議決──…………195,328
議事──……………195
議場閉鎖中の──……323
投票計算・点検中の──……28
定例日…………………104
開議──……………216
適性評価………………391
撤回…………………241
──の効果………77,242
──の時期…………242
議案の──…………73
衆議院送付後の──……76

動議の—— ……………241
点呼………………………24
電笛………………………225
電鈴………………………221

と

同一の議題…………274,283
登院………………………19
登院停止…………………478
　　——と会期の関係………479
　　——による委員解任……479
　　——の期間……………478
　　——の効果……………481
　　——の執行……………480
　　——の併合……………478
動議………………49,236
　　——の上程……………239
　　——の成立……………238
　　——の提出……………237
　　——の撤回……………241
　　——の優先順位………240
　　先決——………………126
　　懲罰——………………470
　　独立——………………238
当選………………19.30
　　——議員の本人確認……19
当選証書…………………19
　　——の対照……………19
当選人……………………30
　　——の辞退……………31
　　——名簿………………20
登壇………………………255
　　——命令………………255
　　無断——………………438
堂々巡り…………………321
投票………………………24
　　——委託………………25
　　——機…………………326
　　——時間の制限………322
　　——数…………27,37
　　——の過半数…………30
　　——の管理……………27
　　——の計算……………27
　　——の結果宣告………327
　　——の終了……………26
　　——の点検……………29
　　——札…………………321
　　——方法………………24
　　——漏れ………………26

押しボタン式—— ………324
記名—— …………………319
決選—— …………30,48
無名—— …………………23
投票装置…………………325
　　——の故障……………324
投票箱……………………25
　　——の閉鎖……………26
答弁………………………113
　　——義務………………272
　　口頭——………………335
答弁書……………………334
　　——提出期日…………415
　　——の印刷……………335
　　——の送付……………416
　　——の配付……………335
　　——の要求……………414
討論………125,246,279
　　——回数………………282
　　——後の復席……118,286
　　——終局………………128,289
　　——順序………………280
　　——通告………………246
討論終局動議……125,212,287
　　——の上程……………289
　　——の提出……………287
特定事項検査要請……213,387
特定秘密…………………389
　　——の閲覧……………213,388
得票数……………………31
特別委員…………………87
　　——の数………………196
　　——の増員……………196
特別委員会………………196
　　——への併託……84,85
特別委員長………………198
　　——の辞任……………200
　　——の選任……………198
　　——の任期……………198
　　元——…………………263
特別会……………………54
特別調査室………………210
独立動議…………………238
溶け込み方式……………302
取消発言の不掲載………352
取消ボタン………………326

な

内閣の意見聴取………131,267

——の時期……………………269
委員会提出法律案に
ついての—— …………131
議員発案についての——
……………………132
修正案についての——
……………132,269
審査省略法律案に
ついての—— ……………268
本会議における—— ……268
内閣官房副長官……………112
内閣送付……………………364
内閣総理大臣………………44
　　——の資格………………44
内閣総理大臣指名……………44
　　——の先決性……………45
内閣法制局長官……………113

に

二院制………………………1
　　——の存続………………1
日時招集……………………231
　　——時の議事日程………230
日程…………………………234
　　——延期…………………235
　　——更新…………………235
　　——削除…………………235
　　——順序変更……………232
　　——追加…………………235
　　——変更…………231,234
日本銀行総裁………………398
日本ユネスコ国内委員会委員
……………………491

ね

ねじれ国会……………………3

の

残り原案方式………………302
除く原案……………………302
　　——方式…………………302

は

配付会議録…………………144,351
House of Councillors ………1
白色票………………………321

事項索引　　*509*

白票・・・・・・29
発議・・・・・・62
　──案・・・・・・64
発議者・・・・・・68
　──の衆議院での説明・・・372
発言・・・・・・109,242
　──許可・・・・・・110
　──禁止・・・・・・135
　──順序・・・・・・110,248
　──中の延会・休憩・・・258
　──取消・・・134,466
　──についての事前協議
　　　・・・・・・111
　──の自由・・・・・・109
　──の趣旨・・・・・・345
　──の訂正・・・146,344
　──場所・・・・・・254
　──表・・・・・・247
　──妨害の禁止・・・257,437
　未了──・・・・・・258
　無通告──・・・・・・249
発言時間・・・・・・123
　──の管理・・・・・・124
　──の制限・・・123,212
発言通告・・・・・・244
　──制・・・・・・215
発言表・・・・・・247
発話禁止・・・・・・439
判決・・・・・・429
　──謄本の送付・・・431
　──の効力・・・・・・430
　──の宣告・・・・・・429
　──の理由・・・・・・429
半公開・・・・・・448
反対者・・・157,280
反対ボタン・・・・・・326
頒布会議録・・・・・・351

ひ
否決議案の再付託・・・・・・305
非拘束名簿式比例代表制・・・2
被告議員・・・・・・414
　──の委員会出席・発言
　　　・・・・・・421
　──の委員会招致・尋問
　　　・・・・・・423
　──の本会議発言・・・427
日ごと開会原則・・・216
被選資格・・・・・・2

秘密・・・・・・351,468
　──の漏洩・・・・・・468
　──を要する部分・・・351
秘密会・・・・・・144
表決・・・・・・128,308
　──の会議録記載要求・・・309
　──の禁止・・・・・・194
　──の更正禁止・・・329
　──の時期・・・128,212
　──の条件付加禁止・・・310
　──の方法・・・・・・129

ふ
フィリバスター・・・260,275
不穏当な言動・・・・・・158
不規則発言・・・・・・340
副議長・・・・・・33
　──選挙・・・・・・33
　──の欠員・・・・・・35
　──の紹介・・・・・・34
複修正・・・・・・291
副主査・・・・・・189
複数各種委員・・・491
副大臣・・・・・・112
副本・・・・・・411
不掲載の解除・・・145
不在議員の表決参加禁止・・・312
不採択・・・・・・363
附帯決議・・・・・・130
不逮捕特権・・・・・・445
付託・・・・・・78
　院議──・・・・・・81
　再──・・・84,306
　修正案・原案否決後の──
　　　・・・・・・304
　常任委員会への──・・・79
　特別委員会への──・・・80
　予備──・・・・・・81
不文法源・・・・・・8
無礼の言辞・・・・・・408
分科会・・・・・・188
　──の活動・・・・・・191
　──の設置・・・・・・189
分科担当委員・・・189
分割採決・・・・・・314
文書函・・・・・・64
文書配付室・・・・・・64
文書表・・・・・・356
　──の印刷・・・・・・356

　──の記載事項・・・357
　──の配付・・・・・・356
文書朗読の禁止・・・260
文民・・・・・・44

へ
閉会・・・・・・17
閉会中審査・・・・・・137
　──の議決・・・・・・139
　──の要求・・・・・・138
閉会中調査・・・・・・137
　──の議決・・・・・・139
　──の要求・・・・・・139
並行開会・・・・・・101
　──の許可・・・・・・102
　──の禁止・・・・・・101
　議院運営委員会の──・・・102
併託・・・・・・85
弁護人・・・・・・419
　──の委員会発言・・・420
　──の依頼・・・・・・419
　──の届出・・・・・・420
　──の本会議発言・・・428
返付・・・・・・370
弁明・・・・・・284
　──の許可・・・・・・475

ほ
法規性・・・・・・9
報告書・・・・・・161
　──の印刷・・・166,205
　──の配付・・・166,205
報告提出要求・・・213,386
傍聴・・・・・・448
　──禁止者・・・455,461
　──の自由・・・・・・448
傍聴規則・・・458,461
　──の遵守・・・・・・457
傍聴券・・・・・・450
　──の提示・・・457,461
　公衆──・・・・・・452
　公務員──・・・450
傍聴章・・・・・・453
　──の提示・・・457,461
　新聞通信社用──・・・452
傍聴席・・・・・・449
　──の区分・・・・・・448
　公衆──・・・・・・451

議員紹介の—— ………449
先着順の—— ………449
傍聴人 ………454
　——検査 ………454,461
　——数の制限 ………456,461
　——の身体検査 ………453
　——の退場 ………459,461
　——の取締り ………454
法律案 ………61
　——の提出勧告 ………206
法律優位説 ………5
保留 ………364
本会議 ………215
　——中の委員会開会 ………101
　——中の調査会開会 ………211
　——定例日 ………216
　——との並行開会 ………187
　——における意見聴取 ………268
　——における懲罰事犯 ………462
　——の開会 ………20
　——の公開 ………448
　初回 ………18
本会議審議不要 ………367
　——決定の報告書 ………367
本会議審議要求の期限 ………368
本審 ………81
本人尋問 ………473
本鈴 ………221

み

みなし採択 ………363
みなし否決 ………2
未了発言 ………258
　——の継続 ………258

む

無効票 ………23
無断登壇 ………438
　——の禁止 ………438
無通告討論希望者 ………281

無通告発言 ………249
　——の許可 ………251
　——の時機 ………249
　——の順序 ………253
　——の要求 ………250
無名投票 ………23
　単記—— ………23
　連記—— ………374
無料乗車、航空券の交付 ………400

め

名刺 ………25
　——数 ………27
　——箱 ………25
　木札の—— ………25

も

元特別委員長の報告 ………263
問題の宣告 ………315

や

役員 ………17
　——の選挙 ………41

よ

要領書 ………163
予算 ………64,181
　——先議 ………2
　——総額の増額修正案 ………133
　——の委嘱審査 ………181
　——の自然成立 ………2
　——の増額 ………122
　——を伴う修正案 ………121,294
　——を伴う法律案
　　　………63,130,212,267
予算委員会 ………175
予備員 ………488
予備審査 ………65,152

　——と本審査の関係 ………81
　——の公聴会 ………152
予備送付 ………66
予備費 ………68,175
予備付託 ………81
予鈴 ………221

り

利害関係者 ………155
理事 ………90,211
　——の兼任制限 ………93
　——の辞任 ………93
　——の選任 ………93
理事会 ………92
理事会室 ………104
理事懇談会 ………92
立証 ………411
立法勧告 ………207
立法計画 ………54
理由 ………63,139,411
流会 ………223
両院協議会 ………374
　——規程 ………380
両院協議会成案 ………378
　——の審議 ………378
両院同時活動の原則 ………52
両院法規委員会 ………14
両議院一致の議決 ………44
臨時会 ………53
　通常選挙後の—— ………35

れ

連記無名投票 ………374
連合委員会 ………14
連合審査会 ………99,211
　——の運営 ………100
　——の定足数 ………100
　相互的—— ………99
連署 ………63

法令索引

●日本国憲法

憲 7 ················· 9
憲 8 ················· 2
憲 15 ················ 46
憲 16 ······· 353,355,359
憲 43 ············· 1,405
憲 46 ················ 35
憲 50 ·············· 447
憲 51 ·············· 462
憲 53 ············· 53,59
憲 54 ·········· 2,53,494
憲 55 ········ 410,426,429
憲 56 ·········20,47,215,223,
　　286,305,316,322,327
憲 57 ·······129,141,215,230,
　　309,318,320,339,340,
　　350,448,451,455,459,485
憲 58 ·······7,17,462,484,500
憲 59 ·········2,8,57,305,375
憲 60···2,8,44,57,138,183,305
憲 61 ·········2,8,57,305
憲 62 ··········2,179,391
憲 63 ·············· 273
憲 64 ················ 2
憲 66 ············· 44,46
憲 67·····2,8,22,44,45,57,233
憲 73 ················ 2
憲 74 ················ 4
憲 81 ················ 9
憲 82 ·············· 485
憲 83 ················ 2
憲 85 ················ 2
憲 86 ················ 2
憲 87 ················ 2
憲 90 ············· 2,388
憲 91 ················ 2
憲 96 ················ 2
憲 100 ················ 1
憲 101 ················ 1

●国会法

国 1 ············· 18,53
国 2 の 2 ············ 53
国 2 の 3 ··········53,201

国 5 ············· 18,20
国 7 ·······23,26,32,33,34
国 8 ················ 51
国 9 ················ 50
国 10 ················ 53
国 11 ················ 52
国 12 ············· 52,55
国 13 ·········· 2,52,56
国 14 ··········· 17,18,22
国 15 ··········· 52,57,368
国 16 ···· 17,38,40,42,198
国 18 ················ 35
国 19 ······· 215,371,397,440
国 21 ·········21,22,33,286
国 22 ········ 21,42,286
国 23 ················ 42
国 24 ················ 42
国 25 ············· 38,92
国 27 ················ 40
国 28 ············· 40,370
国 29 ············· 26,32
国 30 ·············· 200
国 31 ················ 23
国 34 の 3 ·········· 238
国 39 ············· 45,491
国 41 ········79,169,173,179
国 42 ········· 87,173,177
国 43 ·············· 209
国 44 ·············· 381
国 45 ·······87,92,98,197,358
国 46 ··········87,98,197,
　　198,297,368,413
国 47 ·············· 137
国 48 ······· 38,103,124,134,
　　136,158,198,397
国 50 ·········· 118,130
国 50 の 2 ·········65,82,
　　207,267,284
国 51 ············148,149,150,
　　155,159,202,398
国 52 ········ 144,448,460
国 53 ·········· 161,261
国 54 ·········· 164,265,271,
　　284,339,342

国 54 の 2 ············ 201
国 54 の 4 ······65,82,137,148,
　　201,202,207,267,284
国 55············215,221,227,
　　230,231,236
国 55 の 2 ·········· 215,243
国 56 ·········63,67,68,78,
　　79,82,162,229,233,
　　262,266,268,358,377
国 56 の 2 ········ 75,176,244,
　　256,261,373
国 56 の 3 ····· 98,107,151,191,
　　229,233,262,307,425
国 57 ········ 238,294,295,297
国 57 の 2 ······· 238,294,295,297
国 57 の 3 ···· 131,163,262,267
国 58 ·········66,72,81,152
国 59 ············· 66,74
国 60 ············ 108,372
国 61 ······ 242,275,313,339,342
国 62 ········· 238,460,485
国 63 ·········· 339,468
国 68 ······· 137,263,379,425
国 68 の 2 ············ 63
国 68 の 4 ···· 238,294,295,297
国 69 ········· 112,273,459
国 70 ·············· 336
国 72 ·············· 273
国 73 ··········· 230,498
国 74 ····· 313,334,337,339,342
国 75 ········· 334,335,336
国 76 ·············· 336
国 79 ·············· 353
国 80 ····· 2,162,353,357,364,367
国 81 ·········· 353,364
国 82 ·············· 365
国 83 ·······72,307,370,371,377
国 83 の 2 ········· 305,370
国 83 の 3 ············ 370
国 83 の 4 ········· 370,371
国 83 の 5 ·····77,370,371,377
国 84 ·············· 307
国 85 ·············· 307
国 86 ················ 44

国 87……………307，370，371
国 89……………………375
国 90……………………376
国 91 の 2 …………………376
国 92……………………378
国 93……………370，371，378
国 98……………………7，380
国 99……………………494
国 102 の 6 ……………80
国 102 の 7 ……267，284
国 102 の 8 ……………381
国 102 の 9 ……68，137，379
国 102 の 10 ……7，9，12
国 102 の 13 ……………389
国 102 の 15 ……389，468
国 102 の 17 ……389，468
国 102 の 19 ……………390
国 102 の 21 …………7，12
国 103 ……………179，382
国 104 ……179，389，468
国 104 の 3 ……………390
国 105 ……………………387
国 106 ……………392，398
国 107 ……400，405，407
国 109 の 2 ……………411
国 111 ……………410，412
国 112 ……419，420，428
国 113 ……413，427，429
国 114 ……441，442，446
国 116 …………134，256，257，
　　　260，345，378，463，466
国 117 ……………220，463
国 118 …455，456，457，458，460
国 119 ……………………407
国 120 ……………………433
国 121 ……124，238，260，423，
　　　447，462，465，470，471
国 121 の 2 ……………238
国 121 の 3 ……………238
国 122 ……477，478，482
国 124 ……400，403
国 124 の 2 ……………7
国 124 の 4 …………7，12
国 125 ……………………488
国 126 ……………………488
国 127 ……………………489
国 128 ……………………488
国 133 ……………………369
国附則……………………10

●議院における証人の宣誓及び証言等に関する法律

議証 1 …………9，391，395，418
議証 1 の 2 ……………394，395
議証 1 の 3 …393，394，395，397
議証 1 の 4 ……………435
議証 7 ……………………395
議証 8 ……………………395

●衆議院規則

衆規 1 ……………………18
衆規 10 ……………………32
衆規 18 ……………………48
衆規 19 ……………………51
衆規 20 ……………………53
衆規 22 の 2 ……………60
衆規 22 の 3 ……………55
衆規 23 ……………………489
衆規 24 ……………………489
衆規 25 ……………………489
衆規 26 ……………………489
衆規 28 の 2 ……………239
衆規 28 の 3 ……………239
衆規 29……72，81，108，152，371
衆規 33 ……………………85
衆規 34 ……………………85
衆規 38 ……………………92
衆規 53 ……………………399
衆規 62 ……………………143
衆規 67 の 2 ……………187
衆規 69……………108，272
衆規 85 の 2 ……………399
衆規 92……………174，176，412
衆規 94 ……………………180
衆規 98 ……………………192
衆規 103 ……………………218
衆規 111 ……………………69
衆規 115 ……………………264
衆規 136 ……………………245
衆規 151 ……………………331
衆規 155 の 2 ……………322
衆規 157 ……………………331
衆規 185 ……………………403
衆規 187 ……………………407
衆規 200 ……………………325
衆規 236 ……………………472
衆規 242 ……………………479
衆規 243 ……………………480
衆規 253 ……………………372

衆規 254 ……………………380
衆規 257 ……………………398

●常任委員会合同審査会規程

常合規 1 ……………………193
常合規 2 ……………………193
常合規 3 ……………………195
常合規 4 ……………………195
常合規 5 ……………………195
常合規 6 ……………………195
常合規 8 ……………………195
常合規 9 ……………………195
常合規 11 ……………………195
常合規 12 ……………………195
常合規 13 ……………………195
常合規 20 ……………………195
常合規 21 ……………………195
常合規 23 ……………………195
常合規 24 ……………………195
常合規 25 ……………………196

●参議院先例

参先 10 ……………………37
参先 11 ……………………37
参先 14 ……………………38
参先 15 ……………………37
参先 17 ……………………53，176
参先 35 ……………………51
参先 46 ……………………35
参先 50 ……………………25
参先 52 ……………………30
参先 55 ……………………31
参先 58 ……………………34
参先 66 …36，46，316，321，326
参先 77 ……………………39
参先 85 ……………………22，45
参先 88 ……………………47
参先 90 ……………………48
参先 99 ……………………20
参先 101 ……………………401
参先 103 ……………………406
参先 109 ……………………176
参先 116 ……………………173，178
参先 117 ……………………88，93
参先 120 ……………………88
参先 123 ……………………88
参先 124 ……………………88
参先 125 ……………………89
参先 127 ……………………151

法令索引　　513

参先 133 ……………85,263
参先 134 ………………138
参先 135 ………………140
参先 147 …………………74
参先 148 …………………63
参先 164 …………………72
参先 165 …………………73
参先 167 …………………72
参先 168 …………………64
参先 171 ………………176
参先 182 …………………75
参先 185 …………………67,77
参先 198 ………………229
参先 205 ………………229
参先 206 ………………229
参先 208 ………………236
参先 209 ………………235
参先 210 ………229,233
参先 218 ………………176
参先 220 ………………216
参先 225 ………………221
参先 226 ………………221
参先 233 ………………226
参先 245 ………………233
参先 250 …244,247,286
参先 269 …………………70
参先 271 …………………69
参先 272 …………………70
参先 273 …………………70
参先 284 ………………167
参先 298 ………260,274
参先 300 ………………272
参先 305 …262,271,277
参先 306 ………274,295
参先 310 ………………276
参先 313 ………………281
参先 314 …279,283,295,297
参先 323 ………303,314
参先 324 ………301,304
参先 325 ………………314
参先 327 ………………314
参先 329 ………226,316,324,
　　　　　328,330,331
参先 332 ………………323
参先 333 ………………321
参先 334 ………………321
参先 338 ………………331
参先 340 ………………319
参先 381 …312,325,343
参先 382 …46,309,320

参先 386 ………………346
参先 403 ………………358
参先 406 ………………365
参先 407 ………………365
参先 408 ………………365
参先 409 ………………367
参先 415 ………………375
参先 420 ………………379
参先 433 …………………71
参先 440 ………………433
参先 444 ………………435
参先 445 ………………435
参先 448 ………323,459
参先 449 …………………19
参先 453 ………442,445
参先 461 ………450,453
参先 468 ………472,476
参先 469 ………473,475
参先 477 ………………490
参先 495 …………18,498
参先 545 ………………449
参先 568 ………………400

●参議院委員会先例
参委先 9 …………………93
参委先 12 …………………89
参委先 14 ………………136
参委先 18 ………………199
参委先 19 ………………198
参委先 25 …………………91
参委先 27 …………………90
参委先 28 …………………90
参委先 29 …………………93
参委先 31 …………………93
参委先 32 …………………93
参委先 33 …………………94
参委先 36 …………………91
参委先 37 ………………103
参委先 38 ………………105
参委先 40 ………………104
参委先 43 ………………104
参委先 45 ………103,186
参委先 46 ………………104
参委先 57 ………………126
参委先 65 ………………181
参委先 96 ………………364
参委先 97 ………………366
参委先 98 ………………364
参委先 100 ………………473
参委先 116 ………………180

参委先 128 ………121,126
参委先 130 ………………127
参委先 140 ………………125
参委先 141 ………………125
参委先 147 ………………121
参委先 152 ………………132
参委先 155 ………………129
参委先 160 ………………129
参委先 161 ………………129
参委先 162 ………………129
参委先 163 ………………129
参委先 170 ………………130
参委先 182 ………………189
参委先 184 ………………189
参委先 193 ………………191
参委先 195 ………………191
参委先 196 ………………191
参委先 198 ………………189
参委先 202 …………………97
参委先 203 …………………97
参委先 205 …………………98
参委先 212 …………………98
参委先 214 …………………98
参委先 218 …………………97
参委先 219 ………………151
参委先 221 ………………153
参委先 222 ………………153
参委先 228 ………………100
参委先 230 ………………100
参委先 232 ………………100
参委先 233 ………………101
参委先 236 ………………101
参委先 239 ………………101
参委先 245 ………………101
参委先 251 ………………136
参委先 288 ………166,180
参委先 293 ………………167
参委先 300 ………………146
参委先 308 ………………193
参委先 315 ………………195
参委先 358 ………………376
参委先 360 ………………377
参委先 378 …………………54
参委先 379 …………………54
参委先 381 …………………54

●衆議院先例
衆先 42 …………………36
衆先 82 ………………402
衆先 137 ………………138

衆先 202 …………… 138
衆先 206 …………… 236
衆先 219 …………… 216
衆先 239 ……………83
衆先 261 …………… 272

衆先 294 …………… 240
衆先 377 ……………69
衆先 393 …………… 367
衆先 401 …………… 472
衆先 488 ……………69

●衆議院委員会先例
衆委先 28……………92
衆委先 173 ………… 363
衆委先 258 ………… 195
衆委先 326 ……………54

法令索引　　515

森本 昭夫（もりもと あきお）

〔略歴〕
1957年、大阪府に生まれる。
京都大学法学部卒業後、参議院事務局に奉職、会議運営・調査業務に従事し、憲法審査会事務局長を最後に退職。

〔主要著作〕
『議会用語辞典』参議院総務委員会調査室編〔共同執筆〕（学陽書房・2009）
「会期不継続の原則と新たな分析―日本特有の議会運営の側面」議会政治研究26号（1993）
「議院内における議案の流れ―本会議上程までのプロセス」議会政策研究会年報5号（2001）
「国会法規範の特性」北大法学論集59巻2号（2008）
「憲法第56条第2項における棄権の位置付け―採決パラドックスの解法」立法と調査323号（2011）
「国会の議事運営についての理事会協議―多数決と全会一致の間合い」立法と調査388号（2017）

逐条解説　国会法・議院規則〔参議院規則編〕

2019（平成31）年 4 月 30 日　初版1刷発行

著　者　森 本 昭 夫
発行者　鯉 渕 友 南
発行所　株式会社 弘 文 堂　101-0062　東京都千代田区神田駿河台1の7
　　　　　　　　　　　　　　TEL 03（3294）4801　　振替 00120-6-53909
　　　　　　　　　　　　　　http://www.koubundou.co.jp

装　丁　青 山 修 作
印　刷　三報社印刷
製　本　井上製本所

ⓒ 2019　Akio Morimoto.　Printed in Japan

JCOPY ＜（社）出版者著作権管理機構 委託出版物＞
本書の無断複写は著作権法上での例外を除き禁じられています。複写される場合は、そのつど事前に、（社）出版者著作権管理機構（電話 03-5244-5088, FAX 03-5244-5089, e-mail：info@jcopy.or.jp）の許諾を得てください。
また本書を代行業者等の第三者に依頼してスキャンやデジタル化することは、たとえ個人や家庭内での利用であっても一切認められておりません。

ISBN978-4-335-35775-6

―――――― 条解シリーズ ――――――

| 条解行政手続法〔第2版〕 | 髙木光・常岡孝好・須田守=著 |

条解行政事件訴訟法〔第4版〕　南博方=原編著
　　　　　　　　　　　　　　　高橋滋・市村陽典・山本隆司=編

条解行政不服審査法　　　　　小早川光郎・高橋　滋=編著

条解行政情報関連三法　　　　高橋滋・斎藤誠・藤井昭夫=編著
　公文書管理法・行政機関情報公開法・
　行政機関個人情報保護法

条解国家賠償法　　　　　　　宇賀克也・小幡純子=編著

条解刑事訴訟法〔第4版増補版〕　松尾浩也=監修　松本時夫・土本武司・
　　　　　　　　　　　　　　　池田修・酒巻匡=編集代表

条解刑法〔第3版〕　　　　　前田雅英=編集代表　松本時夫・池田修・
　　　　　　　　　　　　　　　渡邉一弘・大谷直人・河村博=編

条解民事訴訟法〔第2版〕　　兼子一=原著　松浦馨・新堂幸司・竹下守夫・
　　　　　　　　　　　　　　　高橋宏志・加藤新太郎・上原敏夫・高田裕成

条解破産法〔第2版〕　　　　伊藤眞・岡正晶・田原睦夫・林道晴・
　　　　　　　　　　　　　　　松下淳一・森宏司=著

条解民事再生法〔第3版〕　　園尾隆司・小林秀之=編

条解信託法　　　　　　　　　道垣内弘人=編

条解不動産登記法　　　　　　七戸克彦=監修
　　　　　　　　　　　　　　　日本司法書士会連合会・
　　　　　　　　　　　　　　　日本土地家屋調査士会連合会=編

条解消費者三法　　　　　　　後藤巻則・齋藤雅弘・池本誠司=著
　消費者契約法・特定商取引法・
　割賦販売法

条解弁護士法〔第4版〕　　　日本弁護士連合会調査室=編著

条解独占禁止法　　　　　　　村上政博=編集代表　内田晴康・石田英遠・
　　　　　　　　　　　　　　　川合弘造・渡邉惠理子=編

―――――――――――― 弘 文 堂 ――――――――――――

＊2019年4月現在

オンブズマン法〔新版〕《行政法研究双書1》	園部 逸夫 枝根 茂
土地政策と法《行政法研究双書2》	成田 頼明
現代型訴訟と行政裁量《行政法研究双書3》	高橋 滋
行政判例の役割《行政法研究双書4》	原田 尚彦
行政争訟と行政法学〔増補版〕《行政法研究双書5》	宮崎 良夫
環境管理の制度と実態《行政法研究双書6》	北村 喜宣
現代行政の行為形式論《行政法研究双書7》	大橋 洋一
行政組織の法理論《行政法研究双書8》	稲葉 馨
技術基準と行政手続《行政法研究双書9》	髙木 光
行政とマルチメディアの法理論《行政法研究双書10》	多賀谷一照
政策法学の基本指針《行政法研究双書11》	阿部 泰隆
情報公開法制《行政法研究双書12》	藤原 静雄
行政手続・情報公開《行政法研究双書13》	宇賀 克也
対話型行政法学の創造《行政法研究双書14》	大橋 洋一
日本銀行の法的性格《行政法研究双書15》	塩野 宏監修
行政訴訟改革《行政法研究双書16》	橋本 博之
公益と行政裁量《行政法研究双書17》	亘理 格
行政訴訟要件論《行政法研究双書18》	阿部 泰隆
分権改革と条例《行政法研究双書19》	北村 喜宣
行政紛争解決の現代的構造《行政法研究双書20》	大橋真由美
職権訴訟参加の法理《行政法研究双書21》	新山 一雄
パブリック・コメントと参加権《行政法研究双書22》	常岡 孝好
行政法学と公権力の観念《行政法研究双書23》	岡田 雅夫
アメリカ行政訴訟の対象《行政法研究双書24》	越智 敏裕
行政判例と仕組み解釈《行政法研究双書25》	橋本 博之
違法是正と判決効《行政法研究双書26》	興津 征雄
学問・試験と行政法学《行政法研究双書27》	徳本 広孝
国の不法行為責任と 　　公権力の概念史《行政法研究双書28》	岡田 正則
保障行政の法理論《行政法研究双書29》	板垣 勝彦
公共制度設計の基礎理論《行政法研究双書30》	原田 大樹
国家賠償責任の再構成《行政法研究双書31》	小幡 純子
義務付け訴訟の機能《行政法研究双書32》	横田 明美
公務員制度の法理論《行政法研究双書33》	下井 康史
行政上の処罰概念と法治国家《行政法研究双書34》	田中 良弘
行政上の主体と行政法《行政法研究双書35》	北島 周作
法治国原理と公法学の課題《行政法研究双書36》	仲野 武志
法治行政論《行政法研究双書37》	髙木 光
行政調査の法的統制《行政法研究双書38》	曽和 俊文

法律学講座双書

法 学 入 門	三ケ月　章
法 哲 学 概 論	碧 海 純 一
憲 　 　 法	鵜 飼 信 成
憲 　 　 法	伊 藤 正 己
行 政 法 (上・中・下)	田 中 二 郎
行 政 法 (上・＊下)	小 早 川 光 郎
租 　 税 　 法	金 子 　 宏
民 法 総 則	四宮和夫・能見善久
債 権 総 論	平 井 宜 雄
債 権 各 論 Ⅰ (上)	平 井 宜 雄
債 権 各 論 Ⅱ	平 井 宜 雄
親 族 法 ・ 相 続 法	有 泉 　 亨
商 法 総 則	石 井 照 久
商 法 総 則	鴻 　 常 夫
会 　 社 　 法	鈴 木 竹 雄
会 　 社 　 法	神 田 秀 樹
手形法・小切手法	石 井 照 久
＊手形法・小切手法	岩 原 紳 作
商行為法・保険法・海商法	鈴 木 竹 雄
商 取 引 法	江 頭 憲治郎
民 事 訴 訟 法	兼子一・竹下守夫
民 事 訴 訟 法	三ケ月　章
民 事 執 行 法	三ケ月　章
刑 　 　 法	藤 木 英 雄
刑 法 総 論	西田典之/橋爪隆補訂
刑 法 各 論	西田典之/橋爪隆補訂
刑事訴訟法 (上・下)	松 尾 浩 也
労 　 働 　 法	菅 野 和 夫
＊社 会 保 障 法	岩 村 正 彦
国際法概論 (上・下)	高 野 雄 一
国 際 私 法	江 川 英 文
特 　 許 　 法	中 山 信 弘

＊印未刊